Cindy Meister, John McGhie, Peter Jamieson

Microsoft Word 2002 – Das Profibuch

Cindy Meister, John McGhie, Peter Jamieson

Microsoft Word 2002 – Das Profibuch

Cindy Meister, John McGhie, Peter Jamieson: Microsoft Word 2002 – Das Profibuch
Microsoft Press Deutschland, Konrad-Zuse-Str. 1, 85716 Unterschleißheim
Copyright © 2003 Microsoft Press Deutschland

15 14 13 12 11 10 9 8 7 6 5 4 3 2 1
05 04 03

ISBN 3-86063-672-3

© Microsoft Press Deutschland
(ein Unternehmensbereich der Microsoft GmbH)
Konrad-Zuse-Str. 1, D-85716 Unterschleißheim
Alle Rechte vorbehalten

Fachlektorat: Georg Weiherer, Münzenberg
Korrektorat: Dorothee Klein, Karin Baeyens, Jutta Alfes, Siegen
Satz: mediaService, Siegen (www.media-service.tv)
Umschlaggestaltung: Hommer Design GmbH, Haar (www.HommerDesign.com)
Layout und Gesamtherstellung: Kösel, Kempten (www.KoeselBuch.de)

Inhaltsverzeichnis

Vorwort

Dieses Buch entstand aus Leidenschaft für ein Thema: *Microsoft Word*. Alle daran Mitarbeitenden verbringen den größten Teil ihres Tages mit Word; es ist ihr Hauptwerkzeug. Manche von uns setzen es als Enduser ein, andere als Entwickler. Das Programm ist so vielfältig, dass, obwohl acht Autoren dazu beigetragen haben, jeder es anders nutzt und einen anderen Schwerpunkt in der Arbeit mit Word hat.

Word ist groß, manche würden sagen, ein Monster, das es zu bändigen gilt. Eine Liebe/Hass-Beziehung ist es allemal, die wir mit Tausenden Leuten in den Internet Newsgroups auf *microsoft.com* täglich teilen. Unsere Erfahrungen – im Alltag sowie in Online-Support – haben uns dazu bewegt, unser kumuliertes Wissen in der Form dieses Buches zusammenzutragen.

Das Wissen und der Inhalt basieren auf mehr als zehnjähriger Erfahrung über sechs Versionen von WinWord. Wir versuchen, nicht nur das »Wie«, sondern auch das »Warum« (sofern wir es herauszufinden vermochten) weiterzugeben. Leider ist der Buchumfang sowie die uns zur Verfügung stehende Zeit begrenzt. Material, das nicht vor dem Drucktermin fertig war, sowie neue Erkenntnisse und Änderungen für die Arbeit mit Word 11 werden wir im Internet unter *http://homepage.swissonline.ch/ cindymeister* publizieren.

Weitere Informationen zum Thema *Word* (allerdings in englischer Sprache) finden Sie im Internet auf der MVP (Microsoft Most Valuable Professional) Webseite: *www.mvps.org/word*. Die *mvps.org*-Seite ist auch sonst eine Fundgrube für jede Microsoft-Anwendung. Eine weitere empfehlenswerte Quelle ist die deutschsprachige FAQ-Seite *http://mypage.bluewin.ch/reprobst/WordFAQ* von Silvia Widmer.

Für wen das Buch geschrieben wurde

Dieses Werk ist nicht für Einsteiger gedacht; dafür bietet Microsoft Press die Handbuch-Reihe an. Es zeigt auf, wie man professionell mit Word umgeht. Es handelt sich auch nicht um ein VBA-Lehrbuch für Word; Sie finden jedoch zahlreiche VBA-Lösungen, die im Text erklärt sind und dazu dienen, vieles rund um das Word-Objektmodell zu erklären.

Unsere Zielgruppe besteht unter anderem aus:

- Endusern (Powerusern), die an die vermeintlichen Grenzen von Word stoßen und mehr »heraus holen« möchten.
- Leuten, die mit Word lange, professionelle Dokumente erstellen müssen.
- Entwicklern, die Word zu automatisieren versuchen.
- Helpdesk- und Supporttechnikern, die Benutzern weiterhelfen und sonst nirgendwo eine Antwort finden.

Word-Versionen

Die Angaben in diesem Buch basieren auf Word 2002 und Word 2000. Meistens sind sie auch für Word 97 und Word 11 (das wir erst im Beta 1-Stadium gesehen haben) allgemein gültig, obwohl Einzelheiten wie Menüpunktbeschriftungen oder das standardmäßige Verhalten verschieden sein können. Wenn Sie mit Word 97 arbeiten, denken Sie bitte auch daran, dass diese Version viele inzwischen aufgehobene Mängel aufweist, worauf wir überhaupt nicht eingehen. Wir raten dringend, für alle Office-Anwendungen, mit der möglichen Ausnahme von Access, mindestens auf Office 2000 umzusteigen.

Jede Version erfreut sich natürlich neuer Funktionalität. Wo es uns bewusst war, haben wir die Version erwähnt, wo ein Feature eingeführt wurde, aber als Basis gilt hier Word 2002. Wenn Sie etwas auf Ihrer Word 97- oder Word 2000-Installation vergeblich suchen, wurde es vermutlich erst in Word 2002 eingeführt.

Inhalt und Aufbau

Die erste Hälfte befasst sich hauptsächlich mit Word als Werkzeug für die Erstellung von *langen Dokumenten*, wie etwa Handbücher. John McGhie teilt mit uns, mit Prisen seines einzigartigen Humors, Kenntnisse aus seiner langjährigen Tätigkeit in diesem Bereich, mit VBA-Code Ergänzungen von Cindy Meister. Er fängt mit einer Einführung in das Gebiet an und behandelt die *Vorbereitungen* für ein großes Projekt und worauf es ankommt. Die *Konfiguration* des Arbeitsplatzes, des Rechners und Words wird diskutiert. *Kapitel 1 und 2*

In den Kapiteln 3 und 4 wird das Fundament jedes Projekts, *Vorlagen* und *Formatierung*, eingehend vorgestellt. Zusätzlich zur Theorie begleitet Sie ein »Hands-on«-Beispiel, wie eine solche Vorlage entsteht. *Kapitel 3 und 4*

Das Kapitel 5 befasst sich mit allgemeinen Aspekten eines Dokuments, unter anderem mit der Erstellung von und dem Umgang mit *Indexen* und *Inhaltsverzeichnissen*. *Kapitel 5*

Wie ein großes Werk verhältnismäßig schnell und günstig in eine HTML-Website konvertiert werden kann, wird im Kapitel 6 erläutert. *Kapitel 6*

Den Übergang zur zweiten Hälfte des Buchs bildet das Kapitel 7 zum Thema *Suchen und Ersetzen* in Word. Bill Coan und Klaus Linke haben in allen Ecken und unter allen Steinen dieser Funktionalität geforscht und eine vollständige Behandlung vorgestellt. Das ausgezeichnet strukturierte Kapitel fängt mit den Grundlagen an und schließt mit der Implementierung in VBA ab. *Kapitel 7*

Einen Überblick über alles, was *Tabellen* so in sich haben, bieten wir im Kapitel 8. Eigentlich könnte man zu diesem Thema ein ganzes Buch schreiben; die Antworten zu allen Ihren Fragen werden Sie vermutlich nicht finden, aber sicher einige Ideen und Anregungen. In diesem Kapitel werden auch *Feldfunktionen* im Allgemeinen behandelt, da sie in Word vor allem bei *Berechnungen* eine große Rolle spielen. Das Rechnen mit Datumsangaben ist ein Anliegen, das die Feldfunktionen von Word nicht besonders gut unterstützen. Wir stellen Chris Woodmans Arbeit auf diesem Gebiet erstmals in deutscher Sprache vor. *Kapitel 8*

Grafiken sind das Hauptthema des neunten Kapitels. Auch hierüber könnte man ein unabhängiges Werk schreiben. Wir begrenzen uns auf Themen, die für die Erstellung *Kapitel 9* von Dokumentationen relevant sind, auf den Umgang mit **AutoFormen** und **Word-Art** und wie Sie graphische Objekte mit VBA automatisieren. Am Ende des Kapitels diskutieren wir, wie **OLE-Objekte**, wie Excel Tabellen und MS Graph-Diagramme mit VBA erstellt und geändert werden.

Kapitel 10 Das Kapitel 10 ist dem *Seriendruck* gewidmet. Über die Jahre wurde die Funktionalität immer komplizierter und unübersichtlicher für den Benutzer. Cindy und Peter bemühen sich, sie auseinander zu nehmen und klar zu stellen, welche Art Datenquelle mit welcher Datenverbindungsmethode zu benutzen ist und wo Gefahren für Unerfahrene lauern. Auch die Automatisierung wird vorgestellt.

Kapitel 11 Das Erstellen und Automatisieren von *Formularen* bildet den Inhalt von Kapitel 11. Dabei werden nicht nur Formularfelder vorgestellt, sondern auch andere Möglichkeiten wie Feldfunktionen und ActiveX-Steuerelemente.

Kapitel 12 Ausschließlich *VBA-Fragen* stehen im Mittelpunkt vom Kapitel 12. Wenn wir über Tabellen und Grafiken jemals ein Buch hätten schreiben können, wären es für Word-VBA ganze Bände geworden. Auf den uns noch zur Verfügung stehenden Seiten stellen wir das Word-Objektmodell kurz vor und erläutern, worauf man achten muss, um Word effizient und erfolgreich zu automatisieren. Ferner wird die Benutzung von Dokumenteigenschaften und den in Word integrierten Dialogfeldern diskutiert. Wie die Symbolleisten und Tastaturbelegung der Word-Umgebung mit VBA anzupassen ist, wird ebenso behandelt wie die Druckersteuerung mit VBA.

Anhänge Der Anhang A beinhaltet allgemeine Informationen zu den *Feldfunktionen* von Word.

Die Anhänge B, C, D und E ergänzen das Thema »Seriendruck«. Sie stellen den Umgang mit *MS Query, ODBC, SQL-Anweisungen* resp. Datenquellenverbindungen mit der OpenDataSource-Methode vor.

Auf der CD-ROM zum Buch finden Sie im Ordner *Buch\Tools* zusätzlich Peter Jamiesons *Impscript Konvertierfilter* vor, der die Funktionalität der Words Feldfunktionen erhöht und sogar die Einbindung von VBA Funktionen ermöglicht.

Die Kapitel und Anhänge werden von praktischen Anwendungsbeispieldateien begleitet, die auf unseren Erfahrungen in der Geschäfts- und IT-Welt basieren oder Lösungen zu häufig gestellten Fragen im Internet bieten. Sie finden sie auf der beiliegenden CD, in nach Kapiteln organisierten Ordnern.

Die Autoren

Es war lange Zeit der Traum der Word-MVPs, zusammen ein Buch zu schreiben. Die Frage war nur, welcher Verlag uns die Gelegenheit geben würde, ihn zu realisieren. Dank des Einsatzes von Dieter Schiecke und des Reinke Solutions Teams der winex GmbH wagte sich Microsoft Press Deutschland daran, dieses Werk, von mehrheitlich englischsprachigen Autoren geschrieben, zu veröffentlichen. Obwohl große Teile dieses Buchs von Cindy Meister (mit Unterstützung von Egbert Jeschke) aus dem Englischen übersetzt wurden, existiert *keine* englische Ausgabe.

Leider können höchstens drei Namen auf dem Buchumschlag erscheinen. Unten aufgelistet sind die Namen aller mitarbeitenden Autoren. Wie daraus hervorgeht, kommen wir aus aller Welt und Abstammungen. Es ist der wunderbaren Welt der modernen Kommunikation und des Internets zu verdanken, dass wir einander kennen gelernt haben und ein solches Projekt möglich wurde.

Bill Coan ist der Entwickler der DataPrompter™ und Boilerplate™ Addins für Word. Als Berater hilft er Großfirmenbenutzern, bessere Dokumente in weniger Zeit zu erstellen. Falls Sie komplexe Aufgaben einfacher machen, wiederkehrende automatisieren, Weiterbildungskosten senken und/oder Formatierungs- und Inhaltsstandards durchsetzen möchten, könnte er helfen. Sie können Bill unter *billcoan@wordsite.com* erreichen und sind auch auf seiner Website *http://www.wordsite.com* willkommen.

Ibrahim Elnazak, Dr. med., ist praktizierender Mediziner in Melbourne, Australien. Er machte Bekanntschaft mit Word und VBA, während er die Arbeitsabläufe der Klinik, wo er arbeitet, verbessern wollte, und erlag deren Faszination. Dank seiner Neugier, Gründlichkeit und frischer Denkweise entdeckt er immer wieder ungeahnte Wege, ein Problem zu lösen. Da sein Interesse auf diesem Gebiet nicht beruflich, sondern privat ist, wird seine Kontaktadresse hier nicht aufgeführt.

Peter Jamieson hat seit 1979 in vielen Bereichen der Informatik, meistens in Großbritannien, aber auch in Benelux und anderswo gearbeitet. Er ist spezialisiert im technischen Support, Troubleshooting, unabhängige Verifikation und Validierung für große Projekte und Unterstützung bei großen Projekten im Allgemeinen. Word für Windows benutzt er seit der Version 1.0 und ist aktiver Microsoft MVP. Er wohnt in Manchester, England, und fährt einen »riese und müller Birdy«. Sie können ihn unter *pjj@pjjnet.demon.co.uk* kontaktieren.

Klaus Linke, Dipl.-Phys., lebt als Schriftsetzer in Stuttgart (E-Mail: *fotosatz_ kaufmann@t-online.de*). Ein Schwerpunkt seiner Arbeit ist die Datenkonvertierung von und nach Word/XML, ein anderer die Unterstützung von Autoren durch maßgefertigte Dokumentvorlagen und Makros. Nach Feierabend ist er öfter in den Word-Newsgroups auf *microsoft.com* und in Woody's Lounge (*www.wopr.com*) anzutreffen.

John McGhie fing seine Karriere in der Australischen Luftwaffe an, wurde Ansager beim Rundfunk, was zu Radiojournalismus und schließlich »echtem« Journalismus führte. Als er genug von den inhumanen Arbeitszeiten und der Meinung von PR-Agenten hatte, er könne Tatsache von Fantasie nicht unterscheiden, wechselte er in den Beruf als technischer Autor. Seine Einführung in die Informatik waren Publishing-Systeme auf dem Großrechner. Er hat über 20 Jahre Erfahrung in Software-Entwicklungsteams von Informatikfirmen (dort werden die Handbücher geschrieben). John ist gegenwärtig freier Berater von Großfirmen für große Dokumentationsprojekte und »Text-zum-Intraweb«-Anwendungen. Er wohnt in Sydney, Australien, wo seine Katze ihn verlassen hat. Sie können ihn unter *john@mcghie-information.com.au* erreichen.

Cindy Meister ist diplomierte Agronomin, hat Erfahrungen im Verkauf, Administration und Softwaretraining und arbeitet seit 1996 als selbständige Beraterin. Ihr Spezialgebiet ist die Office-Automatisierung, vor allem der Datenaustausch zwischen Word und anderen Anwendungen sowie Datenquellen. Cindy ist wohnhaft in der Schweiz, im Kanton Schaffhausen, an der deutschen Grenze. Kontaktadresse: *cindymeister@swissonline.ch*.

Jonathan West ist Berater in der Telekommunikationsindustrie, der in Fragen der Standardisierung, der Prüfung und der Zertifikation von Telekommunikationsapparaten spezialisiert ist. Er ist auch ein Experte auf dem Gebiet Word-Programmierung und hat Vorlagen und Makros für Kunden in Großbritannien, Europa und den USA entwickelt. Jonathan ist der Autor der MultiLinker-Software, eine Anwendung, die

die Erstellung von Hyperlinks in Dokumenten und deren Konvertierung ins PDF-Format automatisiert. Mehr Informationen sehen Sie unter *www.multilinker.com*. Sie können ihn für Beratungen in der Telekommunikationsbranche oder der Word-Programmierung unter *jwest@mvps.org* kontaktieren.

Chris Woodman arbeitete bis zur seiner vorzeitigen Pensionierung 1997 beim British Department of Transport. Danach erstellte er für einige Jahre Makrolösungen für verschiedene Rechtsanwaltsbüros. Jetzt, ganz im Ruhestand, arbeitet er aktiv in der Naturschutzgruppe seines Heimatorts High Wycombe in Buckinghamshire (*www.highwycombesociety.org.uk*) mit und unterstützt seine Frau bei deren Arbeit sowie seine Enkelkinder bei ihren Hausaufgaben. Sie können ihn unter *chriswoodman@onetel.net.uk* oder über seine Webseite *www.chriswoodman.co.uk* kontaktieren.

Weiter dazu beigetragen haben mit ihrem Wissen und Technical reviews Sue Mosher (Outlook MVP), Rob Bovey (Excel MVP), Dave Rado, Suzanne Barnhill und Astrid Zeelenberg (alle Word MVPs).

Danksagung

Bislang bot uns kein englischer Verlag diese Gelegenheit. Ohne die Anstrengungen des winex Teams, vor allem von Dieter Schiecke und Egbert Jeschke, wäre dieses Projekt niemals verwirklicht worden. Sie haben es Microsoft Press Deutschland vorgelegt und nahmen die große Arbeit auf sich, den Text in gutes Deutsch umzusetzen. Ich möchte ihnen und Microsoft Press Deutschland sowie dem Lektor Georg Weiherer unseren herzlichen Dank an dieser Stelle aussprechen.

Weiterhin gilt unser Dank allen nicht genannten MVP Kollegen, Frank Jeschke, dem Microsoft Word-Team in Redmond, meinem Mann Erhard, welcher mich in der ganzen Zeit aufgemuntert und unterstützt hat.

Cindy Meister, Schweiz, im Auftrag des Autorenteams, im Dezember 2002

Alle Mitautoren möchten Cindy Meister für ihren Beitrag zu diesem Projekt danken. Erstens für die Idee, das Buch als Gemeinschaftsarbeit zu realisieren. Für viele wäre es schwer genug, ein Autorenteam aus aller Welt zusammen zu bringen, die Mitglieder zum Schreiben zu bewegen und den Inhalt zu koordinieren. Sie hat aber zusätzlich viele lange Arbeitsstunden damit verbracht, das Material nachzukontrollieren und, wo nötig, in Deutsch zu übersetzen.

Das *Autorenteam*, aus aller Welt, im Dezember 2002

1 Die Welt von Word 2002

Microsoft Word ist schnell und überaus leistungsfähig. Konzipiert als eine Textverarbeitungsanwendung wurde Word ständig weiter entwickelt und den Marktbedürfnissen angepasst. Es umfasst jetzt Funktionalitäten für Desktop Publishing und Grafikbearbeitung, Dokumenterstellung und Produktion sowie Datenintegration.

Auf den ersten Blick erhält man den Eindruck, Word sei einfach zu bedienen, und für einfache Aufgaben ist es das auch. Aber unter der eleganten Haube steckt ein recht kräftiger Motor. Viele Leute ziehen nie den Nutzen aus der Leistungsfähigkeit des Programms, wofür sie so teuer bezahlt haben.

Sie sind anders. Dessen sind wir sicher, weil Sie dieses Buch lesen. Sie beabsichtigen, die Funktionalität von Word besser auszunutzen und Ihre Kenntnisse zu erweitern. Wir glauben sicher in der Annahme zu sein, dass Sie dies nicht tun, um nur einen Brief an Ihre Mutter zu schreiben. Vielleicht haben Sie vor, mit Bertelsmann zu konkurrieren. Daran finden wir nichts Außergewöhnliches: Für diese Art Aufgabe setzen wir Word ein. Täglich.

Die schlagkräftigste Word-Funktionalität ist seine Programmierbarkeit

Es könnte auch sein, Sie planen, die Ausgabe von Hunderttausenden Seiten aus dem Firmengroßrechner zu automatisieren. Völlig in Ordnung. Auch das machen wir täglich. Die schlagkräftigste Word-Funktionalität ist seine Programmierbarkeit. Offen gesagt, wenn Sie mit Word nicht programmieren, haben Sie seine volle Fähigkeiten noch nicht ausgereizt.

Andererseits wollen Sie vielleicht Word einfach effizienter einsetzen. Das tun wir auch. Niemals im Traum würden wir daran denken, Word so zu lassen, wie Microsoft es installieren lässt, und gerne zeigen wir Ihnen, wie es Ihrem Willen entsprechend zu beugen ist. Word wurde zur weltweit vorherrschenden Anwendung seiner Anpassungsfähigkeit wegen. Die Komplexität dieser Anpassung hat mit zunehmender Komplexität der Anwendung Schritt gehalten.

Mitunter versprechen wir Ihnen auch etwas Spaß. Und vielleicht eine Auseinandersetzung oder zwei. Ein kluger Mensch hat einmal gesagt, für das, was man während der Arbeit tut, gibt es vier Gründe (und in Englisch beginnen sie alle mit »F«): Spaß,

Berühmtheit, Vermögen und Angst (Fun, Fame, Fortune und Fear). Wir versprechen Ihnen, dass wir mit diesem Buch unser Bestes tun werden, um letzteres auf einem Minimum zu halten!

Dieses Buch behandelt sowohl die Erstellung umfangreicher Dokumentationen, die Dateneinbindung in Word als auch die Automatisierung von Word. Ein Großteil der anderen Bücher über Word bezieht sich auf dessen Einsatz für kurze Dokumente und einfache Aufgaben. Words Benutzerschnittstelle wurde für Anfänger und die Aufgabe, ein breites Spektrum von kurzen Dokumenten auszugeben, gestaltet.

Es gibt jedoch eine andere, versteckte Seite von Word. Word war immer leistungsfähiger, als es zuerst erscheint. Viele Computerbücher wurden mit Word produziert, in vielen Fällen bis zum letzten Schritt vor dem Druck. Viele der Webseiten, die Sie im Internet sehen, hatten ihre Anfänge in Word. Und Tatsache ist, dass unsere Fachkenntnisse auf den Gebieten der Gestaltung langer und komplexer Dokumente, dem Datenaustausch und der Automatisierung von Word liegen. Wir wollten dieses Buch schreiben, weil wir unser Wissen mit Ihnen teilen möchten.

Ein Blick ins Innere von Word

Ein Word-Dokument ist kein Strom von Text, sondern eigentlich handelt es sich um einen »Object Linking and Embedding« (OLE)-Container, der andere Container enthält, die wiederum weitere Container enthalten. Es ist richtiger, diese Container »Objekte« zu nennen. Das Innere eines Word-Dokuments ähnelt ein wenig dem eines Kaufhauses. Anstelle der Etagen, Abteilungen, Regale und Kästen haben wir Dokumente, Abschnitte, Absätze usw. Diese Anordnung wird »Das Word-Dokument-Objektmodell« genannt. Es ist die intern verwendete Methode, aus Computercodes Dokumente zu gestalten. Es ist das Modell, das Word benutzt, um zu sagen, wo man Informationen speichern und wo man sie suchen kann.

Das Objektmodell

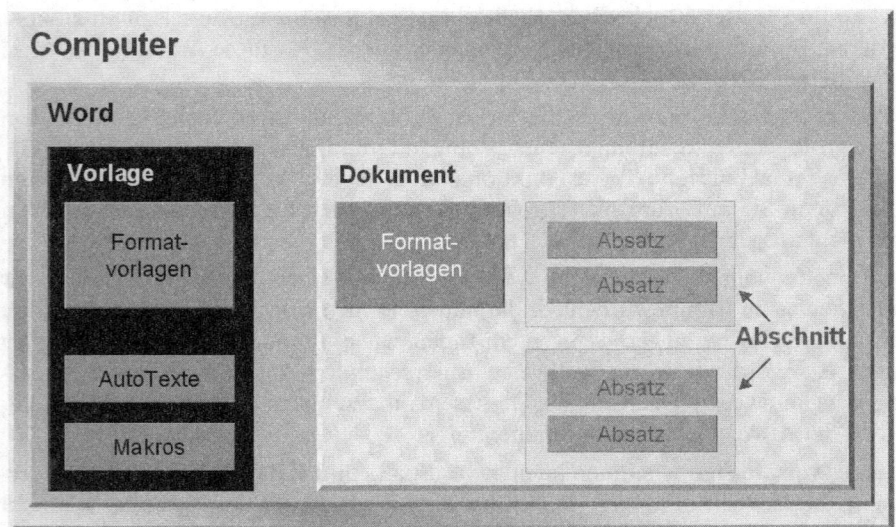

Abbildung 1.1: *Mithilfe des Objektmodells lassen sich alle Office-Anwendungen erklären*

Für unsere Zwecke brauchen wir nur ein einfaches Grundverständnis dieses Modells. Die Abbildung 1.1 zeigt ein einfaches Schema.

Sie können sehen, dass wir Absätze innerhalb von Abschnitten innerhalb von Dokumenten innerhalb von Word haben. Jedes dieser Objekte ist ein Container, der »Eigenschaften« haben kann.

Eigenschaften (Properties)

Eine »Eigenschaft« ist ein Merkmal; es ist Teil der Beschreibung des Objekts. John z.B. ist ein Mensch mit den Eigenschaften »braune Augen« und »braunes Haar« (zumindest etwas von seinem Haar ist immer noch braun).

Ein Absatz kann eine Font-, eine Größen-, eine Zeilenhöhen-Eigenschaft usw. haben. Beachten Sie, dass wir sagen, es **kann** eine Eigenschaft haben. Um zu vermeiden, Eigenschaften immer wiederholen zu müssen, ermöglicht Word es den inneren Objekten, Eigenschaften von den äußeren Objekten zu erhalten, sprich: zu erben. Wenn Sie so wollen, hat es einen Großvater, Vater und evtl. selbst Söhne. Vergleichen Sie ruhig die Objekthierarchie mit einem Familienstammbaum.

Word verwendet die »Nächster im Kontext«-Regel (closest to context), um Erbschaften zu kontrollieren. Beispiel: Wenn ein Absatz einen bestimmten Font nicht enthält, erhält er ihn vom Dokument. Wenn auch das Dokument den Font nicht hat, erhält es ihn von der Dokumentvorlage. Wenn die Dokumentvorlage den Font auch nicht enthält, wird der Font von Word selbst geliefert. Wenn Sie die Kette irgendwo durch Angabe eines anderen Fonts aufbrechen, erhalten alle die Objekte innerhalb des Containers, für den Sie den Font bestimmt haben, Ihre Änderung. Alle Objekte in der Hierarchie über dem Container werden davon nicht berührt.

Bei der Arbeit in Word ist die Vorstellung von dem Familienstammbaum ziemlich nützlich, weil ein Dokument Eigenschaften von mehr als einem Elternteil (je nach der Eigenschaft) erhalten kann.

Das Objekt-modell verstehen heißt Word verstehen

Sie brauchen kein komplettes Verständnis des Word-Objektmodells für das Formatieren, aber Sie brauchen einen Überblick. Wenn Sie die Zeit haben, versuchen Sie, ein bisschen tiefer zu graben. Denn je mehr Sie vom Objektmodell verstehen, desto leichter und erfolgreicher verwenden Sie Word. Wenn Sie dieses Thema tiefer untersuchen, vergeben Sie uns bitte, dass wir die Beschreibung oben sehr vereinfacht haben. Während es zutrifft, dass alle Container Objekte genannt werden können, sind nicht alle Objekte Container. Zum Beispiel ist ein Zeichen atomar: Es enthält keine Eigenschaften. Eine Grafik kann unter Umständen keine anderen Objekte enthalten.

Vielleicht kommen die größten Schwierigkeiten im Verständnis von Word daher, dass die Erbschaftsabstammung je nach der Eigenschaft variiert. Eine Schrifttype im Absatz kann vom Dokument über die Formatvorlage erhalten worden sein; aber ein Seitenrand im Abschnitt wurde vom Dokument geerbt.

Wir finden es nützlich, Eigenschaftsauflistungen entsprechend dem Speicherort zu benennen: »Dokument-Eigenschaften«, »Abschnitt-Eigenschaften«, »Absatz-Eigenschaften« und »Zeichen-Eigenschaften«. Es ist leichter, sich daran zu erinnern, wohin die meisten Eigenschaften gehören, weil sie an anderer Stelle absurd wären. Zum Beispiel wäre es albern, eine Seitenrand-Eigenschaft für ein Zeichen festzulegen. Der Grund, warum wir Abschnittswechsel einfügen, ist normalerweise eine Änderung der Seiteneinrichtung und somit hat ein Abschnitt offensichtlich eine

---

Seitenrand-Eigenschaft. Wenn wir uns jedoch mit Formatierungen befassen, müssen wir von Eigenschaften wissen, die in mehr als einem Container sein können.

Das Objektmodell ist mit jeder Version von Word gewachsen und verfeinert worden. Sie können das Objektmodell für Ihre Word-Version anschauen, wenn Sie die VBA-Hilfe installiert haben. Öffnen Sie den Visual Basic-Editor (Alt+F11), schreiben Sie das Stichwort »Objektmodell« in den Antwort-Assistenten und klicken Sie auf *Suchen*.

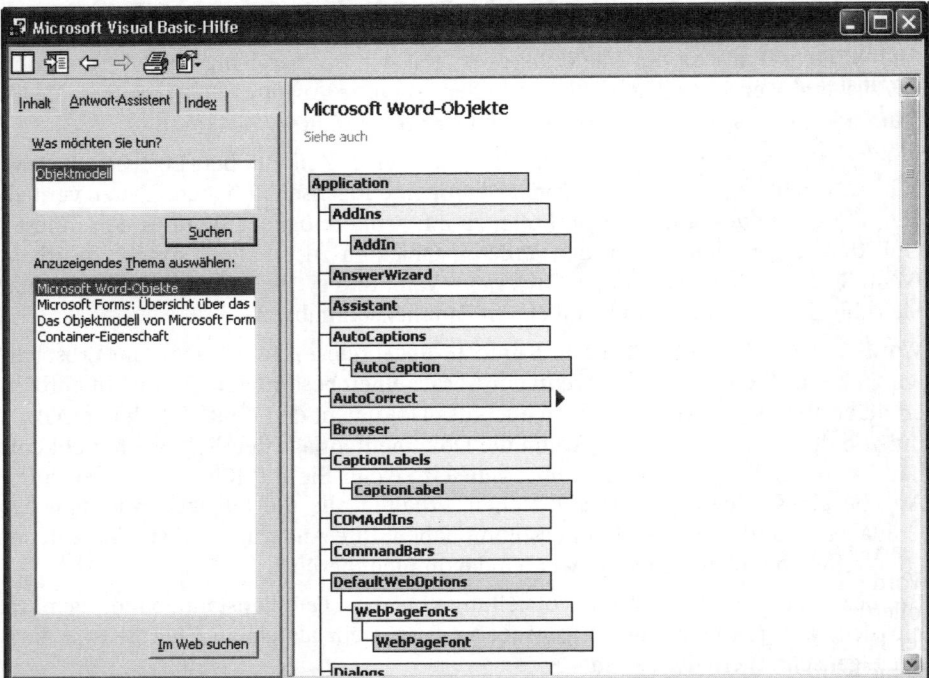

Abbildung 1.2:
In der Visual Basic-Hilfe *sind die Word-Objekte dargestellt und erläutert*

Umfangreiche Dokumente sind anders

Jeder Word-Benutzer sieht sich irgendwann einmal mit der Aufgabe konfrontiert, ein besonders umfangreiches Dokument zu erstellen. Wir, die diese Erfahrung schon durchgemacht haben, können Ihnen sagen, dass Sie vor zwei Hauptwidersachern stehen: Angst und Zeit. Diejenigen von uns, die lange Dokumente hauptberuflich erstellen, würden ergänzen, dass Sie die Zeit nie besiegen werden. Überwinden Sie jedoch ihre Angst, kann die Zeit zu Ihrem Diener werden.

Dieses Buch wird Ihnen helfen, die Angst zu meistern.

Angst steht hinter den meisten Krisen bei der Arbeit, z.B. mit langen Dokumenten. Die Versuchung ist groß, weiter wie gewohnt zu arbeiten, statt eine neue, leistungsfähigere Methode zu lernen. Geben Sie ihr nach, läuft Ihnen bald die Zeit davon und Sie befinden sich unweigerlich in einer Krise. Wie oft hören wir: »Dafür habe ich keine Zeit, sag' mir einfach die Antwort!« Diese Aussage müssten wir umdrehen und erwidern: »Dafür können Sie sich die Zeit nehmen; Ihnen steht gewiss nicht genug Zeit zur Verfügung, es nicht zu tun!«

Bei der Arbeit mit umfangreichen Dokumenten trifft Letzteres eher zu. Nehmen wir ein einfaches Beispiel: Die Verwendung von Formatvorlagen für die Formatierung. Wenn Sie Formatvorlagen einsetzen, kann ein 500 Seiten umfassendes Buch innerhalb von sechs Stunden korrekt formatiert werden. Ziehen wir in Betracht, dass ungefähr sechs Stunden nötig sind, um 50 Seiten mit direkter Formatierung zu bearbeiten, sparen Sie neun Tage Arbeit mit nur einer der Techniken, die dieses Buch vorstellt.

Die erste und vielleicht wertvollste Erkenntnis, die dieses Buch vermittelt, ist: Das Wichtigste, was Sie ändern müssen, um erfolgreich mit Word zu arbeiten, sind Ihre Voreinstellungen. Eignen Sie sich eine Anschauungsweise an, die Sie befähigt, neue Methoden zu suchen und auszuprobieren. Damit wird alles, was wir hier vorstellen, unkompliziert und selbstverständlich erscheinen. Fast hätten wir »einfach« gesagt, das wäre aber irreführend, da einige der Techniken recht komplex sind. Wir fügen jedoch hinzu, dass Ihnen diese komplexen Techniken nicht als schwierig vorkommen werden. Haben Sie ein lösungsbedürftiges Problem, erscheint die Lösung einfach, wenn das Problem gleich verständlich wird. Und mit Word, gerade in umfassenden Dokumenten, treffen wir oft auf solche Situationen.

Es gibt Arbeitsweisen, die straflos oder sogar effizienter in kurzen Dokument einsetzbar, aber in langen Dokumenten zu vermeiden sind. Eigentlich ist Word viel zu einfach zu bedienen. Die Microsoft-Programmierer haben über die Jahre viel Aufwand investiert, um die Handhabung von Word zu vereinfachen. Mit dem Ergebnis, dass sie für die Arbeit mit langen Dokumenten zu erfolgreich waren. Word neigt dazu, die Kontrolle zu übernehmen und das zu machen, von dem es glaubt, dass der Benutzer es wollte. Leider sind die von Word dabei ausgewählten Aktionen nur selten für die Bearbeitung umfangreicher Dokumente geeignet. Beim alltäglichen Einsatz von Word gibt es 45 Methoden, eine bestimmte Aufgabe zu erledigen; Sie können (und sollen) die Ihnen angenehmste benutzen. Das Gegenteil ist für größere Dokumente der Fall: Nur einige korrekte Handlungsweisen stehen zur Verfügung und Ihre Probleme werden stetig anwachsen, wenn Sie die Falsche anwenden!

Betrachten wir also die Unterschiede zwischen langen und kurzen Dokumenten, angefangen damit, was mit einem umfangreichen Dokument gemeint ist. Nach unserer Auffassung wird die korrekte Handhabung ab einer Dokumentlänge von ungefähr 120 Seiten ausschlaggebend. Word arbeitet problemlos mit einer Datei von mehr als 3.000 Seiten, sofern es strikt mit den in diesem Buch beschriebenen Methoden erstellt wurde. Verglichen mit kurzen, haben lange Dokumente:

- einen komplexeren Aufbau
- zusätzliche Elemente
- genauere Spezifikationen
- höhere Kosten
- meist eine Mehrfachverwendung

Anders ausgedrückt: Es gibt mehr zu tun in einem langen Dokument, es muss korrekt getan werden und es ist teurer. Sie haben mehr zu verlieren, wenn die Aufgabe nicht richtig angegangen wird. Das Thema »Beschädigte Dokumente« behandeln wir später im Buch. Sie haben in Ihrer Arbeit mit Computern bestimmt schon sehr früh die Erfahrung gemacht, dass eine verlorene Datei nicht bloß den Verlust von einigen Seiten bedeutet, sondern den Verlust der ganzen Arbeit. Wenn Sie ein Dokument an den

Punkt bringen, wo Word es nicht mehr öffnen kann, kann es auch keine andere Anwendung. Die ganze Arbeit geht verloren. Wir zeigen Ihnen, wie das zu vermeiden ist.

Komplexer Aufbau

Ein langes Dokument besteht meistens aus folgenden Elementen:

- Einleitender Teil
- Textkörper-Abschnitte
- Abschließender Teil

Im einleitenden Teil sind eine Titelseite, eine Copyright-Seite, ein Inhaltsverzeichnis und eventuell ein Vorwort zu erwarten.

In den Textkörper-Abschnitten sind mehrere Kapitel üblich. Wenn es sich um ein langes Buch handelt, könnte es noch in Teile unterteilt sein. Schreiben Sie ein riesiges Werk für eine Informatik-Firma, könnte es aus mehreren Bänden bestehen, wovon jedes Teile, Kapitel usw. enthält. Alles zusammen könnte einen einzigen Word-»Abschnitt« bilden, üblicher jedoch wäre ein Abschnitt für jedes Kapitel. »Abschnitte« sind ein etwas heikles Thema, das später eingehend behandelt wird.

Im abschließenden Teil findet man beispielsweise den Index, ein Glossar, Endnoten und eine Bibliographie.

Andere Dokumentarten enthalten andere Elemente. Ein Brief hat beispielsweise einen Adressblock, einen Datumsblock, einen Betreff, eine Absenderadresse, eine Begrüßung, Fließtext und einen Unterschriftenblock.

Beachten Sie bitte unsere Verwendung des Ausdrucks »Elemente«, wenn von den verschiedenen Teilen eines Word-Dokuments die Rede ist. Wer mit Auszeichnungssprachen wie HTML (HyperText Markup Language) vertraut ist, kennt dieses Konzept schon. Alles, was Teil eines Dokuments sein kann, ist ein Element. Ein Element ist immer Bestandteil eines anderen Elements (auch ein Dokument ist ein Element) und steht unter Umständen seinerseits über weiteren Ebenen mit Unterelementen. Da XML (eXtensible Markup Language) ein Dateiformat ist, das die jüngsten Word-Versionen erstellen können, werden wir es später eingehender behandeln. Für den Moment erwähnen wir einfach, dass man sich der Methoden der strukturierten Dokumentation bedienen muss, um lange Dokumente erfolgreich zu erstellen. Und um strukturierte Dokumentation zu erlernen, braucht es ein Wort, das die verschiedene Komponenten eines Word-Dokuments beschreibt: eben den allgemeinen Ausdruck »Elemente«.

Zusätzliche Elemente

Egal, welche Art von Dokument Sie erstellen, es wird erforderliche und wahlfreie Elemente haben. In jedem Fall hat jedes Element irgendeine Beziehung zu anderen: Entweder ist es untergeordnet (Kind) oder übergeordnet (Eltern).

Unter den Textelementen finden Sie unter Umständen einen oder mehrere Abschnittswechsel, um Seiten in Querformat oder Spaltenformatierungen zu definieren. Auch mehrere Grafiken könnten vorhanden sein.

Innerhalb eines Abschnitts könnten bis zu sechs verschiedene Arten durchlaufender Kopf- oder Fußzeilen stehen, mit Seitennummerierung.

Unter den Grafiken könnten sich eingebettete, eingebettete und verknüpfte und/oder lediglich verknüpfte Grafiken befinden. Eingebettete Grafiken sind unabhängig und in der Datei gespeichert. Verknüpfte Grafiken basieren auf getrennt gespeicherten Dateien. Word unterstützt auch das Einbetten einer Grafik mit aktiver Verknüpfung zu einer externen Datei. Die Grafikdaten sind im Dokument gespeichert, werden aber aktualisiert, wenn die externe Datei geändert wurde.

In kurzen Dokumenten ist das Einfachste immer das Beste. Die meisten Dokumente in Großfirmen werden erstellt, einmal verwendet und dann weggeworfen oder abgelegt (was die gleiche Bedeutung hat: sie werden nie wieder gesehen). Bei der Arbeit mit langen Dokumenten ist eine gesamtheitliche, strukturierte Arbeitsweise wichtig. Das bedeutet, einige Elemente werden im Dokument mitgeführt, um die Arbeit zu erleichtern, obwohl sie am Schluss wieder entfernt werden müssen oder nie eingesetzt werden. Beispiel: Viele lange Dokumente enthalten während der Produktion automatisch erstellte Verzeichnisse von Grafiken und Tabellen. Die Teams erhalten so eine bessere Übersicht, wo sich gewisse Dinge befinden und ob eine Aufgabe erledigt ist. Oft werden diese Verzeichnisse vor der Veröffentlichung entfernt.

Genaue Spezifikationen

Sie würden für den Bau eines Gartenschuppens wahrscheinlich keinen Architekten heranziehen (außer die Bauvorschriften verlangen es), für einen Wolkenkratzer aber ganz bestimmt. Bezogen auf Dokumente heißt das, je länger das Dokument werden soll, desto eher sollte man sich an einen strukturierten Satz von Spezifikationen halten.

In den meisten Fällen, wo ein Projekt mit einem langen Dokument in Schwierigkeiten gerät, liegt der Grund darin, dass vor Arbeitsbeginn keine Spezifikationen ausgearbeitet oder diese während der Erstellung ignoriert wurden.

Jahre bitterer Erfahrung haben uns gelehrt, dass ohne die Festlegung strikter Spezifikationen während des Planungsprozesses ein Ergebnis sicher ist: Das Projekt wird misslingen. Es bestehen nur Zweifel darüber, zu welchem Zeitpunkt der Misserfolg eintritt und wie viel er kosten wird. Wenn Sie nicht für den Erfolg planen, ist das Misslingen schon vorprogrammiert.

Word macht es ständig leichter, ohne ungenügende Vorplanung »davon zu kommen« oder die Schäden während des Projekts wieder gut zu machen. Sie sollten trotzdem – bevor Sie das erste Wort niederschreiben – zumindest ein vollständiges Inhaltsverzeichnis und Formatierungsspezifikationen festlegen.

Höhere Kosten

Es gibt eine Faustregel, dass eine einzige Person ein 200-seitiges Buch in sechs Monaten produzieren kann. Diese Regel setzt die Unterstützung eines Expertenteams voraus, das den Autor von Nebenaufgaben entlastet.

Falls Sie vorhaben, allein ein 200-seitiges Buch zu schreiben, rechnen Sie ein Jahr für die Arbeit. Die Verbesserungen in Microsoft Word ermöglichen es einer einzelnen Person, ein 200-seitiges Buch von A bis Z professionell im Alleingang zu erstellen. Jede Teilaufgabe nimmt jedoch Zeit in Anspruch. In der Vergangenheit war es nicht möglich, dass eine Person ein ganzes Projekt durchführen konnte. Word macht es jetzt möglich, Sie müssen aber genügend Zeit einplanen.

Eine vollständige Behandlung der Planung großer Dokumentationsprojekte liegt außerhalb der Intentionen dieses Buches. Wir empfehlen jedoch als ergänzende Lektüre »Managing Your Documentation Projects« von Joann T. Hackos (John Wiley & Sons; ISBN 0-471-59099-1).

Ihnen stehen auch zahlreiche deutschsprachige Informationsquellen zur Verfügung. Unter anderem sind wir auf diese Titel gestoßen: »Technische Dokumentation. Praktische Anleitungen und Beispiele« Dietrich Juhl; »Informations- und Wissensmanagement für technische Dokumentation« J. Hennig, M. Tjarks-Sobhani; »Dokumentations- und Ordnungslehre. Lehrbuch für die Theorie und Praxis des Information Retrieval« Wilhelm Gaus, F. Leiner; »Handbuch für Technische Autoren und Redakteure. Produktinformation und Dokumentation im Multimediazeitalter« Walter Hoffmann, u. a.

Rechnen Sie damit, dass die Planungs- und Designphasen eines richtig verwalteten Dokumentationsprojekts 70% der gesamten Projektzeit beanspruchen werden. Und eine wichtige Empfehlung für Großprojekte ist, dass niemand eine Zeile daran schreiben darf, bis diese Phasen abgeschlossen sind.

Mehrfach verwendbar

Vorbei sind die Tage, wo ein Buch geschrieben, gedruckt und von jedermann erwartet wurde, ein Papierexemplar zu kaufen und aufzubewahren.

Fast jedes große Dokument, welches Sie heutzutage produzieren, wird in mehreren Formaten wiedergegeben. Der Text wird für verschiedene Leserkreise umgestaltet. Er wird über mehrere Medien veröffentlicht, wovon Papier nur eines ist.

Nehmen wir als Beispiel ein Nachschlagwerk für die Informatik. Jeder in der Geschäftsleitung bekommt ein Exemplar auf Papier (das nie gelesen wird). Auch Sie als Verfasser haben ein Exemplar, weil Sie die Geschäftsleitung auf dem neuesten Stand halten müssen. Mitarbeiter in den Vereinigten Staaten wollen ihr Exemplar im *Letter Format*, während der Rest das *A4-Format* verwendet. Die Mehrheit der Leser wird es online über das Internet aufrufen. Einige der Programmierer möchten jedoch auch ein Papierexemplar. Die Marketing-Abteilung will nur die ersten drei Kapitel und wird diese für eine Verkaufsdokumentation abändern. Die Abteilung für Programmpflege ist ihrerseits nur an dem Mittelteil interessiert, aber im XML-Format, sodass es in eine Datenbank eingelesen werden kann. Die Kunden wollen das PDF-Format (Portable Document Format von Adobe) für ihre Laptops und das HTML-Format für ihr Intranet. Regierungsstellen wollen das Dokument im SGML-Format ...

Können Sie das alles mit Word unter einen Hut bringen? Ja, selbstverständlich.

Kontrolle oder Vertrauen

Große Dokumente werden fast immer in Teamarbeit produziert. Es ist leider eine Lebensweisheit, dass der Mensch den einfachsten Weg wählt, und dieser ist nicht immer der richtige. Sie sind natürlich anders, das wissen wir. Bereiten Sie aber ein

Dokumentationsprojekt in Word vor, werden Sie reichlich belohnt, wenn Sie sich bemühen, den richtigen Weg zum einfachsten zu machen.

Wir haben schon des Öfteren Firmen erlebt, die viel Zeit und Geld in den Versuch investierten, die Möglichkeiten der Word-Benutzer einzuschränken. Scharen von Beratern wurden herbei gerufen, um Befehle aus den Menüs zu entfernen, den Zugang zu gewissen Funktionalitäten einzuschränken und maßgeschneiderte Dialogfelder zu entwerfen, die nur eine bestimmte Auswahl anbieten oder eine gewisse Arbeitsweise erlauben.

Meistens scheitern diese Bestrebungen. Jeder Word-Benutzer, der über genügende Kenntnisse verfügt, um in einem großen Dokumentationsprojekt mitzuwirken, umgeht derartige Maßnahmen mit einigen Mausklicks. Eine Word-Benutzeroberfläche, die erfolgreich auf eine Aufgabe angepasst wurde, ist zu limitiert, die Aufgabe zu erfüllen.

Andererseits werden diejenigen belohnt, die Word ihren Bedürfnissen anpassen. Wir fordern Sie auf, Word zu personalisieren, wie es Ihnen beliebt. Sie werden damit schließlich stundenlang, tagein, tagaus arbeiten. Word wird zu Ihrem Büro, fast zu Ihrer ausschließlichen Arbeitsumgebung. Passen Sie es Ihren Bedürfnissen an, machen Sie es fügsam. Gestalten Sie Ihr eigenes Word!

Vergessen Sie diese Regel nicht: Den richtigen Weg zum einfachsten machen. Besonders bei der Anpassung für andere Benutzer, da diese wohl bekanntlich den einfachen Weg gehen werden, egal wer es ihnen untersagt oder wie oft. Sorgen Sie vor Projektanfang dafür, dass es erst gar nicht nötig wird, die Mitwirkenden wiederholt zu ermahnen. Und zwar so, dass Sie nicht ständig Kontrollen durchführen müssen, ob die korrekten Prozeduren befolgt werden. Unterlassen Sie dies, werden die Administrationskosten einen unerfreulich großen Anteil des Projektbudgets verschlingen und der Terminplan wird (wie Ihr Ruf) ins Rutschen geraten.

Die Grenzen von Microsoft Word

Die größte Stärke von Microsoft Word als Textverarbeitungsprogramm liegt im Bereich großer, komplexer Dokumente. Diese These setzt voraus, dass Sie an einem Buch in der Größenordnung von 500 bis 900 Seiten arbeiten. Word ist durchaus fähig, extrem große Dokumente in einer einzelnen Datei zu handhaben. Offiziell beträgt die maximale Dateigröße 32 MB Text. Besteht ein Dokument ausschließlich aus Text (z.B. ein File Dump oder irgendeine andere ungewöhnliche Datei), ergeben 32 MB ungefähr 5.774 A4-Seiten oder 6.298 Letter-Seiten (Jawohl, John hat's ausprobiert!).

Wohl bemerkt: Im Dokument enthaltene Grafiken zählen nicht zum 32 MB Grenzwert. Theoretisch könnte ein Word-Dokument voller Screenshots die maximale Dateigröße Ihrer Betriebssystem-Dateiverwaltung übersteigen, solange der Textteil nicht mehr als 32 MB ausmacht. Windows-Betriebssysteme haben die folgenden Grenzwerte (besten Dank für die Information an unseren MVP Kollegen Greg Chapman):

- Mit FAT16: 2 Gigabyte Partition, max. 1 GB Datei (ein Gigabyte sind 2 hoch 30, d.h. 1.073.741.824 Bytes)
- Mit FAT32: 2 Terabyte Partition, max. 8 GB Datei (ein Terabyte sind 2 hoch 40, d.h. 1.099.511.627.776 Bytes)

- Mit NTFS: 16 Exabyte, max. 16 Exabyte Datei (ein Exabyte sind 2 hoch 60, d.h. 1.152.921.504.606.846.976 Bytes)

Das Betriebssystem *Mac OS X* basiert auf Unix und kann ebenfalls sehr umfangreiche Dateien verwalten. Ein »Byte« ist ungefähr die Hälfte eines Zeichens. »Ungefähr«, weil es nicht für alle Zeichen oder den ganzen Text im Dokument eingesetzt wird, obwohl Word *Unicode* für seinen internen Zeichensatz verwendet. Wenn das ganze Dokument Unicode enthält, würde jedes Zeichen zwei Bytes beanspruchen. Besteht das ganze Dokument aus ASCII-Zeichen (ein Großrechner-Dump beispielsweise), würde jedes Zeichen ein Byte Speicherplatz benötigen. In Wirklichkeit ist jedes Dokument eine Mischung daraus.

Die Dateigröße ist jedoch nicht der einzige Faktor, der mitwirkt. Die obere Grenze bestimmt meistens die interne Komplexität eines Dokuments. Je mehr verschiedene Elemente im Dokument vorhanden sind, desto komplexer wird die interne Struktur und Word wird entsprechend langsamer. Ein Dokument voller Tabellen, grafischer Elemente, komplexer Formatierungen und nummerierter Listen, mit zahlreichen Querverweisen und einem Inhaltsverzeichnis ist äußerst komplex und Word wird spürbar langsam, wenn es die Anzahl von 5.000 Seiten erreicht.

Es ist nicht möglich, eine genaue obere Grenze zu definieren. Die mitwirkenden Faktoren sind zu verschieden und komplex. Hier jedoch einige Richtlinien:

- Haben Sie einen Rechner, wie in den meisten Großfirmen üblich, zielen Sie auf einen maximalen Umfang von ungefähr 200 Seiten pro Dokument. Alles, was darüber liegt, wäre zu langsam und unzuverlässig.

- Für ein übliches komplexes Dokument (wie ein Computer-Handbuch) wird Word 2002 auf einer leistungsfähigen Workstation ab zirka 1.500 Seiten zu langsam, um damit sinnvoll zu arbeiten.

- Die Speicherung einer 32 MB großen Datei dauert ungefähr eine Minute. Während dieser Zeit können Sie nur dasitzen und zuschauen. Das ist so frustrierend, dass Sie lange vorher das Dokument in mehrere kleine unterteilen werden.

- Word unterstützt die gleichzeitige Bearbeitung einer Datei durch mehrere Benutzer nicht. Nur eine Person kann zu einem Zeitpunkt mit einem Word-Dokument arbeiten. Für die Erstellung eines Dokuments durch ein Team sollten Sie es deshalb in mehrere Dateien aufteilen, sodass jeder Mitwirkende Zugang zu seinem Abschnitt hat.

Es gibt Aufgaben, wofür Word nicht optimal geeignet ist:

- Memos, Briefe und E-Mail auf einem Laptop ist eine davon. Word ist zu groß, es beansprucht viel Akkuleistung, Prozessor und Festplattenraum. Viele Laptopbenutzer müssen ungeachtet dessen Word aus Kompatibilitätsgründen einsetzen. Sofern Sie aber die Wahl haben, stehen Ihnen mit einem »leichteren« Produkt die Ressourcen länger zur Verfügung. Ausgenommen sind natürlich Highend-Laptops, die über die Ressourcen eines kleinen Servers und modernste Akkus verfügen.

- Informatikbibliotheken der Meta-Größe ist eine andere. Wenn Sie regelmäßig Dokumente mit mehr als 1.500 Seiten bearbeiten oder eine Vielzahl von Publikationen in mehreren Sprachen verwalten, die alle den gleichen Text teilen, wären Sie mit einem DTP-Programm wie *FrameMaker* oder einer SGML-Lösung, die für diese Dienste konzipiert sind, wahrscheinlich besser bedient.

Ein Wort über Workstations

Welche Workstation eignet sich am besten für ein Word-Projekt? Für die meisten von uns muss die Antwort lauten: »Die, die mir im Büro zur Verfügung steht.« Nur wenigen ist der Luxus beschert, eine auf die Arbeit mit Word getrimmte Workstation zu installieren bzw. zu verwenden.

Aber gelegentlich friert die Hölle zu oder der Chef fragt, was Sie alles auf Ihrer neuen Workstation haben möchten. Oder es kommt vor, dass Sie die Vorbereitungen für ein Dokumentationsprojekt treffen und die Ausrüstung selber bestimmen dürfen. Und dann werden Sie unter Umständen den gleichen Frust durchmachen, wie wir ihn schon mehrmals erlebt haben: Es ist fast unmöglich, diesbezüglich feste Empfehlungen zu bekommen.

Deshalb werden wir auflisten, worin John McGhie sein Geld investiert und warum. Diese Informationen können Sie als einen Anfangspunkt benutzen.

Bildschirm

Verschaffen Sie sich einen Bildschirm mit mindestens 19 Zoll sichtbarer Fläche. Ihr Bildschirm ist Ihr Büro. Manager in Großfirmen, die nur Wörter verwenden, welche auf »isierung« enden, werden diesen Wunsch nie verstehen, weil sie den PC, der auf dem Schreibtisch steht, selten einsetzen. Dafür haben sie doch einen Stab von Mitarbeitern. Sie selbst jedoch verbringen acht Stunden am Tag (also gut: zehn ...) davor, den ganzen Tag, jeden Tag, gänzlich gefangen von der Mattscheibe des ausgewählten Monitors.

19 Zoll sichtbare Fläche erlauben für die abschließende Korrektur die Anzeige von zwei gegenüberliegenden Seiten bei einem Zoom von 100%. Mit weniger geht das nicht. Sie können während der Arbeit mit einem Mausklick mühelos zwischen mehreren Dokumentfenstern wechseln. Wenn Zeit gleich Geld ist, lohnt sich die verbesserte Produktivität.

Ein Flachbildschirm (TFT-Monitor) wäre ideal. Allerdings ist Vorsicht bei Flachbildschirmen geboten: Die Anzeige mancher Geräte ist ziemlich grob gerastert; sie sind vielleicht groß, haben aber zu wenig Pixel. Ziehen Sie einen Flachbildschirm insbesondere dann nicht in Betracht, wenn Sie beabsichtigen, eine andere als die vorgesehene Auflösung zu verwenden. Ein Antialiasing (Vermeiden von Bildunregelmäßigkeiten) auf einem Flachbildschirm sieht grausam aus. Sie werden sich nicht den ganzen Tag über damit abfinden. Stellen Sie sicher, dass die Grafikkarte einen digitalen Ausgang hat; die meisten Flachbildschirme arbeiten nicht optimal mit einem analogen Ausgang. Sind Sie Künstler, gibt es für Sie leider noch keine Flatscreen-Lösung. Die farbliche Leistung ist (noch) ungenügend. Und wenn Sie gerne spielen, müssen Sie ebenfalls noch auf einen Flachbildschirm verzichten; diese reagieren zu langsam.

Bei der Auswahl eines CRT Monitors ist die Bildpunktgröße (Dot-Pitch) ein entscheidender Faktor. Es gibt zwei Sorten: feiner oder gröber als 0,24 mm. Wählen Sie das feinere Pitch. Zwar sind derartige Monitore ungefähr doppelt so teuer, können aber 10-Punkt-Serifenschriften anzeigen, ohne Ihre Augen zu überanstrengen.

Word stellt einen Monitor vor schwierige Aufgaben: Er muss eine Textseite so anzeigen, dass der weiße Hintergrund auf dem gesamten Bildschirm immer gleich weiß ist. Und der schwarze Text muss bis in die Ecken pechschwarz bleiben. Wie bei allem kann ein Monitor gut, groß oder billig sein – aber immer nur zwei von diesen drei Eigenschaften aufweisen. Sie werden erfahren, dass große, billige Monitore schwarzen Text bei höchster Auflösung nicht anzeigen können – er wird grau angezeigt. Diese erreichen auch die ideale Bildwiederholungsrate von 100 Hz nicht.

Grafikkarte

Sie brauchen für Word nicht die »heißeste« Grafikkarte auf dem Markt, dafür aber die »standardisierteste«.

Im Vergleich zu den haarsträubenden Forderungen eines dreidimensionalen Spiels verlangt Word wenig von einer Grafikkarte. Word ist jedoch äußerst heikel in der Frage der Grafiktreiber. Einer unserer ersten Vorschläge, wenn Benutzer sich über unerklärliche, wahllose Word-Abstürze beklagen, ist, den Grafikkartentreiber zu aktualisieren. Falls Ihr Grafikkartentreiber nicht stabil ist, wird es Word bald herausfinden. Aus diesem Grund ist es sicherer, nicht den »letzten Schrei« unter den Grafikkarten anzuschaffen, ausgenommen, sie ist mit einem nVidia- oder ATI-Grafikprozessorchip mit guter Treiberunterstützung ausgestattet. Solche Treiber sind ausgiebig getestet und lassen dadurch weniger Probleme erwarten.

Leider gibt es gelegentlich Zusammensetzungen von CPU, Motherboard, Grafikkarte, Betriebssystem und Grafiktreiber, die nicht zuverlässig mit Word zusammenarbeiten. Es wäre zwecklos, sie hier aufzulisten. Stürzt Word jedoch immer wieder wahllos ab, nachdem ein Dokument mehr als zehn Minuten geöffnet ist – und meistens dann, wenn Sie einen Befehl ausführen, der die Anzeige ändert – probieren Sie, die Farbtiefe zu ändern. Verringern Sie die Anzahl der Farben, die der Grafiktreiber anzeigt, vom Maximum zur nächst niedrigeren Einstellung. Wenn die Abstürze ausbleiben, ist der Grafiktreiber nicht stabil; suchen Sie eine neuere Version auf der Internetseite des Herstellers. Werden Sie fündig, können Sie die Farbeinstellung nach der Treiber-Aktualisierung wieder auf das Maximum zurückstellen.

Um die Farbtiefe einzustellen, klicken Sie mit der rechten Maustaste auf den Desktop-Hintergrund von Windows. Wählen Sie im Kontextmenü den Befehl *Eigenschaften*. Auf der Registerkarte *Einstellungen* finden Sie das Dropdown-Feld *Farbqualität* für die Auswahl der Farbtiefe.

HINWEIS

Selbstverständlich muss die gewählte Grafikkarte über genügend Speicherplatz verfügen, um die eingestellte Bildschirmauflösung zu unterstützen. Manche bevorzugen eine Auflösung von 1.152 x 864; andere 1.280 x 1.024. Für die erstere genügen 32 MB Grafikspeicher knapp. Für 1.280 x 1.024 brauchen Sie entweder mehr Grafikspeicher oder die Farbtiefe muss von 32 Bit (professionelle Farbe) auf 24 oder 16 Bit (Millionen von Farben) reduziert werden.

Stellen Sie fest, ob die Grafikkarte für einen CRT-Monitor eine ausreichende Bildwiederholungsfrequenz bei der bevorzugten Auflösung unterstützt. Ideal für die ganztägige Arbeit wären 100 Hz; wobei aber 80 Hz und höher ebenfalls noch akzeptabel sind. (Flachbildschirme mit digitalem Eingang sind bereits optimiert und Sie müssen, wie bei der Auflösung, diesbezüglich nichts unternehmen.) Standardmäßig stellt Word die Bildwiederholungsfrequenz auf 60 Hz ein, weil dies der VGA-Standard ist, der in der Industrie als Benchmark-Minimum gilt. Nur allzu oft sehen wir Benutzer in einer Firmenumgebung, die diese Einstellung nie geändert haben. Sie fragen sich, warum sie am Ende des Tages unter Kopfschmerzen leiden und eine Brille brauchen, bevor sie 40 sind. Schuld daran ist das Flimmern, verursacht durch die zu geringe Bildwiederholungsfrequenz.

Wählen Sie also die höchst mögliche Bildwiederholungsfrequenz, die Ihr System erlaubt. Das Bild wird stabiler, das Flimmern verschwindet und am Ende des Tages werden Sie sich viel besser fühlen.

Tastatur und Maus

Die Wahl von Tastatur und Maus ist eine kritische Entscheidung. Sie werden den ganzen Tag damit verbringen, stellen Sie sich also darauf ein, zu testen und auszuprobieren, bis Sie das passende Eingabegerät gefunden haben.

Setzen Sie eine optische Maus ein. Verstehen Sie nicht warum, probieren Sie eine aus. Die Bewegung ist flüssiger und präziser; somit geht es Ihrer Hand und Ihrem Handgelenk am Ende eines langen Tages wesentlich besser.

Die Tastatur ist sehr persönlich. Alles, was wir dazu sagen können, ist, dass die billige, die mit dem Rechner geliefert wurde, es wahrscheinlich nicht tun wird. Gefühl ist alles, und das beste Gefühl für Sie ist davon abhängig, wie Sie tippen. Die Tastatur, die Ihnen im Laden gefiel, wird Ihnen nach einigen Tagen Einsatz vielleicht nicht mehr liegen. John mag eine Microsoft-Tastatur mit einem harten Anschlag, weil er ein Mann ist und außerdem das Zehnfinger-System nicht beherrscht. Cindy hingegen hat eine Logitech-Tastatur mit einem sehr leichten »Touch«; so leicht, dass John damit nicht tippen kann. Ein Mitarbeiter Johns tippt mit Johns alter Microsoft Natural Tastatur. Nicht, dass diese Tastatur John nicht gefallen hat. Im Gegenteil! Die gebogene Tastatur passte ihm ausgezeichnet, aber leider wechselt er in seiner Arbeit als Berater zwischen vielen Umgebungen. Dann ist die Anpassung von gebogener zur geraden Tastatur zu verwirrend.

Sound und Spracherkennung

Lautsprecher sind für unsere Arbeit irrelevant; wir geben kein Geld aus, nur um jedes Mal, wenn wir die »falsche« Taste drücken, ein schönes lautes »Pieps« zu hören. Also keine Empfehlungen an dieser Stelle.

Spracherkennung wird von den deutschen Word-Versionen nicht unterstützt – außer Sie haben ein Add-In von einer Nicht-Microsoft-Anwendung installiert (»Via Voice« oder »Dragon« beispielsweise).

Keiner von uns Autoren hatte jemals viel Erfolg mit Spracherkennung. Auch nach extensivem Training werden Sie mindestens noch einen Fehler pro Absatz finden; und einige der Fehler sind schwer zu erkennen. Unerkannte Fehler erhöhen die Kosten und das Risiko bei der Produktion professioneller Dokumentation. Deshalb setzen wir eine Spracherkennung erst gar nicht ein.

Spracherkennung ermöglicht vielen Leuten, die aus verschiedenen Gründen mit einer Tastatur nicht zurecht kommen, produktiv mit Rechnern zu arbeiten. Wenn Sie Spracherkennung brauchen, müssen Sie auf jeden Fall über eine sehr leistungsfähige Workstation verfügen. Sparen Sie nicht, wenn es um die Sound-Karte geht. Als Minimum für die CPU gilt ein Pentium 4 oder ein Macintosh Dual-800 MHz. Der Arbeitsspeicher sollte möglichst auf 512 MB RAM ausgebaut sein, wobei ein Gigabyte noch besser wäre. Dazu sollten Sie auch ein Headset-Mikrofon anschaffen.

System

Das System spielt eigentlich keine wesentliche Rolle, so lange es über mindestens 256 MB RAM verfügt. Ausgenommen, Sie verwenden Spracherkennung, beansprucht Word den Prozessor nur wenig und läuft gut auf mit einem Pentium 266 oder Mac G3. Was die Arbeit mit Word betrifft, sind Dual-Prozessoren unnötig. Wie die Vielzahl der gegenwärtigen Programme auf dem Markt erkennt Word den zweiten Prozessor nicht und kann ihn nicht nutzen. Mit dem Macintosh OS X könnten Sie daraus Nutzen ziehen, aber mit beiden Systemen werden Sie mehr prozessorbedingte Abstürze in Kauf nehmen müssen. Die Softwareentwicklung für zwei Prozessoren ist exponential schwieriger als für einen und das Ganze steckt noch in den Kinderschuhen.

Für die Arbeit mit umfangreichen Dokumenten investieren Sie Ihr Geld besser in RAM und eine schnelle Festplatte. Word beansprucht die Festplatte intensiv und wird merklich langsamer, wenn zu wenig RAM zur Verfügung steht. Wenn Sie Ihren Lebensunterhalt mit der Erstellung von großen Handbüchern verdienen, sorgen 512 MB für eine spürbar flottere Arbeit als 256 MB. (Wir nehmen natürlich an, dass neben Word auch ein E-Mail-Dienst, eine Grafikanwendung, eine Tabellenkalkulation und vielleicht noch einige andere Programme gleichzeitig laufen.)

Sie werden auch ein DVD-Laufwerk und ein Backup-Gerät brauchen. Wir werden das Thema »Sicherungskopien« im folgenden ▶ Kapitel 2 eingehender behandeln.

Betriebssystem

Hier ist Microsoft Windows XP oder Windows 2000 die Wahl. Aber auch Macintosh OS X stellt eine geeignete Alternative dar.

Drucker

Vergewissern Sie sich, dass Ihr Drucker die PostScript-Seitenbeschreibungssprache korrekt unterstützt. Wegen der für den professionellen Druck verlangten Auflösung müssen professionelle Dokumente EPS (Encapsulated PostScript)-Grafiken benutzen. Unterstützt der Drucker PostScript nicht, werden EPS-Grafiken unter Umständen überhaupt nicht ausgedruckt.

Es lohnt sich, dies zu testen, denn es gibt einige Drucker, die PostScript als Option, aber meist dann nicht installiert haben, wenn Sie es benötigen.

Beabsichtigen Sie, Dokumente an ein professionelles Büro für Satz und Druck zu geben, stellen Sie sicher, dass alle im Dokument verwendeten Schriftarten auf Ihrem System installiert sind und dass Sie diese mit dem Dokument an das Büro weitergeben können. Viele Druckereien arbeiten immer noch mit Macintosh-Rechnern, die eingebettete Schriften nicht unterstützen. (Word auf dem Macintosh ist sonst recht kompatibel mit den PC-Versionen, aber einige der PC-Funktionen sind nicht vorhanden; auch der vollständige Satz an Unicode-Zeichen steht beispielsweise nicht zur Verfügung.) Wenn die Druckerei die Schrift nicht hat, kann sie das Dokument nicht korrekt ausdrucken; so einfach ist das.

Warum Word 2002?

Word 2002 hat viele neue Funktionen. Es wäre falsch, zu behaupten, dass eine Vielzahl davon für die professionelle Arbeit mit großen Dokumenten zwingend wären, aber ein Feature ist es ganz bestimmt: *Listenformatvorlagen*.

Listenformatvorlagen

Die Absatznummerierung war seit eh und je ein Knackpunkt in der Produktion großer Dokumente. Mit dem Erscheinen von Word 97 erhielt man mehr Flexibilität, stark erhöhte Komplexität und gleichzeitig Probleme mit der Zuverlässigkeit.

Word 2002 führte, wie gesagt, Listenformatvorlagen ein. Damit wurde die Formatierungssteuerung durch Formatvorlagen in mehrere Komponenten getrennt. Die Komplexität wurde dadurch nochmals erhöht, endlich haben wir jedoch eine durchgreifende Methode, sie zu handhaben. Außerdem wurde die Zuverlässigkeit der Nummerierung stark verbessert. Wenn es um die Erstellung langer Dokumente geht, sind Listenformatvorlagen der »Knaller« unter den Neuerungen, die Word 2002 anzubieten hat. Die Nummerierung behandeln wir eingehend in ▶ Kapitel 4.

Noch mehr neue Funktionalität

Je nach Arbeitsbereich und Aufgabe ist die eine oder andere Neuerung für den professionellen Word-Nutzer von Interesse:

- **Tabellen-Formatvorlagen**
  Endlich lassen sich eigene Tabellen-AutoFormate definieren, wodurch der Einsatz standardisierter Tabellen wesentlich einfacher wird. Dies ist zwar kein »Knaller«, da man bislang AutoText oder Makros dafür einsetzen konnte, aber doch ein Leckerbissen, den wir in ▶ Kapitel 8 unter die Lupe nehmen.

- **Verbesserte Zeichnen-Werkzeuge**
  Für eine Textverarbeitung handhabt Word einfache Grafiken überraschend gut. Selbst die Techniker und Grafiker bedienen sich immer mehr der Word-internen Zeichnen-Werkzeuge, um Grafiken in ihren Dokumenten zu erstellen. Dies bedeutet, dass Dokumente in einer Firma problemlos zirkulieren können, ohne dass auf jedem Rechner zusätzlich eine teure Grafikanwendung installiert werden muss. Die Zeichnen-Werkzeuge in Word 2002 vereinfachen die Erstellung und Positionierung von einfachen grafischen Objekten. Der Umgang mit Grafiken wird im ▶ Kapitel 9 diskutiert.

- **CSS**
  Mit so viel Web- und Internetkompatibilität in Word 97 und insbesondere in Word 2000 war das Fehlen von CSS (Cascading Stylesheets) auffallend und frustrierend. In Word 2002 wurde diese Schwäche behoben.

- **Digitale Unterschriften**
  Oft besteht das Bedürfnis, zu beweisen, dass ein Dokument seit seiner Erstellung nicht verändert wurde. Word 2002 stellt einen Mechanismus zur Verfügung, mit dem Sie Ihre Dateien unterschreiben können. Der Empfänger kann dadurch feststellen, ob die Datei irgendwann vor dem Empfang geändert wurde. Sie sollten

dieses Feature nicht für Dokumente einsetzen, die für einen Macintosh vorgesehen sind, da Macintosh digitale Unterschriften noch nicht korrekt unterstützt.

- **Auto-Crash**

  Entschuldigung, der Versuchung konnten wir nicht widerstehen. Die Funktionalität heißt korrekterweise »Dokumentwiederherstellung« und sie ist eigentlich ein »Knaller«. Word und andere Office XP-Anwendungen reagieren auf die meisten Probleme, die zu einem Absturz führen, bevor das System einfriert und sorgen für einen ordentlichen Abschluss. In Bearbeitung befindliche Dateien werden zwischengespeichert, die Anwendung startet sich neu, die geretteten Dateien werden geöffnet (und, wo notwendig, repariert) und in dem neuen *Arbeitsbereich* samt anderer wichtiger Informationen aufgelistet. Als Stammkunden dieser Funktion können wir Ihnen mit Nachdruck versichern, dass es unheimlich ist, zuzuschauen, wie Word alle geöffneten Dateien speichert und rettet. Das Erscheinen eines Dialogfelds mit der Meldung »Microsoft Word hat ein Problem festgestellt und muss beendet werden.« ist jedoch etwas beunruhigend, was uns zu dem Spitznamen »Auto-Crash« verleitete.

- **Handschrifterkennung**

  Interessant für die »Palm-Piloten«, eher weniger relevant für die Arbeit mit großen Dokumenten.

- **Seriendruck-Ereignisse**

  Endlich wird auch in Word möglich, was in WordPerfect seit einem Jahrzehnt selbstverständlich war: der Eingriff in den Seriendruckablauf, um Dokument und Datenquelle zu manipulieren. Mehr darüber lesen Sie im ▶ Kapitel 10.

2 Die Arbeitsumgebung einrichten und optimieren

Um effizient arbeiten zu können, empfehlen wir Ihnen, sich eine bequeme Arbeitsumgebung einzurichten. Dieses Kapitel erläutert die dafür aus unserer Sicht wichtigen Einstellungen. Word ist ein äußerst wirksames und flexibles Werkzeug bzw. Hilfsmittel. Allerdings erinnert der Anblick der Benutzeroberfläche ein wenig an das Cockpit einer Boeing 747: Es gibt eine Unmenge Knöpfe und Schalter, Zeiger und Hebel. Wenn diese für die zu lösende Aufgabe und Ihre Arbeitsweise nicht korrekt eingestellt sind, ist es schwierig und frustrierend, Word zu »fliegen«. Zudem sind Backup und Kontrolle der Versionen von großer Bedeutung, egal ob Sie mit langen, komplexen Dokumenten oder an Automatisierungslösungen arbeiten. Auch dieses Thema sprechen wir in diesem Kapitel an.

Natürlich braucht es für verschiedenartige Aufgaben auch verschiedene Einstellungen. Wenn wir den Ausdruck »professionelle Dokumente« gebrauchen, meinen wir Dokumente, die sich an einen vorgegebenen Formatierungs-Standard halten (allgemein als »Style Guide« bezeichnet). Normalerweise verlangen Verlage und die Dokumentationsabteilungen großer Firmen, dass ihre Formatierungs-Standards streng befolgt werden.

Da wir alle mit verschiedenen Dokumenttypen arbeiten, ermuntern wir Sie ausdrücklich, Vorlagen und Makros zu erstellen, um Ihre Einstellungen schnell und zielsicher für die aktuelle Arbeit anzupassen. John fügt seinen professionellen Vorlagen `AutoOpen`-Makros hinzu, um nicht weiter an die damit verbunden Besonderheiten denken zu müssen, wenn er zwischen Dokumenttypen wechselt. Zu Ihrer Beruhigung: Selbstverständlich sind nicht alle Dokumente, die wir schreiben, »professionell«. Sogar

John nimmt alles viel lockerer, wenn er ab und zu einen Brief an seine Mutter schreibt.

In Word gibt es zwei Sorten von Einstellungen: Diejenigen, die für alle Dokumente gelten und die, die im Kontext eines spezifisches Dokuments gültig sind. Die Word-Hilfe verwendet die Ausdrücke »Global-« und »Dokumenteinstellungen«. Die meisten Einstellungen haben einen Standardwert. Er verkörpert die Einstellung, welche gilt, wenn Sie nichts anderes bestimmen. Manche Standardwerte können angepasst werden, andere sind in Word fest eingebaut. Einige Einstellungen haben sowohl eine globale als auch eine dokumentspezifische Wirkung und deren Standardwerte werden an mehreren Stellen festgelegt. Die Sprachen-Einstellungen erweisen sich als besonders verwickelt, da sie an sieben verschiedenen Orten vorgenommen werden können.

Leider ist es manchmal schwierig, zwischen »Dokument-« und »Globaleinstellungen« zu unterscheiden. Einige sind eindeutig: Das »Papierformat« z.B. muss ja dokumentspezifisch sein, ansonsten müssten alle Dokumente auf dem gleichen Papier ausgedruckt werden. Die Sprache der Benutzeroberfläche hingegen ist global, denn es wäre recht verwirrend, wenn Menüs und Dialogfelder je nach Dokument anders erscheinen würden! Oft ist die Frage einfach: Während der Dokumenteinrichtung werden Sie einfach die für eine problemlose Arbeit benötigten Einstellungen vornehmen. Wo es jedoch eine wichtige Rolle spielt, werden wir das Thema im Detail behandeln. Das Hauptanliegen dieses Kapitels ist, Ihre Grundeinstellungen in Word so festzulegen, dass Sie bei der Erstellung von einzelnen Dokumenten möglichst wenig zu tun und zu merken haben.

Die wichtigsten Einstellungen stehen im Menü *Extras*. Diese Werte werden zum größten Teil entweder in die Windows-Registry oder in die Standard-Dokumentvorlage *Normal.dot* geschrieben. Nehmen wir sie genauer unter die Lupe und diskutieren, wie sie festzulegen sind.

Das unveränderte Menü *Extras* in Word 2002 enthält standardmäßig 16 Einträge. Wenn Sie weniger sehen, klicken Sie auf den doppelten, abwärts zeigenden Pfeil oder warten Sie einige Sekunden, bis Word das Menü vollständig einblendet. Hinter 13 dieser 16 Einträge stehen Optionen, die Sie für Ihre Arbeit unter Umständen ändern wollen.

Die vollständige Menüanzeige kann über den Menübefehl *Extras/Anpassen* auf der Registerkarte *Optionen* durch Aktivierung der Option *Menüs immer vollständig anzeigen* eingeschaltet werden. In Word 2000 heißt die Option anders und muss deaktiviert werden; in Word 97 fehlt diese Funktionalität. **TIPP**

Extras/Sprache

Komplexer als die Spracheinstellungen geht's kaum. Wir nehmen sie Schritt für Schritt auseinander, um etwas Klarheit in die Materie zu bringen. Jede Version seit Word 97 weicht leicht von den anderen ab, da immer neue Funktionalität dazu gekommen ist. Die Grundlagen bleiben aber die Gleichen.

Zuerst müssen Sie sicherstellen, dass die Spracheinstellungen des Betriebssystems korrekt sind und dass Sie verstehen, wie sie eingesetzt werden. Weitere Informationen dazu finden Sie in der Windows-Hilfe; eine eingehende Diskussion der Spracheinstellungen im Betriebssystem Windows soll in diesem Buch nicht vorgenommen werden.

TIPP Die Spracheinstellungen befinden sich in Windows XP unter *Systemsteuerung/Regions- und Sprachoptionen*/Registerkarte *Sprachen*, Schaltfläche *Details*. In den meisten Vorgänger-Versionen von Windows und von Office XP stehen sie unter *Systemsteuerung/Tastatur*/Registerkarte *Eingabe*. Mit installiertem Office XP und früheren Windows-Versionen werden die Einstellungen am besten unter *Systemsteuerung/Ländereinstellungen* geregelt.

Wichtig ist (wir können dies nicht genug betonen), dass die *Standardsprache* und das Standard-*Eingabegebietsschema* in Windows ganz genau der Standardsprache in Word entspricht. Falls Sie ein anderes *Tastaturlayout* benutzen wollen, ist das kein Problem; ein anderes Tastaturlayout für die gewählte Sprache kann jederzeit bestimmt werden. Seien Sie gewarnt: Wenn die Sprachen in Windows und Word nicht übereinstimmen, werden die Spracheinstellungen und die Rechtschreibprüfung in Word zu einem Albtraum.

Weiterhin empfehlen wir, nur die Sprachen zu installieren und zu konfigurieren, die Sie auch tatsächlich benötigen. Windows und Word 2000/2002 haben gelegentlich die Tendenz, anscheinend willkürlich die Sprache zu wechseln. Das erfahren Sie meist erst dann, wenn die Rechtschreibprüfung verrückt spielt.

Das gleiche gilt für Office 2000 und XP. Installieren und aktivieren Sie nur die Sprachen, die Sie auch einsetzen werden. Sprachen in Office 2000 und XP werden über *Start/Alle Programme/Microsoft Office Tools/Microsoft Office XP-Spracheinstellungen* auf der Registerkarte *Aktivierte Sprachen* verwaltet.

HINWEIS In diesem Dialogfeld können Sie nur die Einstellungen für die Sprachenformatierung des Textes – also für die Rechtschreibprüfung (inklusive Grammatik, Thesaurus und Silbentrennung) – vornehmen. Es ändert nicht die Sprache der Benutzeroberfläche (Menüs, Dialogfelder oder Hilfe). Diese Funktionalität steht nur in den englischen Versionen von Word zur Verfügung, in Form des *Microsoft Office Multilanguage Packs*. Und dies ist nur für Inhaber bestimmter Lizenzverträge erhältlich. Falls erforderlich, erhalten Sie von Ihrer lokalen Microsoft-Vertretung weitere Informationen.

HINWEIS Erscheint auf der Registerkarte *Aktivierte Sprachen* die Bemerkung »eingeschränkte Unterstützung« neben einem Spracheneintrag, müssen Sie auf Ihrem System zusätzliche Komponenten installieren, um diese Sprache zu unterstützen. Die verfügbare Unterstützung hängt von Ihrem Betriebssystem ab. Für die extensive Arbeit in mehreren Sprachen empfiehlt Microsoft zurzeit Windows 2000, da es Unterstützung für die meisten Sprachen umfasst.

Nachdem die Standardsprache des Betriebsystems feststeht und die Sprachen in Windows und Office aktiviert sind, kommen wir zu Word. Wie schon erwähnt, muss die Standardsprache von Word mit der in Windows übereinstimmen. So wird sie festgelegt:

1. Starten Sie Word. Nur das neue Dokument, das Word automatisch erstellt, ist geöffnet, kein Text ist markiert.

2. Blenden Sie das Dialogfeld *Sprache* über die Befehlsfolge *Extras/Sprache/Sprache festlegen* ein.

3. Wählen Sie aus der Liste die gleiche Sprache, die bereits in Windows als Standardsprache definiert ist.

4. Klicken Sie auf die Schaltfläche *Standard*.

---

5. Die folgende Meldung wird angezeigt: »Soll die Sprache in der Formatvorlage "Standard" zu [Sprache (Land)] geändert werden? Diese Änderung wirkt sich auf alle neuen Dokumente aus, die auf der Vorlage NORMAL basieren.« Bestätigen Sie diese mit *Ja* und verlassen Sie das Dialogfeld über *OK*.

Steht neben der gewählten Sprache weder ein Häkchen noch die Buchstaben »ABC«, ist diese Sprache für Office noch nicht aktiviert. Das ist nicht weiter schlimm, nur sollten Sie sich bewusst sein, dass dafür die Rechtschreibprüfung nicht zur Verfügung steht. Sie bleibt aktiv und arbeitet im Hintergrund, ignoriert jedoch alle Textstellen, die mit einer nicht aktivierten Sprache formatiert sind. Dieses Verhalten ist vollkommen korrekt und wenn Sie das Dokument auf einem System öffnen, in dem die betreffende Sprache aktiviert ist, wird die Rechtschreibprüfung wie erwartet funktionieren.

Die deutschen Ausgaben von Office 2000 und Office XP umfassen zusätzlich alle Variationen der Sprachen *Englisch*, *Französisch* und *Italienisch*. Die englischen Versionen verfügen zusätzlich über *Französisch* und *Spanisch*. Die Rechtschreibprüfung für alle 30 von Office unterstützten Sprachen ist auf einer CD unter der Bezeichnung *Office Language Package* im Handel erhältlich.   **HINWEIS**

Die Festlegung der Standardsprache in Word ändert die Spracheigenschaft der Formatvorlage *Standard* der dem Dokument angefügten Vorlage. Das heißt, wenn Sie obige Schritte in einem Dokument ausführen, das nicht auf der *Normal.dot* basiert, wird nur für neue, auf dieser Vorlage basierende Dokumente die Grundsprache geändert. Achten Sie also auf die Meldung und brechen Sie ab, wenn die Änderung nicht in der richtigen Vorlage erfolgt! Die Spracheinstellung für die Word-Umgebung muss in der *Normal.dot* erfolgen.

Office XP installiert Word standardmäßig als E-Mail-Editor unter Outlook. Es gibt gute Gründe, Word nicht als E-Mail-Editor einzusetzen, die wir in diesem Buch allerdings nicht näher diskutieren werden. Aber wenn Sie Word als Outlook-E-Mail-Editor beibehalten, denken Sie daran, dass, während Word im E-Mail-Modus läuft, nicht die *Normal.dot* sondern die *Email.dot* für die Umgebungseinstellungen verantwortlich ist. Die Sprache in der Dokumentvorlage *Email.dot* kontrolliert daher die Rechtschreibprüfung von E-Mails.   **HINWEIS**

Und jetzt wird's kompliziert.

Wenn Sie jetzt also ein neues Dokument erstellen und Text darin eingeben, erwarten Sie, dass die Sprache der Standardsprache von Word oder der gewählten Vorlage entspricht (Sprache der Formatvorlage *Standard*). Sollten Sie unseren Angaben bislang treu gefolgt sein, ist das ziemlich sicher der Fall. Stimmen jedoch die Standardsprachen von Word und Windows nicht überein, formatiert die Word-»Intelligenz« die einsame Absatzmarke im neuen Dokument mit der Windows-Standardsprache … und schon ist es um dieses Dokument geschehen: Der ganze Text, den Sie eingeben, ist mit der Windows-Sprache formatiert. Sie können das ganze Dokument, inklusive der letzten Absatzmarke, mit der »richtigen« Sprache formatieren, diese Absatzmarke hält sich hartnäckig an die Windows-Standardsprache und schaltet sich bei jeder Gelegenheit, wenn am Ende des Dokuments neuer Text eingegeben wird, ein. Dieser Zustand ist gut erkennbar: Markieren Sie nur die letzte Absatzmarke eines solchen Dokuments und sehen Sie in der Statusleiste nach, mit welcher Sprache sie formatiert ist. Folglich ist in dieser Situation die Standardspracheinstellung in Word wirkungslos und die Sprachformatierung in diesem Dokument wird für immer unberechenbar bleiben.

WICHTIG Dieses Verhalten kann unterbunden werden, wenn erstens die Vorlage auf einem System erstellt wurde, wo die Windows- und Word-Sprache übereinstimmen, sodass ihre letzte Absatzmarke nicht mit irgendeiner Sprache direkt formatiert wurde, und zweitens die Vorlage keinen Text beinhaltet. Hat sie keinen, erfolgt die »Überschreibung« mit der Windows Standardsprache, wie vorher beschrieben. Beinhaltet sie etwas Text im Hauptteil des Dokuments, wird das Dokument »in Ruhe gelassen«.

 Wahrscheinlich ist Ihnen aufgefallen, dass wir unsere Aussage mit »ziemlich sicher« relativiert haben. Es ist nämlich so, dass, wenn in Windows mehrere Sprachen/Eingabegebietsschemas aktiviert sind, diese sich (ohne erkennbare Benutzereinwirkung) ändern. Plötzlich steht rechts unten in der Windows-Taskleiste beispielsweise »EN« für Englisch statt »DE« für Deutsch. Und schon ist das neue Dokument mit der Sprache *Englisch* formatiert oder sogar die Textstelle in einem geöffneten Dokument, wo die Einfügemarke gerade steht. Wir wissen nicht, was dieses Verhalten veranlasst. Deshalb lautet unser Rat, nur jene Sprachen zu aktivieren, die Sie auch tatsächlich einsetzen.

Nun weiter: Betrachten wir die Sprachformatierung innerhalb von Word und worauf Sie hier achten müssen.

Als nächstes sollten Sie in Word 2000 oder 2002 unbedingt über den Menübefehl *Extras/Sprache/Sprache verwenden* die Option *Sprache automatisch erkennen* ausschalten. Diese Option ist eine schöne Idee, die sich vielleicht für das Briefe schreiben in mehreren Sprachen gut eignet. Aber für Verfasser und Bearbeiter von professionellen Dokumenten erschwert sie nur die Arbeit. Das Letzte, was wir brauchen, ist, dass nach einer Korrektur in der Rechschreibung oder bei Verwendung eines technischen Ausdrucks Word plötzlich den ganzen Absatz als *Englisch* oder *Französisch* formatiert!

TIPP Analog empfehlen wir in Word 2002 auch die Deaktivierung der Option *AutoTastaturumschaltung*. Diese finden Sie nach Aufruf des Menübefehls *Extras/Optionen* auf der Registerkarte *Bearbeiten*.

Von der Grundsprache abweichende Sprachformatierungen wollen wir manchmal schon, aber **wir** und nicht Word sollen sie bestimmen. Dazu gibt es zwei Möglichkeiten: Sie erstellen Formatvorlagen mit einer anderen Sprache und weisen dem Text diese bei Bedarf zu. Oder Sie markieren den Text, rufen den Menübefehl *Extras/Sprache/Sprache festlegen* auf und wählen eine Sprache aus. Theoretisch könnte jedes Zeichen eines Absatzes mit einer anderen Sprache formatiert werden ...

Für die professionelle Arbeit in Word raten wir jedoch von der direkten Formatierung ab. Solche Stellen sind schwer zu finden und zu kontrollieren. Stellen Sie sich vor, jemand erstellt ein Dokument, das auch UK-Englisch formatierte Textstellen aufweist. Jetzt sollen diese Stellen in US-Englisch formatiert sein. Wenn alle Formatierungen mit Formatvorlagen vorgenommen wurden, ist es eine schnelle und leichte Angelegenheit, die Sprache in der Formatvorlage zu ändern. Aber alle direkt formatierten Stellen aufzufinden und zu ändern, auch mit Hilfe von *Suchen und Ersetzen* (▶ Kapitel 7) – da macht man sich unnötig Arbeit und Ärger.

Absatzformatvorlagen verwalten um die hundert Eigenschaften, von denen eine Eigenschaft die *Sprache* ist. Die Grundsprache des Dokuments wird von der Sprache der Formatvorlage *Standard* bestimmt. Wenn Word ein Dokument erstellt, vererbt es alle Formatvorlagen von dieser Vorlage und daher auch deren Standardsprache. Fügen Sie später eine andere Vorlage dem Dokument hinzu oder ändern die Definition einer Formatvorlage in der angefügten Dokumentvorlage, werden die Formatvorlagen in existierenden Dokumenten – und daher die Grundsprache – **nicht** geändert.

HINWEIS

Die Einstellung der Standardsprache gilt also nur für neue Dokumente. Bereits existierende Dokumente sind von einer Änderung nicht betroffen. Sie müssten in diesen Dokumenten die Definition der Formatvorlage *Standard* ändern.

Wenn Sie sich mit Dokumenten und Vorlagen anderer beschäftigen müssen, denken Sie daran, dass die Textformatierung nicht unbedingt auf der Formatvorlage *Standard* basieren muss. Seit Word 97 ist es möglich, von *Standard* unabhängige Formatvorlagen zu erstellen. Gut möglich also, dass sich das Festlegen der Standardsprache im Dokument gar nicht niederschlägt. Es ist dennoch wegen des beschriebenen Zusammenspiels von Word und Windows wichtig, diese Einstellung vorzunehmen.

Abschließend machen wir darauf aufmerksam, dass Spracheigenschaften auf drei verschiedenen Ebenen in *Extras/Sprache/Sprache festlegen* gesetzt werden können:

- Wenn im Dokument Text markiert ist, werden die Zeichen direkt formatiert und deren Spracheigenschaft wird geändert.
- Falls kein Text markiert ist, wird die Spracheigenschaft der *Standard*-Formatvorlage des Dokuments geändert.
- Die Betätigung der Schaltfläche *Standard* legt die Spracheigenschaft der Formatvorlage *Standard* in der angefügten Vorlage fest.

Extras/Rechtschreibung und Grammatik

Worauf die Spracheinstellung in Word die größte Wirkung hat, ist natürlich die Rechtschreibprüfung. Die Verwendung von Sprachen in der Word-Rechtschreibprüfung ist absichtlich dynamisch. Wie Sie gesehen haben, ist es sehr einfach, mehrsprachige Dokumente zu erstellen und zu prüfen.

Im Dialogfeld *Sprache* gibt es noch ein Kontrollkästchen: *Rechtschreibung und Grammatik nicht prüfen*. Damit kann die Rechtschreibprüfung wahlweise für den markierten Text ausgeschaltet werden. Der Text wird mit der fiktiven Sprache »nicht prüfen« formatiert. Diese Formatierung kann auch für Formatvorlagen gewählt werden. Sie wird beispielsweise oft für Computer-Code in Dokumenten verwendet.

Möglicherweise haben Sie keine Probleme mit der Rechtschreibung und Grammatik und Ihre Finger spielen sicher auf den Tasten. Dieses Glück haben wir nicht. John lässt sowohl die Rechtschreibprüfung als auch die Grammatik in *Extras/Optionen/Rechtschreibung und Grammatik* eingeschaltet. Cindy tut dies bei der Verfassung von deutschen Texten ebenfalls – und dafür sind ihre Redakteure zutiefst dankbar. Aber wenn sie in Englisch arbeitet, schaltet sie die Grammatikprüfung aus. Als Programmiererin, die nur gelegentlich einen Artikel schreibt (oder dieses Buch), findet sie die ständige »Meckerei« von Word lästig.

Mit Word 95 führte Microsoft die dynamische Rechtschreibprüfung ein: Falsch buchstabierte Wörter werden mit roten und Grammatikfehler mit grünen Wellenlinien unterstrichen. Ein Anliegen seither war immer die Möglichkeit, diese Farben abzuändern. Das wurde endlich mit Word 2002 möglich. Das Microsoft Word-Team hat für diese Version ein nützliches Tool der *Support.dot*-Vorlage von Word 2002 hinzugefügt.

TIPP

Eine modifizierte Kopie der *Support.dot* befindet sich unter dem Namen *Support10_MSPress.dot* im Ordner *\Buch\Kap02* auf der beiliegenden CD. Wir haben einen Fehler in einem der Microsoft Makros behoben (mehr dazu weiter unten).

So wird sie installiert und eingesetzt:

1. Standardmäßig wird die *Support.dot* in den Pfad *[Laufwerk]:\Programme\ Microsoft Office\Office10\Macros* installiert. Sie können sie jedoch in einen beliebigen Speicherort kopieren.

2. Starten Sie Word, indem Sie auf die *Support10_MSPress.dot* doppelklicken. Suchen Sie die Schaltfläche *Registry-Optionen* und klicken einmal darauf.

3. Die Einträge, mit denen die Farbe der Unterstreichung geändert werden können, sind: *SpellingWavyUnderlineColor* (Rechtschreibung), *GrammarWavyUnderlineColor* (Grammatik), *SmartTagUnderlineColor* (Smarttags) und *FormatConsistencyWavyUnderlineColor* (Inkonsistenz bei der Formatierung).

4. Markieren Sie einen Eintrag und klicken dann auf *Farbe wählen*.

5. Das Dialogfeld *Farbe* erscheint (Abbildung 2.1). Schwarz ist immer markiert. Wählen Sie die gewünschte Farbe aus und bestätigen Sie das Dialogfeld mit *OK*. Klicken Sie abschließend im Dialogfeld *Registrierungsoptionen festlegen* auf *Ändern*.

6. Eine Meldung teilt mit, dass Word geschlossen und neu gestartet werden muss, bevor die Änderung in Kraft treten kann. Mit *Schließen* wird das Dialogfeld geschlossen.

Abbildung 2.1:
Mit Hilfe der Vorlage
Support10_MSPress.dot *können verschiedene Einstellungen in der Registry vorgenommen werden, unter anderem für die Farbe der welligen Unterstreichungen für die Rechtschreibung*

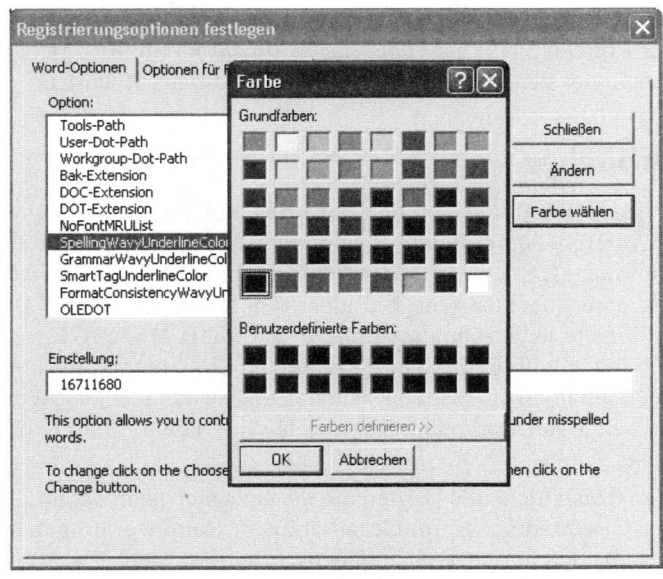

Ein anderer Wunsch vieler Benutzer ist es, die während der Rechtschreibprüfung angezeigten Fehler im Ausdruck hervorzuheben. Bekanntlich erscheinen die Wellenlinien dort nicht. Mit dem VBA-Objektmodell wurde es ab Word 97 möglich, mit einem Makro wie im Beispielcode in Listing 2.1 Rechtschreibfehler auch beim Drucken hervorzuheben. Das Makro findet jeden Rechtschreibfehler in jedem Seitenbereich des aktiven Dokuments und hebt ihn grün hervor.

Sie können den Code anpassen, um die Fehler mit einer anderen Farbe hervorzuheben, sie zu unterstreichen oder mit einer anderen Schriftfarbe zu formatieren – wie Sie wollen.

HINWEIS

Beachten Sie bitte, dass die dynamische Rechtschreibprüfung sich bei zu vielen Fehlern ausschaltet, um Speicherprobleme zu vermeiden. Das Makro kann nur Fehler finden, die auch im Dokument angezeigt sind.

```
Sub RS_Fehler_Hervorheben()
    Dim rng As Word.Range, RS_Fehler As Word.Range
    Dim doc As Word.Document, lAnzSeiten As Long, lZaehler As Long

    Set doc = ActiveDocument
    Application.StatusBar = "Bitte warten Sie..."
    lAnzSeiten = doc.Range.Information(wdNumberOfPagesInDocument)
    For lZaehler = 1 To lAnzSeiten
        Selection.GoTo What:=wdGoToPage, Count:=lZaehler
        Set rng = doc.Bookmarks("\Page").Range
        For Each RS_Fehler In rng.SpellingErrors
            RS_Fehler.HighlightColorIndex = wdBrightGreen
        Next RS_Fehler
    Next lZaehler
    Selection.HomeKey Unit:=wdStory
    Application.StatusBar = "Hervorhebung der Rechtschreibfehler abgeschlossen."
End Sub
```

Listing 2.1:
Ergebnisse der Rechtschreibprüfung im Ausdruck hervorheben

Den Code aus Listing 2.1 finden Sie in der Datei *Bsp02_01.dot* im Modul *basRechtschreibung*. Die Datei befindet sich im Ordner *Buch**Kap02* auf der Buch-CD.

Benutzerwörterbücher

Die Wörter für die Rechtschreibprüfung befinden sich im Hauptwörterbuch. Für jede Sprache gibt es eine Wörterbuchdatei (**.lex*). In den meisten Fällen umfasst diese Datei alle Sprachvariationen (Dialekte). *Deutsch* für Deutschland, die Schweiz, Österreich, Luxemburg und Liechtenstein befindet sich komplett in der Datei *MSSP3GEP.LEX* für die neue Rechtschreibung und in der Datei *MSSP3GEA.LEX* für die alte Rechtschreibung (gilt für Office XP). *Lex*-Dateien sind kompilierte, binäre Dateien, die Sie weder öffnen noch bearbeiten können. Es ist jedoch möglich, Wörter auszuschließen, sodass sie die Rechtschreibprüfung als falsch erkennt. Mehr darüber im weiteren Verlauf dieses Kapitels.

Natürlich enthält die *Lex*-Datei nicht alle Wörter, die Sie tagtäglich gebrauchen. Deshalb gibt es auch Benutzerwörterbücher. Im Gegensatz zum Hauptwörterbuch sind diese einfache Textdateien, deren Einträge alphabetisch sortiert sind. Sie können darin Wörter hinzufügen, löschen und bearbeiten. Allgemeine Informationen zum Thema finden Sie in der Word-Hilfe unter »Erstellen und Verwenden von Benutzerwörterbüchern« sowie in den meisten Handbüchern zu Microsoft Word. Für ein umfassendes Verständnis des Themas empfehlen wir den Inhalt der Rubrik »Rechtschreibung, Grammatik und Thesaurus« in der Word-Hilfe unter dem Abschnitt »Dokumentgrundlagen«.

Die Schlüsselaussagen sind:

- Word darf keine, ein oder mehrere Benutzerwörterbücher haben.
- Einem Wörterbuch können »alle Sprachen« oder eine einzelne Sprache zugewiesen werden.
- Word erkennt Wörter aus mehreren aktiven Benutzerwörterbüchern während der Rechtschreibprüfung.
- Wörter werden jedoch nur dem *Standard-Benutzerwörterbuch* hinzugefügt. Word 2002 kann für jede aktivierte Sprache ein Standard-Benutzerwörterbuch haben.
- Alle Office-Anwendungen teilen die Benutzerwörterbücher mit Word.
- Ein klein geschriebener Eintrag wird für alle Variationen der Großschreibung erkannt. Ein gemischt geschriebener Eintrag oder ein groß geschriebener muss mit der Großschreibung im Text übereinstimmen, um erkannt zu werden.
- Es ist leider nicht möglich, einem Benutzerwörterbuch aus mehreren Wörtern bestehende Ausdrücke hinzuzufügen.
- Es gibt eine obere Grenze für die Größe (65.593 Bytes Dateigröße bzw. 5.000 Wörter.) eines Benutzerwörterbuchs.

Ein oder mehrere Benutzerwörterbücher

Standardmäßig erstellt Word ein einziges Wörterbuch namens *Benutzer.dic*. Es wird im *Proof*-Ordner des Benutzerprofils gespeichert. Unter Windows 2000 oder Windows XP beispielsweise im Pfad *C:\Dokumente und Einstellungen\<Username>\Anwendungsdaten\Microsoft\Proof*.

TIPP Sie werden relativ häufig auf den Ordner *Anwendungsdaten\Microsoft* zugreifen wollen. Wir empfehlen, eine Verknüpfung dorthin zu erstellen.

Man muss sich überlegen, ob ein Benutzerwörterbuch genügt oder ob mehrere nötig sind. Als Faustregel gilt: Ein einziges Benutzerwörterbuch macht das Leben einfacher.

John hat ein »privates« und mehrere projektspezifische Benutzerwörterbücher. Das private heißt *Benutzer.dic* und ist für alle Sprachen formatiert. Es ist das aktive oder Standard-Benutzerwörterbuch, was heißt, neue Wörter werden diesem während der Rechtschreibprüfung hinzugefügt. Ein anderes Benutzerwörterbuch enthält Informatik-Begriffe, die er für seine Arbeit und Korrespondenz braucht. Im »Projekt«-Wörterbuch speichert er alle speziellen Wörter, die im laufenden Projekt eingesetzt werden. Da John normalerweise nicht gleichzeitig an mehreren Projekten arbeitet und nur in einer Sprache schreibt, verwaltet er seine »nicht-privaten« Benutzerwörterbücher direkt.

Bei Cindy sieht die Lage etwas anders aus. Sie arbeitet in vier Sprachen: UK- und US-Englisch sowie Deutsch und Schweizer Deutsch. Sie braucht mehrere Benutzerwörterbücher, zum Teil sprachspezifische. Obwohl die neue Funktionalität in Word 2002, das ein aktives Benutzerwörterbuch pro Sprache erlaubt, für sie eine echte Verbesserung darstellt, muss sie immer noch das aktive Benutzerwörterbuch regelmäßig wechseln, beispielsweise zwischen dem für Programmierausdrücke und dem allgemeinen.

Da sie jedes Mal durch vier oder fünf Menüs und Dialogfelder klicken müsste, hat sie sich ein paar kleine Makros gebastelt und diese einer Symbolleiste zugewiesen (Abbildung 2.2).

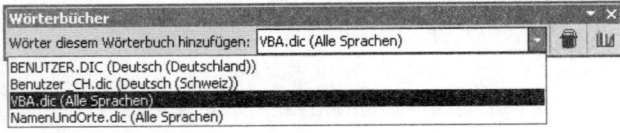

Abbildung 2.2:
Symbolleiste für die Verwaltung von Benutzer-wörterbüchern. Die zweite Symbolschaltfläche aktualisiert die Liste; die letzte öffnet das Dialogfeld für die Verwaltung von Benutzerwörter-büchern.

Sie hat die Symbolleiste sowie die Makros in einer globalen Vorlage im *Startup*-Ordner von Word abgelegt, sodass sie beim Start zu Verfügung steht. Den Code dahinter sehen Sie in Listing 2.2.

Die Prozedur AutoExec stellt sicher, dass die Symbolleiste eingeblendet ist und das Dropdown-Feld mit einer aktualisierten Liste der zur Verfügung stehenden Benutzerwörterbücher gefüllt ist. Die Schleife dient der Unterdrückung einer Fehlermeldung, falls das erste Dokument nicht bereit steht, wenn der Code läuft. Am Schluss wird ThisDocument (die Vorlage) gespeichert, sodass der Benutzer beim Beenden von Word keine Aufforderung sieht.

Zuerst leert WBListeFüllen das Dropdown-Steuerelement in der Symbolleiste. Dann »schleift« sie durch alle Benutzerwörterbücher und fügt der Liste die Namen sowie Sprache hinzu. Office identifiziert Sprachen mit einer Nummer (*1031* ist *Deutsch* für Deutschland). Da diese für den Benutzer eher kryptisch sind, wandelt die Prozedur LanguageIDText diese in Text um. Am Schluss wird das gegenwärtig aktive Benutzerwörterbuch im Dropdownfeld auf der Symbolleiste Wörterbücher angezeigt. Diese Prozedur wird auch von der zweiten Symbolschaltfläche von rechts ausgeführt, um die Liste zwischendurch zu aktualisieren.

Wenn der Benutzer eine Auswahl aus der Liste trifft, wird WBAktivieren aufgerufen, das dieses Benutzerwörterbuch als aktives Wörterbuch setzt.

WBVerwalten zeigt das Dialogfeld in Abbildung 2.3 an, wo die Benutzerwörterbücher verwaltet werden. Leider gibt es keinen Befehl, dieses direkt anzuzeigen. Deshalb muss SendKeys die Schaltfläche im Dialogfeld *Rechtschreibung und Grammatik* betätigen.

```
Sub AutoExec()
    Dim ErrZaehler
    On Error Resume Next
    Do
        ErrZaehler = ErrZaehler + 1
        Application.CommandBars("Wörterbücher").Visible = True
    Loop While Err.Number <> 0 And ErrZaehler < 50
    On Error GoTo 0
    WBListeFüllen
    ThisDocument.SaveAs ThisDocument.FullName, AddToRecentFiles:=False
End Sub


Sub WBListeFüllen()
    Dim theCtrl As Office.CommandBarComboBox
    Dim dic As Dictionary, lDicZaehler As Long
```

Listing 2.2:
Die Makros für die Verwaltung von Benutzer-wörterbüchern

```
        Set theCtrl = CommandBars("Wörterbücher").Controls(1)
        With theCtrl
            .Clear
            For Each dic In Application.CustomDictionaries
                lDicZaehler = lDicZaehler + 1
                theCtrl.AddItem dic.Name & " (" & LanguageIDText(dic.LanguageID) & ")"
                If dic = Application.CustomDictionaries.ActiveCustomDictionary Then _
                    .ListIndex = lDicZaehler
            Next
        End With
End Sub


Sub WBAktivieren()
    Dim theCtrl As Office.CommandBarComboBox
    Dim szDic As String

    Set theCtrl = CommandBars.ActionControl
    szDic = theCtrl.Text
    szDic = Left(szDic, InStr(szDic, "(") - 2)
    Application.CustomDictionaries.ActiveCustomDictionary = _
      Application.CustomDictionaries(szDic)
End Sub


Sub WBVerwalten()
    SendKeys "{Tab}{Tab}{Tab}{Tab}{Tab}{Tab}{Tab}{Tab} "
    'SendKeys "%W"
    Dialogs(wdDialogToolsOptionsSpellingAndGrammar).Show
End Sub


Function LanguageIDText(varLang As Variant) As String
    Select Case varLang
        Case 0
            LanguageIDText = "Alle Sprachen"
        Case 2055
            LanguageIDText = "Deutsch (Schweiz)"
        Case 1031
            LanguageIDText = "Deutsch (Deutschland)"
        Case 3079
            LanguageIDText = "Deutsch (Österreich)"
        Case 5127
            LanguageIDText = "Deutsch (Liechtenstein)"
        Case 4103
            LanguageIDText = "Deutsch (Luxemburg)"
        Case 2057
            LanguageIDText = "Englisch (UK)"
        Case 1033
            LanguageIDText = "Englisch (US)"
        Case Else
            LanguageIDText = CStr(varLang)
    End Select
End Function
```

In der Prozedur *WBVerwalten()* sehen Sie die *SendKeys*-Methode mit mehreren Tabs. Korrekt wäre eigentlich die darunter befindliche, auskommentierte Anweisung `SendKeys "%W"`. In unserer Testumgebung hat dies jedoch nicht funktioniert. Bitte testen Sie diese Anweisung anstelle der Tab-Variante. Haben Sie Erfolg, können Sie unsere »Notlösung« entfernen.

Den Code aus Listing 2.2 finden Sie in der Datei *Bsp02_01.dot* im Modul *basRechtschreibung*. Die Datei befindet sich im Ordner *\Buch\Kap02* auf der Buch-CD.

Alle Sprachen oder eine spezifische Sprache?

Jetzt wird's interessant. Wörter in einem Benutzerwörterbuch, dem *Alle Sprachen* zugewiesen wurde, werden von der Rechtschreibprüfung immer erkannt, egal mit welcher Sprache der Text formatiert wurde. Ist das Benutzerwörterbuch jedoch einer spezifischen Sprache zugeteilt, werden die Wörter nur erkannt, wenn mit derselben Sprache formatierter Text geprüft wird. Arbeiten Sie wie Cindy in mehreren Sprachen, werden Sie vermutlich mindestens ein für jede Sprache spezifisches Benutzerwörterbuch brauchen. Ein in einer Sprache korrekt buchstabiertes Wort kann in einer anderen falsch sein. Genügt Ihnen hingegen ein einzelnes Benutzerwörterbuch, müssen Sie sich nicht erinnern, in welchem sich ein Wort befindet.

Wörter werden nur dem Standard-Benutzerwörterbuch hinzugefügt

Wie schon erwähnt, erkennt Word 2002 ein Standard-Benutzerwörterbuch für jede aktivierte Sprache. Damit wird einiges viel einfacher als früher, wo es nur ein aktives Wörterbuch gab. Damals konnten neue Wörter einem Benutzerwörterbuch nur hinzugefügt werden, wenn das Standard-Benutzerwörterbuch und der Text genau dieselbe Sprache hatten (oder das Standard-Benutzerwörterbuch für *Alle Sprachen* galt). Sobald die Sprachformatierung des Textes wechselte, wurde die Schaltfläche *Hinzufügen* inaktiv. (Eigentlich hatte Cindy genau deshalb die Idee für ihre Symbolleiste während der Zeiten von Word 97 und 2000.) Jetzt können Sie mindestens ein Benutzerwörterbuch für jede Sprache, mit der Sie arbeiten, erstellen und aktivieren – wie in Abbildung 2.3 ersichtlich ist.

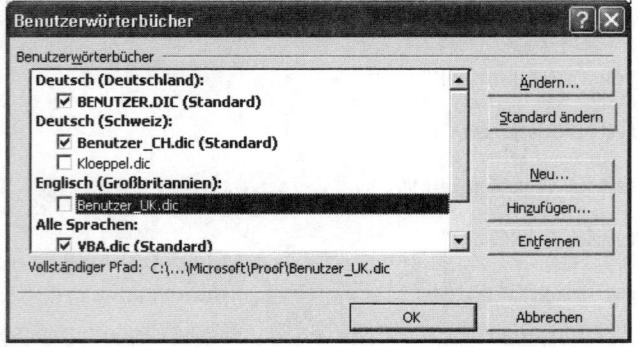

Abbildung 2.3: Benutzerwörterbücher in Word 2002 verwalten

Cindy hat sechs Benutzerwörterbücher eingerichtet. Sie erscheinen im Dialogfeld *Benutzerwörterbücher* in alphabetischer Reihenfolge der Sprache (außer *Alle Sprachen*). Nur aktivierte Wörterbücher werden von der Rechtschreibprüfung eingesetzt. Die nicht aktivierten bleiben in der Liste, sodass sie schnell und bequem wieder eingeschaltet werden können.

Der erste aktivierte Eintrag jeder Sprache (fett hervorgehoben) ist das Standard-Benutzerwörterbuch für diese Sprache, was auch durch die Bemerkung *(Standard)* kenntlich gemacht wird. Wörter werden nur einem dieser Benutzerwörterbücher hinzugefügt. Dazu nun eine kleine Übung.

Nehmen wir an, dieses Dokument hätte einen Absatz, der mit einer Formatvorlage namens »Zitat_Eng« formatiert ist und darin steht ein von Word nicht erkannter Ausdruck – er ist mit roten Wellenlinien unterstrichen. Wir wissen, dass das Wort korrekt buchstabiert ist und klicken es mit der rechten Maustaste an, um es einem Benutzerwörterbuch hinzuzufügen. In welchem der sechs befindet es sich dann?

Wenn Sie *VBA.dic* geraten haben, liegen Sie richtig. Warum? Weil die Formatvorlage »Zitat_Eng« mit der englischen Sprache definiert wurde und dieses das einzige Benutzerwörterbuch mit einer kompatiblen Sprache ist. Da sich kein aktiviertes englisches Benutzerwörterbuch in der Liste befindet, wählt Word das Standard-Benutzerwörterbuch für *Alle Sprachen*.

Word teilt Benutzerwörterbücher mit anderen Anwendungen

Es wäre zu einfach gewesen! Die übrigen Office XP-Anwendungen haben keine Unterstützung für mehrere sprachabhängige Benutzerwörterbücher. Sie verhalten sich wie frühere Versionen von Word und erkennen nur ein aktives Benutzerwörterbuch. In Excel und PowerPoint können Sie dieses Benutzerwörterbuch wählen. Den Regeln für Outlook sind wir nicht auf den Grund gekommen, aber es sieht so aus, als ob Outlook sich des zuletzt in Word aktivierten Benutzerwörterbuchs bedient. Dabei scheint weder die Systemsprache, die Anwendungssprache noch die Sprache des in Outlook festgelegten Hauptwörterbuchs eine Rolle zu spielen.

Die Rechtschreibprüfung in anderen Office-Anwendungen ist auch sprachenspezifisch und setzt das Hauptwörterbuch der Textsprachformatierung sowie das Standard-Benutzerwörterbuch für diese Sprache zur Worterkennung ein. Sie müssen nur bei der Hinzufügung von neuen Wörtern aufpassen, dass das gewünschte Benutzerwörterbuch das aktive ist.

Die übrigen Office-Anwendungen verfügen zudem über keinerlei Funktionen, um Benutzerwörterbücher zu verwalten. Nur über Word oder das Windows Zubehör-Programm *Editor* (Notepad) ist es möglich, den Inhalt eines Benutzerwörterbuchs direkt zu ändern.

Bearbeitung eines Benutzerwörterbuchs

Langjährige Word-Benutzer wissen, dass sie ein Benutzerwörterbuch im Windows-Editor oder in Word öffnen und bearbeiten konnten. Es bestand natürlich immer die Gefahr, es durch eine Fehlhandhabung unbrauchbar zu machen (z.B. durch unbeabsichtigtes Speichern im Word-Format). Zum Glück ist das in Word 2002 mit dem neuen Dialogfeld für das Bearbeiten des Wörterbuchs nicht mehr notwendig.

Wenn Sie nicht Word 2002 haben oder die alte Methode immer noch vorziehen, passen Sie also gut auf und achten auf die folgenden Punkte:

- Geben Sie nur einzelne Wörter, keine Ausdrücke mit Leerzeichen oder Interpunktion ein.
- Sortieren Sie die Einträge korrekt alphabetisch in Absätzen.
- Speichern Sie ausschließlich im *Text-Format*.

- Achten Sie auf die #LID-Nummer am Anfang eines sprachenspezifischen Benutzer-wörterbuchs. Sie legt die Sprache fest. Eine Liste der IDs befindet sich in der Word 2002-Hilfe unter *Gebietsschema-IDs*. Es gibt auch in der Microsoft Knowledge Base Artikel mit solchen Listen, beispielsweise »Q221435: WD2000: Supported Language ID Reference Numbers (LCID)«.

Größe eines Benutzerwörterbuchs

Die Größe eines Benutzerwörterbuchs ist begrenzt, aber die Grenze ist ziemlich hoch: 65.593 Bytes bzw. 5.000 Wörter. Wenn Ihr Bedarf größer ist, sollen Sie nach-schauen, ob die korrekte Sprache installiert und aktiviert ist. Wie Sie gesehen haben, ist es durchaus möglich, zusätzliche Benutzerwörterbücher zu erstellen und einzuset-zen. Denken Sie aber daran, dass jedes im Speicher geladen ist und Ressourcen ver-braucht.

Liegt der Grund der hohen Wörterzahl an Ihrem Fachgebiet, suchen Sie im Internet nach Zusatzhauptlexika. Es gibt zwei Arten: Jene, die das Office-Hauptwörterbuch ersetzen und jene, die als Add-In geladen werden. Egal, welche Art Sie finden: Es wird sich meistens um kompilierte, binäre Dateien handeln, die nicht für die Bearbei-tung offen stehen.

Wörter im Hauptwörterbuch ausschließen

Wie schon erwähnt ist es nicht möglich, die Einträge des Hauptwörterbuchs (**.lex*-Datei) zu ändern. Enthält es aber Wörter, die die Rechtschreibprüfung auffangen soll, können Sie ein »Ausschluss-Wörterbuch« erstellen. Eine Anleitung steht in der Hilfe unter dem Stichwort *Bevorzugte Schreibweise*. Studieren Sie die Angaben und befol-gen sie peinlichst genau. Achten Sie besonders auf diese Punkte:

- Die Benennung der Datei (Name der **.lex*-Datei + die Endung **.exc*)
- Der Ordner, in dem die Datei gespeichert wird

Hier sind die Angaben der Hilfe in Word 2000 sowie 2002 fehlerhaft. In der Hilfe steht, die **.exc*-Datei müsste im gleichen Ordner wie die **.lex*-Datei stehen. Diese Angabe gilt bis Word 97. Ab Word 2000 wird die **.exc*-Datei automatisch erkannt, wenn Sie im *Proof*-Ordner des Benutzerprofils steht. Je nach Installationstyp und Version von Windows kann dies variieren. In einer standardmäßigen Installation unter Windows XP wäre der Pfadname *C:\Dokumente und Einstellungen\<User-name>\Anwendungsdaten\Microsoft\Proof*.

WICHTIG

- Das Dateiformat (Text)
- Dass Word neu gestartet werden muss, bevor es das Ausschluss-Wörterbuch erkennt
- Die unerwünschte Schreibweise, die im Hauptwörterbuch steht, ist in das Aus-schlusswörterbuch einzugeben. Beispiel: »Baumkuhchen«. Dieser seltsame Begriff im Hauptwörterbuch sorgt dafür, dass ein Verschreiber den »Baumkuchen« unge-nießbar macht und die Rechtschreibprüfung dies nicht einmal bemerkt.

Um das Ausschluss-Wörterbuch zu testen, geben Sie einfach nach dem Neustart von Word einen der Einträge in ein Dokument ein. Word sollte ihn wie jedes falsch buch-stabierte Wort erkennen. Ist dies nicht der Fall, kontrollieren Sie die Schreibweise nochmals im Ausschluss-Wörterbuch und ob das Wort sich nicht in einem gewöhnli-chen Benutzerwörterbuch befindet.

Wörterbücher im Netzwerk

Meistens sollen in einer Firma alle die gleichen Rechtschreibregeln benutzen. Das heißt, es sollen alle dieselben Haupt- und Ausschluss-Wörterbücher einsetzen. Wie wird ein Ausschluss-Wörterbuch unter mehreren Anwendern geteilt?

Eine Möglichkeit besteht darin, mithilfe des *Microsoft Office Administrator Kits* (jeder Systemverwalter sollte es unbedingt haben), die Registry-Einträge der Benutzerprofile zu ändern, sodass sie auf eine Kopie im Netzwerk verweisen. Diese Methode hat jedoch den Nachteil, dass reisende Laptop-Benutzer gänzlich von der Rechtschreibprüfung abgeschnitten sind. Probieren Sie, eine Verknüpfung (Alias) im *Proof*-Ordner des Benutzers zur Netzwerkkopie des Ausschluss-Wörterbuchs zu erstellen. Solange er nicht mit dem Netzwerk verbunden ist, werden diese Wörter einfach nicht als falsch angezeigt. Aber sobald er wieder verbunden ist, arbeitet die Rechtschreibprüfung wie erwartet.

Extras/Dokument schützen

Word stellt drei Arten von Dokumentschutz zur Verfügung, der die Benutzerhandlungen einschränkt. Die Aktivierung des Schutzes kann mit einem Kennwort gesichert werden, das der Benutzer eingeben muss, um den Schutz zu entfernen.

Abbildung 2.4:
Die Benutzerhandlungen in einem Dokument mit aktiviertem Dokumentschutz beschränken

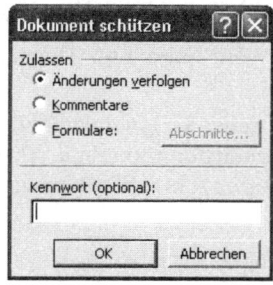

- *Änderungen verfolgen*
  Diese Funktion (in Word 2000 heißt sie *Überarbeiten*) kann nicht ausgeschaltet werden. Alle von Benutzern vorgenommenen Bearbeitungen werden hervorgehoben oder markiert. Sie können mit einem Blick in der Statusleiste erkennen, ob *Änderungen verfolgen* eingeschaltet ist: ÄND erscheint schwarz statt grau.

- *Kommentare*
  Diese ist eine recht nützliche Einstellung. Ein Rezensent darf keine Änderungen im Text vornehmen, nur Kommentare hinzufügen.

- *Formulare*
  Bei Aktivierung dieser Option wird das Dokument zum elektronischen Formular. Eingaben können nur in Formularfeldern, ActiveX-Steuerelementen oder ungeschützten Abschnitten vorgenommen werden. Viele Menüpunkte und Befehle stehen in einem Formular nicht zur Verfügung; auch die Rechtschreibprüfung funktioniert nicht in geschützten Abschnitten.

HINWEIS Mehr über diesen Befehl und die Arbeit mit Formularen erfahren Sie in ▶ Kapitel 11.

Falls Sie im Menü *Extras* den Eintrag *Dokumentschutz aufheben* sehen, so ist das aktive Dokument für die Nachverfolgung von Änderungen, für Kommentare oder als Formular geschützt. Dies ist ein dokumentspezifischer Zustand und folglich sind viele Einstellungen und Optionen gesperrt. Für diese Diskussion ist das Dokument ungeeignet. Schließen Sie es oder rufen Sie den Befehl *Extras/Dokumentschutz aufheben* auf. (Falls das Dokument mit einem Kennwort geschützt wurde, müssen Sie es eingeben, um den Dokumentschutz aufzuheben.)

Extras/Tools im Web

Es lohnt sich, gelegentlich auf den Supportseiten für Office vorbeizuschauen. Sie benötigen eine aktive Internetverbindung und werden bei Auswahl des Befehls *Tools im Web* mit den Word-Seiten von Microsoft im Web verbunden. Neue Tools (Werkzeuge), die Word um nützliche Fähigkeiten ergänzen, erscheinen hier regelmäßig und sind meist kostenlos herunterzuladen.

Extras/Makro/Sicherheit

Wählen Sie im Menü *Extras/Makro* den Befehl *Sicherheit*. Über die Einstellungen im zugehörigen Dialogfeld lässt sich festlegen, wie Word sich verhält, wenn ein Dokument geöffnet wird, welches selbst oder in seiner angefügten Dokumentvorlage Makro-Elemente enthält. Lesen Sie bitte alles, was in der Word-Hilfe zum Thema »Sicherheitsstufen für Makros« steht.

Makro-Elemente schließen nicht nur Makros, sondern auch ActiveX-Steuerelemente aus der Symbolleiste *Steuerelement-Toolbox* ein. Die Sicherheitsfunktionalität reagiert auch dann, wenn solche Elemente einmal in der Datei waren, obwohl sie inzwischen wieder gelöscht wurden.

Dies ist ärgerlich, denn Sie erhalten ständig Makrowarnungen, auch wenn längst keine Makros mehr im Dokument existieren. Hier hilft nur das Kopieren des Dokumenttextes – ohne die letzte Absatzmarke – in ein neues Dokument. Der Auslöser der Warnung wird dadurch entfernt. **TIPP**

Im Allgemeinen bereitet die Sicherheitseinstellung *Hoch* zu viel Mühe, um damit vernünftig arbeiten zu können. Mit Ausnahme von Makros, die aus einer »vertrauenswürdigen Quelle« stammen oder sich in Benutzer- oder Arbeitsgruppenvorlagen-Ordnern befinden, wird die Ausführung von Makros gänzlich (und in Word 2002 ohne jegliche Meldung) unterbunden. Meistens wird die Symbolleiste *Steuerelement-Toolbox* mit aktiviertem Entwurfsmodus eingeblendet, was den Benutzer oft ziemlich verwirrt und irritiert.

Eine »vertrauenswürdige Quelle« bedeutet, das Dokument wurde mit einer digitalen Signatur versehen. Kommerzielle digitale Signaturen sind recht teuer. Wenn Sie die Sicherheitseinstellung *Hoch* beibehalten und dennoch Ihre eigenen Makros verwenden wollen, die sich in Dokumenten in anderen Ordnern als den »vertrauten« befinden, können Sie mit *Selfcert.exe* eine persönliche digitale Signatur erstellen. Dieses Tool ist im Lieferumfang von Office 2000 sowie XP enthalten. Mehr dazu finden Sie in der Word-Hilfe unter dem Suchbegriff »Digitale Signatur«. **HINWEIS**

Die Einstellung *Mittel* ist für Großfirmen nicht empfehlenswert. Die Warnungsmeldungen verunsichern den Durchschnittsbenutzer, was zu unerwünschtem Verhalten führen kann. Sie rufen panikartig den Support an oder löschen Dateien. Als Resultat entstehen vielleicht amüsante Anekdoten, aber die Problemlösung in der Realität ist oft zeitaufwendig und teuer.

Wir empfehlen die Einstellung *Tief* für Word-Entwickler und »Poweruser«. Bei dieser Einstellung trägt Word überhaupt nichts zur Sicherheit bei. Sie sind vollständig auf die Wirkung von Firewalls und Antiviren-Software angewiesen. Wurde beides nicht installiert und korrekt konfiguriert, werden Sie kaum Zeit haben, dieses Buch durchzulesen, ohne dass irgendein Bösewicht probiert, Ihr System zu zerstören. Sind sie vorhanden, ist Words Sicherheits-Notbehelf eher Störung als Schutz.

Unterhalb der Optionsfelder des Dialogfelds *Sicherheit* befindet sich eine Zeile, die mitteilt, ob ein Viren-Scanner installiert ist. Steht dort »Es ist kein Viren-Scanner installiert«, kann dies zweierlei Bedeutungen haben:

- Wenn tatsächlich kein Viren-Scanner installiert ist, sollten Sie dies sofort nachholen.
- Wenn ein Viren-Scanner installiert ist, aber Microsoft Office XP ihn nicht erkennt, kann das Programm nicht damit arbeiten.

Microsoft Office XP hat eine programmatische »Steckdose« vorgesehen, wo der Viren-Scanner sich einbinden soll. Microsoft Office überreicht ihm dann für eine Überprüfung alle Dateien. Ist alles in Ordnung, gibt der Viren-Scanner die Datei zurück und sie wird geöffnet. Es ist empfehlenswert, in einen solchen Viren-Scanner zu investieren.

HINWEIS Manche Viren-Scanner-Einstellungen können ein unerwartetes Verhalten von Word oder anderen Office-Anwendungen verursachen. Haben Sie Schwierigkeiten beim Öffnen von Dokumenten, bei der Ausführung von Makros oder dem Versand von E-Mails mit angefügten Dateien – wo früher alles problemlos funktionierte – schalten Sie den Viren-Scanner vorübergehend aus und testen Sie nochmals. Wenn das Problem dann nicht mehr vorhanden ist, setzen Sie sich mit dem Hersteller des Viren-Scanners in Verbindung und erkundigen Sie sich nach einer aktualisierten Version.

Extras/Vorlagen und Add-Ins

Im Dialogfeld zum Menübefehl *Extras/Vorlagen und Add-Ins* wird dem Dokument die gewünschte Vorlage angefügt sowie Add-Ins verwaltet. Für den Moment sollten Sie im Textfeld *Dokumentvorlage* das Wort *Normal* sehen. Wir werden in ▶ Kapitel 3 auf dieses Dialogfeld detaillierter eingehen.

Extras/AutoKorrektur-Optionen

Autoren von Büchern über Word scheuen vor der Komplexität dieses Themas zurück. Die erste Frage, die Sie sich stellen müssen, ist: »Wollen Sie, dass Word als besserwissender Beifahrer stetig in Ihren Text eingreift?« Üblicherweise, bei der Arbeit mit professionellen Dokumenten, ist die Antwort darauf »Nein«.

Die schnellste und beste Methode, Word gründlich zu erlernen und zu meistern, ist, die volle Kontrolle darüber auszuüben. Die einzige Möglichkeit, um sicherzustellen, dass Ihr Dokument die richtigen Informationen enthält, ist, Word zu untersagen, selbst Text hinzuzufügen oder abzuändern. Deshalb raten wir sowohl neuen Benutzern als auch professionellen Autoren, alle Optionen in allen Registerkarten des Dialogfelds *AutoKorrektur-Optionen* auszuschalten. Das Dialogfeld öffnet sich nach Aufruf des Menübefehls *Extras/AutoKorrektur-Optionen*.

TIPP

Seit der Einführung von Word 2002 lesen wir gelegentlich in den Newsgroups, dass Word plötzlich anfängt, selbstständig ganze Absätze zu schreiben. Obwohl dieses Problem eher in den englischen Versionen von Word zu erwarten ist, erwähnen wir es der Vollständigkeit halber auch hier. Es handelt sich in fast jedem Fall nicht um ein Virus, sondern um die unabsichtliche Einschaltung der Spracherkennung.

Wenn wir Ihnen hier nicht alles darlegen würden, wäre es ganz klar ein Fall von »Tun Sie, was wir Ihnen sagen, und nicht, was wir tun!«. Seit Einführung der AutoKorrektur in Word 95 hat Microsoft uns laufend mehr Kontrolle darüber gewährt. Das hat der Funktion von der Plage zur echten Unterstützung verholfen. Wir führen Sie hier durch die verschiedenen Optionen und erklären, welche wir ausschalten und warum. Damit wollen wir Sie in die Lage versetzen, sich Ihre eigene Meinung zu bilden und die für Ihre Arbeit geeignetsten Einstellungen zu finden. Vorher sollten Sie alle Einträge zum Thema in der Word-Hilfe durchlesen, da wir diese Informationen nicht wiederholen werden.

HINWEIS

Um die AutoKorrektur in einer Arbeitsgruppenumgebung zu benutzen, lesen Sie bitte die Microsoft Knowledge Base-Artikel »HOW TO: Move Word AutoCorrect Entries Between Computers in Word 2002« (Wie AutoKorrektur-Einträge auf einem anderen Rechner verwendet werden können) unter *http://support.microsoft.com/ default.aspx?scid=kb;en-us;Q269006* und »HOW TO: Reset User Options and Registry Settings in Word 2002« (Wie Benutzereinstellungen und Registrierungseinstellungen zurückzusetzen sind) unter *http://support.microsoft.com/ default.aspx?scid=kb;en-us;Q289294*.

AutoKorrektur und Sprache

AutoKorrektur-Einträge werden in zwei Dateien verwaltet. Formatierte Einträge speichert Word in der *Normal.dot*-Vorlage; diese sind benutzerspezifisch und nur Word kann sie verwenden.

Die unformatierten, allen Office-Anwendungen zur Verfügung stehenden AutoKorrektur-Einträge befinden sich in **.acl*-Dateien. Es gibt benutzerdefinierte sowie jene, die mit Office installiert werden. Wie bei den Benutzerwörterbüchern sind in Word 2002 AutoKorrektur-Dateien auch sprachenspezifisch. Die von Microsoft Gelieferten haben alle den Namen *MSO.acl* und stehen im Pfad *[Office Installationspfad]\nnnn*, wobei die Ordnerbezeichnung *nnnn* die LCID-Nummer der Sprache ist. Die AutoKorrektur-Dateien des Benutzers speichert Office hingegen alle im benutzereigenen Ordner *Anwendungsdaten* unter dem Namen *MSOnnnn.acl*, wobei *nnnn* wiederum für die LCID-Nummer steht.

HINWEIS

Vor Office 2000 waren AutoKorrektur-Einträge nicht sprachenspezifisch. Unformatierte Einträge wurden alle in einer *[Benutzer].acl*-Datei gespeichert, deren Name vom Login-Namen des Benutzers abgeleitet wurde. Office speicherte sie im Windows-Ordner.

Um die AutoKorrektur für eine Sprache zu benutzen, muss die Sprache aktiviert und deren Korrekturhilfen müssen installiert sein. Word 2002 wird automatisch die entsprechenden AutoKorrektur-Einträge für die Sprachformatierung des markierten Textes laden.

HINWEIS Es wird oft gefragt, ob AutoKorrektur-Einträge dokument- oder vorlagenspezifisch gespeichert und eingesetzt werden können. Die Antwort darauf ist leider »Nein«. *AutoTexte* sind an Vorlagen zu binden, weshalb sie in solchen Fällen in Betracht gezogen werden sollten.

Die Registerkarte *AutoKorrektur*

Hier finden Sie alle Optionen, die Text während der Eingabe ändern. John lässt sie alle aktiviert, bearbeitet jedoch die Liste *Während der Eingabe ersetzen*. Er entfernt beispielsweise die »Emoticons« (Smileys). Es handelt sich hier um Unicode-Zeichen, die in E-Mails im »Nur Text«-Format oder auf »Nicht-Windows«-Rechnern nicht korrekt angezeigt werden. Da ihr Ursprung sich in der Kommunikation mit unformatiertem Text befindet – und nur dafür setzt John sie überhaupt ein – sollten die Smileys Zeichen in Ruhe gelassen, d.h. nicht in Unicode umgewandelt werden.

Cindy hingegen benutzt Word nicht als E-Mail-Editor. Was die »Emoticons« angeht, ist ihr das ziemlich egal. Was sie als Programmiererin nervt, sind die Optionsfelder im oberen Teil des Dialogfeldes, die ständig die Großschreibung ändern. Außer dem Kontrollkästchen für die Wochentage schaltet sie diese alle aus.

Wir empfehlen, die AutoKorrektur für unformatierte Textelemente einzusetzen, die Sie regelmäßig während der Arbeit eintippen. Bei formatierten AutoKorrektur-Einträgen muss man sich bewusst sein, dass alle Formatierungen direkte Formatierungen sind, die sich dem umgebenden Text nicht anpassen; Formatvorlagen werden nicht mit gespeichert. Denken Sie daran: Nur die unformatierten Einträge stehen allen Office-Anwendungen zur Verfügung.

Die Registerkarte *AutoFormat während der Eingabe*

Peter und Cindy haben oft mit Programmiercode zu tun, deshalb ist bei ihren Installationen die Option "Gerade" Anführungszeichen durch „typographische" und *Internet- und Netzwerkpfade durch Hyperlinks* ausgeschaltet. Sonst sehen ihre Einstellungen (Abbildung 2.5) genauso aus wie bei John.

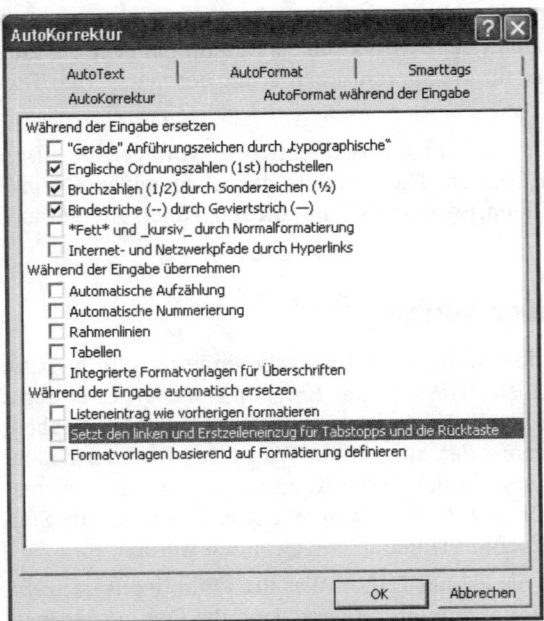

Abbildung 2.5:
*Empfohlene Ein-
stellungen in der
Registerkarte
AutoFormat
während der
Eingabe für
Programmierer*

Es gibt also keine »ideale« Einstellung für den Abschnitt *Während der Eingabe ersetzen*. Deutschsprachige Benutzer brauchen beispielsweise *Englische Ordnungs-zahlen (1st) hochstellen* kaum. Was aber unbedingt für die Erstellung professioneller Dokumente auszuschalten ist, sind alle Optionen unter *Während der Eingabe über-nehmen* und *Während der Eingabe automatisch ersetzen*.

Die Registerkarte *AutoText*

AutoText ist eine wunderbare Erfindung. Er bietet Ihnen, was die AutoKorrektur nicht kann: Vorlagenspezifische Einträge.

AutoText-Einträge werden mit AutoAusfüllen (der vollständige Eintrag erscheint beim Schreiben als Tipp), einem Tastaturkürzel, über eine Symbolschaltfläche, aus dem Menü oder Dialogfeld bzw. mithilfe eines Makros eingefügt. Deshalb ist Auto-Text eher für komplexe, formatierte Elemente, die Sie regelmäßig, aber nicht zu häufig brauchen, geeignet. Die AutoKorrektur dagegen ist benutzerfreundlicher für Ele-mente, die so oft eingegeben werden, dass die Einfügung fast automatisch erfolgen soll.

TIPP

Wenn Sie mit AutoAusfüllen einen AutoText-Eintrag von Word einfügen lassen, fügt Word danach automatisch ein Leerzeichen ein, sobald Sie in der gleichen Zeile wei-terschreiben. Wir finden das eher störend, da AutoText-Einträge so eingefügt werden sollen, wie wir sie erstellt haben. Um dieses Verhalten zu vermeiden, geben Sie den AutoText-Namen ein und drücken Sie F3.

Beim Betrachten dieser Registerkarte nach der Installation von Word werden Sie eine Liste von Einträgen sehen, die für den Briefverkehr gedacht sind. Sie werden auch vom Brief-Assistenten benutzt und erstellt. John entfernt sie alle, da sie seinen Bedürfnissen als technischer Autor nicht entsprechen. Er erstellt AutoText-Einträge hauptsächlich für Kopf- und Fußzeilen sowie formatierte Tabellen und Firmenlogos. Detaillierte Angaben über die Erstellung und Handhabung von AutoText finden Sie in der Word-Hilfe sowie in die meisten Handbüchern zu Microsoft Word.

In Word 97 hat Microsoft die Benutzerschnittstelle für AutoText geändert. Das Kontrollkästchen, das einen AutoText-Eintrag nur als unformatierten Text einfügt, wurde aus dem Dialogfeld ersatzlos entfernt. Oft will man die Formatierung beibehalten, aber nicht immer. Glücklicherweise wurde uns diese Fähigkeit im Word-Objektmodell gelassen. Das Makro in Listing 2.3 fügt den aus dem Dialogfeld gewählten Auto-Text-Eintrag ohne Formatierung ein.

> Dieses Makro zeigt genau das gleiche Dialogfeld an wie *Einfügen/AutoText/AutoText* oder die Registerkarte, die hier diskutiert wird. Da es jedoch mit der Display- statt mit der Show-Methode eingeblendet wird, führt Word es nicht wie üblich aus, wenn mit einer Schaltfläche bestätigt wird.
>
> Stattdessen wird die Benutzerauswahl mit RichText = False direkt vom Makro eingefügt. In diesem Zusammenhang ist bemerkenswert, dass auch der Makrorekorder das Argument RichText bei der Aufzeichnung weglässt.

HINWEIS Mehr über die Automatisierung mit Word-Dialogfeldern finden Sie in ▶ Kapitel 12 sowie in zahlreichen Beispiellistings in diesem Buch.

Listing 2.3: AutoText-Einträge ohne Formatierung können nur über ein Makro wie dieses eingefügt werden

```
Sub AutoTextOhneFormatierung()
    Dim lEinfuegenOK As Long
    lEinfuegenOK = -1
    With Dialogs(wdDialogEditAutoText)
        .Display
        If .Insert = lEinfuegenOK Then
            NormalTemplate.AutoTextEntries(.Name).Insert _
                Where:=Selection.Range, RichText:=False
        End If
    End With
End Sub
```

Den Code aus Listing 2.3 finden Sie in der Datei *Bsp02_01.dot* im Modul *basAuto-KorrekturOptionen*. Die Datei befindet sich im Ordner *\Buch\Kap02* auf der Buch-CD.

Eine weitere Änderung zum Thema AutoText seit Word 97 ist die Einführung von AutoText-Kategorien. Wenn Sie unter *Einfügen/AutoText* schauen, werden Sie vermutlich eine Liste von Untermenüs mit Beschriftungen wie *Kopf- und Fußzeile* oder *Standard* sehen. Hinter diesen stehen ein oder mehrere AutoText-Einträge. Diese AutoText-Einträge wurden mit einer Formatvorlage formatiert, die den Namen der Kategorie hat. Oder anders formuliert: AutoText kann seine Einträge nach Formatvorlagen kategorisieren.

Es gibt dabei zwei Verhaltensmuster, auf die zu achten ist:

○ Die Einträge in der Liste der Submenüs ändern sich je nach Formatierung des Textes, in dem sich die Einfügemarke befindet. Es werden nur die Einträge angezeigt, die zu dieser Formatvorlage-Kategorie gehören. Für Anfänger ist dieses Verhalten ziemlich verwirrend, da sie glauben, die AutoText-Einträge wurden gelöscht!

○ Die Einträge in der Liste passen sich der Sprache des Textes an, in dem sich die Einfügemarke befindet.

TIPP

Außerhalb des Bereichs professioneller Dokumente haben AutoText-Kategorien eine nützliche Seite. Sie sind mit der Funktionalität der `AutoTextList`-Feldfunktion verbunden, die es ermöglicht, einfache Dropdown-Felder in einem Dokument zu integrieren, ohne Makros oder Dokumentschutz. Ausführlicher können Sie das in der Word-Hilfe sowie in ▶Kapitel 11 nachlesen.

HINWEIS

Mehr über das Gruppieren von AutoText-Einträgen ist im Knowledge Base-Artikel D33427 »WORD97: AutoText-Gruppen in WORD 8.0« zusammengefasst. *http://support.microsoft.com/default.aspx?scid=http://www.microsoft.com/IntlKB/Germany/support/kb/D33/D33427.htm.*

Um einen AutoText-Eintrag einer anderen Kategorie zuzuordnen, muss der Eintrag mit der anderen Formatvorlage formatiert, neu erstellt und der alte gelöscht werden. Ein ziemlich mühsames Unterfangen, wenn es sich um mehrere Einträge handelt.

Obwohl es unwahrscheinlich ist, dass Sie AutoText Einträge nach Kategorien für die Erstellung von langen, technischen Dokumenten einsetzen, stellen wir hier die Makrolösung in Listing 2.4 vor. Sie ändert die Kategoriebezeichnung von allen Einträgen einer bestimmten Kategorie. Nebenbei veranschaulicht sie, wie AutoText mit VBA gehandhabt wird.

Dieses Beispiel nimmt an, dass Einträge in der eingebauten Kategorie »Anrede« schon vorhanden sind. Eine Formatvorlage namens »Anschrift« ist im Dokument vorhanden. Die Einträge werden vom VBA Code, einer nach dem anderen, in das Dokument eingefügt, mit »Anschrift« formatiert und neu erstellt. (Wenn gleichzeitig der Eintrag aus »Anrede« zu entfernen ist, ziehen Sie die kommentierte Zeile mit in den Code ein.)

Vom besonderem Interesse ist, wie durch die Auflistung `AutoTextEntries` »geschleift« wird: nämlich vom Ende bis zum Anfang. Wenn sie in der anderen Richtung bearbeitet wird, wird jeder zweite Eintrag übersprungen, weil die Einträge in der Liste neu geordnet werden. Es ist auch wichtig, die Vorlage, in der die Änderungen vorzunehmen sind, genau festzulegen.

```
Sub AutoTextGruppeAendern()
    Dim AT As Word.AutoTextEntry, doc As Word.Document, rng As Word.Range
    Dim tplt As Word.Template, lNumAT As Long, lATZaehler As Long
    Dim szATName As String, szNeueGruppe As String, szAlteGruppe As String

    szNeueGruppe = "Anschrift"
    szAlteGruppe = "Anrede"
    Set doc = ActiveDocument
    Set tplt = doc.AttachedTemplate
    Application.CustomizationContext = tplt
    lNumAT = tplt.AutoTextEntries.Count
    For lATZaehler = lNumAT To 1 Step -1
        Set AT = tplt.AutoTextEntries(lATZaehler)
        If AT.StyleName = szAlteGruppe Then
            Set rng = doc.Range
            szATName = AT.Name
            AT.Insert Where:=rng, RichText:=True
            rng.Style = szNeueGruppe
            'folgende Absatzmarke ausschließen
```

Listing 2.4:
Alle AutoText-Einträge von einer Kategorie in eine andere verschieben

```
              rng.MoveEnd Unit:=wdCharacter, Count:=-1
              tplt.AutoTextEntries.Add Name:=szATName, Range:=rng
              rng.Delete
              'AT.Delete
          End If
      Next lATZaehler
End Sub
```

 Den Code aus Listing 2.4 finden Sie in der Datei *Bsp02_01.dot* im Modul *basAuto-KorrekturOptionen*. Die Datei befindet sich im Ordner *\Buch\Kap02* auf der Buch-CD.

TIPP Wenn Sie Adressen aus Outlook in Word einfügen möchten, gibt es einen außerordentlich wichtigen AutoText-Eintrag, der den Inhalt der Adresse kontrolliert. Genaue Angaben finden Sie im Knowledge Base-Artikel D34309 »WD97D: Formatierung, wenn Adressen aus Outlook übernommen werden« unter *http://support.micro-soft.com/default.aspx?scid=http://www.microsoft.com/IntlKB/Germany/sup-port/kb/D34/D34309.htm*. In Word 2000 und 2002 muss der AutoText-Eintrag den Namen »AdressLayout« und nicht »AdreßLayout« haben.

Die Registerkarte *AutoFormat*

Die Idee hinter AutoFormat war ausgezeichnet. Leider aber lassen die Ergebnisse seit Word 6.0 zu wünschen übrig. Der Grundgedanke war, dass Word eine unformatierte Textdatei mit integrierten Formatvorlagen schnell formatieren kann. Vor zehn oder zwölf Jahren, als viele Textdateien durch Großrechner und einfache Textverarbeitungsmaschinen erstellt wurden, war das Thema aktuell. Heute ist die Funktionalität eher für die Formatierung von E-Mails relevant. Aber leider erledigt sie diese Aufgabe auch nicht gerade hervorragend.

TIPP Für deutschsprachige Anwender hat sie aber doch eine interessante Seite: Die Umwandlung von typografischen Anführungszeichen. Unser MVP-Kollege Klaus Linke hat die Methode entwickelt und setzt sie ein, weil er sie zuverlässiger findet als *Suchen und Ersetzen*.

- Schreiben Sie das Dokument mit geraden Anführungszeichen.

- Nach Aufruf des Menübefehls *Extras/AutoKorrektur-Optionen* deaktivieren Sie auf der Registerkarte *AutoFormat* alle Einstellungen außer "*Gerade Anführungszeichen*" *durch „typographische".*

- *Format/AutoFormat* öffnen.

- Das Kontrollkästchen *Autoformatierung durchführen* aktivieren, dann mit *OK* die AutoFormatierung ausführen.

Die geraden Anführungszeichen im Dokument werden mit typografischen ersetzt.

Falls Sie die typografischen Anführungszeichen » und « vorziehen, formatieren Sie den Text mit der Sprache *slowenisch*, bevor Sie diese Methode ausführen.

Die Registerkarte *Smarttags*

Mit den so genannten Smarttags können Sie einem Dokument kontextbezogene intelligente Aktionen hinzufügen.

Gegenwärtig ist es so, dass die meisten professionellen Leitfäden zur Formatierung von Dokumenten Sie dazu bringen werden, letztlich alle Smarttags abzuschalten. Denn Smarttags gewinnen ihre Informationen aus externen Quellen, wie z.B. dem World Wide Web oder Ihrem Adressbuch und betten diese dann in ein Dokument ein. Solange wir also keine volle Kontrolle darüber haben, welche Information eingebettet wird bzw. nicht hundertprozentig sicher sein können, dass keine der beiden Seiten des Smarttag-Mechanismus unvorhersehbare »Nebeneffekte« erzeugen wird, gilt die Regel »Smarttags immer abschalten«.

Auf der anderen Seite handelt es sich bei den Smarttags um eine Spitzentechnologie. Wir sollten daher auch aktiv mit ihnen experimentieren. Sie werden sicher noch viele erstaunlich praktische Vorteile in den Arbeitsalltag bzw. den Umgang mit Microsoft Office bringen. Die Einsatzmöglichkeiten und -grenzen der Smarttags sind derzeit noch nicht überschaubar und schon gar nicht in Gänze vorstellbar. Möglicherweise werden Sie sich eines Tages eine solche neue Einsatzmöglichkeit überlegen. Sollte diese genial genug sein, könnten Sie sich buchstäblich für den Rest Ihrer Tage über die Weiterentwicklung dieser Lösung Gedanken machen. Smarttags sind vom Potenzial her eindeutig mächtiger und wirksamer als Office selbst. Mein Vorschlag lautet daher: Lernen Sie sie gut kennen! Und, um noch einmal die Metapher mit der Boeing 747 aufzugreifen: Nutzen Sie Smarttags nicht wie einen Airliner, um zahlende Passagiere zu befördern, so lange Sie nicht wissen, **wie** man fliegt.

Extras/Anpassen

Wahrscheinlich lesen Sie dieses Buch, weil Sie Word an Ihre Bedürfnisse anpassen wollen. Word hat eine Marktherrschaft von ca. 90% weltweit unter den Textverarbeitungsprogrammen. Nicht wegen seiner standardmäßigen Einstellungen, sondern wegen dem, was man daraus machen kann: Ein **perfektes** Werkzeug für **jeden** einzelnen Benutzer.

Word ist bei der Installation schon »angepasst«. Die Einstellungen stellen einen Kompromiss dar, der für die Erfüllung von einfachen Aufgaben für die meisten Benutzer gedacht ist. Denken Sie daran, dass bei einem Kompromiss niemand alles bekommt, was er wollte. Mit den Installationseinstellungen benötigt man vielleicht drei bis vier Tage, um ein 500-seitiges Buch zu formatieren. John erledigt diese Aufgabe innerhalb von zwei bis drei Stunden. Der Unterschied: Er arbeitet mit einer ihm angepassten Umgebung, die für seine Arbeit und Arbeitsweise optimiert ist.

John ändert so ziemlich alles an Word

TIPP

Lesen Sie bitte zunächst den Teil über *Optionen*, bevor Sie sich in diese Materie vertiefen. Die Abschnitte dieses Kapitels stehen in der Reihenfolge der Befehle im standardmäßigen *Extras*-Menü. (Ja, die Menüs stellen wir auch um, wie alles andere.) Die Anpassungen sind jedoch einfacher vorzunehmen und zuverlässiger, wenn Sie zuerst die *Optionen* korrekt eingestellt haben.

Betrachten Sie die Symbolleisten in Abbildung 2.6, die John für sein gegenwärtiges Projekt einsetzt, um eine Idee zu bekommen, was wir darunter verstehen.

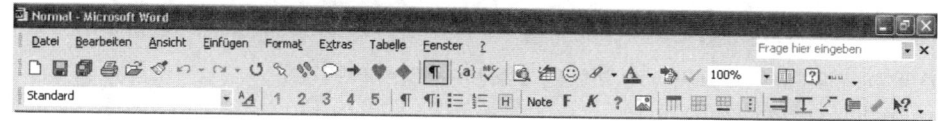

Vergleichen Sie die Symbolleisten in der Abbildung mit der *Standard-* und *Format*-Symbolleiste von Word. Sicherlich fällt Ihnen sofort auf, dass sie sehr wenig gemeinsam haben? Eigentlich sind diese nicht einmal Word-eigene Symbolleisten – die John weder einblendet noch ändert – sondern von ihm eigens erstellte. Viele der Symbolschaltflächen rufen Makros auf, die eine Standardfunktionalität abändern.

Auf der Symbolleiste *JohnFormat* befinden sich Symbolschaltflächen für regelmäßig eingesetzte Formatvorlagen. Die roten Zahlen weisen dem Text beispielsweise die *Überschrift*-Formatvorlagen zu; die blauen »¶« Fließtext-Formatvorlagen. Er hat auch eine Gruppe von Symbolschaltflächen mit Formatvorlagen für Tabellen.

Sicherungskopie der *Normal.dot*-Vorlage

Sobald Sie anfangen, Word anzupassen, wird Ihre *Normal.dot*-Vorlage ein kostbares Hilfsmittel. Sie werden viele Stunden darin investieren. Vorkommnisse in der Dokumentverwaltung, Virenattacken oder daneben geratene Makroaktionen könnten die *Normal.dot* unwiderruflich beschädigen und Sie werden sie dann ersetzen müssen. Vielleicht kommt dies nur einmal im Jahr vor, aber es wird vorkommen. Wenn Sie darauf vorbereitet sind, ruft es nicht mehr als ein kurzes Fluchen hervor und in einigen Minuten ist alles wieder lauffähig.

Falls Sie mit Word schon seit einiger Zeit arbeiten (über mehrere Versionen) und bislang die *Normal.dot* nicht ersetzen mussten, »franst« sie vermutlich langsam aus. Word benutzt die *Normal.dot* für die Hinterlegung aller Art von benutzerspezifischen Informationen. Es kommen noch die kleinen Änderungen im Dateiformat von Version zur Version hinzu, die nicht immer 100% erfolgreich verlaufen, sodass die *Normal.dot* mit der Zeit etwas viel »Kaffeesatz« ansammelt. Wir empfehlen in diesem Fall, die Anpassung mit der Erstellung einer neuen, »sauberen« Standardvorlage zu beginnen. Um den höchsten Grad an Zuverlässigkeit zu erlangen, ist ein frischer Anfang das Beste.

Es ist gar nicht schwer, an eine neue Kopie der *Normal.dot* zu gelangen. Word erstellt sie automatisch, wenn es die Datei nicht finden kann. Beenden Sie Word (falls Sie es in Outlook als E-Mail-Editor verwenden, beenden Sie auch Outlook, sonst hält es sowohl die *Normal.dot* als auch die *Email.dot* gesperrt) und benennen Sie Ihre gegenwärtige *Normal.dot* um. Falls Sie noch nicht alle Optionen gesetzt haben, erledigen Sie das zuerst, da sie die Erstellung von neuen Vorlagen beeinflussen können. Achten Sie insbesondere auf die *Standardsprache*.

Es ist empfehlenswert, der alten Kopie einen aussagekräftigen Namen zu geben und sie eine Zeit lang aufzubewahren. Sie enthält unter Umständen einige Elemente, die Sie in das neue Exemplar mit *Organisieren* (unter *Extras/Vorlagen und Add-Ins*) kopieren möchten.

Welche Vorlage ist anzupassen?

Anpassungen können an vier Stellen gespeichert werden:

o In der *Normal.dot*-Vorlage

o In einem globalen Add-In (Vorlage)

o In der dem Dokument angefügten Vorlage

o Im Dokument selbst

Da dieses Kapitel die Einstellungen für die Word-Umgebung behandelt, nehmen wir für diese Diskussion an, dass Sie die Anpassungen in der *Normal.dot* vornehmen.

Wenn sich Ihre Anpassungen mit der Zeit anhäufen, sollten Sie in Betracht ziehen, einige in globale Add-In-Vorlagen zu verschieben. Die Auswahl erfolgt hauptsächlich aus administrativen und operativen Gründen. Da die *Normal.dot* früher weniger stabil war oder öfter »den Bach hinunter ging«, speicherte John seine Anpassungen in anderen Vorlagen. Jetzt, wo sie zuverlässiger geworden ist, lässt er alles darin, weil die Handhabung viel einfacher ist. Wir werden in ▶ Kapitel 3 bei der Diskussion über Vorlagen näher darauf eingehen.

Das Dialogfeld *Anpassen*

In der Benutzeroberfläche werden Anpassungen über das Dialogfeld *Anpassen* vorgenommen, das Sie über den Menübefehl *Extras/Anpassen* auf den Bildschirm holen.

HINWEIS

Das Thema »Anpassen« wird immer wieder in den Kapiteln aufgegriffen, wo es um konkrete Beispiele geht. Anpassungen können auch mit VBA unternommen werden. ▶ Kapitel 12 behandelt dieses Thema.

Um allgemeine Kenntnisse über die Handhabung dieses Dialogfelds zu erlangen, beginnen Sie bei »Ändern von Menüs, Symbolleisten und Befehle« in der Word-Hilfe unter dem Punkt »Anpassen von Word«.

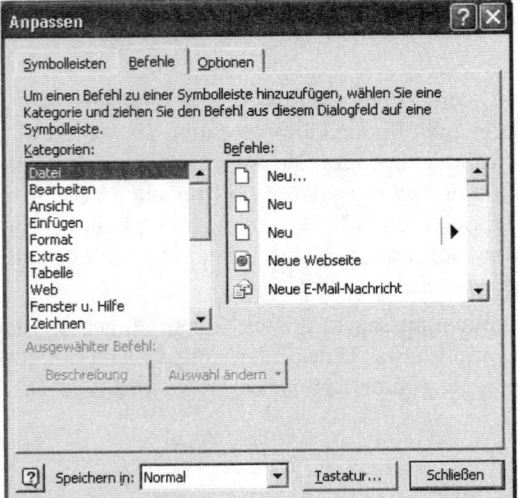

Abbildung 2.7:
Aus diesem Dialogfeld werden sehr interessante, zum Teil in Vergessenheit geratene Befehle geholt

Eigene Symbolleisten erstellen

Ihr erster Schritt bei der Anpassung von Symbolleisten ist, eigene zu erstellen. Hierfür gibt es einen sehr wichtigen Grund: Obwohl das Dialogfeld *Organisieren* das Kopieren von Symbolleisten zwischen Dateien ermöglicht, können die in Word standardmäßig integrierten Symbolleisten **nicht** kopiert werden. Diese Maßnahme unterbindet Dateibeschädigungen, bedeutet aber gleichzeitig, dass bei einem Verlust der *Normal.dot* oder einer anderen Vorlage alle Anpassungen verloren gehen. *Organisieren* kopiert benutzerdefinierte Symbolleisten jedoch anstandslos.

Folgen Sie den Anweisungen in der Word-Hilfe unter »Erstellen einer benutzerdefinierten Symbolleiste«.

Picken Sie die »Rosinen« aus Words *Standard-* und *Format-*Symbolleisten und ziehen sie mit festgehaltener Strg-Taste – um sie zu kopieren statt zu verschieben – in Ihre eigenen Symbolleisten. Wenn Sie vergessen, die Strg-Taste gedrückt zu halten oder Ihnen ein Fehler unterläuft, können Sie am Schluss noch die Schaltfläche *Zurücksetzen* für die markierte *Standard-* oder *Format-*Symbolleiste im Dialogfeld *Anpassen/Symbolleisten* betätigen.

Es ist am einfachsten, Ihre Symbolleisten eingeblendet zu lassen und sie laufend anzupassen. Wann immer Sie einen Befehl ein zweites Mal in den Menüs oder anderen Symbolleisten suchen müssen, wechseln Sie schnell in *Anpassen* und fügen Sie ihn Ihren Symbolleisten hinzu.

Sicherlich ist Ihnen aufgefallen, dass John einige Symbolschaltflächen hat, die Sie nie zuvor gesehen haben. Einige hat er mit dem *Symbolschaltflächen-Editor* erstellt, andere hat er aus der Datei *moricons.dll* genommen (im *System32*-Ordner Ihres Windows-Betriebssystems). Zudem hat Office einige hundert Symbolschaltflächen, die beliebig kopiert werden können.

 Für eine große Auswahl schauen Sie in die Datei *Symbolschaltflächen.doc* im Ordner *\Buch\Kap12* auf der CD zu diesem Buch und in das ▶ Kapitel 12.

Extras/Optionen

 Eine kurze Beschreibung der verschiedenen Optionen erhalten Sie, wenn Sie auf die Symbolschaltfläche *Hilfe* oben rechts im *Optionen*-Dialogfeld klicken und dann auf die Beschriftung der fraglichen Option. Zu einzelnen Optionen gibt es mehr Informationen in der Hilfe und in verschiedenen Knowledge Base-Artikeln. Wir erwähnen hier nur die Registerkarten und Optionen, die einen Einfluss auf den professionellen Einsatz von Word haben, d.h. aus Johns sowie Cindys Blickwinkel.

Die Registerkarte *Ansicht*

Die Autoren bestehen darauf, alles im Dokument anzeigen zu lassen, um ganz genau zu wissen, was das Dokument enthält oder nicht enthält. Obwohl es manchmal einfacher erscheint, ein Dokument zu bearbeiten, ohne alles drum und dran eingeblendet zu haben, ist die Gefahr zu groß, dass das Dokument mit unerwünschtem Inhalt weitergeleitet wird.

Diese Einstellungen gelten für die gesamte Word-Umgebung und sind nicht dokumentspezifisch.

Rechtschreibung und Grammatik	Änderungen verfolgen	Benutzerinformationen

Kompatibilität | Speicherort für Dateien

Ansicht | Allgemein | Bearbeiten | Drucken | Speichern | Sicherheit

Anzeigen
- ☐ Startaufgabenbereich
- ☑ Hervorheben
- ☐ Textmarken
- ☑ Statusleiste
- ☑ QuickInfo

- ☑ Smarttags
- ☐ Animierter Text
- ☑ Horizontale Bildlaufleiste
- ☑ Vertikale Bildlaufleiste
- ☐ Platzhalter für Grafiken

- ☑ Fenster in Taskleiste
- ☐ Feldfunktionen

Feldschattierung:
[Immer ▼]

Formatierungszeichen
- ☐ Tabstoppzeichen
- ☐ Leerzeichen
- ☐ Absatzmarken

- ☐ Ausgeblendeten Text
- ☐ Bedingte Trennstriche
- ☑ Alle

Seiten- und Weblayoutoptionen
- ☑ Zeichnungen
- ☑ Objektanker
- ☐ Textbegrenzungen

- ☐ Leerraum zwischen Seiten (nur Seitenlayout)
- ☑ Vertikales Lineal (nur Seitenlayout)

Optionen für Gliederungs- und Normalansicht
- ☑ Auf Fensterbreite umbrechen   Breite der Formatvorlagenanzeige: [0 cm ▲▼]
- ☐ Konzeptschriftart: Name: [Courier New ▼]   Größe: [10 ▼]

[OK] [Abbrechen]

Wir halten die Anzeige von *Textmarken* für fakultativ. John blendet sie nur ein, wenn er explizit damit arbeitet; Cindy hat sie fast immer eingeblendet.

Die *Statusleiste* soll immer eingeblendet bleiben, um wichtige Angaben wie die aktuelle Seiten- und Abschnittsnummer sowie Sprache zu sehen. Es ist nicht möglich, wie in WordPerfect, die Einträge der Statusleiste anzupassen.

Es ist auch empfehlenswert, die *QuickInfo* aktiviert zu lassen, um die Informationen zu Symbolleistenschaltflächen, Überarbeitungen, Kommentaren, Fußnoten und Endnoten sowie Hyperlinks interaktiv mit dem Mauszeiger anzuzeigen.

Smarttags sind neu in Word 2002. Da Sie über alles informiert sein wollen, was sich im Dokument befindet, sollte diese Option aktiviert sein. Sie hat keinen Einfluss darauf, ob die Funktionalität eingeschaltet ist oder nicht. Dafür müssen Sie im Dialogfeld *AutoKorrektur* auf der Registerkarte *Smarttags* die entsprechenden Einstellungen vornehmen. Die Speicherung von Smarttags wird über die Registerkarte *Speichern* kontrolliert.

Sie werden *Animierter Text* nicht einschalten, oder? Hand aufs Herz? Schauen Sie jetzt nach, um sicher zu stellen, dass die Option ausgeschaltet ist ...

Sowohl *Horizontale Bildlaufleiste* wie auch *Vertikale Bildlaufleiste* müssen aktiviert sein, sonst können Sie unmöglich ein Word-Dokument effizient bearbeiten.

Sie wollen die Grafiken im Dokument statt leerer Vierecke sehen: Nun, dann schalten Sie *Platzhalter für Grafiken* aus. Diese Option stammt aus den frühen Tagen, als Systeme weniger leistungsfähig waren. Das Scrollen im Dokument war wegen des Bildaufbaus von Grafiken ungeheuer verlangsamt worden. Wenn Sie heutzutage dieses Problem haben, ist das System zu schwach, um professionell mit Word zu arbeiten.

HINWEIS Word 2002 blendet Bilder erst ein, wenn die Seite eine oder zwei Sekunden still auf dem Bildschirm (bei losgelassener Maustaste) ruht. Beim Scrollen sind sie meistens nicht sichtbar, falls sie nicht bereits im Speicher (RAM) vorliegen.

Fenster in Taskleiste ist eigentlich Geschmacksache, aber wir haben eine allgemeine Bemerkung betreffend neuer Funktionalität, die hierher passt.

> Diese Option ist neu in Word 2002. Sie stand für alle anderen Anwendungen in Office 2000 schon zur Verfügung. In Office 2000 wurde die SDI-Schnittstelle (»Single Document Interface«) eingeführt – jedes Dokument hat seinen eigenen Eintrag in der Windows-Taskleiste. Microsoft führte sie aus zwei Gründen ein:
>
> - Um gewisse Probleme mit Word als E-Mail-Editor in den Griff zu bekommen.
>
> - Um den Wechsel zwischen Dokumenten zu erleichtern.
>
> Viele Benutzer fühlten sich dadurch gestört und mussten einige Arbeitsgewohnheiten ändern. Sie haben lauthals geschrien; Microsoft hat hingehört und nun haben wir diese Option. Dass Microsoft doch auf unsere Wünsche reagiert, ist aber nicht der springende Punkt.
>
> In der Zwischenzeit haben sich die meisten Benutzer an das veränderte Verhalten gewöhnt und sogar Gefallen daran gefunden. Wie schön, mit Alt+Tab so schnell zwischen Dokumenten wie zwischen Anwendungen wechseln zu können. Und man sieht mit einem Blick, wie viele und welche Dokumente geöffnet sind, egal in welchem Fenster man momentan arbeitet. Und nun, da die Option vorliegt, will man sie nicht mehr. Darin gibt es irgendeine Lehre, aber dies ist kein Buch über Philosophie. Nur soll man vielleicht in Zukunft zuerst die neue Funktionalität gründlich ausprobieren, bevor man darüber klagt.

Feldfunktionen soll nur eingeschaltet werden, wenn Sie direkt mit den Codes in Feldfunktionen arbeiten.

TIPP Sie können auch per Kontextmenü oder Umschalt+F9 bzw. Alt+F9 die Feldcodes einblenden. Das geht etwas schneller, als durch die Menüs zu stöbern.

HINWEIS Feldfunktionen werden an mehreren Stellen in diesem Buch behandelt, immer dort, wo sie relevant sind. Eine vollständige Auflistung der Themen finden Sie im Index. Für allgemeine Informationen schlagen Sie im ▶ Anhang A nach.

Für die Bearbeitung eines Dokuments sollte *Feldschattierung* auf *Immer* eingestellt werden. Sie müssen erkennen können, welche Informationen statisch und welche dank Feldfunktionen dynamisch sind und sich daher ändern könnten. Die Feldschattierung wird **nicht** ausgedruckt. John ist sogar der Meinung, Sie könnten unabsichtlich das Dokument beschädigen, wenn Sie das Textresultat einer Feldfunktion bearbeiten, in der Meinung, es sei gewöhnlicher Text.

Alle *Formatierungszeichen* sollten eingeblendet sein. Bitte beachten Sie, dass die Einstellungen Ansicht-spezifisch sind. Sie können also beispielsweise mit allen eingeschalteten Zeichen in der schnelleren Normalansicht arbeiten und das WYSIWYG-Ergebnis ohne störende Zeichen im Seitenlayout betrachten.

Sie werden *Zeichnungen* bestimmt aktivieren und– wenn Sie grafische Objekte mit Textfluss positionieren – auch die *Objektanker*. Mehr darüber in ▶ Kapitel 9.

Neu in Word 2002 ist die Möglichkeit, in der Seitenlayoutansicht die Seitenenden, d.h. den oberen und unteren Rand auszublenden, sodass Sie den Text ohne störende Leerräume lesen können. Diese Funktionalität wird mit einem Mausklick auf den Seitenumbruch oder mit der Option *Leerraum zwischen Seiten* ein- bzw. ausgeblendet.

TIPP

Manchmal hat Word bei obiger Einstellung Probleme mit der Anzeige aller Zeilen über den Seitenumbruch hinweg. Vor allem dann, wenn die Optionen *Zeilen nicht trennen* und *Absätze nicht trennen* in *Format/Absatz/Zeilen und Seitenumbruch* aktiviert sind. Passen Sie also auf und laden nötigenfalls vom Hersteller einen aktuelle Version des Grafiktreibers herunter und installieren diese.

Unter dem Abschnitt *Optionen für Gliederungs- und Normalansicht* merken Sie sich bitte den Punkt *Auf Fensterbreite umbrechen*. Diese Option ist ein streng gehütetes Geheimnis der alten Garde, die mit Word 2.0 und 6.0 groß geworden ist. Sie veranlasst Word, den Text in der normalen Ansicht am Fensterrand umzubrechen, sodass er ohne Einsatz der horizontalen Bildlaufleiste gelesen werden kann. In den guten alten Tagen waren die Systeme dermaßen schwach und die Bildschirme so klein, dass wir nie ohne gearbeitet haben. Falls Sie jemandem begegnen, der nur ungern in der Normalansicht arbeitet, ist dies vermutlich der Grund. Aber verraten Sie ihm das Geheimnis nicht – er soll das Buch kaufen.

Die *Konzeptschriftart* ist noch ein Überbleibsel der Pioniertage der Textverarbeitung. Der Dokumentinhalt wird mit einer einfachen, nichtproportionalen Schriftart wiedergeben, um den Gebrauch von Ressourcen möglichst gering zu halten und die Bildschirmaktualisierung zu beschleunigen. Wenn Sie bei eingeschalteter Option eine merkliche Besserung erfahren, ist Ihr Rechner zu schwach, um mit Word zuverlässig zu arbeiten. Es macht übrigens keinen Sinn, für diese Option eine andere Schriftart oder -größe festzulegen: Damit schrumpft die Wirkung auf Null.

Die letzte Option dieser Registerkarte, *Breite der Formatvorlagenanzeige*, ist ebenfalls Geschmackssache. Keiner der Autoren schaltet sie ein, da die Anzeige der Formatvorlage, mit der die Markierung formatiert ist, problemlos aus dem Dropdown-Feld der *Format*-Symbolleiste sowie dem Aufgabenbereich *Formatvorlagen und Formatierungen* zu entnehmen ist. Unserer Meinung nach nimmt sie zu viel Platz auf dem Bildschirm ein.

Die Registerkarte *Allgemein*

Die Optionen auf dieser Registerkarte regeln einige grundsätzliche Features für die gesamte Word-Umgebung.

Seitenumbruch im Hintergrund steht nur in der *Normal-* und *Gliederungsansicht* zur Verfügung. In den WYSIWYG-Ansichten muss der Seitenumbruch logischerweise laufend stattfinden.

Noch ein Dinosaurier, der für schwache Bildschirme konzipiert wurde, ist die nächste Option *Blauer Hintergrund, weißer Text*. Hoffentlich nicht mehr notwendig …

Rechtschreibung und Grammatik	Änderungen verfolgen	Benutzerinformationen
Kompatibilität		Speicherort für Dateien

Ansicht | Allgemein | Bearbeiten | Drucken | Speichern | Sicherheit

Allgemeine Optionen

☑ Seitenumbruch im Hintergrund
☐ Blauer Hintergrund, weißer Text
☐ Feedback mit Sound
☐ Feedback mit Animation
☐ Konvertierung beim Öffnen bestätigen
☐ Automatische Verknüpfungen beim Öffnen aktualisieren
☑ Nachricht als Anlage senden
☑ Liste zuletzt geöffneter Dateien: [9] ⇕ Einträge

☐ Webseitendarstellung im Hintergrund möglich
☑ Automatisch beim Einfügen von Autoformen einen neuen Zeichnungsbereich erzeugen

Maßeinheit: [Zentimeter ▼]
☐ Pixel als Standard für HTML-Optionen verwenden

[Weboptionen...] [E-Mail-Optionen...]

[OK] [Abbrechen]

Wenn Sie mit Ihren Kollegen/Mitarbeitern in Frieden leben wollen, lassen Sie *Feedback mit Sound* ausgeschaltet.

Feedback mit Animation ist eine der wenigen Optionen, bei der die Meinungen der Autoren ausnahmsweise übereinstimmen. Alle sind sich einig, dass diese Einstellung eine Verschleuderung von Systemressourcen ist, die nichts Nützliches bringt. (John gefällt jedoch die Wirkung, weshalb er sie trotzdem eingeschaltet lässt!)

Ob Sie *Konvertierungen beim Öffnen bestätigen* ein- oder ausschalten – es kommt ganz darauf an, welche Version von Word Sie haben und was Sie damit machen. Wenn Sie Verbindungen zu Datenbanken herstellen, ist die Option in Word 2002 unerlässlich – mehr dazu im ▶ Kapitel 10. John braucht sie nur, wenn er Word dazu zwingen will, eine Datei in einem bestimmten Format zu öffnen, um beispielsweise RTF- oder HTML-Codes anstele ihrer Resultat zu sehen und zu bearbeiten.

Lassen Sie *Automatische Verknüpfungen beim Öffnen aktualisieren* ausgeschaltet, außer Sie wollen es bewusst einsetzen. Vor allem bei der Anwesenheit vieler eingebetteter und verknüpfter OLE-Objekte, wie Excel-Tabellen und Diagramme, verlangsamt die Option das Öffnen der Dokumente merklich, da immer wieder eine Instanz der Anwendung geladen wird. In solchen Fällen ist es besser, die Aktualisierung bewusst vorzunehmen. Ein Einschalten der Option ist sinnvoll, wenn ein Dokument aus mehreren verknüpften Dokumenten besteht.

Nachricht als Anlage senden ist relevant, wenn Sie über die Befehlsfolge *Datei/Senden an* ein Dokument als E-Mail verschicken. Bei deaktiviertem Zustand fügt Word den Dokumentinhalt direkt in die Nachricht ein und Outlook verschickt sie im TNEF-Format (»Transport Neutral Exchange Format«). Nur ist es leider so, dass ausschließlich Outlook dieses Format versteht. Wenn der Empfänger eine andere E-Mail-Anwendung einsetzt, kann er die Nachricht nicht lesen. Lassen Sie also die Option eingeschaltet, sodass das Word-Dokument an die Nachricht angefügt wird und alle Empfänger sie entschlüsseln können.

Sie dürfen die *Liste zuletzt geöffneter Dateien* ruhig auf das Maximum von 9 setzen, außer Sie teilen den Rechner mit anderen und wollen nicht, dass jemand einsehen kann, mit welchen Dokumenten Sie arbeiten. In diesem Fall setzen Sie die Option auf *0* (Null). Um eine »Gesicherte Arbeitsumgebung« einzurichten, setzen Sie »System policies« ein. Sollten Sie nicht wissen, was das ist, fragen Sie Ihren Administrator oder schlagen Sie in einem Buch zu Windows NT/2000 nach. So können Sie die Option unzugänglich machen.

Im Knowledge Base-Artikel Q307949 »HOW TO: Configure a System Policy to Control the Recently Used File List in an Office XP Program« unter *http://support.microsoft.com/default.aspx?scid=kb;en-us;Q307949* ist dieser Vorgang beschrieben.

HINWEIS

Ein gesundes Quäntchen Misstrauen ist nie fehl am Platz, wenn man online ist. Deshalb bleibt bei uns *Webseitendarstellung im Hintergrund möglich* ausgeschaltet.

Auch der in Word 2002 neue Zeichnungsbereich ist Geschmackssache und gewöhnungsbedürftig. Ob Sie *Automatisch beim Einfügen von AutoFormen einen neuen Zeichnungsbereich erzeugen* ein- oder ausschalten, müssen Sie für sich entscheiden. Mehr darüber steht in ▶ Kapitel 9.

Je nach Bedürfnis kann die im Lineal und in Dialogfeldern für die Anzeige verwendete Maßeinheit über das gleichnamige Listenfeld definiert werden. *Pixel als Standard für HTML-Optionen verwenden* zeigt die Größen in Pixel an, wenn Sie in HTML arbeiten.

HINWEIS

Word 2002 hat einen kleinen Bug, wenn bestimmte Rechts-nach-links-Sprachoptionen installiert werden: Das Lineal ist für die Anzeige in der Maßeinheit »ch« (= Characters = Zeichen) eingestellt und diese Option kann nicht geändert werden. Mehr Informationen sowie die Lösungsvorschläge schauen Sie im Knowledge Base-Artikel Q299339 »WD2002: Cannot Change Ruler Measurement from Character Units« unter *http://support.microsoft.com/default.aspx?scid=kb;EN-US;Q299339* nach.

Mit einer wichtigen Ausnahme für Word 2002 empfehlen wir, sich mit den *Weboptionen* erst dann zu beschäftigen, wenn Sie in HTML-Dokumenten arbeiten. Diese Optionen werden in ▶ Kapitel 6 vorgestellt. Wenn Sie Word als E-Mail-Editor verwenden, können Sie über die Schaltfläche *E-Mail-Optionen* die erforderlichen Einstellungen definieren.

WICHTIG

Unter Word 2002 sollten Sie die Schaltfläche *Weboptionen* anklicken, im daraufhin geöffneten Dialogfeld die Registerkarte *Dateien* in den Vordergrund holen und das Kontrollkästchen *Links beim Speichern aktualisieren* deaktivieren. Ansonsten wird Word alle relativen Dateiverknüpfungen zerstören. Mehr darüber steht in ▶ Kapitel 9.

Die Registerkarte *Bearbeiten*

Die korrekten Einstellungen auf der Registerkarte *Bearbeiten* tragen wesentlich zu einem langen und fruchtbaren Arbeitsverhältnis mit Word bei. Es gibt weit mehr Optionen in Word 2002 als in früheren Versionen (wir haben es schließlich so gewollt!). Die standardmäßigen Einstellungen sind jedoch weniger destruktiv als früher.

Obwohl rein technisch gesehen *Eingabe ersetzt Auswahl* auch Geschmacksache ist, sollten Sie sich bewusst sein, dass viele Makroaktionen und allgemeine Anleitungen davon ausgehen, dass diese Option eingeschaltet ist. Sie legt fest, dass die Tastatureingabe oder das Einfügen die Markierung ersetzt.

Deaktivieren Sie *Textbearbeitung durch Drag Drop* nur dann, wenn Sie die Einrastfunktion der Windows-Eingabehilfen verwenden.

In den Vorgängerversionen von Word 2000 war die Option *Einfg-Taste zum Einfügen* sehr nützlich. Den *Überschreibmodus* braucht man heutzutage eher wenig. Warum also die Taste nicht für das Einfügen von Text statt Strg+V einsetzen? Man wusste ganz genau, der Text wird im RTF-Format eingefügt. In Word 2000 wechselte Microsoft zum HTML-Format, was auch nicht unbedingt schlecht war; wenigstens verhielt sich Word konsequent. In Word 2002 ist das von Word gewählte Format nicht vorhersehbar, wie in der Diskussion über Optionsflächen dargestellt. Deshalb aktivieren wir diese Option nicht.

Stattdessen haben wir den Satz Makros in Listing 2.5 erstellt, um den Text »nach Maß« einzufügen.

Listing 2.5:
Mit diesen
Makros können
Sie Text genau im
gewünschten
Format einfügen

```
Sub TextOhneFormatierungEinfuegen()
    Selection.PasteAndFormat wdFormatPlainText
End Sub

Sub TextMitZielFormatierungEinfuegen()
    Selection.PasteAndFormat wdFormatSurroundingFormattingWithEmphasis
End Sub

Sub TextMitQuellenFormatierungEinfuegen()
    Selection.PasteAndFormat wdFormatOriginalFormatting
End Sub

Sub TextNachFormatvorlageEinfuegen()
```

Die Arbeitsumgebung einrichten und optimieren

```
    Selection.PasteAndFormat wdPasteDefault
End Sub

Sub TextAlsRTFeinfuegen()
    Selection.PasteSpecial DataType:=wdPasteRTF
End Sub

Sub TextAlsHTMLeinfuegen()
    Selection.PasteSpecial DataType:=wdPasteHTML
End Sub
```

Den Code aus Listing 2.5 finden Sie in der Datei *Bsp02_01.dot* im Modul *basText-Einfuegen*. Die Datei befindet sich im Ordner *\Buch\Kap02* auf der Buch-CD.

Den Ursprung des *Überschreibmodus* findet man auch in den alten Tagen von langsamen Systemen; er war schneller in nicht-grafischen Anzeigen. Wenn Sie *Eingabe ersetzt Auswahl* ausgeschaltet haben, würden Sie diese Option vielleicht einschalten.

Mehr über den *Bild-Editor* erfahren Sie in ▶ Kapitel 9. Auch die Option *Bild einfügen als* und ihre Folgen stellen wir in ▶ Kapitel 9 vor.

Lassen Sie *Anwenden der smarten Absatzmarkierung* immer eingeschaltet. Dies ist vor allem in Word 2002 wegen der neuen Art, wie Word 2002 »wild« Zeichen-Formatvorlagen mit Verbindungen zu einer Absatz-Formatvorlage erstellt, wichtig. Wenn Sie einen Absatz markieren, wird die Absatzmarke eventuell nicht berücksichtigt, vor allem, wenn die nicht druckbaren Zeichen ausgeblendet sind. Ist die Absatzmarke nicht Teil der Markierung, wird die Formatvorlage nur den markierten Zeichen als direkte Formatierung zugewiesen. Mit der eingeschalteten Option *Anwenden der smarten Absatzmarkierung* nimmt Word die Absatzmarke in die Markierung auf, auch wenn die nicht druckbaren Zeichen ausgeblendet sind.

Sie schalten die Option *STRG + Klicken zum Verfolgen eines Hyperlinks* besser ein, wenn Sie hauptsächlich in Dokumenten arbeiten. Schalten Sie sie aus, falls Sie mehr mit Webseiten zu tun haben. Es ist sehr schwierig, Hyperlinks zu bearbeiten, wenn sie auf einen einzelnen Klick reagieren. Deshalb wurde diese Option eingeführt.

Wörter automatisch markieren sollte für die Bearbeitung von Text eingeschaltet sein, aber nicht für Programmiercode.

Die *Vorlagenaktualisierung anfragen* war bis Word 2000 selbstverständlich: Man markierte etwas Text, änderte die Formatierung, aktivierte die Formatvorlagenliste in der Formatsymbolleiste, drückte Eingabe und Word fragte, ob die Formatvorlage angepasst oder ob die Formatierung der Markierung zurückgesetzt werden soll. Neu in Word 2002 geschieht letzteres ohne Abfrage, wenn diese Option nicht aktiviert ist; ersteres bei aktivierter Option. Wir empfehlen, die Option zu aktivieren.

Als Alternative kann man die neue Funktionalität des *Aufgabenbereichs* einsetzen. ▮ **TIPP**

Formatierung mitverfolgen ermöglicht den Überblick aller im Dokument vorhandenen Formatierungen, auch direkte, im Aufgabenbereich *Formatvorlagen und Formatierungen*. Ferner steht die nächste Option nur zur Verfügung, wenn *Formatierung mitverfolgen* aktiviert ist. Schalten Sie sie ein.

WICHTIG In der ursprünglichen Version von Word 2002, ohne Service Packs, sollten Sie niemals *Formatierung mitverfolgen* und *Vorlagenaktualisierung anfragen* gleichzeitig einschalten. Ohne die Service Packs erstellt Word nämlich bei Aktivierung beider Optionen selbstständig neue Formatvorlagen, ohne nachzufragen und ohne die Formatvorlage anzupassen. Aber Sie haben doch in der Zwischenzeit SP1 und SP2 installiert, oder? Sie sollten Word 2002 nicht ohne Service Packs benutzen.

Inkonsistenz bei Formatierungen markieren hebt Abweichungen zur Formatierung der Formatvorlage hervor. So können Sie schnell feststellen, ob der Text mit direkter Formatierung formatiert wurde. Dies ist äußerst hilfreich, wenn man sich an ein Dokument wagt, das ein ahnungsloser Benutzer erstellt hat. Es verbraucht aber viele Ressourcen und kann Word erheblich verlangsamen. Wir raten, die Option nur bei Bedarf einzuschalten.

Die Option *AutoTastaturumschaltung* ist unbedingt auszuschalten. Wie in der obigen Diskussion zum Thema »Sprachen« klar dargestellt wurde, verursachen diese Automatismen mehr Leid als Hilfe. Die meisten Leute lernen ein Tastaturlayout und benutzen es für alle Sprachen. Wenn Sie ein bestimmtes Tastaturlayout für eine bestimmte Sprache wollen, legen sie es in Windows fest. Sie sind ein Profi und dieser Schritt ist Ihnen zuzumuten, um über Word die Kontrolle zu behalten.

Wieder eine neue Option, die je nach Arbeitsschwerpunkt gefällt oder nicht: *Optionenschaltflächen für "Einfügen" anzeigen*. Beim Einfügen blendet Word ein kleines Reißbrett-Symbol ein, über dessen Kurzmenü gewählt werden kann, mit welcher Formatierung der Inhalt einzufügen ist. Die Auswahlmöglichkeiten passen sich dem Inhalt an (Text, Tabellen, Listen, Tabellen aus Excel, usw.) Da John vorwiegend mit Text arbeitet, findet er, es steht immer im Weg. Er bevorzugt die Makros in Listing 2.5. Cindy, die eher mit Tabellen und Excel-Objekten zu tun hat, kann sich nichts Schöneres vorstellen; überdeckt es Text, den sie sehen möchte, drückt sie einfach Esc.

Abbildung 2.11:
Die Einstellungen für den Leerzeichenausgleich

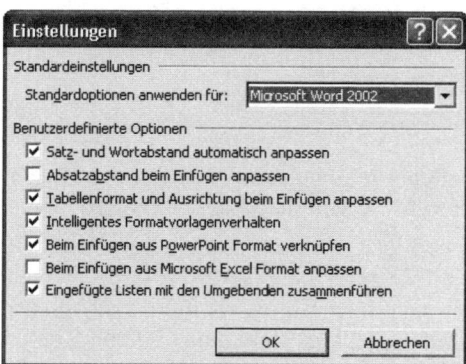

Das Verhalten von Word bezüglich der Handhabung von Leerzeichen hat sich in den Versionen immer wieder geändert. *Ausschneiden und Einfügen mit Leerzeichenausgleich* bietet uns nun etwas Kontrolle über das Verhalten. Die von uns empfohlenen Einstellungen – die standardmäßigen für Word 2002 – sehen Sie in Abbildung 2.11. Die Kontexthilfe erklärt deren Wirkungen. Absolut wichtig ist vor allem die letzte Option *Eingefügte Listen mit den Umgebenden zusammenführen*. Meistens, wenn wir nummerierte Listen ausschneiden, kopieren und einfügen, möchten wir, dass die eingefügten Elemente sich in die Nummerierung des umgebenden Textes einfügen und Teil dieser Liste werden. Genau das haben Word 97 und 2000 nicht immer gemacht und genau das ist es, was diese Option ermöglicht.

Klicken und Eingeben aktivieren ist vielleicht aus professioneller Sicht die entbehrlichste Funktionalität von Word. Das Resultat ist für die professionelle Bearbeitung ein Albtraum – schalten Sie die Option aus.

Die Registerkarte *Drucken*

Dieses Dialogfeld ist vergleichsweise einfach. Auch hier gelten die meisten Einstellungen für die gesamte Umgebung, aber nicht alle. Das unterste Drittel des Dialogfelds bezieht sich auf das aktive Dokument.

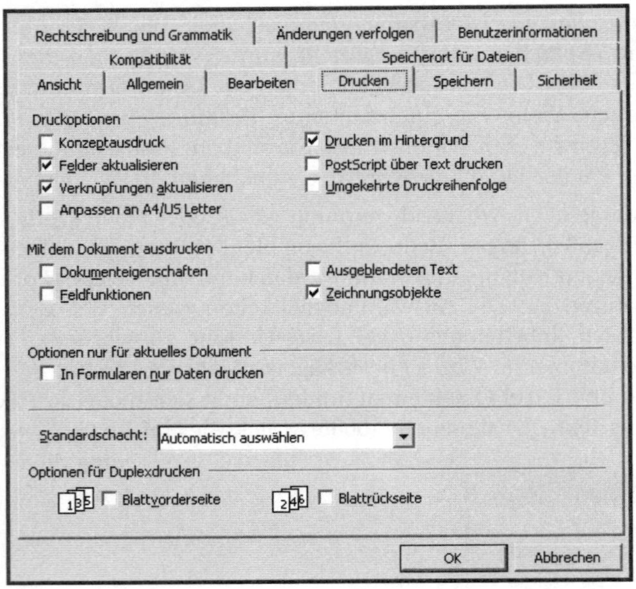

Abbildung 2.12:
Empfohlene
Einstellungen für
die Registerkarte
Drucken

Der *Konzeptausdruck* ist auch eine dieser alten Optionen aus den Tagen von langsamen Druckern mit wenigen eigenen Schriftarten. Lassen Sie sie ausgeschaltet.

Felder aktualisieren werden Sie meistens benötigen, da sonst nicht gewährleistet ist, dass die Ergebnisse von Feldfunktionen wie Inhaltsverzeichnis, Index und Querverweise, aktuell sind. Es gibt wenig, was deprimierender ist, als ein Telefonanruf vom Drucker (ein menschlicher, versteht sich), der mitteilt, es stehen alle 50.000 Kopien zum Abholen bereit, aber er habe erst jetzt bemerkt, dass einige Querverweise auf die falschen Seiten hinweisen. Dieses Erlebnis können Sie sich sparen, wenn Sie diese Option aktivieren.

Auch *Verknüpfungen aktualisieren* werden Sie normalerweise aktiviert lassen, um verknüpfte Objekte aus anderen Anwendungen (Excel-Tabellen, Diagramme, usw.) auf dem neuesten Stand anzuzeigen.

Die erste Handlung, die Sie bei einer neuen Installation vornehmen sollen, ist *Anpassen an A4/US Letter* auszuschalten. Word skaliert beim Drucken die Schriftart, statt die Seite korrekt auszulegen. Dies geht vielleicht in Ordnung für den Briefverkehr, aber für die professionelle Arbeit haben Sie vordefinierte Vorlagen im gewünschten Papierformat.

Als Benutzer werden Sie *Drucken im Hintergrund* üblicherweise einschalten, sodass Sie weiterarbeiten können, während Word die Daten zum Drucker sendet. Bei Druckproblemen schalten Sie versuchsweise diese Option aus, um zu sehen, ob dies das Problem behebt. Falls Sie Word von einer anderen Umgebung aus automatisieren, müssen Sie in den Druckprozeduren aufpassen, dass die Option ausgeschaltet ist, sodass Ihr Code wartet. Und seien Sie auch höflich und setzen Sie die Einstellung nachher wieder zurück.

PostScript über Text drucken ist noch so ein Restposten aus den frühen Tagen. Diese Option arbeitet zusammen mit der Feldfunktion `Print`.

In früheren Versionen von Word, ohne Duplex-Optionen, war *Umgekehrte Druckreihenfolge* eine Möglichkeit, wie man manuell Ausdrucke auf beiden Seiten eines Blattes erstellt. Word 2002 hat dafür im Dialogfeld *Datei/Drucken* neue, flexiblere Optionen. Falls Sie in Word 97 oder 2000 Probleme mit dem Ausdruck der Seitennummerierung haben, probieren Sie, diese Option einzuschalten; bei manchen Druckertreibern hilft es.

Unter den Optionen *Mit dem Dokument ausdrucken* schalten wir für den Alltag nur *Zeichnungsobjekte* ein, sodass alles, was mit Textfluss formatiert ist, auch gedruckt wird. Die anderen werden nur bei Bedarf eingeschaltet, wenn wir Feldcodes oder verborgenen Text tatsächlich im Ausdruck sehen wollen.

HINWEIS Mehr zum Thema, wie man in Formularen nur Daten druckt, finden Sie in ▶ Kapitel 11.

Die ideale Einstellung ist *Automatisch auswählen* für den Druckerschacht. Falls Ihr Drucker-Standardschacht das falsche Papierformat für dieses Dokument enthält, kann diese Option geändert werden. Aber bedenken Sie, dass die Festlegung dieser Option bei anderen Installationen Probleme verursachen kann oder verloren geht, wenn der gleiche Druckertreiber nicht vorhanden ist.

Die Registerkarte *Speichern*

Mit einer Ausnahme schlagen alle drei Autoren die Einstellungen wie in Abbildung 2.13 vor. *Anlegen lokaler Kopien von Netzwerk- und Wechselfestplattendateien* führt unter Umständen zu Problemen mit Datenverknüpfungen für den Seriendruck; deshalb lässt Cindy diese Option deaktiviert.

Sicherungskopie immer herstellen sollte immer eingeschaltet sein. Somit wird bei jedem Speichervorgang eine Kopie der Datei erstellt, die alle Änderungen seit der letzten Speicherung **nicht** enthält. Falls Ihnen ein Fehler unterläuft, der nicht rückgängig gemacht werden kann, ist es möglich, zur früheren Version zurück zu gehen.

Die von Word erstellte Datei hat den selben Namen wie die ursprüngliche Datei mit dem vorangestellten Ausdruck *Sicherungskopie von* und der Dateiendung **.wbk*. Die Sicherungskopie liegt immer im selben Ordner wie die ursprüngliche Datei. Dieses Verhalten kann nicht geändert werden.

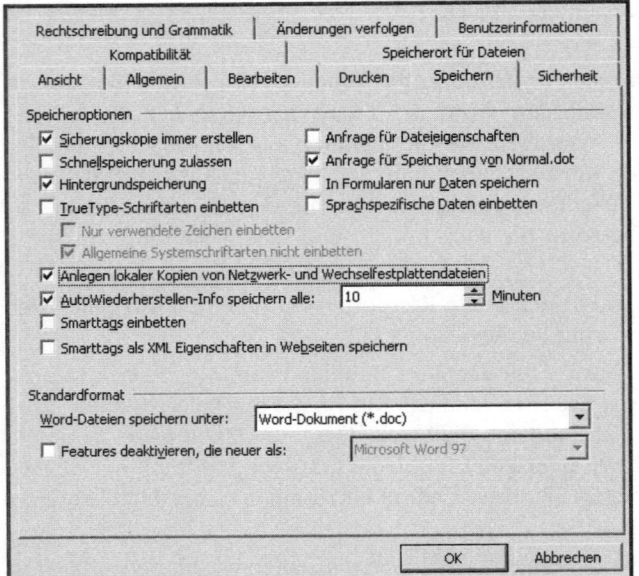

Abbildung 2.13:
Die Einstellungs-
optionen für das
Speichern sind
äußerst wichtig,
um Dateibeschä-
digung zu ver-
meiden und die
Dateigröße unter
Kontrolle zu
halten

Viele von uns drücken fast instinktiv die Tasten Strg+S, um die Arbeit zu speichern, jedes Mal, wenn die Finger eine Pause einlegen sollen. Das bedeutet, wir könnten ungewollt eine Änderung speichern. Obwohl die Funktion *Bearbeiten/Rückgängig* 99 Einträge speichert, sollte man sich nicht nur darauf verlassen, um das Resultat einer unbeabsichtigten Handlung zu entfernen.

- ○ Ein Makro könnte problemlos mehr als 99 Aktionen überschreiten.

- ○ Gewisse Befehle können nicht rückgängig gemacht werden.

- ○ Andere Befehle, wie das Ein- und Ausschalten des Dokumentschutzes oder Ände-rungen verfolgen, leeren die *Rückgängig*-Liste.

Warum uns nicht einfach Strg+S abgewöhnen und erst dann speichern, wenn wir sicher sind, dass alles in Ordnung ist? Weil Word abstürzt – immer dann, wenn man es am wenigsten erwartet. Und obwohl in Word 2002 Datenverluste geringer denn je sind, ist ein Absturz mit Verlusten immer noch möglich. Deshalb speichern wir lieber öfter.

Wenn es eine Einstellung gibt, die wir am liebsten aus Word verbannen würden, dann ist es diese: *Schnellspeicherung zulassen*. Über die Jahre hat sie, gefolgt von Zentral- und Filialdokumenten, mehr Dokumentbeschädigungen verursacht als alle anderen »Features«. Nie einschalten!

Die ursprüngliche Idee vor über zehn Jahren war anscheinend, die Speicherung zu beschleunigen, indem alle Bearbeitungen an das Ende der Datei geschrieben werden, statt sie in der Datei zu integrieren. Irgendwann sollte Word diese Änderungen integrieren, aber oft kam einfach alles durcheinander, mit dem Resultat, dass das Dokument nicht mehr zu retten war.

Hintergrundspeicherung ist wie *Drucken im Hintergrund* zu betrachten. Es erlaubt Ihnen, weiter in Word zu arbeiten, während Word die Datei speichert. Es ist besser, diese Option eingeschaltet zu haben, wenn die *AutoWiederherstellung* eingeschaltet ist – sonst muss Word oder der Benutzer eine Pause einlegen. Es sollte Ihnen jedoch bewusst sein, dass die *Hintergrundspeicherung* zusätzliche Ressourcen beansprucht.

Und sie funktioniert nicht bei der Speicherung auf Diskette oder wenn zu wenig Arbeitsspeicher (RAM) vorhanden ist.

Normalerweise sollten Sie *TrueType-Schriftarten einbetten* nicht einschalten. Die Dateigröße bläht sich dadurch ungemein auf. Nur bei Bedarf (Weitergabe von Dokumenten) sollten Sie es bewusst einsetzen.

Sprachspezifische Daten einbetten ist neu in Word 2002. Allerdings macht es nicht das, was man zuerst meint. Es speichert nicht die Spracheinstellungen, sondern gesprochene Sprach- und handschriftliche Daten der neuen Spracherkennungsfunktion – und bläht die Dateigröße ungemein auf – Ausschalten.

Anlegen lokaler Kopien von Netzwerk- und Wechselfestplattendateien: Lassen Sie von Word eine lokale Kopie der Dateien, die sich im Netzwerk oder anderen Wechselfestplatten befinden, anlegen. Dies Einrichtung verursacht zweierlei: Sie veranlasst Word, eine Kopie der jeweiligen Datei im lokalen Windows Ordner *TEMP* zu hinterlegen und sorgt dafür, dass die Datei sich an die geöffnete Datei hängt, um hier für den Fall bestehen zu bleiben, dass Ihr Computer in den »Winterschlaf« (Hibernation-Modus) fällt. Im Ergebnis wird so sicher gestellt, dass Ihre Änderungen gesichert sind, wenn Sie mit Ihrer Arbeit fortfahren. Sie sollten in jedem Fall mit diesen Einstellungen vorsichtig umgehen: Wenn Ihr Computer damit fort fährt, könnte er die Änderungen eines anderen Nutzers überschreiben. Bedenken Sie auch folgendes, wenn Sie Dokumente per E-Mail versenden wollen, die Links zu anderen Dateien enthalten: Sie können zwar das Dokument selbst versenden, weil hier eine lokale Kopie existiert – die darin verknüpften Dateien sind jedoch immer noch auf dem Netzwerk und daher für den Empfänger möglicherweise nicht verfügbar.

AutoWiederherstellen-Info speichern alle n Minuten: Diese Funktion gehört zu den am häufigsten missverstandenen. Es handelt sich hier nicht um eine automatische Sicherung, sondern um eine automatische Sicherung der Änderungen. Hier wird demnach keine Kopie des Dokuments gesichert, sondern eine Liste aller Änderungen des Dokuments. Startet Word nach einem Absturz neu, wird das temporäre Verzeichnis nach diesen AutoWiederherstellen-Infos durchforstet. Wurde Word normal beendet, gibt es keine solchen Informationen. Finden sich entsprechende Daten, so öffnet Word die entsprechende AutoWiederherstellen-Datei und das Originaldokument, fügt die Änderungen dem Original hinzu und bietet Ihnen zwei Dokumentversionen an – eine »alte« (Original) und eine »neue« (inklusive der Informationen aus der AutoWiederherstellen-Datei). In Word 2002 können Sie zudem die beiden wiederhergestellten Versionen vergleichen und nach Prüfung entscheiden, welche Version Sie beibehalten wollen. Diese Funktion macht eine sehr flexible Wiederherstellung nach einem Absturz möglich.

Bei normaler Arbeit empfiehlt John eine Einstellung von *10 Minuten* für die *AutoWiederherstellen*-Funktion. Die Option *Hintergrundspeicherung* sollte hier ebenfalls aktiviert sein. Anderenfalls könnten Sie während der Sicherung Ihrer Änderungen nicht ungehindert weiterarbeiten.

HINWEIS Sollten Sie mit Strg+S speichern, denken Sie daran, dass Ihre letzte Speicherung möglicherweise aktueller ist als die *AutoWiederherstellen-Info*, die ja nur alle 10 Minuten Ihre Änderungen berücksichtigt. Das »alte« Dokument könnte demnach weitaus »neuer« sein, als die nach dem Absturz angebotene Version nebst AutoWiederherstellen-Infos. Prüfen Sie daher nach einem Absturz sorgfältig die Aktualität beider Versionen, bevor Sie sich für das Beibehalten der einen entscheiden.

Es gibt ein paar Schwächen im Zusammenhang mit der Funktion *AutoWiederherstellen*. Solange Word nicht »bewusst« ist, dass es einen Fehler oder Absturz gab, wird es die AutoWiederherstellen-Dateien ausrangieren. Damit haben Sie also keine Verteidigung gegen Ihre Fehler, denn ein normaler Ausstieg aus Word führt dazu, dass die AutoWiederherstellungs-Dateien gelöscht werden und Sie können demnach auf nichts zurückgreifen, sollten Sie z.B. feststellen, dass Sie das Dokument versehentlich geschlossen haben, ohne zuvor Ihre Änderungen zu speichern.

Ein anderes Problem entsteht im Falle eines beschädigten Dokuments – auch hier werden Sie vergeblich auf Unterstützung durch die AutoWiederherstellen-Info hoffen. Word kann ein beschädigtes Originaldokument nämlich nicht öffnen, was die Voraussetzung für das Hinzufügen der AutoWiederherstellungs-Infos wäre. Sie verlieren also das gesamte Dokument.

AutoWiederherstellungs-Dateien sind keine kompletten Dokumente, sondern vielmehr Fragmente eines Dokuments, das editiert wurde. Werfen Sie doch einmal einen Blick in das temporäre Verzeichnis, nachdem Sie ein Dokument editiert haben. Sie werden eine Reihe Dateien finden, deren Name mit einer Tilde (~) beginnt. Achtung: Im Windows-Explorer muss hierfür die Option *Versteckte Dateien anzeigen* aktiviert sein, sonst können Sie die Dateien gar nicht sehen. Diese AutoWiederherstellungs-Dateien enthalten teils Stücke des Word-Dokuments, teils andere Daten. Wenn Sie versuchen, diese Dateien mit Word zu lesen, werden Sie feststellen, dass sich einige öffnen lassen und normal formatierten Text aufweisen. Andere Dateien wiederum werden sich nicht öffnen lassen – sie enthalten binäre Daten.

Auch die lesbaren Textfragmente sind nicht unbedingt in korrekter Folge wiedergegeben – das Hinterlegen der Änderungen hängt stark davon ab, was Word zum jeweiligen Zeitpunkt tat. Manchmal können Sie auf diese Weise an hilfreiche Fragmente Ihres Dokuments geraten – in der Regel ist das jedoch nicht der Fall. Wägen Sie daher ab, ob es für Sie wirklich Sinn macht, Zeit in die Untersuchung der AutoWiederherstellungs-Dateien zu stecken. Dies ist nur in wenigen verzweifelten Fällen anzuraten, nämlich dann, wenn Sie den »Ich-habe-den-ganzen-Tag-an-diesem-Dokument-gearbeitet-und-vergessen-es-zu-speichern-Blues« singen. Alles, was über eine Stunde vor dem Absturz in den Dateien hinterlegt wurde, wird in jedem Fall für Sie nutzlos sein.

Im Gegensatz zu früheren Versionen verfügt Word 2002 über ein stark verbessertes Pannensicherungssystem. Hatte Word früher ein Problem, so stand einfach alles still: Sämtliche im Speicher befindlichen Informationen wurden ausrangiert, alle Änderungen des Dokumentes, die seit der letzten Speicherung erfolgt waren, gingen verloren. Mit Word 2002 ist das anders. Sobald hier ein Problem auftaucht, erhalten Sie eine Meldung, dass Word auf einen Fehler gestoßen ist. Word wird hierauf versuchen, alle Ihre geöffneten Dokumente zu speichern und (mit Ihrer Erlaubnis) eine Diagnose des Problems an Microsoft zu senden und dann erst schließen. Dieser Mechanismus der »weichen Landung« ist in seiner Fähigkeit, den exakten Status sowohl des gegenwärtigen Stands der Arbeit als auch des Problems festzuhalten, fast schon »unheimlich«.

Für die Argwöhnischen unter uns ein kleiner Hinweis: Die Information, die von Word an Microsoft weitergeleitet wird, ist in keiner Weise geeignet, den Benutzer zu identifizieren. Es handelt sich hier lediglich um die Übermittlung einer kurzen Statuszusammenfassung. Microsoft erhält Nachricht darüber, was genau aktiv war, als das Problem auftrat. Diese Daten werden von Microsoft aufgegriffen und statistisch festgehalten. Die am häufigsten auftretenden Probleme werden entsprechend zuerst aufgegriffen und behoben. Mit anderen Worten: Wenn Sie die Übermittlung des Fehlerstatus an Microsoft abbrechen, wird diese Information nicht in der Liste auftauchen und sämtliche Benutzer werden auf das Beheben des Problems entsprechend länger warten müssen. Die Autoren senden den Bericht immer, wenn dies möglich ist.

Smarttags einbetten: Beachten Sie, dass wir die Option *Smarttags* deaktiviert haben. Es handelt sich hier um einen weiteren missverstandenen Mechanismus. Smarttags sind sozusagen der Aufruf eines Mechanismus, der es möglich macht, eigene spezielle XML-Tags in Ihr Dokument einzubetten. Sie werden nur wenig genutzt, da ihr Nutzen zum einen kaum bekannt ist und zum anderen auch die Hilfe hierzu wenig hergibt. In jedem Fall haben Smarttags einen »fiesen« Nebeneffekt: Sie ermöglichen Word, automatisch versteckte Informationen in Ihrem Dokument einzubetten. Es ist klar, dass dieser Umstand nicht hinnehmbar ist. In einem professionellen Dokument sollte selbstverständlich nichts enthalten sein, wovon der Autor nicht explizit wollte, dass es vorhanden ist. Lesen Sie hierzu ergänzend in der Hilfe die Ausführungen unter »Entfernen persönlicher oder ausgeblendeter Informationen«. Dort finden Sie eine Anleitung, wie Sie derartiges vermeiden können.

Die Registerkarte *Benutzerinformationen*

Geben Sie hier Ihren Namen, Adresse und Initialen ein. Word greift auf diese Informationen für verschiedene Aufgaben, wie die Absenderadresse für die Korrespondenz und die Identifizierung von Kommentaren sowie andere Überarbeitungen zurück. Besonders wichtig ist der Name: Wenn jemand probiert, eine Datei im Netzwerk zu öffnen, die ein anderer Benutzer geöffnet hält, bedient sich die Meldung dieser Information. Und dann weiß man, bei wem man anklopfen muss, damit die Datei schnellstmöglich wieder frei gegeben wird.

Die Registerkarte *Kompatibilität*

Im Gegensatz zu den anderen Optionen handelt es sich hier um dokumentbezogene Einstellungen. Sie ändern die Art, wie Word die Layoutcodes interpretiert, um das Layout kompatibel mit anderen Word-Versionen oder anderen Anwendung zu machen. Wenn Sie ein solches Dokument öffnen, wählt Word automatisch die passenden Einstellungen, um das Dokument »korrekt« – nach Auffassung der Ursprungsanwendung – anzuzeigen. Wenn das Layout eines Dokuments sich »falsch« verhält, sollten Sie auch hier suchen.

Die definierten Einstellungen auf dieser Registerkarte können Sie auch als Standard-Einstellungen für alle künftigen Dokumente festgelegen. Klicken Sie dazu auf die Schaltfläche *Standard*. Sollen die Einstellungen global sein, nehmen Sie sie vor, wenn dem aktuellen Dokument die *Normal.dot* zugrunde liegt.

Die Layout-Optionen

Eine vollständige Beschreibung jeder Option steht im Knowledge Base-Artikel »WD2002: Description of Compatibility Tab in Options Dialog Box« unter *http:// support.microsoft.com/default.aspx?scid=kb;en-us;Q288792*. Unseres Wissens gibt es (noch) keine deutsche Version dieser Dokumentation.

Im Allgemein raten wir, die standardmäßigen Word 2002-Einstellungen als Standard zu setzen. Es gibt jedoch einige fragwürdige bzw. interessante Einstellungen. Viele haben mit dem Trend zur »Internetkompatibilität« zu tun, sodass ein Word-Dokument im HTML-Format genauso aussieht wie eine *.doc*-Datei. Ob diese aber für jedes Dokument passend sind, ist nicht gesagt.

- *Blocksatz wie bei WordPerfect 6.x für Windows*: Im Gegensatz zu Word, das die Leerräume zwischen Wörtern auseinander zieht, verringert WordPerfect die Leerräume, um die Zeilen im Blocksatz bündig zu machen. Wenn Sie sich über große Leerräume in einem Word-Dokument ärgern, probieren Sie diese Einstellung.

- *Kein Spaltenausgleich bei fortlaufendem Abschnittswechsel*: Textspalten (Zeitungsspalten) werden beim Einfügen eines fortlaufenden Abschnittswechsels in der Höhe nicht gleichgestellt, wenn diese Option aktiviert ist.

- *Tabellen nicht bei Seitenumbruch auf mehreren Seiten darstellen*: Seit Word 2000 ist es möglich, Tabellen mit Textfluss zu formatieren sowie sie frei auf der Seite zu positionieren. In Word 2000 wurden solche Tabellen auf eine Seite begrenzt. Sie konnten nicht auf die nächste Seite umbrechen. In Word 2002 besteht diese Limitation nicht mehr, kann aber mit dieser Einstellung erzwungen werden. Anmerkung: Die Tabelleneinstellung *Zeilenwechsel auf Seiten zulassen* ist wirkungslos in einer Tabelle mit Textfluss-Formatierung.

- *Zeichenabstände in Zeilen, die mit Umschalt-Eingabe enden, nicht erweitern*: Im Blocksatz werden die Wörter auseinander gezogen, um die ganze Zeile zu füllen, wenn mit Umschalt+Eingabe eine Zeilenschaltung durchgeführt wurde. Bei Aktivierung dieser Option unterlässt Word dieses Verhalten.

- *Keinen automatischen Absatzabstand für HTML verwenden*: Diese Option zeichnet eine fundamentale Änderung in der Handhabung von definierten Absatzabständen *Vor* und *Nach* auf. Bislang ergab die Summe dieser Eigenschaften den Abstand zwischen zwei Absätzen. Da HTML nicht so arbeitet, setzt Word 2002 standardmäßig den Abstand zwischen den Absätzen zur größeren der zwei Einstellungen und ignoriert die andere. Welche Methode Sie vorziehen, steht Ihnen natürlich frei. Nur sollten Sie sich dieser grundlegenden Umstellung bewusst sein.

- *Ganzes Feld mit dem ersten oder letzten Zeichen auswählen*: Noch ein Punkt, wo das Verhalten von Word 2002 von anderen Versionen abweicht. Wenn Sie sicher sein wollen, die gesamte Feldfunktion mit der Maus markiert zu haben, aktivieren Sie diese Option. Sonst haben Sie wahrscheinlich nur den Text und nicht die Feldfunktion markiert und kopiert oder ausgeschnitten.

- *"Abstand vor" nach Seiten- oder Spaltenumbruch unterdrücken*: Seit mehreren Versionen gilt diese als eine der nützlichsten Optionen. Meistens wollen wir doch, dass der Text auf allen Seiten auf der gleichen Höhe startet – Einschalten!

- *Druckermaße für Dokumentlayout verwenden*: Wie John gleich anschließend ausführlich erklärt, soll man die Zeilen- und Seitenumbrüche, die Word erstellt, annehmen. In den neueren Versionen von Word sollten die Dokumente auf allen

Systemen das gleiche Layout aufweisen. Diese Option aktiviert das Verhalten früherer Versionen, wo das Layout je nach Druckertreiber stark variieren könnte – was man also normalerweise nicht will. Word arbeitet jedoch nicht optimal mit allen Druckertreibern und dann weist das Druckresultat Fehler auf. Beispiel: Unstreichungen werden falsch gezeichnet oder positioniert oder der Zeilenabstand ist nicht korrekt. In diesem Fall lohnt sich der Versuch, diese Option einzuschalten. (Und wenn sie hilft, fordern Sie einen neuen Druckertreiber vom Hersteller an.)

Wie erwähnt, sollten möglichst die Einstellungen für die eigene Version von Word verwendet werden. Wenn Sie eine Datei aus einer früheren Version oder einer anderen Anwendung öffnen bzw. konvertieren und die Datei von nun an in Word bearbeitet wird (sie muss also nie wieder im anderen Textverarbeitungsprogramm geöffnet werden), ist es ratsam, in dieser Registerkarte die Einstellungen für Ihre Version von Word auszuwählen, sodass Word das Layout entsprechend anpasst. Warum?

Im Rahmen eines professionellen Dokuments wäre dies ein wünschenswertes Ergebnis. Für gewöhnlich öffnen Sie ein Dokument erst dann, wenn Sie beabsichtigen, es zu bearbeiten und wenn Sie es editieren wollen, so werden Sie danach trachten, es zugleich hinsichtlich der Einstellungen auf den neuesten Stand zu bringen. Sie würden demnach Ihr Dokument jeweils von der ersten bis zur letzten Seite daraufhin prüfen, ob es mit den aktuellen Layouteinstellungen bzw. entsprechenden Nummerierungsvorgaben versehen ist sowie Abweichungen sofort aufgreifen und korrigieren.

Nachdem Sie diesen Aufwand also ohnehin betreiben müssen, können Sie das Dokument auch gleich auf den aktuellen Standard bringen. Nur wenige professionelle Word-Nutzer halten den Aufwand für gerechtfertigt, Layout und Nummerierung manuell anzugehen, wenn es sich um lange oder komplexe Dokumente handelt. Wir stoßen hier auf einen »philosophischen« Gesichtspunkt: Wir nutzen eine Textverarbeitung, um Worte zu bearbeiten. Eines der Dinge, die wir von ihm erwarten, ist, dass es den Text fließen lässt, und zwar jedes Mal, wenn das Dokument geöffnet wird sowie unabhängig vom jeweiligen Drucker und den zur Verfügung stehenden Schriftarten.

Wenn Sie dies nicht haben wollen, dürfen Sie keine Textverarbeitung wie Word nutzen! An den Stellen, an denen Sie das Layout bei jedem Update bewahren wollen, sollten Sie ein Desktop Publishing Programm nutzen, das dafür geschaffen ist, jede Seite eines Dokuments individuell aufzugreifen und dabei das Layout aufrecht zu erhalten – unabhängig davon, welche Veränderungen die Umgebung erfährt.

Words Neigung, Texte im Hinblick auf Layout und Nummerierung zu aktualisieren, ist für die Arbeit in einem juristischen Büro (z.B. einer Anwaltskanzlei) ein echtes Problem. Juristische Schriftsätze enthalten eine große Anzahl an Fuß- und Endnoten, Verweise auf Seiten- und Zeilennummern sowie Querverweise jeder Art. Wenn sich hier irgendetwas an der Nummerierung unkontrolliert verändert, kann dies das gesamte Dokument von seiner fachlichen Aussage her ruinieren und dabei möglicherweise sogar Verweise externer Dokumente tangieren. Eines der ersten Dinge, die Sie also in einem Anwaltsbüro veranlassen würden, wäre die Aktivierung der Einstellung *Optionen deaktivieren, die in Word 97 nicht unterstützt werden* (unter *Extras/Optionen*, Registerkarte *Speichern*). Das würde einige Überarbeitungsfunktionen von vornherein ausschalten. Word 97 enthielt die wenigsten »smarten« Features der modernen Versionen von Word und sein Dokumentformat ist deshalb am wenigsten anfällig für die genannten Probleme.

Schriftarten ersetzen

Word führt das Ersetzen von Schriftarten automatisch durch, soweit erforderlich. Dies funktioniert im Allgemeinen hervorragend – Sie sollten daher die Finger von der Schaltfläche *Schriftarten ersetzen* lassen und den nachfolgenden Ausführungen nur am Rande Beachtung schenken.

Die Option *Schriftarten ersetzen* (*Extras/Optionen*, Registerkarte *Kompatibilität*) ermöglicht Ihnen den manuellen Eingriff bezüglich des Einsatzes von Schriften. Es handelt sich hier um eine dokumentbezogene Einstellung. Sie beeinflusst lediglich, wie der Text auf dem Bildschirm aussieht und wie er an den Drucker weitergegeben wird. Sie können hier also eine Schriftart auswählen, die näher an dem Schriftbild liegt, das Sie für gewöhnlich nutzen – abweichend von der genutzten Schriftart im Ursprungsdokument.

Word versucht hierbei, der Regel »Was Sie sehen ist was Sie erhalten« (WYSIWYG) zu hundert Prozent zu folgen. Dies gilt für Ansicht und Ausdruck. Dies mag in den Augen der Setzer und Drucker ein echter Frevel sein, aber es macht es andererseits für diejenigen gewaltig einfacher, die dieser Fakultät nicht angehören.

Wie dem auch sei: Sollten Sie sich dabei ertappen, dass Sie Word für Desktop Publishing nutzen müssen, so werden Sie vielleicht etwas darüber erfahren wollen, wie es funktioniert. Word erstellt seinen Schriftersatz, indem es die Liste der Schriftarten, die in einem Dokument verwendet werden, überprüft und denjenigen gegenüberstellt, die Ihr Druckertreiber ansagt (PostScript Printer Definition) sowie denjenigen, die auf Ihrem Arbeitsplatz installiert sind. Dies erfolgt jedes Mal, wenn ein Dokument geöffnet wird.

Sollte eine Schriftart nicht verfügbar sein, ersetzt Word diese mit derjenigen, die der ursprünglich benutzten am nächsten kommt. Dabei zieht es »Panose« heran, eine heuristische Methode für die Suche nach passenden Schriften. Mit anderen Worten: Panose erkennt, was Sie zur Verfügung haben und sucht aus dem Angebot heraus, was am besten passt. Für gewöhnlich ist das Resultat überraschend genau und damit in jedem Fall gut genug für Geschäftsdokumente.

Sollten Sie also ein Dokument erhalten, bei dem es so aussieht, als würde eine korrekte Ansicht- oder Druckwiedergabe nicht möglich sein, aktivieren Sie die Option *Schriftarten ersetzen*. Sollten Sie über alle Schriftarten verfügen, die vom Dokument verlangt werden, so erhalten Sie eine Mitteilung, wonach das Ersetzen von Schriften nicht notwendig ist. In diesem Fall hat das für Sie sichtbare Problem eine andere Ursache.

Sollten Sie über die vom Dokument verlangten Schriftarten nicht verfügen, gibt Ihnen Word eine Liste über die benötigten Schriftarten und parallel dazu eine, die Ihnen aufzeigt, welche Ersatzschriftarten hierfür herangezogen werden können. Die Abbildung 2.14 zeigt ein solches Resultat: Es bezieht sich auf dieses Kapitel, das ursprünglich in Macintosh Word verfasst wurde, als der Autor (John) auf Reisen war.

In zwei der gezeigten Fälle ist das beste, was Sie tun können, nichts. *ClassGarmnd BT* und *AmeriGarmnd BT* sind identisch und stammen lediglich von unterschiedlichen Herstellern. Ähnlich verhält es sich bei *Times New Roman*, die die Windows-TrueType-Version von *Tms Rmn* ist. Wenn wir absolut perfekt sein wollen, müssten wir im Falle von *Geneva* eingreifen. *Geneva* ist eine »Sans-Serif« Schriftart, die

Arial recht ähnlich ist, aber etwas »schwerer wiegt«. John würde hier *Helvetica* als Ersatz für *Geneva* heranziehen, einfach, weil er über diese Schriftart verfügt. Das würde jedoch zwei Probleme aufwerfen: Einmal ist *Helvetica* wiederum ein wenig »schwerer« und zum anderen verfügen die meisten Leute nicht über diese Schriftart. Somit würde er sein Problem zwar lösen, aber für Sie, den Leser, eines kreieren.

Abbildung 2.14:
Das Dialogfeld
Schriftarten
ersetzen

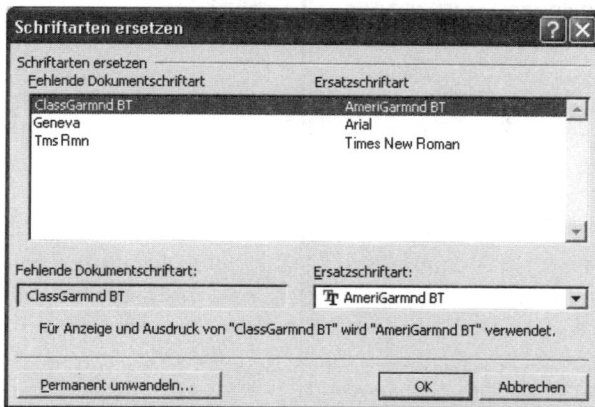

Wenn Sie entscheiden, manuell Probleme mit der *Schriftartenersetzung* zu beheben, sollten Sie am besten die aktuelle Auswahl der angebotenen Ersatzschriften heranziehen. In unserem Beispiel wäre es daher am sinnvollsten, wenn *Geneva* permanent durch *Arial* ersetzt wird, um so zu gewährleisten, dass keine weiteren Ersetzen-Aktionen notwendig werden. Einen permanenten Austausch erreichen Sie mit einem Klick auf die Schaltfläche *Permanent umwandeln* im Dialogfeld *Schriftarten ersetzen*.

Hinsichtlich des Themas »Schriften« werfen Sie ggf. einen Blick in das Werk »The Elements of Typographic Style« von Robert Bringhurst (Hartley & Marks; ISBN 0-88179-132-6) und lassen Sie sich von den darin enthaltenen Vorschlägen inspirieren bzw. unterstützen.

Die Registerkarte *Speicherort für Dateien*

Die individuelle Einstellung Ihrer Dateispeicherorte kann die Nutzung von Word deutlich schneller machen. Natürlich ist dies immer abhängig davon, was und wie sie arbeiten.

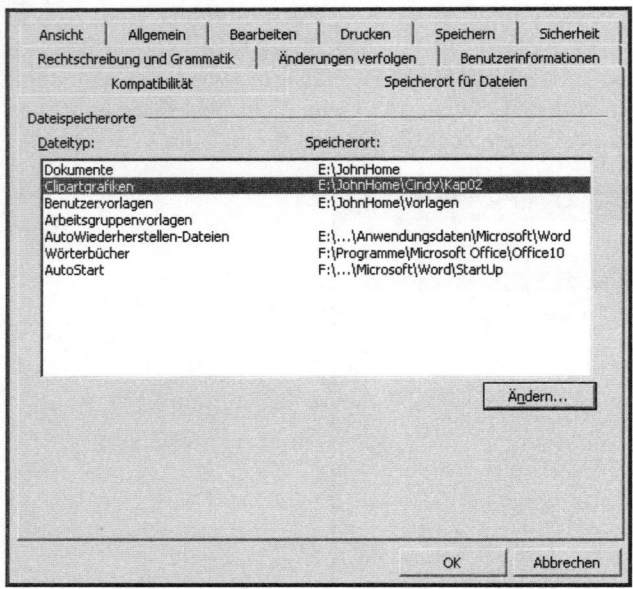

Nachfolgend ein paar Ausführungen zu den hier angebotenen *Dateitypen* und deren *Speicherorte*.

Dokumente

Word bietet den Dateispeicherort an, den Sie erhalten würden, wenn Sie den Menübefehl *Datei/Öffnen* aufrufen oder im Aufgabenbereich *Neues Dokument* auf die Option *Weitere Dokumente* klicken. Legen Sie hier den Pfad auf den *Speicherort* fest, den Sie normalerweise für die Ablage Ihrer Dokumente nutzen. Wir empfehlen einen Dateispeicherort im Ordner *Eigene Dateien*, weil Datensicherung und -wartung deutlich einfacher werden, wenn alle Dokumente unter einem Stammordner zu finden sind.

Clipartgrafiken

Dies sollte eigentlich »Dateispeicherort-Grundeinstellung für Grafiken« heißen – das würde den Kern der Sache treffen. Hier sollten Sie normalerweise alle Ihre Grafiken abspeichern. Professionelle Benutzer haben in der Regel wenig Verwendung für die von Microsoft Office gelieferten ClipArts, während Angestellte in Unternehmen in entsprechenden Verantwortungsbereichen diese ClipArts durchaus regelmäßig nutzen. In früheren Versionen von Word ist diese Dateispeicherort-Grundeinstellung diejenige, wo Microsoft normalerweise die im Programm enthaltenen ClipArts installierte; in Word 2002 steht sie nach der Installation normalerweise leer. Nachdem Änderungen in der Festlegung relativ einfach zu bewerkstelligen sind, empfehlen wir Ihnen, die Einstellung regelmäßig, nach Bedarf, ggf. sogar projektbezogen zu ändern. John beispielsweise orientiert den Speicherplatz entsprechend der Datei des aktuell in Bearbeitung befindlichen Dokuments.

Dies könnte auch von Ihrem AutoExec Makro erledigt werden, wie das Beispiel in Listing 2.6 veranschaulicht.

Listing 2.6:
Die Grundein-
stellung für den
Grafikpfad dyna-
misch setzen

```
Sub AutoExec()
    Options.DefaultFilePath(wdPicturesPath) = ActiveDocument.FullName
End Sub
```

Benutzervorlagen

Treffen Sie hier Ihre Festlegung entsprechend der Praxis; geben Sie also den Pfad an, der zum Ordner führt, in welchem Sie Ihre Vorlagen speichern. Mehr zum Thema »Benutzervorlagen« können Sie dem folgenden ▶ Kapitel 3 entnehmen.

Arbeitsgruppenvorlagen

Diese Einstellung können Sie so lange unberührt lassen, bis Sie über einen Arbeitsgruppenvorlagen-Ordner verfügen. Das Thema »Arbeitsgruppenvorlagen« wird ebenfalls im folgenden ▶ Kapitel 3 näher besprochen.

AutoWiederherstellen-Dateien

Hier sollten Sie keine Veränderungen vornehmen, es sei denn, Sie haben einen wirklich guten Grund hierfür. Sollten Sie den vorgegebenen Pfad ändern, empfehlen wir Ihnen einen lokalen Dateispeicherort. Word muss in der Lage sein, den Ordner leicht und unter extremen Umständen zu finden – gerade dann, wenn Ihr System Probleme macht.

Wörterbücher

Hier wird der Suchpfad für alle Office-Komponenten festgelegt. Lassen Sie die Finger von der Einstellung, wenn Sie keinen wirklich guten Grund für eine Änderung haben. In der Abbildung 2.15 wurde die Grundeinstellung geändert, weil sich zwei verschiedene Word-Versionen auf dem System befinden – eine davon ist eine Beta-Version und John möchte die Wörterbücher mit beiden Versionen nutzen.

AutoStart

Hier ist der Pfad für Ihre Startvorlagen und Add-Ins zu finden. Es macht eventuell für Sie Sinn, den Dateispeicherort entsprechend den unternehmensspezifischen Einstellungen festzulegen, insbesondere dann, wenn keine »wandernden Profile« implementiert sind, sodass Sie über Ihre persönlichen Add-Ins gleich nach dem Start verfügen können.

Die Registerkarte *Sicherheit*

Sicherheit hat etwas mit einem zweischneidigen Schwert gemeinsam: Wir empfehlen Ihnen, diese Optionen nicht anzufassen, so lange Sie nicht dazu gezwungen sind. Es findet sich hier ein gewisses Risiko, sich selbst versehentlich aus dem Dokument zu sperren.

Lassen Sie uns hier mit einem bestimmten Internet-Mythos aufräumen: In ein Passwort-geschütztes Microsoft Word-Dokument einzubrechen, ist nicht in wirtschaftlicher Art und Weise durchführbar. Das war einmal der Fall – bis zur Version Word 95. Mit Erscheinen der Version Word 97 wurde die Dateiverschlüsselung so erhöht, dass es eine sehr lange Zeit beanspruchen und einen teuren Supercomputer voraussetzen würde, den Code zu knacken. Eine Ausnahme machen sehr einfach gehaltene Passwörter, wie etwa der Vorname einer Person. Hiefür sind Programme auf dem Markt, die Ihnen das verlorene Passwort (oder einen ebenfalls funktionierenden Ersatz) liefern.

Ansonsten gilt: Wenn Sie Ihr Dokument mit einem Passwort versehen, ist das gesamte Dokument verschlüsselt. Sollte Ihnen Ihr Passwort abhanden kommen, wird Ihnen niemand helfen können – nicht einmal Microsoft. Im Internet werden zuweilen Dienstleistungen angepriesen, die versprechen, verloren gegangene Passwörter wieder aufzufinden. Bevor Sie eines dieser Angebote annehmen, sollten Sie darüber nachdenken, ob es wirklich ratsam ist, Ihre Kreditkartennummer einer Organisation auszuhändigen, die verspricht, Passwörter für Normalsterbliche zu knacken. Warum machen wir hieraus ein so großes Thema? Eines der häufigsten Themen, denen wir in den MVP-Newsgroups begegnen, lautet: »Hilfe! Ich habe mein Dokument-Passwort verloren!« Unsere Empfehlung lautet daher: Weisen Sie Ihrem Dokument keine Passwörter zu, wenn es nicht unbedingt notwendig ist.

WICHTIG

Datenverschlüsselungsoptionen für dieses Dokument

Neu in Word 2002 ist die Möglichkeit, die Art der Verschlüsselung und ihre Intensität zu wählen. Der Eintrag in diesem Dialogfenster macht deutlich, dass das vollständige Dokument verschlüsselt wird. Mit Klick auf die Schaltfläche *Erweitert* gelangen Sie in ein weiteres Fenster, in welchem Sie aus einer vorgegebenen Liste den Verschlüsselungstyp und damit die Intensität der Verschlüsselung wählen können. Bevor Sie sich für einen Verschlüsselungsstandard entscheiden, sollten Sie vielleicht einen Blick auf die von Microsoft hierzu zur Verfügung gestellten Informationen in der Knowledge Base werfen: »OFFXP: General Information about Microsoft Office XP Encryption« unter *http://support.microsoft.com/default.aspx?scid=kb;en-us; Q290112*.

Abbildung 2.16:
Die Sicherheitseinstellungen
unter Word 2002

Dateifreigabeoptionen für dieses Dokument

Eine Festlegung an dieser Stelle führt weder eine Verschlüsselung aus noch beeinträchtigt sie eine solche. Wir nutzen *Kennwort zum Ändern* regelmäßig und Sie werden dies vielleicht auch wollen. Diese Option verlangt vom Benutzer einfach die Eingabe eines Passwortes, wenn er das Dokument ändern möchte. Erwarten Sie bitte nicht zuviel von dieser Option: Sie verhindert nicht wirklich Änderungen am Dokument. Es ist vielmehr so, dass sie dazu geeignet ist, versehentliche Änderungen zu verhindern. Bedenken Sie in diesem Zusammenhang stets eines: Wenn eine Person in der Lage ist, Ihr Dokument zu lesen, wird sie auch einen Weg finden, es zu ändern. Wenngleich wir an dieser Stelle nicht explizit ausführen möchten, wie das möglich ist: Seien Sie versichert, es ist möglich – selbst dann, wenn Sie Ihr Dokument in ein PDF-Format (Portable Document Format von Adobe) umwandeln.

Diese Option ist z.B. überaus hilfreich, wenn Sie mit Arbeitsgruppenvorlagen in kleinen Arbeitsgruppen hantieren. Sie weisen jeder Vorlage ein Passwort zu und schützen sie damit vor versehentlichen Änderungen. Die Passwörter können Sie denjenigen Personen zugänglich machen, die autorisiert sind, Änderungen vorzunehmen.

In größeren Unternehmen empfiehlt es sich, die Option *Schreibschutz empfehlen* für Vorlagen zu aktivieren und diese über eine Netzwerk-Zugangsliste absichern zu lassen. Damit können Sie gewährleisten, dass nur entsprechend autorisierte Personen Änderungen an den Vorlagen vornehmen können. Wenn Sie sich für eine solche Sicherung entscheiden, sollten Sie die Option *Schreibschutz empfehlen* aktivieren.

Digitale Signaturen: Sie können einem Dokument eine verschlüsselte digitale Signatur anhängen. Jede Änderung in einem so geschützten Dokument würde die Signatur brechen und damit aufzeigen, dass in das Dokument eingegriffen wurde. Normalerweise müssen Sie ein digitales Zertifikat einer Zertifizierungsstelle erwerben, um diesen Mechanismus zu nutzen (siehe hierzu Ausführungen in der Hilfe). Es gibt eine nützliche Ausnahme: Wenn Sie lediglich eine Bestätigung haben möchten, dass sich niemand an Ihrem Dokument zu schaffen gemacht hat, genügt es, das schon erwähnte Programm *Selfcert.exe* zu nutzen, um eigene Zertifikate zu generieren, die Sie auf Ihrem Computer nutzen können. Wir erhalten in diesem Zusammenhang immer wieder Fragen in den Word-Newsgroups betreffend Universitätsexamen. Wenn Sie Ihre eigenen digitalen Zertifikate nutzen, können Sie Ihren Studenten ein Dokument zur Verfügung stellen. Sollte das Zertifikat bei Rücksendung des Dokuments untauglich sein, wurde das Dokument definitiv geändert. In diesem Fall verwenden Sie am besten den Befehl *Extras/Dokumente vergleichen und zusammenführen*, um festzustellen, was vom Original abweicht.

Die Schaltfläche *Dokument schützen* öffnet ein gleichnamiges Dialogfeld, in dem Sie bestimmte Grundeinstellungen festlegen können. Die Optionen wurden weiter vorne in diesem Kapitel bereits im ▶ Abschnitt »Extras/Dokument schützen« behandelt.

Datensicherheitsoptionen

Neu in Word 2002 ist die Möglichkeit, zu wählen, wie viel Informationen privater Natur in einem Dokument enthalten sein sollen bzw. welche Daten entfernt werden sollen. In jenen Tagen, als die Welt noch freundlicher war und die Menschen einander mehr trauten (letztes Jahr), war es überaus praktisch, alle möglichen Daten direkt in ein Dokument einzubetten – z.B. Datei- und Pfadnamen, Adressen usw. Inzwischen ist das allgemeine Vertrauen in die Menschheit gesunken und Word 2002 offeriert die Möglichkeit, Informationen via *Datensicherheitsoptionen* auszusparen. Diese Option entfernt lediglich Personennamen. Sie müssen immer noch verschiedene Dinge zusätzlich veranlassen – wie z.B. die *Schnellspeicherung* deaktivieren und die Option *Änderungen verfolgen* abschalten, um gänzlich auszuschließen, dass irgendeine Information in Ihrem Dokument enthalten ist, die Sie nicht verteilt wissen wollen.

Warnung anzeigen, bevor eine Datei, die Überarbeitungen oder Kommentare enthält, gedruckt, gespeichert oder versendet wird: Es handelt sich hier um eine neue Option, die erstmals mit Word 2002 zur Verfügung gestellt wird. Sie verhütet beispielsweise die peinliche Nachvollziehbarkeit der Tatsache, dass Sie für den Kunden A einen Vertrag entworfen, diesen kopiert, Namen und Fakten abgeändert und einige Details für den Kunden B hinzufügt haben. Wenn Sie nämlich während dieser Aktionen *Schnellspeicherung* aktiviert haben oder *Änderungen verfolgen* zulassen, könnte Kunde B alle Einzelheiten des Vertrages von Kunden A nachvollziehen – keine gute Sache. Diese Option wird Sie davor warnen, dass das Dokument Informationen enthält, die möglicherweise vertraulich sein könnten, bevor Sie es abspeichern oder per E-Mail weitergeben.

Zufallszahl zur Verbesserung der Zusammenführungsgenauigkeit speichern: Sollten Sie zusammengeführte Dokumente nutzen, ist diese Option in jedem Fall zu aktivieren, um gute Resultate zu erzielen. Seien Sie sich bewusst, dass hier eine Zufallszahl in jedem Dokument gespeichert wird, die herangezogen werden könnte, um nachzuweisen, dass zwei Dokumente miteinander in Beziehung stehen – ein Umstand, der jedoch lediglich für Juristen von Interesse sein wird.

Die Registerkarte *Änderungen verfolgen*

Die auf dieser Registerkarte zur Verfügung stehenden Optionen sind dazu gedacht, dass Sie die gewünschten Formatierungen festlegen, die Sie haben möchten, um Änderungen auf Anhieb nachvollziehbar zu machen.

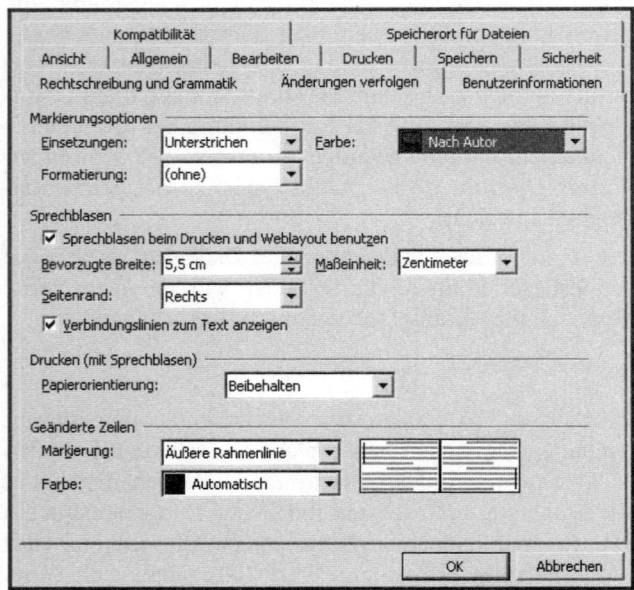

*Abbildung 2.17:
Die Register-
karte* Änderun-
gen verfolgen

John nutzt die in der Abbildung 2.17 wiedergegebenen Grundeinstellungen.

Bitte beachten Sie, dass die Anzeige von Änderungen immer eingeschaltet sein sollte. Ist dies nämlich nicht der Fall, kann es passieren, dass weitere Benutzer damit fortfahren, Änderungen im Dokument vorzunehmen, bis sich diese Korrekturen stark anhäufen und letztendlich das Dokument zerstören.

Die Nutzung der Option *Änderungen verfolgen* ist eingehend in ▶ Kapitel 6 im Abschnitt »Änderungen verfolgen und überarbeiten« beschrieben.

3 Dokumentvorlagen

In diesem Kapitel und im folgenden ▶ Kapitel 4 wird erstmals eine deutliche Trennung der Arbeitsweise zwischen »gewöhnlichem« und »Poweruser« bzw. professionellem Benutzer vorgenommen:

- Professionelle Benutzer nehmen alle Formatierungen mit Formatvorlagen vor: Das ist die einfachste Methode, sicherzustellen, dass die Formatierung über Tausende von Seiten konsistent bleibt.

- Auch »Poweruser« setzen Formatvorlagen für die Formatierungen ein: Das ist 100 mal schneller.

- Auch Anwendungs- sowie Lösungsentwickler setzen mit Vorliebe Formatvorlagen ein: Sie reduzieren den Aufwand, die Anzahl der Codezeilen und die Verwaltung eines Word-Projekts.

- System-Administratoren werden bald feststellen, dass ihre Hauptaufgabe in einem Großunternehmen Word betreffend mit der Erstellung und Verwaltung von Dokumentvorlagen zu tun hat.

Ein vertieftes Wissen von Vorlagen und Formatvorlagen ist unabdingbar für alle vier Benutzerkreise.

Formatvorlage   Eine »Formatvorlage« ist nichts anderes als eine benannte Sammlung von Formatierungseigenschaften. Ihr Zweck ist es, die konsequente, korrekte Formatierung eines Dokuments zu ermöglichen. Als Bonus kommt hinzu, dass sie den Formatierungsablauf erheblich beschleunigt.

Dokument-vorlage   Eine »Dokumentvorlage« ist im Grunde genommen ein Muster oder Schablone für eine bestimmte Art Dokument. Im Laufe der Entwicklung von Word hat sich das Konzept der Dokumentvorlage leicht verändert und der Unterschied zwischen Vorlagen und Dokumenten wurde weniger klar. Heute sind sie eher als »Behälter« für all das zu bezeichnen, was in mehreren Dokumenten benutzt werden soll. Üblicherweise sieht man sie als einen Speicherort für Formatvorlagen und Makros, aber es gibt noch mehr, was sie beinhalten können. Mehr darüber später.

Der Schlüssel zur schnellen Erlangung des Status »Word-Poweruser« ist vielleicht die Erkenntnis: »Erledigen Sie die Arbeit das erste Mal so, dass Sie nie wieder daran denken müssen.« Wir nehmen als Beispiel die Formatierung. Halten Sie die gewünschte Formatierung für eine Absatzart in einer Formatvorlage fest und Sie werden sich nie wieder mit der Formatierung dieses Absatztyps befassen müssen. Fügen Sie die Formatvorlage Ihrer Dokumentvorlage hinzu und das Thema ist für immer erledigt.

Arten von Dokumentvorlagen

Es gibt grundsätzlich fünf Arten von Vorlagen:

- ⊙ Benutzerdefinierte Vorlagen
- ⊙ Vorlagen, die für eine Arbeitsgruppe erstellt wurden
- ⊙ Installierte Vorlagen (Advertised and installed Templates)
- ⊙ Nicht auf Dateien basierte Vorlagen
- ⊙ Vorlagen im Internet

Leider können wir nur mit den ersten zwei Kategorien direkt arbeiten. Installierte Vorlagen werden vom Office Installer installiert und existieren als Teil der Office-Programmdateien. Sie erscheinen zwar im Dialogfeld *Vorlagen*, sind aber nicht in diesem Ordner auf der Festplatte zu finden. Nicht auf Dateien basierte Vorlagen sind sogar Teil der *Winword.exe* und existieren nie als eigenständige Dateien. Beispiele sind die Einträge *Leere Webseite* sowie *Leere E-Mail Nachricht*.

Vorlagen auf Microsoft.com (Word 2002) ist eine Fundgrube an Vorlagen, die Microsoft im Internet zur Verfügung stellt. Es lohnt sich, hier nachzuschauen. John fand dort einmal eine interessante Vorlage für die Erstellung eines Handbuchs. Leider benutzte sie der Autor als Bühne für allerhand Tricks. John rät deshalb von den meisten ab, weil sie ungeeignet für die erfolgreiche Erstellung eines Handbuches sind. Sie sind entweder zu wenig stabil für die Produktion, zu heikel in der Umsetzung oder sehr mühsam zu unterhalten.

Bevor wir eine Vorlage erstellen, müssen wir dafür einen Speicherort ausfindig machen.

Speicherorte für Vorlagen

Es ist wichtig für den professionellen Einsatz von Word, die vorgesehen Speicherorte für Vorlagen zu verstehen. Wenn Word ein Dokument öffnet, sucht es die dazugehörende Vorlage nach einer bestimmten Hierarchie und verwendet dabei einen »Zuerst gefunden«-Algorithmus. Haben Sie mehrere Vorlagen gleichen Namens angelegt, verwendet Word die erste, die es findet.

Die Suchreihenfolge lautet:

1. Dokumentordner (der Speicherort des Dokuments)
2. Pfad der angefügten Vorlage (im Dokument gespeicherte Pfadangabe für die Vorlage)

3. Ordner für die Benutzervorlagen (nachfolgend beschrieben)

4. Ordner für Arbeitsgruppenvorlagen (nachfolgend beschrieben)

5. Ordner, in denen die Word-Programmdateien gespeichert sind (*Winword.exe*)

Word arbeitet sich durch die Liste, bis es eine Datei des gesuchten Namens findet. Sie müssen also aufpassen, dass sich nur ein Exemplar der Vorlage in diesen Ordnern befindet, sonst werden Sie fortwährend Probleme mit der Versionskontrolle erleben.

Vor allem technische Autoren und Lösungsentwickler müssen auf den ersten Punkt sensibilisiert sein. Technische Autoren finden dieses Verhalten (das seit Word 6.0 existiert, jedoch nie explizit dokumentiert wurde) nützlich: Sie können Dokumente samt Vorlage verteilen, mit dem Hinweis, alle Dateien sind im gleichen Ordner zu speichern und dabei sicher zu sein, dass die Dokumente mit der korrekten Vorlage bearbeitet werden. Entwickler haben eher das umgekehrte Problem: sie müssen sicher stellen, dass nur ihre (meist zentral gespeicherte) Vorlage vorhanden ist. Lokal gespeicherte Vorlagen sind wahrscheinlich die falschen, was zu Schwierigkeiten führen würde.

Auch für »Poweruser« ist diese Eigenart eine (meist ungeahnte) potenzielle Fehlerquelle: Wenn jemand ein Dokument öffnet, das angeblich an eine Arbeitsgruppenvorlage angefügt ist und es gibt eine Datei gleichen Namens im Speicherort des Dokuments, verbindet sich das Dokument eben mit dieser lokalen Vorlage. Erstellt oder ändert der Benutzer dann Elemente wie *AutoText*-Einträge oder Makros, werden diese im lokalen Exemplar statt in der Arbeitsgruppenvorlage auf dem Netzwerk gespeichert. Probleme dieser Art sind heimtückisch und schwer während der Dokumentbearbeitung zu orten. Sie können dem unerwünschten Umstand entgegen wirken, indem Sie in der Vorlage ein Makro integrieren, das den Pfadnamen der angefügten Vorlage kontrolliert und auf typische Konflikte aufmerksam macht. Das Listing 3.1 zeigt ein Beispiel hierfür.

Listing 3.1: Kontrollieren, ob sich die Dokumentvorlage im Benutzer- oder Arbeitsgruppenordner oder sogar in beiden befindet

```
Sub AutoOpen()
    Dim szTmplName As String, szTmplBenutzerPfad As String
    Dim szTmplArbeitsgruppePfad As String
    Dim bImBenutzerPfadVorhanden As Boolean, lFortfahren As Long

    szTmplName = ActiveDocument.AttachedTemplate.Name
    szTmplBenutzerPfad = Options.DefaultFilePath(wdUserTemplatesPath)
    szTmplArbeitsgruppePfad = Options.DefaultFilePath(wdWorkgroupTemplatesPath)
    If Len(Dir(szTmplBenutzerPfad & "\" & szTmplName)) = 0 Then _
        bImBenutzerPfadVorhanden = False

    If Len(Dir(szTmplArbeitsgruppePfad & "\" & szTmplName)) = 0 Then
        If Not bImBenutzerPfadVorhanden Then
            MsgBox "Die Dokumentvorlage befindet sich weder im Ordner " & _
                "für Arbeitsgruppenvorlagen noch in dem für Benutzervorlagen."
            Exit Sub
        End If

    ElseIf bImBenutzerPfadVorhanden Then
        lFortfahren = MsgBox("Die Dokumentvorlage befindet sich sowohl im Ordner " & _
            "für Arbeitsgruppenvorlagen wie in dem für Benutzervorlagen. " & _
            "Wollen Sie fortfahren?", vbQuestion + vbYesNo)
        If lFortfahren = vbNo Then ActiveDocument.Close
    End If
End Sub
```

Den Code aus Listing 3.1 finden Sie auf der Buch-CD im Ordner *Buch\Kap03*. Die Datei heißt *Bsp03_02.dot*.

Der Such-Algorithmus für die *Normal.dot* ist in Word 2002 ein wenig anders. Wenn Word lokal installiert ist, sieht die Suchreihenfolge folgendermaßen aus:

1. Ordner für die Benutzervorlagen
2. Ordner, in dem die Word-Programmdateien gespeichert sind (*Winword.exe*)
3. Ordner für Arbeitsgruppenvorlagen
4. Falls Word immer noch keine *Normal.dot*-Vorlage findet, erstellt es eine neue Kopie im Ordner für Benutzervorlagen.

Wenn Word vom Netzwerk aus betrieben wird, sucht es

1. Im Ordner, wo die Word-Programmdateien gespeichert sind (*Winword.exe*)
2. Im Ordner für die Benutzervorlagen
3. Im Ordner für Arbeitsgruppenvorlagen
4. Falls Word immer noch keine *Normal.dot*-Vorlage findet, erstellt es eine neue Kopie im Ordner für Benutzervorlagen.

Seit Word 2000 ist der Mechanismus für die bei der Installation vorgegebenen Speicherorte für Vorlagen etwas verwirrend. In Word 2002 wurde es durch die Einführung von »Advertised and installed« Vorlagen nicht besser. John findet das ganze lächerlich, Cindy eher tragisch, da es keinen einfachen, zuverlässigen Weg gibt, die Standardpfadangaben für die verschiedenen Ordner zu bestimmen, um ein vernünftiges Setup-Programm durchzuführen. Nicht nur ist jede Version anders; es kommt auch darauf an, unter welcher Windows-Version Word installiert wird.

Wir werden den Mechanismus hier kurz beschreiben, aber Entwickler sollten folgende Knowledge Base-Artikel eingehend studieren. Die Details ändern sich laufend. Leider sind sie nur in englischen Versionen vorhanden

- 138059 »WD: How to Determine Where Word Looks for Templates« unter *http://support.microsoft.com/?kbid=138059*
- 291186 »WD2002: General Questions and Answers About the Location of Word Templates« unter *http://support.microsoft.com/?kbid=291186*
- 291141 »WD2002: Categories, Locations, Registry Keys for Word Templates« unter *http://support.microsoft.com/?kbid=291141*

Es gibt entsprechende Artikel auch für frühere Versionen von Word. **HINWEIS**

Wie schon erwähnt, werden in Word 2002 die »Advertised and installed«-Vorlagen (wie etwa die Microsoft Fax-, Memo- und Brief-Mustervorlagen) nicht mehr mit den Benutzervorlagen gespeichert. Sie stehen neuerdings im selben Ordner wie die Programmdateien, beispielsweise *C:\Programme\Microsoft Office\Templates\[nnnn]*, wobei *[nnnn]* für die »Language ID« (Sprache) steht (bei deutschen Installationen 1031).

Wenn Sie eine englische Office-Version mit »Multi-Language Pack« und dazu **HINWEIS** Sprachunterstützung für andere Regionen installieren, wird je ein Ordner für jede Sprache erstellt (1033 = Englisch, 1036 = Französisch, 1040 = Italienisch).

Der standardmäßige Speicherort für Benutzervorlagen, wenn in der *Registry* oder über den Menübefehl *Extras/Optionen* auf der Registerkarte *Speicherort für Dateien* nichts anderes festgelegt wurde, hängt von der Version des Betriebssystems ab. Unter Windows XP wäre er *C:\Dokumente und Einstellungen\[Benutzer-name]\Anwendungsdaten\Microsoft\Vorlagen*, wobei *[Benutzernamen]* der Login-Name ist.

Die nicht auf Dateien basierten Vorlagen wie *Normal.dot* und *Email.dot* werden von *Winword.exe* direkt erstellt. Solange dazu keine Änderungen gespeichert werden, existieren diese Dateien noch nicht auf der Festplatte; Word erstellt bei jedem Neustart eine standardmäßige, virtuelle Kopie.

Microsoft scheint auch zunehmend Spaß an virtuellen Ordnern zu finden. Wir alle wissen, dass im Dialogfeld *Vorlagen* (*Datei/Neu*) für jeden Unterordner des Benutzervorlagen-Ordners eine Registerkarte mit dessen Vorlagen erscheint. Seit Word 2000 gibt es auch »Geisterordner« für die »Advertised and installed« Vorlagen. Wie gesagt, diese Vorlagen werden alle in einem Programmdateien-Unterordner gespeichert und das Word-Programm weiß, welche Vorlagen in welcher Registerkarte erscheinen sollen. Auf Ihrem System finden Sie diese Ordner aber nicht und können folglich diesen Kategorien keine eigene Vorlagen hinzufügen. Die Registrierkarten müssen über das Setup, durch Entfernung der Vorlagen, entfernt werden.

Insgesamt haben Sie über drei Speicherorte für Vorlagen die Kontrolle:

- Benutzervorlagen
- Arbeitsgruppenvorlagen
- Globale Vorlagen (im Startup-Ordner)

Die gegenwärtige Pfadangabe erscheint in jedem Fall auf der Registerkarte *Speicherorte für Dateien* (Menübefehl *Extras/Optionen*) und kann auch hier festgelegt werden. Diese Speicherorte sind auch von Word automatisch als »vertrauenswürdig« erkannt. Words Makrovirus-Sicherheitsmechanismus nimmt an, dass alles, was sich hier befindet, in Ordnung ist und ohne Warnung geöffnet werden kann. Sie sollten natürlich sicherstellen, dass hier nichts Schädliches gespeichert werden kann.

Benutzervorlagen

Wie erwähnt, ist der standardmäßige Speicherort für Benutzervorlagen ein Pfad wie *C:\Dokumente und Einstellungen\[Benutzername]\Anwendungsdaten\Microsoft\Vorlagen*. So ziemlich alles benutzerspezifische wird von Microsoft einem ähnlichen Pfad zugewiesen. Bei der Datensicherung wird einfach alles unter *C:\Dokumente und Einstellungen\[Benutzername]* abgespeichert und der Fall ist erledigt. Deshalb raten wir, diesen Speicherort nicht zu ändern und alle Vorlagen, zu denen andere Benutzer keinen Zugang haben sollen, hier unterzubringen.

HINWEIS Auch die *Normal.dot* und eventuell *Email.dot*-Vorlagen gehören hier hinein. Sie enthalten viele Ihrer persönlichen Einstellungen und andere Informationen.

Empfehlenswert ist auch der Transfer der »Advertised and installed« Vorlagen in diesen Ordner. Erstellen Sie die gewünschten Unterordner für die Registrierkarten direkt unter Ihrem Benutzervorlagen-Ordner. Kopieren Sie die Vorlagen aus dem Programmdateien-Ordner in den Benutzervorlagen-Ordner. Dann entfernen Sie über Setup die (nicht mehr benötigten) zusätzlichen Vorlagen aus dem Programmdateien-Ordner. Jetzt können Sie alle Vorlagen verwalten.

Die Vorlage *Normal.dot*

Die wichtigste Benutzervorlage ist *Normal.dot*. Sie ist eine globale Vorlage: Alles, was darin enthalten ist, steht anderen Dokumenten zur Verfügung. Auch andere Vorlagen können global geladen werden, aber *Normal.dot* ist **immer geladen** und **immer global**. Da sie immer geladen ist, sind in ihr gespeicherte Einstellungen eventuell aktiv.

Falls andere Benutzer Zugang zu Ihrer *Normal.dot* haben, könnten Sie erleben, dass Sie beim nächsten Login die Einstellungen und Umgebungen der anderen Benutzer haben. Netzwerkverantwortlichen ist schon der Fehler unterlaufen, eine gemeinsame *Normal.dot* im Netzwerk zuzuteilen, was für unterhaltsame Reaktionen am nächsten Tag sorgt. Derjenige, der sich als letzter im Netzwerk abmeldet, bestimmt die Schriftarten, Formatvorlagen und AutoText für den folgenden Arbeitstag …

Manche System-Administratoren installieren eine *Normal.dot* nur mit Lese-Zugriff. Da Word die *Normal.dot* als eine Art Notizblock für den einzelnen Benutzer verwendet, stapelt es temporäre Dateien mit Daten, die es in die *Normal.dot* zurück schreiben möchte. Das geht so lange gut, bis kein Speicherplatz mehr zur Verfügung steht, was erfahrungsgemäß kurz nach dem Mittagessen der Fall ist. Während des Nachmittags läuft dann der Draht mit Meldungen von aufgeregten Benutzern heiß, dass Word abgestürzt sei.

Wieder andere machen den Versuch, bei jedem Login die *Normal.dot* mit einem neuen Exemplar zu ersetzen. Alle Einstellungen und Anpassungen gehen dadurch natürlich verloren. Erfahrene Benutzer werden in dieser Situation extrem frustriert und sind auf den System-Administrator nicht gut zu sprechen. So können professionelle Benutzer nicht effizient arbeiten.

Zum Schluss gibt es das von älteren Word-Versionen verursachte Problem: Eine Kopie der *Normal.dot* wurde bei der Installation im Ordner mit den Programmdateien erstellt. Falls ein Benutzerexemplar beschädigt wird, fängt Word an, ein anderes zu suchen und stößt unter Umständen auf diese Kopie. Hat Word sich einmal diese Pfadangabe für die *Normal.dot* gemerkt, ist es schwer, den Grund für die auftretenden, seltsamen Probleme zu erkennen. Sie sollten jetzt gleich nachschauen, ob sich ein altes Exemplar in diesem Ordner befindet.

Um eine möglichst effiziente, reibungslose Arbeit mit Word zu garantieren, denken Sie daran: Die *Normal.dot* muss immer benutzerspezifisch und -exklusiv sein, mit Lese- und Schreibzugriff. Es ist schlicht unmöglich, zu garantieren, dass ein gewisses Element immer in der *Normal.dot* vorhanden ist. Versuche, den Inhalt von Benutzerexemplaren der *Normal.dot* zu kontrollieren, werden fehlschlagen oder den professionellen Einsatz von Word erheblich beeinträchtigen. Wenn Sie bestimmte Elemente kontrollieren und zur Verfügung stellen wollen (was oft der Fall ist), verwenden Sie angefügte Vorlagen oder Add-Ins (mehr darüber im weiteren Verlauf des Kapitels).

WICHTIG

Arbeitsgruppenvorlagen

Standardmäßig ist nach der Installation der Eintrag für Arbeitsgruppenvorlagen im Dialogfeld *Optionen* auf der Registerkarte *Speicherort für Dateien* leer. Für den professionellen Gebrauch raten wir, hierfür einen Ordner zu erstellen und diesen als Speicherort festzulegen. Das sind Vorlagen, die mit anderen geteilt werden, daher befindet sich der Speicherort üblicherweise im Netzwerk. Es ist meistens auch angebracht, das Attribut »Schreibgeschützt« solcher Vorlage-Dateien im Windows-Betriebssystem zu aktivieren.

Hierzu gehören alle Abteilungs- und Firmenvorlagen. Einige, die Sie vorher aus den Programmdateien in Ihren Benutzervorlagen-Ordner kopiert haben, wären besser als Arbeitsgruppenvorlagen gespeichert. Viele Firmen passen sogar die Microsoft-Vorlagen ihren eigenen Bedürfnissen an und ergänzen sie mit Logo, Briefkopf usw. Sie stehen nachher allen im Arbeitsgruppenvorlagen-Ordner zur Verfügung. In diesem Fall können Benutzer diese für den personalisierten Verbrauch kopieren, mit ihrem Namen, Adresse und Kontaktinformation ergänzen und im eigenen Benutzervorlagen-Ordner unterbringen.

Arbeitsgruppenvorlagen allen Benutzern verfügbar machen
Eine wichtige Überlegung ist, wie die Arbeitsgruppenvorlagen allen Benutzern sichtbar gemacht werden. Was ist beispielsweise mit den Laptopbenutzern, die nicht immer mit dem Netzwerk verbunden sind? Die neue Option *Anlegen lokaler Kopien von Netzwerk- und Wechselfestplattendateien* auf der Registerkarte *Speichern* (Menübefehl *Extras/Optionen*) ist dafür vorgesehen. Wir haben jedoch einige Berichte von »Datei konnte nicht gefunden werden«-Meldungen gesehen, die, so vermuten wir, dort ihren Ursprung haben. Testen Sie also die Funktionalität in Ihrer Umgebung gründlich, bevor Sie sie einsetzen. Es könnte sich herausstellen, dass die Lösung früherer Word-Versionen sich besser eignet: Eine Kopie des Arbeitsgruppenordners auf dem Laptop zu replizieren.

Verlieren Sie die oben beschriebenen Vorlagensuchreihenfolgen nie aus den Augen. Haben Vorlagen im Arbeitsgruppenvorlagenordner die gleichen Namen wie im lokalen Benutzervorlagenordner, werden Ihre Benutzer die Arbeitsgruppenvorlagen nie verwenden, auch wenn sie mit dem Netzwerk verbunden sind. Dieses Verhalten hat auch Einfluss auf die Art und Weise, wie Arbeitsgruppenvorlagen auf den Laptops repliziert werden.

Server-Leistungsfähigkeit
Ein weiterer wichtiger Faktor ist der morgendliche »PC-Start-Ansturm«. Eine große Anzahl Benutzer wird voraussichtlich eine oder mehrere Arbeitsgruppenvorlagen am Morgen ansprechen und sie den ganzen Tag im Speicher, d.h. offen halten. Der Datei-Server muss dieser Last gewachsen sein. Stellen Sie sich vor, der Firmenchef verschickt eine E-Mail mit Word-Anlage an die gesamte Belegschaft – an eine Arbeitsgruppenvorlage angefügt. Die gesamte Belegschaft öffnet diese Anlage am Anfang des Arbeitstages so ziemlich gleichzeitig. Geht der Datei-Server in die Knie oder hält er stand?

Bedenken Sie auch Words fragliche Handlungsweise, Dokumentvorlagen zu suchen, die nicht mehr vorhanden sind. Es kann bis zu fünf Minute dauern, ehe ein solches Dokument geöffnet wird. Um nicht mit diesem Problem konfrontiert zu werden, stellen Sie sicher, dass die Pfadangabe zu den Arbeitsgruppenvorlagen nicht geändert wird, wenn Dokumente erstellt wurden. Wenn Sie den Server ersetzen müssen, stellen Sie den neuen mit dem gleichen Pfadnamen wieder her.

Vorlagen-Replikation
Auf Grund eines Fehlverhaltens der Windows-Dateisperrung (File locking) könnten Sie bei der Replizierung von Arbeitsgruppenvorlagen Schwierigkeiten bekommen. Jedes Mal, wenn ein Benutzer ein Dokument, das mit einer dieser Vorlagen verbunden ist, öffnet oder erstellt, registriert der Datei-Server eine Sperrung für die Vorlagendatei. Diese Sperrung könnte die Dateisicherung und -replizierung beeinträchtigen. Falls Sie Benutzer haben, die sich nachts nicht aus dem Netzwerk abmelden –

und geben wir es zu, es gibt welche, die sich nie abmelden – könnten Sie gezwungen sein, ein Batch-Script einzusetzen, um sie auszuschließen und eine Sicherung oder Replizierung der Arbeitsgruppenordner zu ermöglichen.

Selbsredend beinhaltet dieser Speicherort einige der wertvollsten Vorlagen der Firma. Jahre der Entwicklung stehen oft dahinter. Sie müssen folglich verwaltet und gesichert sein wie jeder andere Vermögenswert.

Globale Vorlagen und Add-Ins

Globale Vorlagen und Add-Ins sind eher ein Konzept als ein bestimmter Speicherort. Für einen Überblick lesen Sie bitte das Hilfethema »Laden oder Entladen einer globalen Dokumentvorlage oder eines Add-In-Programms«. Eine globale Dokumentvorlage ist eine Vorlage, die ihren Inhalt wie AutoText, Symbolleisten, Tastaturkürzel und Makros jedem in Word geöffneten Dokument zur Verfügung stellt. Ein Add-In ist ein Programm, das Word-Funktionalität hinzufügt und wird oft durch eine Dokumentvorlage aufgerufen oder ist in einer enthalten.

Ein Speicherort für globale Dokumentvorlagen und Add-Ins ist nicht vorgeschrieben. Sie können von überall her über *Extras/Vorlagen und Add-Ins* geladen werden. Befindet sich eine jedoch im *StartUp*-Ordner von Word, wird sie jedes Mal beim Starten mit Word geladen. Standardmäßig wird ein *StartUp*-Ordner unter *C:\Dokumente und Einstellungen\[Benutzername]\Anwendungsdaten\Microsoft\Word* bei der Installation erstellt.

Folgen Sie den Angaben in der Hilfe, um eine globale Dokumentvorlage oder ein Add-In zu entfernen. Wenn sie sich im *StartUp*-Ordner befindet, bedarf es eines anderen Vorgehens: Sie müssen Word beenden und die Datei aus dem Ordner verschieben.

Denken Sie daran, dass jede globale Vorlage bzw. jedes Add-In Speicherplatz (RAM) belegt. Es ist also ratsam, globale Vorlagen und Add-Ins nur dann zu laden, wenn sie tatsächlich gebraucht werden.

In der Regel ist es in Großunternehmen besser, nicht allzu viele globale Dokumentvorlagen oder Add-Ins zu laden, da ihre Workstations oft wenig Arbeitsspeicher übrig haben. Der Rechner könnte instabil werden.

Globale Vorlagen sind der geeignete Ort, Anpassungen und andere Elemente wie Makros und AutoText allen Benutzern zur Verfügung zu stellen. Sie werden sich an unsere Ermahnung wegen der *Normal.dot* als Behälter für Firmenanpassungen erinnern. Hier ist die Alternative. Eine globale Dokumentvorlage kann kontrolliert und mit Lesezugriff versehen werden.

Da sich ein (von zwei möglichen) *StartUp*-Ordnern unter dem Ordner mit den Programmdateien befindet und da der Benutzer darauf keinen Schreibzugriff benötigt, haben Sie hier die Gelegenheit, den Ordner zu sperren, falls er sich im Netzwerk befindet. Oder Sie können das Dateiattribut »Schreibgeschützt« aktivieren.

HINWEIS

Vergessen Sie nicht, dass der Benutzer über das Dialogfeld *Optionen* auf der Registerkarte *Speicherort für Dateien* einen eigenen Ordner für automatisch geladene, globale Vorlagen festlegen kann. Word »sieht« beide und lädt alle darin befindenden Vorlagen. Falls Sie dies nicht wollen, müssen Sie es mithilfe einer System-Policy unterbinden.

Dokumentvorlagen erstellen:
Der einfache Anfang

Am einfachsten erstellen Sie eine neue Dokumentvorlage, indem Sie sich eines vorhandenen, »perfekten« Dokuments bedienen. Entfernen Sie einfach alles, was nicht mehr gebraucht wird, dann speichern Sie die Datei als Vorlage.

Sobald Sie im *Speichern unter*-Dialogfeld den *Dateityp Dokumentvorlage (*.dot)* wählen, wechselt Word automatisch in den Benutzervorlagen-Ordner. Von dort aus können Sie, falls gewünscht, einen anderen Ordner wählen. Vergessen Sie jedoch nicht, dass nur dieser und die Arbeitsgruppen- bzw. *Startup*-Ordner von Word als »vertrauenswürdige Quelle« betrachtet wird: Nur Makros in diesen Ordnern lösen die Makrosicherheitswarnung nicht aus.

Eine Dokumentvorlage erstellen:
Die vollständige Entwicklung

Dieser Abschnitt erklärt, wie Sie eine Vorlage für die Erstellung eines Gesetzestextes von A bis Z erstellen. Eine solche Vorlage enthält vieles, was für die Produktion anderer Arten von Dokumenten benötigt wird.

Ein Beispieldokument können wir auf der CD im Ordner *Buch\Kap03* unter dem Namen *Bsp03_01.doc* mitliefern.

HINWEIS ▎ Das Praxisbeispiel wird in ▶ Kapitel 4 bezüglich der Formatvorlagen fortgeführt.

Diese Vorlage basiert auf dem Papierformat A4, das in den meisten Ländern der Welt – außer Nordamerika – der Standard ist. Falls Ihr Buch mit einem anderen Papierformat gedruckt werden soll, werden Sie alles entsprechend anpassen müssen.

Wenn das Dokument in mehreren Ländern verteilt wird, als PDF-Datei beispielsweise, ist die Frage des Papierformats sehr wichtig. Viele Drucker erschweren den Ausdruck, wenn sie ein Papierformat nicht unterstützen.

Alle Maßeinheiten werden im metrischen System wiedergeben, außer die Schriftgröße, die natürlich in Punkt (pt) erfolgt. Falls Sie ein anderes System brauchen, raten wir, Ihre Einstellungen für dieses Beispiel doch auf Metrisch umzuschalten. Am Schluss können Sie wieder die ursprüngliche Maßeinheit wählen und Word wird automatisch alles umwandeln.

TIPP ▎ Die Maßeinheit wird im Dialogfeld *Optionen* (Menübefehl *Extras/Optionen*) auf der Registerkarte *Allgemein* festgelegt. Um mit dem metrischen System zu arbeiten, wählen Sie *Zentimeter*. In der deutschen Version ist dies die Standardeinstellung.

Die Vorlage erstellen

Gelegentlich ist es erforderlich, eine, was Dokumentbeschädigungen betrifft, einwandfreie Vorlage zu erstellen. Beispiel: Eine Arbeitsgruppenvorlage, die im Netzwerk zur Verfügung steht und von mehreren Benutzern intensiv eingesetzt wird. Sie darf keine personalisierten Einstellungen enthalten – muss also vollkommen leer sein.

Dazu gehen Sie wie folgt vor:

1. Beenden Sie Word.

2. Benennen Sie das vorliegende Exemplar der *Normal.dot* um.

3. Starten Sie Word erneut.

Da Word die ursprüngliche *Normal.dot* nicht finden kann (außer Sie haben mehr als ein Exemplar im Suchpfad, also aufgepasst!), erstellt es eine neue, einwandfreie Kopie – worauf das leere Dokument im Word-Fenster basiert. Aber nur im Speicher – die Datei existiert noch nicht. Word wird sie erst als eine Datei erstellen, wenn es wieder beendet wird.

HINWEIS

Falls *Anfrage für Speicherung von Normal.dot* in *Extras/Optionen/Speichern* aktiviert ist, blendet Word beim Beenden die entsprechende Meldung ein. Wenn Sie diese bejahen, wird auf Ihrem Rechner eine *Normal.dot* Datei erstellt, sonst nicht.

Nun haben Sie eine garantiert einwandfreie Kopie der *Normal.dot*. Benennen Sie sie mit dem gewünschten Dateinamen für Ihre Vorlage um. Dieser Name darf ruhig lang sein, um die Vorlage eindeutig zu identifizieren und zu beschreiben – man wird sie selten bis nie ausschreiben müssen. John empfiehlt, eine Namensregelung für Firmendateien auszuarbeiten und sich daran zu halten, wie etwa »[Firmenname] A4 Handbuch.dot«.

Sie können jetzt Ihre ehemalige *Normal.dot* wieder als *Normal.dot* benennen und Word starten. Öffnen Sie die neue Vorlage über *Datei/Öffnen*.

Dateieigenschaften

Dateieigenschaften sind wichtig für die Verwaltung der mit dieser Vorlage erstellten Dokumente. Zum Teil werden die Informationen auch im Dokument eingesetzt. Über die Befehlsfolge *Datei/Eigenschaften* blenden Sie das Dialogfeld ein und aktivieren die Registerkarte *Zusammenfassung*.

Der Inhalt der **Titel**-Eigenschaft wird für den Dokumenttitel auf der ersten Seite und auch in der Kopfzeile verwendet. Da wir hier eine Vorlage erstellen, geben wir jetzt eine Eingabeaufforderung für den Benutzer ein: »<Geben Sie den Titel in Datei/Eigenschaften ein>«.

In der Eigenschaft **Kategorie** speichern wir die Sicherheitsebene des Dokuments; hier braucht es also auch eine Eingabeaufforderung. Diese Information wird in der Fußzeile gezeigt.

Wechseln Sie nun in die Registerkarte *Anpassen*. Erfassen Sie zwei neue Eigenschaften, um die Dokumentversion zu verfolgen: **Version** und **Abschlussdatum**. Das Resultat ist in Abbildung 3.1 ersichtlich.

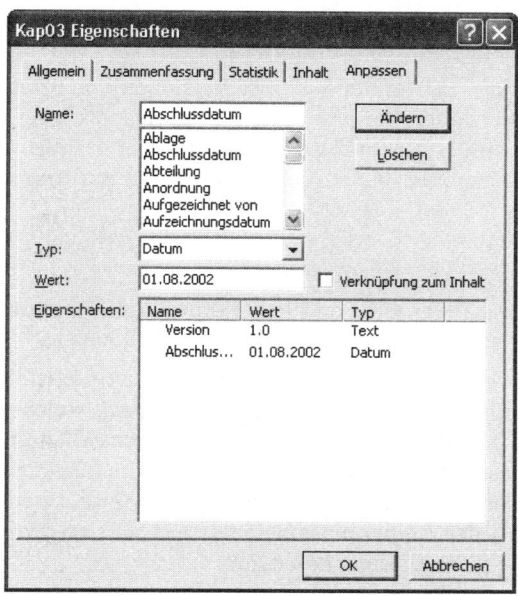

Bitte beachten Sie folgende Hinweise beim Umgang mit benutzerdefinierten Eigenschaften:

○ Ein Name darf nur einmal im Dokument vorhanden sein. Eigenschaften unterscheiden jedoch Klein-/Großschreibung.

○ Es gibt mehr Datentypen als nur *Text*. Falls die Eingabe dem Datentyp nicht entspricht, erstellt Word die Eigenschaft dennoch und wandelt den Typ in *Text* um. Für die Formatierung eines Datums mit Feldschaltern im Dokumenttext spielt der Datentyp keine Rolle, nur muss sichergestellt werden, dass es sich um ein gültiges Datum handelt. Haben Sie jedoch vor, die Dokumenteigenschaften für die Dateisuche einzusetzen, sollten Sie genau auf den Datentyp achten.

HINWEIS Mehr über Formatschalter für Feldfunktionen finden Sie in ▶ Kapitel 4 sowie in ▶ Anhang A.

○ Wenn der Typ *Datum* gewählt ist, verlangt Word die Eingabe im Datumskurzformat, wie in der Systemsteuerung festgelegt. Dabei muss darauf geachtet werden, dass Monat und Tag in der Reihenfolge angegeben werden, wie im Kurzformat der Systemsteuerung festgelegt. Sonst erscheint im Text beispielsweise »8. Januar« statt »1. August«.

○ Die Schaltfläche *Hinzufügen* wird nur aktiv, wenn *Name*, *Typ* und *Wert* festgelegt sind. Um einen vorhandenen Eintrag zu ändern, klickt man auf den Namen. Nach Festlegung des Datentyps und Wertes steht die Schaltfläche *Ändern* bereit.

Es liegt auf der Hand, dass man noch viele Eigenschaften einsetzen könnte. Wir empfehlen jedoch, nur ganz wenige vorzuschreiben. Sonst laufen Sie Gefahr, dass die Benutzer sich geplagt fühlen und einfach alle ignorieren. Die Aktivierung von *Anfrage für Dateieigenschaften* in *Extras/Optionen* auf der Registerkarte *Speichern* würde beim Speichern jedes neuen Dokuments das Dialogfeld einblenden. Diese Einstellung gilt jedoch für die ganze Word-Umgebung und wirkt irritierend für Dateien, in denen Dokumenteigenschaften nicht gebraucht werden. Eine benutzerfreundlichere Lösung wäre ein Makro wie in Listing 3.2, das den Inhalt der Dokumenteigenschaften prüft und zu deren Eingabe gezielt auffordert.

Falls die Arbeitsgruppe, die diese Vorlage verwendet, mehrere Versionen von Word benutzt, stellen Sie sicher, dass alle Versionen die gewählten Word-eigenen Eigenschaften unterstützen. Mit Ausnahme von *Hyperlinkbasis* stehen alle auf der Registerkarte *Zusammenfassung* in allen Versionen bis zurück zu Word 6.0 zur Verfügung.

Der Drucker

Um eine Vorlage zu erstellen, muss ein Standarddrucker für Windows installiert sein. Ohne Drucker können Sie weder die Papiergröße noch Schriftarten wählen.

Auch wenn kein Drucker an Ihren Rechner angeschlossen ist, kann ein Druckertreiber für die Zielarbeitsumgebung installiert werden. Falls Sie nicht wissen, welcher Drucker das sein wird, installieren Sie den Treiber für einen »Hewlett-Packard Laserjet« oder einen »Lexmark Optra«. Diese gehören zum Marktstandard, die bestimmt die benötigte Funktionalität unterstützen. Für den Ausdruck auf einem »Xerox DocuTech« oder anderen Ausgabegeräten ist der Treiber eines neueren »Apple LaserWriter« gut geeignet, da viele dieser Geräte diesen Treiber benutzen.

Seiten einrichten

Bei der Erstellung eines Dokuments von einer Vorlage vererbt die Vorlage bekanntlich Elemente wie Formatvorlagen und Dokumentattribute. Letztere sind sehr wichtig, weil sie nachträglich nicht automatisch von der Vorlage aus aktualisiert werden können. Alles, was unter *Datei/Seite einrichten* festgelegt wurde, verliert jede Verknüpfung zur Vorlage und müsste von Hand oder mit einem Makro geändert oder der Text in ein neues Dokument kopiert werden.

Die Registerkarte *Format*

Papierformat: Bevor Sie andere Einstellungen oder Formatierungen vornehmen, sollte das Papierformat festgelegt werden. Word berechnet alles in Bezug auf den Papierrand. Ändern Sie nachträglich das Papierformat, sieht die Seite ganz anders aus.

Papierzufuhr: Achten Sie auf diese Einstellung und stellen Sie fest, welches Papier in welchem Fach für die vorgesehene Arbeitsgruppe steht. Nicht alle Drucker haben die gleichen Papierschächte und nicht alle Leute werden das gleiche Papier im gleichen Schacht haben.

Mehrere Drucker mit verschiedenen Papierformaten ansteuern

Die wahrscheinlich zuverlässigste Methode, mehrere Drucker mit verschiedenen Papierformaten zu steuern, ist, alle Druckerschächte im Netzwerk mit Drucker-Alias zu belegen. Die Benutzer wählen dann den Drucker »A4 Hochformat« oder »A3 Querformat« und obwohl beide Schächte sich im gleichen Gerät befinden, muss der Benutzer sich nicht darum kümmern: Die Netzwerkeinstellung erledigt die genaue Auswahl. Mit dieser Methode soll in Word die Einstellung *Standardschacht* hinter der Schaltfläche *Druckoptionen* gewählt werden.

Eine Alternative mit modernen Druckern, deren Papierschächte das Papierformat automatisch erkennen, ist, die Einstellung *Automatisch auswählen* zu verwenden.

Der System-Administrator muss lediglich sicherstellen, dass alle Drucker korrekt konfiguriert sind.

Noch eine Methode, die aber problematisch in der Umsetzung ist, besteht darin, sicherzustellen, dass jeder Drucker das gleiche Papier im gleichen Schacht führt. Dann gelingt es, einfach einen Schacht für das Dokument in Word festzulegen.

HINWEIS Im ▶ Kapitel 12 finden Sie eine Diskussion über die Steuerung von Druckern mit VBA. Damit könnte man beispielsweise den Benutzer benachrichtigen, wenn der gewählte Druckerschacht nicht vorhanden ist.

Die Abschnittüberschrift *Vorschau* ist etwas irreführend; sie bezieht sich eigentlich nur auf das Bildchen unten rechts, das die Auswirkungen Ihrer Einstellungen illustriert.

Die Liste *Übernehmen für* ist äußerst wichtig. Beim Erstellen einer neuen Vorlage oder eines Dokuments muss *Gesamtes Dokument* und nicht *Dokument ab hier* bzw. *Markierten Text* eingestellt sein. Im letzteren Fall werden vor und nach der Markierung Abschnittswechsel eingefügt, was meist nicht gewünscht ist.

Die Registerkarte *Layout*

Da wir eine Vorlage für ein Handbuch vorbereiten, ist der nächste Schritt, die *Layout*-Einstellungen vorzunehmen.

Jede Datei, die aus dieser Vorlage hervorgeht, wird ein Kapitel im Buch bilden. Die Kapitelüberschrift sowie die erste Überschriftebene in jedem Kapitel sollen auf der rechten Seite stehen. Deshalb sollte *Abschnittsbeginn* üblicherweise auf *Ungerade Seite* eingestellt werden. Um einen eindrucksvollen Effekt zu erreichen, können Überschrift und ein Inhaltsverzeichnis auf der linken Seite platziert werden; in diesem Fall wird der Eintrag *Gerade Seite* gewählt.

Für eine Vorlage mit einseitigem Ausdruck wäre die korrekte Einstellung *Neue Seite*. Würden Sie hingegen Dokumente erstellen, die über eine Verknüpfung in einem großen Dokument zusammengefasst werden, müsste die Einstellung unter Umständen *Fortlaufend* sein.

Kopf- und Fußzeilen: Die Wirkung der zwei Kontrollkästchen *Gerade/ungerade anders* sowie *Erste Seite anders* ist grundlegend und wird von Anfängern oft falsch verstanden. Sie ermöglichen es, voneinander abweichende Kopf- bzw. Fußzeilen zu definieren. *Erste Seite anders* trennt Kopf- und Fußzeilen der ersten Seite eines Abschnitts von der anderen ab, sodass sie einen abweichenden Inhalt haben können. *Gerade/ungerade anders* ermöglicht die Erstellung verschiedener Kopf- und Fußzeilen für gerade bzw. ungerade Seiten und wird hauptsächlich für den Ausdruck gegenüberliegender Seiten verwendet.

Letztere Einstellung gilt für das ganze Dokument; *Erste Seite anders* ist abschnittsspezifisch. Jeder Abschnitt hat einen eigenen Satz Kopf- und Fußzeilen. Die Vorbereitung der Vorlage wird erheblich erleichtert, wenn diese Optionen aktiviert werden, bevor etwas in eine Kopf- oder Fußzeile eingegeben wird. Der Benutzer hat erst dann Zugriff auf die »anders«-artigen Bereiche.

VBA hingegen kann alle Kopf- und Fußzeilen-Bereiche eines vorhandenen Abschnitts ansprechen und bearbeiten, auch wenn sie weder aktiviert noch sichtbar sind. Der Code in Listing 3.4 funktioniert genau so gut in einem neuen, wie in einem mehrseitigen Dokument mit existierenden Kopf- und Fußzeilen. Um mit VBA festzustellen, ob eine dieser Optionen aktiviert ist, bedient man sich der Eigenschaft Exists. Beispiel:

```
ActiveDocument.Sections(1).Headers(wdHeaderFooterEvenPages).Exists
```

gibt Wahr zurück, wenn *Gerade/ungerade anders* aktiviert ist, sonst ist der Wert Falsch. Die Konstante wdHeaderFooterFirstPage ermittelt die Einstellung von *Erste Seite anders*.

Sobald einer der Kopf- oder Fußzeilenbereiche durch Eingabe von Inhalt aktiviert wurde, bleibt seine Absatzmarke sichtbar, auch wenn man den Inhalt später löscht.

Die Einstellung *Abstand vom Seitenrand* legt fest, wo die Kopf- und Fußzeile sich vertikal auf der Seite befinden. Die grafische Darstellung in Abbildung 3.2 veranschaulicht diese Wirkung.

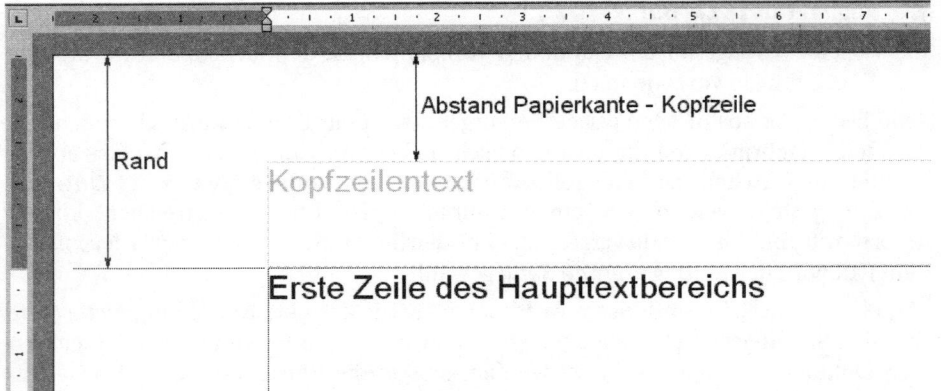

Abbildung 3.2:
Senkrechte Platzierung der Kopfzeile im Dokument

Diese Eigenschaft legt den Abstand zwischen dem Papierrand und der oberen bzw. unteren Begrenzung der Buchstaben im Kopf- bzw. Fußzeilenbereich fest. Allgemein wird dieser zwischen dem Dokumenttext und dem Papierrand gesetzt. Denken Sie dabei an den druckbaren Bereich, den der gewählte Drucker unterstützt: Weniger als ein halber Zentimeter zum Papierrand ist für die meisten Geräte nicht realisierbar.

Falls die Kopf- oder Fußzeile mehr Platz braucht, erweitert Word den Bereich in Richtung Dokumenttext und verschiebt, wenn nötig, den oberen bzw. unteren Seitenrand.

Gelegentlich bringt uns jemand ein Dokument, das seltsame Zeilen- oder Seitenumbrüche aufweist, um es wieder in Ordnung zu bringen. Eines der ersten Dinge, die wir kontrollieren, ist das Vorhandensein eines »unsichtbaren« Objekts im Kopf- oder Fußzeilenbereich. Beispiel: Ein Positionsrahmen, der ursprünglich eine Seitennummer enthielt. Unerfahrene Benutzer fügen die Seitennummer oft über *Einfügen/Seitennummer* ein, statt die entsprechende Feldfunktion direkt in die Kopf- oder Fußzeile einzufügen. Wenn sie später diese Seitennummer entfernen wollen, löschen sie nur die Feldfunktion, aber nicht den Rahmen, in dem die Nummer auf der Seite positioniert wurde.

Bei der *Vertikalen Ausrichtung* sollten Sie für den professionellen Einsatz nur die Einstellung *Oben* verwenden. Die übrigen Einstellungen, die den Text zentrieren, über die ganze Seite verteilen oder am unteren Rand ausrichten, eignen sich eventuell für Plaketten und Notizen. Wenn sich ein Mitarbeiter über eine seltsame Verteilung des Textes mit großen Abständen zwischen den Absätzen beklagt, kontrollieren Sie diese Einstellung.

Weder *Zeilennummern* noch *Ränder* werden für die Produktion von Handbüchern verwendet, weshalb wir hier nicht weiter auf die gleichnamigen Schaltflächen eingehen wollen.

Die Registerkarte *Seitenränder*

Ränder: Einer der häufigsten Fehler, der beim Layout gemacht wird, ist, die Ränder zu klein zu wählen. Aus den o.g. Gründen sollten die Ränder nie weniger als 1 cm betragen; bei manchem Tintenstrahldrucker liegt die untere Grenze sogar bei 1,5 cm. Am angenehmsten sind Seitenränder, die mindestens 1/11 der Seitenlänge betragen. Für das Papierformat A4 ergibt das 2,7 cm. Die meisten von uns korrigieren diese Zahl auf 2,5 weil es sich damit einfacher rechnen lässt.

Abbildung 3.3:
Die Ränder-
einstellungen für
ein Buch mit
gegenüberliegen-
den Seiten

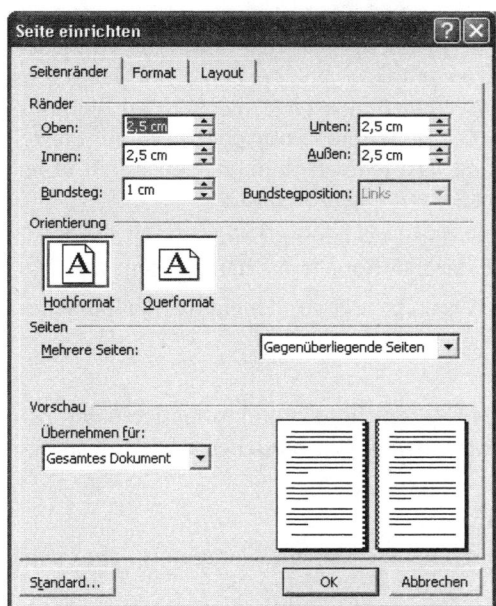

Ihnen wird in Abbildung 3.3 auffallen, dass statt *Ränder Links* bzw. *Rechts* die Beschriftungen *Innen* bzw. *Außen* erscheinen. Das liegt an die Auswahl *Gegenüberliegende Seiten* aus der Dropdownliste *Mehrere Seiten*. Abwechselnde Ränder werden in einem gebundenen Buch wegen des Bundstegs (der Platz, der für die Zusammenbindung wegfällt) benötigt; der Platz wird vom Textbereich und nicht von den Rändern abgezogen.

HINWEIS Neu in Word 2002 sind in der Liste *Mehrere Seiten* die beiden Einträge *2 Seiten pro Blatt* und *Buch*.

Die meisten Druckereien verlangen einen Bundsteg von einem Zentimeter. Falls Sie die Arbeit als druckfertiges Manuskript übergeben, fragen Sie nach der genauen Einstellung, die Ihre Druckerei haben muss. Es macht wirklich keinen Spaß, die Ränder aller 20 Kapitel (20 Dateien) eines 500-seitigen Buches anpassen zu müssen. Für die Zusammenbindung in einem Büro mittels Spiralbindung oder Heftklammern genügt meistens ein Zentimeter für den Bundsteg. Ringordner hingegen benötigen eher 1,5 cm.

Legen Sie also den gewünschten *Bundsteg* (im Beispiel beträgt er 1 cm) fest.

Einige ältere Dokumente haben unter Umständen statt einem Bundsteg ungleiche Einstellungen für die Innen- bzw. Außenränder, wenn sie mit einer älteren Version von Word erstellt wurden. Der Bundsteg wurde in Word 6.0 eingeführt. **HINWEIS**

Auch hier ist es wichtig, *Übernehmen für* auf *Gesamtes Dokument* zu setzen. Machen Sie es sich zur Gewohnheit, diese Einstellung vor Bestätigung dieses Dialogfelds zu kontrollieren. Sie ersparen sich dadurch eine Menge Probleme.

Kopf- und Fußzeilen definieren

Die Vorbereitungen im Dialogfeld *Seite einrichten* sind abgeschlossen. Nun ist es Zeit, die fortlaufenden Kopf- und Fußzeilen zu definieren. Diese werden von jedem Dokument geerbt, das von dieser Vorlage erstellt wird. Wie bei den gerade ausgeführten Einstellungen besteht nach Erstellung eines neuen Dokuments keine Verknüpfung mehr zur Vorlage. Wenn der Inhalt oder die Formatierung der Kopf- und Fußzeilen später geändert werden muss, bedeutet das, jedes Dokument einzeln zu öffnen und zu bearbeiten – entweder von Hand oder mit einem Makro.

Planen Sie also im Voraus. Und wenn Sie diese Anleitung befolgen, wird sich niemand während der Arbeit an Ihrem Buch darüber Sorgen machen müssen.

- Im Dokument geben Sie einen leeren Absatz gefolgt von einem manuellen Seitenwechsel (Strg+Eingabetaste) ein.
- Wiederholen Sie diesen Schritt.
- Auf der dritten Seite geben Sie »Kapitel Überschrift« ein und formatieren den *ganzen* Absatz mit der Formatvorlage *Überschrift 1*. Wir brauchen diese Eingabe für die Kopfzeile.
- Drücken Sie noch einmal die Eingabetaste.

Das Dokument besteht nun aus drei Seiten: eine erste, eine gerade und eine ungerade.

Bei der Zuweisung von Formatvorlagen müssen Sie in Word 2002 besonders sorgfältig vorgehen. Sie dürfen unter keinen Umständen nur einen Teil vom Absatz markieren. Es muss entweder der ganze Absatz sein oder keine Markierung (blinkende Einfügemarke). Wurden nur Zeichen markiert, erstellt Word 2002 intern eine Zeichenformatvorlage, die mit der Schriftformatierung der Absatzformatvorlage definiert ist. Es handelt sich hier um einen Bug. Öffnen Sie ein solches Dokument in Word 97 oder Word 2000, wird diese Zeichenformatvorlage sichtbar. Sie hat den gleichen Namen wie die Absatzformatvorlage, zusätzlich den Ausdruck »Char«. Haben Sie weder SP1 noch SP2 installiert, sehen Sie diese Zeichenformatvorlage auch in Word 2002 (ohne das Dokument vorher in einer anderen Version von Word zu öffnen). **WICHTIG**

Die Kopfzeilen erstellen

Blenden Sie über *Ansicht/Kopf- und Fußzeile* den Kopfzeilenbereich der ersten Seite ein.

Als ersten Schritt definieren wir die Formatvorlage *Kopfzeile*. Diese wird auch als Basis für die Formatvorlage *Fußzeile* dienen, da sie die meisten Eigenschaften gemeinsam haben. Es handelt sich hier um Word-eigene Formatvorlagen. Wir werden sie für alle drei Arten Kopf- bzw. Fußzeilen verwenden. Einst hatte John je drei eigene Formatvorlagen für »Erste Seite«, »Ungerade Seiten« und »Gerade Seiten« erstellt, aber das war bevor er gelernt hat, alles so einfach wie möglich zu machen ...

Tabstopps: Der Inhalt der Kopf- und Fußzeilen wird mit Tabstopps positioniert. (Positionierung mit einer Tabelle ist auch möglich.) Unsere Kopfzeile enthält zwei Elemente – ein Element links und ein Element rechts ausgerichtet. Da die Fußzeilen aus den gleichen zwei Elementen – zusätzlich einem dritten, zentrierten – bestehen wird, definieren wir in der Kopfzeile alle drei Tabstopps.

Die Position eines Tabstopps wird vom linken **Seitenrand** aus gemessen. Jetzt wird klarer, wieso das Papierformat und die Ränder zuerst festgelegt werden müssen. Würden Sie diese Einstellungen nachträglich ändern, müssten auch die zentrierten und rechts ausgerichteten Tabstopps angepasst werden.

HINWEIS In WordPerfect werden die Tabstopps vom linken **Papierrand** aus gemessen, was eine erhebliche Umstellung für ehemalige WP-Benutzer ist.

Das Papierformat in diesem Beispiel ist A4, das 21 cm breit ist. Die Seitenränder betragen je 2,5 cm und der Bundsteg 1 cm. Die Position eines zentrierten Tabstopps beträgt also 7,5 cm und für den rechtsausgerichteten 15 cm.

- Mit der Einfügemarke in der Kopfzeile blenden Sie über *Format/Formatvorlagen und Formatierungen* den gleichnamigen Aufgabenbereich ein.

HINWEIS Benutzer von früheren Word-Versionen müssen die Befehlsfolge *Format/Formatvorlage* ausführen. Die weiter genannten Befehle sind denen in Word 2002 gleich oder ähnlich.

- Blenden Sie die Anzeige aller Formatvorlagen ein (Dropdownliste im unteren Teil des Bereichs) und wählen Sie den Eintrag *Kopfzeile*.
- Klicken Sie den Eintrag mit der rechten Maustaste an und wählen *Ändern*. Das Dialogfeld *Formatvorlage ändern* wird eingeblendet.
- Aus der über die Schaltfläche *Format* zu öffnenden Liste wählen Sie *Tabstopp*.
- Betätigen Sie die Schaltfläche *Alle löschen*, um neu zu beginnen.
- Geben Sie in das Feld *Tabstoppposition* den Wert *7,5 cm* ein. Aktivieren Sie das Optionsfeld *Zentriert*, dann klicken Sie auf *Festlegen* (für *Füllzeichen* ist *Ohne* aktiviert).
- Geben Sie *15 cm* für die *Tabstoppposition* ein und aktivieren *Rechts*, bevor Sie nochmals *Festlegen* betätigen.

Einzüge: Über *Format/Absatz* stellen Sie ein, dass für die Formatvorlage keine Einzüge festgelegt sind. Einige Leute sind der Meinung, dass ein winziger Einzug links und rechts, um Kopf- und Fußzeile innerhalb der Textränder zu positionieren, besser aussieht. Versuchen Sie es mit ungefähr einem Millimeter auf beiden Seiten.

Schrifteigenschaften: Wir basieren die Schriftart der Formatvorlage *Kopfzeile* auf der Formatvorlage für den Dokumentfließtext. In diesem Beispiel heißt sie *Textkörper* und ist auch eine Word-eigene Formatvorlage. Auf diese Art und Weise wird es sehr einfach, die Grundschriftart in einem Schritt für das gesamte Dokument zu ändern. Nicht dass Sie dies tun würden, da alle Projekt-Merkmale schon vorher beraten und festgelegt wurden. Oder? Nichts desto weniger sollte man diese »good-practice« Prinzipien wo immer möglich anwenden.

In Versionen von Word vor 2002 hieß diese Formatvorlage auch *Fließtext*.   ▋**HINWEIS**

Die Schriftgröße der Kopf- und Fußzeilen sollte sich nach der des Dokumenttextes richten. Sie müssen sich also schon jetzt definitiv entscheiden, welche Schriftgröße *Textkörper* haben wird. Nehmen wir für dieses Beispiel an, sie beträgt 11 Punkt.

Blenden Sie über die Schaltfläche *Format/Schriftart* das Dialogfeld *Zeichen* ein.

- Legen Sie den *Schriftgrad* der *Kopfzeile*-Formatvorlage auf zwei Punkte weniger fest, also 9 Punkte.

- Der *Schriftschnitt* ist *Standard*. Manchmal wird *Kursiv* verwendet; das ist jedoch bei einem kleinen Schriftgrad etwas schwierig zu lesen. Da Sie, wenn Sie etwas suchen, Kopf- und Fußzeilen meistens beim Durchblättern der Seiten betrachten, ist es wichtig, dass die Angaben gut lesbar sind.

- Die Wahl der *Schriftart* muss gut überlegt sein. John zieht eine serifenlose Schriftart vor, beispielsweise Arial oder Helvetica. Auf jeden Fall sollten die Kopf- und Fußzeilen das Auge des Lesers nicht vom Dokumenttext ablenken, auch nicht unterschwellig. Das irritiert und macht es schwierig, sich zu konzentrieren. Kopf- und Fußzeilen sind lediglich Hilfsmittel.

Rahmenlinien: Der Einsatz von Rahmenlinien zwischen den Kopf- und Fußzeilen hilft in dieser Hinsicht. Über die Schaltfläche *Format/Rahmen* blenden Sie das Dialogfeld *Rahmen und Schattierung* ein.

- Legen Sie die kleinstmögliche Breite (1/4 Punkt) fest.

- Weisen Sie dem unteren Absatzrand eine Linie zu.

- Unter *Optionen* setzen Sie die Abstände wie folgt: *Unten* 4 Punkt; *Oben*, *Links* sowie *Rechts* jeweils 0 Punkt.

Nun wurden alle Änderung an der Formatvorlage *Kopfzeile* vorgenommen. Sie können das Dialogfeld *Formatvorlage ändern* schließen und sind bereit, den Inhalt der Kopfzeilen einzugeben. Er wird hauptsächlich aus Feldfunktionen bestehen, die dynamisch die Informationen in Dokumenteigenschaften und -überschriften wiedergeben. Das heißt, der Benutzer muss sich nie wieder darum kümmern.

- **Erste Seite**. Diese ist einfach: Außer der obligatorischen Absatzmarke ist sie leer. Aber die abgrenzende Rahmenlinie stört. Rufen Sie direkt den Menübefehl *Format/Rahmen und Schattierung* auf und schalten Sie die Rahmenlinie aus. Dies ist das einzige Mal, dass wir eine direkte Formatierung verwenden. Sie könnten selbstverständlich eine eigens dafür vorgesehene Formatvorlage erstellen, aber wir wollen es lieber einfach halten.

- Klicken Sie der Symbolleiste *Kopf- und Fußzeile* auf die Schaltfläche *Nächste anzeigen*.

- Die Einfügemarke sollte jetzt in der Kopfzeile **Gerade Kopfzeile** stehen. Am linken Rand kommt der Titel, wie Sie ihn in den Dokumenteigenschaften festgelegt haben. Blenden Sie über die Befehlsfolge *Einfügen/Feld* das zugehörige Dialogfeld ein. Wählen Sie in der Liste der Feldnamen den Eintrag *Title* aus. Deaktivieren Sie das Kontrollkästchen *Formatierung bei Aktualisierung beibehalten*.

HINWEIS Die Feldnamen in Word 2000 und Word 2002 sind alle Englisch. Eine Tabelle der deutschen Äquivalente finden Sie im ▶ Anhang A.

WICHTIG *Formatierung bei Aktualisierung beibehalten* klingt wie eine gute Sache und Word fügt entsprechend * Mergeformat einer Feldfunktion fast immer hinzu. Diese Einstellung sorgt jedoch für »unerwartete« Formatierungsergebnisse, da die Feldfunktion dadurch direkte Formatierungen speichert. Sobald der Feldinhalt sich in der Länge ändert, erscheinen diese »wild« irgendwo im Ergebnis und sind kaum wegzubringen. Lassen Sie diese Option also immer ausgeschaltet.

- Drücken Sie zweimal Tab, um die Einfügemarke am rechten Rand zu positionieren. Hier wird das Firmenlogo über *Einfügen/Grafik/Aus Datei* eingefügt. Die Grafik soll in der Zeile mit dem Text stehen und ziemlich klein formatiert werden; nicht mehr als 15 mm hoch.

WICHTIG Es gibt einen Fehler in Word, der die Seitenzahlen auf »0« stellt, wenn eine Grafik mit Textfluss-Formatierung in der Kopf- oder Fußzeile steht. Wenn dieses Problem bei Ihnen auftaucht, kontrollieren Sie zunächst alle Kopf- und Fußzeilenbereiche.

TIPP Wir empfehlen Vektorgrafiken für den Ausdruck auf Papier, entweder im WMF (»Windows Meta File«) oder EPS (»Encapsulated PostScript«) -Format. Rastergrafiken lassen sich nicht sonderlich gut skalieren.

EPS ist der Industriestandard für Vektorgrafiken; das Format ist jedoch nicht standardisiert. Um eine EPS-Grafik auszudrucken, muss der Drucker PostScript unterstützen, was bei den meisten Tintenstrahldruckern nicht der Fall ist. Dann wird die Grafik einfach nicht gedruckt. Im Allgemeinen sind Schwierigkeiten zu erwarten, wenn eine EPS-Grafik über Plattformen hinweg oder außerhalb der Firma eingesetzt wird.

Falls Sie dennoch eine EPS-Grafik verwenden, fügen Sie eine WMF-Version hinzu, sodass der Empfänger sie bei Problemen anstelle der EPS-Grafik einfügen kann. Beim Speichern der WMF-Grafik sollte darauf geachtet werden, dass der Text als »Kurven« und **nicht** als »Text« exportiert wird. Sonst wird die Schrift in der Grafikdatei gespeichert, was die Dateigröße erheblich anschwellen lässt.

- Markieren Sie das Logo und kopieren Sie es.

- Klicken Sie nochmals auf *Nächste anzeigen*, um zur Seite *Ungerade Kopfzeile* zu wechseln.

- Fügen Sie das kopierte Logo am linken Rand ein. Es ist üblich, das Logo am gebundenen Rand zu positionieren, da diese Information weniger wichtig ist als beispielsweise die Seitenzahl oder der Kapitelname.

- Drücken Sie zweimal Tab, um an den gegenüberliegenden Rand zu gelangen. Hier wird der Text der Formatvorlage *Überschrift 1* – entweder auf der gleichen Seite oder auf der vorherigen – angezeigt. Dafür braucht es eine *StyleRef*-Feldfunktion.

- Auch diese wird über *Einfügen/Feld* eingefügt. Wählen Sie in der Liste *Formatvorlagename* den Eintrag *Überschrift 1* aus. Und denken Sie daran, das Kontrollkästchen *Formatierung bei Aktualisierung beibehalten* auszuschalten. Die übrigen Optionen im Dialogfeld benötigen Sie hier nicht.

Der Überschriftentext, der die *StyleRef*-Feldfunktion widerspiegelt, wird mit der *Kopfzeile*-Formatvorlage formatiert (der Feldfunktion zugewiesene Formatierung), nicht mit *Überschrift 1* (der Formatvorlage des Textes im Dokument). Die Feldfunktion *StyleRef* achtet auf Klein-/Großschreibung des Formatvorlagennamens. Vergessen Sie das nicht, wenn Sie die Feldfunktion bearbeiten oder ohne Hilfe der Dialogfeldliste erstellen.

Wenn ein Dokument in einer anderssprachigen Umgebung geöffnet wird, ändert Word automatisch die Namen aller seiner eigenen Formatvorlagen. Aus *Überschrift 1* wird im englischen Word beispielsweise *Heading 1*. Dieses Verhalten ist schön für den Benutzer, jedoch fatal für Feldfunktionen wie *StyleRef*, die Formatvorlagennamen als Argumente benutzen.

Falls Sie Dokumentvorlagen für mehrsprachige Umgebungen aufstellen, stehen Sie vor einem Problem. Folgende Methoden können wir vorschlagen:

- Eine Dokumenteigenschaft erstellen, die diesen Formatvorlagennamen enthält. Eine *DocProperty*-Feldfunktion anstelle des Formatvorlagennamens in die *StyleRef*-Feldfunktion einfügen. Beim Öffnen des Dokuments muss die Änderung nur in *Datei/Eigenschaften* vorgenommen werden statt in jeder Feldfunktion.

- Ein AutoOpen-Makro, das die Änderung der Feldfunktionen oder der Dokumenteigenschaft automatisiert.

- Ohne die Word-eigenen Formatvorlagen auskommen, was einige Einschränkung der Word-Funktionalität bedeutet. Es wird nicht möglich, die Kapitelnummer automatisch in der Seitennummerierung oder in Beschriftungen zu integrieren. Inhaltsverzeichnisse sind hingegen möglich. Lesen Sie die Informationen in der Word Hilfe unter »Erstellen eines Inhaltsverzeichnisses«.

Die laufenden Kopfzeilen werden von nun an das Firmenlogo in der Buchmitte, den Titel oben links und die Kapitelüberschrift oben rechts anzeigen. Und das für jedes Dokument, das von dieser Vorlage erstellt wird. Die Angaben werden sich dynamisch anpassen – die Autoren müssen lediglich dafür sorgen, dass sie die (wenigen!) Dokumenteigenschaften ausfüllen.

Damit wird ein Vorteil von Dokumentvorlagen klar dargelegt.

Die Fußzeilen erstellen

Die Einfügemarke steht zurzeit in der Kopfzeile *Erste Kopfzeile*. Klicken Sie auf die Symbolschaltfläche *Zwischen Kopf- und Fußzeile wechseln*, um in die *Erste Fußzeile* zu gelangen.

Es wäre möglich, drei verschiedene Kopfzeilen und nur eine Fußzeile zu definieren, wir tun das hier aber nicht.

Passen wir zuerst die Formatvorlage *Fußzeile* an.

- Im Dialogfeld *Formatvorlage ändern* wählen Sie *Kopfzeile* als *Formatvorlage basiert auf*. Somit sind wir fast fertig – *Fußzeile* übernimmt alle Einstellungen.

- Es bleibt nur noch, die Rahmenlinie vom unteren zum oberen Rand umzustellen und in den Optionen den Abstand *Oben* auf *4 pt* zu setzen und *Unten* auf *0*.

- Stellen Sie nun noch sicher, dass lediglich die zwei Tabstopps bei *7,5 cm* (zentriert) und *15 cm* (rechtsbündig) festgesetzt sind.

Die erste Seite wird im Buch immer rechterhand liegen. Das Abschlussdatum erscheint links (innen), die Sicherheitsstufe in der Mitte und die Seitenzahl rechts (außen). Die gleiche Überlegung gilt auch hier wie für die Kopfzeilen: Einfach ist besser, lenkt das Benutzerauge nicht vom Text ab.

○ Zur Erinnerung: Das *Abschlussdatum* ist eine benutzerdefinierte Dokumenteigenschaft. Führen Sie also die Befehlsfolge *Einfügen/Feld* aus und markieren Sie `DocProperty` in der Liste. Wählen Sie den entsprechenden Eintrag in der Liste *Dokumenteigenschaften* aus.

○ Bei einem Kurzdatumsformat ist es oft unklar, welches Element der Tag und welches der Monat ist. Um Klarheit zu schaffen, fügen wir der `DocProperty`-Feldfunktion einen Formatierungsschalter hinzu. Klicken Sie auf die Schaltfläche *Feldfunktionen*, um den Feldcode zu sehen. Positionieren Sie die Einfügemarke am Ende des Inhalts des Feldes *Feldfunktionen* und geben Sie den folgenden Formatierungsschalter ein: `\@ "d-MMM-yyyy"`. Das Resultat: Statt *4.8.2002* erscheint *4-Aug-2002*.

HINWEIS Mehr über Formatierungsschalter in Feldfunktionen finden Sie in ▶ Anhang A sowie in ▶Kapitel 6.

Word stellt vier eigene Datumsfunktionen zur Verfügung: `Date`, `CreateDate`, `PrintDate`, und `SaveDate`. Manche Anwender setzen häufige entweder `CreateDate` oder `PrintDate` an dieser Stelle ein. Diese Funktionen sind für ein Handbuch nicht besonders geeignet, da wir hier ein zukünftiges Datum – das Publikationsdatum – festhalten möchten und nicht das Datum, wann das Dokument zuletzt gedruckt oder gespeichert wurde.

○ Drücken Sie einmal `Tab`, um den zentrierten Tabstopp anzuwählen. Hier kommt die Dokumenteigenschaft mit der Sicherungsstufe. Im Dialogfeld zum Menübefehl *Einfügen/Feld* wählen Sie *DocProperty* aus dem Listenfeld *Feldnamen*, dann *Category* aus dem Listenfeld *Eigenschaft*. Natürlich könnte man die Information direkt in die Fußzeile eintippen, aber die Gefahr ist groß, dass der Benutzer nicht daran denkt, sie zu aktualisieren. Wenn sie in einer Dokumenteigenschaft gespeichert ist, stimmen die Dokumentinformationen, die man im Windows-Explorer sieht, auch mit denen im Dokumenttext überein.

TIPP Das Problem ist immer, wie man den Benutzer zuverlässig dazu bringt, Dokumenteigenschaften zu aktualisieren. Was einem nicht direkt vor der Nase steht, wird gerne im Stress des Arbeitsalltags vergessen. Ein Makro, das beim Schließen des Dokuments ausgeführt wird, um den Inhalt der Dokumenteigenschaften zu kontrollieren und den Benutzer aufzufordern, kann hier Abhilfe schaffen. Wir machen es dem Benutzer sogar einfacher, diesen Weg zu benutzen und gleichzeitig standardisieren wir das Gespeicherte.

Die Prozedur in Listing 3.2 kontrolliert, ob die Dokumenteigenschaft *Category* leer ist oder unsere Eingabeaufforderung (erster Buchstabe »<«) enthält. Wenn ja, wird die UserForm in Abbildung 3.4 eingeblendet. Die gewünschte Sicherheitsstufe hat er schnell ausgewählt und das Makro erledigt den Rest. Nur wenn keine Auswahl getroffen wird oder der Eintrag *Keine* gewählt wurde, wird der Benutzer nochmals darauf aufmerksam gemacht, darf das Dokument aber dennoch schließen.

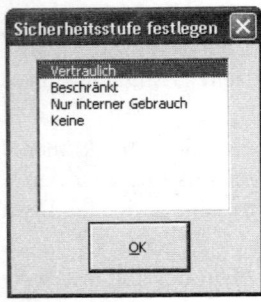

Listing 3.2:
Das Vorhandensein einer Dokumenteigenschaft prüfen und gegebenenfalls die Eingabe mit einem UserForm auffordern

```
Sub AutoClose()
    Dim prpCategory As DocumentProperty
    Dim frm As frmCategory

    Set prpCategory = ActiveDocument.BuiltInDocumentProperties(wdPropertyCategory)
    If prpCategory.Value = "" Or Left(prpCategory.Value, 1) = "<" Then
        Set frm = New frmCategory
        frm.Show
        If frm.lstCategory.Text = "Keine" Then
          MsgBox "Warnung: Dieses Dokument hat Sicherheitsstufe 'Keine'!", _
              vbOKOnly + vbExclamation
          ActiveDocument.Variables("Sicherheitsstufe").Value = 0
        ElseIf frm.lstCategory.ListIndex = -1 Then
          MsgBox "Warnung: Diesem Dokument wurde keine Sicherheitsstufe zugewiesen!", _
              vbOKOnly + vbExclamation
          prpCategory.Value = "Sicherheitseinstellung wurde nicht eingegeben"
          ActiveDocument.Variables("Sicherheitsstufe").Value = 0
        Else
          prpCategory.Value = frm.lstCategory.Text
          ActiveDocument.Variables("Sicherheitsstufe").Value = frm.lstCategory.Value
        End If
        Unload frm
        Set frm = Nothing
    End If
End Sub

Private Sub cmdOK_Click()
    Me.Hide
End Sub

Private Sub UserForm_Initialize()
    Dim aCategories As Variant
    lstCategory.List() = FillCategoryList
End Sub

Private Function FillCategoryList() As Variant
    Dim aList(3, 1) As Variant

    aList(0, 0) = "Vertraulich"
    aList(0, 1) = 1
    aList(1, 0) = "Beschränkt"
    aList(1, 1) = 2
    aList(2, 0) = "Nur interner Gebrauch"
```

```
        aList(2, 1) = 3
        aList(3, 0) = "Keine"
        aList(3, 1) = 0
        FillCategoryList = aList
End Function
```

Den Code aus Listing 3.2 finden Sie auf der Buch-CD im Ordner \Buch\Kap03 in der Datei *Bsp03_01.doc*.

HINWEIS Die AutoClose-Prozedur könnten Sie gleichzeitig dazu benutzen, um zu überprüfen, ob dem Dokument ein Titel zugewiesen wurde. Falls noch nicht geschehen, würde sich dieser über ein Dialogfeld abfragen lassen.

- Drücken Sie nochmals Tab, um an den rechten Rand zu gelangen. Hier wird die Seitenzahl eingefügt.

- Klicken Sie auf die Symbolschaltfläche *Seitenzahl einfügen*, um eine laufende Seitenzahl zu haben.

Vergessen wir nicht: Wenn der Leser durch die Seiten blättert, sucht er vermutlich einen bestimmten Abschnitt oder Seite. Die Seitenzahl sollte also gut sichtbar sein, d.h. am Außen- und nicht am Innenrand. Sie sollte auch freistehen und nicht zu nahe am Text sein.

- Markieren Sie nun die gesamte Fußzeile und kopieren Sie sie. Mit der Symbolschaltfläche *Nächste anzeigen* springen Sie zur *Geraden Fußzeile* und fügen das Kopierte ein. Vertauschen Sie die Seitenzahl mit dem Abschlussdatum durch Ziehen mit der Maus.

- Klicken Sie nochmals auf *Nächste anzeigen*, um in die *Ungerade Fußzeile* zu gelangen. Hier können Sie einfach einfügen, weil die ungerade Fußzeile genau wie die erste Seite aussehen soll.

HINWEIS Das Listing 3.4 enthält den Code, der alle hier beschriebenen Schritte für die Erstellung der Kopf- und Fußzeilen automatisiert.

Die Bearbeitung der Kopf- und Fußzeilen ist damit abgeschlossen. Man könnte natürlich noch viel mehr in diesen Bereichen anzeigen. Die Frage ist jedoch »Ist es von Nutzen für den Leser?« Wenn nein, empfehlen wir, solche Informationen woanders (Dokumenteigenschaften oder Variablen beispielsweise) zu speichern und den Leser damit nicht zu plagen.

Dateiname in der Fußzeile

John mag es auch nicht besonders, wenn der Dateiname in der Fußzeile angezeigt wird. Die Idee war gut, solange Datei-Server klein waren; der Benutzer hatte gute Chancen, sie zu finden. Heute ist das ohne den ganzen Pfadnamen eher problematisch. Wenn schon, dann fügen Sie die volle Pfadangabe ein.

Seitenzahlen

Es gibt in Word zwei Methoden, eine Seitenzahl einzufügen: Entweder über den eben beschriebenen Weg oder über die Befehlsfolge *Einfügen/Seitenzahlen*. Meiden Sie die letztere unter allen Umständen! Sie scheint sehr bequem zu sein und verlockt viele Neulinge, da man die Kopf- und Fußzeilenbereiche nicht öffnen und keine Tabs für die Positionierung setzen muss. Einige Nachteile machen sie aber für den professionellen Einsatz ungeeignet:

- Die Einstellung *Seitenzahl auf erster Seite* ermöglicht kein differenziertes Kopf- bzw. Fußzeilenlayout. Die Seitenzahl erscheint entweder auf allen ersten Seiten jedes Abschnitts oder auf keiner.

- Die Seitenzahl wird in einen Positionsrahmen eingefügt, der nur allzu oft in den Dokumenttextbereich »driftet«. Plötzlich tauchen die weiter oben erwähnten Probleme mit seltsamen Zeilen- und Seitenwechseln auf, da der Positionsrahmen den Text verschiebt.

Seitenzahlen werden von Word automatisch mit der Formatvorlage *Seitenzahl* formatiert. Unserer Philosophie folgend, dass die Seitenzahl gut sichtbar sein soll, wird im Beispiel diese Formatvorlage geändert:

- *Schriftgrad*: zwei Punkte größer als der *Textkörper*

- *Schriftschnitt*: *Fett*

Von *Kursiv* raten wir ab, da es weniger gut lesbar ist. Aus dem gleichen Grund ziehen wir eine »Sans-Serif« Schriftart vor.

Das Zahlenformat ist abschnittsspezifisch und kann erst bestimmt werden, nachdem mehrere Abschnitte im Dokument vorhanden sind. Es ist dabei nicht notwendig, in der Kopf-/Fußzeilenansicht zu sein. Wir werden auf dieses Thema später noch zurückkommen.

Die Vorbereitung der Kopf- und Fußzeilen ist abgeschlossen. Klicken Sie auf die Symbolschaltfläche *Schließen*, um diese Ansicht zu verlassen.

Kopf- und Fußzeilen mit VBA

Word verwaltet den Text in seinen Dateien als Stories, in StoryRanges. Der Text im Hauptteil des Dokuments macht ein Story aus; der Text in jedem AutoForm (Textfelder, etwa) gehört einem anderen an. Auch jede laufende Kopf- bzw. Fußzeile stellt einen eigenen StoryRange dar. Jeder StoryRange wird unabhängig von den anderen verwaltet. Dies fällt besonders auf, wenn man mit VBA die Funktionalität *Suchen und Ersetzen* einsetzt oder alle Feldfunktionen aktualisieren will.

Um eine Handlung im ganzen Dokument vorzunehmen, muss jeder einzelne Story-Range angesprochen werden. Das Listing 3.3 illustriert, wie die Aufgabe anzugehen ist. Den Code finden Sie auf der Buch-CD im Ordner \\Buch\\Kap03 in der Datei *Bsp03_01.doc*.

```
Sub AlleFeldfunktionenAktualisieren()
    Dim oStory As Range
    For Each oStory In ActiveDocument.StoryRanges
      oStory.Fields.Update
      If oStory.StoryType <> wdMainTextStory Then
        Do While Not (oStory.NextStoryRange Is Nothing)
          Set oStory = oStory.NextStoryRange
          oStory.Fields.Update
        Loop
      End If
    Next oStory
    Set oStory = Nothing
End Sub
```

Listing 3.3:
Alle Feldfunktionen in einem Dokument aktualisieren, inklusive Kopf- und Fußzeilen

Wie *Suchen und Ersetzen* mit VBA in Kopf- und Fußzeilen gehandhabt wird, lesen Sie in ▶Kapitel 7.

Ein bestimmter StoryRange kann nicht direkt bearbeitet werden, denn das Objekt Story-Range gibt es nicht, nur die Auflistung. Zudem ist es nicht möglich, einen StoryRange anzusprechen, wenn er noch keinen Inhalt hat. Kurz gesagt bedeutet dies, dass der StoryRange weniger für die inhaltliche Bearbeitung per Code geeignet ist. Um in einem Dokument alle Kopf- und Fußzeilen aller vorhandenen Abschnitte gezielt zu bearbeiten, ohne dass der Benutzer sie zuerst aktiviert hat, geht man über den Abschnittsbereich:

```
doc.Sections(1).Headers(wdHeaderFooterPrimary).Range
```

arbeitet beispielsweise mit dem Kopfzeilenbereich aller ungeraden Seiten des ersten Abschnitts, mit Ausnahme der ersten, wenn *Erste Seite anders* aktiviert ist.

Das Listing 3.4 veranschaulicht diese Vorgehensweise. Mit For Each ... Next durchläuft die Prozedur KopfUndFusszeilenBearbeiten jeden Abschnitt des Dokuments. Jeder der drei Kopf- und Fußzeilenbereiche wird einzeln überprüft. Um die Verwaltung zu vereinfachen, gibt es für jede Art Kopf- bzw. Fußzeile eine eigene Prozedur, die von KopfUnd-FusszeilenBearbeiten aus aufgerufen wird. Bei der Kopfzeile der ersten Seite des ersten Abschnitts wird allenfalls vorhandener Text gelöscht und die Rahmenlinie der Formatvorlage, analog des obigen Beispiels, entfernt.

Sonst werden die passenden Handlungen für jede Art Kopf- bzw. Fußzeile ausgeführt, gemäß der Beschreibung. Ein Logo sowie Feldfunktionen werden eingefügt. In jedem Fall ersetzt der VBA-Code vorhandenen Inhalt.

Mithilfe der globalen Konstanten und Variablen am Anfang von KopfUndFusszeilenBearbeiten kann die Makrolösung leicht den eigenen Bedürfnissen angepasst werden. Das Beispiel nimmt an, dass die Grafik für das Logo sich im gleichen Ordner wie die Vorlage befindet. Wenn dies bei Ihnen nicht der Fall ist, suchen sie ThisDocument.Path und ersetzen Sie den Ausdruck mit dem korrekten Pfadnamen.

Die Grafikdatei wird hier mit einer IncludePicture-Feldfunktion verknüpft. Wie Grafiken über VBA direkt eingefügt werden, wird in ▶ Kapitel 9 erklärt.

Wie schon diskutiert, ist der Einsatz von Words eigenen Formatvorlagen sowohl ein Segen als auch ein Fluch. Für die Feldfunktion StyleRef benötigt man den lokalen Name einer Formatvorlage. Um dieses Makro von der Sprachumgebung unabhängig zu machen, ermittelt es den lokalen Namen der Formatvorlage *Überschrift 1* mit doc.Styles(wdStyleHeading1).NameLocal und benutzt diesen bei der Erstellung der StyleRef-Feldfunktion. Hier sehen Sie einen Vorteil der Word-eigenen Formatvorlagen: Jede hat einen Word-VBA-Konstantwert, der sprachunabhängig ist. Wird dieses Dokument in einer anderen Sprachumgebung geöffnet, genügt es also, dieses Makro laufen zu lassen, um die Kopf- und Fußzeilen mit lokalen Angaben korrekt anzuzeigen.

Noch eine Eigenart, auf die wir aufmerksam machen möchten, ist die Reihenfolge des Einfügens der Feldfunktionen in den Fußzeilen.

```
Option Explicit

Public Const gsz_LOGO As String = "Bsp03_01.wmf"
Public Const gsz_DOCPROPERTYDATUM As String = "AbschlussDatum"
Public gsz_LocalStyleName As String

Sub KopfUndFusszeilenBearbeiten()
    Dim doc As Word.Document, rng As Word.Range
    Dim sec As Word.Section

    Set doc = ActiveDocument
    gsz_LocalStyleName = Chr$(34) & doc.Styles(wdStyleHeading1).NameLocal & Chr$(34)
    For Each sec In doc.Sections
        Set rng = sec.Headers(wdHeaderFooterFirstPage).Range
        If sec.Index <> 1 Then
            UngeradeSeitenKopfzeile rng
            rng.Fields.Update
        Else
            rng.Text = ""
            rng.Borders.Enable = False
        End If
        Set rng = sec.Headers(wdHeaderFooterPrimary).Range
          UngeradeSeitenKopfzeile rng
          rng.Fields.Update
        Set rng = sec.Headers(wdHeaderFooterEvenPages).Range
          GeradeSeitenKopfzeile rng
          rng.Fields.Update
        Set rng = sec.Footers(wdHeaderFooterFirstPage).Range
            UngeradeSeitenFusszeile rng
            rng.Fields.Update
        Set rng = sec.Footers(wdHeaderFooterPrimary).Range
          UngeradeSeitenFusszeile rng
          rng.Fields.Update
        Set rng = sec.Footers(wdHeaderFooterEvenPages).Range
          GeradeSeitenFusszeile rng
          rng.Fields.Update
    Next sec
End Sub

Sub UngeradeSeitenKopfzeile(ByVal rng As Word.Range)
    rng.Style = wdStyleHeader
    rng.Fields.Add Range:=rng, Type:=wdFieldIncludePicture, _
        Text:=BackslashesVerdoppeln(ThisDocument.Path) & "\\" & gsz_LOGO
    rng.Collapse Direction:=wdCollapseEnd
    rng.Text = vbTab & vbTab
    rng.Collapse Direction:=wdCollapseEnd
    rng.Fields.Add Range:=rng, Type:=wdFieldStyleRef, _
        Text:=gsz_LocalStyleName, _
        PreserveFormatting:=False
End Sub

Sub GeradeSeitenKopfzeile(ByVal rng As Word.Range)
    rng.Style = wdStyleHeader
    rng.Fields.Add Range:=rng, Type:=wdFieldTitle, _
        PreserveFormatting:=False
    rng.Collapse Direction:=wdCollapseEnd
```

Tabelle **3.1:**
*Alle Kopf- und
Fußzeilen (nach
den in diesem
Kapitel beschrie-
benen Regeln)
erstellen bzw.
ändern*

```
            rng.Text = vbTab & vbTab
            rng.Collapse Direction:=wdCollapseEnd
            rng.Fields.Add Range:=rng, Type:=wdFieldIncludePicture, _
                Text:=BackslashesVerdoppeln(ThisDocument.Path) & "\\" & gsz_LOGO
        End Sub

        Sub UngeradeSeitenFusszeile(ByVal rng As Word.Range)
            rng.Style = wdStyleFooter
            rng.Fields.Add Range:=rng, Type:=wdFieldDocProperty, _
                Text:=Chr$(34) & gsz_DOCPROPERTYDATUM & Chr$(34), _
                PreserveFormatting:=False
            rng.Collapse Direction:=wdCollapseEnd
            rng.Text = vbTab
            rng.Collapse Direction:=wdCollapseEnd
            rng.Fields.Add Range:=rng, Type:=wdFieldPage, _
                PreserveFormatting:=False
            rng.Text = vbTab
            rng.Collapse wdCollapseStart
            rng.Fields.Add Range:=rng, Type:=wdFieldDocProperty, _
                Text:=Chr$(34) & "Keywords" & Chr$(34), _
                PreserveFormatting:=False
        End Sub

        Sub GeradeSeitenFusszeile(rng As Word.Range)
            rng.Style = wdStyleFooter
            rng.Fields.Add Range:=rng, Type:=wdFieldPage, _
                PreserveFormatting:=False
            rng.Collapse Direction:=wdCollapseEnd
            rng.Text = vbTab
            rng.Collapse Direction:=wdCollapseEnd
            rng.Fields.Add Range:=rng, Type:=wdFieldDocProperty, _
                Text:=Chr$(34) & gsz_DOCPROPERTYDATUM & Chr$(34), _
                PreserveFormatting:=False
            rng.Text = vbTab
            rng.Collapse wdCollapseStart
            rng.Fields.Add Range:=rng, Type:=wdFieldDocProperty, _
                Text:=Chr$(34) & "Keywords" & Chr$(34), _
                PreserveFormatting:=False
        End Sub

        Function BackslashesVerdoppeln(szPfad) As String
            BackslashesVerdoppeln = Replace(szPfad, "\", "\\")
        End Function
```

 Den Code aus Listing 3.4 finden Sie auf der Buch-CD im Ordner *Buch\Kap03* in der Datei *Bsp03_01.doc*.

Das einleitende Material

Jetzt ist es Zeit, sich an die einleitenden Seiten zu wenden. Wir erstellen das Titelblatt für den vorderen Umschlag auf der ersten Seite mithilfe von Feldfunktionen, die den Inhalt von Dokumenteigenschaften anzeigen. Es ist nicht erforderlich, aber erleichtert den Einsatz der Vorlage für wenig erfahrene Benutzer. Diese müssen nicht raten, was von ihnen erwartet wird und Sie werden weniger nachkontrollieren müssen, ob die richtigen Eingaben am richtigen Ort stehen und korrekt formatiert sind.

Ziehen Sie ein Makro in Erwägung, das die Länge des Titels prüft. Die Verfassung kurzer, aussagekräftiger Überschriften ist eine Kunst und bedarf etwas Übung. Viele Benutzer (vor allem Programmierer) scheinen nicht fähig zu sein, Überschriften zu erfinden, die kürzer als zweieinhalb Zeilen sind. Nach Johns Meinung ist das zu lang (da die anderen Autoren Entwickler sind, können sie dazu keine Stellung nehmen ...)

Wir nehmen an, das rechtliche Material – Disclaimers, Copyrights usw. – liegt bereit. Kopieren Sie den Text in die Vorlage auf die zweite Seite, markieren ihn und entfernen mit Strg+Q, Strg+Leertaste eventuell vorhandene Formatierungen.

Diese Seiten sind dann mit Formatvorlagen zu formatieren. Wir werden die Erstellung dieser Seiten nicht detailliert beschreiben, Sie können die Beispieldatei *Bsp03_01.doc* von der CD hinzuziehen, um diese Diskussion etwas besser zu verfolgen. Für die Titelseite erstellten wir drei Formatvorlagen: *Titel*, *UnterTitel* sowie *TitelSeiteText*.

Uns ist bewusst, dass viele Leute für diese Elemente keine Formatvorlagen erstellen. Folglich fühlen sich die Benutzer von jedem Zwang befreit; steht keine Formatvorlage bereit, ist die Formatierung doch fakultativ, oder? Der Dokumentationsverantwortliche ist dann laufend damit beschäftigt, das Ergebnis mit den vorgeschriebenen Firmenformatierungen zu versehen; Corporate Identity ist nicht fakultativ! Sparen Sie sich dieses Elend.

Handelt es sich um Ihre eigene Firma, dürfen Sie Ihrer Kreativität frönen. Wir wiederholen: *Weniger ist mehr*. Der Brennpunkt auf einer Seite ist ein Drittel vom oberen, und zwei Drittel vom linken Rand gemessen. Das ist die Stelle, auf die das Auge eines westlichen Lesers zuerst fällt. Dorthin gehört die wichtigste Information: der Titel.

Um vom Titel- zur Copyrightseite (Rückseite) zu wechseln, fügen wir einen einfachen Seitenwechsel (Strg+Eingabetaste) ein. Hier wird wieder die Dokumenteigenschaft *Abschlussdatum* verwendet und zwar mit folgendem Formatschalter, um nur das Jahr anzuzeigen: \@ "YYYY".

Abbildung 3.5:
Die ersten bei-
den Seiten des
Dokuments in
der Übersicht

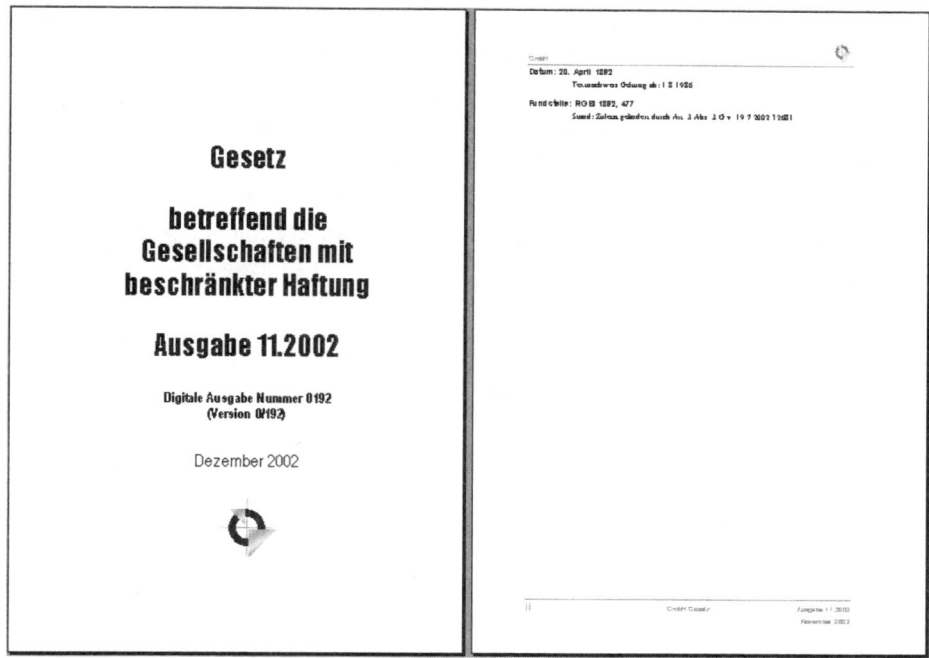

Abschnittswechsel

Bislang haben wir uns mit den in diesem Kapitel beschriebenen Schritten um die Einrichtung des ersten Abschnittwechsels bemüht. Alle Kopf- und Fußzeilen sowie die Einstellungen in *Seite einrichten* werden von Word in den unscheinbaren Abschnittswechseln gespeichert und verwaltet. Obwohl Sie in diesem Dokument noch keinen Abschnittswechsel gesehen haben, ist einer da: Die letzte Absatzmarke eines jeden Word-Dokuments ist auch ein Abschnittswechsel. Sie ist der Außenbehälter des Dokuments (Sie erinnern sich an das Objektmodell in ▶ Kapitel 1). Der Inhalt und die Einstellungen, die in dieser Absatzmarke gespeichert sind, beeinflussen diese Vorlage und mit ihr alle Dokumente, die davon erstellt werden. Erinnern Sie sich an die Diskussion der Sprachenformatierung im ▶ Kapitel 2? Dort haben wir erörtert, was passiert, wenn die Windows- und Word-Standardsprachen nicht die gleichen sind, dass die Windows-Sprache in dieser Absatzmarke gespeichert wird und nicht mehr aus der Datei auszuradieren ist. Ein Beispiel, welche Folgen aus einer Unachtsamkeit resultieren können.

Eine sorgfältige Vorbereitung in der Anfangsphase ist also von besonderer Wichtigkeit, sonst werden Sie und Ihre Benutzer mehr Zeit damit verbringen, vermeidbare Fehler in jedem Dokument auszumerzen, als die Planung und diese wenigen Schritte dauern. Alle weiteren Abschnittwechsel erben diese Einstellungen.

WICHTIG Bitte beachten Sie, dass ein Abschnittswechsel immer den Text, der **darüber** liegt, beeinflusst. Dieser Punkt ist etwas schwierig zu verstehen und zu behalten, da es eher kontraintuitiv ist. Aber so ist es mit Word: Die Absatzmarke am Ende eines Absatzes kontrolliert den davor liegenden Text; der Abschnittswechsel am Ende eines Abschnitts kontrolliert den davor liegenden Text.

Mindestens drei zusätzliche Abschnittswechsel werden für diese Vorlage benötigt.

- Positionieren Sie die Einfügemarke am Ende der ersten Seite.
- Fügen Sie über die Befehlsfolge *Einfügen/Manueller Wechsel* einen Abschnittswechsel des Typs *Nächste Seite* ein.
- Löschen Sie den Seitenwechsel, der anfangs die erste von der zweiten Seite trennte; der Abschnittswechsel übernimmt den Seitenumbruch.
- Positionieren Sie die Einfügemarke nun nach den rechtlichen Hinweisen auf Seite 2 und fügen Sie noch einen Abschnittwechsel des Typs *Nächste Seite* ein. Löschen Sie auch den darauf folgenden Seitenwechsel.

Als Nächstes werden wir Handlungen vornehmen, die die Informationen im ersten Abschnittswechsel ändern. Wir wollen den Hauptabschnittswechsel in der letzten Absatzmarke davor abschirmen. Deshalb ist es wichtig, diesen zweiten Abschnittswechsel schon jetzt einzufügen.

Eigentlich wollen wir erzwingen, dass die Rechtshinweise auf einer geraden Seite anfangen. Dies ist jetzt schon der Fall, aber wenn Ihr Buch noch andere Seiten zwischen dem Umschlag und dieser hat, könnte es anders ausfallen. Ändern wir die Art des Abschnittswechsels:

- Rufen Sie den Menübefehl *Datei/Seite einrichten* auf, aktivieren Sie die Registerkarte *Layout* und wählen Sie aus der Dropdownliste *Abschnittsbeginn* den Eintrag *Gerade Seite*.

Eigentlich wollen wir doch keine Fußzeile auf dem Umschlagblatt. Wir haben sie vorhin erstellt, weil wir sie im Dokument benötigen. Jetzt ist sie im letzten Abschnittswechsel gespeichert; wir können sie im ersten Abschnitt entfernen. Nicht voreilig sein! Zuerst müssen einige Vorbereitungen getroffen werden:

- Wechseln Sie in die *Kopf- und Fußzeilen*-Ansicht.
- Positionieren Sie die Einfügemarke in der Fußzeile des zweiten Abschnitts.
- In der Symbolleiste *Kopf- und Fußzeile* suchen Sie die Symbolschaltfläche *Wie vorherige* und sorgen dafür, dass diese *ausgeschaltet* ist. Kontrollieren Sie die Überschrift dieser Fußzeile: der Text *Wie vorherige*, oben rechts, sollte verschwunden sein.

Jetzt kann die Fußzeile des ersten Abschnitts – der Umschlag – geändert werden, ohne die nachfolgenden zu beeinflussen. Wir wollen die Arbeitsersparnis, die *Wie vorherige* bringt, so viel wie möglich ausnutzen. In diesem Fall aber muss es ausgeschaltet werden.

- Kehren Sie zur Fußzeile des ersten Abschnitts zurück. Vergewissern Sie sich, dass die Einfügemarke tatsächlich in der richtigen Fußzeile steht.
- Löschen Sie den gesamten Inhalt.
- Formatieren Sie die verbleibende Absatzmarke (die nicht gelöscht werden kann) mit der Formatvorlage *Standard*, um auch die Rahmenlinie zu entfernen.

Schließen Sie die *Kopf- und Fußzeilen*-Ansicht. Die Umschlagseite ist jetzt fertig.

Als nächsten Schritt nehmen wir das Zahlenformat der Seitenzahlen in Angriff.

Zahlenformat für Seitenzahlen

- Positionieren Sie die Einfügemarke im zweiten Abschnitt.
- Rufen Sie den Menübefehl *Einfügen/Seitenzahlen* auf und klicken Sie auf die Schaltfläche *Format*.

- Als Zahlenformat wählen Sie kleingeschriebene römische Ziffern *i, ii, iii.*
- Aktivieren Sie das Optionsfeld *Beginnen bei* und stellen Sie sicher, dass das Feld ein *i* enthält.
- Verlassen Sie die Dialogfelder über *OK* sowie *Schließen.*

WICHTIG Klicken Sie auf keinen Fall im Dialogfeld *Seitenzahlen* auf die Schaltfläche *OK.* Diese fügt die Seitenzahl im angesprochenen Positionsrahmen ein und Word 2000 bzw. 2002 **ersetzen** (!) diejenige, die direkt in der Fußzeile eingefügt wurde. In früheren Versionen von Word gab es zwei Seitenzahlen (Feldfunktionen): diejenige, die man direkt in die Fußzeile eingefügt hatte, und diejenige, die Word im Positionsrahmen einfügte, wenn man in diesem Dialogfeld *OK* betätigte.

- Klicken Sie nun in die Überschrift »Kapitel 1«, um die Einfügemarke in den dritten Abschnitt zu stellen.
- Öffnen Sie nochmals das Dialogfeld *Seitenzahlenformat* und wählen diesmal arabische Ziffern *1, 2, 3.*
- Für *Beginnen bei* wird nochmals der Wert *1* gesetzt.

Damit haben Sie das arabische Zahlenformat für den Rest des Buches festgelegt, das in jedem neuen Abschnitt mit *1* beginnt. Allerdings sollen die Seitenzahlen beginnend mit den Kapiteln fortlaufend sein:

- Am Ende des dritten Abschnitts fügen Sie nochmals einen Abschnittswechsel ein.
- Geben Sie »Kapitel 2« ein und formatieren Sie den Absatz mit der Formatvorlage *Überschrift 1.*
- Kehren Sie zurück in das Dialogfeld *Seitenzahlenformat* und aktivieren Sie dort diesmal das Optionsfeld *Fortsetzen vom vorherigen Abschnitt.*

Jetzt muss sich niemand mehr um die Seitenzahlen im Buch kümmern.

HINWEIS Rein technisch betrachtet wären diese letzten drei Schritte nicht nötig gewesen. Es kommt jedoch selten vor, dass ein langes Dokument keinen zusätzlichen Abschnitt braucht, um beispielsweise einige Querseiten mit Tabellen oder Diagramme einzufügen. Wenn wir diese letzte Ergänzung unterließen, würde jeder neue Abschnitt wieder mit der Seitenzahl *1* beginnen, was nicht erwünscht ist. Die Ausnahme: Sie müssen das Buch nach dem Prinzip »Folio by Chapter« erstellen. Dann lesen Sie die Angaben im folgenden Teil.

Folio by Chapter

Es ist Ihnen vielleicht aufgefallen, dass wir den Teil *Kapitelnummer einbeziehen* im Dialogfeld *Seitenzahlformat* nicht erwähnt haben. John ist der Meinung, dass es sich hier um eine altmodische Technik handelt, die mit dem Hinscheiden der Schreibmaschine und der Gutenbergschen Lettern beim Satz auch ihre letzten Tage erlebt haben sollte. Dahinter steckte der Gedanke, dass Änderungen, die nur einzelne Seiten betreffen, gezielt gemacht werden können und nur diese Seiten ausgewechselt werden müssten. Angesichts der Kosten des Setzers, wo eine Seite Buchstabe für Buchstabe aufgebaut werden musste, war diese Methode gerechtfertigt. In einer Großfirma mussten die Seiten fehlerfrei (!) auf der Schreibmaschine getippt und mit einem Mimeograph vervielfältigt werden, für den das speziell verwendete Papier teuer war.

Problematisch bei dieser Methode war und bleibt die menschliche Natur: Ob diese Seiten tatsächlich jemals ausgetauscht werden? Eine solche Unterlassung hat schon mehrmals zu folgenschweren Zwischen- und Unfällen geführt, bei denen Operatoren ein Handbuch mit ausgedienten Prozeduren verwendeten. Suchen Sie mal im Internet nach "*Longfort Disaster*" & "*Esso*" & "*Melbourne*" und erfahren, wie bei Exxon eine Milliarde in Rauch aufging, weil einige Ersatzseiten im Handbuch, das der Operator benutzte, als er eine Fabrik in die Luft sprengte, nicht ausgetauscht wurden.

Mit den gegenwärtigen Technologien ist es sinnlos, die Kapitelnummer mit der Seitenzahl zu verbinden. Es ist ein Bärendienst an den Lesern, da es das Nachschlagen erschwert. Wie weit nach hinten befindet sich dann »Seite 7-28«? Fänden Sie die Seite nicht schneller, wenn Sie wüssten, dass es sich tatsächlich um die 351. Seite handelt? Vergessen Sie auch nicht »Time is money«: Wie viel kostet die Zeit für den Austausch?

Nichtsdestotrotz gibt es noch Vorgesetzte, die darauf bestehen. Deshalb werden wir den Vorgang beschreiben. Aber Sie müssen ja nicht zugeben, dass er Ihnen bekannt ist ...

Sie müssen die folgenden Änderungen vornehmen:

- Das Kontrollkästchen *Kapitelnummer einbeziehen* im Dialogfeld *Seitenzahlformat* aktivieren.
- Die Formatvorlage, mit der der Kapiteltext formatiert ist, festlegen; meistens *Überschrift 1*.

Word erkennt hierfür nur seine eigene *Überschrift*-Formatvorlage.

■ **WICHTIG**

- Die automatische Nummerierung muss für diese Formatvorlage aktiviert sein (sie ist die Quelle für die Kapitelnummer neben der Seitenzahl).

Wenn ein neues Kapitel nicht auf einer neuen Seite anfängt, wird die Nummer des letzten mit der *Überschrift*-Formatvorlage formatierten Absatzes angezeigt.

■ **HINWEIS**

Inhaltsverzeichnis

Das Inhaltsverzeichnis kommt nach den rechtlichen Hinweisen und vor den Kapiteln auf (einer) eigenen Seite(n). Der Seitenumbruch kann durch einen Seiten- oder Abschnittswechsel bewerkstelligt werden. John zieht meistens einen Abschnittswechsel vor, da seine Inhaltsverzeichnisse aus 25 oder mehr Seiten bestehen und er daher die Angabe der Kopfzeile ändern möchte. Falls dies bei Ihnen nicht der Fall ist, dürfen Sie die zweiten bis letzten der folgenden Schritte überspringen und nach Einfügung des Seitenwechsels mit der Erstellung des Inhaltsverzeichnisses beginnen.

- Positionieren Sie die Einfügemarke am Ende der Rechtshinweise und fügen Sie den Seiten- bzw. Abschnittswechsel ein.
- Unmittelbar nach dem Abschnittswechsel drücken Sie zwei mal Strg+Eingabetaste, um drei Seiten einzufügen, sodass alle drei Arten Kopf- und Fußzeile sichtbar zur Verfügung stehen. (Nachdem sie definiert sind, werden die Seitenwechsel entfernt – Word speichert die Angaben, wie immer, im Abschnittswechsel.)
- Sorgen Sie dafür, dass auch im folgenden Abschnitt für das erste Kapitel mindestens drei Seiten vorhanden sind.

- Wechseln Sie in die *Kopf- und Fußzeilen*-Ansicht und schalten *Wie vorherige* in allen drei Arten Kopf- und Fußzeile im Kapitel-Abschnitt aus. (Sonst überschreiben sie die Änderungen im TOC-, d.h. Inhaltsverzeichnis-Abschnitt.)
- Machen Sie dasselbe im Inhaltsverzeichnis-Abschnitt, um die Kopf- und Fußzeilen der vorherigen Seiten nicht zu tangieren.
- Löschen Sie alle Angaben in den Kopfzeilen und geben Sie am Außenrand einfach »Inhaltsverzeichnis« ein.

HINWEIS John gibt für das Inhaltsverzeichnis nur statischen Text in die Kopfzeile ein. Er formatiert die Kapitelüberschrift mit einer anderen Formatvorlage, da er nicht will, dass diese Überschrift im Inhaltsverzeichnis erscheint. In diesem Fall findet er die Einfügung einer StyleRef-Feldfunktion überflüssig, da dieser Eintrag, im Gegensatz zu den übrigen Kapitelüberschriften, statisch bleibt.

- Außer der Seitenzahl entfernen Sie auch den Inhalt der Fußzeilen und schließen die *Kopf- und Fußzeile*-Ansicht.
- Löschen Sie die eingefügten Seitenwechsel in beiden Abschnitten.

Jetzt sind Sie bereit, das Inhaltsverzeichnis zu erstellen. Führen Sie die Befehlsfolge *Einfügen/Referenz/Index und Verzeichnisse* aus, um das Dialogfeld wie in Abbildung 3.6 einzublenden. Detaillierte Angaben zu den verschiedenen Optionen entnehmen Sie der Word-Hilfe. Wir verweisen lediglich auf die zwei Vorschaubilder links und rechts. Links steht das Resultat in einem Word-Dokument; rechts das Resultat, wenn Sie das Dokument als eine Webseite benutzen (also ohne Seitenzahlen).

Abbildung 3.6:
Die Grundein-
stellungen für die
Erstellung eines
Inhaltsverzeich-
nisses

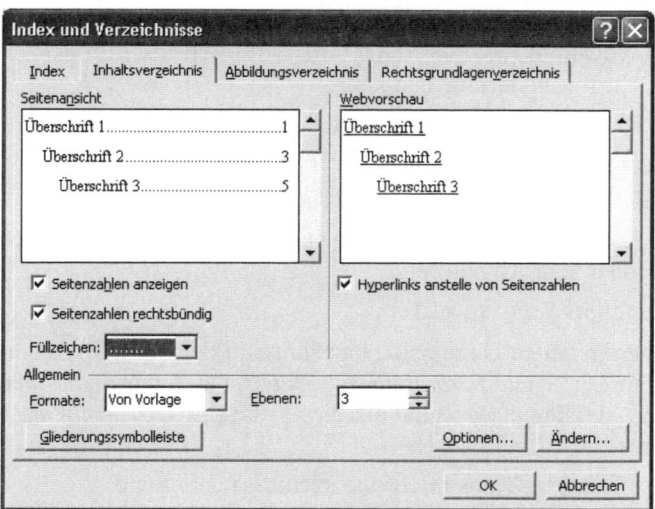

TIPP Nur eine Einstellung ist von vorrangiger Bedeutung – *Formate* im Teil *Allgemein*. Hier muss *Von Vorlage* ausgewählt sein, sonst überschreibt Word alle Ihre Einstellungen mit vorprogrammierten Formatierungen und zwar jedes Mal, wenn das Inhaltverzeichnis über dieses Dialogfeld aktualisiert wird.

Das Aussehen des Inhaltsverzeichnisses wird über die Word-eigenen Formatvorlagen *Verzeichnis 1* bis *Verzeichnis 9* kontrolliert. Bei *Von Vorlage* bezieht Word die Formatierungen von diesen, im **aktiven** Dokument gespeicherten Formatvorlagen. (Also nicht von der angefügten Dokumentvorlage, wie der Eintrag im Dialogfeld suggeriert, wobei diese Formatvorlagen selbstverständlich bei seiner Erstellung von der Dokumentvorlage geerbt wurden.)

Sie haben auch darauf Zugriff über die Schaltfläche *Ändern* im Dialogfeld, sowie über alle üblichen Formatvorlagenschnittstellen. Diese Methode ist am bequemsten, weil alle neun Verzeichnis-Formatvorlagen, und nur diese, immer aufgelistet sind, egal ob sie im Dokument schon verwendet wurden. (Je nach Version von Word und Einstellungen erscheinen im Dokument gespeicherte Formatvorlagen nicht in den Listen, bis sie tatsächlich eingesetzt wurden.)

Ein Inhaltsverzeichnis lässt sich meistens einfacher gestalten, wenn die Einstellungen sichtbar sind. Es lohnt sich daher, einige »falsche« Überschriften der Ebenen 1 bis 4 einzugeben, um die Gesamtwirkung besser beurteilen zu können. **TIPP**

Mehr als drei Gliederungsebenen in einem Inhaltsverzeichnis (eine weniger, als im Dokument verwendet wird) weisen auf eine nicht optimale Dokumentstruktur hin. Falls Sie mehr haben, sollte der Aufbau des Buches nochmals überlegt werden. Suchen Sie eine Ausrede, wieso Ihr Fall eine Ausnahme ist, rufen Sie John an. Er hat eine ausführliche Liste; aber sein Editor hat ihm noch nie einen dieser Gründe abgekauft. **TIPP**

Sie werden feststellen, dass alle Verzeichnis-Formatvorlagen, die auf *Standard* basieren, als *Formatvorlage für Folgeabsatz Standard* haben und *Automatisch aktualisieren* aktiviert ist. Das sind die Word-Standardeinstellungen, die Sie ändern würden, wenn Sie damit jemals Text formatieren. Nur Word bedient sich dieser und deshalb bieten sich folgende Anpassungen an:

- ◒ Basieren Sie *Verzeichnis 1* auf *Textkörper*, sodass die Grundschriftart im ganzen Dokument mit einem Schritt geändert werden kann.
- ◒ Wählen Sie dafür eine serifenlose Schriftart mit dem Schriftschnitt *Fett*.
- ◒ Setzen Sie den Schriftgrad zwei Punkte größer als der des Textkörpers.
- ◒ Basieren Sie die übrigen Verzeichnis-Ebenen jeweils auf die vorhergehende.
- ◒ *Verzeichnis 2* soll die gleiche Schriftart und den gleichen Schriftgrad wie der Textkörper haben, aber mit dem Schriftschnitt *Fett*.
- ◒ *Verzeichnis 3* wie *Verzeichnis 2*, nur nicht *Fett*.

Falls Sie diese Anpassungen in einem Dokument, statt direkt in der Vorlage vornehmen, vergessen Sie nicht, im Dialogfeld *Formatvorlage ändern* das Kontrollkästchen *Zur Vorlage hinzufügen* zu aktivieren. Sonst hat nur dieses einzelne Dokument diese Formatvorlagendefinitionen. **WICHTIG**

Zum Schluss noch einige allgemeine Tipps Inhaltsverzeichnisse betreffend:

- ◒ Ein Inhaltsverzeichnis wird von einer TOC-Feldfunktion generiert. Es ist die reinste Zeitverschwendung, ein Inhaltsverzeichnis direkt zu formatieren. Sobald es aktualisiert wird, geht die direkte Formatierung verloren.
- ◒ Falls Sie ein Inhaltsverzeichnis als reinen Text bearbeiten wollen (oder in ein anderes Dokument kopieren), markieren Sie es, drücken dann Umschalt+Strg+F9, um es in gewöhnlichen Text umzuwandeln.
- ◒ Inhaltsverzeichnisse übernehmen direkte Formatierungen aus dem Text; beispielsweise kursive Wörter in einer Überschrift. Nur Zeichenformatierungen, die mit

einer Zeichen-Formatvorlage zugewiesen wurden, werden vom Inhaltsverzeichnis ignoriert.

○ In manchen Versionen von Word gab es Probleme mit dem Inhaltsverzeichnis, falls eine über dem Text liegende Grafik im Überschrift-Absatz verankert wurde oder eine XE-Feldfunktion (für den Index) sich darin befand. Falls Sie unerwartete Resultate erhalten, kontrollieren Sie die Überschriften für diese Elemente und verschieben Sie den Anker bzw. die Feldfunktion in den Text.

○ Gelegentlich will man im Inhaltsverzeichnis einen abweichenden Text zu dem in einer Überschrift stehenden. In diesem Fall können TC-Feldfunktionen verwendet werden; mehr darüber steht in der Hilfe.

○ Wenn Sie im Dokument eine Überschrift zusammen mit Text, der nicht im Inhaltsverzeichnis erscheinen soll, auf einer Zeile darstellen möchten, stellen Sie den Text zunächst in zwei Zeilen auf und formatieren Sie ihn mit den passenden Formatvorlagen. Jetzt markieren Sie die dazwischen liegende Absatzmarke und weisen ihr die Zeichenformatierung *Verborgen* zu.

Die Fertigstellung

Beabsichtigen Sie, einen Index zu verwenden, ist jetzt ein guter Zeitpunkt, diesen zu erstellen. Die Formatierung wird durch die Formatvorlagen *Index 1* bis *Index 9*, analog wie beim Verzeichnis, kontrolliert. Dieses Thema wird eingehend in ▶ Kapitel 4 behandelt.

Nun ist es an der Zeit, die Dokumentvorlage zu testen. Speichern und schließen Sie das Dokument. Gehen Sie über die Befehlsfolge *Datei/Neu* und erstellen ein neues Dokument. Ist alles in Ordnung, können Sie dieses einfach schließen, ohne es zu speichern. Öffnen Sie die Vorlage erneut und nehmen nötigenfalls Verbesserungen vor. Dann löschen Sie alle unnötigen Textstellen daraus. Seien Sie bitte äußerst sorgfältig und entfernen Sie unter keinen Umständen die mühsam erstellten Abschnittswechsel mit ihren Kopf- und Fußzeilen. Wenn Anfänger mit dem Dokument arbeiten werden, dürfen Sie einige »Anleitungsabsätze«, die mit den passenden Formatvorlagen formatiert sind, stehen lassen, wie etwa

»Überschrift 1: Ü1 auf der Symbolleiste anklicken, um eine Kapitelüberschrift zu erstellen«

»Überschrift 2: Ü2 auf der Symbolleiste anklicken, um eine Überschrift der zweiten Ebene zu erstellen«

usw. Dies stellt für unerfahrene Benutzer eine echte Hilfe dar. Wenn Sie dies nicht machen, werden Sie immer wieder erleben, dass der Benutzer formatieren will oder sogar fremde Formatvorlagen aus anderen Dokumenten mit kopiertem Text übernimmt. Machen Sie die korrekte Arbeitsweise einfach.

Gestützt auf die Angaben im letzten Kapitel, erstellen Sie eine eigene Formatierungssymbolleiste für die Formatvorlagen. Eine Symbolschaltfläche für jede Formatvorlage wird aus *Extras/Anpassen/Befehle*, Kategorie *Formatvorlagen* dort hinein gezogen. Die Beschriftungen sollten möglichst kurz sein (*Ü1, Ü2* usw.). Erstellen Sie auch Schaltflächen für die Formatvorlage *Aufzählungszeichen* und *Listennummer* und kopieren die Bilder von den Word-Standard-Symbolschaltflächen *Aufzählungszeichen* bzw. *Nummerierung*.

AutoKorrektur-Listen

Wie schon im ▶ Kapitel 2 ausführlich vorgestellt, bietet die AutoKorrektur eine hilfreiche Funktionalität, um eingegebenen Text automatisch mit einem gespeicherten Eintrag zu ersetzen. Das Drücken der Leer-, Tab- oder Eingabetaste veranlasst die Funktionalität, den entsprechenden Ausdruck zu suchen und, falls vorhanden, mit dem gespeicherten zu ersetzen. Wir empfehlen, die Autokorrektur für einfache Ausdrücke zu verwenden: etwa häufige Fehler in der Rechtsschreibung oder oft verwendete Ausdrücke. Für lange oder komplexe Ersatztexte sowie geteilte Texte in einer Arbeitsgruppe ist AutoText besser geeignet.

Bitte beachten Sie, dass formatierte AutoKorrektur-Einträge nicht alle Formatierungen (vor allem Formatvorlagen) behalten. Dies liegt zum Teil an dem begrenzten Speicherplatz, den die *Normal.dot* zur Verfügung stellen kann.

AutoKorrektur-Einträge werden benutzerspezifisch gespeichert; unformatierte, von allen Office-Anwendungen geteilte, in einer benutzerprofilspezifischen **.acl*-Datei und formatierte in *Normal.dot*. (Noch ein Grund, die *Normal.dot* oft zu sichern.)

Speicherorte für AutoKorrektur-Einträge

Da die AutoKorrektur-Einträge innerhalb einer Arbeitsgruppe nicht leicht zu teilen sind, bleibt außer AutoText nur die Möglichkeit, Einträge von einem Benutzer in den Speicherort eines anderen zu schreiben. Ein Werkzeug für die Sicherung und das Wiedererstellen von AutoKorrektur-Einträgen befindet sich in der Microsoft-Zusatzvorlage *Support.dot*.

Das ursprüngliche Makro hat einen Fehler, den wir korrigiert haben; Sie finden die Datei *Support10_MSPress.dot* auf der CD im Ordner *\Buch\Kap02*.

AutoText-Einträge

AutoText wurde im ▶ Kapitel 2 ebenfalls eingehend vorgestellt. Wir nehmen hier das Thema kurz wieder auf, weil es in Verbindung mit zweckgebundenen Vorlagen relevant ist. Da AutoText-Einträge in einer spezifischen Vorlage gespeichert werden können (und sollen), eignen sie sich besser für Texte, die von einer Arbeitgruppe verwendet werden.

Obwohl es mit der Zeit immer schwieriger wird, Dokumente von Vorlagen zu unterscheiden, stellt AutoText einen bedeutsamen Unterschied dar: AutoText kann nur in Vorlagen gespeichert werden.

HINWEIS

AutoText-Einträge können lang und komplex sein und Elemente wie formatierte Tabellen, grafische Objekte (Firmenlogos in verschiedenen Größen), Abschnittswechsel mit Kopf- und Fußzeilen usw. enthalten. Im Gegensatz zur Autokorrektur werden alle Formatierungen beibehalten.

AutoText-Einträge können auf einfache Art und Weise über *Extras/Vorlagen und Add-Ins,* Schaltfläche *Organisieren,* zwischen Vorlagen kopiert werden.

Gewisse Projekte (beispielsweise Software-Handbücher) haben meistens einige häufig eingesetzte Elemente, die gleich formatiert werden sollen. Dies ist eine Aufgabe für den AutoText. Bei der Entwicklung eines Dokumentationsprojekts dieser Art ziehen Sie in Betracht, ein Teammitglied mit der Erstellung und Verwaltung projektspezifischer AutoText- und Benutzerwörterbuchlisten zu beauftragen.

4 Formatvorlagen und Nummerierung

Word ist am zuverlässigsten und das Aussehen des Dokuments am ehesten vorhersehbar, wenn die Formatierung mit Formatvorlagen statt mit direkter Formatierung vorgenommen wird. Im beruflichen und privaten Alltag greifen wir natürlich alle zu den einfacheren Methoden; bei kurzen »Wegwerf«-Dokumenten spielt das keine Rolle. Aber bei der Erstellung langer oder serienmäßiger Dokumente ist es wichtig, dass die Dateien möglichst stabil, mit einheitlicher Formatierung vorliegen. Und dafür sorgen Formatvorlagen.

Bevor wir einen Satz Formatvorlagen erstellen können, muss dafür ein Behälter bereitstehen. Deshalb haben wir zuerst in ▶ Kapitel 3 beschrieben, wie Sie eine Dokumentvorlage erstellen. Sie müssen Formatvorlagen aber nicht unbedingt in einer Dokumentvorlage erstellen; es ist durchaus möglich, sie in irgendeinem Dokument zu erstellen und nachträglich über *Organisieren* in die Vorlage zu kopieren. Wenn Sie nur wenig Erfahrung mit dem Erstellen von Formatvorlagen haben, ist dieser Weg sogar der einfachere; die Wirkung ist besser abschätzbar, wenn sie mit etwas Text ausprobiert werden kann.

Wie schon erwähnt, besteht eine Formatvorlage aus einer Sammlung von Formatierungseigenschaften. Betrachten wir den Absatz: Er hat eine Schriftart, einen Schriftschnitt, eine Schriftgröße, eine Schriftfarbe, eine Zeilenhöhe, Einzüge sowie etwas Abstand zwischen sich und dem vorherigen bzw. nachfolgenden Absatz. Jede dieser Formatierungen ist eine Eigenschaft.

Die Schriftart-Eigenschaft beschreibt die Form der Buchstaben im Absatz. Diese Eigenschaft hat selbst untergeordnete Eigenschaften wie den Schriftschnitt, der bestimmt, ob die Zeichen *Fett* oder *Kursiv* erscheinen und in welcher Farbe. Auch der Absatz hat Eigenschaften, die festlegen, wie er aussieht. Die Zeilenhöhe bestimmt den senkrechten Abstand zwischen den Zeilen; die verschiedenen Einzüge (links, rechts, erste Zeile), wie weit der Text von den Seitenränder eingerückt wird.

Es gibt vier Typen von Formatvorlagen; zwei davon sind neu in Word 2002:

Typen von Formatvorlagen

- **Zeichenformatvorlagen** legen die Formatierung von Zeichen fest und umfassen nur Schriftart-Eigenschaften.

- **Absatzformatvorlagen** beinhalten alle Eigenschaften, die für die Formatierung eines Absatzes benötigt werden. Dies sind die Eigenschaften, die sich im Dialogfeld zum Menübefehl *Format/Absatz* befinden sowie Sprachen-, Zeichen-, Rahmen- und Schattierungsformatierungen und unter Umständen Positionsrahmeneinstellungen.

- **Tabellenformatvorlagen** ermöglichen die Zusammensetzung verschiedener Tabelleneigenschaften, wie bei Word-eigenen Tabellen-AutoFormaten. Leider können sie weder mit Absatz- noch Zeichenformatvorlagen verknüpft werden. Mehr zur Erstellung und Handhabung steht in ▶ Kapitel 8.

- **Listenformatvorlagen** beinhalten Nummerierungsinformationen wie Symbol, Einzüge und assoziierte Absatzformatvorlage; kurz gesagt alles, was sich im Dialogfeld zum Menübefehl *Format/Nummerierung und Aufzählungszeichen* befindet. Diese stellen wir im Abschnitt über Nummerierungen vor.

TIPP

Falls Sie Formatvorlagen in einem Dokument ändern, vergessen Sie nicht, das Kontrollkästchen *Zur Vorlage hinzufügen* im Dialogfeld *Formatvorlage ändern* zu aktivieren. Sonst findet die Änderung nur in diesem einen Dokument statt. Sie merken ziemlich leicht, ob das der Fall ist, da Sie beim nächsten Speichervorgang aufgefordert werden, auch Änderungen in der Dokumentvorlage zu speichern. Sie dürfen natürlich durchaus Änderungen an Formatvorlagen nur im einzelnen Dokument vornehmen; aber das würden Sie nur im Brief an Ihre Mutter tun, oder? In der weiteren Diskussion nehmen wir an, dass Sie immer noch in Ihrer Beispielvorlage arbeiten und werden diesen Punkt nicht mehr erwähnen.

Word 2002: Pseudo-Formatvorlagen

Ein Versuch, die Formatierung einfacher einzusetzen, ist etwas schief gegangen. Word erstellt im Hintergrund laufend neue Formatvorlagen, jedes Mal, wenn der Benutzer dem Text eine nicht schon im Dokument vorhandene Formatierung zuweist. Der Hintergedanke war, dass Benutzer, die keine Ahnung oder Kenntnisse von Formatvorlagen haben, im Arbeitsbereich *Formatvorlagen und Formatierungen* bereits verwendete Formatierungen vorfinden und wieder verwenden können. Das Ziel war, eine konsequentere Dokumentformatierung zu erhalten.

Zweck von Formatvorlagen

Leider hat der Erfinder dieses Mechanismus anscheinend den Zweck von Formatvorlagen nicht begriffen. Sie haben das schon, aber es kann nicht schaden, ihn hier nochmals zu wiederholen: Der Zweck von Formatvorlagen ist es, die Formatierung eines Dokuments zu steuern und Abweichungen zu unterbinden.

Jetzt erstellt Word eine neue Formatvorlage jedes Mal, wenn der Benutzer direkte Formatierungen vornimmt. Jeder Formatierungsversuch oder -fehler wird zur Formatvorlage befördert! Es kommt noch schlimmer: Wenn Zeichen mit einer Absatzformatvorlage formatiert werden, erstellt Word auch hierfür eine Formatvorlage als Zeichenformatierung. Seit der Herausgabe des SR 1 für Office XP erscheinen diese meistens nicht mehr im Aufgabenbereich, aber Sie können sie dennoch sehen.

Geben Sie etwas Text in ein Dokument ein und markieren Sie nur einige Wörter (ohne eine Absatzmarke). Weisen Sie der Markierung die Formatvorlage *Überschrift 3* zu. Der Text erscheint mit der Formatierung von dieser Formatvorlage, aber der Absatz hat noch die ursprüngliche Formatvorlage (vermutlich *Standard*). Blenden Sie den Aufgabenbereich *Formatierung anzeigen* ein, aktivieren Sie beide Kontrollkästchen unten und betrachten Sie die Informationen unter der Rubrik *Schriftart*. Sehen Sie, was alles unter *Von Zeichenformat: Überschrift 3 Char* steht?

Jetzt blenden Sie das Dialogfeld *Organisieren* über *Extras/Vorlagen und Add-Ins* ein und wählen Sie die Registerkarte *Formatvorlagen*. Suchen Sie in der Liste und Sie werden diesen Eintrag finden. Da es sich bei der Absatzformatvorlage, mit der er verknüpft ist, um eine Word-Überschriftformatvorlage handelt, ist es nicht möglich, diese Zeichenformatvorlage aus dem Dokument zu entfernen.

*Abbildung 4.1:
Die heimlich von
Word erstellte
Zeichen-Format-
vorlage, die
unzertrennlich
mit einer Absatz-
formatvorlage
verknüpft ist,
kann im Aufga-
benbereich sicht-
bar gemacht
werden*

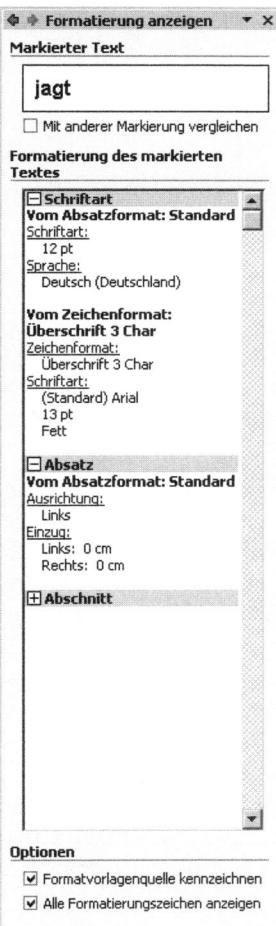

HINWEIS Diese »verborgenen« Formatvorlagen sind auch für VBA sichtbar. Vorsicht ist also geboten, wenn Sie Makros erstellen oder aus früheren Versionen haben, die Formatvorlagen verwalten.

In Listing 4.1 finden Sie ein Beispielmakro, das Sie über ein Testdokument laufen lassen können, um die Problematik zu veranschaulichen. Es nimmt sich jede Formatvorlage vor, die im Dokumenttext verwendet wurde und schreibt Namen und verknüpfte Formatvorlagen in das *Direktfenster* (mit Strg+G einblenden). Falls die Formatvorlage mit den Zeichen »Char« endet, erhalten wir eine Mitteilung und ihre Schriftfarbe wird in »Rot« geändert.

Schauen Sie danach das Testdokument an und formatieren Sie einen Absatz mit der Formatvorlage *Überschrift 3*. Da sie mit der Zeichenformatvorlage *Überschrift 3 Char* verbunden ist, übernimmt sie deren Zeichenformatierungen. Umgekehrt funktioniert es auch: Eine Änderung der Zeichenformatierung der Absatzformatvorlage wird in der (verborgenen) Zeichenformatvorlage widergespiegelt.

```
Sub VerborgeneFormatvorlagenAufspüren()
    Dim styl As Word.Style

    For Each styl In ActiveDocument.Styles
        If styl.InUse Then
            Debug.Print styl.NameLocal, styl.LinkStyle
            If Right(styl.NameLocal, 4) = "Char" Then
                MsgBox "Die Formatvorlage " & styl.NameLocal & _
                    "ist mit der Absatzformatvorlage " & styl.LinkStyle & " verbunden."
                styl.Font.Color = wdColorRed
            End If
        End If
    Next styl
End Sub
```

Listing 4.1:
Das Vorhandensein von »Char«-Formatvorlagen aufspüren

Den Code aus Listing 4.1 finden Sie in der Datei *List04_01.bas* im Ordner *\Buch\Kap04* auf der CD-ROM zum Buch.

Dadurch wächst die Formatvorlagentabelle, mit der Word im Hintergrund Formatvorlagen im Dokument verwaltet, auf ungeheure Proportionen. Ist dem Benutzer dieses Verhalten nicht bekannt und hat er nicht die nötigen Kenntnisse, dies zu vermeiden, kann die Formatierung im Dokument dermaßen verwirrend werden, dass für den professionellen Einsatz alle Formatierungen am besten entfernt werden, um einen Neuanfang zu machen.

Um diesem Problem auszuweichen, müssen Sie sicherstellen, dass bei der Zuweisung einer Formatvorlage entweder der ganze Absatz markiert ist oder dass die Einfügemarke im Absatz blinkt. Unterläuft Ihnen ein Fehler, den Sie sofort bemerken, verwenden Sie *Rückgängig machen*, um die Formatvorlage aus dem Dokument zu entfernen. »Char«-Formatvorlagen, die nicht mit einer Überschrift-Formatvorlage verknüpft sind, können über *Organisieren* gelöscht werden. Aber Vorsicht! Auch die verknüpfte Absatzformatvorlage wird dadurch entfernt und alle damit formatierten Texte auf die Formatvorlage *Standard* zurückgestellt.

Vermeiden von Pseudo-Formatvorlagen

Eine Ausweichmöglichkeit besteht darin, die Überschriftformatvorlage mit einer anderen zu ersetzen, und das gesamte Dokument – **ohne** die letzte Absatzmarke – in eine neue Datei zu kopieren. Alle nicht verwendeten Formatvorlagen werden nicht mitkopiert. Jetzt kann die Ersatzformatvorlage wieder mit der korrekten ersetzt werden.

Der Aufgabenbereich *Formatvorlagen und Formatierungen*

Die Verwaltung des Aufgabenbereichs ist nicht besonders intuitiv. Vermutlich konnten die Autoren der Hilfetexte ihn auch nicht verstehen, da dazu fast keine Hilfethemen zu finden sind. Wir werden uns deshalb bemühen, ihn hier zu beschreiben.

Die Liste in *Formatvorlagen und Formatierungen* zeigt eine von fünf Sammlungen an Formatierungsarten:

- Verfügbare Formatierungen
- Benutzte Formatierungen
- Verfügbare Formatvorlagen
- Alle Formatvorlagen
- Benutzerdefiniert

Erinnern Sie sich noch an unsere Aussage, dass Word für jede im Dokument verwendete Formatierung intern eine Formatvorlage erstellt? Sie sind bezeichnet mit dem Namen der Formatvorlage, dem eine Beschreibung der direkten Formatierungen hinzugefügt wurde. Die ersten zwei Kategorien nehmen diese in der Liste mit den »echten« Formatvorlagen auf (wenn *Formatierung mitverfolgen* in *Extras/Optionen/ Bearbeiten* aktiviert ist). *Verfügbare Formatierungen* listet alle Formatierungen auf, die jemals im Dokument verwendet wurden, *Benutzte Formatierungen* diejenigen, die sich noch im Dokument befinden.

Die dritte und vierte Kategorie zeigen alle im Dokument verfügbaren Formatvorlagen bzw. alle, die im Dokumenttext gegenwärtig vorhanden sind.

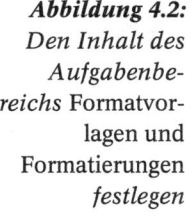

Abbildung 4.2: Den Inhalt des Aufgabenbereichs Formatvorlagen und Formatierungen festlegen

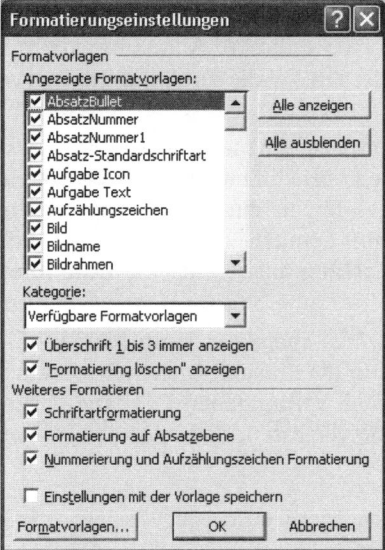

Der Eintrag *Benutzerdefiniert* legt Filter für die Liste fest, um nur die aktivierten Formatvorlagen und Formatierungen anzuzeigen. Dadurch können Sie auch die Formatierungselemente auswählen, die in den verschieden Listenarten *Verfügbare Format-*

---

vorlagen, Benutzte Formatvorlagen, Alle Formatvorlagen und *Benutzerdef. Formatvorlagen* erscheinen. Diese wählen Sie im Dropdownfeld *Kategorie* des Dialogfelds in Abbildung 4.2.

Jeder Eintrag in der Liste *Angezeigte Formatvorlagen* kann aktiviert oder weggelassen werden. Zudem können Sie unter *Weiteres Formatieren* wählen, welche Arten von direkten Formatierungen in der Liste anzuzeigen sind.

Ist beispielsweise *Schriftartformatierung* aktiviert, erscheinen die von Word im Hintergrund erstellten Zeichenformatvorlagen wie *Standard + Fett* in der Liste. *Formatierung auf Absatzebene* nimmt alle direkten Absatzformatierungen in der Liste auf, wie etwa *Überschrift 3 + Einzug links: -1 cm*. Mit *Nummerierung und Aufzählungszeichen Formatierung* geht es ähnlich.

"Formatierung löschen" anzeigen fügt einen Eintrag in die Liste ein, als ob er eine Formatvorlage wäre (dieser Befehl entspricht Bearbeiten/Löschen/Formate). Es handelt sich hier jedoch um einen Befehl, der eine von zwei Auswirkungen hat, je nach Art der Markierung:

- Falls nur etwas Text markiert ist statt einem ganzen Absatz, werden alle direkten Zeichenformatierungen und -formatvorlagen entfernt, sodass die Zeichenformatierung der Absatzformatvorlage erscheint.

- Befindet sich hingegen mindestens eine Absatzmarke in der Markierung, werden alle direkten Formatierungen sowie Formatvorlagen entfernt und mit der Formatvorlage *Standard* ersetzt.

Was dieser Befehl eigentlich bezwecken soll, ist ein Rätsel, es sei denn, dem Benutzer, der die Formatvorlage *Standard* aus seiner Liste verbannt hat, soll dazu verholfen werden, sie zu verwenden. Word hat schon zwei Befehle für die Entfernung von direkten Formatierungen, die standardmäßig den Tastaturkombinationen Strg+Leertaste sowie Strg+Q zugewiesen sind. Der erste entfernt direkte Zeichenformatierungen (inklusive Zeichenformatvorlagen), während der zweite direkte Absatzformatierungen einer Markierung löscht. In Kombination entfernen sie alle Formatierungen, lassen jedoch die Absatzformatvorlage intakt.

Um den Aufgabenbereich brauchbar zu machen, müssen Sie zuerst über *Benutzerdefiniert* eigene Einstellungen für die fünf Kategorien vornehmen. Was das Ganze ein wenig umständlich macht, ist, dass Formatvorlagen für die einen Kategorien erst in der Liste erscheinen, wenn sie im Dokument schon benutzt wurden. Das bedeutet, Sie werden immer wieder zum Dialogfeld zurückkehren müssen, bis die Liste Ihren Bedürfnissen entspricht.

Benutzerdefinierte Einstellungen für den Aufgabenbereich

Das Kontrollkästchen *Einstellungen mit der Vorlage speichern* kann hier Abhilfe schaffen. Allerdings speichert dieser Befehl nicht nur die Einstellungen dieses Dialogfelds zurück in die Vorlage, sondern auch die damit verbundenen Formatvorlagen. Eine gewisse Logik steckt dahinter, aber wenn Sie vergessen, dass dies der Fall ist, können Sie böse Überraschungen erleben.

Vererbung und Verkettung

Vererbung in Word funktioniert ähnlich wie in unserer Gesellschaft. Ein Word-Dokument besteht aus Objekten. Jedes vererbt gewisse Eigenschaften von irgendwo, eignet sich andere Eigenschaften an und gibt diese an ein anderes Objekt weiter.

Word ist eine äußerst »objekt-orientierte« Anwendung. Vererbung zieht sich wie ein roter Faden durch die ganze Anwendung. Ein Verständnis der Vererbungswege (*was* vererbt *was* von *wo*) ist einer der Schlüssel zum Verständnis von Word. Bei der Arbeit mit VBA hat Vererbung eine noch höhere Bedeutung. Nur wenn ein Objekt über den korrekten Pfad angesprochen wird, kann mit seinen Eigenschaften gearbeitet werden. Über

```
Selection.Paragraphs(1).Range.Text
```

erhalten Sie z.B. nur den Text eines Absatzes. Um auf die Formatierung zuzugreifen, müssen Sie über

```
Selection.Paragraphs(1).ParagraphFormat
```

suchen. Der Alltagsbenutzer, der nur in der Benutzeroberfläche arbeitet, nimmt die Vererbung vor allem in den Kopf- und Fußzeilen sowie mit Formatvorlagen wahr, wie wir im ▶ Kapitel 3 gesehen haben.

In seiner Grundstruktur enthält ein Word-Dokument einen oder mehrere Absätze. Diese sind »Kinder« des Dokumentobjekts. Als solche erben sie einige Eigenschaften vom Dokumentobjekt, wie die standardmäßige Formatvorlage *Standard*. Jede weitere Formatvorlage dieses Dokuments ist ein »Kind« von *Standard*. Bei der Öffnung des Dialogfelds *Formatvorlage ändern* sehen wir für die Formatvorlage die Eigenschaft *Formatvorlage basiert auf*. Diese verrät den Ursprung ihrer Vererbung. Wenn Sie eine Word-eigene Dokumentvorlage öffnen, enthält sie mehrere Formatvorlagen, wovon jede auf *Standard* basiert ist.

In einer professionellen Vorlage ändern wir die Einstellung *Formatvorlage basiert auf* für jede Formatvorlage. In einer Word-eigenen Vorlage oder in einem Dokument, erstellt mit einer dieser Vorlagen, wird die Formatierungswirkung jeder Formatvorlage im Dokument geändert, wenn an der *Standard*-Formatvorlage eine Änderung vorgenommen wird, die in der »Kind«-Formatvorlage nicht ausdrücklich geändert wurde. In der professionellen Dokumentation ist diese standardmäßige Vererbung eher störend als hilfreich. Die ganze Formatierung des Dokuments würde sich ändern, wenn eine Anpassung an *Standard* stattfindet. Und *Standard* wird von unerfahrenen Benutzern unwissentlich und allzu oft geändert.

Die Vererbung erweist sich jedoch als äußerst hilfreich, wenn sie korrekt eingesetzt wird.

HINWEIS Sie sind vielleicht mit dem Begriff »Cascading Stylesheets« (CSS) aus dem Bereich von HTML vertraut. Bitte beachten Sie, dass Word-Formatvorlagen keine CSS sind. Keine Version von Word unterstützt sie in Dokumenten, Word 2002 nur, wenn Sie mit HTML-Seiten arbeiten. Aber das Prinzip ist sehr ähnlich.

In der professionellen Dokumentation erstellen wir »Ketten« von Formatvorlagen, wo jedes Glied von dem darüber stehenden einige Eigenschaften erbt und den folgenden Eigenschaften weitervererbt. Meistens hat John drei solcher Ketten in einer für ein Buch vorgesehene Vorlage:

- ◦ Überschriften
- ◦ Textkörper
- ◦ Sonderzwecke

Früher hatte John einige zusätzliche Ketten, je nach Projektart. Es steht Ihnen frei, die Rahmenbedingungen Ihren Bedürfnissen anzupassen. Vor allem in einer professionellen Dokumentationsgruppe, mit einem Stab von Autoren, Redakteuren, Lektoren und technischen Experten, die gleichzeitig an mehreren großen Publikationen arbeiten, lohnt es sich, eine sehr strukturierte Arbeitsumgebung zu erstellen. Die Tage der Dokumentationsabteilung sind jedoch vorbei. Es ist eher wahrscheinlich dass Sie, als der technische Experte, das Handbuch selber schreiben und aktualisieren müssen. Ist das der Fall, rät John dringend, alles so einfach wie möglich zu halten. Alle Vorlagen, Formatvorlagen und Listen, die Sie aufstellen, müssen peinlichst genau spezifiziert und auf dem neusten Stand gehalten sein. Fragen Sie sich, ob der Nutzen die Kosten rechtfertigt.

(In diesem Kapitel nimmt John an, Sie sind ein technischer Experte, der seine eigenen Handbücher in der Größenordnung von 500 bis 900 Seiten erstellen und unterhalten muss; die Empfehlungen sind entsprechend. Falls Sie der Produktionseditor einer großen Dokumentationsabteilung sind, wissen Sie wahrscheinlich mehr als wir über dieses Thema. Wir laden Sie aber herzlich ein, uns in den *microsoft.public.word*-Newsgroups zu besuchen, wo wir über die Arbeitstechniken dieser außerordentlich komplexen und anspruchsvollen Arbeitsumgebung diskutieren. Die wirklich aufwändigen, geheimnisvollen Methoden haben wir aus diesem Buch der Klarheit halber und aus Platzgründen weggelassen.)

Formatvorlagen erstellen

Einige der folgenden Schritte wurden im ▶ Kapitel 3 schon erwähnt, da sie für die Erstellung der Dokumentvorlage notwendig waren. Im Interesse der Vollständigkeit und für diejenigen, die den ersten Teil übersprungen haben, sind sie hier nochmals aufgeführt. **HINWEIS**

Als erste Verkettung erstellen wir diejenige für die Überschriften 1 bis 9. Angefangen mit Ebene 1 wird die Vererbung von der *Standard*-Formatvorlage unterbunden, indem im Dialogfeld *Formatvorlage ändern* die Einstellung *Formatvorlage basiert auf* den obersten Eintrag *(keine Formatvorlage)* erhält. Damit schlagen sich alle Änderungen anderer Formatvorlagen in dieser Verkettung nicht nieder.

Mit der Wahl von *Überschrift 1* in *Formatvorlage basiert auf* für die Formatvorlage *Überschrift 2* wird die Verkettung fortgesetzt. Dieser Schritt wird für jede weitere Überschrift-Formatvorlage wiederholt, wobei jede auf der nächst höheren basiert. Als Endergebnis fließt eine Änderung an *Überschrift 1* durch alle weiteren acht Ebenen; eine Änderung an *Überschrift 4* wird hingegen nur in den Ebenen fünf bis neun widergespiegelt. Legen wir beispielsweise *Arial* als *Schriftart* für *Überschrift 1* fest, erscheinen zunächst alle Überschriften mit dieser Schriftart (sofern für sie nicht explizit eine andere gesetzt wurde). Ändern wir danach die Schriftart für *Überschrift 4* in *Times New Roman*, erscheinen die Überschriften fünf bis neun auch in *Times New Roman*. Somit können die Überschriften-Formatvorlagen schnell und effizient aufgestellt werden.

TIPP Falls Sie im Voraus wissen, dass Sie die Schriftart für die Überschriften-Formatvorlagen ändern müssen – beispielsweise um das Dokument Online zu veröffentlichen – könnte es sich lohnen, eine Formatvorlage *Überschriftbasis* zu erstellen, von der aus alle gemeinsamen Eigenschaften kontrolliert werden. Wenn alle Überschriftformatvorlagen darauf basieren, können solche Änderungen hier vorgenommen werden, ohne die Gefahr, andere Überschriften-Eigenschaften wie die Nummerierung zu tangieren.

Die Verkettung für die *Textkörper*-Formatvorlagen wird analog aufgestellt. Zuerst muss die Formatvorlage *Textkörper* auf *(keine Formatvorlage)* basieren. Danach kommen die weiteren Formatvorlagen, die im Text verwendet werden. Eine Verkettung von Formatvorlagen für den Textkörper hat normalerweise einige Verästelungen. Neben denen für den Fliesstext könnte es auch einen Zweig für Aufzählungen geben. Die erste Formatvorlage dieser Gruppe, *Aufzählungszeichen* z.B., würde auf *Textkörper* basieren; die Aufzählungsebenen zwei bis neun werden daran verkettet. Das gleiche würde für Nummerierungsformatvorlagen, wie *Liste* bis *Liste 5* gelten.

Es gibt keine Regeln für die Erstellung von Verkettungen. Konfigurieren Sie so, dass sich Formatvorlagen, die zusammengehören, im gleichen Zweig befinden. Damit kann die Formatierung ganzer Elemente schnell und bequem angepasst werden.

TIPP Manche entscheiden sich dafür, ihre Textkörper-Verkettung auf *Standard* basieren zu lassen. John tut dies lieber nicht. Er benutzt deren Anwesenheit im Text als Signal, dass diese Stelle noch nicht formatiert wurde. Er weist ihr oft sogar eine auffallende Farbe zu, sodass er auf einen Blick erkennt, was noch nicht bearbeitet wurde. Diese Technik kann natürlich nur funktionieren, wenn keine der anderen Formatvorlagen darauf basiert.

Die Kategorie *Sonderzwecke* ist im Grunde genommen keine Verkettung. Darunter befinden sich beispielsweise die Verzeichnis- und Index-Formatvorlagen, die Überschriftenformatvorlagen, die nicht im Inhaltsverzeichnis erscheinen sollen sowie Kopf- und Fußzeilen. Zwar lässt John die letzten zwei oft auf *Textkörper* basieren, aber diese Wahl ist nicht zwingend.

Die automatische Aktualisierung

Seit Word 2000 stellt Word die Formatvorlageneigenschaft *Automatisch aktualisieren* zur Verfügung. Diese lässt die Formatvorlage automatisch mit der gerade vollzogenen Formatierungsänderung im Dokumenttext aktualisieren. Wenn Sie z.B. einen mit *Überschrift 1* formatierten Absatz markieren und ihn mit der Farbe *Blau* formatieren, wird *Blau* zum Teil dieser Formatvorlage und alle übrigen damit formatierten Absätze erscheinen auch in Blau.

Dieses Verhalten kann sowohl Fluch als auch Segen sein. Ein Fluch vor allem für neue, unerfahrene Benutzer, die nicht verstehen, warum das ganze Dokument plötzlich fett oder kursiv erscheint. Aber ein Segen bei der Erstellung von Formatvorlagen, wenn man nicht ganz sicher ist, was man will und mit der Formatierung ein wenig spielen möchte. Dann erübrigt sich das ständige Öffnen und Schließen des Dialogfelds oder die manuelle Aktualisierung.

Automatisch aktualisieren deaktivieren

Sobald das Aussehen gefällt, wird diese Eigenschaft für alle Formatvorlagen wieder deaktiviert. Anschließend werden sie mit *Organisieren* in die Dokumentvorlage kopiert, wo sie benötigt werden. Stellen Sie sicher, dass *Automatisch aktualisieren* auch tatsächlich deaktiviert ist, bevor jemand mit der Vorlage arbeitet. Sonst war der ganze Aufwand »für die Katz'«: Die Formatierung in jedem davon erstellten Dokument wird wild durcheinander geraten und keine wird aussehen wie die andere.

TIPP

Die einzige Ausnahme bilden die Formatvorlagen für das Inhaltsverzeichnis. Wenn *von Vorlage* nicht im Dropdownfeld *Formate* der Registerkarte *Inhaltsverzeichnis* gewählt wurde, ist die automatische Aktualisierung die einzige Möglichkeit, die Formatierungen der Verzeichnis-Formatvorlagen zu steuern. Wie erwähnt, erstellt Word »klassische« oder »elegante« Inhaltsverzeichnisse aus internen Parametern, auf die wir keinen direkten Einfluss haben.

»Na ja«, denken Sie bestimmt, »jetzt, wo das alles so viel schneller geht, könnte es nicht noch effizienter sein?« Muss man unbedingt das Dialogfeld für jede Formatvorlage öffnen, um dieses Kontrollkästchen auszuschalten? Und auch noch jede einzeln in die Dokumentvorlage kopieren?

Tatsächlich können wir diesen Ablauf mit einem Makro wie in Listing 4.2 beschleunigen. Wie Listing 4.1 benutzt es die Eigenschaft InUse um festzustellen, ob eine Formatvorlage in der langen Liste von Words eigenen Formatvorlagen im Dokument verwendet wurde. Wenn ja und wenn es sich auch um eine Formatvorlage des Typs *Absatz* (Paragraph) behandelt, wird die Eigenschaft *Automatisch aktualisieren* ausgeschaltet und die Formatvorlage in die angefügte Dokumentvorlage kopiert. Um eine Übersicht zu gewährleisten, werden alle so bearbeiteten Formatvorlagen im Direktfenster des VB-Editors aufgelistet. Sehr wichtig ist am Schluss die Speicherung der Dokumentvorlage; ohne diese Zeile werden die kopierten Formatvorlagen nicht gespeichert!

```
Sub FormatvorlagenBearbeitungAbschliessen()
    Dim styl As Word.Style
    Debug.Print "Folgende Formatvorlagen wurden bearbeitet:"
    For Each styl In ActiveDocument.Styles
        If styl.InUse And styl.Type = wdStyleTypeParagraph Then
            styl.AutomaticallyUpdate = False
            Application.OrganizerCopy Source:=ActiveDocument.FullName, _
                Destination:=ActiveDocument.AttachedTemplate, Name:=styl.NameLocal, _
                Object:=wdOrganizerObjectStyles
            Debug.Print styl.NameLocal
        End If
    Next styl
    ActiveDocument.AttachedTemplate.Save
End Sub
```

Listing 4.2: Automatisch aktualisieren *für alle im Dokument verwendeten Formatvorlagen ausschalten und diese anschließend in die Dokumentvorlage kopieren*

Den Code aus Listing 4.2 finden Sie in der Datei *List04_02.bas* im Ordner *\Buch\Kap04* auf der CD-ROM zum Buch.

Zeichenformatvorlagen

Zeichenformatvorlagen speichern nur Schriftformatierungen. Sie werden vom Normalbenutzer selten eingesetzt; meistens, weil er keine Ahnung hat, dass es sie gibt.

Word hat mehrere eigene Zeichenformatvorlagen, die es regelmäßig für bestimmte Aufgaben benutzt, beispielsweise *Seitenzahl*, *Hyperlink* und *Kommentarzeichen*. Seit Word 2000 gibt es auch *Fett* und *Kursiv*, die für Webseiten gedacht sind. (In der englischen Version von Word heißen sie genau wie die entsprechenden HTML-Befehle: »Strong« und »Emphasis«.) John verwendet diese anstelle der direkten Formatierung, da sie die Konvertierung nach HTML begünstigen.

Der kursive Schriftschnitt ist schwierig zu lesen und eignet sich nicht für Text, der auf dem Bildschirm gelesen wird. Farbiger Text ist teurer für den Papierdruck. Der Einsatz von Formatvorlagen ermöglicht die schnelle Umgestaltung eines Dokuments für verschiedene Medien.

Bei Zeichenformatvorlagen ist es wichtig zu verstehen, dass ihre Formatierung die Absatzformatierung »überlagert« oder maskiert. Diese Maskierung hat einen unerwarteten Effekt; sie verhält sich wie der logische Begriff **XOR**. Das heißt, zweimal das Gleiche ergibt das Umgekehrte. Wenn Fettformatierung über Fettformatierung liegt, ist das Ergebnis nicht Fett, sondern Nicht-Fett. Fett XOR Fett = Nicht-Fett.

Eine Zeichen-Formatvorlage ändern

Im ▶ Kapitel 3 haben wir Sie angewiesen, die Formatvorlage *Seitenzahl* zu formatieren. Hier zeigen wir Ihnen Schritt für Schritt, wie eine Zeichenformatvorlage geändert wird. Das erste Problem: Wenn eine Formatvorlage noch nicht im Dokument benutzt wurde, erscheint sie wahrscheinlich nicht in der Liste im Aufgabenbereich. Sie müssen also kurz *Alle Formatvorlagen* anzeigen. (Wenn Sie schon eine Seitenzahl in die Fußzeile eingefügt haben, ist dieses Problem für Sie erledigt.)

Lassen Sie den Mauszeiger kurz über dem Eintrag ruhen, dann klicken Sie auf den Pfeil daneben, sobald er erscheint. Wählen Sie *Ändern*. Das Dialogfeld *Formatvorlage ändern* wird eingeblendet. Ihnen werden die verschiedenen Symbolschaltflächen im mittleren Teil auffallen. Diese sind nur von begrenztem Nutzen; wie bei der Formatierung im Dokument können nur über die Dialogfelder genaue, feinere Einstellungen vorgenommen werden.

Wie im ersten Teil erklärt, soll die Seitenzahl fett und zwei Punkte größer als der Textkörper sein. Sonst soll diese Formatvorlage die gleichen Eigenschaften haben wie die darunter liegende Absatzformatvorlage (Fußzeile). In *Formatvorlage ändern* können wir zwar die Schriftgröße und Fett festlegen, aber wie geben wir Word zu verstehen, dass es die Schriftart von der Fußzeile erben und nicht die Schriftart-Einstellung, die wir hier sehen, nehmen soll?

Klicken Sie auf die Schaltfläche *Format*. Dahinter stehen verschiedene Befehle, die Ihnen aus dem Menü *Format* schon bekannt sind; blenden Sie auch die gleichen Dialogfelder ein, nun werden Eigenschaften für eine Formatvorlage statt für eine Markierung bestimmt. Lediglich die Einträge *Schriftart*, *Sprache* und *Tastenkombination* stehen für eine Zeichenformatvorlage zur Verfügung.

Im Dialogfeld *Schriftart* können Sie den Schriftartnamen aus dem Feld löschen. Bestätigen Sie mit *OK* und betrachten Sie nun die Definition in Abbildung 4.3. Vorher stand dort »Absatz-Standardschriftart + Schriftart: Times New Roman, 12 pt, Fett«. Jetzt ist die Schriftart weg.

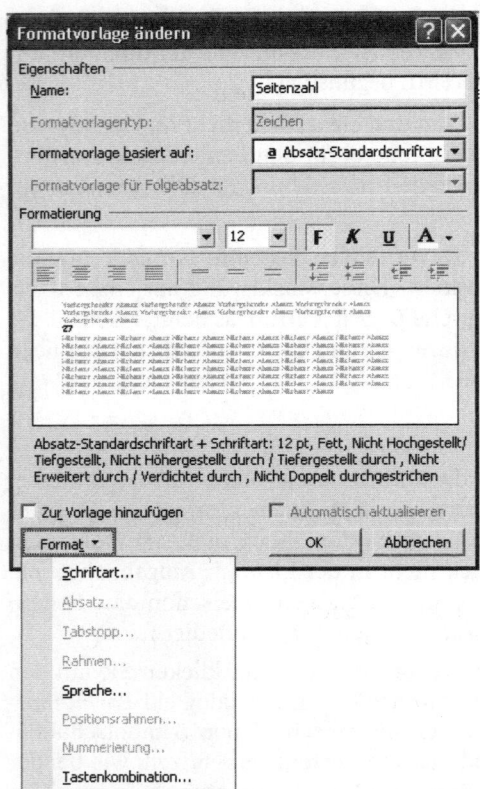

Abbildung 4.3:
*Die Zeichen-
formatvorlage
soll die Absatz-
Standardschrift
der darunter
liegenden
Absatzformat-
vorlage erben.
Die Schriftart-
Einstellung kann
nur über* Format/
Schriftart
gelöscht werden.

Eine neue Formatvorlage erstellen

Um eine neue Formatvorlage zu erstellen, klicken Sie auf die Schaltfläche *Neue For-matvorlage* im Aufgabenbereich. Sie sehen das gleiche Dialogfeld vor sich, nur die Titelleiste ist anders und das Dropdownfeld *Formatvorlagentyp* steht nun zur Verfü-gung. Geben Sie einen Namen ein und wählen Sie *Zeichen* aus dem Dropdownfeld.

Einige Formatvorlagen benutzt man nur selten; die *Seitenzahl* beispielsweise. Andere braucht man fortwährend. Wir haben uns bestimmt alle schon über das ständige Hin und Her für oft wiederholte Handlungen geärgert. Viel schneller und angenehmer ist es, wenn wir die Finger auf der Tastatur belassen können oder, falls wir vorhandenen Text umformatieren, mit einer Hand den Text markieren und mit der anderen die For-matierungsbefehle eingeben.

Microsoft hat dieses Bedürfnis erkannt und den Befehl *Tastenkombination* in der Befehlsliste unter *Format* hinzugefügt. Wir können im gleichen Arbeitsgang einer oft verwendeten Formatvorlage eine Tastenkombination zuweisen, ohne den Umweg über *Extras/Anpassen* machen zu müssen. Die Formatvorlage ist schon gewählt, es bleibt uns nur noch, die Tastenkombination zu bestimmen ...

*Tastenkombi-
nationen für
Formatvorlagen*

Oder doch nicht? Passen Sie gut auf den Speicherort für diese Anpassung auf. Stan-dardmäßig schlägt Word die globale *Normal.dot*-Vorlage vor. Da wir aber eine Vor-lage für einen bestimmten Zweck erstellen, sollten die Tastaturkürzel dort gespeichert werden, wo sich die Formatvorlage befindet.

WICHTIG

Fuß- und Endnoten-Formatvorlagen

Einige Bemerkungen zu Fuß- und Endnotenverweisen. Word formatiert die Fußnotenzahlen automatisch mit der Zeichenformatvorlage *Fußnotenzeichen*, sowohl im Text als auch in den Fußnoten selber. Das bedeutet, dass Sie Ihre bevorzugte Formatierung nur für eine der zwei haben können. John sieht die »korrekte« Formatierung lieber im Text und findet sich mit dem Aussehen der Zahlen in den Fußnoten ab. Das Gleiche gilt für die Endnotenverweise und die Formatvorlage *Endnotenzeichen*.

Die Fuß- und Endnoten werden mit den Absatz-Formatvorlagen *Fußnotentext* bzw. *Endnotentext* formatiert. Diese Formatvorlagen können problemlos angepasst werden.

WICHTIG Es gab in den Versionen vor Word 2002 ein Verhalten, wobei Seiten mit Fußnoten falsch umbrochen wurden. Um das Problem zu umgehen, musste der Dokumenttext mit einer genauen Zeilenhöhe, in Punkten, formatiert werden. Falls Sie eine Vorlage für gemischte Word-Versionen vorbereiten, müssen Sie dieses Fehlverhalten bei der Erstellung der Formatvorlagen berücksichtigen.

Das Problem wurde in Word 2002 behoben, aber einige der Kompatibilitätsoptionen sorgen dafür, dass aus früheren Versionen stammende Dokumente das Seitenumbruchverhalten (Layout) beibehalten. Wenn Word ein Dokument aus einer älteren Version öffnet, wird unter anderem die Option »Fußnotenlayout wie in Word 6/95/ 97« automatisch aktiviert. Denken Sie also daran, sie in *Extras/Optionen/Kompatibilität* auszuschalten oder sogar die *Empfohlene Optionen für Microsoft Word 2002* zu wählen.

Absatz-Formatvorlagen

Wir empfehlen, dass Sie als erstes die Verkettung für die Überschriftenformatvorlagen definieren.

Zum Thema Überschriften

Die beste Lesbarkeit wird erreicht, wenn das Dokument überschaubar ist, »scanability« hat. Der Leser soll schnell durch die Seiten blättern können und dabei die Haupthandlung daraus erkennen. Um dies möglich zu machen, muss ein bestimmter Teil der Seite die nötige Information beinhalten. Diese Eigenschaft ist besonders für technische Werke wichtig. (Falls Sie einen Roman schreiben, können Sie diesen Teil überspringen.) Niemand wird Ihr schönes, technisches Handbuch von Umschlag zu Umschlag lesen. Oder haben Sie jedes Wort vom Buchdeckel bis hierher aufmerksam gelesen?

Seite in Zonen aufteilen Die Theorie der Informationsaufbereitung hat bewiesen, dass eine Seite in Zonen aufzuteilen ist und gewisse Informationsarten sich in jeder dieser Zonen befinden sollten, sodass der Leser sie schnell erkennt. Idealerweise müssten allgemeine Navigationsangaben sich in der laufenden Kopfzeile befinden, beispielsweise Kapitel- oder Abschnittsüberschriften. Beschreibende Überschriften gehören in die linke Spalte (die primäre Zone) und Text in die rechte (die sekundäre Zone).

Nachforschungen haben ergeben, dass immer mehr Leser das Inhaltsverzeichnis nicht benutzen und immer mehr Bücher keinen Index haben (die Erstellung ist arbeitsintensiv und daher teuer). Ein besorgniserregend hoher Anteil von Lesern stöbert durch die Seiten, um Informationen zu finden. Als Layouter und Autoren müssten wir verschämt die Köpfe hängen lassen … Die Praxis verlangt aber, dieses Projekt zu Ende zu bringen! Also positionieren wir Überschriften in der linken Spalte, wo der Leser sie erwartet und fassen sie kurz und gehaltvoll, sodass der Leser sie als Wegweiser benutzen kann.

Eine Überschrift soll immer kurz sein und den Inhalt des folgenden Abschnitts beschreiben. Eine Überschrift, die mehr als zwei Drittel einer Zeile fordert, ist zu lang, um gut lesbar zu sein.

Der Einzug des Textkörpers bestimmt die Spaltenbreite. Er ist Geschmacksache, aber John findet etwa zwei Zentimeter für ein Buch mit drei Überschriftebenen angebracht und drei Zentimeter für vier Ebenen.

Wie Abbildung 4.4 darstellt, gibt es zwei Methoden, Überschriften in der linken Spalte zu positionieren: als Marginalien oder als hängende Einzüge. Marginalien schneiden in Tests etwas besser ab, fordern aber bedeutend mehr Arbeit zum Erstellen und Unterhalten. Überschriften, die als hängende Einzüge positioniert sind, erstellt und verwaltet Word problemlos.

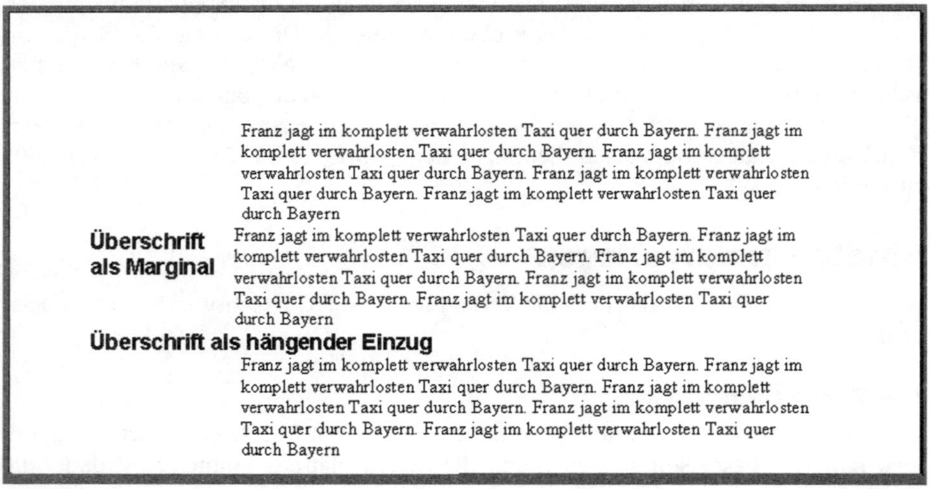

Abbildung 4.4:
Die zwei Grund-
arten von Über-
schriften, die der
modernen
Auffassung von
Lesbarkeit ent-
sprechen

Beide Methoden werden in diesem Abschnitt vorgestellt. Wir empfehlen jedoch, die Wirtschaftlichkeit der Verwendung von Marginalien zu überprüfen, falls man Sie jemals bittet, diese in einer Vorlage einzubauen. Überschriften in Marginalien werden den Arbeitsaufwand während der Produktion merklich erhöhen.

Einzüge

Word kann sowohl mit positiven als auch mit negativen Einzügen umgehen. Bei einem Layout mit positiven Einzügen steht der Seitenrand linksbündig mit dem Druckbereich. Überschriften und Text werden mit positiven Einzügen formatiert, um den gewünschten »Look« zu erhalten. Bei einem Layout mit negativen Einzügen stehen Seitenrand und Textkörper linksbündig; Überschriften werden mit einem negativen Einzug positioniert, sodass sie links vom Seitenrand stehen.

Wir empfehlen den ausschließlichen Gebrauch von positiven Einzügen. Erstens bleibt Word stabiler und zweitens bleibt das Seitenlayout erhalten, wenn Sie das

Dokument in HTML-Format konvertieren. HTML unterstützt keine negativen Einzüge; sie werden kurzerhand auf 0 (Null) gestellt.

Falls Sie viel mit WordPerfect-Dateien zu tun haben, passen Sie auf die Einzüge auf. WordPerfect macht davon häufig Gebrauch, vor allem in früheren Versionen.

Zeilenabstand

Zeilenabstand ist die Höhe, die Word für eine Textzeile bereit stellt; er hat mit dem Abstand zwischen Absätzen nichts zu tun. Word bietet sechs Arten von Zeilenabstand an: *Einfach*, *1,5 Zeilen*, *Doppelt*, *Mindestens*, *Genau* und *Mehrfach*.

Einfach bedeutet, dass der Zeilenabstand ungefähr 120% der Höhe der größten Schriftartgröße in der Zeile beträgt. Die Zeilenhöhe darf sich dynamisch anpassen, je nach Zeichen-Inhalt einer Zeile. Diese Einstellung ist in der Handhabung die einfachste.

Die Einstellungen *1,5 Zeilen* und *Doppelt* setzen den Zeilenabstand auf 180 bzw. 240% der Schriftgröße.

Mehrfach ermöglicht die Eingabe einer Zahl, die mit 120% multipliziert wird, um den Zeilenabstand zu erhalten. Der zusätzliche Abstand wird unter der Zeile hinzugefügt, sodass die Grundlinie der Zeichen in Bezug auf die Oberlinie (100% der Schriftgröße) konstant bleibt, egal wie hoch der Zeilenabstand ist.

Ein genauer Zeilenabstand kann mit den Einstellungen *Mindestens* und *Genau* festgelegt werden. *Mindestens* ermöglicht Word, nötigenfalls die Zeilenhöhe zu vergrößern, um alle Zeichen anzeigen zu können. *Genau* verhindert dies. Verwenden Sie *Mindestens*, um einen größeren Zeilenabstand festzulegen gegenüber *Einfach* (120% der Schriftgröße), der immer noch dynamisch ist. *Genau* wird nur unter speziellen Umständen eingesetzt, beispielsweise für akademische Arbeiten, die vom Formel-Editor erstellte Formeln enthält. Diese brauchen mehr Platz als die umliegenden Zeichen, aber nur in den Zeilen, in denen sie stehen. Das Resultat wirkt sehr unregelmäßig, es sei denn, ein genauer Zeilenabstand wurde festgelegt.

Abstand vor und nach

»White space« (Leerflächen) sind der größte »Lärm«, den man in einem Dokument machen kann. Verwenden Sie sie, um Informationsblöcke auf der Seite zu trennen und hervorzuheben. Je mehr Leerfläche um ein Element vorhanden ist, desto wichtiger wird es der Leser im Unterbewusstsein empfinden. Gehen Sie damit großzügig um; die Kosten für das Papier sind gering im Vergleich zu den Kosten möglicher Schäden, falls der Leser etwas falsch versteht oder einem wichtigen Teil zu wenig Beachtung schenkt.

Es ist üblich, mehr Abstand vor als nach einer Überschrift festzulegen. Das setzt sie genügend vom Text ab, sodass eine kleinere Schriftgröße verwendet werden kann

Moderne Dokumente trennen Absätze mit einer Zeile Leerfläche. Die optische Hervorhebung von Absätzen durch einen Einzug kommt aus der Trickkiste der alten Zeitungen, als Papier viel teurer und Zeit weniger wertvoll war, als heute.

In Word dienen die Absatz-Eigenschaften *Abstand vor* und *Abstand nach* diesem Zweck. In der professionellen Dokumentation mit Word fügt man **keine** leeren Absätze ein, um einen Abstand zu erhalten.

Es ist viel einfacher, eine Vorlage samt Formatvorlagen vorzubereiten, wenn Überschriften mit *Abstand vor* definiert werden. Somit müssen Sie nicht wissen, welche Formatvorlage davor steht oder folgt – die Abstände sind berechenbar und konstant.

WICHTIG

Bis Word 2002 wurde der Abstand nach einem Absatz mit dem Abstand vor dem nächsten addiert und die Summe dieser zwei Abstände ergab den Gesamtabstand zwischen den Absätzen. Um das Verhalten von Word 2002 dem von HMTL-Webseiten anzupassen, wurde dies geändert. Nur der größte dieser zwei Abstände wird berücksichtigt; der andere wird unterdrückt. Wenn Sie also die hier beschriebene Technik konsequent anwenden, werden Ihre Dokumente unter allen Versionen von Word gleich aussehen. Dieses neue Verhalten kann in Word 2002 durch Einschalten der Kompatibilitätsoption *Keinen automatischen Absatzabstand für HTML verwenden* unterdrückt werden, sodass Word weiterhin die Abstände vor und nach Absätzen zusammenaddiert.

Layoutfehler in Word

In den frühen Tagen von Word wurde ein Layoutfehler einprogrammiert, den Microsoft bislang nie entfernt hat. Stattdessen wurde die Kompatibilitätsoption "*Abstand vor*" *nach Seiten- oder Spaltenumbruch unterdrücken* hinzu gefügt, um das Fehlverhalten wahlweise unterbinden zu können. Wie die Beschriftung verrät, behält Word den *Abstand vor* am Seitenanfang, falls ein benutzerdefinierter Seiten- oder Spaltenumbruch vor dem Absatz vorliegt. Es muss sich hier nicht um einen manuellen Umbruch handeln, der mit Strg+Eingabetaste oder Umschalt+Strg+Eingabetaste eingefügt wurde, sondern könnte auch von der Absatzformatierung *Seitenumbruch oberhalb* oder einem Abschnittswechsel stammen.

Da das korrekte Verhalten **immer** die Unterdrückung eines Leerraums am Seitenanfang sein müsste, ist es unverständlich, wieso Word ursprünglich so programmiert wurde. Der Text am Anfang jeder Seite sollte doch auf der gleichen Höhe liegen. Alle anderen professionellen Textverarbeitungs- und Layoutprogramme machen es so. Nur Word nicht.

Abstand vor und Abstand nach

Trotz der Kompatibilitätsoption ist es besser, wenn man sich nicht darauf verlassen muss. Deshalb zeigen wir Ihnen hier eine Technik, die das Problem möglichst ohne besondere Aufmerksamkeit seitens des Benutzers umgeht. Die Absatzformatvorlagen werden so definiert, dass möglichst keine Formatvorlage, die nach einem benutzerdefinierten Seitenumbruch liegt, mit *Abstand vor* definiert ist.

Alle Formatvorlagen, die zum *Textkörper* gehören, werden mit *Abstand nach* formatiert. Word hat am Seitenende kein ähnliches Fehlverhalten wie am Seitenanfang; der Einsatz von *Abstand nach* ist also unbedenklich. Wir kommen nicht darum herum, *Abstand vor* bei den Überschriftenformatvorlagen zu benutzen, da die unterschiedlichen Abstände die Gliederungsebene hervorheben. Mit Ausnahme von *Überschrift 1* werden diese jedoch selten (wenn überhaupt) einem benutzerdefinierten Seitenumbruch folgen. *Überschrift 1*, die immer am Seitenanfang steht, erhält aus diesem Grund die Einstellung 0 (Null) für *Abstand vor*.

Zeilen- und Seitenumbruch

Die Einstellungen des oberen Teils dieser Registerkarte kontrollieren, wie Text automatisch auf einer neuen Seite umbricht. *Absatzkontrolle* verhindert, dass eine einzige Zeile von einem Absatz auf einer Seite übrig bleibt: Es müssen immer zwei sein, sonst erscheint bei zu wenig Platz für zwei Zeilen der ganze Absatz auf der gleichen Seite.

Zeilen nicht trennen hält kompromisslos alle Zeilen eines Absatzes auf der selben Seite zusammen.

Mehrere Absätze können durch Aktivierung von *Absätze nicht trennen* auf der selben Seite zusammengehalten werden. Mit dieser Option müssen Sie sorgfältig umgehen. Sind zu viele aufeinander folgende Absätze damit formatiert, können große Leerräume am Ende der vorhergehenden Seite entstehen. Sind es noch mehr, kann Word nicht ausmachen, wo der Seitenumbruch erfolgen soll und ignoriert die Einstellung für diesen Textblock.

Die Einstellung *Seitenumbruch oberhalb* ist in professionellen Dokumenten meistens einem manuellen Seitenumbruch (Strg+Eingabetaste) vorzuziehen. Manuelle Seitenumbrüche tragen die Formatierung des folgenden Absatzes, was zu ungewollten Erscheinungen am Ende einer Seite führen kann. Dieses Problem tritt bei der Formatierung *Seitenumbruch oberhalb* nicht auf.

Überschrift-Formatvorlagen

Die Überschrift-Verkettung für alle neuen Word *Überschrift*-Formatvorlagen haben Sie schon erstellt. Ferner sollte auf folgende Formatierungseinstellungen geachtet und die Definitionen nötigenfalls angepasst werden.

TIPP Denken Sie daran, dass Änderungen in den Formatierungsdefinitionen mit eingeschalteter *Automatisch aktualisieren*-Option schnell durchgeführt werden können.

Die *Formatvorlage für Folgeabsatz* wird normalerweise auf *Textkörper* gestellt, sodass das Drücken der Eingabe-Taste den nächsten Absatz automatisch damit formatiert. Das spart beim Schreiben einiges an Zeit und Arbeit.

Überschriften, die nicht ins Inhaltsverzeichnis sollen

Die Gliederungsebene spielt eine wichtige Rolle bei Überschriften, sowohl bei den Word-eigenen, als auch bei benutzerdefinierten, die vielleicht nicht im Inhaltsverzeichnis erscheinen, sich aber dennoch in der Gliederungsansicht als Überschriften verhalten sollen. In Abbildung 4.5 sehen Sie links den Dokumenttext mit einem Inhaltsverzeichnis oben; rechts die gleiche Seite in der Gliederungsansicht mit den ersten zwei Gliederungsebenen eingeblendet. »Meine Überschrift 2« erscheint nicht im Inhaltsverzeichnis, steht aber trotzdem in der Gliederungsansicht in der zweiten Ebene zur Verfügung.

Die *Gliederungsebene* wird im Dialogfeld *Absatz* auf der Registerkarte *Einzüge und Abstände* festgelegt. Standardmäßig wird neuen Formatvorlagen der Eintrag *Textkörper* zugewiesen. Jede Formatvorlage kann eine Gliederungsebene haben, egal, ob sie für Überschriften eingesetzt werden. Word nimmt Formatvorlagen mit einer Gliederungsebene automatisch in ein Inhaltsverzeichnis auf. Falls Sie dies unterdrücken möchten, muss unter den *Optionen* des Dialogfelds *Einfügen/Referenz/Index und Verzeichnisse/*Registerkarte *Inhaltsverzeichnis* die Zahl neben dem Formatvorlagennamen (*Inhaltsverzeichnisebene*) gelöscht werden.

Die Schriftart und -größe der Überschriften basiert auf der Wahl für den übrigen Text sowie auf der Anzahl der Überschriftenebenen (Gliederungsebenen), die im Dokument eingesetzt werden. Falls für den Textkörper eine Serifen-Schriftart benutzt wird, sollte die Schriftgröße 12 Punkt betragen. (Sie wollen doch, dass die Leute das Handbuch lesen. Und die Chancen sind größer, wenn sie nicht zuerst die Lesebrillen suchen müssen.) Für eine serifenlose Schriftart kann 11 Punkt als Richtlinie genommen werden, da Sans-Serif größer aussieht.

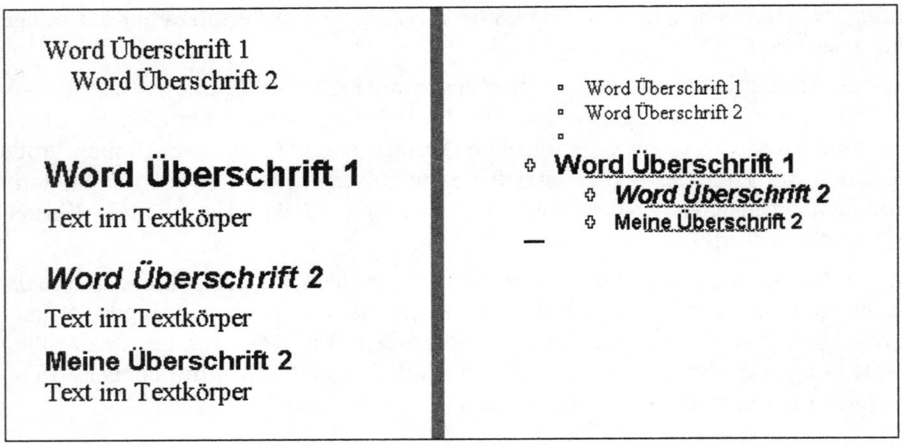

Abbildung 4.5:
*Absätze, deren
Gliederungs-
ebene nicht auf
Textkörper gesetzt
ist, erscheinen in
der Gliederungs-
ansicht*

```
Word Überschrift 1
    Word Überschrift 2


Word Überschrift 1

Text im Textkörper

Word Überschrift 2

Text im Textkörper

Meine Überschrift 2
Text im Textkörper
```
```
    □  Word Überschrift 1
    □  Word Überschrift 2
    □
    ⊕  Word Überschrift 1
        ⊕  Word Überschrift 2
        ⊕  Meine Überschrift 2
```

Auswahl der Schriftart. Die Präsentation von Informationen im Drucksatz ist sowohl Kunst als auch Wissenschaft. Ein gutes Referenzwerk ist »Digital Type Design Guide« von Sean Cavanaugh, ISBN 1-56830-190-1. Das Buch enthält zusätzlich eine CD mit nützlichen Schriftarten. Natürlich gibt es auch Bücher in deutscher Sprache zu diesem Thema. Sehr praktisch, weil inhaltlich kompakt und handlich, ist beispielsweise das Taschenbuch »Crashkurs Typo und Layout« von Cyrus Dominik Khazaeli, erstmals erschienen im Rowohlt Taschenbuch Verlag 1995 und inzwischen – wegen des großen Erfolges – mehrfach nachaufgelegt. Eine sehr gute Darstellung zu dem Thema, und das gleich im Word-Umfeld, liefert ein Buch von Wiegner/Grönling, erschienen im Hanser Verlag 1995 unter dem Titel »Die Kunst der Textgestaltung mit Word für Windows 95«. Und wer sich noch mehr Infos zu dem Thema wünscht, der wird garantiert unter *http://www.typeforum.de* fündig.

Aber Sie haben dieses Buch nicht gekauft, um eine Diskussion von Schriftarten zu lesen. Deshalb hier einige Richtlinien für die Arbeit mit Firmendokumentation:

- Verwenden Sie höchstens drei verschiedene Schriftarten in einem Dokument (zusätzlich zwei auf dem Umschlag oder im Logo).

- Egal, welche Schriftart Sie für den Textkörper wählen, die für die Überschriften soll einen Kontrast bilden.

- Für eine moderne Wirkung müssten alle Schriftarten Sans-Serif sein.

- Für eine konventionelle Wirkung eine Sans-Serif für die Überschriften und eine Serifen-Schriftart für den Textkörper wählen.

- Falls Sie keine anders lautenden Anweisungen haben, benutzen Sie »Arial Bold« für die Überschriften und »Palatino« (sofern vorhanden, sonst »Times New Roman«) für den Textkörper.

- Für Seiten, die auf dem Web gelesen werden, nehmen Sie »Verdana«, »Trebuchet« und »Arial«. Die ersten zwei sind für die Bildschirmanzeige entwickelt. Die geringe Auflösung eines Bildschirms (üblicherweise 96 dpi) verlangt ein sorgfältiges Design, um ein ansprechendes Resultat zu erzielen. Die meisten Windows-Installationen unterstützen »Arial«, falls »Verdana« oder »Trebuchet« nicht vorhanden sind.

Lesbarkeitsstudien erwähnen »Helvetica« als die bestlesbare Sans-Serif-Schriftart und »Palatino« als Serifen-Schriftart. (»Palatino« eignet sich auch gut für die Vervielfältigung und für Tintenstrahldrucker – wichtig in einer Büro-Umgebung.) John findet »Helvetica« ansprechend in Überschriften, aber zu schwarz für den Textköper. Stattdessen nimmt er dafür »Times New Roman« (weil es nichts kostet) und »Arial Bold« für die Überschriften (weil es nichts kostet). »Palatino« bewertet er auch als verwendbar. Die Windows-Schriftart »Book Antiqua« ist »Palatino« unter einem anderen Namen.

Wir raten dringend davon ab, bei Firmendokumentation Schriftarten zu benutzen, die nicht mit Windows und Word installiert werden. Dokumente werden bei Installationen ohne diese Schriftarten weder richtig aussehen noch druckbar sein. Vor allem für Dokumente, die außerhalb der Firmenumgebung geöffnet und bearbeitet werden, wäre diese Praxis höchst problematisch.

Die Schriftgröße auswählen. Wir kennen jetzt die Schriftart und -größe des Textkörpers. Nun muss die Anzahl Gliederungsebenen für das Buch bestimmt werden. Johns Vorgesetzter geht auf ihn los, wenn er ein Dokument mit mehr als drei Gliederungsebenen vorlegt. Sie sollten auf jeden losgehen, der mit mehr als vier kommt. Je mehr Gliederungsebenen in einem Dokument, desto weniger verständlich ist es. Der Leser kann im Kopf Beziehungen nicht klar auseinander halten, die über mehr als vier Gliederungsebenen verschachtelt sind. Zugegeben, es gibt Akademiker, die diesen Punkt bestreiten würden; meistens handelt es sich dann um Gesellschafts- oder Sozialwissenschaftler. Welche viel gelesenen akademischen Publikationen sind Ihnen bekannt?

Um die Gliederungsansicht sinnvoll einzusetzen, sollte eine Gliederungsebene mehr definiert werden, als tatsächlich eingesetzt wird. Angenommen, vier Überschriftenebenen sind erlaubt, ist *Überschrift 5* die tiefste Überschriftenebene, die im Dokument benutzt wird. Behalten Sie diese Tatsache in Erinnerung; wir brauchen sie später, wenn wir die Anhänge vorbereiten.

Bei der Festlegung der Schriftgröße fangen wir unten an:

- *Überschrift 5* wird nie ausgedruckt. Hier müssen wir keine Änderungen vornehmen, es kann aber nützlich sein, wenn auf einen Blick zu erkennen ist, ob diese zu tiefe Gliederungsebene benutzt wurde. Deshalb weisen Sie ihr eine auffallende Schriftfarbe zu.

- Um ein ansprechendes Bild zu erhalten, soll *Überschrift 4* die gleiche Größe haben wie *Textkörper*.

- Die Überschriften 3 bis 1 sollen jeweils 2 Punkt größer sein, als die nächst tiefere Ebene. Beträgt die Schriftgröße des Textkörpers 12 Punkt, heißt das 14, 16 bzw. 18 Punkt.

Der *Zeilenabstand* soll für alle Überschriftformatvorlagen auf *Einfach* gesetzt werden. Haben Sie die Verkettung wie beschrieben aufgestellt, können Sie diese Eigenschaft für *Überschrift 1* festlegen und die übrigen werden sie erben.

Abstand vor und *nach*. Setzen Sie *Abstand nach* auf 80% der *Textkörper*-Zeilenhöhe (also auf 10 Punkt). *Abstand vor* sollte doppelt so viel sein, wie die Schriftgröße. Das ergibt 24 Punkt für die Überschriften 4 und 5, 28 für *Überschrift 3*, 32 für *Überschrift 2* und schließlich ... 0 (Null) für *Überschrift 1*.

Erinnern Sie sich noch an das Problem mit Abständen am Seitenanfang, nach einem benutzerdefinierten Umbruch? Im Beispiel Handbuch fängt *Überschrift 1* nach einem Abschnittswechsel an – also nach einem benutzerdefinierten Seitenumbruch – und nie mitten auf einer Seite. Ein Abstand zwischen ihr und dem davor stehenden Text ist also gar nicht nötig. (Manche Bücher sind so strukturiert, dass auch *Überschrift 2* am Seitenanfang steht. In diesem Fall wäre *Abstand vor* ebenfalls auf *0* zu setzen.)

Für eine kürzere Publikation – sagen wir, weniger als 200 Seiten – stellen Sie den *Abstand vor* auf das 2,5-fache der Zeilenhöhe, um die Verständlichkeit zu erhöhen und ein moderneres, freundlicheres Aussehen zu erlangen. Zeitungen und andere dicht gedruckte Veröffentlichungen fügen der Zeilenhöhe keine zusätzlichen Abstände hinzu. Sicherlich sparen Sie dabei Papier, aber nur ein Experten-Design ermöglicht die Beibehaltung der Lesbarkeit bei einer solchen Dichte.

Obwohl die in ▶ Kapitel 2 beschriebenen Kompatibilitätsoptionen die Zeilenhöhe und Absatzabstände beeinflussen können, empfiehlt John, ohne sie auszukommen. Ihre Wirkung kann variabel sein, sowohl zwischen Dokumenten als auch zwischen Word-Versionen und kann andere Autoren vor Problemen stellen, wenn sie nicht realisieren, dass diese aktiviert wurden.

Zeilen- und Seitenumbruch. Jedes Kapitel soll auf einer neuen Seite anfangen; für *Überschrift 1* wird *Seitenumbruch oberhalb* aktiviert, aber ausgeschaltet für die übrigen Ebenen. Keine Überschrift darf allein, am Ende einer Seite stehen, weshalb *Absätze nicht trennen* für alle unbedingt aktiviert werden muss. Eine Überschrift soll auch nicht länger als eine Zeile sein, aber nur »für den Fall« aktivieren Sie auch *Zeilen nicht trennen.*

Hängende Überschriften. Die Erstellung hängender Überschriften ist ganz einfach: Man setzt den linken Einzug im Dialogfeld *Absatz.* Für gewöhnlich steht *Überschrift 1* am linken Rand und hat damit einen Einzug von *0* (Null).

In einem Buch, von dem viele Exemplare gedruckt werden, formatiert man die Kapitelüberschrift etwas aufwändiger, um mehr Aufmerksamkeit darauf zu lenken. Manchmal besteht sie sogar aus drei Absätzen, wie in Abbildung 4.6, wobei nur eine mit der Formatvorlage *Überschrift 1* formatiert wurde.

Kapitel

4

Formatvorlagen & Nummerierungen

Der Textkörper folgt direkt nach der Überschrift, mit einem Abstand von 10 Punkten.

Abbildung 4.6:
Ein Blickfang:
Die Kapitel-
überschrift
besteht aus drei
Absätzen

Der erste Absatz beinhaltet die Beschriftung (meistens das Wort »Kapitel«). Der mittlere ist die Überschriftnummer und ist mit *Überschrift 1* formatiert. Der letzte Absatz umfasst den Text. Wir brauchen drei verschiedene Absätze, um Schriftart, Zeilen- und Absatzformatierungen unterschiedlich zu definieren. Um die Zahl sowohl im ▶

Überschrifttext als auch im Inhaltsverzeichnis anzuzeigen, könnte die Textzeile entweder mit *Überschrift 2* oder mit einer benutzerdefinierten Formatvorlage mit Gliederungsebene festgelegt werden. Die Einträge werden jedoch auf separaten Zeilen erscheinen; die Seitennummer kann für die Kapitelnummer jedoch unterdrückt werden. Falls Ihnen dies nicht gefällt, bleibt Ihnen nur noch die Möglichkeit, diese Formatvorlagen im Inhaltsverzeichnis nicht aufzunehmen und den Eintrag mit einer TC-Feldfunktion zu definieren.

Die übrigen Überschriftenebenen stehen ebenfalls in der linken Spalte. Manche Autoren ziehen es vor, jede Ebene gegenüber der nächst höheren einzurücken, sodass der Leser sie leichter erkennen kann, da die Unterschiede zwischen den Schriftgrößen nicht so deutlich sind. Angenommen, der Textkörper steht drei Zentimeter vom Seitenrand und *Überschrift 1* ist linksbündig mit dem Rand ausgerichtet, legen Sie den Einzug für *Überschrift 2* auf *1 cm* und für *Überschrift 3* auf *2 cm* fest. *Überschrift 4* steht bündig zum Textkörper.

Falls Sie vorhaben, Ihre Überschriften zu nummerieren, empfehlen wir, die Nummerierung am linken Seitenrand und den Überschriftentext linksbündig mit dem Textkörper – mittels Tab – zu positionieren (mehr darüber im ▶ Abschnitt »Die Nummerierung mit Formatvorlagen« in diesem Kapitel). Das Resultat ist gleichzeitig schlicht und übersichtlich.

Überschriften als Marginalien. Die beste Methode, Überschriften als Marginalien zu erstellen, ist, die in Vergessenheit geratenen Positionsrahmen zu verwenden. In den frühesten Versionen von Word boten sie die einzige Möglichkeit, Text oder Grafiken mit einem Textfluss zu formatieren. Seit Word 97 setzt Microsoft auf Textfelder (aus der Symbolleiste *Zeichnen*).

Positionsrahmen versus Textfeld Der größte Unterschied zwischen den beiden ist, dass Positionsrahmen eigentlich als Teil der Dokumenttextebene zu betrachten sind, während es sich bei Textfeldern um grafische Objekte handelt, die eigentlich Teil von Office und nicht von Word sind. Der Inhalt dieser Textfelder ist für Word »unsichtbar« und erscheint nicht in Inhalts- und Stichwortverzeichnissen sowie in Listen für Verweise. Man fragt sich, was Microsoft sich dabei gedacht hat, als sie den Positionsrahmen in die *Formular*-Symbolleiste verbannten … Mehr zum Umgang mit Positionsrahmen finden Sie im ▶ Kapitel 9, wo es u.a. um Grafiken und deren Beschriftungen geht.

Leider hat Microsoft in den letzten Versionen die »Instandhaltung« von Positionsrahmen sehr vernachlässigt. Um zuverlässig damit umzugehen, ist es unabdingbar, sie statt mit der Maus mit dem Dialogfeld *Positionsrahmen* zu positionieren und zu formatieren.

So erstellen Sie eine Formatvorlage mit Positionsrahmen, die als Marginal (für eine Überschrift oder einen sonstigen Zweck) dient:

- ◉ Erstellen Sie eine neue Abatzformatvorlage (nennen wir sie für dieses Beispiel *Ü3 Marginal*). Für eine Marginalüberschrift sollten Sie eine kleinere Schriftgröße wählen; der Text ist schon der Stellung wegen genügend differenziert/auffällig. Für eine Ebene der Marginalüberschrift genügt die gleiche Schriftgröße wie für den Textkörper, nur fett.

- ◉ Blenden Sie über die *Format*-Schaltfläche im Dialogfeld *Neue Formatvorlage* das Dialogfeld *Positionsrahmen* (Abbildung 4.7) ein.

- ◉ Aktivieren Sie für den *Textumbruch* die Option *Umgebend*.

o Wählen Sie für die *Breite* den Eintrag *Genau* und setzen sie auf ein Maß, das kleiner ist als der Einzug für den Textkörper. (Im Beispieldokument müsste diese Einstellung *3 cm* betragen, was eigentlich zu schmal ist. Besser wären *4,5 cm* Breite
bei einem *5 cm*-Einzug für den Textkörper.)

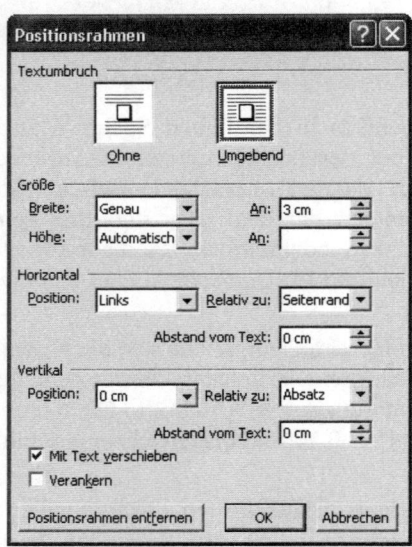

Abbildung 4.7:
Ein Positionsrah-
men als Teil einer
Marginalien-
formatvorlage
definieren

o Setzen Sie die *Höhe* auf *Automatisch*, sodass der Positionsrahmen sich dem
Inhalt anpasst.

Die Einstellungen unter *Horizontal* und *Vertikal* bestimmen, wie der Positionsrahmen sich auf der Seite verhält. Für die Marginalien wollen wir ihn am linken Rand
positionieren. Er soll sich mit dem Textkörper auf der Seite (und zur folgenden)
bewegen.

o Wählen Sie als *Horizontale Position Links*, *Relativ zu Seitenrand*, mit *0 cm*
Abstand vom Text.

o Die vertikale *Position* soll *0 cm Relativ zu Absatz* sein, ebenfalls mit *0 cm*
Abstand vom Text.

o Aktivieren Sie das Kontrollkästchen *Mit Text verschieben*. Schließen Sie alles mit
OK ab.

Wenn Sie die Marginalien für etwas anderes als eine Überschrift in einem Dokument
einsetzen, das für den beidseitigen Ausdruck vorgesehen ist, – wie beispielsweise die
Abbildungsbeschriftungen in diesem Buch – kann als *Horizontale Position Außen*
(oder *Innen*) gewählt werden.

TIPP

Um die Marginalformatvorlage im Dokument zu benutzen, geben Sie Ihren Text ein.
Mit der Einfügemarke noch diesem Absatz befindlich, weisen Sie die Formatvorlage
zu.

Marginalien konvertieren nicht in HTML-Format. Um den gleichen Effekt in HTML zu erzielen, müssten Sie eine zweispaltige Tabelle benutzen. Allerdings erweisen sich dann Umbrüche als problematisch. Es ist nicht empfehlenswert, den gesamten Dokumenttext innerhalb einer Tabelle einzugeben; Word wird sehr langsam und die Datei wird instabil. Sie müssten also nur die Überschrift mit dem daneben liegenden Absatz in einer Tabelle platzieren. Die genauen Einstellungen für die Abstände zwischen Tabelle und Text sind knifflig. Und vergessen Sie nicht, die automatische Anpassung der Spaltenbreiten in den Tabellen-Eigenschaften auszuschalten. Sobald die eine ansprechende Struktur haben, speichern Sie die Tabelle als AutoText-Eintrag.

Anhänge. John mag Anhänge nicht. Das Großfirmen-Handbuch in seinen Albträumen enthält wenig nützliche Informationen im Hauptteil vom Dokument, dafür steht das Wichtigste in den 26 Anhängen. Vielleicht war das in den Tagen vor Textverarbeitungsanwendungen, als auch das Papier teurer war, vertretbar. Ein ganzes Thema konnte mit einem Anhang aktualisiert oder hinzugefügt werden. Die Richtlinie müsste sein: »Wenn es überhaupt in das Handbuch gehört, gehört es in den Hauptteil. Passt es nicht in den Hauptteil, passt es nicht in das Handbuch«. Studien haben ergeben, dass der Leser nicht in einem Anhang nachschlägt, um wichtige Informationen zu lesen. Eher fängt er an zu raten. (Ach ja, haben wir erwähnt, dass es sich hier um ein Handbuch für die Bedienung eines Kernkraftwerkes handelt?)

HINWEIS Nichtsdestotrotz hat Cindy entschieden, dieses Buch doch noch um einige Anhänge mit zusätzlichem Material zu ergänzen. Allerdings sind sie für die Leser gedacht, die ihre Kenntnisse der Datenverknüpfungsmethoden erweitern wollen und sind nicht fundamental für den Gebrauch von Word.

Formatvorlagen für Anhänge

Nun ja, wir können diese Woche weder die Welt ändern noch die Firmen-Knowledge-Base neu erfinden. So bereiten Sie die Vorlage für Anhänge vor:

- Gestalten Sie die Überschriften 6 bis 9 wie die Überschriften 1 bis 4.

WICHTIG Aufgepasst! Wir haben nicht gesagt, »basierend auf«. Das wäre falsch, denn Sie würden auch die Nummerierungseinstellungen übernehmen, was überhaupt nicht wünschenswert ist. Es ist also ganz einfach:

- Definieren Sie *Überschrift 6* so wie *Überschrift 1* usw. Weisen Sie der obersten Ebene des Anhangs *Überschrift 6* zu, der folgenden *Überschrift 7* usw. (wobei die meisten Anhänge selten mehr als zwei Gliederungsebenen haben).

- Beim Definieren des Inhaltsverzeichnisses weisen Sie im *Optionen*-Dialogfeld *Überschrift 6* die Ebene 1 zu usw.

- Fügen Sie einen Abschnittswechsel vor dem ersten Anhang ein und ändern Sie gegebenenfalls die Einstellung *Kapitelnummer beginnt mit Formatvorlage* auf *Überschrift 6* in *Einfügen/Seitenzahl/Format*. Passen Sie auch die StyleRef-Feldfunktion in der Kopfzeile an.

Der Vorteil dieser Technik ist, dass das ganze Buch in einer Datei sein kann, ohne zwei Nummerierungslisten erstellen und verwalten zu müssen. Im ▶ Abschnitt »Nummerierung« in diesem Kapitel werden Sie erfahren, dass den Word-eigenen Überschriftenformatvorlagen nur eine Listenvorlage zugewiesen werden darf, sonst fällt alles auseinander.

Textkörperformatvorlagen

Die meisten Benutzer entdecken die Word-eigenen *Textkörper*-Formatvorlagen nie; sie sind für den professionellen Einsatz gedacht. Sie müssen sie nicht unbedingt benutzen, jedoch sind einige der Eigenschaften schon voreingestellt, was die Vorbereitungen ein wenig beschleunigt.

Textkörper bildet die Basis des Dokumentfließtextes. *Textkörper-Einzug 2* sowie *Textkörper-Einzug 3* sind eine bzw. zwei Einheiten (standardmäßiger Tabulatorabstand) eingerückt.

Trennen Sie, wie üblich, die *Formatvorlage basiert auf*-Verknüpfung zur *Standard*-Formatvorlage. *Textkörper* basiert auf *(keine Formatvorlage)* und alle weiteren auf *Textkörper*.

Für alle Absatzformatvorlagen, die im Dokumenttext benutzt werden, soll *Formatvorlage für Folgeabsatz* allgemein auf *Textkörper* eingestellt werden. Auch wenn Sie eine andere Textkörper-Formatvorlage verwenden, werden selten mehrere Absätze mit dieser Formatierung aufeinander folgen.

> Sicherheitshalber sei hier noch einmal gesagt, dass für Absätze im Textkörper kein *Abstand vor* benutzt wird, nur *Abstand nach*, wie für Überschriften berechnet: 80% der Schriftgröße des Textkörpers. Die Ausnahme bilden Absatzformatvorlagen für Listen, die einen kleineren Abstand (etwa 50% des üblichen) zwischen Elementen haben sollten, also 5 Punkt für dieses Beispiel. Das bedeutet wiederum, dass Sie am Ende einer Liste eine spezielle Formatvorlage brauchen, um den korrekten Abstand zum nächsten normalen Absatz zu gewährleisten.
>
> In Word 2002 gibt es eine neue Eigenschaft, die als Teil einer Formatvorlage mit einbezogen werden kann: *Keinen Abstand zwischen Absätzen gleicher Formatierung einfügen*. Sie ist für Listen gedacht, hat aber den Nachteil, dass wirklich kein Abstand dazwischen steht. Andererseits ist der Abstand zum nächsten Absatz nach der Liste automatisch korrekt. Eine »Notlösung« also.

Im besprochenen Beispiel mit den hängenden Überschriften ist der Fliesstext eingerückt. Stellen Sie also den linken *Einzug* auf *3,5 cm*.

Unter *Zeilen- und Seitenumbruch* wird nur das Kontrollkästchen *Absatzkontrolle* aktiviert. Wenn Ihnen lieber ist, dass Absätze nicht über Seiten umbrechen, aktivieren Sie stattdessen *Zeilen nicht trennen* und schalten die *Absatzkontrolle* aus.

Wie schon erwähnt, wird der Fliesstext meistens mit Serifen-Schriftarten formatiert. Der Grund dafür ist, dass Serifen (die kleinen Schnörkel am Ende jedes Buchstabenstrichs) eine optische Täuschung herbeiführen: Die Buchstaben erscheinen bei geringer Schriftgröße klarer definiert zu sein. Moderner ist eine Sans-Serif-Schriftart für den Fließtext mit einem etwas größeren *Abstand nach* (ungefähr 50% mehr).

Formatvorlagen für Sonderzwecke

Wir haben einige dieser Formatvorlagen in der Diskussion über die allgemeine Vorbereitung einer Dokumentvorlage kurz angesprochen.

Nicht für das Inhaltsverzeichnis

Auf den einleitenden Seiten werden einige Überschriften stehen, die nicht im Inhaltsverzeichnis erscheinen sollen: Die Inhaltsverzeichnis-Überschrift zum einen sowie der Titel und Untertitel zum anderen.

Erstellen Sie diese Formatvorlagen mit den gewünschten Formatierungen, aber setzen Sie im Dialogfeld *Absatz* die *Gliederungsebene* auf *Textkörper*. Die Funktionalität, die das Inhaltsverzeichnis erstellt, wird sie dann nicht automatisch aufnehmen.

TIPP Wenn Sie solche Absätze doch in der Gliedrungsansicht sehen möchten, kann die Gliederungsebene beibehalten werden, und die Formatvorlagen stattdessen über die Optionen bei der Erstellung des Inhaltsverzeichnisses ausgeschlossen werden.

Formatierung des Inhaltsverzeichnisses

Wie schon erläutert, soll ein Inhaltsverzeichnis immer mit der *Formate*-Einstellung *Von Vorlage* erstellt werden, sodass Word Ihre Verzeichnis-Formatvorlagen anstelle seiner eigendefinierten benutzt.

Es gibt ferner zwei Fallen, auf die Sie aufpassen müssen:

- Direkte Formatierungen im Inhaltsverzeichnis gehen bei der nächsten Aktualisierung verloren. Wie bei der Aktualisierung jeder Feldfunktion wird das Ergebnis neu generiert.
- Nummerieren Sie das Inhaltsverzeichnis nicht. Weisen Sie die Nummerierung den Überschriften im Text zu und sie werden im Inhaltsverzeichnis erscheinen.

Bei der Aktualisierung eines Inhaltsverzeichnisses fragt Word, ob Sie nur die Seitenzahlen aktualisieren möchten oder das ganze Verzeichnis. Obwohl bei Wahl der ersten Option alle direkten Formatierungen erhalten bleiben, ist dieses Vorgehen nicht ohne Gefahr. Nicht alle Bearbeitungen der Überschriften werden berücksichtigt.

Lange Inhaltsverzeichnisse
Die Paginierung eines langen Inhaltsverzeichnisses gestaltet sich etwas umständlich. Es ist klar, dass *Verzeichnis 1* mit *Absätze nicht trennen* formatiert wird; unter keinen Umständen wäre es wünschenswert, die erste Ebene mit der Kapitelüberschrift am Ende einer Seite zu haben. Diese Einstellung könnte vielleicht auch für *Verzeichnis 2* aktiviert werden. Aber wenn wir sie auch für *Verzeichnis 3* einschalten, erhalten wir ein Verzeichnis, das überhaupt nicht nach einer Regel umbrochen wird. Sie werden mit den Einstellungen also ein wenig experimentieren müssen.

Lesbarkeit von Inhaltsverzeichnissen
Ein Großteil des Erfolgsgeheimnisses eines Inhaltsverzeichnisses ist die Positionierung der Tabstopps und Einzüge so, dass der Inhalt leicht zu erkennen ist. Sind die Überschriften Ihres Dokuments nummeriert, müssen Sie sich entscheiden, ob jede Ebene etwas weiter eingerückt wird oder ob alle Nummern in der linken Spalte und Überschriftentexte in einer zweiten Spalte stehen sollen. Die Antwort hängt davon ab, ob der Leser einen Abschnitt nach der Nummer oder nach Ebene und Titel sucht. John meint, dass kaum ein Leser nach einer Nummer in einem Inhaltsverzeichnis sucht. Er würde deshalb jede Ebene etwas mehr einrücken als die vorherigen, sodass der Leser der Spalte der gewünschten Ebene von oben nach unten folgen kann. Word erstellt diese Art Inhaltsverzeichnis automatisch, wenn Sie die Einstellungen nicht ändern, aber dem Resultat fehlt der letzte professionelle Schliff. Sie sollten die idealen Tabstopp-Einstellungen so ausarbeiten, dass eine lange Nummer oder Überschrift das Konzept nicht bricht.

Sie müssen so oder so überlegen, was mit langen Überschriften zu tun ist, die über zwei Zeilen reichen. John empfiehlt, den Überschriftentext so zu bearbeiten, dass er in eine Zeile passt. Der Leser kann nichts mit einer solchen langen Überschrift anfangen, vor allem nicht in einem Inhaltsverzeichnis. Für einen wirksamen Informationsaustausch soll eine Überschrift eine Beschriftung und nicht ein Satz sein.

Anpassungen für lange Überschriften

Handelt es sich jedoch um ein Manuskript Ihres Professors, der über Ihre weitere Anstellung entscheidet, werden Sie die Überschrift doch sein lassen. In diesem Fall stellen Sie sicher, dass die Verzeichnis-Formatvorlagen mit einem hängenden Einzug definiert sind, genau wie bei den Überschriftenformatvorlagen. Wenn *Automatisch aktualisieren* für die Verzeichnisformatvorlagen gemäß unserer Empfehlung noch aktiviert ist, können Sie die Tabstopps und Einzüge schnell und bequem im Lineal anpassen. Scheuen Sie nie davor zurück, kurz vor dem Ausdruck eines Inhaltsverzeichnisses kleinere, direkte Korrekturen in Form einiger fester Zeilenschaltungen oder Seitenumbrüche vorzunehmen. Unter diesem Umstand vergessen Sie aber bitte nicht, die TOC-Feldfunktion mit Strg+F11 gegen die Aktualisierung zu sperren, sonst verschwinden diese Formatierungen. (Strg+Umschalt+F11 hebt die Sperrung wieder auf).

Falls die lange Überschrift im Inhaltsverzeichnis immer noch unpassend aussieht, kann der Eintrag in einem TC-Feld mit einem passenderen Text definiert werden. Vergessen Sie dann nicht, der Überschrift eine spezielle Formatvorlage zuzuweisen, sodass sie nicht in das Inhaltsverzeichnis aufgenommen wird (TC-Feldfunktionen werden in Word-Hilfedateien ausreichend erklärt).

Viele Leute bevorzugen einen kleinen Abstand zwischen den Füllzeichen und der Seitennummer am rechten Rand. Die Seitennummer ist mit einem rechtsbündigen Tabstopp ausgerichtet. Sie müssen den Verzeichnis-Formatvorlagen einen links ausgerichteten Tabstopp ungefähr 20 Punkte (ein halben Zentimeter) vor dieser Position hinzufügen. Ferner ist der rechte Tabstopp ohne Füllzeichen neu festzulegen.

Abstand Füllzeichen-Seitennummer

Leider ist es nicht möglich, die TOC-Feldfunktion mit einem zweiten Tabzeichen zwischen Überschriftentext und Seitenzahl auszustatten. Sie können es jedoch manuell einfügen. *Suchen und Ersetzen* ist für diese Aufgabe nur begrenzt hilfreich, da bei der Suche nach einem Tab-Zeichen, um es durch zwei zu ersetzen, auch die Tab-Zeichen am Anfang der Zeilen gefunden werden. Auch hier spart ein kleines Makro, wie in Listing 4.3, Zeit und Nerven.

Diese Prozedur durchläuft jeden Absatz des ersten Inhaltsverzeichnisses in einem Dokument. Das Absatzende wird ermittelt, dann von dort in Richtung Absatzanfang die erste Position, die weder eine Ziffer noch eine Absatzmarke ist. Dort wird ein Tab-Zeichen eingefügt. Da der Verzeichnisbereich auch die folgende Absatzmarke mit einbezieht, wird die allerletzte Handlung rückgängig gemacht. Wenn Sie vor dieser Bearbeitung das Verzeichnis aktualisieren lassen möchten, entfernen Sie die Auskommentierung der vierten Zeile. Es wäre auch möglich, das Verzeichnis gegen unbeabsichtigte Aktualisierungen zu sperren (die dritte und die zweitletzte Zeile).

Listing 4.3:
Einen zweiten Tabstopp am Ende jeder Zeile eines Verzeichnisses einfügen, um die Seitenzahl von den Füllzeichen optisch abzusetzen

```
Sub DoppelteTabsImTOC()
    Dim para As Word.Paragraph, rngTOC As Word.Range, rngPara As Word.Range
    'ActiveDocument.TablesOfContents(1).Range.Fields(1).Locked = False
    'ActiveDocument.TablesOfContents(1).Update
    Set rngTOC = ActiveDocument.TablesOfContents(1).Range
    For Each para In rngTOC.Paragraphs
        Set rngPara = para.Range
        rngPara.Collapse wdCollapseEnd
        rngPara.MoveEndWhile CSet:="0123456789" & vbCr, Count:=-4
        rngPara.InsertAfter vbTab
    Next para
    ActiveDocument.Undo 1
    'ActiveDocument.TablesOfContents(1).Range.Fields(1).Locked = True
End Sub
```

Den Code aus Listing 4.3 finden Sie in der Datei *List04_03.bas* im Ordner *\Buch\Kap04* auf der CD zum Buch.

Füllzeichen anpassen

Noch eine Anpassung, die Sie im Inhaltsverzeichnis vielleicht vornehmen möchten, ist die vom Tab-Zeichen generierten Füllzeichen als »nicht fett« zu formatieren. Falls eine Verzeichnis-Formatvorlage als *Fett* formatiert wurde, erscheinen auch die Füllzeichen fett formatiert. Das ist unschön. Hier kann *Suchen und Ersetzen* Abhilfe schaffen:

Suchen nach: ^t [mit Fettformatierung]
Ersetzen durch: [nicht-fett Formatierung]

Dieser Vorgang kann in einem Makro aufgezeichnet werden, das am Ende der Prozedur in Listing 4.3 aufgerufen wird.

HINWEIS Wenn Sie noch nicht so vertraut mit *Suchen und Ersetzen* sind, schlagen Sie im ▶ Kapitel 7 nach.

Die Index-Formatierung

Über Index-Formatvorlagen gibt es eigentlich wenig zu sagen. Words standardmäßige Einstellungen sind allgemein angebracht. Bei der Diskussion der Erstellung eines Indexes in ▶ Kapitel 5 werden wir darauf zurückkommen, da die Definition der Formatvorlagen steuert, ob ein Index mit Einzügen erstellt wird, in einer oder zwei Spalten.

Inkonsistenz bei Formatierungen

Word 2002 hat die neue Funktionalität *Formatierung mitverfolgen*. Wenn sie aktiviert ist, steht auch *Inkonsistenz bei Formatierungen markieren* zur Verfügung (*Extras/Optionen/Bearbeiten*). Formatierungsabweichungen werden mit blauen Wellenlinien angezeigt. Mehr zum Thema befindet sich in der Word-Hilfe.

Dieses Feature ist für Leute gedacht, die sich weigern, Formatvorlagen zu benutzen. Es ist aber auch sehr hilfreich, um ein von einer Drittperson erhaltenes Dokument schnell umzuformatieren.

Formatvorlagen und Nummerierung

Die Einschaltung dieser Funktionalität kann die Geschwindigkeit von Word erheblich beeinträchtigen.

HINWEIS

Direkte Formatierungen aufspüren und ändern

Die Textstellen, bei denen der Autor direkte Formatierungen benutzt hat, werden hervorgehoben. Falls Sie feststellen, dass jemand so im Dokument herumgespielt hat, wäre es vielleicht keine schlechte Idee, die mit dieser Formatvorlage formatierten Absätze zurückzusetzen. In Word 2002 geht das ganz leicht mit dem Eintrag *Alle n Instanzen auswählen* im Dropdownfeld der betreffenden Formatvorlage im Aufgabenbereich. So können Sie gleichzeitig alle Absätzen markieren und die Formatvorlage erneut zuweisen. (Oder, wenn es sich um eine Liste handelt, das in diesem Kapitel beschriebene Vorgehen ausführen.)

Für frühere Versionen, die die Markierung nicht zusammenhängender Textstellen nicht unterstützen, hilft Johns Makro in Listing 4.4. Bitte beachten Sie, dass in jedem Fall auch alle mit Zeichenformatvorlagen vorgenommenen Formatierungen entfernt werden.

```
Sub ResetSpecifiedStyle()
    Dim aPara As Paragraph
    StyleNametoFind = InputBox("Welche Formatvorlage?", _
        "Formatvorlage zurücksetzen", Selection.ParagraphFormat.Style)
    If StyleNametoFind <> "" Then
        For Each aPara In ActiveDocument.Paragraphs
            If aPara.Style = StyleNametoFind Then
                aPara.Range.Font.Reset
                aPara.Format.Reset
            End If
        Next aPara
    End If
    MsgBox "Vorgang abgeschlossen", vbInformation, "Formatvorlage zurücksetzen"
End Sub
```

Listing 4.4: Absatzformatierungen zurücksetzen: Alle direkten Formatierungen sowie Zeichenformatvorlagen werden von den Absätzen entfernt, die mit der angegebenen Formatvorlage formatiert wurden

Den Code aus Listing 4.4 finden Sie in der Datei *List04_04.bas* im Ordner *\Buch\Kap04* auf der CD zum Buch.

Nummerierung

Die automatische Nummerierungsfunktionalität in Word ist nicht einfach zu begreifen, zum Teil, weil Word versucht, die Komplexität, die viele Benutzer abschrecken würde, zu verbergen. Zu wenige Informationen liegen vor, um die darunter liegende Wirkungsweise der Features zu erklären, sodass wir daraus Schlüsse ziehen müssen, wie das Ganze in Wirklichkeit funktioniert. Wir sitzen da, mit zahlreichen Fadenenden in den Händen, die nirgendwohin führen...

Dieses Thema ist ein »Kopfzerbrecher«. Wir werden daher versuchen, die Problematik zu beschreiben, sodass Sie bewusst und möglichst erfolgreich mit der Nummerierung umgehen können. Deshalb hier zunächst ein paar Hintergrundinformationen.

Die Nummerierung bis zu Word für Windows 2.0 wurde entweder durch Feldfunktionen gesteuert oder mit einem internen Makro als statischer Text erzeugt. Erst mit Version 6.0 wurde eine automatische Nummerierung, ähnlich der, wie wir sie heute kennen, eingeführt. Diese war zwar in der Flexibilität etwas begrenzt, dafür aber berechenbar und sehr zuverlässig.

Die bis heute geltende Nummerierungsfunktionalität bekamen wir in Word 97. Wie ihr Vorgänger basiert sie auf den Prinzipien von OLE und wird durch »Pointers« (Zeiger) innerhalb des binären Formats einer Word-Datei gesteuert und verwaltet.

Die alten Methoden aus Word 2.0 sind noch gültig: man kann selbstverständlich alle Nummern direkt und statisch eintippen – was viele Benutzer aus purer Verzweifelung auch tun. Und auch die Nummerierung durch Feldfunktionen funktioniert weiterhin. Da diese immer noch die berechenbarste und stabilste Art dynamischer Nummerierung darstellt und für gewisse Aufgaben auch von Word selbst benutzt wird, stellen wir sie zuerst kurz vor.

Nummerierung mit Feldfunktionen

Die Feldfunktionen Page und Seq sorgen in Word für die fortlaufende Nummerierung von Seitenzahlen und Beschriftungen. Seq sowie ListNum und die verschiedenen AutoNum-Feldfunktionen stehen auch dem Benutzer für seine eigenen Zwecke zur Verfügung.

Da die Nummerierung mit Feldfunktionen für die meisten Benutzer eher umständlich ist, ist sie für die professionelle Dokumenterstellung im Team nicht unbedingt empfehlenswert. Sie kann jedoch gewisse Probleme lösen und gehört deshalb zum Repertoire eines Word-Profis.

Falls Sie Dokumente und Vorlagen für mehrere Versionen und Umgebungen erstellen, denken Sie daran, dass AutoNum und Seq von allen Versionen von Word, zurück bis Word 6.0, erkannt werden; während ListNum erst seit Word 97 verfügbar ist und von früheren Versionen entsprechend (nicht) interpretiert wird.

AutoNum-Feldfunktionen

Die Formatierungsmöglichkeiten sind etwas begrenzt, aber für den Benutzer sind diese die einfachsten einzusetzenden Nummerierungsfeldfunktionen. Es gibt derer drei: AutoNum, AutoNumLgl sowie AutoNumOut.

Alle drei arbeiten mit Words Überschriftenformatvorlagen zusammen und erkennen deren Gliederungsebenen. Die Nummerierung im Dokument ist fortlaufend. Wenn eine dieser Feldfunktionen im Textkörper steht, einer nummerierten Überschrift folgend, beginnt die Nummerierung erneut mit »1«. Stehen sie in Überschriftenabsätzen, erzeugen sie im Dokument eine fortlaufende Gliederung.

Die einzelnen Feldfunktionen unterscheiden sich vor allem im Zahlenformat, das für die verschiedenen Gliederungsebenen angezeigt wird:

- **AutoNum** zeigt lediglich eine Zahl an, deren Format (Arabisch, römisch usw.) mit einem Formatierungsschalter festgelegt werden kann.

- **AutoNumLgl** (»Lgl« steht für »Legal«, die Rechtswissenschaft) nummeriert im Format 1., 1.1., 1.1.1. usw. Hier kann lediglich wahlweise der letzte Punkt durch Hinzufügen des \e-Schalters weggelassen werden; das Zahlenformat ist jedoch festgeschrieben. Das Trennzeichen zwischen den Zahlen kann mit dem Schalter \s festgelegt werden.

- **AutoNumOut** (»Out« steht für »Outline«, die Gliederung) nummeriert im Format I, A, 1, a usw. – im klassischen Gliederungsformat, also. Es bestehen keine Anpassungsoptionen.

Die Hilfetexte seit Word 97 versuchen uns zu überzeugen, dass diese Feldfunktion vollumfänglich durch ListNum ersetzt wurde. Die Funktionalität von ListNum ist jedoch nicht die Gleiche.

SEQ-Feldfunktion

Das »Seq« steht für »Sequenz« oder eine Serie. Dieser Name verrät auch die hohe Flexibilität dieser Feldfunktion: Sie können beliebig viele Nummerierungsserien oder -listen in einem Dokument definieren. Jede davon kann über die Formatierungsschalter unabhängig und direkt verwaltet werden. Wie schon erwähnt, benutzt Word Seq Feldfunktionen für Beschriftungen; in diesem Fall bestimmt die Bezeichnung (Abbildung, Tabelle usw.) die Nummerierungsserie. Word ist auf Seq-Felder »sensibilisiert« und kann für jede Serie ein Verzeichnis und für jedes Element einer Serie einen Querverweis erstellen.

Im Gegensatz zu den AutoNum-Feldfunktionen reagieren Seq-Feldfunktionen nicht auf Überschriftenformatvorlagen und Gliederungsebenen. Sie generieren – wie AutoNum-Felder – nur eine einzige Zahl in dem vom Formatschalter vorgegebenen Zahlenformat. Mehr über diese Formatschalter erfahren Sie in der Word-Hilfe unter »Feldschalter "Format (*)"«, Zifferumwandlung, sowie im ▶ Anhang A. Zur eigentlichen Feldfunktion schlagen Sie unter »Feldfunktionen: Seq« nach.

Um SEQ-Felder für Überschriften- oder Gliederungsnummerierungen zu benutzen, braucht man eine Kombination von mehreren Feldfunktionen: je eine pro Gliederungsebene; wobei jede Ebene eine eigenständige Serie bildet. Wird ein Eintrag mit einer höheren Ebene eingefügt, muss die Nummerierung der tieferen Ebene wieder mit »1« beginnen. Das Ganze kann also etwas kompliziert werden. Wenn wir so etwas brauchen, erstellen wir am liebsten einen Satz AutoText-Einträge und eine eigens dafür vorgesehene Symbolleiste.

Die Abbildung 4.8 veranschaulicht die Feldkombinationen für drei Ebenen. Diese Datei steht auf der CD als *Bsp04_01.dot* im Ordner *\Buch\Kap04* zur Verfügung. Beachten Sie insbesondere:

- den \r-Schalter, um die Nummerierung zurückzusetzen;
- den \c-Schalter, um die vorherige Nummer in der Sequenz zu wiederholen;
- die umgebende Quote-Feldfunktion. Diese könnte weggelassen werden, hilft aber, beim Markieren und Kopieren die ganze Kombination zusammenzuhalten.

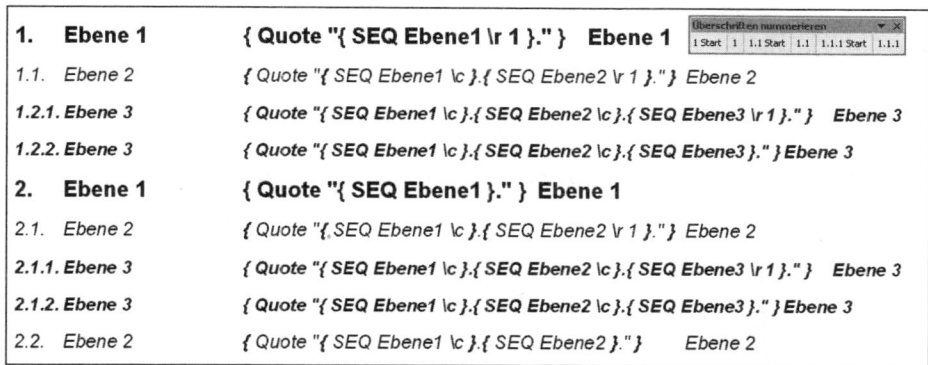

1.	**Ebene 1**	**{ Quote "{ SEQ Ebene1 \r 1 }." }**	**Ebene 1**
1.1.	*Ebene 2*	*{ Quote "{ SEQ Ebene1 \c }.{ SEQ Ebene2 \r 1 }." }*	*Ebene 2*
1.2.1.	*Ebene 3*	*{ Quote "{ SEQ Ebene1 \c }.{ SEQ Ebene2 \c }.{ SEQ Ebene3 \r 1 }." }*	*Ebene 3*
1.2.2.	*Ebene 3*	*{ Quote "{ SEQ Ebene1 \c }.{ SEQ Ebene2 \c }.{ SEQ Ebene3 }." }*	*Ebene 3*
2.	**Ebene 1**	**{ Quote "{ SEQ Ebene1 }." }**	**Ebene 1**
2.1.	*Ebene 2*	*{ Quote "{ SEQ Ebene1 \c }.{ SEQ Ebene2 \r 1 }." }*	*Ebene 2*
2.1.1.	*Ebene 3*	*{ Quote "{ SEQ Ebene1 \c }.{ SEQ Ebene2 \c }.{ SEQ Ebene3 \r 1 }." }*	*Ebene 3*
2.1.2.	*Ebene 3*	*{ Quote "{ SEQ Ebene1 \c }.{ SEQ Ebene2 \c }.{ SEQ Ebene3 }." }*	*Ebene 3*
2.2.	*Ebene 2*	*{ Quote "{ SEQ Ebene1 \c }.{ SEQ Ebene2 }." }*	*Ebene 2*

Äußerst wichtig, wenn Sie SEQ-Felder für die Nummerierung einsetzen – egal, ob für Beschriftungen, Listen oder Gliederungen – ist die Aktualisierung. Um sicher zu stellen, dass die Nummerierung im gesamten Dokument korrekt ist, müssen alle Feldfunktionen gleichzeitig aktualisiert werden. Wir setzen dazu Strg+A, F9 ein. (AutoNum- und ListNum -Feldfunktionen werden von Word automatisch aktualisiert.)

HINWEIS Mehr Beispiele für den Einsatz von Seq-Felder finden Sie im ▶ Kapitel 8.

Diese ist die leistungsfähigste der drei Arten von Feldfunktionen, aber die schwierigste für den Benutzer.

ListNum-Feldfunktion

Die ListNum-Feldfunktion wurde in Word 97 eingeführt, um die AutoNum-Feldfunktionen zu ersetzen. Bezüglich der Nummerierung von Überschriften und Listen im Textkörper verhält sie sich ähnlich wie die AutoNum-Feldfunktionen.

ListNum hat jedoch zusätzliche Funktionalität. Mit den Schaltern \l und \s können die Ebene bzw. die Startnummer festgelegt werden, um das standardmäßige Verhalten aufzuheben.

Mittels des Arguments *Name* werden die Felder einer bestimmten Listenvorlage zugewiesen. Sie eignen sich dann die Zahlen- und Gliederungsformate dieser an und spiegeln sie im Text wider. Deshalb würde eine ListNum-Feldfunktion genügen, um die drei verschiedenen AutoNum-Feldfunktionen zu ersetzen.

Um ListNum-Felder mit einer Liste zu verbinden, sodass beispielsweise die Nummerierung mitten im Absatztext fortgesetzt wird, gehen Sie wie folgt vor:

- Positionieren Sie die Einfügemarke in der nummerierten Liste.
- Rufen Sie den Menübefehl *Format/Nummerierung und Aufzählungszeichen* auf und aktivieren Sie die Registerkarte *Gliederung* (das Vorschaubild, das der Liste entspricht, ist markiert).
- Klicken Sie auf *Anpassen*.
- Klicken Sie auf die Schaltfläche *Erweitern*.
- Geben Sie eine Bezeichnung, die dem Argument *Name* entspricht, in das Feld *ListenNr-Feldliste* ein.
- Schließen Sie die geöffneten Dialogfelder der jeweils über *OK*.

Jedes Mal, wenn Sie eine `ListNum`-Feldfunktion mit diesem Namen einfügen, wird die Liste im Dokument an dieser Stelle fortgesetzt, wie Abbildung 4.9 veranschaulicht. Hier ist in der letzten Zeile die Feldfunktion mit der Liste für die Überschriften verbunden.

Abbildung 4.9:
Die Nummerie-rung innerhalb eines Absatzes fortführen

1) Der erste Schritt: a) ein untergeordneter Schritt; b) noch ein untergeordneter Schritt in diesem Absatz.
2) Der zweite Schritt.
3) In diesem Absatz wird die Überschriftnummerierung fortgesetzt: Kapitel 2

1) Der erste Schritt: { ListNum } ein untergeordneter Schritt; { ListNum } noch ein untergeordneter Schritt in diesem Absatz.
2) Der zweite Schritt.
3) In diesem Absatz wird die Überschriftnummerierung fortgesetzt: { ListNum Üb }

Die in Abbildung 4.9 abgebildete Beispieldatei finden Sie unter dem Namen *Bsp04_03.doc* im Ordner *\Buch\Kap04 auf der Buch-CD.*

WICHTIG

Es ist jedoch nur eine solche Verbindung im Dokument möglich. Und zwar wird die zuletzt definierte immer von Word verwendet, egal, welcher Name im Feld steht. `List-Num`-Felder ohne *Name*-Argument passen sich der Liste, worin sie sich befinden, an. Sobald der Befehl *Neu nummerieren* oder *Nummerierung fortsetzen* ausgeführt wird, geht die Verbindung verloren; sie ist also von nur begrenztem Wert. `ListNum` stellt auf keinen Fall einen Ersatz für `Seq` dar.

Und das bringt uns zum nächsten Abschnitt: den Umgang mit automatischen Nummerierungen.

Die automatische Nummerierung

Die Nummerierung in Word wird von Listenvorlagen kontrolliert, die in der letzten Absatzmarke eines Dokuments gespeichert werden. Eine Listenvorlage ist eine binäre Struktur im Dokument, die alle Formatierungen für eine Liste speichert. Wir haben darauf in der Benutzeroberfläche keinen direkten Zugriff, wir sehen nur die Einstellungen von 21 davon in den Vorschaubildern unter *Format/Nummerierung und Aufzählungszeichen*: je sieben für die Registerkarten *Aufzählungszeichen*, *Nummerierung* und *Gliederung*.

Listenvorlagen

Wenn Sie ein neues Dokument von einer unveränderten Kopie *Normal.dot* auf einer sauberen Installation von Word öffnen, sind die Vorschaubilder mit den Word-eigenen, standardmäßigen Listenformatierungen belegt. Diese stehen jedem Dokument zur Verfügung. Die zuletzt benutzten, inklusiv benutzerdefinierten, Listenvorlagen werden auch in der WindowsRegistrierung gespeichert und in den Vorschaubildern angezeigt. Es ist also gar nicht gesagt, dass eine Listenvorlage, die Sie auf ihrem Rechner sehen, beim Öffnen des gleichen Dokuments auf einem anderen Computer vorhanden sein wird!

Um an die ursprünglichen Word-eigenen Listen zu gelangen, klicken Sie auf jedes Bild und dann auf die Schaltfläche *Zurücksetzen* (sofern diese aktiv ist, ansonsten sehen Sie bereits die korrekte Einstellung).

In einem Word-Dokument haben Sie – entweder über das Dialogfeld oder über VBA – Zugriff auf die ursprünglichen 21, die zuletzt auf diesem Rechner gebrauchten Listenformatierungen sowie jede Listenvorlage, die der Benutzer während der Arbeit in diesem Dokument definiert hat. Letztere speichert Word im Dokument.

TIPP Speichern Sie ein solches Dokument im RTF- oder HTML-Dateiformat, werden die Definitionen dieser Listenvorlagen sichtbar. Ob sie allerdings verständlich sind, wenn das Dokument als »nur Text« geöffnet wird, ist eine andere Frage. Falls Sie Lust auf solche Lektüre haben, aktivieren Sie *Konvertierung beim Öffnen bestätigen* in *Extras/Optionen/Allgemein*, dann die RTF- oder HTML-Datei öffnen.

Jedes Mal, wenn ein Vorschaubild im Dialogfeld *Nummerierung und Aufzählungszeichen* gewählt und einer Textstelle zugewiesen wird, erstellt Word im Dokument eine neue Listenvorlage. Wenn Sie Ihre Meinung sechs Mal ändern und eine Markierung mit sechs verschiedenen Vorschaubildern nummerieren, haben Sie gerade sechs Listenvorlagen im Dokument generiert. Wenn Sie die `ListNum`-Feldfunktion in einem Dokument einfügen, werden vier neue Listenvorlagen erstellt. Jedes Mal, wenn Sie die `ListNum`-Feldfunktion durch das *Name*-Argument mit einer Liste verbinden, erstellt Word noch eine Listenvorlage.

Die Zuweisung einer schon verwendeten Listenformatierung zu einer neuen Textstelle erstellt keine neue Listenvorlage ... bis Sie in das Dialogfeld zurückkehren und *Neu nummerieren* aktivieren. Dann erhalten Sie eine zweite neue Listenvorlage.

Was, fragen Sie, ist daran so schlimm?

Leider ist es nicht möglich, unbenutzte Listenvorlagen zu löschen. Weder in der Benutzeroberfläche noch durch VBA. Und wenn deren Anzahl eine kritische Masse erreicht, verabschiedet sich das Word-Dokument. Es mag die Komplexität nicht mehr bewältigen. Dieses Problem erreichte in Word 97 und Word 2000 ein solches Ausmaß, dass Microsoft einen Hotfix für Word 2000 entwickelte, um ungenutzte Listenvorlagen automatisch aus einem Dokument zu entfernen, sobald sich einige hundert angesammelt haben. Dieser Hotfix ist fester Bestandteil von Word 2002. Dennoch sind viele von uns vielleicht etwas unruhig, wenn wir ein Dokument mit Nummerierung in Arbeit haben.

Dokument-beschädigungen entfernen Es gibt eine, allerdings umständliche, Methode, unbenutzte Listenvorlagen zu entfernen: kopieren Sie den Dokumenttext – ohne die letzte Absatzmarke – in ein neues Dokument. Die gleiche Handlung, also, um Dokumentbeschädigung zu entfernen.

Am besten ist es allerdings, unnötige Listenvorlagen gar nicht erst zu erstellen.

TIPP Um festzustellen, wie viele Listenvorlagen sich in einem Dokument befinden, blenden Sie im VB-Editor über Strg+G das Fenster *Direktbereich* ein. Geben Sie `?ActiveDocument.ListTemplates.Count` ein und drücken dann die Eingabetaste.

Listen in der Dokumentstruktur

Wenn das nur alles wäre, was in der Dokumentstruktur schief gehen könnte, wäre das Ganze nur halb so schlimm. Der andere kritische Faktor ist, dass die »Zeiger«, die die Listenformatierung mit den verwaltenden Strukturen verbinden, gebrochen werden oder gar durcheinander geraten. Und damit geraten Absatz- und Nummerie-rungsformatierungen durcheinander.

Um eine Liste zu erstellen und zu verwalten, weist Word jedem Absatz der Liste einen Zeiger zu. Der Zeiger verbindet die Liste mit der zugewiesenen Listenvorlage. Wir verstehen nicht, warum Microsoft diese Methode gewählt hat; so hätten wir die Aufgabe nicht gelöst. Aber es macht Aufzählungen und Nummerierungen flexibler als in Word 6.0/95, und mit den Listenformatvorlagen wird die Funktionalität endlich einigermaßen verwendbar. Klagen wir also nicht allzu laut.

Die Abbildung 4.10 wird helfen, das Prinzip zu veranschaulichen.

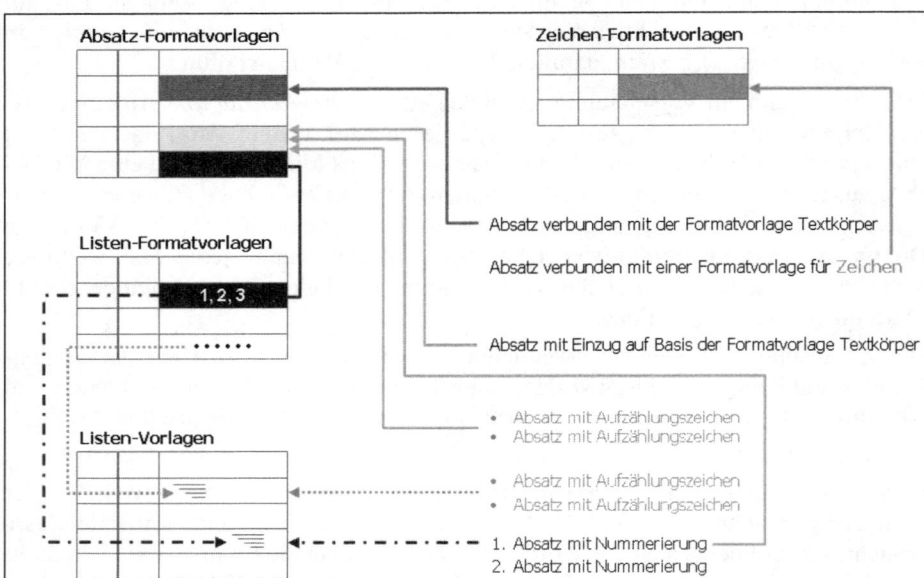

Abbildung 4.10:
Die vier Tabellen oben und links stehen für die Verwaltungsta-bellen in der Dokumentstruk-tur. Die Pfeile zeigen, wie die Absatzformatie-rungen (rechts) mit den Informa-tionen in den Tabellen, und wie die Tabellen untereinander verbunden sind.

Die vier Tabellen in Abbildung 4.10 stehen für die Verwaltung von vier Arten von Formatvorlagen in der Dokumentstruktur. Die Pfeile zeigen, wie die Formatierungen im Text (rechts) mit diesen Tabellen verknüpft sind. Ferner zeigen die Pfeile zwischen den Tabellen die Beziehungen zwischen Listen-Formatvorlagen (wie die Vorschaubil-der), Listenvorlagen und Absatz-Formatvorlagen.

Die Listenvorlagen werden anhand einer Listen-Formatvorlage erstellt. Falls eine Lis-ten-Formatvorlage mit einer Absatz-Formatvorlage verknüpft ist (Strich-Punkt-Linie), besteht auch eine Beziehung zwischen der Tabelle der Absatzformatvorlagen und derjenigen für Listen-Formatvorlagen. Die Listenformatierung im Text ist mit der Tabelle für Listenvorlagen verknüpft. Die Textformatierung der gleichen Absätze ist gleichzeitig mit den Absatzformatvorlagen sowie Zeichenformatvorlagen-Tabellen verknüpft. Die Listen-Formatvorlagen haben keine direkte Verbindung zum Doku-menttext.

Listenvorlagen

So sieht es im Inneren eines Dokuments idealerweise aus.

Wenn etwas schief geht, wird das Ganze unangenehm. Falls der Benutzter direkte Formatierung statt Formatvorlagen benutzt hat, kann es vorkommen, dass ein Absatz unabhängige, direkte Zeiger auf alle Tabellen hat. Was wir als die (Absatz-) »Format-

Vermeiden Sie direkte Formatie-rungen

vorlage« betrachten, kann von uns geändert werden, wird aber keinen Einfluss mehr auf den mit Nummerierung oder Aufzählungszeichen formatierten Text haben.

Es ist nämlich so, dass einige Eigenschaften, die mit Aufzählungszeichen oder Nummerierung zugewiesen werden, die Einstellungen der Absatzformatierung maskieren. Wir denken vor allem an Einzüge und Tabstopps.

Ein unerfahrener Benutzer wird beispielsweise dieselbe Listenformatierung mehreren Absätzen mit verschieden Absatzformatvorlagen zuweisen und, um das Aussehen zu »korrigieren«, die Absatzformatierung direkt ändern. Sobald Sie sich daran machen, die Listen-Formatvorlagendefinitionen (mit dem Ziel, das Ganze wieder ins Lot zu bringen) zu ändern, merken Sie mit Entsetzen, dass plötzlich andere Absätze »verrückt spielen«.

Wir werden Sie vor einer vollen Beschreibung eines solchen Horrorszenarios verschonen. Aber betrachten Sie Abbildung 4.11, um eine Idee davon zu bekommen, was mit der Dokumentstruktur und den Zeigern passiert, wenn ein unerfahrener Anwender am Werk war. Der Übersicht halber haben wir die Tabelle für Zeichenformatvorlagen weggelassen. Hier sehen Sie eine einzige Liste (die Schritte für die Notabschaltung des Kernkraftwerkes, beispielsweise). Achten Sie insbesondere auf die Absätze, nummeriert mit 3, 4 und 5: Jedes Element ist von allen anderen abgetrennt geworden.

Abbildung 4.11: Die Verknüpfungen in der Dokumentstruktur geraten völlig durcheinander, wenn direkte Formatierungen statt Formatvorlagen verwendet werden

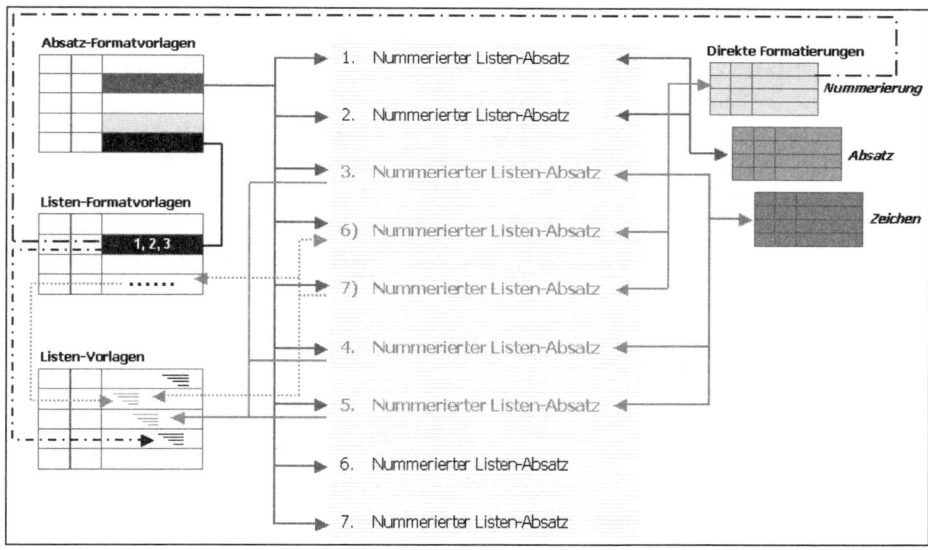

Diese Veranschaulichung wurde gegenüber der Wirklichkeit etwas vereinfacht. Allgemein gilt: Wenn Sie ein Dokument in einem ähnlichen Zustand erhalten, sind Sie gut beraten, folgende Schritte auszuführen:

1. Markieren Sie die Liste.

2. Drücken Sie die Tasten Strg+Q, um direkte Absatzformatierungen zu entfernen.

3. Drücken Sie die Tasten Strg+Leertaste, um direkte Zeichenformatierungen zu entfernen.

4. Definieren Sie, falls nötig, die *Textkörper*-Formatvorlagen neu.

---

5. Passen Sie eventuell die Listen-Formatvorlage an.

6. Weisen Sie die Absatzformatvorlage (verknüpft mit der Listenformatvorlage) zu.

Nachdem Sie nun eine Ahnung haben, auf welche Fallen Sie achten müssen, zeigen wir, wie Sie ihnen aus dem Wege gehen.

Die Nummerierung mit Formatvorlagen

Das erste Gebot lautet: Niemals die Registerkarten *Aufzählungszeichen*, *Nummerierung* und *Gliederung* im Dialogfeld *Format/Nummerierung und Aufzählungszeichen* zu benutzen und niemals die entsprechenden Symbolschaltflächen anzuklicken. Für die Versionen Word 97 und Word 2000 bedeutet das, diesen Befehl zu vergessen oder sogar zu entfernen. In Word 2002 steht uns noch die Registerkarte *Listenformatvorlagen* zur Verfügung, die unter Umständen eingesetzt werden kann.

Wenn Sie sich dieser Schnittstellen bedienen, wird die Nummerierung als direkte Formatierung zugewiesen, so als hätten Sie den Menübefehl *Format/Zeichen* benutzt, um Text mit einer Farbe zu versehen oder als Fett zu formatieren. Und, wie wir schon nachdrücklich darauf hingewiesen haben, ist die direkte Formatierung in professionellen Dokumenten »verboten«. Was für Zeichen- und Absatzformatierung gilt, gilt mehrfach für Listenformatierungen: Die Formatierung über Formatvorlagen steuern und verwalten.

In Versionen vor Word 2002 müssen Sie die Liste als Teil einer Absatzformatvorlage definieren. In der Dropdownliste der Schaltfläche *Format* des Dialogfelds *Format/Formatvorlage/Bearbeiten*, wählen Sie den Eintrag *Nummerierung* und nehmen die Definition vor. Wenn die Formatvorlage dem Text zugewiesen wird, erscheint automatisch die Nummerierung. Bitte beachten Sie, dass die Nummerierung nicht wirklich Teil der Absatzformatvorlage ist; es besteht nur eine Verbindung zur Listenvorlage, die durch die Definition des Nummerformats erstellt wurde.

Vor Word 2002: Liste als Teil einer Absatzformatvorlage definieren

Wird die Formatvorlage einer anderen Textstelle zugewiesen, erscheint die Nummerierung zunächst fortlaufend. Und nun dürfen Sie *Nummerierung und Aufzählungszeichen* einblenden – um *Neu nummerieren* zu aktivieren. Im Gegensatz zum früheren beschriebenen Verhalten, wenn die Liste direkt formatiert wird, enthält das Dokument immer noch eine einzige Listenvorlage und nicht zwei.

Mehr noch: Wenn Sie jetzt Ihre Meinung ändern und das Nummerierungsformat anders aussehen soll, kann es geändert werden, ohne eine neue Listenvorlage zu erzeugen. Gehen Sie nochmals über *Format/Formatvorlage/Bearbeiten/Format/Nummerierung*. Auf der Registerkarte *Nummerierung* klicken Sie auf *Anpassen* und nehmen die gewünschten Änderungen vor. (Sie dürfen auf keinen Fall ein anderes Vorschaubild in der Galerie wählen!) Die Listenvorlage wird geändert, und zwar für alle Textstellen im Dokument, die mit der Formatvorlage formatiert wurden. So geht's in Word 97 und Word 2000.

Um die Nummerierung für eine Gliederung oder für Überschriften zu kontrollieren, brauchen Sie eine Absatzformatvorlage für jede Ebene (die Word-Überschriftenformatvorlagen sind beispielsweise schon vorhanden und nutzbar). Im Dialogfeld *Gliederung anpassen* wird jede Ebene mit der passenden Formatvorlage verbunden.

Die notwendigen Schritte werden einzeln und im Detail, mit Abbildungen, im nächsten Abschnitt vorgestellt. Obwohl sich die Erläuterungen auf Listenformatvorlagen beziehen, bleibt die Vorgehensweise im Dialogfeld *Gliederung anpassen* die Gleiche.

Ein zusätzlicher Vorteil dieser Methode ist, dass kopierte Listen ihre Nummerierungsformate behalten, wenn der Name der Formatvorlage nicht bereits im Zieldokument vorhanden ist. Die Neunummerierungen werden aber wahrscheinlich verloren gehen.

TIPP Es gibt für dieses Problem keine echte Lösung, aber wenigstens eine Vorgehensweise, die eine Neunummerierung zuverlässig kopieren lässt. Sie eignet sich allerdings weniger für den professionellen Einsatz, wie in diesen Kapiteln diskutiert wird. So viel wir wissen, wurde sie erstmals von Margaret Aldis in den Word Newsgroups vorgestellt.

Sie brauchen eine Absatzformatvorlage für jede Gliederungsebene, sowie eine zusätzliche, um die Neunummerierung auszulösen. Erstellen Sie die Absatzformatvorlagen für die Gliederungsebenen. Sie dürfen alle gleich aussehen und sogar auf einander basieren, nur die Namen müssen sich unterscheiden. Dann erstellen Sie die Formatvorlage, die die Neunummerierung auslöst:

- Legen Sie als *Formatvorlage für Folgeabsatz* die Formatvorlage der ersten Gliederungsebene fest.
- Wählen Sie die kleinstmögliche Schriftgröße (etwa 1 pt) und setzen die kleinstmögliche Zeilenhöhe (etwa 0,7 pt).
- Unter *Nummerierung* wählen Sie das Vorschaubild, das Ihren Vorstellungen für die Gliederung am nächsten kommt, und klicken dann auf *Anpassen*.
- Nun klicken Sie *Erweitern* an, sodass das ganze Dialogfeld sichtbar ist. Für die *Ebene 1* soll bereits diese Formatvorlage in *Verbinden mit Vorlage* stehen.
- Entfernen Sie alles im Feld *Zahlenformat* und legen Sie *Zahlenformatvorlage* auf den Eintrag *(ohne)* fest.
- Verbinden Sie die *Ebene 2* mit der Formatvorlage für die erste im Dokument erscheinende Gliederungsebene. Alle übrigen Einstellungen für das Aussehen dieser Ebene nehmen Sie ebenfalls vor. Stellen Sie sicher, dass *Neu nummerieren nach* aktiviert und auf die erste Ebene gesetzt ist.
- Verbinden und formatieren Sie die weiteren Gliederungsformatvorlagen.

Um eine neue Liste anzufangen, formatieren Sie einen Absatz mit der »Start«-Formatvorlage und drücken dann die Eingabetaste. Dieser nächste Absatz wird automatisch mit der Formatvorlage der ersten Ebenen (zweite Nummerierungsebene) formatiert. *Neu nummerieren* wird nicht mehr benötigt.

Wenn die Liste kopiert wird, muss sichergestellt sein, dass der kleine Erstebenen-Absatz mit markiert wird.

 Wir haben eine Beispieldatei namens *Bsp04_02.doc* im Ordner \Buch\Kap04 auf der CD bereitgestellt. Sie enthält Formatvorlagen nach diesem Schema (*MeineNeueListe* und *MeineNeueListeStart*).

Word 2002 bietet uns mit Listen-Formatvorlagen eine etwas feinere Kontrolle. Wir werden langsam vorgehen, da die Schritte nicht besonders intuitiv sind. Behalten Sie im Auge, dass diese Funktionalität in Word 2002 ganz neu und daher etwas verbesserungsbedürftig ist. Aber es ist immerhin ein Ansatz.

Listen-Formatvorlagen

Die wichtigste Verbesserung in Word 2002 war die Einführung von Listen-Formatvorlagen. Damit können Sie eine Sammlung von Aufzählungs- oder Nummerierungseigenschaften festlegen und ihnen einen Namen geben. Verknüpfen Sie diese dann mit einer Absatzformatvorlage, ist der größte Teil Ihrer Probleme mit dieser Funktionalität gelöst. Nur Benutzer, die sich jahrelang mit Words Nummerierung abgemüht haben, können schätzen, welch ein Fortschritt dies ist.

Probleme können immer noch vorkommen, vor allem mit Dokumenten, die in früheren Word-Versionen erstellt wurden. Listen-Formatvorlagen geben uns wenigstens eine Chance, diese zu retten und neue Dokumente mit zuverlässigeren Nummerierungen zu erstellen.

Um mit Listen-Formatvorlagen klar zu kommen, müssen wir zuerst verstehen, dass sie alle nummerierungsverwandten Formatierungen in einer »Beschreibung« sammelt. Bei Zuweisung der Listenformatvorlage erstellt Word eine neue Listenvorlage nach dieser Beschreibung, dann formatiert es den Absatz damit.

Das Konzept einer Listen-Formatvorlage ist eigentlich recht einfach: Es ist eine Anleitung, mit der Word eine Listenvorlage erstellen kann. Wenn es einem einmal klar ist, dass eine Listen-Formatvorlage lediglich eine Anleitung ist, die Schablone für eine Formatvorlage statt einer Formatvorlage, wie wir sie bislang kennen, erscheint alles einfacher. Die Listenvorlage weist die Nummerierung zu; die Listen-Formatvorlage erklärt Word lediglich, wie diese zu erstellen ist. Die Listenvorlage kontrolliert die Formatierung.

Konzept der Listen-Formatvorlagen

Listen-Formatvorlagen für Überschriften

Listen-Formatvorlagen vereinfachen die Erstellung einer stabilen und zuverlässigen Überschriftennummerierung. Die Überschriftenformatvorlagen (aus unserem Beispiel) liegen bereit, es bleibt uns nur noch, dafür eine Listen-Formatvorlage zu definieren und diese mit den Überschriftenformatvorlagen zu verknüpfen.

Wie wir gesehen haben, beeinflussen sich Listen-Formatvorlagen, Listenvorlagen und Absatzformatvorlagen gegenseitig. Um alles auseinander zu halten, hilft es, wenn ein Papierausdruck der Formatvorlagendefinitionen vorliegt. Um eine solche Liste auszudrucken, gehen Sie so vor:

1. Wählen Sie den Befehl *Datei/Drucken*.
2. Wählen Sie aus dem Dropdownfeld *Drucken* den Eintrag *Formatvorlagen*.
3. Klicken Sie auf die *OK*-Schaltfläche.

TIPP

Um eine digitale Kopie zu erstellen und zu speichern, müssen Sie einen »Generic Text Only«-Drucker installieren und ihn in eine Datei zu drucken lassen. Im Dialogfeld *Drucken* wählen Sie diesen Drucker und aktivieren das Kontrollkästchen *Ausgabe in Datei*. Word wird Sie auffordern, einen Dateinamen einzugeben und erstellt dann eine **.prn*-Datei.

Wenn Sie diese Datei in Word öffnen, wird der Text kaum lesbar sein, da er durch unzählige Leerzeichen auseinander gezogen wird. Sie können ihn mit einigen aufeinander folgenden *Suchen und Ersetzen*-Durchgängen lesbarer machen:

Druckdatei lesbar machen

1. Aktivieren Sie im erweiterten Dialogfeld *Suchen und Ersetzen* das Kontrollkästchen *Platzhalterzeichen verwenden*.

2. Suchen Sie nach einzelnen Leerzeichen, die zwischen Wörtern stehen und ersetzen sie mit einer Zeichenfolge, die sonst nicht im Text vorkommt. Somit können die Leerzeichen am Schluss wieder hergestellt werden.
   Suchen nach: > < (Leerzeichen zwischen Wörtern)
   Ersetzen durch: ¢

3. Deaktivieren Sie *Platzhalterzeichen verwenden* wieder.

4. Um verborgene ASCII 13-Codes (Absatz-Zeichen) zu entfernen, die zwischen den Wortteilen stehen, wird das Zeichen plus nachfolgenden Leerraum gesucht und durch nichts ersetzt. (Wenn Sie dies nicht tun, ersetzt sie Word mit Absatzzeichen sobald die Datei gespeichert wird und alles bricht auseinander.)
   Suchen nach: `^013^w`
   Ersetzen durch: `[nichts, d.h. Inhalt dieses Feldes löschen]`

5. Statt Word-Absatzzeichen wurde die Datei mit ASCII 10-Zeichen für den Zeilenumbruch erstellt. Diese müssen durch Word-Absatzzeichen ersetzt werden:
   Suchen nach: `^10`
   Ersetzen durch: `^p`

6. Mehrere aneinander gereihte Absatzmarken entfernen:
   Suchen nach: `^p^p^p`
   Ersetzen durch: `[nichts, d.h. Inhalt dieses Feldes löschen]`

7. Nun alle Leerräume (aneinander gereihte Leerzeichen) entfernen (es werden weit über 1.000 sein):
   Suchen nach: `^w`
   Ersetzen durch: `[nichts, d.h. Inhalt dieses Feldes löschen]`

8. Entfernen Sie die Seitenumbrüche:
   Suchen nach: `^m`
   Ersetzen durch: `[nichts, d.h. Inhalt dieses Feldes löschen]`

9. Stellen Sie die Leerzeichen zwischen Wörtern wieder her:
   Suchen nach: ¢
   Ersetzen durch: `[Leerzeichen]`

10. Je nach Version von Windows kann die genaue Zusammenstellung der »ungültigen« Zeichen variieren. Das beschriebene Beispiel gilt für Windows XP. Falls Sie diesen Vorgang öfter wiederholen müssen, zeichnen Sie ihn als Makro auf.

HINWEIS Mehr über Suchen und Ersetzen erfahren Sie im ▶ Kapitel 7.

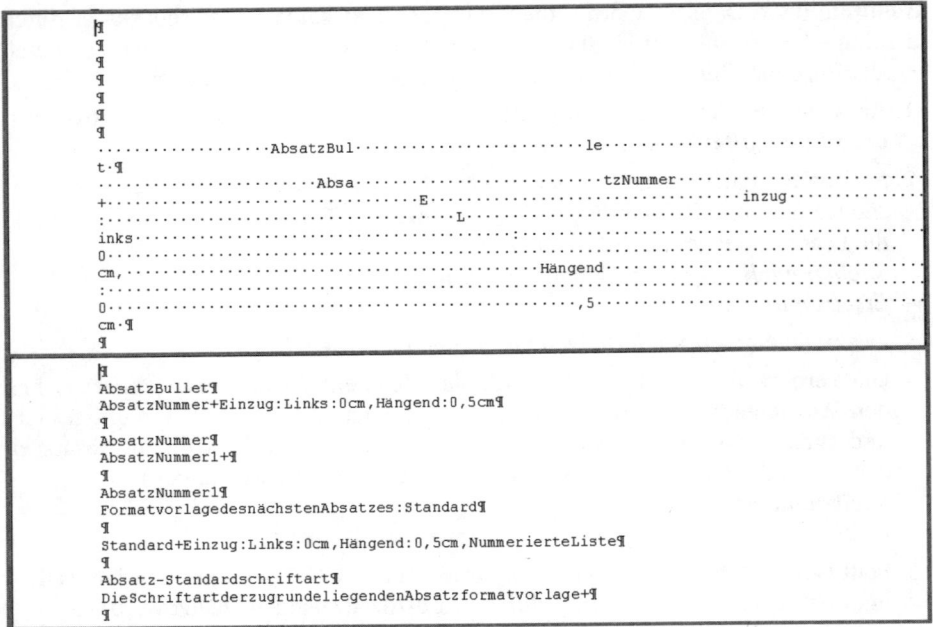

Abbildung 4.12:
Die Druckdatei Formatvorlagen-
liste; *oben vor der Bearbeitung mit* Suchen und Ersetzen; *unten nach der Bearbeitung*

Um mit der Erstellung der Listen-Formatvorlage anzufangen, klicken Sie auf *Neue Formatvorlage* im Aufgabenbereich *Formatvorlagen und Formatierungen*. Wählen Sie *Liste* als *Formatvorlagentyp*. Das Aussehen des Dialogfelds wird sich, wie in Abbildung 4.13 ersichtlich, ändern.

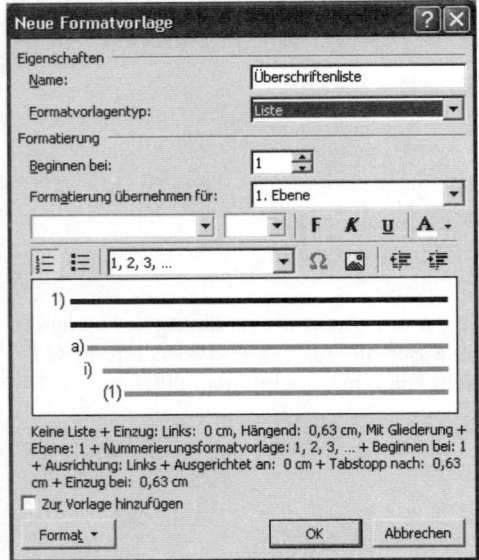

Abbildung 4.13:
Neue Formatvor-
lage: *Alles steht bereit, um eine neue Listen-Formatvorlage zu erstellen*

Mit den Einstellungen in der unteren Hälfte des Dialogfelds versucht Microsoft behilflich zu sein. Leider sind die meisten Einstellungen, die hier verfügbar sind, nicht sehr relevant. Die Schriftauswahl gilt nicht für den nummerierten Absatz, sondern nur für die Nummerierung. Und die Einstellungen, die wirklich gebraucht werden (Mit welchem Absatz verknüpfen? Mit welcher Nummer anfangen? Nach welcher Ebene die Neunummerierung stattfindet, Nummerposition, Textposition ... Eigentlich fast alles, was weiter unten diskutiert wird.), sind nicht aufgeführt.

Geben Sie einen Namen für die Formatvorlage ein, dann wählen Sie unter der Schaltfläche *Format* den Eintrag *Nummerierung*.

Sie sehen das bekannte Dialogfeld *Nummerierung und Aufzählungszeichen* in Abbildung 4.14 mit den acht Vorschaubildern für Gliederungen. Wählen Sie eine dieser Listenvorlagen. Sie können sich einiges an Arbeit ersparen, wenn Sie hier die richtige Wahl treffen.

Abbildung 4.14:
Jede Listen-
Formatvorlage
basiert auf einer
vorhandenen
Listenvorlage.
Wählen Sie die
Standardvor-
gabe, die Ihrem
Vorhaben am
nächsten kommt.

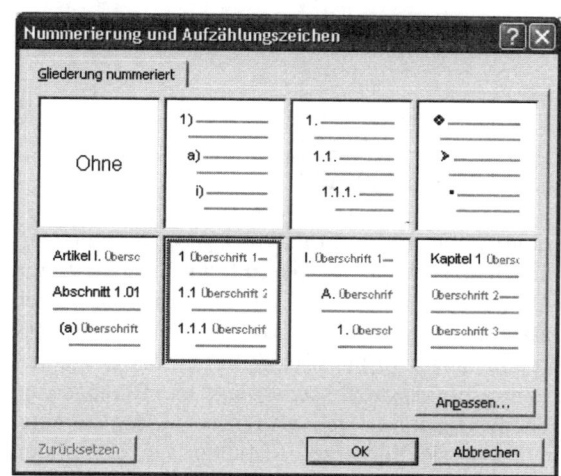

Setzen Sie alle Vorschaubilder auf die Standardvorgaben zurück, indem Sie jedes Viereck wählen, dann auf die Schaltfläche *Zurücksetzen* klicken (sofern sie verfügbar ist), um die breitestmögliche Palette zu erhalten. Hier werden nur Gliederungslistenvorlagen angeboten.

Klicken Sie einmal auf das Beispiel, das Ihrem Vorhaben am nächsten kommt. Die unterste Reihe stellt vier Listenvorlagen zur Verfügung, die schon mit Formatvorlagen verbunden sind. Das zweite Bild, ohne Einzüge, entspricht am ehesten unseren Vorstellungen. Um die gewünschten Änderungen an den Einstellungen vorzunehmen, klicken Sie auf *Anpassen*.

Um alle Optionen einzublenden, sodass das Dialogfeld *Gliederung anpassen* der Abbildung 4.15 entspricht, klicken Sie auf die Schaltfläche *Erweitern* (die Beschriftung lautet nachher *Reduzieren*).

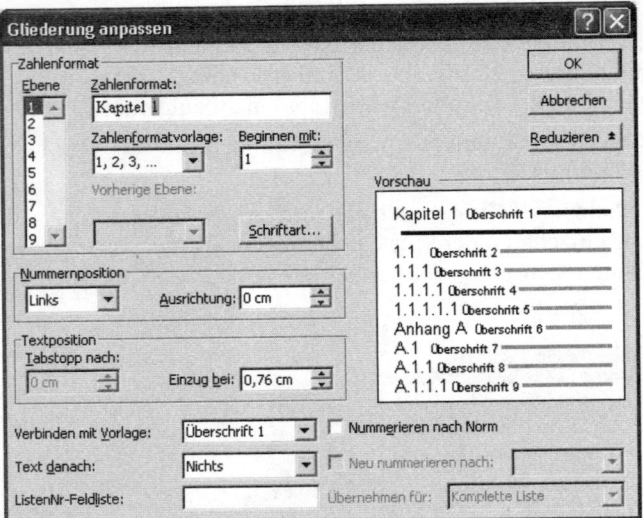

Abbildung 4.15:
Nur im erweiter-
ten Dialogfeld
Gliederung
anpassen *kann*
die Listen-For-
matvorlage
vollständig defi-
niert werden

Jede Nummerierungsebene soll mit einer Überschriftenformatvorlage verbunden werden. Je nach Vorschau, die Sie gewählt haben, hat Word diesen Schritt für Sie schon erledigt. Sonst muss aus der Liste *Ebene* links oben jede Ebenenummer, eine nach der anderen, angeklickt und die passende Formatvorlage aus dem Feld *Verbinden mit Vorlage* gewählt werden. Sobald eine Absatzformatvorlage mit einer Nummerierungsebene verknüpft wurde, übernimmt die Absatzformatvorlage die Einzüge und Tabstopp-Einstellungen der Listenebene. Es lohnt sich also nicht, diese in einer Absatzformatvorlage zu definieren, bevor sie mit einer Listenvorlage verbunden wurde. Sie müssen notfalls nachträglich bearbeitet werden.

Nehmen wir für diese Diskussion an, dass Word das Wort »Kapitel« vor der Nummer automatisch einfügen soll. Wählen Sie *Ebene 1*, dann geben Sie dieses Wort vor der Ziffer in das Feld *Zahlenformat* ein. Ändern Sie, wenn gewünscht, die *Zahlenformatvorlage* und *Beginnen mit* (hier arabische Ziffern und mit *1* beginnend). Die Einstellungen hinter der *Schriftart*-Schaltfläche beeinflussen nur die Nummer und nicht den nummerierten Absatz; ist also hauptsächlich nützlich für künstlerische Effekte.

TIPP

Falls Sie das Buch in mehreren einzelnen Dokumenten erstellen, würden Sie in jedem Dokument *Beginnen mit* hier zur Kapitelnummer setzen müssen. Dieses Buch wurde mit dieser Methode erstellt. Ähnlich wie bei den Dokumenteigenschaften müssten die Autoren daran denken, diese Anpassung vorzunehmen. Eine Änderung einer Listen-Formatvorlage ist aber ein kritischer Eingriff in die vorbereitete Dokumentstruktur. Besser wäre natürlich eine Makroaufforderung, die während des New-Ereignisses oder von einem AutoNew-Makro aus aufgerufen wird, wie das in Listing 4.5. Dieses Makro funktioniert nur für Word 2002, da es sich der Listen-Formatvorlagen-Funktionalität bedient. Sie sehen hier, wie man über VBA die Listeneigenschaften einer Listen-Formatvorlage (*ÜberschriftenListe*) über ihre ListTemplate-Eigenschaft anspricht.

Den Code aus Listing 4.5 finden Sie in der Datei *List04_05.bas* im Ordner *\Buch\Kap04* auf der CD zum Buch.

Listing 4.5:
Die Einstellung der Beginnen mit-*Eigenschaft für die erste Listen-ebene (Kapitel-nummer) auffordern und festlegen*

```
Sub KapitelNummerSetzen()
    Dim doc As Word.Document, vStartNummer As Variant

    Set doc = ActiveDocument
StartNummerEingabe:
    vStartNummer = InputBox("Bitte die Kapitelnummer eingeben:")
    If Not IsNumeric(vStartNummer) Then
        MsgBox "Bitte eine Nummer eingeben"
        GoTo StartNummerEingabe
    End If
    doc.Styles("ÜberschriftenListe").ListTemplate.ListLevels(1).StartAt _
        = CLng(vStartNummer)
End Sub
```

HINWEIS

Eine Auseinandersetzung von VBA und der Nummerierungsfunktionalität liegt außerhalb des Umfangs dieses Buchs. Beispiele und Diskussionen finden Sie im Internet unter der Adresse *http://www.mvps.org/word.*

Da wir alle Nummern linksbündig mit dem Seitenrand positionieren, soll für alle Ebenen *Nummernposition* auf *Links* und *Ausrichtung auf 0 cm* festgelegt werden. *Nummernposition* richtet die Zahlen bei der in *Ausrichtung auf* angegebenen Position, vom linken Rand gemessen, aus.

Textposition bezieht sich auf das, was nach der Nummer kommt und ist nur aktiv, wenn *Text danach* auf *Tabstoppzeichen* gesetzt ist. Der Tabstopp wird bei der für *Tabstopp nach*-Position festgelegt und *Einzug nach* erhält im Beispiel den gleichen Wert, da wir wollen, dass die zweite und die folgenden Zeilen mit dem Text der ersten bündig stehen. Da wir in diesem Beispiel keinen Abstand zwischen der Nummer und dem Überschriftentext der ersten Ebene im Inhaltsverzeichnis sehen wollen, wird für die erste Ebene *Nichts* für *Text danach* gewählt; der Abstand zwischen Nummer und Text wird über die Tastatur eingegeben.

Die Abbildung 4.16 veranschaulicht die Wirkung dieser Einstellungen.

Abbildung 4.16:
Listenforma-tierungseinstel-lungen
Nummern-position *und* Textposition *grafisch dargestellt*

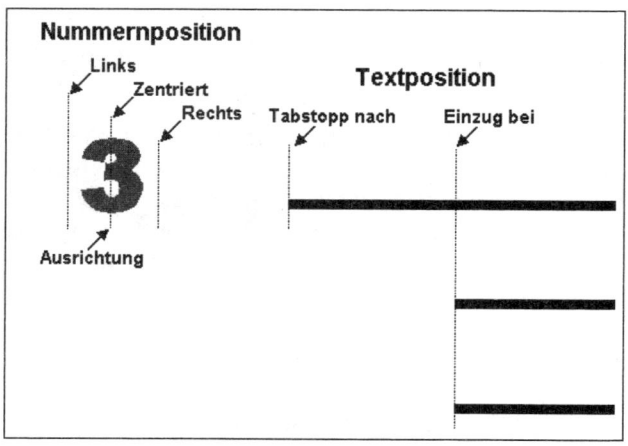

Für die Ebenen 2 bis 4 hingegen wird *Text danach* auf *Tabstoppzeichen* belassen. Wir haben erwähnt, dass wir es vorziehen, den Text nummerierter Überschriften mit dem Textkörper bündig auszurichten. Hat der *Textkörper* einen Einzug von *3,5 cm,* wird für *Tabstopp nach* sowie *Einzug nach* auch *3,5 cm* eingegeben. Die übrigen

---

Einstellungen sind die gleichen wie für *Ebene 1*, mit Ausnahme des Eintrags im Feld *Nummerformat*; hier kommt kein vorangestellter Text. Die formatierten, nummerierten Überschriftenformatvorlagen werden in Abbildung 4.17 ersichtlich.

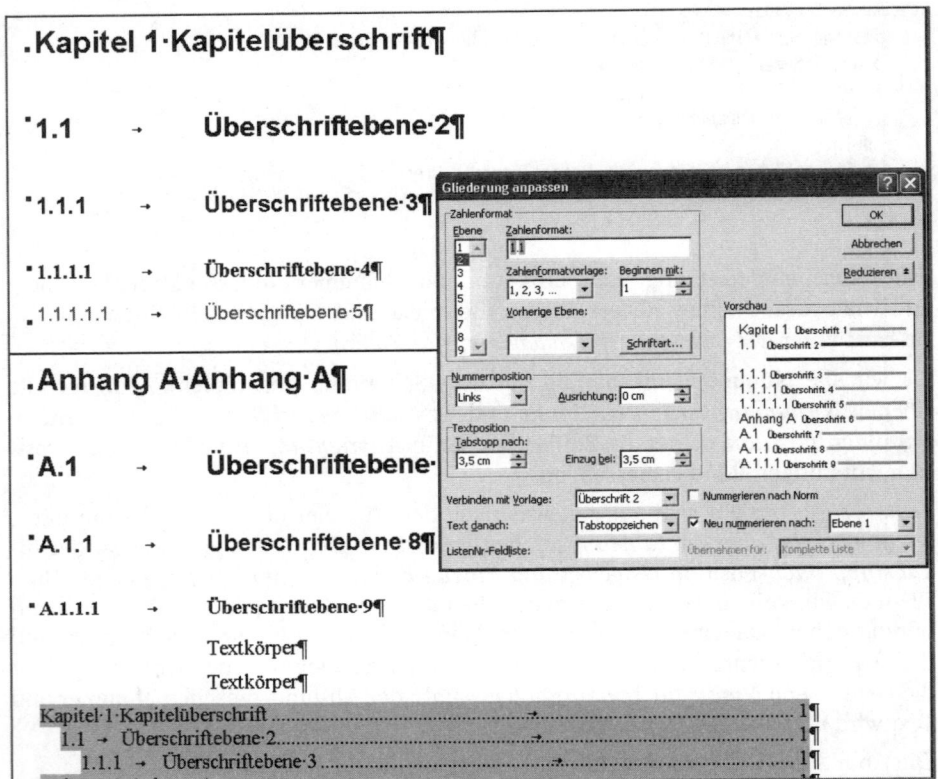

HINWEIS

Falls Sie sich an die Einzugseinstellungen der Überschriftenformatvorlagen nicht mehr erinnern, konsultieren Sie den Papierausdruck. Die Arbeit geht viel schneller, wenn alles in diesem Dialogfeld in einem Zug erledigt werden kann.

Ab *Ebene 6* gibt es eine neue Variante. Der Ausdruck »Anhang« kommt im Feld *Zahlenformat* vor der Ziffer. Als *Zahlenformatvorlage* werden Grossbuchstaben gewählt. *Nummernposition* sowie *Textposition* entsprechen denjenigen der *Ebene 1*: *0 cm*. Im Endeffekt schaffen wir für den Anhang einen neuen Satz Überschriften, die genau gleich aussehen wie die Überschrift 1 bis 4, aber mit abweichender Nummerierung. Die Ebenen 7 bis 9 entsprechen den Ebenen 2 bis 4 und erhalten die gleichen Einstellungen.

Kontrolle der Absatzformatierungen

Wissen Sie noch, was wir über Listen-Formatvorlagen, Listenvorlagen und Absatzformatvorlagen gesagt haben? Wie Listen die Einzüge und Tabstoppeinstellungen von Absatzformatvorlagen überschreiben? Falls Ihre Überschriftenformatvorlagen andere Einstellungen hatten als die gerade vorgenommenen, sollten Sie diese unbedingt kontrollieren und gegebenenfalls die Einstellungen erneut festlegen. Jedes Mal, wenn Sie nachträglich eine Änderung an einer Listendefinition vornehmen, werden Sie die Absatzformatvorlage »flicken« müssen. Machen Sie es sich also zur Gewohnheit, alle mit Listen in Kontakt kommenden Absatzformatierungen zu kontrollieren.

Aufzählungszeichen und Nummern in Listen-Formatvorlagen

Wenn Sie den Abschnitt über Listen für Überschriften gründlich durchgearbeitet haben, gibt es nur noch wenig zu diesem Thema zu sagen. Listen-Formatvorlagen für andere Zwecke werden auf die gleiche Art und Weise hergestellt.

Hier noch einige Tipps:

- Fangen Sie mit dem Ihrem gewünschten Endresultat ähnlichsten Vorschaubild an.

- Weisen Sie nie eine Listen-Formatvorlage Absätzen zu, die nicht mit der in der Listenformatvorlage verbundenen Absatzformatvorlage formatiert sind.

- Erliegen Sie nicht der Versuchung, eine Überschriften-Listen-Formatvorlage auch für andere Listen zu verwenden.

- Rücken Sie Listen einen weiteren halben Zentimeter gegenüber dem Textkörper ein. Es setzt sie optisch etwas ab und belebt das Aussehen.

- Geben Sie Acht auf das Symbol für Aufzählungszeichen, wenn Sie Vorlagen für mehrere Umgebungen entwickeln. Der Macintosh unterstützt Unicode noch nicht so recht. Bleiben Sie bei der Schriftart »Symbol«.

Es ist auch möglich, Listenformatvorlagen, die nicht mit einer Absatzformatvorlage verbunden sind, zu erstellen. Die Erstellung der Listen-Formatvorlage erzeugt eine Listenvorlage im Dokument. Jedes Mal, wenn sie einer Markierung zugewiesen wird, die von anderen mit dieser Nummerierung formatierten Textstellen getrennt liegt, fängt die Nummerierung neu an und eine neue Listenvorlage wird dem Dokument hinzugefügt. Es handelt sich hier um eine direkte Formatierung, ganz wie die »alte« Methode aus früheren Versionen von Word also.

Im Gegensatz dazu behalten kopierte Listen die Neunummerierung bei, was als enormer Vorteil zu bezeichnen ist. Und, da Sie immer direkten Zugriff auf die Definition der Listenvorlage, über die Listen-Formatvorlage, haben, kann die unbeabsichtigte Erstellung neuer Listenvorlagen erheblich reduziert werden.

Listen-Formatvorlagen sind also auch für die »Alltags«-Arbeit mit Word sehr empfehlenswert. Wenn Benutzer lernen, wie sie zu erstellen und zu verwalten sind und ganz bewusst damit umgehen, wird die Anzahl der Listenvorlagen in der Dokument Struktur nie auf ein gefährliches Niveau anwachsen und das Durcheinander zwischen den Struktur-Tabellen kann vermieden werden.

Ermuntern Sie die Benutzer dazu, die *Optionsschaltflächen für "Einfügen" anzeigen* in *Extras/Optionen/Bearbeiten* aktiviert zu lassen. Damit erhalten sie die Möglichkeit, beim Einfügen einer kopierten Liste in einer anderen die Liste getrennt von der Zielliste zu halten oder sie in ihr zu integrieren.

Abbildung 4.18:
Mehr Kontrolle
bei der
Kopierung und
Einfügung von
nummerierten
Listen

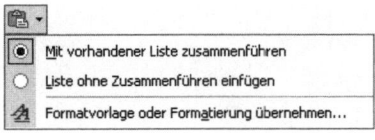

5 Dokumentenbearbeitung und Verwaltung

Das Dokument vorbereiten

Haben Sie selbst eine Dokumentvorlage nach Ihren Bedürfnissen gestaltet, um damit Dokumente zu erarbeiten, werden Sie diesen Abschnitt überspringen können. Die Vorbereitungen sind schon getroffen, alle Projektforderungen sind berücksichtigt und das Dokument liegt bereit für die Texteingabe.

Sitzen Sie jedoch vor einem Dokument, das Teil eines größeren Projekts ist, für das solche Vorbereitungen nicht oder nur mangelhaft in die Wege geleitet wurden, gibt es gewisse Maßnahmen, die vorzunehmen sind, bevor man mit der Texteingabe beginnt.

Papierformat

Als Erstes muss das Papierformat geprüft werden. Stellen Sie sich vor, Sie stehen am Ende des Projekts, haben Zeit in die korrekte Paginierung investiert und stellen erst jetzt fest, dass das falsche Papierformat eingestellt wurde. Der Mehraufwand ist beträchtlich.

Abschnittswechsel

Analog zur Aufstellung einer Dokumentvorlage folgen die weiteren Einstellungen unter *Seite einrichten*. Da Sie aber ein existierendes Dokument in der Hand haben, dürfen Sie nicht einfach frisch-fröhlich durch die Registerkarten blättern, sondern Sie müssen das Dokument Abschnitt für Abschnitt durcharbeiten, um sicher zu stellen, dass die Ränder und *Erste Seite anders* in jedem Abschnitt korrekt eingestellt sind.

Falls Sie dem Hersteller des Dokuments vertrauen, könnten Sie diese Schritte unterlassen. Vergessen Sie jedoch nicht, dass es viel mehr Zeit und Aufwand kostet, diese Sachen später zu korrigieren.

Kopf- und Fußzeilen

Im gleichen Atemzug können Inhalt und Einstellungen der Kopf- und Fußzeilen geprüft und nötigenfalls angepasst werden. Ein Makro wie das Listing 3.4 aus ▶ Kapitel 3 leistet hier gute Dienste. Passen Sie den Code (der für das im ▶ Kapitel 3 vorgestellte Beispiel geschrieben wurde) Ihren Bedürfnissen einfach an.

Kapitel-Nummerierung

Bei jedem neuen Projekt stellt sich die Frage, ob die Kapitel nummeriert sein sollen. Wenn ja, ist es vorteilhaft, das Buch in einer einzigen Datei zu erstellen, sodass keine manuellen Anpassungen notwendig sind.

Arbeiten jedoch mehrere Autoren daran oder wird die Bearbeitung des Dokuments sehr langsam, drängt sich eine Teilung des Dokuments in mehreren Dateien (günstig ist eine Datei pro Kapitel) auf. In diesem Fall muss die Nummerierung für jede Datei einzeln eingestellt werden.

Wird das Dokument nicht in Word 2002 bearbeitet oder wurde die Vorlage ohne Listenformatvorlage erstellt, funktioniert das Makro, um die Kapitelnummer neu zu setzen, (in ▶ Kapitel 4, Listing 4.5) nicht. Stattdessen müssen Sie eine weniger zulässige Methode benutzen, wie in Listing 5.1 vorgestellt.

Diese Prozedur stützt sich auf *Suchen und Ersetzen*. Sie fordert den Benutzer zuerst auf, die Kapitelnummer einzugeben. Es wird geprüft, ob die Eingabe numerisch ist. Wenn ja, wird für das Nummernformat »arabische Ziffern« (wdListNumberStyleArabic) festgelegt; sonst großgeschriebene Buchstaben (wdListNumberStyleUppercaseLetter). Im letzteren Fall wird ein numerischer Wert für den Parameter StartAt berechnet; dem ASCII-Zeichenwert der Eingabe wird 64, bzw. 96 bei kleingeschriebenen Buchstaben, abgezogen, um den ASCII-Wert einer Zahl zu erhalten.

Danach wird der erste Absatz im Dokument gesucht, der mit der Formatvorlage für die Kapitelüberschrift (hier *Überschrift 1* – wdStyleHading1) formatiert wurde und die Nummernformatierung angepasst. Am Schluss steht die Einfügemarke für die Eingabe der Kapitelüberschriftentext bereit. Bitte bemerken Sie, dass die Anzahl Zeichen in der Markierung (Ergebnis der Suchaktion) kontrolliert wird. Wenn die Überschrift keinen Text enthält und wie im Beispieldokument ein Abschnittswechsel direkt bevor steht, muss die Einfügemarke am Ende des Bereichs platziert werden, sonst am Anfang.

```
Sub AutoNew()
    Dim szKapNum As String, lNumStyle As Long, lStartAt As Long

    szKapNum = InputBox("Bitte die Kapitelnummer eingeben")
    If Len(szKapNum) = 0 Then Exit Sub
    If IsNumeric(szKapNum) Then
        lNumStyle = wdListNumberStyleArabic
        lStartAt = Val(szKapNum)
    Else
        lNumStyle = wdListNumberStyleUppercaseLetter
        If Asc(szKapNum) <= 90 Then
            lStartAt = Asc(szKapNum) - 64
```

Listing 5.1: Startnummer und Nummernformat für die Kapitelüberschrift – ohne Listenformatvorlage – festlegen

```
                ElseIf Asc(szKapNum) <= 122 Then
                    lStartAt = Asc(szKapNum) - 96
                Else
                    MsgBox "Ungültige Kapitelnummer!"
                    Exit Sub
                End If
            End If
        Selection.HomeKey wdStory
        With Selection.Find
            .ClearFormatting
            .Text = ""
            .Style = wdStyleHeading1
            .Format = True
            .Wrap = wdFindStop
            If .Execute Then
                With Selection.Range.ListFormat.ListTemplate
                    .ListLevels(1).StartAt = lStartAt
                    .ListLevels(1).NumberStyle = lNumStyle
                End With
            Else
                MsgBox "Kein Absatz für die Kapitelüberschrift gefunden."
                Exit Sub
            End If
        End With
        If Len(Selection) <= 1 Then

            Selection.Collapse wdCollapseEnd

        Else

            Selection.Collapse wdCollapseStart

        End If

    End Sub
```

 Den Code aus Listing 5.1 finden Sie in der Datei *Bsp05_01.dot* im Ordner *\Buch\Kap05* auf der CD zum Buch.

Seitenzahlen

Bei einem »fremden« Dokument sind die Seitenzahlen immer suspekt. Kontrollieren Sie, ob sie tatsächlich in der Kopf- oder Fußzeile stehen und nicht in einem Positionsrahmen. Korrigieren Sie dies nötigenfalls, wie im ▶ Kapitel 3 beschrieben.

Seitenzahlen berechnen

John empfiehlt dringend, die Seitenzahlen mit den Abschnittswechseln zu steuern. Es kommt Ihnen vielleicht etwas umständlich vor, aber woher eine Zahl stammt, geht klar aus der Dokumentstruktur hervor.

Manche Leute wollen Abschnittswechsel möglichst meiden und berechnen die Seitenzahlen lieber. Der Vollständigkeit halber zeigen wir, wie es geht. Denken Sie aber daran, dass diese Möglichkeit jemandem, der nicht weiß, wie das Dokument erstellt wurde, viel Zeit und Nerven kosten kann.

Unser MVP-Kollege Bill Coan hat einige Möglichkeiten für die Berechnung von Seitenzahlen unter *http://www.mvps.org/word/FAQs/Numbering/PageNumbering.htm* erläutert. Wir zeigen davon ein Beispiel.

```
{ If { Page } < 4 "{ Page }" "{ = { Page } + 1 }" }
```

Das Ergebnis der Feldfunktion Page (Seite) wird geprüft. Falls es weniger ist als 4, wird diese Seitenzahl angezeigt. Beträgt sie 4 oder mehr, wird die Seitenzahl – erhöht um eins – angezeigt. Anders ausgedrückt, die Seitenzahl 4 erscheint nicht in diesem Dokument; die Nummerierung springt von 3 auf 5 und wird auf jeder folgenden Seite um eins höher als die eigentliche Seitenzahl. Der Hintergedanke ist, dass Seite 4 getrennt erstellt und in das Dokument einsortiert wird.

Mehr über die If-Feldfunktion und Berechnungen mit Feldfunktionen finden Sie im ▶ Kapitel 8.

HINWEIS

Auch wenn Sie selber, als gewissenhafter Dokumentationsprofi, die Technik nie einsetzen werden, ist es wichtig zu wissen, dass sie benutzt wird und wie sie funktioniert. Wer weiß, irgendwann bekommen Sie vielleicht ein solches Dokument in die Hände...

Eine andere, oft verbreitete Technik ist die bedingte Anzeige von Text in der Kopf- oder Fußzeile, je nach Seitenzahl. Beispielsweise einen bestimmten Inhalt nur auf der letzten Seite anzeigen:

Inhalte abhängig von der Seitenzahl anzeigen

```
{ If { Page } = { NumPages } "Text für letzte Seite" "Text für übrige Seiten" }
```

Seit den Problemen mit der korrekten Auswertung der Feldfunktion NumPages (AnzSeiten) in Word 97 und teilweise in Word 2000 wird diese Technik jedoch weniger eingesetzt.

Fußnoten, Endnoten und Bibliographien

Beabsichtigen Sie, Fußnoten oder Endnoten im Dokument zu benutzen, ist jetzt der Zeitpunkt, sich zu entscheiden, wie sie zu formatieren sind und wo sie stehen werden – am Ende des Abschnitts oder auf jeder Seite unten. Allgemeine Informationen stehen in der Word-Hilfe unter *Fuß- und Endnoten*.

Wissenschaftliche und akademische Dokumente erfordern Fuß- und Endnoten in einem ganz bestimmten Format. Wenn Sie ein solches Projekt planen, wäre ein Word-Add-In, das die Erstellung und Verwaltung von Fußnoten, Endnoten und Bibliographien übernimmt, eventuell vorteilhaft. Die Firma »ISI ResearchSoft« verkauft einige Produkte wie »EndNote®«, »ProCite®« und »Reference Web Poster™«. Natürlich kostet ein solches Tool eine Menge Geld; Sie müssen für sich entscheiden, ob die gesparte Zeit das Geld wert ist. Diese Produkte können eine Woche Zeit sparen und die Genauigkeit steigern.

Word-Add-Ins für Fuß- und Endnoten

Auf jeden Fall sollte Ihnen bewusst sein, dass diese Produkte Elemente wie Textmarken oder ActiveX-Steuerelemente in ein Dokument einfügen. Man muss sorgfältig damit umgehen, die Anweisungen der Hilfe lesen und genau befolgen. Sonst könnte ein beschädigtes Dokument das Resultat sein.

Der Dokumentinhalt

Umschlagseite oder Titelblatt

Im Gegensatz zu den übrigen Seiten eines Dokuments ist das Titelblatt ein Kunst- und nicht ein technisches Werk. Es zieht die Leser an (oder schreckt sie ab). Lassen Sie sich dafür Zeit und, wenn Sie wie die Autoren überhaupt nicht künstlerisch begabt sind, bitten Sie jemanden mit gestalterischen Fähigkeiten, Ihr Layout zu prüfen.

Eine Seite darf höchstens vier »Wichtigkeitsstufen« haben. Enthält sie mehr, wird das Design überlastet; Folge: Dem Leser entgeht der Schwerpunkt. Üblicherweise befinden sich folgende Elemente auf einer Titelseite:

- Titel oder Produkt
- Thema oder Firma
- Autor
- Datum der Veröffentlichung oder die Version
- Grafiken

Werden sie alle gleich gewichtet? Nein. Und die Rangordnung variiert, je nach Bereich. Bei einem akademischen Schriftstück können Titel und Autor gleich wichtig sein. Das Thema eines Referenzwerks ist hingegen viel wichtiger als sein Titel. Und beide überwiegen die Wichtigkeit des Autorennamens. Andererseits ist der Name eines bekannten Schriftstellers von Bestsellern auf der Titelseite von überragendem Wert.

Sie müssen selber festlegen, welche Elemente für Ihre Publikation von Bedeutung sind und mit welcher Gewichtung. Stellen Sie eine Liste der Informationen auf, die potentielle Leser bewegen könnte, das Buch in die Hand zu nehmen oder sogar zu kaufen. Bei diesem Buch denken wir, das Thema steht an erster Stelle, gefolgt vom Titel, Software-Version und den Autorennamen (oder haben Sie schon von uns gehört)?

Dritteln Sie die Seite optisch in waagrechter und senkrechter Richtung — Jetzt dritteln Sie die Seite optisch in waagrechter und senkrechter Richtung. Die Trennlinien definieren die »heißen Stellen« (Hotspots) auf der Seite, auf die das Auge des Lesers von Natur aus fällt. Die heißeste Stelle befindet sich am Schnittpunkt des obersten, rechten Drittels. Die wichtigste Information gehört dorthin.

Das zweitwichtigste wird in der Mitte der Seite positioniert. Die letzten zwei Elemente kommen oben bzw. unten rechts auf die Seite.

Nehmen Sie nun etwas Abstand, um das Resultat zu betrachten, ohne es zu lesen. Wahrscheinlich gefällt es Ihnen noch nicht so recht ... Verschieben Sie die Elemente also, bis eine angenehme Wirkung erreicht wird. Vergessen Sie nicht: Gestaltung ist eine Kunst, keine Wissenschaft.

Es sollte Sie nicht überraschen, wenn der Corporate-Standard für Ihre Titelblattgestaltung gänzlich ungeeignet ist – wagen Sie trotzdem, davon abzuweichen. Lassen Sie sich aber gute Gründe einfallen, um Ihre Entscheidung vor dem Komitee zu verteidigen, das behaupten wird »Wir haben es immer so gemacht«.

Wenn das Buch Teil einer Publikationsreihe ist, bei der alle Bände ein ähnliches Aussehen haben sollen, würden Sie für diese vier Elemente Formatvorlagen definieren. Handelt es sich jedoch um ein Einzelwerk, gibt es keine Einwände gegen die direkte Formatierung. Im Gegenteil: Sie ist schneller. Sie müssen sich nur bewusst sein, dass, falls das Material für die Veröffentlichung in einem anderen Medium bearbeitet wird, direkte Formatierungen wahrscheinlich verloren gehen. Das ist nicht unbedingt schlecht, weil die Gestaltung für ein anderes Medium oft sowieso anders ist.

In Einzelwerken kann man direkt formatieren

Die einzelnen Informationselemente müssen voneinander unabhängig auf der Seite positioniert bleiben. Die Bearbeitung eines Teils darf einen anderen nicht verschieben. Eine einfache Methode ist, jedes in ein eigenes Textfeld einzufügen. Die Textfelder werden relativ zu Seite platziert (*Objekt mit dem Text verschieben* deaktivieren) und verankert.

Besteht jedoch die Möglichkeit, dass wenig erfahrene Word-Benutzer am Dokument arbeiten werden, ziehen Sie die altbewährte Methode vor und positionieren die Elemente mit einer Tabelle ohne Rahmenlinien. Das Risiko, eine Tabelle zu verschieben oder sogar zu löschen, ist wesentlich geringer.

Vergessen Sie in Word 2000 und Word 2002 nicht, die Tabellenoption *Automatische Größenänderung zulassen* auszuschalten! Dieses standardmäßig aktivierte Kontrollkästchen finden Sie im Dialogfeld *Tabellenoptionen* unter *Tabelle/Tabelleneigenschaften*/Registerkarte *Tabelle*/Schaltfläche *Optionen*.

WICHTIG

Dokument-Eigenschaften

Es ist eine traurige Tatsache, dass Benutzer in Großfirmen regelmäßig Anleitungen für den Umgang mit einem Dokument achtlos beiseite legen und damit umgehen, wie sie es bei Briefen und Memos gewohnt sind. Von der Existenz der Dokument-Eigenschaften haben sie keine Ahnung, geschweige denn, wie man diese verwaltet und aktualisiert. Und sie werden sich auch nicht erkundigen, sondern einfach den Text im Dokument überschreiben, wenn er anders lauten soll. Und schon sind Ihre sorgfältig erstellten und platzierten Feldfunktionen dahin ...

Eine Möglichkeit, dieses Problem zu umgehen, ist, das Dokument so aufzubauen, dass die Benutzereingaben automatisch zum Inhalt der Dokumenteigenschaft werden, um dann in der Kopf- und Fußzeile korrekt zu erscheinen. Das Wundermittel heißt »verknüpfte Dokument-Eigenschaften«; eine Eigenschaft wird mit dem Inhalt einer Textmarke im Dokument verknüpft, wodurch ihr Inhalt aus diesem Text besteht.

Nehmen wir an, der Titel (die heißeste Stelle) soll in eine Dokument-Eigenschaft aufgenommen werden. Außerdem soll die Kopfzeile diese Information widerspiegeln. Gehen Sie wie folgt vor:

Titel als Dokument-Eigenschaft

1. Geben Sie Platzhaltertext für den Titel an der geeigneten Stelle ein.

2. Markieren Sie ihn und weisen ihm eine Textmarke zu (`DokTitel` im Beispiel).

3. Zeigen Sie über die Befehlsfolge *Datei/Eigenschaften/Anpassen* das Dialogfeld an, um eine benutzerdefinierte Eigenschaft gleichen Namens zu erstellen (Abbildung 5.1).

4. Aktivieren Sie das Kontrollkästchen *Verknüpfung zum Inhalt*. Die Dokumenteigenschaft hat nun den gleichen Textinhalt wie die Textmarke.

5. Fügen Sie nach dem Titelblatt, wie im ▶ Kapitel 3 beschrieben, einen Abschnittswechsel ein.

6. In der Kopfzeile, am Außenrand, fügen Sie ein DocProperty-Feld für diese Eigenschaft ein.

Abbildung 5.1:
Informationen
auf dem
Titelblatt mit
Dokument-
Eigenschaften
verknüpfen

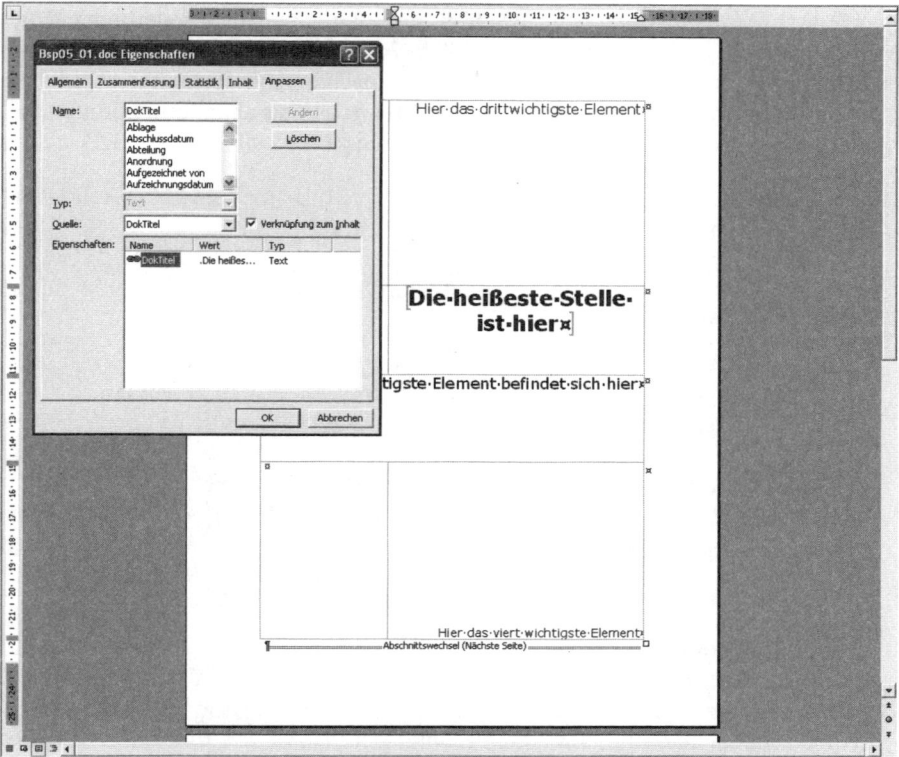

Diese Methode hat jedoch einige Nachteile:

○ Textmarken sind schnell gelöscht: Wenn der Benutzer den gesamten Text markieren würde, um ihn zu überschreiben, ginge die Textmarke verloren. Man müsste im
Dokument eine entsprechende Anweisung haben, aber es ist zweifelhaft, ob ein
Benutzer, dem nicht zugemutet werden kann, eine Eigenschaft im Dialogfeld zu
ändern, darauf achten wird.

○ Der Wert der Dokumenteigenschaft wird erst dann aktualisiert, wenn das Dialogfeld *Eigenschaften* eingeblendet oder das Dokument gespeichert, geschlossen und
erneut geöffnet wird. Das heißt, der Benutzer sieht den korrekten Text in der Kopfzeile nicht; auch dann nicht, wenn das Dokument ausgedruckt wird.

Eine mögliche Lösung zum ersten Problem ist, das Titelblatt mit einer Tabelle aufzustellen, mit einer Zelle für jedes Element. Bei der Erstellung markieren Sie die ganze
Zelle und weisen dieser die Textmarke zu. Der Benutzer kann unmöglich die Textmarke versehentlich löschen. Leider werden aber die Zeichen, die die Zelle definieren, auch im Eigenschaftswert aufgenommen und in der DocProperty-Feldfunktion als
Punkte angezeigt. Das Problem mit der Aktualisierung bleibt bestehen.

Hier kann nur VBA helfen. Es gibt verschiedene Lösungsansätze. Ein davon wäre, beim Erstellen eines neuen Dokuments von der Vorlage den Titel in ein UserForm eingeben zu lassen und die Eingabe innerhalb der Textmarke ins Dokument einzufügen. Wenn der Benutzer später etwas daran ändert, dann hoffentlich nur punktuell und nicht den ganzen Titel.

Noch eine Möglichkeit ist, beim Wechsel in die Druckvorschau oder beim Drucken die Textmarke um die Zelle neu um den Text zu platzieren und die Dokument-Eigenschaften zu aktualisieren, wie Listing 5.2 veranschaulicht. Wenn Sie ständig Probleme mit Benutzern haben, die den ganzen Titel nochmals abändern, könnten Sie am Schluss des Makros die Textmarke wieder um die ganze Zelle setzen.

Zuerst wird die Textmarke neu erstellt, sodass sie nur Text und keine Zellenstruktur umfasst. Falls die Textmarke keine Zellenstruktur beinhaltet (das ANSI-Zeichen 7 ist nicht vorhanden), wird nichts geändert. Sie haben hier auch Gelegenheit, abzubrechen und den Benutzer aufzufordern, den Titel zu markieren, falls die Textmarke nicht vorhanden ist.

Da die Verknüpfungen zwischen Textmarken und Dokument-Eigenschaften nur bei Einblendung des Dialogfelds *Eigenschaften* stattfindet, kommen wir nicht darum herum, es anzuzeigen. Im Word-Objektmodell gibt es dafür keinen benannten wdDialog-Konstantwert, wir müssen daher Gebrauch von CommandBars.FindControl.Execute mit der Ganzzahl-ID 750 machen. Um das Dialogfeld sofort wieder auszublenden, steht SendKeys dieser Codezeile voran. Gewiss nicht schön, wir schämen uns fast, solchen Code vorzuschlagen, aber einen anderen Weg gibt es unseres Wissens nicht, um das gewünschte Resultat zu erreichen, es sei denn, Sie schließen und öffnen das Dokument erneut.

Um diese Aktualisierung bei Ausdrucksvorgängen oder bei der Dokumentvorschau vorzunehmen, müssen die Word-internen Befehle abgefangen werden, indem wir den Prozeduren die Befehlsnamen FilePrintPreview, FilePrintDefault (die Symbolschaltfläche) und FilePrint (das Dialogfeld *Datei drucken*) geben.

```
Sub DokEigenschaftenAktualisieren(doc As Word.Document)
    Dim rng As Word.Range, szTM As String

    szTM = "DokTitel"
    If doc.Bookmarks.Exists(szTM) Then
        Set rng = doc.Bookmarks(szTM).Range
        If InStr(rng.Text, Chr$(7)) <> 0 Then
            rng.MoveEnd wdCharacter, -1
            doc.Bookmarks.Add Name:=szTM, Range:=rng
        End If
    End If
    SendKeys "{Enter}", False
    CommandBars.FindControl(ID:=750).Execute
End Sub

Sub FilePrintPreview()
    DokEigenschaftenAktualisieren ActiveDocument
    ActiveDocument.ActiveWindow.View = wdPrintPreview
End Sub
```

Listing 5.2:
Bei jedem Druckvorgang die Dokument-Eigenschaft Verknüpfungen aktualisieren

```
Sub FilePrintDefault()
    DokEigenschaftenAktualisieren ActiveDocument
    ActiveDocument.PrintOut
End Sub

Sub FilePrint()
    DokEigenschaftenAktualisieren ActiveDocument
    Dialogs(wdDialogFilePrint).Show
End Sub
```

 Den Code aus Listing 5.2 finden Sie in der Datei *Bsp05_01.dot* im Ordner *\Buch\Kap05* auf der CD zum Buch.

Formularfelder

Eine Alternative bieten Formularfelder an. Das Dokument kann als Formular geschützt werden, sodass alle Abschnitte außer dem ersten mit dem Titelblatt ungeschützt bleiben. An den Stellen, wo der Benutzer Text eingeben soll, stehen Formularfelder, die gleichzeitig Textmarken sind. Die Inhalte dieser Felder werden mit Ref-Feldfunktionen in der Kopf- bzw. Fußzeile angezeigt. Die Bearbeitungsmöglichkeiten sind in solchen Dokumenten jedoch begrenzt. Mehr Informationen zum Umgang mit Formularen finden Sie im ▶Kapitel 11.

StyleRef-Feldfunktionen und Formatvorlagen

Wie im ▶ Kapitel 4 beschrieben, können Sie Textstellen mit einer Formatvorlage formatieren und den gesamten Inhalt mittels einer StyleRef-Feldfunktion in der Kopf- bzw. Fußzeile wiedergeben. Diese ist sicher die stabilste Methode, lässt sich jedoch nicht automatisch mit einer Dokument-Eigenschaft verknüpfen.

Egal, für welche Methode man sich entscheidet, eine Einweisung des Benutzers ist unerlässlich. Und falls er das Dokument trotzdem falsch bedient, zeigen Sie ihm – mit Ruhe und Geduld – wie er selbst den Fehler korrekt behebt; bringen Sie für ihn alles wieder in Ordnung, unterläuft ihm das gleiche Problem immer wieder.

Copyright-Seite

Die Copyright-Seite muss alle Warenzeichen und Anerkennungen für Warenzeichen von Dritten, die im Buch verwendet wurden, sowie Ihren eigenen Copyright-Hinweis enthalten. Letzterer wird in der Regel von der Rechtsabteilung aufgestellt und von ihr gelegentlich angepasst. Deshalb ist es für Ihre Firma sinnvoll, die Information in einem getrennten Dokument zur Verfügung zu stellen, das in Veröffentlichungen dynamisch eingebunden wird. Word stellt dafür die Feldfunktion IncludeText zur Verfügung.

Geben Sie den Copyright-Text in ein Dokument ein und speichern dieses auf dem Netzwerk, auf das alle Benutzer Zugriff haben. Formatieren Sie den Text mit Formatvorlagen, denen Sie Namen geben, die sonst nirgends in der Firma eingesetzt werden. Die Namen dürfen ruhig ziemlich lang sein, da sie selten wieder eingetippt werden müssen. Statt »Textkörper« beispielsweise »FirmenCopyrightSeiteTextkörper« benutzen.

Um den Copyright-Text in ein Dokument einzubinden, gehen Sie wie folgt vor:

1. In einem Dokument positionieren Sie die Einfügemarke dort, wo der Copyright-Hinweis erscheinen soll.

2. Über *Einfügen/Datei* öffnen Sie das Dialogfeld *Datei einfügen*.

3. Navigieren Sie zum Speicherort der Datei und markieren Sie die Datei.

Suchen Sie den Netzwerkpfad über die *Netzwerkumgebung*, sodass Word einen kompletten Pfadnamen speichert, der auf jedem Rechner der Firma funktioniert. Benutzen Sie unter keinen Umständen einen Buchstaben für ein verknüpftes Laufwerk. Eine solche Verbindung wird nur auf Rechnern funktionieren, die denselben Alias für diesen Speicherort haben.   **WICHTIG**

4. Klicken Sie auf den Pfeil neben der Schaltfläche *Einfügen* und wählen dort den Eintrag *Als Verknüpfung einfügen*.

Word erstellt eine IncludeText-Feldfunktion im Dokument, um die Verbindung aufrechtzuerhalten. Jedes Mal, wenn der Text im Copyright-Dokument angepasst wird, erscheint der geänderte Text in jedem Dokument mit dieser Verknüpfung.

Denken Sie daran, dass die Länge des Copyright-Textes sich ändern kann und fügen Sie die Verknüpfung so ein, dass der Text das Layout der Seite nicht ändern kann (beispielsweise in einem Positionsrahmen oder in einer Tabelle).

Inhaltsverzeichnisse

Das Thema haben wir in den ▶ Kapiteln 3 und 4 vorgestellt, hier behandeln wir die Erstellung mehrerer Verzeichnisse im selben Dokument.

Mehrere Inhaltsverzeichnisse im selben Dokument

Der Handlungsraum der TOC-Feldfunktion, die für die Erstellung von Verzeichnissen verantwortlich ist, kann auf einen durch eine Textmarke definierten Bereich begrenzt werden. Nur dieser Text wird nach Einträgen abgesucht.

Nehmen wir als Beispiel ein Referenz-Handbuch. Am Anfang des Buches soll ein Gesamtinhaltsverzeichnis für das ganze Werk stehen. Zusätzlich benötigen wir zu Beginn jedes Kapitels ein Verzeichnis des Kapitelinhalts.

Bei Gebrauch dieser Technik gibt es einige Überlegungen:

o Nur die Verzeichnis-Formatvorlagen können für die Erstellung eines Verzeichnisses benutzt werden. Angenommen, die zwei Verzeichnisse sollen unterschiedlich formatiert werden, müssen Sie, analog wie bei den Überschrift-Formatvorlagen *Verzeichnis 1* bis *Verzeichnis 4* für das Gesamtverzeichnis und die übrigen 5 (*Verzeichnis 5* bis *Verzeichnis 9*) für die Kapitelverzeichnisse verwenden.

o Die Textmarke muss das ganze Kapitel umfassen. Das bedeutet, dass die Anfangs- und Endpunkte unmittelbar nach bzw. vor einem Abschnittswechsel stehen. Denken Sie daran, dass die Textmarke dort ist, und bearbeiten Sie das Dokument dementsprechend.

Um ein Inhaltsverzeichnis für einen Teil (z.B. Kapitel) des Dokuments zu erstellen, gehen Sie wie folgt vor: *Inhaltsverzeichnis für einen Teil des Dokuments*

1. Markieren Sie den Kapiteltext ohne Abschnittswechsel.

2. Geben Sie in *Einfügen/Textmarke* der neuen Textmarke einen Namen. Legen Sie ein Muster für die Textmarkennamen fest, das eindeutig ist und ordnen Sie die Textmarken alphabetisch in der richtigen Reihenfolge so, wie sie im Dokument erscheinen. Beispiel: »Kapitel01«, »Kapitel02« usw. Textmarkennamen dürfen keine Leerzeichen enthalten und nicht mit einer Ziffer beginnen.

3. Positionieren Sie die Einfügemarke am Kapitelanfang und blenden dann die Registerkarte *Inhaltsverzeichnis* über die Befehlsfolge *Einfügen/Referenz/Index und Verzeichnisse* ein.

4. Klicken Sie auf die Schaltfläche *Optionen* und wählen Sie diese mit Sorgfalt. Das Kontrollkästchen *Formatvorlagen* sollte aktiviert werden, die Kontrollkästchen *Gliederungsebenen* und *Verzeichniseintragsfelder* eher nicht.

5. Absätze, die mit der Formatvorlage *Überschrift 1* formatiert sind, gehören nicht in dieses Inhaltsverzeichnis (wenn sie für die Kapitelüberschriften verwendet wurde). Die nächste Kapitelüberschrift steht hier ganz in der Nähe und sie wäre die einzige dieser Ebene.

6. Meistens genügen zwei Ebenen für ein solches Verzeichnis, Sie brauchen also *Überschrift 2* und *Überschrift 3*. Weisen Sie ihnen jedoch die *Verzeichnisebenen 5* bzw. *6* zu, sodass die Einträge korrekt formatiert werden.

7. Bestätigen Sie mit *OK*. Word fragt, ob Sie beabsichtigen, das vorhandene Inhaltsverzeichnis zu ersetzen. Die richtige Antwort lautet *Nein*. Wenn Sie hier die falsche Antwort geben, verschwindet das Gesamtverzeichnis aus dem Dokument.

8. Das neu eingefügte Verzeichnis enthält nun alle Überschriften der bestimmten Ebenen im Dokument, statt nur diejenigen dieses Kapitels. Die TOC-Feldfunktion muss bearbeitet werden, um sie mit der Textmarke zu ergänzen.

9. Blenden Sie mit Alt+F9 die Feldcodes ein. Falls die Einfügemarke aus dem sichtbaren Bildschirmbereich verschwindet (was wahrscheinlich ist), drücken Sie Pfeil auf. Die Feldfunktion sieht ungefähr so aus:
   { TOC \h \z \t "Überschrift 2;5;Überschrift 3;6" }

10. Fügen Sie ihr den Schalter \b gefolgt vom Namen der Textmarke hinzu:
    { TOC \h \z \b "Kapitel01" \t "Überschrift 2;5;Überschrift 3;6" }.

11. Drücken Sie nochmals Alt+F9, um die Feldcodes wieder auszublenden.

12. Mit F9 aktualisieren Sie die Feldfunktion. Nun sollte das Inhaltsverzeichnis nur Einträge aus dem Textmarkenbereich enthalten.

Wenn Sie es nicht schon getan haben, formatieren Sie die Formatvorlagen *Verzeichnis 5* und *Verzeichnis 6*. (Ist *Automatisch aktualisieren* noch aktiviert, können Sie die Anpassungen direkt im Dokument vornehmen.) Die gleichen Überschriften erscheinen auch im Gesamtinhaltsverzeichnis, sind dort jedoch aufgrund der anderen *Verzeichnis*-Formatvorlagen unterschiedlich formatiert.

 Mehrere Inhaltsverzeichnisse in einem Dokument sehen Sie in der Beispieldatei *Bsp05_02.doc* im Ordner *\Buch\Kap05* auf der Buch-CD.

Abbildungsverzeichnis

Vor allem wissenschaftliche und juristische Publikationen enthalten oft Abbildungs-, Tabellen-, Formel- oder Rechtsgrundlagenverzeichnisse.

Alle dieser Verzeichnisse werden von Word mit dem gleichen Werkzeug erstellt wie auch das Inhaltsverzeichnis. Auch sie werden über einer TOC-Feldfunktion verwaltet, die lediglich andere Schalter verwendet.

Ein Abbildungsverzeichnis sucht entweder Einträge mit einer bestimmten Formatvorlage (meistens *Beschriftung*) oder in einer bestimmten SEQ-Serie (seq-Feldfunktion) nach der Bezeichnung, die Sie in *Einfügen/Referenz/Beschriftung* ausgewählt haben.

- Die erste Methode, mit Formatvorlagen, ist günstiger, wenn alle Beschriftungen im selben Verzeichnis aufgelistet werden sollen. Es ist die einzige einfache Möglichkeit, wenn die Abbildungen nicht nummeriert sind.

- Die zweite Methode empfiehlt sich, wenn mehrere Kategorien von Beschriftungen vorliegen und für jede Kategorie ein getrenntes Verzeichnis erstellt werden muss. Es ist auch einfacher, falls die Beschriftungen bereits nummeriert sind.

Zeitgemäße Dokument-Designer kommen von nummerierten Beschriftungen ab. Sie sind mühsam zu verwalten und tragen (behauptet man) wenig zum Wert bei. Viele moderne Bücher enthalten keine sichtbaren Beschriftungen mehr. Beachten Sie das Wort »sichtbar«: Um ein Abbildungsverzeichnis in Word zu erstellen, müssen die Beschriftungen irgendwo auf der gleichen Seite wie das Objekt vorhanden sein. Sie sind auch nützlich für Gemeinschaftsarbeiten in einem Team von Autoren und Grafikern während der Produktionsphase. *Müssen Beschriftungen nummeriert sein?*

Unsichtbare Beschriftungen in Word werden einfach als verborgener Text formatiert. Passen Sie die zuständige Formatvorlage an, wenn diese ausgedruckt werden sollen.

Der Leser braucht eine nummerierte Beschriftung nur dann, wenn im Text auf die Abbildungen verwiesen wird und mehr als eine auf der Seite steht. Sonst sind sie nicht nötig.

Es ist möglich, aber nicht empfehlenswert, beschriftete und unbeschriftete Abbildungen im selben Buch zu haben. Eine Mischung von nummerierten und nicht nummerierten Abbildungen ist jedoch nicht akzeptabel.

Schlagen Sie in der Word-Hilfe unter »Erstellen eines Abbildungsverzeichnisses« nach, um mehr über den genauen Ablauf für die Erstellung eines solchen Verzeichnisses zu lesen. **HINWEIS**

Was ist zu tun, wenn eine Mischung von beschrifteten und unbeschrifteten Abbildungen vorliegt? Oder Sie haben mehrere Kategorien von Einträgen und möchten mehr als ein Verzeichnis? Dann stehen Ihnen zwei Möglichkeiten zur Verfügung:

- Mehrere Formatvorlagen für die Beschriftungen definieren oder

- Die Einträge mit TC-Feldfunktionen markieren.

Versuchen Sie immer, das Problem zuerst mit mehreren Formatvorlagen zu lösen. Das Einfügen und die Verwaltung von TC-Feldfunktion ist arbeitsintensiv und eine mögliche Fehlerquelle. *TC-Feldfunktionen sind arbeitsintensiv*

Um mehrere Formatvorlagen für die Erstellung eines Verzeichnisses zu benutzen, werden alle Formatvorlagen mit einem anderen Namen (die Formatierung darf dieselbe sein) definiert, beispielsweise »AbbildungBeschriftung«, »TabelleBeschriftung« und »FormelBeschriftung«. Im Dialogfeld *Optionen für Abbildungsverzeichnis* legt man die Formatvorlage fest, die die Funktionalität für das bestimmte Verzeichnis benutzen soll, wie Abbildung 5.2 veranschaulicht.

Abbildung 5.2:
Eine Formatvorlage auswählen, um die Einträge für das Verzeichnis festzulegen

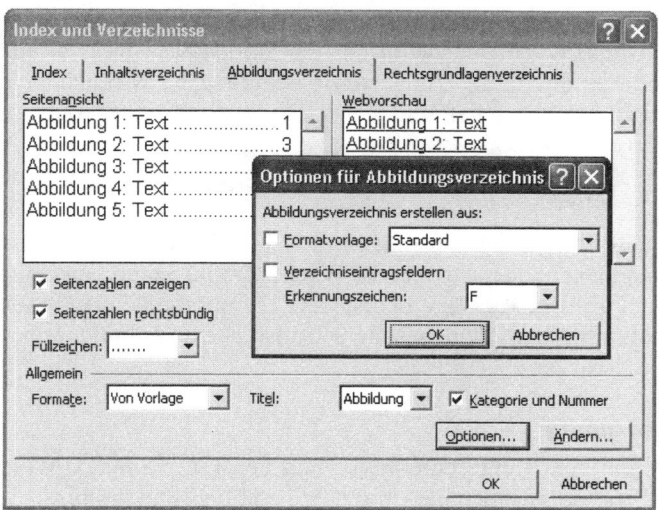

Unter gewissen Umständen ist es nicht möglich, Formatvorlagen einzusetzen, um Verzeichniseinträge zu markieren. Das kann beispielsweise der Fall sein, wenn Sie ein Rechtsgrundlagenverzeichnis erstellen oder wenn die Texte im Verzeichnis anders als im Dokument sind. In diesem Fall müssen Sie TC-Feldfunktionen benutzen.

Index

Ist es möglich, in Word einen Index automatisch erstellen zu lassen? Die kurze Antwort lautet »Nein!«

Leider erfordert die Erstellung eines guten Indexes viel manuelle Arbeit. John produziert Dokumentationen, die Tausende von Seiten technischen Materials beinhalten, inklusive der Indexe. Er kann Ihnen nicht erklären, wie ein Index automatisch zu erstellen wäre, aber wie die Aufgabe am einfachsten und am schnellsten zu lösen ist, schon.

Word stellt doch einen Automatismus zur Verfügung, der Indexeinträge automatisch im Dokument generieren kann, aber das Ergebnis ist für ein professionelles Werk nicht brauchbar. Leider gibt es auf der Welt (noch) keine Software, die in dieser Hinsicht das menschliche Urteilsvermögen ersetzt.

Ein guter Index braucht viel Sorgfalt

Anstelle eines schlechten automatisch erstellten Index wäre es dem Leser viel lieber, Sie würden die Veröffentlichung in elektronischer Form zur Verfügung stellen, sodass er nach Bedarf eine »free text search« durchführen kann. Eine freie Textsuche erfüllt seine Bedürfnisse viel besser als ein schlechter Index; die heutige Software ist leistungsfähig und führt ihn schneller zur gesuchten Stelle.

In früheren Tagen (sagen wir, bis 1995) wurden Indexe mit der »Schuhschachtel«-Methode erstellt. Indexer haben buchstäblich Indexkarten in einer Schuhschachtel sortiert, auf denen der Indexausdruck mit einer Liste der Seitennummer geschrieben wurde. Der Indexer saß dort mit einem Stapel Fahnenabzüge und arbeitet sie Zeile für Zeile durch; die Seitennummern wurden auf den Karten eingetragen, am Schluss tippte er den ganzen Index ab und lieferte ihn dem Drucker. Heute gibt es übrigens ein Software-Tool, das sich genau dieses Prinzips bedient.

Dazumal war die Indexerstellung ein Beruf. Auch heute, wenn Sie ein Buch mit einer langen Lebenszeit schreiben, z.B. eine medizinische Enzyklopädie, ist es ratsam, einen professionellen Indexer mit dieser Aufgabe zu beauftragen. Wirklich gute Indexe sind eine Mischung aus Wissenschaft und Kunst. Die Qualität einer professionellen Arbeit ist das Geld wert.

Die Vorbereitungen

Word hat ein ausgezeichnetes Werkzeug, um Indexe zu erstellen, Sie brauchen also keine zusätzliche Software. Planen Sie ungefähr eine Woche für 200 Seiten, um einen wirklich guten Index für ein technisches Werk zu erstellen. Technische Publikationen haben eine große Informationsdichte. Akademische Schriftstücke und ähnliches lassen sich meistens schneller indizieren.

Die verschiedenen Sorten Indexe

Word unterstützt zwei Arten: den Konkordanz-Index und den Eintrag-Index. Word kann auch etwas machen, was dazwischen liegt, mit dem Befehl *Alle festlegen*.

Indexe mit Konkordanz erstellen

Wir bitten Sie, vom Konkordanz-Index keinen Gebrauch zu machen. Das Ergebnis ist unbrauchbar für den Leser. Es dauert fast genauso lange, die Konkordanzdatei vorzubereiten, wie die Indexmarkierung direkt in das Dokument einzufügen. Erst bei wiederholtem Gebrauch würde sich der Aufwand lohnen. Der Konkordanz-Index stammt aus einer Zeit, als man hoffte, Arbeitsstunden durch Automatisierung erheblich zu reduzieren. Jede große Textverarbeitungsanwendung hat diese Funktionalität und kein professioneller Autor oder Lektor/Redakteur würde sie einsetzen.

Um einen Konkordanz-Index zu erstellen, müssen Sie in einem Dokument in einer Tabellenspalte alle Ausdrücke auflisten, die Word aufsuchen soll. In der zweiten Spalte steht der Text für den Index-Eintrag. Für weitere Informationen lesen Sie »Verwenden einer Konkordanzdatei zum automatischen Festlegen von Indexeinträgen« in der Word-Hilfe unter »Erstellen eines Indexes«.

Das Endergebnis ist ein Index, der **jedes** Vorkommen der Ausdrücke enthält. Viele Instanzen eines Ausdrucks im Text haben jedoch mit dem eigentlichen Thema nicht viel zu tun. Der Leser will im Index aber nur Seitenzahlen sehen, die ihn zum Thema führen. Wenn Sie an 20 Stellen suchen müssen, wo so gut wie nichts zum Thema steht, werden Sie nicht unbedingt dankbar sein.

Dieses Werkzeug hat aber seinen Nutzen. John hat beispielsweise einen Kunden, der eine Liste des Vorkommens aller Landesnamen in seinem akademischen Schriftstück braucht. Ein Konkordanz-Index ist dafür das geeignete Tool.

Am Anfang eines Update-Zyklus eines riesigen Referenzwerkes würde ein Projektmanager einen Konkordanz-Index benutzen, um schnell eine Liste von jedem Thema zu erstellen, das zu aktualisieren ist. Er macht dies natürlich in einer Kopie der Datei, da das Vorgehen die Index-Einträge, die man im Produktionsexemplar nicht haben will, in das Dokument einfügt.

Indexe manuell erstellen

Der Index basiert auf im Dokument eingefügte Einträge (XE-Feldfunktionen). Bei Aktualisierung des Indexes arbeitet Word das Dokument durch und listet alle Seitenzahlen auf, auf denen sich ein solcher Eintrag befindet. Das Hilfethema »Erstellen eines Indexes« liefert alle notwendigen Angaben.

Auf genau diese Art und Weise erstellen gute Autoren ihre Indexe: Eintrag für Eintrag; Seite für Seite.

Johns beste Tipps

Drucken Sie eine Kopie des Buchs aus. Gehen Sie durch den Text und alle Ausdrücke, die Sie gerne im Index sehen würden, heben Sie mit einem farbigen Stift (Textmarker) hervor.

Wenn Sie in der Materie kein Experte sind, bitten Sie jemanden, der sich auskennt, dies für Sie zu tun. Die Aufgabe wird erheblich erleichtert, wenn Sie mit dem Thema vertraut sind.

Fügen Sie einen Index-Eintrag nur an jenen Stellen ein, wo hilfreiche Informationen zum Ausdruck vorliegen. Beispiel: Der Ausdruck »Installationsschritte« soll im Index erscheinen. Im Kapitel 1 würden Sie bei »Gehen Sie wie folgt vor, um die Software zu installieren« einen Eintrag einfügen. In das Kapitel 5 hingegen, wo »Haben Sie die Installation vollendet…« steht, kommt kein Eintrag, da dieser Abschnitt mit dem Installationsvorgehen nichts zu tun hat.

Richtlinien für Legen Sie Design-Richtlinien fest, bevor Sie mit dem Einfügen der Index-Einträge
Index-Einträge beginnen:

- Wie viele Index-Unterebenen sind erlaubt? Wenn es mehr als zwei sind, wird John Sie rügen, da er einen solchen Index entsetzlich und unbrauchbar findet.

- Wird der Nachschlagausdruck umgestellt, um das Hauptwort an den Anfang zu stellen? »Formatvorlagen, Zeichen« oder »Zeichen Formatvorlagen«? Meistens wählt man das erste, aber egal welches Format benutzt wird, es muss konsequent durchgezogen werden.

- Wie werden Zahlen sortiert? Als wären Sie buchstabiert, oder am Anfang, vor dem Buchstaben »A«? In technischen Werken ist das zweite üblich; auf jeden Fall muss die Handhabung konsequent sein.

- Werden »Siehe«-Referenzen benutzt, um den Index zu kürzen? Johns Antwort ist »Nein«. Diese Art Referenz zwinge die Leser, nochmals nachzuschlagen, bevor sie zum Ziel gehen können. Das irritiere sie und spare wenig Papier. Cindy widerspricht dieser Meinung, weshalb in diesem Buch auch »Siehe«-Referenzen vorkommen. Handeln Sie in diesem Punkt, wie Sie es nach Ihrer Erfahrung für richtig halten.

- Erscheinen Einträge im Inhaltsverzeichnis auch im Index? Indexer debattieren diesen Punkt leidenschaftlich. Die Puristen behaupten nein; John meint, natürlich gehören sie dorthin. Er fängt sogar den Indizierungsablauf damit an. Untersuchungen zeigen, dass ungefähr 35% der Leser im Inhaltsverzeichnis nachschlagen, während 65% den Index verwenden. Wenige Leser verstehen heutzutage den Unterschied zwischen einem Inhaltsverzeichnis und einem Index und jeder wird Ihnen dankbar sein, wenn die Information an beiden Orten steht.

- Welche Sortierreihenfolge? Nach Wörtern oder nach Buchstaben? Standardmäßig sortiert Word nach Wörtern. Die Puristen ziehen die Buchstabensortierung vor. Wir nicht; wir finden, das erschwert das Nachschlagen, und vielen Lesern geht es ähnlich. Das Sortieren nach Wörtern berücksichtigt nicht nur den Sortierwert der einzelnen Buchstaben, sondern auch den Wert aller Interpunktionszeichen, wie Leerzeichen, Kommas oder Bindestriche. Das Sortieren nach Buchstaben lässt diese während der Sortierung weg, obwohl sie im Resultat erscheinen.

Hier ein Beispiel für die angesprochenen Sortierreihenfolgen:

Sortieren nach Wörtern:
All action
An apple
Anabele

Sortieren nach Buchstaben:
All action
Anabele
An apple

Beachten Sie, wo *Anabele* in den Listen steht. Das Sortieren nach Wörtern ist die übliche Methode für die Index-Erstellung, und wird von Word standardmäßig eingesetzt. Die meisten Leser finden sie einfacher; das Auge sucht in einer Spalte, findet den ersten Teil des gesuchten Ausdrucks, dann sucht es weiter in der nächsten Spalte für den folgenden.

Das Sortieren nach Buchstaben ist weniger weit verbreitet und soll möglichst gemieden werden; der Leser empfindet die Suche in einer solchen Liste als mühsam. Telefonbücher werden z.B. nach diesem Prinzip sortiert. Diese Methode ist angebracht für Listen von technischen Ausdrücken oder Filmtiteln, wo viele Einträge sich nur unwesentlich von einander unterscheiden oder keine »echten Wörter« sind, wie z.B. Programmiercode.

Der Vollständigkeit halber erklären wir kurz, wie Sie einen Buchstaben-Index generieren: Markieren Sie das Indexverzeichnis und entfernen zunächst mit den Tasten Strg+Umschalt+F9 den Feldausdruck. Ist die Seitenzahl vom Eintrag nicht bereits durch ein Tab-Zeichen getrennt, ersetzen Sie jetzt alle Trennzeichen (meist sind es zwei Leerzeichen) durch ein Tab-Zeichen. Machen Sie gegebenenfalls den Indexbereich einspaltig. Danach können Sie ihn in eine zweispaltige Tabelle (*Tabelle/Umwandeln/Text in Tabelle*) umwandeln. Mit *Suchen und Ersetzen* ersetzen Sie alle Leerzeichen in der ersten Spalte mit einem speziellen Zeichen. Anschließend wird sortiert und dann werden die speziellen Zeichen wieder durch Leerzeichen ersetzt und die Tabelle wieder in Text zurückverwandelt.

○ Meiden Sie den klassischen Fehler und indizieren Sie »das Buch« nicht. Schreiben Sie beispielsweise ein Buch »Alles über Microsoft Word«, wird es peinlich, wenn der Ausdruck »Word« im Index erscheint. Schlagen Sie mal zum Spaß im Index einiger »Schnell und billig«-Handbücher nach, die oft von Firmen für eigene Trainingzwecke produziert werden. Es ist überraschend, wie oft dieser Fehler vorkommt. Häufig ist er das Ergebnis eines Index-Automatismus.

Jetzt gehen Sie durch das Dokument und fügen die Index-Einträge dort ein, wo Sie im Ausdruck den Text farbig hervorgehoben haben. Alt+Umschalt+X blendet das Dialogfeld *Indexeintrag festlegen* ein (die Befehlsfolge lautet *Einfügen/Referenz/Index und Verzeichnisse/Index*, aber das sind wirklich zu viele Menüebenen ...). Bestätigen Sie jeweils mit *Festlegen*.

TIPP Fügen Sie noch keine Unterebene ein.

Lassen Sie den Index von Word generieren. Achten Sie noch nicht auf die Formatierung; lassen Sie ihn in einer Spalte, um sich schneller darin zurechtzufinden. Falls Sie einen großen Bildschirm haben, könnten Sie über *Fenster/Neues Fenster* ein neues Fenster öffnen, um zwischen Dokument und Index hin und her zu springen; aber die meisten Leute finden es einfacher, den Index auszudrucken.

Nun wird der Index mit einem farbigen Stift bearbeitet:

- Alle Einträge, die als Unterebenen eines anderen Eintrags erscheinen sollen, markieren Sie und notieren den Haupteintrag.

- Lesen Sie alle Einträge durch und stellen sich die Frage »Unter welchem anderen Namen könnte dieser Ausdruck dem Leser bekannt sein?« Erstellen Sie dafür einen weiteren Eintrag.

- Stellen Sie sich für alle Einträge die Frage »Gibt es sonst etwas zu diesem Thema, das der Leser wissen sollte?« und erstellen dafür einen »Siehe auch«-Eintrag (sofern Sie, wie oben erwähnt, Cindys Meinung folgen und »Siehe auch«-Einträge verwenden).

Nehmen Sie diese Änderungen im Dokument vor. *Bearbeiten/Gehe zu* mit dem Feldnamen *XE* ist hilfreich, um von einem Index-Eintrag zu nächsten zu springen. Nachdem Sie es einmal ausgeführt haben, kann das Browserobjekt die Ausführung übernehmen, ohne das Dialogfeld ständig einzublenden. Klicken Sie einfach auf die Symbolschaltflächen unter der vertikalen Bildlaufleiste oder drücken Sie Strg+Bild ab bzw. Strg+Bild auf.

Sehr hilfreich bei dieser Arbeit ist eine Makrolösung wie in Listing 5.3 dargestellt, die bei Doppelklick auf eine Seitenzahl im Index den Eintrag ab dieser Seite im Dokument sucht. Diese Methode eignet sich auch für den generellen Einsatz in elektronischen Dokumenten.

Applikationser-eignisse einsetzen

Diese Lösung bedient sich des Applikationsereignisses `WindowBeforeDoubleClick`, das seit Word 2000 verfügbar ist. Applikationsereignis heißt, dem Projekt muss ein Klassenmodul hinzugefügt werden. Der sich darin befindende Code ist kurz. Die Ereignisprozedur ruft eine Funktion im gewöhnlichen Modul auf, die einen Wert für den `Cancel` (Abbrechen)-Parameter zurückgibt. Ist er »Falsch«, wird die standardmäßige Doppelklick-Handlung von Word ausgeführt, bei »Wahr« wird sie unterlassen.

HINWEIS Mehr über den Einsatz von Applikationsereignissen finden Sie im Inhalt der VBA-Hilfe unter »Konzepte für die Programmierung/Arbeiten mit Word-Ereignissen«.

Am Anfang des `basIndex`-Moduls muss die Klasse »ins Leben gerufen werden«. Es folgen zwei kleine Prozeduren, die das Ereignis ein- bzw. ausschalten. Weisen Sie diese Symbolschaltflächen einer Symbolleiste zu, um dieses Tool wahlweise ein- und auszuschalten oder benennen Sie die Prozeduren um, sodass sie als »Auto«-Makros automatisch ausgeführt werden.

Die Funktion `IndexEintragSuchen` bildet das Kernstück des Tools. Als erste Handlung hält sie den Bereich fest, auf den der Benutzer doppelt geklickt hat. Da die Doppelklick-Handlung noch nicht stattgefunden hat, wurde noch nichts markiert (normalerweise wäre das ein Wort). Deshalb wird dieses Wort über die Funktion `ZahlIn-Markierung` ermittelt und einer Variablen (`MarkierterText`) zugewiesen.

Einige Kontrollen werden durchgeführt, um festzustellen, ob

1. eine gültige Zahl vorliegt,

2. sie sich in einer Feldfunktion befindet und

3. vom Typ »Index« ist.

Sind alle diese Bedingungen erfüllt, läuft das Makro weiter, der Indexeintrag wird über die Funktion `IndexEintragErmitteln` ermittelt und in der Variablen `SuchText` festgehalten.

HINWEIS

Die Funktion zum Feststellen, ob eine Markierung sich in einer Feldfunktion befindet, wird im ▶ Kapitel 8 näher erläutert.

In `IndexEintragErmitteln` wird angenommen, dass der Eintrag sich am Anfang des selben Absatzes befindet, in dem die Seitenzahl steht. Der Bereich wird zum Absatzanfang erweitert, dann werden allen nachfolgenden, nicht zum Eintrag gehörenden Zeichen (vor allem Interpunktionszeichen) entfernt. Es ist möglich, dass Sie diesen Teil der Art von Index anpassen müssen, der in Ihrem Dokument generiert wurde. Dieser Code wurde für einen Index mit Seitenzahlen, die nach einem Tabzeichen am rechten Rand stehen, entwickelt.

Wenn `SuchText` nicht leer ist, wird das standardmäßige Verhalten des Doppelklick-Ereignisses ausgeschaltet und der Eintrag gesucht. Wenn er nicht gefunden werden kann, steht der Indexeintrag markiert am Schluss. Die Suche wird von der Funktion `ZumEintragSpringen` ausgeführt. Das erste Mal wird das Dokument mit den geltenden Benutzereinstellungen durchsucht (hier geht's vor allem um die Anzeige von verborgenem Text). War sie nicht erfolgreich, wird sie wiederholt, wenn das erste Mal verborgener Text ausgeblendet war. Aber dieses Mal mit sichtbar gemachtem verborgenem Text, sodass die `XE`-Feldfunktionen zur Verfügung stehen. Nachher wird der verborgene Text wieder ausgeblendet. Falls die Suche in einer verborgenen Feldfunktion landet, wird der ganze Absatz statt nur der Eintrag markiert, sonst würde der Benutzer die Stelle nicht sofort erkennen.

Durch Ein- und Ausblenden des verborgenen Textes kann es sein, dass die Markierung nicht im Bildschirmbereich steht. Deshalb wird am Schluss die Methode `ScrollIntoView` eingesetzt.

Bedenken Sie, dass der Eintrag bei nicht aktualisiertem Index unter Umständen nicht gefunden wird, da die Seitenzahlen nicht korrekt waren. Dieses Makro verzichtet auf dessen automatische Aktualisierung, weil sie je nach Dateigröße lange dauern könnte, was die Wirksamkeit des Tools erheblich einschränken würde.

```
'clsIndex, ein Klassenmodul
Public WithEvents App As Word.Application

Private Sub app_WindowBeforeDoubleClick(ByVal Sel As Selection, Cancel As Boolean)
    Cancel = False
    Cancel = IndexEintragSuchen(Sel, Cancel)
End Sub

'basIndex, ein gewöhnliches Modul
Dim IndexDoubleClick As New clsIndex

Public Sub IndexDoubleClick_Activate() 'Oder AutoOpen oder AutoNew
    Set IndexDoubleClick.App = Word.Application
```

Listing 5.3:
Per Doppelklick zum Indexeintrag springen

```
End Sub

Public Sub IndexDoubleClick_Deactivate()  'Oder AutoClose
    Set IndexDoubleClick.App = Nothing
End Sub


'Wurde eine Zahl in einer Index-Feldfunktion doppelt angeklickt,
'zu dieser Seitenzahl im Dokument springen, und von dort aus
'das nächste Vorkommen dieses Textes suchen.
'Gibt "Wahr" zurück, wenn die Doppelklickstelle:
' - sich in einer Index Feldfunktion befindet und
' - ein Texteintrag am Anfang des Absatzes (wonach gesucht werden kann) vorhanden ist.
'Damit wird für dieses Mal das übliche Doppelklickverhalten ausgeschaltet, sodass
'der Suchtext markiert werden kann.
Public Function IndexEintragSuchen(ByVal Sel As Word.Selection, _
                        ByVal Cancel As Boolean) As Boolean
    Dim MarkierterText As String, rngSel As Word.Range, SuchText As String
    Dim fld As Word.Field, wn As Word.Window

    IndexEintragSuchen = Cancel
    Application.ScreenUpdating = False

    'Ein Bereich-Objekt setzen, das gleich dem Bereich
    'der Einfügemarke bei Ausführung des Doppelklicks ist.
    Set rngSel = Sel.Range
    'Alle unmittelbar nebeneinander, im Bereich stehenden Ziffern ermitteln.
    MarkierterText = ZahlInMarkierung(rngSel)
    'Falls der Bereich nicht nummerisch ist, abbrechen.
    If IsNumeric(MarkierterText) = False Then Exit Function

    'Das Feld-Objekt, worin sich der Bereich befindet, ermitteln.
    Set fld = IstMarkierungInFeld(Sel)

    'Falls nicht, ist fld kein gültiges Objekt, und
    'das normale Doppelklickverhalten findet statt.
    If Not IsObjectValid(fld) Then Exit Function
    'Sonst herausfinden, ob es sich um eine Index Feldfunktion handelt.
    If Not fld.Type = wdFieldIndex Then Exit Function
    'Den Index-Eintrag festhalten.
    SuchText = IndexEintragErmitteln(rngSel)
    'Wenn ein Eintrag vorhanden ist
    If Len(SuchText) = 0 Then Exit Function
    'Standardmäßiges Doppelklickverhalten ausschalten.
    IndexEintragSuchen = True

    'Eintrag im Text finden.
    'Falls keiner gefunden wird, wird nur der Eintrag im Index markiert.
    Set wn = rngSel.Parent.ActiveWindow
    If Not ZumEintragSpringen(MarkierterText, SuchText, rngSel, False) Then
        'Falls die Suche nicht erfolgreich war, und verborgener Text
        'nicht sichtbar ist, diesen einblenden und nochmals versuchen.
        If Not wn.View.ShowHiddenText Then
            wn.View.ShowHiddenText = True
            ZumEintragSpringen MarkierterText, SuchText, rngSel, True
            'Wenn diese Suche erfolgreich ist, wird der ganze Absatz markiert,
            'in dem sich der Suchtext befindet, sodass der Benutzer die Suchstelle
```

▶

```
                'sieht, wenn der vorborgene Text wieder ausgeblendet wurde.
            wn.View.ShowHiddenText = False
        End If
    End If
    Application.ScreenUpdating = True
    'Sicherstellen, dass der Fundbereich auf dem Bildschirm sichtbar ist.
    Selection.Range.Parent.ActiveWindow.ScrollIntoView Selection.Range, False
End Function

Public Function ZahlInMarkierung(ByVal rng As Word.Range) As String
    'Bereich um ganzes Wort erweitern.
    rng.Expand wdWord
    ZahlInMarkierung = rng.Text
End Function

Public Function IstMarkierungInFeld(ByVal Sel As Word.Selection) As Word.Field
    'Gibt die Feldfunktion zurück, worin sich die Markierung befindet.
    'Falls keine Feldfunktion vorhanden ist, wird "Nothing" zurückgegeben.

    ActiveWindow.View.ShowFieldCodes = True
    'Ermitteln, ob die Markierung bei eingeblendeten Feldcodes
    'am Ende einer Feldfunktion steht.
    If Asc(Sel.Characters(1)) = 21 Then
        'wenn ja, die Feldfunktion markieren
        Sel.Expand wdWord
        Set IstMarkierungInFeld = Sel.Fields(1)
    Else
        Set IstMarkierungInFeld = Nothing
    End If
    ActiveWindow.View.ShowFieldCodes = False
End Function

Public Function IndexEintragErmitteln(ByVal rng As Word.Range) As String
    'Gibt den Text am Anfang des Absatzes eines Bereichs zurück.
    'Alle folgenden Leer-, Tab- und nicht durckbaren Zeichen werden vorher entfernt.
    Dim CleanedString As String, AnzahlZeichenSeitenNr As Long

    AnzahlZeichenSeitenNr = Len(rng)

    'Bereich erweitern, sodass er den Indexeintrag umfasst.
    rng.MoveStart wdParagraph, -1
    'die Seitenzahl ausgrenzen
    rng.MoveEnd wdCharacter, AnzahlZeichenSeitenNr * -1

    'Zeilenschaltungen, Leer- und Tabzeichen vom Ende entfernen.
    CleanedString = rng.Text
    CleanedString = Mid(CleanedString, InStr(CleanedString, vbFormFeed) + 1)
    CleanedString = CleanString(Trim$(CleanedString))
    If InStr(CleanedString, vbTab) <> 0 Then
        CleanedString = Left(CleanedString, InStr(CleanedString, vbTab) - 1)
    End If
    IndexEintragErmitteln = CleanedString
End Function

Private Function ZumEintragSpringen(ByVal PgNr As String, ByVal SuchText As String, _
        ByVal rng As Range, ByVal SuchInFelder As Boolean) As Boolean
```

```
'Den Indexabschnitt festhalten.
Set rng = rng.Sections(1).Range
'Zur Seitenzahl springen, die der doppelt geklickten Zahl entspricht.
Selection.GoTo What:=wdGoToPage, Which:=wdGoToAbsolute, Count:=Val(PgNr)
'Den Eintrag auf dieser oder einer folgenden Seite suchen.
With Selection.Find
    .ClearAllFuzzyOptions
    .ClearFormatting
    .Text = SuchText
    .Forward = True
    .Wrap = wdFindAsk
    If .Execute Then
        'Falls gefunden, und im Index Abschnittsbereich
        'ist es ein Indexeintrag, waren wir nicht erfolgreich.
        If Selection.Range.InRange(rng) Then
            ZumEintragSpringen = False
        Else
            'Wir waren erfolgreich
            ZumEintragSpringen = True
            'Wenn dar Paramenter SuchInFelder Wahr ist, dann steht
            'der gefundene Text vermutlich in einer XE Feldfunktion,
            'die nicht sichtbar ist. Deshalb den ganzen Absatz markieren.
            If SuchInFelder Then Selection.Paragraphs(1).Range.Select
        End If
    End If
End With
End Function
```

 Den Code aus Listing 5.3 finden Sie im Ordner \Buch\Kap05 in der Datei Bsp05_04.dot auf der CD-ROM zu diesem Buch.

Aktualisieren Sie den Index, indem Sie darauf klicken und F9 drücken. Jetzt können Sie ihn formatieren. Für den Text passen Sie die Formatvorlagen *Index 1* bis *Index 9* an.

WICHTIG Analog wie bei Inhaltsverzeichnissen erscheinen direkte Formatierungen im Dokumenttext auch im Index. Nur Formatierungen, die durch Formatvorlagen vorgenommen wurden, werden vom Index ignoriert.

Spaltenausgleich organisieren Wenn Sie es wünschen, können Sie den Index in zwei Spalten formatieren. Um die Länge der zwei Spalten auf der letzten Seite auszugleichen, fügen Sie am Ende des Indexes einen manuellen, fortlaufenden Abschnittswechsel ein. Falls sich die Längen nicht ausgleichen, schauen Sie unter *Extras/Optionen/Kompatibilität* nach, ob *Kein Spaltenausgleich bei fortlaufendem Abschnittswechsel* aktiviert ist und schalten ihn, wenn erforderlich, aus.

Und damit haben Sie es! So erstellt John seine Indexe. Probieren Sie es aus und Sie werden verstehen, warum er es so macht. Wenn Sie es anders machen, werden Sie es später auch verstehen ...

Zentral- und Filialdokumente

Der gängige Rat in Bezug auf Zentral- und Filialdokumente ist, sie niemals zu benutzen. John hat sogar zu Protokoll gegeben, dass es nur zwei Sorten von Zentraldokumenten gibt: diejenigen, die beschädigt sind und solche, die es bald werden.

Eigentlich ist dieser Rat an Anfänger oder wenig erfahrene Word-Benutzer gerichtet, um sie vor unangenehmen Folgen zu bewahren. Dieses Buch ist jedoch an Fortgeschrittene gerichtet und hier können wir die ganze Geschichte weitergeben. Zentral- und Filialdokumente sind ein sehr leistungsfähiger und intuitiver Mechanismus, der dem Profi wunderbare Dinge ermöglicht. Wie alle scharfen Werkzeuge sind sie in den Händen eines gelernten Handwerkers ein Werkzeug, das seine Arbeit schneller und effizienter erledigt; in den Händen eines unerfahrenen Benutzers hingegen richten sie schneller größere Schäden an.

Sie müssen sich die Zeit nehmen, die Wirkungsweisen der Zentral- und Filialdokument-Funktionalität zu verstehen und bei deren Verwendung sehr sorgfältig und präzise vorgehen. Je nach Ihrer Situation, Ihren Anforderungen und Ihrer Arbeitsweise werden Sie vielleicht herausfinden, dass Zentral- und Filialdokumente mehr Einsatz verlangen, als sie es wert sind. Haben Sie jedoch eine Aufgabe, die förmlich nach dieser Funktionalität ruft, lohnt sich der zusätzliche Aufwand. Der eigentliche Grund, warum wir dem Anfänger dringend davon abraten, sie einzusetzen, sind die hohen Anforderungen an Wissen und Sorgfalt. Falls ein Zentraldokument beschädigt wird, ist gutes Wissen nötig, um die Schäden wieder zu beheben. Haben Sie jedoch die nötigen Fähigkeiten und sind bereit, sorgfältig zu arbeiten, können Sie mit Zentraldokumenten Wunder vollbringen.

Eine scharfe Waffe will präzise geführt werden

Als Erstes schreiben Sie sich den folgenden Grundsatz auf: »Nicht Word beschädigt Zentral- und Filialdokumente, sondern der Benutzer«. Leider. Auch John war von dieser Erkenntnis nicht gerade begeistert. Aber bevor er sie akzeptierte, hatte er mit dieser Funktionalität keinen Erfolg. Danach erstellte und verwaltete er ein aus 2.600 Seiten bestehendes Zentraldokument über eine Zeitspanne von zwei Jahren ohne einen einzigen Absturz. Es ist also möglich.

Im Irrgarten

Noch einmal zur Erinnerung: Ein Word-Dokument ist eine Auflistung von »Objekten«. Bei einem Objekt handelt es sich um alles, was man in ein Dokument einfügen kann. Jedes dieser Objekte hat unzählige »Eigenschaften«, die festlegen, wie es aussieht und sich verhält.

Word verwaltet diese Eigenschaften in mehreren großen »Tabellen« innerhalb der binären Dokumentstruktur. Die Verbindung zwischen jedem Objekt (ein Absatz beispielsweise) und seinen Eigenschaften besteht aus einem mächtigen Gitterwerk von »Zeigern« (Pointer). Diese Zeiger sind große, binäre Zahlen, die Word auf eine präzise Byte-Stelle in der Datei verweisen, um die Form, die Größe oder die Farbe des Objekts zu ermitteln. Die meisten Objekte haben mehr als einen Zeiger. Manche Zeiger verweisen auf Eigenschaftssammlungen (Beispiel: Eine Listenvorlage beschreibt die gesamte Formatierung für eine nummerierte Liste); andere verweisen auf nur eine Eigenschaft (Beispiel: die Sprachenformatierung, die lediglich aus einem einzigen Namen besteht).

Zeiger halten alles zusammen

Was wir als Dokumentbeschädigung erleben, ist in Wirklichkeit eine Unterbrechung der Verbindung zwischen dem Objekt und einem (oder mehreren) seiner Eigenschaften. Die Informationen in der Tabelle sind Unsinn oder der Zeiger weist auf eine andere, ungültige Eigenschaft. Ein Absatz beispielsweise findet als Eigenschaft Informationen über Seitenränder vor; da ein Absatz keine Seitenränder hat, reagiert Word völlig verwirrt.

Die allerletzte Absatzmarke ist ein Abschnittswechsel

Die meisten dieser Eigenschaften, die Probleme bereiten, werden in den Abschnittswechseln gespeichert. Ein Abschnittswechsel ist also nicht nur »eine Art Seitenwechsel«, sondern ein Behälter mehrerer hundert Eigenschaften. Der umfangreichste Abschnittswechsel ist der standardmäßige, den Sie niemals sehen werden – er ist Teil der allerletzten Absatzmarke. Weil dieser Abschnittswechsel für das Dokument eine »Lebensnotwendigkeit« ist – ohne ihn ist das Dokument nur ein Strom von Bytes – verwaltet Word den Inhalt selbst und schirmt ihn vor uns ab.

Zentraldokumente bereiten so viele Schwierigkeiten, weil sie bei der Integration von Filialdokumenten Hunderte von Einstellungen in Einklang bringen müssen, die einander unter Umständen widersprechen. Die einen sind für nur einen, andere für mehrere Absätze gültig. Ein typisches Zentraldokument umfasst bis zu 20 Filialdokumente. Das bedeutet, es gibt 21 abschließende Abschnittswechsel; jeder davon könnte abweichende oder widersprüchliche Eigenschaften enthalten. Zudem kann jedes Filialdokument benutzerdefinierte Abschnittswechsel mitführen und diese könnten ihrerseits mit den Einstellungen eines oder mehrerer der standardmäßigen Abschnittswechsel übereinstimmen oder ihnen widersprechen.

Gilt eine gegebene Eigenschaft für dieses Dokument, für nur einen Teil davon oder für mehrere Filialdokumente? Und speichert sie das Dokument? Ist sie aktiviert? Nur lesbar oder auch beschreibbar? Die Wahrscheinlichkeiten wachsen exponentiell an, bis die Struktur zu komplex wird und Word den Faden verliert. Dann versucht Word, die richtige Handlung zu erraten. Die Vermutung überschreibt etwas, und ... Kabum! Sie verlieren das Zentraldokument.

Warnsignale

Was meinen wir eigentlich mit »verlieren«? Die Beschädigung kann sich auf mehrere Arten äußern. Das erste Warnsignal ist, dass sich das Zurück- und Vorrollen des Bildschirms unstet verhält. Das Ergebnis der ultimativen Beschädigung ist das Verschwinden eines Teils oder des gesamten Textes; die Datei erkennt sie nicht mehr als Dokument-Objekte. Es kann ziemlich verwirrend sein, wenn die Beschädigung sich vor einigen Wochen ereignet hat. Wenn Sie zu diesem Zeitpunkt diesen Dokumentteil nicht betrachtet haben, werden Sie auf das Problem erst aufmerksam, wenn Sie versuchen, das Dokument auszudrucken. Lange nachdem Sie die Sicherheitskopie überschrieben haben!

Und nun, da wir Ihre volle Aufmerksamkeit haben, diskutieren wir, wie diese Situation zu vermeiden ist, damit Sie Zentraldokumente erfolgreich einsetzen können.

Mit Zentral- und Filialdokumenten arbeiten

Cleanliness is next to godliness

Was diese Operation anbelangt, rangiert Konsequenz vor Sauberkeit (direkt neben Frömmigkeit). Die Schwierigkeiten mit Zentraldokumenten basieren auf der Tatsache, dass die Funktionalität Tausende oder sogar Hunderttausende Objekteigenschaften für ein einziges Dokument verwalten muss.

Haben die meisten dieser Eigenschaften genau die gleichen Werte in allen Dokumenten, verringert sich die Fehlerquote merklich. Es folgen einige Richtlinien für den Umgang mit Zentraldokumenten. Wenn Sie mehr als drei davon missachten, gehen Sie lieber zum Zahnarzt: Es wird weniger schmerzen, weniger kosten und schneller vorüber sein.

- Erstellen Sie alle Filialdokumente von der selben Dokumentvorlage, welche Sie auch für das Zentraldokument benutzen. Stellen Sie sicher, dass alle Zentral- sowie Filialdokumente genau die selben Einstellungen für *Papierformat*, *Seitenränder*, *Sprache*, *Schriftarten* und *Druckereinstellungen* und *-auswahl* haben.

  Richtlinien für den Umgang mit Zentraldokumenten

- Verwenden Sie ausschließlich Formatvorlagen für die Formatierung. Meiden Sie direkte Formatierungen und setzen Sie sich nicht über Formatvorlagen hinweg.

  Meiden Sie direkte Formatierungen

- Geben Sie möglichst wenig Text in das Zentraldokument ein, idealerweise überhaupt keinen.

- Erstellen Sie regelmäßig und oft Sicherheitskopien des Zentraldokuments, sodass Sie, falls notwendig, ein beschädigtes Exemplar einfach wegwerfen können.

- Bearbeiten Sie niemals Filialdokumente, wenn sie im Zentraldokument als Teil des Zentraldokuments geöffnet sind. Die einzige Ausnahme ist die Erstellung von Querverweisen und das Festsetzen des Neubeginns bei nummerierten Listen. Dies muss im Zentraldokument mit geöffneten Filialdokumenten geschehen und alle müssen gleichzeitig gespeichert werden. Dieser Schritt wird erst am Schluss vorgenommen, nachdem alle Dateien gesichert wurden.

- Rühren Sie die Abschnittswechsel, die Word in das Zentraldokument einfügt, nicht an. Wenn Sie einen entfernen müssen, entfernen sie alle.

- Begrenzen Sie die Anzahl der Abschnittswechsel in den Filialdokumenten auf ein Minimum.

- Fügen Sie keine Kopf- oder Fußzeilen in Filialdokumente ein. Entfernen Sie die vorhandenen.

  Keine Kopf- oder Fußzeilen in Filialdokumenten

- Stellen Sie sicher, dass weder Zentral- noch Filialdokumente irgendwelche Makros, AutoTexte oder anderer aktive Inhalte beinhalten.

- Schalten Sie unter keinen Umständen *Änderungen verfolgen* oder *Versionen* für ein Zentraldokument ein. *Änderungen verfolgen* könnte in den Filialdokumenten benutzt werden; alle Bearbeitungen sollten jedoch angenommen oder abgelehnt werden, bevor ein Filialdokument im Zentraldokument geöffnet wird.

- Die Nummerierung sollte als Teil einer Absatzformatvorlage definiert sein. In Word 2002 könnte sie mit einer Listen-Formatvorlage verbunden werden. In jedem Fall ist es wichtig, eine Vermehrung der Listenvorlagen zu vermeiden. Lassen Sie die Finger von *Format/Nummerierung und Aufzählungszeichen* (außer für den Neubeginn der Nummerierung), sonst bedeutet es das Aus.

- Stellen Sie sicher, dass alle Filialdokumente sich im selben Ordner mit dem Zentraldokument befinden. Damit findet das Zentraldokument seine Schützlinge immer, auch wenn sich der Pfadname zum Ordner ändert.

  Zentraldokument und Filialdokumente im selben Ordner speichern

- Die offiziell genannte Obergrenze für die Anzahl Filialdokumente beträgt 255, aber in der Praxis ist das Limit speicherbedingt. Bleiben Sie möglichst unter 20.

- Gehen Sie sorgfältig mit *Höher stufen* und *Tiefer stufen* im Zentraldokument um; setzen Sie es am besten dort nicht ein. Wichtig ist, den Zusammenhang mit der

Listenvorlage nicht zu brechen. Sie erinnern sich doch an die Abbildung im ▶Kapitel 4 mit den »Zeigern« zwischen Dokumenttext und den Tabellen? Diese Problematik wird in einem Zentraldokument vervielfacht und verleiht der Richtlinie Nachdruck, Zentral- und Filialdokumente alle von der selben Dokumentvorlage zu erstellen, in der alle Formatvorlagen und Listen vordefiniert sind.

○ Wenn Word Probleme mit einem Zentraldokument bekundet, speichert es möglicherweise nicht alle Änderungen, die in einem Filialdokument vorgenommen wurden. Dies ist ein Grund, warum wir davon abraten, in einem Zentraldokument geöffnete Filialdokumente zu bearbeiten. Manchmal hat man jedoch keine Wahl ...

Unsere Ergän-
zungen/Korrek-
turen zur
Anleitung in der
Word-Hilfe

Die Anleitungen in der Word-Hilfe zur Erstellung und Verwaltung von Zentral- und Filialdokumenten werden wir hier nicht wiederholen. Schlagen Sie »Zentraldokumente« unter dem Thema »Lange Dokumente« nach. In der Annahme, Sie haben alle diese Informationen gelesen, machen wir dazu einige Bemerkungen, wo die Vorschläge in der Praxis fehlschlagen:

○ Unterkapitel *Zentraldokumente*, Abschnitt *Arbeiten mit Filialdokumenten*. Microsoft empfiehlt, Filialdokumente durch Doppelklick im Zentraldokument zu öffnen. Nach unserer Auffassung gibt es keinen fataleren Fehler. Besser: Öffnen Sie Filialdokumente über *Datei/Öffnen*, und zwar nur dann, wenn das Zentraldokument geschlossen ist. Querverweise sind die Ausnahme.

○ Unterkapitel *Zentraldokumente*, Abschnitt *Verwenden von Vorlagen und Formatierungen in einem Zentraldokument*. Microsoft erwähnt, dass das Zentral- und die Filialdokumente auf verschiedenen Vorlagen basieren dürfen. Wir raten dringend von solchen Versuchen ab.

○ Unterkapitel *Anordnen von Filialdokumenten innerhalb eines Zentraldokuments*. Microsoft empfiehlt, Filialdokumente innerhalb des Zentraldokuments durch Ziehen mit der Maus neu anzuordnen. Fallschirmspringen von Hochhäusern macht mehr Spaß und ist weniger gefährlich. Wenn alles korrekt vorbereitet wurde, müssen Sie die Reihenfolge der Filialdokumente nicht ändern. Wird es trotzdem notwendig, **entfernen** Sie das Filialdokument – Word macht es zum Teil des Zentraldokuments und entfernt zugleich die Abschnittswechsel. Löschen Sie den Text und fügen das Filialdokument nochmals ein.

○ Unterkapitel *Umbenennen eines Filialdokuments*. Microsoft sagt, ein Filialdokument könne mit *Datei/Speichern unter* in einen anderen Pfad verschoben werden. Nicht empfehlenswert. Sie dürfen zwar Filialdokumente in einem beliebigen Pfad speichern, aber die Verwaltung des gesamten Projekts für mehrere Benutzer wird dadurch unnötigerweise erschwert. Sie müssten sicherstellen, dass jeder Anwender auf jedem Rechner Zugriff auf das Zentral- sowie die Filialdokumente hat. Es ist sicherer und einfacher, alle Dokumente im selben Ordner zu speichern und, wenn nötig, den Ordner zu verschieben.

Verwendungen für Zentral-/Filialdokumente

Bei sorgfältigem Umgang stellt die Zentral-/Filialdokument-Funktionalität ein leistungsfähiges Werkzeug dar. Keiner von uns möchte sie missen und wir wären zutiefst unglücklich, wenn Microsoft sie aus Word entfernen würde. Sobald Microsoft Office XML als das standardmäßige Dateiformat einführt, erwarten wir, dass die meisten

Probleme damit verschwinden werden. In der Zwischenzeit gibt es einige Aufgaben, wofür sich der Mechanismus blendend eignet:

- **Stapeldruck**. Die ursprüngliche Aufgabe, für die Zentral- und Filialdokumente eingeführt wurden: Der Ausdruck von mehreren Dokumenten in einer bestimmten Reihenfolge, evtl. mit durchgehender Nummerierung.

- **Zusammengefasste Inhaltsverzeichnisse und Indexe**. Für die Verwaltung einer kleinen Bibliothek von Veröffentlichungen kann mit Zentraldokumenten ein übergreifender Index oder ein Inhaltsverzeichnis für alle Dateien generiert werden.

- **Dokumentationserstellung im Team**. Die Zentral-/Filialdokument-Funktionalität kann ein langes Dokument automatisch in mehrere Einzeldokumente teilen, sodass mehrere Autoren daran arbeiten können.

- **Die Erstellung von Hilfetexten**. Ein typisches Projekt besteht aus Tausenden von winzigen Dateien, von denen viele an mehreren Orten erscheinen. Ein Zentraldokument ermöglicht es, alle wie eine einzige Datei zu handhaben.

- **Dynamischer Bausteintext**. Mit der Zentraldokument-Funktionalität ist es einfach, mehrere Versionen einer Veröffentlichung zu erstellen, von denen einige Teile den gleichen Text und andere versionsspezifische Stellen haben.

- **Web Publishing**. Es gibt nichts besseres als ein Zentraldokument für die Umwandlung eines Buches in ein Web-Dokument. Diese Technik stellen wir in ▶ Kapitel 6 vor.

Die folgenden Abschnitte behandeln diese Methoden. Uns fehlt der Platz, sie bis ins letzte Detail zu beschreiben; es werden nur die Schritte, mit einigen Bemerkungen versehen, vorgestellt. Wir wiederholen an dieser Stelle, dass es sich hier um fortgeschrittene Techniken handelt und Probleme daher möglich sind. Stellen Sie also unbedingt eine Sicherungsstrategie auf, sodass Sie das Zentraldokument löschen können, falls es beschädigt ist.

Der Stapeldruck

Zentral- und Filialdokumente wurden konzipiert, um Bücher als einzelne Kapitel in eigene Dateien zu schreiben und sie am Schluss zusammenzuführen. Dadurch kann ein übergreifendes Inhaltsverzeichnis und ein Gesamtindex erstellt werden und das ganze mit durchlaufender Nummerierung. Das ist die standardmäßige Verwendung der Funktionalität. In Word 6.0 gab es eine Bemerkung in der Hilfe, die suggeriert, dass Zentraldokumente nur für den Ausdruck bestimmt wurden.

Wir können Ihnen versichern, dass die Funktionalität hervorragend funktioniert, wenn es Ihr Ziel ist, mehrere Dateien zusammenzubringen, um sie auszudrucken. Die Idee ist, ein Zentraldokument zu erstellen, es auszudrucken und danach wegzuwerfen. Nur die einzelnen Kapiteldateien bleiben erhalten.

Gehen Sie wie folgt vor:

1. Fangen Sie mit einem neuen Dokument für das Zentraldokument an. Es darf keinen Text enthalten außer dem Inhaltsverzeichnis und dem Index (leere Absätze, um Abstände zwischen Filialdokumenten zu erhalten, sind auch erlaubt).

2. Bereiten Sie jedes Filialdokument vor, indem Sie alle Kopf- und Fußzeilen sowie Seitenzahlen und Nummerierungen entfernen. Diese Objekte und Eigenschaften müssen im Zentraldokument definiert werden. Es dürfen keine widersprüchlichen Einstellungen in den Filialdokumenten vorhanden sein.

3. Speichern Sie die Filialdokumente und kopieren Sie dann die Dateien in einen neuen Ordner. Das Zentraldokument erstellen Sie auch hier (dieser Ordner wird nach dem Ausdruck gelöscht).

4. Erstellen Sie das Zentraldokument wie in der Hilfe beschrieben. Für jedes Filialdokument, das Sie hinzufügen, wird Word die Formatvorlagennamen mit denjenigen des Zentraldokuments vergleichen, um festzustellen, ob der gleiche in beiden vorkommt. Wenn dies der Fall ist, bietet Word an, den Formatvorlagennamen abzuändern. Bevor Sie das gestatten, überlegen Sie ganz genau: 1) Wenn Sie Word erlauben, den Formatvorlagennamen zu ändern, wird das Filialdokument permanent geändert. 2) Wenn Word die Änderung nicht vornehmen darf, müssen Sie jedes Filialdokument neu formatieren. 3) Da am Schluss der ganze Ordner (inklusive der Filialdokumente) gelöscht wird, müssten Sie in diesem Fall »Ja« sagen.

5. Fügen Sie alle benötigten Querverweise ein. Bevor Sie dies tun, vergewissern Sie sich, dass das Zentral- sowie alle Filialdokumente gespeichert wurden, sonst sind unter Umständen die Querverweise ungültig.

Gelegentlich vergisst Word, Filialdokumente zu speichern

6. Speichern Sie alles und kontrollieren im Windows-Explorer die Speicherzeiten, um sicher zu gehen, dass Word auch tatsächlich alle Filialdokumente mit ihren Querverweisen gespeichert hat. Gelegentlich »vergisst« Word, Filialdokumente zu speichern; vor allem dann, wenn Sie eine Änderung außerhalb der Textebene vorgenommen haben, in einem Textfeld, beispielsweise. Falls sich herausstellt, dass ein Filialdokument nicht gespeichert wurde, fügen Sie ein Zeichen ein, dann löschen Sie es wieder, um Word »zu stupsen«. Speichern Sie nochmals.

7. Stellen Sie sicher, dass alle Filialdokumente erweitert sind und positionieren dann die Einfügemarke am Anfang des Zentraldokuments, vor allen Filialdokumenten.

8. Definieren Sie über *Format/Formatvorlage* die Überschriftennummerierung. Diese Handlung dürfen Sie nur einmal vornehmen, von der ersten Seite des Zentraldokuments aus, nicht innerhalb eines Filialdokuments (verwenden Sie keine Listen-Formatvorlage, wenn Sie die Dokumente nicht löschen werden).

9. Führen Sie die Befehlsfolge *Ansicht/Kopf- und Fußzeile* aus und fügen die Seitenzahl ein. Klicken Sie auf *Nächste anzeigen*, bis alle Kopf- und Fußzeilen bearbeitet wurden.

10. Formatieren Sie die eben eingefügte Seitenzahl über *Einfügen/Seitenzahlen/Format*.

11. Fügen Sie nun das Inhaltsverzeichnis und den Index in das Zentraldokument ein. (Sie könnten dafür auch ein zusätzliches Filialdokument erstellen. Da Inhaltsverzeichnis und Index sich aber nur im Kontext des Zentraldokuments korrekt aktualisieren können, ergibt dies keinen Sinn.)

12. Drucken Sie das Ergebnis aus.

Falls das Dokument häufiger geändert wird, würden Sie jetzt den Ordner mit Zentral- und Filialdokumenten löschen, weil die Filialdokumente innerhalb des Zentraldokuments bearbeitet wurden.

Wird das Dokument hingegen noch zehn Mal in seinem Leben aktualisiert, können Sie das Risiko eingehen und den Ordner mit den bearbeiteten Filialdokumenten behalten. Sie enthalten doch alle Querverweise; man erspart sich die zusätzliche Arbeit. Kopieren Sie den Inhalt dieses Ordners, sodass Sie nun zwei Sätze mit Querverweisen haben: einen als Sicherheitskopie. Sorgen Sie immer dafür, dass zwei

Exemplare der Filialdokumente vorhanden sind; wenn etwas beschädigt wird, können Sie ohne großen Verlust wieder von vorne anfangen.

Zusammengefasste Inhaltsverzeichnisse und Indexe

Vielleicht haben Sie eine Sammlung von Veröffentlichungen, für die ein gesamtes Inhaltsverzeichnis und ein Index generiert werden soll. John hat einst an einem solchen Projekt gearbeitet: eine Datensammlung für Arbeiter eines Elektrizitätswerkes.

Jedes Verfahren war kurz, selten mehr als 20 Seiten Diese Verfahren wurden häufig aktualisiert oder ersetzt. Sie können sich vorstellen, wie wichtig es war, dass alles stimmte. Es hing sogar eine Zeichnung an der Bürotür – ein Mann im rauchenden Monteuranzug, einen riesigen Schraubenschlüssel in der Hand, der verlangt »mit dem Verfasser des Handbuchs« zu sprechen...

Es waren einige hundert Verfahren in drei Bänden. Wir mussten ein gesamtes Inhaltsverzeichnis und einen Index für das Sammelwerk erstellen und auf dem aktuellsten Stand behalten. Uns standen (und stehen) zwei Methoden zur Verfügung:

- Zentral-/Filialdokumente oder
- RD-Feldfunktionen.

Im Ordner \Buch\Kap05\ZF_Beispiel auf der Buch-CD finden Sie u.a. eine Vorlage, die für Zentral-/Filialdokumente vorbereitet ist. Darauf basieren die anderen Dateien, die alle im gleichen Ordner stehen sollen und verschiedene Aspekte von Zentral-/ Filialdokumenten veranschaulichen.

RD-Feldfunktion (Referenziertes Dokument). Diese werden in der Hilfe, wie alle Feldfunktionen, relativ gut beschrieben. Benutzen Sie diese Methode, wenn eine große Anzahl an Dateien zusammengetragen werden muss. Im Gegensatz zum Zentraldokument wird der Text der Dateien im Sammeldokument nicht angezeigt, nur die RD-Feldfunktionen (falls die nicht druckbaren Zeichen eingeblendet sind). In den einzelnen Dokumenten müssen der Startwert der Seitenzahl und der Überschriftennummerierung **manuell** gesetzt werden. Am einfachsten geht es, wenn Sie die »Folio by chapter«-Methode (wie im ▶Kapitel 3 beschrieben) einsetzen, wo die Seitenzahlen jedes Kapitels mit 1 anfangen. Falls die Dokumente jedoch durchnummeriert werden sollen, hilft ein Makro wie in Listing 5.4, die Startnummer für Seitenzahl und Überschrift laufend festzulegen

Dieses Beispiel nimmt an, dass sich alle Dateien im selben Ordner befinden und dass deren Namen mit einer zweistelligen Zahl beginnen, die ihre Reihenfolge im Buch widerspiegelt. Der Benutzer wählt den Ordner dynamisch, mithilfe des Word 2002-Objekts FileDialog aus. Falls Sie diesen Code für Word 97 oder 2000 benutzen wollen, müssen Sie den Inhalt der Funktion PfadNameHolen mit einer für diese Versionen gültigen Methode, einen Pfadnamen zu wählen, ersetzen.

Das FileDialog-Objekt wird im Detail in der Erklärung zu Listing 9.2 in ▶ Kapitel 9 diskutiert.   **HINWEIS**

Das FileSystemObject, das Teil der Microsoft Scripting Runtime-Bibliothek ist, wird benutzt, um alle Dateien des gewählten Ordners in einer Schleife zu durchlaufen. Die Dokumente werden – falls deren Namen mit einer zweistelligen Zahl anfängt – eins nach dem anderen unsichtbar geöffnet. Die Neunummerierung für Seitenzahlen sowie Überschriften wird festgelegt. Die Zählwerte für beide Nummern ▶

werden dann erhöht; für die Seitenzahl um die Anzahl Seiten im Dokument, für die Überschriften um eins. Das Dokument wird gespeichert und geschlossen.

HINWEIS Setzen Sie im VB-Editor einen Verweis auf die *Microsoft Scripting Runtime*-Bibliothek (*Extras/Verweise*).

HINWEIS Die Dokumente werden unsichtbar geöffnet (.Visible = False). Diese Eigenschaft ist erst ab Word 2000 verfügbar.

Listing 5.4:
Startnummer für
die Seitenzahl
und Überschrif-
tennummerie-
rung für mehrere
Dokumente fest-
legen

```
Sub FortlaufendeSeitenzahlenFestlegen()
    Dim szOrdner As String, lSZ As Long, lKapNr As Long
    Dim doc As Word.Document
    Dim fso As FileSystemObject, fo As Folder, f As File

    lSZ = 1
    lKapNr = 1
    szOrdner = PfadNameHolen
    If Len(szOrdner) = 0 Then
        MsgBox "Sie müssen einen Ordner auswählen, " & _
            "um die laufenden Seitenzahlen setzen zu können."
        Exit Sub
    Else
        Set fso = New FileSystemObject
        Set fo = fso.GetFolder(szOrdner)
        For Each f In fo.Files
            If IsNumeric(Left(f.Name, 2)) Then
                Debug.Print f.Name
                Set doc = Documents.Open(szOrdner & "\" & f.Name, _
                    AddToRecentFiles:=False, Visible:=False)
                With doc.Sections(1).Footers(wdHeaderFooterPrimary).PageNumbers
                    .RestartNumberingAtSection = True
                    .StartingNumber = lSZ
                End With
                'Code wie in Listing 4.2 rufen
                ÜberschriftNummerSetzen doc.Range, lKapNr
                lSZ = lSZ + doc.Range.Information(wdNumberOfPagesInDocument)
                lKapNr = lKapNr + 1
                doc.Save
                doc.Close SaveChanges:=wdDoNotSaveChanges
            End If
        Next f
        Set fso = Nothing
    End If
End Sub

Function PfadNameHolen() As String
    Dim dlg As FileDialog
    Set dlg = Application.FileDialog(msoFileDialogFolderPicker)
    With dlg
        .AllowMultiSelect = False
        .ButtonName = "Ordner bearbeiten"
        .InitialFileName = Application.Options.DefaultFilePath(wdDocumentsPath)
        .InitialView = msoFileDialogViewList
        .Title = "Laufende Seitenzahlen für Dokumente setzen, im Ordner:"
        If .Show <> 0 Then
            PfadNameHolen = .SelectedItems(1)
```

```
            End If
        End With
    End Function

Sub ÜberschriftNummerSetzen(rng As Word.Range, lStartAt As Long)
    With rng.Find
        .ClearFormatting
        .Text = ""
        .Style = wdStyleHeading1
        .Format = True
        .Wrap = wdFindStop
        If .Execute Then
            With rng.ListFormat.ListTemplate
                .ListLevels(1).StartAt = lStartAt
                .ListLevels(1).NumberStyle = wdListNumberStyleArabic
            End With
        Else
            MsgBox "Kein Absatz für die Kapitelüberschrift gefunden."
            Exit Sub
        End If
    End With
End Sub
```

Den Code aus Listing 5.4 finden Sie in der Datei *Bsp05_05.dot* im Ordner *\Buch\Kap05 auf der Buch-CD.*

Zentraldokumente. Die Aufgabe lässt sich mit der Zentral- / Filialdokument-Funktionalität viel einfacher lösen, solange Sie nicht zu viele Dokumente haben. Die Seitenzahlen und Überschriftennummerierung passen sich automatisch an (angenommen, die Vorlage und das Zentraldokument wurden korrekt erstellt).

Der Vorgang, um Zentraldokumente für diese Aufgabe einzusetzen, ist der gleiche wie beim Stapeldruck, nur sollte man sich fragen, ob tatsächlich Querverweise eingefügt werden sollen. Der Zweck dieser Übung ist, schnell ein neues Inhaltsverzeichnis und einen neuen Index zu erstellen. Die Filialdokumente werden laufend aktualisiert und ausgewechselt; die Quelle eines Querverweises könnte verloren gehen, was zu einer Fehlermeldung führen würde. Wenn es doch Querverweise braucht, dann sollten sie auf Text verweisen, der nicht tiefer als Ebene 2 gegliedert ist. Die Überschriften auf dieser Ebene werden weniger oft entfernt oder geändert.

Erstellen Sie wie immer Sicherheitskopien der Dateien, bevor sie in das Zentraldokument eingebunden werden.

Falls Sie die Zentral-/Filialdokument-Funktionalität mit einer großen Anzahl Dateien verwenden möchten, könnte sich ein Versuch mit verschachtelten Zentraldokumenten lohnen, wo jedes Filialdokument selbst ein Zentraldokument ist, das mehrere Filialdokumente umfasst. Irgendwann stößt Word jedoch an die Grenzen der Systemressourcen und stürzt ab. Die absolute Obergrenze, nochmals zur Erinnerung, sind 255 Filialdokumente oder die 32 MB Dateigröße für den gesamten Text im Dokument (ohne grafische Objekte). Es ist leider nicht möglich, zu beurteilen, wie viel Text ein Dokument genau enthält. Wenn Sie in den Dateieigenschaften nachsehen, können Sie als Faustregel die Anzahl Zeichen (mit Leerzeichen) zusätzlich 10% nehmen. Noch eine besagt, dass ungefähr 5.500 Seiten Text eine 32 MB große Datei ergeben.

Verschachtelte Zentral-/Filialdokumente

Bei einem Absturz ist die Organisation, wie bei allen wichtigen Operationen, alles. Die Komponenten eines Zentraldokuments sind entbehrliches Material, das aus dem Lager der Sicherungskopien mit einem minimalen Verlust an Zeit und Kosten ersetzt werden kann.

Dokumentationserstellung im Team

Das Erstellen einer Veröffentlichung im Team ist eine Variante der oben angeführten Methoden. Aber statt die Zentral-/Filialdokument-Funktionalität einzusetzen, um mehrere Dateien zusammenzutragen, wird sie dieses Mal benutzt, um ein großes Dokument in mehrere kleine aufzuteilen; eines für jeden Autor.

Nehmen wir an, Sie haben ein Handbuch, das einige hundert Seiten umfasst, und das Projektteam muss es gleichzeitig an mehreren Stellen bearbeiten. Da Word die gleichzeitige Bearbeitung einer Datei nicht unterstützt, bleiben zwei Möglichkeiten:

- Jedes Mitglied bekommt eine Kopie des ganzen Dokuments, die Änderungen werden am Schluss, über *Extras/Dokumente vergleichen und zusammenführen*, zusammengetragen.

- Mit der Zentral-/Filialdokument-Funktionalität wird das Dokument in »mundgerechte Stücke« zerteilt und jeder Autor bekommt eine Datei mit dem Text, den er bearbeiten muss.

Wir würden das Dokument aufteilen. Nehmen wir an, jeder Autor im Team bekommt je ein Kapitel und alle fangen mit der Formatvorlage *Überschrift 1* an. Die Aufgabe lässt sich ganz schnell mit der Zentral-/Filialdokument-Funktionalität erledigen:

1. Stellen Sie sicher, dass das Dokument mit Überschriftformatvorlagen mit korrekt zugewiesenen Gliederungsebenen formatiert wurde.

TIPP Die Word-Überschriftenformatvorlagen müssen nicht vorliegen; es geht auch mit anderen Formatvorlagen, denen eine Gliederungsebene zugewiesen wurde.

2. Wechseln Sie über *Ansicht/Gliederung* in die Gliederungsansicht und blenden, falls erforderlich, die Symbolleiste *Gliederung* ein.

3. Markieren Sie den ersten mit der Ebene 1 formatierten Absatz.

4. Erweitern Sie die Markierung bis zum Dokumentende.

 5. Klicken Sie die Symbolschaltfläche *Unterdokument erstellen* in der *Gliederung*-Symbolleiste an.

6. Speichern Sie.

Ging ganz einfach, oder? Word hat jedes Kapitel als ein eigenständiges Dokument gespeichert; jedes wurde mit dem Überschrifttext (Kapitelnamen) benannt. **Diesen Namen dürfen Sie nicht ändern!**

Verteilen Sie die Kapitel an die Teammitglieder. Bewahren Sie das Zentraldokument an einem sehr sicheren Ort auf. Niemand darf es bearbeiten.

Einweisung der Teammitglieder   Machen Sie die Autoren darauf aufmerksam, dass die Nummerierungen jedes Kapitels sowie die Seitenzahlen vorläufig mit »1« anfangen. Sie sollen sich darüber keine Sorgen machen und nicht probieren, diese zu ändern, anzupassen oder zu korrigieren. Auch um die Kopf- und Fußzeilen müssen sie sich bitte nicht kümmern: diese werden im letzten Schritt, vor dem Druck, erstellt.

Wenn die Autoren fertig sind, bringen Sie alles wieder zusammen:

1. Kopieren Sie alle Kapiteldateien in den Ordner, wo das Zentraldokument liegt.

2. Jedes Kapitel öffnen Sie einzeln in Word und vollziehen die Überarbeitung, indem Änderungen angenommen oder verworfen werden. Dieses Vorgehen ist entscheidend für das Gelingen des Unternehmens; ungelöste Markups versetzen einem Zentraldokument den Todesstoß.

3. Schließen Sie alle Kapitel und erstellen Sie eine Sicherheitskopie.

4. Öffnen Sie das Zentraldokument. Wenn Sie alles richtig gemacht haben, findet es alle Kapiteldateien und fügt sie ein.

5. Erweitern Sie die Filialdokumente, um nachzukontrollieren, dass sie korrekt erkannt werden und geöffnet sind.

6. Immer noch in der Gliederungsansicht stellen Sie sicher, dass der gesamte Text – alle Ebenen – sichtbar ist.

7. Klicken Sie das Filialdokument-Symbol neben dem ersten Filialdokument an. Blättern Sie zum Ende des Dokuments. Halten Sie die Umschalt-Taste fest und klicken auf das letzte Filialdokument-Symbol. Es sind jetzt alle Filialdokumente markiert.

8. Betätigen Sie die Symbolschaltfläche *Unterdokument entfernen*. Word entfernt alle Verknüpfungen, sodass der Text Teil des Zentraldokuments (das eigentlich keines mehr ist) wird. Speichern Sie.

9. Erstellen Sie ein neues Dokument, basierend auf der passenden Vorlage.

10. Markieren Sie den gesamten Text des ehemaligen Zentraldokuments **ohne die letzte Absatzmarke**. Es ist sehr wichtig, dass Sie diese aus der Markierung weglassen, sonst erreichen Sie nicht die erwünschte Wirkung.

Um das ganze Dokument schnell zu markieren, drücken Sie zuerst Strg+A, dann Umschalt+Pfeil links. **TIPP**

11. Kopieren Sie den markierten Text in die Zwischenablage.

12. Fügen Sie den Text aus der Zwischenablage in das neue Dokument ein und speichern es unter einem anderen Namen. Damit haben Sie (hoffentlich) jegliche Gefahr einer Beschädigung entfernt.

Das ursprüngliche Dokument ist wieder komplett. Gehen Sie es durch, um die Verzeichnisse, Indexe sowie Kopf- und Fußzeilen zu aktualisieren. Achten Sie auch auf die Listennummerierung; wahrscheinlich sind einige der Neustarts dem Prozedere zum Opfer gefallen, aber diese sind schnell wieder korrigiert.

Das Erstellen von Hilfetexten

Eine Hilfedatei besteht meistens aus Hunderten oder Tausenden kleinen Dateien, jede mit drei bis vier Sätzen. Sie haben von Natur aus eine relativ einfache Struktur: weder Kopf- noch Fußzeilen, Seitenränder oder ähnliches, keine eingebetteten Objekte oder andere Sachen, die eine komplexe Dokumentstruktur (und damit Problemquellen) hervorrufen.

John erstellt Hilfedateien oft direkt in Word. Falls Sie beabsichtigen, eine Hilfedatei mit mehr als 200 Themen zu erstellen, brauchen Sie selbstverständlich ein Verwaltungswerkzeug wie »RoboHelp« (*http://www.ehelp.com*). Es hat keinen Sinn, ein solches Projekt ohne die Unterstützung derartiger Tools im Angriff zu nehmen: Die verlorene Zeit würde sich damit mehrmals bezahlt machen.

Kleinere Anwendungen rechtfertigen die Aufstellung einer Hilfetext-Entwicklungsumgebung nicht. Solche Aufgaben erledigt John mit Microsoft Word. Die Dokumentation zu »Microsoft HTML Help« unterlässt es, zu erwähnen, dass der Windows »Help Viewer« eigentlich der Internet Explorer ist, der Words aufgeblasene XML-Struktur genauso gut wie gewöhnliches HTML interpretieren kann.

Für eine kleine Anwendung, vor allem eine, die in einem firmeneigenen Netzwerk läuft, wo die Dateigröße keine wesentliche Rolle spielt, können Sie in ungefähr einer halben Stunde einen Hilfetext mit Word erstellen:

1. Schreiben Sie das Handbuch in einem einzigen Word Dokument.

2. Laden Sie eine Kopie des »Microsoft Help Workshop« herunter: *http:// msdn.microsoft.com/library/en-us/htmlhelp/html/vsconHH1Start.asp.*

3. Legen Sie eine Kopie der Handbuch-Datei an.

4. Wandeln Sie das Inhaltsverzeichnis in gewöhnlichen Text um, indem Sie es markieren und dann Strg+Umschalt+F9 drücken. Kopieren Sie den Text in ein anderes Dokument, sodass es später noch zur Verfügung steht.

5. Entfernen Sie auch das übrige einleitende und abschließende Material sowie Kopf- und Fußzeilen, Fuß- und Endnoten. Diese Objekte kann HTML nicht korrekt wiedergeben. Wenn Sie das Geld und die Zeit hätten, könnten Sie einen ausgewiesenen Hilfe-Autor anstellen, der das System so aufstellt, dass diese Sachen zu »Popups« werden würden. Aber Ihnen steht weder das eine noch das andere zur Verfügung: Die genannten Objekte müssen entweder zum Teil des Haupttextes oder entfernt werden.

6. Alle Querverweise, die auf eine Position verweisen, müssen ebenfalls entfernt werden. »Oben«, »unten« und »vorherige Seite« haben in einer Hilfedatei keine Bedeutung, da Sie nicht wissen, von wo der Leser an diesen Punkt gelangt ist.

7. Erstellen Sie ein Zentraldokument mit Filialdokumenten, wie im vorherigen Abschnitt beschrieben wurde.

8. Über die Befehlsfolge *Datei/Speichern unter* speichern Sie das Dokument mit dem Dateityp *Webseite, gefiltert.*

9. Nun erstellen Sie alle Hyperlinks zwischen den Dateien. (Sie müssten zuerst im HTML-Format speichern, sodass Word einen Pfadnamen für relative Referenzen hat.)

10. Importieren Sie das Ganze in den Microsoft HTML Help Workshop und erstellen das Inhaltsverzeichnis, anlehnend an das kopierte Inhaltsverzeichnis des Handbuchs. Nun noch kompilieren und fertig.

Sie können die Methoden in ▶ Kapitel 6 einsetzen, um ganze Bücher für das Web zu konvertieren und ein kompakteres und brauchbares Ergebnis zu erhalten (wenn genügend Zeit verfügbar ist). Für eine kleine interne Anwendung, für die Sie die »Supportstelle« sind, reicht diese Methode vollends.

Dynamischer Bausteintext

Stellen Sie sich vor, dass Ihre Firma ein Software-Produkt herstellt, das in Deutschland, der Schweiz, Großbritannien und der USA verkauft wird (Schweizerdeutsch hat teilweise andere Regeln für die Orthographie und auch UK- und US-Englisch unterscheiden sich teilweise in der Rechtschreibung). Ihr Software-Produkt läuft unter Windows 9.x, Windows NT/2000/XP sowie Macintosh OS 9 und X. Das heißt... 16 Handbücher mit 16 Sätzen Abbildungen, oder? Nicht, wenn Sie das Problem richtig angehen.

Nicht, wenn Sie von bedingtem Text Gebrauch machen, der sich, je nach Version, die gedruckt wird, ändert. Wenn es sich um ein Handbuch für Windows handelt, erscheint an dieser Stelle »Windows-Explorer«, falls es die Version für Macintosh ist, erscheint »Finder«. Für jede Sprache benötigen Sie einen Satz Text und einen Satz Abbildungen. Wenn Sie sorgfältig planen, taugen die gleichen Abbildungen sogar für beide deutsche und beide englische Versionen.

Ausdrucken würden Sie schon sechzehn verschiedene Handbücher, aber ein erheblicher Teil kann mehreren Versionen dienen. Der Großteil der Information wird zentral verwaltet; nur die Umgebungs- oder sprachspezifische Module werden in getrennten Ordern, je nach Version, gehalten.

Es gibt mehrere Methoden, diese Aufgabe mit Word zu handhaben. Im nächsten Kapitel stellen wir eine Methode vor, die mit Feldfunktionen arbeitet. Es ist jedoch auch möglich, dafür die Zentral-/Filialdokument-Funktionalität zu benutzen.

Bevor Sie anfangen, überlegen Sie sorgfältig und genau, was erreicht werden soll. Bedingter Text für mehrere Versionen kann viel Arbeit, Zeit und Kosten sparen, wenn es darauf ankommt, Updates auszugeben und Konsistenz über Versionen zu erzielen. Er kann aber auch zum administrativen Albtraum werden, der in fehlerhaften Dokumentationen und verpassten Terminen endet. Um bei diesem Spiel zu gewinnen, müssen Sie für den Erfolg planen, sonst ist das Scheitern vorprogrammiert.

Die entscheidende Variable ist die »level of granularity«: die Größe der kleinsten, bedingten Komponente. Oder anders ausgedrückt, der kleinste Textteil, der sich bedingt ändert. Die Anwendung »FrameMaker« handelt sogar mit Zeichen als bedingter Text und mit mehrfachen, gleichzeitigen Bedingungen. Word kann das auch, aber nur, wenn Sie über eine hohe Schmerztoleranz verfügen.

Hier eine Grundrichtlinie: Keine bedingten Elemente kleiner als ein Absatz. Das verringert den Aufwand erheblich. Ideal wäre sogar ein Kleinstteil von einem Abschnitt der dritten Gliederungsstufe (ungefähr einer halben Seite). Der Arbeits- und administrative Aufwand, um bedingte Einlagen zu unterhalten, wächst dramatisch in einer umgekehrten Beziehung zur Größe des bedingten Elements. Die Auswechslung ganzer Kapitel ist nicht besonders aufwändig, aber für einzelne Zeichen ist sie beträchtlich.

Keine bedingten Elemente kleiner als ein Absatz

Ein Ratschlag: Sind die meisten bedingten Elemente größer als ein Absatz, verwenden Sie Zentral- und Filialdokumente, sonst Feldfunktionen.

Um die Zentral-/Filialdokument-Funktionalität einzusetzen, schreiben Sie das Dokument wie gewöhnlich. Dann befolgen Sie diese Schritte:

1. Erstellen Sie einen Ordner für jede Version.

2. Das Hauptdokument kopieren Sie in den »Version 1«-Ordner.

3. Wandeln Sie das Hauptdokument anhand der Überschriften, wie oben beschrieben, in ein Zentral- mit Filialdokumenten um.

4. Aktivieren Sie im Ordner »Version 1« das Attribut »Schreibgeschützt« für alle Filialdokumente (im Windows-Explorer).

5. Öffnen Sie das Zentraldokument und über *Datei/Speichern unter* speichern Sie eine Kopie in jedem Versionsordner. Es lohnt sich, ihm jedes Mal einen anderen Namen zu geben, um Fehlgriffe zu verhindern. Nur das Zentraldokument wird in die Ordner kopiert, nicht seine Filialdokumente.

6. Erstellen Sie Sicherheitskopien von allen Zentraldokumenten.

Um eine neue Version zu erstellen, befolgen Sie diesen Weg:

1. Öffnen Sie das Zentraldokument für die Version (z.B. im Ordner »Version 2«).

2. Alle Filialdokumente sind gesperrt, weil sie schreibgeschützt sind.

3. Um eine Änderung vorzunehmen, ermitteln Sie das Filialdokument, in dem die Änderung stattfinden muss. Öffnen Sie es, indem Sie das Filialdokumentsymbol doppelklicken Dann speichern Sie es in den entsprechenden Ordner (»Version 2«) und schließen es.

4. Führen Sie diese Schritte für jedes Filialdokument aus, das für die Version einer Änderung bedarf.

5. Nun speichern und schließen Sie das Zentraldokument für die Version. Es hat jetzt einige Pfadnamen, die auf den ursprünglichen Order und andere, die auf den neuen Versions-Ordner verweisen.

6. Dann öffnen Sie jedes Filialdokument für die Version 2 als gewöhnliches Dokument (also außerhalb des Zentraldokuments) und nehmen die erforderlichen Änderungen für »Version 2« vor.

Sie haben jetzt eine Gruppe von Zentraldokumenten, eines in jedem »Versions«-Ordner. Jedes hat einige Filialdokumente im eigenen Ordner, die versionsspezifische Angaben enthalten, aber die Mehrzahl seiner Filialdokumente befindet sich noch im Ordner »Version 1«.

Um die ganze Gruppe zu aktualisieren, gehen Sie so vor:

1. Entfernen Sie den Schreibschutz für alle Filialdokumente, um diese zu öffnen und die Änderungen auszuführen.

2. Dann aktivieren Sie den Schreibschutz wieder.

3. Aktualisieren Sie die Filialdokumente in jedem Versions-Ordner.

4. Drucken Sie jede Version aus, indem das Zentraldokument geöffnet und gedruckt wird. Jede Version übernimmt automatisch den aktualisierten Text in den Filialdokumenten beider Ordner.

Da Sie ein Profi sind, nehmen wir an, dass Sie ein tadelloses System für die Datensicherung haben. Sie werden es innerhalb kürzester Zeit erfahren. Alle paar Monate wird ein Zentraldokument beschädigt sein. Wenn dies vorkommt, müssen Sie es einfach wegwerfen können und eine Sicherheitskopie an seine Stelle setzen, ohne Zeit- oder Inhaltsverlust. Jedes Mal, wenn Sie eine Version aktualisieren, stellen Sie sicher, dass die Dateien erneut gesichert werden.

6 Mit Dokumenten richtig umgehen

In diesem Kapitel gehen wir davon aus, dass Word, die Vorlage und das Dokument für das Projekt vorbereitet sind. Hier werden Vorschläge für die Eingabe und Formatierung des Inhalts gemacht. Sie werden diese zusammen mit den Word-Hilfetexten zum jeweiligen Thema studieren, wenn Sie mit der besprochenen Funktionalität noch nicht vertraut sind, und sie mit den Anleitungen und Richtlinien Ihrer Firma vergleichen und abstimmen.

Unsere Vorschläge basieren auf Erfahrungen und sind darauf ausgerichtet, Ihnen zu helfen, die tagtäglichen Aufgaben wie Termine, Budgets, Qualitätsmanagement, Produktmarketing u.a. zuverlässiger zu meistern.

Überlegungen zur Zeichenformatierung

Denken Sie an die Darstellung der Hierarchie von Word-Objekten im ▶ Kapitel 1 zurück und daran, dass alles in Word von irgendwoher geerbt ist. Um mit Word erfolgreich arbeiten zu können, ist ein Verständnis des Unterschieds zwischen Zeichen- und Absatzformatierung und deren Einfluss auf den Text sehr wichtig.

Das Zeichen-Objekt ist atomar

Die unterste und letzte Ebene bildet das Zeichen; kleiner und grundlegender geht's in Word nicht. Wenn Sie sich innerhalb dieser Hierarchie auf diese Stufe setzen könnten, würden Sie sehen, dass die nächste Ebene die Zeichen-Eigenschaften bildet, gefolgt vom Objekt »Wort« sowie seinen Eigenschaften. Das nächst höhere Objekt ist der »Absatz«, der viele seiner Eigenschaften erbt: von der Formatvorlage, einige vom Abschnittswechsel, vom Dokument, von der Vorlage und von Word selbst.

Zeichenabstände

Im Dialogfeld *Zeichen* (*Format/Zeichen*) befinden sich alle zeichenspezifischen Eigenschaften. Betrachten Sie die Registerkarte *Zeichenabstand*. Mit diesen Einstellungen können Zeichen zusammengeschoben, auseinander gezogen, höher oder tiefer gestellt werden. Auch die Unterschneidung zwischen Zeichen kann hier kontrolliert werden.

Diese Einstellungen werden von vielen Benutzern eingesetzt, um Text kompakter zu gestalten, sodass er »besser passt«. Für ein professionelles Projekt raten wir davon ab. Wenn ein Dokument von mehreren Personen immer wieder angepasst und bearbeitet wird, der Text sich ändert und anders umbricht, sieht das Ergebnis nicht mehr gut aus, noch dazu, wenn keiner weiß, welche Formatierung sein Vorgänger benutzt hat und er verzweifelt nach den Ursachen der Probleme sucht. Hinzu kommt, dass das Resultat der unterschiedlichen Formatierungen in verschiedenen Versionen und Umgebungen oder auf anderen Druckern jedes Mal anders aussieht.

Lassen Sie lieber die Einstellungen der Formatvorlagen ihre Arbeit tun und verzichten Sie auf »Feineinstellungen« durch Anpassung der Schriftgröße, der Zeilenhöhe oder des Zeichenabstandes. Formulieren Sie den Text anders, um ihn kürzer zu machen. Zeichenabstände haben ihren Platz bei gestalterischen Arbeiten wie beispielsweise auf dem Titelblatt.

Ligaturen

Ein anderer Grund für die Unterschneidung von Buchstaben ist das Aussehen des Textes. Proportionale Schriftarten haben die Notwendigkeit erheblich verringert: Ein »i« braucht viel weniger Platz als ein »o« und dieser Umstand wird von ihnen berücksichtigt. Dennoch empfinden manche Leute eine noch engere Verbindung, ein Zusammenfließen einzelner Buchstaben, als anmutiger und ziehen Ligaturen für gewisse Kombinationen vor.

Eine Ligatur wird wie ein einzelnes Zeichen behandelt und ist meistens nicht auf der Tastatur zu finden. Über *Einfügen/Symbol* stehen einige wie œ, æ, _ zur Verfügung. Nun gehören die meisten davon nicht zum Standardzeichensatz und werden deshalb nicht auf allen Rechnern vorhanden sein oder von allen Druckern unterstützt. Dann sieht der Leser nur ein leeres Kästchen (-). Deshalb raten wir für den professionellen Projekteinsatz davon ab.

Unicode

Alte Schriftarten umfassen einen begrenzten Zeichensatz von lediglich 128 oder 256 Zeichen und unterstützen keinen Unicode. Um ein bestimmtes Zeichen anzuzeigen, wird der Code eingegeben und das Zeichen mit einer Schriftart formatiert, die diesen Code wie das Zeichen aussehen lässt. Ändert man die Schriftart, erscheint unter Umständen ein anderes Zeichen im Text.

Unicode-Schriftarten definieren ein Zeichen mit 16 Bits, was eine Palette von 65.535 Zeichen ermöglicht (Der Code »0« ergibt kein Zeichen!). Der Beweggrund für die Entwicklung vom Unicode war, alle Zeichen aller Weltsprachen in einer Schriftart einzubauen. Seit Version 97 unterstützt Word den Unicode. Da jedes Unicode-Zeichen zweimal so viel Speicherplatz beansprucht als Zeichen älterer Schriftarten, verbesserte Microsoft gleichzeitig die Dateikomprimierung: Eine Word 8.0 Datei (97) ist meistens kleiner als die gleiche Datei im Word 6.0-Dateiformat.

Obwohl die meisten aktuellen Schriftarten Unicode sind, bedeutet das nicht, dass jede alle möglichen 65.535 Zeichen enthält. Diejenigen, die für Windows entworfen wurden, umfassen meistens den Zeichensatz »Microsoft Pan-European«, auch als »Windows Glyph List 4« bekannt, mit 652 Zeichen. Wenn Sie diese Schriftarten in Word benutzen, wird, anders als bei den alten Schriftarten, das Zeichen nicht geändert, wenn Sie es mit einer anderen Schriftart formatieren.

Zusätzlich hat Microsoft die Schriftart »Arial Unicode MS«, die einzige, sofern wir wissen, die über den vollständigen, im Unicode-Standard 2.1 definierten Satz von Symbolen verfügt: ungefähr 50.000 Glyphen. Glyphen sind Formen, die als Basis für Buchstaben dienen; sie können ein ganzer Buchstabe sein oder eine Komponente mehrerer Schriftzeichen. Damit alle Zeichen in weniger als 32 MB passen, mussten einige Kompromisse gemacht werden, mit dem Ergebnis, dass die Zeilenhöhe und Zeichenabstände etwas eigenartig sind. Wir empfehlen, diesen Zeichensatz nur dann zu gebrauchen, wenn Sie wirklich keine andere Wahl haben, zumal nicht alle Benutzer sie installiert haben, ganz zu schweigen von anderen Umgebungen wie Macintosh.

 Seit Erscheinen von Arial Unicode MS wurde der Unicode-Standard erweitert. Die neuesten Informationen finden Sie im Internet unter *http://www.unicode.org/unicode/standard/standard.html*. Der aktuelle Stand beim Verfassen dieses Kapitels war der Standard 3.2, der mehr Zeichen beschreibt, als der Zeichensatz umfassen kann. Wird der nächste Schritt wohl 32-Bit-Zeichensätze sein? (4.294.967.296 Zeichen!)

HINWEIS | Informationen über das Suchen und Ersetzen von Unicode-Zeichen finden Sie in ▶ Kapitel 7.

Nicht-Windows-Umgebungen können heutzutage Unicode unterstützen, haben aber keine oder wenige entsprechende Schriftarten. Solange Sie sich auf alltägliche Basiszeichen beschränken, werden keine Probleme auftauchen. Vermeiden Sie spezielle Zeichen, wenn Sie Dokumente produzieren, die in mehreren Umgebungen bearbeitet werden. Denken Sie vor allem beim Einsatz von Aufzählungszeichen sowie beim Einsatz von mit dem Formeleditor erstellten Formeln daran. Der Formeleditor installiert einige spezielle Schriftarten, die auf anderen Maschinen vielleicht nicht vorhanden sind. Wenn Sie unsicher sind, wandeln Sie die Formeln in Grafiken um, bevor Sie das Dokument weitergeben.

TIPP | Es ist schwierig herauszufinden, welche Zeichen eine Schriftart umfasst, ohne sie
 zuerst zu kaufen und zu installieren. Ein nützliche Informationsquelle sind Alan Woods Schriftart-Seiten unter der Adresse *http://www.alanwood.net/unicode/fonts.html*.

Textmarken

Textmarken sind sehr nützliche, wenn gleichzeitig recht veränderliche Objekte. Sie markieren eine Stelle im Dokument und können auch Text umfassen. Im ersten Fall sehen Sie auf dem Bildschirm wie ein »I« aus, im zweiten ähneln sie einem Paar eckiger Klammern »[ ]«. Damit kann der Benutzer schnell eine bestimmte Stelle anspringen. Sie werden jedoch mehr von Word und Entwicklern benutzt, um Textinhalt zu markieren und zu referenzieren. Viele Codebeispiele im Buch setzen sie ein.

Mit Textmarken arbeiten

Das Hauptproblem mit Textmarken ist, dass sie zu schnell und zu einfach versehentlich gelöscht werden können. Meistens sieht sie der Benutzer nicht. Wenn er sie sieht, weiß er oft nicht, was sie sind, ärgert sich sogar über die »komischen Schatten« im Text und stellt (fatalerweise) fest, dass sie problemlos entfernt werden können!

Im Allgemeinen wird die Anzeige von Textmarken über *Extras/Optionen/Ansicht/ Textmarken* kontrolliert. Aber diese Einstellung »übersieht« diejenigen Textmarken, deren Namen mit einem Unterstrich anfangen, und zwar vorsätzlich. Word setzt verborgene Textmarken ein, um Textstellen für Inhaltverzeichniseinträge (_Toc), Querverweise (_Ref) und OLE-Verknüpfungen (_OLE) ein (wenn Sie beispielsweise eine Tabelle im Dokument mit MS-Graph verknüpfen).

Eine Liste aller Textmarken im Dokument zeigt das Dialogfeld *Einfügen/Textmarke* an, wenn das Kontrollkästchen *Ausgeblendete Textmarken* aktiviert ist, wie in Abbildung 6.1 Manchmal müssen Sie das Kontrollkästchen mehrmals anklicken, bis die verborgenen Textmarken in der Liste erscheinen. Da Textmarkennamen einmalig in einem Dokument sein müssen, generiert Word die dem Bezeichner folgende Zahl mit einem Generator, was möglichst dafür sorgen soll, dass die Textmarken auch dann einmalig sind, wenn mehrere Dokumente zusammengelegt werden, wie in einem Zentraldokument.

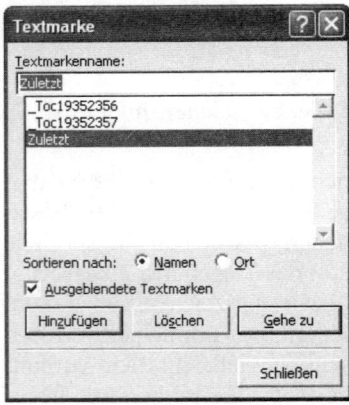

Abbildung 6.1:
Verborgene Textmarken, die mit einem Unterstrich anfangen, können im Dialogfeld angezeigt werden

Um eine Textmarke einzufügen, markieren Sie einfach die Stelle oder den Text, blenden Sie das Dialogfeld ein und geben Sie einen Namen ein. Die Benennung muss sich einigen Regeln anpassen: Ein Name darf aus höchstens 40 Zeichen bestehen, muss mit einem Buchstaben anfangen und die meisten Interpunktionszeichen sind untersagt. Sie werden schon merken, wenn ein Name ungültig ist: Die Schaltfläche *Hinzufügen* bleibt inaktiv. Der Unterstrich wird vom Dialogfeld nicht als gültiges Anfangszeichen erkannt; Namen, die damit anfangen sollen, müssen von VBA erstellt werden.

Um eine Textmarke im Dokument zu verschieben, erstellen Sie sie einfach erneut. Da **TIPP** ein Name in einem Dokument einmalig sein muss, wird die erste gelöscht, wenn Sie eine zweite mit gleichem Namen einfügen.

Bei der Erstellung von professionellen Dokumenten werden Sie wahrscheinlich bewusst Textmarken für die Markierung von Text verwenden, den Sie irgendwo anders im Dokument nochmals anzeigen möchten, wie im ▶ Kapitel 4 beschrieben. Dort haben wir mithilfe einer Textmarke eine Textstelle mit einer Dokument-Eigenschaft verknüpft und über eine `DocProperty`-Feldfunktion an einer anderen Stelle im Dokument angezeigt. Der Inhalt von Textmarken kann auch mit einer `Ref`-Feldfunktion im Dokument wiedergeben werden. Diese Technik wird oft für Berechnungen und Bedingungen benutzt. Beispiele dafür finden Sie vor allem im ▶ Kapitel 8.

Mühsam ist die ständige Einblendung des Dialogfelds, wenn Sie in einem Dokument mehrere Textmarken erstellen müssen. Viel schöner ist es, den Textmarkennamen einzugeben und ein Makro auszuführen, das eine Textmarke mit diesem Namen an dieser Stelle erstellt, wie der Beispielcode in Listing 6.1.

Listing 6.1:
Eine Textmarke
um das gerade
eingetippte Wort
erstellen

```
Sub TextmarkeErstellen()
    Dim rng As Word.Range

    Set rng = Selection.Range
    rng.MoveStart wdWord, -1
    ActiveDocument.Bookmarks.Add Name:=rng.Text, Range:=rng
End Sub
```

Dieses Makro finden Sie im Modul *basBsp06_01* der Datei *Bsp06_01.dot*. Sie befindet sich im Ordner *\Buch\Kap06* auf der CD zu diesem Buch.

Textmarken können im selben Dialogfeld auch gelöscht und angesprungen werden. Im Gegensatz zum Hinzufügen einer Textmarke bleibt es nach Betätigung der Schaltfläche *Löschen* eingeblendet. Gelegentlich ist es jedoch wünschenswert, eine Gruppe von Textmarken »in einem Zug« zu löschen, vor allem verborgene, von Word erstellte Textmarken, die keine Funktion mehr haben. Früher hat beispielsweise der Inhaltsverzeichnisgenerator bei jeder Aktualisierung einen zusätzlichen Satz _Toc-Textmarken eingefügt, was die Dateigröße aufblähte und zur Instabilität führte. Dieses Problem gibt es in den neueren Versionen nicht mehr. Dafür können _OLE-Textmarken sich anhäufen, wenn wiederholt Verknüpfungen erstellt werden.

Deshalb geben wir Ihnen ein kleines Makro mit auf dem Weg, das alle Textmarken löscht, deren Namen mit den gleichen Zeichen anfangen: Listing 6.2. Ändern Sie einfach den Text zwischen den Anführungszeichen rechts, in der vierten Zeile, um das Makro für einen anderen Namen zu gebrauchen.

WICHTIG

Bei diesem Makro wird auf die Klein-/Grossschreibung geachtet. Die von Word generierten Textmarken werden alle gleich geschrieben sein. Wenn Sie dieses Makro für andere Fälle einsetzen, werden Sie es unter Umständen mehrmals ausführen müssen, falls das Dokument gemischt geschriebene Textmarkennamen enthält. Eine Lösung besteht aber auch darin, beide Strings für den Vergleich in Klein- oder Großbuchstaben umzuwandeln (`LCase` oder `UCase`).

Listing 6.2:
Alle Textmarken
beginnend mit
»_Toc« aus dem
Dokument ent-
fernen

```
Sub AlleTextmarkenEinesTypsLoeschen()
    Dim szLoeschBezeichner As String, bkm As Word.Bookmark

    szLoeschBezeichner = "_Toc"
    For Each bkm In ActiveDocument.Bookmarks
        If Left(bkm.Name, Len(szLoeschBezeichner)) = szLoeschBezeichner Then
            bkm.Delete
        End If
```

```
    Next bkm
End Sub
```

Dieses Makro finden Sie im Modul *basBsp06_01* der Datei *Bsp06_01.dot*. Sie befindet sich im Ordner *\Buch\Kap06* auf der CD zu diesem Buch.

HINWEIS

Textmarken können auch mit Set- und Ask-Feldfunktionen definiert werden; der Inhalt der beiden bleibt im Dokument unsichtbar. Mehr darüber lesen Sie in den ▶ Kapiteln 8 und 11.

Noch etwas, das zu der Diskussion um Textmarken gehört, ist ein Makro, das alle Textmarken in einem Dokument auflistet. Es soll zeigen, wie man nach ihrer Reihenfolge bzw. alphabetisch auflisten kann.

Listing 6.3 zeigt ein Makro, dass alle Textmarken des aktiven Dokuments in einem neuen Dokument in einer Tabelle mit Inhalt und Seitenzahl auflistet.

```
Sub AlleTextmarkenAuflisten()
    Dim bkm As Word.Bookmark, tbl As Word.Table, rw As Word.Row
    Dim docQuelle As Word.Document, docZiel As Word.Document
    Dim szTextmarkenInhalt, rng As Word.Range

    Set docQuelle = ActiveDocument
    Set docZiel = Documents.Add
    Set tbl = docZiel.Tables.Add(Range:=Selection.Range, _
        NumRows:=1, NumColumns:=3)
    With tbl.Range
        .Cells(1).Range.Text = "Textmarke"
        .Cells(2).Range.Text = "Inhalt"
        .Cells(3).Range.Text = "Seite"
        'Mit Range ->alphabetisch; ohne, in der Reihenfolge
        For Each bkm In docQuelle.Range.Bookmarks  ' docQuelle.Bookmarks
            Set rw = .Rows.Add
            rw.Cells(1).Range.Text = bkm.Name
            szTextmarkenInhalt = bkm.Range.Text
            If Len(szTextmarkenInhalt) = 0 Then
                Set rng = bkm.Range
                rng.MoveEnd wdWord, 2
                rw.Cells(2).Range.Text = "*" & rng.Text
            Else
                rw.Cells(2).Range.Text = bkm.Range.Text
            End If
            rw.Cells(3).Range.Text = bkm.Range.Information(wdActiveEndPageNumber)
        Next bkm
        .Rows(1).Range.Bold = True
    End With
    Set rng = tbl.Range
    rng.Collapse wdCollapseEnd
    rng.InsertAfter "* Positionierungstextmarke, ohne Inhalt"
End Sub
```

Listing 6.3:
Alle Textmarken
des aktuellen
Dokuments
auflisten

Dieses Makro finden Sie im Modul *basBsp06_01* der Datei *Bsp06_01.dot*. Sie befindet sich im Ordner *\Buch\Kap06* auf der CD zu diesem Buch.

Vordefinierte Textmarken

Es gibt neben den unsichtbaren und den von Ihnen definierten noch eine weitere Art von Textmarken: die von Word intern verwendeten Textmarken. Sie werden nicht angezeigt und lassen sich vom Benutzer weder festlegen noch verändern. Word behält sich dies und die automatische Aktualisierung dieser Textmarken selbst vor.

In VBA-Code können Sie die vordefinierten Textmarken von Word allerdings mittels der Bookmarks-Eigenschaft verwenden. Einige Makros in diesem Buch verwenden vordefinierte Textmarken, denn sie sind für die Orientierung und Navigation im Dokument per Code eine unverzichtbare Hilfe. Die folgende Anweisung belegt die aktuelle Seite mit der Textmarke namens »CurrPage«:

```
ActiveDocument.Bookmarks("\Page").Copy "CurrPage"
```

Die Tabelle 6.1 beschreibt die seit Word 97 verfügbaren vordefinierten Textmarken und deren Bedeutung. Wo immer möglich, empfehlen wir den Gebrauch von VBA, da der Einsatz einer vordefinierten Textmarke die Markierung ändert. Sie sind vor allem dann nützlich, wenn es in VBA kein Äquivalent gibt.

Tabelle 6.1:
Vordefinierte
Textmarken leis-
ten im VBA-Code
wertvolle Dienste

Textmarke	Bedeutung
\Cell	Aktuelle Zelle einer Tabelle, in der die Einfügemarke steht. Sind mehrere Zellen markiert, bezieht sich \Cell auf die erste Zelle in der Markierung. Entspricht in VBA: Selection.Cells(1).Range
\Char	Aktuelles Zeichen, d.h. das Zeichen nach der Einfügemarke bzw. das erste Zeichen einer Markierung.. Entspricht in VBA: Selection.Characters(1)
\Doc	Gesamter Inhalt des aktiven Dokuments ohne die letzte Absatzmarke Entspricht in VBA: ActiveDocument.Range

\EndOfDoc	Das Ende des aktiven Dokuments Entspricht in VBA:
	`Set rng = ActiveDocument.Range`
	`rng.Collapse wdCollapseEnd`

\EndOfSel	Das Ende der aktuellen Markierung Entspricht in VBA: Selection.Collapse wdCollapseEnd
\HeadingLevel	Die Überschrift an der Einfügemarke bzw. in einer Markierung mit untergeordneten Überschriften und Text. Ist aktuell Textkörper markiert, schließt \Heading-Level die vorhergehende Überschrift mit den untergeordneten Überschriften und Textkörpern ein. Es gibt kein Gegenstück im VBA.
\Line	Die aktuelle Zeile bzw. die erste Zeile der aktuellen Markierung. Befindet sich die Einfügemarke am Ende einer Zeile, die nicht die letzte Zeile des Absatzes ist, schließt \Line die gesamte nächste Zeile ein. Es gibt kein Gegenstück im VBA.
\Page	Die aktuelle Seite. Der evtl. vorhandene Seitenwechsel am Ende ist eingeschlossen. Sind mehrere Seiten markiert, bezieht sich \Page auf die erste Seite der Markierung. Befindet sich die Einfügemarke/Markierung auf der letzten Seite, ist die letzte Absatzmarke nicht mit eingeschlossen. Es gibt kein Gegenstück im VBA.
\Para	Der aktuelle Absatz. Sind mehrere Absätze markiert, bezieht sich \Para auf den ersten Absatz in der Markierung. Befindet sich die Einfügemarke/Markierung im letzten Absatz, ist die letzte Absatzmarke nicht mit eingeschlossen. Entspricht in VBA: Selection.Paragraphs(1) ▶

Textmarke	Bedeutung
\PrevSel1	Die letzte Markierung, bei der eine Bearbeitung vorgenommen wurde. Der Sprung zu dieser Textmarke entspricht dem Aufruf der GoBack-Methode.
\PrevSel2	Die vorletzte Markierung, bei der eine Bearbeitung vorgenommen wurde. Der Sprung zu dieser Textmarke entspricht dem zweimaligen Aufruf der GoBack-Methode.
\Section	Der aktuelle Abschnitt. Der evtl. vorhandene Abschnittswechsel am Ende ist eingeschlossen. Sind mehrere Abschnitte markiert, bezieht sich \Section auf den ersten Abschnitt der Markierung. Entspricht in VBA: Selection.Sections(1)
\Sel	Die aktuelle Markierung oder Einfügemarke Entspricht in VBA: Selection
\StartOfDoc	Der Anfang des aktiven Dokuments Entspricht in VBA: Set rng = ActiveDocument.Range rng.Collapse wdCollapseStart
\StartOfSel	Der Anfang der aktuellen Markierung Entspricht in VBA: Selection.Collapse wdCollapseStart
\Table	Die aktuelle Tabelle. Sind mehrere Tabellen markiert, bezieht sich \Table auf die erste Tabelle in der Markierung. Es handelt sich immer um die gesamte Tabelle, auch wenn nicht die gesamte Tabelle markiert ist. Entspricht in VBA: Selection.Tables(1)

Querverweise

Querverweise können von Word erstellt werden für: Nummerierte Elemente (Absätze sowie ListNum-Feldfunktionen), Text formatiert mit Überschriftenformatvorlagen, Textmarken, Fußnoten, Endnoten sowie jede in Word definierte Bezeichnung für Beschriftungen (*Abbildung, Gleichung, Tabelle* sowie benutzerdefinierte). Word fügt eine verborgene Textmarke, wie schon beschrieben, automatisch an der Stelle ein, auf die verwiesen wird (außer bei einem Verweis zu einer Textmarke).

TIPP

Neue Bezeichnungen für eine Serie von Grafiken oder anderen Elementen werden in *Einfügen/Referenz/Beschriftung* durch Betätigung der *Neue Bezeichnung*-Schaltfläche erstellt. Sie erscheint danach in der Liste des Dropdownfelds *Bezeichnung*. Bezeichnungen werden für die ganze Word-Umgebung, nicht für einzelne Dokumente, gespeichert.

Wie schon im ▶ Kapitel 4 erwähnt, dürfen in langen Dokumenten, die in mehreren Dateien verwaltet werden, Querverweise nicht auf eine zu tiefe Ebene gestellt werden, da die Textmarken gelöscht werden könnten und der Querverweis wird ungültig. Querverweise außerhalb eines Kapitels sollen auf eine Überschrift zeigen; außerhalb des Buches zu einer Kapitelüberschrift und Querverweise zu einem anderen Buch sollen nur den Titel erwähnen. (In den letzten zwei Fällen wird der Verweis natürlich von Hand eingegeben und nicht von Word erstellt.)

Aktualisierung von Querverweisen

Querverweise werden beim Einfügen aktualisiert, danach nur bei einer Aktualisierung aller Feldfunktionen im Dokument. Falls die entsprechende Option in *Extras/ Optionen/Drucken* aktiviert ist, können Sie sich darauf verlassen, dass dies beim Drucken geschieht. Sonst können Sie den Vorgang mit Strg+A, F9 auslösen.

Das Dialogfeld *Einfügen/Referenz/Querverweis* ist nicht modal; d.h. Sie können im Dokument mit gleichzeitig eingeblendetem Dialogfeld arbeiten. Bei der professionellen Arbeit ist das dann sehr vorteilhaft, wenn erst am Schluss, vor dem Ausdruck, die Querverweise erstellt werden müssen.

Zusammen-gesetzte Quer-verweise

Es gibt jedoch eine kleine »Macke«: Wenn Sie Querverweise, die aus zwei Teilen bestehen, wie etwa »Siehe "Die Vorlage installieren" auf Seite 27«, erstellen, lässt Word das Dialogfeld *Querverweis* wohl eingeblendet, während Sie den Text »auf Seite« eingeben, bei der Rückkehr ins Dialogfeld jedoch setzt Word die Liste zurück, sodass sie wieder durchlaufen werden muss, um den richtigen Eintrag zu markieren. Es ist daher besser, beide Teile zuerst einzufügen und den zugehörigen Text anschließend einzugeben.

Querverweise in andere Dokumenten

Word kann Querverweise nur für Filialdokumente im Zentraldokument automatisch erstellen. Es ist dennoch möglich, zwischen normalen Dokumenten quer zu verweisen, wenn Sie beispielsweise die RD-Feldfunktionen einsetzen.

Nehmen wir an, Sie möchten auf eine Unterschrift und deren Seitennummer in einem anderen Dokument verweisen. Gehen Sie wie folgt vor:

Externe Quer-verweise

1. Öffnen Sie das Dokument, in dem sich der Text befindet, auf den verwiesen werden soll. Suchen Sie den Text, markieren ihn und fügen eine Textmarke ein.

2. Drücken Sie Pfeil rechts, um die Einfügemarke direkt daneben zu stellen. Fügen Sie hier eine Page-Feldfunktion ein, um die Seitenzahl zu erhalten.

3. Markieren Sie diese, formatieren sie als verborgenen Text und weisen ihr auch eine Textmarke zu. Speichern und schließen Sie das Dokument.

4. Um den Querverweis zu erstellen, positionieren Sie die Einfügemarke im Zieldokument. Über die Befehlsfolge *Einfügen/Datei* suchen Sie das Quelldokument. Klicken Sie die Schaltfläche *Bereich* an und geben den Namen der ersten Textmarke ein. Der Überschriftentext erscheint im Zieldokument.

5. Dieses Prozedere führen Sie dann auch für die Seitenzahl aus. Sie erscheint jedoch als verborgener Text und aktualisiert sich auf die Seitenzahl im Zieldokument (da es sich um eine Page-Feldfunktion handelt).

6. Drücken Sie Alt+F9, um den Feldcode einzublenden. Fügen Sie dem Feld für die Seitenzahl den \!-Schalter hinzu, um die Aktualisierung zu unterbinden und den * CharFormat-Schalter hinzu, damit das Resultat mit der Formatierung des umgebenden Textes erscheint. Beispiel:

```
{ InlcudeText "C:\\Projekt\\Kap02.doc" QVVorlageInstallierenSeite \* CharFormat \! }
```

7. Drücken Sie nochmals Alt+F9, um die Feldcodes auszublenden.

Querverweise mit Hyperlinks

Hyperlinks werden zunehmend anstelle traditioneller Querverweise eingesetzt, vor allem für Dokumente, die online gelesen und bearbeitet werden. Sie sind auch weniger anfällig.

Ein Vorteil von Hyperlinks ist, dass ein sich außerhalb des Dokumentes befindendes Ziel nichts Außergewöhnliches ist, im Gegenteil. Wie Sie schon wissen, ist das bei herkömmlichen Querverweisen problematisch.

Um einen Hyperlink zu einem Dokument oder zu einer per Textmarke markierten Stelle in einem Dokument zu erstellen, müssen beide Dokumente gespeichert werden. In einer Großfirmenumgebung müssen Sie noch auf zwei weitere Faktoren achten:

○ Das Quelldokument muss dort im Netzwerk gespeichert sein, wo es auch in Zukunft zu finden sein wird. Eine Hyperlink-Pfadangabe (URL = Universal Resource Locator) verhält sich nicht anders als eine gewöhnliche Pfadangabe: Wird die Datei verschoben, ist die Verknüpfung ungültig.

○ Beim Navigieren zur Quelle im Dialogfeld *Einfügen/Hyperlink* müssen Sie über die *Netzwerkumgebung/Gesamtes Netzwerk* die Datei suchen, sodass Word einen UNC-Pfad erstellt, der den Server korrekt identifiziert.

Falls das Dokument zu Kunden außerhalb des internen Firmennetzwerkes gehen soll, muss sich das Quelldokument in einem der Öffentlichkeit zur Verfügung stehenden Ordner befinden.

Paginierung

Die Paginierung in Word wird mit folgenden Objekten und Eigenschaften kontrolliert: mit *Abschnittswechsel*, mit den Absatzeigenschaften *Absatzkontrolle*, *Zeilen nicht trennen*, *Absätze nicht trennen* und *Seitenumbruch oberhalb* sowie mit manuellen Seitenwechseln. Letzteres sollte nur eingesetzt werden, wenn »alle Stricke reißen« und an jener Stelle unbedingt ein Seitenumbruch sein muss. Die übrigen Methoden wurden im ▶ Kapitel 3 vorgestellt und sollten, wann immer möglich, die Paginierung steuern.

Manuelle Seitenwechsel sind problematisch, weil Word ein Dokument neu paginiert, wenn es auf einem anderen Rechner oder mit einem anderen Druckertreiber geöffnet wird. Die Zeilen- und Seitenumbrüche können wegen Abweichungen in der Interpretation der Zeichenbreite und Zeilenhöhe anders ausfallen. Plötzlich stehen zwei Zeilen allein mit einem manuellen Seitenwechsel auf einer Seite, statt am Ende der vorherigen.

Manuelle Seitenwechsel sind problematisch

Einige Kompatibilitätsoptionen, die im ▶ Kapitel 2 vorgestellt wurden, spielen hier mit. Damit ein älteres Dokument möglichst noch seine ursprüngliche Paginierung beibehält, sollten die Optionen der herstellenden Version verwendet werden.

Um das Dokument für Ihre neuere Word-Version zu optimieren, müssen Sie die Kompatibilitätsoption ändern. Danach ist eine Nachkontrolle der Paginierung unerlässlich.

Viele Leute, vor allem in den juristischen Berufen, beklagen sich darüber und fragen, warum Word sich so verhält. Die Antwort ist: »Weil eine Textverarbeitungsanwendung so funktioniert.« Es gibt für sie andere Software-Lösungen, die jedoch nicht auf Microsoft Word basieren.

Solange Sie Formatvorlagen definieren und benutzen, wie im ▶ Kapitel 4 beschrieben, werden Sie kaum Probleme mit der Paginierung haben. Wenn ein genauer, unwechselbarer Umbruch benötigt wird, müssen Sie wohl das Dokument mit »Adobe Distiller« (*http://www.adobe.de*) in eine PDF-Datei umwandeln.

Warten Sie immer, bis Text und Grafiken fertig sind, bevor Sie sich um die Paginierung kümmern; sie ist der letzte Schritt vor dem Ausdruck und sich vorher darum zu kümmern, macht keinen Sinn. Gehen Sie am Schluss durch das Dokument, Seite für Seite, und erledigen Sie die nötigen Anpassungen.

TIPP
In Word 97 und Word 2000 gab es Probleme mit der Aktualisierung der Gesamtanzahl der Seiten sowie mit der Anzahl Seiten in einem Abschnitt in den Kopf- und Fußzeilen (diese werden mit der NumPages- bzw. SectionPages-Feldfunktionen generiert). Die Angelegenheit ist vom Druckertreiber abhängig, weshalb nicht alle Benutzer dieses Problem haben. Druckerhersteller und Microsoft schieben sich gegenseitig die Schuld zu. Auch die Lösungsansätze variieren. Manchmal genügt es, eine der Optionen in *Extras/Optionen/Drucken* zu ändern, wie etwa *Drucken im Hintergrund, Felder aktualisieren, Ausgeblendeten Text* oder *Umgekehrte Druckreihenfolge* ein- bzw. auszuschalten. Andere müssen in die Druckvorschau ein- und aussteigen, bis die Zahlen stimmen, um dann von dort aus zu drucken. Wenn Sie dieses Problem haben, probieren Sie einfach verschiedene Einstellungen aus, bis eine Kombination gefunden wird, die hilft.

Änderungen verfolgen und überarbeiten

Die Word-Funktionalität für die Verfolgung von Änderungen ist ziemlich gut. Neu in Word 2002 werden standardmäßig alle Änderungen und Kommentare in »Sprechblasen« am Seitenrand angezeigt. Dabei wird der Seitenrand (meistens der rechte) erweitert, um Platz zu machen; der Textumbruch wird nicht tangiert.

Dem einen gefällt diese neue Anzeige, dem anderen nicht. Wenn viele Änderungen vorliegen, wird das Ganze unübersichtlich. In *Extras/Optionen/Änderungen verfolgen* haben Sie die Möglichkeit, zwischen den alten und neuen Methoden zu wechseln, indem die Anzeige der Sprechblasen aus- bzw. eingeschaltet wird. Zusätzliche Unterstützung bietet das Überarbeitungsfenster, das unter dem Dokumentfenster eingeblendet wird. Die Übersicht hier ist etwas besser, leider ist nicht immer klar, wo im Dokument die Einträge tatsächlich stehen.

Was mehr weh tut, ist der Verlust einiger Optionen, die mit der alten Anzeige gebraucht wurden, wie etwa

- die Farben von gelöschtem und formatiertem Text festlegen

- die Hervorhebung von Kommentaren und die Anzeige der Kommentare unter dem Mauszeiger vor dem Service Pack 2. Sie sollten also unbedingt das neueste Service Pack installieren, um in den Genuss dieses Features zu kommen.

- Das nicht modale Dialogfeld, das es ermöglichte, im Text zwischen Änderungen zu springen und sie anzunehmen bzw. zu verwerfen. Darin standen auch alle Informationen, die neu in den Sprechblasen und Arbeitsbereich stehen, was eine gute Übersicht ermöglichte.

Die Funktionalität ist teilweise noch vorhanden und manchmal brauchen Sie VBA, um sie zu nutzen. Wir zeigen Ihnen, wie das geht und Sie können die Beispiele den eigenen Bedürfnissen anpassen.

Eine deutliche Verbesserung in Word 2002 ist die Änderungsverfolgung in Tabellen. Sie werden auf der Zellenebene verfolgt und angesprungen. Zudem werden gelöschte Zeilen in der Ansicht mit Markups angezeigt und angesprungen.

In der Praxis wird die optimale Methode, sie zu verwalten, je nach Dokument, Anzahl und Art der Bearbeitungen, verschieden sein. Mit etwas Erfahrung werden Sie bald herausfinden, welche Ansichten und Werkzeuge für welche Aufgaben am besten geeignet sind.

Es ist in keiner Version von Word möglich, einem bestimmten Benutzer eine bestimmte Farbe zuzuweisen. Word kann jeden Autor mit einer Farbe verbinden (bis zu acht), aber die Farben können sich ändern, wenn das Dokument das nächste Mal geöffnet wird. Darüber haben wir leider keine Kontrolle.

Überarbeitung anpassen

Kommentare

Kommentartexte in Tooltipps erscheinen nur bei der alten Anzeige. Wenn Sprechblasen eingeschaltet sind, kommt nur eine Bemerkung, dass es sich hier um einen Kommentar handelt, dazu Autor, Erstellungsdatum und -Uhrzeit. Dieses Verhalten kann man nicht ändern, aber da die Sprechblasen mit einer Linie zum Text verknüpft werden können, ist dies auch wirklich nicht nötig.

Anders sieht es mit der Hervorhebung von Kommentaren aus. Mit einem Makro wie in Listing 6.4 wird kommentiertem Text eine Hervorhebung in der Farbe Ihrer Wahl zugewiesen. Wichtig ist, dass der Benutzer etwas Text markiert, bevor er das Makro ausführt. Kommentarmarkierungen, die sich zwischen Zeichen befinden, sind schwer zu erkennen.

```
Sub KommentarEinfuegenMitHervorhebung()
    Dim szKommentar As String, rng As Word.Range
    Set rng = Selection.Range
    szKommentar = InputBox("Kommentar bitte eingeben")
    ActiveDocument.Comments.Add Range:=rng, Text:=szKommentar
    'Nur zwei Zeichen hervorheben
    If Len(rng.Text) > 2 Then rng.Start = rng.Start + Len(rng.Text) - 2
    rng.HighlightColorIndex = wdYellow
End Sub
```

Listing 6.4:
Mit VBA
Kommentare
hervorheben

Dieses und die folgenden Makros finden Sie im Modul *basBsp06_02* der Datei *Bsp06_02.dot*. Sie befindet sich im Ordner *\Buch\Kap06* auf der CD zu diesem Buch.

Die Symbolleiste *Überarbeiten* der Beispieldatei *Bsp06_02.dot* wurde um dieses, sowie andere nützliche Makros ergänzt, die die Sprechblasen ein- und ausschalten, alle Kommentare hervorheben, die Hervorhebungen aller Kommentare löschen sowie einen einzelnen Kommentar inklusive seiner Hervorhebung löschen.

Gelegentlich wünscht man, keinen oder einen anderen Benutzernamen mit den Kommentaren anzuzeigen. Mit VBA geht das ganz einfach, wie in Listing 6.5 zu sehen ist. Bemerkung: Wenn Sie den Namen eines Kommentars ändern, wird diese Änderung von allen im Dokument vorhandenen Kommentaren übernommen.

Listing 6.5:
Den Autornamen
aller Kommen-
tare im Doku-
ment ändern

```
Sub KommentarAutorEntfernen()
    If ActiveDocument.Comments.Count >= 1 Then
        ActiveDocument.Comments(1).Author = ""
    End If
End Sub
```

Ein Stück Funktionalität aus ferner Vergangenheit ist die Anzeige und Bearbeitung von Kommentaren in einem kleinen Fenster in der Normal-Ansicht. Das erreichen wir nur auf Umwegen, indem wir mit ausgeschalteten Sprechblasen einen Kommentarbereich markieren, wie Listing 6.6 veranschaulicht. Es ist auch möglich, das Word 2002-Überarbeitungsfenster in dieser Ansicht einzublenden.

Listing 6.6:
Kommentare in
der normalen
Ansicht sehen
und bearbeiten

```
Sub KommentareInDerNormalenAnsicht()
    ActiveWindow.View.RevisionsMode = wdInLineRevisions
    ActiveDocument.Comments(1).Range.Select
End Sub
```

Die Farbe von eingefügtem und gelöschtem Text ändern

Neuerdings kann in *Extras/Optionen/Änderungen verfolgen* eine Farbe nur für die *Markierungsoption Einsetzungen* definiert werden. Für *Formatierungen* darf lediglich die Art der Markierung (*Nur Farbe, Fett, Kursiv, Unterstrichen* oder *Doppelt unterstrichen*) festgelegt werden und für gelöschtem Text stehen überhaupt keine Optionen zur Verfügung.

Die VBA-Schnittstelle bietet noch weitere Möglichkeiten an.

- ⊙ **Eingefügter Text**. Die Eigenschaften `InsertedTextColor` und `InsertedTextMark` entsprechen den Einstellungen im Dialogfeld.

- ⊙ **Gelöschter Text**. Mit den Eigenschaften `DeletedTextColor` und `DeletedTextMark` hat man die gleichen Möglichkeiten, wie für eingefügten Text.

- ⊙ **Formatierungsänderungen**. Dafür sind die Eigenschaften `RevisedPropertiesMark` und `RevisedPropertiesColor` zuständig, die die gleichen Optionen anbieten.

Um eingefügten Text blau, gelöschten Text rot und durchgestrichen sowie Formatierungsänderungen violett und doppelt unterstrichen anzuzeigen, benötigen Sie den in Listing 6.7 gezeigten VBA-Code. Diese Einstellungen gelten übrigens für die gesamte Word-Umgebung, nicht nur für ein einzelnes Dokument.

Listing 6.7:
Das Aussehen
bearbeiteten
Texts festlegen

```
Sub UeberarbeitungsOptionenSetzen()
    With Options
        .InsertedTextColor = wdBlue
        .InsertedTextMark = wdInsertedTextMarkColorOnly
        .DeletedTextColor = wdRed
        .DeletedTextMark = wdDeletedTextMarkStrikeThrough
        .RevisedPropertiesColor = wdViolet
        .RevisedPropertiesMark = wdRevisedPropertiesMarkDoubleUnderline
    End With
End Sub
```

Zwischen Änderungen navigieren und verwalten

Drei alte Befehle stehen noch über *Extras/Anpassen/Befehle* in der Kategorie *Alle Befehle* zur Verfügung. Sie sind vor allem bei vielen komplexen Änderungen innerhalb eines kleinen Bereichs hilfreich. Die Änderung wird genau markiert und im Dialogfeld *Änderungen annehmen oder ablehnen* beschrieben.

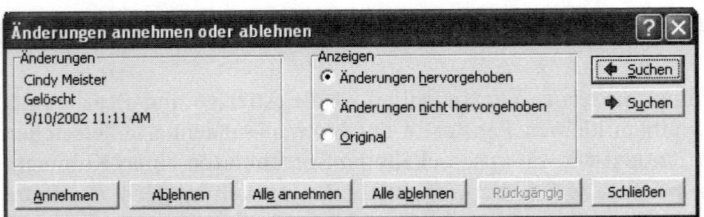

Abbildung 6.2:
Änderungen im
Text anspringen
und verwalten

Es handelt sich um die Befehle *ExtrasÜberarbeitenPrüfen*, *ExtrasÜberarbeitungNächsteÄnderung* sowie *ExtrasÜberarbeitungVorherigeÄnderung*. Der erste zeigt das Dialogfeld in Abbildung 6.2 an, die anderen zwei springen im Dokument (statt im Überarbeitungsfenster, wie die standardmäßigen Schaltflächen in der Symbolleiste es tun).

Einsatz am Arbeitsplatz

Worauf zu achten ist

Um die Funktionalität ein- oder auszuschalten, bietet Word den Menübefehl *Extras/Änderungen verfolgen*, die Tastenkombination Strg+Umschalt+E oder die Fläche *Änd* in der Statusleiste an. Die Symbolleiste *Überarbeiten* wird automatisch eingeblendet und muss vom Benutzer wieder geschlossen werden. Auch hier befindet sich eine Symbolschaltfläche, um *Änderungen verfolgen* ein- und auszuschalten.

Worauf Sie hauptsächlich achten müssen, ist, dass *Änderungen verfolgen* nicht eingeschaltet bleibt, wenn es nicht bewusst benutzt wird. Word speichert alle Bearbeitungen im Dokument zusammen mit dem ursprünglichen Text und diese bleiben darin, bis die Änderungen angenommen oder verworfen werden. Alle Bearbeitungen beeinflussen strukturelle Elemente wie Abschnittswechsel, Absatzmarken, Tabellen und Textmarken. Die interne Struktur wird dadurch sehr verwickelt, was schließlich zur Dokumentbeschädigung führen kann.

Änderungen
verfolgen *nicht*
eingeschaltet
lassen

Wir haben schon Dokumente gesehen, bei denen nur die Anzeige von Änderungen, nicht jedoch deren Verfolgung ausgeschaltet wurde. Nach einiger Zeit – es könnte Tage oder auch Jahre dauern – versagt die Datei, weil Word die Zusammenhänge nicht mehr verwalten kann.

Früher wurden Anzeige- und Verfolgungsstatus über das *Extras*-Menü ein- und ausgeschaltet, mit einem Dialogfeld, das nicht besonders verständlich war. In Word 2002 geschieht das alles über die Symbolleiste *Überarbeiten*. Links befindet sich das Feld *Anzeige für die Überarbeitung*. Steht es auf *Endgültig* oder *Original*, sind alle Markups im Dokument verborgen; sie können nur im *Überarbeitungsfenster* eingesehen werden. Man merkt höchstens an dem aktivierten *Änd* in der Statusleiste oder an einer aktivierten Schaltfläche *Änderungen verfolgen* in der Symbolleiste, dass die Funktionalität immer noch eingeschaltet ist.

Um dieses Problem zu vermeiden und auch, um die Gefahr zu verringern, Dokumente mit Änderungen ungewollt weiterzugeben, können folgende Vorkehrungen getroffen werden:

- Machen Sie es sich zur Gewohnheit, *Anzeige für die Überarbeitung* auf *Endgültige Version enthält Markups* zu stellen, bevor die Symbolleiste ausgeblendet wird.

- In *Extras/Optionen/Sicherheit* aktivieren Sie das Kontrollkästchen *Warnung anzeigen, bevor eine Datei, die Überarbeitungen oder Kommentare enthält, gedruckt, gespeichert oder versendet wird.*

- Speichern Sie Überarbeitungen nicht über mehrere Versionen hinweg. Machen Sie eine Kopie des bearbeiteten Dokuments, akzeptieren oder verwerfen Änderungen und gehen dann mit diesem Exemplar in die nächste Runde.

- Probieren Sie niemals, *Änderungen verfolgen* mit der Word-Funktion *Versionen* zu kombinieren. Wir raten auf jeden Fall von Versionen ab, aber wenn Sie die Funktionalität einsetzen, dann ohne Überarbeitungen.

Zudem ist es wichtig, dass bei der Arbeit mit *Änderungen verfolgen* die nicht druckbaren Zeichen eingeschaltet sind.

Wir wollen Sie von *Änderungen verfolgen* nicht abschrecken. Im Gegenteil. Im professionellen Bereich sind sie äußerst nützlich und wir setzen sie regelmäßig ein. Wenn Sie diese Richtlinien befolgen, werden Sie die Funktionen erfolgreich und mit Zufriedenheit einsetzen können.

Die Verfolgung von Änderungen steuern

Es herrschen oft Wild West-Zustände, wenn es darum geht, vorgenommene Bearbeitungen und Änderungen in einem Dokument festzuhalten. Manche Benutzer halten Änderungen überhaupt nicht fest. Andere markieren Sie mit Hervorhebungen (Highlight), fügen Kommentare ein oder schreiben sie auf einem getrennten Blatt Papier auf, und Sie dürfen diese später eintippen. Einige wenige schalten *Änderungen verfolgen* ein.

Was Sie brauchen, ist eine Methode, den Benutzer zu zwingen, die gewünschte Art von Bearbeitung zu verwenden. Word stellt hierfür einige Möglichkeiten zur Verfügung:

- **Änderungen verfolgen erzwingen.** *Extras/Dokument schützen/Änderungen verfolgen* (mit oder ohne Kennwort) sperrt das Dokument mit der Funktionalität im aktiven Zustand. Der Benutzer kann weder ausschalten noch Änderungen dritter annehmen oder löschen.

- **Nur Kommentare erlauben.** Im gleichen Dialogfeld sperrt die Aktivierung des Optionsfelds *Kommentare* das Dokument, sodass der Benutzer nur Kommentare einfügen kann. Auch wenn sie in Versuchung kommen, Ihre Rechtschreibung oder Ausdrucksweise zu korrigieren, können sie es nicht. Das sorgt für weniger Ablenkung und es wird sich mehr auf den Inhalt konzentriert.

- **Dokumente vergleichen und zusammenführen.** Falls das Dokument doch noch ohne verfolgte Änderungen zurückkommt, weil es nicht dafür geschützt wurde und der Kollege sie nicht eingeschaltet hat, bleibt Ihnen noch diese Funktionalität.

Dokumente vergleichen und zusammenführen

Dokumente vergleichen und zusammenführen macht es möglich, mehrere Dateien des gleichen Dokuments zusammenzuführen und die Bearbeitungen der verschiedenen Autoren zu vergleichen, entweder in einem der Dokumente oder in einem neuen.

Sie können zwischen zwei Optionen wählen: Zusammenführung mit allen Informationen über den Bearbeiter oder nur mit *Änderungen markiert*. Letztere erzwingt die Zusammenführung in einem neuen Dokument. Bei der ersten Methode können Sie in der Liste hinter der Schaltfläche *Ausführen* wählen, ob der Vergleich im schon geöffneten oder in einem neuen Dokument angezeigt wird. Mehr Informationen zum Thema finden Sie in der Word-Hilfe unter »Vergleichen und Zusammenführen von Dokumenten«.

Um diese Funktionalität optimal einzusetzen, müssen auf allen Rechnern folgende Einstellungen aktiv sein:

- *Zufallszahl zur Verbesserung der Zusammenführungsgenauigkeit speichern* muss aktiviert sein, sodass Word zwischen Dokumenten mit gleichem Namen unterscheiden kann.

- *Warnung anzeigen, bevor eine Datei, die Überarbeitungen oder Kommentare enthält, gedruckt, gespeichert oder versendet wird* sollte auch eingeschaltet sein. Es ist sehr schwierig, einen genauen Vergleich und die Zusammenführung zu erzielen, wenn eines der Dokumente ungelöste Änderungen enthält.

- *Persönliche Informationen beim Speichern aus dieser Datei entfernen* muss *ausgeschaltet* sein, sonst kann Word nicht mitteilen, wer eine Änderung vorgenommen hat.

Zudem sollten die Benutzer die Eingaben unter *Extras/Optionen/Benutzerinformationen* ausfüllen.

Bedingter Text

Im ▶ Kapitel 4 haben wir im Abschnitt über Zentral- und Filialdokumente eine Methode für den bedingten Einschluss von Texten vorgestellt. Es ging darum, verschiedene Versionen eines Dokuments bereitzustellen, die gemeinsame Textstellen sowie eigene Texte haben.

Es gibt noch zwei Methoden, Textstellen wahlweise in einem Dokument auszudrucken: Mit der IF-Feldfunktion oder mit verborgenem Text. Die Technik mit Zentral-/Filialdokumenten ist vor allem für große, bedingte Textabschnitte geeignet.

IF-Feldfunktionen stehen am anderen Ende der Skala und sind für kleine Textstücke, ja sogar Zeichen, die bessere Lösung. Die IF-Bedingung kann auch sehr lange, komplexe Texte umfassen, ist dann allerdings schwierig zu verwalten. Falls das Dokument später in HTML konvertiert wird, müssen Sie eine andere Lösung suchen.

Um wahlweise verborgene Textstellen ein- und auszublenden, verwenden wir versionsspezifische Formatvorlagen. Diese Methode wird unhandlich, sobald mehrere Bedingungen berücksichtigt werden müssen. Sie eignet sich wirklich nur für ganze Absätze.

Egal, für welche dieser letzten zwei Techniken Sie sich entscheiden, es muss höllisch aufgepasst werden, dass ein solches Dokument niemals vertrauliche, persönliche oder rechtliche Information enthält. Irgendjemandem unterläuft irgendwann der Fehler, es in elektronischer Form an eine Drittperson weiterzuleiten, mit fatalen Konsequenzen. Falls in einem Dokument bedingter Text vorhanden ist, wäre es keine schlechte Idee, eine knallrote Warnung, auch verborgen formatiert, am Dokumentanfang einzufügen, die den Benutzer davor warnt.

Die Verwendung von bedingtem Text verursacht Mehraufwand und Komplexität in einem Projekt; wägen Sie deshalb ab, ob dessen Einsatz die zusätzlichen Kosten rechtfertigt.

Bedingter Text ist vor allem in großen Projekten hilfreich, wo mehrere Versionen eines Dokuments oder -teils notwendig sind. Ein Beispiel haben wir im ▶ Kapitel 4 beschrieben. Falls das Projekt mega-groß ist, ziehen Sie eine XML-Lösung in Betracht, die in einer XML-Authoring-Umgebung erstellt wird. »XML Schritt für Schritt« (Microsoft Press, ISBN 3-86063-789-4) von Michael J. Young gibt eine gute Einführung, vor allem angesichts der Tatsache, dass Microsoft XML mehr und mehr unterstützt.

Die Realisierung eines solchen Unterfangens ist aber mit Word durchaus möglich.

Formatvorlagen-Methode

Diese ist am einfachsten zu begreifen und aufzustellen. Für jede Bedingung erstellen Sie einen Satz Formatvorlagen. Die Schrifteigenschaft »verborgen« wird jeweils für die Formatvorlagensätze eingeschaltet, die nicht gedruckt werden sollen.

Nehmen wir an, Sie haben drei Versionen eines Produkts: Privat, Workstation und Netzwerk. Sie erstellen für den versionsspezifischen Text jeder Version eine Grundformatvorlage, in der Sie die Schrifteigenschaften festlegen: Wählen Sie eine Schriftart, mit der Eigenschaft »verborgen« ausgeschaltet und unter Umständen eine Farbe, sodass die bedingten Textstellen mit einem Blick zu erkennen sind.

Basierend auf diesen Formatvorlagen wird nun ein Satz Formatvorlagen für die Dokument-Elemente erstellt, die bedingt erscheinen. Das wären, beispielsweise, die Überschriftenebenen, der Textkörper und die Listen-Formatvorlagen.

WICHTIG Achten Sie darauf, dass für diese Formatvorlagen die Einstellung für verborgenen Text **nicht** geändert wird, sonst kommt die Einstellung in der Grundformatvorlage nicht durch.

Um ein Dokument mit bedingtem Text zu erstellen, gehen Sie wie folgt vor:

Dokument mit bedingtem Text erstellen

1. Schreiben und formatieren Sie das Dokument mit den gewöhnlichen Formatvorlagen.

2. Nehmen Sie sich die Absätze, die bedingt auszudrucken sind, einen nach dem anderen vor.

3. Machen Sie drei Kopien davon, passen den Text für die jeweilige Version an und formatieren ihn mit der passenden bedingten Formatvorlage (Beispiel: »Textkörper_Privat«, »Textkörper_Workstation« und »Textkörper_Netzwerke«, statt »Textkörper«).

4. Löschen Sie den ursprünglichen Text, da immer nur eine der Kopien erscheinen soll.

Um zwischen den Versionen zu wechseln, müssen Sie lediglich die »Verborgen«-Eigenschaft und gegebenenfalls die Farbe ändern, sodass nur der Text für die eine Version ausgedruckt wird.

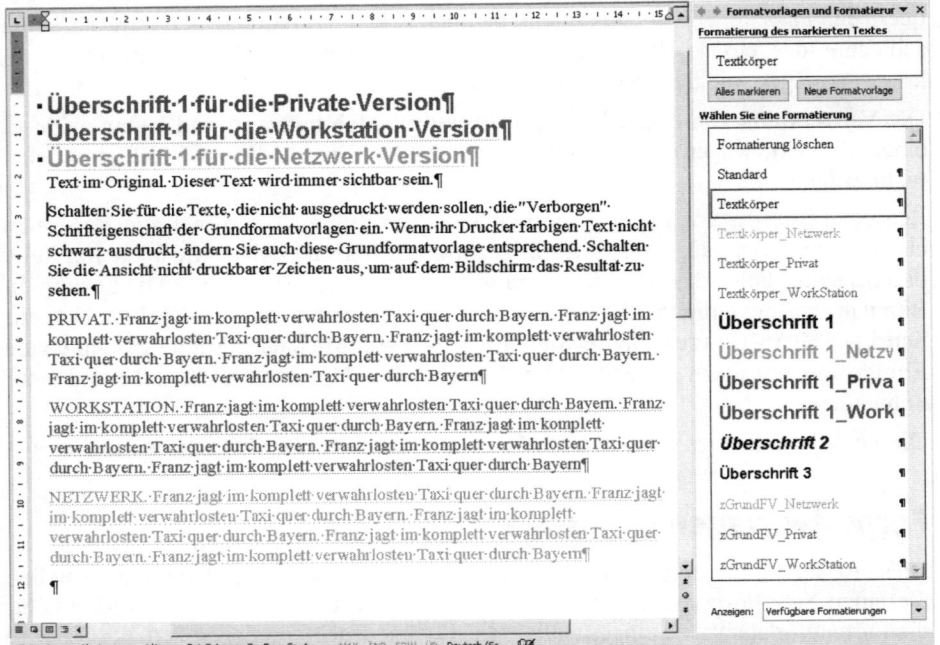

Abbildung 6.3:
Bedingter Text durch Formatvorlagen

Um das Dokument nach HTML zu konvertieren, verwenden Sie *Suchen und Ersetzen*, um die mit den Formatvorlagen der nicht erwünschten Versionen formatierten Textstellen zu entfernen. Es ist zwar möglich, den Text einer anderen Version in HTML als »Verborgen« zu formatieren, er bleibt jedoch im Browser durch *Ansicht/ Quelltext* zugänglich, was sich als problematisch erweisen könnte.

Feldfunktion-Methode

Die IF-Feldfunktion wird in den ▶ Kapiteln 8 und 10 hinreichend vorgestellt. Vor allem im Letzteren finden Sie Beispiele für den bedingten Einschluss von Texten im Zusammenhang mit dem Seriendruck. Die Vorgehensweise ist die gleiche wie für gewöhnliche Dokumente. Wir stellen hier nur kurz ein Beispiel vor, um das Prinzip im Zusammenhang mit der in diesen Kapiteln besprochenen Theorie aufzuzeigen.

Je nach Inhalt der Dokument-Eigenschaft »Kategorie« wird eine Grafik als Abbildung angezeigt oder ein Leerzeichen. Die Feldfunktion würde wie folgt aussehen:

```
{ IF { DOCPROPERTY Category }= "Professional" "{ INCLUDEPICTURE "[Laufwerk]:\\[Pfad-
name]\\Dateiname.jpg" \* MERGEFORMAT \d }" " " }
```

Die Feldfunktion IncludePicture verknüpft eine Grafikdatei in das Dokument. Einzelheiten dazu stehen im ▶ Kapitel 9. Es ist auch möglich, die Grafik direkt in die Feldfunktion einzufügen.

Die Erstellung einer solch komplexen Feldkombination überfordert die meisten Benutzer. Es ist möglich, mit dem Makrorekorder den Rahmen für ein Makro aufzuzeichnen, das relativ schnell angepasst werden kann, um die Aufgabe für den Benutzer zu automatisieren. Den Beispielcode finden Sie auf der Buch-CD in der Datei *Bsp06_03.dot* im Ordner *\Buch\Kap06*. Damit kann der Benutzer jeden möglichen Eintrag für die Dokument-Eigenschaft eingeben und das Makro ausführen, um im Dokument dann die passende Feldfunktion-Zusammenstellung zu erzeugen.

TIPP Eine andere Methode, komplexe Feldfunktionen mit VBA ohne Hilfe des Makrorekorders zu erstellen, finden Sie im ▶ Kapitel 8.

Word beschleunigen

Wir werden oft gefragt, »Wie kann ich Word schneller machen?« Früher rieten wir, einen schnelleren Rechner zu kaufen. Bis vor kurzem sagten wir, man müsste in mehr Speicher (RAM) investieren. Heute lautet die Antwort »Kaufen Sie eine schnellere Festplatte.«

HINWEIS Microsoft gibt einige nützliche Ratschläge im Knowledge Base-Artikel »WD2000: How to Optimize Microsoft Word 2000«, die allgemein auch für Word 97 und Word 2002 gelten. Nur sollten Sie die *BitCacheSize*- und *CacheSize*-Einstellungen beiseite lassen. Eine Verbesserung ist fast nicht erkennbar und wenn sie zu hoch eingestellt sind, führen sie zu Abstürzen.

Die Umgebung

Bei großen Dokumenten ist die hauptsächliche Ursache langsamer Bearbeitung die Geschwindigkeit der Festplatte. Maßgebend ist die Zugriffszeit, und zwar die durchschnittliche Zeit, die die Festplatte braucht, um Daten zu finden. Auch die Schreibdichte spielt eine nicht unwesentliche Rolle: Je näher die Daten auf der Platte zusammenliegen, desto weniger Distanz muss der Schreib-/Lesekopf der Festplatte zurücklegen. Leider wird diese Angabe selten in den Spezifikationen erwähnt.

Um ein geöffnetes Dokument zu verwalten, braucht Word mindestens das Siebenfache der Dateigröße im selben Ordner. Bearbeiten Sie also niemals eine Worddatei direkt von einer 3½"-Diskette aus. Empfehlenswert ist ein Gigabyte freier Platz im Ordner (also auf dem Laufwerk, auf dem die Datei sich befindet) sowie im Windows *Temp*-Ordner.

Word 2002 ist eine 32-Bit Anwendung durch und durch und hat deshalb eher Mühe mit einem Windows 9.x-Betriebssystem. Es läuft optimal unter Windows 2000 oder XP. Die Meinungen, welches besser ist, gehen auseinander.

Stellen Sie die Größe der Windows-Auslagerungsdatei auf das Zweieinhalbfache des installierten RAMs ein. Im Idealfall haben Sie so viel Speicher, dass die Auslagerungsdatei, in der das Betriebssystem während der Bearbeitung Daten zwischenlagert, nie gebraucht wird. Sie merken, ob sie angesprochen wird, wenn Sie beim Wechseln zwischen Anwendungen hören, wie die Festplatte arbeiten muss. In diesem Fall wäre die Erweiterung des RAMs vorteilhaft.

WICHTIG Wenn Sie nicht wissen, wie man die Auslagerungsdatei einstellt, fragen Sie besser den System-Administrator. Bei einer falschen Einstellung kann Windows nicht starten und Daten können verloren gehen.

Word muss immer wieder auf die Vorlagen und den Druckertreiber zugreifen. Falls die Netzwerkverbindung langsam ist, werden bestimmte Vorgänge wesentlich beeinträchtigt.

Word und seine Dokumente trimmen

Folgende Vorschläge helfen, langsame Dokumente wieder fit zu machen. Meistens sind sie entweder mit »Kram« voll gestopft oder sind schon leicht beschädigt, aber noch nicht so weit, dass Word noch nicht damit umgehen kann.

Neu starten

Um Speicherplatz zu frei zu machen, alle Dokumente schließen und Word neu starten. Bei der Arbeit mit langen Dokumenten hilft es auch, andere Anwendungen zu beenden.

Einstellungen kontrollieren

Extras/Optionen/Kompatibilität

Das Kontrollkästchen *Druckermaße für Dokumentlayout verwenden* bitte ausschalten. Sonst läuft das Dokument langsamer über den Bildschirm, weil Word das Layout ständig mit den Druckereinstellungen berechnen muss.

Extras/Optionen/Speichern

Folgende Optionen beeinflussen die Dateigröße und damit auch die Geschwindigkeit. Sie sollten deaktiviert sein. Wenn eine aktiv war, speichern Sie das Dokument über *Datei/Speichern unter*, um die damit verbunden Daten aus dem Dokument zu entfernen.

- Schnellspeicherung zulassen
- Sprachspezifische Daten einbetten
- TrueType-Schriftarten einbetten

Datei/Versionen

Stellen Sie sicher, dass *Version automatisch speichern* ausgeschaltet ist. Alle vorhandenen Versionen löschen.

Änderungen verfolgen

In der Symbolleiste *Überarbeiten* wählen Sie aus der Liste *Anzeige für die Überarbeitung* den Eintrag *Endgültige Version enthält Markups*. Kontrollieren Sie jetzt nach, ob eventuell einige noch nicht gelöste Änderungen vorliegen, die angenommen oder verworfen werden müssten.

Lange Tabellen

Seit Word 2000 ist der Bildschirmaufbau bei langen Tabellen um einiges langsamer geworden. Zum Teil liegt das bestimmt an der neuen Internet-Funktionalität. Um das Problem in den Griff zu bekommen, probieren Sie folgendes:

- Stellen Sie sicher, dass in *Tabelle/Tabelleneigenschaften/Tabelle/Optionen* das Kontrollkästchen *Automaische Größenänderung zulassen* nicht eingeschaltet ist.
- Der *Textfluss* in *Tabelle/Tabelleneigenschaften/Tabelle* soll auf *Ohne* gesetzt sein.

o Teilen Sie eine Tabelle, die länger als fünf Seiten ist, über *Tabelle/Tabelle teilen* in mehrere Tabellen auf.

Tabellenstrukturen können beschädigt werden, was zu einer Verlangsamung führen kann. Diese sind, nach den Abschnittswechseln, die am meisten gefährdeten Stellen eines Word-Dokuments und zwar aus dem selben Grund: Die Komplexität der gespeicherten Daten. Die Umwandlung einer *Tabelle in Text*, dann zurück über *Text in Tabelle* entfernt dieses Problem meistens. Mehr zu diesem Thema lesen Sie im ▶ Kapitel 8.

Grafische Objekte: Bitmaps ersetzen

Noch ein Faktor, der die Dateigröße (und daher die Geschwindigkeit) beeinflusst, sind im Dokument gespeicherte Grafiken. Seit Word 97 geht Word in jeder Version mit komprimierten Grafikformaten effizienter um; Sie sollten möglichst Grafiken einbetten, die in einem solchen Format vorliegen, wie beispielsweise JPG.

Enthält ein Dokument Bildschirmaufnahmen, ist es wahrscheinlich, dass diese im Bitmap-Format vorliegen – das am geringsten komprimierte Format. Eine Umwandlung in GIF- oder JPG-Format und die Neueinbindung in das Dokument wirkt sich meistens vorteilhaft aus, sofern Sie die Aufnahme verkleinert anzeigen können.

Microsoft Office wird mit der Anwendung »Photo Editor« geliefert, den Sie für diese Aufgabe einsetzen können, wenn sonst kein Grafik-Editor vorhanden ist. Um eine Grafik umzuwandeln und zu ersetzen, gehen Sie so vor:

1. Kopieren Sie die Grafik in Word.

2. Wechseln Sie in den Photo-Editor und wählen Sie dort *Als neues Bild einfügen* aus dem Menü *Bearbeiten*.

3. Speichern Sie als JPG- oder GIF-Datei über *Datei/Speichern unter*. JPG ist besser für Fotos; GIF für Zeichnungen oder Bildschirmaufnahmen. Im Allgemeinen sind JPG-Dateien kleiner, verlieren aber an Qualität. Sollten Sie die Aufnahme in Originalgröße oder gar vergrößert anzeigen müssen, verwenden Sie kein JPG-Format.

4. Sie können für JPG einen *Qualitätsfaktor* festlegen. Bis zu 50% geht meistens in Ordnung; wenn Sie eine tiefere Einstellung wählen, wird der Qualitätsverlust zu groß.

5. Die Anzahl der Farben wird für eine GIF-Datei reduziert. Die max. 256 Farben sind korrekt für das Internet. In jedem Fall müssen Sie das Ergebnis testen, denn der Qualitätsverlust könnte den Gesamteindruck beeinträchtigen. Versuchen Sie immer, die Größe der Bilder gering zu halten, da nicht alle Internet-Nutzer über schnelle Leitungen verfügen und sich über lange Ladezeiten von Grafiken ärgern.

6. In Word fügen Sie diese Grafik über *Einfügen/Grafik/Aus Datei* ins Dokument ein. Verwenden Sie unter keinen Umständen *Kopieren* und *Einfügen*, da die Zwischenablage die Bilder wieder ins Bitmap-Format umwandeln wird.

7. Entfernen Sie das ursprüngliche Bild aus dem Dokument.

Kleinere Dateien

Bilder verknüpfen

Für Dokumente in einer Großfirmenumgebung raten wir von verknüpften Bildern eher ab. Die korrekte Erstellung mit relativen Pfadnamen oder UNC-Pfadangaben ist umständlich und wenn es falsch gemacht wird, entstehen zeitraubende Probleme. Ist die Dateigröße jedoch ein Problem, gibt es manchmal keine Alternative.

Die Verknüpfung von Grafik-Dateien diskutieren wir im ▶ Kapitel 9. Stellen Sie sicher, dass Dokument und Grafikdateien im selben Ordner im Netzwerk gespeichert sind.

Dokumente in mehrere Dateien aufteilen

Die Zentral-/Filialdokument-Funktionalität kann eigentlich nicht gegen die Verlangsamung helfen. Erweiterte Filialdokumente in einem Zentraldokument belasten Word genau so viel wie ein einziges, großes Dokument. Setzen Sie stattdessen die im ▶ Kapitel 4 erläuterte Methode mit RD-Feldfunktionen ein, um das Dokument in mehrere Dateien aufzuteilen und dafür ein Inhaltsverzeichnis und einen Index zu erstellen.

Um ein solches Dokument auszudrucken, gehen Sie wie folgt vor:

1. Erstellen Sie ein Drucker-Symbol auf dem Desktop: Ziehen Sie das Symbol in *Start/Einstellungen/Drucker und Faxgeräte* mit festgehaltener rechter Maustaste auf den Desktop. Dann wählen Sie den Befehl *Verknüpfung hier erstellen*.

2. Markieren Sie alle zum Dokument gehörenden Dateien und ziehen sie zum Drucker-Symbol.

Benennen Sie die Dateien mit vorangestellten Zahlen (01_, 02_ usw.), sodass sie in der richtigen Reihenfolge ausgedruckt werden.   **TIPP**

Dokumentbeschädigung beheben

Manchmal wird ein Dokument langsam oder verhält sich »eigenartig«, weil es beschädigt ist. Word kann es zwar noch öffnen, hat aber schon Mühe, die Struktur eindeutig zu erkennen und sie aufzubauen. Es gibt verschiedene Methoden, die Sie probieren können, »den Dreck auszuschütteln«, mit möglichst wenig Daten- und Formatierungsverlusten:

○ Versuchen, das Dokument in einem anderen Dateiformat zu speichern. Ein Konvertierungsfilter entfernt oft binären Unsinn und widersprüchliche Angaben. In Word 2000 und Word 2002 versuchen wir zuerst, als Webseite (**nicht** »gefiltert«) zu speichern. Die zweite Wahl, wenn das nicht hilft, ist das RTF- oder Word 6.0/ 95-Dateiformat.

○ Das Dokument schließen, Word schließen und nochmals starten, um sicher zu gehen, dass keine falschen Informationen im Speicher aufbewahrt werden.

○ Die Datei öffnen und nochmals als Word-Dokument speichern.

Wenn Sie Glück haben, wurde damit das Dokument sein Problem los. Wenn nicht, gibt es eine aufwändigere Technik, mit der versucht wird, die Problemstellen loszuwerden.

Da die meisten Probleme sich in den Abschnittwechseln ansammeln, hilft es oft,

1. von der Vorlage ein neues Dokument zu erstellen,

2. den Text bis zum, aber **nicht mit** dem ersten Abschnittswechsel zu kopieren,

3. den Abschnittswechsel im neuen Dokument neu zu erstellen,

4. den Text vor dem neuen Abschnittswechsel einzufügen.

HINWEIS Je nach Dokument und Inhalt der Vorlage müssen Sie unter Umständen die Kopf- und Fußzeilen neu erstellen, die Seitenorientierung ändern und andere abschnittsspezifische Formatierungen vornehmen.

Wiederholen Sie diese Schritte, bis der gesamte Text in das neue Dokument kopiert wurde. Vergessen Sie nicht, dass die letzte Absatzmarke auch ein Abschnittswechsel ist und sogar der wichtigste von allen. Es lohnt sich der Versuch, zuerst den gesamten Text, außer diesem einen Zeichen, in das neue Dokument zu kopieren; die Beschädigung könnte sich hier befinden.

Manchmal sitzt das Problem so tief, dass nur eine radikale Lösung wenigstens den Text retten kann. In *Datei/Öffnen* wählen Sie unter *Dateityp* den Eintrag *Text aus beliebiger Datei wiederherstellen*.

Intrawebs mit Word erstellen

In diesem Abschnitt erklären wir, wie John ein für den Ausdruck auf Papier vorgesehenes Buch mit Word 2002 und FrontPage umwandelt, sodass es in einem Firmenintranet benutzt werden kann.

Voraussetzungen

Es muss nicht unbedingt FrontPage sein. John benutzt es, weil es Teil von Microsoft Office ist; er musste es nicht kaufen. Wenn Sie lieber mit einem anderen Web Authoring Tool arbeiten, können Sie es einsetzen, wenn es mit Platzhalterzeichen arbeitet und große Webseiten verwalten kann.

Eine schwache Workstation eignet sich für diese Aufgabe nicht; probieren Sie es nicht einmal. Windows NT, Windows 2000 oder Windows XP mit 256 MB RAM ist das Minimum.

Diese Methode setzt den HTML-Filter 2.1 von Microsoft ein, ein Werkzeug, das Office XML aus in Office erstellten HTML-Dateien entfernt, um sie »schlanker« zu machen. Diese »überflüssigen« XML-Anweisungen ermöglichen Office-Anwendungen, Dateien zwischen ihrem Binär- und HTML-Dateiformaten ohne Informationsverlust zu konvertieren. Da unser Vorhaben voraussichtlich nie zurück nach Word umgewandelt werden muss, können wir uns leichten Herzens zu diesem Schritt entschließen.

HINWEIS Den HTML-Filter 2.1 für Office 2000 können Sie vom Microsoft Download-Center herunter laden; die Setup-Datei *msohtmf2_de.exe* befindet sich auch auf der Buch-CD im Ordner *\Buch\Kap06\HTML*. Es wurde als Add-In für Office 2000 konzipiert, funktioniert jedoch als eigenständige Anwendung mit einer grafischen, aber auch mit Kommandozeile-Benutzerschnittstelle und kann problemlos parallel zu Office XP gebraucht und mit Word 2002 Dokumente eingesetzt werden. Die Benutzeroberfläche ist in Englisch.

Diese *.exe-Datei lässt sich allerdings nur installieren, wenn sich Office 2000 auf dem Rechner befindet. Eine Installation ist jedoch nicht notwendig; sie schreibt keine unentbehrlichen Einträge in die Registry. Die Installierung sorgt hauptsächlich dafür, dass der Benutzer sich nicht darum kümmern muss, dass sich zwei Dateien am richtigen Ort befinden. Da Sie ein Profi sind, ist es für Sie kein Problem, dies selbst zu tun.

Kopieren Sie die Datei *MSFilter.exe* an einen beliebigen Speicherort und erstellen Sie dazu in der *Start/Programme*-Auflistung eine Verknüpfung unter *Microsoft Office Tools*.

Wenn Sie eine Batchdatei wie in Listing 6.8 ausführen möchten, muss sich die Datei *MSFilter.exe* in einem Pfad befinden, der in der Umgebungsvariable PATH des Betriebssystems enthalten ist. Kopieren Sie sie also zu den Office-Dateien.

Die Vorlage *MSFilter.dot* müssen Sie in den *Startup*-Ordner von Word kopieren. Diesen Speicherort können Sie über *Extras/Optionen/Speicherort für Dateien* ermitteln. Damit stehen die Makros sowie Menübefehle automatisch beim Laden von Word zur Verfügung. Die Vorlage darf selbstverständlich auch anderswo stehen; dann wird sie über *Extras/Vorlagen und Add-Ins* geladen.

Grundsätzliches

Über die Erstellung von Webseiten steht viel im Internet. Die meisten Informationen befassen sich mit Designs für den öffentlichen Verkauf eines Produkts. Für den Erfolg dieses Projekts ist es wichtig, dass jedermann in der Firma versteht, dass dies **nicht** unser Ziel ist. Der von uns verwendete Vorgang und dessen Ergebnis weisen einige wesentliche Unterschiede auf:

- Eine Firmenwebseite, die firmeninterne Bücher online zur Verfügung stellt, ist im Vergleich zu öffentlichen WWW-Webseiten riesig. Drei 400-seitige Bücher über die Firmenpolitik, -verfahren und -spezifikation ergeben umgerechnet ca. 4.350 Seiten auf der Webseite. Zum Vergleich: Eine Website im Internet hat durchschnittlich 100 Seiten.

- Diese Größe fordert das Letzte aus der Verwaltungsfunktionalität von Web-Authoring Tools. Viele sind nicht dafür entwickelt, werden langsam und sogar instabil. Auch FrontPage hat seine Mühe, aber es schafft es ...

- Die Automatisierung spielt bei dieser Aufgabe eine wichtige Rolle. Die verfügbare Zeit ist begrenzt: Man kann die Seiten nicht von Hand codieren. Möglichst wenig wird manuell erledigt – die Werkzeuge, die die Software enthält, mit Hilfe einiger Makros müssen genügen.

- Die Seiten brauchen keine aufwendigen Skripte oder Java-Applets; ASP kommt nicht in Frage. Sie verlangen zu viel Zeit und Aufwand. Java-Inhaltsverzeichnisse sehen sexy aus, sind aber bei dem Umfang, von dem wir reden, für den Benutzer unbrauchbar. Eine standardmäßige HTML-Verzeichnisseite bewältigt die 200 bis 300 Elemente umfassenden, bis zu fünf Ebenen reichenden Listen schneller und ist deshalb besser geeignet. Eine Website, die täglich Waren für 10.000 Euro verkauft, macht die Investition von drei Personen-Tagen Entwicklung für Code und Grafiken bezahlbar. Aber eine interne Webseite, bei der 24 Leute Informationen auf 4.350 Seiten Informationen nachschlagen, kaum.

- Verlieren Sie über Browser-Kompatibilität keine Gedanken. Die Firma hat einen Browser als Standard; für den wird die Webseite erstellt und für keinen anderen. Diese Technik schöpft die XML-Fähigkeiten von Version 6.0 Browser völlig aus. Wenn die meisten Benutzer mit Laptops arbeiten, könnte das Probleme verursachen, da viele Laptops nicht leistungsfähig genug sind. Testen Sie gründlich, bevor Sie in die Produktionsphase übergehen.

- Prüfen Sie die Bildschirme und Grafikkarten, die in der Firma Standard sind. Wenn sie zu schwach sind, um eine hochfarbige Farbpalette bei hoher Auflösung anzuzeigen, muss Windows zurückgeschraubt werden. Stellen Sie die Anzeige auf 640 x 480 Pixel und maximal 256 Farben um.

- Die Wartungsfreundlichkeit der Webseite hat höchste Priorität. Wenn Sie nicht im Stande sind, drei aktualisierte Kapitel in einem halben Tag zu erstellen, fangen Sie gar nicht erst damit an. Die Firma wird die nötigen Ressourcen nicht zur Verfügung stellen.

- Eine optimale Navigation ist unentbehrlich und eine echte Herausforderung. Wenn sie nicht gut ist, wird niemand die Webseite benutzen; aber umgekehrt, wenn Sie die Links von Hand erstellen müssen, lohnt es sich nicht. Dieser Punkt ist für das Gelingen des Projekts lebenswichtig.

- Bandbreite ist wie frische Luft: Man soll sie genießen. Ihre Webseite wird von der 28,8 Kbps-Schwelle nicht limitiert, mit der das WWW zu kämpfen hat. Das durchschnittliche Firmenintranet hat eine minimale Geschwindigkeit von 10 MB pro Sekunde. Verbringen Sie also keine Zeit damit, die Seiten »schlanker« machen zu wollen. Außer, die Mitarbeiter wählen sich von zu Hause aus ein ...

- Legen Sie keinen zu großen Wert auf die Rechtschreibung, Formatierung oder Schreibstil. Es handelt sich hier um eine »Wegwerf«-Publikation, die Informationen möglichst kostengünstig online zur Verfügung stellt. Wenn sich jemand beklagt, erklären Sie sich völlig einverstanden – und geben Sie ihm alle 4.350 Seiten zur Bearbeitung (die er möglichst bis zum Montag zurückgeben soll ...).

Die Word-Umgebung vorbereiten

Sie müssen unter *Extras/Optionen/Allgemein/Weboptionen* einige Einstellungen nachprüfen bzw. vornehmen.

Registerkarte *Browser*

Legen Sie die Browser-Version fest. Wir ziehen *Microsoft Internet Explorer 6.0 oder höher* vor, da diese Versionen Layout und Formatierung von Word 2002-Dokumenten am besten wiedergeben. *Von diesen Browsern nicht unterstützte Features deaktivieren* ist aktiviert.

TIPP Stellen Sie jedoch eine Website auf, die über Telefonanwahl benutzt wird, wählen stattdessen den Eintrag für *Microsoft Internet Explorer 3.0, Netscape Navigator 4.0 und später*. Schalten Sie das Optionsfeld *Von diesen Browsern nicht unterstützte Features deaktivieren* aus. Das sehr vereinfachte Resultat – ohne Cascading Stylesheets, VML, DHTML oder Frames – wird ziemlich klein bleiben.

Schalten Sie *Neue Webseiten als Webarchive speichern* aus. Diese Option bündelt alle Dateien, die die Konvertierung eines Word-Dokuments in einer Webseite generiert, in einem komprimierten Archiv. Unter Umständen werden jedoch Hyperlinks nicht eingefügt. Deshalb schalten Sie sie aus.

Falls Sie jemandem ein Dokument in HTML-Format zustellen, aktivieren Sie diese Option! **TIPP**

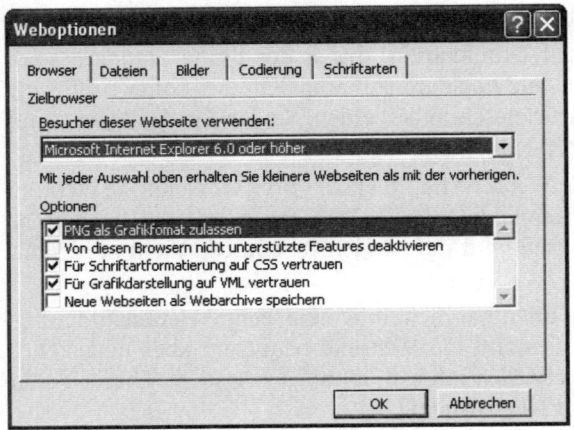

Abbildung 6.4:
Optimale Brow-
sereinstellungen
für die Erstel-
lung einer
Intranet-Website

Registerkarte *Dateien*

Aktivieren Sie das Kontrollkästchen *Hilfsdateien in einen Ordner speichern*. Front-Page liest jede Datei in einem Ordner, wenn es ihn öffnet. Diese Einstellung beschleunigt die Ausführung.

Die Kontrollkästchen für beide *Standard-Editor*-Optionen schalten Sie aus. Sonst wird Windows Word statt FrontPage öffnen wollen, wenn Sie auf eine Webseitendatei doppelklicken.

Registerkarte *Bilder*

Überlegen Sie die Bildschirmgröße sehr genau. In einer Großfirmenumgebung, wo die Benutzer 17 Zoll-Monitore mit einer Auflösung von 1.024 x 768 oder mehr haben, ist 800 x 600 die korrekte Einstellung. Für Arbeitsplätze mit 14 oder 15 Zoll-Monitoren wäre 640 x 480 besser geeignet, es ist jedoch fraglich, ob jemand unter diesen Umständen eine Webseite benutzen würde.

Die Wahl einer größeren Bildschirmgröße von 1.024 x 768 für diese Aufgabe würde die ganze Bildschirmfläche für die Anzeige in Anspruch nehmen; die Bilder geraten etwas zu groß. 1.600 x 1.200 würde den Kauf von entsprechenden Monitoren bedeuten.

Ein Wert von 96 ist eine gute Einstellung für *Pixels pro Zoll*, wenn alle Benutzer einen PC-Rechner haben. Falls ältere Macintosh-Hardware eingesetzt wird, wäre 72 besser (sieht auf einem PC aber eher scheußlich aus). 120 liefert auf neuen, modernen Monitoren ein ausgezeichnetes Resultat, aber solche sind in Großfirmen noch nicht verbreitet. Diese Einstellung liefert auch den besten Ausdruck; aber wenn das ein Hauptfaktor ist, müssten Sie die Frage stellen, ob das Projekt nicht besser im PDF-Format realisiert werden soll.

Registerkarte *Codierung*

Es stehen Ihnen einige Möglichkeiten unter *Dokument speichern als* zur Auswahl. Diese Einstellung ist sehr wichtig; wenn Sie hier die falsche Entscheidung fällen, werden die Webseiten unter Umständen die falschen Zeichen anzeigen. Wenn Sie unsicher sind, fragen Sie einen Experten, der Ihre Firma und die Bedürfnisse kennt.

○ Die meisten Webseiten werden mit der Einstellung *Westeuropäisch (Windows)* erstellt.

○ *Unicode (UTF-8)* ist meistens eine sehr gute Wahl; sowohl Windows- als auch Macintosh-Rechner können es in allen Sprachen und Zeichensätzen lesen. Es unterstützt den ganzen Unicode-Zeichensatz. Aber Browser der Versionen 3.0 und 4.0 können es nicht korrekt interpretieren.

○ Noch eine Möglichkeit wäre *Mitteleuropäisch (ISO)*, wenn Sie ältere Browser unterstützen müssen, da dort die meisten akzentuierten Zeichen vorhanden sind.

Auf jeden Fall sollten Sie die Option *Webseiten immer in der Standardcodierung speichern* aktivieren. Um die erste Einstellung vornehmen zu können, muss dieses Kontrollkästchen ausgeschaltet sein. Aber um die automatische Mengenverarbeitung von Webseiten zu beschleunigen, sollten Sie es danach aktivieren.

Registerkarte *Schriftarten*

Wählen Sie, wenn möglich, einen Unicode-Zeichensatz, wie *Mehrsprachig/Unicode/Anderer Zeichensatz*.

Standardmäßig schlägt Word als *Proportionalschriftart* »Times New Roman« vor. Sie eignet sich überhaupt nicht für das Lesen vom Text auf dem Bildschirm, da die kleinen Serifen den Text verschwommen aussehen lassen. Wählen Sie stattdessen eine Schriftart, die für diese Aufgabe entworfen wurde; »Verdana« ist keine schlechte Wahl. Falls der Benutzer »Verdana« nicht hat, wird der Browser den Systemstandard für »Sans-Serif« wählen.

TIPP ▌ Wenn Sie für Browser-Versionen 3 oder 4 entwickeln, wählen Sie »Arial«.

Sie müssen noch weitere Einstellungen unter *Extras/Optionen/Allgemein* vornehmen. Auf der Registerkarte *Allgemein*

○ *Konvertierungen beim Öffnen* ausschalten.

○ *Automatische Verknüpfungen beim Öffnen aktualisieren* muss eingeschaltet sein.

○ *Webseitendarstellung im Hintergrund möglich* darf nicht aktiviert sein.

Und unter der Registerkarte *Speichern* sind folgende Einstellungen wichtig:

○ *Sicherungskopie immer erstellen* verlangsamt die Ausführung. Wir empfehlen, diese Option dauerhaft auszuschalten.

○ *Schnellspeicherung zulassen* sollte niemals aktiviert werden.

○ *TrueType-Schriftarten einbetten* lassen Sie besser ausgeschaltet, sonst werden die Webseitendateien ungeheuer groß.

○ Wenn Sie *Smarttags einbetten* aktiviert haben, erhält unter Umständen die HTML-Version unbeabsichtigt vertrauliche Informationen.

○ Bei aktivierter Option *Anfrage für Dateieigenschaften* würde bei der Erstellung jede Datei die Verarbeitung anhalten; also ausschalten.

- *Sprachspezifischen Daten einbetten* brauchen wir auch nicht.
- *Features deaktivieren, die neuer als* könnte die HTML-Konvertierung beeinträchtigen; stellen Sie also sicher, dass diese Option nicht aktiviert ist.

In der Registerkarte *Kompatibilität* stellen Sie sicher, dass *Microsoft Word 2002* unter *Empfohlenen Optionen für* ausgewählt ist und dass keine Kontrollkästchen in der Liste aktiviert sind.

HINWEIS

Es wäre natürlich mühsam, sich jedes Mal durch alle Optionen zu arbeiten; die Gefahr, eine zu vergessen, besteht immer. Deshalb hilft ein Makro, das alle Einstellungen in einer INI-Datei festhält und dann die nötigen Einstellungen für die Aufgabe vornimmt. Wenn in Word wieder im »Nicht-Webmodus« gearbeitet werden soll, sorgt ein zweites Makro für die Wiederherstellung der ursprünglichen Optionen.

In der Beispieldatei *Bsp06_04.dot* auf der CD-ROM zum Buch finden Sie ein solches Makropaar. Die Datei befindet sich im Ordner *Buch**Kap06*.

Vergessen Sie aber nicht, alle übrigen Anwendungen zu schließen, sodass Word die maximale Speicherkapazität zur Verfügung steht. Lassen Sie Virenscanner und Firewalls aktiv. Wenn Sie einen Virus auf dem Intranet frei laufen lassen, haben Sie für diese Firma die letzte Website aufgeschaltet!

Die Dokumente vorbereiten

Word ist ziemlich belastbar, FrontPage jedoch weniger. Wenn die Seitenzahl 400 übersteigt, bereiten Sie sich vor, das Projekt in Unterwebseiten zu teilen. Sonst werden Sie minutenlang auf die Ausführung jedes Befehls warten. Führen Sie also die Arbeiten möglichst in Word aus.

FrontPage strapaziert die Festplatte; je schneller sie ist, desto besser wird die Arbeit vorangehen.

Querverweise und Hyperlinks sollten in Word als gültige Hyperlinks vorliegen. Falls die **.htm*-Dateien noch nicht vorhanden sind, erstellen Sie die Verknüpfungen zu den Dokumenten. Später kann mit *Suchen und Ersetzen* die **.doc*- in **.htm*-Endungen geändert werden, aber meistens ist Word klug genug, diese bei der Konvertierung zu HTML zu aktualisieren. Es wäre schlicht und einfach unmöglich, die Hyperlinks nachträglich in FrontPage zu erstellen.

Der Inhalt jeder Datei muss an die Anforderungen des elektronischen Formats angepasst werden:

- Kopieren Sie alle Quelldateien in einen einzigen Ordner, im Word 2002-Dateiformat.
- Entfernen Sie alle Abschnittswechsel, Seitenwechsel, leere Zeilen, leere Absätze und leere Seiten. Hier leistet *Suchen und Ersetzen* gute Dienste. Vor allem sollten am Schluss keine leeren Absätze vorhanden sein.
- Sie müssen auch alle Kopf- und Fußzeilen entfernen – sowohl den Text in der Kopf- und Fußzeilenansicht als auch die Einstellungen in *Datei/Seite einrichten/Layout*. Wenn Sie den Inhalt für notwendig erachten, verschieben Sie den Text in den Hauptteil des Dokuments.

Die Dokumente strukturieren

Jetzt muss die Dokumentstruktur angepasst werden. Die Konvertierung basiert auf Formatvorlagen, vor allem die Word-eigenen Überschriftenformatvorlagen. Der HTML-Filter erkennt sie und wandelt sie automatisch in die entsprechenden HTML-»H«-Tags um; alle übrigen werden dem Textkörper zugewiesen. Die Formatierung selber wird ersetzt, ausschlaggebend sind die Formatvorlagennamen.

TIPP Während dieses Verfahrens erwägen Sie, ob der Herstellungsprozess der ursprünglichen Dokumente nicht angepasst werden könnte, um es zu vereinfachen. Es ist denkbar, dass diese Publikation regelmäßig über die nächsten zehn Jahre aktualisiert wird. Falls Sie immer wieder den gleichen Fehler korrigieren müssen, gibt es vielleicht in der Grundstruktur der Dokumente eine Verbesserungsmöglichkeit, die Sie gleichzeitig vornehmen könnten.

Die Struktur wird durch die Gliederungsebenen der Überschriften bestimmt; *Überschrift 1* ist die höchste, *Überschrift 9* die tiefste.

Struktur-Richtlinien

Wir müssen auf drei Grundsätze besonders achten: Durchlaufende Schritte, keine leeren, mit einer Überschriftenformatvorlage formatierten Absätze und keine direkt aufeinander folgenden Überschriften.

Durchlaufende Schritte bedeutet, dass in absteigender Richtung keine Überschriftenebenen übersprungen werden dürfen. Von *Überschrift 1* auf *Überschrift 3* oder *Überschrift 2* auf *Überschrift 5* geht nicht. Nur schön der Reihe nach ...

Hier müssen Sie auf die Erzeugnisse nicht eingewiesener Autoren aufpassen, die sich der Formatvorlagen rein für die Formatierung und nicht für die Struktur bedienen. Da *Überschrift 7* beispielsweise schon definiert ist und den Text *Fett* formatiert, wird sie einfach genommen.

Keine leeren, mit einer Überschriftenformatvorlage formatierten Absätze, weil jeder im Resultat eine leere Webseite liefert!

 Die beste Übersicht gewinnen Sie in der Gliederungsansicht, wenn nur Gliederungsebenen eingeblendet sind; da springen sie einem regelrecht ins Auge. Suchen Sie die Minus-Zeichen, die neben einer leeren Absatzmarke stehen und löschen diese ruhig. Steht ein Plus-Zeichen neben einer leeren Absatzmarke, gibt es Text darunter. Diesen müssen Sie irgendwo einordnen; wahrscheinlich wurde die Überschrift irrtümlich gelöscht oder eingefügt.

Gleichzeitig sollten Sie die Überschriften von unerwünschten, zusätzlichen Leer- und Tab-Zeichen bereinigen. Diese werden Ihnen spätestens bei der automatischen Erstellung der Dateinamen Ärger bereiten und die Massenverarbeitung unmöglich machen. Im Übrigen erachtet Word – und daher der Konvertierfilter – aufeinanderfolgende Leerzeichen als signifikant und wandelt sie in HTML in geschützte Leerzeichen um, die nicht unterdrückt werden, wie es mit mehreren aufeinander folgenden Leerzeichen in HTML gewöhnlich geschieht.

Keine direkt aufeinander folgenden Überschriften, außer Sie wollen wirklich eine Webseite, die aus lediglich einer Überschrift und nichts anderem besteht. Solche Gebilde sind in technischem Material zu erwarten; seien Sie also darauf gefasst und korrigieren sie.

Diese sind in der Gliederungsansicht nur schwer zu erkennen; die Normal- oder Seitenlayoutansicht eignet sich hierfür besser.

Meistens genügt es, die zwei Überschriften zu »verschmelzen«. Passen Sie auf die Gliederungsebene auf!

Inhalt, der sich nicht konvertieren lässt

Es gibt Formatierungen und Layouts, die sich in HTML nicht oder nur unzureichend konvertieren lassen. Diese müssen angepasst oder entfernt werden.

Grafische Elemente

- Graduelle Schattierungen entfernen; sie sehen online nicht besonders gut aus.
- Farben wirken auf Webseiten besser als Graustufen.
- Linienzeichnungen mit feinen Linien müssen unter Umständen überarbeitet werden, da sehr feine Linien nicht sichtbar sein werden.
- Grafische Elemente, die mit Textfluss formatiert sind, müssen anders in das Layout eingefügt werden. Meistens ist eine Tabelle am besten geeignet, den gleichen Effekt zu erzielen. Elemente, die links- oder rechtsbündig mit dem Text formatiert sind, behalten diese Positionierung bei.

TIPP

Falls die grafischen Elemente beschriftet sind, ist es vorteilhaft, sie in Positionsrahmen, zusammen mit der Beschriftung und bündig zum linken oder rechten Rand zu positionieren. Somit bleiben Grafik und Beschriftung beieinander, mit einer Textflussformatierung. Falls die Beschriftung über mehrere Zeilen umbricht, geben Sie am Ende jeder Zeile einen festen Zeilenwechsel ein (Umschalt+Eingabe). Bei der Umwandlung fallen die seitlichen Begrenzungen des Positionsrahmens weg.

Referenzen und Beschreibungen

- Das Inhaltsverzeichnis kopieren, als »nur Text« in ein anderes Dokument einfügen und dieses speichern.
- Alle Inhaltsverzeichnisse, Indexe und übriges einleitendes Material wie das Deckblatt entfernen; sie werden online nicht benötigt.
- Feldfunktionen in gewöhnlichen Text umwandeln.
- Einleitende Beschreibungstexte für Kapitel und Abschnitte löschen, wie etwa »Dieses Kapitel erläutert…«
- Referenzen wie »oben«, »unten« und »auf der nächsten Seite« in Hyperlinks umwandeln; sie sind in einem Webkontext bedeutungslos.
- Anweisungen und Ermahnungen müssen online nicht wiederholt werden. Sagen Sie es einmal und fügen Sie ansonsten Hyperlinks zu dieser Stelle ein. Diese Bearbeitung ist nicht zwingend, haben Sie jedoch Zeit dazu, wird das Resultat besser gefallen.

Wenn es Ihre Zeit erlaubt, überfliegen Sie abschließend nochmals den Text, wobei die verborgenen Zeichen sichtbar sein sollten. Korrigieren Sie alle auffallenden Abweichungen.

TIPP Für einige dieser Aufgaben lohnt es sich, Makros zu erstellen, die wiederkehrende Aufgaben automatisieren. In der Beispieldatei *Bsp06_04.dot* auf der Buch-CD finden Sie eines, das John einsetzt, um Inhaltsverzeichnisse und Seitenumbrüche aus einem Dokument zu entfernen sowie eines, das Cindy entwickelt hat, um Positionsrahmen rechtsbündig zu positionieren und Zeilenschaltungen in mehrzeilige Beschriftungen einzufügen. Die Datei befindet sich im Ordner *\Buch\Kap06*.

Als Website speichern

Das Dokument wird jetzt in mehrere **.htm*-Dateien aufgeteilt, jede mit möglichst nur einer Bildschirmseite Text. Es spielt keine Rolle, ob die Publikation insgesamt in einem oder mehreren Dokumenten vorliegt, die Vorgehensweise ist gleich; sie muss lediglich für mehrere Dokumente mehrmals ausgeführt werden.

Das Dokument wird in Word geöffnet und mit der Zentral-/Filialdokument-Funktionalität auseinander genommen; dies stützt sich auf den in ▶ Kapitel 5 beschriebenen Vorgang, um ein großes Dokument zu unterteilen. Aber zuerst muss es im HTML-Format gespeichert werden. Wenn Sie dies nicht tun, wird Word jedes Filialdokument im Word-Dokumentformat speichern und Sie müssten diese nachträglich im HTML-Format speichern.

Das Dokument aufteilen

Das Zentraldokument wirkt hier nur als Behälter; es wird nicht Teil der Webseite sein. Um die **.htm*-Seiten zu erstellen, gehen Sie wie folgt vor:

- Als Webseite (HTML-Format) über die Befehlsfolge *Datei/Als Webseite speichern* speichern. Akzeptieren Sie den von Word vorgeschlagenen Dateinamen. Falls Word Sie fragt, ob Sie unter einem anderen Dateinamen speichern möchten, antworten Sie mit »Ja«. Dies kommt vor, wenn Word merkt, dass das Dokument schon in einem anderen Dateiformat vorliegt und wissen will, ob die **.doc*-Endung beizubehalten ist. Das wollen wir nicht; Word soll es mit der **.htm*-Endung speichern.

HINWEIS Wenn Sie mit dem HTML-Filter schon vertraut sind, kennen Sie den Menübefehl *Compact HTML* schon. Setzen Sie ihn **noch nicht** ein. Im Moment brauchen wir noch das XML-Format, um das Ergebnis in Word zu bearbeiten.

- Verschieben Sie das Dokument in einen anderen Ordner. Falls Sie mit dem Endergebnis nicht zufrieden sind, können Sie darauf zurückkommen.
- Öffnen Sie die soeben erstellte HTML-Datei in der Gliederungsansicht.
- Zeigen Sie alle Überschriften bis zur Ebene 7 an und stellen Sie sicher, dass der Zentraldokumentteil der *Gliederung*-Symbolleiste eingeblendet ist.
- Markieren Sie vom ersten mit *Überschrift 1* formatierten Absatz bis zum Dokumentende (Umschalt-Taste festhalten und Strg+Ende drücken.)
- Klicken Sie die Schaltfläche *Unterdokument erstellen* an.
- Wie üblich, wird für jede *Überschrift 1* ein Filialdokument erstellt – eine neue Webseite.

WICHTIG Sie sollten die von Word eingefügten Abschnittswechsel nicht ändern.

- Markieren Sie der Reihe nach, innerhalb jedes *Überschrift 1*-Abschnitts, den Text von der ersten bis zur letzten *Überschrift 2*. Führen Sie *Unterdokument erstellen* nochmals aus.

- Markieren Sie der Reihe nach, innerhalb jedes *Überschrift 2*-Abschnitts, den Text von der ersten bis zur letzten *Überschrift 3*. Führen Sie *Unterdokument erstellen* nochmals aus.

- Um die Unterteilung am Dokumentende erfolgreich durchzuführen, gibt es einen kleinen Trick: Sie müssen den gesamten Text einblenden, sodass die Markierung innerhalb des letzten Abschnittswechsels bleibt. Nur dann kann Word das Filialdokument erstellen.

- Jetzt werden alle Filialdokumente als unabhängige HTML-Dateien gespeichert. Halten Sie die Umschalt-Taste gedrückt, öffnen Sie das *Datei*-Menü aufklappen und wählen Sie den Eintrag *Alle speichern*.

Während des Speichervorgangs vergibt Word den einzelnen Dateien als Namen den Inhalt der ersten Zeile (die Überschrift also). Hyperlinks werden zu allen Filialdokumenten erstellt. Grafische Objekte werden extrahiert und in einem webkompatiblen Format in einem Unterordner, zusammen mit anderen Zusatzdateien, gespeichert.

Das Stylesheet exportieren

Bevor die HTML-Dateien vom XML bereinigt werden können, muss ein Cascading Stylesheet (CSS) erstellt werden.

- Öffnen Sie eines der zu publizierenden Word-Dokumente (nicht eine der HTML-Dateien, wir brauchen alle die Formatvorlagen, nicht nur diejenigen, die im Dokument bei der Erstellung der HTML-Datei verwendet wurden).

- Führen Sie über die Befehlsfolge *Datei/Export To/CSS Style Sheet* diesen Schritt aus; weisen Sie der Datei einen aussagekräftigen Namen zu.

HINWEIS

Der Menüeintrag stammt von der *MSFilter.dot*-Vorlage und ist nicht fester Bestandteil von Word. Falls Word bei diesem Vorgang abstürzt, steht ihm zu wenig Speicher zur Verfügung; probieren Sie es mit einer kleineren Datei. Word erstellt eine CSS-Datei mit den Definitionen jeder Formatvorlage, die im Dokument benutzt wurden. Eine CSS-Datei ist eine reine Text-Datei, die vom Windows-Editor geöffnet werden kann.

- Weisen Sie nun die CSS dem HTML-Zentraldokument zu. Die Schritte finden Sie in der Word-Hilfe unter »Anfügen von Cascading Style Sheets«.

- Speichern Sie das Zentraldokument.

Das HTML-Ergebnis bereinigen

Eigentlich müssten Sie das XML nicht aus den Dateien entfernen. Falls die Benutzer die Seiten in Word 2002 bearbeiten und wenn sie im Intranet auf einem schellen LAN geöffnet werden, können Sie diesen Schritt überspringen.

Ist Geschwindigkeit jedoch ein Faktor, soll die Größe der Seiten möglichst verringert werden. Dies wäre der Fall, wenn die Website im Internet oder über Telefonanwahl benutzt wird.

TIPP

John führt diesen Schritt erst dann aus, wenn der Inhalt der Webseite gut geheißen wurde.

Es gibt drei Methoden, die Dateien von XML zu bereinigen:

- Über den Menüpunkt *Datei/Export/Compact HTML*
- Im Dialogfeld der Anwendung *HTML-Filter 2.1*
- *HTML-Filter 2.1* mit Stapeldatei ausführen

Dieser Schritt kann nach Import der Webseiten in FrontPage ausgeführt werden, jedoch findet John es sicherer, ihn vorher zu tun. Man weiß eben nie ...

Mit Compact HTML exportieren

Diese Methode ist am einfachsten und ergibt die kleinsten Dateien. Sie haben jedoch keine Kontrolle darüber, was wie konvertiert oder entfernt wird; Funktionalität könnte verloren gehen. Testen Sie also mit einer oder zwei Dateien und schauen sich das Resultat im Browser an.

Wenn alles in Ordnung ist, wiederholen Sie den letzten Schritt und speichern Sie das Zentraldokument nochmals mit *Alles speichern*.

HINWEIS Da es nicht möglich ist, die entstehenden Dokumente nachher in Word zu bearbeiten, wird Word zuerst alle Dokument im **.doc*-Dateiformat absichern.

Das Dialogfeld der Anwendung HTML-Filter 2.1 benutzen

 Starten Sie die Anwendung *Microsoft Office HTML-Filter 2.1*. Sie sehen das Dialogfeld in Abbildung 6.5.

HINWEIS Wenn der Windows Installer die Anwendung installiert hat, steht sie unter *Start/Programme/Microsoft Office Tools*; sonst finden Sie sie dort, wo Sie die *MSFilter.exe*-Datei hinkopiert haben.

Abbildung 6.5:
Das Haupt-
dialogfeld der
HTML-Filter-
Anwendung

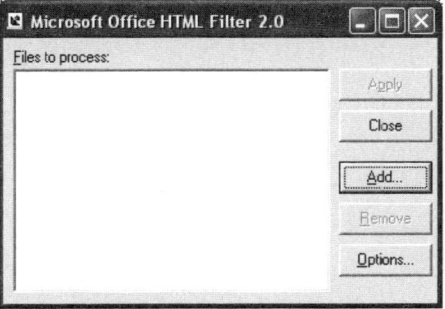

Sie benutzen die Anwendung wie folgt:

1. Klicken Sie auf die Schaltfläche *Add*.
2. Suchen Sie den Ordner, in dem die HTML-Dateien gespeichert sind.
3. Wählen Sie diese alle aus und klicken dann auf *Open*.
4. Klicken Sie nun die Schaltfläche *Options* an, um das Dialogfeld in Abbildung 6.6 einzublenden.
5. Dort klicken Sie auf *Apply*, um den Vorgang mit den gewählten Optionen auszuführen.

Wenn HTML-Filter 2.1 vom eigenen Dialogfeld aus arbeitet, kann es nur um die 40 Dateien auf einmal bearbeiten und unterstützt Unterordner nicht.

Ein Buch, für das John ein Firmen-Intraweb erstellt, besteht aus vierhundert bis achthundert HTML-Dateien. Für einen solchen Umfang eignet sich der HTML-Filter-Stapelmodus besser.

Das HTML-Filter im Stapelmodus

Ein Skript für die Ausführung vom HTML-Filter im Stapelmodus sieht wie Listing 6.8 aus. Es wird zum Ordner *FeldSeiten* auf Laufwerk D: gewechselt. Der HTML-Filter bearbeitet jede **.htm*-Datei in diesem und seinen Unterordnern mit den angegebenen Optionen.

```
D:
cd "D:\FeldSeiten"
FOR /R %%i IN (*.htm) DO filter -bflmstv "%%i"
```

Listing 6.8:
Skript für eine
HTML-Filter
*.bat-Datei

Geben Sie ein solches Skript in eine Textdatei ein und speichern Sie diese mit der Endung **.bat*. Sie wird per Doppelklick ausgeführt. Falls Sie einen schnellen Rechner haben, werden um die 800 Dateien innerhalb einer Minute bearbeitet.

Die Konvertieroptionen

Die Optionen, die im Dialogfeld oder einer Stapeldatei festgelegt werden können, werden im Dokument »Verwenden von Office HTML Filter an der Eingabeaufforderung« beschrieben, das momentan unter *http://office.microsoft.com/germany/Assistance/2000/wDosPeeler.aspx* zu finden ist.

Wir stellen das Dokument auch auf der Buch-CD im Ordner *\Buch\Kap06\HTML* zur Verfügung, da Artikel über ältere Technologien immer wieder anders eingeordnet werden oder sogar von den Microsoft Webseiten verschwinden. Die Informationen zu den Optionen an der Eingabeaufforderung finden Sie ebenfalls in diesem Dokument.

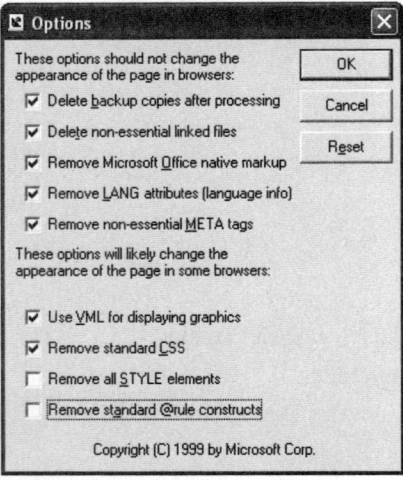

Abbildung 6.6:
Die Optionen für
eine minimale
Dateigröße mit
optimaler Funk-
tionalität

Sie können die Hilfe zum Filter und den Optionen über der Kommandozeile einsehen, wenn Sie `filter -?` eingeben.

TIPP

In FrontPage importieren

Sobald alle *.htm-Dateien bereit liegen, können sie in FrontPage importiert werden. Uns fehlt der Platz, diesen Vorgang Schritt für Schritt zu beschreiben; dieses Buch behandelt schließlich Microsoft Word. Wir stellen jedoch einige Tipps für das Gelingen dieser Aufgabe vor.

Den Ordner importieren

Ein erneutes Publishing des Buchs geht am einfachsten, wenn alle Dateien in einen einzigen Unterordner der Webseite importiert werden. Dann kann man in FrontPage diesen Ordner später einfach löschen und neu importieren, wenn das Werk aktualisiert wird.

Wechseln Sie in die *Ordner*-Ansicht und wählen Sie dann *Importieren* aus dem Menü *Datei*. Den Ordner mit den *.htm-Dateien wählen, und FrontPage importiert ihn zusammen mit allen Unterordnern. Passen Sie auf, dass die Struktur und Beziehungen unter den Unterordnern und Dateien nicht geändert werden, da diese Unterordner alle grafischen Dateien enthalten. Da sie Namen wie *img001.gif* und *img002.gif* tragen, wird es eine Sache der Unmöglichkeit, alle wieder korrekt einzubinden, wenn sie durcheinander geraten.

Cascading Stylesheets

Um ein Stylesheet anzufügen, wechseln Sie in FrontPage in die *Ordner*-Ansicht, öffnen den Ordner mit den importierten HTML-Dateien und binden das Stylesheet über *Format/Links zu Stylesheet* ein.

Weisen Sie dem Projekt kein Design zu. Wenn Sie das machen, heben Sie das Stylesheet auf und ihre Formatierung geht verloren. John empfindet Designs mehr als Mühe denn als Hilfe.

Navigationsstruktur

Die Navigationsstruktur muss manuell aufgebaut werden. Zwei Methoden stellen die Navigationssymbolleisten und Frameseiten oder die *Navigation*-Ansicht von FrontPage dar.

Falls Sie die *Navigation*-Ansicht verwenden, wird die Struktur in einem verborgenem FrontPage-Unterordner gespeichert und besteht auch nach Entfernung und Ersetzen der *htm-Dateien weiter. Andererseits ist die Erstellung der Navigationsstruktur eines großen Buches recht zeitaufwendig. John zieht den Aufbau in der Word-Umgebung vor, wo *Suchen und Ersetzen* mit Platzhalterzeichen sehr leistungsfähig ist (▶ Kapitel 7) und Makros sowie andere Bearbeitungsmöglichkeiten vorhanden sind.

Zugegeben, wo Sie diese Aufgabe erledigen, ist Geschmacksache. Wir erlauben uns jedoch die Bemerkung, dass FrontPage sich für einzelne Webseiten hervorragend eignet, aber extrem langsam bei der Bearbeitung einer großen wird. Alles, was Sie suchen und ersetzen wollen, sollte in Word gemacht werden, vor der Konvertierung.

Speichern Sie die Navigationsstruktur, Indexseiten, Frameseiten usw. in »the root of the web« (root = beispielsweise direkt auf dem Laufwerk, nicht in einem (Unter)Ordner). John verschiebt am liebsten auch das Stylesheet hierher, da er es bei einer Aktualisierung der Dateien nicht ersetzen will.

---

7 Suchen und Ersetzen

Das Dialogfeld *Suchen und Ersetzen* von Word ist eines der nützlichsten der gesamten Anwendung. Die meisten Benutzer entdecken jedoch nie, wozu es fähig ist. Warum? Weil sie häufig nicht wissen, dass es mehr kann, als nur eine Zeichenkette zu finden und diese, wenn erwünscht, durch eine andere zu ersetzen. Sie nehmen sich nicht die Zeit, seine Optionen näher zu betrachten und verpassen die vielen zusätzlichen Möglichkeiten, die es ihnen bietet.

In diesem Teil werden wir die erweiterten Fähigkeiten von *Suchen und Ersetzen* erforschen und einige alltägliche Aufgaben vorstellen, die Stunden manueller Bearbeitung beanspruchen würden, die diese Funktionalität aber fast im Handumdrehen erledigt. Während unserer Entdeckungsreise werden wir auch die Grenzen ausloten und einige Bugs entdecken. Am Schluss werden Sie sehen, wie Sie diese Fähigkeiten in Ihren VBA-Code einbinden.

HINWEIS An dieser Stelle bedanken wir uns bei unseren MVP Kollegen Bill Coan und Klaus Linke, die uns freundlicherweise die Resultate ihrer Forschungen zu den erweiterten Fähigkeiten von *Suchen und Ersetzen* zur Verfügung gestellt haben. Der Text und Makrocode in diesem Kapitel stammen von ihnen.

Einfache und fortgeschrittene Methoden

Bevor wir uns das Dialogfeld *Suchen und Ersetzen* ansehen, um seine Geheimnisse offen zu legen, fragen Sie sich bitte, ob Sie jemals Aufgaben wie die folgenden ausführen mussten:

- Ein bestimmtes Zeichen, Wort oder einen Ausdruck finden, wo immer es im Dokument steht.
- Ein Zeichen, ein Wort oder einen Ausdruck löschen, wo immer es sich im Dokument befindet.

o Ein Zeichen, ein Wort oder einen Ausdruck mit einem anderen Zeichen, Wort oder Ausdruck ersetzen, wo immer es sich im Dokument befindet.

Kommen Ihnen diese Aufgaben allzu bekannt vor, um in die Kategorie »fortgeschrittene Methoden« zu fallen? Bevor Sie antworten, denken Sie über die folgende Liste anspruchsvollerer Aufgaben nach:

o Text vor und/oder nach einem bestimmten Zeichen, Wort oder Ausdruck einfügen, wo immer dieses im Dokument vorkommt.

o Die Groß- bzw. Kleinschreibung eines Zeichens, Wortes oder Ausdrucks ändern, wo immer es im Dokument steht.

o Ein Zeichen, ein Wort oder einen Ausdruck umformatieren, wo immer es sich im Dokument befindet.

o Textblöcke umstellen, wo immer sie im Dokument erscheinen.

Stehen diese Aufgaben im Bereich »fortgeschrittene Methoden«? Warten Sie noch einen Moment, während Sie weitere Unterfangen mit *Suchen und Ersetzen* in Betracht ziehen:

o Ein beliebiges Zeichen aus einer vorgegebenen Liste finden.

o Ein beliebiges Zeichen suchen, das nicht Bestandteil einer vorgegebenen Liste ist.

o Ein beliebiges Zeichen oder Ausdruck finden, das ein- oder mehrmals in Folge vorkommt.

o Eine Zeichenkette beliebiger/bestimmter Länge suchen.

o Jedes Vorkommen eines Zeichens oder Ausdrucks finden, falls es am Anfang oder am Ende eines Wortes steht.

o Ein beliebiges Zeichen, Wort oder einen Ausdruck finden, aber nur dann, wenn es vor oder nach einem bestimmten Zeichen, Wort oder Ausdruck steht.

o Ein beliebiges Zeichen, Wort oder einen Ausdruck mit einer bestimmten Formatierung finden.

Welche dieser Punkte liegen im Bereich der »fortgeschrittenen Methoden«? Die Antwort, zumindest auf einer technischen Ebene, lautet: Keine davon. Letztlich kann jeder dieser Prozesse schnell und einfach mit Hilfe des *Suchen und Ersetzen*-Dialogfelds ausgeführt werden, wie Sie im Laufe der Diskussion sehen werden. Das Aneignen des dazu notwendigen Wissens ist eine Sache von Minuten.

Fortgeschrittene Methoden im engeren Sinn umfassen Kombinationen der oben genannten Prozesse (unter anderem), um Ihr Dokument vom jetzigen in den gewünschten Zustand umzuwandeln. Falls dies alles Ihnen etwas vage vorkommt, entspannen Sie sich und lesen Sie einfach weiter. Die zahl- und hilfreichen Tipps in diesem Kapitel werden viele Fragen aufklären. Fangen wir mit einer detaillierten Betrachtung des Dialogfelds *Suchen und Ersetzen* an, um zu sehen, was es ermöglicht.

Das Dialogfeld *Suchen und Ersetzen*

Das Erste, was auffällt, ist, dass dieses Dialogfeld drei Registerkarten aufweist: *Suchen*, *Ersetzen* und *Gehe zu*. Es kann über die entsprechenden Menüpunkte im Menü *Bearbeiten* eingeblendet werden. Je nach Menüpunkt steht eine der drei Registerkarten vorn, Sie können aber selbstverständlich mühelos auf eine andere wechseln. Wir werden in diesem Teil nur die Registerkarten *Suchen* und *Ersetzen* behandeln.

Bei jedem Neustart von Word erscheint das Dialogfeld das erste Mal in seiner einfachen Form; die meisten Optionen sind verborgen. Um die volle Funktionalität zur Verfügung zu stellen, müssen Sie die Schaltfläche *Erweitern* betätigen. Diese ändert ihre Beschriftung in *Reduzieren*, wie in Abbildung 7.1 zu sehen. Beim erneuten Anklicken der Schaltfläche wird der ursprüngliche Zustand wieder hergestellt. Word speichert diese Einstellung während der laufenden Sitzung.

Abbildung 7.1:
Das erweiterte
Dialogfeld
Suchen und
Ersetzen *ermöglicht ungeahnte*
Lösungen

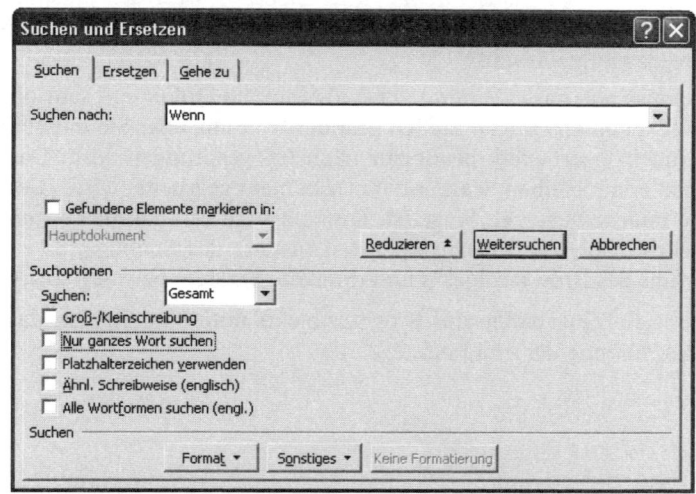

TIPP Für diejenigen, die oft mit der vollen Funktionalität von *Suchen und Ersetzen* arbeiten, ist es lästig, am Anfang jeder Word-Sitzung das Dialogfeld erweitern zu müssen. Es gibt leider keine ideale Lösung für dieses Anliegen, aber es ist immerhin möglich, die Umgebung mit einem AutoExec-Makro beim Starten von Word voreinzustellen. Das Makro hat aber einige Schönheitsfehler. Erstens muss das Dialogfeld kurz auf dem Bildschirm eingeblendet werden, um mit Sendkeys einen Tastaturbefehl, der die Schaltfläche *Erweitern* betätigt, auszuführen. Zweitens muss bereits ein Dokument geladen sein, um das Dialogfeld überhaupt einblenden zu können. Das übernimmt das Makro auch ohne weiteres, aber das neue Dokument verhält sich ein wenig anders als sonst: Es wird nicht automatisch geschlossen, wenn Sie anstatt in dieses Dokument Text einzugeben, ein anderes, vorhandenes Dokument öffnen.

Listing 7.1:
Bei jedem Word-
Start das Dialog-
feld Suchen und
Ersetzen
erweitern

```
Sub AutoExec()
    Documents.Add
    Application.ScreenUpdating = False
    SendKeys "%r{Esc}"
    On Error Resume Next
    Application.Dialogs(wdDialogEditFind).Display 0
End Sub
```

Den Code aus Listing 7.1 finden Sie auf der Buch CD im Ordner *Buch**Kap07*. Die Datei heißt *List07_01.bas*.

Bevor wir uns die erweiterten Optionen anschauen, machen wir einen kurzen Abstecher, um eine etwas verwirrende, aber durchaus nützliche Folge einer erfolgreichen Suchaktion zu erklären. Plötzlich springen die Tastenkombinationen Strg+Bild ab und Strg+Bild auf nicht mehr die nächste bzw. vorherige Seite an und die kleinen Doppelpfeile unter der vertikalen Laufleiste sind blau statt schwarz gefärbt. Das liegt am *Browserobjekt*, das in Word 97 neu eingeführt wurde.

Wenn Sie auf das Bällchen zwischen den Doppelpfeilen klicken, blendet Word eine Liste der gültigen Objekttypen (Abschnitt, Grafik, Kommentar, Fußnote, Endnote, Feldfunktion, Tabelle und Überschrift) zur Auswahl ein. Nach einer Operation in einer der Registerkarten des Dialogfelds *Suchen und Ersetzen* wird der entsprechende Objekttyp automatisch ausgewählt, sodass Strg+Bild ab die nächste Instanz anspringt. Wie kann uns das nützlich sein?

Es fällt Ihnen beispielsweise auf, dass Sie den Begriff »Wenn« im Dokument sehr oft verwendet haben. Der Text soll an einigen Stellen geändert werden, aber Sie müssen natürlich jede Stelle einzeln bearbeiten, bevor zur nächsten gesprungen wird. Das Dialogfeld könnte eingeblendet bleiben, während im Dokument gearbeitet wird. Dies ist jedoch lästig, da es immer wieder im Wege ist. Deshalb wird es nach der ersten erfolgreichen Suche geschlossen und um zur nächsten Instanz des Suchbegriffs zu springen, bedienen wir uns des Browserobjekts und drücken Strg+Bild ab bzw. Strg+Bild auf.

Suchen ohne Dialogfeld

Wollen Sie das automatische Einschalten des Browserobjekts unterbinden, geht das mit einem kleinen Makro für jede der drei Registerkarten.

TIPP

```
Sub EditFind()
'BearbeitenSuchen
    Application.Dialogs(wdDialogEditFind).Show
    Application.Browser.Target = wdBrowsePage
End Sub

Sub EditReplace()
'BearbeitenErsetzen
    Application.Dialogs(wdDialogEditReplace).Show
    Application.Browser.Target = wdBrowsePage
End Sub

Sub EditGoTo()
'BearbeitenGeheZu
    Application.Dialogs(wdDialogEditGoTo).Show
    Application.Browser.Target = wdBrowsePage
End Sub
```

Listing 7.2:
Automatisches Einschalten des Browserobjekts verhindern

Den Code aus Listing 7.2 finden Sie auf der Buch CD im Ordner *Buch**Kap07*. Die Datei heißt *List07_02.bas*.

Gewöhnlichen Text suchen

Offensichtlich bereitet das Dialogfeld *Suchen und Ersetzen* dem Benutzer keine Probleme, wenn es um einfache Aufgaben geht. Die Anwendung ist durchaus transparent und intuitiv: Man gibt den zu suchenden Text in das Kombinationsfeld *Suchen nach* ein und betätigt die Schaltfläche *Weitersuchen*. Wir können aber weit mehr mit diesem Textfeld anstellen.

HINWEIS Das Textfeld *Suchen nach* akzeptiert maximal 255 Zeichen.

Word schlägt den zu suchenden Text vor

Seit Word 2000 übernimmt das Kombinationsfeld *Suchen nach* den im Dokument markierten Text, sofern die Markierung aus einem Wort oder mehreren zusammenhängenden Zeichen besteht. Enthält sie mehrere Wörter, schlägt das Feld hingegen den Text der zuletzt ausgeführten Suche vor (oder falls während der laufenden Word-Sitzung noch keine Suche ausgeführt wurde, gar nichts).

Lästig ist dieses Verhalten keinesfalls, denn der Vorschlag ist markiert, sodass Sie mühelos an dessen Stelle eine andere Zeichenfolge eingeben können. Word speichert noch zusätzlich die sieben zuletzt ausgeführten Suchtexte in der Dropdownliste. Um einen davon wieder einzusetzen, wählen Sie einfach den Eintrag aus der Liste.

HINWEIS Das Kombinationsfeld *Suchen nach* übernimmt verborgene Zeichen nur, wenn verborgener Text im Dokumentfenster eingeblendet ist. Diese Option steht unter *Extras/Optionen/Ansicht* zur Verfügung.

WICHTIG Manchmal werden Sonderzeichen/Symbole im Dialogfeld nicht beziehungsweise nur als Kästchen dargestellt. Mehr über dieses Problem und mögliche Lösungen finden Sie im ▶ Abschnitt »Symbole suchen« später in diesem Kapitel.

Den Suchbegriff über die Zwischenablage einfügen

Möglich ist es auch, im Dokument Text zu markieren, zu kopieren und in das Feld *Suchen nach* über die Tastaturfolge Strg+V einzufügen. Es gibt jedoch einige Beschränkungen, die verwirrende Resultate verursachen, wenn man damit nicht vertraut ist.

- Sie können weder eine Grafik, eine Absatzmarke, eine Zeilenschaltung, einen Seitenwechsel noch einen Abschnittswechsel einfügen (dafür sind die ASCII-Werte oder spezielle Word-Codes in Tabelle 7.2 notwendig).

- Falls der kopierte Text ungültige Zeichen enthält, fügt Word nur den Text bis zum ersten ungültigen Zeichen ein.

- Word 2000 fügt keine Symbole aus dem Dialogfeld *Einfügen/Symbol* in das Feld *Suchen nach* ein. Seltsamerweise haben Word 97 und Word 2002 hiermit keine Schwierigkeiten. Im ▶ Abschnitt »Symbole suchen« im weiteren Verlauf dieses Kapitels finden Sie mehr zu diesem Thema.

- Das Dialogfeld *Suchen und Ersetzen* verwendet eine Systemschriftart, die nicht alle Unicode-Zeichen wiedergeben kann. Enthält der kopierte Text ein solches Zeichen, erscheint es im Feld *Suchen nach* als ein leeres Quadrat. Lassen Sie sich dadurch nicht stören: Word erkennt, wofür es steht und wird das korrekte Zeichen (sofern im Dokument vorhanden) dennoch finden.

- Word lässt kopierte Zeichen, die als *Ausgeblendet* (Verborgen) formatiert sind, fallen. Sie werden nicht in das Feld *Suchen nach* eingefügt, auch wenn im Dokumentfenster verborgener Text sichtbar ist.

Zeichen mit numerischen Codes bestimmen

Sie dürfen Zeichen nicht nur über die alphanumerische Tastatur, sondern bei eingeschalteter Num-Taste auch über den numerischen Tastaturblock eingeben. Halten Sie dazu die Alt-Taste fest und geben den entsprechenden numerischen ASCII-, ANSI- oder Unicode ein. Einige Beispiele sind in Tabelle 7.1 aufgeführt.

Zeichen	Zeichencode	Tastaturfolge	direkte Eingabe
A	65 (ANSI, ASCII und Unicode)	Alt+6, 5	^65
a	97 (ANSI, ASCII und Unicode)	Alt+9, 7	^97
¶	0182 (ANSI und Unicode) (182 ergibt das ASCII Zeichen Å)	Alt+0, 1, 8, 2	^0182
ø	0248 (ANSI und Unicode) (248 ergibt das ASCII Zeichen)	Alt+0, 2, 4, 8	^0248
€	8364 (Unicode)	Alt+8, 3, 6, 4	^u8364
°	730 (Unicode)	Alt+7, 3, 0	^u730

Tabelle 7.1: Zeichen über ihren numerischen Wert bestimmen. Dies ist vor allem nützlich für Symbole, die nicht auf der Tastatur vorhanden sind.

HINWEIS

ASCII stammt aus den frühesten Rechner-Tagen und hat einen Satz von 128 Zeichen, die in allen Sprachen gleich sind. MS DOS-Zeichensätze basierten darauf und erweiterten den Zeichensatzsatz um nochmals 128 Zeichen, die sich je nach Codepage (Sprache) unterscheiden. ANSI ist ein anderer Zeichensatz, der von Windows eingesetzt wurde. Die ersten 128 Zeichen stimmen mit den ASCII-Zeichen überein, die weiteren 128 Zeichen variieren je nach ausgewählter Sprache und unterscheiden sich von den ASCII-Zeichen des gleichen Werts (siehe drittes und viertes Beispiel in Tabelle 7.1). Unicode soll das Zeichen-Wirrwarr entflechten, indem es genügend Zeichen (256x256 = 65.536) zur Verfügung stellt. Die ersten 256 sind die gleichen wie beim ANSI-Zeichensatz *Latein-1* (der in Nordamerika und Westeuropa allgemein im Gebrauch ist). Wenn Sie Word 2000 oder Word 2002 haben, können Sie die in der jeweiligen Schrift vorhandenen Unicode-Zeichen im Dialogfeld *Einfügen/Symbol* einsehen. Je nach Schriftart kann dies stark variieren.

Eine alternative Methode ist, ein Caret-Zeichen ^ gefolgt vom Zeichencode in das Feld *Suchen nach* einzugeben, wie in der letzten Spalte der Tabelle 7.1 aufgeführt. Wie bei der Eingabe über den numerischen Tastaturblock werden bei Werten im Bereich 128 bis 255 zwischen ASCII- und ANSI-Zeichensätzen unterschieden. Um ausdrücklich ein ANSI-Zeichen zu bestimmen, muss der Wert **vierstellig** sein; eine Null (0) steht also einem dreistelligen Zeichencode voran. Um ein Unicode-Zeichen festzulegen, geben Sie ein »u« zwischen Caret-Zeichen und Zeichenwert ein. Wenn Sie das »u« vergessen, erscheint keine Fehlermeldung, Word findet einfach keine passende Textstelle oder sogar eine falsche. Der eingetippte Wert wird modulo 256 genommen, sodass beispielsweise ^288 ein Leerzeichen findet (288=256+32).

TIPP

Der numerische Zeichencode eines Zeichens oder Symbols steht im Dialogfeld *Symbol* oder in der Windows-Anwendung »Zeichentabelle« (*Zubehör/Systemprogramme*) bereit. Unicode-Zeichencodes werden hier allerdings als Hexadezimalwerte angegeben. Um diese im Dialogfeld *Suchen und Ersetzen* zu verwenden, müssen Sie den Hexwert in einen Dezimalwert umwandeln. In Word 2002 geben Sie den Hexwert in das *Suchen nach*-Feld ein und drücken Alt+X, um ihn mit dem Zeichen zu ersetzen. Oder Sie ermitteln den Dezimalwert mit dem Windows-»Rechner« in der Ansicht *Wissenschaftlich*.

Der Eintrag des *Suchen nach*-Feldes darf eine Mischung von alphanumerischen Zeichen und ASCII-/ANSI-/Unicode-Zeichencodes enthalten. Beispielsweise sind die Begriffe »Café«, »Caf^0233«, »Caf^130« und »Caf^u233« gleichwertig.

Formatierungs-codes
Obwohl die Zeichencodes 0 bis 128 den Basissatz der Zeichencodes bilden, stehen eigentlich nur ab Zeichencode 32 druckbare Zeichen zur Verfügung. Die Werte 0 bis 31 werden von Anwendungen für nicht druckbare Formatierungscodes – so genannte Escape-Codes – verwendet. Was uns zum nächsten Teil bringt.

Word-Suchoperatoren finden nicht druckbare Zeichen und Sonderzeichen

Wie schon angemerkt, fügt Word keine Absatzmarken, Zeilenschaltungen, Abschnittswechsel, Grafiken oder andere nicht druckbare Zeichen über die Zwischenablage in das *Suchen nach*-Feld ein. Hierfür brauchen Sie entweder die numerischen Escape-Codes oder Words eigene Suchoperatoren. Beide sind in Tabelle 7.2 aufgelistet.

Aber keine Angst: Diese Tabelle müssen Sie nicht auswendig lernen. Word stellt im Dialogfeld *Suchen und Ersetzen* über die Schaltfläche *Sonstiges* eine entsprechende Liste zur Verfügung, wie in Abbildung 7.2 zu sehen ist. Wählen Sie einfach das zu suchende Zeichen und Word fügt den entsprechenden Suchoperator vor der Einfügemarke im Feld *Suchen nach* ein.

WICHTIG
Der Inhalt dieser Liste passt sich der Markierung und den Einstellungen des Dialogfelds *Suchen und Ersetzen* an. Stellen Sie sicher, dass sich die Einfügemarke tatsächlich im Feld *Suchen nach* befindet, bevor Sie die Liste einblenden und eine Auswahl treffen. Achten Sie auch darauf, dass die Liste andere Elemente enthält, wenn *Platzhalterzeichen verwenden* aktiviert ist.

Abbildung 7.2:
Die Sondercodes
stehen direkt im
Dialogfeld
Suchen und
Ersetzen *zur*
Verfügung

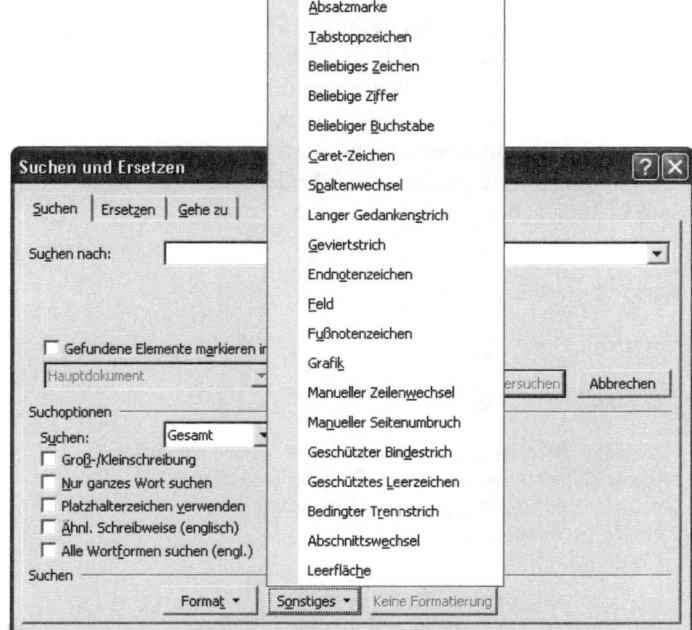

Neben den nicht druckbaren Zeichen enthält die Liste Einträge für Interpunktionszeichen, die nicht einfach über die Tastatur einzugeben sind, wie etwa *Caret-Zeichen* (das taucht hier auf, weil es bei der Suche eine spezielle Funktion hat (^0233 ...) und deshalb nicht einfach als einzelnes Caret-Zeichen im Suchbegriff stehen darf), *Langer Gedankenstrich*, *Geviertstrich*, *Geschützter Bindestrich*, *Geschütztes Leerzeichen* und *Bedingter Trennstrich*. Einige Einträge der Liste *Sonstiges* funktionieren als einfache Platzhalter (*Beliebiges Zeichen, Beliebige Ziffer, Beliebiger Buchstabe, Leerfläche*).

Sie dürfen natürlich Sonderoperatoren durchaus über die Tastatur eingeben. Die Liste macht das Leben nur etwas bequemer. **TIPP**

Wenn Sie Sonderoperatoren über die Tastatur eingeben, achten Sie auf die Kleinschreibung. Word erkennt Grossbuchstaben nicht als Sonderoperatoren. **WICHTIG**

Das ist alles sehr theoretisch, schauen wir uns doch ein kurzes Beispiel an.

Stellen Sie sich einen Bericht mit breiten Tabellen vor, die auf Seiten im Querformat stehen. Die übrigen Seiten mit Text sind im Hochformat. Sie wollen schnell die Querformatseiten anspringen. Da ein Abschnittswechsel zwischen jeder Änderung der Papierorientierung steht, liegt es nahe, die Abschnittswechsel zu suchen. Gehen Sie wie folgt vor:

1. Drücken Sie Strg+Pos1, um an den Dokumentanfang zu springen.

2. Mit Strg+F blenden Sie das Dialogfeld *Suchen und Ersetzen* ein.

3. Geben Sie den Suchbegriff ^b in das *Suchen nach*-Feld ein.

4. Klicken Sie auf die Schaltfläche *Weitersuchen*.

Die Einfügemarke springt zum Anfang des nächsten Abschnitts. Sie können das Dialogfeld schließen und weiter mit Strg+Bild ab (mehrmals in Folge) durch das Dokument navigieren.

Na fein, aber wenn es schon so gut geht, warum nicht noch besser? Könnten wir das mehrmalige Drücken Strg+Bild ab umgehen? Mit VBA geht's. Zeichnen Sie den Suchvorgang in einem Makro auf, dem Sie eine Tastenkombination zuweisen. Dann ergänzen Sie den Code im VB-Editor, sodass das Makro ermittelt, ob die Markierung in einem Abschnitt mit Querformat steht. Wenn nicht, wird die Schleife erneut abgearbeitet, bis ein Abschnitt im Querformat gefunden wird oder keine Abschnittswechsel mehr vorliegen. Unsere Lösung sehen Sie in Listing 7.3.

```
Sub SucheSeiteInQuerformat()
' SucheSeiteInQuerformat Makro, Strg+Alt+Q zugewiesen
Do
    Selection.Find.ClearFormatting
    With Selection.Find
        .Text = "^b" 'Abschnittswechsel suchen
        .Forward = True
        'Der Makrorekorder zeichnet unter Umständen wdFindAsk oder wdFindContinue auf.
        'Möchten Sie die Meldung wdFindAsk unterdrücken, ersetzen Sie wdFindAsk
        'mit wdFindStop. Sie sollten auf jeden Fall wdFindContinue ändern,
        'um eine endlose Schleife zu vermeiden!
        .Wrap = wdFindStop   'oder wdFindAsk
        .Format = False
        .MatchCase = False
        .MatchWholeWord = False
```

Listing 7.3: Abschnitte mit Querformat anspringen

```
        .MatchWildcards = False
        .MatchSoundsLike = False
        .MatchAllWordForms = False
    End With
    If Selection.Find.Execute Then
        'Einfügemarke sichtbar im Abschnitt setzen
        Selection.MoveDown Unit:=wdLine, Count:=1
        If Selection.Sections(1).PageSetup.Orientation = wdOrientLandscape Then
            'Wenn Querformat, Makro abbrechen
            Exit Sub
        End If
    End If
'Suche abbrechen, wenn keine Abschnittswechsel mehr
Loop While Selection.Find.Found
End Sub
```

Den Code aus Listing 7.3 finden Sie auf der Buch-CD im Ordner \Buch\Kap07. Die
Datei heißt *List07_03.bas.*

HINWEIS

Die Option *Platzhalterzeichen verwenden* unterstützt nicht alle diese Sonderoperatoren. Die rechte Spalte in Tabelle 7.2 weist darauf hin, welche nicht gültig sind und
welche Alternative zur Verfügung steht. Der Suchvorgang mit einem ungültigen Sonderoperator führt gelegentlich zu einer Fehlermeldung; andernfalls wird die Suche als
nicht erfolgreich abgeschlossen. Wenn Sie unsicher sind, ob ein Sonderoperator gültig ist, blenden Sie im Dialogfeld die Liste *Sonstiges* ein. Da sich diese den Einstellungen anpasst, werden Sie schnell feststellen, ob der Sonderoperator zur Verfügung
steht. Die Arbeit mit Platzhalterzeichen wird im weiteren Verlauf dieses Kapitels
behandelt.

Tabelle 7.2:
Nicht druckbare
Zeichen mit
ASCII-Codes
oder Sonderope-
ratoren suchen

Nicht druckbares Zeichen	ASCII-Code	Word-Sonder-operator	Sonderoperator verfügbar für Suchen mit Platzhalterzei-chen? / Alternative Methode
Absatzmarke	^13	^p	Nein / ASCII Code
Tabstoppzeichen	^09	^t	Ja
Beliebiges Zeichen		^?	Nein / ?
Beliebige Ziffer		^#	Nein / [0-9]
Beliebiger Buchstabe		^$	Nein / [a-zA-Z]
Caret-Zeichen	^94	^^	Ja
Spaltenwechsel	^14	^n	Ja
Langer Gedankenstrich	^0151, ^u8212	^+	Ja
Geviertstrich	^0150, ^u8211	^=	Ja
Kommentar	^5	^a	Ja
Endnotenzeichen	^2	^e	Nein / ASCII Code (gleich wie Fußnotenzeichen)
Feldfunktion (Klammer offen)	^19	^d	Nein
Feldfunktion (Klammer geschlossen)	^21		Nein

▶

Suchen und Ersetzen

Nicht druckbares Zeichen	ASCII-Code	Word-Sonder-operator	Sonderoperator verfügbar für Suchen mit Platzhalterzeichen? / Alternative Methode
Fußnotenzeichen	^2	^f	Nein / ASCII Code (gleich wie Endnotenzeichen)
Grafik	^1	^g	Ja
Zeilenwechsel	^11	^l	Ja
Seitenumbruch	^12	^m	Ja
Geschützter Bindestrich	^30	^~	Ja
Geschütztes Leerzeichen	^0160	^s	Ja
Bedingter Trennstrich	^31	^-	Ja
Abschnittswechsel	^12	^b	Nein / ASCII Code (gleich wie Seitenwechsel)
Leerfläche		^w	Nein [^s ^t]@

Alle gefundenen Textstellen markieren

Die neue Fähigkeit in Word 2002, mehrere, nicht zusammenhängende Textstellen zu markieren, wurde auch im *Suchen und Ersetzen* berücksichtigt. Zwei neue Steuerelemente befinden sich im oberen Teil des Dialogfelds: das Kontrollkästchen *Gefundene Elemente markieren in* sowie ein Dropdownlistenfeld, das eine Liste der Dokumentteile aufführt.

Bei aktivierter Option werden alle gefundenen Instanzen des Suchbegriffs im ausgewählten Dokumentteil markiert, wenn die Schaltfläche *Alle Suchen* betätigt wird. Diese Markierung bleibt nach dem Ausblenden des Dialogfelds bestehen und Sie dürfen den Text formatieren oder löschen.

Die Anzahl gefundener Elemente wird nach erfolgreicher Suche über der Schaltfläche eingeblendet.

TIPP

Man muss sich allerdings fragen, wie sinnvoll es war, diese Möglichkeit in *Suchen und Ersetzen* einzubauen. Schon mit der alten Funktionalität konnte man den gefundenen Text löschen oder anders formatieren. Kopieren wird man das Resultat nur selten und VBA kann eine mehrfache Markierung nicht bearbeiten. Die Funktionalität ist auch nicht Bestandteil vom Word-Objektmodell.

HINWEIS

Auf den ersten Blick hat man den Eindruck, die Wirkung dieser Option besteht einzig darin, jede Instanz des Suchbegriffs auf einmal zu markieren, statt von Instanz zu Instanz zu springen. Es macht aber noch etwas, worüber man sich bewusst sein sollte – der Eintrag des Dropdownlistenfeldes beschränkt die Suche auf den gewählten Dokumentteil.

Diese Liste passt sich den Gegebenheiten im aktuellen Dokument an (Abbildung 7.3). Je nach dem, was das Dokument enthält und ob gegenwärtig eine Markierung vorliegt, enthält die Liste einen oder mehrere der folgenden Einträge: *Aktuelle Auswahl* (ist im Dialogfeld tatsächlich so buchstabiert), *Hauptdokument* (einschließlich Positionsrahmen), *Kopf- und Fußzeilen, Fußnoten, Endnoten, Kommentare, Text-*

felder (einschließlich AutoFormen mit hinzugefügtem Text im Hauptdokument) und *Textfelder* (einschließlich AutoFormen im Kopf- und Fußzeilenbereich).

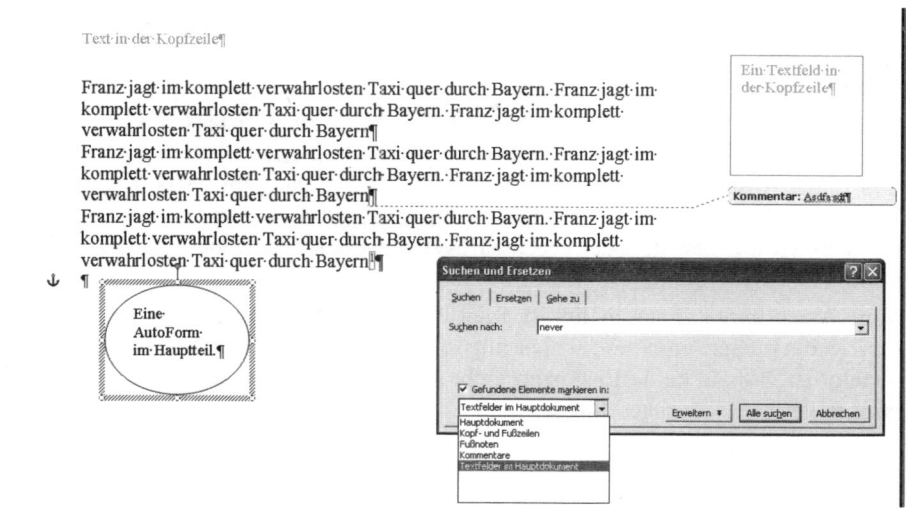

Eine Rolle spielt auch die Position der Einfügemarke im Dokument. Steht sie beispielsweise in einer Kopfzeile und die Kopfzeile enthält ein Textfeld, bietet Word Ihnen die Option, Textfelder in den Kopf- und Fußzeilen zu finden, an. Steht sie hingegen im Hauptdokumentteil, bietet Word die Suche der Textfelder im Kopf- und Fußzeilenbereich nicht an.

Achtung bei
Textfeldern in
Kopf- oder
Fußzeilen

Die Gefahr wird offensichtlich: Mit der Einfügemarke im Hauptteil des Dokuments können Sie die Suche in jedem Eintrag der Liste durchführen und haben am Schluss den Text in Textfeldern des Kopf- und Fußzeilenbereichs noch nicht durchsucht. Word unterlässt es auch, Sie vor dieser Falle zu warnen.

Dass Word diese Funktionalität nur bereichsweise anwenden kann, ist angesichts der Tatsache, dass ein Dokument in getrennten Teilen – Stories genannt – organisiert ist, nachvollziehbar. Der Hauptteil ist eine Story, die Fußnoten eine andere usw. Vorsicht ist also geboten, wenn Sie *Gefundene Elemente markieren in* einsetzen.

HINWEIS Das Konzept von Stories wird in der VBA-Diskussion im ▶ Abschnitt »*Suchen und Ersetzen* mit VBA automatisieren« in diesem Kapitel näher vorgestellt.

Gesamt bedeutet nicht immer Alles

Vor Word 2002 war die einzige Einstellung, die eine Suche einschränkte, das Dropdownlistenfeld *Suchen* mit den Einträgen *Gesamt, Nach oben* und *Nach unten.* Viele Benutzer realisieren nicht, welche Auswirkung dieses Feld auf den Suchvorgang hat.

Standardmäßig ist *Gesamt* gewählt, außer eine Markierung im Dokument liegt vor. Dann schlägt Word automatisch *Nach unten* vor. Diese Regel gilt, egal ob die Einfügemarke im Hauptteil des Dokuments, im Kopf- und Fußzeilenbereich oder irgendeiner anderen Story steht. Was die Einstellung aber in Wirklichkeit bedeutet, hängt davon ab, wo sich die Einfügemarke im Moment befindet.

Gesamt bedeutet nur bedingt »gesamt«. Sofern die Einfügemarke im Hauptteil des Dokuments steht, sucht Word tatsächlich alle Dokumentteile nach dem Suchbegriff ab, egal ob er sich in einem Kommentar, in einer Endnote oder gar in einem Textfeld in der Kopfzeile befindet. Ganz anders ist das Verhalten jedoch, wenn der Ausgangspunkt in einer anderen Story, wie z.B. Fußnoten, liegt. Dann sucht Word nur in dieser einzigen Story.

Gesamt ist nicht gleich Gesamt

Damit haben wir die Eigenarten dieser Option noch nicht ausgeschöpft. Ist *Suchen* auf *Nach unten* eingestellt, sucht Word zuerst im markierten Bereich vom Anfang bis zum Ende. Anschließend fragt es, ob Sie den Suchvorgang im restlichen Dokument fortsetzen möchten. Diese Meldung ist – milde ausgedruckt – irreführend, da Word in Wirklichkeit nur den Rest der gegenwärtigen Story bearbeitet, nicht das ganze Dokument.

Wenn *Nach unten* eingeschaltet ist, fragt Word, ob Sie am Anfang der gegenwärtigen Story weitersuchen möchten, wobei mit »Dokument« der Hauptteil des Dokuments gemeint ist. Sobald keine Instanzen mehr gefunden werden, meldet es, der Suchvorgang sei für die Story abgeschlossen.

Die Suche mit der Einstellung *Nach oben* verhält sich ähnlich, nur wird ein markierter Bereich von unten nach oben durchsucht. Sie unterscheidet sich auch, da sie bei erneutem Aufruf des Dialogfelds erhalten bleibt und nicht automatisch auf eine standardmäßige Einstellung zurückgesetzt wird, wie es bei *Gesamt* und *Nach unten* der Fall ist. (Wie schon erwähnt, ist standardmäßig *Gesamt* gewählt und wenn ein markierter Bereich vorliegt, dann erscheint *Nach unten*.)

Groß-/Kleinschreibung

Sofern Sie es nicht anders bestimmen, achtet *Suchen und Ersetzen* nicht auf die Groß- und Kleinschreibung. Es ist unwichtig, ob Sie »Hilfe«, »hilfe«, »HILFE« oder »hiLFe« als Suchbegriff eingeben, Word findet sie allesamt.

Um den Suchvorgang auf die Großschreibung des Suchbegriffs einzustellen, aktivieren Sie das Kontrollkästchen *Groß-/Kleinschreibung*.

Dieses Kontrollkästchen bleibt aktiviert, wenn *Nur ganzes Wort suchen* aktiviert ist. Diese Option ist aber die einzige, die gleichzeitig mit *Groß-/Kleinschreibung* zusammenarbeitet. Bei Aktivierung der andern Kontrollkästchen im unteren Teil des Dialogfelds steht *Groß-/Kleinschreibung* nicht zur Verfügung.

HINWEIS

Diese Einstellung beeinflusst auch das Verhalten beim Ersetzen. Mehr darüber finden Sie im weiteren Verlauf des Kapitels.

WICHTIG

Das Suchergebnis auf ganze Wörter beschränken

Hier gibt es keine Überraschungen oder Tücken. Die Option *Nur ganzes Wort suchen* macht genau das, was man sich darunter vorstellt. Ist sie aktiviert, findet der Suchbegriff »mein« die Wörter »Mein« und »mein« aber nicht »gemeinsam«.

Auch dieses Kontrollkästchen wird bei Aktivierung einer anderen Option als *Groß-/Kleinschreibung* gesperrt.

HINWEIS

Ähnl. Schreibweise und *Alle Wortformen suchen*

Leider stehen diese Optionen nur für die Bearbeitung von englischen Texten zur Verfügung. Die entsprechende deutsche Funktionalität gibt es nicht. Da in unserer globalisierten Welt oft mehrsprachig gearbeitet wird, stellen wir sie hier kurz vor.

Homonyme aufspüren

Die Aktivierung von *Ähnl. Schreibweise* ermöglicht die Suche nach Homonymen – gleichlautende Wörter, die anders buchstabiert sind. Beispiele im Deutschen wären »heute« und »Häute« oder »leeren« und »lehren«. Die englische Sprache ist natürlich voll solcher Beispiele. Sie kommen sogar dreifach vor: »their«, »they're« und »there«. Die meisten Benutzer im englischen Sprachraum setzen diese Option ein, um die Rechtschreibprüfung zu ergänzen und peinliche Schnitzer wie »Deer John« zu vermeiden (korrekt wäre »Dear John«).

Diese Funktionalität ist sogar tatkräftiger als man zuerst annimmt. Sie stützt sich nicht allein auf eine gespeicherte Liste von Homonymen, sondern baut auf einer »inference engine«, die weiß, wie Buchstabenkombinationen klingen. Man kann also auch von einer phonetischen Suche sprechen. *Ähnl. Schreibweise* findet nicht nur den Suchbegriff »trough«, sondern auch noch Nonsenswörter wie »troff«, »traugh« und »trawff«. Also durchaus nützlich für Leute mit beschränkten Englischkenntnissen.

Das Kontrollkästchen *Alle Wortformen suchen* erweitert das Suchergebnis um grammatikalisch verwandte Wörter. Die Funktionalität kann sehr hilfreich sein, produziert aber auch unerwartete Resultate. Unter »Wortformen« sind unter anderem auch Haupt- und Zeitwörter sowie Adjektive inbegriffen. In Tabelle 7.3 sehen Sie einige Beispiele.

Tabelle 7.3: Suchen nach Wortform in englischen Texten

Wortform	Suchbegriff	Beispiel Suchergebnis
Hauptwort (noun)	Foot	feet
Adjektive	Big	bigger, biggest
Zeitwort (verb)	Draw	drawing, draws, drew, drawn

Formatierten Text suchen

Word kann nicht nur Buchstabenkombinationen suchen, sondern auch Formatierungen und sogar Text in Zusammenhang mit Formatierungsattributen. Die Liste in Abbildung 7.4, die über die Schaltfläche *Format* erreichbar ist, gibt Aufschluss über die vom Dialogfeld unterstützten Formatierungen. Geben Sie einfach den Suchbegriff ein und legen Sie nacheinander die Formatierungskriterien fest. Für einen Überblick sorgt der Raum unter dem Feld *Suchen nach*.

Um alle Textstellen mit einer bestimmten Formatierung zu suchen, lassen Sie einfach das Feld *Suchen nach* leer.

Man kann aber nicht gleichzeitig nach Text in einer bestimmten Absatzformatvorlage und einer bestimmten Zeichenformatvorlage suchen.

Mit dem Arbeitsbereich *Formatvorlagen und Formatierungen* von Word 2002 können Sie auch alle Instanzen einer Formatierung für die weitere Bearbeitung markieren. Klicken Sie einfach rechts auf den Eintrag und wählen Sie den Kontextmenüpunkt *Alle »n« Instanzen wählen*. Diese Funktionalität eröffnet interessante Möglichkeiten, da Sie anschließend in den markierten Textstellen suchen und ersetzen können.

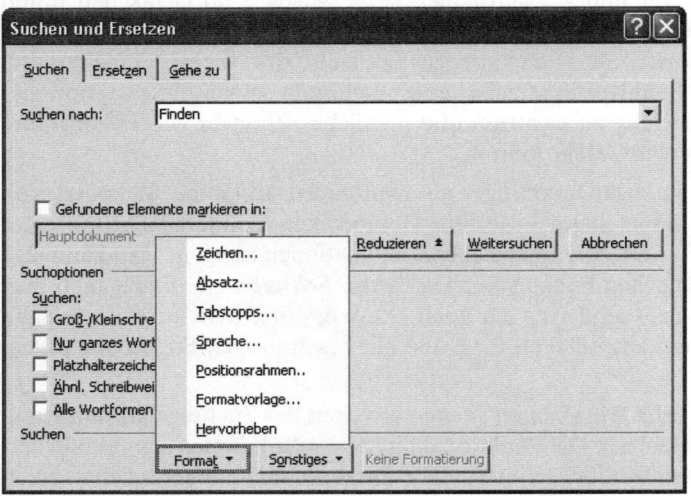

Bevor Sie *Format* anklicken, sollten Sie immer sicherstellen, dass sich die Einfügemarke im richtigen Kombinationsfeld befindet (*Suchen nach* oder *Ersetzen durch*). Noch eine empfehlenswerte Gewohnheit ist, vor jedem neuen Suchvorgang *Keine Formatierung* auszuführen, um die Formatierungsbestimmungen zurückzusetzen.

Einige Formatierungskriterien können Sie auch über die Tastatur vornehmen, nämlich jene, die einem Tastaturkürzel zugewiesen sind. Das Dialogfeld *Suchen und Ersetzen* erkennt nicht nur Words eigene, standardmäßige Tastaturkombinationen, sondern auch benutzerdefinierte. Einige der Word-Standard-Zuweisungen sind in Tabelle 7.4 aufgelistet.

Tastaturkürzel	Wordbefehl	Tastaturkürzel	Wordbefehl
Strg+V	Einfügen	Strg+C	Kopieren
Strg+Z	Rückgängig machen	Strg+Q	Absatzformatierung entfernen
Strg+Y	Wiederholen	Strg+Umsch+U	Unterstreichen
Strg+Umsch+F	Fett	Strg+Umsch+K	Kursiv
Strg+Umsch+W	Wort unterstreichen	Strg+L	links ausgerichtet
Strg+E	Zentriert ausgerichtet	Strg+R	rechts ausgerichtet
Strg+1	Zeilenabstand: einfach	Strg+5	Zeilenabstand: 1,5 Zeilen

Vorsicht bei der Suche mit Formatierungskriterien in Word 2002! Es ist mit einem sehr hinterlistigen Fehlverhalten behaftet: Nur direkte Schriftgrößenformatierungen werden gefunden. Ist die Schriftgrößenbestimmung Teil einer Formatvorlage wird die Textstelle von Word nicht zuverlässig gefunden.

Nachforschungen durch MVP Bob Buckland haben ergeben, dass das Problem mit der bidirektionalen Funktionalität von Word zusammenhängt. Wenn Sie eine Formatvorlage definieren, schreibt Word Ihre Einstellung für die Schriftgröße für »links-nach-rechts« fest. Die Formatvorlage enthält auch eine Schriftgröße für »rechts-nach-links«, diese wird von Word jedoch nicht angepasst. Die Formatvorlage hat also zwei Angaben für die Schriftgröße. Im Dialogfeld *Suchen und Ersetzen* können Sie jedoch nur die »links-nach-rechts« Schriftgröße festlegen, die Funktionalität vergleicht während des Suchvorgangs aber beide Einstellungen.

Nehmen wir ein konkretes Beispiel: Der Text in einem Dokument ist standardmäßig mit *Times New Roman 10* formatiert (Schriftgröße der Formatvorlage *Standard*). Sie haben einige Textstellen mit *Times New Roman 9* direkt formatiert. Positionieren Sie die Einfügemarke in den standardmäßig formatierten Text und erstellen Sie eine Formatvorlage mit der Schriftart und -größe *Times New Roman 9*. Weisen Sie sie einer Textstelle im Dokument zu. In *Suchen und Ersetzen* gelangen Sie über *Format/Zeichen* in das Dialogfeld *Zeichen*, wo Sie *Times New Roman* und die Schriftgröße *9* auswählen. Führen Sie die Suche aus, und Sie werden sehen, dass nur die direkt formatierten Textstellen angesprungen werden.

Wenn Sie das Dokument im HTML-Dateiformat abspeichern und den *Quelltext* anschauen, sehen Sie, wo das Problem liegt:

```
{mso-style-name:TEST;
   font-size:9.0pt;
   mso-bidi-font-size:10.0pt;
   font-family:"Times New Roman";
   mso-fareast-font-family:"Times New Roman";
```

Eine Methode, das Problem zu umgehen, besteht darin, im HTML-Code die mso-bidi-font-size-Einstellung für die Formatvorlage direkt zu ändern, die Datei (unter einem anderen Namen) zu speichern und sie wieder als ein Word-Dokument zu öffnen. Ziemlich umständlich.

Es geht auch, wenn Sie die Formatvorlage über die automatische Aktualisierung ändern:

1. Im Aufgabenbereich *Formatvorlage und Formatierungen* klicken Sie die Formatvorlage mit der rechten Maustaste an und wählen den Eintrag *Ändern*.

2. Aktivieren Sie das Kontrollkästchen *Automatisch aktualisieren* und schließen das Dialogfeld mit *OK*.

3. Markieren Sie im Dokument einen mit der Formatvorlage formatierten Absatz und weisen ihm eine andere Schriftgröße zu.

4. Formatieren Sie den Absatz sofort wieder in der ursprünglichen Schriftgröße (nicht über *Bearbeiten/Rückgängig*!).

5. Schalten Sie *Automatisch aktualisieren* wie in den Schritten 1 und 2 beschrieben wieder aus.

Ist man sich des Problems bewusst, gibt es eine einfachere Lösung. Formatieren Sie einen Absatz mit der gewünschten Schriftgröße und markieren Sie ihn. Wenn Sie das Dialogfeld *Formatvorlage erstellen* einblenden, übernimmt Word die Einstellungen der Markierung inklusive die korrekte Information für die Schriftgröße.

Mit Platzhalterzeichen Wunder vollbringen

Viele wissen nicht, was diese Option alles kann. Die Word-Hilfe zu diesem Thema ist nicht besonders ergiebig, was auch dazu beiträgt, dass Benutzer Platzhalterzeichen nur zögernd, wenn überhaupt, einsetzen.

Es lohnt sich jedoch, sich mit dieser leistungsstarken Funktionalität zu befassen, da sie viele Stunden manueller Bearbeitung oder Makroschreibens sparen kann. Wenn einmal die Möglichkeiten und Grundregeln klar sind, ist es nicht kompliziert. Im folgenden Abschnitt werden wir sukzessive die Platzhalterzeichensuchvorgänge, von den einfachsten bis zu den weniger intuitiven, beleuchten.

Sie können sich schnell eine Übersicht der zur Verfügung stehenden Platzhalterzeichen verschaffen, indem Sie das Kontrollkästchen *Platzhalterzeichen verwenden* aktivieren, in das Feld *Suchen nach* klicken und dann die Schaltfläche *Sonstiges* betätigen (Abbildung 7.5). Vergleichen Sie diese Liste mit der in Abbildung 7.2 und den Angaben in Tabelle 7.2.

TIPP

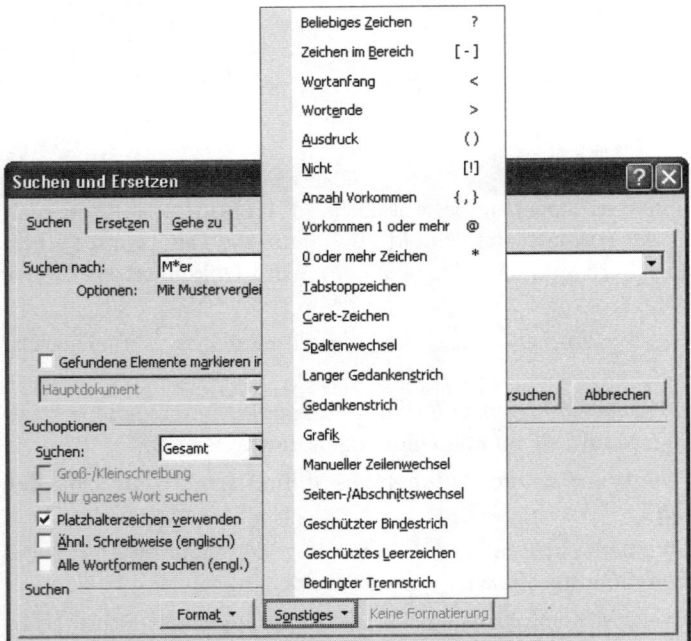

Abbildung 7.5:
Liste der Platz-
halterzeichen für
Suchvorgänge

Platzhalterzeichen in Kombination mit gewöhnlichem Text

Am häufigsten werden Platzhalterzeichen zusammen mit gewöhnlichen Textzeichen eingesetzt. Die Arbeitsweise ist die gleiche wie für den Einsatz von Sonderoperatoren. Mit einer Ausnahme: obwohl ASCII- und ANSI-Zeichencodes weiterhin mit einem vorausgehenden Caret-Zeichen (^) bestimmt werden können, akzeptiert *Suchen und Ersetzen* ^u für Unicode-Zeichen nicht.

HINWEIS Alternative Methoden für die Eingabe von Unicode-Zeichen wurden im ▶ Abschnitt »Zeichen mit numerischen Codes bestimmen« in diesem Kapitel diskutiert.

Noch eine Einschränkung sollten Sie sich merken: Bei Suchvorgängen mit Platzhalterzeichen achtet Word immer auf Groß- und Kleinschreibung. Für den Suchbegriff »sie« findet Word nur »sie« und nie »Sie«.

Eine beliebige Anzahl Zeichen finden

Sehr einfach zu beschreiben ist das Platzhalterzeichen »*« (Sternchen). Es steht für kein oder beliebige, beliebig viele Zeichen. Ein Beispiel dafür sehen Sie in Abbildung 7.5. Es werden alle Ausdrücke im Dokument gesucht, die mit M anfangen und mit er enden, egal was dazwischen steht. Es findet also »Meister«, »Meier« und »Maier«... sowie »Machen Sie doch um Himmelswillen weiter« oder »MEINDE Ver« (aus »GEMEINDE Versammlung«).

Es kann also zu überraschenden Resultaten führen und unter den richtigen Voraussetzungen einen großen Teil des Dokuments als Suchergebnis markieren. Aber so lange Sie darauf gefasst sind und ruhig Blut bewahren, kann nichts kaputt gehen. Schlimmstenfalls korrigiert *Rückgängig machen* einen vor lauter Überraschung passierten Ausrutscher auf der Tastatur. Entpuppt sich * als ein etwas zu großzügiges Kriterium, können wir die Suche mit zusätzlichen Platzhalterzeichen eingrenzen.

Die Anzahl Zeichen vorgeben

Nehmen wir beispielsweise »?«, das Platzhalterzeichen, das am einfachsten einzusetzen ist. Es steht für genau ein beliebiges Zeichen. Wenn »M??er« anstelle von »M*er« in Abbildung 7.5 stehen würde, findet Word nur Ausdrücke mit fünf Buchstaben, die mit »M« anfangen und »er« enden, wie »Meyer«, »Maier«, »Meier« und »Mu er«.

Das ist schon viel besser. Aber gibt es sonst Möglichkeiten, die Suche auf ein ganzes Wort zu beschränken? Es gibt sie, allerdings ist die Realisierung dieser Aufgabe etwas komplizierter, als man zunächst annimmt.

Einen Wortanfang und/oder ein Wortende finden

Ihr erster Gedanke gilt vielleicht dem Kontrollkästchen *Nur ganzes Wort suchen*. Es stellt sich aber heraus, dass es bei aktivierter Platzhalterzeichenoption nicht zur Verfügung steht. Wie wäre es dann mit einem Leerzeichen vor und nach dem Suchbegriff? Das wäre hilfreich, so lange der Suchbegriff sich nicht neben einer Interpunktion befindet. Leerzeichen innerhalb des Umfangs des Suchbegriffs bleiben jedoch ein Problem.

Ein Blick in die Liste *Sonstiges* entdeckt die Einträge *Wortanfang* < und *Wortende* >. Kommen wir mit diesen Platzhalterzeichen weiter? Leider noch nicht ganz, da das Platzhalterzeichen »*« immer noch alle möglichen Buchstaben zwischen »M« und »er« findet, also auch Leerzeichen. Was jedoch bei unserem Beispiel ausgeschlossen wird, ist der Ausdruck »GEMEINDE Versammlung«, weil »M« nicht am Anfang und »er« nicht am Ende eines Wortes stehen.

Die Zeichen < und > dürfen auch einzeln und nicht nur im Paar eingesetzt werden. Sie sind durchaus nützlich, aber oft erst in Kombination mit der Fähigkeit, bestimmte Zeichen im Suchbegriff ein- oder auszuschließen.

Erlaubte Zeichen in einer Liste vorgeben

Wenn Sie die Suche auf bestimmte Zeichen beschränken wollen, listen Sie diese innerhalb eckiger Klammern auf. Ein einfaches Beispiel veranschaulicht die Einsatzweise dieses Platzhalterzeichens.

Sie wollen alle Instanzen der Wörter »in« sowie »im« in einem Suchvorgang finden. Der Suchbegriff wäre: <i[mn]>. Nur ganze Wörter werden gefunden, weil Wortanfang sowie Wortende vorgeschrieben und alle Interpunktionszeichen ausgeschlossen sind. Das Wort muss mit einem kleingeschriebenen »i« anfangen. Der zweite Buchstabe darf entweder »m« oder »n« sein, sonst nichts.

Es ist nicht notwendig, alle Zeichen einer Serie in die Klammern einzeln einzugeben. Gruppen von Zeichen, die nebeneinander in der Sortierreihenfolge stehen, werden mit einem Trennstrich zusammengefasst. Sie können beispielsweise alle Kleinbuchstaben zwischen »a« und »z« mit [a-z] beschreiben.

Und jetzt wissen wir, wie im Beispiel »Mu er« auszuschließen und nur ganze Wörter mit einem bestimmten Anzahl Zeichen zu finden sind: <M[a-z][a-z]er>.

TIPP

Statt Buchstaben über die Tastatur einzutippen, dürfen Sie auch ASCII- und ANSI-Codes in einer Liste verwenden. Bitte beachten Sie die Angaben im ▶ Abschnitt »Zeichen mit numerischen Codes bestimmen« in diesem Kapitel und in Tabelle 7.1. Zur Erinnerung: Unicode-Zeichen können nicht numerisch mit vorangehendem ^u als Platzhalterzeichen funktionieren. Word beklagt sich mit der Meldung »^u ist kein gültiges Sonderzeichen im Dialogfeld 'Suchen nach' oder wird nicht unterstützt, wenn 'Mit Mustervergleich' ausgewählt wurde«. Um Unicode-Zeichen mit aktivierter Platzhalterzeichenoption einzusetzen, müssen Sie sie über die Tastatur eingeben oder im Dokument kopieren und im Dialogfeld einfügen.

Natürlich dürfen Sie die beiden Methoden mischen und einzelne Zeichen mit Serien im gleichen Klammerpaar verwenden. Gerade in einer mehrsprachigen Umgebung könnte es nützlich sein, alle Formen einer Vokabel zu finden. Diese Kombination ortet alle Arten des Buchstabens »A«: [aA^0193-^0198^0225-^0230]; sie findet aAÀÁÂÃÄÅÆàáâãäåæ

Achten Sie darauf, die Buchstaben einer Serie in der Sortierreihenfolge aufzulisten `[A-z]` ist gültig, `[a-Z]` und `[z-A]` hingegen nicht. Word macht Sie darauf aufmerksam: »Der Text im Feld 'Suchen nach' enthält einen ungültigen Bereich«. Es kommt noch hinzu, dass die Sortierreihenfolge nicht immer mit der Reihenfolge der Codezeichen übereinstimmt! Das obige Beispiel, um alle Arten des Buchstaben »a« zu finden, schließt in Wirklichkeit die ANSI-Zeichen 192 bis 198 und 224 bis 230 ein. Da jedoch das Zeichen 193 (Á) vor 192 (À) und das Zeichen 225 (á) vor 224 (à) in der Sortierreihenfolge stehen, muss der Suchbegriff etwas unlogisch gestaltet werden.

Bestimmte Zeichen ausschließen

Es geht auch anders: Sie können in einer Liste Zeichen aufführen, die aus der Suche auszuschließen sind. Im Prinzip wird's genau wie oben gemacht, es bedarf lediglich eines Ausrufungszeichens »!« am Anfang nach der öffnenden Klammer.

Vielleicht haben Sie ein Dokument bekommen, in dem häufig »dann«, »kann« und »wann« vorkommen. Diese Stellen sollen nachbearbeitet werden. Der Suchbegriff `<?ann>` findet aber auch »Bann« sowie »Mann«. Statt die ersten Buchstaben aufzulisten (was durchaus funktionieren würde), können wir die unerwünschten bezeichnen, die *Suchen und Ersetzen* nicht finden soll: `<[!BM]ann>`.

Auch diese Methode akzeptiert eine Serie von Zeichen. `<[!a-z]ann>` findet nur Wörter wie »Bann« oder »Mann«, nicht jedoch »kann« oder »dann«, weil diese mit einem Kleinbuchstaben beginnen.

Eine beliebige Anzahl Instanzen eines Ausdrucks suchen

Die Lösung zum ursprünglichen Problem, wie finden wir alle Wörter – und nur ganze Wörter – die mit »M« anfangen und auf »er« enden, haben wir noch nicht entdeckt, obwohl Sie einigen sehr hilfreichen Sonderoperatoren auf dem Weg begegnet sind, die dem Ziel sehr nahe waren. Wir wollen Sie nicht länger auf die Folter spannen – mit dem Platzhalterzeichen »@« geht's: `<M[A-z]@er>`. Warum?

Meistens wird ein Suchbegriff als eine Einheit bzw. ein Ausdruck betrachtet. Ist jedoch *Platzhalterzeichen verwenden* aktiviert, ist es vorteilhaft, den Suchbegriff als eine Sammlung mehrerer Ausdrücke anzusehen.

Word behandelt jedes Zeichen im Feld *Suchen nach* als einen eigenständigen Ausdruck. Standardmäßig sucht Word nach nur einer Instanz von jedem Ausdruck. Wenn Sie Word das Wort »Stile« suchen lassen, weisen Sie an, dass es den Buchstaben »S«, gefolgt vom Buchstaben »t«, gefolgt vom Buchstaben »i« usw. sucht.

Da Word aber das Platzhalterzeichen »@« hat, das ihm sagt, suche alle aufeinander folgenden Instanzen dieses Ausdrucks, ist die Funktionalität noch viel schlagkräftiger. Der Suchbegriff `Stil@e` findet sowohl »Stile« als auch »Stille«. Und, wie Sie gesehen haben, funktioniert es auch mit Listenausdrücken.

Unter Umständen würde man gerne mehrere Zeichen zusammenfassen und sie zusammen als einen Ausdruck behandeln. Dafür sind normale Klammern vorgesehen. Nehmen wir an, Sie wollen »geben« und alle Formen von »gegeben« mit einem Suchvorgang finden. Können Sie die Lösung selber ausarbeiten, bevor wir sie Ihnen im nächsten Absatz vorstellen?

Die verschiedenen Platzhalterzeichen kombinierend, kommt man auf den Vorschlag: <([Gg]e)@be[a-z]@>. Er findet unter anderem »geben«, »gegeben« und »gegebenenfalls«. Was jedoch nicht im gleichen Vorgang gefunden wird, sind Wörter wie »Gegebenheit« oder »Gegebenenfalls«, da »Ge« und »ge« nicht gleichwertig sind.

Eine bestimmte Anzahl eines Ausdrucks finden

Das Platzhalterzeichen »@« ist ein wenig wie das »*«, da es eine beliebige Anzahl Instanzen eines Ausdrucks findet. Bei der Suche nach einem Ausdruck gibt es eine Alternative zum »@«, die es ermöglicht, nicht nur die Art der Instanzen genau zu bestimmen, sondern auch die Anzahl anzugeben.

Wenn Sie die Mindest- und Höchstzahl Instanzen in geschweiften Klammern, nach dem Ausdruck festlegen, begrenzt Word das Suchergebnis entsprechend. Um die Wirkungsweise dieses Platzhalterzeichens klar darzustellen, nehmen wir zuerst ein sehr einfaches Beispiel. Ein Dokument enthält viele Zahlen. Sie möchten nur gerade Hunderter- oder Tausender-Werte finden. Sie suchen den Anfang eines Wortes, das mit einer Ziffer zwischen 1 und 9 liegt, unmittelbar gefolgt von zwei bis drei Nullen. So geht's: <[1-9]0{2;3}>.

Der Ausdruck {2;3} bestimmt die Anzahl Nullen, die im Suchergebnis vorhanden sein dürfen. Der Suchbegriff findet 1000 oder 200, jedoch nicht 50000.

Wenn Sie keinen Bereich, sondern eine genaue Anzahl Instanzen festlegen möchten, geben Sie einfach eine Ziffer ein: {2}. Null wird nicht akzeptiert.

Der Suchalgorithmus von Word ist in der Regel »faul«: Wenn Sie zum Beispiel nach * und Zeichenformatierung *kursiv* suchen (oder auch nach [!^13]@ und *kursiv*), dann wird ein kursives Zeichen nach dem anderen markiert. [!^13]{1;} markiert hingegen den gesamten kursiven Text auf einmal – allerdings nur bis zu einer maximalen Länge von etwa 254 Zeichen.

Wenn Sie alle Zahlen in einem Dokument suchen wollen, die zwischen 1000 und 999999 liegen, ändern Sie den Suchbegriff leicht ab: <[1-9][0-9]{3;5}>.

Etwas kompliziert wird es, wenn das Muster, das zu wiederholen ist, mehr als ein Zeichen enthält. *Suchen und Ersetzen* vergleicht den ganzen Ausdruck und damit nicht einfach, ob die einzelnen Zeichen Teil des Bereichs sind. Ein konkretes Beispiel veranschaulicht das Verhalten.

Oft bekommt man Listen mit Informationen, die unter anderem Telefon- und Faxnummern enthalten. Sind diese nach ISO-Standard formatiert, stehen am Anfang zwei oder drei Zeichen, gefolgt von einem Leerzeichen; die restlichen Ziffern sind in Zweiergruppen, getrennt von einem Leerzeichen, aufgeteilt. Leider gelingt ein Suchbegriff wie der folgende nicht: <[0-9]{2;3}([0-9]{2;2}){3;4}>, es sei denn, die Ziffern aller Zweiergruppen sind genau gleich, wie beispielsweise »079 35 35 35«.

Wie beim Platzhalterzeichen »@« können mehrere Ausdrücke mit Klammern () umgeben werden, sodass die Angabe in geschweiften Klammern auf den gesamten Ausdruck wirkt.

Um diese Aufgabe zu lösen, muss der Ausdruck etwas weiter ausholen und es ist sehr schwierig, an das genaue Muster heranzukommen. Wenn die Anzahl zweier Gruppen bekannt ist, findet folgender Suchbegriff Nummern wie »0049 694 70 79 23 44« oder »077 43 23 43 89 44«:

```
<[0-9]{2;4} [0-9]{2;3} [0-9]{2;2} [0-9]{2;2} [0-9]{2;2} [0-9]{2;2}.
```

Hat die Nummer jedoch eine andere Anzahl Zweiergruppen, bleibt er erfolglos.

Aus Word-internen Speicherplatzgründen dürfen Sie höchstens sieben Ausdrücke in eckigen Klammern [ ] in das Feld *Suchen nach* als Platzhalterzeichen einsetzen. Bei mehr Zeichen erscheint die Fehlermeldung »Der Text im Feld 'Suchen nach' enthält einen Mustervergleich, der zu komplex ist.«

Nach etlichen Versuchen kamen wir auf den Suchbegriff: `[+0][0-9]{2;3} [0-9 ]{2;}`, der auch internationale Nummern wie »+49 694 70 79 23 44« findet. Es erwies sich jedoch als unmöglich, die Suche auf eine unbekannte Anzahl von Zweiergruppen zu begrenzen. Diese Lösung findet eine unbegrenzte Anzahl Zweier-, Dreier- oder längerer Gruppen.

Dieses letzte Beispiel veranschaulicht, dass lediglich ein unterer Grenzwert gesetzt werden darf.

Es ist nicht möglich, das Platzhalterzeichen für einen Wortanfang »<« an den Anfang des Suchbegriffs `[+0][0-9]{2;3} [0-9 ]{2;}` zu stellen, weil das Zeichen »+« nicht als der erste Buchstabe eines Worts betrachtet wird. Das ist sicher nicht das einzige Zeichen, das sich so verhält. Vorsicht ist also geboten.

Zeichen suchen, die als Platzhalterzeichen dienen

Sonderoperatoren und Platzhalterzeichen sind eine tolle Sache, aber wie macht man es, diese Zeichen selber zu suchen? Durch Voranstellen eines umgekehrten Schrägstrichs (Backslash). Um ein Fragezeichen zu suchen, geben Sie \? ein, für ein Sternzeichen *. Das Suchergebnis enthält den umgekehrten Schrägstrich nicht.

In Textdateien und E-Mails dienen Sternchen oft als Aufzählungszeichen für eine Liste. Wenn Sie diese finden wollen, kann beispielsweise nach `^013\* <[A-Z]` gesucht werden. `^013` ist die Absatzmarke am Ende des vorhergehenden Absatzes; somit ist sicher, dass das Sternzeichen am Anfang einer Zeile steht. `<[A-Z]` sorgt dafür, dass nur Instanzen gewählt werden, wo das erste Wort nach dem Sternzeichen großgeschrieben ist.

Auch wenn eine Codenummer für das Sonderzeichen eingesetzt wird, muss ein umgekehrter Schrägstrich vorangestellt werden.

Noch eine alltägliche Aufgabe ist es, Pfadnamen zu suchen. Ein Pfad besteht aus einer Zusammensetzung von Buchstaben und anderen erlaubten Zeichen, einem Doppelpunkt und einem oder mehreren umgekehrten Schrägstrichen, wie »C:\Meine Dokumente\Meine Daten\«. Ein lokaler Pfad fängt immer als neues Wort an, mit einem einzigen Buchstaben, gefolgt von einem Doppelpunkt und einem umgekehrten Schrägstrich. Danach folgen eine unbestimmte Anzahl Zeichen mit einem umgekehrten Schrägstrich am Schluss. Nach dem Pfad können verschiedene Zeichen stehen wie ein Leerzeichen, Komma, Semikolon oder Punkt. Ein möglicher Suchbegriff wäre: `<([A-Z]:\\)([A-z ]@)\\[ .,«]`

Umgekehrte Schrägstriche funktionieren nicht immer wie erwartet, wenn Sie direkt neben einer runden Klammer stehen. Word wird verunsichert; es weiß nicht so genau, welchem Zeichen der umgekehrte Schrägstrich gilt. Wenn Word beispielsweise einem Suchbegriff wie (\\) begegnet, ist unklar, ob es einen umgekehrten Schrägstrich suchen soll oder eine schließende Klammer. Oder wie steht's mit (\(); wo beginnt und endet der Ausdruck? Uns ist das klar, aber Word nicht. Um solche Missverständnisse zu vermeiden, setzen Sie das gesuchte Platzhalterzeichen-Paar in eckige Klammern: ([\\]) resp. ([\(])

Formatierten Text mit Platzhalterzeichen suchen

Im Grunde genommen ändert sich nichts, wenn die Option *Platzhalterzeichen verwenden* aktiviert ist. Denken Sie wie immer daran, die Einfügemarke in das richtige Feld zu setzen, und *Keine Formatierung* zu betätigen, bevor Sie die Formatierungseinstellungen vornehmen.

Symbole suchen

Wenn Sie im Text ein Zeichen markieren und dann das Dialogfeld *Suchen und Ersetzen* aufrufen, erscheint seit Word 2000 das Zeichen im Feld *Suchen nach*. Leider ist dies nicht der Fall, wenn das Symbol über die Befehlsfolge *Einfügen/Symbol* aus einem dekorativen Font wie »Symbol« oder »Wingdings« ins Dokument eingefügt wurde. (Bei Unicode-Schriften gibt es nie Probleme.) Anstelle des Symbols steht dort eine öffnende Klammer.

Word benutzt diese Klammer im Dokument, um sich ein Symbolzeichen vorzumerken. Es sagt Word, wo in seiner internen Struktur der Zeichencode sowie seine Schriftart zu finden sind. Leider nutzt uns jedoch die Klammer im *Suchen nach* nicht, um das Symbol zu suchen. Das Erscheinen der Klammer kann als Bug betrachtet werden.

In Word 97 und 2002 umgehen wir das Problem, indem wir das Symbol im Text kopieren und mit Strg+V in das Feld *Suchen nach* einfügen. Diese Methode funktioniert nicht in Word 2000.

Aus einem unerklärlichen Grund fügt diese Version ein gewöhnliches ANSI-Zeichen des gleichen Werts ein. Wenn Sie beispielsweise ein griechisches Delta D (aus der Schriftart »Symbol«) kopieren, erscheint im Feld *Suchen nach* der Buchstabe »D«. Beide haben den ANSI-Zeichencode 68. Eine Besserung gegenüber der Klammer ist dies keineswegs, da Word den ANSI-Zeichencode eines Symbols ja gar nicht speichert. Auch dieses Verhalten muss als Bug bezeichnet werden.

Wenn Word den ANSI-Wert nicht speichert, wie kann er dann gespeichert werden? Mit einem Unicode-Wert, der gleich dem ANSI-Wert + 61440 ist. Im Falle des griechischen Delta speichert Word den Wert 61508 (68 + 61440). Und genau mit diesem Wert findet Word das Zeichen.

In Word 2000 müssen Sie also mit Hilfe des Sonderoperators ^u den Unicode-Wert in das Feld *Suchen nach* eingeben (Einzelheiten stehen im ▶ Abschnitt »Zeichen mit numerischen Codes bestimmen« in diesem Kapitel). Ist die Option *Platzhalterzeichen verwenden* aktiviert, müssen Sie den Unicode-Wert bei gedrückter Alt-Taste über den numerischen Tastaturblock eingeben.

Das Symbol, das über den numerischen Tastaturblock in das Feld *Suchen nach* eingegeben wurde, wird nicht unbedingt wie das Symbol, das Sie suchen, aussehen. Es wird das Symbol jedoch finden.

Diese Techniken funktionieren selbstverständlich auch in Word 97 und Word 2002.

Was tun, wenn Sie den ANSI-Code für ein Zeichen nicht kennen? Um ihn herauszufinden, markieren Sie das entsprechende Zeichen in Ihrem Dokument und öffnen dann über *Einfügen/Symbol* das Dialogfeld *Symbol*. Im Textfeld *Zeichencode* sehen Sie den gesuchten Code (in Word 2000 müssen Sie auf die Schaltfläche *Tastenkombination* klicken, um den Unicode-Wert zu erhalten). In Abbildung 7.6 wird der Zeichencode für den griechischen Buchstaben Delta D angezeigt.

Abbildung 7.6:
Zeichencode für
ein Zeichen
suchen

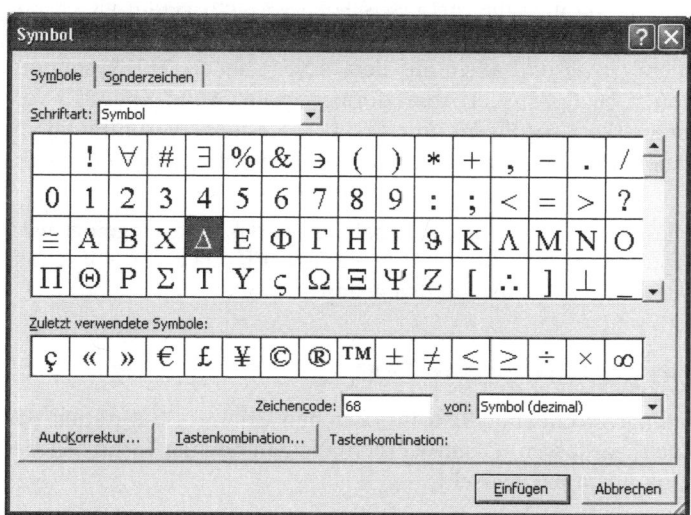

Die Arbeit mit *Ersetzen durch*

Um mit der Funktionalität *Ersetzen durch* zu arbeiten, klicken Sie im Dialogfeld *Suchen und Ersetzen* auf die Registerkarte *Ersetzen* oder Sie blenden diese direkt über *Bearbeiten/Ersetzen* ein (Tastenkombination Strg+H). Wie beim Suchen ist der Grundeinsatz von *Ersetzen durch* recht intuitiv: Der Suchbegriff wird in das Feld *Suchen nach* eingegeben. Der Ausdruck, mit dem er zu ersetzen ist, wird in das Feld *Ersetzen durch* eingetragen. Mit der Schaltfläche *Alle ersetzen* wird der Prozess gestartet und am Schluss berichtet Word, wie viele Instanzen des Suchbegriffs ersetzt wurden.

Es kommt natürlich immer wieder vor, dass Word uns überrascht und Zeichenfolgen ersetzt, die eigentlich erhalten bleiben sollten. Erstes Gebot: Keine Panik! Der Vorgang kann rückgängig gemacht werden (Strg+Z). Danach können Sie mit den Schaltflächen *Weitersuchen* und *Ersetzen* jede einzelne gefundene Textstelle anspringen und falls erwünscht, sie ersetzen lassen.

Einige der Bemerkungen für die Such-Funktionalität gelten auch für Ersetzen:

- Die maximale Anzahl an Zeichen im Feld *Ersetzen durch* beträgt 255 (längere Texte können Sie in die Zwischenablage kopieren und mit dem Platzhalter für den Zwischenablageninhalt ^c einfügen).

- Die Einstellungen des Dropdownlistenfelds *Suchen – Gesamt, unten* und *oben –* verhalten sich gleich (mehr darüber steht im ▶ Abschnitt »Gesamt bedeutet nicht immer Alles« in diesem Kapitel).

- ASCII-, ANSI- und Unicode-Zeichen werden auf die gleiche Art und Weise eingegeben (siehe den ▶ Abschnitt »Zeichen mit numerischen Codes bestimmen« in diesem Kapitel). Bei der Platzhalter-Suche ist es allerdings nicht nötig (und führt zu falschen Ergebnissen), den Zeichen *(){}[]<>@ einen umgekehrten Schrägstrich \ voranzustellen.

WICHTIG

Keine Regel ohne Ausnahme: Geben Sie niemals den Zeichencode ^013 in das Feld *Ersetzen durch* ein, um eine Absatzmarke in den Text einzufügen. Setzen Sie stattdessen den Sonderoperator ^p ein. Eine ^013 Absatzmarke sieht genau gleich aus wie eine ^p-Absatzmarke: ¶. Sie verhalten sich jedoch völlig unterschiedlich. Eine Absatzmarke besteht nicht einzig und allein aus dem ANSI-Zeichen ^013, sondern enthält viele Informationen bezüglich der Absatzformatierung. Wenn Sie ^013 verwenden, um eine Absatzmarke einzufügen, unterbrechen Sie diese Verknüpfung zu den Formatierungsangaben. Früher oder später werden Sie es bereuen (wahrscheinlich früher).

- Auch Ersatzbegriffe können über die Zwischenablage in das Feld eingefügt werden. Die Bemerkungen im ▶ Abschnitt »Den Suchbegriff über die Zwischenablage einfügen« in diesem Kapitel für *Suchen* gelten auch hier.

Das Löschen von gefundenem Text

Sie müssen nicht unbedingt gefundenen Text mit Zeichen ersetzen. Sie dürfen das Feld *Ersetzen durch* auch leer lassen. Damit werden alle gefundenen Instanzen des Suchbegriffs aus dem Dokumenttext gelöscht.

Um dynamische Daten in einem Dokument zu verwalten, wie das Datum oder einen Hyperlink, setzt Word Feldfunktionen ein (mehr darüber finden Sie im ▶ Kapitel 8 »Tabellen und Feldfunktionen«). Wenn Sie die Liste der Suchoperatoren genau durchgelesen haben, ist Ihnen vermutlich die Möglichkeit aufgefallen, mit dem Suchbegriff ^d die Eröffnungsklammer einer Feldfunktion zu finden. Nur werden Sie sich evtl. gefragt haben, wie man ihn eigentlich einsetzt. Damit können Sie beispielsweise alle Feldfunktionen einer bestimmten Art löschen, wie XE-Feldfunktionen, die im Dokument Einträge für den Index definieren.

1. Drücken Sie Alt+F9, um die Feldcodes einzublenden.

2. In das Feld *Suchen nach* geben Sie ^d XE ein.

3. Das Feld *Ersetzen durch* wird leer gelassen.

4. Führen Sie nun *Alle ersetzen* aus.

5. Drücken Sie nochmals Alt+F9, um die Feldcodes wieder zu verbergen.

Und schon sind alle XE-Feldfunktionen aus dem Dokument verschwunden!

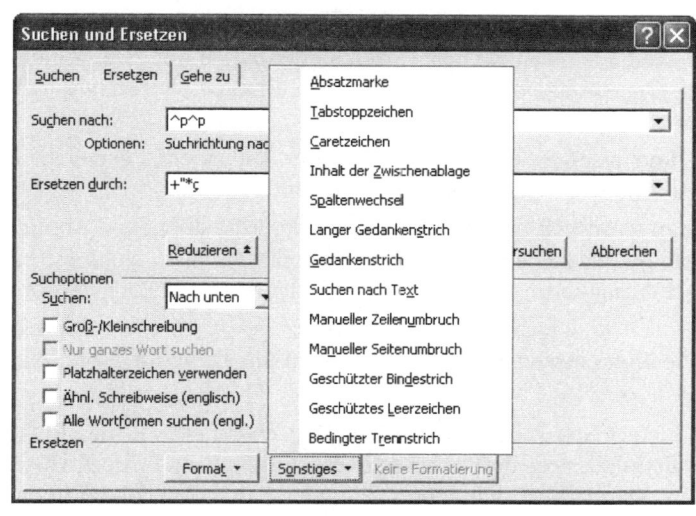

Abbildung 7.7:
Feldfunktionen
suchen und erset-
zen

Franz·jagt·im·komplett·verwahrlosten·Taxi·quer·durch·Bayern XE·"Taxi·Zielgebiet" ·Franz·
jagt·im·komplett·verwahrlosten·Taxi·quer·durch·Bayern¶
¶

Sonderoperatoren im Feld *Ersetzen durch*

Das Feld *Ersetzen durch* hat, wie in Abbildung 7.8 ersichtlich, seine eigene Liste mit Sonderoperatoren. Viele sind die gleichen wie bei den Suchoperatoren, aber andere sind speziell für das Ersetzen gedacht (beachten Sie auch die Tabelle 7.5).

TIPP Vergessen Sie nicht: Die Liste hinter der Schaltfläche *Sonstiges* reflektiert, ob *Platzhalterzeichen verwenden* aktiviert ist und ob die Einfügemarke im *Suchen nach* oder *Ersetzen durch* steht.

Abbildung 7.8:
Die Liste Sonsti-
ges bietet Sonder-
operatoren auch
für das Feld
Ersetzen durch
an, wenn die Ein-
fügemarke sich
darin befindet

Element	Word-Sonderoperator
Absatzmarke	^p
Tabstoppzeichen	^t
Caretzeichen	^^
Inhalt der Zwischenablage	^c

Tabelle 7.5:
Sonderopera-
toren für das Feld
Ersetzen durch

►

Element	Word-Sonderoperator
Spaltenwechsel	^n
Langer Gedankenstrich	^+
Gedankenstrich	^=
Suchen nach Text	^&
Manueller Zeilenumbruch	^l
Manueller Seitenumbruch	^m
Geschützter Bindestrich	^~
Geschütztes Leerzeichen	^s
Bedingter Trennstrich	^-

Eine häufige Aufgabe im Büroalltag ist das Kopieren von E-Mail- und Webseiteninhalten in Word-Dokumente. Nur allzu oft endet jede Zeile mit einer Absatzmarke und der automatische Zeilenumbruch findet nicht statt. Mit einer dreiteiligen Ersatzroutine räumen Sie diese überzähligen Zeichen aus dem Text.

Überzählige Zeichen aus kopierten E-Mails und Webseiten entfernen

1. Markieren Sie den zu bearbeitenden Text.

2. Blenden Sie das Dialogfeld *Suchen und Ersetzen* ein und geben Sie den Suchbegriff ^p^p in das Feld *Suchen nach* ein.

3. Im Feld *Ersetzen durch* geben Sie eine Zeichenfolge ein, die sonst nirgends im Text vorkommt, wie etwa »*"+«.

4. Führen Sie *Alle ersetzen* aus. (Bei solchen Texten sind Absätze mit zwei Zeilenvorschüben getrennt. Die Absätze im Endresultat sollen erhalten bleiben, weshalb wir sie mit einem Platzhalter versehen.)

5. Jetzt suchen Sie ^p und ersetzen es durch nichts oder mit einem Leerzeichen. (Somit werden die Absatzmarken an den Zeilenenden entfernt.)

6. Suchen Sie wieder den Ausdruck, mit dem Sie im Schritt 3 die doppelten Absatzmarken ersetzt haben und ersetzen Sie ihn durch ^p^p (oder durch ^p, wenn Sie im Dokument eine Absatzformatierung mit *Abstand vor* oder *nach* der Zeile verwenden).

Wenn Sie diese Methode öfter einsetzen möchten, zeichnen Sie die Schritte 2 bis 6 in einem Makro auf.

Format/AutoFormat bietet eine alternative Methode, eingefügte E-Mail-Texte schnell zu bearbeiten. Es lohnt sich, die verschiedenen Optionen und ihre Auswirkungen zu studieren. Wir werden hier nicht näher darauf eingehen, da die Funktionalität eher versionsabhängig ist und wenig mit diesem Thema zu tun hat.

TIPP

Sie erwarten vielleicht, dass das Ersetzen aller Instanzen von ^p durch ^p keine Änderungen im Dokument verursacht, analog wie bei anderen Zeichen. Word darf jedoch die letzte Absatzmarke, die viele Formatierungsangaben zum Dokument enthält, nicht ersetzen. Stattdessen fügt es vor der letzten Absatzmarke noch eine ein. Auch einzelne Absatzmarken zwischen zwei Tabellen können mit *Suchen/Ersetzen* nicht ohne weiteres gelöscht oder ersetzt werden. Dies liegt daran, dass Angaben für die Tabelle in der Absatzmarke gespeichert werden.

HINWEIS

Sehr nützlich erweist sich der Sonderoperator ^c – Inhalt der Zwischenablage einfügen. Wie erwähnt, ist es nicht möglich, grafische Objekte oder Zeichenfolgen mit mehr als 255 Zeichen in das Dialogfeld *Suchen und Ersetzen* einzufügen. Die Zwischenablage akzeptiert sie aber. Markieren Sie also den Dokumentinhalt, womit der Suchbegriff ersetzt werden soll, und kopieren Sie ihn. In das Feld *Ersetzen durch* geben Sie ^c ein und führen Sie die Ersetzung aus.

Gelegentlich möchte man den gefundenen Text nicht ersetzen oder löschen, sondern ihm etwas hinzufügen. Es wäre lästig, den Suchbegriff im Feld *Ersetzen durch* nochmals eingeben zu müssen. Außerdem dürfen wir die maximale Länge von 255 Zeichen nicht vergessen. Mit dem Sonderoperator ^& binden Sie schnell, mit zwei Zeichen, den Suchbegriff als Teil des Ersatztextes ein.

Stellen Sie sich vor, jemand hat einen Vertrag für eine Firma in Frankfurt am Main aufgesetzt und im ganzen Text steht »Frankfurt« statt »Frankfurt am Main«. Ärgerlich, aber nicht weiter schlimm. Geben Sie »Frankfurt« in das Feld *Suchen nach* ein und »^& am Main« in *Ersetzen durch*. *Alle ersetzen* ausführen und das Problem ist beseitigt.

Groß- und Kleinschreibung beim Ersetzen bestimmen

Grundsätzlich setzt Word unter zwei Umständen die Großschreibung beim Ersetzen ein.

Die erste Bedingung berücksichtigt den gefundenen Text: Ist er groß geschrieben, verwendet *Ersetzen* auch Großbuchstaben.

- Falls der erste Buchstabe des gefundenen Texts groß geschrieben ist, steht der erste Buchstabe des Ersatztextes auch groß geschrieben.
- Ist der gesamte gefundene Text groß geschrieben, erscheint der Ersatztext auch in Großbuchstaben.

Der andere beeinflussende Faktor ist die Großschreibung des Textes im Feld *Ersetzen durch*. Großbuchstaben in diesem Ausdruck erscheinen im Dokument ebenfalls groß, egal wie der gefundene Text geschrieben ist.

Im Allgemeinen ist in dieser Hinsicht das Verhalten von Word zufrieden stellend. Es gibt jedoch unerwartete Ausnahmefälle. Es wurden beispielsweise in einem Dokument die Initialen einer Person anstelle seines vollen Namens gebraucht. Jetzt möchten Sie »HB« mit »Heinrich Böll« ersetzen. Da staunen Sie nicht schlecht, wenn überall im Dokument »HEINRICH BÖLL« steht ...

Auch dieses Problem bekommen Sie schnell in den Griff. Die Aktivierung des Kontrollkästchens *Groß-/Kleinschreibung* verleiht Ihnen die nötige Kontrolle. Jetzt findet und ersetzt Word genau nach Großschreibung der Ausdrücke in den Feldern *Suchen nach* und *Ersetzen durch*.

Gerade Anführungszeichen durch typographische ersetzen

Die Registerkarte *AutoFormat während der Eingabe* (zu finden in *Extras/AutoKorrektur-Optionen*) Funktionalität hat eine Option *Gerade Anführungszeichen durch typographische*, die das Zeichen »"« durch typographische Anführungszeichen ersetzt. Durch welche Zeichen dabei genau ersetzt wird, kommt auf die Sprachenformatierung des Textes an. Standardmäßig werden in der deutschen Umgebung »„« am Anfang und »"« am Ende eines Wortes oder Ausdrucks verwendet.

AutoFormat macht seine Arbeit hervorragend; daran gibt es nichts auszusetzen. Kopieren Sie jedoch Text mit geraden Anführungszeichen aus einem anderen Dokument in Word, wird *AutoFormat* nicht ausgelöst. Es kann auch sein, dass Sie typographische Anführungszeichen aus einem Dokument entfernen oder andere Anführungszeichen als AutoFormate standardmäßig verwenden wollen.

Mit *Suchen und Ersetzen* sind diese Aufgaben schnell und einfach gelöst. Um alle Anführungszeichen umzuwandeln, wählen Sie *Extras/AutoKorrektur-Optionen/ Autoformat während der Eingabe* und nehmen Sie die gewünschte Einstellung der Option "Gerade" Anführungszeichen durch „typographische" vor (aktivieren für typographische, deaktivieren für gerade Anführungszeichen). In die Felder *Suchen nach* und *Ersetzen durch* geben Sie über die Tastatur ein Anführungszeichen ein und führen das Ersetzen durch. Es spielt keine Rolle, ob gerade oder typographische Anführungszeichen in den Feldern stehen, Word achtet auf die Einstellung in *AutoFormat während der Eingabe*.

AutoFormat während der Eingabe – Optionen beachten

Es gibt noch einen Trick mit dem gewöhnlichen *AutoFormat*-Befehl im Menü *Format*, den MVP Klaus Linke einsetzt, weil er ihn zuverlässiger findet, als *Suchen und Ersetzen*. Schreiben Sie das Dokument mit geraden Anführungszeichen. In *Extras/ AutoKorrektur-Optionen/AutoFormat* deaktivieren Sie alle Einstellungen außer "Gerade" Anführungszeichen durch „typographische" und führen dann *AutoFormat* aus.

TIPP

Wenn Sie als typographische Anführungszeichen »„« und »"« vorziehen, formatieren Sie den Text mit der Sprache »slowenisch«, bevor Sie die *AutoFormat*-Methode ausführen.

TIPP

Gefundenen Text umstellen

Eine der nützlichsten und wirksamsten Besonderheiten von *Suchen und Ersetzen* ist seine Fähigkeit, gefundenen Text neu zu arrangieren. Sie steht nur bei aktivierter Option *Platzhalterzeichen verwenden* zur Verfügung. Der Schlüssel dazu ist, die Zeichen des Suchbegriffs mit runden Klammern in diskrete Ausdrücke zu gruppieren, wie im ▶ Abschnitt »Eine beliebige Anzahl Instanzen eines Ausdrucks suchen« in diesem Kapitel dargestellt.

Vergessen Sie nicht, dass alle Suchvorgänge mit Platzhalterzeichen die Groß-/Kleinschreibung beachten.

WICHTIG

Alles, was in Klammern () steht, ist ein diskreter Ausdruck des Suchbegriffs. Bislang haben wir diese eingesetzt, um beim Suchvorgang den bezeichneten Ausdruck mit @ oder {n;n} mehrmals zu finden. Aber Ausdrücke spielen auch beim Ersetzen eine wichtige Rolle.

Word merkt sich die Reihenfolge der Ausdrücke. Im Feld *Ersetzen durch* können Sie sich auf einen bestimmten Ausdruck beziehen, indem Sie einen umgekehrten Schrägstrich gefolgt von der Ausdrucknummer eingeben (\1 für den ersten Ausdruck, \2 für den zweiten ...).

Word merkt sich die Reihenfolge der Ausdrücke

Ein kleines Beispiel macht das Prinzip klarer. Eine Liste mit Namen liegt vor, in der die Vornamen vor den Nachnamen stehen. Für Ihre Bedürfnisse müsste es jedoch genau umgekehrt sein, wie im oberen Teil der Abbildung 7.9 zu sehen. Als Suchbegriff geben wir

`<([A-z]@) ([A-z]@)>(^09)`

ein, was zwei Wörter vor einem Tabstoppzeichen findet. Klammern umgeben die Suchcodes beider Wörter, sowie den Tabstoppzeichen-Code (`^09`). Wir haben also drei Ausdrücke. Das Leerzeichen ist nicht Teil eines Ausdrucks.

Im Feld *Ersetzen durch* steht

`\2, \1\3`

Dies bedeutet, der zweite Ausdruck – der Nachname – wird von Word zuerst eingefügt. Darauf folgen ein Komma und ein Leerzeichen. Danach fügt Word den ersten Ausdruck – den Vornamen – ein und zuletzt den dritten Ausdruck, das Tabstoppzeichen.

Abbildung 7.9:
Text mit Ausdrücken in Suchen und Ersetzen *neu arrangieren*

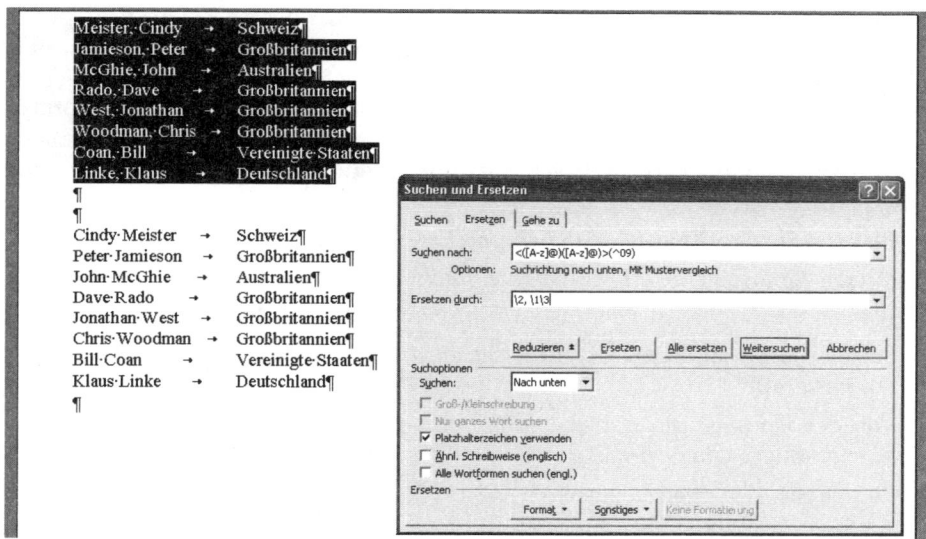

Datumsangaben umstellen

Noch ein Beispiel, um die Vorgehensweise zu veranschaulichen: Sie haben ein Dokument aus Nordamerika erhalten, worin das Datum jeweils im Format M/D/YYYY steht. Da wir hier in Europa den Tag an die erste Stelle setzen, müssen die Datumsangaben geändert werden. Der Suchbegriff lautet

`<([0-9]{1;2})/([0-9]{1;2})/([0-9]{4;4})>`

Am Anfang eines Wortes wird ein Ausdruck mit einer bis zwei Ziffern gesucht, gefolgt von einem Schrägstrich, dann noch mal das gleiche und am Schluss des Wortes muss ein Ausdruck mit vier Ziffern stehen. Bitte beachten Sie, dass die Schrägstriche nicht Teil irgendeines Ausdrucks sind – Word wird sie fallen lassen.

Im Feld *Ersetzen durch* steht

`\2.\1.\3`

Word merkt sich die drei Ausdrücke des gefundenen Textes und fügt beim Ersetzen zuerst den zweiten (Tagesangabe) ein, gefolgt von einem Punkt; dann den ersten

---

Suchen und Ersetzen

(Monatsangabe), gefolgt von noch einem Punkt und am Schluss kommt der dritte Ausdruck (Jahresangabe). Gefunden wird beispielsweise 12/25/2000 – das Resultat ist 25.12.2000.

Die Formatierung von gefundenem Text ändern

Gefundenem oder ersetztem Text kann auch eine neue Formatierung zugewiesen werden. Wie bei der Suchfunktion steht hinter der Schaltfläche *Format* eine Liste der gültigen Formatierungsdialogfelder, wenn die Einfügemarke im Feld *Ersetzen durch* steht. Die Formatierung funktioniert unabhängig von den anderen Einstellungen im Dialogfeld *Suchen und Ersetzen*. Sie kann also auch bei aktivierter Groß-/Kleinschreibung oder der Suche mit Platzhalterzeichen zugewiesen werden.

Wie für die *Suche nach*-Formatierungen ist es wichtig, dass Sie vor der Festlegung neuer Ersatzbegriffe immer auf *Keine Formatierung* klicken, um Kriterien aus vorherigen Suchläufen zu löschen.

HINWEIS

Wenn *Ersetzen durch* leer gelassen, aber eine Formatierung für das Textfeld gesetzt wird, weist Word dem gefundenen Text die Formatierung zu, ohne ihn zu löschen. Als Beispiel nehmen wir ein Dokument, das hauptsächlich mit direkter Formatierung statt Formatvorlagen hergestellt wurde. Um dem Text möglichst effizient Formatvorlagen zuzuweisen, wird die direkte Formatierung gesucht und mit der passenden Formatvorlage formatiert. Beispiel: die Formatierung *Arial 12, Fett* wird mit *Überschrift 3* ersetzt.

1. Blenden Sie das Dialogfeld *Suchen und Ersetzen* ein.
2. Mit der Einfügemarke im Feld *Suchen nach* klicken Sie auf *Keine Formatierung*.
3. Wählen Sie *Zeichen* aus der Liste *Format* und setzen Sie *Arial 12, Fett*.
4. Setzen Sie die Einfügemarke in *Ersetzen durch* und betätigen nochmals *Keine Formatierung*.
5. Von der *Format*-Liste wählen Sie *Formatvorlage* und in diesem Dialogfeld die Formatvorlage *Überschrift 3*.
6. Führen Sie *Alle ersetzen* aus.

Formatierungen ersetzen

Hier noch ein Beispiel, das die Abstände zwischen Absätzen Word-konform regelt. Oft werden Abstände vor und nach Überschriften durch mehrmaliges Drücken der Eingabetaste eingegeben. Für einen Setzer ist ein solches Dokument haarsträubend. Die leeren Absätze müssen weg und die Überschriften mit einer Formatvorlage formatiert werden.

Mit den folgenden Suchvorgängen werden alle Absätze mit drei oder mehr Leerzeilen davor und einer oder mehr Leerzeilen danach als Überschrift formatiert (die leeren Absätze werden gleich gelöscht):

- Mustervergleichs-Suche 1:
  Suchen nach: `(^13)^13{2;}([!^13]@^13)^13{1;}`
  Ersetzen durch: `\1<H1>\2`

- Mustervergleichs-Suche 2:
  Suchen nach: `\<H1\>(?)`
  Ersetzen durch: `\1 ((Format/Formatvorlage...: Überschrift 1))`

Eine alternative Methode steht in Word 2002 über den Aufgabenbereich *Formatvor-lagen und Formatierungen* bereit, wenn die Option *Formatierung mitverfolgen* in *Extras/Optionen/Bearbeiten* aktiviert ist. Klicken Sie rechts auf den Eintrag für die direkte Formatierung und wählen Sie *Alle n Instanzen* (Word markiert alle Textstel-len im Dokument, die damit formatiert sind.) Jetzt klicken Sie auf den Eintrag der Formatvorlage in der Liste, um sie dem markierten Text zuzuweisen.

HTML bearbeiten Diese Funktionalität bietet auch eine Möglichkeit, einen mit Steuerzeichen ausgestat-teten Text (z.B. HTML) schnell zu formatieren. Um beispielsweise alle Zeichen zwi-schen den Steuerzeichen »<bold>« und »</bold>« fett zu formatieren und die Steu-erzeichen zu entfernen, suchen Sie nach \<bold\>(*)\<\/bold\>. Mit der Einfügemarke im Feld *Ersetzen durch* geben Sie \1 ein und drücken Sie Strg+Umschalt+F um die Forma-tierung *Fett* zu bestimmen.

TIPP *Suchen und Ersetzen* bietet eine schnelle Methode, direkte Absatzformatierungen, wie Ausrichtung oder Zeilenabstand, zu entfernen, sodass nur die Formatierung der Formatvorlage in Kraft bleibt. Um die Formatierung aller Absätze, die mit einer bestimmten Absatzformatvorlage formatiert sind, zurückzusetzen, lassen Sie das Feld *Suchen nach* leer und legen als Formatkriterium die Formatvorlage fest. Für das Feld *Ersetzen durch* wählen Sie die gleiche Formatvorlage als Kriterium. Im Endeffekt wird die Formatvorlage mit sich selbst ersetzt, so, als ob Sie einen Absatz markieren und ihm die Formatvorlage erneut zuweisen würden.

TIPP Um direkte Zeichenformatierungen wie *Fett* oder *Kursiv* zu entfernen, gehen Sie für das Feld *Suchen nach* gleich vor. Als Formatkriterium im Feld *Ersetzen durch* wäh-len Sie aus dem Dialogfeld *Format/Formatvorlage* den Eintrag *Absatz-Standard-schriftart*.

Ersetzen – *Alle Wortformen suchen* aktiviert

Wie in der Diskussion für das Suchen erwähnt, arbeitet diese Option nur mit engli-schem Text. Sie sucht nicht nur alle Formen eines Wortes, sondern ersetzt sie auch mit der entsprechend Form des Ersatzbegriffs. Diese Funktionalität kann sehr hilf-reich sein, kann jedoch auch ganz unerwartete Resultate bringen. Sie erkennt Haupt-wörter, Adjektive und Zeitwörter.

Word erkennt beispielsweise die Mehrzahl von Hauptwörtern und ersetzt den gefun-denen Text entsprechend. Soll »foot« durch »hand« ersetzt werden, findet Word auch »feet« (die Mehrzahl von Fuß) und ersetzt es durch »hands«.

Auch die Steigerungsformen von Adjektiven werden gefunden. Ist der Suchbegriff »big« (groß), findet Word auch »bigger« und »biggest« und ersetzt sie durch »small« (klein), bzw. »smaller« oder »smallest«.

Um den Umgang mit Zeitformen zu veranschaulichen, nehmen wir als Beispiel den Suchbegriff »draw« (zeichnen). Gefunden werden auch »drawn« und »drew«. Die drei Wörter werden durch »sketch«, »sketched« und »sketched« ersetzt.

Suchen und Ersetzen mit VBA automatisieren

Im Allgemeinen liefert der Makrorekorder brauchbaren Code für die *Suchen und Ersetzen*-Funktionalität. Ein Beispiel hierfür sehen Sie in Listing 7.4. Viele der Parameter stimmen mit den englischen Bezeichnungen der Dialogfeldsteuerelemente überein, sodass es relativ einfach ist, die Handlung nachzuvollziehen (die Tabelle 7.6 bietet eine Übersicht der entsprechenden deutschen Begriffe).

Mit nur einigen Ergänzungen kann das Resultat problemlos als Makro eingesetzt werden. In diesem Abschnitt werden wir die Unterschiede zwischen *Suchen und Ersetzen* in der Benutzerschnittstelle dessen Verhalten in VBA gegenüberstellen und einige nützliche Ergänzungen diskutieren.

```
Sub AlleUpdatenMitAktualisierenErsetzen()
'
' AlleUpdatenMitAktualisierenErsetzen Makro
' Makro aufgezeichnet am 11.03.2002 von CindyOn2000D
'
    Selection.Find.ClearFormatting
    Selection.Find.Replacement.ClearFormatting
    With Selection.Find
        .Text = "updaten"
        .Replacement.Text = "aktualisieren"
        .Forward = True
        .Wrap = wdFindContinue
        .Format = False
        .MatchCase = True
        .MatchWholeWord = True
        .MatchWildcards = False
        .MatchSoundsLike = False
        .MatchAllWordForms = False
    End With
    Selection.Find.Execute Replace:=wdReplaceAll
End Sub
```

Listing 7.4:
Aufgezeichnetes Makro, um den Begriff »updaten« mit dem Wort »aktualisieren« zu ersetzen

Den Code aus Listing 7.4 finden Sie auf der Buch CD im Ordner *Buch\\Kap07*. Die Datei heißt *List07_04.bas*.

Was aufgezeichneter Code nicht tut

Der Beispielcode in Listing 7.4 beginnt, genau wie wir in der Benutzerschnittstelle arbeiten sollen, mit der Entfernung aller Formatierungseinstellungen: ClearFormatting. Der Makrorekorder zeichnet diese Zeilen auf, auch wenn die Schaltfläche nicht betätigt wurde.

Das aufgezeichnete Makro läuft einwandfrei, aber es macht nicht genau das, was der gleiche Vorgang, ausgeführt in der Benutzerschnittstelle, getan hat. Er sucht nämlich nur die gegenwärtige Story ab, nicht das ganze Dokument mit sämtlichen Kopf- und Fußzeilen, Fußnoten, Endnoten und Autoformen. Anders ausgedrückt – ein aufgezeichnetes Makro verhält sich ähnlich wie das Dialogfeld, wenn Sie aus dem Dropdownfeld *Suchen* entweder *Nach oben* oder *Nach unten* wählen.

Das Parameter Forward entspricht dem Feld *Suchen*, es akzeptiert jedoch nur boolesche Werte, also entweder »Wahr« oder »Falsch«. Forward bedeutet so viel wie *Nach unten*. Wenn es auf »Falsch« gesetzt wird, sucht Word in die Richtung *Nach oben*. Word-VBA hat keine Option, die der Einstellung *Gesamt* entspricht.

Ist Ihnen das Wort »ähnlich« im Vergleich zwischen dem Makro und der Benutzerschnittstelle aufgefallen? Denken Sie ein wenig zurück. Wenn Sie *Nach unten* oder *Nach oben* suchen, fragt Word am Ende (bzw. am Anfang) des Dokuments, ob das restliche Dokument untersucht werden soll. Je nach Wert des Parameters Wrap fragt Word dies bei der Ausführung des Makros nicht. In Listing 7.4 hat Wrap den Wert wdFindContinue – Word sucht weiter, ohne zu fragen. Die anderen zwei Möglichkeiten sind wdFindAsk – Word fragt – und wdFindStop – Word beendet die Suche.

WICHTIG Gehen Sie mit wdFindContinue sorgfältig um. Wenn die Suche für eine Zwischenhandlung unterbrochen wird, kann diese Einstellung zu einer Endlosschleife führen, die nur mit Strg+Pause abgebrochen werden kann.

Tabelle 7.6:
Übersicht der
entsprechenden
deutschen
Begriffe für die
Parameter des
Suchen und
Ersetzen *mit VBA*

Parameter	Beschriftung in der deutschen Umgebung
Text	Suchen nach
Replacement.Text	Ersetzen mit
Forward	Suchen
Wrap	[Kein entsprechendes Steuerelement. Legt fest, wie *Suchen und Ersetzen* sich am Ende einer Story verhält.]
Format	[Formatierungen werden gesucht]
MatchCase	Groß-/Kleinschreibung
MatchWholeWord	Ganzes Wort
MatchWildcards	Platzhalterzeichen verwenden
MatchSoundsLike	Ähnl. Schreibweise
MatchAllWordForms	Alle Wortformen suchen
ClearFormatting	Keine Formatierung

Formatierungen suchen und ersetzen

Es gibt einen Bereich, wo der Makrorekorder seinen Dienst versagt: Bei der Aufzeichnung bestimmter Schrifteinstellungen. Dieses Fehlverhalten erfordert eine manuelle Anpassung des Codes, wobei sich die IntelliSense-Funktion des VB-Editors als sehr hilfreich erweist.

Vergleichen Sie Abbildung 7.10 mit dem Code in Listing 7.5. Die fünf Zeilen mit dem Vermerk »hinzugefügt« wurden vom Makrorekorder nicht aufgezeichnet. Sie müssen selber die Anweisungen .Font.Bold, .Font.Size usw. eingeben. Sofern im Dialogfeld des VB-Editors *Extras/Optionen/Editor* das Kontrollkästchen *Elemente automatisch auflisten* aktiviert ist, schlägt Word nun eine Liste möglicher Eigenschaften vor, was Ihnen die Ergänzung des Makros erheblich erleichtert.

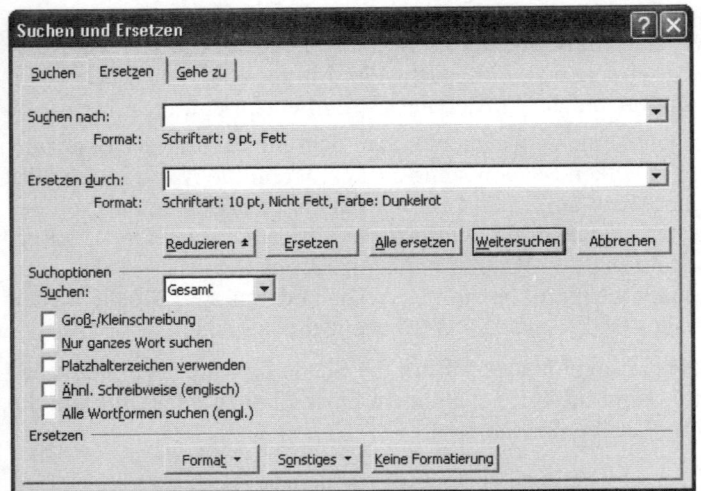

Abbildung 7.10:
Kriterien für die Schriftforma-tierung in Suchen nach *und* Ersetzen durch *werden vom Makrorekorder nicht aufgezeichnet*

```
Sub Fett9PunktSuchenMitRot10PunktErsetzen()
' Makro aufgezeichnet am 12.03.2002 von CindyOn2000D
'
    Selection.Find.ClearFormatting
    Selection.Find.Replacement.ClearFormatting
    With Selection.Find
        .Text = ""
        .Font.Bold = True   'hinzugefügt
        .Font.Size = 9   'hinzugefügt
        .Replacement.Text = ""
        .Replacement.Font.Bold = False   'hinzugefügt
        .Replacement.Font.Color = wdColorDarkRed   'hinzugefügt
        .Replacement.Font.Size = 10   'hinzugefügt
        .Forward = True
        .Wrap = wdFindContinue
        .Format = True
        .MatchCase = False
        .MatchWholeWord = False
        .MatchWildcards = False
        .MatchSoundsLike = False
        .MatchAllWordForms = False
    End With
    Selection.Find.Execute Replace:=wdReplaceOne
End Sub
```

Listing 7.5:
Vom Makrore-korder nicht aufgezeichnete Suchen und Ersetzen-*Krite-rien müssen manuell hinzu-gefügt werden*

Den Code aus Listing 7.5 finden Sie auf der Buch-CD im Ordner *Buch**Kap07*. Die Datei heißt *List07_05.bas*.

Das Suchergebnis bearbeiten

Suchen und Ersetzen ist eine mächtige Funktion, die vieles kann. Aber alles kann sie nicht. Oft werden beispielsweise Daten während eines Seriendrucks eingelesen, die einer weiteren Verarbeitung bedürfen. Die Lösung besteht meistens darin, Platzhalter beiderseits des Seriendruckfeldes zu setzen. Nach dem Seriendruck wird jedes Platzhalterpaar gesucht und was dazwischen liegt bearbeitet.

Das bedeutet, der Suchvorgang muss nach jedem »Treffer« unterbrochen und anschließend wieder fortgesetzt werden. In VBA bedingt dieses Vorhaben einige Anpassungen des Codes.

Angenommen Sie haben eine Datenquelle, in der ein Feld eine Liste enthält. Diese Liste soll in eine Tabelle umgewandelt werden. Word hat dafür die Methode ConvertTo-Table (mehr darüber lesen Sie in ▶ Kapitel 8). Wir müssen lediglich den Befehl auf die markierte Liste ausführen, eine neue Zeile am Ende der neuen Tabelle einfügen, deren letzte Zelle mit einer Feldfunktion ausstatten, um die Zahlen zu addieren und die neu erstellte Tabelle formatieren. Das Endresultat der Prozedur in Listing 7.6 sehen Sie im oberen Teil der Abbildung 7.11.

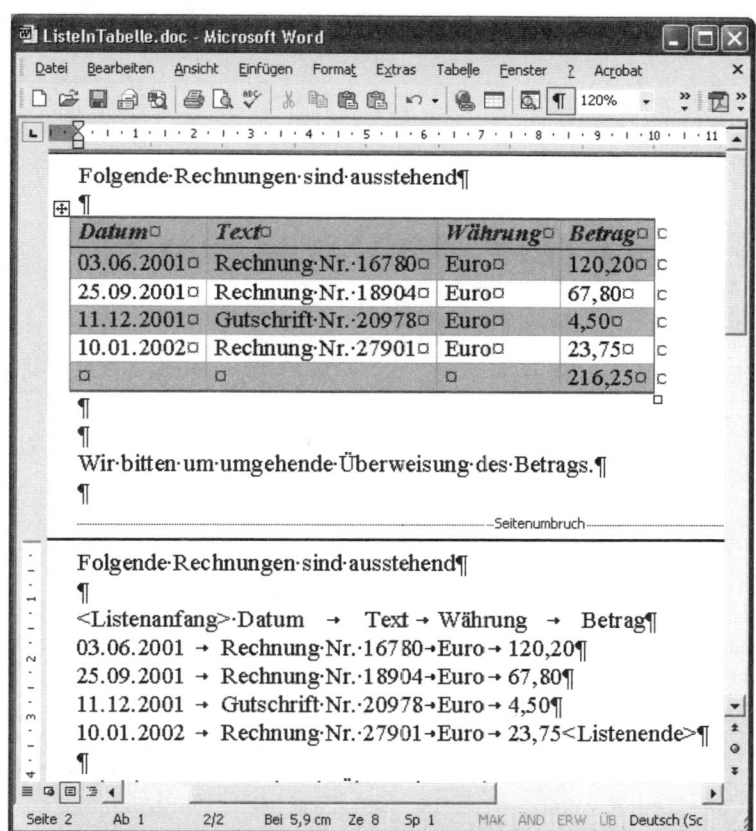

Abbildung 7.11:
Eine Liste suchen
und in
eine Tabelle
umwandeln

Das gezeigte Beispiel und den Code aus Listing 7.6 finden Sie in der Datei *ListeInTabelle.doc* im Ordner *\Buch\Kap07* auf der CD-ROM zum Buch.

Der erste Teil der Prozedur ListeSuchenMitTabelleErsetzen wurde mit dem Makrorekorder aufgezeichnet. Mit aktivierter Option *Platzhalterzeichen verwenden* wurden die Platzhalter »<Listenanfang>« und »<Listenende>«, sowie der gesamte Text dazwischen gesucht. Ersetzt wird das Suchergebnis mit dem ersten Ausdruck, der den zwischen den Platzhaltern liegenden Text enthält (die Platzhalter fallen weg).

Suchen und Ersetzen   **257**

Ab dieser Stelle musste das Makro bearbeitet werden. Eine eingehende Diskussion des Objektmodels für Tabellen steht in ▶ Kapitel 8.

```
Sub ListeSuchenMitTabelleErsetzen()
'
' ListeSuchenMitTabelleErsetzen Makro
' Makro aufgezeichnet am 12.03.2002 von CindyOn2000D
'
    Selection.Find.ClearFormatting
    Selection.Find.Replacement.ClearFormatting
    With Selection.Find
        .Text = "\<Listenanfang\>(*)\<Listenende\>"
        .Replacement.Text = "\1"
        .Forward = True
        .Wrap = wdFindContinue
        .Format = False
        .MatchCase = False
        .MatchWholeWord = False
        .MatchAllWordForms = False
        .MatchSoundsLike = False
        .MatchWildcards = True
    End With
    Selection.Find.Execute Replace:=wdReplaceOne

    'Makro angepasst am 12.03.2002
    Dim tbl As Word.Table, rw As Word.Row
    Set tbl = Selection.ConvertToTable( _
        Separator:=vbTab, DefaultTableBehavior:=wdWord8TableBehavior)
    Set rw = tbl.Rows.Add
    rw.Cells(rw.Cells.Count).Select
    Selection.Collapse wdCollapseStart
    Selection.Fields.Add Range:=Selection.Range, _
        Text:="= Sum(Above) \# " & """" & "#.0,00" & """", _
        PreserveFormatting:=False
    tbl.AutoFormat Format:=wdTableFormatList1
End Sub
```

Listing 7.6:
Eine Liste suchen, und in eine formatierte Tabelle umwandeln

Was Ihnen bei diesem Beispiel bestimmt auffällt, ist, dass das Makro für jede Liste immer wieder ausgeführt werden muss, bis alle bearbeitet wurden. Wie kann die Suche automatisch fortgesetzt werden, bis alle Listen bearbeitet wurden?

Der Suchvorgang muss in einer Schleife stehen und die weitere Handlung sowie die Wiederholung der Schleife hängen von dessen Erfolg ab. Vergleichen Sie Listing 7.7. Am Anfang sorgen wir dafür, dass ab Dokumentanfang gesucht wird. Der Schleifenanfang steht nach den Zeilen mit ClearFormatting, weil diese Methode nur einmal ausgeführt werden muss. Der Erfolg des Suchvorgangs wird mit Selection.Find.Found getestet. Ist diese Eigenschaft »Wahr«, wird die gefundene Liste in eine Tabelle umgewandelt und die Schleife geht weiter. Andernfalls wird die Schleife abgebrochen.

```
Sub AlleListenSuchenMitTabelleErsetzen()
'
' ListeSuchenMitTabelleErsetzen Makro
' Makro aufgezeichnet am 12.03.2002 von CindyOn2000D
'
    Selection.HomeKey wdStory
    Selection.Find.ClearFormatting
    Selection.Find.Replacement.ClearFormatting
Do
    With Selection.Find
        .Text = "\<Listenanfang\>(*)\<Listenende\>"
        .Replacement.Text = "\1"
        .Forward = True
        .Wrap = wdFindContinue
        .Format = False
        .MatchCase = False
        .MatchWholeWord = False
        .MatchAllWordForms = False
        .MatchSoundsLike = False
        .MatchWildcards = True
    End With
    Selection.Find.Execute Replace:=wdReplaceOne
    If Selection.Find.Found Then
        Dim tbl As Word.Table, rw As Word.Row
        Set tbl = Selection.ConvertToTable( _
            Separator:=vbTab, DefaultTableBehavior:=wdWord8TableBehavior)
        Set rw = tbl.Rows.Add
        rw.Cells(rw.Cells.Count).Select
        Selection.Collapse wdCollapseStart
        Selection.Fields.Add Range:=Selection.Range, _
            Text:="= Sum(Above) \# " & """" & "#.0,00" & """", _
            PreserveFormatting:=False
        tbl.AutoFormat Format:=wdTableFormatList1, ApplyHeadingRows:=False
    Else
        Exit Do
    End If
Loop Until Not Selection.Find.Found
End Sub
```

 Den Code aus Listing 7.7 finden Sie auf der Buch CD im Ordner *\Buch\Kap07*. Die Datei heißt *List07_07.bas*.

Suchen, ohne die Markierung im Dokument zu ändern

Der Makrorekorder arbeitet fast ausschließlich mit dem Selection-Objekt. In ▶ Kapitel 12 diskutieren wir eingehend über dessen Vor- und Nachteile gegenüber dem Range-Objekt. Auf *Suchen und Ersetzen* bezogen, macht sich bei Gebrauch des Selection-Objekts ein ziemlich großer Unterschied bemerkbar: Der Bildschirm flackert und die Einfügemarke steht am Schluss der Bearbeitung nicht dort, wo der Benutzer sie stehen hatte.

Wenn Sie Ihre Makros mit dem Range-Objekt (Bereiche) aufbauen, werden diese Probleme nicht auftauchen. Dafür ist die Programmierarbeit etwas aufwändiger. Das Listing 7.8 ist die für das Range-Objekt überarbeitete Version von Listing 7.7. Vereinfacht ausgedrückt: Eine Range-Objektvariable ersetzt im Code Selection. Da der Suchbereich gleich dem ganzen Dokumenttext gesetzt wird, muss nicht mehr zum Dokumentanfang gesprungen werden, sondern das Makro fängt automatisch von vorne an.

Ein Bereich muss häufiger auf einen Punkt verkleinert werden (die Collapse-Methode). Bei vielen Handlungen wird eine Markierung automatisch auf einen Punkt verkleinert. Nicht so der Bereich – er bleibt im Allgemeinen erhalten, bis wir ihn ausdrücklich ändern.

Aber keine Regel ohne Ausnahme: Nach erfolgreichem Suchvorgang ist der Suchbereich gleich dem Bereich des Suchergebnisses. Deshalb muss am Ende der Schleife der Suchbereich wieder festgelegt werden. In diesem Fall wird das Ende des Suchbereichs dem Ende des ursprünglichen Bereichs (das Ende des Dokumentbereichs) gleichgesetzt.

Theoretisch könnte man den Suchbereich wieder gleich dem ganzen Dokument setzen. Da die Platzhalter entfernt wurden, besteht keine Gefahr, die gleiche Stelle immer wieder anzuspringen. Aber ein kleiner Bereich ist schneller durchsucht.

HINWEIS

```
Sub AlleListenImBereichSuchenMitTabelleErsetzen()
    Dim rngSuchen As Word.Range

    Set rngSuchen = ActiveDocument.Range
    rngSuchen.Find.ClearFormatting
    rngSuchen.Find.Replacement.ClearFormatting
Do
    With rngSuchen.Find
        .Text = "\<Listenanfang\>(*)\<Listenende\>"
        .Replacement.Text = "\1"
        .Forward = True
        .Wrap = wdFindStop
        .Format = False
        .MatchCase = False
        .MatchWholeWord = False
        .MatchAllWordForms = False
        .MatchSoundsLike = False
        .MatchWildcards = True
        .Execute Replace:=wdReplaceOne
        If .Found Then
            Dim tbl As Word.Table, rw As Word.Row, rngCell As Word.Range
            'Liste in eine Tabelle umwandeln
            Set tbl = rngSuchen.ConvertToTable( _
                Separator:=vbTab, DefaultTableBehavior:=wdWord8TableBehavior)
            'Eine Zeile hinzufügen
            Set rw = tbl.Rows.Add
            'Eine Feldfunktion, um die Zahlen zusammenzuaddieren,
            'in die letzte Zelle einfügen
            Set rngCell = rw.Cells(rw.Cells.Count).Range
            rngCell.Collapse wdCollapseStart
            rngSuchen.Fields.Add Range:=rngCell, _
                Text:="= Sum(Above) \# " & """" & "#.0,00" & """", _
                PreserveFormatting:=False
            'Die Tabelle formatieren
```

Listing 7.8:
Suchen und
Ersetzen *mit dem*
Range- *statt*
Selection-*Objekt*

```
            tbl.AutoFormat Format:=wdTableFormatList1, ApplyHeadingRows:=False
            rngSuchen.Collapse wdCollapseEnd
            rngSuchen.End = ActiveDocument.Range.End
        Else
            Exit Do
        End If
    End With
Loop Until Not rngSuchen.Find.Found
End Sub
```

 Den Code aus Listing 7.8 finden Sie auf der Buch CD im Ordner *Buch**Kap07*. Die Datei heißt *List07_08.bas*.

HINWEIS Falls der Suchvorgang in einer Tabelle unterbrochen wird, gestaltet sich die Handlung etwas komplizierter, weil die Erweiterung eines Bereichs, der sich in einer Tabelle befindet, automatisch die ganze Tabelle einschließt. Für dieses Beispiel wäre das kein Problem, da der Suchbegriff nie in einer Tabelle stehen wird. In Listing 8.7 im ▶ Kapitel 8 werden alle Zahlen in einer Markierung gesucht, um sie zu formatieren. Das angesprochene Problem trifft hier zu und wird in der Diskussion zu diesem Listing behandelt.

TIPP Geschwindigkeit ist ein oft genannter Grund, dem Range-Objekt den Vorzug über das Selection-Objekt zu geben. Unter Umständen jedoch läuft *Suchen und Ersetzen* schneller mit dem Selection-Objekt. Wenn Sie lange Dokumente bearbeiten müssen, lohnt es sich, beide Methoden auszuprobieren.

Das ganze Dokument mit VBA durchsuchen

Die Frage steht noch offen, wie wir Word dazu bringen, das gesamte Dokument nach einem Suchbegriff zu durchsuchen und nicht nur die gegenwärtige Story (Dokumentteil). Es ist durchaus möglich, dass der Suchbegriff sich nicht nur im Dokumenttext, sondern auch in den Kopf- und Fußzeilen, Fußnoten oder Endnoten befindet. Dazu ist eine Schleife notwendig, die alle Stories im Dokument einbindet.

Alle Bereiche und Unterbereiche durchsuchen In Listing 7.9 sehen Sie in der Prozedur GanzesDokumentDurchsuchen wie eine solche Schleife zusammengesetzt wird. Jede Story der Auflistung StoryRanges wird angesprochen: For Each sty In doc.StoryRanges. Das genügt jedoch nicht, da eine Story mehrere Unterbereiche umfassen kann. Dies ist der Fall, wenn ein Dokument mehrere Abschnitte mit eigenen Kopf- und Fußzeilen hat. Jede Kopf- bzw. Fußzeile ist ein diskreter StoryRange. Deshalb muss auch kontrolliert werden, ob ein NextStoryRange angesprochen werden kann. Dieser Test wird in einer Do-Schleife ausgeführt, bis in dieser Story kein StoryRange mehr vorhanden ist.

TIPP Falls Sie eine Pfadangabe in einer Feldfunktion ersetzen wollen, um die Verknüpfungen zu externen Dateien zu aktualisieren, drücken Sie vor Ausführung des Suchvorgangs Alt+F9, um die Feldcodes einzublenden. Und vergessen Sie nicht, dass Sie die Anzahl umgekehrter Schrägstriche in Feldfunktionen verdoppeln müssen.

HINWEIS Um das Makro in Listing 7.9 übersichtlicher zu machen, steht der Suchvorgang in der getrennten Prozedur AlleInstanzenErsetzen. Alle fälligen Änderungen im Suchvorgang müssen damit nur an einer, statt an mehreren Stellen vorgenommen werden.

```
Sub GanzesDokumentDurchsuchen()
    Dim doc As Word.Document, sty As Word.Range
    Dim szSuchbegriff As String, szErsatzbegriff As String

    szSuchbegriff = "\\AlterServer\Dokumente\Mein Projekt\"
    szErsatzbegriff = "\\NeuerServer\Projekte\Projekt1\"

    Set doc = ActiveDocument
    For Each sty In doc.StoryRanges
        AlleInstanzenErsetzen sty, szSuchbegriff, szErsatzbegriff
        Do While Not (sty.NextStoryRange Is Nothing)
            Set sty = sty.NextStoryRange
            AlleInstanzenErsetzen sty, szSuchbegriff, szErsatzbegriff
        Loop
    Next sty

End Sub

Sub AlleInstanzenErsetzen(rng As Word.Range, szSuchbegriff As String, _
                    szErsatzbegriff As String)
    rng.Find.ClearFormatting
    rng.Find.Replacement.ClearFormatting
    With rng.Find
        .Text = szSuchbegriff
        .Replacement.Text = szErsatzbegriff
        .Forward = True
        .Wrap = wdFindContinue
        .Format = False
        .MatchCase = True
        .MatchWholeWord = True
        .MatchWildcards = False
        .MatchSoundsLike = False
        .MatchAllWordForms = False
    End With
    rng.Find.Execute Replace:=wdReplaceAll
End Sub
```

Listing 7.9:
Eine Schleife durch die Story-Ranges-*Auflistung ermöglicht die Suche und das Ersetzen einer Pfadangabe im ganzen Dokument*

Den Code aus Listing 7.9 finden Sie auf der Buch CD im Ordner *\Buch\Kap07*. Die Datei heißt *List07_09.bas*.

Sicherstellen, dass alle Kopf- und Fußzeilen durchsucht werden

Leider hat die Methode mit NextStoryRange einen kleinen Fehler, der einen vorzeitigen Abbruch des Suchvorgangs verursacht, wenn eine oder mehrere Kopf- oder Fußzeilen keinen Inhalt haben. Falls dies in einem Dokument, das Ihr Code bearbeiten muss, vorkommt, sorgt die Prozedur in Listing 7.10 dafür, dass Word alle Kopf- und Fußzeilen korrekt erkennt.

Listing 7.10:
*Kopf- und Fuß-
zeilen für einen
Suchvorgang
durch das
gesamte Doku-
ment vorbereiten*

```
Sub AlleKopfUndFusszeilenFuerInhaltTesten()
    'Objektvariablen für Abschnitte, Kopf- und Fusszeilen
    Dim oSection As Section, oHeader As HeaderFooter, oFooter As HeaderFooter

    'Durch alle Abschnitte schleifen
    For Each oSection In ActiveDocument.Sections
        'Alle Kopfzeilen des Abschnitts bearbeiten
        For Each oHeader In oSection.Headers
            If Len(oHeader.Range.Text) = 0 Then
                'Falls die Kopfzeile leer ist, ein Leerzeichen eingeben
                oHeader.Range.Text = " "
            End If
        Next oHeader
        'Alle Fußzeilen des Abschnitts bearbeiten
        For Each oFooter In oSection.Footers
            If Len(oFooter.Range.Text) = 0 Then
                'Falls die Fußzeile leer ist, ein Leerzeichen eingeben
                oFooter.Range.Text = " "
            End If
        Next oFooter
    Next oSection
End Sub
```

Den Code aus Listing 7.10 finden Sie auf der Buch CD im Ordner *Buch**Kap07*. Die Datei heißt *List07_10.bas*.

Text in AutoFormen der Kopf- und Fußzeilen bearbeiten

Obwohl die Prozeduren in Listing 7.9 und Listing 7.10 zuverlässig alle Kopf- und Fußzeilen durchsuchen, finden sie nicht immer alle darin verankerten Textfelder und AutoFormen mit Text. Da diese für sich diskrete StoryRanges sind, muss ein anderer Weg gefunden werden, um sie anzusprechen. Der Schlüssel hierzu ist die Tatsache, dass alle grafischen Objekte, die sich in der Zeichenebene einer Kopf- oder Fußzeile befinden, über den Bereich der normalen Kopfzeile des ersten Abschnitts des Dokuments zugänglich sind.

Der Code in Listing 7.11 veranschaulicht dieses Prinzip. Er ersetzt den Text »Entwurfsversion vom [beliebigen Datum]« mit »Finalversion vom [heutigen Datum]«. Alle Stories werden auf die übliche Weise in einer Schleife durchlaufen. Wenn der StoryRange der normalen Kopfzeile des ersten Abschnitts vorliegt, wird zusätzlich durch alle AutoFormen mit Text gesucht.

TIPP VBA bietet keine Methode oder Eigenschaft, die die Anzahl gefundener bzw. ersetzter Begriffe liefert. Sie können einen Zähler in eine Schleife einbauen, um die Information zu sammeln, wie in Listing 7.11 mit lAnzahlVorkommen. Bei jedem erfolgreichem Suchvorgang wird der Zähler um eins erhöht.

Listing 7.11:
Einen Text auch
in AutoFormen
der Kopf- und
Fußzeilen finden
und ersetzen

```
Sub EntwurfDurchFinalErsetzen()
    'Objektvariablen für Story-Bereich und grafische Objekte
    Dim sty As Range, rngShapeRange As Range, shp As Shape
    Dim szSuchText As String, szErsatzText As String, lAnzahlVorkommen As Long

    szSuchText = "Entwurfsversion vom [0-9]{1;2}.[0-9]{1;2}.[0-9]{2;4}"
    szErsatzText = "Finalversion vom " & Format(Date, "dd.mm.yyyy")

    For Each sty In ActiveDocument.StoryRanges
        'handelt es sich um die normale Kopfzeile des ersten Abschnitts
        'werden alle grafischen Objekte mit Text bearbeitet
        If sty.StoryType = wdPrimaryHeaderStory Then
            For Each shp In ActiveDocument.Sections(1).Headers( _
                                    wdHeaderFooterPrimary).Shapes
                If shp.TextFrame.HasText Then
                    Set rngShapeRange = shp.TextFrame.TextRange
                    If AlleInstanzenErsetzenMitMustervergleich( _
                            rngShapeRange, szSuchText, szErsatzText) Then _
                                lAnzahlVorkommen = lAnzahlVorkommen + 1
                End If
            Next shp
        End If
        'den StoryRange bearbeiten
        If AlleInstanzenErsetzenMitMustervergleich( _
            sty, szSuchText, szErsatzText) Then _
                lAnzahlVorkommen = lAnzahlVorkommen + 1
        'mit allen Unterbereichen
        Do While Not (sty.NextStoryRange Is Nothing)
            Set sty = sty.NextStoryRange
            If AlleInstanzenErsetzenMitMustervergleich( _
                sty, szSuchText, szErsatzText) Then _
                    lAnzahlVorkommen = lAnzahlVorkommen + 1
        Loop
    Next sty
    MsgBox "Der Suchbegriff wurde " & CStr(lAnzahlVorkommen) & " Male ersetzt.", _
        vbInformation + vbOKOnly
End Sub


Function AlleInstanzenErsetzenMitMustervergleich(rng As Word.Range, _
        ByVal szSuchbegriff As String, ByVal szErsatzbegriff As String) As Boolean

    rng.Find.ClearFormatting
    rng.Find.Replacement.ClearFormatting
    With rng.Find
        .Text = szSuchbegriff
        .Replacement.Text = szErsatzbegriff
        .Forward = True
        .Wrap = wdFindContinue
        .Format = False
        .MatchCase = False
        .MatchWholeWord = False
        .MatchWildcards = True
        .MatchSoundsLike = False
        .MatchAllWordForms = False
    End With
    rng.Find.Execute Replace:=wdReplaceAll
    AlleInstanzenErsetzenMitMustervergleich = rng.Find.Found
End Function
```

Den Code aus Listing 7.11 finden Sie auf der Buch CD im Ordner \Buch\Kap07. Die Datei heißt *List07_11.bas*.

Word schließt Suche mit Mustervergleich nicht ab

Bei der Suche mit der Option *Platzhalterzeichen verwenden* kommt es ab und zu vor, dass Word den Suchvorgang nicht beenden kann. In der Benutzerschnittstelle wird weder Text markiert, noch die Meldung eingeblendet, dass der Suchvorgang beendet ist. Dialogfeld und Dokument verhalten sich offensichtlich trotzdem normal; der Benutzer kann weiter arbeiten.

Schuld daran ist eine Textstelle im Dokument, die aus einem unvollständigen Vergleich resultiert. Word findet den Anfang des Suchbegriffs, merkt es sich vor, erreicht das Dokumentende und ... kommt nicht weiter.

Das ganze wäre nicht weiter schlimm und kaum erwähnenswert, wenn bei der Ausführung des Suchvorgangs als Teil eines Makros Word (und zwar alle Versionen) nicht abstürzen würde.

Das hier nicht näher erläuterte Listing 7.13 auf der CD-ROM zeigt, wie Sie dieses Problem abfangen, bevor es zu einem Absturz führt. Wenn der Endpunkt des unsichtbaren markierten Bereichs den Wert Null hat, sitzt Word fest und die Schleife kann unterbrochen werden.

Das komplette Listing finden Sie auf der Buch CD im Ordner \Buch\Kap07. Die Datei heißt *List07_13.bas*.

HINWEIS Um das Problem nachzuvollziehen und diese Prozedur zu testen, geben Sie einige »<>«-Paare mit Text dazwischen ein. Am Ende des Dokuments fügen Sie nur die öffnende Klammer »<« ein, ohne eine abschließende »>«.

Word nach erfolglosem Suchvorgang mit Mustervergleich zurücksetzen

Unter Umständen versagt Suchen mit Platzhalterzeichen, wenn zuvor ein ähnlicher Vorgang ohne Erfolg durchgeführt wurde. Dieses Problem kann durch einen unmittelbar darauf folgenden, erfolgreichen Suchvorgang ohne Mustervergleich behoben werden.

Das Makro in Listing 7.12 setzt die Found-Eigenschaft ein, um zu kontrollieren, ob die Suche mit Platzhalterzeichen fehlgeschlagen ist. Falls ja, führt es sofort eine normale Suche nach dem Suchbegriff »^p« (eine Absatzmarke) aus. Da jedes Word-Dokument, ohne Ausnahme, mindestens einen Absatz enthält, muss dieser Suchvorgang erfolgreich sein. Dadurch wird gewährleistet, dass weitere Suchvorgänge mit Platzhalterzeichen von Word korrekt ausgeführt werden.

Listing 7.12:
Die Suchfunk-
tionalität
zurücksetzen

```
Sub AbgesicherterSuchvorgangMitMustervergleich()
    Dim rng As Word.Range

    Set rng = ActiveDocument.Range
    'Suche mit Platzhalterzeichen ausführen
    'Alle Datumsangaben in USA-Format
    rng.Find.Execute _
        FindText:="[0-9]{1;2}/[0-9]{1;2}/[0-9]{4;4}", _
        MatchWildcards:=True, Forward:=True
```

```
'Bei Erfolg weitere Handlungen ausführen, dann Makro abbrechen
If rng.Find.Found Then
  'weitere Handlungen kommen hier
  Exit Sub
End If

'Sonst Words Suchfunktionalität zurücksetzen
rng.Find.Execute _
  FindText:="^p", MatchWildcards:=False
End Sub
```

Den Code aus Listing 7.12 finden Sie auf der Buch CD im Ordner \Buch\Kap07. Die Datei heißt List07_12.bas.

Suche mit Platzhalterzeichen nach Benutzereingriff wieder ermöglichen

In Word 97, 2000 und 2002 bleibt ein Suchvorgang mit Platzhalterzeichen erfolglos, wenn der Benutzer zuvor folgende Handlungen ausgeführt hat:

- Irgendein Suchvorgang, egal welcher Art.
- Diesen Vorgang mit dem Browserobjekt (durch Betätigung Umschalt+F4, Strg+Pfeil ab oder die Schaltflächen unter der vertikalen Bildlaufleiste) wiederholt.
- Und am Ende des Dokuments Words die Frage verneint, ob die Suche am Anfang weitergeführt werden soll.

Wenn Word auf diese Weise einen Suchvorgang abbrechen muss, bevor das ganze Dokument durchsucht wurde, bleiben anschließende Suchvorgänge mit Platzhalterzeichen erfolglos, auch wenn passende Textstellen im Dokument vorhanden sind.

Um dieses Problem zu umgehen, rufen Sie die Prozedur in Listing 7.14 (auf der CD-ROM) auf, bevor Sie eine Suche mit Platzhalterzeichen in VBA ausführen.

Leider blendet diese Prozedur das Dialogfeld *Suchen und Ersetzen* für kurze Zeit ein. Wir wissen von keinem anderen Weg, dieses Problem zu beheben.   **HINWEIS**

Mehr über den Einsatz vom CommandBar-Objekt, um Word-Befehle auszuführen, finden Sie im ▶ Kapitel 12.

Den Code zu Listing 7.14 finden Sie auf der Buch CD im Ordner \Buch\Kap07. Die Datei heißt List07_14.bas.

Das Dialogfeld *Suchen und Ersetzen* zurücksetzen

Sofern Sie in VBA mit dem Selection-Objekt die Suchfunktionalität einsetzen, werden die Einstellungen in Ihrem Code im Dialogfeld *Suchen und Ersetzen* festgehalten. Wenn der Benutzer dies nicht bemerkt, könnte dies zu unerwarteten Ergebnissen und Verärgerung führen.

Mit der Prozedur in Listing 7.15 von der CD-ROM können Sie am Ende Ihres Makros die Einstellungen des Dialogfelds zurücksetzen. Die Verwendung des Range Objekts ändert die Einstellungen des Dialogfelds nicht.

Den Code des Listing 7.15 finden Sie auf der Buch CD im Ordner \Buch\Kap07. Die Datei heißt List07_15.bas.

8 Tabellen und mehr

Tabellen erfüllen in Word zwei wichtige Aufgaben: Sie helfen bei der grafischen Strukturierung und dem Layout des Dokumentinhalts und dienen, wenn auch mit etwas unvollständiger Funktionalität, für Kalkulationen. Allgemeine Informationen zur Erstellung und Formatierung von Tabellen in der Benutzeroberfläche finden Sie in der Word-Hilfe sowie in vielen Büchern über Microsoft Word, unter anderem auch in der Reihe »Das Handbuch« von Microsoft Press.

Word-Tabellen eignen sich auch hervorragend für Datenbank-Berichte, wenn eine anspruchsvolle Formatierung verlangt wird. Wir kennen Entwickler, die auf Excel schwören, bis der Kunde Zahlen auf Dezimalstellen ausrichten will oder sich hängende Einzüge wünscht. Dann wenden sie sich, etwas zähneknirschend, an Word. Warum diese Abneigung Word gegenüber? Weil es sehr komplex und daher nicht schnell zu meistern ist; komplex, weil es doch so viel Funktionalität anbietet, die mit der Logik einer Programmiersprache schwer erfassbar ist. Wir empfinden dies als einen Reiz und eine Herausforderung.

In diesem Kapitel werden wir häufig gestellte Fragen im Umgang mit Tabellen, die neue Funktionalität in Word 2002 (inklusive Tabellenformatvorlagen), Kalkulationen und die Einbindung von Excel-Tabellen unter die Lupe nehmen. Zudem dienen mehrere Makrolösungen der Automatisierung von Word-Tabellen.

Allgemeines

Wann ist eine Tabelle notwendig? Generell formuliert, wenn Sie etwas aus dem normalen Textfluss ausgrenzen wollen. Word bearbeitet den Dokumentinhalt immer von links nach rechts und von oben nach unten (außer natürlich, wenn die »rechts-nach-links«-Funktionalität für östliche Länder aktiviert ist). Dieses Prinzip gilt fast immer. Nur für Zeitungsspalten und Tabellen wird es etwas anders interpretiert, in denen die Textbegrenzungen nicht unbedingt mit den Seitenrändern übereinstimmen. In einer

Tabelle arbeitet Word innerhalb jeder Zelle von links nach rechts und von oben nach unten – auf die gleiche Art und Weise von Zelle zu Zelle bis zum Ende der Tabelle.

Zur Nummerierung

Auch die Nummerierung steht unter diesem Zwang: Word kann Tabellen nicht automatisch von oben nach unten und von links nach rechts nummerieren. Es braucht dazu entweder ein Makro (dann ist die Nummerierung statisch) oder eine Kombination von SEQ- und Set-Feldfunktionen, die mehrmals aktualisiert werden müssen. Die benötigte Zusammenstellung für diese Alternative geht aus Abbildung 8.1 hervor.

Sie brauchen für jede Spalte eine Nummerierungssequenz. Der erste Eintrag jeder Spalte (außer der ersten) bezieht sich auf den letzten Wert der vorhergehenden. Dieser muss in einer nach der Tabelle stehenden Set-Feldfunktion festgehalten werden. Die Funktionen dürfen problemlos von einer Zeile zur nächsten kopiert werden, nur müssen Sie bei der Aktualisierung aufpassen: sie muss so viele Male ausgeführt werden, wie es Spalten gibt, wobei auch die Set-Feldfunktionen in der Aktualisierung mit einzubeziehen sind. Besonders benutzerfreundlich ist die Lösung bestimmt nicht, aber sie funktioniert – ohne VBA.

1.	5.	9.
2.	6.	10.
3.	7.	11.
4.	8.	12.

{ SEQ Sp1 \# "0'. '" }	{ SEQ Sp2 \r { = { REF Sp1 } +1 } \# "0'. '" }	{ SEQ Sp3 \r { = { REF Sp2 } +1 } \# "0'. '" }
{ SEQ Sp1 \# "0'. '" }	{ SEQ Sp2 \# "0'. '" }	{ SEQ Sp3 \# "0'. '" }
{ SEQ Sp1 \# "0'. '" }	{ SEQ Sp2 \# "0'. '" }	{ SEQ Sp3 \# "0'. '" }
{ SEQ Sp1 \# "0'. '" }	{ SEQ Sp2 \# "0'. '" }	{ SEQ Sp3 \# "0'. '" }

{ Set Sp1 "{ SEQ Sp1 \c }" }{ Set Sp2 "{ SEQ Sp2 \c }" }

Abbildung 8.1:
Die vertikale
Nummerierung
in einer Tabelle
ist nur über
Umwege zu reali-
sieren

Sie finden die in Abbildung 8.1 gezeigte Beispieldatei unter dem Namen *Bsp08_01.doc* auf der CD zu diesem Buch im Ordner *\Buch\Kap08*.

HINWEIS

Mehr über Feldfunktionen erfahren Sie im weiteren Verlauf dieses Kapitels. Beachten Sie in diesem Beispiel insbesondere den Formatierungsschalter: der Punkt und der darauf folgende Abstand sind Teil der Feldfunktion und müssen vom Benutzer nicht eingegeben werden.

Die Lösung mit Makro ist auch nur über einen kleinen Umweg zu erreichen. Bei der Aktualisierung soll nur die Nummer geändert werden, der übrige Zelleninhalt muss intakt bleiben. Suchen und Ersetzen erweist sich als problematisch: Was ist, wenn der Benutzer Zahlen eingetippt hat? Die eigentliche Nummerierung muss irgendwie identifizierbar sein.

Es gibt eine Feldfunktion, deren Zweck es ist, Text zusammenzuhalten und anzuzeigen: Quote (Bestimmen). Wenn wir die Zahlen in Quote-Feldfunktionen stecken, müssen wir nur diese ausfindig machen und ihren Inhalt anpassen. Diese Feldfunktion ist so wenig bekannt, dass es unwahrscheinlich ist, dass der Benutzer sie anwendet (außer er hat dieses Buch gelesen). Zur Sicherheit können wir noch kontrollieren, ob das erste Zeichen innerhalb den Anführungszeichen numerisch ist, bevor wir eine Änderung vornehmen.

> Das Nummerierungsformat im Beispiel sieht so aus: »1) «, mit einem Leerzeichen nach der Klammer. Um den Code leichter anpassbar zu gestalten, wurde es in zwei Zeichenketten am Anfang der Prozedur aufgeteilt. Wenn Sie vor der Nummer Text wie »Artikel« haben wollen, geben Sie ihn nach dem Anführungszeichen (""") der Variablen szQuoteAnfang ein. Der nach der Nummer folgende Text wird in der Variablen szQuoteEnde definiert.
>
> Um dem Benutzer mehr Mitspracherecht zu gewähren, können Sie ihn zur Eingabe dieser Informationen auffordern und seine Daten in Dokument-Variablen speichern, um sie für Aktualisierungsvorgänge wieder abrufbar zu haben. Noch schlagkräftiger wäre es, jeder Tabelle eine Textmarke zuzuweisen und deren Namen mit in der Variablen zu speichern, sodass Sie die Nummerierung für eine beliebige Anzahl Tabellen verwalten können.

HINWEIS Textmarken werden in ▶ Kapitel 5 eingehend diskutiert, und in vielen VBA Beispielen dieses Buches verwendet.

> Im Allgemeinen wird empfohlen, mit Bereichen (dem Range-Objekt) statt mit der Markierung (Selection-Objekt) zu arbeiten. Bereiche bleiben eher stabil (man kann zu ihnen zurückkommen); die Abwicklung der Handlungen ist damit schneller, als wenn die Einfügemarke von Stelle zu Stelle springen muss. Außerdem flimmert der Bildschirm bei Makroausführung weniger. Für die Automatisierung von Word aus einer anderen Umgebung wie Visual Basic, wo das Word-Fenster unsichtbar bleibt und die Markierung nie wirklich auf dem Bildschirm stattfindet, sind Bereiche um einiges zuverlässiger als Markierungen.
>
> Es gibt nun keine Regel ohne Ausnahme und für Tabellen gelten zwei davon:
>
> 1. Eine Spalte kann nicht einem Bereich zugewiesen werden. Obwohl die Zellen aussehen, als ob sie aneinander grenzen würden, tun sie es im binären Textfluss nicht. (Vergessen wir nicht: Word bearbeitet das Dokument von links nach rechts und oben nach unten – sonst wäre diese ganze Diskussion ja überflüssig!) Um durch die Zellen in einer Spalte zu laufen, muss die Spalte zuerst markiert werden. Oder Sie müssten mit Zellen- und Spaltenindex des Zeilen- (Row) Objekts arbeiten. Aber...
>
> 2. Das Durchlaufen der Zellen einer Markierung ist schneller, als das Durchlaufen der Zellen eines Bereichs. Und erst recht dann, wenn Sie die Indexe einsetzen müssen.

Listing 8.1:
Tabelle spalten-
weise nummerie-
ren

```
Sub TabelleSpaltenweiseNummerieren()
    Dim tbl As Word.Table, fld As Word.Field, cel As Word.Cell, rng As Word.Range
    Dim lNrCol As Long, lColZaehler, lNummerierung, lNumAnfang, rngAnfang As Word.Range
    Dim lNumZaehler As Long, bFound As Bcolean, szFeldCode As String
    Dim szQuoteAnfang As String, szQuoteEnde As String

    lNummerierung = 0
    lNumZaehler = 0
    ' Die Feldfunktion: { Quote "#) " }; Ergebnis: #)
```

```
szQuoteAnfang = "Quote " & """"
szQuoteEnde = ") " & """"
Application.ScreenUpdating = False
' Bereich setzen, sodass wir zum Ausgangspunkt zurückkehren können.
Set rngAnfang = Selection.Range
' Ist der Bereich in einer Tabelle, wenn ja, fortfahren.
If rngAnfang.Information(wdWithInTable) Then
    Set tbl = rngAnfang.Tables(1)
    lNrCol = tbl.Columns.Count
    ' Durch jede Spalte schleifen.
    For lColZaehler = 1 To lNrCol
        tbl.Columns(lColZaehler).Select
        ' Durch jede Zelle jeder Spalte.
        For Each cel In Selection.Cells
            ' Die fortlaufende Nummerierung erhöhen.
            lNummerierung = lNummerierung + 1
            ' Alle Feldfunktionen kontrollieren, bis QUOTE gefunden ist.
            For Each fld In cel.Range.Fields

                If fld.Type = wdFieldQuote Then
                    ' Das Anführungszeichen finden, die Zahl ist das nächste.
                    szFeldCode = fld.Code
                    lNumAnfang = InStr(szFeldCode, """")
                    ' Falls die Anfangszeichen gefunden wurden
                    If lNumAnfang > 0 Then
                        Do
                            ' Alle zusammenhängenden Ziffern zählen.
                            lNumZaehler = lNumZaehler + 1
                        Loop While IsNumeric( _
                            Mid$(szFeldCode, lNumAnfang + lNumZaehler, 1))
                        lNumZaehler = lNumZaehler - 1
                    End If
                End If
                ' Wenn keine Ziffer gefunden wurde, ist es nicht unsere QUOTE,
                ' also weiter
                If lNumZaehler > 0 Then
                    ' Der Feldcode lässt die alte Nummer weg und fügt die neue ein.
                    fld.Code.Text = Left$(szFeldCode, lNumAnfang) & _
                        CStr(lNummerierung) & _
                        Mid$(szFeldCode, lNumAnfang + lNumZaehler + 1)
                    bFound = True
                    ' Zur nächsten Zelle springen.
                    Exit For
                End If
            Next fld
            ' Keine Nummerierung QUOTE in dieser Zelle,
            ' eine erstellen und am Zellenanfang einfügen.
            If Not bFound Then
                Set rng = cel.Range
                rng.Collapse wdCollapseStart
                Selection.Range.Fields.Add Range:=rng, _
                    Text:=szQuoteAnfang & CStr(lNummerierung) & szQuoteEnde
            End If
            bFound = False
            lNumZaehler = 0
        Next cel
```

```
        Next lColZaehler
        tbl.Range.Fields.Update
        rngAnfang.Select
    End If
End Sub
```

 Sie finden dieses Makro in der Beispieldatei *Bsp08_02.doc* auf der CD zu diesem Buch im Ordner *\Buch\Kap08*.

Das Layout von Listen

Tabellen eignen sich hervorragend für Listen, die in Spalten aufgeteilt sind, wie beispielsweise in einer Rechnung. Wenn Sie bislang Leerzeichen oder Tabs verwendet haben, um solche Listen herzustellen, probieren Sie es einmal mit einer Tabelle. Diese ist bequem im Gebrauch und vergleichsweise einfach zu formatieren. Tabellen haben einige Vorteile gegenüber Tab-Listen:

- Berechnungen lassen sich in Tabellen vergleichsweise einfach durchführen.
- Spalten, Zeilen und Zellen sind schnell markiert und formatiert; besonders mit Rahmen und Schattierungen.
- Ein längerer Eintrag innerhalb der Zelle bricht um, statt den darauf folgenden Text zum nächsten Tabstopp zu verschieben.
- Eine oder mehrere Zeilen können als Überschriften- (oder Kopf-) Zeilen vorgesehen werden, die am Anfang jeder neuen Seite automatisch wiederholt werden (die Befehlsfolge lautet: *Tabelle/Überschriftenzeilen wiederholen*).
- Wenn Sie wollen, erkennt die Word-Funktion zur automatischen Beschriftung die Erstellung einer Tabelle.

Word hat sogar einen Menübefehl, der die Umwandlung von Text in Tabellen und umgekehrt spielend leicht macht: *Tabelle/Text in Tabelle umwandeln*. In ▶ Kapitel 10 zum Thema »Seriendruck« wird erklärt, wie Sie diese Umwandlung mit VBA vollziehen.

TIPP Es kommt gelegentlich vor, dass eine Word-Tabelle ohne ersichtlichen Grund anfängt, sich wunderlich zu verhalten. Ihre Struktur könnte beschädigt sein; die zahlreichen Informationen, die in den Zellen- und Zeilenmarken verwaltet werden, können irgendwie durcheinander geraten sein. Wenn Sie Glück haben, lässt sich die Tabelle noch markieren und in Text umwandeln – die Probleme sollten mit der Auflösung der Tabellenstruktur verschwinden. Einfache Tabellen können mit einer erneuten Umwandlung wieder hergestellt werden; komplexere mit verbundenen Zellen erfordern etwas mehr Arbeit.

Wenn Sie Listen erstellen, die Zahlen enthalten, ist deren Ausrichtung ein großes Problem. So lange keine Dezimalstellen vorhanden sind, genügt unter Umständen eine rechtsbündige Ausrichtung. Der generelle Einsatz von proportionalen Schriftarten schließt aber diese Lösung für Dezimalwerte aus: Die Dezimaltrennzeichen würden nicht exakt untereinander liegen, weil die Zeichen verschieden breit sind. Erstaunlich wenig bekannt ist der Dezimal-Tabstopp, der diese Aufgabe erledigt. Um einen solchen in einer Tabelle einzusetzen, gehen Sie so vor:

 1. Markieren Sie die Zelle(n), die Sie mit einem Dezimal-Tabstopp ausstatten wollen.

2. Klicken Sie oben links auf die kleine Schaltfläche neben dem Lineal, bis das nebenstehende Symbol erscheint. (Keine Panik: Wenn Sie zu schnell klicken und es vorbei flitzt; klicken Sie einfach weiter, die Reihenfolge wird wiederholt.)

3. Klicken Sie dort in das Lineal, wo das Dezimaltrennzeichen in den markierten Zellen stehen soll.

4. Ein unsichtbares Tab-Zeichen wird von Word automatisch in die markierten Zellen eingefügt, und Sie können sofort mit der Eingabe der Zahlen beginnen.

TIPP

Wenn Sie einen Tabstopp sehr genau positionieren müssen, bietet sich das Dialogfeld *Tabstopps* an, das Sie über die Befehlsfolge *Format/Tabstopp* erreichen. In Tabellen springt die Tab-Taste zur nächsten Zelle. Wenn Sie ein Tab-Zeichen in eine Word-Tabelle eingeben müssen, drücken Sie Strg+Tab.

Zeilen und Spalten

Umbruch über Seiten

Eine Word-Tabelle wächst automatisch, wenn der Benutzer in der letzten Zelle Tab drückt. Die neue Zeile ist in Struktur und Formatierung eine Kopie der vorhergehenden. Wenn die Tabelle das Ende einer Seite erreicht, bricht sie zur nächsten um. Nur eben nicht immer. Es kann auch passieren, dass die ganze Tabelle zur nächsten Seite springt. Und wenn das passiert, ist man ziemlich konsterniert. Was sind die Ursachen?

○ Die Tabelle steht in einem Positionsrahmen oder in einer Textbox (Zeichnungsobjekt). Diese können nicht über die Seite umbrechen.

○ Der Textfluss *Umgebend* wurde für die Tabelle in *Tabelle/Tabelleneigenschaften* auf der Registerkarte *Tabelle* aktiviert (trifft nur für Versionen ab Word 2000 zu).

○ In *Tabelle/Tabelleneigenschaften*, Registerkarte *Zeile* (in Word 97 *Tabelle/Zellenhöhe und -breite*) ist das Kontrollkästchen *Zeilenwechsel auf Seiten zulassen* nicht aktiviert. Zudem ist die Tabelle mit dem Absatzformat *Absätze nicht trennen* im Dialogfeld *Format/Absatz/Zeilen- und Seitenumbruch* formatiert.

Vielleicht ist Ihr Problem das gegenteilige: Sie möchten den Umbruch bedingt verhindern, und ganze oder ausgewählte Zeilen zusammen auf einer Seite behalten. Dann benutzen Sie die zwei Einstellungen im letzten Punkt, aber gezielt statt sie der ganzen Tabelle zuzuweisen.

TIPP

Kommt es gelegentlich vor, dass Sie plötzlich eine Tabellenzeile mit einem Mausklick im linken Rand nicht markieren können? Dieses Problem kommt aus der gleichen Ecke. Vermutlich haben Sie, ob bewusst oder versehentlich, den Ziehpunkt oben links von der Tabelle mit der Maus verschoben – und schon hat Ihre Tabelle einen Textfluss erhalten. Wenn Sie wollen, dass der Text um die Tabelle wie um eine Grafik fließt, ist alles in Ordnung. Sonst gehen Sie zurück in *Tabelle/Tabelleneigenschaften* und klicken in der Registerkarte *Tabelle* auf die Schaltfläche *Ohne*.

Neue Zeilen unterbinden

Möglicherweise wollen Sie nicht, dass die Tabelle automatisch wächst, wenn Sie in der letzten Zelle Tab drücken. Das Makro in Listing 8.2 unterdrückt dieses Verhalten, indem es den internen Word-Befehl NextCell (Nächste Zelle) abfängt.

Die Fähigkeit in Word, mit einem Makro des gleichen Namens wie ein interner Wordbefehl die Handlung des Befehls zu ändern, eröffnet uns viele Möglichkeiten. NextCell wird immer ausgeführt, wenn die Einfügemarke in einer Tabelle steht und Tab gedrückt wird. Deshalb erübrigt sich eine Kontrolle, ob die gegenwärtige Markierung in einer Tabelle steht (Selection.Information(wdWithintable).

Dieses Makro gibt einen netten kleinen Überblick zweier Parameter der Information-Eigenschaft des Range- und Selection-Objekts und ihren differenzierten Einsatz. Mit wdEndOfRangeColumnNumber ermittelt man die Indexnummer der letzten Spalte, mit wdEndOfRangeRowNumber die der letzten Zeile eines Bereichs oder einer Markierung. Ein Vergleich der Indexnummer der Markierung mit denen der Tabelle sagt uns, ob die Einfügemarke in der letzten Spalte der letzten Zeile steht. Trifft das zu, wird die Einfügemarke einfach an den Anfang des ersten Absatzes nach der Tabelle versetzt.

Andernfalls wird das übliche Verhalten beibehalten: Die Einfügemarke springt in die nächste Zelle. Das Makro löst diese Aufgabe ganz elegant, indem es »sich selbst« über das alte WordBasic-Objektmodell WordBasic.NextCell aufruft.

Listing 8.2:
Neue Zeilen
automatisch ver-
hindern

```
Sub NextCell()
    Dim lLetzteSp As Long, lLetzteZ As Long
    Dim lAktuelSp As Long, lAktuelZ As Long
    Dim tbl As Word.Table, rng As Word.Range

    Set tbl = Selection.Tables(1)
    lLetzteSp = tbl.Range.Information(wdEndOfRangeColumnNumber)
    lLetzteZ = tbl.Range.Information(wdEndOfRangeRowNumber)
    lAktuelSp = Selection.Information(wdEndOfRangeColumnNumber)
    lAktuelZ = Selection.Information(wdEndOfRangeRowNumber)
    If lAktuelZ = lLetzteZ And lAktuelSp = lLetzteSp Then
        Set rng = tbl.Range
        rng.Collapse wdCollapseEnd
        rng.Select
    Else
        WordBasic.NextCell
        Application.ScreenRefresh
    End If
End Sub
```

 Sie finden dieses Makro in der Beispieldatei *Bsp08_03.doc* auf der CD zu diesem Buch im Ordner *\Buch\Kap08*.

Die Spaltenbreite

Es gibt mehrere Einstellungen, die Auswirkungen auf das Tabellen- und Spaltenlayout haben. Um Ihr Layout zuverlässig zu gestalten, ist ein Überblick unablässig. Zuerst einmal gibt es ab Word 2000 die neue, standardmäßig eingeschaltete Web-verwandte Option *Automatische Größenänderung zulassen* unter der Schaltfläche *Optionen* im Dialogfeld *Tabellen/Tabelleneigenschaften*, Registerkarte *Tabelle*. Gut versteckt für eine Einstellung, die das Verhalten von Tabellen so grundsätzlich verändert, nicht wahr? Es kommt noch besser: Der Benutzer kann sie für die Umgebung gar nicht ausschalten! Und die Folge, wenn man vergisst, sie auszuschalten? Die

Spaltenbreiten passen sich dem Textinhalt an und das Layout geht verloren; manchmal, ohne dass man es merkt.

Wenn dieses Verhalten für Ihr Dokument verheerende Auswirkungen hätte, fügen Sie ihm oder seiner Vorlage das kleine Makro in Listing 8.3 hinzu. Es übernimmt die Aufgabe des Menübefehls *Tabelle/Einfügen/Tabelle*. Das Dialogfeld wird wie gewöhnlich eingeblendet. Wenn der Benutzer die Option *Optimale Breite: Inhalt* wählt, bleibt *Automatische Größenänderung zulassen* weiterhin aktiv. Anderenfalls fragt eine Meldung, ob die »AutoAnpassung« eingeschaltet werden soll oder nicht.

Es ist nicht möglich, den Assistent *Tabelle Einfügen* in der Symbolleiste zu ändern. In Tabellen, die über diese Methode eingefügt wurden, ist »AutoAnpassung« immer aktiv.

HINWEIS

```
Sub TableInsertTable()
    With Dialogs(wdDialogTableInsertTable)
        If .Show <> 0 Then
            If .AutoFit = 1 Then
                Selection.Tables(1).AllowAutoFit = True
            Else
                If MsgBox("Wollen Sie AutoAnpassung für die Spalten aktivieren?", _
                        vbQuestion + vbYesNo) = vbNo Then
                    Selection.Tables(1).AllowAutoFit = False
                Else
                    Selection.Tables(1).AllowAutoFit = True
                End If
            End If
        End If
    End With
End Sub
```

Listing 8.3:
»AutoAnpassen« wahlweise ausschalten

Sie finden dieses Makro in der Beispieldatei *Bsp08_04.doc* auf der CD zu diesem Buch im Ordner *Buch\Kap08*.

Weitere Einstellungen, die das Layout in Tabellen beeinflussen, sind weniger brisant, weil sie beim Anlegen einer Tabelle nicht standardmäßig aktiviert sind. In Tabelle 8.1 steht ein kurzer Überblick.

Menübefehl	Wirkung	Standard-Einstellung
Tabelle/Tabelleneigenschaften/ Zelle/Optionen/Zeilenumbruch	Bricht Text in mehrere Zeilen um und verlängert die Zelle, sodass die Zellenbreite gleich bleibt. Ist diese Option deaktiviert, wird die markierte Zelle automatisch so verbreitert, dass der Text hineinpasst.	Ein
Tabelle/Tabelleneigenschaften/ Zelle/Optionen/Text anpassen	Verringert die Größe der Schriftzeichen optisch so, dass der gesamte eingegebene Text einer Zelle in die Spaltenbreite passt. Je mehr Text eingegeben wird, desto kleiner wird die Schrift auf dem Bildschirm angezeigt. Der tatsächliche Schriftgrad wird nicht geändert. ▶	Aus

Tabelle 8.1:
Web-Optionen, die das Layout beeinflussen

Menübefehl	Wirkung	Standard-Einstellung
Tabelle/Tabelleneigenschaften/ Spalte/Maßeinheit	Für die Auswahl einer festen Maßeinheit (z.B. Zentimeter) oder als Prozentsatz. Der letztere Eintrag Prozent eignet sich für Tabellen, die in einem Webbrowser angezeigt werden sollen. In der Weblayoutansicht wird die Spaltenbreite als Prozentsatz des Bildschirms angegeben.	Zentimeter (oder die in *Extras/Optionen/ Allgemein/Maßeinheit* gewählte Einheit)
Tabelle/Tabelleneigenschaften/ Tabelle/Optionen/ Automatische Größenänderung zulassen	Ändert je nach Umfang von Text oder Grafik automatisch die Breite der Spalten in der Tabelle. Wenn Sie ein Wort eingeben, das länger als die Breite der Spalte ist, passt sich die Spalte an, um den Text aufzunehmen.	Ein
Tabelle/AutoAnpassen/Größe an Fenster anpassen	Passt die Größe der Tabelle automatisch an das Fenster eines Webbrowsers bzw. die Rändereinstellungen eines Dokuments an. Aktiviert automatisch *Automatische Größenänderung zulassen*.	
Tabelle/AutoAnpassen/Feste Spaltenbreite	Legt für jede Spalte in der Tabelle eine feste Spaltenbreite fest, basierend auf der aktuellen Breite der Spalten. *Automatische Größenänderung zulassen* wird ausgeschaltet.	
Tabelle/AutoAnpassen/ AutoAnpassen an Inhalt	Passt die Breite der Spalten der Tabelle automatisch an die Länge des eingegebenen Textes an. Aktiviert automatisch *Automatische Größenänderung zulassen*.	
Tabelle/AutoAnpassen/Zeilen gleichmäßig verteilen	Legt für die markierten Zeilen oder Zellen die gleiche Zeilenhöhe fest.	
Tabelle/AutoAnpassen/Spalten gleichmäßig verteilen	Legt für die markierten Spalten oder Zellen die gleiche Spaltenbreite fest. Ändert die Einstellung von *Automatische Größenänderung zulassen* nicht.	

Die Standardtabelle ändern

Es gibt mindestens drei verschiedene Wege, das Standard-Tabellenformat zu ändern. Das Kontrollkästchen *Abmessungen für neue Tabellen speichern* im Dialogfeld *Tabelle einfügen* (*Tabelle/Einfügen/Tabelle*) überträgt alle Einstellungen des Dialogfelds auf alle neuen Tabellen in allen Dokumenten, nicht nur eine Formatierung (alle benutzerdefinierten Tabellenformatvorlagen stehen in der AutoFormat-Liste zur Verfügung). Die anderen Methoden sind Teil der Tabellenformatvorlagen-Funktionalität und beziehen sich nur auf die Formatierung, nicht auf die Anzahl Zeilen oder Spalten, oder die Spaltenbreite.

Sortieren in Tabellen und anderswo

Die Sortierfunktionen in Word befinden sich auch im Menü *Tabelle*. Die Option war ursprünglich für die Arbeit mit Datenquellen gedacht, unter anderem auch für zeichengetrennte Textdateien. Somit steht sie auch außerhalb von Tabellen zur Verfügung und sieht die Sortierung von »Feldern« vor. Einfache Sortieraufgaben werden Sie problemlos durchführen können. Es gibt aber einige kleine Tricks sowie eine neue Option in Word 2002, die wir uns etwas näher anschauen.

Word führt eine Sortierung nach Text, Zahl oder Datum durch, je nach gewählter Einstellung des Dropdown-Feldes *Typ* im Dialogfeld *Sortieren*. Nicht sofort erkennbar ist, wie ein Wort, das nicht das erste im Absatz ist, als Sortierschlüssel dient. Seit Word 6.0 geht das folgendermaßen:

1. Markieren Sie den zu sortierenden Text.

2. Öffnen Sie über die Befehlsfolge *Tabelle/Sortieren* das Dialogfeld *Sortieren*.

3. Klicken Sie auf die Schaltfläche *Optionen*.

4. Aktivieren Sie die Option, die neben dem Zeichen steht, welches die Felder im Text trennt. Wenn Sie nach Worten sortieren wollen, geben Sie in das Textfeld *Andere* ein Leerzeichen ein.

5. Klicken Sie auf *OK*.

6. Im Dialogfeld *Sortieren* wählen Sie aus dem Dropdown-Feld *Sortierschlüssel* den Eintrag *Wort n*, wobei »n« für die Position des Wortes steht, nach dem Sie sortieren wollen.

TIPP

Oft steht zuerst nur *Wort 1* zur Verfügung, obwohl die Zeilen aus mehreren Wörtern bestehen. Es geht trotzdem noch. Sortieren Sie zuerst nach dem ersten Wort, dann gehen Sie zurück ins Dialogfeld. Jetzt sollten zusätzliche Einträge zur Auswahl stehen.

Leider war ein ähnlicher Sortiervorgang für Tabellen vor Word 2002 nicht möglich, obwohl man uns nur allzu oft Adressenlisten vorlegt, wo Vorname und Nachname zusammen in einer Spalte stehen, wie in Abbildung 8.2 ersichtlich. Microsoft hat jedoch für diese Version zwei wichtige Änderungen vorgenommen:

1. Die Trennzeichen-Optionen stehen nun auch für Tabellen zur Verfügung.

2. Das »Mit«-Dropdown-Feld wurde dem Dialogfeld *Sortieren* hinzugefügt.

Somit wurde die Auswahl einer Tabellespalte sowie ein Wort innerhalb der Spalte möglich. Es gibt nur einen Haken: Die Tabellenkopfzeile muss mindestens so viele Wörter enthalten, wie die Position, nach der zu sortieren ist. Um mit Name statt Vorname zu sortieren, muss die Tabelle nicht wie das obere, sondern wie das untere Beispiel gestaltet sein. (Nach dem Sortieren dürfen Sie die hinzugefügten Wörter wieder entfernen.)

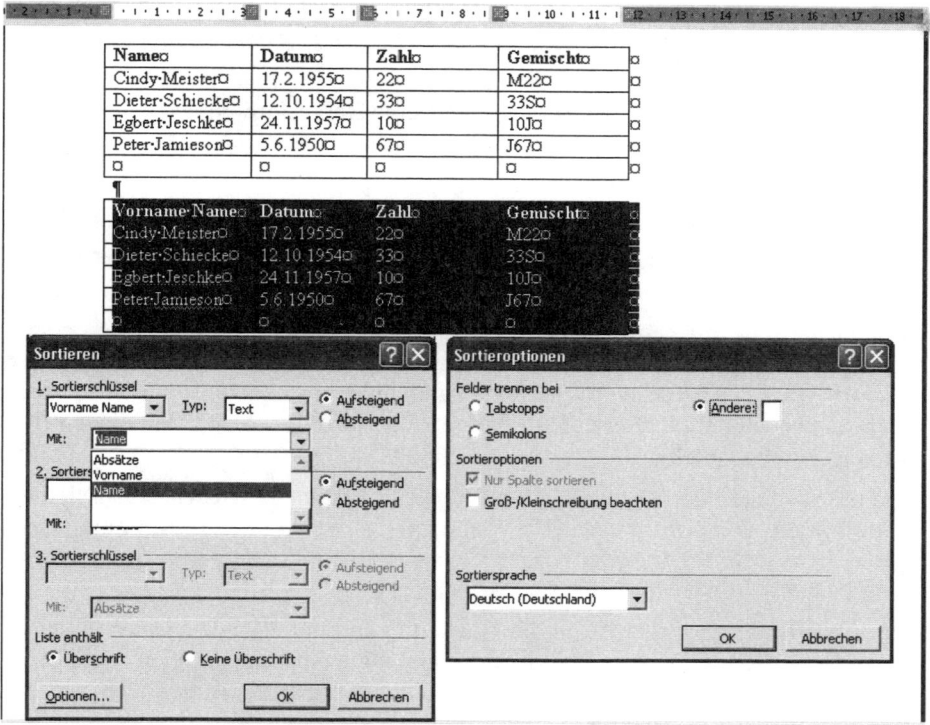

 Sie finden eine Übungsdatei mit der in Abbildung 8.2 abgebildeten Tabelle auf der CD zu diesem Buch im Ordner *Buch**Kap08*. Sie heißt *Bsp08_05.doc*.

Noch eine viel zu wenig bekannte Sortiermöglichkeit ist die Sortierung nach Überschriften. Stellen Sie sich vor, Sie bearbeiten eine Liste mit erklärenden Textbeschreibungen. Es wäre mühsam, die korrekte Stelle für jeden neuen oder geänderten Eintrag zu suchen. Es ist viel einfacher, die neuen entweder am Anfang oder am Ende des Textes einzufügen und die existierenden dort zu ändern, wo sie stehen; besonders dann, wenn der Inhalt über die Automatisierung verwaltet wird. Anschließend führt man die Sortierung durch ... Nur, wie sorgt man dafür, dass der Text ganz brav unter den Überschriften zusammen bleibt? Es werden doch alle Absätze in der Markierung sortiert?

Gliederungen Nicht in der Gliederungsansicht! Hier werden nur die beim Sortiervorgang einge-
sortieren blendeten Absätze sortiert. Die zu einer Überschrift gehörenden Absätze werden mit ihrer Überschrift verschoben, genau wie bei der Arbeit in der Benutzeroberfläche. Abbildung 8.3 veranschaulicht den Vorgang. Markieren Sie die Überschriften (alle der gleichen Ebene!), die Sie sortieren wollen und führen Sie den Sortiervorgang aus. So einfach, wenn man den Trick kennt ...

⊕ **Word·Ansichten¶**	⊕ **Word·Ansichten¶**
⊕ *Normale·Ansicht¶*	⊕ *Gliederung¶*
⊕ *Weblayout¶*	⊕ *Normale·Ansicht¶*
⊕ *Seitenlayout¶*	⊕ *Seitenlayout¶*
⊕ *Gliederung¶*	⊕ *Weblayout¶*

Sie finden eine Übungsdatei mit der in Abbildung 8.3 abgebildeten Tabelle auf der CD zu diesem Buch im Ordner \Buch\Kap08. Sie heißt *Bsp08_09.doc* und enthält auch den in Listing 8.4 gezeigten Code.

Da die Automatisierung der Gliederungsebene eine Herausforderung darstellt, finden Sie in Listing 8.4 ein Beispiel, um mit VBA auf die im Text markierte Gliederungsebene zu sortieren.

Der Benutzer soll in einen Gliederungsabsatz klicken, der zu der Gruppe Gliederungseinträge gehört, die er sortieren will. Das Makro hält diesen Anfangspunkt und seine Gliederungsebene in Variablen fest.

Es gibt in Word nur neun Gliederungsebenen. Wenn die OutlineLevel-Eigenschaft »10« zurückgibt, steht die Markierung in gewöhnlichem Text. Einen Wert größer als »10« gibt es im Moment nur noch für »undefiniert« – »999999«, was für unsere Zwecke ebenso unbrauchbar ist. In diesen Fällen wird das Makro mit einer Fehlermeldung abgebrochen.

Um das Verhalten der Gliederungsansicht berechenbarer zu machen, wechselt das Makro in diese Ansicht und zeigt alle Gliederungsebenen an. Es kehrt dann wieder in die ursprüngliche Ansicht zurück, wo alle Gliederungseinträge der gleichen Gruppe markiert werden.

Um eine Sortierung dieser Art in der Gliederungsansicht erfolgreich auszuführen, muss die Sortierung auf eine Markierung – und nicht auf einen Bereich – erfolgen. Um alle Überschriften der gleichen Ebene, ab der Ebene 2, zu markieren, sucht das Makro zuerst in Richtung Dokumentanfang die erste Überschrift der nächst höheren Ebene, dann die erste darauf folgende Überschrift der zu sortierenden Ebene. Der Erweiterungsmodus wird aktiviert, sodass die Markierung während des Suchvorgangs in Richtung Dokumentende bis zur nächsten Überschrift der höheren Ebene ausgedehnt wird. Damit sind alle dazwischen liegenden, zu sortierenden Überschriften markiert. Die Markierung wird aus dieser Überschrift bewegt, sodass nur Überschriften der zu sortierenden Ebene markiert sind.

Wenn der Benutzer die Überschriftebene 1 gewählt hat, erfolgt die Markierung ein wenig anders: Es wird zum Dokumentanfang gesprungen, von wo aus die erste *Überschrift 1* gesucht wird. Die Markierung wird zum Dokumentende erweitert und von dort aus wird in Richtung Dokumentanfang die letzte *Überschrift 1* gesucht.

Nach erfolgreicher Markierung wechselt das Makro nochmals in die Gliederungsansicht, blendet die zu sortierende Gliederungsebene ein und sortiert den markierten Text. Am Schluss wird dem Benutzer die ursprüngliche Ansicht, und der Anfangsbereich wieder eingestellt. Nach den Ansichtswechseln steht die Einfügemarke nicht unbedingt dort im Text, wo sie vorher war, aber ungefähr gleich weit vom Dokumentanfang.

```
Sub UeberschriftenListeSortieren()
    Dim lEbene As Long, vw As Word.View, lAnsicht As Long, rng As Word.Range

    Application.ScreenUpdating = False
    ' Ursprünliche Markierung festhalten.
    Set rng = Selection.Range
```

Listing 8.4:
Nach markierter
Überschrift
im Dokument
sortieren

```
lEbene = rng.ParagraphFormat.OutlineLevel
' Gliederungsansicht zurücksetzen.
Set vw = ActiveDocument.ActiveWindow.View
lAnsicht = vw.Type
vw.Type = wdOutlineView
vw.ShowAllHeadings
vw.Type = lAnsicht
' Die Markierung wieder herstellen.
rng.Select
' Wenn keine Überschrift gewählt wurde, abbrechen.
If lEbene >= 10 Then
    MsgBox "Bitte markieren Sie die Gliederungsebene, worauf Sie sortieren möchten"
    Exit Sub
End If
' Für alle, ausser Überschriftebene 1
If lEbene <> 1 Then
    ' Richtung Dokumentanfang die erste Überschrift der nächst höheren
    ' Ebene suchen.
    With Selection.Find
        .ClearFormatting
        .Text = ""
        .Forward = False
        .ParagraphFormat.OutlineLevel = lEbene - 1
        If .Execute Then
            ' Richtung Dokumentende, erste Überschrift der Sortierebene suchen.
            Selection.Collapse wdCollapseStart
            With Selection.Find
                .ClearFormatting
                .Text = ""
                .Forward = True
                .ParagraphFormat.OutlineLevel = lEbene
                .Execute
            End With
            ' Markierung erweitern, bis zur nächsten Überschrift der höheren Ebene.
            Selection.ExtendMode = True
            With Selection.Find
                .ClearFormatting
                .Text = ""
                .Forward = True
                .ParagraphFormat.OutlineLevel = lEbene - 1
                If Not .Execute Then
                ' Wenn nicht vorhanden, Markierung einfach bis
                ' Dokumentende erweitern.
                    Selection.EndKey wdStory, True
                Else
                    ' Sonst Markierung um einen Absatz verkleinern,
                    ' um die gefundene Überschrift aus der Markierung auszugrenzen.
                    Selection.MoveEnd wdParagraph, -1
                End If
            End With
            Selection.ExtendMode = False
        Else
            Exit Sub
        End If
    End With
Else
    ' Wenn Überschrift 1, zum Dokumentanfang springen.
    Selection.HomeKey wdStory, False
```

```
        ' Erste Instanz von Überschrift 1 finden.
        With Selection.Find
            .ClearFormatting
            .Text = ""
            .Forward = True
            .ParagraphFormat.OutlineLevel = lEbene
            If .Execute Then
                ' Markierung bis zum Dokumentende erweitern.
                Selection.ExtendMode = True
                Selection.EndKey wdStory, True
                ' In Richtung Dokumentanfang die nächste Überschrift 1 suchen.
                ' Dann sind alle markiert.
                With Selection.Find
                    .Text = ""
                    .Forward = False
                    .ParagraphFormat.OutlineLevel = lEbene
                    If Not .Execute Then
                        MsgBox "Nur eine Überschrift 1 gefunden. Kann nicht sortieren"
                    Else
                        Selection.MoveEnd wdParagraph, 1
                    End If
                End With
                Selection.ExtendMode = False
            Else
                Exit Sub
            End If
        End With
    End If
    ' In die Gliederungsansicht wechseln.
    vw.Type = wdOutlineView
    ' Die gewünschte Gliederungsebene einblenden.
    vw.ShowHeading lEbene
    ' Sortieren
    Selection.Sort SortFieldType:=wdSortFieldAlphanumeric, _
        SortOrder:=wdSortOrderAscending
    ' Ausgangspunkt wieder herstellen, wobei die Einfügemarke an der gleichen
    ' Stelle im Dokument, aber nicht unbedingt im gleichen Text steht.
    vw.Type = lAnsicht
    rng.Select
End Sub
```

Den Code aus Listing 8.4 finden Sie auf der CD zum Buch im Ordner \Buch\Kap08. Die Datei heißt *Bsp08_06.doc.* Schauen Sie in das Modul *basBsp08_06.*

Tabellenformatvorlagen

Dieser Abschnitt bezieht sich ausschließlich auf Word 2002. Microsoft hat einen lang ersehnten Kundenwunsch erfüllt und uns Zugriff auf Tabellen-AutoFormate in der Form von Formatvorlagen gewährt. Wir können von nun an existierende abändern oder sogar eigene erstellen. Obwohl wir damit noch nicht alle Tabelleneigenschaften kontrollieren können, sind Tabellenformatvorlagen doch ein großer Schritt nach vorn. Der größte noch verbleibende Wunsch in dieser Hinsicht wäre die Möglichkeit, Absatz- und Zeichenformatvorlagen in die Tabellenformatvorlage mit einzubeziehen.

Weil Tabellen-AutoFormate neu als Formatvorlagen zur Verfügung stehen, ist nicht nur eine schnelle Formatierung von Tabellen möglich; sie unterstützen uns auch im Bestreben, Tabellen in einem Dokument oder Bericht einheitlich zu gestalten. Zudem sind wir ermächtigt, als Teil der Formatvorlage Zeilen- und Spaltenstreifen zu definieren.

Kompatibilität mit Word 97 und Word 2000

Weil Tabellenformatvorlagen in Word 2002 neu sind, kommt die Frage auf, was passiert, wenn ein Dokument mit Tabellenformatvorlage in einer früheren Version von Word geöffnet wird? Die Tabellen behalten die Rahmen, Schattierungen und manuell zugewiesene Formatierungen; die Tabellenformatvorlage selber, mit allen Schriftformatierungen, geht verloren. Leider hat in diesem Zusammenhang die Option *Features deaktivieren, die neuer als* in *Extras/Optionen/Speichern* keine Wirkung. Wenn Sie also Dokumente mit Benutzern von älteren Word-Versionen austauschen, machen sie entweder von Tabellen-Formatvorlagen keinen Gebrauch oder speichern Sie das Dokument im Dateiformat *Word 97-2000 & 6.0/95-RTF* ab, um die Schriftformatierungen nicht zu verlieren.

Erstellen einer Tabellenformatvorlage

Tabellenformatvorlagen werden im gleichen Dialogfeld wie andere Formatvorlagen erstellt und geändert. Aus dem Dropdown-Feld *Formatvorlagentyp* ist der Eintrag *Tabelle* auszuwählen. Das Dialogfeld passt sich an und das Dropdown-Feld *Formatvorlage basierend auf* enthält neu eine alphabetische Liste aller AutoFormate sowie der im Dokument definierten Tabellenformatvorlagen. Das Prinzip der Vererbung gilt auch für Tabellenformatvorlagen: Wenn Sie Ihre Formatvorlage auf eine existierende aufbauen und diese geändert wird, schlägt sich die Änderung auch in Ihrer Formatvorlage nieder, außer Sie haben diese Eigenschaft ausdrücklich anders eingestellt.

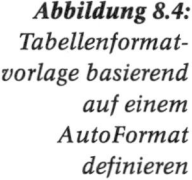

Abbildung 8.4:
Tabellenformat-
vorlage basierend
auf einem
AutoFormat
definieren

Die am häufigsten eingesetzten Formatierungen, wie Schriftart, -größe, -schnitt und -farbe (ersichtlich in der ersten Symbolschaltflächenzeile in Abbildung 8.4) sowie Rahmenlinien, Schattierungen und Zellenausrichtung (zweite Symbolschaltflächenzeile), stehen sofort zur Verfügung. Zusätzliche Formatierungsmöglichkeiten finden Sie unter der Schaltfläche *Format*.

»Arial 10« kann als Schriftart für eine Tabellenformatvorlage nicht gesetzt werden. Der Text wird in »Arial 12« angezeigt. Man muss entweder eine andere Schriftgröße wählen oder die Schriftgröße manuell zuweisen.

Die von Ihnen vorgenommenen Formatierungseinstellungen gelten für den im Dropdown-Feld *Formatierung übernehmen für* gewählten Eintrag. In Abbildung 8.5 sehen Sie den Inhalt dieser Liste. Soll zum Beispiel die Überschriftenzeile »Fett« sein, wählen Sie *Kopfzeile* aus dem Dropdown-Feld, dann klicken Sie auf die Symbolschaltfläche *Fett*.

Abbildung 8.5:
Inhalt des Drop-down-Feldes Formatierung übernehmen für – *die Tabellenelemente, die formatiert werden können*

Tabellenformatvorlagen, im Gegensatz zu Absatz-Formatvorlagen, können nur über das Dialogfeld erstellt und geändert werden. Es ist nicht möglich, eine Tabelle in einem Dokument zu markieren und sie als Basis für eine neue Tabellenformatvorlage zu benutzen. Das Dialogfeld *Formatvorlage erstellen* übernimmt nur die Schrift- und Absatzformatierung der ersten Zelle. Ebenfalls nicht unterstützt ist die Aktualisierung einer Tabellenformatvorlage, die auf einer markierten Tabelle basiert.

Besonderheiten

Streifen

Streifen erhöhen die Lesbarkeit einer langen Tabelle. Wenn Sie eine Schattierung für *Ungerade Zeilen*, *Gerade Zeilen*, *Ungerade Spalten* oder *Gerade Spalten* festlegen, wird die Tabelle automatisch mit alternierenden Streifen formatiert. Wurde für die Formatvorlage eine *Kopfzeile* oder *Linke Spalte* definiert, ist die erste ungerade Zeile oder Spalte die darauf folgende (also die zweite der gesamten Tabelle). Die Anzahl der Zeilen und/oder Spalten in einem Verbund bestimmen Sie über den Eintrag *Streifen* unter der Schaltfläche *Format*.

Diagonale Rahmenlinien

Auch in Tabellenformatvorlagen sind diagonale Rahmenlinien möglich; oder besser gesagt, sie stehen zur Verfügung. Die eigentliche Anwendung ist aber etwas kompliziert, weil sie dazu neigen, alle anderen Rahmeneinstellungen durcheinander zu bringen. Es erwies sich als unmöglich, die Tabellenformatvorlage in Abbildung 8.6 in der Benutzeroberfläche zu erstellen. In VBA gelingt es, aber der richtige Weg war nicht sofort zu erkennen und variierte je nach individueller Zelle und Rahmenformatierung. Meistens musste der Befehl für die Diagonale und gelegentlich auch für andere Rahmenlinien wiederholt werden, bis alle Einstellungen richtig interpretiert wurden. »Probieren, probieren, probieren« heißt die Devise, bis es klappt.

Abbildung 8.6:
Diagonale Rah-
menlinien sind
sehr heikel zu
realisieren, da sie
dazu neigen,
andere Rahmen-
formatierungen
auszuschalten

	2000	2001	2002	Durchschnitt
Orangen	1980	2300	2000	1990
Bananen	1650	1800	1900	1775
Ananas	850	900	740	795
Summen	6480	7001	6642	

Eckzellen

Falls Sie einer Eckzelle eine besondere Formatierung zuweisen, werden Sie unter Umständen feststellen, dass die Zelle sich scheinbar weigert, diese anzunehmen. Und zwar kommen Eckzellenformatierungen erst zum Vorschein, wenn der Zeile und der Spalte, die sich an diesem Punkt kreuzen, auch eine Formatierung zugeteilt wurde. Diese Einschränkung können Sie in der Benutzeroberfläche umgehen, indem Sie der Zeile und der Spalte die Schriftschnitt *Fett* zuweisen und umgehend wieder ausschalten. Somit haben diese Elemente die Formatierung »nicht Fett« und die Eckzelle erscheint mit ihrer Formatierung.

Tabelleneigenschaften

Obwohl unter der *Format*-Schaltfläche der Eintrag *Tabelleneigenschaften* erscheint, stehen die meisten darin enthaltenen Attribute Tabellenformatvorlagen nicht zur Verfügung. Es ist unmöglich, einen Textfluss oder eine bevorzugte Spaltenbreite oder Zeilenhöhe zu bestimmen. Die Tabellen- und Zellenausrichtung können hingegen festgelegt werden. Sie dürfen auch den Seitenumbruch innerhalb von Zellen unterbinden.

Die Option *Gleiche Kopfzeile auf jeder Seite wiederholen* kann auch aktiviert werden, aber aufgepasst! Wenn Sie den Eintrag *Kopfzeile* im Dropdown-Feld *Formatierung übernehmen für* nicht gewählt haben, übernehmen bei aktiviertem Kontrollkästchen alle Tabellenteile die Formatierung der Kopfzeile. Denken Sie also daran, diese Option nur für die Kopfzeile zu aktivieren oder setzen Sie diese Einstellung für jede Tabelle einzeln, über *Tabelle/Tabelleneigenschaften/Zeile*.

Tabellenformatvorlage als die Standard-Tabellenformatierung

Sie können auch eine Tabellenformatvorlage als die Standard-Tabellenformatierung für Word-Tabellen bestimmen. Klicken Sie im Aufgabenbereich *Formatvorlagen und Formatierung* rechts auf den entsprechenden Eintrag und wählen Sie *Als Standard-Tabellenformatvorlage festlegen*. Anschließend erscheint ein Dialogfeld, wo Sie bestimmen, ob diese Formatvorlage als Standard für nur dieses Dokument oder für alle neuen, auf dieser Vorlage basierenden Dokumente zu übernehmen ist.

Words standardmäßiges Tabellenformat ist Tabellengitternetz. Wenn Sie keine andere Tabellenformatvorlage als Standard festgelegt haben, und im Dialogfeld *Tabelle einfügen* kein AutoFormat für neue Tabellen wählen, weist Word neuen Tabellen diese Formatvorlage zu. Es steht Ihnen frei, diese Tabellenformatvorlage zu ändern. Durch Aktivierung des Kontrollkästchens *Zur Vorlage hinzufügen* im Dialogfeld *Formatvorlage ändern* übernimmt Word Ihre Einstellungen für die ganze Word-Umgebung, wenn das Dokument auf der *Normal.dot* basiert.

Vielleicht wollen Sie noch mehr Elemente in eine neue Tabelle übernehmen, wie etwa Überschriften, Formeln oder die Formatierung von Zellen, die von der Formatvorlage abweichen? Dann bleibt Ihnen immer noch die altbewährte Methode, die

---

Tabelle als einen AutoText-Eintrag zu speichern. Vergessen Sie nicht, dass sich eine Änderung der Formatvorlage auch in allen Tabellen widerspiegelt, die als AutoTexte eingefügt wurden, wenn der gespeicherte AutoText-Eintrag damit formatiert wurde.

Es gibt jedoch einen kleinen Bug mit Tabellen als AutoText Einträge in Word 2002, worauf wir Sie aufmerksam machen möchten: Angenommen, Sie erstellen eine Tabelle mit der standardmäßigen Tabellenformatvorlage Tabellengitternetz. Sie markieren sie, und entfernen mit Hilfe der Symbolschaltfläche die Rahmenlinien. Jetzt erstellen Sie von dieser Tabelle einen AutoText-Eintrag. Fügen Sie nun diesen Eintrag ein, und Sie werden schockiert feststellen, dass die Rahmenlinien wieder da sind. Anscheinend speichert Word direkte Formatierungen von Rahmenlinien, die an der **Tabelle** vorgenommen wurden, bei **dieser** Tabellenformatvorlage nicht. Direkte Formatierung der Zellen im Dialogfeld Format/Rahmen und Schattierungen – auch wenn es sich um alle Zellen der Tabelle handelt – werden beibehalten. Auch Rahmenlinien, die in einer Tabellenformatvorlage definiert sind sowie direkte Formatierungen der Tabellenrahmen anderer Tabellenformatvorlagen werden, sofern wir es feststellen können, korrekt gespeichert.

Tabellen mit VBA erstellen und formatieren

Das Erstellen und Formatieren einer Tabelle erfordert ziemlich viel Knochenarbeit, auch mit VBA, egal, ob man die Tabelle direkt formatiert oder eine Tabellenformatvorlage erschafft. Um das Objektmodell ein wenig zu durchleuchten, nehmen wir als Beispiel die Erstellung eines Kalenders, wie in Abbildung 8.7 gezeigt.

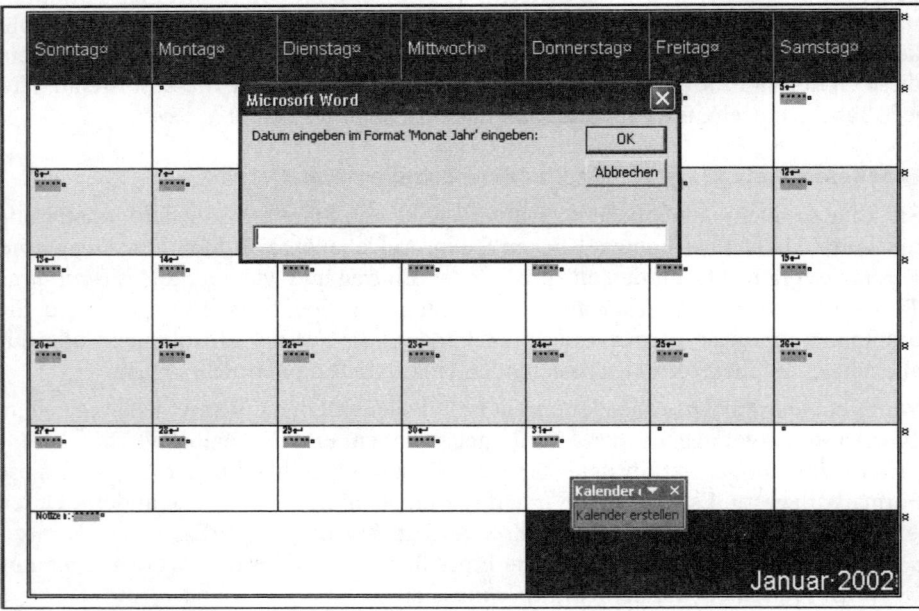

Abbildung 8.7:
Ein Kalender,
der sich für
Benutzer-
eingaben eignet

Die fertige Kalendervorlage finden Sie auf der CD zum Buch im Ordner *Buch\Kap08*. Sie heißt *Bsp08_07.dot* und enthält den in Listing 8.5 gezeigten Code.

Das Makro zeigt wahlweise entweder eine Eingabeaufforderung oder ein UserForm mit Kalender-Steuerelement an, um vom Benutzer Monats- und Jahreseingaben zu holen. Anhand dieser Informationen wird der Anfangswochentag ermittelt und die Tabellenzellen nummeriert. Eine Klage, die man oft hört, ist, dass in Word erstellte Kalender sich für Benutzereingaben nicht eignen. Um dieser Klage Rechnung zu tragen, haben wir den Kalender mit Formularfeldern ausgestattet. Sie dürfen natürlich die Prozedur in Listing 8.5 anpassen und diese mit gutem Gewissen weglassen.

HINWEIS Einzelheiten über den Umgang mit Word-Formularen erfahren Sie in ▶ Kapitel 11.

Die Formatierung wurde mit einer Tabellenformatvorlage realisiert. Folgende Formatierungen mussten einzeln eingetragen werden, weil VBA für Tabellenformatvorlagen die Funktionalität nicht unterstützt:

○ Obwohl man in der Benutzeroberfläche beim Definieren einer Tabellenformatvorlage die Vertikalausrichtung bestimmen kann, ist dies in VBA nicht möglich. Also muss auch diese Formatierung für die erste Reihe separat erfolgen.

○ Die erste Reihe ist niedriger als die übrigen. Bekanntlich beeinflusst eine Tabellenformatvorlage die Tabellenmasse nicht, also übernimmt die Hauptprozedur diese Einstellung.

WICHTIG Um diese Prozedur mit Word 97 oder 2000 zu verwenden, müssen Sie die Formatierung direkt in der Tabelle vornehmen, statt eine Tabellenformatvorlage zu erstellen.

Ein Kalender-Steuerelement (MSCAL.ocx) ist Teil von Office 2000 sowie Office XP; Sie müssen aber darauf achten, dass es installiert ist. Es steht im gleichen Pfad, in dem Office installiert ist, im Office-Ordner. Auch eine Hilfe-Datei ist enthalten, in der die zur Verfügung stehenden Eigenschaften, Methoden und Ereignisse beschrieben sind.

Um das Steuerelement in ein UserForm einzufügen, gehen Sie so vor:

1. Klicken Sie rechts auf die *Werkzeugsammlung*-Symbolleiste.
2. Wählen Sie *Zusätzliche Steuerelemente*.
3. Aktivieren Sie den Eintrag *Kalender-Steuerelement 10.0* (oder 9.0).
4. Klicken Sie anschließend in das UserForm.

Den Code für das UserForm finden Sie in Listing 8.6. Achten Sie darauf, dass es unbedingt notwendig ist, einen Tag zu spezifizieren. Wenn der Benutzer zwei Mal in Folge den Monat oder das Jahr wechselt, ohne auf einen Tag zu klicken (was er in diesem Fall sowieso nicht kann, weil die Tage verborgen sind), gibt das Kalender-Steuerelement einen Nullwert statt eines Datums zurück. Es genügt auch nicht, immer wieder die gleiche Tageszahl festzusetzen (»1«); es muss zwischendurch eine andere sein.

Wenn Sie dem Steuerelement eine InputBox-Funktion vorziehen, kontrolliert das Makro, ob der Eintrag ein gültiges Datum ist und führt eine Schleife aus, bis eines vorliegt oder der Benutzer auf *Abbrechen* klickt. Im Beispielmakro ist der Teil für die Verwendung des Formulars mit dem Kalender-Steuerelement auskommentiert. Sie können den auskommentierten Teil aktivieren und anstelle der Inputbox verwenden. ▶

Diesen Code finden Sie in der Datei *Bsp08_07.doc* im Ordner *\Buch\Kap08* auf der Buch-CD.

In diesem Makro haben Sie Gelegenheit, zu sehen, wie flexibel es sich mit Datumsangaben in VBA arbeiten lässt, im Gegensatz zu Words Feldfunktionen (siehe den ▶ Abschnitt »Datumsberechnungen« in diesem Kapitel). Die Zeichenkette aus der Inputbox wird in ein `Datum` umgewandelt (`Datum` ist ein Datentyp, wie `Long` oder `String`) und der Wochentag des ersten des Monats ermittelt. »1« = Sonntag, der erste Tag links im Kalender. Die Anzahl der Tage eines Monats berechnet eine Kombination der Funktionen `DateDiff` und `DateAdd`. `DateDiff` kalkuliert die Anzahl Tage (»d«), die zwischen dem eingegebenen Datum und diesem Datum plus einem Monat liegen.

Der Kalender wird in einem neuen Dokument gestellt. Im Beispiel wird A4-Papier im Querformat mit einem Zentimeter breiten Rändern bestimmt. Sie können aber ein beliebiges Papierformat wählen. Das Makro ist so gebaut, dass sich die Tabelle dem Papier anpasst. (Wenn es zu klein wird, müssen Sie unter Umständen die Schriftgröße der ersten Zeile etwas verkleinern.)

Die Funktion `KalenderTabelleEinfügen` wird nun aufgerufen, um die Grundtabelle samt Wochentagen einzufügen. Sie gibt diese Tabelle als Objektvariable zurück; die Formatierung wird damit getrennt vorgenommen. In `KalenderTabelleEinfügen` sehen Sie, wie die angesprochene Anpassung an die Papiergröße erfolgt. In Word 2000 und Word 2002 ist der Parameter `DefaultTableBehavior:=wdWord8TableBehavior` unabdingbar, um automatisch gleich breite Spalten über die ganze Seitenbreite zu erhalten, die sich in der Breite dem Inhalt nicht anpassen. Um die passende Zeilenhöhe zu bekommen, wird die Papierhöhe minus Randbreite durch die Anzahl Zeilen dividiert. Achten Sie auf die `HeightRule`-Eigenschaft für Tabellenzeilen: Sie müssen diese auf `wdRowHeightExactly` oder `wdRowHeightAtLeast` setzen, um die Einstellung für die Zeilenhöhe wirksam zu machen.

Die Wochentage werden in den Kalender automatisch in der Standardsprache von Windows eingefügt.

HINWEIS

Word 97 erkennt `DefaultTableBehavior` nicht; Sie müssen diesen Parameter entfernen, wenn Sie das Makro in Word 97 einsetzen wollen.

WICHTIG

Zurück in `KalenderErstellen` werden die Monatstage nummeriert. Die Prozedur fängt mit dem Wochentag an, der dem ersten des Monats entspricht und schleift für jeden Tag im Monat durch die Tabellenzellen. In jeder Zelle wird die Tageszahl *fett* formatiert, gefolgt von einem Formularfeld in einer neuen Zeile. Das Formularfeld wird umbenannt, sodass es mit dem Datum bezeichnet ist (`MMM_DD_YYYY`). Das erleichtert die Datenübertragung zwischen Word und anderen Anwendungen, wie Outlook.

Dieses Beispiel veranschaulicht eine andere Methode, Tabellenzellen zu durchlaufen, als in Listing 8.1.

HINWEIS

Wenn alle Monate 28 Tage hätten, wäre die Erstellung eines Kalenders direkter: Alles würde immer in fünf Zeilen passen. Es gibt aber immer diese Ausreißer, die uns das Leben schwer machen: Monate mit 30 oder 31 Tagen, die an einem Freitag oder Samstag beginnen. Um in solchen Fällen Platz in der letzten Zeile zu schaffen, wird die Notizfläche in die zweite Tabellenzeile versetzt. Egal wo sie sich befindet, werden vier Zellen für diese Fläche verbunden. Das gleiche wird für den Monatsnamen, unten rechts, gemacht. Textmarken werden gesetzt, sodass das Makro später auf diese Zellen zurückgreifen kann. ▶

Jetzt kommt die Formatierung dran. Wenn die Tabellenformatvorlage in Ihrer Dokument-Vorlage schon vorhanden wäre, könnten Sie diese Aufgabe mit einer einzigen Befehlszeile erledigen. Sie müssten lediglich die Anweisung

```
tbl.Style = TabelleFormatvorlage(doc)
```

mit

```
tbl.Style = "Name der Tabellenformatvorlage"
```

ersetzen. Nun soll dieses Beispiel auch die Erstellung einer Tabellenformatvorlage veranschaulichen, also...

Die Tabellenformatvorlage wird von der Prozedur TabelleFormatvorlage erstellt. Um eine neue Formatvorlage des Typs »Tabelle« zu bestimmen, genügt es, dem Parameter Type der Add-Methode den Konstantenwert wdStyleTypeTable zu übergeben. Die allgemeinen Attribute wie Schriftart und -größe werden wie für jede Formatvorlage oder wie für einen Bereich festgelegt. Auch die Tabelleneigenschaften, wie Rahmen oder Schattierungen, werden nicht anders gehandhabt, als für die Formatierung einer Tabelle.

Etwas anderes ist jedoch die Definition der AutoFormat-spezifischen Teile, wie die oberste und unterste Zeilen (wdFirstRow bzw. wdLastRow) sowie die Eckzellen (wdCellSE) und Streifen (wdEvenRowBanding). Diese werden durch die neue Condition-Eigenschaft designiert.

<table>
<tr><td>WICHTIG</td><td>Die Streifen kommen in VBA erst zum Vorschein, nachdem Sie einen Wert für die RowStripe- bzw. ColumnStripe-Eigenschaft setzen. In der Benutzeroberfläche übernimmt Word diese Aufgabe automatisch, sobald eine Formatierung für ungerade oder gerade Zeilen oder Spalten festgelegt wurde.</td></tr>
</table>

Die Festlegung der Rahmenlinien ist der heikelste Teil der Formatvorlagendefinition, egal ob sie in der Benutzeroberfläche oder über VBA erfolgt. Fangen Sie unbedingt mit den Einstellungen für die ganze Tabelle an, gefolgt von den Randreihen und -spalten und schließlich den Eckzellen. Sobald ein Element angesprochen wird, überschreiben seine Attribute die geerbten der »höheren« Stufe. Deshalb werden alle .Borders für jeden Tabellenteil einzeln und ausdrücklich gesetzt.

Die Formatierungen, die die Tabellenformatvorlage nicht übernimmt (siehe oben), werden in KalenderErstellen vorgenommen. Am Schluss folgen die letzten Feinarbeiten am Dokument selber. Die letzte Absatzmarke, die einen Seitenumbruch verursacht, kann nicht gelöscht werden, weil sie seit Word 2000 Informationen über die Tabellen-Positionierung speichert. Formatieren wir sie jedoch mit der Schriftgröße »1 Punkt«, bleibt sie auf der gleichen Seite mit der Tabelle.

Falls Sie keine Formularfelder in die Tabelle einfügen, können Sie die zweitletzte Zeile des Makros löschen, da Sie den Dokumentschutz nicht brauchen.

Listing 8.5:
Ein Kalender als
Tabelle erstellen
und formatieren

```
Option Explicit

Sub KalenderErstellen()
    Dim doc As Word.Document, tbl As Word.Table
    Dim ffld As Word.FormField, rng As Word.Range, cel As Word.Cell
    Dim szDatum As String, lWochenTag As Long, lAnzTage As Long
```

```
Dim dat As Date, CM1 As Single, Zaehler As Long
Dim f As frmKalender

CM1 = CentimetersToPoints(1)
Application.ScreenUpdating = False

' Mit UserForm und Kalender-Steuerelement
'   Set f = New frmKalender
'   f.Show
'   If f.Tag = "Abbrechen" Then
'       Unload f
'       Exit Sub
'   End If
'   szDatum = CStr(f.cal.Value)
'   Debug.Print szDatum
'   Unload f

' Schleifen, bis die Eingabe ein gültiges Datum ist.
Do
    szDatum = InputBox("Datum im Format 'Monat Jahr' eingeben:")
    If szDatum = "" Then Exit Sub
Loop While Not IsDate(szDatum)

dat = CVDate(szDatum)
lWochenTag = Weekday(dat)
lAnzTage = DateDiff("d", dat, DateAdd("m", 1, dat))

' Dokument einfügen und formatieren.
Set doc = Documents.Add
With doc.PageSetup
    .PaperSize = wdPaperA4
    .Orientation = wdOrientLandscape
    .RightMargin = CM1
    .LeftMargin = CM1
    .TopMargin = CM1
    .BottomMargin = CM1
End With

Set tbl = KalenderTabelleEinfügen(doc)
' In der Zelle anfangen, die dem Wochentag dem ersten Tag des Monats entspricht.
tbl.Rows(2).Cells(lWochenTag).Select
' Die Tage nummerieren und ein Formularfeld für die Benutzereingabe einfügen.
For Zaehler = 1 To lAnzTage
    Selection.Collapse wdCollapseStart
    Selection.Font.Bold = True
    Selection.TypeText Zaehler
    Selection.Font.Bold = False
    Selection.TypeText Chr$(11)
    Set ffld = Selection.FormFields.Add(Range:=Selection.Range, _
      Type:=wdFieldFormTextInput)
    ' Formularfeld mit dem Datum benennen.
    ffld.Name = Format(dat, "MMM_DD_YYYY")
    Selection.Cells(1).Range.Next(wdCell, 1).Select
Next Zaehler

' Wenn ein Monat (außer Feb) an einem Freitag oder Samstag beginnt,
```

```
    ' stehen die Notizen oben statt unten links.
    If (lWochenTag = 6 Or lWochenTag = 7) And lAnzTage >= 30 Then
        ' Zelle verbinden, um Platz für Notizen zu schaffen.
        Set cel = tbl.Cell(2, 1)
        cel.Merge MergeTo:=tbl.Cell(2, 5)
        cel.Range.Bookmarks.Add Name:="Notizen", Range:=cel.Range
        ' Set cel = Nothing
        ' Monatsbezeichnung steht unten rechts.
        Set cel = tbl.Cell(tbl.Rows.Count, 5)
        cel.Merge MergeTo:=tbl.Cell(tbl.Rows.Count, 7)
        doc.Bookmarks.Add Name:="Monat", Range:=cel.Range
    Else
        ' Zelle verbinden, um Platz für Notizen zu schaffen.
        Set cel = tbl.Cell(tbl.Rows.Count, 1)
        cel.Merge MergeTo:=tbl.Cell(tbl.Rows.Count, 4)
        cel.Range.Bookmarks.Add Name:="Notizen", Range:=cel.Range
        ' Monatsbezeichnung steht unten rechts.
        Set cel = tbl.Cell(tbl.Rows.Count, 2)
        cel.Merge MergeTo:=tbl.Cell(tbl.Rows.Count, 4)
        doc.Bookmarks.Add Name:="Monat", Range:=cel.Range
    End If

    ' Formatvorlage im Dokument erstellen und der Tabelle zuweisen.
    tbl.Style = TabelleFormatvorlage(doc)
    ' Monat und Jahr in die Zelle unten rechts einfügen.
    With doc.Range.Bookmarks("Monat").Range
        .Text = Format(dat, "MMMM") & " " & Format(dat, "yyyy")

        'Die Formatvorlage kann die Eckzellen Formatierung nicht anzeigen.
        'Weil die erste und letzte Spalte keine besondere Formatierung hat,
        'müssen wir die Zelle ausdrücklich formatieren.
        .Cells(1).Shading.BackgroundPatternColor = wdColorGray70
        .Font.Size = 24
        .Font.ColorIndex = wdWhite
        .ParagraphFormat.Alignment = wdAlignParagraphRight
        .Cells.VerticalAlignment = wdCellAlignVerticalBottom
    End With

    ' Notizenzelle bezeichnen und Formularfeld einfügen.
    Set rng = doc.Bookmarks("Notizen").Range
    rng.Text = "Notizen: "
    rng.Collapse wdCollapseEnd
    rng.MoveEnd wdCharacter, -1
    doc.FormFields.Add Range:=rng, Type:=wdFieldFormTextInput

    ' Erste Reihe mit Tagesnamen formatieren.
    ' Über VBA können wir die vertikale Ausrichtung von Zellen nicht bestimmen.
    tbl.Rows(1).Cells.VerticalAlignment = wdCellAlignVerticalCenter
    ' Die Höhe etwas verringern, sodass die Tabelle nicht über die Seite umbricht.
    tbl.Rows(1).Height = tbl.Rows(1).Height - 10

    ' Aus dem gleichen Grunde die letzte Absatzmarke klein formatieren.
    doc.Paragraphs.Last.Range.Font.Size = 1
    ' Die ganze Seite anzeigen.
    doc.ActiveWindow.Panes(1).Zooms(wdPrintView).PageFit = wdPageFitFullPage
    ' Zum Dokumentanfang springen.
```

```vba
    Selection.HomeKey wdStory
    ' Das Dokument schützen, sodass die Formularfelder aktiv sind.
    doc.Protect wdAllowOnlyFormFields
End Sub

Function KalenderTabelleEinfügen(doc As Word.Document) As Word.Table
    Dim tbl As Word.Table, cel As Word.Cell
    Dim NrZeilen As Long, NrSpalten As Long, Zaehler As Long
    NrZeilen = 7
    NrSpalten = 7
    Set tbl = doc.Tables.Add(Range:=doc.Range, NumRows:=NrZeilen, _
        NumColumns:=NrSpalten, DefaultTableBehavior:=wdWord8TableBehavior)
    tbl.Rows.HeightRule = wdRowHeightExactly
    With doc.PageSetup
        tbl.Rows.Height = (.PageHeight - .TopMargin - .BottomMargin) / NrZeilen
    End With
    For Each cel In tbl.Rows(1).Cells
        Zaehler = Zaehler + 1
        cel.Range.Text = Format(Weekday(Zaehler), "dddd")
    Next cel
    Set KalenderTabelleEinfügen = tbl
End Function

Function TabelleFormatvorlage(doc As Word.Document) As String
    Dim sty As Word.Style
    Dim szTFV As String, szFVFont

    szTFV = "KalenderFV"
    szFVFont = "Arial"
    Set sty = doc.Styles.Add(Name:=szTFV, Type:=wdStyleTypeTable)
    sty.Font.Name = szFVFont
    sty.Font.Size = 9
    With sty.Table
        .Borders.OutsideLineStyle = wdLineStyleDouble
        .Borders.InsideLineStyle = wdLineStyleSingle
        With .Condition(wdEvenRowBanding)
            .Shading.Texture = wdTextureNone
            .Shading.BackgroundPatternColor = wdColorGray10
            .Borders(wdBorderLeft).LineStyle = wdLineStyleDouble
            .Borders(wdBorderRight).LineStyle = wdLineStyleDouble
            .Borders(wdBorderBottom).LineStyle = wdLineStyleSingle
            .Borders(wdBorderTop).LineStyle = wdLineStyleSingle
        End With
        With .Condition(wdFirstRow)
            .Shading.BackgroundPatternColor = wdColorGray70
            .Font.Size = 16
            .Font.ColorIndex = wdWhite
            .Borders(wdBorderBottom).LineStyle = wdLineStyleSingle
            .Borders(wdBorderLeft).LineStyle = wdLineStyleDouble
            .Borders(wdBorderRight).LineStyle = wdLineStyleDouble
            .Borders(wdBorderTop).LineStyle = wdLineStyleDouble
        End With
        With .Condition(wdLastColumn)
            .Font.Bold = wdToggle
        End With
        With .Condition(wdLastRow)
```

```
                    .Shading.BackgroundPatternColor = wdColorAutomatic
                    .Borders(wdBorderBottom).LineStyle = wdLineStyleDouble
                End With
                With .Condition(wdSECell)
                    .Shading.BackgroundPatternColor = wdColorGray70
                    .Font.Size = 24
                    .Font.ColorIndex = wdWhite
                    .ParagraphFormat.Alignment = wdAlignParagraphRight
                    .Borders(wdBorderBottom).LineStyle = wdLineStyleDouble
                    .Borders(wdBorderRight).LineStyle = wdLineStyleDouble
                End With
                .RowStripe = 1
            End With

            TabelleFormatvorlage = szTFV
        End Function
```

Das Listing 8.6 zeigt den Code für die UserForm *frmKalender*, welche Sie in der Kalendervorlage *Bsp08_07.dot* vorbereitet vorfinden und anstelle der Inputbox einsetzen können.

Listing 8.6:
Code für ein
Kalender-Steuer-
element in einem
UserForm

```
Private Sub cal_NewMonth()
    cal.Day = 10
    cal.Day = 1
End Sub

Private Sub cal_NewYear()
    cal.Day = 10
    cal.Day = 1
End Sub

Private Sub cmdAbbrechen_Click()
    Me.Tag = "Abbrechen"
    Me.Hide
End Sub

Private Sub cmdOK_Click()
    Me.Hide
End Sub

Private Sub UserForm_Initialize()
    cal.Today
    cal.Day = 1
End Sub
```

Berechnungen und Kalkulationen

Eine der großen Stärken von WordPerfect gegenüber Word war immer die Tabellen-Funktionalität. Microsofts Ziel ist es seit geraumer Zeit, Kunden dazu zu bewegen, das ganze Office-Paket statt einzelner Anwendungen zu kaufen. Uns wird also geraten, Excel-Tabellenobjekte in das Word-Dokument einzufügen, wenn wir darin Kalkulationsfunktionen brauchen. Excel-Arbeitsblätter und Diagramme haben durchaus ihren Platz in Word-Dokumenten und wir behandeln sie später in diesem Kapitel.

Nur ist es den Verantwortlichen offensichtlich entgangen, dass

- nicht alle Benutzer Excel-Kenntnisse haben oder lernen wollen,
- Excel-Tabellenobjekte nicht über die Seite umbrochen werden können und sich daher nicht für lange Tabellen in einem Dokument eignen,
- man gelegentlich im Dokumenttext auf den Tabelleninhalt verweisen muss und
- vielleicht Überschriften in einer Tabelle in einem Verzeichnis stehen sollen.

Um nur einige Gründe zu nennen, warum Tabellenkalkulationen in Word doch möglich sein sollten. Aber Word seinerseits kennt weder automatische Zahlenformatierung noch Feldaktualisierung. Ferner müssen kopierte Formeln, da die Zellreferenzen absolut sind, von Hand geändert werden, um sie der neuen Reihe bzw. Spalte anzupassen.

Mit einigen Makros können wir Word um einige der fehlenden Funktionen ergänzen; schauen wir aber zuerst die Grundlagen der Berechnungen in Word-Tabellen kurz an.

Zahlen formatieren

Nur Zahlen in Feldfunktionen werden von Word automatisch formatiert, sonst bleibt alles genau so, wie Sie es eingetippt haben. Dies ist zeitaufwändig und auch eine Fehlerquelle. Um etwas Abhilfe zu schaffen, können Sie Makros einsetzen, um alle Zahlen in einem Dokument, einer Markierung, einer Tabelle oder einer Tabellenspalte oder -reihe mit einem vorgegebenen Zahlenformat zu formatieren.

Diesen Code finden Sie in der Datei *Bsp08_09.doc* im Ordner *Buch\Kap08* auf der Buch-CD. Ein Beispiel steht in Listing 8.7, das alle Zahlen in einer Textmarkierung formatiert, die auch Tabellen beinhalten darf.

Zahlen werden mittels Mustervergleich (Suchtext = "<[0-9]*>") von der Word-Such-Funktion in der gegenwärtigen Markierung aufgespürt. Die Prozedur hält zuerst den Suchbereich – die Markierung – in einer Objektvariablen fest. Falls keine Markierung vorliegt, bricht das Makro ab. Und weil bei erfolgreichem Suchvorgang dieser Bereich (rngGefunden) gleich dem Suchergebnisbereich gesetzt wird, braucht es noch einen zweiten Bereich, sodass der Code bei Bedarf Bezug auf den ursprünglichen (rngSuch) nehmen kann. Der zweite Bereich darf nicht gleich dem ursprünglichen gesetzt werden, er muss unabhängig sein. Um eine »Kopie« eines Bereichs zu erstellen, nimmt man die Eigenschaft Duplicate. Sonst wären die zwei Bereiche identisch: Wenn einer sich ändert, ändert sich der zweite auch.

Mehr über *Suchen und Ersetzen* mit Mustervergleich steht in ▶ Kapitel 7. ▌ **HINWEIS**

Die Suchhandlung steht in einer Do…Loop-Schleife, die erst beendet wird, wenn es keine Treffer mehr gibt (bErfolg ist »Falsch«). Um die eigentliche Suche auszuführen, ruft ZahlenInMarkierungFormatieren die Funktion ZahlSuchen auf und übergibt ihr den Suchbereich als Parameter. Wichtig ist, dass dieser Parameter ByRef übergeben wird. Das bedeutet, dass alle fälligen Änderungen des Bereichumfangs bei Beendigung der Prozedur erhalten bleiben. ZahlSuchen gibt den booleschen Wert »Wahr« zurück, wenn die Suche erfolgreich war.

Trifft das zu, wird der Bereich darauf getestet, ob er in einer Tabelle liegt: If rngGefunden.Information(wdWithInTable). Gegebenenfalls muss die Tabelle Zelle für Zelle durchsucht werden, bis ihr Ende erreicht ist. Grund dafür ist die Ausdehnung des ▶

Suchbereichs bis zum Ende des ursprünglichen Bereichs vor dem nächsten Aufruf von `ZahlSuchen`. Sobald man den Start oder Endpunkt eines Bereichs, der zum Teil in einer Tabelle liegt, über die Zellengrenze hinaus verschiebt, werden zusätzlichen Tabellenzeilen oder sogar die ganze Tabelle in den Bereich einbezogen. Dann würde das Makro immer wieder die gleiche Zahl finden – also in eine Endlos-Schleife (!) gelangen.

Die Formatierung der gefundenen Zahl übernimmt die Prozedur `ZahlFormatieren`. Wie Ihnen vielleicht schon aufgefallen ist, wurde nur nach Ziffern, ohne Interpunktion, gesucht. In der heutigen Geschäftswelt ist man bestrebt, Lösungen möglichst nicht länderspezifisch zu gestalten. Nun ja, in Deutschland sind Punkte als Tausender- und Kommas als Dezimaltrennzeichen (noch) üblich. Andere Länder (beispielsweise die Schweiz) setzen diese zwei Zeichen genau umgekehrt ein oder haben, wie in Nordamerika, einen Apostroph als Tausendertrennzeichen.

Also übernimmt die Formatierungsprozedur die Aufgabe, das Ende der Zahl zu finden. Sie erweitert den Bereich, solange sie einem passenden Zeichen begegnet: `rng.MoveEndWhile Cset:="0123456789',.%"`. Alle von VBA nicht als gültig erkannten numerischen Zeichen müssen aus dem Text entfernt werden, was mit der VBA-Funktion `Replace` mühelos gelingt. (Nur aus der zu bearbeitenden Zeichenkette, nicht aus dem Text im Bereich, der am Ende der Prozedur ersetzt wird.)

WICHTIG Die Funktion `Replace` ist Teil von VBA 6, die erst ab Version 2000 in Office integriert wurde. Word 97 erfordert eine Lösung mit mehreren Codezeilen, ein Beispiel dafür finden Sie in Listing 8.11.

Zur Sicherheit wird nochmals getestet, ob VBA den Text jetzt als numerisch erkennt. Er wird dann in eine Zahl des Typs `Currency` umgewandelt und anschließend formatiert.

TIPP `Currency` ist der Datentyp, mit dem VBA am genauesten rechnet.

HINWEIS Mehrfachmarkierungen, wie sie seit Word 2002 möglich sind, werden von den Beispielmakros nicht bearbeitet.

In diesem Beispiel wird das Zahlenbild vom Benutzer aus einem Dropdown-Feld gewählt (Abbildung 8.8) und das Makro übernimmt diesen Text als Parameter für die `Format`-Funktion. Bitte beachten Sie, dass diese Funktion den Punkt als Dezimaltrennzeichen verlangt. Das Resultat hingegen wird mit den Trennzeichen der Ländereinstellungen formatiert. Der Grund: Das Muster wird vom VBA-Code übernommen und angewendet. In VBA dürfen Sie nur mit den US-Einstellungen arbeiten, während das Ergebnis immer der Lokalisation von Word entspricht.

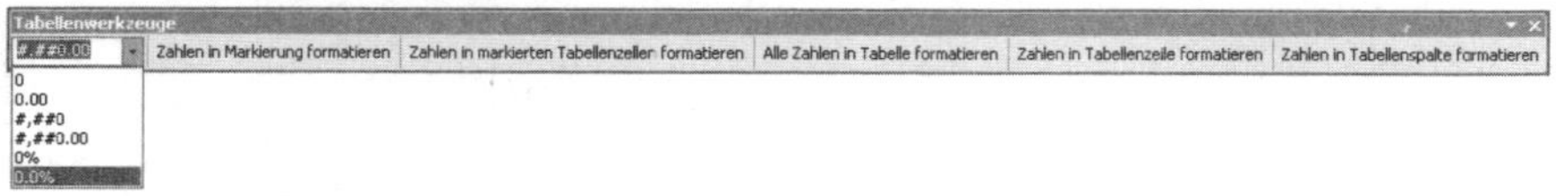

Abbildung 8.8: Symbolleiste, um Zahlen in verschiedenen Dokument- bereichen zu formatieren

```
Option Explicit

Private Const gszTabSymbolleiste As String = "Tabellenwerkzeuge"

Function ZahlSuchen(ByRef rng As Word.Range) As Boolean
    With rng.Find
        .ClearFormatting
        .Forward = True
        .MatchCase = False
        .MatchWholeWord = False
        .MatchWildcards = True
        .Text = "<[0-9]*>"
        .Wrap = wdFindStop
        .Execute
        ZahlSuchen = .Found
    End With
End Function

Function ZahlFormatieren(ByVal rng As Word.Range)
    Dim szFormat As String, szText As String
    Dim curZahl As Currency
    rng.MoveEndWhile Cset:="0123456789',.%"
    szText = rng.Text
    'Prozent ist nicht numerisch.
    szText = Replace(szText, "%", "")
    If IsNumeric(szText) Then
        szFormat = CommandBars(gszTabSymbolleiste).Controls("ZahlenBild").Text
        If Len(szFormat) = 0 Then szFormat = "0"
        curZahl = CCur(szText)
        If InStr(szFormat, "%") Then curZahl = curZahl / 100
        rng.Text = Format(curZahl, szFormat)
    End If
End Function

'Dieses Makro funktioniert nicht, wie Sie vielleicht erwarten, wenn die Markierung
'sich nur innerhalb einer Tabelle befindet. Es zeigt, was zu tun ist, falls eine
'Tabelle sich innerhalb eines Suchbereichs befindet.

Sub ZahlenInMarkierungFormatieren()
    Dim rngSuch As Word.Range, rngGefunden As Word.Range
    Dim cel As Word.Cell
    Dim bErfolg As Boolean

    Set rngSuch = Selection.Range
    Set rngGefunden = rngSuch.Duplicate

    If Len(rngSuch.Text) = 0 Then Exit Sub    'Abbruch, wenn nichts markiert ist.

    If IsNumeric(rngSuch.Text) Then           'Ist eine Zahl markiert, kann sofort
        ZahlFormatieren rngGefunden           'formatiert werden.
        rngGefunden.Collapse wdCollapseEnd
        rngGefunden.End = rngSuch.End
    Else
        Do
            bErfolg = ZahlSuchen(rngGefunden)
            If bErfolg Then
```

Listing 8.7:
Alle Zahlen in
der Markierung
suchen und mit
dem gewählten
Zahlenbild for-
matieren

```
              If rngGefunden.Information(wdWithInTable) Then
                  'Die Zellen in einer Tabelle müssen einzeln durchsucht werden,
                  'weil die Ausdehnung des Bereichs die ganze Tabelle wieder erfasst.
                  For Each cel In rngSuch.Cells
                      Set rngGefunden = cel.Range
                      Do
                          bErfolg = ZahlSuchen(rngGefunden)
                      ' Wenn die gefundene Zahl außerhalb der Markierung ist, abbrechen.
                          If Not rngGefunden.InRange(rngSuch) Then Exit Sub

                          If bErfolg Then ZahlFormatieren rngGefunden

                          rngGefunden.Collapse wdCollapseEnd
                          ' Das letzte Zeichen in einer Zelle darf nicht im Bereich
                          ' sein, sonst wird die Zelle wieder durchsucht.
                          If rngGefunden.End + 1 < cel.Range.End Then _
                              rngGefunden.End = cel.Range.End - 1
                      Loop While bErfolg
                  Next cel
              Else
                  ZahlFormatieren rngGefunden
                  rngGefunden.Collapse wdCollapseEnd
                  rngGefunden.End = rngSuch.End
              End If
          Else
              Exit Sub
          End If
      Loop While bErfolg
  End If
End Sub


Sub ZahlenInTabelleFormatieren()
    Dim rngSuch As Word.Range

    If Not Selection.Information(wdWithInTable) Then Exit Sub
    Set rngSuch = Selection.Tables(1).Range
    TabellenBereichDurchsuchen rngSuch
End Sub


Sub ZahlenInTabellenmarkierungFormatieren()
    Dim rngGefunden As Word.Range
    Dim cel As Word.Cell
    Dim bErfolg As Boolean

    If Not Selection.Information(wdWithInTable) Then Exit Sub
    For Each cel In Selection.Cells
        Set rngGefunden = cel.Range
        Do
            bErfolg = ZahlSuchen(rngGefunden)
            If bErfolg Then ZahlFormatieren rngGefunden
            rngGefunden.Collapse wdCollapseEnd
            ' Das letzte Zeichen in einer Zelle darf nicht im Bereich
            ' sein, sonst wird die Zelle wieder durchsucht.
            If rngGefunden.End + 1 < cel.Range.End Then
                rngGefunden.End = cel.Range.End - 1
            Else
```

```
                    Exit Do
                End If
            Loop While bErfolg
        Next cel
End Sub

Sub ZahlenInZeileFormatieren()
    Dim rngSuch As Word.Range

    If Not Selection.Information(wdWithInTable) Then Exit Sub
    Set rngSuch = Selection.Rows(1).Range
    TabellenBereichDurchsuchen rngSuch
End Sub

Sub ZahlenInSpalteFormatieren()
    Dim cel As Word.Cell, rngGefunden As Word.Range

    If Not Selection.Information(wdWithInTable) Then Exit Sub
    ' Im Gegensatz zu den andern Makros
    ' werden nur Zellen mit rein numerischem Inhalt formatiert.
    For Each cel In Selection.Columns(1).Cells
        Set rngGefunden = cel.Range
        rngGefunden.MoveEnd Unit:=wdCharacter, Count:=-1
        'ZahlSuchen rngGefunden
        ZahlFormatieren rngGefunden
    Next cel
End Sub

Function TabellenBereichDurchsuchen(rng As Word.Range)
    Dim rngGefunden As Word.Range
    Dim cel As Word.Cell
    Dim bErfolg As Boolean

    For Each cel In rng.Cells
        Set rngGefunden = cel.Range
        Do
            bErfolg = ZahlSuchen(rngGefunden)
            If bErfolg Then ZahlFormatieren rngGefunden
            rngGefunden.Collapse wdCollapseEnd
            ' Das letzte Zeichen in einer Zelle darf nicht im Bereich
            ' sein, sonst wird die Zelle wieder durchsucht.
            If rngGefunden.End + 1 < cel.Range.End Then
                rngGefunden.End = cel.Range.End - 1
            Else
                Exit Do
            End If
        Loop While bErfolg
    Next cel
End Function
```

Am Anfang steht die *Formula*-Feldfunktion

Um mit Word Berechnungen durchzuführen, brauchen Sie Feldfunktionen. In der lässigen und benutzerfreundlichen Umgebung der neueren Versionen von Word, mit Drag-and-drop, Kontextmenüs, Tastaturkürzel und ähnlichem, scheinen Feldfunktionen etwas fehl am Platz. Sie verursachen auch bei ausgewiesenen Entwicklern etwas Stirnrunzeln, aber sie ermöglichen Ihnen, dynamisch gewisse Aufgaben in Dokumenten zu lösen, auf einer für VBA unerreichbaren Art und Weise. Wenn Sie mit Excel oder der Programmierung ein wenig vertraut sind, achten Sie auf den Wortteil »Funktion«. Es handelt sich um Funktionsaufrufe, die von Word ausgeführt werden, wenn es den Befehl erhält, die markierten Feldfunktionen zu aktualisieren. Das Ergebnis kann so einfach sein, wie das heutige Datum oder so komplex wie ein Inhalts- oder Indexverzeichnis.

Der Einsatz von Feldfunktionen ist sehr strukturiert. Manche Feldfunktionen erfordern Parameter und/oder akzeptieren Formatierungsbefehle in Form von Schaltern. Detaillierte Angaben zu den einzelnen Feldfunktionen und zu Formatierungsschaltern stehen in der Word-Hilfe. Sie finden auch zusätzliche Informationen im ▶ Anhang A. Was Sie leider nicht mit Feldfunktionen tun können, ist, VBA-Funktionen darin einzubauen; weder Ihre eigenen, noch so grundsätzliche wie `Left$()` oder `Right$()`. Durchaus erlaubt ist jedoch das Verschachteln von mehreren Feldfunktionen – bis zu 19 Ebenen.

HINWEIS

Das Fehlen von grundsätzlichen Zeichenfunktionen oder die Möglichkeit, eigene VBA-Funktionen in einem Dokument zu verwenden, nahm Peter als eine echte Herausforderung an. Er kam zum Schluss, dass es doch über Umwege möglich sein soll und hat die `IncludeText`-Feldfunktion »zweckentfremdet«. Ihm kam die Idee, dass er einen eigenen RTF-Konvertierfilter erstellen könnte, der gewisse Funktionen oder sogar VBA-Prozeduren ausführen könnte. Die Ergebnisse seines Geistesblitzes hat er uns freundlicherweise auf der CD zur Verfügung gestellt. Entwicklern liegt der Code offen und in einem Begleitdokument erklärt Peter seine Überlegungen und Vorgehensweise. Der Einsatz dieses Tools ist auf der Buch-CD im Ordner \Buch\Tools beschrieben. Dort finden Sie auch die zugehörigen Dateien. Wenn Sie also ohne Einsatz von VBA gewisse, von Word-Feldfunktionen nicht unterstützte Handlungen im Dokument vornehmen möchten, schauen Sie sich das Tool an.

Berechnungen werden in Word mit der `Formula`- (Ausdruck) Feldfunktion durchgeführt: { = }. Die geschweiften Feldklammern dürfen Sie nicht einfach eintippen, da es sich um zwei besondere Zeichen handelt, die nur über *Einfügen/Feld*, *Tabelle/Formel* (oder sonst ein Menübefehl, der eine Feldfunktion einfügt) oder die Tastaturfolge `Strg+F9` in ein Dokument eingefügt werden können. Word weiß, dass es sich um eine Funktion handelt, wenn es diesen Klammern im Textfluss begegnet. Die Klammern erscheinen immer paarweise und ohne sie läuft nichts.

Als Ausdruck in der Feldfunktion ist jede mathematische Formel gestattet. Es stehen Ihnen auch arithmetische Funktionen zur Verfügung, eine Liste davon finden Sie im ▶ Anhang A und in der Word-Hilfe (Suchbegriff: »Formula Feld«). Einige davon werden in Zusammenhang mit den nachfolgenden Lösungen behandelt.

Am Ende einer Formel steht es Ihnen frei, allgemeine Formatierungs- und/oder einen Zahlenformatschalter einzufügen. Auch zu diesen Themen finden Sie detaillierte Listen und Informationen im Anhang und in der Word-Hilfe. Wenn Sie mit der Zahlenformatierung aus Excel, Access oder VB bereits vertraut sind, kennen Sie schon die Grundlage für Word. Hier das allerwichtigste in Kürze:

○ Der Schalter wird mit der Zeichenfolge `\#` eingeleitet und Sie sollten die darauf folgende numerische Abbildung mit Anführungszeichen versehen. Die Anführungszeichen sind nicht immer erforderlich, aber empfehlenswert.

- **0** (Null): Legt die Anzahl der Stellen für die Anzeige des Ergebnisses fest. Enthält der Ergebniswert an einer Stelle keine Ziffer, zeigt Word eine 0 (Null) an.

- **#**: Legt die Anzahl der Stellen für die Anzeige des Ergebnisses fest. Enthält das Ergebnis an einer Stelle keine Ziffer, zeigt Word eine Leerstelle an. Wird hauptsächlich für die Festlegung von Tausendertrennzeichen gebraucht.

- Eine numerische Abbildung besteht aus drei Teilen, die mit einem Listentrennzeichen getrennt sind:
  \# *"Format positiver Werte;Format negativer Werte;Format von Nullwerten"*
  Wenn Sie für einen Null-Wert nichts anzeigen wollen, geben Sie an diese Stelle zwei Apostrophe ein: \# "0.00;-0.00;''".

Ähnlich wie in Excel sind statische Formeln von wenig Interesse. Das Ziel ist, die dynamische Anpassung der Ergebnisse, wenn neue Werte in Tabellenzellen eingegeben werden. Auch Word kalkuliert mit Zellbezügen, wie in Abbildung 8.9 ersichtlich (das jeweilige Resultat ist mit einer grauen Schattierung bezeichnet). Tabellenzeilen werden mit einer Nummer und Spalten mit einem Buchstaben bezeichnet; das R1C1-Format erkennt Word seit der Version 2.0 nicht mehr.

3	17,5	,4	{ = (A1 * B1) + C1 } 52,9
2	20	,8	{ = Average(A2:C2) } 7,6
6	31,8	,315	{ = Round(Sum(Left); 2) } 38,12
{ = Sum (Above) } 11	{ = Product(B1;B2;B3) / 100 \# "0%" } 111%	{ = Min(B:B) } 1,11	{ = Max(1:1) } 52,9

Abbildung 8.9:
Formel-Feldfunktionen in einer Tabelle

Sie können diese arithmetischen Funktionen in der Datei *Bsp08_10.doc* im Ordner *\Buch\Kap08* auf der Buch-CD ausprobieren.

Auf Tabelleninhalt im Dokumenttext verweisen

Wenn Sie einen Bericht oder ein Angebot schreiben, kommt es vor, dass Tabellenergebnisse im Text wiederholt werden oder, dass damit noch weiter gerechnet werden soll. Das letzte, was man will, ist, diese Zahlen als statischen Text einzutippen. Abgesehen von Tippfehlern besteht noch die Gefahr, dass Sie eine Änderung übersehen. Höchst peinlich, wenn es dem Chef oder dem Kunden auffällt!

Textmarken bilden die Grundlage für Verweise. Sie können den Zelleninhalt markieren, den Sie im Dokument weiter verwenden wollen und ihm eine Textmarke zuweisen. Im Dokument fügen Sie über den Menüpunkt *Einfügen/Referenz/Querverweis* oder mit einer Ref-Feldfunktion die Informationen ein.

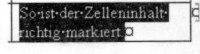

In Word 97 und Word 2000 lautet die Befehlsfolge *Einfügen/Querverweis*.

Seien Sie aber bitte vorsichtig: Meistens benötigen Sie nur den Inhalt und nicht die ganze Zelle. Markieren Sie also sorgfältig nur den Text (oder Feldfunktion); wenn die ganze Zelle schwarz hinterlegt ist, statt nur die Textzeilen, ist es zu viel. Halten Sie die Umschalt-Taste fest und drücken Sie Pfeil links, um die kleine »Sonne« außerhalb der Markierung zu lassen.

Es wäre aber mühsam, dieses Vorgehen für mehrere Zellen auszuführen; ob es einen kürzeren Weg gibt? Ja, wenn es sich um numerischen Inhalt handelt:

- Weisen Sie der ganzen Tabelle eine Textmarke zu (mit beispielsweise dem Namen »Tabelle1«).
- An der Stelle, wo Sie beabsichtigen, die Zahl weiter zu verwenden, fügen Sie mit Strg+F9 eine Formula-Feldfunktion ein.
- Geben Sie eine mathematische Funktion (meistens Sum())ein.
- Der Verweis steht zwischen den Funktionsklammern; zuerst die Textmarkennamen, gefolgt von einem Leerzeichen, dann die Zellbezüge: { = Sum(Tabelle1 C3) }

`{ = }`

Mit dieser Methode können Sie auch rechnen: »Wenn Sie bar bezahlen, gewähren wir Ihnen einen Rabatt von 5%. Sie bezahlen nur _ { = Product(Tabelle1 D10; 95%) }!«

Formeln in Tabellen automatisch aktualisieren

Was Word aber nicht tut, ist die Formeln von sich aus zu aktualisieren, wenn der Inhalt von Tabellenzellen geändert wurde. Der Benutzer muss die Formeln markieren und mit F9 die Aktualisierung auslösen.

Mit einer Makrolösung wie in Listing 8.8 kann die Word-Umgebung um diese Funktionalität ergänzt werden. Ihnen wird vielleicht eine gewisse Verzögerung und Bildschirmflackern auffallen, wenn dieses Makro aktiv ist, vor allem dann, wenn Sie in einer großen Tabelle arbeiten. Das ist normal – und nun wird klar, warum Microsoft nicht darauf erpicht ist, selber die Funktionalität einzuführen. Tabellen scheinen (und werden) mit jeder Version und zunehmenden Aufgaben langsamer.

Der Code zu diesem Beispiel befindet sich zum Ausprobieren in der Testdatei *Bsp08_11.doc* im Ordner *Buch\Kap08* auf der Buch-CD.

HINWEIS In Word-Tabellen können Zellen für die Benutzereingabe nicht gesperrt werden, wie in Excel. Das Dokument kann aber als Formular, mit Formularfeldern für Eingaben, geschützt werden. Eine ausführliche Diskussion darüber steht in ▶ Kapitel 11.

Für diese Lösung brauchen Sie zuzüglich zum gewöhnlichen Modul auch ein Klassenmodul; im Beispiel heißt es clsBsp08_11. Im diesem Klassenmodul muss die Applikation Ereignisse durch folgende Zeile aktiviert werden:

```
Public WithEvents App As Word.Application
```

Danach steht oben rechts im Code-Fenster eine Liste von Ereignissen zur Verfügung (Abbildung 8.10). Für diese Aufgabe wird WindowSelectionChange gewählt. Dieses Ereignis wird durch Anklicken im Dokument mit der Maus, Einsatz der Pfeiltasten, Eintippen über eine Markierung oder das Drücken der Tab-Taste innerhalb einer Tabelle ausgelöst. Word stellt der Prozedur das Objekt Sel zu Verfügung; Sel ist die Zielmarkierung (Selection) im Dokument.

TIPP Mit der Befehlsfolge *Einfügen/Klassenmodul* im VB-Editor fügen Sie Ihrem Projekt ein Klassenmodul hinzu. ▶

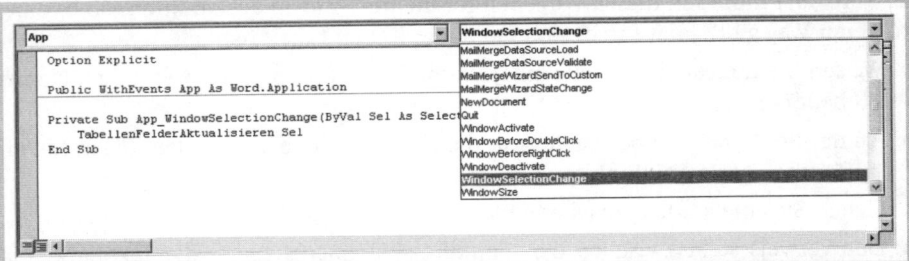

Word reagiert auf in einem Klassenmodul definierte Ereignisse erst, nachdem sie aktiviert wurden. Dafür brauchen Sie in einem gewöhnlichen Modul:

1. eine Objektvariable zur Deklaration der Klasse (Dim o_FeldAktualisierung As New clsBsp08_11) und

2. eine Prozedur, um sie zu initialisieren.

TIPP

Im Beispiel heißt diese Prozedur StartUpdate und sie muss direkt mit einer Symbol-schaltfläche oder einem Tastaturkürzel vom Benutzer ausgeführt werden. Sie könn-ten die Initialisierung aber durch ein AutoExec, AutoOpen oder AutoNew ausführen lassen.

Die Ereignis-Prozedur App_WindowSelectionChange ruft TabellenFelderAktualisieren in einem gewöhnlichen Modul auf und übergibt ihr Sel. Das Makro muss erkennen, ob die Markierung in einer Tabelle steht und wenn ja, werden beim nächsten Auf-ruf des Ereignisses alle Feldfunktionen in dieser Tabelle aktualisiert. Es kann nicht beim Aufruf des Ereignisses feststellen, ob die Markierung in einer Tabelle *war*, sondern ob sie in einer Tabelle landet. Deshalb schreibt es bei jedem Aufruf in eine Dokument-Variable fest, ob der neue Zielpunkt in einer Tabelle steht.

Zu Beginn der Prozedur TabellenFelderAktualisieren liest das Makro den Wert dieser Dokument-Variablen. Wenn er nicht gleich »0« ist, war der letzte Zielpunkt inner-halb einer Tabelle und alle Feldfunktionen in dieser Tabelle müssen aktualisiert werden. Wie weiß das Makro, um welche Tabelle es sich handelt?

Am Ende der Prozedur, als sie den neuen Zielpunkt auswertet und feststellt, dass er in einer Tabelle steht, weist sie dem Tabellenbereich eine Textmarke namens »Temp« zu. Der Textmarkenname wird dann in die Dokument-Variable geschrie-ben. Liegt der Zielpunkt jedoch außerhalb einer Tabelle, wird der Dokument-Vari-ablen der Wert »0« zugewiesen und die Textmarke (falls vorhanden) gelöscht.

Die Aktualisierung von Feldfunktionen in einer Tabelle nach dieser Methode hat die Eigenart, Markierungen, die ganze Zellen beinhalten, aufzuheben. Die Einfüge-marke wird einfach in eine andere Zelle gesetzt. Dieses Verhalten würde die Nütz-lichkeit des Makros erheblich beeinträchtigen. Deshalb wird der ursprünglich mar-kierte Bereich in einer Range-Objektvariablen festgehalten und nach der Aktualisierung wieder markiert.

```
Option Explicit
' In einem Klassenmodul
Public WithEvents App As Word.Application

Private Sub App_WindowSelectionChange(ByVal Sel As Selection)
    TabellenFelderAktualisieren Sel
```

Listing 8.8:
Feldfunktionen in einer Tabelle automatisch aktualisieren

```vba
End Sub

' In einem gewöhnlichen Modul
Dim o_FeldAktualisierung As New clsBsp08_11

Sub StartUpdate()
    Set o_FeldAktualisierung.App = Word.Application
End Sub

Sub UpdateBeenden()
    Set o_FeldAktualisierung.App = Nothing
End Sub

Sub TabellenFelderAktualisieren(Sel As Word.Selection)
    Dim vblTabelle As Word.Variable, doc As Word.Document, szVblName As String
    Dim szVblWert As String, szBkmName As String, szVblLeer As String
    Dim rng As Word.Range

    szVblName = "Aktualisieren"
    szBkmName = "Temp"
    szVblLeer = "0"

    ' Abfangen, wenn die Dokument-Variable noch nicht existiert
    ' oder mangels Eintrag gelöscht wurde
    On Error GoTo Error_Handler_DocVar
    Set doc = ActiveDocument
    Set vblTabelle = doc.Variables(szVblName)
    On Error GoTo 0
    szVblWert = vblTabelle.Value
    If szVblWert <> szVblLeer Then
        ' Alle Feldfunktionen in der markierten Tabelle aktualisieren
        Set rng = Sel.Range
        If doc.Bookmarks.Exists(szVblWert) Then _
            doc.Bookmarks(szVblWert).Range.Fields.Update
        ' Zur ursprünglichen Markierung zurückspringen
        rng.Select
    End If

    ' Wenn die Markierung in einer Tabelle landet
    If Sel.Information(wdWithInTable) Then
        ' Tabelle mit einer Textmarke markieren,
        doc.Bookmarks.Add Name:=szBkmName, Range:=Sel.Range.Tables(1).Range
        ' und deren Namen in der Dokvariable festhalten
        vblTabelle.Value = szBkmName
    Else
        ' Sonst eine "0" in die Dokvariable schreiben,
        ' sodass die Felder nicht aktualisiert werden
        vblTabelle.Value = szVblLeer
        If doc.Bookmarks.Exists(szVblWert) Then _
            doc.Bookmarks(szBkmName).Delete
    End If
    Exit Sub

Error_Handler_DocVar:
    Select Case Err.Number
        ' Dokvariable erstellen, wenn sie noch nicht vorhanden ist
```

```
            Case 5825 ' Objekt wurde gelöscht.
                doc.Variables.Add Name:=szVblName, Value:=szVblLeer
                Resume
            Case Else
                MsgBox Err.Description & vbCr & Err.Number
        End Select
End Sub
```

Relative Zellreferenzen in Tabellen

Mit einer Methode, Feldfunktionen in Tabellen automatisch zu aktualisieren, sind wir einen großen Schritt näher gekommen, Word für Kalkulationen zu trimmen. Das nächste Hindernis sind die absoluten Zellenbezüge. Nur die arithmetischen Funktionen wie Sum (Summe) oder Product (Produkt), die die Argumente Left (links), Right (rechts), Above (über) und Below (unter) akzeptieren, verhalten sich wie eine kopierte Excel-Formel und passen sich beim Einfügen in einer andern Zelle problemlos der neuen Position an.

Word bietet von sich aus überhaupt keine Möglichkeit, relative Zellbezüge zu benutzen. Aber Feldfunktionen sind in der Lage, in verschachtelter Kombination sehr komplexe Aufgaben zu lösen, unter anderem auch diese.

Die verschachtelte Feldfunktion

Der Schlüssel zu dieser Lösung ist die Zusammenarbeit von SEQ- mit SET- und Ref-Feldfunktionen. SEQ-Feldfunktionen wurden eingehend in ▶ Kapitel 6 behandelt. Sie wissen also schon, dass Sie damit eine beliebige Anzahl Nummerierungssequenzen in einem Dokument festlegen können. Es ist daher auch möglich, eine SEQ-Sequenz für die fortlaufende Zählung von Zeilen in einer Tabelle zu verwenden, wie in Abbildung 8.11 in der ersten Zeile ersichtlich: { SEQ R \h }.

Dieses Beispiel finden Sie in der Datei *Bsp08_12.doc* im Ordner *\Buch\Kap08* auf der Buch-CD.

Der Schalter \h verbirgt das Feldergebnis einer SEQ-Feldfunktion. Aber nur solange das Ergebnis nicht formatiert wird. Fügen Sie also keine zusätzlichen Formatierungsschalter einer Seq-Feldfunktion hinzu; sie sind auch nicht notwendig, weil das Ergebnis nicht sichtbar ist. Weitere Werte der Sequenz, die nicht verborgen sind, dürfen Sie beliebig mit Formatierungsschaltern ausstatten. **HINWEIS**

Es ist wichtig, die Sequenz in der ersten Zeile anzufangen, sodass sie fortlaufend ab »1« zählt. Wenn dies aus irgendeinem Grund nicht möglich ist, müssen Sie den \s-Schalter hinzufügen, um mit der richtigen Nummer anzufangen. **HINWEIS**

Die Set-Feldfunktion brauchen wir, um in einer unsichtbaren Textmarke den alphabetischen Namen der Spalten festzulegen. Der Textmarke Anz wird der Buchstabe »b« und der Textmarke Preis der Buchstabe »c« zugewiesen.

Benutzen Sie eine SET-Feldfunktion, wenn Sie eine unsichtbare Textmarke ohne die Aufforderung der ASK-Feldfunktion im Dokument festhalten möchten. Eine Alternative zur Set-Feldfunktion, die vom Benutzer versehentlich gelöscht werden könnte, wäre eine Dokument-Eigenschaft zu erstellen. Deren Wert wird mit einer DocProperty-Feldfunktion der komplexen Funktion übergeben. **TIPP**

Abbildung 8.11:
Relative Zell-
referenzen in
Word-Tabellen,
die ohne weite-
res von Reihe zu
Reihe kopiert
werden können.
Sum(Left) kann
wegen der
Währungsspalte
nicht eingesetzt
werden.

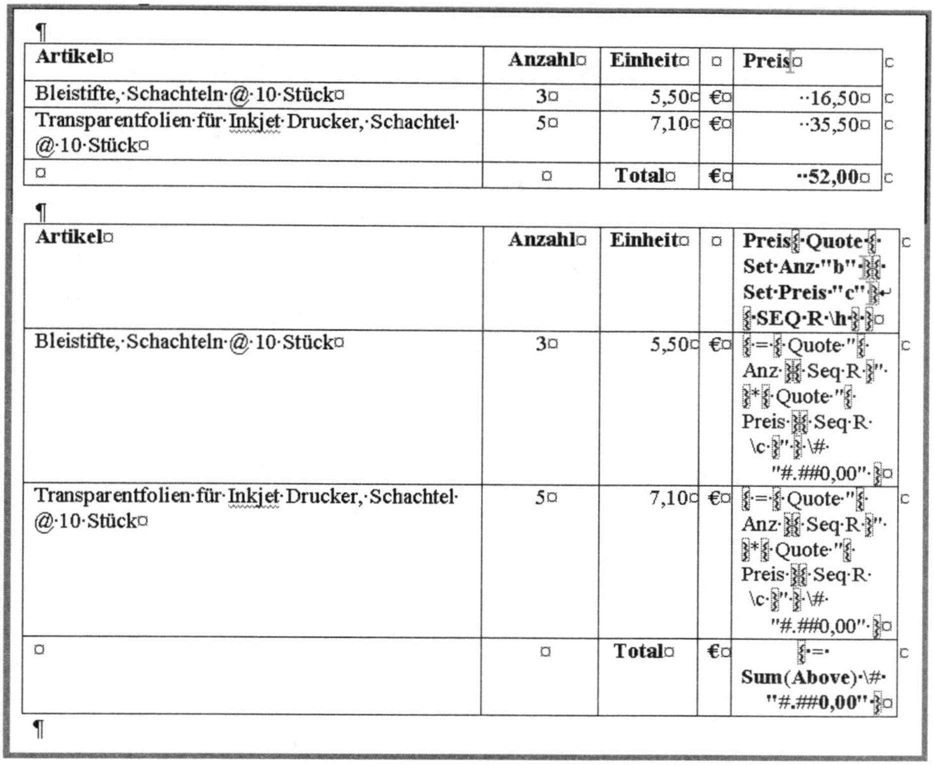

Artikel□		Anzahl□	Einheit□	□	Preis□	□
Bleistifte,·Schachteln·@·10·Stück□		3□	5,50□	€□	··16,50□	□
Transparentfolien·für·Inkjet·Drucker,·Schachtel·@·10·Stück□		5□	7,10□	€□	··35,50□	□
□		□	Total□	€□	··52,00□	□

Artikel□		Anzahl□	Einheit□	□	Preis·{·Quote·{·Set·Anz·"b"·}·Set·Preis·"c"·}·{·SEQ·R·\h·}·}□	□
Bleistifte,·Schachteln·@·10·Stück□		3□	5,50□	€□	{·=·{·Quote·"{·Anz·}{·Seq·R·}"·}*{·Quote·"{·Preis·}{·Seq·R·\c·}"·}·\#·"#.##0,00".·}□	□
Transparentfolien·für·Inkjet·Drucker,·Schachtel·@·10·Stück□		5□	7,10□	€□	{·=·{·Quote·"{·Anz·}{·Seq·R·}"·}*{·Quote·"{·Preis·}{·Seq·R·\c·}"·}·\#·"#.##0,00".·}□	□
□		□	Total□	€□	{·=·Sum(Above)·\#·"#.##0,00".·}□	□

Um die Felder zusammenzuhalten, werden sie von einer Quote-Feldfunktion umfasst.

TIPP
Es ist oft vorteilhaft, komplexe Feldfunktionen von der innersten Ebene aus zusammenzustellen, weil das Ergebnis der einzelnen Teile getestet werden kann. Wenn Sie eine oder mehrere existierende Feldfunktionen in eine neue verschachteln möchten, markieren Sie sie, dann drücken Sie Strg+F9; die Feldklammern werden um die Markierung gesetzt, statt sie zu ersetzen.

Die Formel, um die Anzahl mit dem Preis zu multiplizieren, lautet für die zweite Zeile: { = B2 * C2 }; in der komplexen Funktion übersetzt: { Anz }{ Seq R }*{ Preis }{ Seq R \c }. Auch die beiden Operanden werden je von einer Quote-Feldfunktion umfasst, aber nicht, um die Felder zu gruppieren – das macht die Formel-Funktion in der äußersten Ebene. Nein, nur dank der Quote-Feldfunktion und den Anführungszeichen wird die Kombination von Ref- und Seq-Feldfunktionen von Word korrekt als Zellbezug verstanden. Das ergibt somit die Kombination, samt Formatierungsschalter, die der Benutzer von einer Zeile in eine andere kopieren kann:

```
{ = { Quote "{ Anz }{ Seq R }" }*{ Quote "{ Preis }{ Seq R \c }" } \# "#.##0,00" }
```

HINWEIS
Der Schalter \c in der Seq-Feldfunktion hat zur Folge, dass der letzte Wert der Sequenz wiederholt wird.

Wenn Sie eine Feldfunktion ohne Schlüsselwort einfügen, versteht Word sie als eine implizite REF-Feldfunktion und sucht einen passenden Vermerk oder eine Textmarke. Dieses Verhalten ist sehr nützlich, man muss sich jedoch seiner Gefahr bewusst sein. Word zählt zur Liste von Vermerken auch gewisse Schlüsselwörter aus der Windows-Umgebung, wie zum Beispiel die Währung. Haben Sie beispielsweise »DM« als Währungssymbol in der Ländereinstellung der Systemsteuerung festgelegt, erhalten Sie echt merkwürdige Resultate in einer Formel, in der Sie meinen, Sie sprechen eine Textmarke gleichen Namens an. In solchen Fällen, muss das Schlüsselwort Ref ausdrücklich in der Feldfunktion vorhanden sein, um auf die Textmarke zuzugreifen.

WICHTIG

Der Bedarf für relative Zellbezüge in Spalten ist geringer, da man hier meistens mit einer Funktion wie Sum arbeitet. Sie können dafür jedoch durchaus den gleichen Grundsatz anwenden. Die Basiswerte werden wie folgt gesetzt:

```
{ Seq S \h }{ Set Z2 "2" }{ Set Z3 "3" }
```

und die Formel lautet:

```
{ = { Quote "{ Seq S \* ALPHABETIC }{ Z2 }" } + { Quote "{ Seq S \* ALPHABETIC \c }{ Z3 }" } }
```

Der Schalter * ALPHABETIC sorgt für ein alphabetisches statt numerisches Resultat, wie es ein Spaltenbezug verlangt.

HINWEIS

In Word 2002 markiert die Maus standardmäßig *nicht* die ganze Feldfunktion, sondern das Feldresultat wie gewöhnlichen Text. Wenn die Benutzer sich darüber beklagen, dass das Kopieren und Einfügen dieser Funktionen fehlschlägt, sollen sie die Option *Ganzes Feld mit dem ersten oder letzten Zeichen auswählen* in *Extras/Optionen/Kompatibilität* aktivieren.

TIPP

Weitere Tabellenkalkulationsfunktionen

Es gibt noch diese oder jene Tabellenkalkulationsfunktion, die auch in Word nützlich wäre. In Excel kann man beispielsweise eine Zahl in einer Zelle in jede Zelle eines markierten Bereichs kopieren und laufend um eins erhöhen (Abbildung 8.12). Ähnliches geht in Word mit einem Makro wie in Listing 8.9.

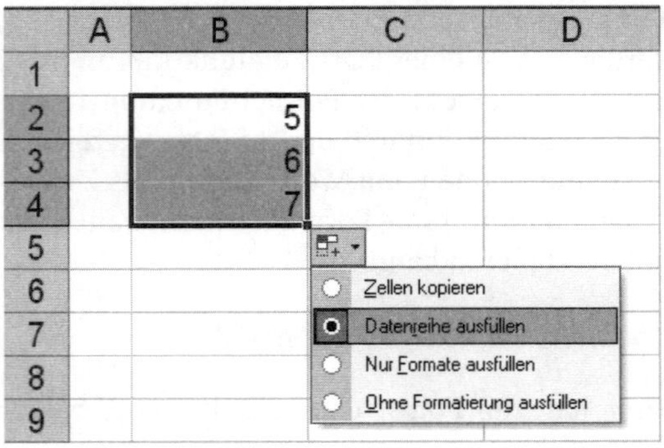

Abbildung 8.12:
In Excel gibt es sehr flexible Möglichkeiten, Werte zu kopieren und gleichzeitig zu manipulieren

Wenn der Benutzer eine Zahl in eine Zelle eingibt und diese Zelle zusammen mit weiteren in der gleichen Spalte markiert, überträgt das Makro den Inhalt der obersten Zelle in alle Zellen der Markierung und erhöht sie jedes Mal um eins.

TIPP Weisen Sie das Makro dem Kontextmenü für *Tabelle/Ganze Tabelle* und *Tabelle/Tabellenzelle* zu und der Benutzer kann es durch Anklicken mit der rechten Maustaste schnell ausführen.

Die Prozedur SpalteAusfuellen ist kurz, demonstriert aber einige interessante Aspekte des Word-Objektmodells für Tabellen. Achten Sie insbesondere auf die Verringerung des Zellenbereichs um ein Zeichen. Wenn die nicht druckbaren Zeichen eingeblendet sind, sehen Sie in jeder Zelle eine kleine »Sonne«, die der Text immer vor sich herschiebt. Dieses Zeichen besteht (unter anderem) aus zwei für VBA sichtbaren ANSI-Zeichen: Chr$(13) & Chr$(7). Wenn Sie den Inhalt einer Zelle einer Zeichenkette übergeben, muss diese um zwei Zeichen verkürzt werden, sonst erhalten Sie unerwünschte Ergebnisse.

Wenn Sie jedoch direkt mit dem Bereich arbeiten, behandelt VBA dieses Zeichen wie ein einzelnes. Deshalb wird hier der Bereich um ein und nicht um zwei Zeichen verkürzt.

Listing 8.9:
Zelleninhalt in
markierte Zellen
einer Spalte ein-
fügen

```
Sub SpalteAusfuellen()
    Dim rwNr As Long, rwZaehler As Long, NrRows As Long, lZaehler As Long
    Dim rw As Word.Row, col As Word.Column, rng As Word.Range

    Set rng = Selection.Cells(1).Range
    ' erste Zelle der Markierung festhalten
    ' Diesen Bereich um ein Zeichen verringern
    rng.MoveEnd Unit:=wdCharacter, Count:=-1
    If Not IsNumeric(rng.Text) Then Exit Sub

    ' Falls die Markierung in einer Tabelle steht
    If Selection.Information(wdWithInTable) Then
        ' Anzahl markierter Zeilen festhalten
        NrRows = Selection.Rows.Count
        ' Die Spalte, worin die Markierung steht, festhalten
        Set col = Selection.Columns(1)
        ' Die Zeilennummer, worin die Markierung anfängt, ermitteln
        rwNr = Selection.Rows(1).Index
        ' Durch die Zellen von der zweiten bis zur letzten Reihe
        ' der Markierung schleifen
        For rwZaehler = rwNr + 1 To rwNr + NrRows - 1
            lZaehler = lZaehler + 1
            ' den Inhalt jeder Zelle aus der ersten Zelle übertragen, _
            ' und laufend um eins erhöhen
            col.Cells(rwZaehler).Range.Text = CStr(CLng(rng.Text)) + lZaehler
        Next rwZaehler
    End If
    Application.ScreenRefresh
End Sub
```

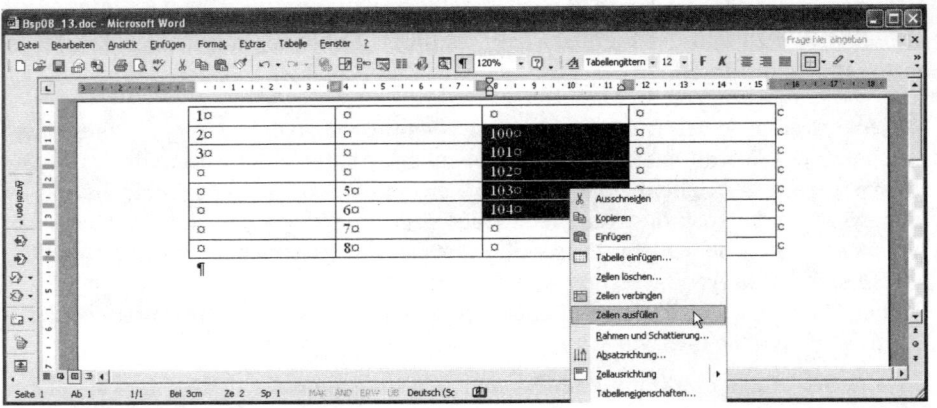

Abbildung 8.13:
Eine Markierung
mit fortlaufenden
Zahlen ausfül-
len. Das Makro
wurde dem Kon-
textmenü für
Tabellenzellen
hinzugefügt.

Excel und Access haben beide ein sehr nützliches Tastaturkürzel – Strg+' – das den Inhalt der darüber liegenden Zelle wiederholt. Sie können Word um diese Funktionalität mit dem Makro in Listing 8.10 ergänzen.

Bitte beachten Sie den Gebrauch der Eigenschaft FormattedText. Sie ermöglicht das Duplizieren von Text, samt Formatierung, ohne die Zwischenablage einzusetzen.

```
Sub ZellenInhaltWiederholen()
    Dim cel As Word.Cell, rng As Word.Range

    Set cel = Selection.Range.Cells(1)
    Set rng = cel.Range.Tables(1).Cell(cel.RowIndex - 1, cel.ColumnIndex).Range
    rng.MoveEnd wdCharacter, -1
    cel.Range.FormattedText = rng.FormattedText
End Sub
```

Listing 8.10:
Der Zellinhalt
der darüber lie-
genden Zelle
übernehmen

Diese beiden Tools finden Sie in der Datei *Bsp08_13.doc* im Ordner *\Buch\Kap08* auf der Buch CD.

Zahlen als Text

Noch eine Aufgabe, wenn man mit Zahlen und Tabellen arbeitet, ist die Anzeige einer Zahl in Buchstaben, wie beispielsweise auf einem Scheck. Word hat zu diesem Zweck zwei Formatierungsschalter: * CardText (GrundText) und * DollarText (WährungsText). Diese in Kombination mit den Schaltern * Upper (Großbuchstaben), * Caps (Initial) und * FirstCap (SatzanfangGroß) entsprechen den meisten Wünschen.

Oder würden es tun, wenn die Zahlenumwandlungsschalter Beträge akzeptieren würden, die größer sind als 999.999! Wenn Sie es aber probieren, erhalten Sie die Fehlermeldung »Fehler! Zahl kann im angegebenen Format nicht dargestellt werden.« Na toll. Was hat sich Milliarden-Gigant Microsoft eigentlich gedacht, als er diese mickrige 999.999-Grenze gesetzt hat? Keine Ahnung, aber vielleicht dachte man in den späten achziger Jahren, als diese Schalter in den ersten Versionen von Word eingebaut wurden, Firmen würden mit solch großen Beträgen nie arbeiten. Ironischer Gedanke ...

Die verschachtelte Feldfunktion

Egal, wie es dazu gekommen ist; heute muss eine Lösung her, möglichst ohne VBA. Und es geht mit den Feld- und arithmetischen Funktionen, die Sie aus diesem Kapitelabschnitt schon kennen. Die Formel steht gegliedert in Abbildung 8.14; die Feldklammern sind nach Ebene farbig formatiert, um die Wahrnehmung der Verschachtelung zu erhöhen.

HINWEIS Woher kommen die Farben? Von den zwei kleinen Prozeduren in Listing 8.11, die markierte Feldfunktionen als einfachen Text in die Zwischenablage setzen, diesen Text in das Dokument einfügt und die geschweiften Klammern farbig formatiert.

Abbildung 8.14: Feldcode, um Zahlen größer als eine Million in Dollartext umzuwandeln

```
{ QUOTE { SET n { ZahlInText } } { SET m { = int({ n }/1000000) } }
{ SET r { = MOD({ n };1000000) } }
{ IF { n } < 1000000 "{ n \* dollartext }"
"{ QUOTE { IF { m } = 1 "einemillion"
"{ m \* cardtext }millionen" } { IF { r } <= 1 " und { = ( r ) * 100 \# "00" }/100"
"{ r \* dollartext }" }
\* lower \* CharFormat }" } }
```

SET n ist der Betrag, der in Buchstaben umzuwandeln ist. Set m hält den Millionen- und Set r den Restteil (die letzten sechs Stellen) fest. Wenn der Betrag weniger ist als eine Million, wird er einfach in den Währungstext umgewandelt. Ist er eine Million oder größer, müssen die zwei Teile ausgewertet und zusammengestellt werden. Falls der Ganzzahl-Teil des Betrags genau eine Million ist, zeigt die Funktion »einemillion« an; sonst wandelt sie den Ganzzahl-Teil in Grundtext um und fügt den Text »millionen« hinzu. Wenn der Restteil aus lediglich einer Dezimalzahl besteht, würde das DollarText-Format »Null und xx/100« anzeigen. Das »Null« wollen wir aber nicht, dieses Ergebnis muss also berechnet werden und zwar wird der Restteil mit zehn multipliziert, zweistellig formatiert und vor den Text »/100« gestellt. Hat die Restzahl hingegen einen Ganzzahl-Teil, kann sie einfach als DollarText formatiert werden.

Lösung Wenn Sie eine Feldfunktion kopieren und einfügen, ist das Resultat nochmals die Feldfunktion (oder über *Bearbeiten/Inhalte einfügen* das Feldergebnis als normaler Text). Es ist nicht möglich, die geschweiften Klammern ohne ein Makro in normalen Text umzuwandeln. FeldfunktionInTextUmwandeln liest die markierten Feldfunktionen in eine Zeichenkette und ersetzt die Feldklammerzeichen – Chr$(19) und Chr$(21) – mit gewöhnlichen geschweiften Klammern.

HINWEIS Dieses Code-Beispiel ist für die Word-Versionen 97 bis 2002 tauglich. Für Word 97 schleift das Makro durch alle Zeichen; Word 2000 und 2002 machen von der Replace-Funktion Gebrauch.

Die folgenden Codebeispiele finden Sie in der Datei *Bsp08_12.doc* im Ordner *\Buch\Kap08* auf der Buch-CD.

Von Interesse ist, wie wir den Feldcode einer Zeichenkette übergeben. In der alten WordBasic-Makrosprache mussten Sie die Feldcodes in der Dokumentansicht ein- und ausblenden. VBA stellt uns das TextRetrievalMode-Objekt zur Verfügung, das mit der IncludeFieldCodes-Eigenschaft ermöglicht, den Feldcode direkt aus einem Bereich zu lesen, ohne die Ansicht zu ändern.

Dieses Makro könnte die bearbeitete Zeichenkette einfach in das Dokument wieder einfügen. Aber wenn Sie den kopierten Feldcode anderswo benötigen, wäre es doch besser, den Text in der Zwischenablage zu haben, sodass er an jedem beliebigen Ort eingefügt werden kann. Deshalb macht das Makro von `DataObject` Gebrauch, um die Zeichenkette direkt der Zwischenablage zu übergeben. Das `DataObject` gehört offiziell zur UserForms-Bibliothek, Sie dürfen es aber durchaus ohne ein UserForm in Ihren Makros verwenden.

Die Prozedur `FeldfunktionMitFarbeEinfuegen` wird separat ausgeführt, nachdem Sie den Zielort markiert haben. Die Methode `Paste` fügt den Inhalt der Zwischenablage ein. Weil wir sie zusammen mit dem `Range`-Objekt verwenden, haben wir danach einen direkten Zugriff auf den eingefügten Text. Dies ist nicht der Fall, wenn die `Paste`-Funktion für das `Selection`-Objekt eingesetzt wird – dann ist der markierte Bereich hinter dem eingefügten Text. Weil wir den eingefügten Text weiter bearbeiten und formatieren wollen, ist das `Range`-Objekt in diesem Fall unabdingbar.

Der Schlüssel zur Farbenzuweisung liegt in der `.ColorIndex`-Eigenschaft des `Font`-Objekts, deren Werte in Tabelle 8.2 aufgelistet sind; die Werte »1« (Schwarz) und »8« (Weiß) sollen nicht eingesetzt werden. Das Makro durchläuft jedes Zeichen des eingefügten Bereichs. Wenn es sich um eine Anfangsklammer handelt, wird der Farbenindex um eins erhöht (außer er steht bei 7, dann um zwei, um die Farbe weiß zu überspringen) und das Zeichen mit der entsprechenden Farbe formatiert. Liegt eine Schlussklammer vor, wird der Farbenindex um eins verringert. Weil die Klammern immer als Paar vorkommen, werden die verschachtelten Ebenen klar hervorgehoben.

Farbe	Wert	VB-Konstante
Schwarz	1	wdBlack
Blau	2	wdBlue
Türkis	3	wdTurquoise
Hellgrün	4	wdBrightGreen
Rosa	5	wdPink
Rot	6	wdRed
Gelb	7	wdYellow
Weiß	8	wdWhite
Dunkelblau	9	wdDarkBlue
Blaugrün	10	wdTeal
Grün	11	wdGreen
Violett	12	wdViolet
Dunkelrot	13	wdDarkRed
Dunkelgelb	14	wdDarkYellow

Tabelle 8.2:
Werte der Color-Index-*Eigenschaft*

Listing 8.11:

Feldfunktionen
kopieren und als
Text mit gefärb-
ten Klammern
einfügen

```vba
Sub FeldfunktionInTextUmwandeln()
    Dim FeldZK As String, NeueZK As String
    Dim ggwEinstellung As Boolean, FeldcodeAnzeige As Object
    ' In Extras/Verweise einen Verweis zu Microsoft Forms 2.0 Library setzen.
    Dim o_Zwa As MSForms.DataObject, rng As Word.Range
    Dim X As Long, ggwZeichen As String

    NeueZK = ""
    Set rng = Selection.Range
    ' FeldCode statt Feldergebnis lesen.
    rng.TextRetrievalMode.IncludeFieldCodes = True
    FeldZK = rng.Text
    ' Durch alle Zeichen schleifen und Feldklammern mit
    ' geschweiften Klammer ersetzen.
    If Application.Version < 9 Then
        For X = 1 To Len(FeldZK)
            ggwZeichen = Mid(FeldZK, X, 1)
            Select Case ggwZeichen
                Case Chr(19)        ' Feldcodeanfangszeichen
                    ggwZeichen = "{"
                Case Chr(21)        ' Feldcodeschlusszeichen
                    ggwZeichen = "}"
                Case Else
            End Select
            NeueZK = NeueZK + ggwZeichen
        Next X
    Else
        NeueZK = Replace(FeldZK, Chr$(19), "{")
        NeueZK = Replace(NeueZK, Chr$(21), "}")
    End If

    Set o_Zwa = New DataObject
    o_Zwa.SetText NeueZK
    o_Zwa.PutInClipboard
End Sub

Sub FeldfunktionMitFarbeEinfuegen()
    Dim rng As Word.Range
    Dim c, lFarbe As Long

    Set rng = Selection.Range
    rng.Paste
    rng.LanguageID = wdNoProofing
    lFarbe = 1
    For Each c In rng.Characters
        Select Case c
            Case "{"
                If lFarbe = 7 Then
                    lFarbe = lFarbe + 2
                Else
                    lFarbe = lFarbe + 1
                End If
                c.Font.ColorIndex = lFarbe
            Case "}"
                c.Font.ColorIndex = lFarbe
                If lFarbe = 9 Then
```

Tabellen und mehr

```
                    lFarbe = lFarbe - 2
            Else
                    lFarbe = lFarbe - 1
            End If
        Case Else
      End Select
    Next c
End Sub
```

Eine Feldfunktion mit VBA ins Dokument fügen

Die Funktion, um Zahlen größer als eine Million in Text umzuwandeln, ist schwieriger als die bisher vorgestellte, die man einfach kopieren und einfügen kann, für den normalen Benutzer umzusetzen. Woher kommt »n«? Gibt man die Zahl direkt in die Funktion ein? Steht sie in einem Formularfeld oder in einer Textmarke, wie in diesem Beispiel? Sehr hilfreich wäre ein Makro, das die Funktion einfügt und zwar ein Makro, das man für den Aufbau von komplexen Feldfunktionen im Allgemeinen anpassen kann.

Leider hat uns Microsoft bislang keine Funktion in das Word-VBA-Objektmodell eingebaut, die die Erstellung von verschachtelten Feldfunktionen ermöglicht. Eine Makroaufzeichnung liefert ein Ergebnis, das die Tastaturanschläge und die Menüauswahl wiedergibt. Solcher Code ist unübersichtlich, fast unmöglich zu bearbeiten und ineffizient. Wir suchen eine Lösung, mit der die Zusammenstellung von Feldfunktionen systematisch und nachvollziehbar aufgebaut werden kann.

Das Listing 8.12 stellt eine Möglichkeit vor, eine verschachtelte Funktion strukturiert zusammenzusetzen und in ein Dokument einzufügen. Wichtig dabei ist, dass Sie vorher die Struktur der Verschachtelung klar auslegen, etwa wie in Abbildung 8.15.

```
{ QUOTE
      { SET n
              { ZahlInText } }
      { SET m
              { = int(
                      { n }/1000000) } }
      { SET r
              { = MOD(
                      { n };1000000) } }
      { IF
              { n } < 1000000 "
              { n \* dollartext }" "
              { QUOTE
                      { IF
                              { m } = 1 "einemillion" "
                              { m \* cardtext }millionen" }
                      { IF
                              { r } <= 1 " und
                              { =
                                      { r } * 100 \# "00" }/100" "
                              { r \* dollartext }" }
\* lower \* CharFormat }" } }
```

Abbildung 8.15:
Den Funktions-
aufbau für die
Makroerfassung
klar darstellen

In diesem Listing finden Sie die Funktion `FeldInBereichEinfuegen`, die universell diese Aufgabe erledigen kann. Sie akzeptiert fünf Argumente, von denen zwei fakultativ sind:

- `rng`: der Bereich, wo die Feldfunktion einzufügen ist.
- `FldType`: Die Art der Feldfunktion, als Datentyp `Long`. Entweder ein `Enum`-Wert wie `wdFieldSet` oder der entsprechende Konstantwert.
- `FldText`: Text zusätzlich zur Feldbezeichnung.
- `FindBK`: Wenn »Wahr« wird ein Platzhalter für den Zielbereich gesucht. Fakultativ.
- `BK`: Der Platzhalter. Fakultativ.

Die Prozedur `ZahlInTextFunktionAufbauen` ruft für jede Feldfunktion in der komplexen verschachtelten Funktion `FeldInBereichEinfuegen` auf. Der erste Aufruf fügt die äußerste Feldfunktions-Ebene in das Dokument ein; im `FldText`-Argument steht je ein Platzhalter für jede Feldfunktion der zweiten Ebene:

```
FeldInBereichEinfuegen rng, wdFieldQuote, "Bkm Bkm Bkm Bkm"
```

In jedem folgenden Aufruf ist das Argument `FindBK` »Wahr«, was bedeutet, dass der erste gefundene Platzhalter gesucht werden soll, um dort die Feldfunktion des Typs `FldType` einzufügen:

```
FeldInBereichEinfuegen rng, wdFieldSet, "n Bkm", True, "Bkm"
```

Die Suche für den Platzhalter erfolgt von links nach rechts. Das heißt, eine ganze Verschachtelung wird erstellt, bevor zum nächsten Platzhalter in der höheren Ebene gesprungen wird. Um ein solches Makro zu erstellen, lohnt es sich also, die Struktur grafisch zu erstellen (wie in Abbildung 8.15).

Nach dem Suchvorgang ändert sich der Bereich, um die Zielstelle für die Feldfunktion anzuspringen. Diese neue Position wird dem aufrufenden Code zurückgegeben.

TIPP

Sie können dem Benutzer eine Liste von Textmarken zur Auswahl anbieten. Indem er vor Aufruf des Makros einer Zahl eine Textmarke zuweist, kann er das Makro beliebig im Dokument anwenden, um diese Zahl in Text umzuwandeln.

Listing 8.12:
Eine komplexe
Feldfunktion mit
VBA einfügen:
eine Zahl als Text
formatieren

```
Sub ZahlInTextFunktionAufbauen()
    Dim rng As Word.Range, szTrenn As String, szTextmarke As String

    Application.ScreenUpdating = False
    Set rng = Selection.Range
    ' Trennzeichen der Windows-Umgebung ermitteln.
    szTrenn = System.PrivateProfileString( _
        "", "HKEY_CURRENT_USER\Control Panel\International", "sList")
    ' szTextmarke = InputBox( _
        "Bitte die Zahl eingeben, die in Buchstaben umzuwandeln ist:")
    szTextmarke = "ZahlInText"

    ActiveWindow.View.ShowFieldCodes = True
    ' Behälter für die komplexe Feldfunktion
```

```
FeldInBereichEinfuegen rng, wdFieldQuote, "Bkm Bkm Bkm Bkm "
' Die Zahl festhalten.
FeldInBereichEinfuegen rng, wdFieldSet, "n Bkm", True, "Bkm"
FeldInBereichEinfuegen rng, wdFieldEmpty, szTextmarke, True, "Bkm"
' Den Millionen-Teil festhalten.
FeldInBereichEinfuegen rng, wdFieldSet, "m Bkm", True, "Bkm"
FeldInBereichEinfuegen rng, wdFieldExpression, "int(Bkm/1000000)", True, "Bkm"
FeldInBereichEinfuegen rng, wdFieldEmpty, "n", True, "Bkm"
' Den Rest-Teil festhalten.
FeldInBereichEinfuegen rng, wdFieldSet, "r Bkm", True, "Bkm"
FeldInBereichEinfuegen rng, wdFieldExpression, "MOD(Bkm" & szTrenn & "1000000)", _
    True, "Bkm"
FeldInBereichEinfuegen rng, wdFieldEmpty, "n", True, "Bkm"
' Wenn die Zahl weniger oder mehr ist, als eine Million...
FeldInBereichEinfuegen rng, wdFieldIf, "Bkm < 1000000 " & """" & "Bkm" & """" & _
    " " & """" & "Bkm" & """", True, "Bkm"
FeldInBereichEinfuegen rng, wdFieldEmpty, "n", True, "Bkm"
' Wenn weniger, einfach umwandeln.
FeldInBereichEinfuegen rng, wdFieldEmpty, "n \* dollartext", True, "Bkm"
' Behälter für die das Resultat Zusammenstellung wenn grösser
FeldInBereichEinfuegen rng, wdFieldQuote, "Bkm Bkm \* lower \* CharFormat", _
    True, "Bkm"
' Wenn mehr, ist es eine Million; wenn ja, 'einemillion'
FeldInBereichEinfuegen rng, wdFieldIf, "Bkm = 1 " & """" & "einemillion" & """" _
    & " " & """" & "Bkmmillionen" & """", True, "Bkm"
FeldInBereichEinfuegen rng, wdFieldEmpty, "m ", True, "Bkm"
' Wenn nein, die Millionenzahl als CardText anzeigen.
FeldInBereichEinfuegen rng, wdFieldEmpty, "m \* cardtext", True, "Bkm"
' Ist der Restbetrag Null
FeldInBereichEinfuegen rng, wdFieldIf, "Bkm <= 1 " & """" & " und Bkm/100" & """" _
    & " " & """" & "Bkm" & """", True, "Bkm"
FeldInBereichEinfuegen rng, wdFieldEmpty, "r", True, "Bkm"
' Muss er vor dem Hundertstel als Zahl stehen.
FeldInBereichEinfuegen rng, wdFieldExpression, "Bkm * 100 \# " & """" & "00" _
    & """", True, "Bkm"
FeldInBereichEinfuegen rng, wdFieldEmpty, "r", True, "Bkm"
' Den Restbetrag als DollarText formatieren.
FeldInBereichEinfuegen rng, wdFieldEmpty, "r \* dollartext ", True, "Bkm"

' Den Bereich erweitern, um die Feldfunktion zu umfassen.
rng.MoveEnd wdWord, 1
' Die Feldfunktion aktualisieren.
rng.Fields.Update

ActiveWindow.View.ShowFieldCodes = False

End Sub

Function FeldInBereichEinfuegen(ByVal rng As Word.Range, ByVal FldType As Long, _
            ByVal FldText As String, Optional ByVal FindBK As Boolean = False, _
            Optional ByVal BK As String) _
            As Word.Range
    ' Wenn FindBK WAHR ist, diesen Platzhalter
    ' im Bereich suchen; die Feldfunktion wird dort eingefügt.
    If FindBK = True Then
        With rng.Find
```

```
            .ClearAllFuzzyOptions
            .ClearFormatting
            .Forward = True
            .MatchWholeWord = False
            .MatchWildcards = False
            .Text = BK
            .Wrap = wdFindStop
            .Execute
        End With
    End If
    ' Feldfunktion in den angegebenen Bereich einfügen.
    ActiveDocument.Fields.Add Range:=rng, _
        Type:=FldType, Text:=FldText, _
        PreserveFormatting:=False
    Set FeldInBereichEinfuegen = rng
End Function
```

 Diesen Code finden Sie in der Datei *Bsp08_12.doc* im Ordner *\Buch\Kap08* auf der Buch-CD.

Datumsberechnungen

Betrachten wir zunächst die Berechnung eines Datums vor oder nach dem von der Feldfunktion gelieferten Ergebnis. Angesichts dessen, was Word mit Feldfunktionen alles kann, ist es doch überraschend, dass die Datumsfeldfunktionen von Word Berechnungen nicht unterstützen, wie das beispielsweise in Excel möglich ist. Genau diese Funktionalität brauchen Firmen für solch alltägliche Aufgaben wie die Rechnungs- oder Angebotserstellung.

Es wird Ihnen leider nur über Umwege gelingen, wobei Sie das Datum in seine Teile zerlegen müssen. Jahre hinzuzuaddieren oder abzuziehen, ist vergleichsweise einfach, wie das Beispiel in Abbildung 8.16 zeigt.

- Zuerst wird der Benutzer mittels einer ASK-Feldfunktion gefragt, wie viele Jahre er dem heutigen Datum hinzufügen oder abziehen will. Die Antwort speichert Word in der Textmarke *AnzJahren*.

- Das Ergebnis – im Format dd.mm.yyyy – liefert eine Datums-, gefolgt von einer Formelfeldfunktion:

- Die erste zeigt den heutigen Tag und Monat im vorgegebenen Format an.

- Die zweite nimmt die Jahreszahl und addiert dazu den Inhalt der Textmarke *AnzJahren*.

- Um alles schön zusammenzuhalten, umfasst diese drei Elemente eine Quote-Feldfunktion. Damit bleibt alles schön zusammen, wenn der Benutzer das Ergebnis markiert, um es zu löschen, zu kopieren oder zu verschieben. Zudem ermöglicht sie, eine automatische Ausführung der Ask Feldfunktion, wenn die Einfügemarke sich irgendwo darin befindet.

HINWEIS Mehr Informationen über die Datumsformatschalter finden Sie in der Word-Hilfe, sowie in ▶ Anhang A.

Feldfunktion Berechnung mit Jahren

Ergebnis:

31.12.2003

Feldfunktion:

{ QUOTE {ASK AnzJahren "Um wie viele Jahre soll das Datum geändert werden?" }{
QUOTE { DATE \@ "dd.MM." }{ = { DATE \@ "yyyy" } + { REF AnzJahren } } }}

Feldfunktion Berechnung mit Monaten

Ergebnis:

den 31. Januar 2003

Feldfunktion:

{ QUOTE { ASK AnzMonate "Um wie viele Monate soll das Datum erhöht werden?" }{
SET JetztM "{ Date \@ "M" }" }{ SET AnzM "{ = MOD({ REF AnzMonate };12) \# "00"
}" }{ SET AnzJ "{ = INT((({ REF AnzMonate } + { REF JetztM } - 1)/12) }" }{ SET NeuM
"{ IF { = { REF JetztM } + { REF AnzM } } <= 12 "{ = { REF JetztM } + { REF AnzM } \#
"00" }/99" "{ = { REF JetztM } + { REF AnzM } - 12 \# "00" }/99" }" }{ QUOTE "den {
Date \@ "d" }. {REF NeuM \@ "MMMM" } { = { Date \@ "yyyy" }+{ REF AnzJ } }" } }

Dieses Beispiel finden Sie zum Nachvollziehen in der Datei *Bsp08_14.doc* im Ordner *\Buch\Kap08* auf der Buch-CD.

Für den Monat wird die Berechnung um einiges komplizierter, weil es nur zwölf Monate gibt. Wenn die Summe mehr als 13 ist, muss die Jahreszahl erhöht und der Monatsname berechnet werden. Um eine bessere Übersicht zu gewährleisten und die Aktualisierung der Funktion zu beschleunigen, setzt das folgende Beispiel mehrere Textmarken ein.

- Die ASK-Feldfunktion speichert die Benutzereingabe in der Textmarke *AnzMonate*.

- Die Monatszahl des heutigen Datums speichert die Textmarke *JetztM*.

- Die Textmarke *AnzM* hält die Anzahl Monate innerhalb eines Jahres fest, die wir dem heutigen Datum für das Endergebnis hinzufügen müssen (also 11 oder weniger; 12 wäre ein ganzes Jahr; mehr wäre *n*-Jahre und *AnzM* Monate). Um *AnzM* zu berechnen, bedient sich die Formel der MOD-Funktion. Sie gibt den Rest zurück, der von einem Wert x nach einer ganzzahligen Division durch einen Wert y verbleibt.

- In der Textmarke *AnzJ* wird die Anzahl der hinzuzufügenden Jahre gespeichert Die Division der Summe *JetztM* plus *AnzMonate* weniger 1 durch zwölf ergibt die Anzahl Jahre, die dem heutigen Datum hinzuzufügen sind. (Weniger 1, weil (12+ 0)/12 1 ergibt, die Zahl muss aber erst ab 13 erhöht werden). Die Funktion Int schneidet die Zahl nach dem Dezimaltrennzeichen ab, weil wir nur an ganzen Jahren interessiert sind.

- Für die Textmarke *NeuM* wird der Monat für das Ergebnis ausgerechnet. *JetztM* + *AnzM* könnte höher sein als 12. Wenn die Summe *JetztM* plus *AnzM* weniger oder gleich 12 ist, kann man diese Summe ganz einfach nehmen und sie als Datum formatieren. Ist sie größer, muss 12 abgezogen werden, um eine gültige Monatszahl zu erhalten. (Diese Summe kann nie größer als 23 sein, da *AnzM* höchstens 11 sein kann.)

○ Beide möglichen Ergebnisse werden um den Text »/99« ergänzt, um sie eindeutig als Datumsdatentyp zu kennzeichnen. Warum »/99« und nicht etwa »/01«? Weil es sich eindeutig um eine Jahreszahl handeln muss und sie nicht mit einer Monats- oder Tageszahl verwechselt wird. Nur so kann der Monat mit einer beliebigen Formatierung angezeigt werden, wie in der letzten Quote-Feldfunktion des Beispiels.

Schier nicht fassbar ist die Komplexität der Feldfunktionskombination für die Berechnung mit Tagen. Chris Woodman hat sie für eine maximale Änderung von 28 Tagen ausgearbeitet. Um die Aufgabe benutzerfreundlicher zu gestalten, hat er die Felderzusammenstellung in ein Makro mit Dialogfeld gepackt. Der Benutzer hat nicht nur die Gelegenheit, die Anzahl Tage zu bestimmen, sondern auch das gewünschte Format und Art der Datumsfeldfunktion (Abbildung 8.17 und Abbildung 8.18). Zusätzlich bietet die Vorlage beim Öffnen an, das Makro plus Symbolleiste als Add-In in Ihre *Normal.dot* zu kopieren. Chris hat seine Arbeit freundlicherweise der Welt kostenlos zur Verfügung gestellt; allerdings bis heute nur in englischer Sprache und ohne Erklärung, wie das Ganze zusammenspielt.

Wir danken ihm also recht herzlich für die Erlaubnis, seine *DelayDat.dot*-Vorlage in eine deutsche Version zu übersetzen und sie Ihnen auf der CD im Ordner *\Buch\Kap08* zur Verfügung zu stellen. Wollen Sie einmalig Symbolleiste und Makroprojekt in Ihre *Normal.dot* übertragen, **Öffnen** Sie die Vorlage (nicht über Doppelklick oder *Datei/Neu!*) und lassen das AutoOpen-Makro ausführen.

Hier folgen seine Erläuterungen zur Wirkungsweise der zusammengestellten Feldfunktion, die sein Makro generiert. Die obige Lösung für Monate baut auf einige dieser Grundlagen. Wenn Sie die Arbeitsweise dieser Funktionen verstehen, werden Sie in der Lage sein, selber knifflige Aufgaben mit Feldfunktionen statt mit VBA-Programmierung zu lösen.

Die Vorlage *DelayDat.dot* und das Dialogfeld *Berechnetes Datumsfeld*

Auf der linken Seite (vgl. Abbildung 8.17) wird das Datumsformat bestimmt; auf der rechten legen Sie die Trennzeichen zwischen Tages-, Monats- und Jahresteilen fest. Das kleine Viereck steht für ein geschütztes Trennzeichen. Standardmäßig sieht das Datum wie im Beispiel aus und bricht nicht über die Zeile. Sie dürfen selbstverständlich die Ihnen beliebigen Trennzeichen eingeben.

Oben rechts stehen zudem die verschiedenen Datumsfeldfunktionen zur Auswahl; Sie können das Ergebnis anhand des aktuellen Datums, des Datums der Dokumenterstellung, des -drucks oder der letzten -speicherung berechnen.

HINWEIS Wenn Sie ein Dokument öffnen, kann es sein, dass eine Datumsfeldfunktion noch einen alten Wert anzeigt. Word aktualisiert Datumsfeldfunktionen automatisch bei dem Wechsel in die Druckvorschau oder die *Seitenlayout* Ansicht.

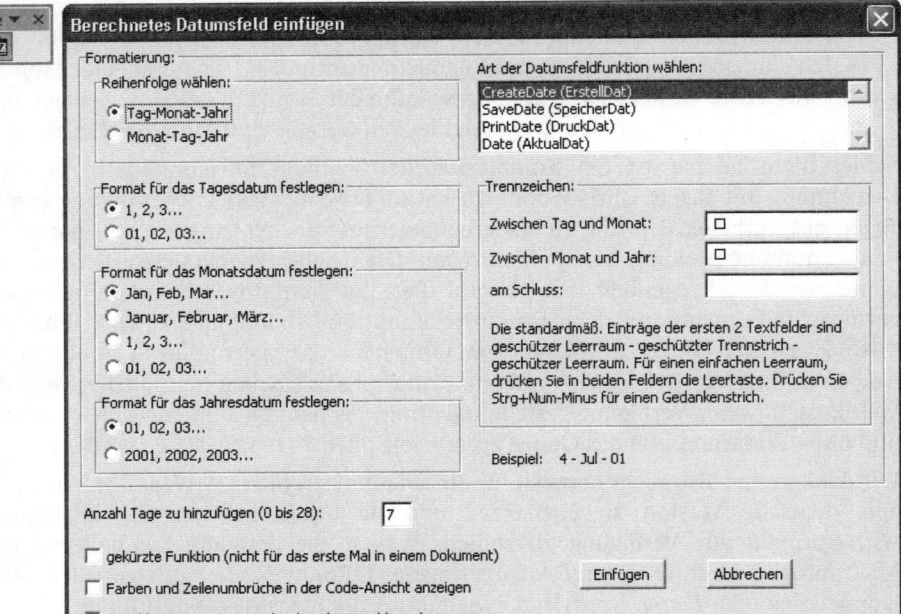

Abbildung 8.17:
Chris Wood-
mans Makro-
Add-In, um eine
berechnete
Datumsfunktion
ins Dokument
einzufügen

Unten links geben Sie die Anzahl der Tage ein, die dem Ergebnis der Feldfunktion hinzuzufügen oder abzuziehen sind. Erlaubt ist eine Zahl zwischen 0 und 28.

HINWEIS

Die Berechnung von mehr als 28 Tagen erfordert eine viel komplexere Kombination. Das wird Ihnen nach dem Genuss der folgenden Erklärungen sicherlich klar werden. Sie sind herzlich willkommen, diese als Herausforderung zu betrachten und die Lösung auszuarbeiten!

Schließlich gibt es noch drei interessante Optionen. Sie können sich für eine gekürzte Funktion entscheiden (mehr darüber im weiteren Verlauf des Kapitels). Sie können die Feldfunktionen mit Farben kennzeichnen, um die wichtigen Teile schnell zu finden. (An dieser Option wird aber Ihre Firma für Rechnungen kaum Freude haben.) Und die letzte Option wurde anlässlich dieses Buchprojekts hinzugefügt: Die Funktion kann die Anzahl der Tage subtrahieren statt addieren.

Nachdem Sie Ihre Einstellungen getätigt haben, klicken Sie auf *Einfügen* und das Funktionsergebnis erscheint im Dokument. Drücken Sie Alt+F9, um die dahinter stehenden Feldcodes einzublenden; es wird ungefähr wie in Abbildung 8.18 aussehen.

Das ist eine einzelne Funktion? Jawohl, darin sind aber 39 Feldfunktionen verschachtelt!

Ihnen ist aus der vorangehenden Diskussion schon bekannt, wozu die Quote- und Set-Feldfunktionen dienen. Die hier eingesetzten Textmarken sind:

- Delay: enthält die Anzahl der Tage, die dem Datum hinzuzufügen bzw. abzuziehen sind.

- NextPrevMonth: der nächste bzw. vorige Monat. Wenn der Monat »Dezember« ist, wird »Januar« (»1/97«) festgelegt, sonst wird die Monatszahl um eins erhöht. (Warum das Ergebnis mit »/97« ergänzt wird, wissen Sie schon.)

- `DaysInMonth`: berechnet die Anzahl an Tagen des Monats im Datum. Diese Berechnung hat es in sich, betrachten wir sie also etwas näher.

Für alle Monate, mit Ausnahme des Februars, kann die Anzahl der Tage mit folgender Formel ermittelt werden, wobei `i` für die Monatszahl steht. Das Ergebnis ist immer entweder »30« oder »31«.

```
Int((30.575*i) + 1/2) - Int((30.575*( i- 1)) + 1/2)
```

Wenn der Monat nicht der zweite (Februar) ist, wird die Formel ausgeführt. Beachten Sie den Unterschied zwischen der Grundformel und der Formel in der Funktion. Letztere multipliziert mal 30575 statt 30.575 und dividiert das Ergebnis durch 1000. Die Formel hätte stattdessen die Funktion `Round` einsetzen können; diese verlangt aber ein Listentrennzeichen, das in Deutschland standardmäßig ein Strichpunkt (Semikolon), jedoch in England und in den USA ein Komma ist. Um das Add-In möglichst länderunabhängig zu gestalten, entschieden wir uns für diese längere Variante.

```
INT((30575*i/1000) + 1/2) - INT((30575*(i - 1)/1000) + 1/2)
```

Ist der Monat »Februar«, stellt das Makro fest, ob es sich um ein Schaltjahr handelt. Dementsprechend ist das Ergebnis »29« oder »28«.

Abbildung 8.18: Feldfunktion, um mit Tagen zu rechnen

```
Feldfunktion·Berechnung·mit·Tagen¶
Feldergebnis:¶
6°–°Jan°–°2002¶
Feldfunktion:¶
{·QUOTE·¶
{·SET·Delay·"7"·}¶
{· SET· "NextPrevMonth"· {· IF· {· CREATEDATE· (ERSTELLDAT)· \@· "MM"· }· =· 12· "1/97"· "{· =· {·
CREATEDATE·(ERSTELLDAT)·\@·"MM"·}·+·1·}/97"·}·}¶
{· SET· "DaysInMonth"· {· IF· {· CREATEDATE· (ERSTELLDAT)· \@· "MM"· }· <>· 2· {· =· INT(30575*{·
CREATEDATE·(ERSTELLDAT)·\@·"MM"·}/1000+1/2)-INT(30575*{·=·{·CREATEDATE·(ERSTELLDAT)·
\@·"MM"·}·-·1·}/1000+1/2)·}{·IF·{·=·INT({·CREATEDATE·(ERSTELLDAT)·\@"yy"·}/4·)·}·=·{·=·{·
CREATEDATE·(ERSTELLDAT)·\@"yy"·}/4·}"29"·"28"·}·}·}¶
{·IF·¶
{·=·{·CREATEDATE·(ERSTELLDAT)·\@·"dd"·}·+·{·REF·Delay·}·}¶
·<=·¶
{·DaysInMonth·}¶
{·QUOTE·{·=·{·CREATEDATE·(ERSTELLDAT)·\@·"dd"·}·+·{·REF·Delay·}·\#·"0"·}"°–°"{·CREATEDATE·
(ERSTELLDAT)·\@·"MMMM"·}"°–°"{·CREATEDATE·(ERSTELLDAT)·\@·"yyyy"·}""·}¶
{·QUOTE·{·=·{·CREATEDATE·(ERSTELLDAT)·\@·"dd"·}·+·{·REF·Delay·}·-·{·DaysInMonth·}·\#·"0"·}"°–°"{·
NextPrevMonth· \@· "MMMM"· }"°–°"{· IF· {· CREATEDATE· (ERSTELLDAT)· \@· "MM"· }· <>· 12· {·
CREATEDATE· (ERSTELLDAT)· \@· "yyyy"· }{·=·{·CREATEDATE· (ERSTELLDAT)· \@· "yyyy"· }·+·1·\#·
"xxxx"·}·}""·}¶
·}¶
·}¶
```

Der letzte Teil, der das Funktionsergebnis zusammenstellt, eröffnet eine `IF`-Feldfunktion. Sie ermittelt, ob das berechnete Datum in diesem oder im nächsten Monat liegt, indem sie das Ursprungsdatum und die Anzahl der hinzuzufügenden Tage addiert. Fällt Ihnen auf, dass wir munter Textwerte addieren und dabei keine `Val`- oder sonstige Konvertierungsfunktion benötigen? Feldfunktionen kennen diese genauso wenig wie VBA-Zeichenketten-Funktionen; Word übernimmt die Verantwortung für die Konvertierung zwischen Text-, Zahlen- und Datumsdatentypen.

Die folgenden zwei Quote-Feldfunktionen stellen das »Wahr-« bzw. »Falsch-« Ergebnis zusammen. Im Gegensatz zur ersten, die gesamten Funktionen umfassende Quote-Feldfunktion, sind diese zwei nicht für den Zusammenhalt, sondern für die Präsentation des Ergebnisses verantwortlich. Sie sind in sechs Elemente unterteilt:

- der Tag;
- das erste Datumstrennzeichen (""-""),
- der Monat,
- das zweite Datumstrennzeichen,
- das Jahr und letztlich
- das letzte Datumstrennzeichen (wenn erwünscht).

Sie werden bemerken, dass die Datumstrennzeichen in Anführungszeichen stehen. Diese sind unerlässlich, weil sonst die Quote-Feldfunktion Zeichen wie Leerzeichen und Punkte einfach wegfallen lässt. (Die Absatzmarken werden ignoriert, weshalb das Makro die Feldfunktion übersichtlich in einer Zeile darstellen kann.)

Wenn das Resultat der Addition innerhalb des gleichen Monats liegt, ist die Zusammenstellung des Ergebnisses direkt und unkompliziert: Die Anzahl Tage wird addiert und mit Trennzeichen und formatierten Monats- und Jahreszahlen zusammengefügt.

Andernfalls muss von der addierten Anzahl Tage die Anzahl Tage im Monat abgezogen werden. Der berechnete Monat (NextPrevMonth) kommt hinzu. Für das Jahr muss zuerst getestet werden, ob es der Monat *Dezember* ist. Wenn nicht, wird das Datumsjahr genommen, sonst wird diese Zahl um eins erhöht. Beachten Sie hier den Einsatz der Datumsformatschalter. In den Formeln wird zwangsweise "yyyy" gebraucht, um Probleme mit uneindeutigen Jahreszahlen zu vermeiden; der Schalter "xxxx" am Schluss sorgt für die Ergebnisanzeige.

Und was ist mit der gekürzten Form der Funktion? Wählen Sie diese Option, wenn sie mehrere Datumsberechnungen brauchen, die die gleiche Anzahl Tage hinzufügen bzw. abziehen. Die Berechnungen für die Set-Feldfunktionen bleiben gleich, weitere Funktionen können einfach darauf zurückgreifen.

Die Farben sind Hervorhebungen und deuten an, wo Sie Schriftformatierungen vornehmen müssen, wenn Sie ein Quote-Feldfunktions-Ergebnis bedingt formatieren möchten. Sie erleichtern sich auch die Übersicht über die Funktion. Gelb kennzeichnet die formatierungssensiblen Teile, wenn der Monat nicht geändert werden muss. Das erste Element ist eine Formel-Feldfunktion; daher muss der Zahlenformatierungsschalter formatiert werden. Für die zweiten und dritten Elemente wird in Word 97 und Word 2000 der Datumsformatierungsschalter formatiert; in Word 2002 das Feldfunktions-Schlüsselwort (CreateDate). In der zweiten Quote-Feldfunktion hebt die grüne Markierung die Teile eines geänderten Monats hervor, während Türkis eine Jahreszahl, die nicht geändert werden musste, und Rosa eine geänderte Jahreszahl kennzeichnen.

Wie Ihnen vielleicht schon aufgefallen ist, erkennt Word die Sprache der umliegenden Texte und bringt automatisch Monats- und Tagesnamen in der gleichen Sprache, egal welche lokalisierte Version von Word Sie haben. Das Makro und sein Dialogfeld sind auch »sprachbewusst« für Deutsch und Englisch. In Word 2000 und 2002 wird die LanguageID-Eigenschaft kontrolliert; da es in Word 97 diese VBA-Eigenschaft noch nicht gab, nimmt das Makro die Sprache der gegenwärtigen Markierung.

Datenaustausch

Über die Zwischenablage

 Für gewöhnlich holt der Benutzer Tabelleninhalte aus anderen Anwendungen in Word über die Zwischenablage (mit *Kopieren* und *Einfügen*). Häufige Quellen sind Excel, Access, andere Word-Dokumente und Webseiten. Über die Jahre musste Word sich der Technologieentwicklung laufend anpassen. Folglich ist es immer schwieriger geworden, die Übersicht zu bewahren, was man am besten wie importiert. Den Microsoft-Leuten erging es offensichtlich ähnlich: Im Zusammenhang mit der neuen Smarttag-Technologie haben sie in Word 2002 die Optionsschaltfläche eingeführt. Obwohl es »IntelliSense«-Funktionalität gibt (worauf wir nur zu gerne verzichten würden), ohne Optionsschaltfläche möchten wir nie wieder sein, besonders wenn wir Tabellen und nummerierte Listen umher schieben.

HINWEIS In *Extras/Optionen/Bearbeiten* gibt es neuerdings die Schaltfläche *Einstellungen*. Dahinter stecken mehrere Kontrollkästchen, mit denen Sie das Verhalten von Word beim Einfügen Ihren Bedürfnissen anpassen können. Eine Option ist *Tabellenformat und Ausrichtung beim Einfügen anpassen*. Die Hilfe zu diesem Punkt erklärt die Philosophie von Word 2002, wenn es um das Einfügen von Tabellen geht. Sie hat sich gegenüber Word 97 und Word 2000 geändert.

Zitat: »Legt Standardwerte zum Formatieren und Ausrichten von Tabellen beim Einfügen fest. Der Inhalt von einzelnen Tabellenzellen wird als Text in eine vorhandene Tabelle eingefügt, wohingegen ein Tabellenteil als Zeilen (und nicht als verschachtelte Tabelle) in eine vorhandene Tabelle eingefügt wird. Beim Hinzufügen einer Tabelle zu einer vorhandenen Tabelle wird die eingefügte Tabelle so angepasst, dass sie mit der vorhandenen Tabelle übereinstimmt.«

Sie haben es sicher schon selbst gemacht: Über *Bearbeiten/Inhalte einfügen* ein Format für das Einzufügende festlegen, um das Ergebnis zu beeinflussen. Meistens denkt man aber erst dann daran, wenn der Text oder die Tabelle schon im Dokument steht. Also *Rückgängig machen* und nochmals von vorne. Es passiert uns allen immer wieder. Gute Nachricht: In Word 2002 gehört diese Schleife fast der Vergangenheit an. (Sie dürfen diesen Weg immer noch einschlagen, wenn Sie ein Format brauchen, das nicht unter der Optionsschaltfläche steht. Die ganze Funktionalität ist noch da, wie in Word 97 oder Word 2000.)

Für alltägliche Aufgaben, wie das Einfügen einer Exceltabelle, spart das neue Feature Zeit und Nerven. Abbildung 8.19 gewährt einen Überblick der verschiedenen Optionen. In den ersten drei Beispielen wurden die Excel-Zellen direkt unter einer existierenden Word-Tabelle eingefügt. Standardmäßig passen sie sich in der Breite der dort stehenden Tabelle an, aber die Schriftformatierung stammt immer noch aus Excel. Betätigung der Option *Formatvorlage oder Formatierung übernehmen* (zweites Beispiel) markiert den eingefügten Bereich und blendet den Arbeitsbereich *Formatvorlagen und Formatierungen* ein, sodass der Benutzer ihm die passende Formatierung zuweisen kann.

Das dritte Beispiel zeigt die Wirkung der Option *Original Tabellenformat beibehalten*. In diesem Fall verwaltet Word die eingefügten Zellen als eine gänzlich getrennte Tabelle, obwohl sie direkt unter der originalen Tabelle stehen.

Name□	Datum□	Zahl□	Gemischt□
Cindy·Meister□	17.2.1955□	22□	M22□
Dieter·Schiecke□	12.10.1954□	33□	33S□
Egbert·Jeschke□	24.1..1957□	10□	10J□
Peter·Jamieson□	5.6.1950□	67□	J67□
John·McGhie□	07.04.1949□	89□	M89□
Helmut·Reinke□	01.09.1947□	91□	91R□

¶

- ◉ Mit existierender Tabelle verbinden
- ○ Original Tabellenformat beibehalten
- Formatvorlage oder Formatierung übernehmen…

Name□	Datum□	Zahl□	Gemischt□
Cindy·Meister□	17.2.1955□	22□	M22□
Dieter·Schiecke□	12.10.1954□	33□	33S□
Egbert·Jeschke□	24.1..1957□	10□	10J□
Peter·Jamieson□	5.6.1950□	67□	J67□
John·McGhie□	07.04.1949□	89□	M89□
Helmut·Reinke□	01.09.1947□	91□	91R□

¶

- ◉ Mit existierender Tabelle verbinden
- ○ Original Tabellenformat beibehalten
- Formatvorlage oder Formatierung übernehmen…

Name□	Datum□	Zahl□	Gemischt□
Cindy·Meister□	17.2.1955□	22□	M22□
Dieter·Schiecke□	12.10.1954□	33□	33S□
Egbert·Jeschke□	24.1..1957□	10□	10J□
Peter·Jamieson□	5.6.1950□	67□	J67□

John·McGhie□	07.04.1949□	89□	M89□
Helmut·Reinke□	01.09.1947□	91□	91R□

¶

- ○ Mit existierender Tabelle verbinden
- ◉ Original Tabellenformat beibehalten
- Formatvorlage oder Formatierung übernehmen…

Name□			Datum□	Zahl□	Gemischt□
Cindy·Meister□			17.2.1955□	22□	M22□
Dieter·Schiecke□			12.10.1954□	33□	33S□
Egbert·Jeschke□			24.1..1957□	10□	10J□
Peter·Jamieson□			5.6.1950□	67□	J67□
John·McGhie□	07.04.1949□	89□ M89□	□	□	□
Helmut·Reinke□	01.09.1947□	91□ 91R□			
□					

¶

- ◉ Als geschachtelte Tabelle einfügen
- ○ Mit existierender Tabelle verbinden
- ○ Als neue Zeilen einfügen
- Formatvorlage oder Formatierung übernehmen…

John·McGhie□	07.04.1949□	89□ M89□	□
Helmut·Reinke□	01.09.1947□	91□ 91R□	□

¶

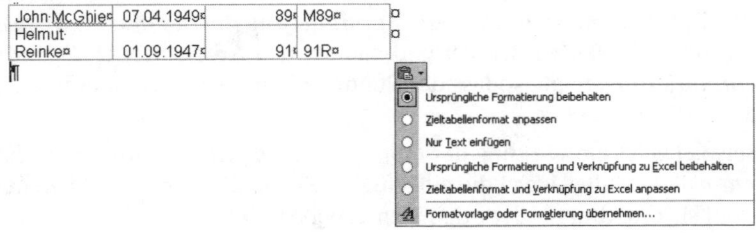

- ◉ Ursprüngliche Formatierung beibehalten
- ○ Zieltabellenformat anpassen
- ○ Nur Text einfügen
- ○ Ursprüngliche Formatierung und Verknüpfung zu Excel beibehalten
- ○ Zieltabellenformat und Verknüpfung zu Excel anpassen
- Formatvorlage oder Formatierung übernehmen…

Es kommt auch vor, dass die Einfügemarke beim Einfügen in einer Tabellenzelle steht. Standardmäßig generiert Word eine geschachtelte Tabelle, wie im vierten Beispiel. Entspricht das nicht Ihrem Vorhaben, wandelt der Eintrag *Mit existierender Tabelle verbinden* die Excel-Tabelle in neue Zeilen um, die dem Tabellenende angefügt werden. Die dritte Option fügt wieder eine komplett separate Tabelle unter die bestehende ein.

HINWEIS Alle obigen Optionen erscheinen übrigens auch, wenn Sie Tabellen aus anderen Quellen, wie Word oder Access, über die Zwischenablage in ein Dokument einfügen.

Werden die Excel-Zellen unabhängig von einer Word-Tabelle positioniert, erscheint die Optionsliste im fünften Beispiel. Zusätzlich zu den reinen Formatierungseinträgen stehen Verknüpfungsoptionen zur Verfügung. Neu ist hier auch der Eintrag *Nur Text einfügen*, der eine mit Tab-Zeichen getrennte Liste erstellt.

Wann greift man in Word 2002 auf *Inhalte einfügen* zurück? Um, wie in früheren Versionen

- ein Excel-Tabellenobjekt (mit oder ohne Verknüpfung) zu erhalten;
- die Konvertierung über das RTF- statt HTML-Format zu vollziehen;
- unformatierten Text statt unformatierten Unicode-Text einzufügen;
- die Tabelle in eine Grafik zu konvertieren oder
- einen Hyperlink zur Excel-Tabelle zu erstellen.

TIPP Falls Sie beabsichtigen, den Inhalt einer einzelnen Excel-Zelle (beispielsweise ein berechnetes Datum oder Summe) in Word einzubinden, erstellen Sie die Verknüpfung zur Excel-Quelle mit unformatiertem Text. Das Ergebnis passt sich nahtlos in den Textfluss ein, im Gegensatz zu einer Tabellenzelle oder -objekt.

Die Wahl zwischen RTF- und HTML-Format muss von Fall zu Fall bzw. Anwendung zu Anwendung einzeln entschieden werden. Auch zwischen Word-Versionen gibt es unterschiedliche Ergebnisse, je nach Konversionsfilter. Im Allgemeinen ist die RTF-Methode schneller als die HTML-Methode und die Tabelle eher »klassisch« formatiert. Eine HTML-Tabelle wird meistens wie eine Tabelle auf einer Webseite formatiert.

Der Unterschied zwischen dem Einfügen als Objekt gegenüber dem Einfügen als Word-Tabelle in RTF- oder HTML-Format ist einfacher zu erklären. Eingefügte Tabellen, die im Word-Tabellenformat angezeigt sind, unterliegen den gleichen Begrenzungen, wie die Word-eigenen Tabellen: Sie dürfen höchstens 64 Spalten enthalten. Dafür ist ihre Länge eigentlich unbegrenzt; sie brechen über Seiten um.

Tabellen in Excel-Objekten sind nur von Excels Limitationen begrenzt. Die Frage ist jedoch, wie viele dieser Zellen in Word tatsächlich sichtbar sind. Vor Word 2002 wurden sie ab ungefähr 22 Spalten und 50 Zeilen einfach abgeschnitten, obwohl auf der Seite noch Platz vorhanden wäre. Nicht so in Word 2002. Werden sie als Objekte ohne Verknüpfung eingefügt, wird das Objekt skaliert, bis es auf eine Seite passt – egal, ob das, was darin steht, lesbar ist. Mit Verknüpfung wird das Objekt wie eine Grafik behandelt und nur dann skaliert, wenn es in eine Tabellenzelle, in einen Positionsrahmen oder in ein Textfeld eingefügt wird. Nach wie vor kann ein solches Objekt nicht über Seiten umbrechen.

Microsoft hat das Word-Objektmodell um diese Funktionalität ergänzt. Für die abgebildeten Optionen gibt es die ersten drei Methoden der Tabelle 8.3. VBA ermächtigt aber zu einigem mehr, wie der Auszug aus der Hilfe für die Methode PasteAndFormat zeigt. Damit erhält der Entwickler eine sehr feine Kontrolle über das Ergebnis beim Einfügen aus der Zwischenablage.

Noch ein Vorteil der neuen Methoden kommt bei der Makroaufzeichnung zum Vorschein. Es war in Word 97 und Word 2000 nie möglich, den Vorgang *Einfügen/ Inhalte einfügen* in einem Makro aufzuzeichnen, weil der Makrorekorder die Dialogeinstellungen nicht registrieren konnte. In Word 2002 schreibt der Makrorekorder die passende Methode nieder. Der normale Benutzer muss sich nicht länger mit der PasteSpecial-Methode und ihrem wdDataType mühen.

VBA-Methode	Beschreibung
PasteAppendTable	Verbindet die eingefügten Zellen mit der vorhandenen Tabelle, indem die eingefügten Zeilen zwischen die markierten Zellen eingefügt werden. Dabei werden keine Zellen überschrieben.
PasteAsNestedTable	Fügt eine oder mehrere Zellen als geschachtelte Tabelle in den markierten Bereich ein.
PasteExcelTable	Fügt eine Microsoft Excel-Tabelle ein und formatiert sie (HTML).
PasteAdjustTableFormatting	VBA-Schnittstelle für die Einstellung in *Tabellenformat und Ausrichtung beim Einfügen anpassen*.
PasteAndFormat	Fügt die Tabellenzellen ein und formatiert sie mit der spezifizierten wdRecoveryType-Formatierung.
wdChart	Fügt ein Microsoft Excel-Diagramm als eingebettetes OLE-Objekt ein.
wdChartLinked	Fügt ein Microsoft Excel-Diagramm ein und verknüpft es mit dem ursprünglichen Excel-Tabellenblatt.
wdChartPicture	Fügt ein Excel-Diagramm als Bild ein.
wdFormatOriginalFormatting	Behält die ursprüngliche Formatierung der eingefügten Elemente bei.
wdFormatPlainText	Fügt die Elemente als unformatierten Text ein.
wdFormatSurroundingFormattingWithEmphasis	Passt die Formatierung des eingefügten Textes auf die Formatierung des umgebenden Textes an.
wdListCombineWithExistingList	Verbindet eine eingefügte Liste mit benachbarten Listen.
wdListContinueNumbering	Setzt die Nummerierung einer eingefügten Liste von der Liste im Dokument an fort.
wdListRestartNumbering	Beginnt die Formatierung einer eingefügten Liste neu.
wdSingleCellTable	Fügt eine einzelne Tabellenzelle als separate Tabelle ein.
wdSingleCellText	Fügt eine einzelne Zelle als Text ein. ▶

Tabelle 8.3:
VBA und Tabellen aus der Zwischenablage

VBA-Methode	Beschreibung
wdTableAppendTable	Verbindet die eingefügten Zellen mit der vorhandenen Tabelle, indem die eingefügten Zeilen zwischen die markierten Zellen eingefügt werden.
wdTableInsertAsRows	Fügt eine eingefügte Tabelle als Zeilen zwischen zwei Zeilen in der Zieltabelle ein.
wdTableOriginalFormatting	Fügt eine angefügte Tabelle ein, ohne die Tabellenformate zu verbinden.
wdTableOverwriteCells	Fügt Tabellenzellen ein und überschreibt vorhandene Tabellenzellen.

Der direkte Import

Obwohl das Kopieren und Einfügen für den Benutzer eine ausgezeichnete Methode für die Einbindung von Tabellen aus anderen Quellen in Word-Dokumente ist, will man unter Umständen nicht über die Zwischenablage arbeiten. Der Entwickler sowieso, da er zu leicht mit dem Benutzer in Konflikt gerät; wenn einer der beiden den Inhalt des anderen ersetzt. Es gibt nämlich andere, direktere Wege, Tabellen in ein Word-Dokument zu importieren.

HINWEIS Die Informationen in diesem Abschnitt gelten allgemein für alle Word-Versionen.

Datenbank-Tabellen

Microsoft Office unterstützt das Kopieren von Datentabellen aus Access, aber aus den meisten anderen Datenbank-Anwendungen wird dies kaum gelingen. Es ist dennoch möglich, Datentabellen der meisten Datenbanken in Word – ohne VBA – zu integrieren, wenn der passende ODBC-Treiber installiert, korrekt registriert und im ODBC-Manager der Windows-Systemsteuerung aufgeführt ist.

Abbildung 8.20:
Eine Database-
Feldfunktion
verknüpft Daten
aus einer Daten-
bank (hier
Access) als eine
Tabelle in Word

Kopien·an:¶

Empfänger¤	Aufgabe¤	Basis¤	Durchwahl·Büro¤	Telefon·privat¤	c
Buchanan,·Steven¤	Investoren·suchen¤	UK¤	3453¤	(71)·555-4848¤	c
Fuller,·Andrew¤	Transportmittel·und·-kosten·abklären¤	WA¤	3457¤	(206)·555-9482¤	c
King,·Robert¤	Abklären·Bewilligungen·für·Niederlassung¤	UK¤	465¤	(71)·555-5598¤	c
Suyama,·Michael¤	Umfrage·für·die·Sydney·und·Melborne·erfassen¤	UK¤	428¤	(71)·555-7773¤	c

¶

{·DATABASE··\d·"\\\Speedy\\Data\\WdProfB\\08_Tables\\Bsp08_Nordwind.mdb·"\c·
"DSN=Microsoft·Access-
Datenbank;DBQ=\\\Speedy\\Data\\WdProfB\\08_Tables\\Bsp08_Nordwind.mdb;DriverId=2
5;FIL=MS·Access;MaxBufferSize=2048;PageTimeout=5;"·\s·"SELECT·`Empfänger`,·
`Aufgabe`,·`Basis`,·`Durchwahl·Büro`,·`Telefon·privat`·FROM·`Projekt·Empfängerliste`·
ORDER·BY·`Empfänger`"·\h·\l·24·\b·59·*·MERGEFORMAT·}¶

HINWEIS Mehr zum Thema »Datenquellen, ODBC und Datenverbindungen« steht in ▶ Kapitel 10 und in ▶ Anhang C. An dieser Stelle sei nur erwähnt, dass in Word 2002 eine OLEDB-Verbindung möglichst zu meiden ist, wenn die Daten in Word verknüpft werden. Die Funktionalität wurde dieser neuen Verbindungsmethode nicht genügend angepasst, was zu unliebsamen Fehlermeldungen führt. ODBC funktioniert dagegen meistens einwandfrei.

Um die Hilfe eines Assistenten in Anspruch zu nehmen, blenden Sie die *Datenbank*-Symbolleiste ein. Klicken Sie auf die Symbolschaltfläche *Datenbank einfügen*. Die verschiedenen Schalter im Dialogfeld ermöglichen die Auswahl einer Datenquelle, die Festsetzung von Filterkriterien und die Formatierung der eingefügten Datentabelle.

Besonders wichtig ist das Kontrollkästchen *Als Feld* im letzten Dialogfeld *Daten einfügen*. Ist dieses aktiviert, bleibt die Datentabelle, dank der Feldfunktion Database, mit der Datenquelle verknüpft und der Inhalt wird aktualisiert. Lassen Sie es leer, wird die Tabelle als normale Word-Tabelle eingefügt.

Mehr zu den Einzelheiten dieses Dialogfelds und ein Schritt-für-Schritt-Beispiel finden Sie in ▶ Kapitel 10.

Database-Feldfunktionen können nicht direkt in Word-Tabellen eingefügt werden. Steht die Einfügemarke in einer Tabelle, ersetzt die Datenbank Daten der Tabelle. Wenn Sie versuchen, eine Database-Feldfunktion nachträglich in eine Tabellenzelle zu kopieren oder zu verschieben, erscheint nach der Aktualisierung eine Fehlermeldung. Die einzige Methode ist, die Datenbank ohne Verknüpfung außerhalb der Tabelle einzufügen und nachträglich in die Tabelle zu kopieren oder zu verschieben.

Beabsichtigen Sie, die Funktionalität mit VBA einzusetzen, empfehlen wir, die Methode InsertDatabase **nicht** zu verwenden. Sie ist problematisch und schlägt oft fehl. Nach unserer Erfahrung ist es besser, die Add-Methode der Fields-Auflistung zu verwenden und – analog wie in der Benutzeroberfläche – eine Database-Feldfunktion einzufügen. Wünschen Sie als Resultat keine dynamische Verknüpfung mit den Daten, kann die Verknüpfung nach der Einfügung aufgelöst werden, um eine normale Word-Tabelle zu erhalten.

Der Beispielcode in Listing 8.13 zeigt, basierend auf diesem Prinzip, wie der Inhalt einer Access-Abfrage in eine Textmarke eingefügt wird. Um die Angaben für das Text-Argument (szDatenbankVerknüpfung) zu ermitteln, fügen wir in der Benutzeroberfläche eine Database-Feldfunktion ein und kopieren das, was zwischen den Klammern liegt. Dann wird diese Zeichenkette für den Einsatz mit VBA bearbeitet. Übersichtshalber haben wir den Datenbankpfad herausgetrennt und einer Variablen zugewiesen. Bitte beachten Sie die szQuote-Variablen, die zwischen den Teilen stehen und die obligatorischen Anführungszeichen der Verknüpfungsanweisung ersetzen (vgl. Abbildung 8.20).

```vba
Sub EmpaengerListeEinfügen()
    Dim rng As Word.Range, szDatenbankPfad As String
    Dim szQuote As String, szDatenbankVerknüpfung As String

    ' Pfad bitte anpassen.
    szDatenbankPfad = "\\\\Speedy\\Data\\WdProfB\\08_Tables\\"
    szQuote = Chr$(34)
    szDatenbankVerknüpfung = " \d " & szQuote & szDatenbankPfad & _
      "Bsp08_Nordwind.mdb " & szQuote & "\c " & szQuote & _
      "DSN=Microsoft Access-Datenbank;DBQ=" & szDatenbankPfad & _
      "Bsp08_Nordwind.mdb;DriverId=25;FIL=MS Access;MaxBufferSize=2048;PageTimeout=5;" _
      & szQuote & " \s " & szQuote & _
      "SELECT 'Empfänger', 'Aufgabe', 'Basis', 'Durchwahl Büro', 'Telefon privat' " & _
      "FROM 'Projekt Empfängerliste' ORDER BY 'Empfänger'" & szQuote & _
      " \h \l 24 \b 59"
    Set rng = ActiveDocument.Bookmarks("txtKopien").Range
    rng.Fields.Add Range:=rng, Type:=wdFieldDatabase, _
```

Listing 8.13:
Eine Datenbank-Feldfunktion einfügen und in eine Word-Tabelle umwandeln

```
            Text:=szDatenbankVerknüpfung, _
            PreserveFormatting:=True
    ' Bereich steht vor der eingefügten Feldfunktion.
    ' Feldfunktion in den Bereich einschliessen.
    rng.MoveEnd wdCharacter, 1
    rng.Fields.Unlink
    ' Absatzmarke entfernen, die die Feldfunktion einfügt.
    rng.Paragraphs(1).Range.Select
    Selection.Delete
End Sub
```

Zum Testen dieses Makros verwenden Sie die Datei *Bsp08_15.doc* im Ordner *\Buch\Kap08* auf der CD zu diesem Buch.

Excel-Tabellen in Word

Obwohl Sie auch Excel-Tabellen mit einer Database-Feldfunktion in Word einfügen können, ist diese nicht die effizienteste Methode. Excel ist keine echte Datenbank und die Verknüpfung gestaltet sich deswegen als etwas schwierig. Für Excel gehen Sie besser über *Einfügen/Objekt/Aus Datei erstellen* oder *Einfügen/Datei*.

Letzteres überrascht vielleicht ein wenig, aber Word hat einen Konvertierfilter (MSBiff) für Tabellenkalkulationsblätter, der es ermöglicht, solche Tabellen als Word-Tabellen darzustellen. Dieser Konvertierfilter wird unter Umständen nicht standardmäßig installiert, aber Sie können ihn problemlos hinzufügen; im Setup wird er mit den anderen Textfiltern aufgelistet.

Die Abbildung 8.21 zeigt das Dialogfeld und ein Resultat, das mit einer Verknüpfung eingefügt wurde. Die Schaltfläche *Bereich* ermöglicht die Festlegung eines Zellen- oder benannten Bereichs des Excelblatts.

Abbildung 8.21:
Eine Excel-
Tabelle mit dem
Konvertierfilter
einfügen

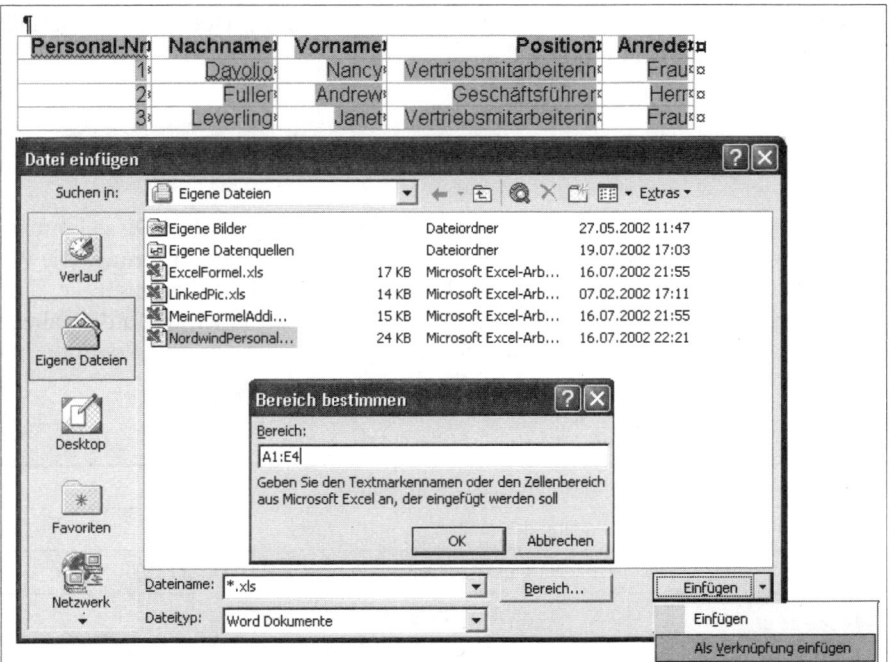

Falls die Tabelle mit einer Verknüpfung eingefügt wurde, erstellt Word eine Include-Text-Feldfunktion nach diesem Muster:

```
{ INCLUDETEXT "C:\\Dokumente und Einstellungen\\[Benutzer]\\Eigene Dateien\\NordwindPersonal.x
ls" "A1:E4" \c MSBiff }
```

Um diese Technik mit VBA zu automatisieren, können Sie entweder die InsertFile-oder, analog wie für Database-Feldfunktionen, die Add-Methode verwenden, um eine IncludeText-Feldfunktion direkt im Dokument zu erstellen. Wir würden in der Regel InsertFile vorziehen, da Word den passenden Konvertierfilter meistens automatisch wählt.

Einfügen/Objekt/Aus Datei erstellen fügt die Excel-Tabelle als ein Objekt ein. Die grafischen Aspekte solcher Objekte und wie man sie mit VBA erstellt und ändert, behandeln wir in ▶ Kapitel 9. Hier werden wir uns auf die Benutzeroberfläche konzentrieren sowie auf die Festlegung des Formats, mit dem die Excel-Tabellen eingefügt werden.

Die Aktivierung des Kontrollkästchens *Verknüpfen* in diesem Dialogfeld fügt auch eine Feldfunktion in das Dokument ein und zwar eine Link-Feldfunktion. Diese erstellt eine OLE-Verbindung zur Excel-Anwendung, deren Kernelemente im Hintergrund laufen. Wenn Sie ein Dokument mit einem verknüpften Excel-Blatt in Word öffnen, das Objekt markieren, den Windows Task-Manager einblenden und in Word mit F9 die Daten aktualisieren lassen, werden Sie für einen Moment einen Excel-Prozess in der Taskliste sehen. Deshalb kann das Öffnen von Dokumenten mit vielen Verknüpfungen sehr lange dauern oder auf Systemen mit zu wenig Ressourcen sogar fehlschlagen.

Diese OLE-Verknüpfung ist genau die gleiche, die das Kopieren und Einfügen über das Dialogfeld *Inhalte einfügen* erstellt. Egal, ob die Excel-Daten als Objekt, unformatierter Text, Word-Tabelle mit HTML- oder RTF-Format im Dokument vorgestellt werden, steht eine Link-Feldfunktion dahinter.

```
{ LINK Excel.Sheet.8
"C:\\Dokumente und Einstellungen\\CindyOn2000D\\Eigene Dateien\\NordwindPersonal.xls" "Perso-
nalDaten" \a \f 0 \p}
```

Sie ist ähnlich wie IncludeText aufgebaut, hat aber zusätzliche Schalter. Diese kontrollieren nicht nur das Format, sondern auch die automatische Aktualisierung. Die zur Verfügung stehenden Schalter sind in Tabelle 8.4 aufgelistet. Bitte beachten Sie, dass der Zugang zum Feldcode und den Schaltern nur gewährleistet ist, wenn die Tabelle in der Zeile mit dem Text steht. Sobald sie eine Textfluss-Formatierung enthält, hat man darauf keinen Zugriff.

Schalter	Wirkung	
\a	Feldfunktion wird automatisch aktualisiert	
\r	RTF-Gestaltung der Tabelle	
\h	HTML-Gestaltung der Tabelle (nur in Word 2000 und später)	
\t	Tabelle wird als Tabzeichen-getrennter normaler Text dargestellt	
\u	Tabelle wird als Tabzeichen-getrennter Unicode-Text dargestellt	▶

Tabelle 8.4:
Schalter, um das Format und das Verhalten einer Link*-Feldfunktion festzulegen*

Schalter	Wirkung
\p	Tabelle wird als grafisches Excel-Objekt integriert (p = picture)
* Mergeformat	Zusammen mit dem \h- oder \r-Schalter verwendet, werden gewisse, in Word vorgenommene Zeichen und Tabellenformatierungen, wie Schriftart, -größe und Spaltenbreite gespeichert. Falls die Anzahl Spalten oder Zeilen sich ändert (statt nur der Dateninhalt), kann dies zu unerwarteten Formatierungsergebnissen führen. Spaltenformatierungen werden nur mit dem \r-, jedoch nicht mit dem \h-Schalter behalten. Die Wirkung kann anders sein, wenn ein \f-Schalter vorhanden ist. Dieser Schalter funktionierte in der Originalversion von Office 2000 nicht, das Fehlverhalten wurde jedoch in SR-1 korrigiert.
\f 0	Alle \f-Schalter sind neu in Word 2002. Alle Formatvorlagen werden in direkter Formatierung konvertiert. Wird von Word automatisch verwendet, wenn eine Excel-Tabelle eingefügt wird, die Option *Ursprüngliche Formatierung beibehalten* gewählt wurde und ein Konflikt zwischen der Definitionen von Word- und Excel-Formatvorlagen gleichen Namens vorliegt. Wird auch automatisch verwendet, beim Einfügen über *Einfügen/Objekt/Aus Datei erstellen*, mit einer Verknüpfung.
\f 2	Passt sich der Formatierung des umgebenden Textes an (wird nicht für Excel-Tabellen verwendet)
\f 3	Die Formatierung wird entfernt. (Wird nicht für Excel-Tabellen verwendet)
\f 4	Die ursprüngliche Excel-Formatierung wird beibehalten. Wird von Word automatisch verwendet, wenn die Option *Ursprüngliche Formatierung und Verknüpfung zu Excel beibehalten* gewählt wurde.
\f 5	Die Tabelle erhält die Formatierung der als Standard-Tabellenformatvorlage definierten Tabellenformatvorlage. Wird von Word automatisch verwendet, wenn beim Einfügen die Option *Zieltabellenformat anpassen* gewählt wurde.

Im Gegensatz zur Befehlsfolge *Einfügen/Datei* bietet die Registrierkarte *Aus Datei Erstellen* keine Gelegenheit, einen benannten Zellenbezugsbereich zu bestimmen. Wie aus dem Beispielfeldfunktionscode ersichtlich ist, kann diese Information der Feldfunktion hinzugefügt werden. Sie erkennt jedoch das Zellenadressformat *A1* nicht, sondern nur die Bezeichnung *Z1S1* (Z=Zeile; S=Spalte).

Link- und IncludeText-Feldfunktionen dürfen in Tabellen eingefügt werden, um verschachtelte Tabellen zu erstellen. Bei allen diesen Feldfunktionen (Database, InlcudeText sowie Link, außer mit dem \p-Schalter) erscheint eine Absatzmarke unmittelbar vor der Resultattabelle. Diese Absatzmarke ist Teil des Resultats und darf nicht gelöscht werden; darin werden Formatierungsinformationen gespeichert.

In Word 2002 kann sie markiert und mit einer Schriftgröße von einem Punkt formatiert werden, um sie unsichtbar zu machen, solange sich ein * Mergeformat-Schalter in der Feldfunktion befindet. Dies funktioniert jedoch nicht in Word 2000 – hier ist es nicht möglich, diese Absatzmarke für sich zu markieren und zu formatieren.

Eine Word-Tabelle

Word-Tabellen aus anderen Dokumenten können über den Menüpunkt *Einfügen/ Datei* importiert werden. Allerdings bekommt man die ganze Datei, nicht nur eine

Tabelle. Außer, sie ist mit einer Textmarke gekennzeichnet. Dann gibt man den Namen der Textmarke in das Dialogfeld *Bereich bestimmen* ein und erhält nur das, was sich innerhalb des Bereichs befindet.

VBA bietet noch eine Möglichkeit an: die FormattedText-Eigenschaft. Damit wird die Tabelle samt Formatierungen schnell in den Zielbereich eingefügt. Der Beispielcode in Listing 8.14 zeigt die Grundlagen an. Das Quelldokument wird geöffnet, die Tabelle ausgewählt und mit FormattedText »kopiert« (wobei die Zwischenablage nicht benutzt wird). Anschließend wird das Quelldokument geschlossen, ohne Änderungen zu speichern.

Das Argument Visible der Open-Methode steht erst ab Word 2000 zur Verfügung.

■ **HINWEIS**

```
Sub TabelleImportieren()
    Dim docQuelle As Word.Document, docZiel As Word.Document
    Set docZiel = ActiveDocument
    Set docQuelle = Documents.Open(FileName:=docZiel.Path & "\" & "Bsp08_01.doc", _
        ReadOnly:=True, AddToRecentFiles:=False, Visible:=False)
    Selection.Range.FormattedText = docQuelle.Tables(1).Range.FormattedText
    docQuelle.Close SaveChanges:=wdDoNotSaveChanges
End Sub
```

Listing 8.14:
Eine Word-
Tabelle mit VBA
»kopieren«, ohne
die Zwischen-
ablage zu
benutzen

Den Code aus Listing 8.14 finden Sie in der Beispieldatei *Bsp08_16.doc*. Sie befindet sich im Ordner *\Buch\Kap08* auf der CD.

Mit VBA Tabellendaten exportieren

Die Aufgabe vieler Programmierer von Excel, Access oder VB ist es, Daten aus Word-Dokumenten zu holen. Wie liest man am besten Daten aus einer Tabelle? Schön wäre es, wenn FormattedText auch zu diesem Zweck verwendbar wäre. Aber diese Eigenschaft funktioniert nur zwischen Word-Dokumenten. Der formatierte Inhalt von FormattedText kann nicht in einer VBA-Variablen gespeichert werden.

Deshalb bedient man sich besser der Text-Eigenschaft. Listing 8.15 zeigt, wie der Tabelleninhalt einer Zeichenkette-Variablen zugewiesen und dann bearbeitet wird, um eine Tab-getrennte Zeichenfolge zu erhalten. Bekanntlich steht am Ende einer Zelle die Zeichenkombination Chr(7) & Chr(13); am Ende jeder Zeile kommt noch ein Chr(7) hinzu. Diese werden mit üblicheren Zeichen ersetzt.

```
Function TabellenInhaltLesen() as String
    Dim szTabellenText As String

    szTabellenText = ActiveDocument.Tables(1).Range.Text
    szTabellenText = Replace(szTabellenText, Chr$(7) & Chr$(13) & Chr$(7), "|")
    szTabellenText = Replace(szTabellenText, vbCr & Chr$(7), vbTab)
    szTabellenText = Replace(szTabellenText, vbCr & "|", vbCr)
    TabellenInhaltLesen = szTabellenText
End Sub

Sub TabellenTextinTextDatei()
    Dim szTabellenDaten As String
    Dim fso As FileSystemObject, ts As TextStream

    szTabellenDaten = TabellenInhaltLesen
```

Listing 8.15:
Die Daten aus
einer Tabelle als
reinen, Tabzei-
chen-getrennten
Text holen. Dieser
wird anschlie-
ßend in eine Text-
datei geschrieben,
die in alle gängi-
gen Datenban-
ken importiert
werden kann

```
        Debug.Print szTabellenDaten
        ' Für Notepad umwandeln und Textdatei erstellen
        szTabellenDaten = Replace(szTabellenDaten, vbCr, vbCrLf)
        Set fso = New FileSystemObject
        Set ts = fso.OpenTextFile( _
            FileName:=ActiveDocument.Path & "\" & "TabellenDaten.txt", _
            IOMode:=ForWriting, Create:=True)
        ts.Write szTabellenDaten
        ts.Close
        Set ts = Nothing
        Set fso = Nothing
End Sub
```

Diese Zeichenkette kann weiter verarbeitet und einer Datenbank-Tabelle mittels ADO oder DAO direkt hinzugefügt werden. Oder sie kann, wie die Prozedur `Tabellen-TextinTextDatei` zeigt, in eine Textdatei geschrieben werden.

Diese Prozedur bedient sich des `FileSystemObject`, ein Teil der *Microsoft Scripting Runtime*-Bibliothek. Um diesen Code zu benutzen, müssen Sie in *Extras/Verweise* des VB-Editors das Kontrollkästchen neben diesem Eintrag aktivieren. `FileSystemObject` hat eine geniale Methode, eine Textdatei schnell zu erstellen und mit Daten zu füllen.

Eine Alternative zur `Text`-Eigenschaft ist die Umwandlung der Tabelle in zeichengetrennten Text. Diese hat den Vorteil, dass Word sich um die Konvertierung der Zellen in Trennzeichen kümmert, was für Word97-Installationen wichtig ist, da die `Replace`-Funktion erst in Word 2000 zur Verfügung steht.

Andererseits, wenn alles wirklich schief läuft, könnte die ursprüngliche Tabelle verloren gehen; die Gefahr ist jedoch schwindend gering. Das Schließen des Dokuments ohne es zu speichern ist wahrscheinlich sicherer, als sich auf die `Undo`-Methode zu verlassen. Beide auskommentierten Kommandozeilen stehen am Ende von Listing 8.16.

Listing 8.16:
Eine Tabelle in
zeichengetrenn-
ten Text umwan-
deln

```
Function TabellenInhaltInTextUmwandeln(doc As Word.Document) As String
    Dim szTabellenText As String, rng As Word.Range

    Set rng = doc.Tables(1).ConvertToText(Separator:=vbTab)
    szTabellenText = rng.Text
    ' doc.Undo 1
    ' doc.close SaveChange:=wdDoNotSaveChanges
End Function
```

Noch eine Möglichkeit, den Inhalt aus einer Tabelle zu lesen, wäre, Reihe für Reihe und Zelle für Zelle vorzugehen, wie das Beispiel in Listing 8.17 zeigt. Diese Methode ist um einiges langsamer, als die anderen beiden, macht aber einen differenzierten Umgang mit in Zellen verschachtelten Tabellen möglich. Listing 8.17 veranschaulicht, wie mit VBA festgestellt wird, ob eine Zelle eine verschachtelte Tabelle enthält:

```
If cel.Tables.Count > 0
```

und wie man unterscheidet, ob sich Text in der verschachtelten Tabelle befindet:

```
If Not para.Range.InRange(tblInner.Range)
```

Dieses Mal wird, statt einer mit Tabzeichen-getrennten Zeichenkette, der Strichpunkt (Semikolon) als Feldtrennzeichen und ein »|« als Datensatztrennzeichen verwendet. Der Inhalt aller Felder ist mit Anführungszeichen umfasst, sodass Absatzmarken als Teil der Daten korrekt weitergegeben werden. Es wird für die äußere und die inneren Tabellen je eine Zeichenkette geführt; sie werden erst am Schluss zusammengefügt.

Im Beipspielcode wird das Ergebnis in das Direkt-Fenster des VB-Editors (das mit Strg+G eingeblendet wird) geschrieben.

```vba
Sub InhaltTabelleInTabelle()
    Dim tblAusser As Word.Table, tblInner As Word.Table
    Dim rw As Word.Row, cel As Word.Cell
    Dim rwInner As Word.Row, celInner As Word.Cell, para As Word.Paragraph
    Dim szDatenAusser As String, szDatenInner As String
    Dim szQuote As String, szDSTrenn As String, szFldTrenn As String

    szQuote = Chr$(34)
    szDSTrenn = "|"
    szFldTrenn = ";"
    If Selection.Information(wdWithInTable) Then
        Set tblAusser = Selection.Tables(1)
        For Each rw In tblAusser.Range.Rows
            For Each cel In rw.Cells
                If cel.Tables.Count > 0 Then
                    Set tblInner = cel.Tables(1)
                    szDatenAusser = szDatenAusser & szQuote
                    For Each para In cel.Range.Paragraphs
                        If Not para.Range.InRange(tblInner.Range) Then
                            szDatenAusser = szDatenAusser & para.Range.Text
                        End If
                    Next para
                    szDatenAusser = szDatenAusser & szQuote & ";"
                    For Each rwInner In tblInner.Range.Rows
                        For Each celInner In rwInner.Cells
                            szDatenInner = szDatenInner & szQuote & _
                                celInner.Range.Text & szQuote & ";"
                        Next celInner
                        szDatenInner = Left(szDatenInner, Len(szDatenInner) - 1) & "|"
                    Next rwInner
                Else
                    szDatenAusser = szDatenAusser & szQuote & cel.Range.Text & _
                        szQuote & ";"
                End If
            Next cel
            szDatenAusser = Left(szDatenAusser, Len(szDatenAusser) - 1) & "|"
        Next rw
    End If
    szDatenAusser = szDatenAusser & szDatenInner
    szDatenAusser = Replace(szDatenAusser, Chr$(13) & Chr$(7), "")
    Debug.Print szDatenAusser
End Sub
```

Listing 8.17:
Durch alle Tabellenzellen schleifen, inklusive verschachtelte Tabellen und den Inhalt in einer zeichengetrennten Zeichenkette festhalten

Verschachtelte Tabellen und das Resultat von Listing 8.17. Der Inhalt jeder Zelle steht in Anführungszeichen; ein | trennt die Zeilen. Alle Absatzmarken im Resultat stammen aus dem Tabelleninhalt.

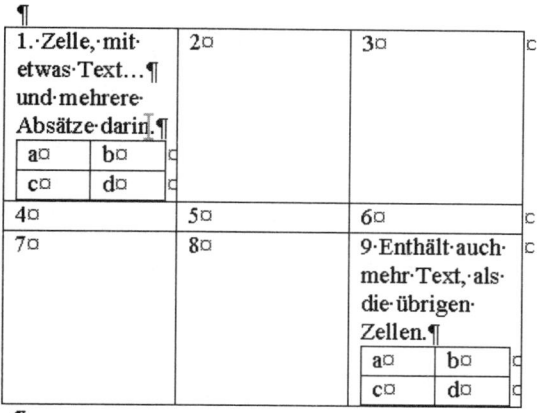

Das·Resultat·des·Makros·*InhaltTabelleInTabelle:*¶

¶

"1.·Zelle,·mit·etwas·Text...¶
und·mehrere·Absätze·darin.¶
";"2";"3"|"4";"5";"6"|"7";"8";"9·Enthält·auch·mehr·Text,·als·die·übrigen·Zellen.¶
"|"a";"b"|"c";"d"|"a";"b"|"c";"d"|¶

Alle Codebeispiele dieses Abschnitts finden Sie auf der CD im Ordner *Buch**Kap08* in der Beispieldatei *Bsp08_16.doc.*

9 Die Arbeit mit grafischen Objekten

Einführung

Word ist vor allem ein Textverarbeitungsprogramm. Das soll an dieser Stelle noch einmal hervorgehoben werden, da sich dieses Kapitel mit grafischen Objekten befasst. Wenn Sie daraus schließen, dass die Arbeit mit Grafiken in Word nicht ohne Probleme ist, haben Sie Recht. In Word mischen sich Text und grafisches Layout ungefähr wie Öl und Wasser – die Emulsion ist möglich, man muss aber oft und kräftig rühren.

Allgemeine Bücher zum Thema Word erklären dem Leser die verschiedenen Werkzeuge und Menüs. Auf den produktiven Umgang mit grafischen Objekten wird wenig eingegangen. Dieses Kapitel soll den praktischen Einsatz sowie die Automatisierung von Grafiken erläutern. Erwarten Sie aber bitte keine Wundermittel, die alle system- und dateiformatbedingten Probleme beseitigen und Word in ein Grafikprogramm umwandeln.

Kurzer Überblick

Vor Word 97 hatte Word sein eigenes Zeichenwerkzeug; die grafischen Fähigkeiten waren begrenzt und Bilder mussten in Positionsrahmen oder Textfeldern stehen, um mit einem Textfluss formatiert zu werden. In Word 97 wurde die Zeichnungsebene völlig überarbeitet, so wurde unter anderem die direkte Textflusseinstellung für Bilder ermöglicht. Die Erneuerungen brachten auch einiges an Bugs mit sich, die seither laufend in Service Releases und in den Nachfolgeversionen behoben werden. In Office 97 erschienen auch die Office-Symbolleisten *Zeichnen* und *Steuerelement-Toolbox* (um Formulare mit VBA-Schnittstelle – ActiveX Steuerelemente – zu erstellen).

Word 2002 hat den *Zeichnungsbereich*, mit neuen schematischen Darstellungen sowie einigen Verbesserungen eingeführt:

- Freies Drehen von eingefügten Bildern.

- Frei wählbare Standardeinstellung für den Textfluss beim Einfügen von Grafiken.

- Komprimierung von Bildern in JPEG-Dateiformat, um die Dokumentgröße zu verringern.

- Löschen der unsichtbaren Teile zugeschnittener Bilder. (Diese Option ist standardmäßig eingeschaltet. Wenn Sie die gesamte Bildinformation im Dokument speichern wollen, wird sie über *Format/Grafik*, Registerkarte *Bild*, unter der Schaltfläche *Komprimierung* ausgeschaltet).

- Office 2002 bedient sich eines verbesserten grafischen Systems – GDI+. Damit haben *AutoFormen* und *WordArt* glatte Umrisse und anpassbare Transparenzebenen. Digitale Bilder bleiben bei Größenänderungen schärfer.

Word unterstützt die meisten, gängigen Grafikformate. Viele Grafikfilter werden automatisch installiert, andere stehen im Setup zur Verfügung und können nach Bedarf installiert werden. Detaillierte Angaben stehen im Knowledge Base-Artikel »D272399 – OFF2000: Richtlinien zum Auswählen geeigneter Grafikformate« (*http://www.microsoft.com/IntlKB/Germany/support/kb/D272/D272399.htm*).

Bilder, die mit einem Textfluss formatiert sind, sind nur in der Seiten- und in der Weblayoutansicht sichtbar. Ein in Word 2002 frei gedrehtes Bild, das mit dem Menübefehl *Mit Text in Zeile* formatiert ist, erscheint als Platzhalter in der *Normal-* und in der *Gliederungsansicht*.

HINWEIS

Was ist ein grafisches Objekt

Alles, was mit einem Textfluss formatiert und mit den Werkzeugen in den Symbolleisten *Zeichnen* und/oder *Grafik* bearbeitet werden kann, ist ein grafisches Objekt. Das sind AutoFormen und Zeichnungen, eingefügte Bilder, sowie durch das Dialogfeld zum Menübehl *Einfügen/Objekt* eingebettete Elemente aus OLE-fähigen Anwendungen, wie Excel, Formel-Editor oder MS Graph.

Grafische Objekte werden in der Datei auch anders behandelt und verwaltet. Dies bezeugt nicht zuletzt die offizielle Angabe, dass die maximale Dateigröße eines Word-Dokuments 32 MB beträgt – ohne Einbeziehung von grafischen Objekten (Knowledge Base-Artikel »Q211489 – WD2000: Operating Parameter Limitations and Specifications«).

Bilder

Einfügen und Positionieren

Das bloße Einfügen von Grafikdateien in Word erfolgt eigentlich problemlos. Verwirrend ist vielmehr, dass jede der letzten vier Versionen von Word ein anderes Resultat liefert. Vor Word 97 wurden alle Bilder »in der Zeile mit dem Text« eingefügt. Um Text um Bilder fließen zu lassen, mussten sie in Tabellenzellen, Positionsrahmen oder Textfelder eingefügt werden.

»In der Zeile mit dem Text« bedeutet, Word behandelt das Bild wie ein Zeichen im Text; der Text kann nicht um das Bild herumfließen. »Über dem Text liegend« bedeutet, dass das Objekt in der Zeichnungsebene des Dokuments – also außerhalb des Textbereichs – liegt, den fließenden Textumbruch unterstützt und von Word anders verwaltet wird. Letzteres verursacht verschiedene Probleme, wovon im Weiteren noch die Rede sein wird.

Standardtext-
fluss in den
Versionen

In Word 97 wurde der Textfluss für grafische Objekte – damals noch als »Reihenfolge« bezeichnet – eingeführt. Standardmäßig lagen alle Bilder »über dem Text«, was zu Verwirrungen bei den Nutzern bisheriger Word-Versionen führte. Bei Word 2000 kehrte Microsoft wieder zur ursprünglichen Methode zum Einfügen von Bildern über *Einfügen/Grafik/Aus Datei* zurück. Das wiederum verunsicherte die Word-97-Neueinsteiger. Die Verwirrung wurde mit der Beibehaltung der Option »über den Text legen« für über die Zwischenablage eingefügte Objekte komplett.

WICHTIG Sie sollten Bilder immer über die Befehlsfolge *Einfügen/Grafik* und nie über *Einfügen/Objekt* in das Dokument einbinden. Erstens ist die Dateigröße bei einer Grafik kleiner, da Word die Struktur der herstellenden Anwendung nicht mitspeichert, und zweitens ist das Verhalten eines als Objekt eingefügten Bildes unberechenbar.

Word 2002:
Standardtextfluss
bestimmen

Bis heute steht die Antwort auf die Frage, welche der beiden Methoden besser ist, noch aus. Eigentlich gibt es keine »richtige«, da jeder Benutzer eine individuelle Lösung braucht. Microsoft hat das eingesehen und in Word 2002 steht es Ihnen frei, die gewünschte standardmäßige Umbruchart für grafische Objekte in *Extras/Optionen/Bearbeiten/Bild einfügen als* festzulegen.

Dieses Hin und Her hat noch weiter reichende Konsequenzen. Anleitungen für den Umgang mit Bildern, die für eine Version geschrieben wurden, führen zu fehlerhaftem Verhalten in einer anderen Version, weil Autor und Benutzer sich der Unterschiede zwischen den Formaten »Mit Text in Zeile« und »Mit Textfluss formatiert« (in Word 97 hieß es »Über dem Text liegend«) zu wenig bewusst sind. Eines unserer Ziele in diesem Abschnitt ist es, die Unterschiede, Vor- und Nachteile und den korrekten Umgang mit den beiden verschiedenen Grafik-Modi zu vermitteln, sodass Sie damit unabhängig von der jeweiligen Word-Version produktiv arbeiten können.

Microsofts jüngste Schwerpunktsetzung auf Internet-Funktionalität kommt Layoutansprüchen sehr entgegen. Das Streben, alle Wünsche bezüglich Browsertauglichkeit sowie Dokumentlayout zu berücksichtigen, hat zu einem recht komplizierten und undurchsichtigen Verhalten von Grafiken in Word-Dokumenten geführt. Wir werden versuchen, Ihnen die Arbeitsweise von Word so weit transparent darzustellen, dass der Umgang mit Grafiken berechenbar wird.

HINWEIS Die hier beschriebenen Optionen beziehen sich auf Word 2002 und Word 2000. Manche Optionen sind auch in Word 97 vorhanden. Auf die zahlreichen »Sonderprobleme« von Word 97 wird nicht eingegangen, aber die Grundkenntnisse für den Umgang mit grafischen Objekten bleiben die gleichen.

TIPP Dank Internet-Funktionalität wurde es möglich, in Word eingebettete Grafiken, AutoFormen, WordArt und andere grafische Objekte als eigenständige Dateien zu exportieren. Das Speichern eines Dokuments als Webseite (im HTML-Format) extrahiert solche Raster-Objekte als GIF- und Vektor-Objekte als WMF-Dateien in einem Unterordner zum Speicherort der HTML-Datei.

»Über dem Text liegend«: hübsch, verlockend ... und launisch

Ein grafisches Objekt liegt über dem Text, sobald es mit einer Umbruchart formatiert wurde. Es hat auch einen Anker, der es mit einem bestimmten Absatz verbindet. Wie aus Abbildung 9.1 ersichtlich, gibt es vier Grundmethoden, den Textfluss um das Objekt zu formatieren. Zusätzlich gibt es die Optionen *Transparent* sowie *Oben und unten*, die hinter der Schaltfläche *Weitere* in der Registerkarte *Textfluss* stehen. Hier wird auch festgelegt, auf welcher Seite des Objektes der Text fließen darf, sowie sein Abstand zum umliegenden Text.

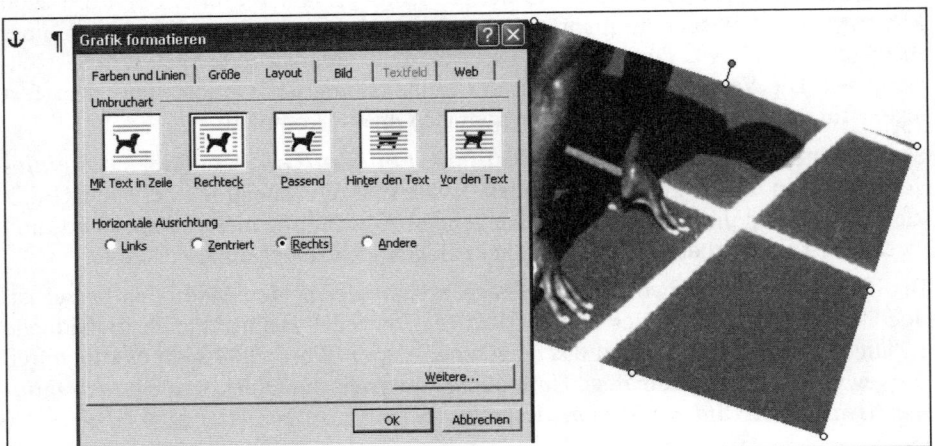

Abbildung 9.1:
Ein frei gedreh-tes Bild mit Text-fluss, verankert an einem Absatz

TIPP

Wie sieht man auf einen Blick, ob ein Bild in der Zeile mit dem Text ist, oder darüber liegt? Hat eine markierte Grafik schwarze Ziehpunkte, steht sie in der Zeile mit dem Text, weiße bedeuten, dass sie über dem Text liegt.

In der anderen Registerkarte des Dialogfeldes *Erweitertes Layout/Bildposition*, stehen erklärungsbedürftige Optionen (Abbildung 9.2).

Die erste Regel, die Sie verinnerlichen müssen ist, dass ein Bild sich immer auf der gleichen Seite befindet, wo der verankernde Absatz steht. Ein Bild kann nicht auf einer bestimmten Seite verankert werden. Es darf von einer Seite zur anderen, sein Anker von einem Absatz zum anderen gezogen werden, es sei denn, das Kontrollkästchen *Verankern* ist aktiviert. Dieser Befehl »bindet« den Anker an den Absatz. Um das Bild mit einem anderen Absatz zu verbinden, muss diese Option ausgeschaltet werden.

TIPP

Auch durch Ausschneiden des grafischen Objekts in die Zwischenablage kann der Anker durch anschließendes Kopieren mit einem anderen Absatz verbunden werden. Die Verankerungsformatierung bleibt dabei erhalten.

Die auf der Registerkarte *Bildposition* für die Positionierung eines Bildes angebotenen Möglichkeiten sind vielfältig und flexibel. Wenn die *Ausrichtung* oder *Absolute Position* relativ zu einem Absatz, einer Linie oder einem Zeichen festgelegt wird, verschiebt es sich mit dem Text auf der Seite.

Anderenfalls bleibt das Bild statisch auf der gleichen Seite, wo sich der verankernde Absatz befindet und darf relative zur Seite, zum Seitenrand oder zur Spalte positioniert werden. Die Option *Buchlayout* unterscheidet zwischen Innen- und Außenrand, ähnlich wie bei gegenüberliegenden Seiten. Der Innenrand liegt auf ungeraden Seiten links; auf geraden rechts. Wenn sich der verankernde Absatz von einer geraden zu einer ungeraden Seite verschiebt, wechselt das am Rand oder an der Seite positionierte Bild zur anderen Seite des Blattes.

TIPP

Wenn Sie viel mit grafischen Objekten arbeiten, die über dem Text liegen, werden Sie das Dialogfeld *Erweitertes Layout* öfter brauchen. Um den langen Weg etwas zu verkürzen, weisen Sie dieses kurze Makro einer Tastenkombination oder Symbolschaltfläche zu.

Listing 9.1:
Dialogfeld Erweitertes Layout *für Grafiken einblenden*

```
Sub BildPos()
    If Selection.Type = wdSelectionShape _
    Or Selection.Type = wdSelectionInlineShape Then
        SendKeys "(^+){Tab}%W"
        Dialogs(wdDialogFormatDrawingObject).Show
    ElseIf Selection.Type = wdSelectionFrame Then    ' Positionsrahmen
        Dialogs(wdDialogFormatFrame).Show
    End If
End Sub
```

Den Code aus Listing 9.1 finden Sie in der Beispieldatei *Bsp09_02.doc* im Ordner *\Buch\Kap09* auf der CD zum Buch.

Bitte beachten Sie, dass es offensichtlich keinen Weg gibt, das Dialogfeld direkt einzublenden. SendKeys übernimmt die Tastaturfolgen, um das Dialogfeld *Erweitertes Layout* vom Dialogfeld *Grafik formatieren* aus zu öffnen. Wenn Ihre Version von Word eine andere Tastaturfolge braucht, müssen Sie diese Codezeile anpassen.

Die Einstellungen und Optionen funktionieren. Aber deren zunehmende Komplexität zusammen mit dem binären Word-Dateiformat, das dafür vor über zehn Jahren nicht konzipiert wurde, fordern einen sehr exakten Umgang (und etwas Glück). Grafische Objekte neigen dazu, nicht dort zu bleiben, wo man sie mit der Maus positioniert. Oft ist dieses Verhalten auf eine schleichende Dokumentbeschädigung in den Absatzmarken zurückzuführen. Wenn Sie ein solches Dokument haben, arbeiten Sie am besten ausschließlich über das Dialogfeld *Grafik formatieren*, statt mit der Maus.

Arbeiten Sie mit dem Dialogfeld, statt mit der Maus

Wenn Grafiken sich nur ruckartig verschieben lassen, ist vermutlich die Ausrichtung am Raster eingeschaltet. Diese Einstellung befindet sich im Dialogfeld *Zeichnungsraster*, das Sie über die Menüfolge *Zeichnen/Gitternetz* der *Zeichnen*-Symbolleiste erreichen.

TIPP

Es gibt aber auch Fälle, wo nicht Word, sondern fehlerhafte Bedienung einem Stabilitätsproblem zu Grunde liegt. Einst wurde es beispielsweise empfohlen, ein Textfeld zu zeichnen und das Bild darin einzufügen, um es frei auf der Seite zu positionieren. Das funktioniert heute durchaus noch. Das Missverständnis entsteht dann, wenn der Benutzer ein Bild mit Textfluss in das Textfeld ziehen will, im Glauben, dies sei auch möglich. Aber in einem Textfeld kann ein Bild nur in der Zeile mit dem Text stehen. Sobald es mit einer Umbruchart formatiert wird, bleibt es außerhalb des Textfeldes verankert, hat eine eigene Layoutformatierung und positioniert sich unabhängig vom Textfeld (meistens nicht dort, wo man es will).

In Textfeldern kann ein Bild nur in der Zeile mit dem Text stehen

Wenn Sie beim Ziehen mit der Maus die Alt-Taste festhalten, kann ein grafisches Objekt genauer positioniert und vergrößert oder verkleinert werden. Alt+Ziehen schaltet das Raster für diesen Moment aus.

TIPP

Textfluss um Bilder in Tabellen

Vor Word 2000 konnte Text in Tabellenzellen nicht um grafische Objekte fließen. Das ist nicht Internet-konform, also machte Microsoft es möglich. Die Lösung sorgt allerdings für leichte Verwirrung, weil sie auf Internet- und nicht Word- oder Layout-Logik basiert.

Wenn Sie ein mit Textfluss formatiertes Bild in eine Tabelle einfügen oder mit der Maus hineinziehen, sorgt Word dafür, dass es in der Tabellenzelle verankert wird. Ein Bild mit der Umbruchart »Rechteck« oder »Passend« fügt sich anscheinend in die Zelle ein und ragt nicht darüber hinaus, wenn es größer als die Zelle ist. Ist die Eigenschaft *Automatische Größenänderung zulassen* in *Tabelle/Tabelleneigenschaften/Tabelle/Optionen* aktiviert, wird die Spalte automatisch breiter, sonst verschwindet ein Teil der Grafik »hinter« der Spalte nebenan. Ferner verliert eine Vertikaleausrichtung des Texts in der Tabellenzelle ihre Wirkung, egal mit welcher Umbruchart das Objekt formatiert wurde.

Um ein Bild vor oder hinter eine Tabelle zu stellen, ohne die vertikale Ausrichtung zu beeinflussen, ziehen Sie den Anker aus der Tabelle und aktivieren die Option *Verankern*.

Textfluss und Absatzeinzüge

Noch eine HTML-Regel bedingt das Verhalten von Word: Die Unterdrückung von Einzügen und hängenden Einzügen im Text, der um ein grafisches Objekt oder einen Positionsrahmen fließt.

Briefkopfpapier verlangt oft größere Ränder als Papier, das für die zweite und folgenden Seiten verwendet wird. Um dieser Tatsache Rechnung zu tragen, müssten wir, strikt nach Word-Regeln, entweder

○ zwei verschiedene Formatvorlagen definieren und einsetzen (eine für die erste und eine andere für die übrigen Seiten) oder

○ nach der ersten Seite einen Abschnittswechsel einfügen und die Ränder in den zwei Abschnitten unterschiedlich definieren.

Hören wir lautes Stöhnen und Zwischenrufe? Ja, genau so empfindet jeder Word-Benutzer. Dies als »umständlich« zu beschreiben wäre eine große Untertreibung ... Vor über einem Jahrzehnt kam irgendjemand auf die Idee, *Erste Seite anders* in *Datei/Seite einrichten/Layout* zu aktivieren und in den Rändern der Kopfzeile der ersten Seite Zeichnungsvierecke oder -textfelder einzufügen, um diesen Platz auszusparen. Funktionierte prächtig – bis Word 97 auf unseren Rechnern installiert wurde. Da hat Microsoft das »Internet-Virus« gepackt, und die Einzüge wurden von der neuen, schönen Textfluss-Funktionalität »geschluckt«.

 Der Trick funktioniert noch für die oberen und unteren Ränder, aber nicht mehr für die linken oder rechten. Wie die Beispieldatei *Bsp09_01.doc* veranschaulicht, braucht es einen neuen Trick, um die Einzüge beizubehalten. Sie finden diese Datei auf der Buch-CD im Ordner *\Buch\Kap09*.

Abbildung 9.3:
Die erste Seite
eines Brief-
papiers braucht
manchmal grö-
ßere Ränder für
Firmeninforma-
tionen und Logos

Hier steht ein Textfeld, die in der Kopfzeilenansicht eingefügt wurde.

Sie enthält Firmeninformationen, und vielleicht ein Logo

Firmaname und Kontaktinfo
Adresse
Telefon
Telefax
email

Bankverbindungsinfo

Handelsregistereintrag

Geschäftsführer

Betreffzeile:

Sehr geehrter Herr Sowieso

Franz jagt im komplett verwahrlosten Taxi quer durch Bayern.

Eingerückter Text für ein Zitat. Er ist nicht eingerückt, egal, wo man den Einzug stellt. Stattdessen fließt er am linken Rand der Grafik.

Franz jagt im komplett verwahrlosten Taxi quer durch Bayern. Franz jagt im komplett verwahrlosten Taxi quer durch Bayern.

Benutzerdefinierte Formatierung mit hängendem Einzug. Wird von Word neben der Grafik ignoriert.

verwahrlostes Taxi quer durch Bayern

> Eine von Word erstellte Auflistung hat auch einen hängenden Einzug. Dieser wird von Word berücksichtigt.

Franz jagt im komplett verwahrlosten Taxi quer durch Bayern. Franz jagt im komplett verwahrlosten Taxi quer durch Bayern.

Benutzerdefinierte Formatierung mit hängendem Einzug. Wurde mit Nummerierung formatiert, ohne Nummerierungszeichen.

Franz jagt im komplett verwahrlosten Taxi quer durch Bayern.

Eingerückter Text für ein Zitat. Auch dieser Absatz wurde mit Nummerierung ohne Zeichen formatiert.

Eine etwas aufwändigere Lösung, die für normale und auch hängende Einzüge funktioniert, nutzt den Vorteil aus, dass Listen, formatiert mit Aufzählungszeichen oder Nummern, neben Grafiken ihre hängenden Einzüge behalten.

Die Arbeit mit grafischen Objekten

Dieser Trick funktioniert nur in Word 2000 und späteren Versionen. Wie erwähnt, kam das Problem erst in Word 97 auf. Da waren die Reklamationen für Listen wohl etwas laut ...

WICHTIG

Definieren Sie eine Formatvorlage nach folgendem Muster und verwenden Sie dafür Text, der unter Umständen um ein Objekt in der Zeichnungsebene fließen muss.

1. Im Aufgabenbereich *Format/Formatvorlagen und Formatierung* klicken Sie auf die Schaltfläche *Neue Formatvorlage*, dann auf die Schaltfläche *Format* und wählen dort den Eintrag *Nummerierung*.

2. Auf der Registerkarte *Aufzählungszeichen* klicken Sie die Schaltfläche *Anpassen* an.

3. Betätigen Sie die Schaltfläche *Schriftart* und aktivieren das Kontrollkästchen *Ausgeblendet*.

4. Unter *Aufzählungszeichenposition* setzen Sie die Einstellung *Einzug bei* auf -0,35 cm.

5. Unter *Textposition* setzen Sie die Einstellung *Tabstopp nach* auf *0 cm*.

6. Stellen Sie abschließend *Einzug bei* auf den gewünschten hängenden Einzug ein.

»In der Zeile mit dem Text«: stabil und zuverlässig

Wollen Sie, dass ein Bild wirklich immer dort bleibt, wo Sie es ablegen, muss es in der Zeile mit dem Text stehen. Markieren Sie das Bild und wählen Sie im Menü *Format* den Befehl *Grafik*, um in das Dialogfeld *Grafik formatieren* zu gelangen. Auf der Registerkarte *Layout* aktivieren Sie die Option *Mit Text in Zeile*, wodurch das Bild aus der Zeichnungsebene in den Text übernommen wird.

WICHTIG

Keine Regel ohne Ausnahme. Um Benutzerwünschen entgegenzukommen, hat Microsoft, wie bereits erwähnt, in Word 2002 das freie Drehen von Bildern eingeführt. Eigentlich liegt ein gedrehtes Objekt über dem Text. Aber Microsoft hat die Grenze in diesem Bereich etwas »verwischt«. Sie dürfen ein gedrehtes Bild mit dem Befehl *Mit Text in Zeile* formatieren und es verhält sich wie ein Textzeichen. Das scheint aber nur so, denn in Wirklichkeit haben wir es weiterhin mit einem Objekt der Zeichnungsebene zu tun (ein Element der Shapes-Auflistung). Dieser Zustand kann mit drei verschiedenen Methoden festgestellt werden:

1. Die Ziehpunkte sind weiß, nicht schwarz.

2. Die Feldfunktion eines verknüpften Objektes ist Shape und nicht IncludePicture.

3. Die VBA-Methode Count zählt es der Shapes- und nicht der InlineShapes- Auflistung zu.

Also gut aufgepasst!

Sie können ein Bild »in der Zeile mit dem Text« nur einfügen oder dort hinziehen, wo das Dokument schon Text aufweist. Es ist nicht möglich, ein Bild, das in der Zeile mit dem Text steht, in eine leere Ecke der Seite zu ziehen. Text kann oberhalb, unterhalb oder untenbündig neben einem solchen Bild stehen. Es wird wie ein Textzeichen behandelt.

Warum, werden Sie fragen, möchte man ein grafisches Objekt überhaupt in die Textebene einfügen? Ein Grund wäre, um die Grafik auch in der Normalansicht sichtbar zu machen. Noch wichtiger ist die Gewährleistung des Zugriffs auf Feldfunktionen und Textmarken. Weder Feldcodes für Verknüpfungen noch die Informationen für Verzeichnisse stehen Word bei Objekten in der Zeichnungsebene zur Verfügung.

Zwischenablagenbilder per Makro einfügen

Manchmal braucht der Benutzer ein kleines Makro, womit er über die Zwischenablage eingefügte Bilder manipulieren kann. Am bequemsten ist es für ihn, wenn dieses Makro auch die Einfügung übernimmt; anders ausgedrückt, er hat die Grafik irgendwo kopiert, wechselt in das Dokumentfenster und führt das Makro aus.

Das Problem, das beim Aufzeichnen des Makros auftritt ist: wie markiert man doch das eingefügte Objekt? Wenn es in der Zeile liegt, ist es nicht schwer: man hält die Umschalt-Taste fest, und drückt Pfeil links. Liegt die Grafik jedoch über dem Text, kann der Vorgang nicht aufgezeichnet werden. Das Listing 9.2 zeigt, wie die Aufgabe gelöst wird.

Listing 9.2:
Eine über die
Zwischenablage
eingefügte Grafik
mit VBA erfassen

```
Sub EingefuegtesShapeErfassen()
    Dim rng As Word.Range, shp As Word.Shape

    Set rng = Selection.Range.Paragraphs(1).Range
    Selection.PasteSpecial Placement:=wdFloatOverText, DataType:=wdPasteMetafilePicture
    Set shp = rng.ShapeRange(1)
    Debug.Print shp.Name
    shp.Select
End Sub
```

 Den Code aus Listing 9.2 finden Sie in der Beispieldatei *Bsp09_02.doc* auf der Buch-CD im Ordner *\Buch\Kap09*.

Mehrere Bilder auf einmal einfügen

Anders als im Dialogfeld zum Menübefehl *Datei/Öffnen* konnte vor Word 2002 beim Einfügen von Grafikdateien über *Einfügen/Grafik/Aus Datei* nicht mehr als eine Datei markiert werden. Bei der Arbeit in der Benutzeroberfläche gibt es folgende Lösung:

- ◑ Markieren Sie alle Dateien in einem Windows-Explorer-Fenster.

- ◑ Ziehen Sie die markierte Gruppe mit der Maus in das Word-Dokument. (Falls das Word- Dokument nicht sichtbar ist, halten Sie den Mauszeiger über seine Symbolschaltfläche in der Windows-Taskleiste bis das Fenster aktiviert wird.)

Der nächste Schritt ist, die eingefügten Bilder zu positionieren und zu formatieren. Falls die Grafiken gemeinsame Formatierungsattribute haben sollen, hilft VBA, die Aufgabe schneller zu erledigen. Das Makro in Listing 9.3 veranschaulicht, wie alle markierten Bilder (es handelt sich um Bilder, die in der Zeile mit dem Text stehen) mit der gleichen Größe formatiert werden. Danach werden sie über den Text gelegt, mit der Umbruchart »Rechteck« formatiert und am rechten Rand positioniert.

Listing 9.3:
Alle markierten
Bilder forma-
tieren

```
Sub AlleBilderInMarkierungFormatieren()
    Dim rng as Range, iShp As InlineShape, shp As Shape
    Set rng = Selection.Range
    For Each iShp In rng.InlineShapes
        iShp.Width = CentimetersToPoints(5)
        iShp.Height = CentimetersToPoints(5)
        Set shp = iShp.ConvertToShape
```

Die Arbeit mit grafischen Objekten

```
        shp.WrapFormat.Type = wdWrapSquare
    With rng.Parent.PageSetup
        shp.Left = .PageWidth - .LeftMargin - shp.Width
    End With
    Next iShp
End Sub
```

HINWEIS

Wenn Sie in Word 2002 mehrere Bilder auf einmal über das Dialogfeld *Grafik einfügen* eingefügt haben, und die Einstellung *Bild einfügen als* auf *Mit Text in Zeile* steht (Registerkarte *Bearbeiten* des Dialogfelds *Extras/Optionen*), können Sie durch Ziehen mit der Maus im rechten Rand alle Bilder schnell markieren.

Den Code aus Listing 9.3 finden Sie in der Beispieldatei *Bsp09_02.doc* auf der Buch-CD im Ordner *\Buch\Kap09*.

Office XP hat eine neue Art Dialogfeld für die Dateiverwaltung, die in Abbildung 9.4 ersichtlich ist. Es steht allen Office-Anwendungen zur Verfügung und lässt sich über VBA den einzelnen Bedürfnissen anpassen. Anders als bei Words integriertem Menübefehl *Datei/Öffnen*, ist es möglich, die Beschriftungen der Titelleiste sowie der Bestätigungsschaltfläche zu ändern. Ferner kann der Programmierer die Ansicht und die Einträge des Dropdown-Felds *Dateityp* bestimmen.

Das Dialogfeld hat vier Modi:

- *Datei Auswahl*
- *Ordner Auswahl*
- *Datei Speichern*
- *Datei Öffnen*

In allen Modi außer Speichern und Ordnerauswahl wird die Markierung mehrerer Dateien unterstützt. Sie sehen ein Beispiel für seinen Einsatz in Listing 9.4.

Das Dialogfeld wird dem Benutzer im *Datei Auswahl*-Modus im Ordner »Eigene Bilder« angezeigt. Der Filter für die Liste *Dateityp* spezifiziert einige Grafikarten. Der Benutzer kann so viele Grafikdateien markieren, wie er will. Die Prozedur fügt sie ein und formatiert sie.

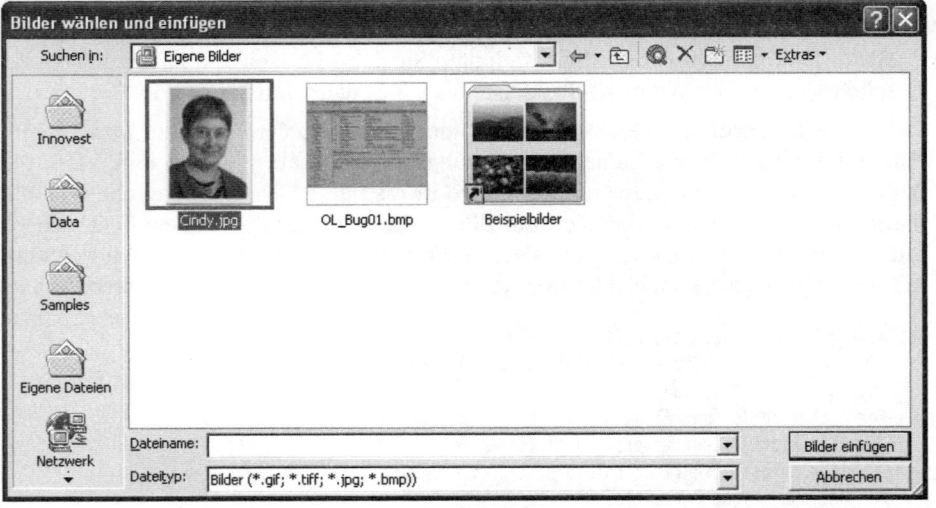

Abbildung 9.4:
Das neue
FileDialog *von*
Office XP ermöglicht eine an den
Bedürfnissen des
VBA-Programmierers angepasste interaktive
Dateiverwaltung

Wenn Sie dem Benutzer die Grafikdateien in einem bestimmten Ordner vorlegen wollen, weisen Sie der Variablen szDateiPfad diesen Pfadnamen zu. Die Angabe im Beispiel öffnet den Ordner *Eigene Bilder* für den jeweiligen Benutzer, dessen Pfad Windows anhand von *%UserProfile%* ermittelt.

Die Bilder werden an der Stelle der gegenwärtigen Markierung eingefügt.

Die Objekt-Variable dlg wird dem neuen FileDialogObject von Office XP im Modus *Datei Auswahl* gleich gesetzt. Die verschiedenen Eigenschaften werden festgelegt, bevor es mit der Methode Show eingeblendet wird. Die Handhabung von ButtonName, Title und InitialFileName bedarf keiner näheren Erklärung – man übergibt ihnen einfach eine Zeichenkette.

InitialView legt das Format der Auflistung im Hauptfenster fest. Die zur Verfügung stehenden Konstantwerte sind in Tabelle 9.1 aufgelistet. Da hier mit Grafikdateien unter Windows 2000 und XP gearbeitet wird, wird im Beispiel das Dialogfeld in der Miniaturansicht eingeblendet.

Tabelle 9.1: Konstantenwerte für die Initial-View-Eigenschaft des neuen Office XP-File-Dialog-Objekts

FileDialog-Konstantenwert für die InitialView Eigenschaft	Beschreibung
msoFileDialogViewDetails	Details
msoFileDialogViewLargeIcons	Große Symbole
msoFileDialogViewList	Liste
msoFileDialogViewPreview	Dateivorschau
msoFileDialogViewProperties	Dateieigenschaften
msoFileDialogViewSmallIcons	Kleine Symbole
msoFileDialogViewThumbnail	Miniaturansicht der Grafikdateien. Nur unter Microsoft Windows 2000, Windows Me, Windows XP oder höher verfügbar.
msoFileDialogViewWebView	Nicht verfügbar. Wenn Sie diese Konstante auswählen, wird die Standardansicht verwendet.

Wenn Sie mit dem FileDialogObject arbeiten, vergessen Sie bitte nicht, dass es die festgelegten Einstellungen bis Ende der laufenden Word-Sitzung behält. Für die bisher vorgestellten Eigenschaften ist das nicht weiter schlimm, da sie mit einer neuen Einstellung einfach ersetzt werden können. Etwas komplizierter sieht es mit der Liste der Dateitypen aus.

Diese Liste enthält alle Elemente der Filters -Auflistung; standardmäßig handelt es sich um einen einzelnen Eintrag »Alle Dateien (*.*)«. Über die Methode Add werden weitere Elemente hinzugefügt; die Methode Delete entfernt einzelne oder alle Elemente der Auflistung. In diesem Fall werden alle Elemente entfernt und mit dem Eigendefinierten ersetzt. Will man die ursprüngliche Liste nach Ablauf des Makros wieder zur Verfügung stellen, müssen die Elemente für die Dauer festgehalten werden, um sie am Schluss wieder herzustellen. Ein Datenfeld wird für die Aufnahme der Beschreibung, sowie die dazu gehörenden Datei-Endungen bereitgestellt und in einer For Each...Next Schleife gefüllt.

Die Eigenschaft `AllowMultiSelect` legt fest, ob der Benutzer im Modus *Datei Auswahl* oder im Modus *Datei Öffnen* lediglich eine (`Falsch`), oder mehrere Dateien (`Wahr`) markieren darf. Im letzteren Fall enthält die Auflistung `SelectedItems` die Benutzerauswahl.

Ähnlich wie bei Word-internen Dialogfeldern blendet die Methode `Show` das Dialogfeld ein und hält fest, ob der Benutzer es bestätigt (–1) oder abgebrochen (0) hat.

Hat der Benutzer die Schaltfläche *Bilder einfügen* betätigt, fügt das Makro eine Textmarke ein, in die die Bilder eingefügt werden. Somit haben wir einen greifbaren Bereich, der in einer Schleife durchlaufen wird, nachdem alle Bilder im Dokument stehen.

Die Auflistung `SelectedItems` wird nun in einer `For Each... Next` Schleife bearbeitet. Das Objekt Variable `vrtGewaehltesBild` muss vom Datentyp `Variant` sein, obwohl es einen Pfadnamen enthält. Jede gewählte Datei wird als Bild in der Zeile mit dem Text (als `InlineShape`) in den Textmarkenbereich eingefügt. Der Bereich wird anschließend auf einen Punkt verkleinert, sodass das nächste Bild neben, statt anstelle des vorhergehenden Bildes zu liegen kommt.

Nachdem alle Grafikdateien eingefügt sind, werden diese formatiert, ähnlich wie in Listing 9.3. Der Textmarkenbereich wird an die Prozedur `MehrereBilderFormatieren` übergeben, die durch alle darin enthaltenen `InlineShapes` schleift. Sie stellt sie über den Text, formatiert sie mit einer Umbruchart und positioniert sie. Zudem wird der Benutzer aufgefordert, jedem einen Namen zuzuweisen. Ein benutzerdefinierter Name ermöglicht es, über VBA jederzeit auf die Grafik direkt zuzugreifen. Warum dies wichtig sein kann, wird im ▶ Abschnitt »Bild mit einer Seite verbinden« diskutiert.

Zum Schluss werden die Textmarken mit übrig gebliebenem Inhalt (einem Leerraum) gelöscht und die `Filter`-Auflistung mit den Informationen des Datenfeldes wieder hergestellt.

```
Sub MehrereBilderEinfuegen()
    ' Mehrere Bilddateien in einem Dialogfeld wählen,
    ' einfügen, und formatieren.
    Dim rng As Word.Range, szDateiPfad As String
    Dim dlg As FileDialog, fdfs As FileDialogFilter
    Dim dlgFilters() As Variant, vrtGewaehltesBild As Variant
    Dim lFilter As Long

    ' Standardpfadangabe für Grafikdateien festlegen.
    szDateiPfad = "%UserProfile%\Eigene Dateien\Eigene Bilder\"
    Set rng = Selection.Range

    ' Dialogfeld für Dateiauswahl initialisieren.
    Set dlg = Application.FileDialog(msoFileDialogFilePicker)
    ' Dialogfeld einblenden
    With dlg
        ' Schaltflächenbeschriftung
        .ButtonName = "Bilder einfügen"
        ' Dialogfeldbeschriftung
        .Title = "Bilder wählen und einfügen"
        .InitialFileName = szDateiPfad
        ' Miniaturansicht (nur für Windows 2000 oder XP)
```

Listing 9.4:
Mehrere
Grafiken mit
einem Dialog-
feld ins Doku-
ment einfügen

```vba
            .InitialView = msoFileDialogViewThumbnail
            ' Vorhandene Filterliste festhalten.
            If .Filters.Count > 0 Then
                ReDim dlgFilters((.Filters.Count - 1), 1)
                For Each fdfs In .Filters
                    dlgFilters(lFilter, 0) = fdfs.Description
                    dlgFilters(lFilter, 1) = fdfs.Extensions
                    lFilter = lFilter + 1
                Next fdfs
            End If
            ' Neue Filterliste erstellen.
            If .Filters.Count > 0 Then .Filters.Delete
            .Filters.Add Description:="Bilder", Extensions:="*.gif, *.tiff, *.jpg, *.bmp)"
            ' Auswahl mehrerer Dateien zulassen.
            .AllowMultiSelect = True
            ' Wenn der Benutzer nicht abbricht
            If .Show = -1 Then
                rng.Text = " "
                Set rng = rng.Parent.Bookmarks.Add(Name:="Bilder", Range:=rng).Range
                ' Jede Bilddatei in den Bereich einfügen.
                For Each vrtGewaehltesBild In .SelectedItems
                    rng.Parent.InlineShapes.AddPicture _
                        FileName:=vrtGewaehltesBild, Range:=rng
                    rng.Collapse wdCollapseStart
                Next vrtGewaehltesBild
                ' Alle Bilder formatieren.
                Set rng = rng.Bookmarks(1).Range
                MehrereBilderFormatieren rng
                rng.Select
                rng.Bookmarks(1).Delete
                rng.Characters(1).Delete
            End If
            ' Filterliste wieder herstellen.
            If .Filters.Count > 0 Then .Filters.Delete
            On Error Resume Next
            For lFilter = LBound(dlgFilters) To UBound(dlgFilters)
            .Filters.Add Description:=dlgFilters(lFilter, 0), _
                Extensions:=dlgFilters(lFilter, 1)
            Next lFilter
    End With
End Sub
Sub MehrereBilderFormatieren(rng As Word.Range)
    Dim iShp As InlineShape, shp As Shape, sPosTop As Single

    sPosTop = 10
    For Each iShp In rng.InlineShapes
        iShp.Width = CentimetersToPoints(5)
        iShp.Height = CentimetersToPoints(5)
        Set shp = iShp.ConvertToShape
        shp.WrapFormat.Type = wdWrapSquare
        shp.Select
        shp.Name = InputBox("Dem Bild einen Namen geben:")
        With rng.Parent.PageSetup
            shp.Left = .PageWidth - .LeftMargin - shp.Width
            If sPosTop < .PageHeight + 20 Then
                sPosTop = sPosTop + 20
```

```
        End If
        shp.Top = sPosTop
      End With
    Next iShp
End Sub
```

Den Code aus Listing 9.4 finden Sie in der Beispieldatei *Bsp09_02.doc* auf der Buch-CD im Ordner *\Buch\Kap09*.

Bild mit einer Seite verbinden

Wie bereits erläutert, ist es nicht möglich, eine Grafik auf einer bestimmten Seite zu verankern. In Word sind grafische Objekte an Absätze gebunden und verschieben sich mit dem Absatz zu einer anderen Seite, wenn durch Bearbeitung des Dokuments der Absatz auf eine andere Seite gelangt.

Mit einem Satz Makros ist es jedoch möglich, grafische Objekte mit einer Seite in Verbindung zu bringen. Der Benutzer gibt der Grafik einen Namen nach einem gewissen Muster und anhand dieser Angabe kann das Makro sicherstellen, dass die Grafik auf der korrekten Seite steht und, wenn nötig, sie auf diese Seite zu verschieben.

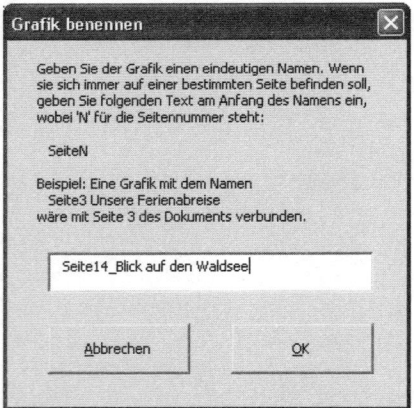

Abbildung 9.5:
Durch den
Namen wird eine
Grafik mit einer
bestimmten Seite
verbunden

Das Listing 9.5 enthält die Prozeduren für die UserForm in Abbildung 9.5. Bei deren Einblendung wird über die Funktion `HolenGrafikName` der Name der markierten Grafik ermittelt. Diese Funktion zählt die Anzahl Grafiken in der Markierung, die über dem Text liegen (nur Grafiken, die über dem Text liegen, haben eine `Name`-Eigenschaft). Sind Grafiken vorhanden, gibt die Funktion den Namen der ersten zurück; sonst eine leere Zeichenkette.

Eine leere Zeichenkette löst eine Meldung aus, dass der Benutzer zuerst eine Grafik markieren muss und das Makro wird abgebrochen.

Andernfalls wird die Zeichenkette auf den Schlüsseltext »Seite« kontrolliert. Wenn »Seite« nicht am Anfang des Namens steht, wird das Wort mit der Seitenzahl des markierten Bereichs am Anfang hinzugefügt und die ganze Zeichenkette in der Textbox angezeigt. ▶

Der Benutzer kann den Namen beliebig ändern, beispielsweise der Grafik einen anderen Namen geben oder die Seitenzahl ändern. Bei Betätigung der Schaltfläche *OK* wird die Prozedur AendernGrafikNamen ausgeführt, die der Grafik den Text in der Textbox als neuen Namen zuweist.

TIPP Sie können dieses Makro allgemein einsetzen, um Grafiken im Dokument zu benennen.

TIPP Word weist automatisch jedem grafischen Objekt einen Namen zu. Diese Namen werden von Word auch geändert, wenn die Grafik im Verhältnis zu anderen Grafiken im Dokument verschoben wird. Ein benutzerdefinierter Name bleibt stabil.

Listing 9.5:
Grafiken in
einem Doku-
ment mit Namen
versehen

```
' Prozeduren im UserForm

Option Explicit

Private Sub UserForm_Activate()
    Dim sShapeName As String
    sShapeName = HolenGrafikName
    If Len(sShapeName) = 0 Then
        MsgBox "Es ist keine Grafik markiert." & vbCr & vbCr & _
            "Bitte markieren Sie eine Grafik und probieren nochmals.", _
            vbOKOnly + vbCritical, "Kapitel 9 - Grafikbearbeitung"
        Unload Me
        Exit Sub
    Else
        If Left(sShapeName, 5) <> "Seite" Then
            sShapeName = "Seite" & _
                Selection.Information(wdActiveEndPageNumber) _
                & sShapeName
        End If
        txtGrafikName.Text = sShapeName
    End If
End Sub

Function HolenGrafikName() As String
    If Selection.ShapeRange.Count > 0 Then
        HolenGrafikName = Selection.ShapeRange(1).Name
    Else
        HolenGrafikName = vbNullString
    End If
End Function

Private Sub cmdOK_Click()
    AendernGrafikName
    Unload Me
End Sub

Sub AendernGrafikName()
    Selection.ShapeRange(1).Name = FrmGrafikBennen.txtGrafikName.Text
End Sub

Private Sub cmdCancel_Click()
    Unload Me
End Sub
```

Die Arbeit mit grafischen Objekten

Den Code aus Listing 9.5 und Listing 9.6 finden Sie in der Beispieldatei *Bsp09_03.doc* auf der Buch-CD im Ordner *\Buch\Kap09*.

Die Prozedur `GrafikAufSeite` durchläuft alle über dem Text liegenden grafischen Objekte und kontrolliert deren senkrechte Formatierung. Wenn die Grafik sich mit dem Text verschiebt, betrachten wir sie als nicht mit einer Seite verbunden. Nur Grafiken, die relativ zur Seite oder zum Seitenrand positioniert sind, können – nach unserer Auffassung – mit einer bestimmten Seite verbunden werden.

Der nächste Schritt ist, die Seitennummer zu ermitteln. Deren Anfangsposition im Namen ist bekannt: das sechste Zeichen. Eine Zahl weniger `5` wird der Funktion `ExtraktNummer` übergeben. `ExtraktNummer` erhöht in einer Schleife diese Zahl jedes Mal um eins, und ermittelt das an dieser Position stehende Zeichen im Namen. Diese Zeichen werden so lange aneinander gereiht, bis ein nichtnumerisches gefunden wird. Die Funktion gibt dann die Zahl ohne das letzte, nichtnumerische Zeichen zurück an `GrafikAufSeite`.

Wenn die Seite, auf der die Grafik sich befindet, nicht die gleiche Zahl hat, wie im Namen festgelegt, muss die Grafik zur richtigen Seite verschoben werden. Diese Aufgabe übernimmt die Prozedur `GrafikUeberZwischenablageVerschieben`. Nun begegnen wir einer Eigenart von Word-Grafiken und VBA: Sie können den Verankerungsbereich einer Grafik nur beim Einfügen ins Dokument bestimmen. Es gibt kein Äquivalent zur Funktionalität in der Benutzeroberfläche, wo der Anker von Absatz zu Absatz mit der Maus gezogen werden kann. Der einzige Weg, ein grafisches Objekt von einer Seite zu einer anderen zu verschieben ist, sie auszuschneiden und wieder einzufügen.

Und gerade am Anfang unseres Unterfangens stoßen wir auf noch ein Problem. `Shapes` sollten nur in der Ansicht *Seitenlayout* verschoben werden. Zudem beeinflusst die Unterdrückung von *Leerraum zwischen Seiten* (*Extras/Optionen/Ansicht*) in Word 2002 die Positionierung von Grafiken, die relativ zur Seite formatiert sind. Ist die senkrechte Zielposition auf der Seite nicht sichtbar, ändert Word die senkrechte Position, bis das grafische Objekt gänzlich sichtbar ist. Das bedeutet, das Makro muss zuerst die Ansicht entsprechend einrichten, bevor die Grafik verschoben wird. Und weil wir gegenüber dem Benutzer höflich sein wollen, halten wir seine Einstellungen fest, sodass er am Schluss wieder die gleiche Ansicht hat wie beim Start des Makros.

Shapes sollten nur im Seitenlayout verschoben werden

Und schon taucht das nächste Hindernis auf: Wie setzt man einen Bereich gleich einer Seite? Es gibt weder entsprechendes Objekt (`Page`) noch Auflistung (`Pages`). Wir müssen uns auf die alten Word-Technologien besinnen: Words integrierte Textmarken, unter anderem `\Page` (siehe ▶ Kapitel 6). Diese beinhaltet die ganze Seite, auf der sich die Einfügemarke befindet.

Es wird also zur angegebenen Seite mit der Methode `GoTo` gesprungen. Der Bereich `rngSeite` wird dem Bereich der Textmarke `ActiveDocument.Bookmarks("\Page").Range` gleich gesetzt. Zudem brauchen wir einen zweiten Bereich, um herauszufinden, ob sich der Anfang des ersten Absatzes dieser Seite auch tatsächlich auf dieser Seite befindet, oder ob er auf der vorherigen steht. Wenn wir die Grafik in den Bereich des ersten Absatzes einfügen würden und dieser auf der vorherigen Seite beginnt, erscheint die Grafik auch auf der vorherigen Seite. In einem solchen Fall fügt die Prozedur die Grafik in den zweiten Absatzbereich der Seite ein.

Listing 9.6:
Grafik auf der
gleichen Seite
positionieren, die
im Namen ange-
geben ist

```
' Prozeduren in einem gewöhnlichen Modul

Option Explicit

Sub GrafikAufSeite()
    Dim shp As Word.Shape, SeitenNr As Long, iPos As Long

    For Each shp In ActiveDocument.Shapes
        With shp
            Select Case .RelativeVerticalPosition
                ' Positioniert relativ zur Seite.
                Case wdRelativeVerticalPositionPage, wdRelativeVerticalPositionMargin
                    ' Seitennummer herausholen; Sie ist das 6. Zeichen im Grafiknamen.
                    iPos = 5
                    SeitenNr = ExtraktNummer(shp.Name, iPos)
                    ' Gegenwärtige Seitennummer mit korrekter vergleichen.
                    If shp.Anchor.Information(wdActiveEndPageNumber) _
                        <> Val(SeitenNr) Then
                            ' Die Grafik zur richtigen Seite
                            ' über die Zwischenablage versetzen.
                            GrafikUeberZwischenablageVerschieben shp, SeitenNr
                    End If
                Case wdRelativeVerticalPositionLine, _
                    wdRelativeVerticalPositionParagraph
                    ' Bewegt sich mit dem Text,
                    ' also nicht mit einer Seite verbunden.
                Case Else
                ' unbekannter Konstantwert
            End Select
        End With
    Next shp
End Sub


' Nummer aus einer Zeichenkette holen,
' angefangen bei Offset-Position plus 1, bis keine Zahlen mehr vorkommen.
Function ExtraktNummer(ByVal sString As String, ByVal Offset As Long) As Long
    ' iNr ist vom Typ "Variant", weil sie sowohl Text als auch Nummern enthält.
    Dim iNr As Variant
    Do
        Offset = Offset + 1
        ' Weil wir Nummern und Text aufreihen: "&" statt "+"
        iNr = iNr & Mid(sString, Offset, 1)
    Loop While IsNumeric(iNr)
    ExtraktNummer = Left(iNr, Len(iNr) - 1)
End Function

Sub GrafikUeberZwischenablageVerschieben(shp As Word.Shape, SeitenNr As Long)
    Dim rngPage As Word.Range, rngPageStart As Word.Range
    Dim vw As Word.View, lAnsichtArt As Long, bGanzeSeite As Boolean

    ' Grafiken sollen nur in der Seitenlayout-Ansicht verschoben werden.
    Set vw = shp.Parent.ActiveWindow.View
    lAnsichtArt = vw.Type
    vw.Type = wdPrintView
    If Application.Version > 10 Then
        ' Grafiken werden vertikal falsch positioniert,
```

```
                ' wenn der Zielbereich nicht sichtbar ist.
            bGanzeSeite = vw.DisplayPageBoundaries
            vw.DisplayPageBoundaries = True
        End If
        ' Grafik in die Zwischenablage ausschneiden.
        shp.Select
        Selection.Cut

        ' Zur richtigen Seite wechseln.
        Selection.GoTo What:=wdGoToPage, Which:=wdGoToAbsolute, _
            Count:=SeitenNr
        Set rngPage = ActiveDocument.Bookmarks("\Page").Range
        ' Funktion erfasst letzte Absatzmarke der letzten Seite nicht!
        If rngPage.Information(wdActiveEndPageNumber) = _
          rngPage.Information(wdNumberOfPagesInDocument) Then _
          rngPage.MoveEnd wdParagraph, 1
        Set rngPageStart = rngPage.Duplicate
        ' Bereich für den Anfangspunkt der Seite
        rngPageStart.End = rngPage.Paragraphs(1).Range.Start

        ' Wenn der Anfang des ersten Absatzes
        ' auf der vorherigen Seite liegt, muss die Grafik
        ' an den 2. Absatz geankert werden, sonst
        ' wird sie auf der vorherigen Seite erscheinen.
        If Val(rngPageStart.Information(wdActiveEndPageNumber)) _
            < SeitenNr Then
            rngPage.Paragraphs(2).Range.Paste
        Else
            rngPage.Paragraphs(1).Range.Paste
        End If
        vw.Type = lAnsichtArt
        If Application.Version > 10 Then vw.DisplayPageBoundaries = bGanzeSeite
End Sub

Sub AnzeigenGrafikName()
    FrmGrafikBenennen.Show
End Sub
```

Der Positionsrahmen

Als wirksame Alternative zur Formatierung mit Textfluss bietet sich der Positionsrahmen an. Der Befehl *Positionsrahmen einfügen* wurde seit Word 97 in die Symbolleiste *Formulare* verbannt, weil Microsoft der Meinung ist, Textfelder würden ihn
ersetzen. Aber bis heute wurde das Problem mit dem Zugriff auf Feldfunktionen,
Textmarken und Text für Inhaltsverzeichnisse in der Zeichnungsebene noch nicht
gelöst. Der Positionsrahmen bleibt also ein wichtiger, aber relativ unbekannter
Bestandteil von Word.

Es gibt weniger Textflussoptionen für Positionsrahmen als für Bilder, wie aus Abbildung 9.6 zu entnehmen ist, aber die wichtigste – ein rechteckiger Umbruch – wird
unterstützt. Auch Positionsrahmen werden mit einem bestimmten Absatz verankert
und können relativ zur Seite, zum Seitenrand oder zum verankernden Absatz positioniert werden.

Weil Microsoft an Textfeldern als einzige Lösung für die Positionierung von Text festhält, obwohl ihre Mängel schon seit Jahren bekannt sind, werden Positionsrahmen nicht mehr an Veränderungen in Words Dokumentverhalten angepasst.

Das hat einige schwerwiegende Auswirkungen für den Umgang mit Positionsrahmen:

1. Ein Positionsrahmen ist nur schwer mit der Maus zu positionieren. Man muss das Dialogfeld hinzuziehen, um ihn an die Stelle zu setzen, wo man ihn braucht.

2. Obwohl der Anker eines Positionsrahmens neben einem Absatz steht, ist er in Wirklichkeit fest mit der voranstehenden Absatzmarke verbunden. Wenn Sie den vermeintlich verankerten Absatz kopieren, verschieben oder löschen, wird der Positionsrahmen nicht mit einbezogen. Um einen Positionsrahmen zu kopieren, müssen Sie die voranstehende Absatzmarke mit dem Absatz kopieren und einfügen und danach die überzählige Absatzmarke löschen. Um einen Positionsrahmen zu verschieben, gehen Sie genau so vor, löschen den ursprünglichen Positionsrahmen und anschließend den Absatz.

3. Positionsrahmen reagieren sehr »allergisch« auf Beschädigung in Absatzmarken, und lassen sich nicht korrekt positionieren.

4. Auch Grafikkarten, die nicht mit der Word-Version abgestimmt sind, können die Anzeige von Positionsrahmen und den daneben liegenden Text verfälschen. Bevor Sie ausrufen, dass der Positionsrahmen nicht richtig funktioniert, kontrollieren Sie die Druckvorschau. Die Marginalien dieses Buchs sind mit Positionsrahmen gemacht und da haben wir so einiges miterlebt ...

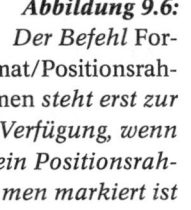

Abbildung 9.6:
Der Befehl Format/Positionsrahmen *steht erst zur Verfügung, wenn ein Positionsrahmen markiert ist*

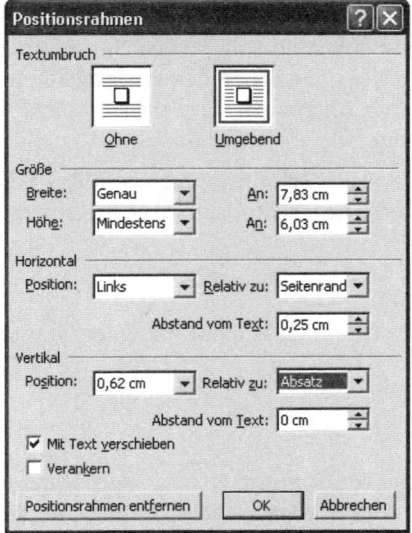

Mit einem Positionsrahmen kann bei Einfügen eines Bildes seine Größe bestimmt werden. Das Bild wird skaliert, sodass es in die Breite und Höhe des Positionsrahmens passt. Dabei bleibt das Seitenverhältnis erhalten.

Vorteilhaft ist die Tatsache, dass der Inhalt von Positionsrahmen sowohl in der *Normal*- als auch in der *Gliederungsansicht* sichtbar ist, wenn auch ohne Textfluss-Formatierung.

Wenn ein Bild der einzige Inhalt eines Positionsrahmens ist, kann der Positionsrahmen nicht markiert werden; der Formatierungsbefehl für Positionsrahmen steht nicht zur Verfügung. Falls Ihnen das widerfährt, drücken Sie Pfeil rechts, um die Markierung zwischen Bild und Absatzmarke zu positionieren und fügen dann Sie ein Leerzeichen ein. Jetzt »sieht« Word den Positionsrahmen.

WICHTIG

Noch ein Vorteil von Positionsrahmen ist, dass sie Teil einer Formatvorlage sein können. Vielleicht sind Ihnen die kleinen Symbole und Marginalien im Rand dieses Textes aufgefallen. Sie sind unglaublich einfach zu erstellen.

- Zuerst wird ein Positionsrahmen erstellt, positioniert und formatiert, wie die Marginalie aussehen soll.

Da Positionsrahmen nicht Zeichnungsobjekte sondern eine besondere Art Absatzformatierung sind, werden Rahmenlinien nicht mit den Schaltflächen der *Zeichnen*-Symbolleiste formatiert oder entfernt. Um den Rahmen eines Positionsrahmens zu bearbeiten, gehen Sie über die Befehlsfolge *Format/Rahmen und Schattierungen/ Rahmen*.

TIPP

- Mit markiertem Positionsrahmen wird eine neue Formatvorlage erstellt. Word übernimmt den Positionsrahmen mit seinen Einstellungen automatisch als Teil der neuen Formatvorlage.

- Jetzt darf der Positionsrahmen gelöscht oder mit der neuen Formatvorlage formatiert werden.

- Fügen Sie ein Bild in einen leeren Absatz ein und weisen ihm die Formatvorlage zu. Es wird automatisch positioniert – fertig.

Wenn der Positionsrahmen sich der Bildgröße anpassen soll, stellen Sie Höhe und Breite auf *Automatisch*. Um das Bild der Größe oder Breite des Positionsrahmens anzupassen, formatieren Sie zuerst einen leeren Absatz mit der Formatvorlage und fügen dann das Bild in den Positionsrahmen ein.

TIPP

Eine VBA-Lösung für das Einfügen von Bildern in Positionsrahmen und das Versehen mit einer Beschriftung steht im ▶ Abschnitt »Beschriftungen« dieses Kapitels.

HINWEIS

Verknüpfte Bilder

Es gibt verschiedene Gründe, warum Bilder in einem Dokument mit einer Grafikdatei verknüpft werden, so unter anderem:

- Die Grafikdatei wird laufend aktualisiert.

- Um die Dateigröße gering zu halten.

Wenn eine verknüpfte Grafik über die Befehlsfolge *Einfügen/Grafik/Aus Datei* eingefügt wird, muss die Option *Einfügen und Verknüpfen* gewählt werden. In Word 2000 und Word 2002 steht diese im Dropdown-Menü der Schaltfläche *Einfügen* (in Word 97 findet sich dafür ein Kontrollkästchen direkt im Dialogfeld). Word fügt eine IncludePicture-Feldfunktion ein, die die Verknüpfung aufrecht hält.

Nur weil ein Bild verknüpft ist, besteht keine Garantie, dass die Dateigröße kleiner wird. Es gibt zwei Methoden, ein Bild zu verknüpfen: ohne oder mit Speicherung der Bilddaten im Dokument. Verknüpfte Bilder, deren Daten im Dokument gespeichert sind, bleiben auch dann sichtbar, wenn die Grafikdateien nicht vorhanden sind.

Wenn das Dokument nur die Verknüpfung enthält, werden bei nicht gefundenen Grafikdateien nur leere Platzhalter angezeigt.

Verknüpfte Bilder können entweder über die Befehlsfolge *Bearbeiten/Verknüpfungen* oder direkt im IncludePicture-Feldcode verwaltet werden. Das Dialogfeld hat auch auf Bilder in der Zeichnungsebene Zugriff. Es ist benutzerfreundlich, wenn einzelne Einstellungen vorgenommen werden sollen (Abbildung 9.7).

Das Dialogfeld hat aber auch einige Nachteile:

- Der gesamte Pfadname ist nicht sichtbar.
- Die Option *Gesperrt* steht für Bilder in der Zeichnungsebene nicht zur Verfügung.
- Die Option *Nach Aktualisierung Format erhalten* ist überhaupt nicht zugänglich.
- Pfadangaben können nicht direkt bearbeitet werden.
- Es kann nur jeweils ein Objekt gleichzeitig bearbeitet werden.

Abbildung 9.7:
Verknüpfungen
verwalten in der
Benutzerschnitt-
stelle

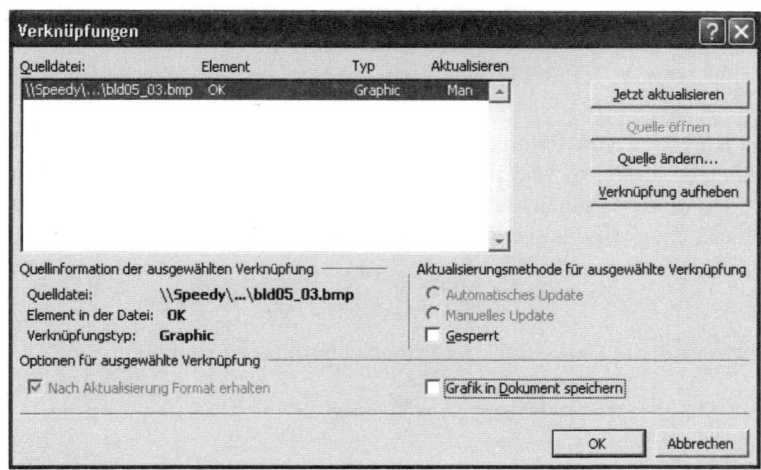

Alles, was das Dialogfeld ermöglicht, sowie die Handlungen, die es nicht ermöglicht, sind bei direkter Bearbeitung des IncludePicture-Feldcodes durchführbar. Die Tabelle 9.2 stellt einen Vergleich der Dialogfeldoptionen mit den Elementen der InlcudePicture-Feldfunktion vor. Der Feldcode für den in Abbildung 9.7 markierten Eintrag:

```
{ INCLUDEPICTURE "\\\\Speedy\\Data\\WdProfB\\bld05_03.bmp" \* MERGEFORMAT \d }
```

Tabelle 9.2:
Vergleich: Ver-
knüpfungen mit
Dialogfeld oder
in der Feldfunk-
tion verwalten

Dialogfeldbefehl	Elemente der IncludeText-Feldfunktion
Quelldatei	Pfandangabe (mit verdoppelten umgekehrten Schrägstrichen)
Typ	Feldfunktionsname: IncludePicture (EinfügenGrafik)
Aktualisieren	Grafiken werden nur manuell aktualisiert; eine automatische Aktualisierung steht dafür in Word nicht zur Verfügung
Jetzt aktualisieren	Markierte Bilder mit **F9** aktualisieren
Quelle ändern	Pfadangabe direkt im Feldcode bearbeiten
Verknüpfung aufheben	Markierte Grafiken mit **Strg+Umschalt+F9** in eingebettete Bilder umwandeln ▶

Dialogfeldbefehl	Elemente der `IncludeText`-Feldfunktion
Gesperrt	Markierte Grafiken mit **Strg+F11** sperren und mit **Strg+Umschalt+F11** die Sperrung aufheben
Nach Aktualisierung Format erhalten	Der Formatierungsschalter `\* MergeFormat` aktiviert diese Option; seine Entfernung deaktiviert sie.
Grafik in Dokument speichern	Diese Option wird durch den Schalter `\d` kontrolliert. Wenn der Schalter in der Feldfunktion steht, werden die Grafikdaten im Dokument nicht gespeichert.

Die optionale Speicherung von Daten einer verknüpften Grafik im Dokument gilt einzig und allein für Bilder. Der \d-Schalter hat keine Wirkung in anderen Feldfunktionen, wie `IncludeText` oder `Link`; er ist nur für `IncludePicture` wirksam. **HINWEIS**

Eine häufige Aufgabe besteht darin, den Pfadnamen einer Verknüpfung zu ändern, weil die Dateien verschoben wurden oder der Servername geändert wurde. *Suchen und Ersetzen* erledigt sie schnell und zuverlässig, wenn die Feldcodes im Dokument eingeblendet sind. Das ▶ Kapitel 7 behandelt die *Suchen und Ersetzen*-Funktion eingehend.

Oft würde das Anpassen von Pfadnamen entfallen, wenn Verknüpfungen mit einer relativen Pfadangabe festgelegt wären. Word sucht im gleichen Ordner, in dem auch das eigentliche Dokument gespeichert ist, wenn der Pfadname wie folgt gekürzt wird und ein einzelner Punkt vor dem letzten Paar umgekehrter Schrägstriche steht:

```
{ INCLUDEPICTURE ".\\bld05_03.bmp" \* MERGEFORMAT \d }
```

Um Word anzuweisen, die Datei im Unterordner »Grafiken« zu suchen:

```
{ INCLUDEPICTURE ".\\Grafiken\\bld05_03.bmp" \* MERGEFORMAT \d }
```

Solche relativen Verknüpfungen beziehen sich auf den aktiven Ordner in der Word-Sitzung. Wenn Sie zuletzt ein Dokument geöffnet haben, das sich in einem anderen Pfad befindet, ist es möglich, dass die Verknüpfung »falsch« funktioniert, bis der »richtige« Ordner wieder aktiviert wurde. **WICHTIG**

Noch eine Methode, die Pfadangabe für Verknüpfungen effizient zu verwalten ist, sie als Dokument-Eigenschaften im Dokument oder in der Vorlage zu speichern. Mittels `DocProperty`-Feldfunktionen wird sie in `IncludePicture`-, `IncludeText`-, und `Link`- Feldfunktionen anstelle des Pfadnamens eingesetzt:

```
{ INCLUDEPICTURE "{ DocProperty "GrafikPfad" }\\bld05_03.bmp" \* MERGEFORMAT \d }
```

Wird eine Anpassung notwendig, genügt es, den Wert in *Datei/Eigenschaften/ Anpassen* zu ändern und die Feldfunktionen zu aktualisieren.

Pfadangaben, die über Feldfunktionen wie `DocProperty` einer `IncludePicture`-, `IncludeText`- oder `Link`-Feldfunktion weitergegeben werden, brauchen nur die übliche Anzahl umgekehrter Schrägstriche, statt der doppelten. **HINWEIS**

Diese Methode funktioniert sowohl für grafische Objekte in der Zeile mit dem Text, wie für solche, die über dem Text liegen. Nur können letztere nicht mit **Strg+A**, **F9** in einem Schritt aktualisiert werden; Objekte in der Zeichnungsebene müssen für die

Aktualisierung einzeln markiert und aktualisiert werden. In Listing 9.7 finden Sie eine Prozedur, die alle im Hauptdokumentteil verknüpften Grafiken aktualisiert und anschließend im Dokument einbettet. Diese Lösung ist z.B. nützlich, wenn Sie eine Word-Datei mit verknüpften Bildern außer Haus – ohne die verknüpften Dateien – senden wollen.

Zuerst werden alle über dem Text liegenden (Shapes), dann alle in der Zeile mit dem Text stehenden (InlineShapes) Grafiken durchlaufen. Es wird gestestet, ob es sich um ein verknüpftes Bild handelt (Type = msoLinkedPicture). Wenn ja, versichert sich die Prozedur mit Dir(shp.LinkFormat.SourceFullName), dass die Grafikdatei auch noch vorhanden ist. Sofern dies zutrifft, wird das Bild aktualisiert.

Falls die Grafikdatei nicht gefunden werden kann, wird das Bild im Dokument markiert, sodass der Benutzer sehen kann, um welches es sich handelt und er wird aufgefordert, den Pfadnamen für die Grafik zu kontrollieren. Anschließend blendet die Prozedur das Dialogfeld *Grafik Einfügen* ein, sodass der Benutzer die gewünschte Datei auswählen kann. Mit LinkFormat.SourceFullName wird die Verknüpfung wieder hergestellt.

Am Schluss wird die Verknüpfung aufgelöst, um das Bild im Dokument einzubinden.

Listing 9.7:
Alle verknüpften
Bilder aktuali-
sieren und im
Dokument ein-
betten

```
Sub AlleBilderAktualisieren()
    Dim shp As Shape, ils As InlineShape
    Dim szMsgTitel As String, szDateiName As String

    szMsgTitel = "Verknüpfungen aktualisieren"

    For Each shp In ActiveDocument.Shapes
        If shp.Type = msoLinkedPicture Then
            If Len(Dir(shp.LinkFormat.SourceFullName)) <> 0 Then
                shp.LinkFormat.Update
            Else
                shp.Select
                MsgBox "Die Datei für die Grafik " & shp.Name & _
                    " konnte nicht gefunden werden. Bitte kontrollieren " & _
                    "Sie den Pfadnamen '" & shp.LinkFormat.SourceFullName _
                    & "'", vbCritical + vbOKOnly, szMsgTitel
                With Dialogs(wdDialogInsertPicture)
                    .Display
                    szDateiName = .Name
                End With
                shp.LinkFormat.SourceFullName = szDateiName
            End If
            shp.LinkFormat.BreakLink
        End If
    Next shp
    For Each ils In ActiveDocument.InlineShapes
        If ils.Type = wdInlineShapeLinkedPicture Then
            If Len(Dir(ils.LinkFormat.SourceFullName)) <> 0 Then
                ils.LinkFormat.Update
            Else
                ils.Select
                MsgBox "Grafikdatei wurde nicht gefunden. Bitte kontrollieren Sie" & _
```

```
            " den Pfadnamen '" & ils.LinkFormat.SourceFullName & "'", _
                vbCritical + vbOKOnly, szMsgTitel
            With Dialogs(wdDialogInsertPicture)
                .Display
                szDateiName = .Name
            End With
            ils.LinkFormat.SourceFullName = szDateiName
        End If
        ils.LinkFormat.BreakLink
    End If
  Next ils
End Sub
```

Den Code aus Listing 9.7 finden Sie in der Beispieldatei *Bsp09_03.doc* auf der Buch-CD im Ordner *\Buch\Kap09*.

WICHTIG

Es gibt einen Bug in Word 2002, der Netzwerk- und relative Pfadangaben vernichtet. Standardmäßig ist das Kontrollkästchen *Links beim Speichern aktualisieren* in *Extras/Optionen/Allgemein/Weboptionen* auf der Registerkarte *Dateien* aktiviert. Obwohl diese Option nur beim Speichern im HTML-Format (als Webseite also) handeln soll, schaltet sie sich beim Speichern von ganz gewöhnlichen Dokumenten ein, wenn diese über *Speichern unter* in einen anderen Ordner gespeichert werden. Relative Pfadnamen werden in absolute umgewandelt, mit den Zeichen »20%« anstelle von Leerzeichen. Zudem wird der Feldfunktion der Schalter * MERGEFORMATINET hinzugefügt (oder er ersetzt * MERGEFFORMAT). Resultat: Wenn auch die Grafiken in den neuen Ordner verschoben werden, die sind Verknüpfungen nicht mehr gültig.

Diese Option ist auch in Word 2000 vorhanden, verursacht dort aber keine uns bekannten Probleme.

Bei der Wiederherstellung der IncludePicture-Feldfunktionen ist sorgfältig vorzugehen, sonst gehen ursprüngliche Größen- und Seitenverhältnisse der Grafik verloren. Der * MERGEFORMATINET-Schalter speichert nämlich Grafikdaten internetkonform, mit konstanter Größe. Der Formatierungsschalter * MergeFormat hingegen hält Seitenverhältnis und Skalierung fest.

Um die Folgen dieses Fehlverhaltens zu entfernen, gehen Sie wie folgt vor:

1. Deaktivieren Sie das Kontrollkästchen *Links beim Speichern aktualisieren* in *Extras/Optionen/Allgemein/Weboptionen*, Registerkarte *Dateien*.

2. Blenden Sie die Feldfunktionen über Alt+F9 ein.

3. Mit *Bearbeiten/Ersetzen* suchen Sie den Teil des vollständigen Pfades, den Sie in der Feldfunktion nicht haben wollen und ersetzen ihn durch die korrekten Pfadangaben.

4. Entfernen Sie – ebenfalls über *Bearbeiten/Ersetzen* – den Formatierungsschalter * MERGEFORMATINET.

5. Aktualisieren Sie die Feldfunktionen mit Strg+A, F9.

6. Mit *Bearbeiten/Ersetzen* fügen Sie den Formatierungsschalter * MergeFormat wieder in die Feldfunktion ein.

Unabdingbar ist, dass Sie die Aktualisierung durchführen, bevor Sie * MergeFormat wieder einfügen. Andernfalls werden in der Feldfunktion eventuell falsche Werte für die Bildgröße gespeichert, die nur durch eine Neuerstellung der Feldfunktion zu korrigieren wären.

Beschriftungen

Beschriftungen sind nicht nur für den Leser da. Sie müssen auch für die automatische Erstellung von Verzeichnissen und für Querverweise zugänglich sein. Eine Beschriftung besteht aus einem Kategoriebezeichner, einer laufenden Nummer und dem Beschriftungstext. Die Nummer wird durch eine SEQ-Feldfunktion generiert, deren Sequenzname der gleiche ist, wie der Kategoriebezeichner.

Mit Bild zusammenhalten und Verzeichnisse erstellen

Beschriftungen, die in der Zeile mit dem Text erfolgen, sind im Grunde unproblematisch. Microsoft ist jedoch ein grober Fehler unterlaufen, als man in Word 97 *Textfelder* als die Behälter von über dem Text liegenden Beschriftungen bestimmte. Alle Beschriftungen, die in Textfeldern stehen, sind für Verzeichnisse sowie die Erstellung von Querverweisen »unsichtbar«. Zudem sind sie, wie bereits erwähnt, nicht mit ihrem grafischen Objekt fest verknüpft. Die zwei Elemente bleiben nicht zusammen, wenn eines davon verschoben wird.

Für beide Anliegen ist die Lösung die gleiche: Grafisches Objekt und Beschriftung in einen einzigen Positionsrahmen einfügen. Die Abbildung 9.8 wurde mit dem Makro in Listing 9.8 erstellt. Es automatisiert folgende, in der Benutzeroberfläche vorgenommene Handlungen:

Abbildung 9.8: Grafik und Beschriftung im gleichen Positionsrahmen bleiben zusammen, und erscheinen in Verzeichnissen und Listen für Querverweisen

Abbildung·1·Feder.bmp·in· einem·Positionsrahmen¶

1. Fügen Sie das Bild in der Zeile mit dem Text ein und markieren es.

2. Blenden Sie die *Formular*-Symbolleiste ein.

3. Klicken Sie auf die Symbolschaltfläche *Positionsrahmen einfügen*. Die Markierung wird automatisch in den Positionsrahmen aufgenommen und der Positionsrahmen passt sich in Höhe und Breite an.

TIPP Wenn Sie die Bildgröße durch den Positionsrahmen bestimmen möchten, zeichnen Sie zuerst den Positionsrahmen und fügen das Bild dort ein.

4. Drücken Sie einmal Pfeil rechts, dann die Eingabetaste, um einen neuen Absatz für die Beschriftung einzufügen.

5. Fügen Sie wie gewöhnlich über die Befehlsfolge *Einfügen/Referenz/Beschriftung* (in Word 97 und Word 2000: *Einfügen/Beschriftung*) eine Beschriftung ein.

Ein Positionsrahmen kann nur eingefügt werden, wenn die Markierung im Text steht. Deshalb wird das Makro abgebrochen, wenn die Markierung in einem ungültigen Bereich, wie in einer Tabelle, Positionsrahmen, Fußnote oder Endnote steht.

Das Dialogfeld *Grafik einfügen* wird mit der Display-Methode eingeblendet, sodass es nur angezeigt, aber nicht ausgeführt wird. Display gibt zurück, ob der Benutzer die Schaltfläche *Einfügen* betätigt hat (gibt den Wert –1 zurück).

LinkToFile gibt zurück, ob der Benutzer aus der Liste hinter der Schaltfläche *Einfügen* den Eintrag *Mit Datei verknüpfen* oder *Einfügen und Verknüpfen* gewählt hat, während szBild den Pfadnamen der Datei festhält. Sie finden weder LinkToFile noch Name in der Word VBA-Dokumentation. Diese Eigenschaften stammen aus dem alten WordBasic-Objektmodell und waren Bestandteil des Word 6.0/95-Befehls und Dialogfeldes InsertPicture.

TIPP Für viele Dialogfelder können solche Informationen in der alten, englischsprachigen Dokumentation gefunden werden. Mehr darüber steht im ▶ Kapitel 12.

Das Bild wird in die Zeile mit dem Text eingefügt und gleich der Objekt-Variablen ils festgesetzt, sodass wir das Bild direkt bearbeiten können. Wenn Sie beispielsweise dessen Größe ändern möchten, bestimmen sie Breite und Höhe mit ils.Width bzw. ils.Height.

Nach dem Einfügen eines Bildes steht die Einfügemarke daneben; es ist nicht markiert. Um den Positionsrahmen einfügen zu können, muss es aber markiert sein, was mit ils.Select geschieht.

Der Positionsrahmen wird eingefügt und formatiert. In diesem Fall bündig mit dem rechten Seitenrand. Ein neuer Absatz wird mit Selection.Text = vbCR eingefügt. Wir haben diese Methode gewählt, weil Selection.TypeParagraph und alle Varianten von Selection.InsertParagraph den rechtsbündigen Positionsrahmen verzerrt haben.

Am Schluss wird der Benutzer aufgefordert, eine Beschriftung einzugeben. Die volle Funktionalität des Dialogfelds *Beschriftung* steht dabei zur Verfügung, da es mit der Show-(und nicht der Display-) Methode präsentiert wird.

```
Sub GrafikInPosRahmenMitBeschriftung()
    Dim szBild As String, lWahl As Long, lOK As Long
    Dim bLinkToFile As Boolean, bSaveWithDoc As Boolean
    Dim ils As Word.InlineShape, frm As Word.Frame

    ' Die Markierung darf/soll nicht in einer Tabelle, Positionsrahmen o.ä. stehen.
    If (Selection.Type <> wdSelectionIP And Selection.Type <> wdSelectionNormal) _
        Or Selection.Information(wdWithInTable) Or _
        Selection.Information(wdInEndnote) Or Selection.Information(wdInFootnote) Then
        MsgBox "Die Markierung muss im Text stehen."
        Exit Sub
    End If
    ' Bild Dateiname, und Art der Einfügung
    With Dialogs(wdDialogInsertPicture)
        lOK = .Display
        lWahl = .LinkToFile
        szBild = .Name
    End With
    ' Wenn nicht "Einfügen" gewählt wurde, abbrechen.
```

Listing 9.8:
Grafik in einen
Positionsrahmen
einfügen

```
If lOK <> -1 Then Exit Sub

' Feststellen, ob Bild verknüpft und/oder im Dokument zu speichern ist.
Select Case lWahl
    Case 0
        bLinkToFile = False
        bSaveWithDoc = True
    Case 1
        bLinkToFile = True
        bSaveWithDoc = True
    Case 2
        bLinkToFile = True
        bSaveWithDoc = False
    Case Else
End Select
' Bild einfügen...
Set ils = ActiveDocument.InlineShapes.AddPicture(FileName:=szBild, _
    LinkToFile:=bLinkToFile, SaveWithDocument:=bSaveWithDoc, _
    Range:=Selection.Range)
' ...und markieren.
ils.Select
' Positionsrahmen um die Markierung einfügen...
Set frm = Selection.Frames.Add(Range:=Selection.Range)
' ...und rechts ausrichten.
frm.HorizontalPosition = wdFrameRight
' Neuen Absatz für die Beschriftung nach dem Bild einfügen.
Selection.Collapse wdCollapseEnd
Selection.Text = vbCr
' Benutzer für die Beschriftung auffordern.
Dialogs(wdDialogInsertCaption).Show
End Sub
```

 Den Code aus Listing 9.8 finden Sie in der Beispieldatei *Bsp09_04.doc* auf der Buch-CD im Ordner *\Buch\Kap09*.

Neben der Grafik

Beschriftungen für Formeln in wissenschaftlichen Arbeiten müssen oft neben und rechtsbündig mit dem Rand statt darunter oder darüber stehen. Und so geht's:

○ Wählen Sie die Formatvorlage *Beschriftung*, um sie zu ändern.

TIPP Falls Sie in Word 2002 diese Formatvorlage nicht im Aufgabenbereich *Formatvorlagen und Formatierungen* sehen, ist sie in *Benutzerdefiniert* vermutlich nicht aktiviert. Die Optimierung dieses Aufgabenbereichs ist im ▶ Kapitel 4 beschrieben. Sie kommen auch schnell daran, wenn Sie den Ausdruck »Beschriftung« (ohne Anführungszeichen) in die Dropdownliste *Formatvorlage* der *Format* Symbolleiste eingeben und die Eingabetaste drücken.

○ Im Dropdown-Menü, das unter der Schaltfläche *Format* steht, wählen Sie den Eintrag *Tabstopps*.

○ Legen Sie einen rechtsbündigen Tabstopp bei 16 cm (oder der Position des rechten Randes in Ihrem Dokument) fest.

○ Fügen Sie in der Zeile mit dem Text die Formel ein.

○ Drücken Sie einmal Tab.

Die Arbeit mit grafischen Objekten   **359**

- Fügen Sie über *Einfügen/Referenz/Beschriftung* die Beschriftung ein. Sie wird automatisch am rechten Rand ausgerichtet.

Falls diese Beschriftung in ein Verzeichnis aufgenommen wird, sind Sie noch nicht ganz fertig. Auch das grafische Objekt wird, bei dieser Methode, im Verzeichnis erscheinen – nicht gerade etwas, was man will. Also müssen Sie diese zwei Elemente in eine 1-zeilige Tabelle umwandeln:

- Markieren Sie den ganzen Absatz.
- Wählen Sie den Befehl *Tabelle/Umwandeln/Text in Tabelle*.
- Die wichtige Einstellung unter *Text trennen bei* ist die Aktivierung von *Tabstopps*. Kontrollieren Sie die *Spaltenanzahl*, nur um sicher zu gehen.

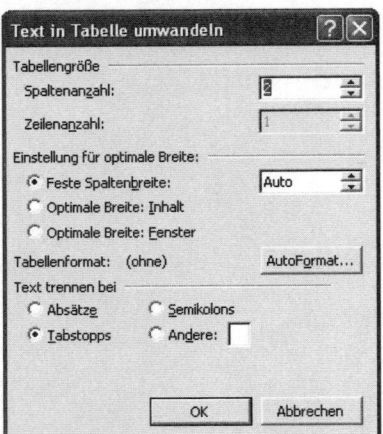

Abbildung 9.9: Grafik und Beschriftung in eine Tabelle umwandeln, sodass nur die Beschriftung im Verzeichnis aufgenommen wird

AutoFormen

AutoFormen werden mit den Schaltflächen der *Zeichnen*-Symbolleiste erstellt. Sie befinden sich immer in der Zeichnungsebene des Dokuments. Ähnlich wie bei gedrehten Bildern können sie in Word 2002 als *Mit Text in Zeile* formatiert werden, bleiben aber immer noch in der Zeichnungsebene (sind also Elemente der Shapes und nicht der InlineShapes-Auflistung).

Dieser Abschnitt wird die allgemeine Erstellung und den Umgang mit AutoFormen nicht behandeln, da dieses Thema in der Hilfe und in Büchern über die Grundlagen von Word und anderer Office-Anwendungen genügend vorgestellt wird. Eher von Interesse sind wiederkehrende Fragen und einige Eigenarten im Umgang mit Auto-Formen.

Tipps zum Umgang mit AutoFormen

Standardeinstellungen ändern

Eine häufige Frage im Umgang mit AutoFormen ist, wie man die Standardeinstellungen ändert. Wie werden sie beispielsweise mit einer bestimmten Füllfarbe oder ohne Rahmenlinie eingefügt? Es ist eigentlich ganz einfach: Eine AutoForm entsprechend formatieren, mit der rechten Maustaste anklicken und den Menüpunkt *Als Standard für AutoForm festlegen* wählen. Somit gelten diese Einstellungen für das aktive Dokument. Es ist nicht möglich, verschiedenen AutoFormen individuelle Formatierungen zu zuweisen.

Um die Standardeinstellungen für alle Dokumente basierend auf einer bestimmten Vorlage zu setzen, führen Sie die oben beschriebenen Schritte in der Dokumentvorlage aus, also noch vor Erstellung der Dokumente. Wenn die Änderungen in der *Normal.dot*-Vorlage vorgenommen werden, gelten sie für alle neuen Dokumente und Vorlagen, die darauf basieren.

Zeichnungs- statt Textmodus aktivieren

 Nachdem eine AutoForm eingefügt oder ein Bild formatiert wurde, schaltet Word normalerweise zurück in den Textmodus. Wenn die Grafikobjekte groß oder die Zoom-Einstellung hoch ist, kann es sein, dass die Bildschirmanzeige umspringt, um die Markierung im Text anzuzeigen. Sie können Word im Grafikmodus sperren, indem Sie die *Zeichnen*-Symbolschaltfläche *Objekte markieren* aktivieren.

Dieses Werkzeug ermöglicht es Ihnen auch, Grafiken, die hinter dem Text liegen, zu markieren.

Zeichnen-Untermenüs fest einblenden

Wenn viel mit Untermenüs der *Zeichnen*-Symbolleiste gearbeitet wird, ist es lästig, sie immer wieder über mehrere Schritte, einblenden zu müssen. Viele dieser Menüs sind »abreißbar«. Durch Ziehen an der oberen Leiste, wie in Abbildung 9.17, werden sie zu selbständigen Symbolleisten.

Abbildung 9.10:
Viele Untermenüs sind abreißbar und können als selbständige Symbolleisten angezeigt werden

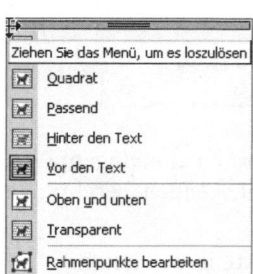

Zeichnen-Werkzeug fest einschalten

Ebenfalls mühsam ist das fortwährende Hin und Her mit der Maus, um die gleiche AutoForm mehrmals zu zeichnen/einzufügen. Viele Zeichenbefehle unterstützen das »gesperrte Einschalten« durch Doppelklick auf die Symbolschaltfläche. Das Werkzeug bleibt eingeschaltet, bis die Esc-Taste gedrückt oder wieder auf die Symbolschaltfläche geklickt wird.

Eine eigene Word-Grafik erstellen

 Die Gruppierung von AutoFormen unterliegt den gleichen Problemen wie für Bilder in der Zeichnungsebene im Allgemeinen. Eine Methode in allen Versionen von Word mehrere grafische Objekte zusammenzuhalten, ist sie in einer Word-Grafik einzufügen.

Der Befehl befindet sich in *Extras/Anpassen/Befehle* in der Kategorie *Zeichnen* und heißt *Word-Grafik*. Beim Anklicken öffnet sich ein neues Dokumentfenster, wie in Abbildung 9.11 ersichtlich, mit einem begrenzten Bereich sowie der Symbolleiste *Grafik bearbeiten*. Alle Objekte der *Zeichnungsebene*, die sich innerhalb der Begrenzung befinden, werden in der Grafik sichtbar sein. (Alles was außerhalb des Bereiches liegt, wird mit der Grafik gespeichert, bleibt jedoch unsichtbar.)

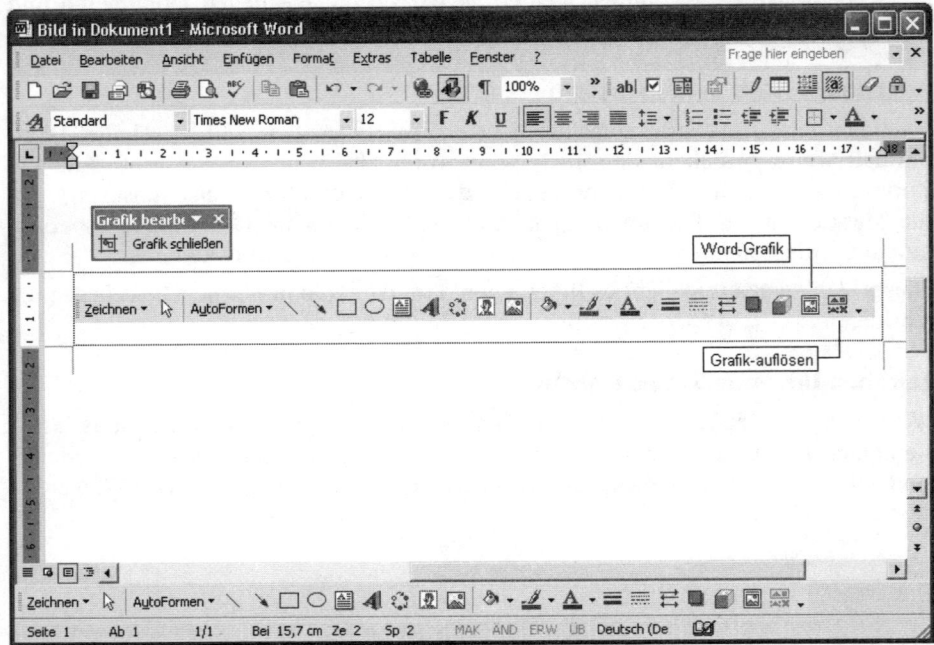

Abbildung 9.11:
Eine Word-Grafik besteht aus mehreren grafischen Objekten, wie Bilder und AutoFormen

Es steht Ihnen frei, beliebige Bilder und verschiedene AutoFormen einzufügen. Eine Word-Grafik eignet sich beispielsweise bestens für eine mit Legenden beschriftete Grafik.

Die Begrenzung passt sich in der Größe an, sodass alle Objekte in der Zeichnungsebene sichtbar sind, wenn die Symbolschaltfläche *Begrenzungen wiederherstellen* betätigt wird. *Grafik schließen* aktualisiert die Grafik im Dokument und schließt Words Grafik-Editor-Anwendung.

Dieser Befehl öffnet oder erstellt eine Grafik in der in *Extras/Optionen/Bearbeiten/ Bild-Editor* ausgewählten Anwendung. In den meisten Versionen von Word steht nur die Word-eigene Anwendung zur Verfügung. In Word 2002 kann die Liste auch den Microsoft Photo Editor 3.0 enthalten. Ausschlaggebend für den Inhalt dieser Liste ist die Registrierung der Grafik-Anwendung als Editor. Diese Schnittstelle steht anderen Herstellern zur Verfügung, wird aber offensichtlich nicht benutzt. Mehr Informationen finden Sie im Knowledge Base- Artikel »WD2000: Programs Missing from Default Picture Editor [Q211795]« *http://support.microsoft.com/default.aspx?scid=kb;EN-US;Q211795*.

HINWEIS

Wenn Sie mehrere Legenden einfügen, ist das Fehlen einer Möglichkeit, die Standardschriftart oder -größe für Text in AutoFormen zu bestimmen, etwas ärgerlich.

Der Beispielcode in Listing 9.9 zeigt, wie Sie schnell und gezielt alle AutoFormen, die Text beinhalten, gleich formatieren können.

 Sie finden den Code im Modul *basBsp09_05* der Datei *Bsp09_05.doc* im Ordner *\Buch\Kap09* auf der CD zum Buch.

> Das Makro durchläuft alle Grafiken, die über dem Text liegen und kontrolliert, ob sie Textinhalt haben. Wenn ja, wird der ganze Textbereich formatiert. Wenn Sie nur einen gewissen Typ AutoForm, wie Textfelder oder Legenden, ansprechen wollen, kontrollieren Sie auch shp.Type.
>
> Im Grafik-Editor von Word ist diese weiße Fläche das ganze Dokument (ActiveDocument).

HINWEIS Beispielcode, wie Sie alle Teile eines ganzen Dokuments (Kopf- und Fußzeilen usw.) durcharbeiten können, finden Sie im ▶ Kapitel 7.

Listing 9.9:
Alle AutoFor-
men, die Text
beinhalten, mit
den gleichen
Schriftattributen
formatieren

```
Sub AlleTextBereicheFormatieren()
    Dim shp As Word.Shape

    For Each shp In ActiveDocument.Shapes
        With shp.TextFrame
            If .HasText Then
                .TextRange.Font.Name = "Arial"
                .TextRange.Font.Size = 10
                .TextRange.Bold = True
            End If
        End With
    Next shp
End Sub
```

Frei drehbarer Text ohne WordArt

Ein Problem mit WordArt ist, dass seit Word 95 die Schriftzeichen nicht wie der Dokumenttext aussehen, obwohl die gleichen Schriftarten und -größen in WordArt zur Verfügung stehen. In Word 97 wurde es möglich, Text in Tabellen und Textfelder um 90 und 270 Grad zu drehen; freies Drehen vom Text wird jedoch von Word nicht unterstützt.

Test
ʇsǝ⊥
Eine Alternative bietet der Grafik-Editor von Word an. Mit den folgenden Schritten können Sie eine drehbare Grafik erstellen mit Text, der dem Dokumenttext sehr ähnlich ist.

1. Mit der Einfügemarke in einem leeren Absatz, klicken Sie auf die Symbolschaltfläche *Textfeld* auf der *Zeichnen*-Symbolleiste.

2. Zeichnen Sie ein Textfeld und geben Sie den gewünschten Text ein.

3. Entfernen Sie die Abstände zwischen Textfeld und Text über die Befehlsfolge *Format/Textfeld* auf der Registerkarte *Textfeld*.

4. Wählen Sie *Keine Linie* als Farbe in der Registerkarte *Farben und Linien*.

5. Klicken Sie auf die Symbolschaltfläche *Begrenzungen wiederherstellen*, dann auf *Grafik schließen*.

6. Kopieren Sie das Resultat in die Zwischenablage.

Die Arbeit mit grafischen Objekten

7. Gehen Sie über *Bearbeiten/Inhalte einfügen* und wählen Sie *Grafik* als Datenformat.

8. Weisen Sie der eingefügten Grafik einen Textfluss zu. Jetzt kann die Grafik frei gedreht werden.

TIPP

Um ein »Spiegelbild« zu erhalten, muss der gedrehte Text sehr genau gegenüber dem Original positioniert werden. Mit Strg+Pfeil-Tasten wird eine Grafik in sehr kleinen Schritten verschoben.

Grafik in einzelne AutoFormen zerteilen

Manchmal ist die Aufgabe die umgekehrte: eine Zeichnung soll in seine Elemente zerteilt werden, um diese zu bearbeiten. Der treffende Befehl steht direkt neben *Word-Grafik* in *Extras/Anpassen/Befehle* und heißt *Grafik auflösen*.

Die Abbildung 9.12 veranschaulicht, wie eine eingefügte ClipArt-Grafik (links) mit dieser Symbolschaltfläche aufgelöst (Mitte) und jedes Element verschoben und bearbeitet (rechts) wurde. Die Füllfarbe, Linienfarbe, Linienart und Strichart wurden mit den *Zeichnen*-Werkzeugen von Word geändert.

Abbildung 9.12:
Ein ClipArt in seine Elemente zerteilen und diese einzeln bearbeiten

Gewöhnliche Bilder können nicht in einzelne Bestandteile aufgelöst werden.

HINWEIS

AutoFormen und VBA

Wir werden die Zeichnungsfunktionalität in VBA nicht eingehend diskutieren, da das Thema selbst ein ganzes Buch fühlen würde und in anderen Büchern behandelt wird. Nur einige immer wiederkehrende Fragen werden aufgegriffen, die eine allgemeine Idee geben, wie mit VBA AutoFormen in einem Word Dokument erstellt werden.

Eine AutoForm einfügen und anschließend ändern

Wie die Werkzeuge der *Zeichnen*-Symbolleiste sind auch AutoFormen und ihr Objekt-Modell Teil von Office und nicht von Word. Das bedeutet, dass es nicht immer eine volle Übereinstimmung der beiden gibt. Eine VBA-Eigenschaft, die immer wieder für Unklarheit sorgt, ist Points des ShapeNodes-Objektes. Ein ShapeNode ist entweder ein Eckpunkt oder für Kurven ein Punkt, der die Rundung bestimmt. Durch Änderung der Koordinaten (Points) wird das Aussehen der AutoForm geändert.

Der Haken: Obwohl die Objekt-Hierarchie Shape.Nodes.Item.Points lautet, erhält man eine Fehlermeldung, dass die Typen unverträglich seien, wenn eine als Shape deklarierte Objekt-Variable eingesetzt wird. Die Objekt-Variable muss generell als Objekt deklariert werden. Das Listing 9.10 veranschaulicht das Problem und die Lösung. Das Makro erstellt ein Fünfeck als Vieleck (Polygon), dann werden die zwei senkrechten Seiten verkürzt, wie in Abbildung 9.13 ersichtlich.

Abbildung 9.13:
Ein Fünfeck mit
VBA erstellen
und bearbeiten

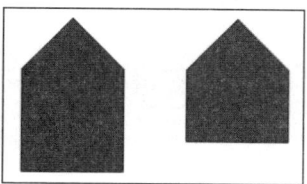

Zuerst wird eine Objekt-Variable – shp - für die AutoForm als Shape deklariert. In der Datenfeld-Variablen aEckPunkte werden die Koordinaten des Fünfecks festgehalten. Je ein Koordinatenpaar braucht es für jeden Richtungswechsel, zusätzlich eines für den Anfangs- sowie den Endpunkt. Die zweite Dimension des Datenfelds hält die X- und Y-Koordinaten jedes Punkts relativ zur Seite fest.

HINWEIS Haben Anfangs- und Endpunkt einer Freihandform (Polyline) wie hier die gleichen Koordinaten, ist die Form geschlossen und kann gefüllt werden.

Nachdem die Koordinaten dem Datenfeld zugewiesen wurden, fügt die Prozedur das Fünfeck ein und setzt es der shp-Objekt-Variablen gleich. Damit kann die AutoForm weiter bearbeitet und formatiert werden – wie hier mit der Füllfarbe *Rot*.

Eigentlich sollten wir die gleiche Objekt-Variable einsetzen können, um die Eckpunktkoordinaten zu ändern. Nur tritt leider das beschriebene Problem auf. Es wird also die Objektvariable o_shp als Objekt deklariert und sie wird dem Shape gleich gesetzt.

Noch ein Datenfeld wird gebraucht, um die Koordinaten des Punktes festzuhalten, den wir verschieben möchten. Auch hier muss eine neue Objekt-Variable her, da Points nur einer Objekt-Variablen des Datentyps Variant (aber keinem Datenfeld) zugewiesen werden kann. Zwei Ungereimtheiten also, auf die man achten muss.

aPunkte hält also die X- und Y- Koordinaten des gewählten Eckpunktes (Node) fest, die den Variablen x und y zugewiesen werden. Mit der Methode SetPosition werden diese geändert. In diesem Fall bleibt die waagrechte Einstellung gleich; die senkrechte wird um 15 Punkte (typografisches Maß) verkürzt (höher gestellt).

Listing 9.10:
Ein Polygon
erstellen und
anschließend die
Eckpunkte
ändern

```
Sub EinFünfeckZeichnen()
    Dim shp As Word.Shape, aEckPunkte(1 To 6, 1 To 2) As Single
    Dim vw As Word.View, bCurVw As Boolean

    Set vw = ActiveDocument.ActiveWindow.View
    bCurVw = vw.DisplayPageBoundaries
    If bCurVw = False Then vw.DisplayPageBoundaries = True
```

```
aEckPunkte(1, 1) = 25
aEckPunkte(1, 2) = 25
aEckPunkte(2, 1) = 50
aEckPunkte(2, 2) = 50
aEckPunkte(3, 1) = 50
aEckPunkte(3, 2) = 100
aEckPunkte(4, 1) = 0
aEckPunkte(4, 2) = 100
aEckPunkte(5, 1) = 0
aEckPunkte(5, 2) = 50
aEckPunkte(6, 1) = 25
aEckPunkte(6, 2) = 25
Set shp = ActiveDocument.Shapes.AddPolyline(aEckPunkte)
shp.Fill.ForeColor = 255

Dim o_shp As Object, aPunkte As Variant
Dim x As Single, y As Single
Set o_shp = shp
With o_shp.Nodes
    aPunkte = .Item(3).Points
    x = aPunkte(1, 1)
    y = aPunkte(1, 2)
    .SetPosition 3, x, y - 15
    aPunkte = .Item(4).Points
    x = aPunkte(1, 1)
    y = aPunkte(1, 2)
    .SetPosition 4, x, y - 15
End With

    vw.DisplayPageBoundaries = bCurVw
End Sub
```

Sie finden den Code im Modul *basBsp09_05* der Datei *Bsp09_05.doc* im Ordner *\Buch\Kap09* auf der CD zum Buch.

Die Reihenfolge grafischer Objekte bestimmen

Nicht besonders zufrieden stellend ist, wie VBA die Reihenfolge von »übereinander liegenden« grafischen Objekten im Dokument regelt. Eigentlich entspricht die Funktionalität den Optionen der Benutzeroberfläche. Der Benutzer hat jedoch den Vorteil, dass er das Ergebnis sieht und es nötigenfalls ändern kann; mit VBA geht das nicht.

Es stehen uns lediglich die Methode ZOrder und die Eigenschaft ZOrderPosition zur Verfügung. Die erste verschiebt das Objekt »nach hinten« bzw. »nach vorne«; die zweite gibt die Position der Grafik in der Reihenfolge zurück. Standardmäßig hat das zuletzt eingefügte Objekt die höchste Nummer (steht in der ZOrder-Reihenfolge »zuvorderst«). Es ist egal, ob es sich auf der gleichen Seite im Dokument befindet.

Tabelle 9.3:	Menübefehl in *Zeichnen/Reihenfolge*	ZOrder MsoZOrderCmd-Konstante
Die Möglichkeiten, um die Reihenfolge von grafischen Objekten zu bestimmen	In den Vordergrund	`msoBringToFront`
	In den Hintergrund	`msoSendToBack`
	Eine Ebenen nach Vorne	`msoBringForward`
	Eine Ebene nach Hinten	`msoSendBackward`
	Vor den Text bringen	`msoBringInFrontOfText`
	Hinter den Text bringen	`msoSendBehindText`

Es spielt auch keine Rolle, ob die Grafik vor oder hinter dem Text steht. Eine Grafik, die optisch vor dem Text angezeigt wird, kann immer noch in der `ZOrder`-Reihenfolge »hinter« von ihr zugedeckten Grafiken stehen. Zudem ist es nicht möglich, mit VBA zu ermitteln, ob eine Grafik vor oder hinter dem Text steht.

In Abbildung 9.14 bis Abbildung 9.16 werden diese Prinzipien grafisch dargestellt. Drei AutoFormen auf der Seite wurden in der Reihenfolge ihrer Nummerierung in das Dokument eingefügt. Das Makro in Listing 9.11 richtet sie waagrecht sowie senkrecht zentriert auf der Seite aus: wie in Abbildung 9.15 steht die zuletzt eingefügte Grafik (Nummer 3) vorn. Danach durchläuft das Makro nochmals alle Grafiken und schickt zuerst die mit `ZOrder` die Grafik 1 nach hinten, dann die Nummer 2 und zuletzt die Nummer 3, sodass am Schluss die Nummer 1 wie in Abbildung 9.16 vorn erscheint.

Wenn anschließend das grüne Quadrat hinter den Text gestellt wird, behält es seine `ZOrderPosition`, erscheint jedoch hinter den anderen Grafiken, da es hinter dem Text steht. Dieser Zustand ist jedoch rein optisch.

Bemerkenswert ist zudem, dass ein Makro durch grafische Objekte in der Reihenfolge ihrer Verankerung »schleift«. Mit dieser Reihenfolge hat die `ZOrderPosition` nichts zu tun.

Abbildung 9.14:
Die Grafiken wurden in der Reihenfolge ihrer Nummern eingefügt

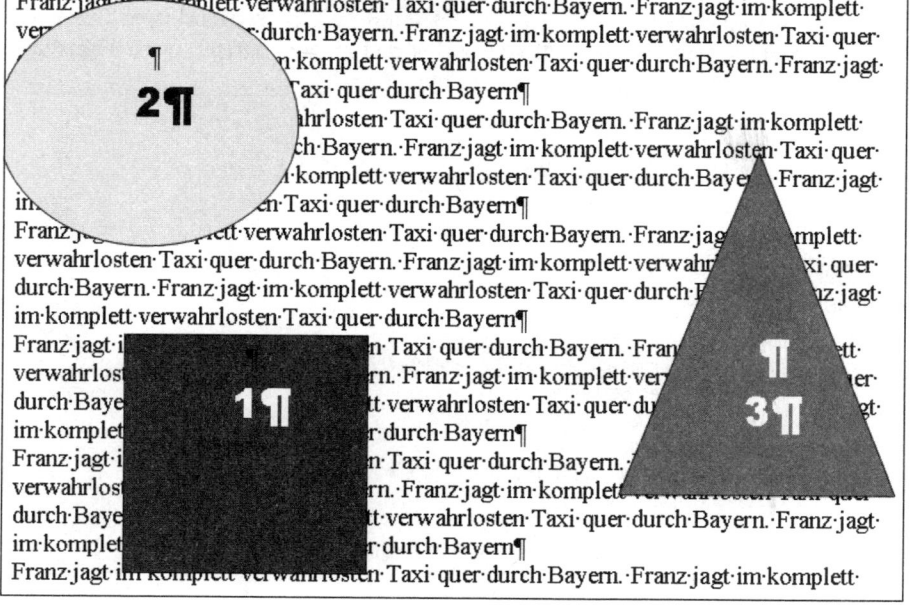

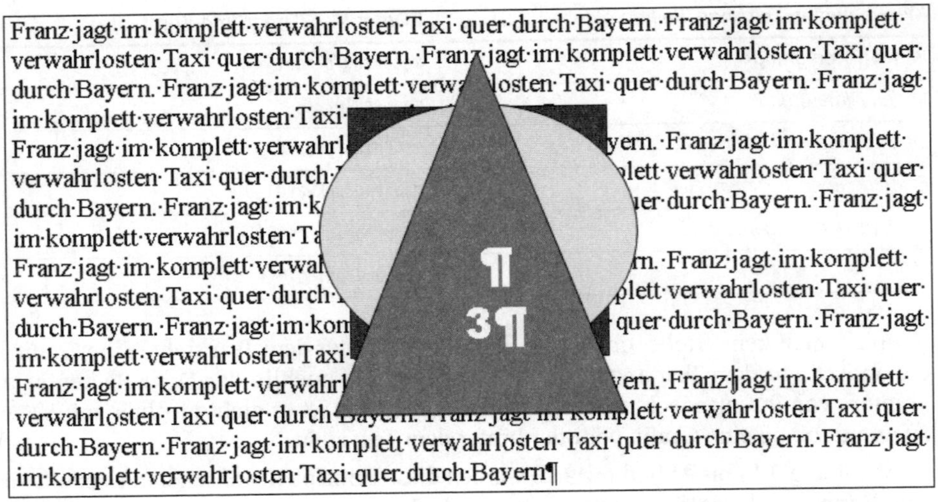

Franz·jagt·im·komplett·verwahrlosten·Taxi·quer·durch·Bayern.·Franz·jagt·im·komplett·verwahrlosten·Taxi·quer·durch·Bayern.·Franz·jagt·im·komplett·verwahrlosten·Taxi·quer·durch·Bayern.·Franz·jagt·im·komplett·verwahrlosten·Taxi·quer·durch·Bayern.·Franz·jagt·im·komplett·verwahrlosten·Taxi·Franz·jagt·im·komplett·verwahrl...·...·yern.·Franz·jagt·im·komplett·verwahrlosten·Taxi·quer·durch·...·...·plett·verwahrlosten·Taxi·quer·durch·Bayern.·Franz·jagt·im·k...·...·uer·durch·Bayern.·Franz·jagt·im·komplett·verwahrlosten·T...·¶·3¶·n.·Franz·jagt·im·komplett·verwahrlosten·Taxi·quer·durch·...·...·plett·verwahrlosten·Taxi·quer·durch·Bayern.·Franz·jagt·im·ko...·...·quer·durch·Bayern.·Franz·jagt·im·komplett·verwahrlosten·Taxi·...·...·yern.·Franz·jagt·im·komplett·verwahrlosten·Taxi·quer·durch·...·...·Franz·jagt·im·komplett·verwahrlosten·Taxi·quer·durch·Bayern.·Franz·jagt·im·komplett·verwahrlosten·Taxi·quer·durch·Bayern.·Franz·jagt·im·komplett·verwahrlosten·Taxi·quer·durch·Bayern¶

Abbildung 9.15:
Zieht man sie übereinander, liegt die zuletzt eingefügte zuoberst

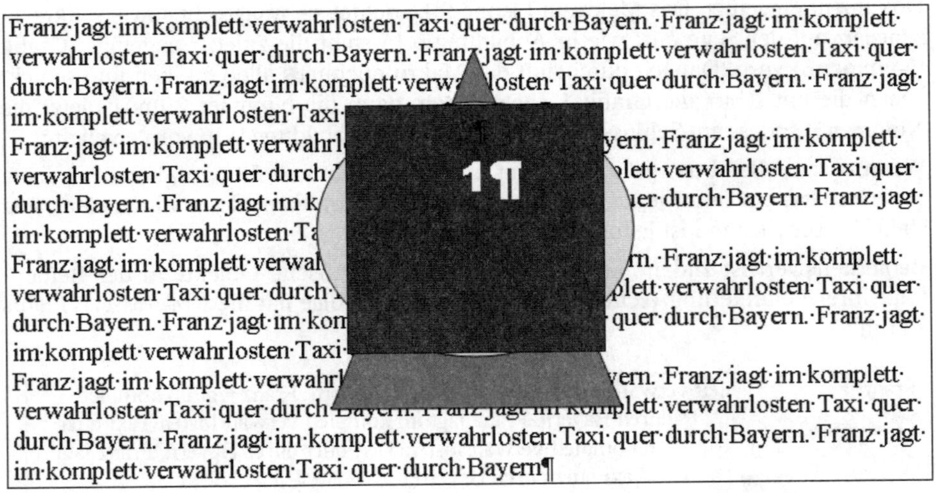

Franz·jagt·im·komplett·verwahrlosten·Taxi·quer·durch·Bayern.·Franz·jagt·im·komplett·verwahrlosten·Taxi·quer·durch·Bayern.·Franz·jagt·im·komplett·verwahrlosten·Taxi·quer·durch·Bayern.·Franz·jagt·im·komplett·verwah...·losten·Taxi·quer·durch·Bayern.·Franz·jagt·im·komplett·verwahrlosten·Taxi·Franz·jagt·im·komplett·verwahrl...·...·yern.·Franz·jagt·im·komplett·verwahrlosten·Taxi·quer·durch·...·...·plett·verwahrlosten·Taxi·quer·durch·Bayern.·Franz·jagt·im·k...·...·uer·durch·Bayern.·Franz·jagt·im·komplett·verwahrlosten·T...·1¶·n.·Franz·jagt·im·komplett·verwahrlosten·Taxi·quer·durch·...·...·plett·verwahrlosten·Taxi·quer·durch·Bayern.·Franz·jagt·im·ko...·...·quer·durch·Bayern.·Franz·jagt·im·komplett·verwahrlosten·Taxi·...·...·yern.·Franz·jagt·im·komplett·verwahrlosten·Taxi·quer·durch·Bayern.·Franz·jagt·im·komplett·verwahrlosten·Taxi·quer·durch·Bayern.·Franz·jagt·im·komplett·verwahrlosten·Taxi·quer·durch·Bayern.·Franz·jagt·im·komplett·verwahrlosten·Taxi·quer·durch·Bayern¶

Abbildung 9.16:
Das Makro hat die ZOrder umgekehrt

```
Sub GrafikenAusrichtenUndEinordnen()
    Dim rng As Word.Range, shpRng As Word.ShapeRange
    Dim shp As Word.Shape, pgs As Word.PageSetup

    On Error GoTo FehlerBehandlug

    ' Markierung in den Text verschieben.
    Selection.GoTo What:=wdGoToPage, _
      Count:=Selection.Information(wdActiveEndPageNumber)
    ' Nur die Grafiken dieser Seite bearbeiten.
    Set rng = Selection.Bookmarks("\Page").Range
    Set shpRng = rng.ShapeRange
    ' Objektvariable, um Seitenrandinformationen zu ermitteln.
    Set pgs = rng.Sections(1).PageSetup

    ' Die Grafiken werden in der Reihenfolge ihrer Verankerungen bearbeitet!
    For Each shp In shpRng
```

Listing 9.11:
AutoFormen zentriert ausrichten und hintereinander ordnen

```
        ' Grafik zentriert, relativ zu den Seitenrändern positionieren.
        shp.RelativeHorizontalPosition = wdRelativeHorizontalPositionMargin
        shp.Left = ((pgs.PageWidth - pgs.LeftMargin - pgs.RightMargin) / 2) _
            - (shp.Width / 2)
        shp.RelativeVerticalPosition = wdRelativeVerticalPositionMargin
        shp.Top = ((pgs.PageHeight - pgs.TopMargin - pgs.BottomMargin) / 2) _
            - (shp.Height / 2)
    Next shp

    ' Die zuletzt eingefügte Grafik zuoberst ordnen.
    For Each shp In shpRng
        Debug.Print shp.Name, shp.ZOrderPosition
        If Mid(shp.TextFrame.TextRange.Text, 2, 1) = "1" Then shp.ZOrder msoSendToBack
    Next shp
    For Each shp In shpRng
        Debug.Print shp.Name, shp.ZOrderPosition
        If Mid(shp.TextFrame.TextRange.Text, 2, 1) = "2" Then shp.ZOrder msoSendToBack
    Next shp
    For Each shp In shpRng
        Debug.Print shp.Name, shp.ZOrderPosition
        If Mid(shp.TextFrame.TextRange.Text, 2, 1) = "3" Then shp.ZOrder msoSendToBack
        shp.Select
    Next shp
' Die oberste Grafik hinter den Text schicken; sie erscheint jetzt
' hinter allen anderen.
' Aber ihre ZOrderPosition bleibt die gleiche.
'   For Each shp In shpRng
'       If shp.ZOrderPosition = (3) Then shp.ZOrder msoSendBehindText
'       Debug.Print shp.Name, shp.ZOrderPosition
'   Next shp
    Exit Sub


FehlerBehandlung:
    Select Case Err.Number
        Case 5852
            MsgBox "Fehler: " & Err.Number & ". (Objekt nicht vorhanden)" & vbCr & _
                "Das Makro findet keine grafischen Objekte auf dieser Seite, " & _
                "die über dem Text liegen.", vbCritical + vbOKOnly
        Case Else
            MsgBox "Fehler: " & Err.Number & vbCr & _
                "Beschreibung: " & Err.Description, vbCritical + vbOKOnly
    End Select
End Sub
```

 Sie finden den Code im Modul *basBsp09_06* der Datei *Bsp09_06.doc* im Ordner *\Buch\Kap09* auf der CD zum Buch.

Der Zeichnungsbereich

Grafische Objekte gruppieren

Noch eine Alternative zur Funktion *Gruppierung* oder der Erstellung einer Word-Grafik bietet Word 2002 mit dem *Zeichnungsbereich* an. Alles, was sich darin befindet, bleibt relativ zum Zeichnungsbereich stationär, wenn dieser mit der Maus ver-

---

schoben wird. Jedes Objekt bleibt aber unabhängig positionier- sowie formatierbar; sie können sogar innerhalb des Zeichnungsbereichs normal gruppiert werden.

Wenn Sie das automatische Erscheinen eines Zeichnungsbereichs beim Einfügen von AutoFormen nervt, schalten Sie in *Extras/Optionen/Allgemein* das Kontrollkästchen *Automatisch beim Einfügen von Autoformen einen neuen Zeichnungsbereich erzeugen* aus. Drücken Sie Esc, um ihn einmalig während der Arbeit zu entfernen. **TIPP**

Der Zeichnungsbereich ist selbst eine Art AutoForm und kann mit den meisten Werkzeugen der *Zeichnen*-Symbolleiste bearbeitet werden. In Abbildung 9.17 sehen Sie einen Zeichnungsbereich mit drei AutoFormen, der mit einer 20% transparenten Füllfarbe, Randlinie und Schatten formatiert ist. Wie ersichtlich, muss der Zeichnungsbereich kein langweiliges Quadrat sein, sondern hat die Fähigkeit, das Aussehen jeder zur Verfügung stehenden AutoForm anzunehmen (*Zeichnen*-Symbolleiste, Symbolschaltfläche *Zeichnen*, Menüpunkt *AutoForm ändern*).

Setzen Sie *AutoForm ändern* auch ein, wenn Sie Elemente einer schematischen Darstellung ändern wollen, um beispielsweise Pfeile in einem Zyklusdiagramm zu benutzen. **TIPP**

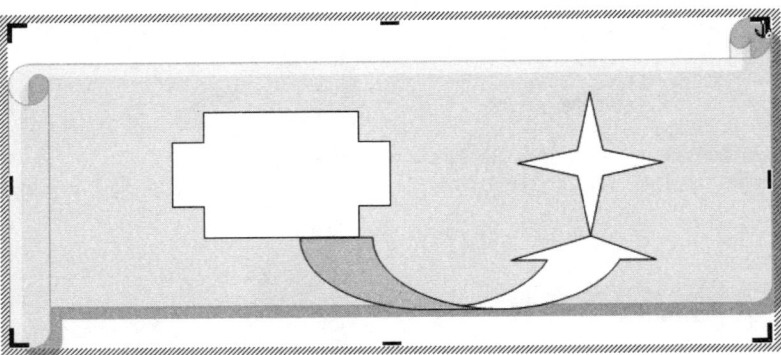

Text·kann· um· Zeichnungs bereiche· fließen.·Der· Zeichnungs bereich·darf· auch·in·der· Zeile·mit· dem·Text· stehen.¶

Abbildung 9.17: Zeichnungsbereiche sind viel flexibler, als man zuerst annimmt

Eine lästige Geschichte seit der Einführung von Word 97 ist, wie schon erwähnt, die Beschriftung von grafischen Objekten. Wenn ein Objekt mit einer Umbruchart formatiert ist, wird die Beschriftung automatisch in ein separates Textfeld eingefügt. Verschiebung des einen Elements zieht den »Partner« nicht mit, es sei denn, sie wurden zuvor gruppiert. Mit dem Zeichnungsbereich hat Microsoft den Ansatz zur Lösung dieses Problems bereitgestellt. Word fügt die zwei Elemente leider nicht automatisch in einen Zeichnungsbereich – Sie müssen sie einzeln hineinziehen. Aber es ist eine Alternative zum Positionsrahmen. Das Listing 9.12 zeigt, wie Sie die Aufgabe für den Benutzer mit VBA übernehmen können.

Beschriftungen in Zeichnungsbereichen bleiben immer noch unsichtbar für die Verzeichnis-Funktionalität von Word und für Querverweise. **WICHTIG**

In VBA gehört ein Zeichnungsbereich (Canvas) der Shapes-Auflistung an und erbt ihre Methoden und Eigenschaften. Sein Inhalt (CanvasItems) besteht auch aus Shapes. Sie sollten immer über das Objektmodell einen Zeichnungsbereich automatisieren und nicht mit Selection arbeiten. ▶

Als erste Handlung fordert das Makro den Benutzer auf, über das Dialogfeld *Einfügen/Grafik* ein Bild auszuwählen. Weil das Dialogfeld mit `Display` eingeblendet wird, wird es nicht ausgeführt, nur eingeblendet. Der Pfadname des Bildes wird in der Variablen `szBildName` festgehalten. Wenn der Benutzer das Dialogfeld abbricht, ist diese leer und das Makro wird abgebrochen.

Der neue Zeichnungsbereich wird links und oben bündig mit dem verankernden Absatz (dort, wo sich die gegenwärtige Markierung befindet) eingefügt. Breite und Höhe werden auch bestimmt. Dem Zeichnungsbereich wird auch ein Textfluss zugewiesen.

HINWEIS Die VBA-Schnittstelle in Microsoft Office XP für den Zeichnungsbereich ist noch nicht vollständig aufgeschaltet. Die Größe kann beispielsweise nicht angepasst werden und es ist nicht möglich, Objekte über die Zwischenablage einzufügen.

Um auf den Inhalt des Zeichnungsbereichs zuzugreifen, braucht es eine Objektvariable, die der Auflistung `CanvasItems` für den Zeichnungsbereich gleich gesetzt wird. Dieser Auflistung werden das eingefügte Bild und das Textfeld mit den `AddPicture`- bzw. `AddTextbox`-Methoden hinzugefügt. Bei Einfügen werden auch hier die Breite und Höhe festgelegt. Das Bild wird links- und obenbündig im Zeichnungsbereich positioniert, während das Textfeld linksbündig unmittelbar unter das Bild kommt.

TIPP Um AutoFormen innerhalb eines Zeichnungsbereichs zu verschieben, setzen Sie die Methoden `IncrementTop` und `IncrementLeft` des `CanvasItem`-Objekts ein.

Dem Textfeld wird die Rahmenlinie entfernt und die internen Abstände zum Text verringert. Anschließend wird seine Schrift formatiert und der Inhalt – die Beschriftung – eingegeben. Obwohl die Beschriftungsnummerierung genau wie bei Words internem Befehl mit `Seq`-Feldfunktionen erfolgt, wird sie nicht automatisch aktualisiert. Deshalb durchläuft das Makro am Schluss alle über dem Text liegenden Objekte. Wird ein Zeichnungsbereich angetroffen, wird auch sein Inhalt durchlaufen und alle Felder in Textbereichen werden aktualisiert.

TIPP Dieser letzte Schritt kann bei großen Dokumenten mit vielen grafischen Objekten eine geraume Zeit dauern. Da bei eingeschalteter *Felder aktualisieren*-Option in *Extras/Optionen/Druck* die Nummerierung beim Wechsel in die Ansicht *Druckvorschau* oder beim Ausdrucken des Dokuments aktualisiert werden, dürfen Sie diesen Schritt weglassen.

HINWEIS Die VBA-Hilfe zum Thema `CanvasItems` deutet an, dass ein Element der Auflistung mit Namen angesprochen werden kann (`Shape.Name`). Dies ist jedoch in Word 2002 nicht der Fall. Sie müssen entweder die Indexnummer benutzen (`CanvasItems(2)`) oder durch die Auflistung laufen und auf `Name` testen: `If CanvasItems(2).Name = "DerName" Then`.

Listing 9.12:
Ein Bild mit im Zeichnungsbereich beschriften: somit bleiben die zwei Elemente beisammen

```
Sub BildMitBeschriftung()
    Dim shpCanvas As Shape, shpCanvasShape As CanvasShapes
    Dim shpBeschriftung As Shape, rngBeschriftung As Range
    Dim szBildName As String, shp As Shape, shpItem As Shape

    With Dialogs(wdDialogInsertPicture)
        .Display
        szBildName = .Name
    End With
```

```
    If Len(szBildName) <= 0 Then Exit Sub
    ' Neuen Zeichnungsbereich dem Dokument hinzufügen.
    Set shpCanvas = ActiveDocument.Shapes.AddCanvas(Left:=0, _
        Top:=0, Width:=120, Height:=118, Anchor:=Selection.Range)
    shpCanvas.WrapFormat.Type = wdWrapSquare
    Set shpCanvasShape = shpCanvas.CanvasItems
    With shpCanvasShape
        .AddPicture FileName:=szBildName, LinkToFile:=False, _
            SaveWithDocument:=True, Left:=0, Top:=0, Width:=100, Height:=100
        Set shpBeschriftung = .AddTextbox( _
            Orientation:=msoTextOrientationHorizontal, _
            Left:=0, Top:=101, Width:=120, Height:=15)
        shpBeschriftung.Line.Visible = msoFalse
        With shpBeschriftung.TextFrame
            .MarginBottom = 0
            .MarginTop = 2
            .MarginLeft = 0
            .MarginRight = 0
        End With
        Set rngBeschriftung = shpBeschriftung.TextFrame.TextRange
        With rngBeschriftung
            .Font.Bold = True
            .Font.Name = "Arial"
            .Font.Size = 9
            ActiveDocument.Fields.Add Range:=rngBeschriftung, _
                Type:=wdFieldSequence, Text:="Abb", _
                PreserveFormatting:=False
            .InsertBefore "Abbildung "
        End With
        shpBeschriftung.TextFrame.TextRange.InsertAfter ". " & _
            InputBox("Bitte Beschriftung eingeben:")
    End With
    For Each shp In ActiveDocument.Shapes
        If shp.Type = msoCanvas Then
            For Each shpItem In shp.CanvasItems
                If shpItem.Type = msoTextBox Then _
                    shpItem.TextFrame.TextRange.Fields.Update
            Next shpItem
        End If
    Next shp
End Sub
```

Sie finden den Code im Modul *basBsp09_05* der Datei *Bsp09_05.doc* im Ordner *\Buch\Kap09* auf der CD zum Buch.

WordArt

WordArt ist das Microsoft-Werkzeug, das die freie Drehung von Text und seine Aus-richtung auf Kurven ermöglicht. Obwohl die zur Verfügung stehenden Schriftarten die gleichen sind wie für Text in Dokumenten, ist seit den Tagen von Word 95 das Erscheinungsbild ganz anders. Es ist also leider nicht möglich, WordArt-Objekte zu erstellen, die genauso wie der Dokumenttext aussehen.

HINWEIS Die Einzelheiten zum Umgang mit WordArt finden Sie in den meisten allgemeinen Büchern zum Thema Word, wie z.B. »Microsoft Word Version 2002 – Das Handbuch« von Microsoft Press.

WordArt auseinander nehmen

Ein WordArt-Objekt gehört ebenfalls zur Shapes-Auflistung und ist eine Art AutoForm. Zwischen dem WordArt-Katalog, der Auswahl an WordArt-Formen und den Zeichnungswerkzeugen können zahlreiche interessante Designs realisiert werden. Wenn Sie sich jedoch noch mehr Bearbeitungs- und Anpassungsmöglichkeiten wünschen, muss das WordArt-Objekt in eine Grafik umgewandelt werden:

1. Kopieren Sie das WordArt-Objekt.
2. Fügen Sie es wieder in das Dokument über *Bearbeiten/Inhalte einfügen* als Grafik ein.
3. Markieren Sie die Grafik, dann klicken Sie auf die Symbolschaltfläche *Grafik auflösen*.

Jedes Element der Grafik steht nun als AutoForm zur Verfügung und kann einzeln verschoben, gedreht und formatiert werden, wie das »Jumble« in Abbildung 9.18 verrät. Sie können sogar mit dem Befehl *Punkte bearbeiten* des *Zeichnen*-Menüs die Form der Buchstaben ändern.

Abbildung 9.18:
Um jedes Element eines WordArt-Objekts frei zu bearbeiten, muss es in eine Grafik umgewandelt werden

Tischkarten automatisiert erstellen

Die Anwendung, die WordArt-Objekte erstellt, hat eine VBA-Schnittstelle. Es ist überhaupt nicht schwierig, WordArt-Grafiken programmmäßig zu erstellen oder zu bearbeiten. Einen Wunsch, den wir regelmäßig bekommen, ist, Tischkarten mit der Seriendruck-Funktion zu erstellen. Bekanntlich unterstützt Word gedrehten Text nur um 90° und 270°. Im vorangegangenen Abschnitt haben wir beschrieben, wie ein Textfeld mit Inhalt in ein grafisches Objekt umgewandelt wird, um Text zu drehen.

Für Tischkarten wären jedoch Formatierungsmöglichkeiten von WordArt von Vorteil. Leider ist es nicht möglich, Seriendruckfelder in WordArt einzubinden; eine direkte Lösung bleibt uns vorbehalten. Ein Makro kann jedoch das Seriendruckergebnisdokument bearbeiten, um für jeden Datensatz eine ansprechende Tischkarte zu erstellen.

HINWEIS Der Seriendruck wird in ▶ Kapitel 10 eingehend behandelt.

Bereiten Sie den Seriendruck folgendermaßen vor:

1. Wählen Sie als Seriendrucktyp »Katalog« (»Verzeichnis« in Word 2002) und binden Sie die Datenquelle ein.

Die Arbeit mit grafischen Objekten

2. Fügen Sie im Seriendruckhauptdokument eine Tabelle ein. Je zwei Zeilen ergeben eine Tischkarte; die Faltlinie ist die Trennungslinie zwischen den Tabellenzeilen. Ein Beispiel sehen Sie in Abbildung 9.19 links.

3. Geben Sie die Seriendruckfelder nur in der ersten Zeile jeder Tischkarten ein. Wenn, wie im Beispiel, mehr als eine Tischkarte auf dem gleichen Blatt Papier ist, fügen Sie eine Next-Feldfunktion am Anfang der zweiten und der folgenden Tischkarten ein, vor den Seriendruckfeldern.

4. Führen Sie den Seriendruck in ein neues Dokument aus.

5. Das Makro in Listing 9.13 wandelt den Inhalt der ersten Zeile jeder Tischkarte in WordArt-Objekte um und erstellt die andere Hälfte in der zweiten Zeile, wie rechts in Abbildung 9.19 ersichtlich.

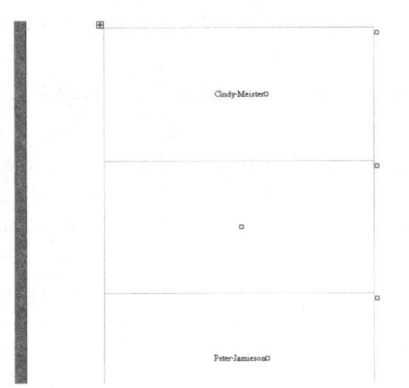 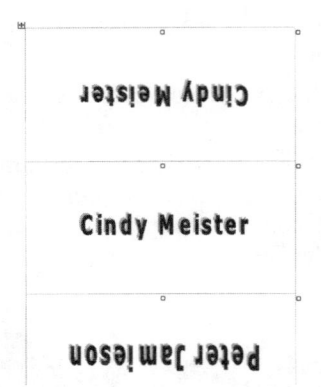

Abbildung 9.19:
WordArt-Tisch-
karten für ein
Seriendrucker-
gebnis erstellen

Am Anfang der Prozedur TischkartenErstellen werden Schriftart und -größe für die WordArt-Objekte festgelegt. Somit müssen die Angaben nur an einer Stelle geändert werden. Sie könnten auch den Benutzer für die Angaben auffordern.

Eine Schleife läuft durch alle Zeilen der Tabelle im Seriendruck-Ergebnisdokument (oder sonst ein Dokument) und zwar in zwei Gruppen, um obere und untere Hälfte jeder Karte zu bearbeiten. Der Zellenbereich der ersten Zeile wird einer Objekt-Variablen zugewiesen und deren Inhalt einer Variablen. Dem Inhalt werden die letzten zwei Zeichen abgeschnitten: die letzte Absatzmarke sowie das Zeichen »Ende der Zelle«. Dann wird der Inhalt gelöscht.

Mehr über das Thema »Tabellen« lesen Sie in ▶ Kapitel 8.

HINWEIS

An seiner Stelle fügt das Makro das erste WordArt-Objekt ein und dreht es um 180°. Bitte beachten Sie, dass hierfür die Shape-Methode Rotation eingesetzt wird.

Die Methode AddTextEffect teilt Word mit, dass es sich um eine WordArt-Grafik handelt. Beim Einfügen müssen WordArt-Katalogeintrag (msoEffect), Text, Schriftart, Schriftgröße, ob Fettschrift, ob Kursivschrift und waagrechte sowie senkrechte Positionen festgelegt werden. Die Angabe des verankernden Bereichs ist optional.

Die Konstantwerte für den WordArt-Katalog sind nicht besonders aussagekräftig (*msoTextEffect1*, *msoTextEffect2* usw.). In Listing 9.14 finden Sie ein Makro, um alle WordArt-Katalogeinträge sowie alle WordArt-Formen in ein Dokument einzufügen. Der Textinhalt des erstellten Objekts gibt den Konstantwert wieder. ▶

TIPP

Die Datei *TextEffectsAlle.doc* enthält das Ergebnis dieses Makros und befindet sich im Ordner *Buch**Kap09* auf der CD zu diesem Buch.

Für die zweite Hälfte der Tischkarte wird der Bereich der zweiten Zeile gleichgesetzt und das WordArt-Objekt eingefügt.

Nachdem alle Tabellenzellen bearbeitet wurden, fährt das Makro mit der Formatierung aller WordArt-Grafiken fort. Wie schon erwähnt, sind WordArt-Objekte eine besondere Art AutoForm. Das bedeutet, dass die meisten Eigenschaften und Methoden für Shapes auch für WordArt-Objekte anwendbar sind. Die Tischkartenbeschriftungen werden mit den Top- und Left-Eigenschaften waagrecht sowie senkrecht zentriert in den Zellen ausgerichtet.

HINWEIS
Weil die WordArt-Objekte in der Tabellenzelle verankert sind, geht, wie schon erwähnt, die vertikale Ausrichtung der Zelle verloren.

Auch die Farbgestaltung – Füllung und Linien – und Schattierung erfolgt über die Shapes-Eigenschaften Fill, Line und Shadow.

Die WordArt-eigenen Eigenschaften, die in der Benutzeroberfläche in der *WordArt*-Symbolleiste stehen, sind Eigenschaften des TextEffectFormat-Objekts. Außer den Angaben, die beim Einfügen eines WordArt-Objekts zur Verfügung stehen, gibt es die Eigenschaften, die in Tabelle 9.4 aufgelistet sind.

Tabelle 9.4:
WordArt-
Eigenschaften,
die erst nach dem
Einfügen
bestimmt werden

Symbol	VBA-Eigenschaft	Beschreibung
Linksbündig / Zentriert / Rechtsbündig / Wortausrichtung / Zeichen ausrichten / Streckung ausrichten	Alignment	Ausrichtung des Textes im Objekt. Gültige Konstantenwerte: msoTextEffectAlignmentLeft msoTextEffectAlignmentCentered msoTextEffectAlignmentRight msoTextEffectAlignmentWordJustify msoTextEffectAlignmentLetterJustify msoTextEffectAlignmentStretchJustify msoTextEffectAlignmentMixed (Nur Lesezugriff)
	KernedPairs	Gibt an, dass Zeichenpaare in einem WordArt-Objekt unterschnitten sind.
Aa	NormalizedHeight	Alle Zeichen werden gleich hoch gestellt
Ab bɔ	RotatedChars	Zeichen werden im angegebenen WordArt-Objekt um 90 relativ zur begrenzenden Form des WordArt-Objekts gedreht
Abc	PresetShape	WordArt-Form
AV	Tracking	Gibt das Verhältnis des horizontalen Zwischenraumes, der für jedes Zeichen im angegebenen WordArt-Objekt festgelegt ist, zur Breite des Zeichens zurück oder legt dieses fest. Der Wert kann zwischen 0 (null) und 5 liegen.

```
Sub TischkartenErstellen()
    Dim tbl As Word.Table, lKarte As Long
    Dim shp0 As Word.Shape, shp180 As Word.Shape, shp As Shape
    Dim szName As String, rngKarte As Word.Range
    Dim sgFontSize As Single, szFontName As String

    ' Angabe ändern, um eine andere Schriftart und -größe zu verwenden.
    sgFontSize = 30
    szFontName = "Verdana"

    Set tbl = ActiveDocument.Tables(1)
    ' Immer je zwei Zeilen bearbeiten ( = 1 Tischkarte)
    For lKarte = 1 To tbl.Rows.Count Step 2
        Set rngKarte = tbl.Cell(lKarte, 1).Range
        ' Zelleninhalt "reinigen", den Text löschen.
        szName = Left(rngKarte.Text, Len(rngKarte.Text) - 2)
        rngKarte.Delete
        ' WordArt Objekt einfügen
        Set shp180 = ActiveDocument.Shapes.AddTextEffect( _
            PresetTextEffect:=msoTextEffect7, _
            Text:=szName, FontName:=szFontName, FontSize:=sgFontSize, _
            FontBold:=msoTrue, FontItalic:=msoFalse, _
            Left:=0, Top:=0, Anchor:=rngKarte)
        ' Und um 180 Grad drehen
        shp180.Rotation = 180

        ' Zweite Zeile bearbeiten.
        Set rngKarte = tbl.Cell(lKarte + 1, 1).Range
        ' WordArt Objekt einfügen.
        Set shp0 = ActiveDocument.Shapes.AddTextEffect( _
            PresetTextEffect:=msoTextEffect7, _
            Text:=szName, FontName:=szFontName, FontSize:=sgFontSize, _
            FontBold:=msoTrue, FontItalic:=msoFalse, _
            Left:=0, Top:=0, Anchor:=rngKarte)
    Next lKarte

    ' Alle WordArt-Objekte gleich formatieren.
    For Each shp In ActiveDocument.Shapes
        ' Mitten in der Zelle positionieren.
        shp.Left = (rngKarte.Cells(1).Width - shp.Width) / 2
        shp.Top = (rngKarte.Cells(1).Height - shp.Height) / 2
        ' Dunkelrote Füllung, mit hellroter Linie
        shp.Fill.ForeColor = wdColorDarkRed
        shp.Line.ForeColor = wdColorRed
        shp.Line.Weight = 1
        ' Schattierung hinzufügen und einstellen.
        shp.Shadow.Type = msoShadow1
        shp.Shadow.IncrementOffsetX 3
        shp.Shadow.IncrementOffsetY 3
        ' Zeichen auseinander ziehen.
        With shp.TextEffect
            .Tracking = 1.3
        End With
    Next shp
End Sub
```

Den Code aus Listing 9.13 und Listing 9.14 finden Sie in der Datei *Bsp09_07.dot* im Ordner *Buch**Kap09* auf der CD zum Buch.

Listing 9.14:
Um herauszufin-
den, welcher
Konstantenwert
zu welchem Text-
effekt gehört,
werden alle in
ein Dokument
eingefügt

```
Sub AlleWordArtTextEffectsAuflisten()
    ' !!!ACHTUNG, LANGSAM!!!
    Dim lEffect As Long, lEffectShape As Long, shp As Shape

    ' Alle WordArt-Katalog Einträge ("A" Symbolschaltfläche)
    For lEffect = 0 To 29
        ActiveDocument.Shapes.AddTextEffect lEffect, "Effect" _
            & lEffect, "Arial", 20, msoFalse, msoFalse, 0, _
            lEffect * 30, Selection.Range
    Next
    ' Alle WordArt-Formen ("abc" Symbolschaltfläche)
    For lEffectShape = 1 To 40
        Set shp = ActiveDocument.Shapes.AddTextEffect(7, "Shape Effect" _
            & lEffectShape, "Arial", 20, msoFalse, msoFalse, 200, _
            lEffectShape * 30, Selection.Range)
        shp.TextEffect.PresetShape = lEffectShape
    Next
End Sub
```

Eingefügte OLE-Objekte

Ein grafisches Objekt muss nicht ein Bild sein. Auch eingebettete Excel-Tabellenblät-ter, PowerPoint-Folien und Diagramme aus Excel und MS Graph sind grafische Objekte, mit dem wichtigen Unterschied, dass diese eine OLE (Object Linking and Embedding) -Schnittstelle haben.

HINWEIS In der Regel beansprucht ein OLE-Objekt mehr Speicherplatz in einem Word Doku-ment als ein Bild. Für eine Excel-Tabelle speichert das Word-Dokument beispiels-weise die gesamte Struktur einer Excel-Arbeitsmappe. Es ist daher ratsam, grafische Objekte als Bilder einzufügen, außer Sie benötigen ausdrücklich die OLE-Fähigkei-ten eines Objekts.

Eingesetzte Objekte werden meistens über die Zwischenablage oder durch die Menü-folge *Einfügen*/*Objekt* in ein Dokument gebracht. Handelt es sich um ein Element einer gespeicherten Anwendungsdatei, kann es auch mit dieser dynamisch verknüpft werden, sodass das Objekt im Word-Dokument automatisch Änderungen in der Quelle widerspiegelt.

Was die allgemeine Formatierung, Positionierung und den Umgang mit OLE-Objek-ten betrifft, gelten die gleichen Bemerkungen wie für Bilder. Bei einem markierten OLE-Objekt steht aber zusätzlich der Menüpunkt *Bearbeiten*/*Objekt* zur Verfügung, mit den Einträgen *Bearbeiten*, *Öffnen* und *Konvertieren*. *Bearbeiten* aktiviert die OLE-Schnittstelle des Objekts und sofern es die Quellanwendung (OLE Server) unterstützt, passt sich das Word-Fenster der Umgebung der Quellanwendung an. Anstelle von Symbolleisten und Menüs aus Word erscheinen zum Beispiel die aus Excel. *Öffnen* aktiviert die OLE-Schnittstelle ebenfalls, öffnet jedoch das Objekt in einem separaten Anwendungsfenster.

HINWEIS Falls die Feldcodes für Feldfunktionen eingeblendet sind, wird die OLE-Schnittstelle ausschließlich in einem separaten Anwendungsfenster geöffnet.

Auch ein Doppelklick auf ein OLE-Objekt aktiviert die OLE-Schnittstelle; je nach Anwendung und Einstellungen in Word entweder im Word-Dokument oder einem Anwendungsfenster. Der Benutzer arbeitet im aktivierten Objekt wie üblich in der Anwendung.

Um die OLE-Schnittstelle zu schließen, klicken Sie im Dokument außerhalb des Objekts, oder drücken Sie die Esc-Taste. Wurde das Objekt in einem separaten Fenster geöffnet, wählen Sie *Datei/Beenden*.

Konvertieren bietet die Möglichkeit, das Objekt in eine andere Art von Objekt umzuwandeln, sofern eine andere Möglichkeit vorhanden ist. Diese Liste steht meistens leer – offensichtlich wird die Schnittstelle weder von Microsoft noch anderen Software-Herstellern benutzt – aber wir haben in Word 2002 den Eintrag »Word Dokument« für eine Word-Grafik (erstellt im Bild-Editor) schon gesehen. In diesem Dialogfeld können Sie auch die Einstellung des Kontrollkästchens *Als Symbol anzeigen* ändern.

Um ein OLE-Objekt in ein Bild umzuwandeln, klicken Sie einmal darauf (also OLE-Schnittstelle nicht aktivieren) und drücken Strg+Umschalt+F9. Die Feldfunktion Embed (Eingebettet) wird aufgelöst, und das Objekt wird als eine statische WMF-Grafik gespeichert.   **TIPP**

Wenn die Quellanwendung eines OLE-Objekts ein VBA-Objektmodell besitzt, besteht die Möglichkeit, es durch Automatisierung anzupassen und zu ändern. Wir werden anhand von zwei Beispielen aufzeigen, wie Sie diese Aufgabe angehen können. Ein weiteres Beispiel steht am Ende von ▶ Kapitel 11 »Formulare« für ActiveX-Steuerelemente aus der *Steuerelement-Toolbox*.

Excel-Tabellen-Objekte mit VBA erstellen

In der Benutzeroberfläche gibt es grundsätzlich drei Methoden, ein Excel-Tabellenblatt in ein Word-Dokument als ein Objekt einzubetten.

- Die Zellen werden in Excel kopiert und über *Bearbeiten/Inhalte einfügen* als *Microsoft Excel-Arbeitsblatt-Objekt* mit oder ohne Verknüpfung eingefügt.

- Durch den Menübefehl *Einfügen/Objekt/Microsoft Excel-Arbeitsblatt* wird ein neues Arbeitsblatt in das Dokument eingebettet oder eine gespeicherte Arbeitsmappe gewählt.

- Die Symbolschaltfläche *Microsoft Excel-Tabelle einfügen* wird betätigt.

Um die Grundsyntax für Ihren VBA-Code zu ermitteln, sollten Sie die zweite Methode in einem Makro aufzeichnen. In Listing 9.15 steht unser Beispielcode. In der zweiten Zeile wird das neue Objekt erstellt; man merkt sich vor allem den ClassType, der die Quellanwendung (OLE Server) festhält. Die dritte Zeile markiert ein eingebettetes Objekt, während die vierte es in der Umgebung aktiviert.

Den Code aus Listing 9.15 finden Sie in der Datei *Bsp09_08.dot* im Ordner *\Buch\Kap09* auf der CD zum Buch.

```
Sub ExcelTabelleEinbetten()
    Selection.InlineShapes.AddOLEObject ClassType:="Excel.Sheet.8", FileName:= _
        "", LinkToFile:=False, DisplayAsIcon:=False
    Selection.MoveLeft Unit:=wdCharacter, Count:=1, Extend:=wdExtend
    Selection.InlineShapes(1).OLEFormat.DoVerb VerbIndex:=wdOLEVerbPrimary
End Sub
```

So weit, so gut. Was aber fehlt und vom Makrorekorder nie aufgezeichnet wird, sind die Handlungen, die im aktivierten Objekt zwischen der zweiten und dritten Codezeile ausgeführt wurden, wie beispielsweise

- ○ Anpassung des Arbeitblattfensters, um mehr oder weniger Spalten und/oder Reihen anzuzeigen (Abbildung 9.20).
- ○ Zelleneingaben und Formatierungen im Arbeitsblatt.
- ○ Verlassen der Excel-Umgebung und deaktivieren des OLE-Objekts.

Abbildung 9.20:
Bei aktiviertem
Objekt kann die
Anzahl der Spal-
ten und Zeilen
des Excel Blattes
mit der Maus
geändert werden

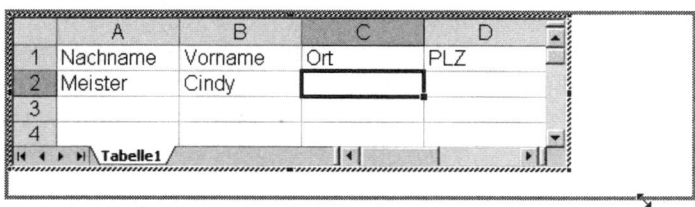

TIPP Wenn das OLE-Objekt nicht in der Zeile mit dem Text steht, sondern einen Textfluss haben soll, ersetzen Sie im Makrocode Selection.InlineShapes mit Selection.Shapes.

Größe des Tabellen-Objekts bestimmen

Den Code für die zweite und dritte Aufgabe müssen Sie manuell in die Prozedur eingeben (mehr darüber weiter unten). Die Verkleinerung oder Vergrößerung eines Excel-Datenblattes, um mehr und weniger Zellen in Word anzuzeigen ist, soviel wir wissen, überhaupt nicht automatisierbar. Und wenn Sie ein neues, leeres Arbeitsblatt-Objekt in ein Dokument einfügen, hat es eine von Word vorgegebene Größe, worauf VBA keinen Einfluss hat.

Es ist nur bei der Erstellung eines Excel-Arbeitsblatt-Objekts möglich, die Anzahl der Spalten und Zeilen zu bestimmen, und zwar dann, wenn das Arbeitsblatt in einem Excel-Fenster erstellt (wie Listing 9.19 veranschaulicht) oder es aus einer Datei in das Word-Dokument eingefügt wird. Fügen Sie beispielsweise einen Bereich aus einer bestehenden Arbeitsmappe über die Zwischenablage in das Word-Dokument ein, hat das Objekt genau die Anzahl von Spalten und Zeilen, die kopiert wurden.

Wenn Sie eine Excel »Vorlage-Datei« bereitstellen, können Sie das Problem auch umgehen. Beim Einfügen einer Excel-Tabelle über *Einfügen/Objekt/Aus Datei erstellen* übernimmt Word die Anzahl Spalten und Zeilen, die auf dem ersten Arbeitsblatt der Arbeitsmappe Daten enthalten. Wissen Sie also im Voraus, aus wie vielen Zeilen und Spalten das Excel-Tabellenobjekt bestehen soll, kann zuvor eine Arbeitsmappe in den entsprechenden Maßen gefertigt und gespeichert werden. Das Makro öffnet diese Datei, statt ein leeres Objekt zu erstellen, wie Listing 9.16 veranschaulicht.

Die Arbeit mit grafischen Objekten

Die Platzhalterdaten dieser »Vorlage« werden während des Makroablaufs gelöscht oder mit echten Daten ersetzt.

```
Sub ExcelBlattEinfügen()
' Makro aufgezeichnet am 21.03.2002 von CindyOn2000D
' Die Excel-Datei muss auf dem Rechner vorhanden sein
' Dieses Makro können Sie aufzeichnen, oder Sie können die Pfadangabe anpassen.
    Selection.InlineShapes.AddOLEObject ClassType:="Excel.Sheet.8", FileName:= _
        "\\Speedy\Data\WdProfB\testfile\ObjektVorlage.xls", LinkToFile:=False, _
        DisplayAsIcon:=False
End Sub
```

Listing 9.16:
Das Excel-Tabel-len-Objekt auf eine Datei basie-ren lassen, um die Größe festzu-legen

Den Code finden Sie in der Datei *Bsp09_08.dot* im Ordner *\Buch\Kap09* auf der CD-ROM.

HINWEIS

Ein grafisches Objekt in Word kann nicht über mehrere Seiten umbrechen, wie in Excel. Sobald ein Excel-Tabellen-Objekt in Word länger oder breiter als eine Seite ist, verschwinden die Zeilen und Spalten, die keinen Platz mehr haben. In vielen Versionen von Word übernimmt Word nur eine begrenzte Anzahl Spalten, ungeachtet dessen, wie viele auf der Seite Platz hätten. Dieses Problem scheint in Word 2002 behoben zu sein. Word 2002 importiert Excel-Tabellen beliebiger Breite und verkleinert sie dabei automatisch auf die Seitenbreite.

In die VBA-Haut von Excel schlüpfen: Das Tabellenobjekt manipulieren

Ein neu eingefügtes Excel-Arbeitsblatt-Objekt ist automatisch aktiviert und bereit, Benutzerhandlungen oder VBA-Befehle zu akzeptieren. Wenn Sie schon mit Excel-VBA vertraut sind, werden Sie sich wie zu Hause fühlen: Sie arbeiten nämlich direkt mit Excels Objektmodell.

Etwas schwieriger wird's für diejenigen, die wenig Erfahrung auf diesem Gebiet haben. Wie in Word leistet auch in Excel der Makrorekorder gute Einführungsdienste. In Excel aufgezeichneter Code kann in Word kopiert und angepasst werden. Ein Beispiel hierfür steht in Listing 9.17, das Resultat ist in Abbildung 9.21 abgebildet.

Ein aufgezeichnetes Excel-Makro, das auf Select, Selection, ActiveCell und Ähnlichem basiert, funktioniert nur, wenn in Windows sonst keine Arbeitsmappen in einem Excel-Anwendungsfenster geöffnet sind. Die Aktivierung eines Excel-Objekts in Word bedient sich einer laufenden Instanz von Excel, sofern vorhanden, aber dieses Objekt ist dort nicht die aktive Mappe.

WICHTIG

Die Prozedur ExcelTabelleEinbettenUndVorbereiten fügt ein Excel-Arbeitsblatt-Objekt ein. Die Spaltenüberschriften werden eingegeben und die Zeile *Fett* formatiert. Ferner wird Spalte »A« als Text formatiert, die Breite von »B« angepasst, »C« als eine Zahl ohne Dezimalstellen gesetzt und zentriert, »D« als eine Zahl mit zwei Nachkommastellen, und »E« als Währung formatiert. Danach wird eine Formel in Zelle »E2« eingefügt, die den Inhalt von »C2« und »D2« multipliziert. Am Schluss steht »A2« markiert, bereit für die Benutzereingabe.

Als Basis nahmen wir das aufgezeichnete Makro in Listing 9.16. Zwei Objekt-Variablen werden am Anfang deklariert, die es ermöglichen, direkt mit dem Excel-Tabellenobjekt zu arbeiten. Um die VBA-Umgebung eines OLE-Objekts einer Prozedur in Word offen zu legen, muss die Objekt-Eigenschaft (in der Objektvariablen o_XLBlatt festgehalten) des OLEFormat-Objekts (in der Objektvariablen o_XLof festgehalten) angesprochen werden. Dieses Objekt ist dann wie ein Objekt der Quellanwendung zu behandeln. Im Fall eines Excel-Tabellenobjektes gibt Objekt eine Excel-Arbeitsmappe zurück.

Über die Anwendung, die hinter diesem Objekt steht, wird der aufgezeichnete Code ausgeführt. Fügen Sie ihn zwischen With o_XLBlatt.Application und End With ein. Beachten Sie bitte, dass Sie am Anfang von fast jeder Zeile einen Punkt einfügen müssen, um auf o_XLBlatt.Application zu verweisen. Zum Teil müssen auch innerhalb einer Codezeile Punkte eingefügt werden, wie beispielsweise .Range(.Selection, .Cells(.ActiveCell.Row, 1)).Select. Ohne diese Anweisungen probiert Word, die Befehle im Word-Dokument auszuführen, was mit Fehlermeldungen wie »Fehler beim Kompilieren. Variable nicht definiert.« oder »Fehler beim Kompilieren. Sub oder Function nicht definiert.« oder »Laufzeitfehler 1004. Anwendungs- oder -objektdefinierter Fehler.« fehlschlagen würde.

Am Ende der Prozedur wird die Arbeitsmappe freigestellt und seine Objektvariable zurückgesetzt (Set o_XLBlatt = Nothing).

Listing 9.17:
Daten eingeben
und formatieren
mit aufgezeich-
netem Makro-
code in ein Excel-
Tabellen-Objekt

```
Sub ExcelTabelleEinbettenUndVorbereiten()
    Dim o_XLof As Word.OLEFormat, o_XLBlatt As Object

    Application.ScreenUpdating = False
    Set o_XLof = Selection.InlineShapes.AddOLEObject( _
        ClassType:="Excel.Sheet.8", FileName:= _
        "", LinkToFile:=False, DisplayAsIcon:=False).OLEFormat
    Set o_XLBlatt = o_XLof.Object
    With o_XLBlatt.Application
        .activeCell.FormulaR1C1 = "Art. Nr."
        .Range("B1").Select
        .activeCell.FormulaR1C1 = "Artikel Beschreibung"
        .Range("C1").Select
        .activeCell.FormulaR1C1 = "Anz"
        .Range("D1").Select
        .activeCell.FormulaR1C1 = "Stückpreis"
        .Range("E1").Select
        .activeCell.FormulaR1C1 = "Preis"
        .Range(.Selection, .Cells(.ActiveCell.Row, 1)).Select
        .Selection.Font.Bold = True
        .Columns("A:A").Select
        .Selection.NumberFormat = "@"
        .Columns("B:B").Select
        .Selection.Columns.AutoFit
        .Columns("C:C").Select
        With .Selection
            .HorizontalAlignment = -4108 ' xlCenter
            .VerticalAlignment = -4107 ' xlBottom
            .WrapText = False
            .Orientation = 0
            .AddIndent = False
            .IndentLevel = 0
            .ShrinkToFit = False
            .ReadingOrder = -5002 ' xlContext
            .MergeCells = False
        End With
```

```
      .Selection.NumberFormat = "0"
      .Columns("D:D").Select
      .Selection.NumberFormat = "0.00"
      .Columns("E:E").Select
      .Selection.NumberFormat = "#,##0.00 [$_-1]"
      .Range("E2").Select
      .activeCell.Formula = "=C2*D2"
      .Range("A2").Select
   End With
   o_XLBlatt.Application.Quit
   Set o_XLBlatt = Nothing
End Sub
```

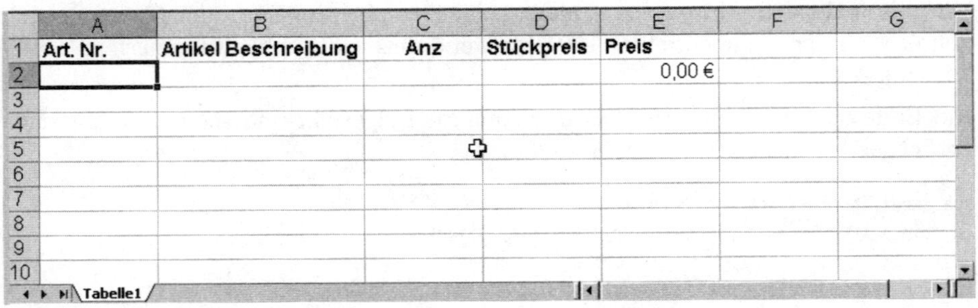

	A	B	C	D	E	F	G
1	Art. Nr.	Artikel Beschreibung	Anz	Stückpreis	Preis		
2					0,00 €		
3							
4							
5				⇩			
6							
7							
8							
9							
10							

Tabelle1

Abbildung 9.21:
Ein mit VBA erstelltes Excel-Arbeitsblatt-Objekt steht für Benutzereingaben bereit

Optimal ist das Manipulieren einer Excel-Tabelle mit aufgezeichnetem Makro aber nicht. Es ist weniger effizient, aber vor allem zu ungenau. Wenn unmittelbar mit dem Objektmodell gearbeitet wird, taucht beispielsweise das Problem mit offenen Arbeitsmappen in einer Excel-Instanz gar nicht auf.

Vergleichen Sie Listing 9.18, die das gleiche Resultat liefert, aber vollständig auf das Excel-Objektmodell setzt. Die Prozedur ist nur etwa halb so lang, der Bildschirm flackert weniger, und es geht klarer aus ihr hervor, was gemacht wird.

Ein wichtiger Unterschied zu Listing 9.17 ist, dass die Objektvariable nicht als Typ Object sondern als Excel.Worksheet deklariert wird. Damit weiß VBA genau, wo es die Befehle zu suchen hat – im Excel-Objektmodell. Der Code läuft schneller und während der Eingabe im VB-Editor funktioniert das Excel-»IntelliSense«. Einzige Voraussetzung ist, dass Sie einen Verweis auf die Microsoft Excel-Bibliothek in *Extras/Verweise* des VB-Editors setzen.

```
Sub ExcelTabelleEinbettenUndVorbereiten2()
    Dim o_XLof As Word.OLEFormat, o_XLBlatt As Excel.Worksheet

    Application.ScreenUpdating = False
    Set o_XLof = Selection.InlineShapes.AddOLEObject( _
        ClassType:="Excel.Sheet.8", FileName:= _
        "", LinkToFile:=False, DisplayAsIcon:=False).OLEFormat
    Set o_XLBlatt = o_XLof.Object.ActiveSheet
    With o_XLBlatt
        .Range("A1").Value = "Art. Nr."
        .Range("B1").Value = "Artikel Beschreibung"
        .Range("C1").Value = "Anz"
        .Range("D1").Value = "Stückpreis"
        .Range("E1").Value = "Preis"
```

Listing 9.18:
Daten eingeben und formatieren in einem Excel-Tabellen-Objekt mit dem Excel-Objektmodell

```
        .Rows(1).Font.Bold = True
        .Columns("A:A").NumberFormat = "@"
        .Columns("B:B").AutoFit
        With .Columns("C:C")
            .NumberFormat = "0"
            .HorizontalAlignment = xlCenter
            .VerticalAlignment = xlBottom
            .WrapText = False
            .Orientation = 0
            .AddIndent = False
            .IndentLevel = 0
            .ShrinkToFit = False
            .ReadingOrder = xlContext
            .MergeCells = False
        End With
        .Columns("D:D").NumberFormat = "0.00"
        .Columns("E:E").NumberFormat = "#,##0.00 [$_-1]"
        .Range("E2").Formula = "=C2*D2"
        .Range("A2").Select
    End With
    o_XLBlatt.Application.Quit
    Set o_XLBlatt = Nothing
End Sub
```

Den Code für Listing 9.17 und Listing 9.18 finden Sie in der Datei *Bsp09_08.dot* im Ordner *Buch**Kap09* auf der CD-ROM.

Daten aus Access in ein Excel-Tabellen-Objekt einfügen

Hier noch ein kurzes Beispiel, das zeigt, wie ein Excel-Arbeitsblatt einer bestimmten Größe erstellt wird. Um ein Excel-Arbeitsblattobjekt mit einer genauen Anzahl Spalten und Reihen zu erstellen, muss das Blatt in einem Excel-Anwendungsfenster erstellt werden. Um Word zu zwingen, das Objekt in einem Excel-Anwendungsfenster statt in der Word-Umgebung zu erstellen, wird in Listing 9.19 die Anzeige der Feldcodes eingeblendet. Die resultierende Tabelle sehen Sie in Abbildung 9.22.

Abbildung 9.22:
Excel-Tabellen-
Objekt mit Daten
aus Access

Artikel	Umsatz
Longlife Tofu	1.000,50
Manjimup Dried Apples	24.570,80
Rössle Sauerkraut	13.948,68
Tofu	6.234,48
Uncle Bob's Organic Dried Pears	9.186,30
Total	54.940,76

Daten werden aus der Access-Datenbank »Nordwind« gelesen und in das Arbeitsblatt eingefügt. Die Tabelle wird formatiert und eine Summe der Umsätze eingefügt.

Für dieses Vorhaben sind einige Objektvariablen erforderlich. Erstens braucht es je eine für das OLE-Format des Objekts und für das Arbeitsblatt. Die Daten werden aus Access mit ADO (ActiveX Data Objects) geholt; daher die Objektvariable conn (Connection) für die Verbindung und rs (Recordset) für die Datensätze.

Am Anfang der Prozedur ExcelBlattMitDatenFuellenUndEinfuegen werden Zeichenketten für den Pfadnamen der Datenbank und die SQL-Anweisung, die die Daten aus der Datenbank wählt, festgelegt. Sie müssen diese Ihrer Umgebung anpassen, bevor Sie

---

Die Arbeit mit grafischen Objekten

das Beispiel einsetzen. Wie im Listing 9.18 setzt diese Prozedur auch einen Verweis auf der Excel-Type-Bibliothek voraus. An o_XLBlatt werden alle Befehle für die Eingabe und Formatierung der Excel-Tabelle gerichtet. Auch ein Verweis auf die ADO-Bibliothek muss aktiviert werden (die Beispieldatei *Bsp09_08.dot* verweist auf Version 2.5; Sie müssen diesen Verweis kontrollieren, falls eine andere ADO-Version auf Ihrem System installiert ist.)

Nachdem die Spaltenüberschriften in der Tabelle stehen, ist es Zeit, die Daten zu holen. Eine ADO-Verbindung zur Access-Datenbank wird erstellt und die Daten mit der SQL-Anweisung in die Recordset-Objektvariable rs gelesen.

HINWEIS

Falls Sie eine andere Datenquelle als Access haben, brauchen Sie einen anderen ConnectionString als der im Beispiel. Jeder OLE DB-Provider (Schnittstelle zwischen Ihrem Code und der Datenbank) verlangt seine eigene. Eine ausgezeichnete Referenz für die gängigsten Datenbanken finden Sie auf der Webseite *http://www.able-consulting.com/tech.htm.*

Excel hat eine tolle Methode, um einen Recordset direkt in das Arbeitsblatt einzufügen, ohne mühsames Durchlaufen aller Datensätze: CopyFromRecordset. Sobald die Daten in der Tabelle stehen, dürfen Recordset und Verbindung aus dem Speicher entfernt werden.

Nun folgen die letzten Bearbeitungen des Arbeitsblatts. In der Zeile nach dem letzten Datensatz soll das Total der zweiten Spalte berechnet werden. Da die Anzahl Datensätze variabel sein kann, wird die letzte Datenzeile mittels der Eigenschaft o_XLBlatt.UsedRange.Rows.Count ermittelt; UsedRange hält fest, welche Zellen oder Zellbereiche einen Inhalt haben.

Weil wir nicht beabsichtigen, dass der Benutzer mit dem Tabellen-Objekt arbeitet, wird nach der Einfügung des Tabellen-Objekts ins Dokument das grafische Objekt deaktiviert. Auch dieser Schritt gelingt nur dann, wenn das Objekt in einem Excel-Anwendungsfenster statt in der Word-Umgebung erstellt wird. Nur dann zeigt Application.Quit eine Wirkung.

HINWEIS

In der Benutzeroberfläche genügt ein Klicken außerhalb des Objekts anstelle des Drückens der Esc-Taste, um es zu deaktivieren. Während des Ablaufs einer VBA-Prozedur hat die Änderung der Markierung im Dokument keinen Einfluss auf ein aktiviertes OLE-Objekt.

```
Sub ExcelBlattMitDatenFuellenUndEinfuegen()
    Dim o_XLof As Word.OLEFormat, o_XLBlatt As Excel.Worksheet
    Dim conn As ADODB.Connection, rs As ADODB.Recordset
    Dim szDBPfad As String, szConn As String, szAnzZeile As String

    szDBPfad = "c:\programme\Microsoft Office\Office10\Samples\Nordwind.mdb"
    szConn = "Select [Artikelname], [Artikelumsätze] FROM [Umsätze nach Kategorie] " _
        & "WHERE [Kategoriename]='Naturprodukte'"

    ActiveDocument.ActiveWindow.View.ShowFieldCodes = True
    Application.ScreenUpdating = False
    Set o_XLof = Selection.InlineShapes.AddOLEObject( _
        ClassType:="Excel.Sheet.8", FileName:= _
        "", LinkToFile:=False, DisplayAsIcon:=False).OLEFormat
    Set o_XLBlatt = o_XLof.Object.ActiveSheet

    o_XLBlatt.Range("B1").Formula = "Umsatz"
```

Listing 9.19:
Das Arbeitsblatt zuerst in Excel erstellen, um die Anzahl der Spalten und Zeilen des Tabellen-Objekts zu bestimmen

```
        o_XLBlatt.Range("A1", "B1").Font.Bold = True
        o_XLBlatt.Range("A1").Formula = "Artikel"

        ' Daten aus Access-Datenbank holen
        Set conn = New ADODB.Connection
        Set rs = New ADODB.Recordset
        conn.Open ConnectionString:="Provider=Microsoft.Jet.OLEDB.4.0;" & _
                    "Data Source=" & szDBPfad & ";" & _
                    "User Id=admin;" & _
                    "Password=;"
        Set rs = conn.Execute(szConn)
        o_XLBlatt.Range("A2").CopyFromRecordset rs
        rs.Close
        Set rs = Nothing
        conn.Close
        Set conn = Nothing

        ' Daten im Arbeitsblatt formatieren.
        o_XLBlatt.Columns("B").NumberFormat = "#'#0.00"
        szAnzZeile = CStr(o_XLBlatt.UsedRange.Rows.Count + 1)
        With o_XLBlatt.Range("A" & szAnzZeile)
            .Formula = "Total"
            .Font.Bold = True
            .HorizontalAlignment = xlRight
        End With
        With o_XLBlatt.Range("B" & szAnzZeile)
            .Formula = "=Sum(B2:B" & CStr(Val(szAnzZeile) - 1) & ")"
            .Font.Bold = True
        End With
        o_XLBlatt.Columns("A:B").AutoFit

        o_XLBlatt.Application.Quit
        Set o_XLBlatt = Nothing
        ActiveDocument.ActiveWindow.View.ShowFieldCodes = False
End Sub
```

 Den Code für Listing 9.19 finden Sie in der Datei *Bsp09_08.dot* im Ordner *\Buch\Kap09* auf der CD-ROM.

TIPP Bauen Sie die Prozedur in Listing 9.19 aus: Fordern Sie den Benutzer in einer User-Form auf, den Kategorienamen für die SQL-Anweisung aus einer Liste zu wählen. Angenommen, Sie speichern die Benutzerauswahl in einer Zeichenkette namens szKategorie, so sieht der letzte Teil der SQL-Anweisung folgendermaßen aus:

```
"WHERE [Kategoriename]='" & szKategorie & "'"
```

Auf eine Zelle in einem Tabellen-Objekt im Dokument verweisen

Wie Sie wissen, werden Textmarken und Querverweise in Word eingesetzt, um dynamisch den Inhalt in einem Teil eines Dokuments an anderen Stellen anzuzeigen. Ähnliches ist zwischen Word und einem eingebetteten Arbeitsblatt möglich, aber die Verbindung ist ein wenig heikel, weil die Textmarke unsichtbar bleibt.

Gehen Sie wie folgt vor:

1. Aktivieren Sie das Excel-Objekt und markieren Sie die Zelle.

Die Arbeit mit grafischen Objekten

2. Führen Sie den Befehl *Bearbeiten/Kopieren* aus.

3. Klicken Sie in das Word-Dokument (das Objekt wird deaktiviert) und markieren Sie die Stelle, wo der Zelleninhalt dynamisch erscheinen soll.

4. Über den Menüpunkt *Bearbeiten/Inhalte einfügen* blenden Sie das Dialogfeld *Inhalte einfügen* ein.

5. Wählen Sie das Datenformat (unformatierter Text, wenn Sie den Inhalt im laufenden Text wollen) und aktivieren Sie *Verknüpfung einfügen*.

6. Eine Link-Feldfunktion wird eingefügt, wie etwa
   ```
   { LINK Excel.Sheet.8 "Dokument1" "_1078402812!Tabelle1!Z2S5" \a \t }
   ```
   Word erstellt eine ausgeblendete Textmarke um das Objekt.

Mehr über die Link-Feldfunktion erfahren Sie in ▶ Kapitel 8.

HINWEIS

Nach der Erstellung einer solchen Verknüpfung darf das Tabellenobjekt weder verschoben, noch mit einem Textfluss versehen werden. Sonst findet der Querverweis die Textmarke nicht mehr. Bei der Aktualisierung würde die Fehlermeldung erscheinen: »Objekte in diesem Dokument enthalten Verknüpfungen zu nicht vorhandenen Dateien. Die verknüpften Informationen werden nicht upgedatet.«

MS Graph-Diagramme

Verschiedene kleine Anwendungen (so genannte »Applets«) werden mit Office geliefert, wie MS Graph, der Formel-Editor oder ein Assistent, um Organisationsdiagramme zu erstellen. Von diesen allen stellt nur MS Graph sein Objektmodell zur Verfügung und kann mit VBA automatisiert werden. MS Graph basiert auf der gleichen Engine wie Excels Diagramm-Funktionalität, was gemeinsame Konstanten für viele Eigenschaften bezeugen, hat aber seine eigene Benutzerschnittstelle.

Im Gegensatz zur Erstellung von Diagrammen in der Excel-Umgebung, hat MS Graph einige Einschränkungen: Die Farbpalette ist nicht anpassbar und VBA hat auf Textfelder keinen Zugriff.

Warum dann MS Graph überhaupt einsetzen?

- Die Word-Dateigröße ist kleiner (ein Excel-Diagramm speichert eine ganze Arbeitsmappe mit Arbeitsblatt für die Daten mit).
- Ein Diagramm kann auch ohne eine installierte Excel-Anwendung erstellt und bearbeitet werden.
- Erfahrungsgemäß scheint es während der Automatisierung weniger Ressourcen zu beanspruchen.

Ausführliche Informationen zum Umgang mit MS Graph in der Benutzeroberfläche finden Sie in Referenzwerken wie etwa »Word Version 2002 – Das Handbuch« von Microsoft Press.

HINWEIS

Ein MS Graph-Diagramm erstellen

Wenn Sie aus der Liste *Objekttyp* im Dialogfeld *Objekt* den Eintrag *Microsoft Graph-Diagramm* wählen, erscheint in Ihrem Dokument ein Standard-Diagramm mit Datentabelle, wie in Abbildung 9.23 gezeigt. Das aufgezeichnete Makro für diesen Schritt finden Sie in Listing 9.20. Wie beim Einfügen eines Excel-Arbeitsblatt-

Objekts werden keine der Handlungen innerhalb der MS Graph-Umgebung aufgezeichnet.

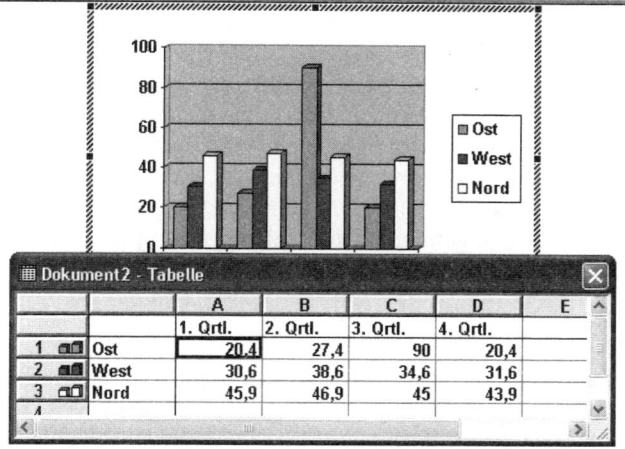

```
Sub MSGraphEinfuegen()
'
' Makro aufgezeichnet am 23.03.2002 von CindyOn2000D
'
    Selection.InlineShapes.AddOLEObject ClassType:="MSGraph.Chart.8", FileName _
        :="", LinkToFile:=False, DisplayAsIcon:=False
End Sub
```

Den Code finden Sie in der Datei *Bsp09_09.dot* im Ordner *\Buch\Kap09* auf der CD-ROM.

Wir müssen also wieder das Makro größtenteils von Hand ergänzen und in diesem Fall steht kein Makrorekorder zur Verfügung. Wie erwähnt, stimmt das Objektmodell von MS Graph zum größten Teil mit dem der Diagramm-Funktionalität von Excel überein. Sie können also viele Grundlagen aus Excel in MS Graph übernehmen. Es gibt aber Ausnahmen, vor allem im Umgang mit den Daten, denn MS Graph hat ein eigenes Datenblatt, anstelle einer Excel-Tabelle.

Bei der Automatisierung von MS Graph haben wir es mit zwei verschiedenen Hauptobjekten zu tun: das Datenblatt und das Diagramm. Setzen Sie beim Einfügen des MS Graph-Objekts eine Objektvariable, steht diese für das Diagramm. Das Datenblatt wird über die `Application.DataSheet`-Eigenschaft des Diagramms angesprochen, wie das Beispiel in Listing 9.21 veranschaulicht.

HINWEIS Verweise zu den Bibliotheken für Microsoft ActiveX Data Objects und für Microsoft Graph Objects (irgendeiner Version) müssen im VB-Editor (*Extras/Verweise*) gesetzt werden, um die folgenden Listings auszuführen, wie sie hier stehen. In unserem Fall waren dies die folgenden Einträge:

- *Microsoft Forms 2.0 Object Library*
- *Microsoft AciveX Data Objects 2.5 Library*
- *Microsoft Graph 10.0 Object Library*

In Office 97 darf eine Objektvariable für ein MS Graph-Diagramm (Chart Objekt) nur als Objekt und nicht als Graph.Chart deklariert werden. Das Microsoft Graph 8 Objektmodell in Office 97 erkennt es nicht. Um vom »IntelliSense« beim Schreiben des Codes zu profitieren, kann es vorübergehend als Graph.Chart deklariert werden; vor Ausführung der Prozedur muss es jedoch wieder als Objekt deklariert sein.

Dieses Makro bedient sich der gleichen Access-Daten wie Listing 9.18, um das Kreis-Diagramm in Abbildung 9.24 zu erstellen. Anders als in einer neuen Excel-Tabelle muss zuerst der Beispiel-Inhalt des Datenblatts mit der Clear-Methode entfernt werden. Die Spaltenüberschriften werden eingegeben, bevor die Prozedur durch die Datensätze läuft, um die Datenreihen und -spalten zu füllen. MS Graph fehlt nämlich der Befehl CopyFromRecordset, der das Einfügen von Daten in Excel so bequem macht.

Noch ein Unterschied zu Excel ist, wie man bestimmt, ob die Daten nach Spalten oder Reihen zu zeichnen sind. In MS Graph ist PlotBy eine Eigenschaft des Application- und nicht des Chart-Objekts.

Die Handhabung des Diagramms hingegen unterscheidet sich nicht vom Umgang mit VBA in Excel. Beispiele für die Automatisierung von Diagrammen finden Sie u.a. in den Fachbüchern »Microsoft Excel 2000 Programmierung« und »Unternehmensdaten analysieren mit Microsoft Office«, erschienen bei Microsoft Press.

Ein MS Graph-Objekt wird deaktiviert, indem zuerst das Objekt im Dokument mit Application.Update aktualisiert wird. Anschließend geht der Fokus durch Ausführung des Befehls Application.Quit zurück in das Word-Dokument. Anders als bei einem Excel-Arbeitsblatt-Objekt funktioniert diese Methode sowohl in der Word-Umgebung, als auch in einem separaten MS Graph-Anwendungsfenster.

```
Sub GraphEinfuegenUndDatenEingeben()
    Dim o_Diag As Graph.Chart
    Dim szDBPfad As String, szConn As String, lDatenZaehler As Long
    Dim conn As ADODB.Connection, rs As ADODB.Recordset

    Application.ScreenUpdating = False

    szDBPfad = "c:\programme\Microsoft Office\Office10\Samples\Nordwind.mdb"
    szConn = "Select [Artikelname], [Artikelumsätze] " & _
        "FROM [Umsätze nach Kategorie] " & _
        "WHERE [Kategoriename]='Naturprodukte'"
    lDatenZaehler = 1

    Set o_Diag = Selection.InlineShapes.AddOLEObject( _
        ClassType:="MSGraph.Chart.8", _
        FileName:="", LinkToFile:=False, _
        DisplayAsIcon:=False).OLEFormat.Object
    Set conn = New ADODB.Connection
    Set rs = New ADODB.Recordset
    conn.Open ConnectionString:="Provider=Microsoft.Jet.OLEDB.4.0;" & _
                "Data Source=" & szDBPfad & ";" & _
                "User Id=admin;" & _
                "Password=;"
```

Listing 9.21:
Ein Diagramm
mit externen
Daten erstellen
und formatieren

```
      Set rs = conn.Execute(szConn)

  With o_Diag
      With .Application.DataSheet
          .Cells.Clear
          .Cells(lDatenZaehler, 1).Value = "Artikel"
          .Cells(lDatenZaehler, 2).Value = "Umsatz"
          ' So lange durch die Datensätze schleifen, bis das Ende erreicht wird
          Do While Not rs.EOF
              ' Nächste Zeile des Datenblatts
              lDatenZaehler = lDatenZaehler + 1
              .Cells(lDatenZaehler, 1).Value = rs.Fields(0).Value
              .Cells(lDatenZaehler, 2).Value = rs.Fields(1).Value
              ' Nächstes Datensatz
              rs.MoveNext
          Loop
          rs.Close
          Set rs = Nothing
          conn.Close
          Set conn = Nothing
      End With
      ' Daten nach Spalten zeichnen, für ein Kreis-Diagramm
      .Application.PlotBy = xlColumns

      .ChartType = xlPie  ' Kreis-Diagramm
      .Width = .Width + 200  ' Breite festlegen
      .Height = .Height + 50  ' Höhe
      .PlotArea.Left = 30  'Position links des Diagramms
      .Legend.Width = .Legend.Width + 150
      .Legend.Height = .Legend.Height + 30
      .ApplyDataLabels Type:=xlDataLabelsShowValue  ' Datenbeschriftungen, Werte
      .HasTitle = True  ' Titel eingeben und positionieren
      .ChartTitle.Text = "Umsätze: Naturprodukte"
      .ChartTitle.Left = 25
      ' MSGraph Anwendungsfenster schliessen
      o_Diag.Application.Update
      o_Diag.Application.Quit
  End With
  Set o_Diag = Nothing
End Sub
```

 Den Code für Listing 9.21 finden Sie in der Datei *Bsp09_09.dot* im Ordner *\Buch\Kap09* auf der CD-ROM.

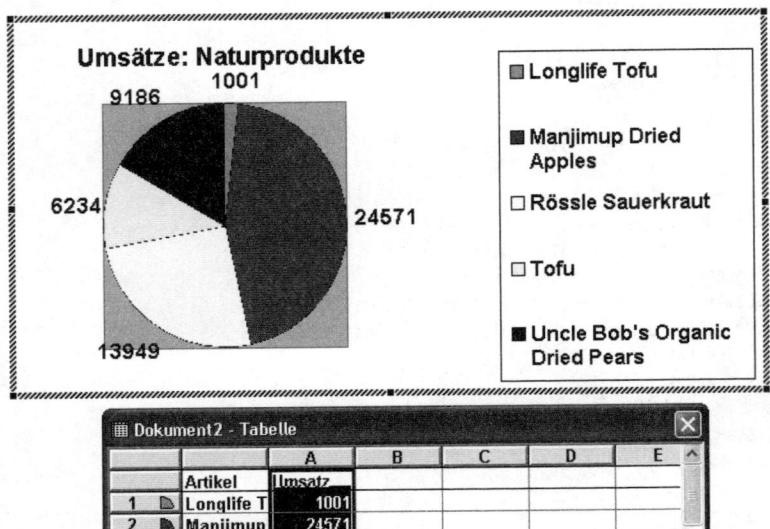

Abbildung 9.24:
*Ein Kreis-
Diagramm mit
externen Daten
erstellen*

Ein Diagramm für eine Tabelle im Dokument erstellen

Haben Sie in der Benutzeroberfläche zuvor im Word-Dokument eine Tabelle markiert, übernimmt MS Graph automatisch diese Daten und fügt das Diagramm unmittelbar unter der Tabelle ein. Eine Aufzeichnung dieser Schritte liefert den Makrocode in Listing 9.22. Wenn Sie das aufgezeichnete Makro ausführen, werden Sie mit Entsetzen feststellen, dass Word das Diagramm nicht unter, sondern in der ersten Zelle der Tabelle einfügt und, dass es den markierten Tabelleninhalt nicht übernimmt. Es wird dem Benutzer wirklich nicht leicht gemacht, seine Handlungen zu automatisieren ...

Den Code für Listing 9.22 und Listing 9.23 finden Sie in der Datei *Bsp09_09.dot* im Ordner *\Buch\Kap09* auf der CD-ROM.

```
Sub MSGraphEinfuegen2()
'
' Makro aufgezeichnet am 23.03.2002 von CindyOn2000D
'
    Selection.Tables(1).Select
    Selection.InlineShapes.AddOLEObject ClassType:="MSGraph.Chart.8", FileName _
        :="", LinkToFile:=False, DisplayAsIcon:=False
End Sub
```

Listing 9.22:
*Aufgezeichnetes
Makro, um ein
MS Graph-Dia-
gramm-Objekt
einzufügen mit
den Daten einer
Word-Tabelle –
schlägt bei der
Ausführung fehl!*

Das Listing 9.23 stellt eine Vorgehensweise mit VBA vor. Zuerst wird sichergestellt, dass die Einfügemarke sich tatsächlich in einer Tabelle befindet. Wenn nicht, wird das Makro mit einer Meldung abgebrochen.

Die Tabelle wird markiert und kopiert, bevor die Einfügemarke in den Absatz unterhalb der Tabelle positioniert wird. Das Diagrammobjekt wird wie üblich eingefügt und die Daten aus dem Datenblatt gelöscht. Schließlich wird der kopierte Tabelleninhalt in das Datenblatt ab der ersten Zelle oben links, eingefügt.

HINWEIS Anders als in Excel ist die erste Zelle eines MS Graph-Datenblatts nicht »A1« sondern »00«.

Es ist möglich, das Diagramm mit den kopierten Daten zu verknüpfen. In der Benutzerumgebung lautet die Befehlsfolge *Bearbeiten/Verknüpfung einfügen*. Mit VBA geht es leider nicht ohne Benutzereingriff. Auch wenn in der Prozedur Link = True steht und der Inhalt des Datenblatts bereits gelöscht wurde, fordert MS Graph vom Benutzer eine Bestätigung des Überschreibens der Daten im Datenblatt.

TIPP Wenn Sie ein Excel-Diagramm bevorzugen, ist es auch möglich, es mit einer Tabelle im Word-Dokument zu verknüpfen. Auch hier werden die Tabellendaten kopiert und über *Bearbeiten/Inhalte einfügen*, als »Text« mit Verknüpfung in Excel eingefügt.

WICHTIG Bei der Verknüpfung eines MS Graph-Diagramms mit dem Inhalt eines Word-Dokuments verhält sich Word 2002 anders als Word 2000. Word 2002 passt die Verknüpfung dem gegenwärtigen Dateinamen automatisch an, während Word 2000 die Verknüpfung zum ursprünglichen Dateinamen beibehält, wenn das Dokument unter einem anderen Namen gespeichert wird. Um die Verknüpfung in MS Graph zu ändern, muss der Benutzer über *Bearbeiten/Verknüpfungen* gehen; es gibt keine entsprechende VBA-Schnittstelle. Die Verknüpfung mit dem Excel-Arbeitsblatt, das hinter einem Excel-Diagramm-Objekt steht, scheint dieses Problem nicht zu haben: Die Verknüpfungen passen sich an und zudem ermöglicht das Excel-Objektmodell die Aktualisierung von Verknüpfungen.

Listing 9.23:
Ein Diagramm
für die markierte
Tabelle erstellen

```
Sub MSGraphAufTabelleBasieren()
    Dim o_Diag As Graph.Chart

    If Not Selection.Information(wdWithInTable) Then
        MsgBox "Bitte positionieren Sie die Einfügemarke in der Tabelle " & _
            "mit den Daten für das Diagramm.", vbCritical + vbOKOnly
        Exit Sub
    End If
    Selection.Tables(1).Select
    Selection.Copy
    Selection.Collapse wdCollapseEnd
    Set o_Diag = Selection.InlineShapes.AddOLEObject( _
        ClassType:="MSGraph.Chart.8", FileName:="", _
        LinkToFile:=False, DisplayAsIcon:=False).OLEFormat.Object
    With o_Diag
        .Application.DataSheet.Cells.Clear
        .Application.DataSheet.Range("00").Paste ' Link:=True
    End With
End Sub
```

---

10 Seriendruck

Extrem vereinfacht formuliert, dient Seriendruck dazu, den gleichen Brief für alle Personen in einer Liste zu personalisieren. Er produziert jedoch nicht nur Briefe, sondern auch Umschläge, Etiketten und Verzeichnisse (Word 97 und 2000 brauchten den Ausdruck »Katalog«). Die personalisierten Angaben müssen nicht unbedingt Adressen sein oder mit Personen zu tun haben. Alles, was sich nach Kategorien auflisten lässt, kann mittels Seriendruck dynamisch in ein Dokument eingebunden werden.

Hauptdokument und Datenquelle

Der Seriendruck hat seinen eigenen, der Datenverwaltung angelehnten Wortschatz. Das personalisierte, mehrmals zu reproduzierende Word-Dokument ist das Seriendruck »Hauptdokument«. Die Liste, die die Informationen für die personalisierten Ergebnisse enthält, die in das Hauptdokument einzubinden sind, heißt die »Datenquelle«. In Abbildung 10.1 sehen Sie eine typische Datenquelle.

Datensatz, Datenfeld

Word kann nur mit Datenquellen arbeiten, die sich als einfache Tabellen aufstellen lassen. Unter einfacher Tabelle verstehen wir eine Zeile – »Datensatz« – für jeden personalisierten Brief im Ergebnis; und eine Spalte – »Feld« – für jedes personalisierende Element, das in den Brief einzufügen ist. Die Datenquelle in Abbildung 10.1 hat zwei Spalten oder Felder mit den Überschriften »ID« und »Ortschaft«. In der Sprache des Seriendrucks heißen diese Überschriften »Feldnamen«.

Im Hauptdokument fügt man »Seriendruckfelder« als Platzhalter ein, sodass die Funktion erkennt, welche Elemente aus der Liste wo in das Dokument einzufügen sind. Die Seriendruckfelder verweisen jeweils auf einen Feldnamen. Während des Seriendrucks »blättert« Word durch die Datensätze, einen nach dem anderen, und fügt die Feldinhalte für diesen Datensatz anstelle des Seriendruckfelds ein.

Bsp10_01.xls

	A	B	C
1	ID	Ortschaft	
2	1	Sevilla	
3	2	Madrid	
4	3	Lissabon	
5	4	Barcelona	
6	5	Oporto	
7	6	Milano	
8	7	Rom	
9			

Daten-Tabelle

Nachdem Sie nun die wichtigsten Begriffe kennen, sehen wir uns dem Ablauf vom Standpunkt des Benutzers an und nehmen jeden Schritt etwas genauer unter die Lupe. Das gibt uns zugleich die Gelegenheit, die völlig überarbeitete Schnittstelle in Word 2002 vorzustellen.

Seriendruck erstellen

In der neuen Version findet sich die Befehle für den Seriendruck im Untermenü *Extras/Briefe und Sendungen*, also eine Ebene tiefer als in früheren Versionen. Es wird entweder der Menüpunkt *Seriendruck-Assistent* oder *Seriendruck-Symbol-leiste einblenden* gewählt (Sie können auch beide gleichzeitig eingeblendet haben und mit beiden arbeiten). Der Seriendruck-Assistent in Word 2002 ist ein Aufgaben-bereich mit sechs Schritten, der den Benutzer durch die Handlungen führt. Die meis-ten Funktionalitäten befinden sich in der Symbolleiste oder können ihr hinzugefügt werden; geübte Anwender werden damit schneller und flexibler vorankommen.

Weder die Symbolleiste noch der Aufgabenbereich wird durch Öffnen eines gespei-cherten Seriendruck-Hauptdokuments eingeblendet. Der Benutzer muss die gewünschte Schnittstelle einblenden oder Sie können mit einem AutoOpen-Makro im Dokument, der Vorlage oder der *Normal.dot* die Aufgabe übernehmen. Das Lis-ting 10.14 zeigt ein Beispiel.

HINWEIS

Der weitere Ablauf ist in Tabelle 10.1 dargestellt, um einen Vergleich zwischen Sym-bolleiste und den Teilen des Aufgabenbereichs zu ermöglichen. Beachten Sie insbe-sondere den sechsten und letzten Schritt: die Zusammenführung. Unsere langjähri-gen Erfahrungen im Online-Support zeigen, dass oft ein Missverständnis vorliegt, wenn der Benutzer das Hauptdokument mit eingeblendeter Datenvorschau vor sich sieht. Er denkt, der Seriendruck sei schon fertig gestellt – und sucht im Ausdruck die nicht eingeblendeten Datensätze. Er hat nicht gemerkt, dass es sich um eine Vor-schau handelt; der Seriendruck wurde noch nicht zusammengeführt. Der neue Assis-tent, mit nummerierten Schritten wird hoffentlich in dieser Hinsicht für etwas mehr Klarheit sorgen. Der Seriendruck ist schließlich anspruchsvoll genug, sobald das Vor-haben über eine einfache Brieferstellung hinausgeht.

Tabelle 10.1: Schritte für den Seriendruck	Aufgabenbereich	Schaltflächensymbol der Symbolleiste	Vorhandene Optionen
	Dokumenttyp wählen	Hauptdokument-Setup	*Briefe, Faxe, E-Mail-Nachrichten, Umschläge, Etiketten, Verzeichnis, Normales Word-Dokument* (letzteres nur in der Symbolleiste)
	Startdokument wählen	(nicht vorhanden)	*Aktuelles Dokument verwenden, Mit Vorlage beginnen* (neues Dokument erstellen), *Mit vorhandenem Dokument beginnen* (ein Dokument öffnen)
	Empfänger wählen	Datenquelle öffnen	Im Assistent: *Vorhandene Liste verwenden, Von Outlook-Kontakten wählen, Neue Liste eingeben.* Nur die erste Option findet sich standardmäßig in der Symbolleiste. Um alle Optionen in der Symbolleiste zur Verfügung zu haben, muss sie angepasst werden (siehe Tabelle 10.6).
	Schreiben Sie Ihren Brief	(verschiedene Symbolschaltflächen, die zu den einzelnen Optionen passen)	*Adressblock, Grußzeile, Weitere Elemente*
	Vorschau auf Ihre Briefe	Seriendruck-Vorschau	Zeigt die Daten aus der Datenquelle an Stelle der Seriendruckfelder an. Mit den Pfeil-Symbolschaltflächen wird durch die Datensätze geblättert.
	Seriendruck	(verschiedene Symbolschaltflächen, die zu den einzelnen Optionen passen)	Zusammenführungsoptionen, die dem Hauptdokument-Typ entsprechen: *Seriendruck in neues Dokument, Seriendruck an Drucker, Seriendruckergebnis in E-Mail ausgeben, Seriendruckergebnis in Fax ausgeben*

Zuerst wird die Art des Seriendrucks festgelegt. Wenn Sie keine Fax- oder E-Mail-Software installiert haben, erscheinen diese Optionen grau und sind damit inaktiv.

Datenquelle entkoppeln

Wichtig, aber zu wenig bekannt ist die Möglichkeit, das Dokument wieder in ein normales Word-Dokument umzuwandeln. Eigentlich sollte diese Option »Datenquelle entkoppeln« heißen, da dies die eigentliche Wirkung ist. Wenn Sie Seriendruck-Dokumente mit Arbeitskollegen teilen und der Pfadname zur Datenquelle nicht überall der gleiche ist, unterdrücken Sie die lästige Fehlermeldung, die Datenquelle könne nicht gefunden werden, indem Sie das Hauptdokument in ein normales umwandeln. Die Seriendruckfelder bleiben weiterhin im Dokument erhalten.

Datenquellen einbinden

Der erste Schritt, die Wahl der Art des Hauptdokuments, bereitet meistens keine Probleme. Die Fragen fangen erst mit der Einbindung der Datenquelle an. Haben Sie schon eine Datenquelle oder müssen Sie eine erstellen? Falls bereits eine vorhanden ist, wie geht man am besten damit um? Kann die Zusammenarbeit zwischen ihr und Word verbessert werden?

Dieses ist ein komplexes Thema, über das wir ein Buch schreiben könnten. In diesem Abschnitt werden Überlegungen zur Auswahl der Datenquelle aufgeführt sowie Vor- und Nachteile der gebräuchlichsten Datenquellen erläutert. Wo möglich, wird Bezug auf die Word-Version – 97, 2000 bzw. 2002 – genommen.

Welche Datenquelle?

Der Seriendruck muss mit Daten arbeiten, die im Tabellenformat ausgelegt sind. Da die meisten gängigen Datenverwaltungsanwendungen auf diesem Konzept basieren, steht uns ein breites Spektrum an Datenquellen zur Verfügung.

Gültige Datenquellen, die von Word unterstützt werden, sind beispielsweise:

- Word-Tabellen
- Excel-Arbeitsblätter
- Zeichengetrennte Textdateien
- Eine Tabelle oder Abfrage irgendeiner gängigen Datenbankanwendung, wie beispielsweise Access, SQL-Server, Visual FoxPro, dBase oder Oracle
- Die Kontaktliste eines Adressbuchs

Wenn Word zu einer Datenbank keine direkte Verbindung erstellen kann, ist es meistens möglich, die Daten in ein kompatibles Format wie beispielsweise in eine zeichengetrennte Textdatei zu exportieren. Welche Anwendung für die Datenverwaltung verwendet werden soll, lässt sich nicht alleine mit der Antwort auf die Frage »Mit welchen Datenbanken arbeitet Word zusammen?« beantworten.

Welche Faktoren sind dann ausschlaggebend? Es stellt sich die Frage, ob die Daten schon in irgendeiner Anwendung vorliegen. Wenn ja, wollen Sie selbstverständlich diese möglichst direkt einsetzen. Folglich wollen Sie wissen, ob Word diesem Vorhaben Hindernisse in den Weg stellt und wie diese zu umgehen sind (wenn überhaupt). Der Abschnitt über die einzelnen Datenquellen und die Verbindungsmethoden behandelt dieses Thema.

Stehen Sie erst am Anfang, ohne Datenquelle, müssen Sie Ihre Bedürfnisse abklären und danach entscheiden. Dabei könnten folgende Fragen entstehen:

- Brauchen Sie die Daten nur ein einziges Mal? Arbeiten Sie ausschließlich in Word? Dann eignet sich voraussichtlich Words standardmäßige Datenquelle und Dateneingabeschnittstelle.

  Datenquellen-Konzept

- Wie viele Leute werden die Datenquelle benutzen? Müssen diese auch Daten eingeben oder bearbeiten? Werden mehrere Personen mit den Daten gleichzeitig arbeiten? Excel unterstützt mehrere Benutzer bis zu einem gewissen Punkt, aber eine echte Datenbankanwendung wie Access oder SQL-Server ist für dieses Vorhaben bestimmt besser geeignet.

- Wollen Sie die Daten an Drittpersonen weitergeben? In diesem Fall müssen Sie wissen, welche Anwendungen diesen zur Verfügung stehen. Wenn kein gemeinsames Datenverwaltungsprogramm vorliegt, sind zeichengetrennte Textdateien universell und daher eine mögliche Lösung.

- Müssen die Daten unter Umständen später in eine Datenbankanwendung importiert werden, aber Sie selbst haben geringe bis keine Datenbankkenntnisse? Excel ist hierfür keine schlechte Wahl, da seine Tabellenstruktur sich gut importieren lässt und es zudem problemlos in zeichengetrenntes Textformat exportiert werden kann.

- Besteht Ihre Datenquelle aus vielen Feldern und/oder Datensätzen? Dafür ist eher ein Datenbankverwaltungsprogramm wie Access, SQL-Server oder vielleicht Excel besser geeignet, als eine Word-Tabelle oder Textdatei.

- Bestehen die Daten aus Text und Zahlen oder müssen auch Elemente wie Zeilen-umbrüche, Bilder oder Formatierungen zusammengeführt werden? Die Serien-druckfunktionalität ist in dieser Hinsicht etwas begrenzt; am flexibelsten wäre eine Word-Tabelle.

- Wie komplex sind die Daten? Werden viele Kombinationen und Auswahlkriterien gebraucht? Dann ist es hilfreich, die Tools einer Datenbankanwendung in Anspruch zu nehmen. Welche am besten geeignet wäre, übersteigt den Handlungs-rahmen dieses Buchs. Im Office-Paket wäre Access bestimmt die beste Lösung.

- Welche Benutzeroberfläche stellt die Datenverwaltungsanwendung zur Verfü-gung? Wie hoch sind die Kosten, um diese anzupassen und deren Benutzer in sei-ner Bedienung zu unterrichten?

- Müssen Daten aus Internet-Seiten mit dem Seriendruck zusammengeführt wer-den? Word kann nicht mit einer Internet-Seite oder XML-Datei eine Verknüpfung aufstellen, wohl aber mit einer HTML-Tabelle. HTML ist auch im Begriff, zeichen-getrennte Textdateien als universelles Format abzulösen. Vielleicht wäre eine gute Lösung, die Daten in eine HTML-Tabelle mit den üblichen Bezeichnungen wie ⟨HTML⟩, ⟨TABLE⟩, ⟨TR⟩, ⟨TD⟩ zu schreiben und das Seriendruck-Hauptdokument damit zu verknüpfen.

Die folgenden Abschnitte erläutern viele der Vor- und Nachteile verschiedener Datenquellen und die verfügbaren Verbindungsmethoden. Wir hoffen, dass diese Erläuterungen Ihnen weiterhelfen, eine bewusste Wahl zu treffen. Sie sollten jedoch die gewählte Vorgehensweise gründlich testen, bevor Sie in die Produktionsphase übergehen. Enthalten die Daten Unicode-Zeichen, stellen Sie sicher, dass die Methode diese genügend unterstützt. Handelt es sich um viele Felder und Daten-sätze, machen Sie einen Probelauf mit einer großen Datenmenge; nehmen Sie nicht einfach an, dass ein Seriendruck mit 1000 Datensätzen nur zehn Mal so lange braucht, wie mit 100 Datensätzen. Falls Ihre Firma mehrere Versionen von Word und Windows einsetzt, vergewissern Sie sich, dass die gleiche Methode unter allen Zusammensetzungen läuft. Wenn nicht, finden Sie heraus, welche Anpassungen not-wendig sind.

Die Datenquellen

Textdateien/Daten in zeichengetrenntem Format

Fangen wir mit der, was das Dateiformat betrifft, einfachsten Art von Datenquellen an: eine Textdatei. Da diese von ziemlich jeder Anwendung geöffnet oder importiert werden können, sind sie (immer noch) die universellste Methode des Datenaus-tauschs.

Textdateien können im Windows-Texteditor geöffnet und erstellt werden. Sie unter-stützen keine Zeichenformatierung und nur die allereinfachsten Layoutformatierun-gen, die mit Leerzeichen, Tabzeichen und Zeilenschaltungen entstehen.

Kommen Daten aus einer Text- oder Worddatei, erwartet Word eines von zwei For-maten:

- Entweder eine Word-Tabelle oder

- eine zeichengetrennte Datei, wie *CSV* (»comma separated value« = Trennzeichen-getrennte Datei). Wie der Name verrät, ist damit ursprünglich ein Komma gemeint.

Aber die meisten (Microsoft-) Anwendungen benutzen bei der Erstellung solcher Dateien standardmäßig das in den Windows-Ländereinstellungen festgelegte Trennzeichen; in Europa einen Strichpunkt (Semikolon).

Die Datenquelle in Abbildung 10.1 würde als eine von Excel erstellte *CSV*-Datei wie folgt aussehen:

```
ID;Ortschaft¶
1;Sevilla¶
2;Madrid¶
3;Lissabon¶
4;Barcelona¶
5;Oporto¶
6;Milano¶
7;Rom¶
```

Ersichtlich ist, dass ein Strichpunkt jedes Feld oder »Variable« und eine Absatzmarke jeden Datensatz **abgrenzt**. Eigentlich dürfen beliebige Zeichen als Trennzeichen dienen, beispielsweise Tabzeichen. Meistens haben solche Dateien dann die Dateiendung *txt*.

Sie finden die Liste im Excel-, Text- und CSV-Format auf der CD-ROM zum Buch im Ordner *\Buch\Kap10* unter den Namen *Bsp10_01.xls*, *Bsp10_01.txt* und *Bsp10_01.csv*.

Vorteile von Textdateien

o Sie erhalten die Daten von einer anderen Anwendung und dieses ist das einzige gemeinsame Dateiformat.

o Steht zur Verfügung, falls Sie keine andere Datenverwaltungsanwendung als Word oder den Texteditor haben.

o Die Anzahl Felder und Datensätze ist im Gegensatz zu einer Word-Tabelle, die höchstens aus 64 Feldern bestehen darf und bei vielen Datensätzen sehr langsam wird, unbegrenzt.

Nachteile von Textdateien

o Textdateien sind mit einfachen Mitteln (z.B. Texteditor) schwierig zu verwalten, vor allem, wenn sie größer werden.

o Das Format ist nur für einfache Zeichenfolgen geeignet.

o Im DOS-Format erstellte Textdateien mit internationalen Zeichen werden von Word falsch interpretiert; Umlaute und Akzente werden nicht übernommen.

Mit dem *Datenformular* in Word 2002 ist die Verwaltung einer Textdatei viel einfacher. Es erkennt auch trennzeichengetrennte Dateien, wie aus Abbildung 10.2 ersichtlich wird. Es ist egal, ob die Daten gegenwärtig Teil eines Seriendrucks sind. Das Datenformular steht in jedem tabellenstrukturierten Dokument zur Verfügung. Wie Sie die Symbolschaltfläche der *Seriendruck*-Symbolleiste hinzufügen, finden Sie in Tabelle 10.6. **TIPP**

Das Datenformular ermöglicht nicht nur die Bearbeitung von Word 2002-Datenquellen und Tabellen in Dokumenten, sondern auch von trennzeichengetrennten Datenquellen

```
ID;Ortschaft¶
1;Sevilla¶
2;Madrid¶
3;Lissabon¶
4;Barcelona¶
5;Oporto¶
6;Milano¶
7;Rom¶
```

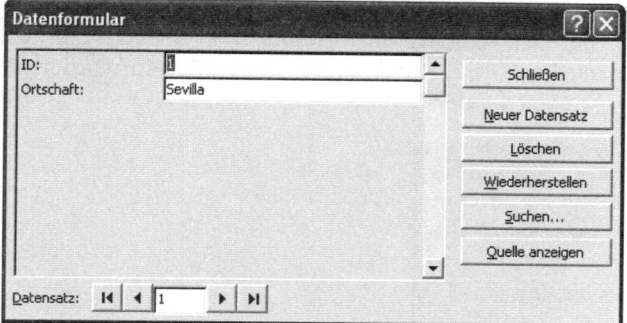

HINWEIS Solche Dateien können in Word geöffnet, die Textcodierung gewählt und anschließend im Word-Dokument-Dateiformat gespeichert werden. Eine ODBC-DSN bietet noch eine Alternative, DOS-Textdateien korrekt an Word weiterzugeben. Sie ist in ▶ Anhang C beschrieben. Diese Methode umgeht übrigens auch die Probleme, die Word 97 und Word 2000 mit ODBC-Verbindungen haben.

Verbindungsmethoden in Word

- ○ Word-interner Textkonvertierfilter
- ○ ODBC
- ○ OLEDB (nur in Word 2002)

OLEDB – Word 2002-Standard Die standardmäßige Verbindungsmethode in Word 2002 ist OLEDB. In früheren Versionen von Word ist die Lage etwas komplizierter. Bis Word 97 war sie ODBC, sofern der Text-ODBC-Treiber installiert war. Dies gilt auch für Word 2000, wenn es über eine frühere Version installiert wurde. Sonst werden in diesen Versionen die Textkonvertierfilter eingesetzt.

Text-ODBC-Treiber Eine »frische« Installation von Word 2000 listet den Text-ODBC-Treiber jedoch nicht auf, auch wenn er in Windows installiert ist. Grund dafür sind die Probleme, die Word 97 und Word 2000 mit dem Text-ODBC-Treiber haben. Meistens sieht der Benutzer nur eine lapidare Meldung wie »Word konnte die Datenquelle nicht öffnen.«, ohne nähere Erklärung.

TIPP Sie können Word dazu zwingen, den Konvertierfilter für die Verbindung zu benutzen, wenn Sie der Datei eine dem ODBC-Treiber unbekannte Datei-Endung hinzufügen. Beispiel: *MeineDaten.dat* oder *MeineDaten.doc* statt *MeineDaten.txt*. Dies ist die einzige Möglichkeit, über die VBA-Automatisierung den Konvertierfilter als Verbindungsmethode einzusetzen.

Obwohl im Prinzip jedes Zeichen als Feld- oder Datensatz-Trennzeichen dienen kann, erkennt Word eigentlich nur einen Wagenrücklauf (Zeilenschaltung) als Datensatz-Trennzeichen. Die OLEDB- und ODBC-Verbindungsmethoden akzeptieren nur die Zeilenschaltung. Mit dem Textkonvertierfilter dürfen andere Zeichen im Dialogfeld *Trennzeichen im Steuersatz* in Abbildung 10.3 bestimmt werden, aber es muss sich um eines der im Dropdownfeld *Datensatz-Trennzeichen* enthaltenen Zeichen handeln.

Zeilenschaltung als Datensatz-trenner

Betrachten Sie dazu die beiden Beispieldateien im Ordner \Buch\Kap10 auf der CD-ROM – Hauptdokument: *Bsp10_02.doc*, Datenquelle: *Bsp10_02.txt*.

Es gibt keine Möglichkeit, bei der VBA-Automatisierung des Seriendrucks das Datensatz-Trennzeichen festzulegen. Die Textdatei müsste (mit VBA) in Word geöffnet und in eine Tabelle umgewandelt werden.

WICHTIG

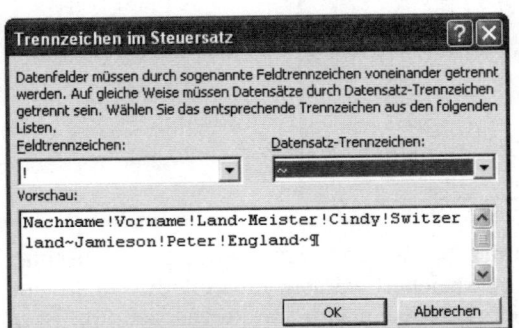

***Abbildung 10.3:** Aus den Dropdownlistenfeldern können andere Trennzeichen gewählt werden*

Diese Begrenzung der verfügbaren Trennzeichen erschwert den Einsatz von Textdateien als Datenquellen, da die üblichen Trennzeichen oft im Text selber stehen (sollen). Es gibt jedoch einen Weg, Zeichen sowohl als Trennzeichen aber auch als Dateninhalt zu verwenden: Den Inhalt eines jeden Feldes mit "Anführungszeichen" umgeben. Alles, was sich innerhalb eines Paares Anführungszeichen befindet, behandelt Word als Feldinhalt, auch Zeilenschaltungen.

Anführungszeichen als Feldbegrenzer

Wenn auch Anführungszeichen im Feldinhalt sind, wird die Lage kritisch, aber es ist noch nicht alles verloren. Im ▶ Anhang C über ODBC ist eine Methode beschrieben, ein beliebiges Zeichen als Textrennzeichen zu bestimmen.

HINWEIS

Das Dialogfeld *Trennzeichen im Steuersatz* wird oft als lästig empfunden, weil es auch unter anderen Umständen erscheint. Mehr Informationen zum Problem und Methoden, das Dialogfeld zu unterdrücken, finden Sie im Knowledge Base-Artikel »D40534: Steuersatztrennzeichen auswählen bei Steuersatzquelle«.

Eine dieser Methoden setzt die Erstellung einer Kopfzeilendatei (Steuerdateizeile oder Steuersatzdatei) in Word voraus. Interessanterweise stehen die Befehle für die Einbindung und Erstellung solcher Dateien nicht mehr in der Benutzeroberfläche von Word 2002. Vermutlich, weil Microsoft glaubte, die OLEDB-Verbindungsmethode sei das »Ei des Kolumbus«. Was Textdateien angeht, stimmt das fast, aber nicht ganz. Zusätzlich zum Problem mit internationalen Zeichen in DOS-Textdateien, gibt es immer noch Großrechneranwendungen, die Daten ohne Feldnamen erstellen (meistens weil diese für den Benutzer völlig bedeutungslos wären). Die drei Befehle für die Erstellung, die Bearbeitung und das Öffnen einer Steuersatzdatei finden Sie in der Tabelle 10.6; sie funktionieren weiterhin in Word 2002.

Datenquellen ohne Feldnamen benötigen eine Steuersatzdatei

Words »eigene« Datenquelle: eine Word-Tabelle

Wenn Sie während des Seriendrucks die Option wählen, eine Datenquelle oder -liste zu erstellen, wird in Word 2000 und früheren Versionen standardmäßig eine Word-Tabelle in einem Word-Dokument erstellt.

Word 2002 dagegen erstellt standardmäßig eine Access-Datenbank. Wie aus der weiteren Diskussion hervorgehen wird, hat diese Methode Vor- und Nachteile. Die Funktionalität für die Erstellung und Bearbeitung von Word-Tabellen für den Seriendruck ist noch in Word 2002 vorhanden; Sie finden die Befehle in Tabelle 10.6.

Was spricht für Word-Tabellen als Datenquellen?

○ Word übernimmt den gesamten Inhalt der Zelle (Feld) in das Seriendruckergebnis. Es gibt keine Probleme mit Unicode-, Anführungs- oder Trennzeichen, wie bei Textdateien.

○ Dieser Umstand bedeutet, dass auch Zeichenformatierungen übernommen werden können.

○ Auch grafische Objekte, die in der Zeile mit dem Text liegen, werden problemlos im Seriendruckergebnis zusammengeführt.

TIPP Mehr zu den Techniken für diese zwei Schritte finden Sie im Abschnitt über den Umgang mit Daten im Seriendruck.

○ Alle Zeichen, auch spezielle oder internationale, werden korrekt in den Seriendruck übernommen.

○ Word kann Tabellen zwischen Dokument, RTF- und HTML-Dateiformaten problemlos umwandeln. Eine andere Anwendung kann beispielsweise seine Daten in eine Tabelle in HTML-Format für den Seriendruck exportieren, ohne dass Word auf dem Rechner vorhanden sein muss. Ähnlich wie bei der Erstellung einer Textdatei als Datenquelle, kann der Seriendruck sie direkt einbinden, ohne Konvertierung in das Dokumentformat oder Umwandlung in eine Word-Tabelle.

Was spricht gegen die Verwendung von Word-Tabellen?

○ Die Anzahl der Spalten (Felder) sind auf 64 begrenzt (32 in Word 95 und früher).

○ Die maximale Papierbreite in Word beträgt 55 cm. Um auf einem einzigen Blatt viele Spalten einzufügen, müssen diese sehr schmal formatiert sein, was die Bearbeitung der Daten erschwert. Das *Datenform*-Dialogfeld ist für die Verwaltung von vielen Feldern auch nicht optimal ausgelegt.

○ Formatierungen und Grafiken können in der Datenform weder eingegeben noch bearbeitet werden; dies ist nur in der Tabellenansicht möglich.

○ Je länger eine Word-Tabelle ist, desto langsamer wird Word bei Layout und Anzeige. Das bedeutet, dass die Bearbeitung einer Datenquelle mit vielen Datensätzen sehr langsam werden kann.

○ Nur Rechner, auf denen Word (oder WordPad) installiert sind, können die Datenquelle öffnen oder bearbeiten.

○ Die Daten (das Word-Dokument) können nur von einem Benutzer gleichzeitig beansprucht werden.

Datentabellen aus anderen Textverarbeitungsanwendungen

Theoretisch kann Word eine Tabelle aus jeder Textverarbeitungsanwendung als Datenquelle einsetzen, vorausgesetzt, der entsprechende Konvertierfilter ist installiert. In der Praxis erweist sich diese Handlung als etwas problematisch, da die Konvertierung von, sagen wir z.B. WordPerfect-Tabellen in Word-Format, nicht immer erfolgreich ist, was zu Dokumentbeschädigungen führt.

Wenn die Möglichkeit besteht, sollten Datenquellen im binären Format einer anderen Textverarbeitung in eine Textdatei exportiert werden. Alternativ kann in diesem Programm ein Seriendruck ausgeführt werden, der ein zeichengetrenntes Resultat liefert, das anschließend in Textformat gespeichert wird.

Excel

Vieles spricht für diese Anwendung als Datenquelle. Excel ist als Teil aller Versionen von Microsoft Office erhältlich. Viele Benutzer kennen es bereits und setzen es für die Datenauswertung ein. Auch nicht darin bewanderte Benutzer lernen schnell und problemlos, Daten in eine Tabelle einzugeben.

Vorteile für die Speicherung von Daten in Excel

- Excel kann Daten in vielen Datenformaten exportieren, unter anderem als zeichengetrennte Dateien, HTML-Dateien und im xBase-Format (*.*dbf*) Daher ist es einfach, Daten mit anderen zu teilen.
- Access kann Excel-Tabellen direkt importieren und auch direkt in Excel-Dateiformat exportieren.
- Excel kann Daten aus verschiedenen Formaten importieren und umwandeln.
- Excel kann über MS Query Daten aus Datenquellen einknüpfen, die Word nicht direkt »ansprechen« kann, entweder weil die Art von Datenquelle in Word nicht aufgelistet wird oder weil die SQL-Abfrage länger als 512 Zeichen ist. Excel hat damit keine Mühe und gibt die Daten problemlos an Word weiter.
- Excel kann Daten für Web-Seiten liefern.
- Die gemeinsame VBA-Schnittstelle ermöglicht eine Automatisierung des Seriendrucks von Excel aus.

Nachteile für die Speicherung von Daten in Excel

- Es ist nicht sofort klar, wie der Seriendruck Daten einknüpft, die sich nicht auf dem ersten Tabellenblatt einer Arbeitsmappe befinden.
- Die Anzahl Spalten ist auf 255 und die Anzahl Datensätze auf die maximale Anzahl Zeilen der jeweiligen Version von Excel begrenzt (65536 in Excel 2002).
- Excel unterstützt nur begrenzt den gleichzeitigen Zugriff auf die gleiche Arbeitsmappe durch mehrere Benutzer.

Verbindungsmethoden in Word

- DDE
- ODBC
- Word-interner Tabellenkalkulations-Konvertierfilter
- OLEDB (nur in Word 2002)

In allen Word-Versionen bis Word 2000 ist die standardmäßige Verbindungsmethode DDE. In Word 2002 ist sie OLEDB. Die allgemeinen Vorteile und Nachteile der verschiedenen Verbindungsmethoden werden in der Diskussion im nächsten Abschnitt erläutert. Hier stellen wir Excel-spezifische Überlegungen vor.

Wie schon erwähnt, zieht es der Seriendruck vor, seine Daten aus dem ersten Excel-Arbeitsblatt zu nehmen. Mit einer DDE-Verbindung ist dies auch die einzige Möglichkeit. Auch wenn im Dialogfeld *Microsoft Excel* die Beschriftung »Benannter oder Zellbereich:« lautet, führt nur die Auswahl des einzigen Eintrags – *Gesamtes Tabellenblatt* – oder die Eingabe eines Zellbereichs auf diesem Blatt im Z1S1-Format zu einer erfolgreichen Verbindung.

Die OLEDB-Verbindungsmethode in Word 2002 listet standardmäßig alle Arbeitsblätter sowie benannte Bereiche auf. OLEDB hat jedoch schwerwiegende Probleme mit Datumsangaben; lesen Sie also unbedingt im OLEDB-Abschnitt nach, bevor Sie sich für diese Methode entscheiden.

Bei einer ODBC-Verbindung sieht es etwas anders aus. Wenn man auf die Schaltfläche *Optionen* (siehe Abbildung 10.4) klickt und im folgenden Dialogfeld *Systemtabellen* aktiviert, erscheinen alle Arbeitsblätter sowie benannte Bereiche in der Liste.

WICHTIG Die Betätigung der Schaltfläche *Optionen* setzt die Auswahl in der Liste *Arbeitsmappe* zurück. Falls mehr als eine Excel-Datei im gleichen Ordner gespeichert ist, müssen Sie die mit den Seriendruckdaten nochmals auswählen.

Abbildung 10.4:
Um aus allen
Arbeitsblättern
sowie benannten
Bereichen in
einer Excel-
Arbeitsmappe
wählen zu dür-
fen, muss die
Option System-
tabellen aktiviert
werden

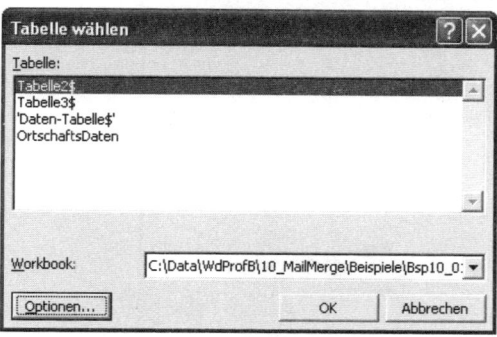

Auch unter Verwendung des Word-Konvertierfilters ist es möglich, ein Tabellenblatt oder einen Zellenbereich als Datenquelle festzulegen. Der Nachteil dieser Verbindungsmethode ist, dass beim erneuten Öffnen des Seriendruckhauptdokuments eine Aufforderung eingeblendet wird, diese Tabelle nochmals auszuwählen. Es handelt sich hier nicht um einen Bug, sondern um die Arbeitsweise des Word-Konvertierfilters. Er erstellt im Speicher eine virtuelle Datei, die alle konvertierten Daten in einer Word-Tabelle enthält. Da diese Datei sich nach dem Schließen von Word »in Luft auflöst«, sind die Daten beim nächsten Mal nicht mehr vorhanden, nur der Pfadname der Excel-Datei.

HINWEIS Da der Konvertierfilter eine Word-Tabelle im Speicher erstellt, wird verständlich, warum diese Verbindungsmethode nur 64 Felder unterstützt und sehr langsam sein kann. Mehr über den Konvertierfilter steht im Abschnitt über Verbindungsmethoden.

Wie im Verbindungsabschnitt ausführlich erklärt, ist eine DDE-Verbindung die einzige, die auch Zahlen- und Datumsformate in den Seriendruck übernimmt. Sie ist zudem auch die einzige, die in Excel gesetzte Datenfilter erkennt, wenigstens teilweise.

Wenn mit dem Befehl *Daten/Filter/AutoFilter* in Excel die Spaltenüberschriften mit der Filter-Funktionalität versehen sind, darf der Benutzer anhand von Kriterien Zeilen verbergen. Da in Excel das Filtern besser ausgebaut, benutzerfreundlicher und leistungsfähiger ist, als im Word-Seriendruck (egal, ob in Word 2002 oder in früheren Versionen), ist es sinnvoll, eine komplexe Datensatzauswahl in Excel festzulegen und den Seriendruck damit zu verbinden.

Excel-Autofilter einsetzen

Ein Filter in Excel verbirgt lediglich die Zeilen in der Anwendungsumgebung, und hat keinen Einfluss auf die Daten, die in der Arbeitsmappe (Datenquelle) gespeichert werden. Deshalb »sieht« der Seriendruck einen Filter nur über eine DDE-Verbindung. Aber auch dann nur teilweise: Word übernimmt trotz Filter alle Datensätze, aber die in Excel verborgenen scheinen leer zu sein; sie übergeben keine Daten. Word produziert leere Serienbriefe.

Die Lösung: Man setzt auch in Word einen Filter, der nur alle die Datensätze zusammenführt, die nicht leer sind. Dabei wählt man für das Kriterium ein Feld, das in allen Datensätzen einen Eintrag hat. Die Abbildung 10.5 zeigt, wie im *Seriendruckempfänger*-Dialogfeld vorzugehen ist. In früheren Word-Versionen müssen Sie das Kriterium im Dialogfeld *Abfrageoptionen* setzen.

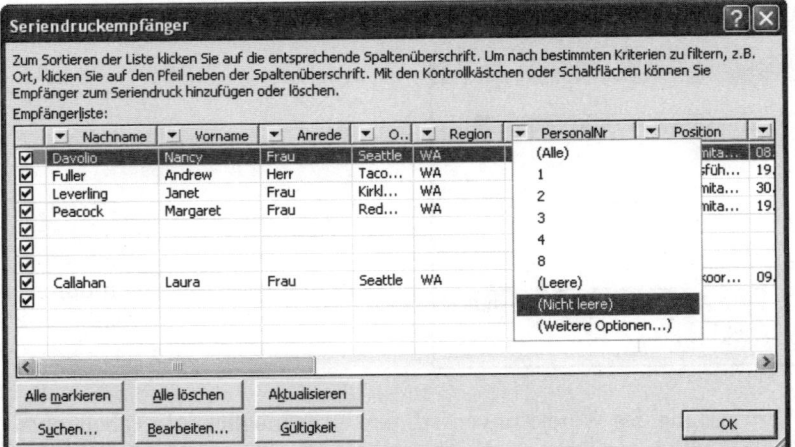

Abbildung 10.5:
Nur die in Excel sichtbaren Datensätze (Zeilen) im Seriendruck zusammenführen

Im Allgemeinen ist diese neue Schnittstelle für die Datenübersicht einfach und übersichtlich für den Durchschnittsbenutzer. Es gibt hier nur zwei kleine Haken:

- Word 2002 speichert für Excel-Datenquellen über eine OLEDB-Verbindung keine in Word erstellten Filter bzw. Abfrageoptionen. Es kommt sogar vor, dass Word den Pfadnamen zur Excel-Datei »verliert«. Dieser Fehler in Word 2002 wurde mit dem Service Pack 2 zwischenzeitlich behoben.

- Falls ein Feld (Spalte) viele verschiedene Einträge enthält, kann die Dropdownliste nicht alle anzeigen. In diesem Fall bleibt nur der Weg über *(Weitere Optionen...)*, die das altvertraute Dialogfeld *Abfrage Optionen* früherer Versionen einblendet.

Betrachten Sie dazu die beiden Beispieldateien im Ordner *\Buch\Kap10* auf der CD-ROM – Hauptdokument: *Bsp10_03.doc*, Datenquelle: *Bsp10_03.xls*.

Es gibt noch ein Excel-spezifisches Problem, das sowohl mit ODBC- als auch mit OLEDB-Verbindungen in Erscheinung tritt: Gewisse Seriendruckfelder scheinen für bestimmte Datensätze keinen Inhalt zu haben, obwohl sie in der Datenbank nicht leer sind. Bei einer näheren Untersuchung stellen Sie fest, dass das Problem nur in Spalten auftaucht, wo manche Einträge aus Zahlen und andere aus Buchstaben bestehen; gemischte Datentypen also.

Die Ursache hierfür ist, wie der ODBC-Treiber die Datentypen für die Excel-Spalten festlegt. (OLEDB bedient sich des ODBC-Treibers für die Verbindung, da Excel keinen eigenen OLEDB-Provider hat). Er scannt die ersten acht (!) Zeilen und legt danach den Datentyp fest. Eine Spalte mit dem Datentyp »Zahl« übermittelt keine Zeichenketten und umgekehrt werden keine Zahlen weitergegeben, wenn die Spalte den Typ »Zeichenkette« hat.

Umgehen kann man das Problem auf mehrere Arten:

- Für alle Versionen von Word: Formatieren Sie alle Zelleninhalte explizit als Text (Einzelheiten lesen Sie bitte im Abschnitt über OLEDB-Verbindungen nach).
- Nur in Word 2002: Setzen Sie die IMEX-Einstellung auf »1« in einer *.odc-Datei, die das Excelblatt über den Jet-OLEDB-Provider verknüpft.

In Word 2002 gibt es zwei Methoden, eine Datenquelle einzubinden: Auf die herkömmliche Art, bei der die Datenquelledatei direkt ausgewählt wird oder über eine *.odc-Datei (ODC steht für »Office Data Connection«). Diese reine Textdatei ist eine besondere Art von XML, die die OLE-Verbindungsangaben für eine bestimmte Datenquelle festhält. Sie kann auch im Internet Explorer geöffnet werden, wo die Anzeige der Daten als HTML-Tabelle erfolgt. Ein großer Vorteil einer ODC-Datei ist, dass der Benutzer weder wissen muss, wo sich die eigentliche Datenquelle befindet, noch wie sie einzuknüpfen ist. Wenn die Pfadangabe oder sonst etwas geändert wird, stellt der Hersteller oder Verwalter der Datenbank einfach eine angepasste ODC zur Verfügung. Falls Sie jemals die Hölle einer neuen Netzwerk-Konfiguration durchgemacht haben, wo alle Dateien mit Verknüpfungen aktualisiert werden mussten, werden Sie diese Option zu schätzen wissen!

Während des Seriendrucks kann eine ODC-Datei erstellt werden, die dafür sorgt, dass Excel-Spalten mit gemischten Typen als Text übernommen werden, sodass alle Daten sichtbar sind.

Dem Dialogfeld *Datenquelle auswählen* wurde in Word 2002 die Schaltfläche *Neue Quelle* hinzugefügt. Klicken Sie darauf, um den Erstellungsvorgang auszulösen. Gehen Sie wie folgt vor:

1. Wählen Sie aus dem Dialogfeld *Datenverbindungs-Assistent* den Eintrag *Weitere/Erweiterte Optionen*. Dann klicken Sie auf *Weiter*.

2. Im folgenden Dialogfeld *Datenverknüpfungseigenschaften* wählen Sie aus der Liste der OLEDB-Provider den Eintrag *Microsoft Jet 4.0 OLEDB Provider* und klicken dann auf *Weiter*.

3. Auf der Registerkarte *Verbindung* suchen Sie unter Punkt 1 die Excel-Datei, die als Datenquelle dienen soll.

4. Unter Punkt 2 löschen Sie den Benutzernamen, deaktivieren Sie das Kontrollkästchen *Kein Kennwort* und aktivieren Sie *Speichern des Kennworts zulassen*.

5. Wechseln Sie in die Registerkarte *Alle*.

6. Wählen Sie aus der Liste den Eintrag *Extended Properties* und klicken auf *Wert bearbeiten*. Das Dialogfeld in Abbildung 10.6 wird eingeblendet.

7. Geben Sie folgende Zeichenkette ein, die dem Jet-Provider mitteilt, dass es sich um eine Excel- und nicht um eine Access-Datei handelt, deren Daten gemischter Typen als Text zu importieren sind und dass die erste Zeile die Feldnamen enthält:
   `Excel 8.0;IMEX=1;HDR=Yes;"";`

8. Gehen Sie wieder zurück in die Registerkarte *Verbindung* und klicken Sie auf *Verbindung testen*

9. Falls alles stimmt, können Sie im nächsten Dialogfeld das Arbeitsblatt oder den benannten Bereich auswählen, das/der die Daten enthält.

10. Im letzten Dialogfeld geben Sie der ODC-Datei einen Namen und eine Beschreibung ein.

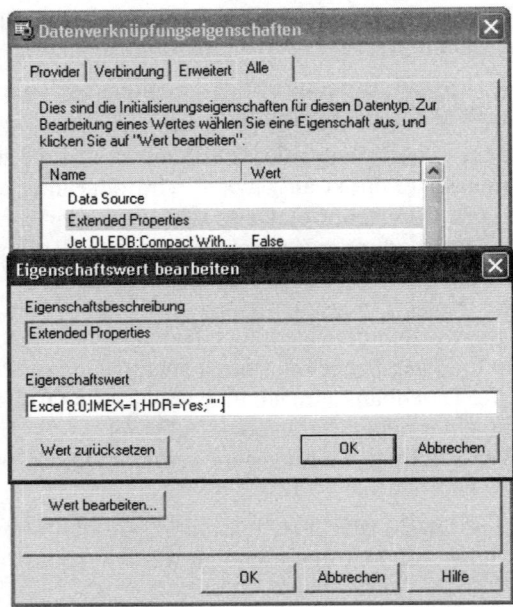

Abbildung 10.6: Um eine Excel-Datei mit dem Jet-OLEDB-Provider einzubinden, müssen die Extended Properties festgelegt werden

Mehr über die IMEX-Einstellung steht im Knowledge Base-Artikel »Q194124 PRB: Excel Values Returned as NULL Using DAO OpenRecordset«. **TIPP**

Gelegentlich erscheinen »komische« oder falsche Ergebnisse beim Seriendruck mit einer Excel-Datenquelle: Datensätze werden übersprungen, werden zweimal zusammengeführt, oder ein Datensatz enthält Daten vom Datensatz direkt davor oder danach.

● Handelt es sich um Word 2000, könnte es ein Problem mit der DDE-Verbindungsmethode sein. (Knowledge Base-Artikel »Q204542 WD2000: Incorrect Results Merging with Excel Data Source«).

● Oft ist dieses Verhalten aber ein Zeichen dafür, dass entweder das Word-Dokument oder (seltener) die Excel-Arbeitsmappe beschädigt ist. Bei Word-Dokumenten genügt es meistens, den Textinhalt – ohne die letzte Absatzmarke – in ein neues Dokument zu kopieren und die Datenquelle nochmals einzubinden. Eine ähnliche

Vorgehensweise in Excel – Transfer der Daten ohne die Tabellenstruktur in eine neue Mappe – ist meistens auch wirksam.

Access

 Access ist eine Desktop-Datenverwaltungsanwendung, die ursprünglich für den »Alltags«-Benutzer konzipiert wurde. Es hat eine ausgezeichnete Benutzeroberfläche für die Erstellung von leistungsfähigen Abfragen, sodass nur die Daten an den Seriendruck übergeben werden, die er tatsächlich braucht. Die Abfragen können, dank der zahlreichen zur Verfügung stehenden Funktionen, Daten formatieren und manipulieren (z.B. Datumsangaben berechnen), was im Seriendruckhauptdokument nur begrenzt oder überhaupt nicht möglich ist.

Wie bereits erwähnt, erstellt Word 2002 neue Adresslisten in einer Access-Datei. Mehr darüber steht im ▶ Abschnitt »Eine Word 2002-Datenquelle erstellen« in diesem Kapitel.

Vorteile

○ Access kann Daten in zahlreichen Datenformaten exportieren, unter anderem als zeichengetrennte Dateien und im Excel-Format (*.xls). Daher ist es einfach, Daten mit anderen zu teilen.

○ Access kann Daten aus verschiedenen Formaten importieren und umwandeln.

○ Eine Access-Datenbank kann mit relativ wenig Aufwand nach SQL-Server »upsized« (portiert) werden.

○ Access kann als »Front-end« für SQL-Server oder als »Back-end« für Web-Seiten dienen.

○ Access kann Daten aus Datenquellen einknüpfen, die Word nicht direkt »ansprechen« kann, entweder weil die Art von Datenquelle in Word nicht aufgelistet wird oder weil die SQL-Abfrage länger als 512 Zeichen ist.

○ Die gemeinsame VBA-Schnittstelle ermöglicht eine Automatisierung des Seriendrucks von Access aus.

Nachteile

○ Der Umgang erfordert Datenbank-Kenntnisse, über die wenige Word-Benutzer verfügen; die Umgebung ist ihnen nicht vertraut. Eignet sich also weniger für einfache Adressenlisten.

○ Viele Benutzer haben Hemmungen, auch wenn eine vorbereitete Benutzeroberfläche (Formular) vorhanden ist.

○ Obwohl Access viel mehr Daten verwaltet als Word und auch gleichzeitig von mehreren Benutzern beansprucht werden kann, gibt es doch Grenzen.

Verbindungsmethoden in Word

○ DDE

○ ODBC

○ OLEDB (nur in Word 2002)

In allen Versionen von Word bis Word 2000 ist die standardmäßige Verbindungsmethode DDE. In Word 2002 ist sie OLEDB. Obwohl OLEDB eine echte Verbesserung darstellt für diejenigen, die Client/Server-Datenbanken wie SQL-Server oder Oracle benutzen, entpuppt es sich in Word 2002 als fehlerhaft und äußerst problematisch für den Einsatz von Excel und Access-Datenquellen. Die allgemeinen Vorteile von DDE sowie die Probleme mit OLEDB werden in der Diskussion im Verbindungsabschnitt erläutert.

Mehr als bei allen anderen bislang behandelten Datenquellen bestimmt die Wahl der Verbindungsmethode für den Seriendruck mit Access, was damit erreicht werden kann.

Für eine DDE-Verbindung sprechen einige Vorteile (gültig für alle Versionen von Word):

○ **Zahlen- und Datumsformatierungen** erscheinen im Seriendruckergebnis genau so, wie sie in der Access-Tabelle oder -Abfrage gespeichert sind.

○ **Parameter-Abfragen.** In Access ist es möglich, eine Abfrage zu erstellen, die ein oder mehrere Kriterien entweder aus einem geöffneten Formular oder über eine Aufforderung an den Benutzer beziehen. Da solche Abfragen eine laufende Access-Anwendung bedingen, stehen sie einem Seriendruck nur bei einer DDE-Verbindung zur Verfügung.

○ **Benutzerdefinierte VBA-Funktionen** können auch in Access-Abfragen eingesetzt werden, um die Daten zu manipulieren. Anders als bei vielen VB-Funktionen, die auch in ODBC und OLEDB funktionieren, werden benutzerdefinierte nur mit einer DDE-Verbindung erkannt.

Vorteile einer DDE-Verbindung

Da muss man sich fragen, warum nicht immer eine DDE-Verbindung? Dafür gibt es verschiedene Gründe; die allgemeinen stehen im Abschnitt über DDE. Für Access gibt es zusätzlich noch zwei Verhaltensfehler:

○ Word 97 und Word 2000 können über DDE keine Verbindung zu Dateien mit der Endung *.mde* aufstellen. Die Datei muss mit der Endung *.mdb* umbenannt werden.

○ Die Access-Datenbank wird mehrmals geöffnet. Dieses Problem ist eigentlich auch erst seit der Einführung von Office 97 bekannt. DDE ist eine ältere Technologie. Um eine Anwendung eindeutig zu erkennen, schaut sie nach der Beschriftung der Titelleiste. Wenn sie den genauen Suchbegriff (in diesem Fall »Microsoft Access«) nicht findet, öffnet sie die Anwendung erneut. Und jetzt die Preisfrage: Geben nicht auch Sie einen aussagekräftigen Anwendungstitel in *Extras/Start* für Ihre Datenbank ein? Eben ... Aber genau dieser Anwendungstitel ist es, was DDE nicht berücksichtigt. Und deshalb wird Access jedes Mal erneut gestartet, wenn der Seriendruck die Datenquelle abfragt. Wegen dieser internen Verwirrung werden die geöffneten Anwendungsfenster vom Seriendruck auch nie geschlossen. Dagegen kann man nicht viel unternehmen: entweder den Anwendungstitel für die Datenbank (vorübergehend) entfernen oder eine andere Verbindungsmethode einsetzen (oder die Daten exportieren).

Nachteile einer DDE-Verbindung

Wenn die Version von Word nicht 2002 ist, kann »andere Verbindungsmethode« nur ODBC bedeuten. Aber die meisten Benutzer wenden sich enttäuscht davon ab, wenn sie ihre Abfrage nicht in der Liste der Tabellen finden. Das Geheimnis: Wie für Excel muss über *Optionen* ein Kontrollkästchen aktiviert werden, diesmal *Ansichten*.

Abfragen in der ODBC-Verbindung

Auch mit einer ODBC-Verbindung bereitet die Endung *.mde* Probleme, da der ODBC-Treiber nur auf *.mdb*-Endungen eingestellt ist. Die Folge: ODBC erscheint nicht als mögliche Verbindungsmethode im Dialogfeld *Datenquelle bestätigen*. Hierfür gibt es jedoch eine einfache Alternative zur Umbenennung der Datei: Aktivieren

Sie im Dialogfeld das Kontrollkästchen *Alle anzeigen*. Jetzt können Sie den Eintrag *Microsoft Access-Datenbank über ODBC (*.mdb)* wählen und der Ablauf geht wie gewohnt weiter.

HINWEIS Es gibt mit Access- und Excel-Daten noch ein Problem bei ODBC-Verbindungen, wenn »Währung« als Datentyp bzw. Zahlenformat festgelegt ist. Weitere Informationen finden Sie im ▶ Abschnitt »ODBC« in diesem Kapitel.

Abfragen sind, neben Zahlen- und Datumsformatierungen, ein wiederkehrendes Thema beim Seriendruck mit Access. Manche Abfragen stehen dem Seriendruck in der Liste nicht zur Verfügung oder liefern keine Datensätze:

- **Union- und Kreuztabellenabfragen sowie Abfragen mit Aggregatfunktionen.** Egal, welche Version von Word oder Access benutzt und welche Verbindungsmethode gewählt wurde, kann der Seriendruck mit komplexen Anfragen dieser Art nichts anfangen; sie erscheinen nicht in der Liste. Um diese doch noch als Datenquellen zu verwenden, müssen Sie eine neue Auswahlabfrage, die auf der komplexen basiert, erstellen; diese erscheint in der Liste für den Seriendruck. Alternativ können Sie das Abfrageergebnis mit einer Tabellenerstellungsabfrage als Tabelle zur Verfügung stellen oder die Daten in eine Text-, RTF- oder Exceldatei exportieren.

- **Word 2002: Abfragen mit Platzhalterzeichen.** Die Technologie passt sich im Laufe der Zeit an; wir erfahren das täglich. Der SQL-Abfragesprache geht es nicht anders. Bis Office 2000 basiert alles auf dem Standard ANSI-89; der neueste Standard heißt ANSI-92, der statt dem »*« ein »%« als Platzhalterzeichen einsetzt. Eine Access 2002-Datenbank, egal ob im Access 2000- oder Access 2002-Dateiformat, kann für das eine oder das andere eingestellt werden. Soweit, so gut. Das Problem: Der Access-OLEDB-Provider von Microsoft arbeitet nur mit ANSI-92; ODBC und DDE erkennen nur ANSI-89. Wenn Sie eine Datenquelle mit der »falschen« Verbindungsmethode für den von der Datenbank benutzten Standard verwenden, erhalten Sie keine (0; Null) Datensätze.

HINWEIS Mehr Informationen zu ANSI-89 und ANSI-92 in Access 2002 steht in den Access 2002-Hilfsdateien.

- **Word 2002: Gewöhnliche Auswahl-Abfragen erscheinen nicht in der Liste.** Gelegentlich klagt jemand darüber, dass Abfragen, die im Seriendruck von früheren Versionen immer zur Verfügung standen, nicht mehr in der Liste erscheinen. Niemand scheint wirklich zu wissen, was hier los ist, wenn es sich nicht um einen der oben beschriebenen Gründe handelt. Wir haben schon Vermutungen gelesen, wonach das Problem an der Access-Sicherheit und an Ungereimtheiten in der Registrierung der aktuellen Workgroup liege. Bislang ist aber nichts Konkretes bekannt. Microsoft behandelt das Thema im Knowledge Base-Artikel »Q320476 WD2002: Some Access Queries Are Unavailable in Mail Merge Wizard« mit dem Vorschlag, man solle eine DDE-Verbindung erstellen und schweigt über mögliche Ursachen.

Das Adressbuch

 Word hat kein eigenes Adressbuch, sondern teilt das einer anderen Anwendung wie Outlook, Exchange Server, Schedule+ oder WordPerfect. Hauptsache ist, das Adressbuch setzt die MAPI (Messaging Application Program Interface)-Technologie ein und ist in der Windows-Umgebung registriert.

Outlook Express ist **nicht** gleich Outlook, hat mit Outlook überhaupt nichts zu tun, sondern gehört zum Internet Explorer und ist nicht MAPI-registriert. Mit dieser Umbenennung von »Internet News und Mail« hat Microsoft dem Alltagsbenutzer einen echten Bärendienst erwiesen, die Verwirrung ist komplett. Word erkennt das Outlook Express-Adressbuch im *.wab-Format nicht.

Demzufolge kann ein Outlook Express-Adressbuch nicht unmittelbar als Datenquelle für den Seriendruck gewählt werden; es muss zuerst ins Text-Format exportiert werden. Gehen Sie wie folgt vor:

Outlook Express-Adressdaten als Text exportieren

1. Starten Sie Outlook Express.
2. Im *Datei*-Menü wählen Sie *Exportieren* und dann auf *Adressbuch* klicken.
3. Klicken Sie im Dialogfeld *Exportprogramm für das Adressbuch* den Eintrag *Textdatei (mit Kommas als Trennzeichen)* an.
4. Betätigen Sie die Schaltfläche *Exportieren*.
5. Geben Sie einen Dateinamen für Ihr exportiertes Adressbuch in das Textfeld *Exportierte Datei speichern unter* ein, dann klicken Sie auf *Durchsuchen*.
6. Die Datei kann entweder im Format *Werte mit Kommas als Trennzeichen (*.csv)* oder als *Textdateien (*.txt)* gespeichert werden. Word arbeitet mit beiden Formaten; wählen Sie aus dem Dropdownlistenfeld *Dateityp* das Format, das Ihnen lieber ist.
7. Klicken Sie auf die Schaltfläche *Speichern* an, und danach auf *Weiter*.
8. Aktivieren Sie die Kontrollkästchen der Felder, die Sie in der Datenquelle sehen wollen.
9. Abschließend klicken Sie auf *Fertig stellen*.

Jetzt können Sie in Word diese Textdatei als Datenquelle wählen. Die Daten sind natürlich statisch, was bedeutet, Sie müssen die Datei immer wieder exportieren, wenn Änderungen in der Outlook Express-Kontaktliste vorgenommen wurden.

Anders als in Word 2000 werden Benutzer aufgefordert, die Kontaktliste auszuwählen, auch wenn nur eine zur Verfügung steht. Dies liegt daran, dass Microsoft die Verbindungsmethode geändert hat (jetzt OLEDB). Mit dieser Methode bleibt wenigstens die Verbindung zur Datenbank auch nach Schließung und erneutem Start von Word erhalten.

Adressbücher speichern Ihre Daten nicht in einem Tabellenformat. Deshalb braucht Word einen Konvertierfilter, um die Adressbücher für den Seriendruck bereitzustellen. In früheren Word-Versionen erstellte der Konvertierfilter eine virtuelle Word-Tabelle mit der Datei-Endung *.olk, die man auch in Word öffnen, bearbeiten und speichern konnte. Auch die OLEDB-Verbindung arbeitet mit einer virtuellen Datei, diese können wir jedoch weder bearbeiten, einsehen, noch speichern.

Wie in Tabelle 10.1 vermerkt, steht keine Symbolschaltfläche in der *Seriendruck*-Symbolleiste für die Einbindung eines Adressbuches zur Verfügung. Sie können ihr den Befehl *SeriendruckAdreßbuchVerwenden* aus *Extras/Anpassen/Befehle*, Kategorie *Alle Befehle* hinzufügen. Im Gegensatz zum Eintrag im Aufgabenbereich haben Sie die Auswahl zwischen verschiedenen MAPI-Anwendungen und, sofern *Konvertierung beim Öffnen bestätigen* in *Extras/Optionen/Allgemein* aktiviert ist, dem alten Konvertierfilter und der neuen OLEDB-Methode. Standardmäßig wird die alte Methode verwendet und eine virtuelle *.olk-Datei erstellt.

Seriendruck Adressbuch verwenden

Um die Einbindung eines Adressbuchs in einem Makro aufzuzeichnen, müssen Sie den Befehl *SeriendruckAdreßbuchVerwenden* aufzeichnen. Dieser setzt die alte VBA-Methode `UseAddressBook` ein, den Sie nicht standardmäßig im Word 2002-Objektmodell finden werden. Aus Gründen der Rückwärtskompatibilität wird sie jedoch weitergeführt und kann durch den *Objektkatalog* sichtbar gemacht werden. Klicken Sie mit rechter Maustaste im *Elemente*-Fenster, und wählen den Eintrag *Verborgene Elemente anzeigen* aus.

Seit Word 2000 ist es möglich – und sogar höchst empfehlenswert – den Seriendruck von Outlooks *Extras*-Menü aus aufzurufen, was einige Vorteile mit sich bringt, u. a.:

Seriendruck aus Outlook aufrufen

o Sie können die Datensätze durch Ihre Auswahl in der aktuellen Ansicht filtern.

o Alle Outlook-Felder, die in der Kontakt-Ansicht zur Verfügung stehen, werden für den Seriendruck bereitgestellt (also beispielsweise auch Kategorien sowie benutzerdefinierte Felder).

o Nur auf diesen Weg können Sie Kontakt-Informationen im öffentlichen Ordner dem Seriendruck übergeben.

Sie müssen den Inhalt eines *Kontakte*-Ordners anzeigen, bevor der Befehl *Seriendruck* im Menü *Extras* erscheint.

Outlook bedient sich auch eines älteren Konvertierfilters – nicht OLEDB – und erstellt ein temporäres Word-Dokument namens *Ommo.doc* im kommagetrennten Format. Dieses Dokument kann geöffnet und bearbeitet werden.

Nachteile gibt es keine nennenswerten, außer dass die neuen Feldfunktionen `Adressblock` und `Grussformel` für die deutsche Umgebung praktisch nutzlos sind.

Andere Datenbankanwendungen: Visual FoxPro, dBase, Paradox u. a.

Word kann mit anderen Datenbankformaten einen Seriendruck aufstellen, aber es geht nicht immer besonders einfach. Microsoft passt Word an Änderungen anderer Technologien nicht schnell an (denken wir beispielsweise an die Änderungen für dBase, mit Borlands Einführung der BDE – Borland Database Engine). Wenn Sie, der Anwender, die Wahl haben, benutzen Sie lieber Microsoft Office-Produkte für neue Datenquellen.

Manchmal hat man natürlich keine Wahl: die Daten liegen bereits in einem anderen Format vor. Oder müssen in diesem Format aus Kompatibilitätsgründen mit einer anderen Anwendung verwaltet werden. Wir können hier keinen detaillierten Vergleich zwischen anderen Datenbankanwendungen ziehen; sie sind uns zu wenig bekannt. Im Allgemeinen machen wir folgende Feststellungen:

o **xBase (*.dbf)** ist ein »legacy format«, das viele Anwendungen erkennen und unterstützen. Wir würden es nur einsetzen, wenn dafür ein schwerwiegender Grund vorliegt – etwa Bedürfnisse einer bestimmten Anwendung, der Datenaustausch oder es ist der Firmenstandard. Vorteile gegenüber Access wären: weiter verbreitete Unterstützung und die Verwaltung der Datentabellen in getrennten, unabhängigen Dateien.

o **Visual FoxPro** bediente sich früher des standardisierten xBase-Formats. Später führte es sein eigenes Index-Format ein, usw. Die Datenverwaltung gegenwärtiger Versionen, mit zentraler DBMS-Datei + Datentabellen in getrennten Dateien, ist komplexer. VFP kommt eigentlich nur in Frage, wenn die Firma es als Entwicklungstool einsetzt. Im Gegensatz zu Access ist VFP keine Benutzer-, sondern eine Entwickleranwendung.

o **Paradox** verschwindet mehr und mehr von der Bildfläche. Auch diese Anwendung würden wir nur wählen, wenn sie als Firmenstandard gilt.

Client/Server-Datenbanken: SQL-Server, Oracle u. a.

Viele der Datenquellen, die wir bislang behandelt haben, eignen sich nur für einzelne oder sehr wenige Benutzer. Sie haben begrenzte Kapazitäten, was die Datenmengen, Sicherheit und den Gebrauch über Netzwerke anbelangt. Für einen Hochleistungseinsatz mit mehreren Benutzern an verschiedenen Standorten, die jederzeit gleichzeitig auf die Daten für die unterschiedlichsten Zwecke Zugriff haben müssen, ist eine strapazierfähigere Lösung notwendig. Dafür sind Client/Server-Datenbanken gedacht.

Für welches Programm eine IT-Abteilung sich entscheidet, wird auf einer Anzahl von Kriterien basieren, die nicht Bestandteil dieses Buchs sind und höchst wahrscheinlich nichts mit Word oder dem Seriendruck zu tun haben. Was Letzteres betrifft, ist die wichtigste Frage: »Kann man die Daten direkt einbinden, ohne eine andere Anwendung oder ein Zwischenformat einzuschalten. Bis Word 2000 bedeutete das: Gibt es für diese Datenbankanwendung einen ODBC-Treiber, mit dem Word die Verbindung herstellen kann? Für Word 2002 wird die Frage mit »oder OLEDB-Provider« ergänzt.

Die meisten Anwendungen haben mindestens einen ODBC-Treiber, wenn nicht sogar schon einen OLEDB-Provider. Aber nicht alle lassen sich ohne weiteres von Word für den Seriendruck (oder Database-Feldfunktion) bedienen. Wenn Sie es mit einer Datenbank zu tun haben, die nicht automatisch von Word erkannt wird, müssen Sie unter Umständen mit den Verbindungsbefehlen herumprobieren, bis Sie die benötigte Kombination von Eigenschaften herausfinden.

Aus diesem Grund empfehlen wir, den SQL Server zu wählen: er arbeitet am besten mit Windows und Office (inklusive Word) zusammen.

Empfehlung: SQL Server Plattform

Auf jeden Fall werden Sie wahrscheinlich viel mehr unternehmen müssen, um die Daten den Benutzern bereitzustellen. SQL Server oder Oracle stellen keine benutzerfreundliche Schnittstelle zur Verfügung, wie es Access tut. Vielleicht wählen Sie dann auch Access als die Schnittstelle zwischen Benutzern und der großen Datenbank; oder Sie programmieren eine eigene Oberfläche in Visual Basic.

Für die direkte Verbindung des Seriendrucks mit der Datenquelle werden Sie »Ansichten« erstellen wollen. Es wird höchst selten oder nie direkt auf die Daten einer Client/Server-Datenbank zugegriffen, sondern meistens über eine Schnittstelle (»multitier«). Somit schützen Sie die Daten und übergeben dem Benutzer nur die Daten, die er eigentlich braucht, in einer benutzerfreundlichen Form.

Beim Einsatz von SQL Server mit ODBC-Verbindung (also vor allem vor Word 2002) werden Sie manchmal beobachten, dass die Datenfelder keinen Inhalt anzeigen. Das Problem ist bei den Unicode Datentypen NChar sowie NVarChar zu suchen. Word 2002 mit OLEDB-Verbindung kennt das Problem nicht.

SQL Server über ODBC: Probleme mit NChar und NVarChar

Diese Datentypen finden anstelle von Char oder VarChar zunehmend Gebrauch, auch wenn die gespeicherten Daten nur single-byte (ANSI) sind. Der Access Upsizing

Assistent verwandelt Textdatentypen in Unicode-Datentypen und die Nordwind-Beispieldatenbank benutzt sie auch.

Folgende Möglichkeiten für eine Umgehung des Problems stehen zur Verfügung:

○ Falls es feststeht, dass diese Felder nie Unicode-Zeichen speichern werden, kann der Datenbankadministrator den Datentyp für die Felder in Char oder VarChar ändern.

○ Die Tabellen können in Access verknüpft werden, und von dort aus in Word.

○ Mit SQL Server Verwaltungstools kann eine View (Ansicht) erstellt werden, wo mithilfe der Funktionen CAST oder CONVERT die Datentypen umgewandelt werden.

Beispiel: Die Nordwind-Datenbank enthält eine Tabelle mit den Feldern in Tabelle 10.2:

Tabelle 10.2:
Felder in einer
SQL-Server
Tabelle mit Uni-
code Datentypen

Name	Type	Length
TerritoryID	NVARCHAR	20
TerritoryDescription	NCHAR	50
RegionID	INT	4

Im SQL Server Enterprise Manager wird eine Ansicht mit folgender SQL-Anweisung erstellt, die den ANSI-Inhalt der Felder in normalen Text umwandelt (eventuell vorhandener Unicode-Inhalt erscheint als »??«).

```
SELECT CAST(TerritoryID AS VARCHAR) AS TerritoryID, CAST(TerritoryDescription AS CHAR) AS Ter-
ritoryDescription, RegionID FROM Territories;
```

HINWEIS Sie können diese SQL-Anweisung auch in Word im SQLStatement Parameter einer Database-Feldfunktion oder der OpenDataSource-Methode für den Seriendruck verwenden. Diese Methode kann jedoch schnell die Word-interne 512-Zeichen-Begrenzung für SQL-Anweisungen übersteigen.

Datenverbindungsmethoden

Schauen wir nun die Verbindung einer existierenden Datenquelle mit dem Seriendruck an, da diese Diskussion die Frage, in welcher Anwendung Sie Ihre Daten verwalten, beeinflussen könnte.

Je nach Quelle braucht es logischerweise verschiedene Methoden, um mit ihr zu kommunizieren, weil sich die dahinter stehenden Anwendungen und Dateiformate unterscheiden. Hinzu kommt, dass die Entwicklung der Technologie immer neue Methoden hervorbringt, die Microsoft über die Jahre in den Seriendruck integrieren musste. Die ursprünglichen Verbindungsmethoden versteht Word – nicht zuletzt aus Gründen der Rückwärtskompatibilität – weiterhin.

Am Anfang waren es Konvertierungsfilter für Excel- und Textdateien, sowie DDE (Dynamic Data Exchange) für Excel und später Access. Dazu kam ODBC (Open Database Connectivity) und öffnete den Zugriff auf eine breite Palette von Datenquellen. In den letzten Jahren hat Microsoft OLEDB (Object Linking and Embedding for Databases) als die neueste, universelle Schnittstelle für den Datenaustausch avanciert und in Word 2002 diese Methode als die Standardmethode gesetzt. Die Tabelle

10.3 bietet eine Übersicht, welche Methoden mit welchen Datenquellen eingesetzt werden können.

Aber welche Methode soll wann eingesetzt werden? Welche Probleme stecken dahinter? Und wie sind sie zu umgehen?

Datenquelle	DDE	ODBC	OLEDB*	Word-Konvertierfilter
Word-Dokument				X
Textdatei		X	X	X
Excel-Tabellenblatt	X	X	X	X
Access-Tabelle/Abfrage	X	X	X	
Adressbuch			X	X
Works-Datenbank			X	X**
Andere Tabellenkalkulationsanwendungen				X
dBase & (Visual) FoxPro (*.dbf)		X	X	
Paradox		X		
SQL Server		X	X	
Oracle		X	X	

Tabelle 10.3: Einbindungsmethoden für verschiedene Datenquellen

Andere Datenbankformate und -Anwendungen können evtl. über ODBC oder vielleicht OLEDB verknüpft werden. Treiber bzw. Provider sind meistens erhältlich; die Frage ist, ob Word damit kommunizieren kann. Ein Versuch über einen ODBC DSN (evtl. mit Hilfe von MS Query) ist es wert.

* erst ab Word 2002

** nur ab Word 2002 oder in Word 2000 als Bestandteil des Works 2000 Suite

Wir werden uns bemühen, die Möglichkeiten und alle Fallen zu durchleuchten.

WICHTIG Um statt der Standardverbindungsmethode eine andere frei wählen zu können, lesen Sie die Angaben im ▶ Abschnitt »Vermisste Funktionalität in Word 2002 wiederherstellen«.

TIPP In der Seriendruck-Benutzerschnittstelle von Word 2002 finden Sie nirgends den gesamten Pfadnamen zur Seriendruck-Datenquelle. Um diesen einzusehen, gehen Sie über *?/Info* in die *Systeminformationen*. Suchen Sie in der linken Fensterhälfte einen Pfad wie *Office 10-Anwendungen/Microsoft Word 2002/Seriendruck*. Im Fenster rechts stehen mehrere Angaben zu den Seriendruckeinstellungen des aktiven Dokuments, einschließlich des vollen Pfadnamens.

OLEDB

Wie erwähnt, steht OLEDB für »Object Linking und Embedding for Databases«. OLE ist der alte Name für das, was heutzutage COM (»Component Object Model«) heißt. Wenn Sie ein Entwickler sind, ist Ihnen der Ausdruck ADO vielleicht besser bekannt. ADO ist eine Programmier-Schnittstelle, die es uns erleichtert, OLEDB anzusprechen und zu benutzen.

Ähnlich wie mit ODBC gibt es eine Komponente, genannt »Provider« statt Treiber, die für die Verbindung und den Datenaustausch zuständig ist. Jede Art von Datenbank braucht einen eigenen Provider. MDAC, das beispielsweise mit Microsoft Windows 2000 oder XP geliefert wird, installiert OLEDB-Provider für gängige Datenbanken wie SQL-Server, Jet (Access), Oracle usw. Ein Provider für ODBC-Datenquellen ist ebenfalls enthalten. Das bedeutet, wenn Sie für eine Datenquelle schon einen ODBC-Treiber haben, können die Daten mit dem OLED-Provider für ODBC verknüpft werden. (Da die Daten über zwei Schnittstellen gereicht werden müssen, ist dies allerdings oft etwas langsamer als nur die ODBC-Verbindung.)

MDAC 2.6 enthält unter anderem OLEDB-Provider für:

- Jet 3.51 (für Access 97-Datenbanken)
- Jet 4.0 (für Access 2000 und Nachfolge-Versionen)
- ODBC-Treiber
- Oracle (Version 7)
- SQL Server

Nur Word 2002 hat die Fähigkeit, OLEDB-Verbindungen für den Seriendruck zu benutzen. Es ist auch die standardmäßige Verbindungsmethode für diese Version.

Was sind die Vorteile von OLEDB?

- Es ist die neue Technologie, die standardmäßig von Word eingesetzt wird, auch bei der Erstellung einer »neuen Liste«.
- Es vereinfacht die Verbindung zu Client/Server-Datenbanken wie SQL-Server oder Oracle. Es muss keine DSN für die ODBC-Verbindung erstellt werden.
- Es bietet in vieler Hinsicht eine bessere Verbindung zu Outlook-Kontaktlisten an, als in früheren Versionen.
- Im Gegensatz zu DDE wird die Datenquellenanwendung nicht gestartet, ja, sie muss nicht einmal auf dem Rechner vorhanden sein. Wie ODBC also.

Was spricht gegen OLEDB?

Leider weist sie – wie so oft, wenn es um neue Technologie geht – etliche Probleme auf, unter anderem:

- Der Provider für Access und Excel vertauscht bei Datumsangaben die Werte für Tag und Monat auf europäischen Windows-Installationen.
- Nicht alle Tabellen und Abfragen in Access-Datenbanken werden für den Seriendruck aufgelistet.
- Word 2002-Dokumente verlieren die Abfrage-Optionen oder sogar die Verknüpfung zu Excel-Arbeitsblättern. (Ein Programmfehler, der in vielen Fällen durch Installation von SP2 aufgehoben wird.)
- Datums- und Zahlenformatierungen aus Excel und Access werden nicht importiert.
- Nur sehr rudimentäre Filter können in der Benutzeroberfläche, ohne Hilfe von VBA, erstellt werden. MS Query arbeitet nur mit ODBC-Verbindungen, nicht mit OLEDB.
- OLEDB-Verbindungen sind im Allgemeinen langsamer als frühere Methoden, vor allem ODBC.

- Die Benutzerschnittstelle, um OLEDB-Verbindungen zu erstellen oder anzupassen, ist nicht besonders benutzerfreundlich und die Art von Angaben, die einzutragen sind, wird nicht erklärt und ist deshalb unklar. Im ▶ Abschnitt »Die Datenquellen«, Unterabschnitt »Excel« haben Sie dafür bei den IMEX-Einstellungen ein Beispiel gesehen. Zum Glück kann Word zu den gängigsten Datenquellen die Verbindung ohne Benutzereingriff selber erstellen.

- Nicht alle Datenquellen lassen sich mit VBA über OLEDB verknüpfen. Obwohl die Verbindung in der Benutzeroberfläche klappt, läuft aufgezeichneter Code nicht.

Bei manchen dieser Probleme drängt sich der Einsatz der bisherigen Verbindungsmethoden auf. Detailliertere Ausführungen dazu finden Sie im weiteren Verlauf des Kapitels.

Tag und Monat werden für Datumsdaten vertauscht

Es handelt sich hier um ein Bug, nicht in Word sondern in der OLEDB-Schnittstelle für Jet (Access) und ODBC-Datenquellen. Irgendwie ist es den Entwicklern entgangen, dass sie die OLEDB-Provider für eine internationale Kundschaft herstellen. Die OLEDB-Provider erwarten ein nordamerikanisches Datumsformat: Monat/Tag/Jahr – also genau umgekehrt wie in den meisten anderen Regionen der Welt. Wenn in den Windows-Ländereinstellungen ein nicht-nordamerikanisches Kurzdatumsformat festgelegt ist, handelt der OLEDB-Provider willkürlich und reicht die Daten mit vertauschten Tages- und Monatswerten weiter, d. h. sie werden im nordamerikanischen Format präsentiert. Aber leider **nur**, wenn beide Zahlen 12 oder weniger betragen. Ist die Tageszahl größer als 12, wird der OLEDB-Provider plötzlich »klug« und tauscht die Werte nicht, obwohl sie noch als Monat/Tag/Jahr erscheinen, wie die Tabelle in Abbildung 10.7 veranschaulicht.

Die OLEDB-Provider erwarten ein nordamerikanisches Datumsformat

OLEDB Resultat	ursprüngliches Datum in Access	Spalten 1 & 2, formatiert	
4/7/1949	07.04.1949	4-Jul-1949	7-Apr-1949
9/1/1947	01.09.1947	9-Jan-1947	1-Sep-1947
2/17/1948	17.02.1948	17-Feb-1948	17-Feb-1948

Abbildung 10.7: Vergleich von Datumsangaben, die über eine OLEDB-Verbindung als Datum- vs. Textdatentypen in den Seriendruck importiert wurden

Dank diesem Mangel an Konsequenz in der Handhabung der Datenübertragung ist es im Seriendruck-Hauptdokument unmöglich, mit einer OLEDB-Verbindung, Datumsangaben direkt aus Access oder Excel zu übernehmen.

Dieses Problem ist bei SQL Server und Oracle unbekannt, da sie ihre eigenen internen Datumseinstellungen verwenden.

HINWEIS

Empfehlungen

- Eine der anderen Verbindungsmethoden einsetzen.
- Die Datumsangaben als Text in der Datenquelle bereitstellen.

Die Tabelle in Abbildung 10.7 wurde mit dem Seriendruck und einer OLEDB-Verbindung zu Access erstellt. Die Datumsangaben in den Spalten zwei und vier wurden aber nicht direkt übernommen, sondern in der Quellenabfrage explizit als Text formatiert.

Das geht ganz einfach, indem Sie einen Ausdruck mit der `Format`-Funktion definieren, wie die Abbildung 10.8 ersichtlich macht:

1. Setzen Sie die Einfügemarke in die erste leere Spalte der Abfrage.

2. Geben Sie eine Bezeichnung (Feldname) ein; Beispiel: `Datum als Text`

3. Gefolgt von einem Doppelpunkt: :

4. Geben Sie den Funktionsnamen ein: `Format(`

5. Dann geben Sie den Namen des Datumsfeldes ein; Beispiel: `[Bestellungsdatum]`

6. Gefolgt von einem Argumenttrennzeichen (wird in Windows-Ländereinstellungen festgelegt!): ;

7. Schließlich folgt das gewünschte Datumsformat, zum Beispiel: `"tt.mm.jjjj")`

Die dahinter stehende SQL-Anweisung sieht so aus:

```
SELECT Kunden.Firma, Format([Bestelldatum],"dd\.mm\.yyyy") AS [Datum als Text] FROM Kunden
INNER JOIN Bestellungen ON Kunden.[Kunden-Code] = Bestellungen.[Kunden-Code];
```

WICHTIG Ja, Sie sehen richtig! Die deutsche Abfrageumgebung erwartet das Datumsformat mit deutschen Platzhalter (t = Tag; j = Jahr), aber die SQL-Anweisung speichert die englischen Platzhalter (d bzw. y). Die umgekehrten Schrägstriche, die dafür sorgen, dass die Punkte korrekt interpretiert werden, fügt Access hinzu, Sie müssen sich nicht darum kümmern.

Andere Datenbankanwendungen haben ihre eigenen Funktionen, Zahlenwerte in Text umzuwandeln.

HINWEIS Schlagen Sie in der Access- und VBA-Hilfe die Funktion `Format` nach, um darüber mehr zu erfahren. Mehr über SQL-Anweisungen steht im ▶ Anhang D sowie im weiteren Verlauf dieses Kapitels.

Abbildung 10.8: Datumsangaben in einem Ausdruck als Text übergeben

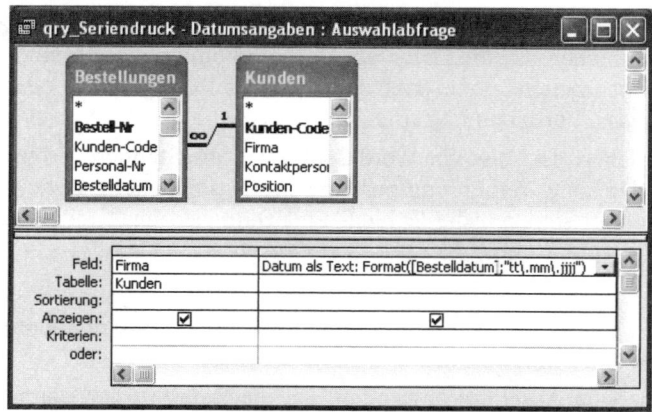

In Excel sieht die Lage ein wenig anders aus. Spalten können über *Format/Zellen/Zahlen* zwar als »Text« formatiert werden, aber diese Formatierung ist nur Bestandteil der Excel-Umgebung. Auch Excel hat eine Funktion, die Zahlen in Text umwandelt: `Text`. Aber infolge der Art, wie ODBC (sprich OLEDB Excel-Daten über einen ODBC-Treiber an) Excel-Daten liest, wird diese ignoriert.

Die Abbildung 10.9 illustriert das Seriendruckergebnis der zwei folgenden, wirksamen Methoden in Excel, Datumsangaben als Text an OLEDB (und folglich ODBC) weiterzugeben. Jedes Spaltenpaar in der Tabelle wurde von einer Spalte in Excel übernommen; die rechte ist in Word jeweils mit einem Kurzdatumsformat d-MMM-yyyy formatiert, um Abweichungen ersichtlich zu machen.

- Der Eintrag wird explizit als Text eingetragen, indem ihm ein ', ^, oder " -Zeichen vorangestellt wird. Diese richten den Eintrag in der Zelle nach links, zentriert bzw. rechts aus.

- Mit dem Textkonvertierungs-Assistent wird der Datentyp der Spalte als Text festgelegt. Markieren Sie die Spalte, dann *Daten/Text in Spalten* ausführen. Klicken Sie *Weiter* bis zum letzten Schritt. Dort muss das Optionsfeld *Text* aktiviert werden.

Datumsangabe aus Excel		Datum als Texteingabe		Spalte als Text formatiert	
5/1/2001	5-Jan-2001	01.05.2001	1-Mai-2001	01.05.2001	1-Mai-2001
10/3/2002	10-Mrz-2002	03.10.2002	3-Okt-2002	03.10.2002	3-Okt-2002
6/27/2001	27-Jun-2001	27.06.2001	27-Jun-2001	27.06.2001	27-Jun-2001

Abbildung 10.9: Daten in Excel können auf zwei verschiedene Arten als Text übergeben werden

Bitte beachten Sie, dass, anders als bei der Datenbank-Lösung, diese Spalten auch von Excel als reiner Text behandelt werden. Wenn Sie beabsichtigen, damit Berechnungen auszuführen, werden Sie für den Seriendruck eine Kopie der Daten bereitstellen müssen.

Datums- und Zahlenformatierungen werden nicht importiert

Obwohl das Problem ähnlich erscheint, handelt es sich hier um keinen Bug, sondern ein normales Verhalten. Die Daten einer Anwendung werden als reine Daten, ohne jegliche Formatierung, gespeichert. Die Anwendungsumgebung – beispielsweise Excel oder Access – speichert die Formatierungsinformationen und zeigt die Daten damit an (Datumsangaben werden in den meisten Datenverwaltungsanwendungen als Zahlen gespeichert).

OLEDB wie auch ODBC sprechen nur die Daten an. Deshalb können diese Methoden auch mit Datenquellen arbeiten, ohne dass deren Anwendung geöffnet oder überhaupt installiert sein muss. Vorteil und Nachteil, also.

Was viele Benutzer verunsichert, ist, dass vor Word 2002 DDE die Standardverbindungsmethode war. Da DDE eine Verbindung zur Anwendungsumgebung erstellt, um die Daten zu holen, bringt sie auch die Zahlen- und Datumsformate mit. Die Umstellung in Word 2002 ist verwirrend.

Empfehlung:

- Die Daten in den Word-Seriendruckfeldern mit Formatierungsschalter formatieren (siehe weiter unten im ▶ Abschnitt »Zahlen und Datumsangaben«).

- Die Methoden im vorherigen Abschnitt anwenden, um die Daten in der Datenquelle als Text zu übergeben.

ODBC

Bei ODBC (Open Database Connectivity) handelt es sich um eine Gruppe von Standards, die vor vielen Jahren aufgestellt wurden, um eine einheitliche Verbindungsschnittstelle für die Vielfalt von Datenbankprodukten zu ermöglichen. Eine Kenntnis der Einzelheiten jedes Datenbankprogramms erübrigt sich; der Entwickler muss lediglich wissen, wie mit ODBC umzugehen ist und verbindet seine Anwendung mit dem gewünschten ODBC-Treiber, um die Daten zu lesen. ODBC spricht die gespeicherten Daten direkt an, ohne sich der Anwendungsschnittstelle zu bedienen. Also eine ähnliche Philosophie, wie heutzutage mit OLEDB.

Worin unterscheiden sich ODBC und OLEDB? Warum wurde OLEDB überhaupt erfunden? OLEDB wurde von Microsoft entwickelt und stellt dem Programmierer eine modernere, objektorientierte Schnittstelle als ODBC zur Verfügung, mit Objekten, Methoden, und Eigenschaften. Sie ist nicht von der SQL-Abfragesprache begrenzt, sondern fähig, Daten aus Datenbanken zu lesen, die auf anderen Prinzipien basieren, wie etwa Exchange-Ordner oder DataShaping, wie in OLAP (Multidimensionale Datenbanken).

ODBC ist die standardmäßige Verbindungsmethode in Word 2000 und früher für alle Datenquellen außer Access, Excel, Adressbücher und Word-Dokumente. Es ist in diesen Versionen auch die einzige Möglichkeit, Daten aus herkömmlichen Datenbankprogrammen, wie SQL Server, Oracle, dBase, Paradox oder (Visual) FoxPro einzubinden. ODBC-Treiber für die letzten drei Datenbankanwendungen sind im Lieferumfang von Office enthalten; die Datenbanken stehen im Seriendruck direkt zur Verfügung.

Für SQL Server und Oracle – die beide die Installation der Serversoftware voraussetzen – muss man für die ODBC-Verbindung einen DSN zur gewünschten Tabelle oder Ansicht erstellen.

Der Text-ODBC-Treiber ist die einzige Methode, Textdateien fester Länge, wie sie von manchen Großrechner-Datenbankanwendungen noch erstellt werden, im Seriendruck zu verwenden. (Bei Textdateien fester Länge ist die Anzahl an Zeichen für jedes Feld vorgegeben, und die Daten werden, wo notwendig, mit Leerzeichen ergänzt, um diese Länge zu erreichen.) Er macht es auch möglich, Textdateien mit internationalen Zeichen, die nicht unter Windows erstellt wurden, korrekt im Seriendruck zu öffnen.

HINWEIS Mehr über die Verwaltung von ODBC und die Erstellung von eigenen DSN finden Sie im ▶ Anhang C.

Vor 1999 und Windows 98 wurden ODBC-Treiber nur mit gewissen Anwendungen geliefert und installiert, wie beispielsweise Visual Basic und Office. Oft mussten sie ausdrücklich während des Setups gewählt werden. Seit Windows 98 Zweite Ausgabe werden standardmäßig die ODBC-Treiber für Access, dBase, Excel, Paradox, Textdateien, Visual FoxPro, Oracle (Version 7) und SQL Server mit Windows installiert.

 Seit 1999 ist es auch möglich, alle ODBC-Treiber in verschiedenen Versionen kostenlos von Microsofts Webseite herunterzuladen, als Teil von MDAC (Microsoft Data Access): *http://microsoft.com/data* dient als Einstiegspunkt. ODBC-Treiber sind auch von Herstellern der Datenbankanwendungen, sowie von Dritten erhältlich.

Was sind die Vorteile von ODBC?

Obwohl Microsoft vorsieht, ODBC durch OLEDB zu ersetzen, hat ODBC noch viele Vorteile:

- Im Gegensatz zu DDE muss die Anwendung (Excel oder Access) nicht auf dem Rechner installiert sein und wird auch nicht gestartet.

- Vor Word 2002 ist es die einzige Möglichkeit, Daten aus anderen Datenbank-Anwendungen einzuknüpfen (wie oben erwähnt)

o Über ODBC können viel komplexere, leistungsfähigere Abfragen an die Daten gestellt werden, als es die Word-Funktionalität ermöglicht. Sie können in MS Query Daten formatieren und manipulieren sowie Daten aus mehreren Tabellen zusammenbringen – ähnlich wie in der Access Umgebung.

Diese Methoden und die Erstellung und Verwendung von DSN werden in den ▶ Anhängen B, C und D ausführlich behandelt.

HINWEIS

o Die Verbindung und der Datenaustausch erfolgen vergleichsweise schnell.

Was sind die Nachteile von ODBC?

Obwohl, insgesamt gesehen, ODBC wahrscheinlich die leistungsfähigste und flexibelste Verbindungsmethode ist, hat sie auch ihre Schattenseiten:

o Für bestimmte Datenquellen sind andere Verbindungsmethoden einfacher einzusetzen.

o Um die volle Leistungsfähigkeit von ODBC in der Benutzeroberfläche zu benutzen, muss die Verbindung über MS Query erstellt werden. MS Query arbeitet nicht (mehr) optimal mit Word, zum Teil wegen der DDE-Verbindung, mit der Word MS Query steuert. Die Lage hat sich aber unter Windows 2000 und XP erheblich verbessert. Diese Probleme können mit Festlegung der SQL-Anweisung mit VBA umgangen werden.

o Der Seriendruck über ODBC setzt die Installation von passenden ODBC-Treibern voraus. Dies ist vor allem ein Knackpunkt für Anwendungen, die auf mehreren Rechnern installiert werden sollen. Sie müssen alle über den gleichen ODBC-Treiber und ODBC DSN (Data Source Name) verfügen, um korrekt zu funktionieren.

o ODBC kann benutzerdefinierte Funktionen in Abfragen von Access nicht ausführen, wie DDE es kann.

o Felder in SQL Server-Datenquellen eines Unicode-Typs (NVARCHAR, beispielsweise) werden von ODBC nicht richtig erkannt. Diese Felder enthalten im Seriendruck keine Daten. Dieses Problem taucht besonders dann auf, wenn eine Access-Datenbank zu SQL-Server portiert wurde.

o Microsoft sieht vor, ODBC durch OLEDB zu ersetzen.

o ODBC interpretiert das »Währung«-Zahlenformat in Excel- und Access-Daten falsch. Dieses Problem ist seit der Version von MDAC bekannt, das mit Office 2000 und Updates zu Windows 98 geliefert wurde.

Wenn der Betrag mit einer 0 (Null) endet, erscheint ein Leerzeichen statt dem Dezimaltrennzeichen – *13 9* statt *13,90*. Das Hinzufügen eines Formatierungsschalters veranlasst Word, die Ganzzahl vor dem Komma mit der ursprünglichen Nachkommazahl zu addieren – Resultat: *22* statt *13,90*.

Es gibt grundsätzlich drei Methoden, um doch noch eine ODBC-Verbindung einsetzen zu können:

1. Ändern des Datenformats in der Datenquelle; statt »Währung« das Zahlenformat »Double« (in Excel »Zahl«) wählen. Allerdings muss man sich bewusst sein, dass das Währungsformat das genaueste ist. Diese Methode kommt also nur in Frage, wenn mit den Daten keine kritischen Berechnungen ausgeführt werden.

2. Den Datentyp in der Schnittstelle zum Seriendruck ändern. In Access bedeutet das, in einem Abfrageausdruck, den Datentyp mit entweder der Format- oder der CDbl-Funktion zu ändern (siehe den ▶ Abschnitt »OLEDB« über die Umformatie-

rung eines Datums). In Excel müsste die Spalte (mit Verknüpfung) kopiert und mit dem Format »Zahl« formatiert werden.

3. In der SQL-Anweisung, die Word für die Datenverbindung verwendet, den Datentyp ändern. Die Syntax wäre beispielsweise:

```
"SELECT *, CDbl(Fracht) as F FROM 'Bestellungen'"
```

HINWEIS Mehr über ODBC und SQL-Anweisungen finden Sie in den ▶ Anhängen C und D, den Einsatz von VBA für die Bestimmung von Datenverbindungen im ▶ Anhang E.

DDE

DDE (»Dynamic Data Exchange«) war der erste Windows-Standard, der entwickelt wurde, um den direkten Datenaustausch zwischen Anwendungen zu ermöglichen, ohne die Erstellung von Zwischen- oder temporären Dateien. Zum größten Teil wurde es vor ungefähr zehn Jahren durch OLE (»Object Linking and Embedding«)-Automatisierung ersetzt.

DDE ist die Standardverbindungsmethode für Excel und Access in allen Versionen von Word bis Word 2000. Es steht für keine anderen Datenquellen zur Verfügung. Wie schon mehrfach in diesem Kapitel erwähnt, stellt DDE eine Verbindung zur Anwendungsumgebung her, statt direkt zu den Daten. Wenn das Programm schon läuft, kann DDE es meistens weiter verwenden; wenn nicht, startet DDE es.

Diese direkte Verbindung mit der Anwendungsumgebung ermöglicht dem Seriendruck:

- Das Übernehmen von Datums- und Zahlenformatierungen aus Access und Excel
- Den Einsatz von Parameter-Abfragen in Access als Datenquellen
- Die Verwendung von benutzerdefinierten und komplexen Funktionen in Abfrageausdrücken in Access

Näheres zu den letzten zwei Punkten finden Sie im ▶ Abschnitt »Die Datenquellen«, Unterabschnitte »Excel« und »Access«. Der Einsatz von DDE ist nicht immer unproblematisch. Uns sind folgende Nachteile und Probleme bekannt.

Probleme mit DDE
- **Die Datenbankanwendung wird sichtbar geöffnet.** Dieser Umstand kann den Benutzer verwirren oder verunsichern. Er könnte die Anwendung auch schließen, was wiederum Word »verwirrt«.

- **Die Anwendung muss installiert sein.** Da DDE Excel oder Access direkt manipuliert, müssen Excel bzw. Access auf dem Rechner installiert sein. Access ist nicht Bestandteil aller Office-Versionen. Wenn Sie nicht Microsoft Office Professional oder Developer installiert haben, haben Sie Access wahrscheinlich nicht.

- **Auto-Makros werden ausgeführt.** Durch den Umstand, dass DDE die Anwendung startet und die Datei öffnet, werden Auto-Makros ausgeführt, was unter Umständen unerwünscht ist.

- **Die Datenquelle wird gesperrt.** DDE sperrt eine Excel-Datei; und wenn es eine Access-Datenbank im exklusiven Zustand öffnet, wird auch sie gesperrt. Dies erschwert den gemeinsamen Zugriff auf Datenquellen durch mehrere Benutzer.

- **Die Daten können im Hauptdokument nicht sortiert werden.** Dieses Problem liegt an der Arbeitsweise der DDE-Verbindung; die Daten müssen in der Datenquelle sortiert werden.

○ **Bei bestimmten Installationen erweist sich DDE als extrem langsam.** Uns ist die Ursache dieses Problems nicht bekannt, aber es scheint an gewissen Windows-Konfigurationen zu liegen. Cindy plagte sich einst mit einem solchen Windows 98-Rechner ab... Da bleibt nur die Verwendung einer anderen Verbindungsmethode oder ein riesengroßer Kaffeebecher als Abhilfe.

○ **Eine DDE-Verbindung kann nicht hergestellt werden.** Wenn Word nach langer Verzögerung meldet, dass es keine Verbindung zur Excel- oder Access-Anwendung erstellen kann, sollte zuerst in dieser Anwendung nachgeschaut werden, ob sie für externe Verbindungen freigegeben ist. In Excel heißt die Option *Andere Anwendungen ignorieren*; sie befindet sich in *Extras/Optionen/Allgemein*. In Access müssen Sie die Option *DDE-Anfragen ignorieren* unter der Befehlsfolge *Extras/Optionen/Weitere* suchen. In beiden Fällen sollten sie deaktiviert sein.

Es gibt noch weitere Ursachen dafür, dass Word eine DDE-Verbindung nicht erstellen kann. Suchen Sie in der Knowledge Base (*http://support.microsoft.com/?ln=de*) nach dem Begriff »Seriendruck and DDE« und bei http://support.microsoft.com?ln=en nach »Mail merge & DDE«.

HINWEIS

Konvertierfilter

Konvertierfilter für ein MAPI-Adressbuch (die Adressbücher Microsoft Exchange, Outlook und Schedule+ 7.0) sowie Text- und Tabellenkalkulationsdateien sind Teil des Lieferumfangs von Microsoft Word. Die Konvertierfilter für Adressbücher und Tabellenkalkulationsdateien werden nicht immer standardmäßig installiert; dies kann jedoch problemlos nachgeholt werden.

Dem Umgang mit Adressbüchern haben wir einen eigenen Abschnitt gewidmet: »Das Adressbuch«.

Textdateien

Word benutzt automatisch den Textkonvertierfilter für Textdateien, die eine vom ODBC-Treiber unbekannte Dateiendung haben, wie *.dat* oder *.doc*.

Es ist bei der Automatisierung mit VBA nicht möglich, Word anzuweisen, die Verbindung über einen Konvertierfilter aufzubauen. Die einzige Lösung, nebst der Entfernung des ODBC-Treibers, ist eine dem ODBC-Treiber unbekannte Dateiendung zu verwenden.

TIPP

Früher, in den Tagen von Word 6/95, erfolgte die Verwendung des Konvertierfilters im Seriendruck für Textdateien problemlos. Word erkannte, ob die Textdatei in Windows oder DOS erstellt wurde und sogar die Codepage (Sprache), sodass länderspezifische Zeichen korrekt interpretiert wurden.

Mit zunehmender Komplexität und der Einführung von Unicode funktionierte mit der Zeit der Einsatz des Textkonvertierfilters nur mehr einwandfrei für englische Textdateien einer Windows-Herkunft. Um Textdateien als Datenquellen einzusetzen, die der Seriendruck nicht korrekt umwandelt, müssen sie zuerst direkt in Word geöffnet werden – wo über ein Dialogfeld der Zeichensatz (Encoding) gewählt werden kann. Anschließend kann die Textdatei als Word-Dokument gespeichert werden. Dieses Word-Dokument dient dann als Datenquelle.

Dieser Umstand ist natürlich nicht zufrieden stellend, wenn die Textdatenquelle regelmäßig von einem Großrechner oder einer anderen Anwendung neu erstellt wird oder der Seriendruck automatisiert werden soll. In diesem Fall empfehlen wir eine

ODBC-Verbindung zu einer eigens zu diesem Zweck erstellten DSN, wie im
▶ Anhang C beschrieben.

Tabellenkalkulationsdateien

Word benutzt den gleichen Tabellenkalkulationsdatei-Konvertierfilter (Microsoft
Excel Binary Interchange File Format (BIFF)) für den Seriendruck, wie für die Einfügung eines Excel-Blatts über *Einfügen/Datei*. Er wandelt das Tabellenkalkulations-
blatt in eine Word-Tabelle um. Im Fall vom Seriendruck wird die Tabelle in einer virtuellen Datei erstellt, die Word als Datenquelle einbindet.

TIPP Sie können diese virtuellen Datei einsehen, bearbeiten und sogar speichern. Zeigen
Sie das Datenformular an, dann klicken Sie auf die Schaltfläche *Quelle anzeigen*. In
Word 2002 gibt es standardmäßig keinen direkten Zugang zum Datenformular. In
Extras/Anpassen/Befehle, ziehen Sie den Befehl *SeriendruckDatenformular* in die
Seriendruck-Symbolleiste.

Da diese Handlungsweise für den Benutzer transparent ist, kommen gelegentlich
Missverständnisse auf:

○ Vorgenommene Änderungen nach Einbindung der Daten in der Quellanwendung
werden vom Seriendruck nicht »gesehen«, da keine Verbindung zwischen der virtuellen Datei und der Quellanwendung besteht. Sie müssen die Verbindung nochmals herstellen.

○ Der Benutzer wird jedes Mal beim Öffnen des Seriendruckhauptdokuments aufgefordert, das Blatt oder den Bereich zu bestimmen. Word speichert zwar die Datei-
angaben, nicht jedoch den Datenbereich. (Im Gegensatz zu einer DDE-Verbindung ist es mit dieser Methode möglich, ein Blatt oder Bereich zu wählen.)

HINWEIS Auch hier kann die VBA-Automatisierung Word nicht anweisen, den Konvertierfilter
für die Verbindung einzusetzen. Die Ausführung eines aufgezeichneten Makros veranlasst eine DDE-Verbindung. Für Tabellenkalkulationsdateien gibt es kleine Tricks,
wie für Textdateien. Sie können die Erstellung einer Word-Datei mit importierter
Tabellenkalkulationstabelle ausführen und den Seriendruck damit verbinden. Sie
brauchen hierzu die Methode `InsertFile`. Oder Sie können der Excel-Datei die
Endung *.xlw* geben.

Eine Word 2002-Datenquelle erstellen

Seriendruckliste erstellen Diese Option steht im dritten Schritt des Seriendruck-Assistenten, ist aber standardmäßig nicht auf der Symbolleiste zu finden. Den Befehl *SerienDruckListeErstellen*
finden Sie unter *Extras/Anpassen/Befehle*, Kategorie *Alle Befehle*. Ziehen Sie ihn
einfach in die Symbolleiste, um ihn ohne Assistenten einsatzbereit zu halten.

Word 2002 erstellt für Ihre neue Datenliste eine Access-Datenbank (*.mdb*-Datei) im
Access 2000-Dateiformat. Die Datenbank enthält eine Tabelle und eine Abfrage;
beide heißen »Office_Address_List«. Der Benutzer muss dies nicht wissen, aber
wenn er Access nicht hat (oder nicht weiß, wie man es bedient), kann er die Daten
nur über die dafür vorgesehene Maske in Abbildung 10.10 bearbeiten, die über die
Schaltfläche *Bearbeiten* im *Empfängerliste*-Dialogfeld erreicht wird. Eine Symbolschaltfläche dafür kann auch der Seriendruck-Symbolleiste hinzugefügt werden; ziehen Sie einfach den Befehl *SerienDruckListeBearbeiten* aus *Extras/Anpassen/
Befehle*, Kategorie *Alle Befehle*.

Diese Maske bietet die Grundwerkzeuge für die Datenverwaltung an. Über die Schaltfläche *Anpassen* können Felder hinzugefügt, gelöscht, umbenannt sowie deren Reihenfolge festgelegt werden. Sie können die Daten einer von Word erstellten Datenliste jederzeit in diesem Dialogfeld bearbeiten, auch wenn kein Seriendruck-Hauptdokument geöffnet ist.

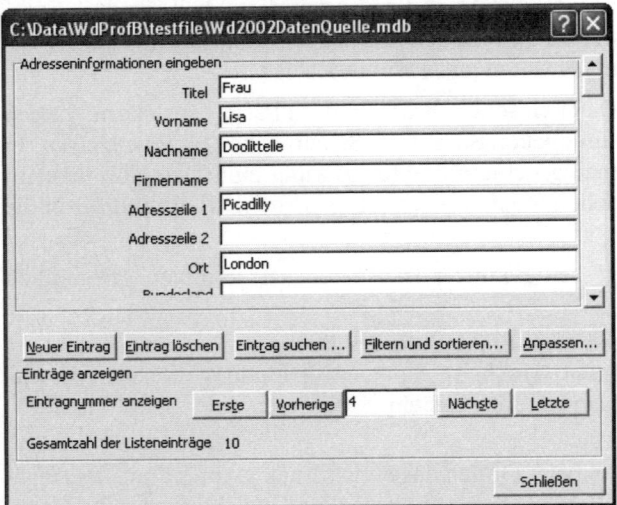

Abbildung 10.10:
In dieser Maske können die von Word 2002 erstellten Daten-listen (Access-.mdb-Daten-quellen) bearbeitet werden*

Diese Maske ist nicht die gleiche wie das Datenformular, das im Abschnitt über Text-dateien vorgestellt wurde. Beim Seriendruck können Sie mit dieser Schnittstelle nur eine mit dem Befehl *SerienDruckListeErstellen* erstellte Datenquelle bearbeiten. Der Versuch, damit eine andere Access-Datei oder sonstige Datenquelle zu öffnen, endet mit der Fehlermeldung »Das ist kein gültiger Office Datenspeicher«.

WICHTIG

Falls Sie beim Versuch, dieses Formular zu öffnen, die Fehlermeldung erhalten »Die-ser Vorgang kann nicht beendet werden, weil ein Dialog oder Datenbankmodul nicht reagiert. Bitte versuchen Sie es später noch einmal.«, stellen Sie sicher, dass die Datenbank nicht gerade in Access geöffnet ist.

Microsofts Absicht, die Datenliste in einem Datenbankformat, statt in einer Word-Tabelle zu erstellen, ist nachvollziehbar und sinnvoll. Müssen die Daten irgendwann einmal einer größeren Datenbank hinzugefügt werden, entfällt die Umwandlung der Word-Tabelle (und die damit verbundene Gefahr des Datenverlusts) in das Trennzei-chen-Text-Format und die Speicherung als Textdatei oder die Bearbeitung mit VBA. Die maximale Anzahl Felder beträgt 256 statt der in Word 97 und 2000 üblichen obe-ren Grenze von 64 (die maximale erlaubte Anzahl Spalten in einer Tabelle).

Dennoch kann es vorkommen, dass eine Word-Tabelle einer Access-Datenbank vor-zuziehen ist:

- Eine Word-Datentabelle mit zehn Einträgen hat nur ein Viertel der Dateigröße einer Access-Datenbank. Andererseits wächst die Datenbank weniger schnell als das Word-Dokument bei zunehmendem Inhalt.

- Der Seriendruck kann Formatierungen und Grafiken einer Word-Tabelle in den Seriendruck übernehmen, was mit einer Access-Datenquelle nicht möglich ist.

○ Nur wer über Office 2000 oder 2002 verfügt, kann mit Sicherheit mit der Access-Datei arbeiten. Wer den korrekten ODBC-Treiber neben Word 97, 95 oder 6.0 installiert hat, kann die Daten für den Seriendruck einbinden, aber nicht in der älteren Version von Access öffnen.

Es ist auch nicht einfach, die Access-Datenquelle als eine Liste der Datensätze auszudrucken, wenn Access nicht installiert ist oder der Benutzer nicht weiß, wie es zu bedienen ist. Dann muss ein »Verzeichnis« Seriendruck aufgestellt und zusammengeführt werden.

Die Daten wurden während der Bearbeitung eines Hauptdokuments geändert

Während der Einrichtung eines Seriendrucks werden einige Schritte ausgeführt, die aktualisierte Daten zur Verfügung stellen, wie die Einbindung der Datenquelle, die Ausführung des Seriendrucks sowie das Speichern und die Wiederverwendung des Hauptdokuments. Was passiert aber, wenn die Daten in der Datenquelle sich während der Bearbeitung des Hauptdokuments ändern?

Wenn Sie beispielsweise MS Query benutzen, um SQL Server-Daten in ein Hauptdokument einzubinden, stellt Word eine DDE-Verbindung mit MS Query her. Am Schluss gibt MS Query die nötigen Verbindungsinformationen zurück und Word liest die Daten über diese Verbindung direkt ein. Wenn Sie später durch die Datensätze blättern, zeigt Ihnen Word die Daten in der Datenquelle an und alle Änderungen in der Datenquelle werden irgendwann einmal von Word erkannt.

Word zeigt also die aktuellen Informationen, wann immer möglich. Wird jedoch die **Struktur** der Datentabelle geändert – zusätzliche Felder werden z. B. hinzugefügt – bleibt diese Änderung während der laufenden Word-Sitzung nicht berücksichtigt. Oder wenn die Verbindung über einen ODBC DSN läuft und Sie in der DSN die Tabelle mit einer anderen der gleichen Struktur, aber anderen Daten, auswechseln, »sieht« Word die neuen Daten nicht sofort.

Verbindungs-verhalten Allgemein formuliert verwendet Word weiterhin die gleiche Verbindung und Abfrage-Angaben, bis das Seriendruckhauptdokument geschlossen und wieder geöffnet wird. Was genau beim Öffnen passiert, kommt darauf an, wie viele dieser Angaben im Dokument gespeichert sind und welche Word aus einer anderen Quelle – wie eine DSN – bezieht.

HINWEIS Mehr über DSN finden Sie im ▶ Anhang C.

Als Faustregel gilt, dass Word zuverlässig die Daten dynamisch verarbeitet (Anzahl Datensätze und deren Inhalt). Was Word jedoch aus einer Änderung der Tabellenstruktur, in der die Daten gespeichert sind, macht, ist weitgehend unvorhersehbar. Es empfiehlt sich, die Datenquelle neu einzubinden.

Allgemeine Probleme

Absolute Pfadnamen

Der Seriendruck arbeitet nur mit absoluten Pfadnamen; es ist nicht möglich, eine Verbindung zu einer Datenquelle mit relativen Pfadangaben zu erstellen. Dieser Umstand machte es schwer, Seriendruck-Hauptdokumente unter mehreren Benutzern zu teilen und sorgt auch für Unmut, wenn sich Netzwerkpfade ändern, beispielsweise bei der Einführung neuer Server.

Auch die Automatisierung des Seriendrucks wird durch dieses Verhalten beeinträchtigt. Die Fehlermeldung, die Word bei einer erfolglosen Suche nach der Datenquelle einblendet, kann erst ab Word 2000 mit `Application.DisplayAlerts = wdAlertsNone` unterdrückt werden.

Für den Transfer in eine andere Umgebung oder die Automatisierung ist es deshalb besser, ein Seriendruckhauptdokument **ohne** verknüpfte Datenquelle zu speichern und zu schließen. Den Code für diese Aufgabe finden Sie im ▶ Abschnitt »Die Automatisierung des Seriendrucks«.

Feldnamen im Seriendruck weichen von den Feldnamen in der Datenquelle ab

Seriendruckfeldnamen in Word müssen ziemlich strikten Regeln folgen:

- Sie müssen mit einem Buchstaben anfangen
- Außer einem Unterstrich »_« dürfen keine Interpunktionszeichen enthalten sein
- Sie dürfen aus höchstens 40 Zeichen bestehen

Es wäre natürlich unzumutbar, alle Excel- und Datenbankbenutzer in diesen modernen Zeiten an solche Restriktionen zu binden. Deshalb passt die Seriendruckschnittstelle von Word automatisch die Dateinamen an die Limitationen des Seriendruckfelds an. Leerzeichen und Bindestriche werden beispielsweise entfernt; Datenfeldnamen, die mit einer Zahl anfangen, wird ein »M« vorangestellt u. ä.

Für den Benutzer stellt dieses Handeln meistens kein Problem dar, es kann aber für den Entwickler, der Word automatisieren möchte, zum Verhängnis werden. Also aufgepasst!

Memofelder

Offiziell hat Word ein 255-Zeichen-Limit für die Daten aus einem einzigen Feld, die vom Seriendruck akzeptiert werden. Seit Jahren besteht eine Lücke, von der rege Gebrauch gemacht wurde, bis zur Einführung von Word 2000.

Hat der erste Datensatz, den der Seriendruck »sieht«, mehr als 255 Zeichen in einem Memofeld, »vergisst« Word das Limit und übernimmt alle Zeichen.

Bei der Entwicklung von Office 2000 wurde – vermutlich gut gemeint – diese Lücke gestopft. Der heftige Widerspruch des Benutzerkreises ließ jedoch nicht lange auf sich warten und eine Lücke wurde in SR-1 wieder erschaffen, allerdings dieses Mal mit einer Obergrenze von etwa 65.000 Zeichen. Diese Lage besteht auch in Word 2002.

Begegnen Sie also in Word 2000 diesem Problem, empfehlen wir (aus verschiedenen Gründen), das Service Release 1 zu bestellen und zu installieren.

Word 2002: Absturz bei Datenquellen mit mehr als 286 Feldern

Es könnte andere Gründe für einen Absturz geben, aber wenn die Datenquelle mehr als 286 Feldern enthält, können Sie sicher sein, dass Word Ihnen anbietet, Ihre Arbeit wiederherzustellen und einen Problembericht an Microsoft zu senden. Die Ursache liegt bei dem neuen Dialogfeld *Seriendruckempfänger*. Die Funktionalität ist toll, nur kann das Dialogfeld maximal 286 Felder schlucken; mehr »würgt« Word ab.

Die Lösung besteht darin, mit der Symbolleiste statt dem Assistenten zu arbeiten oder zurückzukehren zum alten Seriendruck-Manager aus den früheren Word-Versionen. Holen Sie einfach den *Seriendruck-Manager* wieder aus seiner Verbannung. Hinweise dazu finden Sie im ▶ Abschnitt »Vermisste Funktionalität in Word 2002 wiederherstellen«.

Word 2002 bindet große Datenquellen sehr langsam ein

Seriendruckempfänger steht schon wieder dahinter, obwohl das Ergebnis weniger schockierend ausfällt. Die Lösung ist die gleiche, nur dürfen Sie das Dialogfeld jederzeit einblenden, wenn Sie den Zeitverlust in Kauf nehmen wollen.

Mit Seriendruck-Daten umgehen

 In Word 2002 folgt unmittelbar nach der Festlegung der Datenquelle über den Seriendruck-Assistenten die Einblendung des neuen Dialogfelds *Seriendruckempfänger*, das in Abbildung 10.5 vorgestellt wurde. Es stellt allgemein eine erhebliche Verbesserung der Seriendruck-Benutzerschnittstelle dar. Hier finden Sie, in Tabellenformat aufgelistet, den Inhalt aller Datensätze. In der linken Spalte steht ein Kontrollkästchen für die freie Auswahl der zusammenzuführenden Datensätze. Mit den Schaltflächen *Alle markieren* und *Alle löschen* werden alle Kontrollkästchen aktiviert bzw. deaktiviert.

Sehr hilfreich für die Arbeit in diesem Dialogfeld ist die frei einstellbare Größe der Office XP-Dialogfelder, um mehrere Felder oder Datensätze auf einmal anzuzeigen – ziehen Sie einfach mit der Maus am Dialogfeldrahmen. Die Spaltenbreite ist auch verstellbar, wenn Sie an der Trennlinie zwischen den Spalten ziehen.

HINWEIS Die Schaltfläche *Gültigkeit* ist für die Verwendung von Software für die Adressgültigkeitsprüfung, was eher auf Großfirmenanwender in den Vereinigten Staaten ausgerichtet ist. Wenn Sie keine installiert haben, erwirkt die Betätigung nur eine Meldung.

Daten in das Seriendruck-Hauptdokument einfügen

 Ab dem vierten Schritt stellen Assistent und Symbolleiste die gleichen Optionen für die Einfügung der Datenplatzhalter (Mailmerge-Feldfunktionen) zur Verfügung. Die Symbolschaltfläche *Seriendruck-Felder* aus früheren Word-Versionen ist verschwunden. Neu präsentiert Microsoft uns alle Datenfelder im Dialogfeld wie in Abbildung 10.11 aufgelistet. Die Lösung wäre wunderbar, wenn man bei geöffnetem Dialogfeld gleichzeitig im Dokument arbeiten dürfte, wie bei der Rechtschreibprüfung. Leider ist dies nicht der Fall; das Dialogfeld muss geschlossen werden, um das Dokument zu bearbeiten. Es ist zwar möglich, mehrere Seriendruckfelder hintereinander einzufügen, aber ohne Leerraum oder Zeilenschaltung dazwischen.

TIPP Wo Sie die alten Symbolschaltflächen finden, steht in Tabelle 10.6.

TIPP Die Tastaturfolge Alt+Umschalt+F aus Word 2.0 (falls vom Benutzer nicht anders belegt) blendet immer noch die ältere Version des Dialogfelds *Seriendruckfeld einfügen* ein. Gegenüber der in Word 2002 hat es zwei wesentliche Vorteile. Erstens wird es bei Betätigung der Eingabetaste geschlossen, sodass man sofort weiter im Dokument arbeiten kann; und zweitens steht auch eine Liste anderer, für den Seriendruck nützlicher Feldfunktionen, zur Verfügung.

Abbildung 10.11:
Seriendruck-
Datenfelder für
das Einfügen
auswählen in
Word 2002

Zum Glück ist es gar nicht so schwer, die gewünschte Funktionalität mittels VBA zu realisieren. Dazu brauchen Sie lediglich ein UserForm, dessen ShowModal-Eigenschaft auf Falsch gesetzt ist, ein Listenfeld-Steuerelement, zwei Schaltflächen und den Code in Listing 10.1.

> »Modal« bedeutet, die Anwendung, die das Dialogfeld aufgerufen hat, bleibt unzugänglich, bis das Dialogfeld wieder geschlossen wird. Diese Eigenschaft steht in Word 97 **nicht** zur Verfügung.
>
> Da das Makro SeriendruckfelderEinfügen den gleichen Name trägt, wie der Word-Befehl in der Symbolleiste, wird es ausgeführt: das UserForm wird eingeblendet.
>
> Bei der Initialisierung des UserForms wird zuerst kontrolliert, ob es sich um ein Seriendruckhauptdokument mit verknüpfter Datenquelle handelt. Wenn nicht, wird der Vorgang abgebrochen. Sonst schleift die Prozedur UserForm_Initialize durch alle Datenfelder, um die Liste zu erstellen; die Pfandangabe für die Datenquelle wird oberhalb der Liste angezeigt.
>
> Bei einem Doppelklick auf einen Listeneintrag oder bei Betätigung der Schaltfläche *Einfügen* wird ein Seriendruckfeld an der Stelle der Einfügemarke eingefügt.

```
' Im gewöhnlichen Modul
Sub SeriendruckfelderEinfügen()
    frmDatenfelder.Show
End Sub

' Im UserForm Modul
Private Sub UserForm_Initialize()
    ' Liste der Seriendruckfelder erstellen
    Dim fld As Word.MailMergeDataField
    With ActiveDocument.MailMerge
        If .MainDocumentType = wdNotAMergeDocument Then Exit Sub
        lblDatenQuelle.Caption = .DataSource.Name
        For Each fld In .DataSource.DataFields
            Me.lstDatenfelder.AddItem fld.Name
```

Listing 10.1:
Word 2000 und
2002: Serien-
druckfelder ein-
fügen und
gleichzeitig das
Hauptdokument
bearbeiten: ein
nicht modales
UserForm
macht's möglich

```
            Next fld
        End With
    End Sub


    Private Sub UserForm_Activate()
        If ActiveDocument.MailMerge.MainDocumentType = wdNotAMergeDocument Then
            Unload Me
            Exit Sub
        End If
    End Sub


    Private Sub cmdEinfuegen_Click()
        ' ausgewählten Eintrag einfügen
        ActiveDocument.Fields.Add Range:=Selection.Range, _
            Type:=wdFieldMergeField, Text:=lstDatenfelder.Text
    End Sub


    Private Sub lstDatenfelder_DblClick(ByVal Cancel As MSForms.ReturnBoolean)
        ' ausgewählten Eintrag einfügen
        ActiveDocument.Fields.Add Range:=Selection.Range, _
            Type:=wdFieldMergeField, Text:=lstDatenfelder.Text
    End Sub


    Private Sub cmdAbbrechen_Click()
        ' UserForm ausblenden, aber Daten behalten
        Unload Me
    End Sub
```

 Den Code aus Listing 10.1 finden Sie in der Beispieldatei *Bsp10_04.doc* im Ordner *\Buch\Kap10* auf der CD-ROM.

Daten in Word filtern und abfragen

Schön wäre es, wenn die Datenquelle immer genau die Daten vorlegen würde, die wir für den Seriendruck brauchen. Oft ist dies jedoch nicht der Fall: Man will die Daten filtern und vielleicht sortieren. In Word 2002 stellt das Dialogfeld *Seriendruckempfänger* Words (begrenzte) Abfrage-Funktionalität zur Verfügung. Dieses Dialogfeld wurde in der bisherigen Diskussion schon kurz vorgestellt; Sie wissen schon, wie die Kontrollkästchen benutzt werden, um einzelne Datensätze auszuwählen und die Einträge »hinter« den Feldnamen gebraucht werden, um die Liste nach einfachen Kriterien zu filtern. Zusätzlich können Sie auf einen Feldnamen klicken, um die Daten danach zu sortieren.

Was ist, jedoch, wenn Sie nach mehreren Feldern sortieren oder komplexere Filter bestimmen wollen? Dann blenden Sie ebenfalls die Liste neben den Feldnamen ein und wählen *Weitere Optionen*. Das Dialogfeld in Abbildung 10.12 erscheint. Word unterstützt bis zu drei Sortierschlüssel und sechs Kriterien (die allerdings zusammengefasst in einer SQL-Anweisung nicht mehr als 512 Zeichen betragen dürfen).

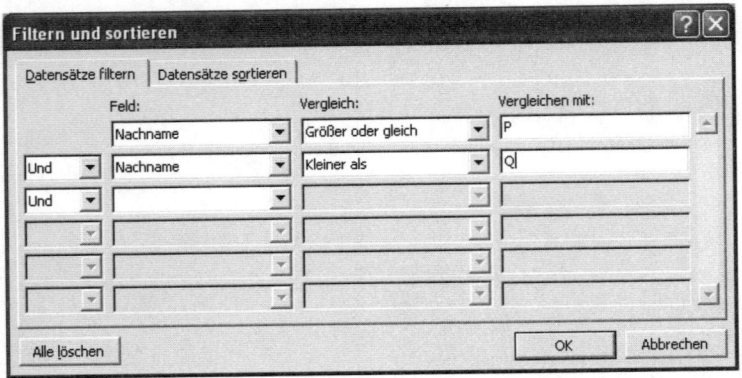

Abbildung 10.12:
*Nur die Daten-
sätze zusammen-
führen, bei denen
der Nachname
mit »P« anfängt*

In den Word-Versionen 2000 und früher gibt es eine *Abfrage Optionen*-Schaltfläche sowohl im *Seriendruck Manager* als auch im Dialogfeld *Seriendruck*, die die gleiche Funktionalität wie in Abbildung 10.12 einblendet. Falls Sie *Seriendruckempfänger* meiden wollen, können Sie auch diese Funktionalität aus der Verbannung holen (siehe Tabelle 10.6).

In der zweiten Spalte *(Feld)* kann ein beliebiges Seriendruckfeld gewählt werden. Als *Vergleich* stehen in der dritten *Gleich, Ist nicht gleich, Größer als, Kleiner als, Grö-ßer oder gleich, Kleiner oder gleich, Leer, Ist nicht leer, Enthält* und *Enthält nicht* zur Verfügung. Sie müssen in der letzten Spalte *(Vergleichen mit)* das Kriterium ein-geben. Komplexere Filter mit mehreren Kriterien werden in den weiteren Zeilen und mit Auswahl eines logischen Operators *Und* oder *Oder* in der ersten Spalte festgelegt. Um eine Abfrage auszuschalten oder von vorne anzufangen, klicken Sie auf die Schaltfläche *Alle löschen*.

Je nach Version von Word und Verbindungsmethode reagiert Word unterschiedlich, wenn Kriterien gesetzt werden, die Word nicht umsetzen kann. Word 2002 mit OLEDB und ODBC bleibt stumm; der einzige Hinweis, den Sie haben, ist, dass keine Änderungen in der Datenliste erscheinen. Mit einer DDE-Verbindung weist Word per Piepston und Fehlermeldung darauf hin, dass keine Verbindung zur Datenquelle her-gestellt werden kann.

*Zahlen in den
Kriterien stellen
ein Problem dar*

Diese Filter funktionieren ausgezeichnet, solange die Kriterien aus Buchstaben beste-hen. Sobald sie Nummern enthalten oder Datumsangaben verglichen werden sollen, entstehen Probleme. Word, als Textverarbeitungsprogramm, sieht alles als »Text«, auch Ziffern werden als Textzeichen interpretiert. Um Berechnungen oder Ähnliches auszuführen, konvertiert Word automatisch alle aus Ziffern und mathematischen Operatoren bestehenden »Wörter« in Zahlen und führt die Berechnung aus. Eine »5 + 4«-stellige Postleitzahl aus den Vereinigten Staaten wie »90000-1024« wird bei-spielsweise dem Filter als »88976« übergeben. Was natürlich zu einem falschen Resultat führt.

Auch »gewöhnliche« Zahlen stellen für die deutsche Umgebung eine Falle dar. Obwohl die Seriendruckfelder diese mit dem in der Systemsteuerung festgelegten Dezimaltrennzeichen (ein Komma) im Dokument anzeigen, wird für eine Abfrage nur ein Punkt akzeptiert. Das Kriterium »11,61« wäre ungültig; Sie müssten »11.61« eingeben. (Tausendertrennzeichen dürfen Sie überhaupt nicht benutzen.) **Außer** Sie haben eine DDE-Verbindung zu Access- oder Excel-Daten hergestellt. Dann will der Seriendruck genau das sehen, was in dieser Anwendung angezeigt wird.

Datumsangaben stellen uns vor ähnliche Schwierigkeiten. Nehmen wir an, wir wollen alle Datensätze nutzen, die ein Datum vom 9. Juli 1996 haben. Standardmäßig wird Word das Datum wahrscheinlich im Kurzformat 09.07.1996 anzeigen; wenn Sie dem Seriendruckfeld einen Formatierungsschalter hinzugefügt haben, könnte es auch anders aussehen. Die Abfrage will aber auch hier, wie bei den Zahlen, ein nordamerikanisches Format haben: 7/9/1996. Und hier spielt die Datenverbindungsart überhaupt keine Rolle.

So lange man sich der Probleme bewusst ist, kann dem entgegengewirkt werden. Wenn Sie tatkräftigere Abfragen erstellen möchten, muss eine andere Lösung her. Dann haben Sie grundsätzlich zwei Möglichkeiten: MS Query oder die Abfrage mit VBA festlegen. Die letztere Methode ist die leistungsfähigere und wird im ▶ Abschnitt »Die Automatisierung des Seriendrucks« vorgestellt.

MS Query

MS Query »gehört« Excel; sie wird vom Excel-Team betreut und als Teil der Excel-Anwendung installiert. In den Versionen 6 und 95 arbeitete Word mit MS Query ausgezeichnet zusammen; seit Word 97 gibt es Unstimmigkeiten, die meistens mit der Meldung, dass Word die Datenquelle nicht öffnen kann, quittiert werden. Word 2002 auf einer Windows 2000 oder XP-Installation scheint in dieser Hinsicht etwas besser zu sein, weshalb wir es wagen, dieses Thema aufzugreifen.

Word (sowie Excel) steuert MS Query über eine DDE-Verbindung (jetzt wissen Sie, zu welcher Software-Generation sie gehört!). MS Query selber kommuniziert mit den Datenquellen über ODBC und stellt für den Seriendruck eine ODBC-Verbindung auf. MS Query arbeitet ausschließlich mit ODBC. Vor Word 2002 war MS Query die einzige Möglichkeit für Word, mit Datenquellen wie SQL-Server und Oracle direkt zu arbeiten, ohne die Daten vorher in Access oder Excel einzuknüpfen und den Seriendruck mit diesen Anwendungen auszuführen.

Falls Sie für Ihre Daten schon eine ODBC-Verbindung gewählt haben, fragt Word, wenn Sie Abfrageoptionen festlegen möchten, ob Sie MS Query oder die Word-Funktionalität gebrauchen wollen. Dies ist eine Methode, an MS Query zu kommen.

Es ist auch möglich, von Anfang an die Datenverbindung mit MS Query herzustellen. Im Dialogfeld *Datenquelle auswählen* klicken Sie auf die Schaltfläche *Extras*, die in der oberen Leiste steht. Dort kann *MS Abfrage* gewählt werden – eine Datei müssen Sie vorher nicht bestimmen, die Datenquelle wird von MS Query aufgefordert.

HINWEIS Vor Word 2002 steht diese Option im gleichen Dialogfeld unten als Schaltfläche zur Verfügung.

Als Einführungsbeispiel zeigen wir, wie Sie zu einer SQL Server-Tabelle eine Verbindung herstellen. Wir haben diese Aufgabe ausgewählt, weil sie für Nicht-Word 2002-Benutzer von großem Interesse ist und zugleich viele Aspekte veranschaulicht. Im ▶ Anhang B können Sie mehr über die besonderen Möglichkeiten von MS Query erfahren, wenn Sie Ihr Wissen vertiefen möchten.

Beim Starten von MS Query wird das Dialogfeld in Abbildung 10.13 eingeblendet. Stellen Sie sicher, dass das Kontrollkästchen *Query-Assistenten zur Erstellung/ Bearbeitung von Abfragen verwenden* aktiviert ist, dann markieren Sie den Listeneintrag *Neue Datenquelle* und klicken auf *OK*. Um eine Verbindung zu einer ODBC-Datenquelle zu erstellen, braucht man eine DSN. Falls keine DSN für die SQL Server-Tabelle existiert, muss eine erstellt werden, weshalb wir in diesem Dialogfeld diese Einstellungen gewählt haben. Wenn Sie beispielsweise eine Excel-Tabelle als Datenquelle wählen wollen, hätten Sie die standardmäßige *Excel-Dateien*-DSN wählen können.

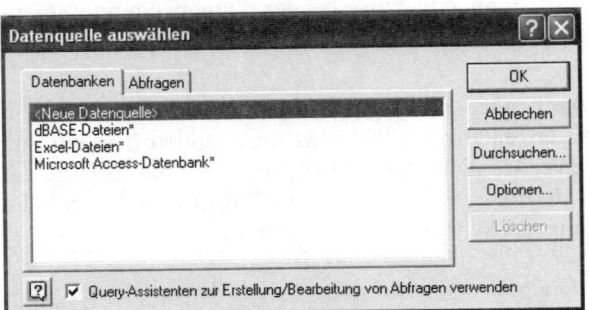

Abbildung 10.13:
Wenn noch keine DSN für eine SQL-Server-Tabelle existiert, fängt man in MS Query damit an, einen zu erstellen

Im folgenden Dialogfeld in Abbildung 10.14 geben Sie im ersten Schritt einen Namen ein; im Beispiel »sqls-nw1«. Aus der Dropdownliste unter Punkt 2 wird der passende ODBC-Treiber – »SQL Server« – gewählt.

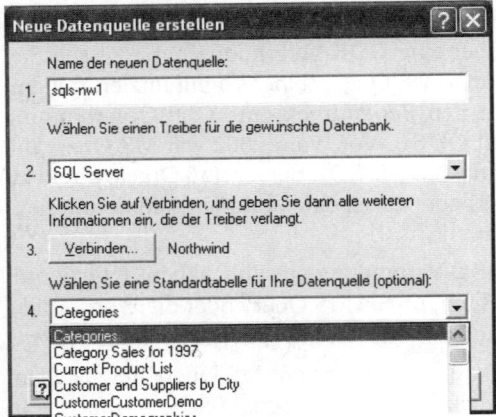

Abbildung 10.14:
Um eine »neue Datenquelle« zu erstellen, müssen die Verbindungs-informationen festgelegt werden

Klicken Sie auf *Verbinden*, um das Dialogfeld in Abbildung 10.15 zu öffnen. Aus der Liste verfügbarer Server wählen Sie diejenige, mit der SQL Server läuft. Falls Ihr System mit Windows NT Integrated Security läuft, lassen Sie das Kontrollkästchen *Vertrauenswürdige Verbindungen verwenden* aktiviert, sonst muss es deaktiviert werden und der Benutzername und das Kennwort für Datenbank in die unten stehenden Felder eingegeben werden. Klicken Sie danach auf *Optionen*, um den unteren Teil einzublenden.

Einen Benutzernamen und ein Kennwort für die SQL Server-Datenbank muss Ihnen Ihr Datenbank-Administrator zuteilen. Er richtet Sie und Ihre Rechte entsprechend ein.

HINWEIS

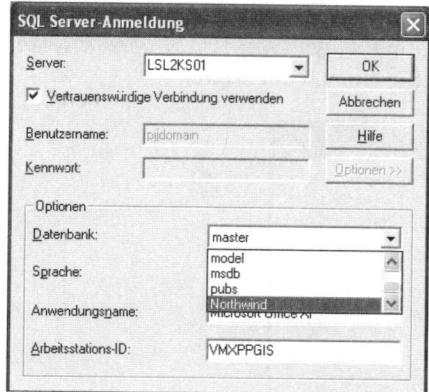

Abbildung 10.15:
Beim SQL Server für die Verbindung anmelden

Wählen Sie die Datenbank (im Beispiel »Northwind«), dann klicken Sie auf *OK*.

Zurück in *Neue Datenquelle erstellen* (Abbildung 10.14), wählen Sie die Datentabelle (*Categories*) unter Punkt 4 und klicken anschließend auf *OK*.

Anschließend wird wieder das Dialogfeld *Datenquelle auswählen* (Abbildung 10.13) angezeigt und der DSN (neuen Datenquellennamen) ist in der Liste aufgeführt. MS Query erstellte für Sie diesen DSN. Markieren Sie diesen und bestätigen Sie mit *OK*.

HINWEIS Sie müssen normalerweise einen DSN zu einer Datenbank nur einmal erstellen. Danach können Sie ihn einfach aus der Liste wählen und wie folgt weiterverfahren.

Das Dialogfeld *Query Assistent – Spalten auswählen* wird eingeblendet (Abbildung 10.16). Obwohl eine Standardtabelle festgelegt wurde, stehen auch andere Tabellen in der Liste zur Auswahl. Um auch Ansichten (in Microsoft Access wären dies Abfragen) der Liste hinzuzufügen, klicken Sie auf *Optionen* und aktivieren das entsprechende Kontrollkästchen.

TIPP Um für eine Excel-Mappe alle Blätter in der Liste anzuzeigen, aktivieren Sie die Option *Systemtabellen*.

Die Liste zur Verfügung stehender Felder kann mit einem Klick auf das +-Zeichen aufgeklappt werden. Markieren Sie einen Feldnamen, den Sie im Seriendruck benutzen wollen, dann klicken Sie auf die Schaltfläche >. Wiederholen Sie diesen Schritt, bis alle gewünschten Feldnamen in der Liste *Spalten in Ihrer Abfrage* stehen. Dann klicken Sie auf *Weiter*.

Abbildung 10.16:
Die Tabelle oder Ansicht sowie die gewünschten Felder wählen

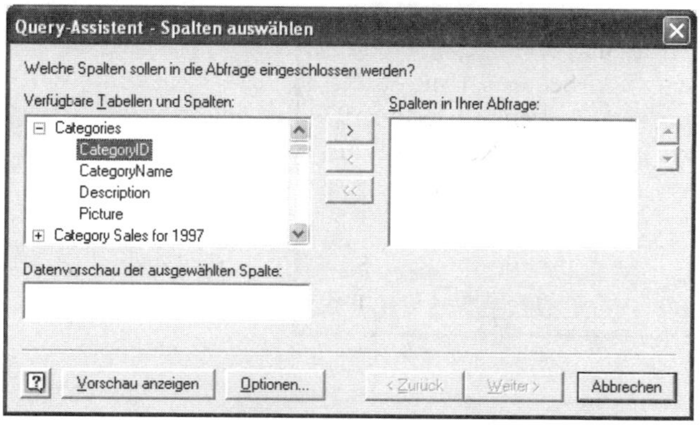

Es folgen zwei Dialogfelder, die das Filtern (Abbildung 10.17) und Sortieren der Daten anbieten. In der Handhabung sind sie ähnlich, wie Words *Abfrageoptionen*. Wir werden Sie nicht näher vorstellen; klicken Sie einfach auf *Weiter*.

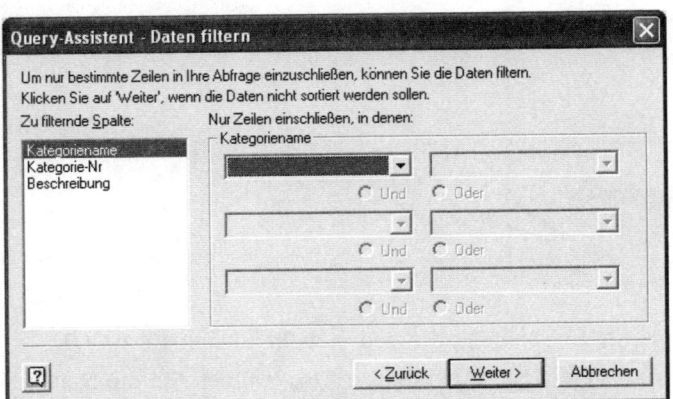

Abbildung 10.17: Der Assistent bietet die Möglichkeit, die Daten zu sortieren und zu filtern

Im letzten Dialogfeld des Assistenten (Abbildung 10.18) haben Sie die Wahl, die Daten sofort zurück an Word zu senden oder sie in Microsoft Query anzusehen und die Abfrage allenfalls zu bearbeiten. Über die Schaltfläche *Abfrage speichern* kann die Definition auch als **.dqy*-Datei gespeichert werden. Wir empfehlen diesen Schritt, weil

- die Abfrage-Spezifikation dadurch dokumentiert wird;
- Sie die Abfrage wieder einsetzen können, ohne sich durch alle Schritte arbeiten zu müssen.

Die Abfrage wird standardmäßig unter Windows 2000 und Windows XP im Pfad C:\Dokumente und Einstellungen/<Benutzername>/Anwendungsdaten/Microsoft/ Abfragen gespeichert. Klicken Sie also auf *Abfrage speichern* und geben Sie der Abfrage einen Namen (hier »Abfrage von Kategorien.dqy«). Aktivieren Sie danach *Daten in Microsoft Query bearbeiten oder ansehen*, dann *Fertig stellen* anklicken, um mit der vollen Funktionalität von MS Query weiterzuarbeiten.

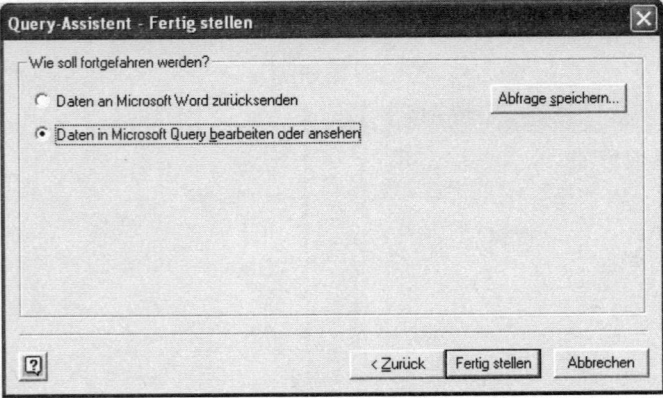

Abbildung 10.18: Die Abfrage kann gespeichert oder weiter bearbeitet werden. Sie können aber auch sofort zu Word zurückkehren.

Das Microsoft Query-Arbeitsfenster erinnert ein wenig an die Access-Umgebung: Die Liste der Tabellenfelder erscheint oben; Kriterien können im mittleren Teil festgelegt werden (auf die Schaltfläche mit Brille und Trichter klicken, um ihn einzublenden); die Daten werden im unteren Teil angezeigt. Im ▶ Anhang B werden einige der Optionen während der Diskussion, wie MS Query die Möglichkeiten des Seriendrucks erweitert, vorgestellt.

Abbildung 10.19:
Microsoft Query
ermöglicht die
Erstellung von
tatkräftigen
Abfragen außer-
halb der Access-
Umgebung

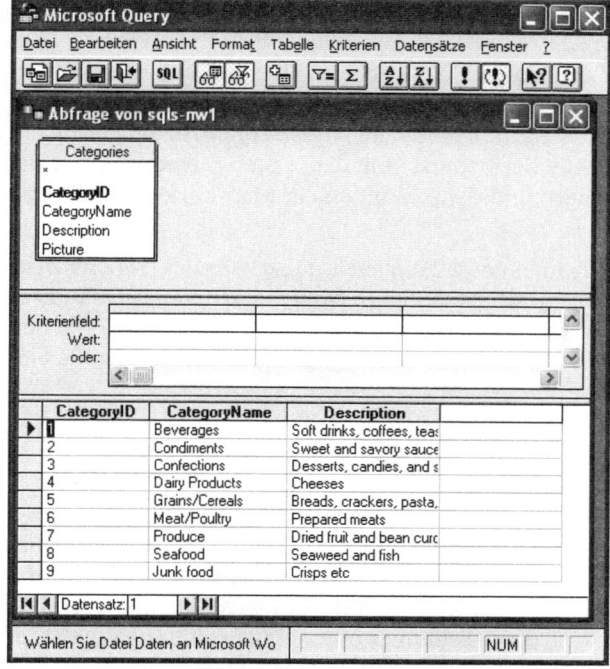

Klicken Sie einfach auf die Schaltfläche *SQL*, um die hinter der Abfrage stehende SQL-Anweisung einzusehen. Wenn Sie schon mit SQL vertraut sind oder einige der Beispiele in den ▶ Anhängen C oder D ausprobieren möchten, ist hier die Stelle, an der die nötigen Änderungen vorgenommen werden.

Abbildung 10.20:
Die SQL-Anwei-
sung kann direkt
bearbeitet wer-
den, um leis-
tungsfähigere
Abfragen zu
erstellen

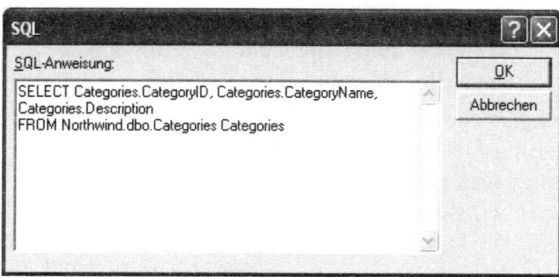

 Um die Abfrage an Word zurückzusenden, klicken Sie auf die Schaltfläche mit der Tür oder führen die Befehlsfolge *Datei/Daten an Microsoft Word zurücksenden* aus. Die Datenfelder sollten jetzt, wie üblich, für den Einsatz im Seriendruckhauptdokument zur Verfügung stehen.

Etiketten

In den bisherigen Word-Versionen war die Erstellung von Etiketten etwas kompliziert, wenn man sie formatieren oder nach dem ursprünglichen Setup ändern wollte. Die meisten Benutzer wären niemals auf die Idee gekommen, dass sie im Setup-Dialogfeld Elemente markieren und durch Rechtsklick, also über ein Kontextmenü, in die Formatierungsdialogfelder für Zeichen und Absätze gelangen könnten. Und so wurde eifrig und mühsam das erste Etikett über die übrigen kopiert – ohne die Next-Feldfunktion zu löschen – wobei jedes Mal eine Anpassung notwendig war.

Microsoft hat sich diese Arbeitsweise gemerkt. Word 2002 übernimmt diesen Kopierschritt, jedes Mal, wenn die Schaltfläche *Etiketten übertragen* auf der *Seriendruck*-Symbolleiste bzw. *Alle Etiketten aktualisieren* im *Seriendruck*-Aufgabenbereich, Schritt 4, aktiviert wird. Somit kann der Benutzer mit dem ersten Etikett ganz normal arbeiten, es formatieren und ändern und danach mit einem Mausklick alle Etiketten anpassen.

TIPP

Diese Funktionalität kann auch für andere Aufgaben außerhalb des Seriendrucks eingesetzt werden. Sie müssen nur diese Symbolleiste einblenden und das Dokument vorübergehend als ein Etiketten-Hauptdokumenttyp bezeichnen. Nachdem Sie den Inhalt der ersten Tabellenzelle in alle anderen Zellen kopiert haben, wählen Sie einfach wieder *Normales Word-Dokument*.

Neue Seriendruck-Feldfunktionen: Grußzeile und Adressblock

Es gibt zwei neue Feldfunktionen für den Seriendruck in Word 2002: AddressBlock und GreetingLine (Grußzeile). Beide sollen Abhilfe bei der bedingten Unterdrückung von Zeichen, Leerräumen und Leerzeilen schaffen, wenn ein Datenfeld inhaltslos ist. Bislang wurden zu diesem Zweck If (Wenn)-Feldfunktionen eingesetzt. Angesichts der Mängel der Grußzeile-Funktionalität wird das wohl für Benutzer von deutschen Word-Versionen vorläufig weiterhin der Fall bleiben.

Legen wir das Thema »Grußzeile« gleich beiseite. Angeblich soll der Benutzer eine Begrüßung, die Zusammensetzung des Namens des Begrüßten sowie gewünschte Interpunktion wahlweise zusammenstellen dürfen. Word kümmert sich um Leerzeichen zwischen fehlenden Teilen und – man würde meinen – das korrekte Geschlecht begleitender Wörter, wie »Sehr geehrte(r)«. Leider stimmt letzteres, wie in Abbildung 10.21 ersichtlich, überhaupt nicht. Zudem ist auch die Feldauswahl im Ergebnis falsch. Statt des Titels (Anrede), erscheinen die Daten aus dem Feld Vorname.

Im unteren Drittel der Abbildung sehen Sie eine auf der If-Feldfunktion basierende Lösung, um die korrekte Formulierung für die Begrüßung zu berechnen. Wenn das Feld Position leer ist, erscheint »Damen und Herren« nach dem Begrüßungstext »Sehr geehrte«. Enthält es das Wort »Herr« wird dem Text ein »r « (also mit Leerzeichen) hinzugefügt, sonst nur ein Leerraum. Die Felder Position und Nachname stehen auch im dritten »Sonst«-Teil (wenn Position nicht leer ist) und sind nur in diesem Fall Teil des Ergebnisses.

Abbildung 10.21:
Die Feldfunk-
tion Greeting-
Line *hält nicht,*
was sie ver-
spricht. Wir blei-
ben weiterhin auf
die If-*Feldfunk-*
tion angewiesen.

Sehr geehrte(r) Anita Fuhrmann,
{ GREETINGLINE \f "<<_BEFORE_ Sehr geehrte(r) >><<_TITLE0_>><< _LAST0_>>
<<_AFTER_,>>" \l 1031 \e "Sehr geehrte Damen und Herren," }

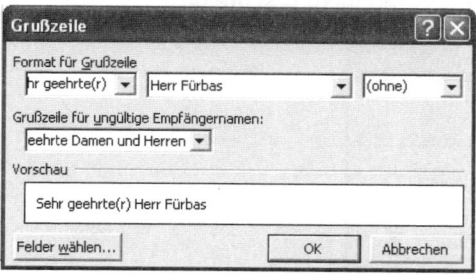

Sehr geehrte Frau Fuhrmann
Sehr geehrte{ IF { MERGEFIELD "Position" } = "" " Damen und Herren" "{ IF {
MERGEFIELD "Position" } = "Herr" "r " " " }{ MERGEFIELD "Position" } {
MERGEFIELD "Nachname" }" }

HINWEIS

Ganz witzig ist, wie Word die Outlook-Feldnamen übernimmt. Die Angaben für
»Anrede« werden uns unter dem Namen »Position« vorgestellt, während »Position«
selbst entfällt, wenn die Verbindung zu den Daten über Word hergestellt wird. Fangen Sie von der Outlook-Seite her an, stehen beide Felder unter den richtigen Namen
in der Liste zur Verfügung. Eine weitere Falle stellt das Feld »Name« dar. Es handelt
sich hier um den vollständigen Namen (Anrede + Vorname + Nachname) und nicht
lediglich den Nachnamen (siehe Abbildung 10.22).

Hoffnungsvoller sieht die Lage für die Feldfunktion AddressBlock aus. Leerräume und
-Zeilen werden korrekt unterdrückt. Aber ohne Eingriff unsererseits ist auch sie nicht
100% einsatzbereit. Erstens müssen auch hier die Feldnamen den Platzhaltern richtig
zugeteilt werden und zweitens entspricht die Feldzusammenstellung nicht unter allen
Umständen den Bedürfnissen des deutschsprachigen Publikums.

Wenn Sie Outlook als Datenquelle benutzen, haben Sie standardmäßig die Situation,
dass einige der Datenfelder den von Word verwendeten Adressenfeldern nicht korrekt zugeteilt werden. Wird der Seriendruck von Word aus initiiert, fehlen Anrede,
Adresse1, Postleitzahl und Vorname Partner/in in der Liste der erforderlichen Informationen. (Entsprechen den Seriendruckfeldern Postion, Straße und PLZ, die aus der Dropdownliste gewählt werden können; Informationen über den Partner stehen nicht zur
Verfügung.)

Eine von der Outlook-Seite hergestellte Datenverbindung übergibt immerhin Anrede
und Postleitzahl korrekt, nicht erkannt werden jedoch immer noch Adresse1 (Straße)
und Vorname Partner/in (Partner). Ferner stimmt die Zuteilung des Feldes Name nicht, es
müsste hier Nachname stehen.

Stammen die Daten aus einer anderen Datenbank, werden die Felder automatisch
korrekt zugeteilt, wenn ihre Namen denen der Liste links in Abbildung 10.22 entsprechen.

Was ist zu tun, wenn Sie auf die Feldnamengebung der Datenquelle keinen Einfluss
haben? Sie können selbstverständlich die Einstellung im Dialogfeld *Übereinstim-*
mende Felder festlegen jedes Mal manuell vornehmen. Leider ist es nicht möglich,

diese Datenfeldzuteilung mit VBA zu automatisieren. Der Versuch, ein Makro aufzuzeichnen liefert eine leere Prozedur. Ein MappedDataField-Objekt mit DataFieldName-Eigenschaft gibt es zwar im Word 2002-VBA-Objektmodell; die Eigenschaft ist jedoch – obwohl in der Hilfe anders vermerkt – nur les- und nicht beschreibbar.

Abbildung 10.22:
Standardfeld-
namen von
Outlook-Daten
werden nicht
automatisch
erkannt

Wenn die Verbindungsmethode für die Datenquelle erweiterte SQL-Anweisungen unterstützt, ist eine Umbenennung der Datenfeldnamen bei deren Einbindung möglich. Das Beispiel in Listing 10.2 blendet die *Seriendruck*-Symbolleiste ein und stellt eine OLEDB-Verbindung zu Outlook her. In der SQL-Anweisung werden die Datenfelder namentlich aufgelistet und, wo nötig, dynamisch für die Schnittstelle umbenannt.

Mehr über die Datenanpassung mit SQL steht im ▶ Anhang D.

▌ **HINWEIS**

```
Sub OutlookSeriendruckAnfangen()
    Dim doc As Word.Document, szSQL As String

    szSQL = "Select Vorname, Nachname, Firma, [Position] as Anrede, " & _
        "[Straße] as Address1, Ort, Bundesland, [PLZ] as PostalCode, Land " & _
        "From [Contacts]"
    Set doc = Documents.Add
    Application.CommandBars("Mail Merge").Visible = True
    With doc.MailMerge
        .MainDocumentType = wdFormLetters
        .OpenDataSource Name:="Contacts", SQLStatement:=szSQL, _
            SubType:=wdMergeSubTypeOutlook
    End With
End Sub
```

Listing 10.2:
Datenfeldnamen
bei der Daten-
quelle Verbin-
dung bestimmen

Den Code des Listings finden Sie in der Datei *List10_02.bas* im Ordner *\Buch\Kap10* auf der Buch-CD.

Nun zur Feldfunktion AddressBlock. Bei der Einfügung eines Adressblockes können Sie grundsätzlich drei Einstellungen vornehmen, wie in Abbildung 10.23 ersichtlich:

○ Die Zusammenstellung der Empfänger-Informationen festlegen.

- Ob der Firmenname, sofern vorhanden, einzufügen ist.

- Ob das Land, sofern vorhanden, einzufügen ist.

Abbildung 10.23:
AdressBlock-
Feldfunktion
ohne und mit
Land/Region;
mit dieser Infor-
mation steht die
Postleitzahl an
der falschen
Stelle

```
Eva·Ruffenacht¶
Microsoft·GmbH¶
Konrad-Zuse-Strasse·1¶
85716·Unterschleissheim¶
{·ADDRESSBLOCK·\f·"<<_TITLE0_·>><<_FIRST0_>><<_LAST0_>><<_SUFFIX0_>>¶
<<_COMPANY_¶
>><<_STREET1_¶
>><<_STREET2_¶
>><<_POSTAL_·>><<_CITY_>><<,·_STATE_>>"·\l·1031·\c·0·\e·"""·}¶
¶
Eva·Ruffenacht¶
Microsoft·GmbH¶
Konrad-Zuse-Strasse·1¶
Unterschleissheim85716·¶
{·ADDRESSBLOCK·\f·"<<_TITLE0_·>><<_FIRST0_>><<
<<_COMPANY_¶
>><<_STREET1_¶
>><<_STREET2_¶
>><<_CITY_>><<_POSTAL_·>><<,·_STATE_>><<¶
_COUNTRY_>>"·\l·1031·\c·2·\e·"Deutschland"·}¶
¶
¶
```

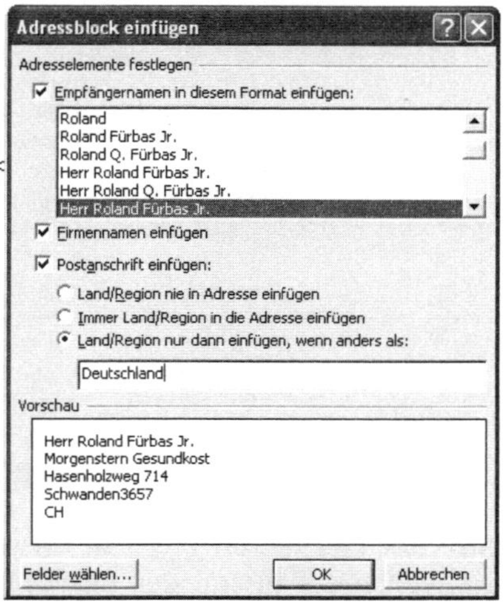

Diese Einstellungen spiegeln sich in den Feldcode-Schaltern, die in Tabelle 10.4 erläutert sind, wider. Microsoft rät in der Hilfe davon ab, die Feldfunktion selbst zu erstellen oder zu bearbeiten. Wollen Sie jedoch das Land, fest oder bedingt, mit einbeziehen, haben Sie leider keine Wahl. Wie aus dem unteren Beispiel der Abbildung 10.23 ersichtlich, steht die Postleitzahl (<<_POSTAL_ >>) in der von Word erzeugten Feldfunktion an der falschen Stelle, nach dem Ort (<<_CITY_>>). Sie müssen dieses Adressfeld ausschneiden und korrekt einfügen, sodass diese Zeile im Feldcode wie im oberen Beispiel aussieht.

Tabelle 10.4:
Schalter der
AddressBlock-
Feldfunktion

Schalter	Wirkung
\c	Legt das Format für das Land bzw. die Region fest. Geben Sie 0 (Null) ein, um das Land bzw. die Region nie einzufügen, 1, um das Land bzw. die Region immer einzufügen und 2, um das Land bzw. die Region nur einzufügen, wenn diese/s vom Wert für \e abweicht.
\e	Legt fest, welches Land bzw. welche Region aus dem Adressblock auszuschließen ist. Dies ist sinnvoll, wenn Ihre Sendung sowohl für in- als auch ausländische Empfänger bestimmt ist.
\f	Stellt eine Vorlage für Platzhalter für Seriendruckfelder bereit und legt so den Namen und das Adressformat fest. Der ganze Text, der innerhalb der Adressfeldklammern << >> steht – wie Leerräume und Zeilenschaltungen – erscheint nur im Seriendruckergebnis, wenn das entsprechende Seriendruckfeld Daten enthält. Ist das Seriendruckfeld leer, wird der gesamte Inhalt eines <<Adressfeldes>> unterdrückt. ▶

Schalter	Wirkung
	Es folgt eine Liste der erkannten Adressfelder und dafür vorgesehene Informationen (mit Outlook-Feldnamen, wo vorhanden): <<_TITLE0_>> Anrede (Position) <<_NICK0_>> Spitzname <<_FIRST0_>> Vorname <<_MIDDLE0_>> Weiterer Vorname <<_LAST0_>> Nachname <<_SUFFIX0_>> Namenszusatz <<_TITLE1_>> *Anrede, Partner <<_NICK1_>> *Spitzname, Partner <<_FIRST1_>> *Vorname Partner/in <<_MIDDLE1_>> *Weiterer Vorname Partner/in <<_LAST1_>> *Nachname Partner/in <<_COMPANY_>> Firma <<_STREET1_>> Addresse1 (Straße) <<_STREET2_>> Addresse2 (irgendeines zusätzlich zugeteilten Adressenfelds) <<_CITY_>> Ort <<_STATE_>> Bundesland <<_POSTAL_>> Postal Code (PLZ) <<_COUNTRY_>> Land * Outlook enthält/übergibt standardmäßig nur ein Feld »Partner«.
\l	Bestimmt die zum Formatieren der Adresse verwendete Sprachkennung. Entspricht standardmäßig der Sprachkennung des ersten Zeichens im Dokument.

Die Daten einsehen und formatieren

Als vorletzter Schritt bietet der Assistent die Datenvorschau an. Eigentlich dürften Sie jederzeit während der Bearbeitung des Hauptdokuments die Vorschau eingeschaltet haben, nur der Assistent ist so stur und erlaubt die Vorschau nur ab dem fünften Schritt. Müssen Sie einen Schritt zurück, schaltet der Assistent die Vorschau wieder ab. Über die Symbolleiste *Seriendruck* können Sie die Daten nach Belieben ein- und ausblenden.

Es gibt also drei verschiedene Ansichten für ein Seriendruckhauptdokument: Die Bearbeitungsansicht, wo die Seriendruckfeldnamen zwischen <<Bezeichnern>> stehen, die Datenvorschau und eingeblendete Feldfunktionen. Für alle speziellen Aufgaben werden Sie letztere am nützlichsten finden. Gewöhnen Sie also Ihre Finger an die Tastaturfolge Umschalt+F9, die die Feldcodes der markierten Feldfunktion und an Alt+F9, die alle Feldcodes im Dokument ein- und ausblenden.

Feldfunktionen ein-/ausschalten

Formatierungen aus der Datenquelle übernehmen

Genau genommen, kann der Seriendruck nur Daten und keine Formatierungen aus Datenquellen übernehmen. Es gibt aber Umwege ...

Der direkteste führt über eine Word-Datei als Datenquelle. Die Daten dürfen entweder in Tabellen- oder im zeichengetrennten Format gespeichert werden; wichtig ist einzig, dass es sich um eine Word-Datei handelt.

Nachdem alle Seriendruckfelder in das Hauptdokument eingefügt sind, blenden Sie die Feldcodes ein. Löschen Sie das Wort »Mergefield« (in Versionen vor Word 2000 »Seriendruckfeld«) aus den Datenfeldern, die formatierte Daten enthalten. Somit werden diese Feldfunktionen in implizite REF-Feldfunktion umgewandelt und die Formatierungen in der Datenquelle »scheinen durch«.

Nicht unterstützt sind hoch- sowie tief gestellte Zeichenformatierungen. Für Daten wie mathematische oder chemische Formeln müssten Sie eine Formel mit dem Formel-Editor erstellen.

Um einen vollständigen Zugang zur Seriendruckfunktionalität zu gewähren, muss in Versionen seit Word 97 mindestens ein Feld im Hauptdokument mit dem Wort »Seriendruck« am Anfang vorhanden sein.

Es geht, wenn auch etwas umständlicher, mit formatierten Einträgen aus Excel-Tabellen. Wenn Sie eine Zelle in Excel kopieren und diese in Word über *Bearbeiten/ Inhalte einfügen* mit Verknüpfung einfügen, wird die Formatierung mit übernommen. Die Verknüpfung wird durch eine Link-Feldfunktion hergestellt.

Der Trick besteht darin, den Zellbezug mit einem Seriendruckfeld zu ersetzen, das diesen Zellbezug für den jeweiligen Datensatz als Inhalt hat, wie in Abbildung 10.24 illustriert. Sie sollten die Auswechslung erst unmittelbar vor der Zusammenführung vornehmen und gut aufpassen, dass die Feldfunktion nicht vorher aktualisiert wird. Weil das Seriendruckfeld durch die Aktualisierung in Text aufgelöst wird, geht dadurch die dynamische Wirkung verloren.

 Sie können die beschriebenen Möglichkeiten mit den Beispieldateien *Bsp10_05.doc* und *Bsp10_05.xls* als Datenquelle testen. Sie befinden sich auf der CD-ROM zum Buch im Ordner *\Buch\Kap10*.

Nach der Zusammenführung in ein neues Dokument stehen Zellenbezüge anstelle der Seriendruckfelder und jetzt dürfen die Verknüpfungen mit Strg+A, F9 aktualisiert werden, um die korrekten Informationen anzuzeigen. Wenn Sie die Verknüpfungen völlig entfernen möchten (was einiges an Ressourcen freisetzt), drücken Sie anschließend Strg+Umschalt+F9, um alle Feldcodes in statischen Text umzuwandeln.

Für andere Datenquellen braucht es ebenfalls eine Verknüpfung, jedoch nicht unmittelbar zu einem Datenfeld, sondern zu einem Word- oder RTF-Dokument, das die formatierten Daten enthält. In der Datenbank selber stellt ein Datenfeld die Information für die Verknüpfung bereit: Es enthält entweder den Dateinamen, den Pfad zur Datei (mit doppelten umgekehrten Schrägstrichen) oder den Namen der Textmarke, die den Text umfasst (somit kann ein einziges Dokument den Text für mehrere Datensätze enthalten).

Um das Gerüst für die Verknüpfung im Seriendruckhauptdokument zu erstellen, wählen Sie eine Datei über die Befehlsfolge *Einfügen/Datei*. Falls die formatierten Texte sich alle in der selben Datei befinden und mit verschiedenen Textmarken gekennzeichnet sind, klicken Sie im Dialogfeld *Einfügen Datei* auf die Schaltfläche *Bereich*, um die gewünschte Textmarke zu bestimmen. Als letzten Schritt klicken Sie auf den Pfeil der Schaltfläche *Einfügen* und wählen den Befehl *Als Verknüpfung einfügen*.

Abbildung 10.24:
*Formatierter Text
aus Excel in
einen Serien-
druck einbinden.
Oben, das
Hauptdoku-
ment; Mitte: das
Excelblatt;
Unten: das
Seriendruck-
ergebnis*

Datensatz:·Eins¶
Text,·der·in·Excel·formatiert·ist:·Dieser·Text·ist·blau¶
Zellbezug·im·Datenfeld:·Z2S2¶
¶
Die·Verknüpfung,·durch·eine·LINK·Feldfunktion:¶
Dieser·Text·ist·blau¶
¶
Der·Feldcode:¶
{·LINK·Excel.Sheet.8·"C:\\test\\FormatiertenDaten.xls"·
"Tabelle1!{·MERGEFIELD·FormatierungFürSeriendruck·}"·\r·}¶

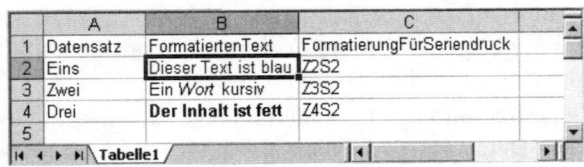

	A	B	C
1	Datensatz	FormatiertenText	FormatierungFürSeriendruck
2	Eins	Dieser Text ist blau	Z2S2
3	Zwei	Ein *Wort* kursiv	Z3S2
4	Drei	**Der Inhalt ist fett**	Z4S2
5			

Datensatz: Eins
Text, der in Excel formatiert ist: Dieser Text ist blau
Zellbezug im Datenfeld: Z2S2

Die Verknüpfung, durch eine LINK Feldfunktion:
Dieser Text ist blau

Datensatz: Zwei
Text, der in Excel formatiert ist: Ein Wort kursiv
Zellbezug im Datenfeld: Z3S2

Die Verknüpfung, durch eine LINK Feldfunktion:
Ein *Wort* kursiv

Datensatz: Drei
Text, der in Excel formatiert ist: Der Inhalt ist fett
Zellbezug im Datenfeld: Z4S2

Die Verknüpfung, durch eine LINK Feldfunktion:
Der Inhalt ist fett

Benutzer von Word 97 müssen das Kontrollkästchen *Verknüpfung* aktivieren.　▌ **HINWEIS**

Mit der Einfügemarke in diesem eingefügten Text drücken Sie Umschalt+F9, um die Inclu-deText-Feldfunktion einzublenden. Ersetzen Sie nun den entsprechenden Teil der Ver-knüpfung mit dem Seriendruckfeld, das diese Information enthält. Das Ergebnis wird ähnlich wie die folgende Feldkombination aussehen:

```
{ INCLUDETEXT "C:\\Dokumente und Einstellungen\\CindyOn2000D\\Eigene Dateien\\InclFormat-
Text.doc" { Mergefield MemoText }}
```

Wie Sie mit Dateinamen oder Pfadnamen in Feldfunktionen umgehen sollen, wird im folgenden Abschnitt beschrieben.

Grafiken im Seriendruck

Seit der Einführung von verbesserter Webseitenkompatibilität für Word-Tabellen ist die Erstellung von Etiketten mit Grafiken um einiges einfacher geworden. Seit Word 2000 fließt auch der Textinhalt von Tabellen um Grafiken, die über einer Zelle positioniert sind (mehr zu diesem Thema steht in ▶ Kapitel 9). Um Ihnen einen Anhaltspunkt zu geben, beschreiben wir hier die Schritte, mit denen wir das Beispiel in Abbildung 10.25 erstellt haben.

Abbildung 10.25:
Paketetiketten
mit Grafik

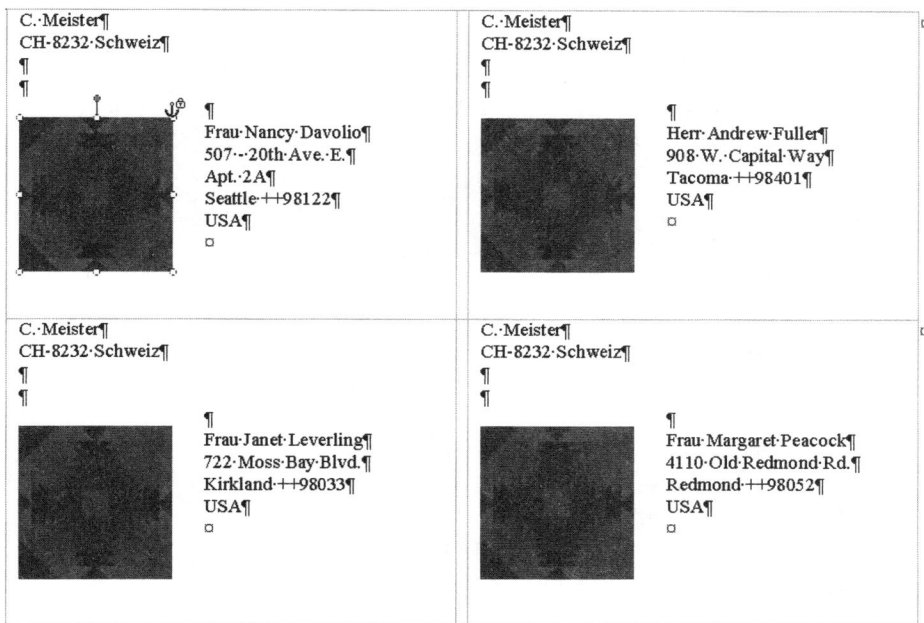

Sie können das abgebildete Beispiel mithilfe der Beispieldateien *Bsp10_06.doc* und *Personal.txt* als Datenquelle testen. Sie befinden sich auf der CD-ROM zum Buch im Ordner *\Buch\Kap10*.

Erstellen Sie ein Etikettenblatt mit großen Etiketten (im Beispiel Avery J8165). (Wenn Sie in Word 2000 arbeiten, schließen Sie das *Setup*-Dialogfeld, ohne Seriendruckfelder einzufügen.)

- ☉ Markieren Sie über die Befehlsfolge *Tabelle/Markieren/Tabelle* die Tabelle, die die Etiketten definiert.

- ☉ Blenden Sie die *Tabellen und Rahmen*-Symbolleiste ein und richten Sie die Zellen in der Tabelle oben links aus.

- ☉ Geben Sie in der ersten Zelle die Absenderinformationen ein.

- ☉ Drücken Sie die Eingabetaste, bis die Einfügemarke auf der Höhe für die Grafik steht.

- ☉ Mit *Einfügen/Grafik/Aus Datei* blenden Sie das Dialogfeld *Grafik einfügen* ein. Wählen Sie die gewünschte Grafik-Datei aus und fügen Sie sie ein.

TIPP In Word 2000 steht die Grafik mit Bestimmtheit in der Zeile mit dem Text. In Word 2002 ist dies nur der Fall, wenn *Mit Text in Zeile* in *Extras/Optionen/Bearbeiten/Bild einfügen als* gewählt ist.

- Klicken Sie mit der rechten Maustaste auf die Grafik und wählen Sie den Befehl *Grafik formatieren*.

- In der Registerkarte *Layout* klicken Sie zuerst auf das Symbol *Rechteck*, dann auf die Schaltfläche *Weitere*.

- Legen Sie *Ausrichtung Links, Gemessen von Spalte* als horizontale und *Absolute Position 0,42 unterhalb Linie* als vertikale Position fest.

- Aktiveren Sie das Kontrollkästchen *Verankern* und bestätigen Sie die Dialogfelder.

- Die Grafik sollte jetzt links neben der letzten Absatzmarke in der Tabellenzelle stehen, woran sie auch verankert ist.

Wenn Sie den kleinen Anker nicht sehen, aktivieren Sie das Kontrollkästchen *Objektanker* in *Extras/Optionen/Ansicht*.   **TIPP**

- Fügen Sie jetzt die Seriendruckfelder für die Adresse ein.

- Wenn Sie das Gefühl haben, der Text liegt der Grafik zu nahe, können Sie den Abstand im Dialogfeld *Grafik formatieren*, Registerkarte *Textfluss*, die unter der Schaltfläche *Weiteres* liegt, anpassen.

- Jetzt wird das erste Etikett in die anderen kopiert. In Word 2002 geht das mit der Symbolschaltfläche *Etiketten übertragen* problemlos – und Sie sind fertig. Arbeiten Sie in Word 2000, müssen Sie sehr sorgfältig vorgehen, wie in den restlichen Schritten beschrieben.

- Kopieren Sie den ganzen Inhalt des ersten Etiketts.

- Drücken Sie Alt+F9, um die Feldcodes einzublenden und achten Sie auf die Next-Feldfunktion in den übrigen Etiketten. Sie dürfen diese nicht löschen, sonst geht Word nicht zum nächsten Datensatz für diese Etiketten.

- Markieren Sie die Absatzmarke, die nach der Next-Feldfunktion und vor der Zellenendmarke steht.

Wenn Sie keine Absatzmarken (¶) sehen, aktivieren Sie das entsprechende Kontrollkästchen in *Extras/Optionen/Ansicht* im Abschnitt *Formatierungszeichen*.   **TIPP**

- Fügen Sie den kopierten Zellinhalt in das erste Etikett ein.

- Wiederholen Sie diese letzten zwei Schritte, bis alle Etiketten bearbeitet sind.

- Drücken Sie nochmals Alt+F9, um die Feldcodeanzeige wieder auszuschalten.

Grafiken aus einer Datenbank einbinden

Und wie ist es, wenn Sie statt eines statischen Bildes ein in einer Datenbank gespeichertes Bild im Seriendruckresultat sehen möchten? Solange die Datenquelle ein Word-Dokument ist, übernimmt der Seriendruck grafische Objekte genau wie Formatierungen.

Vielleicht haben Sie aber schon probiert, ein Datenbankfeld mit gespeichertem Bildobjekt in ein Seriendruckhauptdokument einzufügen und dann die Fehlermeldung »Long-Binary- oder Textwert« gesehen. Tatsache ist, wie am Anfang des letzten Abschnitts angedeutet, dass Word eigentlich nur Textinhalte aus Datenbankquellen übernehmen kann. Für Grafiken müssen Sie ein ähnliches Verfahren wie für formatierten Text anwenden, aber statt einer IncludeText- brauchen Sie eine IncludePicture

Word kann eigentlich nur Textinhalte aus Datenbankquellen übernehmen

(EinfügenGrafik)-Feldfunktion, die eine auf der Festplatte oder im Netzwerk gespeicherte Bilddatei einbindet.

Word 2002 mit einer OLEDB-Verbindung ist noch viel weniger hilfreich. Statt einer Fehlermeldung, die immerhin etwas an Informationen übermittelt, zeigt das Seriendruckfeld die Hex-Zahl 151C2F00 an, wenn das Feld ein Objekt enthält. Eine ODBC-Verbindung behandelt das Seriendruckfeld wie ein leeres Feld. Kryptischer geht's kaum ...

Das bedeutet, der Datenbanktabelle muss ein Feld des Datentyps »Text« hinzugefügt werden, das den Namen oder den Pfad der Bilddatei enthält. Falls die Bilder nicht als eigenständige Dateien vorhanden sind, müssen sie aus der Datenbank extrahiert und gespeichert werden.

Können Sie die Grafik in einem Access-Formular betrachten, ist es oft möglich, sie zu kopieren, in eine Grafikanwendung einzufügen und dann als Grafikdatei zu speichern. Falls Ihre Daten in einer Datenbank gespeichert sind, die solches Kopieren nicht unterstützt, können diese unter Umständen in Access importiert oder eingeknüpft werden, um diese Handlung auszuführen.

 Sie können dieses Beispiel mithilfe der Beispieldateien *Bsp10_07.doc* und *Bsp10_07.txt* als Datenquelle testen. Sie befinden sich auf der CD im Ordner *\Buch\Kap10*.

Haben Sie alles in der Datenquelle vorbereitet, gehen Sie im Seriendruckdokument wie folgt vor:

- Positionieren Sie die Einfügemarke dort, wo die Grafik stehen soll.

- Verknüpfen Sie eine der Grafiken (es spielt keine Rolle, welche) über die Befehlsfolge *Einfügen/Grafik/Aus Datei* mit dem Hauptdokument.

Wünschen Sie einen Textfluss um die Grafik, muss diese in einen Positionsrahmen eingefügt werden. Die Feldcodes einer Grafik in der Zeichnungsebene (eine Grafik, die nicht in der Zeile mit dem Text steht) sind nicht zugänglich. Sie finden den Befehl *Positionsrahmen einfügen* in der *Formular*-Symbolleiste.

- Blenden Sie über die Tastaturfolge Umschalt+F9 den Feldcode ein.

- Ersetzen Sie den Dateinamen mit dem Seriendruckfeld, das diesen enthält, wie im Beispiel der Abbildung 10.26, oben.

- Drücken Sie F9, um das Ergebnis für den gegenwärtigen Datensatz zu sehen.

Es ist einfacher, wenn Sie nur den Dateinamen über das Seriendruckfeld einbinden. Ist es aber notwendig, den vollständigen Pfad in der Datenbank zu speichern, achten Sie darauf, dass die umgekehrten Schrägstriche doppelt sein müssen, sonst kann Word den Pfad im Seriendruckresultat nicht korrekt umsetzen. Dies bedeutet seit Word 97 jedoch, dass Sie im Hauptdokument keine gültige Verknüpfung zur Grafik haben werden, erst im Resultat. Seit Word 97 müssen Pfadnamen, die durch Feldfunktionen weitergegeben werden, lediglich die gewöhnliche Anzahl umgekehrter Schrägstriche aufweisen. Aber im Seriendruckerverfahren wird das Seriendruckfeld in Text umgewandelt und die umgehrten Schrägstriche müssen dann verdoppelt sein. Das ist etwas verwirrend, aber wenn man's weiß, ist alles gut.

- Führen Sie den Seriendruck in ein neues Dokument zusammen.

- Aktualisieren Sie die Grafiken mit Strg+A, F9, Abbildung 10.26, unten.

Der * Mergeformat-Schalter hält die der Feldfunktion zugewiesene, direkte Formatierung fest, in diesem Fall die Bildgröße. Die Bilder rechts in Abbildung 10.26 sind in der Originalgröße.

HINWEIS

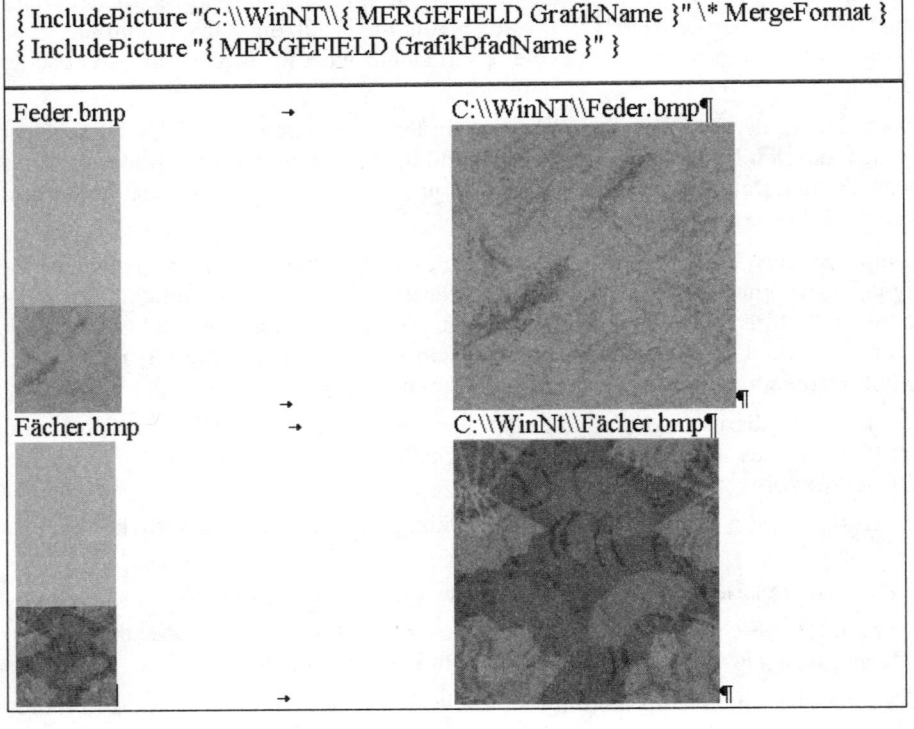

Abbildung 10.26:
IncludePicture *bindet eine Grafik in den Seriendruck ein. Oben: das Seriendruckhauptdokument; unten: das aktualisierte Resultat*

Bedingte Formatierung und Text – nützliche Tricks mit der If-Feldfunktion

Die If-Feldfunktion ermöglicht es, Seriendruck-Daten anders zu präsentieren oder bedingten Text in das Resultat zu integrieren. Hier einige Tricks, die den Einsatz veranschaulichen.

Bedingte Formatierung

Es gibt Situationen, wo Sie ein Seriendruckfeldresultat in Abhängigkeit eines bestimmten Wertes darstellen wollen. Ist beispielsweise ein Betrag negativ, soll dieser im Resultat rot statt schwarz erscheinen und ein Nullbetrag könnte blau sein. If (Wenn)-Feldfunktionen können nicht nur Text, sondern auch Formatierungen bedingt anzeigen. Der Feldcode für das erwähnte Beispiel sieht so aus wie in Abbildung 10.27.

Sie können die beschriebenen Möglichkeiten mit den Beispieldateien *Bsp10_08.doc* und *Bsp10_05.xls* als Datenquelle testen. Sie befinden sich auf der CD-ROM zum Buch im Ordner *Buch\Kap10*.

Verschachteln Sie If-Feldfunktionen, um mehr als zwei Bedingungen zu testen. Word unterstützt bis zu 19 Verschachtelungsebenen.

HINWEIS

TIPP Achten Sie auf den Formatierungsschalter * `CharFormat` (Zeichenformat). Dieser Schalter zwingt das Formularfeld, die Zeichenformatierung des ersten Zeichens anzunehmen, was ein Seriendruckfeld sonst nicht unbedingt tut. Wenn Sie jemals Schwierigkeiten mit Feldergebnissen im Seriendruckresultat haben, die mit einer abweichenden Schriftformatierung erscheinen, fügen Sie den `Mergefield`-Feldfunktionen im Hauptdokument diesen Schalter hinzu; und löschen Sie einen eventuell vorhandenen * `Mergeformat` (Formatverbinden)-Schalter.

Abbildung 10.27:
Bedingte Forma-
tierung durch
Einsatz der If-
Feldfunktion

Datensatz: Drei
Der Betrag = { IF { MERGEFIELD Betrag } = 0
"{ MERGEFIELD Betrag * CharFormat}" "{ IF
{ MERGEFIELD Betrag } < 0 "{
MERGEFIELD Betrag * CharFormat }" "{
MERGEFIELD Betrag }" }" }|

Datensatz: Eins
Der Betrag = 5

Datensatz: Zwei
Der Betrag = -57,200000000000003

Datensatz: Drei
Der Betrag = 0

Ja/Nein-Kontrollkästchen anzeigen

Ähnlich geht's auch mit Datenbankfeldern, die einen Ja/Nein-Wert übergeben. Diese werden üblicherweise durch ein Kontrollkästchen dargestellt, aber weil die Datenbank eigentlich 0 (Null, = Nein/Falsch) oder 1 (oder manchmal -1, = Ja/Wahr) speichert, ist es auch das, was uns ein Seriendruckfeld zeigt. Nicht gerade das, was man in einem Brief sehen möchte ...

WICHTIG Access 2002 gibt neuerdings statt 0 und –1 »Nein« und »Ja« wieder, was zu Kompatibilitätsproblemen mit früheren Versionen führt!

Also lassen wir die `If`-Feldfunktion, wie in Abbildung 10.28, je nach Wert, ein geeignetes Symbol anzeigen. Eigentlich ist diese Möglichkeit viel flexibler, als wenn Word selbst ein Kontrollkästchen einfügen würde, weil Sie sich das Symbol frei aussuchen dürfen.

HINWEIS Testen Sie immer für den Nullwert. Wie erwähnt, speichern nicht alle Datenbanken den »Ja«-Wert in gleicher Art und Weise, der »Nein«-Wert wird aber so gut wie immer als Nullwert gespeichert.

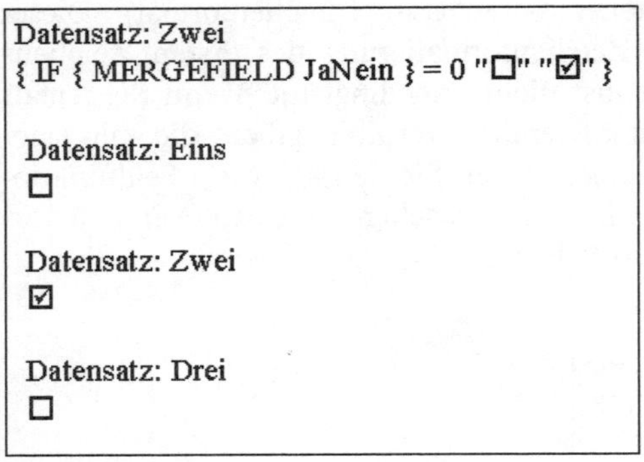

Abbildung 10.28:
Ein Kontroll-
kästchen für Ja/
Nein-Werte in
einer Datenbank
anzeigen

```
Datensatz: Zwei
{ IF { MERGEFIELD JaNein } = 0 "☐" "☑" }

Datensatz: Eins
☐

Datensatz: Zwei
☑

Datensatz: Drei
☐
```

Bedingter Text aus externer Quelle

Selbstverständlich können Sie mittels der If-Feldfunktion auch, je nach Feldinhalt, verschiedene Texte anzeigen. Für kurze Texte geht das ganz gut. Die Verwaltung von solchen bedingten Texten im Seriendruck-Hauptdokument gestaltet sich jedoch als mühsam. Sobald es sich um lange Texte mit Zeilenschaltungen handelt, sind sie innerhalb einer Feldfunktion schwer zu bearbeiten. Und wenn die Texte in mehreren Seriendruckhauptdokumenten oder von mehreren Benutzern gebraucht werden, wäre man froh, wenn es eine andere Lösung gäbe.

Hier tut die IncludeText-Feldfunktion wieder guten Dienst. Es ist durchaus möglich, die Feldfunktion in einer If-Feldfunktion zu verschachteln. Meistens ist das jedoch ein wenig komplizierter und außerdem neigt Word dazu, verschachtelte Feldfunktionen von innen nach außen zu aktualisieren. Vor allem in früheren Word-Versionen führte dieses Verhalten zu »unerwarteten Ergebnissen«, also ist immer Vorsicht geboten. Besser ist es, die Bedingung in der IncludeText-Feldfunktion zu integrieren:

```
{ IncludeText "C:\\Data\\Berichte\\{ IF { Mergefield BerichtTyp } = 1 "QuartalsTexte.doc" "{ IF
{ Mergefield BerichtTyp } = 2 "HalbjahresTexte.doc" "JahresTexte.doc" }" }" }
```

Im obigen Beispiel wird das Dokument »QuartalsTexte.doc« an dieser Stelle in das Seriendruckresultat eingefügt, wenn der Seriendruck den Berichttyp »1« durchgibt. Ist der Berichttyp »2«, wird »HalbjahresTexte.doc« integriert, sonst »Jahres-Texte.doc«.

Zwei Dinge, worauf Sie bei dieser Methode achten müssen, sind:

- Unter Umständen könnte Word die verknüpfte Datei sperren, sodass andere Benutzer in diesem Moment darauf keinen Zugriff haben.

- Bei Zusammenführung in ein neues Dokument bleibt die IncludeText-Feldfunktion erhalten. Das heißt, dass alle Änderungen in der Quelldatei im Seriendruckresultat widerspiegelt werden. Außerdem sieht der Empfänger, wenn das Dokument versandt wird, unter Umständen eine Fehlermeldung statt den Text, weil er die Quelldatei nicht hat oder sie in einem anderen Speicherort liegt.

In beiden Fällen wäre es am besten, wenn das Feldfunktionsergebnis in gewöhnlichen Text umgewandelt wird. Strg+A, Strg+Umschalt+F9 löst alle Feldfunktionen im Dokumentkörper auf. Noch benutzerfreundlicher wäre ein Makro wie in Listing 10.4, das den Seriendruck zusammenführt und anschließend diese Handlung ausführt.

Den Makrocode finden Sie in der Datei *Bsp10_09.doc* auf der Buch-CD. Wie die zugehörige Datei *Bsp10_09Texte.doc* und die Datenquelle *Wd2002Daten-Quelle.mdb* befindet sie sich im Ordner *\Buch\Kap10*. Testen Sie auch die Variante *Bsp10_09Re.doc*, welche mit der *Bsp10_09Texte.doc* zusammenarbeitet. Beachten Sie die folgenden Hinweise.

Bitte beachten Sie die Verwendung der Dokument-Objekt-Variablen: Eine für das Seriendruckhauptdokument sowie eine für das Resultat. Somit muss nicht zwischen den Dokumentfenstern gewechselt werden, wenn beispielsweise nach der Zusammenführung das Hauptdokument geschlossen werden soll.

Nach der Zusammenführung ist das Resultat so gut wie immer das aktive Dokument. 100% sicher ist dies jedoch nicht, weshalb es in Word 2002 vorteilhaft sein könnte, das neue `MailMergeAfterMerge`-Ereignis einzusetzen. Mehr darüber steht im ▶ Abschnitt »Die Automatisierung des Seriendrucks«.

Listing 10.3:
Den Seriendruck in ein neues Dokument zusammenführen, und anschließend alle Feldfunktionen im Ergebnis in Text umwandeln

```
Sub SeriendruckInsNeueDokAusfuehren()
    Dim doc As Word.Document, docErgebnis As Word.Document

    Set doc = ActiveDocument
    With doc.MailMerge
        If .MainDocumentType <> wdNotAMergeDocument Then
            .Destination = wdSendToNewDocument
            .Execute
        End If
    End With
    Set docErgebnis = ActiveDocument
    FelderImDokumentAufloesen docErgebnis
    ' doc.Close
End Sub

Sub FelderImDokumentAufloesen(doc As Word.Document)
    doc.Fields.Unlink
End Sub
```

Falls Sie die Verknüpfung eines geteilten Dokuments doch nicht auflösen wollen, ist es für den Benutzer überschaubarer, wenn die Pfadangabe außerhalb der Feldcode-Ansicht verwaltet wird, in einer Dokumenteigenschaft beispielsweise, wie in Abbildung 10.29 veranschaulicht. Mittels der `DocProperty`-Feldfunktion wird der Pfadname der `IncludeText` (oder auch `Link`- oder `IncludePicture`-)Feldfunktion übergeben.

WICHTIG Vergessen Sie nicht: Benutzen Sie nur einfache und keine doppelten, umgekehrten Schrägstriche, wenn der Pfadname durch eine Feldfunktionen an eine andere übergeben wird.

Hier wird bedingt der Textmarkeninhalt aus einem einzigen Quelldokument verknüpft, dessen Pfad in der Dokumenteigenschaft »LinkPfad« festgehalten ist.

```
{ IncludeText "{ DocProperty LinkPfad }" { IF { MERGEFIELD BriefTyp } = 1
"Begrüßung" "Geburtstag" } }
```

Abbildung 10.29: *Um die Pfadangabe für die Verknüpfung zu ändern, muss der Benutzer die Feldcodes nicht einblenden*

Seriendruckdaten im bedingten Text

Manchmal sollen Daten aus der Datenquelle in den bedingten Text aus einer externen Datei erscheinen. Das geht auch: Sie müssen lediglich die MailMerge-Feldfunktionen einfügen. Diese können mit oder ohne Verknüpfung der Datenquelle eingefügt werden. Wenn Sie vorübergehend die Datenquelle einbinden, vergessen Sie nicht, das Dokument vor dem Speichern wieder in ein normales Word-Dokument umzuwandeln. Der Befehl steht am Ende der Liste unter der Symbolschaltfläche *Hauptdokument-Setup*.

In Abbildung 10.30 steht ein Beispiel, das anhand des Geburts- und des heutigen Datums das Alter in Jahren ausrechnet. Der Inhalt dieser Textmarke wird über die IncludeText-Feldfunktion der Abbildung 10.29 ins Seriendruckresultat ausgegeben.

Begrüßung

[Wir heißen Sie in unserer Firma herzlich willkommen.]

Geburtstag

[Wir gratulieren Ihnen zum { = { Mergefield Geburtstag \@ "yyyy" } -
{ Date \@ "yyyy" } }. Geburtstag.]

Abbildung 10.30: *Seriendruckfelder im Quelltext für eine* Include-Text-*Feldfunktion*

Anführungs- und andere Spezialzeichen als Resultat einer *If*-Feldfunktion

Etwas Kopfzerbrechen bereitet das Anzeigen von Anführungs- oder anderen Steuerungszeichen, wie einem umgekehrten Schrägstrich, im Resultat einer Feldfunktion. Theoretisch müsste man nur einen umgekehrten Schrägstrich davor stellen und das darauf folgende Zeichen würde erscheinen. In der Praxis funktioniert dies leider nicht immer. Zuverlässiger ist es, den Ausdruck in eine Quote-Feldfunktion zu geben:

```
{ IF { MERGEFIELD BriefTyp } = 2 "Das ganze Team ruft: { Quote "\"Hurra!\"" }" }
```

Das Resultat: Das ganze Team ruft: "Hurra!"

Zahlen und Datumsangaben

Ihnen sind die verschiedenen Zahlenformate in Abbildung 10.27 bestimmt aufgefallen; vor allem die rote Zahl mit den vielen Nachkommastellen sticht ins Auge. Was ist hier los? Warum gibt das Seriendruckfeld die Nummer- und Datumsformatierung des Excel-Blatts oder der Access-Datenbank nicht wieder? Wir hören diese Frage sehr oft und seit Word 2002 auf dem Markt gekommen ist, immer öfter. Grund für dieses Problem ist wieder die Tatsache, dass der Seriendruck nur Daten und keine Formatierungen übernimmt.

»Aber« werden Sie erwidern »in Word 2000 (und 97, und 95 und 6.0) erkannte Word die Zahlenformate aus Excel und Access.« Richtig; und zwar wegen der standardmäßigen DDE-Verbindungsmethoden dieser Versionen. In Word 2002 herrscht aber OLEDB. Und OLEDB, wie auch ODBC, hat nur Zugang zu den Daten und nicht zu den Formatierungen, die in der Anwendungsumgebung gespeichert sind. Im Gegensatz dazu, stellt DDE eine Verbindung zur Umgebung her.

Also, wie geht man vor? Eine Lösung besteht darin, wie vorher eine DDE-Verbindung aufzustellen. Wie Sie das tun, wird im Abschnitt über vermisste Funktionalität erklärt.

DDE ist aber wesentlich langsamer als die anderen Methoden und steht nicht zur Verfügung, wenn der Benutzer Excel oder Access nicht installiert hat oder wenn die Daten aus einer anderen Quelle stammen. Als Alternative können den `Mergefield`-Feldfunktionen Zahlenformatierungsschalter hinzufügt werden. Diese sind im ▶ Kapitel 8, der Word-Hilfe sowie im ▶ Anhang A beschrieben. Für das Beispiel in Abbildung 10.27 könnte das so aussehen: `{ Mergefield Betrag \# "0,00" }`, um zwei Nachkommastellen festzulegen.

Setzen Sie die gleichen Datenfelder in mehreren Seriendruckdokumenten immer wieder ein, kommt diese Lösung einem bald mühsam und zeitraubend vor. Wenn Sie die Aufgabe haben, Benutzern fix und fertige Daten zur Verfügung zu stellen, ist sie sogar ungenügend. Eine Alternative besteht darin, Word die Daten ausdrücklich als Text, statt Zahlen, vorzulegen, sodass Word nicht in die Versuchung kommt, sie irgendwie zu konvertieren. Diese Methode wurde im ▶ Abschnitt »Datenverbindungsmethoden« über OLEDB- und ODBC-Datenquellen vorgestellt.

Es gibt andere Ausdrücke, die Zahlen enthalten, die mit einer Zahlenformatierung versehen werden sollen, beispielsweise Serien- oder Telefonnummern. Deren Ziffer sollen oft mit Leerzeichen oder Strichen gruppiert werden. Wenn Sie schon mit Zahlenformaten bei Access oder Excel vertraut sind, wissen Sie bereits, dass für jede Zahlenstelle ein »0« (Null) einzugeben ist; alle Buchstaben und andere Symbole werden wörtlich wiedergegeben.

Word ist aber ein Sonderfall, weil es versucht, Berechnungen auszuführen. Word gibt die meisten Gruppierungszeichen, wie Klammer oder Leerzeichen problemlos zurück. Nur der Strich »-« führt ständig zu Problemen: Er wird als ein Leerzeichen zurückgegeben.

Die einzige wirksame Lösung in Word 2002 ist, ein anderes Zeichen einzusetzen. Der Gedankenstrich (Strg+- im numerischen Tastaturblock) funktioniert, ist aber unter Umständen zu lang. Noch eine Möglichkeit ist das Zeichen ANSI 0173, das wie der gewöhnliche Strich aussieht, jedoch von Word korrekt wiedergeben wird.

Sie können dieses Beispiel anhand der Beispieldateien *Bsp10_10.doc* und *Bsp10_10.txt* nachvollziehen. Sie finden sie im Ordner *\Buch\Kap10* auf der CD-ROM zum Buch.

TIPP Um ein ANSI-Zeichen einzufügen, halten Sie die Alt-Taste gedrückt, während Sie die Zahl auf dem numerischen Tastaturblock eingeben.

Verzeichnisse (Kataloge)

Das Erstellen eines Verzeichnisses oder Katalogs bereitet gelegentlich etwas Kopfzerbrechen, weil alles, was im Seriendruckhauptdokument steht, für jeden Datensatz wiederholt wird. Nur, oft hätten wir gerne als Teil des Hauptseriendruckdokuments einen Titel, etwas Einführungstext und sogar einen Schlusstext. Zu einem Verzeichnis gehören auch »Bezeichner« in der Kopfzeile, sodass der Leser mit einem Blick den Inhalt der Seite erkennen kann.

Das Beispielresultat in Abbildung 10.31 wurde ohne VBA mit der Seriendruckfunktionalität von Word erstellt. Es basiert auf der Kundentabelle der *Nordwind.mdb*. Im Folgenden beschreiben wir die Schritte, um einen solchen Seriendruck aufzustellen.

Das der Abbildung 10.31 zugrunde liegende Hauptdokument *Bsp10_11.doc* finden Sie im Ordner *\Buch\Kap10* auf der CD-ROM zum Buch. Sollten Sie nicht über die oben genannte Datenbank verfügen, verwenden Sie die Beispieldatenbank zu Kapitel 8 *Bsp08_Nordwind.mdb*. Sie befindet sich im Ordner *\Buch\Kap08*.

Abbildung 10.31:
Ein zweispaltiges Verzeichnis mit Einführungstext und Bezeichnern in der Kopfzeile

o Richten Sie ein Seriendruckhauptdokument wie gewohnt ein; hier mit einem Adressblock (aus einzelnen Seriendruckfeldern, nicht mit der neuen Feldfunktion) plus Telefon- und Faxnummern.

TIPP Manche Länder stellen die Postleitzahl vor den Ortsnamen; andere, wie die USA oder Großbritannien, danach. Wenn eine Kontaktliste mit Adressen aus verschiedenen Ländern vorliegt, wäre es hilfreich, die Reihenfolge dieser Felder bedingt anzuzeigen. Nur, die Feldfunktionen kennen keine Select Case-Funktion. Es besteht die Möglichkeit, If-Feldfunktionen zu verschachteln, aber die Zusammenstellung, um mehrere Länder zu vergleichen, wäre lang und kompliziert und könnte an die 19-Verschachtelungsebenen-Grenze stoßen.

Die Aufgabe lässt sich etwas übersichtlicher mit der Compare-Feldfunktion lösen, wie in Abbildung 10.32 vorgestellt. In einer Formula-Feldfunktion steht die mathematische OR-Funktion zur Verfügung. Sie testet zwei durch ein Semikolon getrennte Elemente; wenn eine der beiden Wahr ist, gibt OR den Wert 1 zurück, sonst 0. Compare vergleicht zwei Elemente und gibt den Wert 1 zurück, wenn sie gleich sind.

Abbildung 10.32:
Die Compare-
statt mehrerer
verschachtelter
If-Feldfunktio-
nen einsetzen

```
{ If { = OR({ COMPARE { MERGEFIELD Land } = "Großbritannien" };{
COMPARE { MERGEFIELD Land } = "Kanada" }) + OR({ COMPARE {
MERGEFIELD Land } = "USA" };{ COMPARE { MERGEFIELD Land } = "Irland"
}) } >= 1 "{ MERGEFIELD Ort }{ IF { MERGEFIELD Region } <> "" " {
MERGEFIELD Region }" } { MERGEFIELD PLZ }" "{ MERGEFIELD PLZ } {
MERGEFIELD Ort }{ IF { MERGEFIELD Region } <> "" " { MERGEFIELD Region
}" }" }
```

In einer Formula-Feldfunktion addieren wir das Ergebnis mehrerer OR-Funktionen, die die Compare-Feldfunktionen testen. Handelt es sich in einem Datensatz um eines dieser Länder, gibt die ganze Kombination den Wert 1 zurück und die Postleitzahl erscheint nach dem Ort. Andernfalls ist das Ergebnis 0 und die Postleitzahl steht vor dem Ort. Es gibt nie mehr als vier Verschachtelungsebenen, was die Übersicht erheblich verbessert und die Auswertung der Feldfunktion beschleunigt.

- Fügen Sie zwei leere Absätze nach der letzten Zeile ein.

- Um alle Zeilen jeder Adresse in der gleichen Spalte zusammenzuhalten, markieren Sie alle Zeilen mit Seriendruckfeldern und formatieren sie mit dem Befehl *Format/Absatz/Zeilen- und Seitenumbruch/Zeilen nicht trennen* sowie *Absätze nicht trennen*.

- Formatieren Sie die letzten zwei, leeren Absätze mit *Format/Absatz/Abstand nach*, um im Seriendruckergebnis einen Abstand zwischen den Adressen zu schaffen. (Im Beispiel sind es 12 Punkte.)

- Nehmen Sie weitere, gewünschte Formatierungen vor.

- Drücken Sie Alt+F9, um die Feldcodes einzublenden.

- Positionieren Sie die Einfügemarke am Dokumentanfang, um den Einführungstext zu definieren.

- Fügen Sie eine If-Feldfunktion an diese Stelle ein.

- Als Bedingung wählen Sie aus der Symbolschaltflächenliste *Bedingungsfeld einfügen* den Eintrag *Sequenz zusammenführen*. Word fügt eine MergeSeq-Feldfunktion ein, die die Position des Datensatzes zurückgibt. Somit sagen wir dem Seriendruck, er soll diesen Text nur beim ersten Datensatz ins Resultat durchgeben, wie in Abbildung 10.33 ersichtlich.

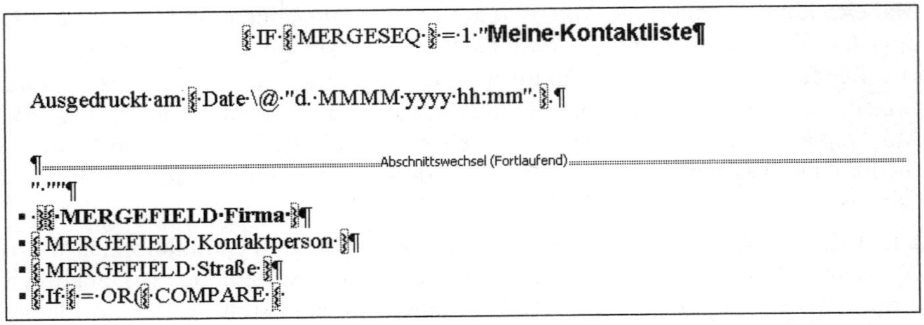

```
{ IF { MERGESEQ } = 1 "Meine·Kontaktliste¶

Ausgedruckt·am·{ Date·\@·"d.·MMMM·yyyy·hh:mm"·}·¶


¶═══════════════════Abschnittswechsel (Fortlaufend)═══════════════════
".""¶
• { MERGEFIELD·Firma·}¶
• { MERGEFIELD·Kontaktperson·}¶
• { MERGEFIELD·Straße·}¶
• { If·{·=·OR({·COMPARE·{
```

Abbildung 10.33:
Der Einführungstext für das Verzeichnis erscheint nur für den ersten Datensatz, der mithilfe einer MergeSeq-Feldfunktion ermittelt wird

- Geben Sie den gesamten Einführungstext zwischen den Anführungszeichen ein, inklusive Zeilenschaltungen und formatieren Sie ihn.

- Am Ende dieses Textes, unmittelbar vor dem abschließenden Anführungszeichen, fügen Sie einen fortlaufenden Abschnittswechsel ein.

- Positionieren Sie die Einfügemarke wieder in den Datenfeldern und formatieren Sie diesen Abschnitt über die Befehlsfolge *Format/Spalten* mit zwei Spalten

- Wenn Sie in der Kopfzeile »Bezeichner« haben wollen, definieren Sie eine Formatvorlage und weisen sie dem ersten Absatz zu. (Im Beispiel heißt die Formatvorlage »Firma«, ist fett formatiert, mit *Format/Absatz/Zeilen- und Seitenumbruch/Zeilen nicht trennen* und *Absätze nicht trennen* aktiviert.)

- Wechseln Sie über die Befehlsfolge *Ansicht/Kopf- und Fußzeile* in die Kopfzeile. Fügen Sie links eine StyleRef-Feldfunktion ein, die auf die Formatvorlage »Firma« weist. Drücken Sie einmal die Tab-Taste, um zum rechten Rand zu gelangen und fügen Sie auch hier eine StyleRef-Feldfunktion ein; dieses Mal mit einem \l-Schalter: { StyleRef "Firma" \l }. (Die erste Feldfunktion zeigt den Text des ersten mit dieser Formatvorlage formatierten Absatzes an, die zweite den Text des letzten.)

HINWEIS

Oft will man auf der ersten Seite keine »Bezeichner«. Hat Ihr Dokument nur einen Abschnitt, aktivieren Sie *Erste Seite anders* in *Datei/Seite einrichten/Layout*. Für dieses Beispiel, das auf der ersten Seite wegen der Zeitungsspalten zwei Abschnitte hat, müssen Sie nach dem letzten Schritt dieser Anleitung die Symbolschaltfläche *Wie vorherige* in der Symbolleiste *Kopf- und Fußzeile* für die ersten Seite des zweiten Abschnitts ausschalten und dann die StyleRef-Feldfunktionen aus der Kopfzeile des ersten Abschnitts entfernen. Um an die Kopfzeile beider Abschnitte zu gelangen, werden Sie vermutlich zwischen den Seriendruckfeldern einen vorübergehenden Seitenumbruch einfügen müssen, der nach der Bearbeitung der Kopfzeilen wieder entfernt wird. Mehr zum Umgang mit Kopf- und Fußzeilen und zur Feldfunktion StyleRef finden Sie in ▶ Kapitel 3.

Wenn Sie auch nach den zusammengeführten Datensätzen gerne einen Abschlusstext hätten, gehen Sie wie für den Einführungstext vor. Statt mit der MergeSeq-Feldfunktion den Wert 1 (erster Datensatz) zu testen, müssen Sie die Anzahl aller Datensätze ermitteln und diese von Hand eingeben: { If { MergeSeq } = 91 }. Diese Angabe muss natürlich vor jedem Seriendruck kontrolliert werden. Etwas weniger umständlich für den Benutzer wäre es, diesen Wert in einer Dokument-Eigenschaft zu speichern. Somit erübrigt sich die Ein- und Ausblendung der Feldcodes und mit dem Dialogfeld *Eigenschaften* aus dem *Datei*-Menü steht eine Benutzerschnittstelle schon zur Verfügung. Die Feldfunktion sieht denn so aus:

```
{ IF {MergeSeq} = { DocProperty "AnzDatensätze" } }.
```

Noch benutzerfreundlicher wäre eine Makrolösung wie in Listing 10.4, die die Dokumenteigenschaft aktualisiert, bevor der Seriendruck ausgeführt wird.

Lösung

VBA kann nicht direkt die Anzahl Datensätze herausfinden. Zuerst muss der letzte Datensatz aktiviert werden, um dessen Nummer zu ermitteln.

Listing 10.4:
Dokumenteigenschaft mit Anzahl der Datensätze aktualisieren, vor der Zusammenführung des Seriendrucks

```
Sub SDZusammenführen()
    Dim mm As Word.MailMerge
    Dim szAnzDatensaetze As String
    Set mm = ActiveDocument.MailMerge
    If mm.MainDocumentType <> wdNotAMergeDocument Then
        mm.DataSource.ActiveRecord = wdLastRecord
        ActiveDocument.CustomDocumentProperties( _
            "AnzDatensätze").Value = mm.DataSource.ActiveRecord
        mm.Execute
    End If
End Sub
```

Den Code des Makros finden Sie in der Datei *List10_04.bas* sowie im Beispieldokument *Bsp10_11.doc* im Ordner *\Buch\Kap10* auf der CD-ROM.

In unserem Beispiel gibt es eine Kleinigkeit, die je nach Betrachtungsweise als Schönheitsfehler empfunden wird. Nicht alle Adressen in beiden Spalten fangen auf der gleichen Höhe an. Dies ist natürlich eine Folge leerer Datensätze. Standardmäßig verbirgt der Seriendruck »leere Zeilen« – also Absätze, die nur Seriendruckfelder ohne Dateninhalt und keine anderen Zeichen enthalten. In Abbildung 10.31 fehlt beispielsweise in der dritten Adresse der ersten Spalte eine Faxnummer. Sie können diesem Problem entgegenwirken, indem Sie Word alle Zeilen ausdrucken lassen. In allen Versionen von Word, außer 2002, finden Sie das Optionsfeld *Aus Leerfeldern resultierende Zeile drucken* im Dialogfeld *Seriendruck*, welches Sie in der *Seriendruck*-Symbolleiste finden. Standardmäßig stellt Word 2002 diesen Befehl in der Benutzeroberfläche nicht zur Verfügung, Sie müssen den Eintrag *Seriendruck* über *Extras/Anpassen/Befehle* aus der Kategorie *Alle Befehle* holen.

TIPP Die entsprechende VBA-Eigenschaft heißt `SuppressBlankLines`.

Umschläge

Vor Word 2002 hatten Benutzer eigentlich wenig Probleme, die Adressen-Seriendruckfelder mitten im Umschlag zu setzen: der alte Assistent des Seriendruck-Managers fügte den zusammengesetzten Adressenblock in den dafür vorgesehenen Positionsrahmen ein und alles war mehr oder weniger klar.

In Word 2002 blinkt die Einfügemarke nach der Wahl des Umschlagformats ganz harmlos oben links auf dem Umschlag. Unerfahrene Benutzer haben keine Ahnung, dass sie irgendwo mitten auf der Seite anklicken sollen, um den in Abbildung 10.34 gezeigten Positionsrahmen zu finden.

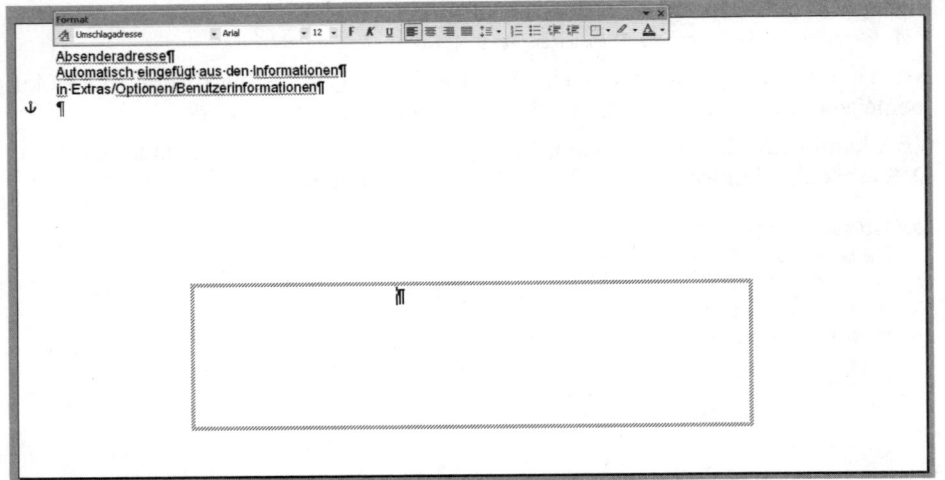

Der Positionsrahmen kann auf der Seite beliebig verschoben werden. Die größte Frustration bei der Erstellung von Umschlägen – egal ob als Teil des Seriendrucks oder einzeln – ist die nachträgliche Positionierung der Empfängeradresse. Egal, welche Einstellungen man im Dialogfeld *Umschlagoptionen* (unter *Extras/Briefe und Sendungen/Umschläge und Etiketten*) vornimmt, bleiben diese Einstellungen nicht erhalten. Der Benutzer hat das Gefühl, er muss immer wieder von vorne anfangen.

Das Geheimnis ist, dass Word diese Einstellungen in der Formatvorlage »Umschlagadresse« speichert. Und zwar nicht nur die Schriftart, sondern auch die Einstellungen des Positionsrahmens sowie den Absatzeinzug (schauen Sie, wo die Absatzmarke in Abbildung 10.34 innerhalb des Positionsrahmens steht). Sie müssen nur die Definition dieser Formatvorlage (in ihrer Vorlage oder in *Normal.dot*) anpassen und schon steht die Adresse jedes Mal an der gewünschten Stelle.

Ähnliche Probleme erfahren viele Anwender mit der Zufuhr eines Umschlags beim Drucken. Manche Druckertreiber verstehen sich nicht so recht mit Word und die falsche Einstellung wird verwendet. Egal, wie oft man im Dialogfeld *Druckeroptionen* das gewünschte Bild wählt (Abbildung 10.35), muss der Vorgang jedes Mal wiederholt werden.

Leider gibt es für dieses Problem keine einfache Lösung. Diese Einstellungen können, wenn überhaupt, nur in der Windows-Registry permanent festgehalten werden. Die genauen Einträge sind Drucker-spezifisch und werden im Schlüssel

HKEY_CURRENT_USER\Software\Microsoft\Office\[Versionsnummer]
\Word\[Druckername]

aufbewahrt. In Tabelle 10.5 führen wir die Einstellungen für einen »HP 4 Laserjet« als Beispiel auf. Sowohl die Namen der Einträge als auch ihre Werte variieren von Fall zu Fall. Aber anhand dieser Information könnte es Ihnen gelingen, die entsprechenden Einstellungen für Ihr System herauszufinden und sie anzupassen.

Tabelle 10.5:
Wie die Registry
Druckerdaten für
Word speichert:
Es gibt einen
Eintrag für jeden
installierten
Drucker

Name	Data
DefaultBin	
EnvBin	4
EnvFeed_4	34

1:n-Beziehungen

Der Wunsch vieler Office-Anwender ist es, einen Seriendruck mit einer Liste oder einer Tabelle mit datensatzspezifischen Informationen zu erstellen. Etwa die Rechnungsposten auf einer Rechnung, die Noten auf einem Schulzeugnis oder andere Detailaufstellungen zu einem Datensatz. Obwohl die Daten schon in Excel oder Access vorhanden sind, wo das Verwalten von 1:n-Verhältnissen gewährleistet ist, wird Word als Berichtgenerator wegen seiner Formatierungsmöglichkeiten gewählt.

Leider wurde Word für diese Aufgabe nicht ausgerüstet. Die Realisierung ist möglich, aber nicht einfach. Es gibt grundsätzlich drei Methoden:

○ Statt einen Seriendruck aufzustellen und auszuführen, werden die Daten über VBA in das Dokument geschrieben. Ein Beispiel dafür finden Sie im Internet unter *http://homepage.swissonline.ch/cindymeister*.

○ Mit einer Kombination von If- und Set-Feldern können die Datensätze getestet werden, um die Liste der *n* Daten für jeden *1* Datensatz zusammenzustellen. Diese Methode ist im Knowledge Base-Artikel »Q294686 WD2002: How to Use Mail Merge to Create List Sorted by Category« beschrieben. Ein Beispiel dafür finden Sie auch im ▶ Anhang B.

○ Die SQL-Anweisung einer Database-Feldfunktion wird mit dem Seriendruck-ID-Feld verknüpft, sodass in den resultierenden Tabellen die Daten für den jeweiligen Datensatz angezeigt werden.

Die letzte Methode ist die am einfachsten zu verwirklichende, jedoch die am wenigsten flexible, was die Formatierung anbelangt. Wir stellen sie im Folgenden vor, mit einer allgemeinen Anleitung zur Verwendung der Database-Feldfunktion.

Die *Database*-Feldfunktion: Eine Tabelle einknüpfen

Als Beispiel dient wieder die angepasste Nordwind-Datenbank *Bsp08_Nord-wind.mdb* aus dem Ordner *\Buch\Kap08*. Die Datenquelle für die Briefe liefert die Personal-Tabelle; die Abfrage qryPersonalumsätze nach Land und Jahr liefert die Daten für die *n* Seiten des Verhältnisses. Im Serienbrief erhält jeder Empfänger eine Tabelle seiner Umsätze im Jahr 2002, gruppiert nach Ländern, wo die Waren verkauft wurden.

Die Verbindung zu beiden Datenquellen wurde im Beispiel-Dokument über ODBC erstellt, da diese Methode am universellsten ist. Zudem bekundet die Database-Feldfunktion große Mühe mit der neuen OLEDB Technologie – so viele, dass sie für diesen Zweck als unbrauchbar zu bezeichnen ist. Außerdem bietet ODBC die flexibelsten Möglichkeiten für die Datenformatierung, falls der Benutzer keinen Zugriff auf die dahinter stehenden Daten hat.

Erstellen Sie das Seriendruck-Hauptdokument wie üblich, dann gehen Sie wie folgt vor.

- Blenden Sie die *Datenbank*-Symbolleiste ein, und klicken auf die Schaltfläche *Datenbank einfügen*. Word blendet das Dialogfeld *Datenbank* ein (siehe Abbildung 10.36).

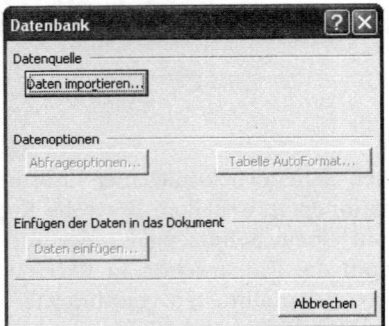

Abbildung 10.36:
Der Assistent, um eine Tabelle von Daten aus einer Datenbank einzufügen

- Klicken Sie auf die Schaltfläche *Daten importieren*, um die Datenquelle auszuwählen. Das gleiche Dialogfeld wie für die Auswahl der Seriendruck-Datenquelle wird eingeblendet. Gehen Sie genau wie bei der Erstellung des Seriendrucks vor, wählen Sie jedoch die Abfrage oder Tabelle mit den *n* Daten.

- Wenn Sie, wie in diesem Beispiel, ODBC als die Verbindungsmethode wählen, vergessen Sie nicht, dass Sie, wie in Abbildung 10.37, *Ansichten* in den Optionen aktivieren müssen, um Abfragen in der Liste mitzuführen.

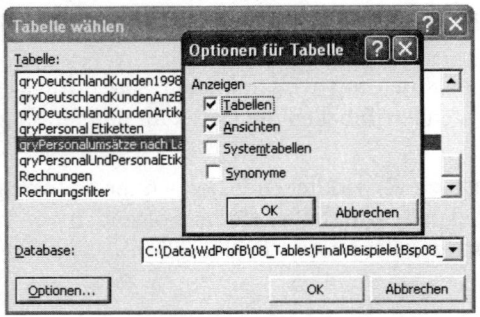

Abbildung 10.37:
Um Abfragen mit der ODBC-Verbindungs-methode zu arbeiten, müssen Ansichten *der Liste hinzuge-fügt werden*

Im mittleren Teil des Assistenten haben Sie die Möglichkeit, die Daten etwas genauer zu bestimmen und zu formatieren. Die Schaltfläche *Abfrageoptionen* hat den gleichen Zweck wie beim Seriendruck, zusätzlich die Registerkarte *Felder auswählen*.

HINWEIS Falls Microsoft Query auf Ihrem System installiert ist und Sie haben eine ODBC-Verbindung gewählt, fragt Word, ob Microsoft Query für die Abfragebildung einzusetzen ist.

○ Gehen Sie auf jedem Fall in die Registerkarte *Datensätze filtern*, wenn Sie ein 1:n-Verhältnis für den Seriendruck aufstellen. Wählen Sie das Primärschlüsselfeld für den Seriendruck und setzen Sie einen Wert »Gleich« diesem Feld. Sorgen Sie dafür, dass dieser Wert sich tatsächlich in den Daten für die Tabelle befindet, sonst wird die Erstellung der Database-Feldfunktion mit einer Fehlermeldung enden und keine Tabelle wird eingefügt – Sie können wieder von vorne anfangen. Es spielt keine Rolle, zu welchem Datensatz der Wert gehört.

Wenn Sie mit Word 2002 arbeiten, sollten Sie in der Registerkarte *Felder auswählen* keine Änderungen vornehmen. So verlockend es auch wäre, Felder, die Sie nicht darin sehen wollen, hier aus der Tabelle auszuschließen, verursacht dies eine Fehlermeldung *für jeden Datensatz*, der in der Tabelle erscheint.

Abbildung 10.38: Die Abfrageoptionen für die Database-Feldfunktion enthält auch die Möglichkeit, die Datenfelder festzulegen

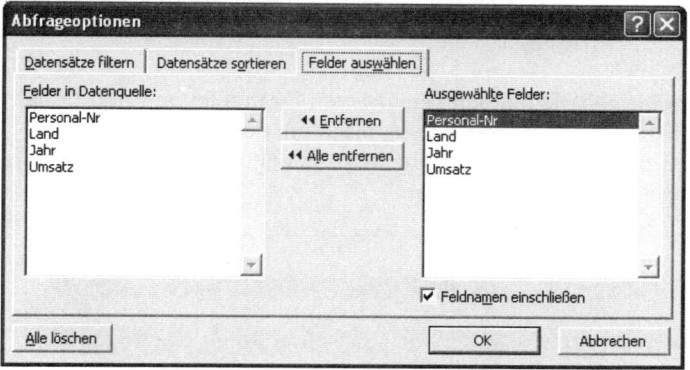

Das Problem liegt daran, wie Word 2002 die SQL-Anweisung aufbaut; es umgibt die Feldnamen mit einem Zeichen, dass die Feldfunktion falsch interpretiert. Sie bekommt den Eindruck, die aufgelisteten Felder stimmen nicht mit denen in der Datenquelle überein. Solange Sie in dieser Registerkarte keine Änderungen vornehmen, erscheint das Dialogfeld in Abbildung 10.39 nicht.

Tabelle AutoFormat sind ein nützliches Instrument

Hinter der Schaltfläche *Tabelle AutoFormat* steht eine Liste mit AutoFormaten, über die Sie das Ergebnis formatieren können. Für den Seriendruck ist es vorteilhaft, hier so viele Formatierungen vorzunehmen, wie möglich. Obwohl der * Mergeformat-Schalter es theoretisch ermöglicht, Formatierungen bei der wiederholten Aktualisierung während der Zusammenführung beizubehalten, ist das Ergebnis nur bedingt brauchbar. Wenn die Anzahl der Datensätze sich ändert, erben bei einer zunehmenden Anzahl Datensätze die hinzukommenden die Formatierung nicht. Dieses Problem haben Tabellen-AutoFormate nicht.

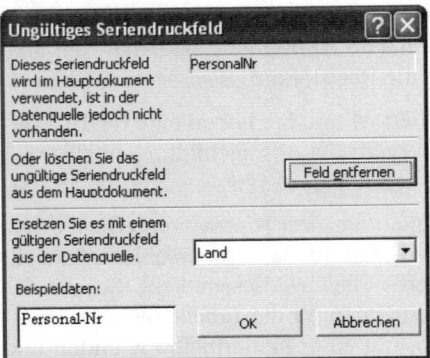

Abbildung 10.39:
*Word 2002 hat
Probleme mit
dem von der
Registerkarte
Felder auswählen
erstellten SQL-
Anweisung*

Auch in Word 2002 stehen nur AutoFormate und keine Tabellenformatvorlagen zur Verfügung. Der Grund liegt in der Feldfunktion, die Datenbank-Tabellen einfügt. Die AutoFormate sind fest in einem Feldschalter einprogrammiert. Mehr dazu finden Sie im weiteren Verlauf dieses Kapitels.

○ Wann alle Kriterien in Ordnung sind, klicken Sie auf *Daten einfügen*.

○ Aktivieren Sie das Kontrollkästchen *Daten als Feld einfügen*, bevor Sie den Assistent verlassen, um eine dynamische Verbindung zur Datenquelle (eine Database-Feldfunktion) zu erstellen.

Im Dokument erscheint die Tabelle mit den Datensätzen für den festgelegten Primärschlüsselwert. Der nächste Schritt ist, diesen dynamisch mit dem Seriendruck zu verbinden sowie weiter Anpassungen an der Tabelle vorzunehmen. Um dies zu tun, müssen Sie (mit Alt+F9) die Feldcodes einblenden.

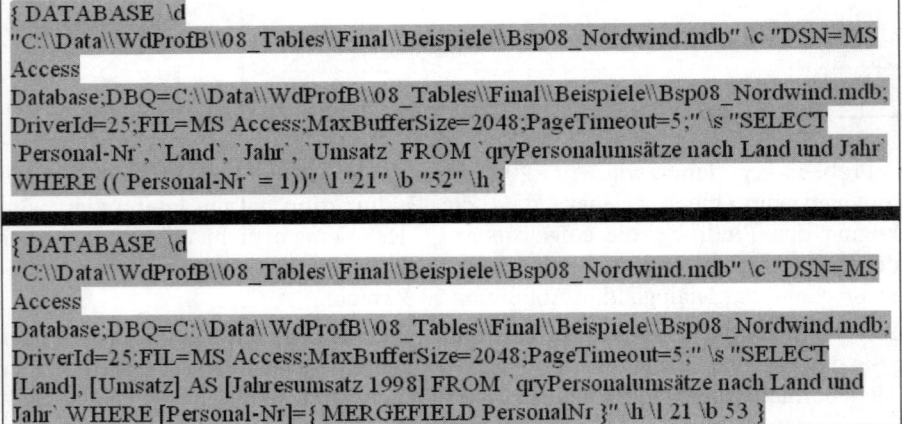

Abbildung 10.40:
*Oben die
ursprüngliche
und unten die
bearbeitete SQL-
Anweisung*

Oben in Abbildung 10.40 steht der von Word erstellte Feldcode; die SQL-Anweisung befindet sich am Schluss, zwischen den Anführungszeichen und wird immer vom \s-Schalter eingeleitet. Die Accents grave (`) sind es, die das besprochene Problem mit der Feldauswahl verursachen. Wir ersetzen diese mit eckigen Klammern – [ ] – und entfernen die Feldnamen, die nicht in der Tabelle erscheinen sollen. Außerdem wollen wir die Überschrift der *Umsatz*-Spalte ändern; dies wird mit dem Schlüsselwort AS bewirkt.

In den Beispieldateien *Bsp10_13.doc* und *Bsp10_14.doc* finden Sie die gezeigten Varianten. Die Dateien liegen im Ordner *\Buch\Kap10* auf der CD. Die Datenquelle *Bsp08_Nordwind.mdb* befindet sich im Ordner *\Buch\Kap08*.

TIPP Mehr zu der Zusammenstellung und Bearbeitung SQ-Anweisungen steht im ▶ Anhang D.

○ Als nächstes wenden wir unsere Aufmerksamkeit der WHERE-Klausel zu, mit der die anzuzeigenden Datensätze bestimmt werden. »Personal-Nr« ist der Primärschlüssel und momentan ist er auf den festen Wert »1« gestellt. Markieren Sie diesen Wert und fügen an seiner Stelle das Seriendruckfeld für den Primärschlüssel ein. Somit wird die Tabelle dynamisch mit dem Seriendruck verbunden: Der Inhalt ändert sich für jeden Datensatz.

WICHTIG Egal, ob Sie die Abfrageoptionen von Word oder von Microsoft Query verwenden, um die Daten festzulegen: Die Länge einer SQL-Abfrage, die Daten mit Word verbindet, darf höchstens 512 Zeichen betragen. Besteht sie aus mehr, erhalten Sie eine Fehlermeldung angezeigt, dass Word die Datenbank nicht öffnen könne.

○ Drücken Sie nochmals Alt+F9, um das Resultat (Abbildung 10.41) einzublenden. Nur die Ausrichtung der Zahlen in der rechten Spalte ist noch nicht zufrieden stellend. Die einzige wirksame Lösung ist, diese Spalte im Seriendruckresultat zu bearbeiten.

Abbildung 10.41: Das Resultat der mit dem Seriendruck verknüpften Database-Feldfunktion

Land	Jahresumsatz 1998
Argentinien	687
Belgien	733
Brasilien	23.069
Dänemark	3.344
Deutschland	9.366
Finnland	453
Frankreich	1.472
Großbritannien	2.969
Italien	110
Kanada	1.595
Mexiko	2.531
Norwegen	670
Österreich	1.408
Schweden	863
Spanien	742
USA	9.641
Venezuela	912

TIPP Viele von uns speichern Adressen in Outlook. Da Outlook seine Adressen nicht im traditionellen Tabellenformat hält, tut Word sich sehr schwer, seine Daten einzubinden. Der Seriendruck bedient sich dafür eines Konvertierfilters; für *Einfügen Datenbank* gibt es leider keine gleichwertige Lösung. Sie müssten die Kontakte in eine Datei exportieren.

Es ist gar nicht schwer:

○ Wollen Sie nur gewisse Kontakte in der Liste, erstellen Sie einen neuen Kontakte-Ordner und kopieren Sie die gewünschten Kontakte hinein.

- In Outlook wählen Sie den Befehl *Datei/Importieren/Exportieren*.

- Markieren Sie den Eintrag *Exportieren in eine Datei. Weiter.*

- Wählen Sie den zu erstellenden Datentyp; wir empfehlen im Allgemeinen »Microsoft Excel«- oder »Microsoft Access«-Dateiformat. Klicken Sie auf *Weiter*.

- Wählen Sie den Ordner aus, der die zu exportierenden Kontakte enthält, und klicken Sie auf *Weiter*.

- Legen Sie Pfad und Dateiname fest und klicken Sie auf *Weiter*.

- Bestätigen Sie die Durchführung mit *Fertig stellen*.

Die Datei steht nun bereit, um in Word als Tabelle eingefügt zu werden.

Die Funktionalität für den Export ist standardmäßig nicht installiert. In diesem Fall blendet Outlook die Meldung »Microsoft Outlook kann das erforderliche Konvertierungsprogramm nicht starten. Dieses Feature ist im Augenblick nicht installiert. Möchten Sie es jetzt installieren?« ein. Legen Sie die Office-CD in das Laufwerk ein und lassen *Setup* die nachträgliche Installation durchführen.

Diagramme

Eigentlich gibt es keine einfache Methode, ein Diagramm für jeden Datensatz eines Seriendrucks zu erstellen. Aber immerhin gibt es diese drei:

- Das Diagramm in Excel erstellen und über die Link-Feldfunktion in den Seriendruck einbinden.

- Ein Diagramm mit MS Graph, verknüpft mit einer Database-Feldfunktion-Tabelle.

- Anschließend an die Seriendruckzusammenführung das Diagramm mit VBA erstellen.

Diagramme in Excel erstellen

Diese Lösung ist im Ansatz so aufwändig, dass sie wahrscheinlich weniger in Frage kommt. Wir erläutern sie trotzdem der Vollständigkeit halber. Sie bedient sich der Link-Feldfunktion, die ausführlich im ▶ Kapitel 8 in Zusammenhang mit Excel beschrieben ist. Um zu sehen, wie Link mit Excel-Diagrammen arbeitet, kopieren Sie ein in Excel erstelltes Diagramm (jeweils als Objekt auf einem Tabellenblatt sowie als eigenständiges Diagrammblatt) und fügen es in Word über die Befehlsfolge *Bearbeiten/Inhalte einfügen* mit einer Verknüpfung in ein Dokument ein. Falls es über dem Text liegt, setzen Sie es in der Zeile mit dem Text und drücken Alt+F9, um die Feldcodes einzublenden. Sie sehen, dass der Diagrammname an der Stelle steht, wo sonst der Bereich in einem Arbeitsblatt spezifiziert wird:

```
{ LINK Excel.Chart.8 "C:\\Eigene Dateien\\KundenDaten.xls" "Orangen" \a \p }
```

Dies bildet den Schlüssel zur Lösung:

- Für jeden Datensatz muss in Excel ein Diagramm erstellt werden. Sie können als Objekte oder auch als eigenständige Blätter in der Arbeitsmappe sein; wir ziehen letzteres vor, da die Benennung klarer ist.

- Der Datentabelle muss eine Spalte hinzugefügt werden, in der der Name des zum Datensatz gehörenden Diagramms steht.

- Im Seriendruck-Hauptdokument wird, wie oben beschrieben, eine Link-Feldfunktion mit Verknüpfung zu irgendeinem dieser Diagramme eingefügt und die Feldcodes eingeblendet.

- Anstelle des Diagrammbezugs wird das Seriendruck-Feld mit dem Diagrammnamen eingefügt.

```
{ LINK Excel.Chart.8 "C:\\Eigene Dateien\\KundenDaten.xls" "{ Mergefield DiagrammName }" \a \p
}
```

WICHTIG Ab diesem Punkt wird die Sache etwas heikel. Bei manchen Versionen von Word dürfen auf keinen Fall die Feldcodes ausgeblendet und die Feldfunktion aktualisiert werden! Sonst löst Word nämlich das Seriendruckfeld in Text auf und die dynamische Verknüpfung zu den Datensätzen geht verloren. Also ...

- ... führen Sie den Seriendruck sofort in ein neues Dokument zusammen,

- ... aktualisieren Sie dort mit Strg+A, F9 die Feldfunktionen (wie bei Bildern), um das Ergebnis für jeden Datensatz anzuzeigen. Drücken Sie Alt+F9, um die Feldcodes auszublenden.

Handelt es sich allerdings nur um wenige Datensätze, ist die Erstellung eines Diagramms für jeden Datensatz sowie das Erfassen der Namen langwierig und führt zu einer enormen Dateigröße der Excel-Arbeitsmappe. Eine VBA-Automatisierung könnte bei der Erstellung helfen.

Die Methode hat den Vorteil, dass sich in Word keine Tabelle befinden muss.

TIPP Die Skalierung der Diagramme sollte in Excel stattfinden, um die besten Ergebnisse in Word zu erzielen. Wenn sich die Diagramme auf eigenständigen Blättern befinden, ziehen Sie die Ränder in der Seitenansicht nach innen, um das Diagramm zu verkleinern, bis es die gewünschte Größe hat.

Ein MS Graph-Diagramm im Hauptdokument mit einer *Database*-Tabelle verbinden

Wie im ▶ Kapitel 9 beschrieben, ist es möglich, ein MS Graph-Diagramm mit einer im Dokument stehenden Tabelle zu verknüpfen. Dies funktioniert ausgezeichnet im Einzelnen, jedoch nicht für den Seriendruck, da die Textmarke bei der Zusammenführung verloren geht (weil ein Textmarkennamen nur einmal in einem Dokument vorkommen darf).

Die Verknüpfung bleibt aber erhalten, wenn man im Hauptdokument durch die Datensätze blättert; für die dynamische Tabelle sorgt eine Database-Feldfunktion (wie im vorherigen ▶ Abschnitt »1:n-Beziehungen« beschrieben). Das bedeutet, Sie können jeden Datensatz einzeln anschauen und ausdrucken. Dies ist zwar langwierig, aber weniger umständlich, als jedes Diagramm einzeln zu erstellen.

 Hier kann ebenfalls VBA den Arbeitsgang beschleunigen, wie der Beispielcode in Listing 10.5 zeigt. Die zugrunde liegende Datei *Bsp10_14.doc* finden Sie auf der CD im Ordner *\Buch\Kap10*.

Das Makro in Listing 10.5 wird Fehlermeldungen anzeigen, wenn der Benutzer in Word 2002 im Dialogfeld *Seriendruckempfänger* Datensätze über das Kontrollkästchen ausgeschlossen hat. Der Code läuft trotzdem weiter, aber nicht ohne die Meldungen. Datensätze sollten nur über die Abfrageoptionen gefiltert werden. Oder Sie müssten für Word 2002 den Code noch ergänzen, um die Included-Eigenschaft für jeden Datensatz zu testen; ein Beispiel steht im ▶ Abschnitt »Die Automatisierung des Seriendrucks«.

HINWEIS

```
Sub JederDatensatzAusdrucken()
    Dim doc As Word.Document
    Dim lAnzahlDS As Long, lDSZaehler As Long

    Set doc = ActiveDocument
    Options.PrintBackground = False
    Application.DisplayAlerts = wdAlertsNone
    With doc.MailMerge
        .DataSource.ActiveRecord = wdLastDataSourceRecord
        lAnzahlDS = .DataSource.ActiveRecord
        .DataSource.ActiveRecord = wdFirstRecord
        For lDSZaehler = 1 To lAnzahlDS
            doc.PrintOut
            .DataSource.ActiveRecord = wdNextRecord
        Next lDSZaehler
    End With
End Sub
```

Listing 10.5:
Durch die Datensätze schleifen und für jeden das Hauptdokument ausdrucken

Ein Diagramm für jeden Datensatz eines Seriendruckresultats

Die bei weitem flexibelste Lösung ist, das Diagramm mit VBA zu erstellen. Beispielcode dafür finden Sie im ▶ Kapitel 9. In allen Versionen von Word vor 2002 muss der Code das Resultatdokument bearbeiten; in Word 2002 steht außerdem das MailMerge-BeforeRecordMerge-Ereignis zur Verfügung, das im ▶ Abschnitt »Die Automatisierung des Seriendrucks« beschrieben ist. Bei dieser Methode muss die Tabelle mit den Daten sich nicht unbedingt im Seriendruck-Dokument befinden.

Hyperlinks aus einer Datenquelle

Excel und Access können aktive Hyperlinks in ihren Tabellen speichern. Genau wie bei Grafiken oder anderen nicht-alphanumerischen Inhalten kann Words Seriendruck jedoch nicht viel damit anfangen. Falls nur der Hyperlinkpfad (URL) im Datenquellenfeld definiert ist, kommt er als einfacher Text durch die Verbindung. Wurde aber ein Anzeigetext dafür definiert, erscheint dieser als das Seriendruck-Resultat. Ein Seriendruck mit echten Hyperlinks aus einer Datenquelle ist also nicht möglich.

Was nicht heißen will, dass der Seriendruck Hyperlinks nicht erstellen kann. Seit Word 97 sorgt die Feldfunktion Hyperlink für aktive Hyperlinks in Word-Dokumenten. Es ist durchaus möglich, ein Seriendruckfeld mit als reinem Text übergebenem URL darin zu verschachteln. Ein zweites Feld kann Text für den \o-Schalter liefern, der einen Tooltipp einblendet, wenn der Mauszeiger über der Feldfunktion steht. Das einzige, was nicht beeinflusst werden kann, ist der Anzeigetext: dass muss der URL bleiben.

```
{ Hyperlink "{ MERGEFIELD Hyperlink }" \o "{ MERGEFIELD TippText }" }
```

Es gibt jedoch einen Haken: Sobald die Feldfunktion aktualisiert wird, um im Seriendruckhauptdokument für das Hyperlinkfeld etwas anzuzeigen, speichert sie die URL als den Anzeigetext. Das Ergebnis: Jeder Hyperlink im Resultat zeigt den selben Anzeigetext an, statt der URL, die eigentlich dahinter steht.

Um dieses Problem zu umgehen, erstellen Sie die verschachtelte Feldfunktion erst kurz vor der Zusammenführung. Im Seriendruckresultat Strg+A, F9 drücken, um alle Feldfunktionen zu aktualisieren. Alle Hyperlinkfelder werden ihre eigene URL anzeigen.

Mit VBA wäre es möglich, den Tooltipptext auch als Anzeigetext zu verwenden, wie der Beispielcode in Listing 10.6 veranschaulicht. Wenn er im Seriendruckresultat ausgeführt wird, aktualisiert er alle Hyperlinks, ermittelt den Tooltipptext des Feldcodes und setzt diesen als der Anzeigetext:

Listing 10.6:
Den Anzeigetext
aller Hyperlink
felder eines
Dokuments dem
Tooltipptext
gleichstellen

```
Sub HyperlinkAnzeigeText()
    Dim hlk As Word.Hyperlink, szAnzeigeText As String

    For Each hlk In ActiveDocument.Hyperlinks
        hlk.Range.Fields.Update
        szAnzeigeText = hlk.Range.Fields(1).Code.Text
        szAnzeigeText = Mid(szAnzeigeText, InStr(szAnzeigeText, "\o ") + 3)
        hlk.TextToDisplay = szAnzeigeText
    Next hlk
End Sub
```

 Den Code des Makros finden Sie in der Datei *List10_06.bas* im Ordner *\Buch\Kap10* auf der CD-ROM.

Der letzte Schritt: Den Seriendruck zusammenführen

Im Allgemeinen ist die Zusammenführung eines Seriendrucks nicht kompliziert. Es gibt jedoch einige erwähnenswerte Punkte.

 Die neue Benutzerschnittstelle enthält keinen Zugang für die Änderung der standardmäßigen Unterdrückung von Leerzeilen. Um an diese Option zu gelangen, müssen Sie das Dialogfeld *Seriendruck* aus der »Verbannung« zurückholen. Den Befehl finden Sie in *Extras/Anpassen/Befehle* in der Kategorie *Alle Befehle*.

Abbildung 10.42:
Einiges an Funk
tionalität steht
im alten Seriendruck-*Dialog*
feld, u. a. die
Option, leere
Zeilen zu unter
drücken

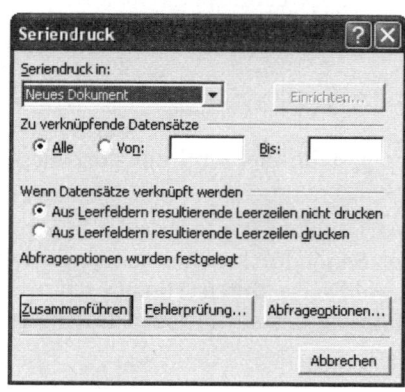

Je nach Seriendruckdokumenttyp stehen nicht alle Zielarten zur Verfügung. Ein Verzeichnis kann zum Beispiel nicht als Fax oder E-Mail ausgegeben werden. Unter Umständen bleiben die Optionen für eine Fax- oder E-Mail-Zusammenführung inaktiv, weil Word installierte E-Mail- oder Fax-Software nicht erkennt. In solchen Fällen ist das Problem meistens in der Registrierung dieser Anwendungen zu suchen; der Hersteller stellt oft Anleitungen zur Behebung solcher Probleme bereit.

Das Resultat für jeden Datensatz in eine eigene Datei speichern

Gelegentlich möchten Sie vielleicht jeden Brief im Seriendruckresultat als getrennte Datei speichern. Der Seriendruck kann das jedoch nicht. Dies ist nur mit VBA möglich. Beispielcode dafür finden Sie im ▶ Abschnitt »Die Automatisierung des Seriendrucks« gegen Ende des Beispiels für MailMerge-Ereignisse.

E-Mail-Seriendruck

Word 2002 kann endlich HTML-Format für den Seriendruck von E-Mails produzieren. Die Benutzerfreude wurde jedoch erheblich durch die Tatsache gedämpft, dass Hyperlinks in gewöhnlichen Text umgewandelt wurden. Im Service Pack 2 zu Office XP wurde dieses Problem zwischenzeitlich behoben.

Die Nachrichtenformate »Nur-Text« und »Anlage« stehen immer noch und in allen Versionen von Word zur Verfügung. Sie behalten die Hyperlinks im Resultat. Leider lösen sie in Word 2000 mit SR-2 oder SR-3 sowie in Word 2002 Outlooks Sicherheitswarnung aus, die eine Bestätigung jedes Datensatzes erfordert.

Es gibt also weiterhin keine formatierte Ausgabe des Seriendrucks in Outlook 2000 oder früher. Eine alternative Methode ist, Outlook Express vorübergehend als das automatische E-Mail-Programm festzulegen. Im Internet Explorer führen Sie die Befehlsfolge *Extras/Internetoptionen* aus. Wählen Sie »Outlook Express« aus dem Dropdownlistenfeld *E-Mail* in der Registerkarte *Programme*.

Outlook Express als Standard E-Mail Client

Falls Sie Office XP noch nicht haben und HTML-E-Mails mit Hyperlinks erstellen müssen, geht's nur mit Software eines anderen Herstellers. Eine gute Quelle für Tipps dieser Art ist *http://www.slipstick.com/addins/mail.htm#massmail*.

Word unterstützt Anhänge bei der Erstellung von Seriendruck-E-Mails nicht. Auch hierfür müssten Sie eine andere Anwendung oder VBA benutzen. Eine Methode befindet sich im ▶ Abschnitt »Die Automatisierung des Seriendrucks«.

Formular-Funktionalität

Formulare werden eingehend im ▶ Kapital 11 vorgestellt; hier wird nur kurz diese Funktionalität in Verbindung mit dem Seriendruck diskutiert.

Eigentlich hat Microsoft nicht vorhergesehen, dass Benutzer Formularfelder in Seriendruck-Dokumenten verwenden würden. Für den Seriendruck stehen seit jeher Ask- und Fillin-Feldfunktionen zur Verfügung, die wahlweise durch Hinzufügen des Schalters \o, einmal für die gesamte Zusammenführung anstatt für jeden Datensatz eingeblendet werden können.

HINWEIS Mehr zum Umgang mit Feldfunktionen finden Sie im ▶ Anhang A und zur `Ask`- und `FillIn`-Feldfunktion im ▶ Kapitel 11.

Beanstandet wird oft die Tatsache, dass die Eingabeaufforderungen dieser Feldfunktionen nie im Kontext stehen. Unklar ist, wo im Text der Eintrag erscheint und mit welchem Datensatz man es zu tun hat. Dieser Mangel wird durch Einbindung der Daten aus dem Seriendruckfeld in der Eingabeaufforderung entgegen gewirkt:

```
{ FillIn "Geben Sie die Anrede für { Mergefield Vorname} {Mergefield Nachname} ein:"
```

Benutzer schätzen jedoch die Bequemlichkeit von Formularfeldern und ziehen es oft vor, die Daten in das Resultat-Dokument einzugeben. Formularfelder sind nur in einem geschützten Dokument aktiv; und in diesem Zustand steht die Seriendruck-Funktionalität nicht zur Verfügung. Wird der Seriendruck für ein ungeschütztes Formular ausgeführt, wandelt Word alle Textformularfelder in normalen Text um. (Kontrollkästchen und Dropdownlistenfelder bleiben intakt.) Ein echter Teufelskreis also, der nur mit einem Makro durchbrochen werden kann.

Auf der Microsoft-Webseite steht der Knowledge Base-Artikel D286841 mit Makrolösungen für die Zusammenführung in ein neues Dokument sowie als E-Mail (Zum Zeitpunkt, da diese Zeilen geschrieben wurden, führte die Verknüpfung *http://www.microsoft.com/IntlKB/Germany/support/kb/D286/D286841.htm* direkt dorthin).

Etiketten

Gelegentlich möchte man mehrere Etiketten für die gleiche Adresse ausdrucken. Um dies zu tun, müssen Sie für die Anzahl der gewünschten Kopien die `Next`-Feldfunktion löschen, die am Anfang des zweiten und der folgenden Etiketten steht. Lassen Sie die Feldfunktion am Anfang des Etiketts, das die nächste Adresse erhalten soll. Fahren Sie so fort, bis alle Etiketten auf dem Blatt bearbeitet wurden.

Ausgabe von Etiketten mit einem beliebigen Etikett anfangen

Noch etwas, das bei Etiketten etwas Kopfzerbrechen verursacht, ist, wie man angefangene Etikettenblätter sinnvoll aufbraucht. Es scheint fast Gesetz zu sein, dass das letzte Etikett einer Serie irgendwo mitten auf der Seite steht, statt unten rechts. Aber anders als bei einzelnen Etiketten ist es nicht möglich, zu bestimmen, auf welchem Etikett der Seriendruck anfangen soll.

Grundsätzlich gibt es lediglich die Möglichkeit, so viele leere Datensätze am Anfang der Datenquelle einzufügen, wie Etiketten auf dem ersten Blatt fehlen. Haben Sie eine eigene Datenquelle in einer Word- oder Excel-Tabelle erstellt, dürfte es Ihnen keine großen Schwierigkeiten bereiten, nach Bedarf die benötigte Anzahl leerer Zeilen vor der ersten Datenzeile einzufügen.

Stammen die Daten jedoch aus einer Datenbank oder wird eine zeichengetrennte Textdatei erstellt, gestaltet sich die Aufgabe etwas schwieriger. Leere Datensätze sollen nicht einfach einer Datenbank-Tabelle hinzugefügt und wieder entfernt werden. Bei Textdateien müsste man die korrekte Anzahl Feldtrennzeichen ermitteln und sie für jeden leeren Datensatz eingeben, ein fehlerbehaftetes sowie zeitraubendes Vorgehen.

Wir stellen Ihnen hier je einen Lösungsvorschlag für Datenbanken (das Beispiel basiert auf *Bsp08_Nordwind.mdb*, die sich auf der Buch-CD im Ordner *\Buch\Kap08* befindet) und Textdateien vor.

Wie erwähnt, braucht es einen leeren Datensatz für jedes fehlende Etikett auf dem ersten Etikettenblatt. In einer Datenbank, die genau die gleiche Struktur hat wie die Datentabelle mit den Adressdaten, soll eine Tabelle diese liefern. In Access geht das ganz einfach:

- Klicken Sie mit der rechten Maustaste auf die Datentabelle im Datenbankfenster (wir haben im Beispiel die Nordwind-Tabelle »Personal« genommen) und wählen Sie *Kopieren*.

- Führen Sie die Befehlsfolge *Bearbeiten/Einfügen* aus, aktivieren Sie die Option *Nur Struktur* und geben Sie einen Namen (»Personal Etiketten«) für die neue Tabelle ein.

- Öffnen Sie diese in der Entwurfsansicht.

- Ändern Sie den Felddatentyp des Feldes `Personal-Nr` in `Zahl` (statt `Autowert`).

- Setzen Sie die Eigenschaft *Eingabe erforderlich* für alle Felder auf `Nein`.

- Wechseln Sie in die Datenblattansicht (Sie müssen vorher die Änderungen zur Tabellenstruktur speichern) und fügen Sie einen leeren Datensatz für jedes Etikett auf dem Etikettenblatt ein, indem Sie in das Feld `Personal-Nr` die entsprechend fortlaufende Zahl eintippen.

Wir haben nun die Adressdaten in einer Tabelle und leere Datensätze in einer andern. Wie fügt man sie zusammen und bestimmt die Anzahl leerer (fehlender) Etiketten? Dazu sind zwei Abfragen notwendig, eine »Union«-Abfrage, um die zwei Tabellen aneinander zu reihen und – weil Word »Union«-Abfragen nicht direkt ansprechen kann – eine gewöhnliche Auswahlabfrage für den Seriendruck. Die Anzahl leerer Etiketten werden in der letzteren festgelegt, entweder direkt oder über eine Maske und VBA.

Eine »Union«-Abfrage kann nicht in der Entwurfsansicht erstellt werden, Sie müssen die SQL-Anweisung direkt bearbeiten. Gehen Sie wie folgt vor:

- Öffnen Sie eine neue Abfrage in der Entwurfsansicht und fügen Sie die Tabelle »Personal« hinzu.

- Wechseln Sie in die *SQL*-Ansicht und ergänzen Sie die SQL-Anweisung wie folgt:

```
SELECT Personal.[Personal-Nr], Personal.Nachname, Personal.Vorname, Personal.Anrede, Perso-
nal.Straße, Personal.PLZ, Personal.Ort, Personal.Region, Personal.Land
FROM Personal
UNION SELECT [Personal-Nr], Nachname, Vorname,Anrede, Straße, PLZ, Ort, Region, Land FROM [Per-
sonal Etiketten]
ORDER BY Personal.Nachname, Personal.PLZ, Personal.Land;
```

Mehr über »Union«-Abfragen finden Sie in der Access-Hilfe sowie im ▶ Anhang D. Im Allgemeinen müssen die zusammenzufügenden Tabellen die gleiche Struktur haben, obwohl sich die Feldnamen unterscheiden dürfen. **HINWEIS**

- Speichern Sie die Abfrage (*qryPersonalUndPersonalEtiketten*).

Die Auswahlabfrage basiert auf der »Union«-Abfrage. Um die Anzahl leerer Etiketten festzulegen, wird als Kriterium für das Feld `Personal-Nr` diese Angabe eingeben, wie in

Abbildung 10.43 ersichtlich: Acht Etiketten werden am Anfang des Blatts leer gelassen. Weil diese Zahl unter Umständen auch die `Personal-Nr` eines Datensatzes sein könnte, legen wir fest, dass das Feld `NachName` gleichzeitig leer sein muss. In der zweiten Kriterienzeile werden zusätzlich noch alle Datensätze gewählt, wo `Nachname` nicht leer ist. Das Ergebnis sehen Sie in das erste Etikett, das gedruckt wird, ist das neunte auf dem Etikettenblatt, die ersten acht werden übersprungen.

HINWEIS Beachten Sie die Spalten für `Personal-Nr` und `Straße`. Der Feldname wurde für die Datenübergabe an den Seriendruck mit einem Ausdruck geändert, sodass sie konform mit den Datennamen für die `AddressBlock`-Feldfunktion sind.

Abbildung 10.43: Die auf der UNION-Abfrage basierende Auswahlabfrage, die leere Etiketten am Anfang vom Etikettenblatt überspringt

qryPersonal Etiketten : Auswahlabfrage

ID	Nachname	Vorname	Anrede	Adresse1
5				
2				
8				
3				
7				
4				
6				
1				
5	Buchanan	Steven	Herr	14 Garrett Hill
9	Dodsworth	Anne	Frau	7 Houndstooth
7	King	Robert	Dr.	Edgeham Hollo
6	Suyama	Michael	Herr	Coventry House
8	Callahan	Laura	Frau	4726 - 11th Ave
1	Davolio	Nancy	Frau	507 - 20th Ave.
2	Fuller	Andrew	Herr	908 W. Capital
3	Leverling	Janet	Frau	722 Moss Bay
4	Peacock	Margaret	Frau	4110 Old Redm

Datensatz: 9 von 17

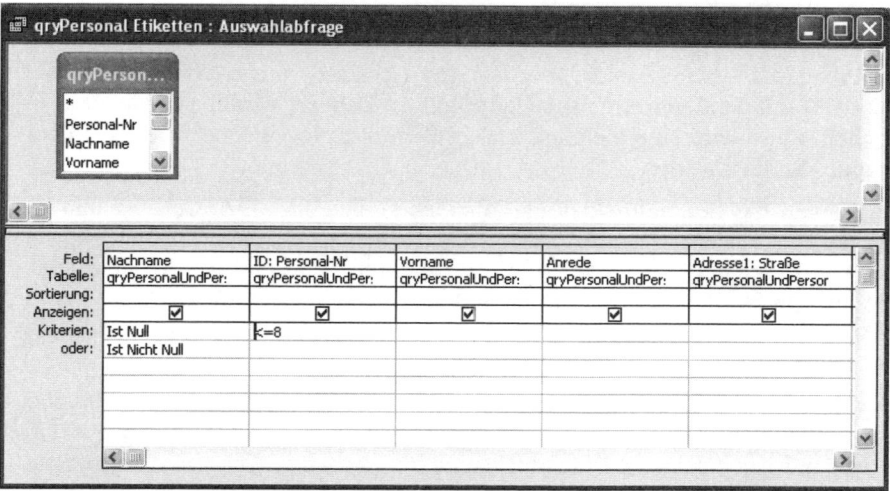

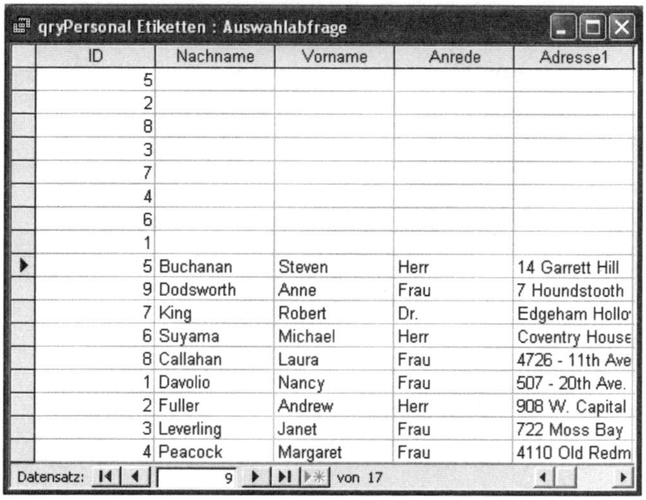

Abbildung 10.44: Die zusammengefügten leeren und Adressendaten. Das erste Seriendrucketikette mit Daten wird auf dem 9. des Etikettenblattes gedruckt werden

Wenn der Benutzer keinen Zugang zu den Datentabellen und Abfragen hat, kann über eine Maske und VBA-Automatisierung die Startnummer für das erste Etikett gesetzt werden. Das Listing 10.7 enthält ein Beispiel (das Formular *Start-Etikett wählen* in der *Bsp08_Nordwind.mdb* arbeitet mit der Datei *Bsp10_15.doc* im Ordner \Buch\Kap10 auf der CD), das anhand der Benutzereingabe die Abfragedefinition ändert, ein vorgegebenes Seriendruckhauptdokument öffnet und es mit der Datenquelle verbindet.

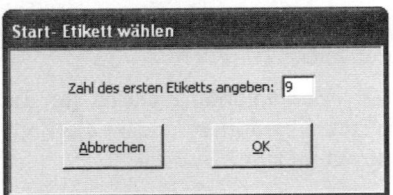

Abbildung 10.45: *Eine Benutzerschnittstelle, um das Anfangsetikett für den Seriendruck festzulegen*

Die Prozedur `Private Sub cmdOK_Click` ist einer Access-Formular-Schaltfläche zugewiesen. Wenn die Benutzereingabe keine gültige Zahl ist, wird die Prozedur abgebrochen. Sonst wird eine Meldung in dem Formular eingeblendet, die den Benutzer auffordert, zu warten.

Die Namen des Seriendruck-Hauptdokuments, die Abfrage-Anweisung und die Datenquelle für den Seriendruck werden Variablen zugewiesen. Die SQL-Anweisung wurde aus der SQL-Ansicht der Abfrage kopiert und für die Prozedur angepasst. `Me.txtAnzahlEtiketten-1` ersetzt die statische Ziffer für die Anzahl leerer Datensätze. (Minus 1, weil der Benutzer aufgefordert wird, die Start-Nummer für das erste bedruckte Etikett einzugeben.)

Nachdem die Abfrage abgeändert wurde (`qdf.SQL = szSQL`), wird eine allgemeine Prozedur aufgerufen. Sie öffnet das übergebene Seriendruck-Hauptdokument, verbindet es mit der übergebenen Datenquelle und blendet schließlich das Word-Anwendungsfenster ein, sodass der Benutzer weiter damit arbeiten kann.

Bitte beachten Sie, dass die allgemeine Prozedur `SeriendruckAusfuehren` möglichst versionsunabhängig gestaltet ist; für Word 97 bis 2002. Die Objekt-Variablen für Word-Anwendung und Dokument sind als Objekte deklariert, um einen Verweis auf die Word-Bibliothek zu erübrigen (»Late binding«). Ferner wird die Versionsnummer getestet, um den korrekten Syntax für eine DDE-Verbindung auch in Word 2002 zu ermöglichen. Standardmäßig erstellt Word 2002 eine OLEDB-Verbindung zu einer Access-Datenbank her. Nur mit der Festlegung des Parameters `SubType:=8` (8 = `wdMergeSubTypeWord2000`) wird in Word 2002 eine DDE-Verbindung hergestellt.

```
Private Sub cmdOK_Click()
    ' Verweis auf DAO setzen in Extras/Verweis
    Dim qdf As DAO.QueryDef
    Dim szSQL As String, szEtikettenDok As String, szDatenAbfrage As String

    If Me.txtAnzahlEtiketten <= 0 Or IsNull(Me.txtAnzahlEtiketten) Then _
        Exit Sub
    ' Bitte Warten! Meldung einblenden
    Me.lblWarten.Visible = True
    Me.Repaint

    ' Diesen Pfad für das Zielsystem ändern
    szEtikettenDok = "\\Speedy\Data\WdProfB\Beispiel\Bsp10_15.doc"
```

Listing 10.7: *Die Startnummer für das erste Seriendruck-Etikett setzen*

```
szSQL = "SELECT Nachname, [Personal-Nr] as ID, Vorname, Anrede, " & _
    "[Straße] as Adresse1, Ort, Region, [PLZ] as Postleitzahl, Land " & _
    "FROM [qryPersonalUndPersonalEtiketten] " & _
    "WHERE (((qryPersonalUndPersonalEtiketten.Nachname) Is Null) " & _
    "AND ((qryPersonalUndPersonalEtiketten.[Personal-Nr])<=" & _
    Me.txtAnzahlEtiketten - 1 & ")) OR " & _
    "(((qryPersonalUndPersonalEtiketten.Nachname) Is Not Null)) " & _
    "ORDER BY Land, Nachname"
szDatenAbfrage = "qryPersonal Etiketten"

Set qdf = CurrentDb.QueryDefs(szDatenAbfrage)
qdf.SQL = szSQL
Call SeriendruckAusfuehren(szEtikettenDok, szDatenAbfrage)
Me.lblWarten.Visible = False

End Sub
Public Sub SeriendruckAusfuehren(szdok As String, szDaten As String)
    Dim wdApp As Object, wdDok As Object

    Set wdApp = CreateObject("Word.Application")
    Set wdDok = wdApp.Documents.Add(szdok, 0)
    With wdDok.MailMerge
        ' DDE-Verbindung zwischen Word und Access
        If wdApp.Version < 10 Then
            .OpenDataSource Name:=CurrentDb.Name, OpenExclusive:=False, _
                Connection:="QUERY qryPersonal Etiketten", _
                SQLStatement:="SELECT * FROM " & szDaten
        Else
            ' Um mit Word 2002 eine DDE-Verbindung herzustellen
            ' muss SubType 0 wdMergeSubTypeWord2000 (8)
            .OpenDataSource Name:=CurrentDb.Name, OpenExclusive:=False, _
                Connection:="QUERY qryPersonal Etiketten", _
                SQLStatement:="SELECT * FROM [" & szDaten & "]", _
                SubType:=8
        End If
        ' Die Daten statt Feldcodes anzeigen
        .ViewMailMergeFieldCodes = False
    End With
    ' Word-Anwendungsfenster dem Benutzer bereitstellen
    wdApp.Visible = True
    wdApp.Activate
    Set wdDok = Nothing
    Set wdApp = Nothing
End Sub
```

Zeichengetrennte Textdateien werden meistens von einer Anwendung erstellt, in welcher der Benutzer keine Access-ähnliche Anpassungsmöglichkeiten hat. Daher ist es sinnvoller, die erforderlichen leeren Datensätzen direkt in die Datei einzufügen. Listing 10.8 ist ein Beispiel, wie die Aufgabe zu lösen ist.

> Wie bei der Access-Lösung ist der erste Schritt, vom Benutzer die Nummer des Start-Etiketts aufzufordern; hier mit einer InputBox-Funktion. Die Eingabe wird auf ihre Gültigkeit hin geprüft: ist sie eine Zahl und liegt sie zwischen Null und der Anzahl verfügbarer Etiketten. ▶

Word setzt Tabellen ein, um Etiketten auf einem Blatt nachzuahmen. Abstände zwischen Etiketten werden oft mit zusätzlichen Spalten oder Zeilen gesichert. Es ist deshalb nicht möglich, die Anzahl an Tabellenzellen abzufragen, um die Anzahl der Etiketten zu ermitteln. Das Makro nimmt an, dass alle Zellen mit einem Textinhalt gültige Etiketten sind.

Den Großteil der Arbeit dieser Prozedur leistet das FileSystemObjekt, das Teil der »Microsoft Scripting Runtime«-Bibliothek ist und die Arbeit mit Laufwerken, Verzeichnissen und Dateien erleichtert. Sie sollten darauf in *Extras/Verweise* einen Verweis setzen oder die betroffenen Objektvariablen alle als Objekte deklarieren.

»Microsoft Scripting Runtime« könnte unter Umständen auf älteren Office 97-Installationen nicht vorhanden sein, die unter Windows 95 laufen und keine neuere Version vom Internet Explorer installiert haben.

Die Aufbereitung der Datenquelle erfolgt in drei Hauptschritten. Zuerst wird die Zeichenkette für den leeren Datensatz erstellt. Um dies zu tun, wird die Datenquelle geöffnet und die erste Zeile gelesen. Mittels der Split-Funktion wird diese in ein Datenfeld aufgeteilt – jedes Feld stellt ein Element dar. Die Funktion UBound gibt die Anzahl Elemente zurück. Mit der String-Funktion wird eine Zeichenkette mit dieser Anzahl Trennzeichen erstellt; eine Zeilenschaltung (vbCRLF) wird am Ende als Datensatztrennzeichen hinzugefügt. In einer Schleife werden so viele dieser Zeichenketten aneinander gereiht, wie es leere Etiketten braucht.

Die Prozedur nimmt an, dass das Feldtrennzeichen ein Tabzeichen ist. Benutzt Ihre Datenquelle ein anderes, geben Sie es anstelle von »vbTab« in der Codezeile TZ = vbTab ein.

Dieser Code kann nicht ohne weiteres in Word 97 funktionieren, da er Gebrauch von den VB-Funktionen Replace und Split macht, die erst ab Word 2000 Teil von Office-VBA sind. Für Word 97 müssten Sie die Aufgaben dieser Funktionen mit Ihren eigenen ersetzen. Ein Beispiel für Replace finden Sie im Listing 8.17 des ▶ Kapitels 8.

Im zweiten Schritt werden alle bereits vorhandenen leeren Datensätze aus der Datenquelle entfernt. Die Datenquelle wird erneut geöffnet und dieses Mal wird der ganze Inhalt, statt nur der ersten Zeile, in eine Zeichenkette gelesen. Die Replace-Funktion vergleicht die Zeichenfolgen in dieser Zeichenkette mit der eines leeren Datensatzes und ersetzt jedes Vorkommnis mit nichts. Danach enthält die Zeichenkette nur noch die »echten« Datensätze.

Schließen Sie TextStream-Objekte, sobald diese nicht mehr gebraucht werden!

Die im ersten Schritt erstellte Zeichenkette wird zwischen den Feldnamen (die erste Zeile der Datenquelle) und den Datensätzen eingefügt. Die Datenquelle wird hierzu zum dritten Mal geöffnet, aber dieses Mal wollen wir sie ändern, nicht einfach daraus Daten lesen. Solange sie mit dem Seriendruckhauptdokument verbunden ist, bleibt sie gesperrt. Deshalb muss sie zuerst vom Serienbriefhauptdokument getrennt werden. Alle Zeilen werden daraus gelöscht und die volle Zeichenkette mit Feldnamen, leeren Datensätzen und »echten« Datensätzen eingefügt. ▶

Es kommt immer wieder vor, dass man die Datenquelle vom Hauptdokument abtrennen will. Es gibt dafür keine namentliche Methode, was etwas verwirrend ist. Aber der Trick ist doch recht einfach, wenn man ihn einmal kennt: Der Hauptdokument-Typ muss einfach auf »Normal« statt einer Seriendruckart gesetzt werden:

```
ActiveDocument.MailMerge.MainDocumentType = wdNotAMergeDocument
```

Zum Abschluss wird die Datenquelle wieder in Word eingebunden und der Inhalt der Datensätze eingeblendet. Auch hier wird zwischen Word 2002 und früheren Versionen unterschieden. In diesem Fall sorgt SubType:=wdMergeSubTypeOther dafür, dass alle Versionen die gleiche Verbindungsmethode gebrauchen.

Listing 10.8:
Einer Textdatei
leere Datensätze
hinzufügen, um
fehlende Etiket-
ten zu über-
springen

```
Private Const MsgTitel As String = "WordProfi Seriendruck Beispiel"

Sub DatenLeereSaetzeHinzufuegen()
    Dim fs As Scripting.FileSystemObject, tsFelder As Scripting.TextStream
    Dim tsAll As Scripting.TextStream, tsDatenSchreiben As Scripting.TextStream
    Dim szLeererDS As String, szAlleLeereDS As String
    Dim szAlleDS As String, lMaxAnzEtiketten As Long
    Dim szNrLeereDS As Long, lNrLeereDS As Long, lNrDS As Long
    Dim lPos As Long, lDSZaehler As Long, lRetVal As Long
    Dim cel As Word.Cell, szDatenquellePfad As String

    szDatenquellePfad = ActiveDocument.MailMerge.DataSource.Name
    ' Die Anzahl Etiketten gemäß der Anzahl Tabellenzellen mit Inhalt ermitteln
    For Each cel In ActiveDocument.Tables(1).Range.Cells
        If Len(cel.Range.Text) > 2 Then _
            lMaxAnzEtiketten = lMaxAnzEtiketten + 1
    Next cel
AnzahlEtiketten:
    szNrLeereDS = InputBox("Nummer des ersten Etiketts eingeben (1 bis " _
    & lMaxAnzEtiketten & "):", MsgTitel, "1")

    If IsNumeric(lNrLeereDS) Then
        lNrLeereDS = CLng(szNrLeereDS)
        If lNrLeereDS <= lMaxAnzEtiketten And lNrLeereDS > 0 Then
            Set fs = New Scripting.FileSystemObject
            Set tsFelder = fs.OpenTextFile(szDatenquellePfad, ForReading)
            ' Anzahl Datenfelder ermitteln
            lNrDS = UBound(Split(tsFelder.ReadLine, vbTab))
            ' Zeichenkette leerer Trennzeichen(Datensätze) erstellen
            tsFelder.Close
            szLeererDS = String(lNrDS, vbTab) & vbCrLf
            For lDSZaehler = 1 To lNrLeereDS - 1
                szAlleLeereDS = szAlleLeereDS & szLeererDS
            Next lDSZaehler

            ' Leere und vorhandene Datensätze zusammenführen
            Set tsAll = fs.OpenTextFile(szDatenquellePfad, ForReading)
            szAlleDS = tsAll.ReadAll
            tsAll.Close
            ' Vorhandene leere Datensätze ausgrenzen
            szAlleDS = Replace(szAlleDS, szLeererDS, "")
            ' Leere Datensätze unmittelbar nach dem Feldnamen einfügen
            lPos = InStr(szAlleDS, vbLf)
            szAlleDS = Left(szAlleDS, lPos) & szAlleLeereDS & Mid(szAlleDS, lPos + 1)
```

```
' Die Textdatei darf nicht mit dem Hauptdokument verknüpft sein,
' sonst kann man nicht in die Datei schreiben.
ActiveDocument.MailMerge.MainDocumentType = wdNotAMergeDocument
DoEvents
Set tsDatenSchreiben = fs.OpenTextFile(szDatenquellePfad, ForWriting)
' Dateiinhalt löschen
For lDSZaehler = 1 To lNrDS + 1
    tsDatenSchreiben.Write ""
Next lDSZaehler
' Neuen Inhalt schreiben
tsDatenSchreiben.Write szAlleDS
tsDatenSchreiben.Close

Set tsDatenSchreiben = Nothing
Set tsAll = Nothing
Set tsFelder = Nothing
Set fs = Nothing
' Seriendruckdatenquelle wieder verknüpfen
If Application.Version >= 10 Then
    ActiveDocument.MailMerge.OpenDataSource Name:=szDatenquellePfad, _
        ConfirmConversions:=False, ReadOnly:=False, LinkToSource:=True, _
        AddToRecentFiles:=False, PasswordDocument:="", PasswordTemplate:="", _
        WritePasswordDocument:="", WritePasswordTemplate:="", Revert:=False, _
        Format:=wdOpenFormatAuto, Connection:="", SQLStatement:="", _
        SQLStatement1:="", SubType:=wdMergeSubTypeOther
Else
    ActiveDocument.MailMerge.OpenDataSource Name:=szDatenquellePfad, _
        ConfirmConversions:=False, ReadOnly:=False, LinkToSource:=True, _
        AddToRecentFiles:=False, PasswordDocument:="", PasswordTemplate:="", _
        WritePasswordDocument:="", WritePasswordTemplate:="", Revert:=False, _
        Format:=wdOpenFormatAuto, Connection:="", SQLStatement:="", _
        SQLStatement1:=""
End If
ActiveDocument.ActiveWindow.View.MailMergeDataView = True
    Else
        lRetVal = MsgBox("Ungültige Etikettennummer. " & _
            "Möchten Sie nochmals probieren?", _
            vbCritical + vbYesNo, MsgTitel)
        If lRetVal = vbYes Then GoTo AnzahlEtiketten
    End If
Else
    lRetVal = MsgBox("Ungültige Etikettennummer. " & _
        "Möchten Sie nochmals probieren?", _
        vbCritical + vbYesNo, MsgTitel)
    If lRetVal = vbYes Then GoTo AnzahlEtiketten
End If
End Sub
```

Den Code des Makros finden Sie in der Datei *List10_08.bas* im Ordner
Buch\\Kap10 auf der CD-ROM.

Eine bestimmte Anzahl Etiketten für jeden Datensatz drucken

Seriendruck für Etiketten hat nicht die gleiche Flexibilität wie die Erstellung von Etiketten in der Benutzeroberfläche. Wir haben die Verwendung von angefangenen Eti-

kettenblättern bereits diskutiert. Noch etwas, was der Benutzer für Einzeletiketten festlegen kann, ist die Anzahl der Etiketten für die Adresse, die er eingibt. Ist Ähnliches für den Seriendruck realisierbar? Ja und nein.

Word richtet bekanntlich Etiketten in einer Tabelle ein, wobei die Zellen die Position und Größe der Etiketten auf dem Blatt wiedergeben. Die Adressinformationen werden für das erste Etikett vom Benutzer vorgegeben und Word kopiert diese Angaben in die restlichen Zellen. Am Anfang jeder dieser restlichen Zellen fügt Word noch die Feldfunktion Next ein, sodass der nächste Datensatz darin erscheint. (Dies bleibt für alle Versionen von Word gleich, nur die Benutzerschnittstelle ist in Word 2002 anders.)

Wollen Sie die gleiche Anzahl an Etiketten für jeden Datensatz drucken, löschen Sie die nötige Anzahl ‹‹Nächster Datensatz››-Felder. Um beispielsweise für jeden Datensatz zwei Etiketten zu drucken, muss das erste und jedes zweite der darauf folgenden Next-Felder entfernt werden, wie in Abbildung 10.46 ersichtlich.

Abbildung 10.46:
Durch Löschen der Felder können mehrere Etiketten per Datensatz gedruckt werden

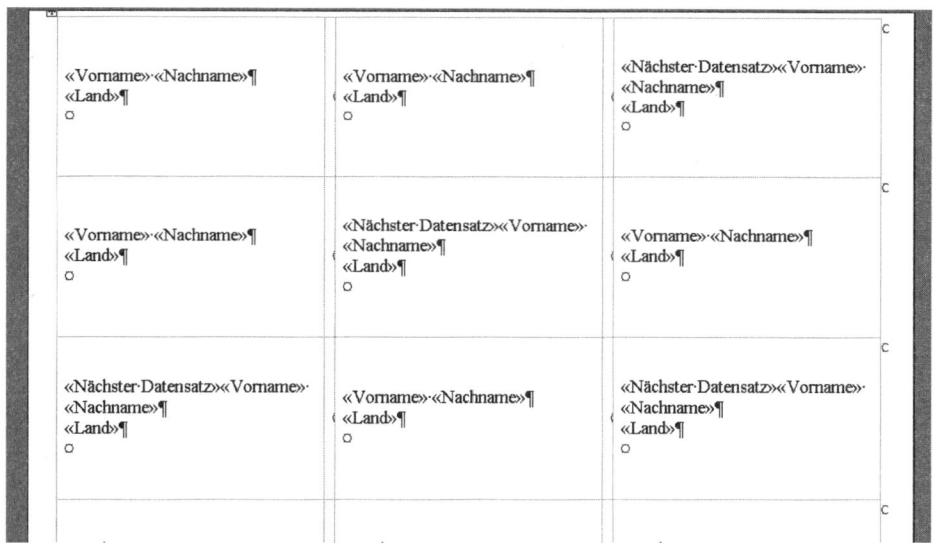

Das ganze hat nur einen Haken: Wenn der Seriendruck das Ende des Blatts erreicht, springt er automatisch zum nächsten Datensatz für das erste Etikett der nächsten Seite. Dieses Verhalten kann nicht geändert werden. Sie müssen also sicherstellen, dass die Anzahl zur Verfügung stehender Etiketten im Seriendruck-Hauptdokument genau durch die Anzahl Kopien teilbar ist. In unserem Beispiel hat das Etikettenblatt eine ungerade Anzahl von Etiketten, nämlich 21. Um das beschriebene Problem zu umgehen, kopieren wir die Tabelle, sodass das Seriendruck-Hauptdokument aus zwei Seiten und einer geraden Anzahl von Etiketten besteht.

Unter Vorbehalt des obigen Problems ist es auch möglich, die Anzahl an Etiketten in einem Feld in der Datenquelle zu bestimmen, um eine unterschiedliche Etikettenzahl für jeden Datensatz festzulegen. Nehmen wir an, die Datenquelle enthält ein Feld namens »AnzEt«, worin die gewünschte Anzahl von Etiketten für jeden Datensatz eingetragen ist. Im Seriendruck-Hauptdokument wird diese Zahl festgehalten, für jedes Etikett um eins vermindert und getestet, ob sie Null (0) erreicht. Die Aufgabe wird ausschließlich durch die folgenden Feldfunktionen ausgeführt.

Die Feldfunktion für das erste Etikett:

```
{ Set LaufEt { MERGEFIELD AnzEt } }{ MERGEFIELD Name }

{ MERGEFIELD Ort }

{ MERGEFIELD Land }{ Set LaufEt { = { Ref LaufEt } - 1 } }
```

Für die übrigen Etiketten:

```
{ NextIf "{ Ref LaufEt }" = "0" }{ IF { Ref LaufEt } = 0 "{ Set LaufEt
{ MERGEFIELD AnzEt } }" }
{ MERGEFIELD Name }

{ MERGEFIELD Ort }

{ MERGEFIELD Land }{ Set LaufEt { = { Ref LaufEt } - 1 } }
```

Im ersten Etikett wird die gewünschte Anzahl an Etiketten in der Textmarke LaufEt festgehalten, die als Zähler dient. Die Seriendruckfelder folgen und der Zähler wird um eins vermindert. Wenn Sie die Diskussion über Feldfunktionen in ▶ Kapital 8 gelesen haben, sehen Sie hier nichts Neues.

In den nächsten Zellen wird mit der Feldfunktion NextIf getestet, ob der Zähler Null (0) erreicht hat; wenn ja, soll der Seriendruck zum nächsten Datensatz springen.

Die Word 2002-Hilfe rät, NextIf nicht einzusetzen, sondern Datensätze im Dialogfeld ▌ **HINWEIS** *Seriendruckempfänger* auszuwählen. Schöne Idee, aber nutzlos für diese Aufgabe.

Das Zurücksetzen des Zählers auf die Anzahl Etiketten für einen neuen Datensatz erfolgt unabhängig vom NextIf-Vergleich, da es unter Verwendung von Feldfunktionen nicht möglich ist, das Blättern durch die Datensätze mit anderen Handlungen zu verknüpfen. Der Rest der Feldfunktion bleibt gleich.

Bsp10_16.doc und *Bsp10_16.xls* sind die Beispieldateien hierzu auf der Buch-CD. Sie befinden sich im Ordner *\Buch\Kap10*. Das Ergebnis der Zähler wird im Beispieldokument angezeigt; diese können selbstverständlich für den Einsatz gelöscht werden.

Vermisste Funktionalität in Word 2002 wiederherstellen

Wie in den Abschnitten über Datenquellen, wurde schon häufiger darauf hingewiesen, dass eine bestimmte Lösung auf dem Einsatz der Funktionalität aus früheren Word-Versionen basiert.

Eine Datenquelle kann in Word 2002 mit einer anderen als die standardmäßige Verbindungsmethode wie folgt eingebunden werden:

○ In *Extras/Optionen/Allgemein* aktivieren Sie das Kontrollkästchen *Konvertierung beim Öffnen bestätigen*.

○ Nach Bestätigung des Dialogfelds *Datenquelle öffnen* erscheint eine Liste mit den zum Datenquellentyp passenden Verbindungsmethoden (OLEDB, DDE, ODBC und Konvertierfilter).

In allen früheren Word-Versionen musste das Kontrollkästchen *Import wählen* im Dialogfeld *Datenquelle öffnen* aktiviert werden.

Die Tabelle 10.6 enthält eine Liste von Befehlen aus früheren Versionen, die in der Word 2002-Benutzeroberfläche nicht aufgeführt sind. Am Ende der Tabelle sind zudem einige Befehle aufgeführt, die sich nicht in der *Seriendruck*-Symbolleiste befinden, aber unter Umständen nützlich wären.

Tabelle 10.6:
Die Funktio-nalität von frühe-ren Word-Versionen sowie andere nützliche Befehle für den Seriendruck

Menübefehl aus einer früheren Version	Befehl in Anpassen/Befehle Kategorie: alle Befehle	Beschreibung
Extras/Seriendruck-Manager	SeriendruckManager	Blendet das Dialogfeld aus Word 6.0 bis 2000 für die Erstellung eines Seriendrucks ein.
Daten importieren/ Datenquelle erstellen (im Seriendruck-Manager)	SeriendruckDatenquelleErstellen	Blendet ein Dialogfeld für die Verwaltung von Datenfeldern ein und erstellt anschließend eine Word-Tabelle.
Daten importieren/ Steuersatzoptionen (im Seriendruck-Manager)	SeriendruckSteuersatzquelleErstellen	Blendet ein Dialogfeld ein, wo Sie die Feldnamen für die Steuersatz-Datei festlegen können. (Wie bei der Erstel-lung einer Word-Datenquelle)
Daten importieren/ Steuersatzoptionen (im Seriendruck-Manager)	SeriendruckSteuersatzquelleBearbeiten	
Daten importieren/ Steuersatzoptionen (im Seriendruck-Manager)	SeriendruckÖffnenSteuersatzquelle	Öffnet eine vorhandene Steu-ersatz-Datei.
Daten importieren/ Adressbuch verwenden (im Seriendruck-Manager)	SeriendruckAdressbuchVerwenden	Blendet eine Liste mit Adress-büchern ein, sodass eines für den Seriendruck ausgewählt werden kann. Arbeitet mit der Technologie aus Word 97 / 2000. Für die von Word 2002 verwendete Technologie gibt es keinen Menübefehl.
Datenform (in der Seriendruck Symbolleiste)	SeriendruckDatenquelleBearbeiten	Blendet ein Formular für die Eingabe und Bearbeitung der in einer Word-Tabelle gespei-cherten Daten.
Seriendruckfeld einfügen Seriendruckfeld einfügen ▾	EinfügenSeriendruckfeld	Öffnet eine Liste der in der Datenquelle zur Verfügung stehenden Felder. ▶

Menübefehl aus einer früheren Version	Befehl in Anpassen/Befehle Kategorie: alle Befehle	Beschreibung
Schaltfläche *Zusammen-führen* im Seriendruck-Manager oder Symbol-schaltfläche in der Symbolleiste	`Seriendruck`	Blendet das Dialogfeld *Serien-druck* ein, wo das Ausgabefor-mat und die Behandlung von Leerzeilen festgelegt werden.
Schaltfläche *Abfrage-optionen* im Seriendruck-Manager	`SeriendruckAbfrageOptionen`	Blendet das Dialogfeld für das Sortieren und die Erstellung eines Filters direkt ein.
	`SeriendruckListeErstellen`	Erstellt eine Word 2002-Datenquelle (*.mdb*-Datei)
	`SerienDruckListeBearbeiten`	Blendet die Datenform für Tabellen und mit Word 2002 erstellte Access-Datenquellen ein.

Die Automatisierung des Seriendrucks

Der Seriendruck kann für den durchschnittlichen Word-Benutzer verwirrend, befremdend oder sogar beängstigend sein. Viele Leute, die mit der Textverarbeitung gut zu Rande kommen, haben keine Datenbankkenntnisse und wehren sich, wenn sie mit so vielen neuen Konzepten konfrontiert sind. Das ist ein Grund, den Serien-druckablauf zu automatisieren.

Dann gibt es den Entwickler oder den »Besitzer« einer Datenbank, der nur einen begrenzten und kontrollierten Zugang erlauben will. Eine Schnittstelle wird in Access oder Visual Basic bereitgestellt, bei der alle Handlungen vorprogrammiert und programmgemäß ausgeführt werden. Auch hier geht es nicht ohne Automatisierung von Word und der Seriendruck-Funktionalität.

Und dann gibt es den Benutzer, der einfach seinen Alltag effizienter gestalten möchte: Makros und VBA sollen wiederkehrende Abläufe übernehmen und mit einem Mausklick das Resultat präsentieren.

Viele Aufgaben können in Word mit aufgezeichneten Makros erledigt werden; der Seriendruck ist keine Ausnahme. Es ist aber auch kein Geheimnis, dass die meisten Makros durch manuelle Bearbeitung und Anpassung viel leistungsfähiger werden; das ist beim Seriendruck nicht wesentlich anders. Wo der Seriendruck sich unter-scheidet: Viele Aufgaben werden vom Makrorekorder nicht aufgezeichnet oder von ihm nicht korrekt wiedergegeben. Zudem sind die Eigenschaften und Methoden für den Seriendruck zum Teil schlecht oder überhaupt nicht dokumentiert.

Die Beispiele in diesem Abschnitt werden sich auf solche Handlungen und Befehle konzentrieren, sofern wir Erkenntnisse oder Lösungen gefunden haben. Eines steht aber fest: Wie beim Objektmodell für den neuen Zeichnungsbereich sind einige Seri-endruck-VBA-Schnittstellen von Word 2002 nicht oder nur teilweise implementiert.

Datenquelle dynamisch verbinden

Eine der größten Ärgernisse bei geteilten Seriendruckhauptdokumenten stellt Words Gebrauch von absoluten Pfadnamen für die Datenquelle dar. Jedes Mal, wenn Word die Datenquelle nicht findet, wird eine Meldung angezeigt und der Benutzer muss die Datei suchen.

Seit Word 2000 soll es möglich sein, diese Meldung bei der VBA-Automatisierung mit `Application.DisplayAlerts = wdAlertsNone` zu unterdrücken. Es funktioniert aber anscheinend nicht immer und taugt für Word 97 gar nicht. Eine alternative Methode, ein gespeichertes Hauptdokument zu öffnen, ohne diese Meldung zu sehen, gibt es nicht. Aber, wenn der Seriendruck gänzlich von VBA gesteuert wird, gibt es eine Möglichkeit, sie gar nicht erst auszulösen.

Der Trick besteht darin, das Hauptdokument ohne Datenquelle zu speichern, indem es in ein »normales« Word-Dokument umgewandelt wird. Das Listing 10.9 zeigt, wie sich dies mit VBA erledigen lässt.

Listing 10.9:
Die Datenquelle
beim Schließen
vom Hauptdoku-
ment abtrennen

```
Sub AutoClose()
    ActiveDocument.MailMerge.MainDocumentType = wdNotAMergeDocument
    ' Wenn Benutzer das Dokument nicht speichert, soll Word einfach weiterfahren
    On Error Resume Next
    ActiveDocument.Save
End Sub
```

Den Code des Makros finden Sie in der Datei *List10_09.bas* im Ordner *\Buch\Kap10* auf der CD-ROM.

Beim nächsten Öffnen erscheint keine Fehlermeldung, zur Datenquelle besteht jedoch keine Verbindung mehr. Dem Benutzer wurde noch nicht sehr geholfen; VBA müsste die Verbindung auch wiederherstellen. Das klingt einfach, ist es aber oft nicht; vor allem seit der Einführung von Word 2002, mit der zusätzlichen, neuen Standardverbindungsmethode OLEDB.

Betrachten wir zunächst, welche Informationen benötigt werden, um eine Verbindung zur Datenquelle herzustellen. Dafür ist die `OpenDataSource`-Methode verantwortlich, die die folgende Syntax hat. Die einzelnen Parameter werden in Tabelle 10.7 erläutert und die Angaben aus der Hilfe zum Thema ergänzt.

```
OpenDataSource(Name, [Format], [ConfirmConversions], [ReadOnly], [LinkToSource], [AddTo-
RecentFiles], [PasswordDocument], [PasswordTemplate], [Revert], [WritePasswordDocument], [Write-
PasswordTemplate], [Connection], [SQLStatement], [SQLStatement1], [OpenExclusive], [SubType])
```

HINWEIS `Subtype` und `OpenExclusive` sind neu in Word 2002, sonst ist die Syntax die gleiche wie bei Word 97 bis Word 2002.

Tabelle 10.7:
Parameter der
OpenDataSource-
Methode

Parameter Name	Bemerkungen
Name	Die Hilfe bezeichnet diesen Parameter als »Erforderlicher String-Wert. Der Dateiname der Datenquelle«. In diesem Fall bedeutet »Erforderlich« lediglich, dass der Parameter vorhanden sein muss, er darf aber eine »leere« Zeichenkette übergeben. Bei ODBC-Verbindungen mit Benutzer oder System-DSN muss er eine leere Zeichenkette enthalten.
Format	* Optionaler Variant-Wert. Standardmäßig wird von Word wdOpenFormat-Auto verwendet. ▶

Parameter Name	Bemerkungen
ConfirmConversions	* Optionaler Variant-Wert.
ReadOnly	* Optionaler Variant-Wert.
LinkToSource	Optionaler Variant-Wert. Wahr, um die Abfrage-SQL-Anweisung der Con- nection- und SQLStatement-Parameter immer dann auszuführen, wenn das Dokument geöffnet wird.
AddToRecentFiles	* Optionaler Variant-Wert.
PasswordDocument	Optionaler Variant-Wert. Falls die Datenquelle ein Word-Dokument mit Kennwortschutz ist, das Kennwort hier übergeben, um das Datenquel- len-Dokument zu öffnen. Fehlt der Parameter oder wird nur eine leere Zeichenkette übergeben, blendet Word eine Eingabeaufforderung ein. Wird das falsche Kennwort übergeben, schlägt die OpenDataSource- Methode fehl.
PasswordTemplate	* Optionaler Variant-Wert.
Revert	* Optionaler Variant-Wert
WritePasswordDocument	Optionaler Variant-Wert. Falls die Datenquelle ein Word-Dokument mit einem Kennwort zum Ändern gespeichert wurde, das Kennwort hier übergeben, um das Datenquellen-Dokument zu öffnen. Fehlt der Parameter oder wird nur eine leere Zeichenkette übergeben, blendet Word eine Eingabeaufforderung ein. Wird das falsche Kennwort übergeben, schlägt die OpenDataSource- Methode fehl.
WritePasswordTemplate	* Optionaler Variant-Wert.
Connection	Optionaler Variant-Wert. Der Bereich, in dem die Abfrage in den SQL- Statement-Parametern ausgeführt wird. Wie der Bereich festzulegen ist, kommt auf die Datenverbindungsmethode an. Beispiele: Für Daten, die über eine ODBC-Verbindung eingebunden werden, ist ein »Connection String« mit gültiger DSN erforderlich. Für Excel-Daten, die mit einer DDE-Verbindung eingelesen werden, gibt man einen benannten Arbeitsblatt-Bereich ein. Eine DDE-Verbindung mit Access erfordert den Namen einer Tabelle oder Abfrage. Die Grundlagen für diesen Parameter werden am besten mit der Auf- zeichnung eines Makros ermittelt.
SQLStatement	Optionaler Variant-Wert. Bestimmt eine Abfrage, um die Daten zu fil- tern.
SQLStatement1	Optionaler Variant-Wert. Falls die SQL-Anweisung länger als 255 Zei- chen ist, kann sie mit diesem Parameter um bis zu 255 weitere Zei- chen erweitert werden.
OpenExclusive (nur in Word 2002)	Optionaler Variant-Wert. Öffnet die Datenquelle angeblich »im exklusi- ven Modus«. Unsere Tests mit Access haben jedoch keine Wirkung gezeigt. Wird vom Makrorekorder nicht aufgezeichnet.

Parameter Name	Bemerkungen
SubType (nur in Word 2002)	Optionaler Variant-Wert. In der VBA-Hilfe nicht dokumentiert, wird aber vom Makrorekorder aufgezeichnet. Akzeptiert einen der folgenden wdMergeSubType-Werte und beeinflusst, wie Word 2002, die Verbindung einer Datenquelle gestaltet. wdMergeSubTypeAccess wdMergeSubTypeOAL wdMergeSubTypeOLEDBText wdMergeSubTypeOLEDBWord wdMergeSubTypeOther wdMergeSubTypeOutlook wdMergeSubTypeWord wdMergeSubTypeWord2000 wdMergeSubTypeWorks

* Diese Parameter stammen aus der Open-Methode des Dokument-Objekts, haben für die Seriendruck OpenDataSource-Methode jedoch keine Wirkung. Sie können problemlos weggelassen werden.

Die Angaben für den Parameter Connection sind ausschlaggebend für den Erfolg der OpenDataSource-Methode und es gibt dafür unzählige Permutationen, je nach System, Datenquelle und Verbindungsmethode. Deshalb werden die Einzelheiten im ▶ Anhang E vorgestellt. Schlagen Sie dort nach, wenn eine Makroaufzeichnung nicht zu den gewünschten Ergebnissen führt.

Wie *OpenDataSource* funktioniert

Eine ausführliche Diskussion steht in ▶ Anhang E, aber vereinfacht ausgedrückt lautet die Faustregel:

○ Zuerst wird der Parameter Name ausgewertet, der entweder den Pfadnamen einer Datei enthält oder eine leere Zeichenkette. Falls eine leere Zeichenkette vorliegt, erwartet Word im Connection-Parameter eine gültige ODBC DSN, entweder des Typs »System« oder »Benutzer«.

○ Steht am Anfang des Connection-Parameters eine gültige DSN, versucht der Seriendruck, eine ODBC-Verbindung herzustellen.

○ Sonst wird für Excel und Access versucht, mit den Angaben des Name-Parameters, eine DDE-Verbindung herzustellen, falls der Code Word 97 oder Word 2000 automatisiert. In Word 2002 ebenfalls, wenn SubType:=wdMergeSubType2000.

○ Für alle andere Datenbankarten wird Word mangels ODBC DSN versuchen, in Word 97 und 2000, sowie in Word 2002 SubType:=wdMergeSubType2000, die Daten über einem Konvertierfilter bereitzustellen. (Was voraussichtlich nur mit Word-Dokumenten, zeichengetrennten Textdateien und Tabellenkalkulationsblättern gelingen wird.)

○ In Word 2002 ohne SubType:=wdMergeSubType2000 wird versucht, eine OLEDB-Verbindung zu erstellen.

Datenquelle mit VBA verknüpfen – ein Beispiel

Nehmen wir an, die Datenquelle liegt im selben Ordner wie die angefügte Vorlage des Hauptdokuments. Die notwendigen Informationen für die OpenDataSource-Methode liegen vor. Beim Erstellen oder Öffnen eines Hauptdokuments soll in einem AutoNew- bzw. AutoOpen-Makro

1. die Art des Seriendruck festgelegt und

2. die Datenquelle verknüpft werden.

Der Code in Listing 10.10, der in der Hauptdokumentvorlage gespeichert ist, erledigt diese Aufgaben in Word 2002. Er legt die Seriendruckart als ein Verzeichnis fest und bindet eine Excel-Datenquelle über eine ODBC-Verbindung ein. Das gleiche Beispiel funktioniert auch in Word 97 oder Word 2000 (vorausgesetzt, ein gleichnamiger ODBC-Treiber ist installiert), wenn der Parameter Subtype entfernt wird.

```
Sub DatenQuelleEinbinden(doc As Word.Document)
    Dim szPfadAngabe As String

    szPfadAngabe = doc.AttachedTemplate.Path & "\"
....' Nur für ein Dokument, nicht die Vorlage, ausführen
    If Not doc Is ThisDocument Then
        With doc.MailMerge
            .MainDocumentType = wdCatalog
            .OpenDataSource Name:= _
                szPfadAngabe & "Bsp10_01.xls", _
                LinkToSource:=True, _
                Connection:= _
                "DSN=Excel Dateien;DBQ=" & szPfadAngabe & _
                "Bsp10_01.xls;DriverId=790;MaxBufferSize=2048;PageTimeout=5;", _
                SQLStatement:="SELECT * FROM `OrtschaftsDaten`", _
                SubType:=wdMergeSubTypeOther
        End With
    End If
End Sub
```

Listing 10.10:
Die Datenquelle im gleichen Ordner, in dem die Vorlage sich befindet, einbinden

Den Code finden Sie in der Dokumentvorlage *Bsp10_19.dot* auf der Buch-CD. Sie liegt im Ordner *\Buch\Kap10*.

»Eintrag suchen« schlägt in VBA fehl

Die VBA-Methode FindRecord entspricht der Symbolschaltfläche *Eintrag suchen* in der Benutzeroberfläche. In Word 97 und Word 2000 hatten beide Schnittstellen mit einem Problem zu kämpfen, dass der Seriendruck nach erfolgreichem Suchen nicht zusammengeführt werden konnte; es musste zuerst eine nicht erfolgreiche Suche durchführt werden, um den Seriendruck wieder zu »befähigen«.

Dieses Problem wurde in der Benutzeroberfläche von Word 2002 zwar behoben, aber die Funktionalität leider für VBA vollkommen kaputt gemacht. Word 2002 VBA kann Datensätze nicht suchen. Die Syntax sollte wie folgt aussehen, aber die Suche wird entweder nicht ausgeführt oder gibt eine Fehlermeldung zurück: »Laufzeitfehler 5852. Das angeforderte Objekt ist nicht verfügbar.«.

```
ActiveDocument.MailMerge.DataSource.FindRecord FindText:="John", Field:="First"
```

Die Lösung? Setzen Sie den früheren Befehl – der neuerdings `FindRecord2000` heißt – weiterhin ein.

```
ActiveDocument.MailMerge.DataSource.FindRecord2000 FindText:="Peter", Field:="First"
```

HINWEIS Es gibt einige »ausrangierte« Befehle, die verborgen im Objektmodell weitergeführt werden. Im Allgemeinen ist es **keine** gute Idee, sie zu benutzen, da sie in einer späteren Version ohne Warnung verschwinden könnten. Hier gibt es jedoch keine andere, zufrieden stellende Lösung. Diese alten Befehle werden sichtbar, wenn Sie im *Objektkatalog* mit der rechten Maustaste an eine beliebige Stelle klicken und im daraufhin geöffneten Kontextmenü *Verborgene Elemente anzeigen* aktivieren.

Dieser Befehl leidet selbstverständlich unter dem gleichen Fehlverhalten, wie in früheren Word-Versionen, weshalb der Code für seinen Einsatz etwas komplizierter ausfällt, als zuerst angenommen. Das Prinzip des Beispielcodes in Listing 10.11 funktioniert in allen drei VBA-fähigen Versionen von Word, nur muss die richtige Methode verwendet werden.

Der gegenwärtige Datensatz wird in einer Variablen festgehalten, sodass im Fall eines Fehlschlags dieser Datensatz wieder angezeigt werden kann. Dann wird zum ersten Datensatz gesprungen, weil die Suche nur von dort aus funktioniert. Die Suche wird anhand der Argumente, die aus der rufenden Prozedur übergeben wurden, ausgeführt. Die Funktion `DS_Suchen` gibt bei Erfolg »Wahr« zurück, sonst »Falsch«. Nach einer erfolgreichen Suche muss eine erfolglose Suche durchgeführt werden, um den Seriendruck wieder funktionsfähig zu machen. (Das ANSI-Zeichen 07 verwendet Word für Tabellenstrukturen, wird aber kaum als Text im Seriendruck vorkommen.) Sonst wird zum ursprünglichen Datensatz zurückgesprungen.

Listing 10.11:
Einen Datensatz
suchen in Word
bis Version 2002

```
Function DS_Suchen2002(mm As Word.MailMerge, _
    szText As String, szFeld As String) As Boolean, lDS As Long

    lDS = mm.DataSource.ActiveRecord
    mm.DataSource.ActiveRecord = wdFirstRecord
    DS_Suchen2002 = mm.DataSource.FindRecord2000( _
        FindText:=szText, Field:=szFeld)
    If DS_Suchen2002 Then
        mm.DataSource.FindRecord2000 FindText:=Chr$(7), Field:=szFeld
    Else
        mm.DataSource.ActiveRecord = lDS
    End If
End Function
```

HINWEIS In der Beispieldatei *Bsp10_19.dot* werden die Suchtext- und Feldangaben über ein UserForm festgelegt Die Word-Version wird ermittelt und die Informationen an die passende Funktion übergeben. Die Datei befindet sich auf der Buch-CD im Ordner *\Buch\Kap10*.

Die Daten filtern

Eine SQL-Anweisung von maximal 512 Zeichen kann bei der Verbindung zur Datenquelle in den Parameter `SQLStatement` und `SQLStatement1` festgelegt werden. In einem Hauptdokument mit vorhandener Datenquelle sortiert und formatiert VBA die Daten über die `MailMerge.DataSource.QueryString`-Eigenschaft, die ebenfalls eine maximale Länge von 512 Zeichen hat. Dies gilt für alle Versionen von Word.

Die SQL-Anweisungen, die VBA an die Datenquelle übergibt, sind nicht von den Einschränkungen der Benutzeroberfläche eingeengt: Sie können mehr als drei Sortierschlüssel oder Kriterien definieren – solange die Zeichenkette nicht länger als 512 Zeichen ist. Je nach Verbindungsmethode und der Engine (Treiber oder Provider), die die Daten zur Verfügung stellt, stehen auch Funktionen wie `Format`, `Left` oder `IIF` zur Verfügung. Im ▶ Anhang D finden Sie eine Diskussion über den Aufbau einer SQL-Anweisung und die verfügbaren Funktionen. Es werden auch Tipps vorgestellt, wie sie gekürzt werden kann, um möglichst viel aus den 512 Zeichen zu machen.

Das Listing 10.12 stellt ein Beispiel vor, wie aus der Personal-Tabelle der *Bsp08_Nordwind.mdb* nur die Datenfelder `Nachname`, `Vorname`, `Straße`, `Ort`, `PLZ`, `Land` in der Benutzeroberfläche zur Verfügung stehen. Ferner werden nur Datensätze angezeigt, in denen der erste Buchstabe des Felds `Nachname` mit dem Buchstaben »L« anfängt. Es wird nach der Postleitzahl sortiert. Sie finden das Listing in der Datei *Bsp10_20.doc* auf der Buch-CD im Ordner *\Buch\Kap10*.

```
Sub DatenFiltern()
    Dim mm As Word.MailMerge

    Set mm = ActiveDocument.MailMerge
    mm.DataSource.QueryString = _
        "SELECT Nachname, Vorname, Straße, Ort, PLZ, Land " _
        & "FROM `Personal` " _
        & "WHERE Left(Nachname, 1) = 'L' " _
        & "ORDER BY 5"
End Sub
```

Listing 10.12: Mit VBA nur bestimmte Datenfelder und -sätze dem Seriendruck zur Verfügung stellen

Falls die Datenverbindung die SQL-Anweisung nicht ausführen kann, erscheint eine Fehlermeldung und alle Datensätze werden angezeigt. Steht in der `FROM`-Klausel die falsche Datenquelle, wird die Verbindung zur Datenquelle unterbrochen und muss erneut mit `OpenDatasource` eingeknüpft werden.

WICHTIG

Wir haben den Code aus Listing 10.12 etliche Male ausprobiert. Auf einer Maschine funktionierte er, auf einer anderen nicht. Es gab Fehlermeldungen, dass der Befehl misslungen sein. Diese Meldung bezog sich auf die Zuweisung des `QueryString`. Evtl. gibt es in der deutschen Version von Word 2002 ein Problem, welches zum Zeitpunkt der Entstehung dieses Buches noch nicht behoben war.

Hätten wir dieses Buch vor dem Erscheinen von Word 2002 geschrieben, könnten wir diesen Abschnitt hier abschließen oder hätten das Material in ▶ Anhang D hier behandelt. Aber die Datenauswahl in Word 2002 wurde wegen der Funktionalität des Dialogfelds *Seriendruckempfänger* um einiges komplizierter gemacht. Die Einstellungen der Kontrollkästchen werden nicht durch eine SQL-Anweisung, sondern getrennt verwaltet. In VBA gewähren die Methode `SetAllIncludedFlags` und die Eigenschaften `Included` darauf Zugriff.

`SetAllIncludedFlags` kann auf »Wahr« oder »Falsch« gesetzt werden und entspricht den Kontrollkästchen *Alle Markieren* bzw. *Alle löschen*. `Included` ändert die Einstellung für einen einzelnen Datensatz.

Wenn Ihre Anwendung die Daten für einen Seriendruck bearbeitet, wie in Listing 10.5, um das Hauptdokument für jeden Datensatz auszudrucken, müssen Sie zusätzlich die Included-Eigenschaft prüfen. Leider gibt uns das Seriendruck-Objektmodell keine Möglichkeit, diese Eigenschaft für einen beliebigen Datensatz zu testen, sondern nur für den aktiven. Das bedeutet, man muss durch *alle* Datensätze schleifen, wie in Listing 10.13 dargestellt, und die Handlung nur vornehmen, wenn Included »Wahr« ist.

Listing 10.13:
In Word 2002 das
Hauptdokument
für jeden gewähl-
ten Datensatz
ausdrucken

```
Sub JederDatensatzAusdrucken()
    Dim doc As Word.Document
    Dim lAnzahlDS As Long, lDSZaehler As Long

    Set doc = ActiveDocument
    Options.PrintBackground = False
    Application.DisplayAlerts = wdAlertsNone
    With doc.MailMerge
        .DataSource.ActiveRecord = wdLastDataSourceRecord
        lAnzahlDS = .DataSource.ActiveRecord
        .DataSource.ActiveRecord = wdFirstDataSourceRecord
        If .DataSource.Included Then doc.PrintOut
        For lDSZaehler = 1 To lAnzahlDS - 1
            .DataSource.ActiveRecord = wdNextDataSourceRecord
            If .DataSource.Included Then doc.PrintOut
        Next lDSZaehler
    End With
End Sub
```

HINWEIS

Auch die Konstanten wdFirstDataSourceRecord, wdNextDataSourceRecord, wdPreviousDataSourceRecord sowie wdLastDataSourceRecord sind neu in Word 2002, um die neue Funktionalität in Seriendruckempfänger zu kompensieren. Sie »sehen« einen Datensatz, egal welchen Wert Included hat. Die bisherigen Konstanten wdFirstRecord, wdNextRecord, wdPreviousRecord sowie wdLastRecord springen nur Datensätze an, für die Included »Falsch« ist.

Die Benutzeroberfläche in Word 2002

Symbolleiste automatisch einblenden

Wir haben bislang nicht erfahren können, warum Microsoft weder Symbolleiste noch Seriendruck-Assistent beim Öffnen eines Seriendruckhauptdokuments einblendet. Was früher funktionierte, müsste immer noch möglich sein. Mit der Prozedur in Listing 10.14, die von einem AutoOpen-Makro in der *Normal.dot* oder Seriendruck-Dokumentvorlage aufgerufen wird, können Sie Ihre Word-Umgebung damit ergänzen.

Listing 10.14:
Die Seriendruck-
Symbolleiste ein-
blenden, wenn
ein Seriendruck-
hauptdokument
geöffnet wird

```
Sub AutoOpen()
    SeriendruckSymbolleisteEinAus
End Sub

Sub SeriendruckSymbolleisteEinAus()
    If ActiveDocument.MailMerge.MainDocumentType <> wdNotAMergeDocument Then
        CommandBars("Mail Merge").Visible = True
    Else
        CommandBars("Mail Merge").Visible = False
    End If
End Sub
```

Seriendruck

Den Seriendruck-Assistent anpassen

Im Allgemeinen stellt VBA keine Schnittstelle für die Änderung oder Anpassung der Aufgabenbereiche zu Verfügung. Bekanntlich bestätigt die Ausnahme die Regel: In Word 2002 kann der Seriendruckassistent begrenzt angepasst werden.

Mit der ShowWizard-Methode ist es möglich, den Seriendruck-Assistent, voreingestellt zu einem gewissen Schritt, einzublenden sowie festzulegen, welche Schritte überhaupt zur Verfügung stehen.

Das Ereignis MailMergeWizardStateChange wird bei jedem Wechsel zwischen den Schritten des Aufgabenbereichs ausgelöst. Somit können mit VBA zusätzliche Handlungen durchgeführt werden.

Der Inhalt des Aufgabenbereichs jedoch kann nur im sechsten und letzten Schritt beeinflusst werden: die Methode ShowSendToCustom ermöglicht die Hinzufügung eines zusätzlichen, vom Entwickler definierten Eintrags. Und das Ereignis MailMergeWizard-SendToCustom wird beim Anklicken desselben ausgeführt, um die Seriendruckzusammenführung abzufangen und umzuleiten (zu einem bestimmten Fax- oder anderen Drucker, beispielsweise).

Als erstes Beispiel nehmen wir an, ein Seriendruck-Hauptdokumentvorlage (*Bsp10_21.doc* aus dem Ordner *Buch**Kap10* auf der Buch-CD) liegt vor. Die Datenquelle ist schon verknüpft und darf nicht geändert werden. Es bleibt dem Benutzer lediglich die Datenauswahl sowie die Zusammenführung. Damit erübrigen sich die ersten vier Schritte des Seriendruck-Assistenten.

Dieser Aufgabenbereich soll also im letzten Schritt eingeblendet werden und nur der fünfte steht zusätzlich noch zur Verfügung; die übrigen sind gesperrt. Zudem wollen wir die Seriendruck-Symbolleiste auch sperren, sodass der Benutzer dazu gebracht wird, nur die Funktionalität zu gebrauchen, die wir ihm zur Verfügung stellen.

Mit der Methode ShowSendToCustom wird dem sechsten Schritt der zusätzliche »Menüpunkt« in Abbildung 10.47 hinzugefügt, den der Benutzer auswählen soll, um den Seriendruck zum richtigen Drucker zu senden.

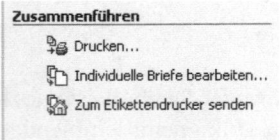

Abbildung 10.47:
Der Aufgabenbe-
reich wurde mit-
tels VBA um den
letzten Eintrag
ergänzt

Es liegt auf der Hand, dass diese Handlungen beim Erstellen eines neuen oder Öffnen eines vorhandenen Dokuments auszuführen sind. Deshalb wird die Prozedur in Listing 10.15 sowohl vom Document_New- als auch vom Document_Open-Ereignis aufgerufen.

```
Public Sub SeriendruckAssistentEinblenden(Doc As Word.Document)
    Doc.MailMerge.ShowWizard InitialState:=6, ShowDocumentStep:=False, _
        ShowTEmplateStep:=False, ShowDataStep:=False, ShowWriteStep:=False, _
        ShowPreviewStep:=True, ShowMergeStep:=True
    Doc.MailMerge.ShowSendToCustom = "Zum Etikettendrucker senden"
    Application.CustomizationContext = Doc
    Application.CommandBars("Mail merge").Enabled = False
End Sub
```

Listing 10.15:
Den Seriendruck-
Assistent mit nur
dem fünften und
sechsten Schritt
einblenden. Der
sechste ist ausge-
wählt

Die ShowWizard-Methode wird bei der Einstellung InitialState auf 4 oder höher fehlschlagen, falls das Dokument mit keiner Datenquelle verbunden ist. Die Schritte 4 bis
6 stehen nur in einem Seriendruckhauptdokument mit verknüpfter Datenquelle zur
Verfügung.

Das Ereignis MailMergeWizardStateChange ermöglicht dem Entwickler, eine bessere Kontrolle über den Ablauf der Aufstellung und Vorbereitung eines Seriendruckhauptdo-
kumentes auszuüben. Wenn wir bei unserem Beispiel bleiben, kann der Benutzer
zurück zum Schritt 5, um die Datensätze für den Seriendruck auszuwählen. Wenn
keine Datensätze ausgewählt sind, wollen wir es unterbinden, diesen Schritt zu verlassen.

Das Listing 10.16 enthält den Code, der für diese Aufgabe benötigt wird. Am Anfang
stehen die Prozeduren, um die Anwendungsereignisse einzuschalten. Das Ereignis
MailMergeWizardStateChange befindet sich in einem Klassenmodul.

HINWEIS Nähere Angaben zum Einsatz von Anwendungsereignissen finden Sie in der Hilfe
unter »Verwenden von Ereignissen mit dem Application-Objekt«.

MailMergeWizardStateChange stellt vier Argumente zur Verfügung: das Seriendruckhauptdokument, in dem die Handlungen stattfinden; die Nummer des gerade verlassenen
Schrittes, die Nummer des folgenden Schrittes sowie der boolesche Wert Handled, mit
dem der Wechsel zum folgenden Schritt unterbunden werden kann, wenn er im Code
auf »Wahr« gesetzt wird.

Wir wollen nur einschreiten, wenn Schritt 5 verlassen wird. Also kontrolliert der
Code, ob FromState = 5 ist. Falls ja, wird der letzte ausgewählte Datensatz aktiviert.
Sind keine Datensätze ausgewählt, gibt ActiveRecord immer den Wert »1« zurück und
nicht »0«. Deshalb muss die Eigenschaft Included (»inbegriffen«) getestet werden, um
festzustellen, ob mindestens ein Datensatz ausgewählt ist. Wenn Include nicht wahr
ist, wird eine Meldung eingeblendet und Handled auf »Wahr« gesetzt. Der Benutzer
bleibt in Schritt 5.

Listing 10.16:
Mit dem
MailMergeWizard
StateChange-
Ereignis wird der
Benutzer
gezwungen, min-
destens einen
Datensatz auszu-
wählen, bevor er
Schritt 5 verlas-
sen kann

```
' Code in ThisDocument-Modul
Private Sub Document_Open()
    SeriendruckAssistentEinblenden ActiveDocument
    EreignisseEinschalten
End Sub

' Code im gewöhnlichen Modul
Option Explicit
Public mm As New clsSD_Ereignisse

Sub EreignisseEinschalten()
    Set mm.appWd = Word.Application
End Sub

' Code im Klassenmodul
Public WithEvents appWd As Word.Application

Private Sub appWd_MailMergeWizardStateChange(ByVal Doc As Document, _
            FromState As Long, ToState As Long, Handled As Boolean)
    Dim DS As Word.MailMergeDataSource, szFehlermeldung As String

    szFehlermeldung = _
        "Sie müssen mindesten einen Empfänger auswählen, bevor Sie fortfahren."
```

```
        Set DS = Doc.MailMerge.DataSource

        If FromState = 5 Then
            With DS
                .ActiveRecord = wdLastRecord
                If Not .Included Then
                    MsgBox szFehlermeldung, vbCritical + vbOKOnly
                    Handled = True
                End If
            End With
        End If
End Sub
```

Den Code finden Sie in der Beispieldatei *Bsp10_22.dot* im Ordner *\Buch\Kap10* auf der Buch-CD.

Das Ereignis MailMergeWizardSendToCustom wird durch das Aktivieren des am Anfang hinzugefügten Eintrags im Schritt 6 ausgelöst. Sie können es benutzen, um beispielsweise die Application.ActivePrinter-Eigenschaft auf einen spezifischen Drucker zu setzen, sodass der Benutzer nicht daran denken muss. Ein Klassenmodul für die Verwaltung von Drucker und -Schächten mit VBA befindet sich auf der CD im Ordner *\Buch\Kap12*. Beschreibung und Handhabung stehen im ▶ Kapitel 12.

Ereignisse während der Zusammenführung

Seit über einem Jahrzehnt haben WordPerfect-Benutzer in die Seriendruck-Zusammenführung eingreifen können, um Daten zu bearbeiten und 1:n-Informationen in den Seriendruck einzubauen. Mit den neuen MailMerge-Ereignissen werden Word-Entwicklern diese Möglichkeiten auch eröffnet.

Es gibt vier Ereignisse, die in dieser Hinsicht von Interesse sind. Sie sind in Tabelle 10.8 aufgelistet, in der Reihenfolge, in der sie stattfinden. Selbstverständlich werden nicht alle in jeder Lösung gebraucht; wir haben jedoch eine Lösung zu Vorführungszwecken erfunden.

MailMergeBeforeMerge wird nur vom *Seriendruck-Assistent* Aufgabenbereich ausgelöst! ▮ **WICHTIG**

Ereignis	Beschreibung
MailMergeBeforeMerge	Tritt ein, wenn Word den Befehl für die Zusammenführung bekommt, aber bevor ein Datensatz zusammengeführt wird.
MailMergeBeforeRecordMerge	Tritt ein, während einer Zusammenführung für die einzelnen Datensätze in einem Seriendruck, bevor sie zusammengeführt werden.
MailMergeAfterRecordMerge	Tritt ein, nach Zusammenführung jedes einzelnen Datensatzes.
MailMergeAfterMerge	Tritt ein, nachdem alle Datensätze in einem Seriendruck erfolgreich zusammengeführt wurden.

Tabelle 10.8:
Die Seriendruck-ereignisse, die den Eingriff in die Zusammen-führung möglich machen

Das Beispiel

Das einfache Word-Seriendruckhauptdokument (Abbildung 10.48) wird mit der abgeänderten Nordwind-Datenbank als Datenquelle verbunden. Am Schluss wird das Ergebnis dieses Serienbriefs im HTML-Format als E-Mail versandt. Mit der Beispieldatei *Bsp10_21.doc* aus dem Ordner *\Buch\Kap10* sowie der *Bsp08_Nordwind.mdb* aus dem Ordner *\Buch\Kap08* können Sie das Beispiel nachvollziehen.

Seriendruckereignisse werden das von Word erstellte Resultat um eine Tabelle der Artikel, die der Kunde im Laufe des Geschäftsjahres 2002 bestellt hat, sowie eine Liste der Nordwind-Vertreter, die die Bestellungen bearbeitet haben und an die eine Kopie geht, ergänzen. Zudem wird der Kontaktname, der in einem einzigen Datenfeld steht, verkürzt, sodass nur der Nachname in der Begrüßungszeile steht.

Nach der Zusammenführung des Seriendrucks in ein neues Dokument wird jeder Brief einzeln in ein Dokument übernommen, das als E-Mail konfiguriert ist. Hier werden die E-Mail-Adressen der Empfänger festgelegt, die personalisierte Betreffszeile eingegeben sowie als Anlage die neue Preisliste angefügt. VBA-Code muss diese Aufgaben übernehmen, da der Seriendruck im E-Mail-Format weder Adressen für Kopien, Datensatz-bestimmte Betreffszeilen, noch das Anfügen von Dateien unterstützt.

Abbildung 10.48:
Seriendruck-
hauptdokument
für einen Brief,
der mithilfe von
Seriendruckereig-
nissen mit 1:n-
Daten ergänzt
und per E-Mail
verschickt wird

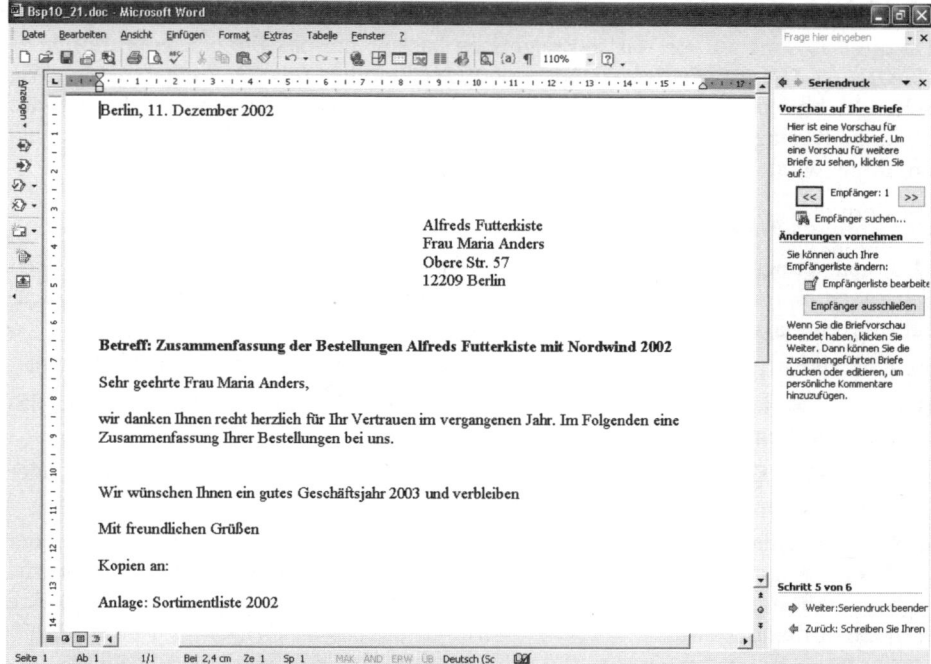

Vorbereitung der Datenquelle

Der Kunden-Tabelle in *Bsp08_Nordwind.mdb* wurden drei Felder hinzugefügt – eines namens *Email*, ein weiteres namens *EmailBetreff* sowie eines namens *Anrede*. Das erste enthält die E-Mail-Adresse, das zweite den Text für eine E-Mail-Betreffzeile (die auch im Brief erscheint) und die dritte die Anrede der Kontaktperson. Auch die Personal-Tabelle wurde um ein Feld für die E-Mail-Adresse ergänzt.

Da wir nur Kunden aus Deutschland anschreiben, die 2002 Waren bestellt haben, dient als eigentliche Datenquelle die Abfrage *qryDeutschlandKunden2002*. Sie verknüpft die *Kunden-* mit der *Bestellungen*-Tabelle und enthält alle für den Seriendruck benötigten Kundenfelder.

Diese Abfrage bildet auch die Basis der Abfrage für die Tabelle der bestellten Artikel: *qryDeutschlandKundenArtikel2002*. Diese enthält, neben den Feldern für die Artikel und deren Verkaufssumme, den Kunden-Code, um diese Liste mit dem Kunden des jeweiligen Seriendruck-Datensatzes zu verbinden sowie die Personal-Nr. des Nordwind-Angestellten, der die Ware verkaufte, die für die Liste der Kopienempfänger gebraucht wird.

Einrichtung des Hauptdokuments

Das Seriendruckhauptdokument in Abbildung 10.48 wurde zuerst genau wie jedes andere eingerichtet. Zusätzlich wurden dann folgende Textmarken eingefügt:

- Um das Seriendruckfeld *Kontaktname* in der Begrüßungszeile (*txtName*)
- Im Textkörper, wo die Artikel-Tabelle erstellt wird (*txtArtikelListe*)
- Am Ende der Zeile »Kopien an:« (*txtKopien*)

Die VBA-Module

Da diese Lösung auf Application-Ereignissen basiert, hat das Projekt je ein normales (*basBsp10_MergeEreignisse*) und ein Klassenmodul (*clsSD_Ereignisse11*). Wie schon beschrieben, werden die Application-Ereignisse beim Erstellen bzw. Öffnen des Dokuments eingeschaltet. Sobald der Benutzer den Befehl gibt, den Seriendruck auszuführen, werden die MailMerge-Ereignisse ausgelöst.

Das Ereignis *MailMergeBeforeMerge*

Das erste Ereignis, das stattfindet, ist MailMergeBeforeMerge(ByVal Doc As Document, ByVal StartRecord As Long, ByVal EndRecord As Long, Cancel As Boolean). Es wird pro Zusammenführung einmal ausgeführt, jeweils bevor der erste Datensatz bearbeitet wird.

Es stellt vier Argumente zur Verfügung, die der Steuerung des Seriendrucks dienen:

- Doc: das Seriendruckhauptdokument. Damit erübrigt sich das Ratespiel, ob das aktive Dokument auch das gewünschte ist.
- StartRecord: Gibt den ersten zusammenzuführenden Datensatz zurück oder bestimmt ihn.
- EndRecord: Gibt den letzten Datensatz zurück oder bestimmt ihn. Falls weder der Benutzer noch VBA einen festlegen, hat dieses Argument den Wert -16, was so viel wie »unbestimmt« bedeutet. Der Seriendruck arbeitet alle Datensätze ab, bis keine mehr vorhanden sind.
- Cancel: Erlaubt den bedingten Abbruch des Seriendrucks, wenn die Prozedur es auf »Wahr« gesetzt hat.

Leider ist der Nutzen dieses Ereignisses etwas begrenzt, da es nur bei Ausführung des Seriendrucks über den Aufgabenbereich ausgelöst wird, jedoch nicht über VBA oder einen Befehl in der *Seriendruck*-Symbolleiste.

Falls Sie den Benutzer nicht, wie oben beschrieben, zwingen, den Aufgabenbereich zu benutzen, ist es sinnvoller, einen Menüpunkt oder eine Symbolschaltfläche für die

Ausführung des Seriendrucks bereitzustellen und die Handlungen dieses Ereignisses darin zu übernehmen.

Folglich setzt unser Beispiel dieses Ereignis nicht ein.

Das Ereignis *MailMergeBeforeRecordMerge*

`MailMergeBeforeRecordMerge(ByVal Doc As Document, Cancel As Boolean)` ist ohne Frage das nützlichste der Ereignisse. Es ermöglicht, Handlungen vor der Zusammenführung jedes einzelnen Datensatzes im Seriendruckhauptdokument (oder sonst wo) auszuführen. So ziemlich alles, was bislang nach der Zusammenführung im Ergebnisdokument mit *Suchen und Ersetzen* oder ähnlichem gemacht werden musste, kann nun während des Ablaufs dynamisch ausgeführt werden.

Auch dieses Ereignis hat die Argumente `Doc` und `Cancel`. `Doc` steht nach wie vor für das Hauptdokument. `Cancel` unterdrückt die Zusammenführung des jeweiligen Datensatzes.

WICHTIG

Das Ereignis `MailMergeBeforeRecordMerge` wird nicht nur bei Zusammenführung des Seriendrucks ausgelöst, sondern auch beim Öffnen des Dialogfelds *Seriendruckempfängerliste* sowie beim Blättern durch die Datensätze. Hat man für die Einbindung von Daten mit einer 1:n-Beziehung eine `Database`-Feldfunktion im Hauptdokument eingefügt, wird zudem bei der Aktualisierung dieses Feldes für jede Zeile (Datensatz) das Ereignis ausgelöst. Vorsicht ist also geboten!

Der Beispielcode in Listing 10.17 übernimmt als erstes die Aufgaben, die eigentlich von `MailMergeBeforeMerge` auszuführen wären, wenn Word das Ereignis zuverlässig auslösen würde. Am Anfang des Klassenmoduls wird die globale Variable `bINITIALISIERT` deklariert. Die Ereignis-Prozedur `appWd_MailMergeBeforeRecordMerge` testet, ob diese »Falsch« ist, und wenn ja, führt die Handlungen aus, die nur beim Anfang des Seriendrucks zu machen sind. In diesem Fall, wird die ADO-Verbindung zur Datenquelle hergestellt.

HINWEIS

Die Zeichenkettevariable für die ADO-Verbindung (`CONNECTSTRING`) sowie die Objektvariable für die Verbindung (`CONN`) sind auch global, da sie unter Umständen mehrmals im Verlauf des Seriendrucks gebraucht werden.

Listing 10.17: Handlungen, die vor der Zusammenführung eines jeden Datensatzes auszuführen sind, macht das Ereignis MailMergeBeforeRecordMerge möglich

```
Private Sub appWd_MailMergeBeforeRecordMerge(ByVal doc As Document, Cancel As Boolean)
    Dim szKundenCode As String, szKontaktName As String, szKopienAn As String

    ' Da MailMergeBeforeMerge nur bedingt ausgeführt wird, hier Test ausführen,
    ' um Handlungen nur einmal während des Seriendrucks auszuführen
    If Not bINITIALISIERT Then
        bINITIALISIERT = True
        Set CONN = New ADODB.Connection
        CONNECTSTRING = "Provider=Microsoft.Jet.OLEDB.4.0;" & _
            "Data Source=" & g_szDATENPFAD & "\" & g_szDATENBANK & ";" & _
            "User Id=admin;Password=;"
        With CONN
            .ConnectionString = CONNECTSTRING
            .CursorLocation = adUseClient
            .Open
        End With
    End If
    szKundenCode = doc.MailMerge.DataSource.DataFields("KundenCode").Value
```

```
' Datensatz nicht zusammenführen, wenn die Anzahl Bestellungen weniger sind als 3
If AnzBestellungen(szKundenCode) < 3 Then
    Cancel = True
    Exit Sub
End If
' Nur Nachname des Kontakts in Begrüssungszeile
szKontaktName = KontaktNameKuerzen(doc)
InTextmarkeEinfuegen doc, "txtName", szKontaktName
ArtikelTabelleErstellen doc, szKundenCode

    szKopienAn = KopienAnListeErstellen(szKundenCode)
    InTextmarkeEinfuegen doc, "txtKopien", szKopienAn
End Sub
```

Für jeden Datensatz wird der Kunden-Code, der den Kunden eindeutig identifiziert, festgehalten.

Falls der Kunde weniger als drei Artikel während des Jahres bestellte, wollen wir ihn nicht anschreiben; Cancel wird auf »Wahr« gesetzt und diese Prozedur abgebrochen. Der Abbruch der Prozedur bricht den Seriendruck **nicht** ab, nur die Zusammenführung dieses Datensatzes. Die Anzahl bestellter Artikel ermittelt die Funktion AnzBestellungen in Listing 10.18. Der Datenbank musste hierfür keine Abfrage hinzugefügt werden: die SQL-Anweisung übernimmt diese Aufgabe. Bitte beachten Sie, dass die globale Variable CONN verwendet wird, um die Verbindung auch für dieses Recordset herzustellen.

Mehr über den Aufbau von SQL-Anweisungen steht im ▶ Anhang D.

■ **HINWEIS**

Listing 10.18:
Die Anzahl
Datensätze, die
einer Bedingung
entsprechen,
werden mit der
Funktion Count
in der SQL-
Anweisung
ermittelt

```
Function AnzBestellungen(szKundenCode) As Long
    Dim szSQLAnzBestellungen As String
    Dim rstBestellungen As ADODB.Recordset

    szSQLAnzBestellungen = "SELECT Count([Kunden-Code]) AS AnzBestellungen " & _
        "FROM qryDeutschlandKundenArtikel2002 " & _
        "WHERE [Kunden-Code]='" & szKundenCode & "';"
    Set rstBestellungen = New ADODB.Recordset
    rstBestellungen.Open Source:=szSQLAnzBestellungen, ActiveConnection:=CONN
    AnzBestellungen = rstBestellungen(0).Value
    rstBestellungen.Close
    Set rstBestellungen = Nothing
End Function
```

Als nächster Schritt wird der Kontaktname bearbeitet. Die Abtrennung des Nachnamens nimmt die Prozedur KontaktNameKuerzen in Listing 10.19 vor. Der Wert des Seriendruckfeldes »KontaktPerson« für den aktuellen Datensatz wird mit der VB-Funktion InStrRev nach dem ersten Leerzeichen *von rechts* durchsucht und nur die darauf folgenden Zeichen werden übernommen.

Listing 10.19:
Das letzte Wort eines Ausdrucks ermitteln. Die Funktion InStrRev ist nur ab Word 2000 Teil von Office-VBA.

```
Function KontaktNameKuerzen(doc As Word.Document) As String
    Dim szNachname As String
    szNachname = doc.MailMerge.DataSource.DataFields("Kontaktperson").Value
    szNachname = Mid(szNachname, InStrRev(szNachname, " ") + 1)
    KontaktNameKuerzen = szNachname
End Function
```

Danach wird diese Zeichenkette in die Textmarke *txtName* eingefügt, mit der allgemeinen Prozedur, die die Textmarke nach dem Einfügen wieder herstellt. Diese Funktion darf in keiner Entwickler-Trickkiste fehlen. Nur durch Erhaltung der Textmarke ist es möglich, sie für jeden Datensatz zu verwenden.

Listing 10.20:
Text in eine Textmarke einfügen und diese anschließend wieder erstellen

```
Function InTextmarkeEinfuegen(doc, szTextmarke, szTextmarkeInhalt) As Word.Range
    Dim rng As Word.Range
    If doc.Bookmarks.Exists(szTextmarke) Then
        Set rng = doc.Bookmarks(szTextmarke).Range
        rng.Text = szTextmarkeInhalt
        doc.Bookmarks.Add Name:=szTextmarke, Range:=rng
        Set InTextmarkeEinfuegen = rng
    End If
End Function
```

Am aufwändigsten ist die Erstellung der Tabelle bestellter Artikel während des Geschäftsjahres. Die Prozedur ArtikelTabelleErstellen in Listing 10.21 führt grundsätzlich zwei Handlungen aus. Zuerst werden Artikelname und der Totalbetrag für diesen Kunden aus der Abfrage qryDeutschlandKundenArtikel2002 in ein Recordset geöffnet. Da wir alle Daten in eine Tab-getrennte Zeichenkette übernehmen wollen, wird der Inhalt des Recordsets mit der Methode GetRows direkt in ein Datenfeld übernommen. Das Recordset kann sofort geschlossen werden, um die Abfrage nicht unnötigerweise zu sperren. Wenn die Daten sich in einem Netzwerkspeicherort befinden, vermindert dies auch den Netzwerkverkehr.

Die Zeichenkette szArtikelliste wird mit den Spaltenüberschriften angefangen. Dann schleift die Prozedur durch das Datenfeld und fügt den Inhalt der Zeichenkette an. Dem Betrag wird das Eurozeichen vorangestellt.

Anschließend wird die Zeichenkette in den Textmarkenbereich *txtArtikelListe* eingefügt. Bei dieser Textmarke handelt es sich nicht um einen »Behälter«, sondern um eine Positionsmarkierung (sieht aus wie ein »I«); deshalb wird sie beim Einfügen nicht gelöscht.

Es ist dann ganz einfach, den Bereich, der Tab-getrennten Text enthält, in eine Tabelle umzuwandeln (mehr darüber steht im ▶ Kapitel 8) und die daraus resultierende Tabelle zu formatieren: erste (Überschrift-)Zeile fett; die Tabelle um einen Zentimeter eingerückt; die Spalten in der Breite dem Inhalt angepasst; und die rechte – mit den Zahlen – rechts ausgerichtet.

```
Sub ArtikelTabelleErstellen(doc As Word.Document, szKundenCode As String)
    Dim aArtikel As Variant, szSQLArtikel As String, rstArtikel As ADODB.Recordset
    Dim szArtikelListe As String, lDSZaehler, rngListe As Word.Range, tbl As Word.Table

    szSQLArtikel = "SELECT ArtikelName, Total " & _
        "FROM qryDeutschlandKundenArtikel2002 " & _
        "WHERE [Kunden-Code]='" & szKundenCode & "';"
    Set rstArtikel = New ADODB.Recordset
    rstArtikel.Open Source:=szSQLArtikel, ActiveConnection:=CONN
    aArtikel = rstArtikel.GetRows
    rstArtikel.Close
    Set rstArtikel = Nothing
    szArtikelListe = szArtikelListe & "Bestellter Artikel" & vbTab & "Betrag" & vbCr
    For lDSZaehler = LBound(aArtikel, 2) To UBound(aArtikel, 2)
        szArtikelListe = szArtikelListe & aArtikel(0, lDSZaehler) & vbTab & _
            Format(aArtikel(1, lDSZaehler), "0") & " _" & vbCr
    Next lDSZaehler
    Set rngListe = doc.Bookmarks("txtArtikelListe").Range
    rngListe.Text = szArtikelListe
    Set tbl = rngListe.ConvertToTable(Separator:=vbTab, NumColumns:=2)
    With tbl
        .Rows(1).Range.Bold = True
        .Rows.LeftIndent = CentimetersToPoints(1)
        .Columns.AutoFit
        .Columns(2).Select
        Dim cel As Word.Cell
        For Each cel In Selection.Cells
            cel.Range.Paragraphs.Alignment = wdAlignParagraphRight
        Next cel
    End With
End Sub
```

Listing 10.21:
Daten über ein Datenfeld in eine Tab-getrennte Zeichenkette übernehmen, die in eine Tabelle umgewandelt, dann formatiert wird

Die letzte Aufgabe, in Listing 10.22, die das Beispiel MailMergeBeforeRecordMerge-Ereignis ausführt, ist eine Liste des Nordwind-Personals, das die Artikel verkauft hat, am Ende des Briefs einzufügen. Dies wird im Prinzip genauso gemacht wie für die Artikelliste, nur müssen die Daten anschließend nicht in eine Tabelle umgewandelt werden. Statt mit einem Tab-Zeichen, sind sie mit einer Zeilenschaltung (Umschalt+Eingabetaste) aneinander gereiht.

```
Function KopienAnListeErstellen() As String
    Dim aKopienAn As Variant, szSQLKopienAn As String
    Dim rstKopienAn As ADODB.Recordset, szKopienAn As String

    szSQLKopienAn = "SELECT VorName, NachName " & _
        "FROM qryDeutschlandKunden2002Personal " & _
        "WHERE [Kunden-Code]='" & szKundenCode & "';"
    Set rstKopienAn = New ADODB.Recordset
    rstKopienAn.Open Source:=szSQLKopienAn, ActiveConnection:=CONN
    aKopienAn = rstKopienAn.GetRows
    rstKopienAn.Close
    Set rstKopienAn = Nothing
    For lDSZaehler = LBound(aKopienAn, 2) To UBound(aKopienAn, 2)
        szKopienAn = szKopienAn & aKopienAn(0, lDSZaehler) & " " & _
            aKopienAn(1, lDSZaehler) & Chr$(11)
    Next lDSZaehler
    KopienAnListeErstellen = szKopienAn
End Function
```

Listing 10.22:
Die Liste des Personals, das die Artikel an diesen Kunden verkauft hat, unter »Kopien an« auflisten. Diese werden eine Kopie der E-Mail erhalten

Das Ereignis *MailMergeAfterRecordMerge*

Dieses Ereignis findet nach der Zusammenführung statt. Es hat nur ein Argument – doc – das das Seriendruck-Hauptdokument zurückgibt. Wir haben es verwendet, um die Artikel-Tabelle und »Kopien an«-Liste wieder aus dem Hauptdokument zu entfernen.

Listing 10.23:
Alles für den
nächsten Daten-
satz zurück-
stellen

```
Private Sub appWd_MailMergeAfterRecordMerge(ByVal doc As Document)
    doc.Bookmarks("txtArtikelListe").Range.Tables(1).Delete
    InTextmarkeEinfuegen doc, "txtKopien", ""
End Sub
```

Das Ereignis *MailMergeAfterMerge*

Nachdem alle Datensätze zusammengeführt wurden, kommt `MailMergeAfterMerge`. Da haben wir zum ersten Mal in der Geschichte von Word eine zuverlässige Möglichkeit, auf das Resultatdokument zuzugreifen. Bislang mussten wir uns einfach darauf verlassen, dass nach Ausführung des Seriendrucks das Ergebnis auch das `ActiveDocument` war. Das Argument `DocResult` gibt ganz sicher das Ergebnisdokument zurück.

In `MailMergeAfterMerge` werden die globalen Einstellungen zurückgestellt, sodass eine erneute Ausführung dieses (oder eines anderen) Seriendrucks wieder von Null anfängt sowie die ADO-Verbindung zu Access aufgelöst. Hier wird auch eine Bearbeitung des Resultats – jeden Brief als E-Mail zu verschicken – veranlasst.

TIPP Es wird oft darüber geklagt, dass die Rechtschreibprüfung nicht auf den Inhalt aus Seriendruckfeldern funktioniert. Das stimmt: Im Allgemeinen ist das Resultat einer Feldfunktion so formatiert, dass die Rechtschreibprüfung es überspringt. Falls das auch für Sie ein Problem darstellt, kann in diesem Ereignis das Dokument mit der gewünschten Sprache formatiert und die Rechtschreibprüfung ausgeführt werden.

Listing 10.24:
Globale Einstel-
lungen zurück-
setzen und das
Resultat
bearbeiten

```
Private Sub appWd_MailMergeAfterMerge(ByVal doc As Document, _
                    ByVal DocResult As Document)
    bINITIALISIERT = False
    EmailBearbeiten doc, DocResult
    CONN.Close
    Set CONN = Nothing
End Sub
```

Ein Seriendruckresultat als einzelne E-Mail bearbeiten und versenden

Die Prozedur `EmailBearbeiten` in Listing 10.25 veranschaulicht einige interessante Techniken. Wenn ein Seriendruck des Typs »Brief« ausgeführt wird, erstellt Word im Resultat einen Abschnitt für jeden zusammengeführten Datensatz. Es ist möglich, durch die Abschnitte zu schleifen und mit der `FormattedText`-Eigenschaft den Inhalt in ein anderes Dokument zu transferieren, was wir hier auch tun.

Das Versenden jedes dieser Abschnitte als E-Mail braucht etwas mehr Aufwand. Bekanntlich kann der Seriendruck E-Mails an nur einen Empfänger schicken und alle müssten die gleiche Betreffszeile haben. Es ist auch nicht möglich, Dateien anzuhängen, oder andere Elemente zu beeinflussen. Eine Automatisierung jedes einzelnen Briefes des Versands würde diese Probleme lösen.

Word 2002 macht die Automatisierung von E-Mails an Outlook recht einfach. Neu im Objektmodell steht das `Envelope`-Objekt zur Verfügung, das einen direkten Zugriff auf die E-Mail Funktionalität von Outlook ermöglicht. Es gibt nur einen Haken:

Jedes Mal, wenn VBA eine E-Mail einrichtet, wird Outlooks unbeliebte, irritierende Sicherheitsmeldung eingeblendet. Der Trick besteht darin, nur **ein** Dokument immer wieder zu versenden, einfach mit wechselndem Inhalt.

Der größte Teil des Codes in Listing 10.25 dreht sich um die Erstellung dieser E-Mails. Bitte beachten Sie die Codezeile, die Meldungsanzeigen unterdrückt – `Application.DisplayAlerts = wdAlertsNone`. Wenn Word eine E-Mail an Outlook abschickt, wird geprüft, ob die Empfänger gültige E-Mail-Adressen sind. Wenn nicht, wird eine entsprechende Meldung angezeigt. Wenn wir diese Meldung unterdrücken, läuft der Code zwar ohne Unterbrechung, aber Dokumente mit ungültigen E-Mail-Adressen werden von Outlook nicht akzeptiert und »verschwinden«.

Die Prozedur greift auf das Seriendruckhauptdokument zurück, um den Kundencode für jeden Datensatz zu ermitteln. E-Mails werden natürlich nur an den gleichen Kunden, für den ein Resultat vorliegt, mit anderen Worten, nur für Kunden mit mehr als drei Bestellungen im Geschäftsjahr generiert.

Auch die E-Mail-Adresse wird in eine Variable gelesen. Aber bevor sie der E-Mail als ein `Recipient` übergeben wird, müssen alle Empfänger des vorhergehenden Datensatzes entfernt werden. Sowohl die Einträge im Feld *An* als auch diejenigen in den Feldern *CC* wie *BCC* gehören der `Recipients`-Auflistung. Aber nicht alle werden bei Ausführung der `Delete`-Methode auf einmal entfernt. Deshalb schleift die Prozedur bis `Count` den Wert 0 (Null) hat.

Die Festlegung des Betreffs geht problemlos. Die Liste für das Feld *Cc* wird ähnlich erstellt, wie die, die im Brief selber steht, nur werden dieses Mal in der Prozedur `EmailKopienAn` die E-Mail-Adressen aus der Datenquelle geholt und direkt der `Recipients`-Auflistung übergeben. Um sie als Kopien (*Cc*) aufzuführen, wird der Typ 2 bestimmt.

Der Anhang ist auch einfach zu bestimmen. In diesem Beispiel bekommen alle das selbe Dokument. Eigentlich könnte diese Codezeile – `.Item.Attachments.Add szPfad &` `"Produktliste2002.doc", 1` – vor der Schleife stehen, sodass sie nur ein Mal ausgeführt würde. Wir wollten aber zeigen, wie für jede E-Mail eine andere Datei angehängt werden kann und zeigen Ihnen deshalb, wie eine vorhandene zu entfernen ist.

Sehr wichtig sind die folgenden Zeilen, die sicherstellen, dass das E-Mail-Dokument aktiviert ist. Wenn wir die E-Mail mit der »korrekten« Methode, `Item.Send`, weiterleiten würden, würde Outlook jedes Mal die Sicherheitsmeldung einblenden. Wir wissen, dass sie nicht erscheint, wenn der Benutzer die Schaltfläche *Kopie senden* in der E-Mail-Symbolleiste anklickt. Eine Methode wird gesucht, diese auszulösen. Leider liegt diese Symbolleiste außerhalb des von Word-VBA erreichbaren Bereichs. Es bleibt uns also nichts übrig, als mit `SendKeys` die Handlung vorzunehmen. `SendKeys` ist bekanntlich nicht besonders zuverlässig und das Fenster, wo die Tastaturanschläge zu erfolgen haben, muss aktiv sein.

Um `SendKeys` die Ausführung des Befehls zu ermöglichen, muss auch die E-Mail-Symbolleiste (*Envelope*) eingeblendet sein. Wenn ihre `Visible`-Eigenschaft nicht »Wahr« ist, wird sie mit `CommandBars.FindControl(ID:=3738).Execute` eingeblendet. Diese zwei Zeilen sind sprachenunabhängig, da in VBA die deutsche Version von Word die englischen Bezeichnungen (Beschriftungen) der Symbolleisten braucht und `FindControl(ID)` universell ist. `DoEvents` sorgt dafür, dass die Symbolleiste Zeit hat, sich anzuzeigen, bevor `SendKeys` die Tastaturanschläge durchgibt. Diese Zeile ist **nicht** sprachenunabhängig, sondern muss genau der Buchstabe sein, der auf der Schaltfläche unterstrichen ist.

Nach erfolgreichem Versand einer E-Mail wird die E-Mail-Symbolleiste wieder ausgeblendet. Wenn sie immer noch eingeblendet ist, ging etwas schief (z. B. ungültige E-Mail-Adresse). In diesem Fall muss `CommandBars.FindControl(ID:=3738).Execute` nochmals ausgeführt werden, um sie unsichtbar zu machen.

Am Schluss werden die verschiedenen Dokumente geschlossen, mit oder ohne Speicherung. Wir zeigen die Möglichkeiten hier, ohne Empfehlung, da die Bedürfnisse von Fall zu Fall unterschiedlich sind.

Listing 10.25:
Jeden Brief des
Resultats einzeln
in ein Dokument
übernehmen und
als E-Mail
mit Anlage
verschicken

```
Sub EmailBearbeiten(docHauptdok As Word.Document, docResultat As Word.Document)
    Dim sec As Section, docNeu As Document, ds As MailMergeDataSource
    Dim szEmpfaenger As String, szBetreff As String, szPfad As String
    Dim szKundenCode As String

    szPfad = docHauptdok.Path & "\"

    ' Beim ersten Datensatz der Seriendruckdatenquelle anfangen
    Set ds = docHauptdok.MailMerge.DataSource
    ds.ActiveRecord = wdFirstRecord
    ' Neues Dokument für E-Mail erstellen und anzeigen
    Set docNeu = Documents.Add
    docNeu.ActiveWindow.Activate
    ' Warnungen unterdrücken; u.a. Outlook Dialogfeld
    ' für unbekannte/ungültige E-Mailadressen
    Application.DisplayAlerts = wdAlertsNone
    ' Jeden Resultatbrief bearbeiten
    For Each sec In docResultat.Sections
        ' Vor letztem, leerem Auschnitt abbrechen
        If Len(sec.Range.Text) < 2 Then Exit For
        ' Brief in neues Dokument übertragen
        docNeu.Range.FormattedText = sec.Range.FormattedText
        ' E-Mail Informationen ermitteln und festlegen
        With docNeu.MailEnvelope
            szKundenCode = ds.DataFields("KundenCode").Value
            Do While AnzBestellungen(szKundenCode) < 3
                ds.ActiveRecord = wdNextRecord
                If ds.ActiveRecord = ds.RecordCount Then Exit For
                szKundenCode = ds.DataFields("KundenCode").Value
            Loop
            szEmpfaenger = ds.DataFields("Email").Value
            Dim i
            Do While .Item.Recipients.Count > 0
                .Item.Recipients(.Item.Recipients.Count).Delete
                DoEvents
            Loop
            .Item.Recipients.Add szEmpfaenger
            .Item.Subject = ds.DataFields("EmailBetreff").Value
            EmailKopienAn .Item, szKundenCode
            If .Item.Attachments.Count > 0 Then .Item.Attachments(1).Delete
            .Item.Attachments.Add szPfad & "Produktliste2002.doc", 1
            ' Word-Fenster MUSS sichtbar sein, um E-Mail zu senden
            Application.Activate
            docNeu.ActiveWindow.Activate
            DoEvents
            Application.ScreenRefresh
            If Len(szEmpfaenger) <> 0 Then
```

```
            If Not CommandBars("Envelope").Visible Then _
                CommandBars.FindControl(ID:=3738).Execute
            DoEvents
            SendKeys "%s", True
            DoEvents
            If CommandBars("Envelope").Visible Then
                CommandBars.FindControl(ID:=3738).Execute
            End If
        End If
    End With
    ' Abbrechen nach letztem Datensatz
    On Error Resume Next
    ds.ActiveRecord = wdNextRecord
    If Err.Number <> 0 Or ds.ActiveRecord = wdLastRecord Then
        On Error GoTo 0
        Exit For
    End If
    On Error GoTo 0
Next sec
docNeu.Close saveChanges:=wdDoNotSaveChanges
On Error Resume Next
docResultat.Close saveChanges:=wdPromptToSaveChanges
' Seriendruckhauptdokument schließen
' Doc.Close SaveChanges:=wdDoNotSaveChanges
End Sub


Sub EmailKopienAn(EnvelopeItem As Object, szKundenCode)
    Dim aKopienAn As Variant, szSQLKopienAn As String
    Dim rstKopienAn As ADODB.Recordset, szKopienAn As String
    Dim lDSZaehler As Long, rcp As Object

    szSQLKopienAn = "SELECT Email " & _
        "FROM qryDeutschlandKunden2002Personal " & _
        "WHERE [Kunden-Code]='" & szKundenCode & "';"
    Set rstKopienAn = New ADODB.Recordset
    rstKopienAn.Open Source:=szSQLKopienAn, ActiveConnection:=CONN
    aKopienAn = rstKopienAn.GetRows
    rstKopienAn.Close
    Set rstKopienAn = Nothing
    For lDSZaehler = LBound(aKopienAn, 2) To UBound(aKopienAn, 2)
        Set rcp = EnvelopeItem.Recipients.Add(aKopienAn(0, lDSZaehler))
        DoEvents
        rcp.Type = 2
    Next lDSZaehler

End Sub
```

Umschläge

Word macht die Erstellung eines Umschlags für den Benutzer relativ einfach: Er wählt *Umschläge* als die Art Seriendruckhauptdokument, wählt im automatisch folgenden Dialogfeld das Umschlagformat und Word stellt ihm ein Blatt im korrekten Format und mit der richtigen Orientierung vor. Ein Absatz ist bereits mit der Formatvorlage *Umschlagadresse* formatiert – er muss nur noch die Seriendruckfelder einfügen.

Der VBA-Entwickler muss dies alles selber machen, denn der Makrorekorder leistet bei der Suche nach den nötigen Befehlen keinen großen Dienst. Er nimmt nur die Festlegung der Art Seriendruckhauptdokument auf, aber nicht das Umschlagformat. Das Listing 10.26 zeigt, was Sie alles so brauchen, um einen Umschlagseriendruck »nach Maß« zu erstellen.

Ein neues Dokument wird erstellt und die Papiergröße sowie Orientierung für den Umschlag werden bestimmt. Die Absenderadresse kommt oben links hin, wo die Einfügemarke steht. Das geht ganz einfach.

Etwas schwieriger ist die Frage der Empfängeradresse. Word benutzt die Formatvorlage *Umschlagadresse*, um sie zu positionieren, wie im allgemeinen Teil dieses Kapitels erklärt. Das können Sie auch tun. Sie könnten aber auch eine eigene Formatvorlage erstellen und einsetzen oder mit direkter Formatierung arbeiten. Wir entschieden uns für die Formatvorlage *Umschlagadresse*, die einen Positionsrahmen einfügt und formatieren einen zweiten eingefügten Absatz damit.

Ein Range wird gleich dem Bereich dieses Positionsrahmens gesetzt und die Seriendruckfelder darin eingefügt. Beachten Sie die Reihenfolge der Einfügung: es wird mit dem letzten angefangen und sukzessive gegen den Anfang gearbeitet, weil nach Einfügung der Feldfunktion der Bereich diese nicht einschließt, sondern noch davor steht.

TIPP
Es wäre auch möglich, einem Seriendruckhauptdokument einen Umschlag hinzuzufügen: ActiveDocument.Envelope.Insert. Die Seriendruckfelder werden genau so wie in Listing 10.26 eingefügt.

Listing 10.26:
Einen Umschlag
als Seriendruck-
hauptdokument
erstellen

```
Sub UmschlagSeriendruck()
    Dim doc As Word.Document, rng As Word.Range

    Set doc = Documents.Add
    doc.PageSetup.PaperSize = wdPaperEnvelopeC5
    doc.PageSetup.Orientation = wdOrientLandscape

    Selection.Range.Text = "Absenderadresse kommt hier"
    Set rng = doc.Range
    rng.InsertAfter vbCr
    rng.Collapse wdCollapseEnd
    rng.Style = "Umschlagadresse"
    Set rng = doc.Frames(1).Range
    With doc.MailMerge
        .OpenDataSource _
            Name:="C:\Data\WdProfB\08_Tables\Final\Beispiele\Bsp08_Nordwind.mdb", _
            Connection:="TABLE Personal", _
            SQLStatement:="SELECT * FROM `Personal`"
        .MainDocumentType = wdEnvelopes
        .Fields.Add Range:=rng, Name:="Ort"
        rng.Text = " "
        rng.Collapse wdCollapseStart
        .Fields.Add Range:=rng, Name:="PLZ"
        rng.Text = vbCr
        rng.Collapse wdCollapseStart
        .Fields.Add Range:=rng, Name:="Straße"
        rng.Text = vbCr
        rng.Collapse wdCollapseStart
        .Fields.Add Range:=rng, Name:="Nachname"
```

```
        rng.Text = " "
        rng.Collapse wdCollapseStart
        .Fields.Add Range:=rng, Name:="Vorname"
        rng.Text = " "
        rng.Collapse wdCollapseStart
        .Fields.Add Range:=rng, Name:="Anrede"
'       .Destination = wdSendToPrinter
'       .Execute
    End With
End Sub
```

Den Code dieses Listings finden Sie in der Datei *List10_10.bas* im Ordner *\Buch\Kap10* auf der Buch-CD.

Etiketten

Etwas schleierhaft war und bleibt, wie die Seriendruck-Etikettenerstellung mit VBA zu automatisieren ist. Eine Makroaufzeichnung nimmt die Etikettenauswahl nicht auf. Es stellt sich heraus, dass keine eigene Methode für Seriendrucketiketten im Word-Objektmodell vorgesehen ist, der Programmierer muss sich der `.MailingLabel.CreateNewDocument`-Methode für gewöhnliche Etiketten bedienen. Ebenso wenig steht VBA eine Liste der vorhandenen Etikettenbezeichnungen zur Verfügung. Auch eine entsprechende Methode für die neue, Word 2002-Funktionalität *Alle Etiketten aktualisieren* fehlt. Stattdessen muss der interne Word-Befehl über das WordBasic-Objektmodell aufgerufen werden.

Deshalb legen wir Wert darauf, die Technik in Listing 10.27 zu veranschaulichen. Die Etikettenbezeichnung eines bestimmten Etiketts entnehmen Sie dem Feld *Etikettennamen* im Dialogfeld *Etiketten einrichten*, das über die Befehlsfolge *Extras/Briefe und Sendungen/Umschläge und Etiketten/Etiketten/Optionen/Details* erreicht wird. Meistens wird nur die Nummer, nicht die Beschreibung, gebraucht.

Das entsprechende Beispiel finden Sie unter dem Dateinamen *Bsp10_23.doc* im Ordner *\Buch\Kap10* auf der Buch-CD.

Wenn Sie Word 97 oder Word 2000 automatisieren, müssen Sie mühsam jedes Etikett in einem eigenen UserForm auflisten. Neu in Word 2002 ist jedoch die Methode `Application.MailingLabel.LabelOptions`. Damit kann dem Benutzer endlich das Word-Dialogfeld zur Auswahl der Art des Etiketts eingeblendet werden. Seine Auswahl hat einen direkten Einfluss auf das Seriendruckhauptdokument, wir können sie nicht abfangen.

Das Beispiel bedient sich der neuen `AddressBlock`-Feldfunktion für den Seriendruck. Die Zusammenstellung der Adresselemente wird in der Zeichenkette-Variable `szAdresse` festgesetzt.

Als Datenquelle haben wir die Kontaktliste von Outlook gewählt und in der SQL-Anweisung die Felder, wo nötig, umbenannt, sodass sie automatisch vom `Adressblock` erkannt werden.

Da in diesem Beispiel wir – und nicht der Benutzer über das Dialogfeld – das Etikett festlegen, müssen wir dafür ein neues Etiketten-Dokument erstellen: `Application.MailingLabel.CreateNewDocument(Name:= szEtikettenname)`. Es ist zu beachten, dass dieses Dokument nicht automatisch des Typs Seriendrucketiketten ist; das müssen wir ausdrücklich mit `MainDocumentType = wdMailingLabels` festlegen.

Da die Einfügemarke im ersten Etikett steht, ist es kein Problem, die `AddressBlock`-Feldfunktion einfach in den `Selection.Range` einzufügen. Es werden keine weiteren Seriendruckfelder benötigt. Der Inhalt des ersten Etiketts wird mit `WordBasic.MailMergePropagateLabel` in alle übrigen Etiketten kopiert.

HINWEIS Dieses Beispiel ist für Word 2002 beschrieben. Etiketten für Word 97 und 2000 werden mit VBA ähnlich erstellt, nur fehlt in diesen Versionen die `AddressBlock`-Feldfunktion und die Funktionalität, das erste Etikett in allen anderen Tabellenzellen automatisch zu kopieren. Das macht die Erstellung etwas aufwändiger.

Listing 10.27:
Seriendruck-
etiketten
erstellen

```
Sub SeriendruckEtikettenErstellen()
    Dim doc As Word.Document, szAdresse As String
    Dim szSQL As String, szEtikettenname

    szEtikettenname = "J8160"
    szAdresse = "\f ""<<_TITLE0_ >><<_FIRST0_>><< _LAST0_>>" & vbCr & _
        "<<_COMPANY_" & vbCr & ">><<_STREET1_" & vbCr & ">><<_STREET2_" _
        & vbCr & ">><<_POSTAL_ >><<_CITY_>><<, _STATE_>><<" & vbCr & _
        "_COUNTRY_>>"" \l 1031 \c 2 \e ""Deutschland"""
    szSQL = "Select Vorname, Nachname, Firma, [Position] as Anrede, " & _
        "[Straße] as Address1, Ort, Bundesland, [PLZ] as PostalCode, Land " & _
        "From [Contacts]"

    ' Die Etiketteneinteilung wird in ein neues Dokument erstellt
    Set doc = Application.MailingLabel.CreateNewDocument(Name:= szEtikettenname)
    ' Etiketten werden immer als eine Tabelle aufgestellt
    ' Erste Zeile der Etiketten oben (statt in der Mitte) ausrichten
    doc.Tables(1).Range.Cells.VerticalAlignment = wdCellAlignVerticalTop
    With doc.MailMerge
        ' Dokument als Seriendruckhauptdokument bezeichnen
        .MainDocumentType = wdMailingLabels
        ' Um die Auswahl der Art Etikett dem Benutzer zu überlassen,
        ' folgende Zeile einsetzen statt MailingLabel.CreateNewDocument
        ' Application.MailingLabel.LabelOptions
        ' Datenquelle einbinden
        .OpenDataSource Name:="Contacts", SQLStatement:=szSQL, _
            SubType:=wdMergeSubTypeOutlook
        ' Eine AddressBlock-Feldfunktion einfügen
        doc.Fields.Add Range:=Selection.Range, Type:=wdFieldAddressBlock, _
            Text:=szAdresse
        ' Erstes Etikett, mit Adressblock, zu allen anderen kopieren
        WordBasic.MailMergePropagateLabel
        ' Seriendruck in ein neues Dokument zusammenführen
        .Destination = wdSendToNewDocument
        .Execute
        ' Seriendruckhauptdokument schließen, ohne es zu speichern
        doc.Close SaveChanges:=wdDoNotSaveChanges
    End With
End Sub
```

11 Formulare in Word: Benutzereingaben sammeln

Oftmals muss die gleiche Art von Dokument immer wieder aufs Neue erstellt werden, ob das nun Standardbriefe, Berichte oder Formulare sind. Um Zeit zu sparen – und die Corporate Identity zu wahren – stellen wir zu diesem Zweck Vorlagen bereit (wie in ▶ Kapitel 3 gründlich diskutiert wurde). Noch effizienter und benutzerfreundlicher ist es, wenn Standardangaben automatisch eingefügt oder gezielt abgefragt werden. In diesem Teil werden wir die verschiedenen Möglichkeiten erforschen, die uns Word und Office zur Verfügung stellen.

Ferner werden die Möglichkeiten diskutiert, Daten aus Word in eine andere Anwendung oder Datenbank zu übernehmen. »Power-User« und Entwickler werden immer wieder mit der Aufgabe konfrontiert, Benutzereingaben aus Formularen zu lesen und sie an ein Excel-Tabellenblatt oder eine Datenbank zu übergeben. Meistens wurden sie bei der Entwicklung des Formulars nicht mit einbezogen und stehen vor einer beschlossenen Tatsache, deren Lösung einiges an Kopfzerbrechen bereiten kann. Die Lösungen in diesem Kapitel sollen ihnen helfen, als Helden dazustehen.

Es geht auch mit gewöhnlichen Feldfunktionen

HINWEIS Feldfunktionen und Textmarken werden im Folgenden noch häufiger erwähnt. Allgemeines zur Arbeit mit Feldfunktionen und eine Liste mit den deutschen Namen finden Sie in ▶ Anhang A. Genaueres zum Umgang mit Textmarken steht in ▶ Kapitel 6.

Die Feldfunktionen *Fillin*, *Ask* und *Ref*

Wenn die Erstellung eines Formulars schnell, unkompliziert und möglichst ohne Makros funktionieren soll, bieten sich `Fillin`- und `Ask`-Feldfunktionen an. Beide blenden ein kleines Dialogfeld mit Eingabeaufforderung und Textfeld ein (wie in der

Abbildung 11.1 zu sehen ist) und beide akzeptieren höchstens 255 Zeichen. Durch Hinzufügen des Schalters \d kann eine Standardantwort bestimmt werden.

Zwischen der Fillin- und der Ask-Feldfunktionen gibt es zwei wichtige Unterschiede:

- Das Ergebnis der Fillin-Feldfunktion wird direkt im Dokument wiedergegeben, während das der Ask-Feldfunktion in einer Textmarke gespeichert und nur durch eine Ref-Feldfunktion angezeigt werden kann.

- Word blendet die in einer Vorlage enthaltenen Fillin-Feldfunktionen automatisch ein, wenn ein neues, auf dieser Vorlage basierendes Dokument, erstellt wird. Ask-Feldfunktionen müssen ausdrücklich aktualisiert werden.

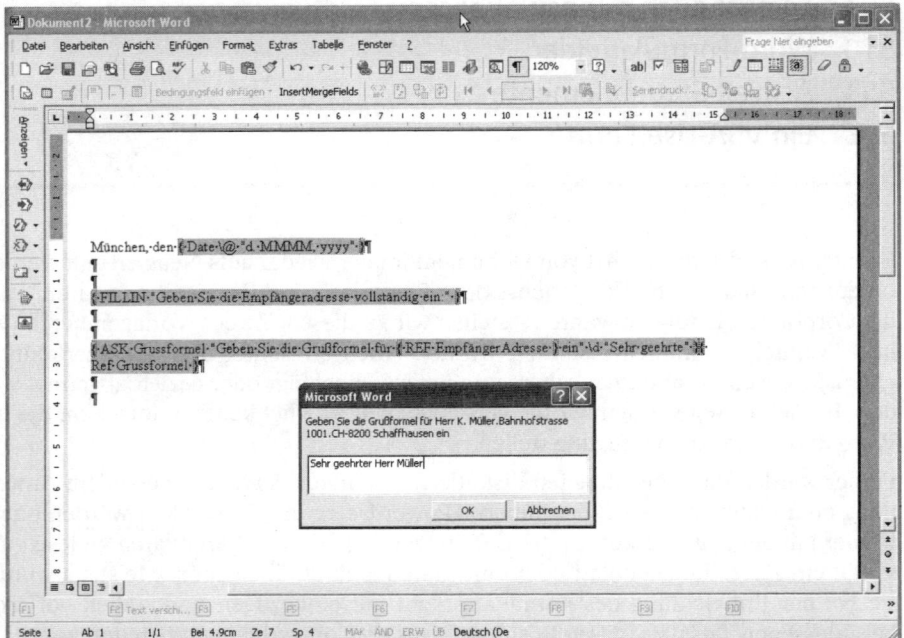

Abbildung 11.1:
Fillin-*und* Ask-*Feldfunktionen sind ein einfaches Mittel, Benutzereingaben aufzufordern*

Das beschriebene Beispiel finden Sie auf der CD zum Buch im Ordner *Buch**Kap11* unter dem Namen *Bsp11_01.dot*.

Feldfunktionen werden in der Reihenfolge ihres Erscheinens im Dokument-Textfluss aktualisiert, also von links nach rechts und von oben nach unten. Weil wir jedoch alle nur Menschen sind, ist man damit natürlich nicht immer zufrieden. In diesem Fall fügen Sie Ask-Feldfunktionen in der gewünschten Reihenfolge am Dokumentanfang ein; Ref-Feldfunktionen im Text sorgen für die Anzeige der Benutzereingaben.

Der Haken bei dieser Lösung ist, dass der Benutzer Strg+A, F9 drücken muss, um die Aktualisierung (und Einblendung) der Eingabeaufforderungen auszulösen. Sie können ihm mit einem kleinen, aber feinen AutoNew-Makro in der Vorlage diese Aufgabe abnehmen.

TIPP

Listing 11.1:
Das AutoNew-
Makro sorgt
dafür, dass beim
Aufruf der Vor-
lage alle Felder
aktualisiert wer-
den

```
Sub AutoNew()
    ' Alle Feldfunktionen im Hauptdokummentteil aktualisieren
    ActiveDocument.Fields.Update
End Sub
```

Ref-Feldfunktionen werden auch dazu eingesetzt, Benutzereingaben anderswo zu wiederholen. In Abbildung 11.1 wird beispielsweise die Eingabe für die Empfänger-adresse in der Eingabeaufforderung für die Grußformel wiedergeben. Dies erweist sich für die Arbeit mit Ask- und Fillin-Feldfunktionen als recht hilfreich, da Word die Eingabeaufforderung oft nicht in Zusammenhang mit dem Text einblendet. Wenn Sie gerne Ref- zusammen mit Fillin-Feldfunktionen verwenden möchten, markieren Sie die Fillin-Feldfunktionen und weisen Sie ihnen über *Einfügen/Textmarke* Textmar-ken zu, die Sie dann in Ref-Feldfunktionen verwenden können.

Feldaktuali-
sierung sperren

Falls Ihre Benutzer sich über wiederholte Einblendungen der Eingabeaufforderungen beklagen, liegt es wahrscheinlich am aktivierten Zustand von *Felder aktualisieren* im Dialogfeld *Extras/Optionen/Drucken*. Meistens haben Sie keine Wahl, da diese Einstellung notwendig ist, um die übrigen Feldfunktionen im Dokument vor dem Druck zu aktualisieren. Wir können jedoch die Aktualisierung von bestimmten Feld-funktionen unterbinden, indem wir sie markieren und durch die Tastenkombination Strg+F11 sperren. Die Tastenkombination Strg+Umschalt+F11 hebt die Sperre jederzeit wie-der auf. Transparenter ist eine Makrolösung wie in Listing 11.2.

Sie sollten auch darauf achten, keine Fillin- und Ask-Feldfunktionen in den Kopf- und Fußzeilen zu setzen, da Word die Feldfunktionen in diesen Dokumentteilen regelmäßig aktualisiert und das Verfahren in Listing 11.2 sie nicht anspricht. Fügen Sie stattdessen Ask-Feldfunktionen am Anfang des Dokuments ein und zeigen Sie deren Inhalt mit Ref-Feldfunktionen in Kopf- und Fußzeilen an.

HINWEIS Der Knowledge Base-Artikel Q212054 »WD2000: Some Fields Are Updated While Other Fields Are Not« beschreibt, unter welchen Umständen welche Feldfunktionen von Word automatisch aktualisiert werden.

Listing 11.2:
Alle Ask- *und*
Fillin-*Feldfunkti-*
onen vor dem
Druckvorgang
sperren

```
Sub DateiDrucken()
    Dim fld As Word.Field

    For Each fld In ActiveDocument.Fields
        If fld.Type = wdFieldAsk Or fld.Type = wdFieldFillIn Then
            fld.Locked = True
        End If
    Next fld
    Dialogs(wdDialogFilePrint).Show
End Sub
```

 Den Code finden Sie auf der CD zum Buch im Ordner *\Buch\Kap11* in der Datei *Bsp11_01.dot*.

HINWEIS Weil das Makro in Listing 11.2 den gleichen Namen hat wie ein Word-Menübefehl – DateiDrucken – wird es statt des Word-eigenen Befehls ausgeführt. Es »schleift« durch alle Feldfunktionen im Hauptteil des aktiven Dokuments und sperrt nur diejenigen, die vom Typ Ask oder Fillin sind. Am Schluss wird das Dialogfeld *Drucken* wie gewohnt eingeblendet. Wenn Sie die Sperrung nach dem Druckvorgang wieder auf-heben möchten, kopieren Sie den For Each…Next-Teil und fügen Sie ihn nach der Zeile ein, die das Dialogfeld einblendet. Ändern Sie die Zeile, die die Feldfunktionen sperrt, wie folgt: fld.Locked = False.

Um Benutzereingaben in `Fillin`-und `Ask`-Feldfunktionen in einem solchen Formular **TIPP**
herauszuholen, setzen Sie das gleiche Prinzip wie in Listing 11.2 ein und schleifen
Sie durch alle Feldfunktionen. Mit folgender Codezeile wird das Resultat (die Benutzereingabe) in eine Variable des Typs Zeichenkette übernommen: `szFeldInhalt =`
`fld.Result`.

Die Feldfunktion *Macrobutton*

Wie schon erwähnt, erscheinen die `Ask`-und `Fillin`-Feldfunktionsaufforderungen nicht
in Zusammenhang mit dem Dokumenttext. Manchmal wäre es also angenehmer für
den Benutzer, Eingabestellen im Text anzuspringen. Sie haben grundsätzlich die
Wahl zwischen `Macrobutton`-Feldfunktionen und Formularfeldern. Um Formularfelder
zu benutzen, muss das Dokument geschützt werden, was wiederum bedeutet, dass
gewisse Bearbeitungsbefehle nicht zur Verfügung stehen. Mehr darüber können Sie
im nächsten Teil lesen, aber wenn diese Einschränkungen Ihre Anforderungen nicht
erfüllen, sollten Sie eine Lösung mit `Macrobutton`-Feldfunktion in Erwägung ziehen.

Lassen Sie sich vom Wort »Makro« nicht abschrecken: Diese Technik setzt keine
Makro- oder VBA-Kenntnisse voraus; sie verwendet sogar keine Makros, nur die
Feldfunktion! Um das Ergebnis wie in Abbildung 11.2 zu erzielen, gehen Sie wie folgt
vor:

1. Rufen Sie den Menübefehl *Einfügen/Feld* auf.
2. Aus dem Listenfeld *Feldnamen* wählen Sie den Eintrag *MacroButton*.
3. Klicken Sie auf die Schaltfläche *Feldfunktionen*, um das komplette Eingabefeld
   im rechten Teil einzublenden.
4. Löschen Sie den Makronamen, den Word nach dem Text »MACROBUTTON«
   eingefügt hat.
5. Geben Sie an seiner Stelle den Text »KeinMakro« ein (ohne Anführungszeichen)
   oder sonst ein Wort, das keinem vorhandenen Makronamen entspricht.
6. Tippen Sie ein Leerzeichen und anschließend die gewünschte Eingabeaufforderung ein.
7. Klicken Sie auf die Schaltfläche *OK*.

Um die Makrobuttons besser sichtbar zu machen, blenden Sie die Feldcodes ein **TIPP**
(Alt+F9), markieren Sie die Eingabeaufforderung, und formatieren Sie diesen Text
anders (mit einer andern Schriftfarbe, einen Rahmen oder eine Schattierung).

Wiederholen Sie die obigen Schritte, bis alle Eingabeaufforderungen in den Dokumenttext eingefügt wurden. Der Benutzer kann mit der F11-Taste von Feld zu Feld
springen und seinen Text eingeben – er ersetzt die Feldfunktion. Alternativ kann er
ein Feld mit einem Mausklick wählen.

Bitte beachten Sie, dass die Benutzereingabe ein markiertes Makrobuttonfeld überschreibt. Es ist also nicht möglich, das Feld ein zweites Mal anzuspringen. Aus diesem Grunde eignet sich diese Methode auch nicht für die automatisierte Gewinnung
von Daten aus Word Dokumenten.

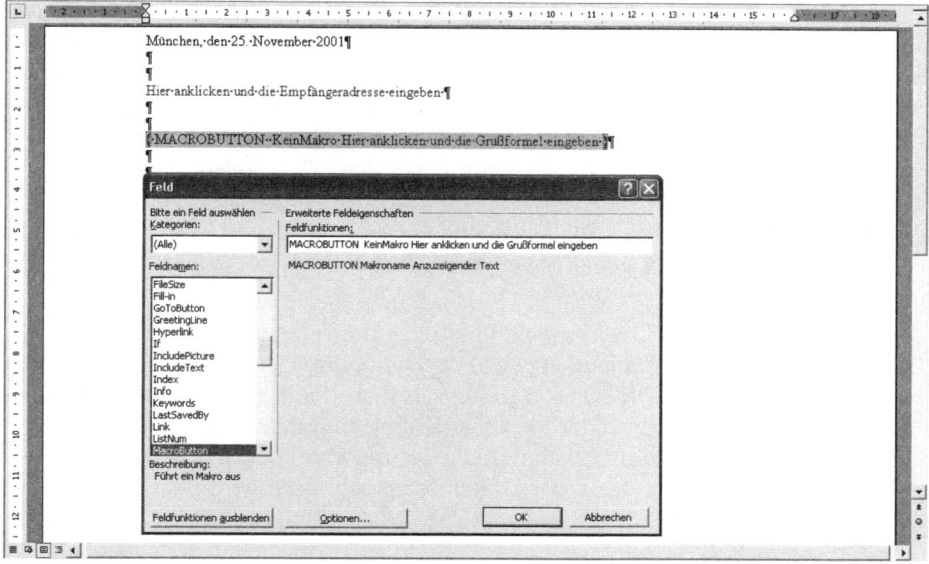

Das beschriebene Beispiel finden Sie auf der CD zum Buch im Ordner *Buch\Kap11* unter dem Namen *Bsp11_02.dot*.

Bislang haben wir nur Möglichkeiten für die Texteingabe vorgestellt. Wie steht es aber mit Kontrollkästchen in ungeschützten Dokumenten? Da wir dieses Thema in der MacroButton-Diskussion anschneiden, haben Sie bestimmt schon erraten, dass die Lösung etwas damit zu tun hat. In Abbildung 11.3 sehen Sie, wie die Feldfunktion für diesen Zweck aufgebaut wird: Statt eine Eingabeaufforderung einzutippen, fügen Sie aus dem Dialogfeld *Symbol* (das Sie über das Menü *Einfügen* einblenden) ein passendes Zeichen für ein aktiviertes bzw. nicht aktiviertes Kontrollkästchen direkt in den Feldcode ein[1].

Abbildung 11.3:
Ein Formular mit
Kontroll-
kästchen, Schalt-
fläche und
Dropdown-Feld
in einem
ungeschützten
Dokument

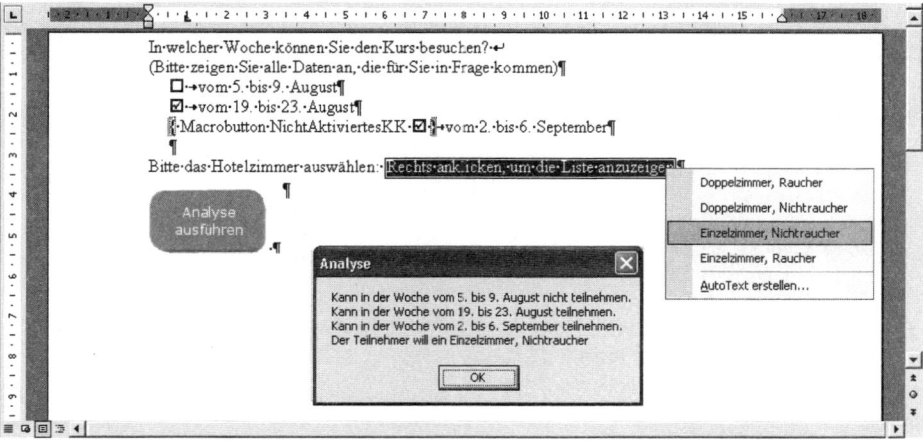

---

[1] Diese Methode haben nicht wir erfunden; Microsoft benutzt sie seit Jahren in seinen Fax-Vorlagen.

Formulare in Word: Benutzereingaben sammeln

Dieses Mal brauchen wir zwei Makros, welche die Symbole beim Anklicken austauschen (AktiviertesKK und NichtAktiviertesKK in Listing 11.3). Beide MacroButton-Feldfunktionen sind als *AutoText*-Einträge in der Dokumentvorlage gespeichert. Die Prozedur NichtAktiviertesKK ersetzt die gegenwärtige Markierung (die MacroButton-Feldfunktion, die ein aktiviertes Kontrollkästchen anzeigt) mit dem AutoText *AT_NichtAktiviertesKK*, der ein leeres Kontrollkästchen anzeigt. Diese MacroButton-Feldfunktion ruft ihrerseits die Prozedur AktiviertesKK auf, die den AutoText-Eintrag mit dem aktivierten Kontrollkästchen wieder einfügt.

Das beschriebene Beispiel finden Sie auf der CD zum Buch im Ordner *Buch\Kap11* unter dem Namen *Bsp11_03.dot*.

Standardmäßig werden MacroButton-Feldfunktionen durch einen Doppelklick aktiviert. Der heutige Benutzer ist es jedoch gewohnt, Handlungen mit einem einzigen Klick ausführen zu können. Die Option ButtonFieldClicks kann programmmäßig auf *1* gestellt werden, wie die Prozedur AutoNew in Listing 11.3 illustriert. Da diese Einstellung für die gesamte Word-Umgebung gilt, ist es ratsam, sie wieder auf *2* (Doppelklick) zurückzustellen, wenn das Dokument geschlossen wird (wie in der Prozedur AutoClose).

```
Sub AktiviertesKK()
    ActiveDocument.AttachedTemplate.AutoTextEntries("AT_AktiviertesKK").Insert _
        Where:=Selection.Range, RichText:=True
End Sub

Sub NichtAktiviertesKK()
    ActiveDocument.AttachedTemplate.AutoTextEntries("AT_NichtAktiviertesKK").Insert _
        Where:=Selection.Range, RichText:=True
End Sub

Sub AutoNew()
    Application.Options.ButtonFieldClicks = 1
End Sub

Sub AutoClose()
    Application.Options.ButtonFieldClicks = 2
End Sub

Sub Analyse()
    Dim fld As Word.Field, szCodeText As String
    Dim rng As Word.Range, szDatenFeld As String
    Dim szAnalyse

    For Each fld In ActiveDocument.Fields
        If fld.Type = wdFieldMacroButton Then
            Set rng = fld.Code
            szCodeText = rng.Text
            ' Die Beschriftung lesen:
            rng.Collapse wdCollapseEnd
            ' Nach dem Tab-Zeichen beginnen:
            rng.MoveStart wdCharacter, 2
            ' Den Absatz bis zum Ende erfassen:
            rng.MoveEnd wdParagraph, 1
            ' Die Absatzmarke weglassen:
            rng.MoveEnd wdCharacter, -1
```

Listing 11.3:
Prozeduren für
MacroButton-
Kontrollkästchen

```
            szDatenFeld = rng.Text
            If InStr(szCodeText, "NichtAktiviertesKK") <> 0 Then
                szAnalyse = szAnalyse & "Kann in der Woche " & szDatenFeld & _
                    " teilnehmen." & vbCr
            ElseIf InStr(szCodeText, "AktiviertesKK") <> 0 Then
                szAnalyse = szAnalyse & "Kann in der Woche " & szDatenFeld & _
                    " nicht teilnehmen." & vbCr
            End If
        ElseIf fld.Type = wdFieldAutoTextList Then
            szAnalyse = szAnalyse & "Der Teilnehmer will ein " & fld.Result.Text
        End If
    Next fld
    MsgBox szAnalyse, vbOKOnly, "Analyse"
End Sub
```

Die `MacroButton`-Feldfunktion kann auch, wie ihr Name andeutet, als Befehlsschaltflä-che dienen. Statt einem Sonderzeichen darf eine Grafik anstelle der Aufforderung stehen, wie die »Schaltfläche« *Analyse ausführen* in Abbildung 11.3 veranschau-licht. Dieses `MakroButton`-Feld ruft die Prozedur `Analyse` in Listing 11.3, die am Schluss die Meldung der Benutzereingaben einblendet.

Falls Sie jemals über Automatisierung (VBA) herausfinden müssen, ob Kontroll-kästchen in `MacroButton`-Feldfunktionen angekreuzt sind, zeigt Ihnen das Makro `Analyse` in Listing 11.3, wie Sie die Aufgabe in Angriff nehmen können. Die Proze-dur durchläuft jede Feldfunktion im Dokumenthaupttext und kontrolliert, ob es sich um eine `MacroButton`-Feldfunktion handelt. Wenn ja, wird ein `Range` (Bereich) gesetzt und sein Text der Variablen `szCodeText` zugewiesen. (Die `Code`-Eigenschaft des `Field`-Objekts (Feldfunktion-Objekt) gibt einen Word-`Range` (Bereich) zurück.)

Der Umfang des Bereichs wird dann so geändert, dass er alle Zeichen nach dem Tab-Zeichen neben dem Kontrollkästchen, bis zu (aber nicht inklusive) der Absatzmarke am Ende der Zeile (siehe Abbildung 11.3) enthält. Diese Beschrif-tung liefert die Information, um welches Kontrollkästchen es sich handelt.

Wenn die Variable `szCodeText` den Makronamen `NichtAktiviertesKK` enthält, ist das angezeigte Kontrollkästchen aktiviert und eine entsprechende Meldung wird erfasst.

Dropdown-Listen

Und wie steht es mit Dropdown-Feldern, wenn das Dokument nicht als Formular geschützt werden darf? ActiveX-Steuerelemente aus der *Steuerelement-Toolbox* (mehr darüber lesen Sie im Teil »ActiveX-Steuerelemente« am Ende des Kapitels) wären eine Möglichkeit. Sie sind aber etwas schwerfällig und wirken sich nachteilig auf die Dateigröße aus. Zudem muss ein Makro jedes Mal beim Öffnen des Doku-ments ausgeführt werden, um den Listeninhalt zu erstellen.

Die `AutoTextList`-Feldfunktion, die auch im Beispielformular in Abbildung 11.3 (*Bsp11_03.dot*) vorhanden ist, bietet eine Alternative. Es erscheint allerdings keine Pfeiltaste; wir müssen dem Benutzer mitteilen, dass er mit der rechten Maustaste da-rauf zu klicken hat.

Wie der Name verrät, enthält die Liste *AutoText*-Einträge. Aber woher weiß die Liste, welche AutoTexte aufzuführen sind? Wenn Sie einen AutoText-Eintrag erstellen, ordnet Word ihn einer Kategorie zu, die dem Namen der zugewiesenen Formatvorlage entspricht. Steht die `AutoTextList`-Feldfunktion in einem Absatz, der mit dieser Formatvorlage formatiert wurde, zeigt sie automatisch die Einträge dieser Kategorie an.

Sie können aber auch die Quellformatvorlage über einen Schalter bestimmen sowie einen Standardtext und den Text, der erscheint, wenn die Maus kurze Zeit auf der Feldfunktion steht, wie der nachstehende Feldcode zeigt:

```
{ AUTOTEXTLIST "Standardtext" \s "Formatvorlage" \t "Tipptext" }
```

Die beschriebene Möglichkeit, AutoTexte per Formatvorlage in Kategorien einzuteilen und evtl. auch in einer AutoText-Liste anzuwenden, steht Ihnen seit Word 97 zur Verfügung. **HINWEIS**

Word-Formularfelder

Wenn Sie in der Word-Hilfe den Ausdruck »Formular« nachschlagen, erscheinen Einträge zum Thema Formularfelder. Alles Grundsätzliche finden Sie dort im Detail beschrieben. Das Arbeiten mit Word-Formularen ist aber voller Widersprüche und Fallen. Wir werden einige Aspekte beleuchten, die in der Hilfe nicht behandelt werden.

Die drei zur Verfügung stehenden Arten – *Textformularfeld*, *Kontrollkästchen-Formularfeld* und *Dropdown-Formularfeld* – können nur über die *Formular*-Symbolleiste in ein Dokument eingefügt werden. Das Dokument muss entweder mit der Befehlsfolge *Extras/Dokument schützen/Formulare* oder der entsprechenden Symbolschaltfläche *Formular schützen* geschützt werden, um die Formularfelder für die Benutzereingabe einzuschalten.

Neu in Word 2002: Beim Aus- und wieder Einschalten des Dokumentschutzes über die Symbolleiste werden die Benutzereingaben *nicht* zurückgesetzt. Unter allen anderen Umständen kehren die Formularfelder zu ihren standardmäßigen Einstellungen zurück, sobald der Dokumentschutz aktiviert wird. Für Word 97 und Word 2000 brauchen Sie eine Zeile VBA-Code, um das Dokument ohne Datenverlust wieder zu schützen. Sehen Sie als Beispiel die letzte Kommandozeile in Listing 11.11. **WICHTIG**

Um Ihre Formulare vor Änderungen durch Dritte zu bewahren, stellt Word die Möglichkeit bereit, ein Kennwort für den Dokumentschutz festzulegen. Sie sollten sich aber im Klaren sein, dass diese Funktionalität nur gegen Änderungen in diesem einen Dokument schützt. Es verhindert **nicht** den Zugriff auf den Inhalt. Durch Einfügen des geschützten Dokuments in ein neues, leeres Dokument über die Befehlsfolge *Einfügen/Datei* kommt jedermann schnell an alles, was nicht in der letzten Absatzmarke gespeichert ist. Unter anderem sind das die Kopf- und Fußzeilen des letzten Abschnitts sowie Dokument-Variablen und Eigenschaften. Makroprojekte müssen Sie über die Schutzoptionen im Visual Basic-Editor vor unerlaubtem Zugriff sichern. Sie können also eine Änderung Ihres Formulars sehr erschweren, aber sie gänzlich auszuschließen ist nicht möglich.

Das Layout eines Formulars

Viel Kopfzerbrechen bei Word bereitet die Frage, wie man ein Formulardokument als wirkliches Formular gestaltet. Word ist für die Textverarbeitung gedacht und nicht für Layout. Das bedeutet, der Schwerpunkt liegt beim Textfluss – Word ist von links nach rechts und von oben nach unten ausgerichtet und jedes Vorhaben, gegen diesen Grundsatz zu wirken, bedeutet Mehraufwand – Sie müssen Word austricksen.

Auch Formularfelder passen sich in den Textfluss ein; Texteingabe- und Dropdown-Felder wachsen mit deren Inhalt, erstere können sogar über beliebig viele Zeilen umbrechen. Ein herkömmliches Formular muss hingegen meist in ein gewisses Schema oder Gitterrahmen passen und Verschiebungen sind unerwünscht. Sie können zwar für Texteingabefelder im Dialogfeld *Formularfeld-Optionen* eine Höchstzahl Zeichen festlegen, die Nützlichkeit für Layoutzwecke ist aber begrenzt, wenn Sie den Text mit einer proportionalen Schriftart formatieren. Wie geht man also vor?

Mit Hilfe eines Makros können Sie der Eingabetaste einen anderen Befehl zuweisen oder sogar ausschalten, um das Hinzufügen von Absätzen in Texteingabefeldern zu unterbinden. Als Basis für Listing 11.4 diente das Beispiel in dem englischen Microsoft Knowledge Base-Artikel Q211219 »WD2000: How to Code ENTER Key to Move to Next Field in Form«. Dieser Code ist auch gültig für Word 97 sowie Word 2002. Gespeichert in einer Vorlage, ändert er die Tastenbelegung der Eingabetaste im neuen Dokument, wenn dieses von der Vorlage erstellt wird, wie folgt:

- Falls sich die Einfügemarke in einem geschützten Formularfeld befindet, springt sie zur nächsten bzw. zur ersten im Dokument, wenn sie im letzten Formularfeld steht.

- Befindet sich die Einfügemarke hingegen in einem ungeschützten Dokumentteil, wird ihre übliche Funktionalität ausgeführt und eine Absatzmarke an der Stelle der gegenwärtigen Markierung eingefügt.

Das Makro `AutoNew` verbindet die Eingabetaste mit der Prozedur `EingabetasteMakro`, welche sie ausführen wird, bis das Makro `EingabetasteWiederherstellen` die Tastenbelegung (`KeyBinding`) aufhebt. Da die Tastenbelegung nur in einem ungeschützten Dokument geändert werden kann, muss der Formularschutz zuerst ausgeschaltet werden. Dank der Eigenschaft `CustomizationContext` findet die Änderung nur in diesem Dokument statt. Am Schluss des Makros wird der Dokumentschutz wieder hergestellt.

Die Prozedur `EingabetasteMakro` stellt zuerst fest, ob das Dokument geschützt ist und wenn ja, ob die Einfügemarke sich in einem geschützten Abschnitt befindet. Ist dies der Fall, ermittelt sie den Namen des Formularfelds, in dem sich die Einfügemarke befindet (der Name eines Formularfelds ist gleichzeitig eine Textmarke). Anhand dieser Information berechnet die Prozedur, ob die Einfügemarke sich im letzten Formularfeld befindet und springt entweder mit der Methode `Next` das nächste Formularfeld an oder springt zum ersten Formularfeld des Dokuments. Anschließend wird der Dokumentschutz wieder eingeschaltet, ohne die Benutzereingaben zu verlieren.

Steht die Markierung hingegen in einem ungeschützten Teil des Dokuments, wird eine Absatzmarke (`vbCR`) eingefügt.

```
Sub AutoNew()
    ' Dokumentschutz aufheben
    If ActiveDocument.ProtectionType = wdAllowOnlyFormFields Then _
        ActiveDocument.Unprotect
    ' Änderung nur in diesem Dokument vornehmen
    CustomizationContext = ActiveDocument
    ' Eingabetaste mit dem EingabetasteMakro verbinden
    KeyBindings.Add KeyCode:=BuildKeyCode(wdKeyReturn), _
        KeyCategory:=wdKeyCategoryMacro, Command:="EingabetasteMakro"
    ' Dokumentschutz wieder aktivieren
    ActiveDocument.Protect Type:=wdAllowOnlyFormFields, NoReset:=True
End Sub

Sub EingabetasteMakro()
    Dim szffldName As String

    ' Feststellen, ob das Dokument als Formular geschützt ist, und
    ' ob die Einfügemarke sich in einem geschützen Abschnitt befindet
    If ActiveDocument.ProtectionType = wdAllowOnlyFormFields And _
        Selection.Sections(1).ProtectedForForms = True Then
            ' Name des Formularfeldes feststellen (ist gleichzeitig eine Textmarke)
            szffldName = Selection.Bookmarks(1).Name
            ' Nächstes Formularfeld anspringen,
            ' wenn es nicht das letzte im Dokument ist
            If szffldName <> _
                ActiveDocument.FormFields(ActiveDocument.FormFields.Count).Name Then
                    ActiveDocument.FormFields(szffldName).Next.Select
            Else
                ' Sonst zum ersten Formularfeld im Dokument springen
                ActiveDocument.FormFields(1).Select
            End If
    Else
        ' Wenn es sich nicht um das ein geschütztes Dokument
        ' oder Abschnitt handelt, eine Absatzmarke einfügen
            Selection.TypeText vbCr
    End If
End Sub

Sub EingabetasteWiederherstellen()
    ' Ursprüngliche Funktionalität der Eingabetaste wieder herstellen.
    CustomizationContext = ActiveDocument
    FindKey(KeyCode:=BuildKeyCode(wdKeyReturn)).Disable
End Sub
```

Den Code finden Sie auf der CD zum Buch im Ordner *Buch**Kap11* in der Dokumentvorlage *Bsp11_04.dot*.

Es gibt zudem zwei Features, die bei der Gestaltung eines Formulars besonders hilfreich sind: Tabellen und Positionsrahmen. Für beide können Sie eine genaue Breite sowie Höhe festlegen; längere Eingaben verschwinden einfach. Die Lösung ist gewiss nicht ideal, aber meistens tauglich.

Textfelder von der Symbolleiste *Zeichnen* stehen für Formularfelder nicht zur Verfügung. Den Befehl *Positionsrahmen einfügen* finden Sie auf der Symbolleiste *Formular*.

HINWEIS

Seit Word 2000 sind Tabellen frei auf der Seite positionierbar. Was ist also ausschlaggebend für die Wahl von Positionsrahmen gegenüber Tabellen?

○ Positionsrahmen können nicht über das Seitenende umbrechen.

○ Die Aktivierreihenfolge kann ohne den Einsatz von Makros mit Positionsrahmen festgelegt werden.

Formular, um einen vorgedruckten Fragebogen auszufüllen

Nehmen wir ein praktisches Beispiel, um diese Prinzipien zu veranschaulichen: ein vorgedrucktes Schadenanzeige-Formular für eine Motorfahrzeugversicherung, wie in Abbildung 11.4. Statt es von Hand oder mit der Schreibmaschine (wissen Sie noch?) auszufüllen, erstellen wir in Word ein Formular, das die Einträge über den Drucker ausfüllt. Der Aufwand für die Erstellung ist nicht unerheblich, aber es bringt einige Vorteile, unter anderem:

○ Der Text ist gut lesbar und kann beliebig korrigiert werden, ohne Radieren oder das ganze Formular wieder von vorn abfassen zu müssen.

○ Standardeingaben sind schon ausgefüllt.

○ Automatisierung steuert den Benutzer in sinnvoller Weise durch die verschiedenen Rubriken.

○ Mit zusätzlichen Hilfetexten erleichtern Sie die korrekte Ausfüllung.

○ Die Daten können Sie mit Automatisierung direkt in eine Datenbank übernehmen.

Das beschriebene Beispiel finden Sie auf der CD zum Buch im Ordner \Buch\Kap11 unter dem Namen Bsp11_04.dot. Die im Beispiel benutzte Grafik befindet sich im gleichen Ordner unter dem Namen Bsp11_04.bmp.

Da viele Leute an der Erstellung eines solchen Formulars scheitern, werden wir die Schritte im Detail beschreiben. Arbeiten Sie langsam und sorgfältig und speichern Sie das Dokument öfter unter einem neuen Namen, sodass Sie auf eine frühere Version zurückgreifen können, wenn wirklich etwas schief gehen sollte.

Um das Formular vorzubereiten, gehen Sie wie folgt vor:

1. Das vorgedruckte Formular muss als Grafikdatei vorliegen, die mit Hilfe eines Scanners problemlos erstellt werden kann.

2. Öffnen Sie in Word ein neues Dokument und speichern Sie es als eine Vorlage.

3. Wechseln Sie über die Befehlsfolge *Ansicht/Kopf- und Fußzeile* in die Kopfzeile.

4. Gehen Sie über den Menüpunkt *Datei/Seite einrichten* zur Registerkarte *Layout* und aktivieren Sie dort das Kontrollkästchen *Erste Seite anders*.

5. Passen Sie die Randeinstellungen in der Registerkarte *Seitenränder* an.

6. Wählen Sie aus *Ansicht/Zoom* den Eintrag *Ganze Seite*.

7. Blenden Sie die *Zeichnen*-Symbolleiste ein.

8. Über die Befehlsfolge *Einfügen/Grafik/Aus Datei* fügen Sie die gescannte Grafik ein.

9. Öffnen Sie das Dialogfeld *Format/Grafik* und auf der Registerkarte *Layout* aktivieren Sie die Textflussoption *Hinter dem Text*.

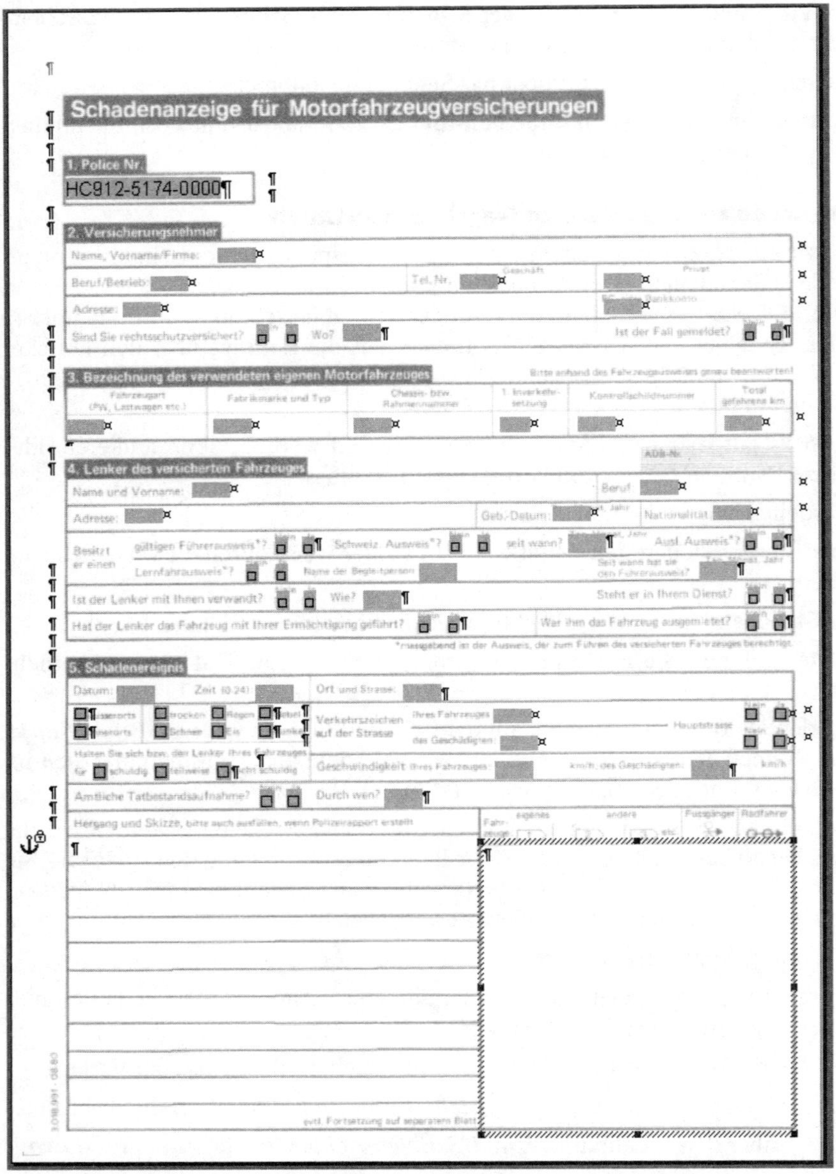
Schadenanzeige für Motorfahrzeugversicherungen

1. Police Nr.

HC912-5174-0000

2. Versicherungsnehmer

Name, Vorname/Firma:

Beruf/Betrieb: | Tel. Nr. Geschäft | Privat

Adresse:

Sind Sie rechtsschutzversichert? Wo? | Ist der Fall gemeldet? Nein Ja

3. Bezeichnung des verwendeten eigenen Motorfahrzeuges

Bitte anhand des Fahrzeugausweises genau beantworten!

Fahrzeugart (PW, Lastwagen etc.)	Fabrikmarke und Typ	Chassis- bzw. Rahmennummer	1. Inverkehrsetzung	Kontrollschildnummer	Total gefahrene km

ADB-Nr.

4. Lenker des versicherten Fahrzeuges

Name und Vorname: | Beruf

Adresse: | Geb.-Datum: | Nationalität

Besitzt er einen gültigen Führerausweis*? Nein Ja | Schweiz. Ausweis*? Nein Ja | seit wann? Tag, Monat, Jahr | Ausl. Ausweis*? Nein Ja

Lernfahrausweis*? Nein Ja | Name der Begleitperson | Seit wann hat sie den Führerausweis? Tag, Monat, Jahr

Ist der Lenker mit Ihnen verwandt? Nein Ja | Wie? | Steht er in Ihrem Dienst? Nein Ja

Hat der Lenker das Fahrzeug mit Ihrer Ermächtigung geführt? Nein Ja | War ihm das Fahrzeug ausgemietet? Nein Ja

*massgebend ist der Ausweis, der zum Führen des versicherten Fahrzeuges berechtigt

5. Schadenereignis

Datum: | Zeit (0-24): | Ort und Strasse:

Verkehrszeichen auf der Strasse | Ihres Fahrzeuges | Hauptstrasse Nein Ja | des Geschädigten: Nein Ja

Halten Sie sich bzw. den Lenker Ihres Fahrzeuges für schuldig | teilweise | nicht schuldig

Geschwindigkeit Ihres Fahrzeuges: km/h, des Geschädigten: km/h

Amtliche Tatbestandsaufnahme? Nein Ja | Durch wen?

Hergang und Skizze, bitte auch ausfüllen, wenn Polizeirapport erstellt | Fahrzeuge: eigenes, andere, etc. | Fussgänger | Radfahrer

evtl. Fortsetzung auf separatem Blatt

Abbildung 11.4: Ein vorgedrucktes Formular in Word ausfüllen

WICHTIG

Die hier beschriebenen Menüfolgen beziehen sich auf Word 2002. Die Funktionalität ist in Word 2000 und 97 die gleiche, aber die Menüs und Dialogfelder sind teilweise unterschiedlich.

10. Klicken Sie auf die Schaltfläche *Weitere* und setzen Sie die absolute horizontale und vertikale Position relativ zur Seite auf 0 (Null).
11. Falls notwendig, korrigieren Sie die Größe der Grafik.
12. Schließen Sie die Ansicht *Kopf- und Fußzeile.*

13. In *Extras/Optionen/Drucken* deaktivieren Sie das Kontrollkästchen *Zeichnungsobjekte*, um den Ausdruck der Grafik zu unterbinden.

Sie können jetzt ungehindert die Formularfelder über der Vordruckgrafik positionieren. Wenn Sie die Aktivierreihenfolge bequem festlegen oder Formularfelder gruppenweise behandeln möchten, ist es von Vorteil, für jede Gruppe einen Positionsrahmen einzufügen und zwar in die Reihenfolge, wie die Gruppen anzuspringen sind.

Wie im ▶ Kapitel 9 über Grafiken erläutert, hat jedes Objekt in Word einen Anker, der es fest mit dem Text verbindet. Dies gilt auch für Positionsrahmen. Und weil Word bekanntlich von oben nach unten durch den Text arbeitet, werden auch Positionsrahmen in der Reihenfolge der Anker angesprungen. Dasselbe gilt auch für Tabellen, allerdings sind diese Anker weder sicht- noch greifbar; wir haben darüber also weniger Kontrolle.

Geben Sie also ungefähr so viele Absatzmarken in das Dokument ein, wie Sie Positionsrahmen brauchen (aber keinen Seitenumbruch auslösen). Setzen Sie die Einfügemarke in den ersten Absatz. Blenden Sie die Symbolleiste *Formular* ein, aktivieren Sie die Symbolschaltfläche *Positionsrahmen einfügen* und ziehen Sie mit der Maus einen Rahmen über die erste Formularfläche.

TIPP Sie können den Positionsrahmen genauer zeichnen und positionieren, wenn Sie *Objekte am Raster ausrichten* ausschalten (im Menüpunkt *Zeichnen/Gitternetz* der *Zeichnen*-Symbolleiste). Falls der Anker unsichtbar ist, aktivieren Sie im *Extras/Optionen/Ansicht* das entsprechende Kontrollkästchen.

Stellen Sie sicher, dass der Anker neben der richtigen Absatzmarke steht. Falls er am falschen Ort liegt, ziehen Sie ihn mit der Maus zum richtigen Absatz. Klicken Sie nun rechts auf den Positionsrahmen, wählen Sie aus dem Kontextmenü den Menüpunkt *Positionsrahmen formatieren* und aktivieren Sie das Kontrollkästchen *Verankern*. (Somit bleibt der Positionsrahmen fest mit diesem Absatz verbunden und der Anker kann nicht versehentlich zu einem andern springen.) Bevor Sie das Dialogfeld schließen, wählen Sie aus den Dropdown-Feldern *Breite* bzw. *Höhe* den Eintrag *Genau*, wenn der Positionsrahmen in diesen Richtungen nicht mit dessen Inhalt automatisch wachsen darf (Sie können jederzeit im ungeschützten Dokument die Größe anpassen).

TIPP Positionsrahmen werden standardmäßig mit einer Rahmenlinie versehen. Falls diese unerwünscht ist, entfernen Sie sie über die Kombinations-Symbolschaltfläche *Rahmenlinie* in der *Format*-Symbolleiste oder im Dialogfeld *Format/Rahmen und Schattierung/Rahmen*.

Jetzt werden die Formularfelder eingefügt, aber diese müssen immer noch an den Vordruck angepasst werden. Word stellt verschiedene Funktionen bereit, um diese Aufgabe zu bewältigen. In Abbildung 11.5 wurde eine Tabelle, bestehend aus drei Zeilen und drei Spalten, in den Positionsrahmen eingefügt. Die Zellen der ersten Zeile wurden miteinander verbunden, weil nur ein Feld benötigt wird. In der zweiten Zeile wurden die Spaltenrahmen an den Feldern für die Telefonnummern ausgerichtet, während in der dritten Zeile die erste und zweite Zelle verbunden wurden.

TIPP Schalten Sie die Tabellen-Rahmenlinien aus, da es äußerst mühsam ist, sie genau auf die Linien im Vordruck auszurichten. Sehr hilfreich hingegen ist die Anzeige der Gitternetzlinien (die nicht ausgedruckt werden) – im Menü *Tabelle*.

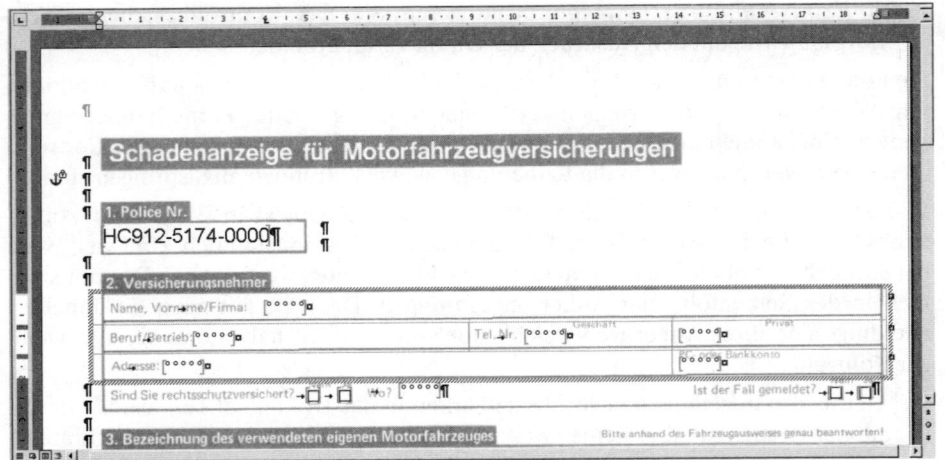

Um die Formularfelder waagrecht in den Formularzeilen genau zu positionieren, wurden Tabstopps eingesetzt. Die senkrechte Ausrichtung erfolgt durch Höher- bzw. Tieferstellen des Formularfeldes (*Format/Zeichen/Zeichenabstand/Position*), durch Anpassen der *Abstand vor*-Einstellung in *Format/Absatz* oder durch eine Änderung der Tabellenzeilenhöhe. Die Kontrollkästchen fordern viel Geduld, weil Sie deren Rahmenlinien nicht ausschalten können. Sie können jedoch die Schriftgröße und damit ihre Größe anpassen.

Halten Sie die Alt-Taste fest, um einen Tabstopp im Lineal frei zu positionieren. Drücken Sie Strg+Tab, um ein Tab-Zeichen in eine Tabelle einzugeben.

TIPP

Textformularfelder formatieren

Haben Sie die Formularfelder eingefügt, folgen nun die individuellen Einstellungen im Dialogfeld *Optionen*, das Sie über Doppelklick auf das Formularfeld erreichen. Hier legen Sie die Schriftgröße eines Kontrollkästchens fest oder geben die Einträge für ein Dropdown-Feld ein. Die Freigabe eines Formularfeldes für die Benutzereingabe wird auch hier deaktiviert bzw. aktiviert.

Sie sollen jedem Formularfeld einen eindeutigen Namen geben. Word benennt sie standardmäßig *Text1*, *Text2* usw., *Kontrollkästchen1*, *Kontrollkästchen2* usw. bzw. *Dropdown1*, *Dropdown2* usw. Diese Namen sind gleichzeitig Textmarken und somit für die Automatisierung wichtig, wenn Sie beabsichtigen, Felder gezielt anzuspringen oder Daten einzugeben oder auszulesen.

Ferner können Sie für Textformularfelder den Typ festlegen, die maximale Anzahl Zeichen sowie das Format. Zur Verfügung stehen folgende Typen und ihre Formate:

- **Normaler Text**. Der Feldinhalt kann als *GROSSBUCHSTABEN*, *kleinbuchstaben*, *Satzanfang groß* oder *Erster Buchstabe Groß* formatiert werden.

- **Zahl**. Nur die Ziffern 0 bis 9 und das Minuszeichen sind als Feldinhalt zulässig. Vordefinierte Zahlenbilder in Word 2002 sind: *0 / 0,00 / #.##0 / #.##0,00 / _ #.##0,00;(_ #.##0,00) / 0% / 0,00%*. Die Währung richtet sich nach Ihren Systemeinstellungen. Ein ausgewählter Eintrag kann zwar in dem Feld *Zahlenformat* editiert werden, die von Word erkannten Möglichkeiten sind jedoch sehr beschränkt.

Für eine flexiblere Formatierung – beispielsweise für eine Telefonnummer – ist eine Makrolösung unumgänglich. Mehr darüber im weiteren Verlauf dieses Kapitels.

- **Datum**. Das Datum kann in unzähligen Formaten eingetippt werden; egal welches Datumsformat dem Formularfeld zugewiesen ist, Word 2002 erkennt es meistens. Word akzeptiert auch einen englischen Monatsnamen und wandelt ihn in den entsprechenden deutschen um. Vordefinierte Datumsbilder in Word 2002 sind: *M/d/ yyyy*; *dddd, dd MMMM, yyyy*; *MMMM d, yyyy*; *M/d/yy*; *yyyy-MM-dd*; *d-MMM- yy*; *M.d.yyyy*; *MMM. d yy*; *d MMMM yyyy*; *MMMM yy*; *MMM-yy*; *M/d/ yy hh:mm am/pm*; *M/d/yy hh:mm:ss am/pm*; *hh:mm am/pm*; *hh:mm:ss am/ pm*; *HH:mm*; *HH:mm:ss*. Diese scheinen in Word 2002 frei editierbar zu sein – wir haben jedenfalls keine Kombination gefunden, die nicht akzeptiert wurde. Word bleibt aber stur bei der Spracherkennung. Das Datum wird immer in der Sprache der lokalen Version von Word eingefügt, egal mit welcher Sprache der Text formatiert ist oder, wenn Sie eine englische Version mit Multilanguage-Pack haben, ob Sie mit einer anderssprachigen Benutzeroberfläche arbeiten oder welche Texteingabesprache in Windows ausgewählt wurde: Das Datum erscheint in der lokalen Sprache. Sie erhalten also »Januar« in einer deutschen Version von Word und »January« in einer englischen. Auch hier kann nur ein Makro Abhilfe schaffen.

- **Aktuelles Datum**. Das heutige Datum erscheint und kann vom Benutzer nicht geändert werden. Formatierungs-Möglichkeiten sind wie oben beschrieben.

- **Aktuelle Zeit**. Die Systemzeit bei der letzten Aktualisierung der Feldfunktionen im Dokument. Auch hier hat der Benutzer keinen Zugriff. Formatierungs-Möglichkeiten sind wie oben beschrieben.

- **Berechnen**. Das Formularfeld ist für die Benutzereingabe gesperrt. Das Ergebnis der im Feld *Ausdruck* stehenden Formel wird bei Aktualisierung der Feldfunktionen im Dokument berechnet. Um eine dynamische Wirkung zu erzielen, aktivieren Sie für alle Textformularfelder, die in die Berechnung einbezogen sind, das Kontrollkästchen *Beim Verlassen berechnen*. (Da der Benutzer dieses berechnete Textformularfeld nie verlässt – es ist doch gesperrt – nutzt die Aktivierung des Kontrollkästchens für dieses Formularfeld nichts.) Es stehen die gleichen Funktionen wie für Ausdruckfeldfunktionen zur Verfügung. Die Zahlenbilder sind die gleichen wie für ein Formularfeld des Typs Zahl, Sie können jedoch das Ergebnis weitaus freier formatieren mit einem Formatierungsschalter als Teil der Formel.

Über das Dialogfeld *Optionen* können Sie auch Hilfetexte definieren (Abbildung 11.6). Klicken Sie auf die Schaltfläche *Hilfetext hinzufügen*. Meldungen für die Statusleiste und für die Anzeige mit F1 sind möglich. Wenn Sie den Hilfetext direkt in das Textfeld eingeben, wird er im Dokument gespeichert. Falls Sie auf die gleichen Hilfetexte in mehreren Dokumenten zugreifen oder sie zentralisiert verwalten möchten, erstellen Sie dafür AutoTexte (in einer globalen Vorlage, z.B. – sehen Sie auch in ▶ Kapitel 3) und wählen Sie den zutreffenden Eintrag aus dem Dropdown-Feld *AutoText-Eintrag*.

Kommen wir zurück zum Beispiel. Die Formularfelder für die *Police Nr.* und die Versicherungsnehmerfirma haben als Standardeingaben die Informationen für unsere fiktive Firma. Das Feld für den Namen ist für *Großbuchstaben* formatiert, während für den Vornamen *Erster Buchstabe groß* gewählt wurde. Der Benutzer muss sich nicht darum kümmern, ob er während der Eingabe die Umschalttaste festhält – Word übernimmt die Verantwortung. Bestimmt eine Erleichterung für viele LKW-Fahrer![1]

Wie steht es mit den Telefonnummern? Können wir auch hier dem Benutzer die Formatierungsarbeit ersparen? Wie schon erwähnt, braucht es ein Makro für besondere Zahlenformate, die in der Liste im *Optionen*-Dialogfeld nicht vorgesehen sind. Um ein Formatierungsmakro einem Formularfeld zuzuweisen, gehen Sie wie folgt vor:

1. Geben Sie die Prozedur in Listing 11.5 in ein Makromodul ihrer Formularvorlage ein.

2. Blenden Sie das Dialogfeld *Optionen* für ein Telefon-Formularfeld ein.

3. Wählen Sie als Typ *Normaler Text*.

4. Aus dem Dropdown-Listenfeld *Beenden* wählen Sie diese Prozedur.

Um in einem Makro das markierte Textformularfeld zu ermitteln, verwenden Sie `ActiveDocument.Range.FormFields(Seelction.Bookmarks(1).Name)`.

Wenn Sie mit Textformularfelddaten arbeiten, müssen Sie immer die `.Result`-Eigenschaft verwenden, um den Feldinhalt zu lesen oder zu schreiben. Die Anweisung `Selection.Text`, die Ihnen vom Makrorekorder und aus der Literatur bestimmt schon bekannt ist, funktioniert in einem geschützten Dokumentabschnitt nicht.

```
Sub FormatTelefonNummerEinfach()
    Dim ffld As Word.FormField, szTelNum As String

    ' Das Formularfeld ermitteln, das gerade verlassen wurde.
    Set ffld = ActiveDocument.Range.FormFields(Selection.Bookmarks(1).Name)
    ' Die Benutzereingabe lesen
    szTelNum = ffld.Result

    ' Wenn die Benutzereingabe keine Nummer ist, zum Ende springen.
```

Listing 11.5:
*Beispielmakro,
um einen numerischen Formularfeldinhalt zu
formatieren*

---

[1] Die meisten LKW-Fahrer, die wir kennen, haben große Hände, mit Fingern, die nicht besonders leicht über die Tastatur fliegen …

```
        If Not IsNumeric(szTelNum) Then GoTo Bye:
        ffld.Result = Format(szTelNum, "(000) 00 00 00")
        Exit Sub
Bye:
        MsgBox "Ihr Eingabe für das Feld " & ffld.Name & _
            " ist keine Nummer. Bitte korrigieren Sie den Eintrag.", vbCritical + vbOKOnly
End Sub
```

Um das Makro zu testen

1. Schützen Sie das Formular.

2. Geben Sie eine Nummer in das Telefon-Formularfeld ein.

3. Drücken Sie Tab, um das Formularfeld zu verlassen.

4. Testen Sie mit einem nichtnumerischen Eintrag.

Wie Sie sehen, könnte das Makro noch verbessert werden. Das Format *"(000) 00 00 00"* ist nicht besonders flexibel, da die Anzahl der Ziffern variieren kann. Und was ist, wenn der Benutzer doch Klammern oder Leerzeichen eintippt? Es ist nicht sehr hilfreich, wenn er deshalb zurückgepfiffen wird. Die Lösung in **Listing 11.6** ist komplizierter, behebt jedoch diese Schwächen, wobei es nur in Word 2000 oder 2002 die übliche Interpunktion wie Leerzeichen, Klammern und Punkte berücksichtigt und entfernt. Nur wenn ein anderes, nichtnumerisches Zeichen vorkommt, bricht das Makro mit einer Fehlermeldung ab.

> Das Ersetzen der Interpunktion in diesem Beispiel läuft unter Word 97 nicht, weil die Replace-Funktion von Visual Basic erst seit Word 2000 zur Verfügung steht. Sie müssten diese Funktion mit VB-Zeichenketten-Funktionen ersetzen.
>
> Dieses Makro können Sie für die Formatierung von Telefonnummern außerhalb von Formularen problemlos anpassen. Der Schlüssel liegt in den Zeilen, wo die Benutzereingabe der Variablen szTelNum übergeben wird und wo das formatierte Ergebnis in der Variablen szTelNumNeu zurück in das Formularfeld geschrieben wird. Setzen Sie an die Stelle von ffld.Result die Quell- bzw. den Zielpunkt der Telefonnummer (Selection.Text z.B.).
>
> Noch benutzerfreundlicher wäre es, wenn das Makro zurück in das gerade verlassene Formularfeld zurückspringen würde. Die letzten Zeilen, angefangen mit der Zeile On Error GoTo Fehlerbehandlung, bereiten dies vor, indem sie den Namen des Formularfelds in eine Dokumenteigenschaft schreiben. Wie es weitergeht, steht in der Erklärung zu Listing 11.7.

Listing 11.6: Telefonnummer nach DIN 5008 formatieren

```
Sub FormatTelefonNummer()
    Dim ffld As Word.FormField, szTelNum As String
    Dim szVorwahl As String, szTelNumNeu As String
    Dim lNumZiffer As Long, lVorwahlGruppe As Long, lNumGruppe As Long

    lVorwahlGruppe = 3
    lNumGruppe = 2
    ' Das Formularfeld ermitteln, das gerade verlassen wurde.
    Set ffld = ActiveDocument.Range.FormFields(Selection.Bookmarks(1).Name)
    ' Die Benutzereingabe lesen.
    szTelNum = ffld.Result
```

```vba
    ' Eventuellee Interpunktion und Sonderzeichen aus der Benutzereingabe entfernen.
    ' Die REPLACE-Funktion ist nur in Office 2000 und später vorhanden.
    If Application.Version >= 9 Then
        szTelNum = Replace(szTelNum, " ", "")
        szTelNum = Replace(szTelNum, ".", "")
        szTelNum = Replace(szTelNum, "(", "")
        szTelNum = Replace(szTelNum, ")", "")
    End If
    ' Wenn die Benutzereingabe immer noch keine Nummer ist, zum Ende springen.
    If Not IsNumeric(szTelNum) Then GoTo Bye:
    ' Die Vorwahl besteht aus den ersten 3 Ziffern; fügen wir die Klammern hinzu.
    szVorwahl = "(" & Left$(szTelNum, lVorwahlGruppe) & ") "
    ' Vorwahl-Ziffern aus der Zeichenkette entfernen.
    szTelNum = Mid$(szTelNum, lVorwahlGruppe + 1)
    ' Die Anzahl der verbliebenen Ziffern ermitteln.
    lNumZiffer = Len(szTelNum)
    ' Wenn es sich um keine gerade Anzahl von Ziffern handelt
    If lNumZiffer Mod lNumGruppe <> 0 Then
        ' Werden, nach DIN, die ersten 3 zusammen gruppiert und
        ' dem formatierten Ergebnis hinzugefügt.
        szTelNumNeu = szTelNumNeu & Mid$(szTelNum, 1, lNumGruppe + 1) & " "
        ' Diese Ziffern aus der Nummer entfernen.
        szTelNum = Mid$(szTelNum, lNumGruppe + 2)
        ' Die Anzahl der Ziffer korrigieren.
        lNumZiffer = lNumZiffer - 3
    End If
    ' Durch die Nummer schleifen, und die Ziffern in Gruppen von 2
    ' getrennt durch ein Leerzeichen, dem formatierten Ergebnis hinzufügen.
    For lCounter = 1 To lNumZiffer Step lNumGruppe
        szTelNumNeu = szTelNumNeu & Mid$(szTelNum, lCounter, lNumGruppe) & " "
    Next lCounter
    ' Das formatierte Ergebnis zusammenstellen
    ' (Trim$ entfernt das letzte Leerzeichen).
    szTelNumNeu = szVorwahl & Trim$(szTelNumNeu)
    ' Und in das Formularfeld schreiben.
    ffld.Result = szTelNumNeu
    Exit Sub
Bye:
    MsgBox "Ihr Eingabe für das Feld " & ffld.Name & _
        " ist keine Nummer. Bitte korrigieren Sie den Eintrag.", vbCritical + vbOKOnly
    ' Fügt die Dokument-Eigenschaft hinzu, wenn sie noch nicht vorhanden ist.
    On Error GoTo FehlerBehandlung
    ActiveDocument.CustomDocumentProperties("FeldName").Value = ffld.Name
    Exit Sub

FehlerBehandlung:
    Select Case Err.Number
        Case 5 ' Dokument-Eigenschaft ist nicht vorhanden.
            ActiveDocument.CustomDocumentProperties.Add Name:="FeldName", _
                Value:=ffld.Name, Type:=msoPropertyTypeString, LinkToContent:=False
        Case Else
            MsgBox Err.Number & vbCr & Err.Description, vbCritical + vbOKOnly
    End Select
    ' Nach der Problemcodezeile die Ausführung wieder aufnehmen.
    Resume Next
End Sub
```

Den Code finden Sie auf der CD zum Buch im Ordner \Buch\Kap11 in der Dokumentvorlage Bsp11_04.dot.

Die Datenprüfung

Der Übersicht halber unterlässt das Makro in **Listing 11.6** den Rücksprung ins Formularfeld, da die Methode der Überprüfung einer falschen Benutzereingabe etwas komplizierter ist und daher getrennt behandelt wird. Das Problem ist, dass der Versuch, in einem »Beenden«-Makro ein anderes Formularfeld anzuspringen, scheitert. Nur beim Eintreten in ein Formularfeld kann die Markierung zu einem anderen Formularfeld gesteuert werden. Für das Zurückspringen brauchen Sie also ein zweites Makro. Das Listing 11.7 zeigt, wie ein solches Makro aussehen kann.

HINWEIS Der Microsoft Knowledge Base-Artikel Q212378 »WD2000: How to Control the Tabbing Order in a Form« umgeht das oben beschriebene Problem, indem der Dokumentschutz vorübergehend entfernt wird. Wir sind jedoch der Meinung, dass, wann immer möglich, das Dokument geschützt bleiben soll.

Geben Sie die Prozedur ZurückSpringen in ein Modul Ihres Formulardokuments ein und wählen Sie es aus dem Dropdown-Feld *Ereignis* im Dialogfeld *Optionen* für alle Formularfelder im Formulardokument. (Wenn Sie es nur dem Nächsten in der Tastaturaktivierreihenfolge zuweisen, wird es nicht ausgeführt, wenn der Benutzer mit der Maus im Dokument an eine andere Stelle navigiert.) Die Datenprüfung, deren erforderlichen Rahmen die Prozedur DatenPrüfen (Listing 11.7) stellt, wird nur beim Verlassen der Formularfelder ausgeführt, deren Daten Sie nachkontrollieren wollen. Die Prüfung selber wird von Fall zu Fall variieren, aber die Festlegung des Dokumenteigenschaftenwerts bleibt immer gleich.

Die Überprüfung der Benutzereingabe im »Beenden«-Makro können Sie generell für die Datenprüfung anwenden. Wenn die Eingabe den Kriterien nicht entspricht, wird der Name des Formularfelds in der Dokument-Eigenschaft festgehalten. Das »Ereignis«-Makro im nächsten Formularfeld springt zum vorhergehenden zurück, wenn die Dokument-Eigenschaft keine leere Zeichenkette enthält.

Anstatt einer Dokumenteigenschaft, die der Benutzer in *Datei/Eigenschaften* ansehen und ändern kann, steht es Ihnen frei, den Formularfeldnamen in einer Dokument-Variable zwischenzuspeichern. (Eine Dokument-Variable darf allerdings keine leere Zeichenkette enthalten; Sie müssten sich darin also eine Nachricht schreiben, wenn nicht zurückgesprungen werden soll).

Listing 11.7:
Makro, um bei
der Datenprüfung zurück in
ein Formularfeld
zu springen

```
Sub DatenPrüfen()
    Dim ffld As Word.FormField

    ' Das Formularfeld ermitteln, das gerade verlassen wurde
    Set ffld = ActiveDocument.Range.FormFields(Selection.Bookmarks(1).Name)
    ' Den Inhalt testen
    If IsNumeric(ffld.Result) Then
        ActiveDocument.CustomDocumentProperties("FeldName") = ""
    Else
        ActiveDocument.CustomDocumentProperties("FeldName") = ffld.Name
    End If
End Sub
```

Formulare in Word: Benutzereingaben sammeln

```
Sub ZurückSpringen()
    Dim propFeldname As Office.DocumentProperty

    On Error GoTo Bye
    ' Wenn die Dokument-Eigenschaft nicht vorhanden ist, Makro beenden
    Set prop = ActiveDocument.CustomDocumentProperties("FeldName")
    On Error GoTo 0
    ' Wenn die Dokument-Eigenschaft einen Eintrag hat
    If Len(prop) <> 0 Then
        ' Springt zu Formularfeld dieses Namens
        ActiveDocument.FormFields(prop.Value).Select
    End If
    ' Inhalt der Dokument-Eigenschaft leeren
    prop.Value = ""
Bye:
End Sub
```

Den Code finden Sie auf der CD zum Buch im Ordner \Buch\Kap11 in der Dokumentvorlage *Bsp11_04.dot*.

Jetzt wissen Sie, wie Sie die Text- und Zahlenformatierungen für Textformularfelder festlegen, wie Sie die Benutzereingabe prüfen und bei Bedarf zurück in ein Formularfeld springen. Nehmen wir jetzt die Kontrollkästchen unter die Lupe, die sich als Optionsschaltfelder verhalten sollen.

Kontrollkästchengruppen erstellen

Beim Betrachten des Beispielformulars sehen Sie, dass es zahlreiche Kontrollkästchen hat, die oft in »Nein/Ja«-Paaren vorkommen. Es ist ganz klar, dass nur eins aktiviert sein darf. Das Listing 11.8 stellt ein einfaches Makro vor, das diese Aufgabe als »Beenden«-Makro übernimmt.

Beim Makro in Listing 11.8 können zwei Kontrollkästchen aktiviert sein, wenn der Benutzer mehrere Kontrollkästchen der gleichen Gruppe anklickt und zwar so lange, bis er in ein Formularfeld außerhalb der Gruppe kommt. Der Grund hierfür ist, dass das Makro nicht beim Anklicken, sondern erst nach Verlassen des Kontrollkästchens ausgeführt wird.

HINWEIS

> Wichtig bei diesem Makro ist der `Range` (Bereich). Es kann wie hier ein Positionsrahmen sein, eine Tabellenzelle oder eine ganze Tabelle.
>
> Bemerken Sie, wie man mit der `.Valid`-Eigenschaft sicherstellt, ob ein Formularfeld tatsächlich ein Text-, Kontrollkästchen-, oder Dropdown-Formularfeld ist. Wichtig ist auch, wie man den Wert eines Kontrollkästchens ermittelt und festsetzt. Das geschieht über die `Formfield.Checkbox.Value`-Eigenschaft und nicht mit `Result`.

Listing 11.8:
Kontrollkäst-
chen als Options-
gruppe: nur ein
Kontrollkäst-
chen im Bereich
darf aktiviert
sein

```
Sub KKalsOptionsgruppe
    Dim ffld As Word.FormField
    Dim rng As Word.Range

    Set rng = Selection.Frames(1).Range
    ' Wenn das Kontrollkästchen nicht aktiviert wurde, abbrechen
    If Selection.Formfields(1).Checkbox.Value = False Then Exit Sub
    ' Sonst alle Kontrollkästchen im angegebenen Bereich leeren
    For Each ffld In rng.FormFields
        If ffld.CheckBox.Valid Then ffld.CheckBox.Value = False
    Next ffld
    ' Das markierte Kontrollkästchen aktivieren
    Selection.FormFields(1).CheckBox.Value = True
End Sub
```

Es gibt aber im Beispielformular in Abbildung 11.5 noch andere Gruppenzusammen-stellungen. Im unteren Teil von *Abschnitt 2* wird beispielsweise gefragt, ob man rechtsschutzversichert sei und wenn ja, bei welcher Versicherungsgesellschaft. Diese drei Formularfelder (zwei Kontrollkästchen und ein Textformularfeld) stehen in einem Positionsrahmen. Ohne zusätzliche Hilfe Ihrerseits müsste der Benutzer mit der Tastatur durch alle drei springen, um zur nächsten Gruppe (»Ist der Fall gemel-det«) zu kommen. Und falls die Antwort zur ersten Frage »Nein« ist, müssen auch diese zwei Kontrollkästchen durchsprungen werden, ohne dass eines der beiden akti-viert wird. Machen wir es dem Benutzer doch etwas bequemer!

Im Formular soll Folgendes geschehen:

○ Bei der Formularerstellung sind die ersten zwei Kontrollkästchen im Positionsrah-men für die Benutzereingabe aktiviert; das Textformularfeld und die zwei Kontroll-kästchen rechts in ihrem eigenen Positionsrahmen sind gesperrt.

○ Falls der Benutzer bei der Ausfüllung verneint, dass er rechtsschutzversichert ist, werden (oder bleiben) diese Formularfelder gesperrt. Alle darin enthaltenen Ein-träge sind zu löschen. Die Einfügemarke springt zum ersten Feld im dritten Abschnitt (wo der nächste Eintrag erfolgen soll).

○ Bejaht er die Frage, werden die drei gesperrten Formularfelder freigegeben und die Einfügemarke steht im Textformularfeld »Wo?«.

○ In allen Kontrollkästchengruppen soll das Aktivieren eines Kontrollkästchens die Häkchen aus allen anderen Kontrollkästchen der gleichen Gruppe entfernen (wie in Listing 11.8).

So einfach es sich vielleicht anhört, die Realisierung dieser Aufgabe ist doch etwas kompliziert, vor allem, weil die Makros möglichst universell verwendbar sein sollen. In der Endabrechnung ist es viel aufwändiger, für jedes Formularfeld oder -gruppe ein eigenes Makro zu schreiben, als eines zu entwickeln, das überall anwendbar ist. Unsere Lösung finden Sie in Listing 11.9. Weisen Sie den Kontrollkästchen in der Gruppe »Rechtsschutzversichert« als »Ereignis«-Makro die Prozedur RechtschutzOptio-nenEreignis zu; allen anderen die Prozedur KKOptionsgruppeEreignis.

RechtschutzOptionenEreignis nimmt die Freigabe der Formularfelder in der Gruppe »Ist der Fall gemeldet« vor, bevor sie KKOptionsgruppeEreignis aufruft. Falls Sie für andere Gruppen eine ähnliche Steuerung einsetzen möchten, muss nur diese eine Prozedur kopiert und angepasst werden. Sie ist die Einzige, die Formularfeldnamen benutzt.

KKOptionsgruppeEreignis regelt das Verhalten aller Kontrollkästchengruppen des Formulars generell. Es unterdrückt auch die Bildschirmaktualisierung, sodass der Benutzer möglichst nicht durch »Flimmern« gestört wird. Gänzlich ist es jedoch nur unter Einbeziehung der Windows-API zu unterdrücken.

Auch wenn ein Kontrollkästchen nicht zur Gruppe »Ist der Fall gemeldet« gehört, wird die Gruppe, worin sich das Kontrollkästchen, das die Prozedur auslöst, befindet, nach Textfeldern im Gruppenbereich abgesucht und diese gesperrt oder freigegeben. Diese Aufgabe wird der Funktion JaTextfeldEinschalten erteilt. Je nach Wert des Arguments bEnabled werden sie freigegeben (Wahr) bzw. gesperrt (Falsch).

Wurde ein Kontrollkästchen deaktiviert (ist nicht angekreuzt), ist das Makro schnell fertig, weil fast nichts zu unternehmen ist. Handelt es sich um ein »Ja« Kontrollkästchen, werden alle Textfelder der Gruppe gesperrt, die Prozedur wird verlassen, und die Einfügemarke springt automatisch in das nächste aktivierte Formularfeld.

Hat der Benutzer ein Kontrollkästchen aktiviert (angekreuzt), wird zunächst die Prozedur KKalsOptionsgruppe aufgerufen und die Bereich-Objektvariable des Positionsrahmens übergeben. Diese ist grundsätzlich die gleiche Prozedur wie in Listing 11.8, nur erfolgen die Festlegung des Bereichs und der Test auf Aktivierung in der rufenden Prozedur.

Ihnen ist vielleicht aufgefallen, dass diese Formular-Prozeduren entweder Selection.Bookmarks(1).Name oder Selection.Formfields(1).Name verwenden, um den Namen des markierten Formularfelds zu ermitteln. Selection.Formfields(1).Name verursacht einen Fehler, wenn das markierte Formularfeld ein Textformularfeld ist; funktioniert jedoch, wenn es sich um ein Kontrollkästchen oder ein Dropdown-Feld handelt. Kontrollkästchen und Dropdown-Felder können also direkt angesprochen werden.

Je nachdem, ob ein »Ja« oder »Nein« Kontrollkästchen aktiviert wurde, müssen noch die Textformularfelder, wiederum in JaTextfeldEinschalten, freigegeben bzw. gesperrt werden.

JaTextfeldEinschalten gibt bei aktiviertem »Ja«-Kontrollkästchen das erste Textformularfeld im Positionsrahmen als Objektvariable (ffldNext) zurück. Dieses Feld ist dort, wo die nächste Benutzereingabe erfolgen soll. KKOptionsgruppeEreignis endet, indem es zu diesem Formularfeld springt.

Mit Is Nothing testet man, ob eine Objektvariable einem Objekt zugewiesen ist.

Sonst muss das anzuspringende Formularfeld berechnet werden. Dieses Makro kann die .Next-Methode (wie in Listing 11.4) nicht einsetzen, da das nächste Formularfeld für die Benutzereingabe gesperrt sein könnte. Nur weil es für den Benutzer gesperrt ist, heißt das noch lange nicht, dass VBA es nicht anspringen kann! ▷

Wie schon erwähnt, ist jeder Formularfeldname auch eine Textmarke. Textmarken haben im Gegensatz zu den meisten Office-Auflistungen eine Eigenschaft, durch die sich ihre Position im Dokument ermitteln lässt (die erste, die zweite, usw.): `ActiveDocument.Bookmarks("Name").Range.BookmarkID`. Das Makro erhöht also die `BookmarkID` des letzten Formularfelds der Gruppenpositionsrahmen um eins.

Es vergleicht dann diese Nummer (`lBkmCounter`) mit der Anzahl an Textmarken im Dokument. Die letzte Textmarke im Dokument steht unten links im Bereich, wo man den Unfallhergang schildert, einem ungeschützten Dokumentabschnitt. Wenn `lBkmCounter` die letzte Textmarke ist, wird mit `ActiveDocument.Bookmarks(lBkmCounter).Select` dorthin gesprungen, sonst wird zum nächsten *freigegebenen* Formularfeld mit `ActiveDocument.Formfields(ActiveDocument.Range.Bookmarks(lBkmCounter). Name).Select` gesprungen (`Select` kann gesperrte Formularfelder nicht anspringen). Warum braucht es diese zwei unterschiedlichen Methoden? Weil VBA eine Textmarke in einem geschützten Abschnitt nicht anspringen kann, aber ein Formularfeld schon.

Listing 11.9:
Die Freigabe mehrerer Formularfelder anhand der Kontrollkästchenaktivierung einer Gruppe kontrollieren

```
Sub RechtschutzOptionenEreignis()
    Dim ffld As Word.FormField

    Set ffld = ActiveDocument.FormFields(Selection.Bookmarks(1).Name)
    ' "Nein" und "Ja" sind Teil der Formularfeldnamen.
    ' Damit kann der Code folgendes testen:
    ' Wenn es sich um ein "Ja"-Kontrollkästchen handelt und es aktiviert wurde
    If (InStr(ffld.Name, "Ja") <> 0 And ffld.CheckBox.Value) Then
        ' Die Kontrollkästchen im Positionsrahmen "Ist der Fall gemeldet" freigeben.
        ActiveDocument.FormFields("fGemeldetNein").Enabled = True
        ActiveDocument.FormFields("fGemeldetJa").Enabled = True
    Else
        ' Sonst diese Kontrollkästchen sperren und den Inhalt löschen.
        ActiveDocument.FormFields("fGemeldetNein").Enabled = False
        ActiveDocument.FormFields("fGemeldetNein").CheckBox.Value = False
        ActiveDocument.FormFields("fGemeldetJa").Enabled = False
        ActiveDocument.FormFields("fGemeldetJa").CheckBox.Value = False
    End If
    KKOptionsgruppeEreignis
End Sub

Sub KKOptionsgruppeEreignis()
    Dim rng As Word.Range, ffld As Word.FormField
    Dim ffldNext As Word.FormField
    Dim lBkmCounter As Long

    Application.ScreenUpdating = False
    ' Der Positionsrahmen ist der Bereich, worin das Makro arbeitet.
    Set rng = Selection.Range.Frames(1).Range
    Set ffld = Selection.FormFields(1)
    ' Wenn Kontrollkästchen nicht aktiviert wurde
    If ffld.CheckBox.Value = False Then
        ' Formularfelder, die zur "Ja" Gruppe gehören, sperren.
        If InStr(ffld.Name, "Ja") <> 0 Then JaTextfeldEinschalten rng, False
        ' Makro beenden.
        Exit Sub
    End If
```

```
' Alle Kontrollkästchen im Positionsrahmenbereich wie eine Optionsgruppe behandeln.
KKalsOptionsgruppe rng

If InStr(ffld.Name, "Ja") <> 0 Then
    ' Formularfelder, die zur "Ja"-Gruppe gehören, freigeben.
    Set ffldNext = JaTextfeldEinschalten(rng, True)
ElseIf InStr(ffld.Name, "Ja") = 0 Then
    ' Formularfelder, die zur "Ja"-Gruppe gehören, sperren.
    Set ffldNext = JaTextfeldEinschalten(rng, False)
End If

' Wenn JaTextfeldEinschalten das Textformularfeld freigegeben hat
' wurde es ffldNext zugewiesen; sonst ist ffldNext "Nothing"
' und das Formularfeld ist gesperrt.
If Not ffldNext Is Nothing Then
    ' Zum "Ja"-Textformularfeld springen.
    ffldNext.Select
Else
    ' Berechnet die erste Textmarke des nächsten Positionsrahmenbereichs
    ' (letzte Textmarke des markierten Bereichs + 1).
    lBkmCounter = ActiveDocument.Bookmarks( _
        rng.FormFields(rng.FormFields.Count).Name).Range.BookmarkID + 1
    If (lBkmCounter) = ActiveDocument.Range.Bookmarks.Count Then
        ' Wenn wir am Ende des Formular sind, geht's zur letzten Textmarke,
        ' die am Anfang des ungeschützten Bereichs steht.
        ActiveDocument.Range.Bookmarks(lBkmCounter).Select
    Else
        ' Springt zum ersten Formularfeld im nächsten Positionsrahmenbereich.
        ActiveDocument.FormFields( _
            ActiveDocument.Range.Bookmarks(lBkmCounter).Name).Select
    End If
End If
End Sub

Function JaTextfeldEinschalten(ByVal rng As Word.Range, _
        Optional ByVal bEnabled As Boolean = False) As Word.FormField
    Dim ffld As Word.FormField

    ' Durchschleift alle Formularfelder im Positionsrahmen.
    For Each ffld In rng.FormFields
        ' Wenn es sich um ein Textfeld handelt
        If ffld.TextInput.Valid Then
            ' Es sperren oder freigeben.
            ffld.Enabled = bEnabled
            ' Wurde es freigegeben
            If bEnabled Then
                ' und handelt es sich um das erste Textfeld,
                ' Wird es als nächstes Formularfeld designiert,
                ' sodass das rufende Makro es anspringen kann.
                If JaTextfeldEinschalten Is Nothing Then _
                    Set JaTextfeldEinschalten = ffld
            Else
                ' Wurde es gesperrt, wird der Eintrag gelöscht.
                ffld.Result = ""
            End If
        End If
```

```
        Next ffld
End Function

Sub KKalsOptionsgruppe(rng As Word.Range)
    Dim ffld As Word.FormField

    ' Alle Kontrollkästchen im angegebenen Bereich leeren.
    For Each ffld In rng.FormFields
        If ffld.CheckBox.Valid Then ffld.CheckBox.Value = False
    Next ffld
    ' Das markierte Kontrollkästchen aktivieren.
    Selection.FormFields(1).CheckBox.Value = True
End Sub
```

 Den Code finden Sie auf der CD zum Buch im Ordner \Buch\Kap11 in der Dokumentvorlage Bsp11_04.dot.

Ungeschützte und geschützte Abschnitte

Eine Stelle im Beispielformular haben wir noch nicht besprochen: Der untere Abschnitt, wo der Unfallhergang in Worten und mit einer Zeichnung beschrieben wird. Es handelt sich hier um eine relativ große Fläche, wo der Benutzer unter Umständen den Text formatieren oder eine Grafik einfügen möchte. Beides darf er in einem geschützten Formularabschnitt nicht tun; außer Sie stellen ihm über VBA die Funktionalität zur Verfügung (wie weiter unten beschrieben).

Sie haben aber eine Alternative: Sie können in einem Absatz, der dem Absatz folgt, welcher den letzten Positionsrahmenanker enthält, einen fortlaufenden Abschnittswechsel einfügen und diesen Abschnitt ungeschützt lassen.

Um diese Einstellung vorzunehmen, gehen Sie wie folgt vor:

1. Führen Sie die Befehlsfolge *Extras/Dokument schützen* aus.

2. Im Dialogfeld *Dokument schützen* aktiveren Sie die Option *Formulare*.

3. Klicken Sie auf die Schaltfläche *Abschnitte*.

4. Deaktivieren Sie im darauf folgenden Dialogfeld das Häkchen für die Abschnitte, die ungeschützt bleiben sollen.

Der Benutzer kann nun in diesem Abschnitt weitgehend normal arbeiten. Die Tabelle 11.1 listet die Befehle auf, die in einem ungeschützten Word 2000/2002-Abschnitt nicht zur Verfügung stehen (die Liste für Word 97 ist ähnlich). Wie Sie der Tabelle entnehmen können, darf der Benutzer eine Grafik einfügen. Was ihm aber verwehrt bleibt, ist deren weitere Formatierung. Er kann lediglich ihre Größe mit der Maus ändern, wenn sie in der Zeile mit dem Text liegt, weiter nichts.

Tabelle 11.1:
Befehle, die in
einem unge-
schützten
Abschnitt nicht
zur Verfügung
stehen (Word
2000/2002)

Menüpunkt	Befehle	Bemerkungen
Datei	*Seite einrichten*	Man kann die Eigenschaften einblenden, aber nicht ändern.
Bearbeiten	*Als Hyperlink einfügen, Verknüpfungen, Alles markieren, Objekt*	
Ansicht	*Gliederung, Kopf- und Fußzeile, Fußnoten, Markup (Kommentare)*	Einige Menübeschriftungen haben sich in Word 2002 geändert.
Einfügen	*Seitenzahlen, Kommentar, alles unter Referenz (Fußnoten, Beschriftung, Querverweis, Index und Tabellen), Webkomponente, Schematische Darstellung, Textfeld, Textmarke*	Die Menüzusammenstellung hat sich gegenüber Word 2000 geringfügig geändert. Grafiken können zwar eingefügt, aber nicht formatiert werden.
Format	*Nummerierung und Aufzählungszeichen, Rahmen und Schattierung, Initial, Absatzrichtung, AutoFormat, Format AutoForm/Grafik*	*Hintergrund* ist aktiv, aber alle dahinter stehenden Optionen sind ausgeschaltet.
Extras	*Wörter zählen, AutoZusammenfassen, Änderungen nachverfolgen, Dokumente vergleichen und zusammenführen, alles unter Briefe und Sendungen (Seriendruck, Umschläge und Etiketten, Brief Assistent), Vorlagen und Add-Ins, Anpassen*	Die Menüzusammenstellung hat sich gegenüber Word 2000 geringfügig geändert.
Zeichnen-Symbolleiste	*Alle sind ausgeschaltet*	Die grafische Ebene des Dokuments ist gesperrt.

Aus diesem Grunde steht auf der rechten Seite dieses unteren Teils noch ein Positionsrahmen, wo der Benutzer eine in einem anderen Dokument oder in einer grafischen Anwendung erstellte Zeichnung einfügen kann. Der Positionsrahmen ermöglicht den Textfluss der schriftlichen Beschreibung neben der Grafik, die nötigenfalls zu einer zweiten Seite (»evtl. Fortsetzung auf separatem Blatt«) fließen kann. Deshalb wäre eine Tabelle weniger gut geeignet.

Grafische Objekte in geschützten Abschnitten einfügen

Und wenn der Benutzer doch eine Grafik in einen geschützten Dokumentabschnitt einfügen soll, was dann? Mit einem Makro wie in Listing 11.10 können Sie den Vorgang steuern. Der Benutzer wählt die Datei aus und diese wird an einer vorgegebenen Stelle eingefügt. Das Makro kann die Grafik formatieren oder sie passt sich proportional an das genaue Maß des Positionsrahmens (entweder die Höhe oder die Breite) an, wenn sie in einen Positionsrahmen eingefügt wird. In Abbildung 11.7 beispielsweise ist die Breite des Positionsrahmens auf genau 5 cm festgesetzt. Die eingefügte Grafik ist quadratisch, also wird sie in diesem Dokument auch 5 cm hoch angezeigt.

Sehr nützlich ist die Tatsache, dass ein mit Textfluss formatiertes grafisches Objekt, das in einem geschützten Abschnitt verankert ist, im ungeschützten Text stehen kann und dennoch geschützt bleibt. Ein Beispiel sehen Sie in Abbildung 11.7.

Abbildung 11.7:
*In geschützten
Abschnitten Gra-
fiken einfügen
und Text in For-
mularfeldern for-
matieren*

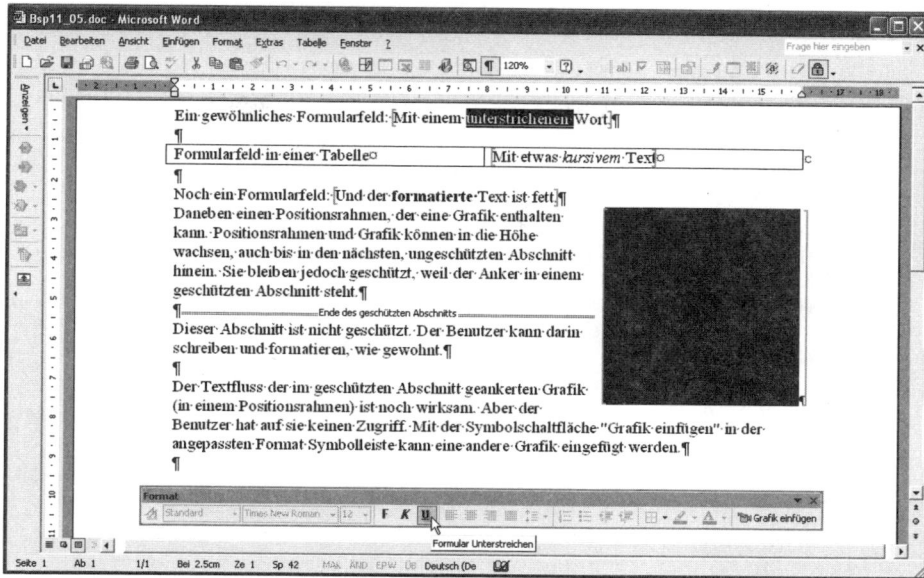

 Das beschriebene Beispiel finden Sie auf der CD zum Buch im Ordner *Buch\Kap11*
unter dem Namen *Bsp11_05.doc*.

Der Menübefehl *Einfügen/Grafik/Aus Datei* ist in einem geschützten Dokumentabschnitt gesperrt. Um das Dokument möglichst lange geschützt zu lassen, ist es
besser, die Dateiauswahl über einen anderen Weg zu ermöglichen. Word 2002 bietet das neue `FileDialog`-Objekt, das den Bedürfnissen des Makros sehr genau angepasst werden kann. In Word 97 oder 2000 können Sie sich, wie in Listing 11.10
gezeigt, des Dialogfelds `DateiÖffnen` (`FileOpen`) bedienen oder den Dokumentschutz
zuerst aufheben und das Dialogfeld `InsertPicture` einblenden. (Ein Beispiel für die
letztgenannte Methode finden Sie in ▶ Kapitel 9, und mehr über Dialogfelder lesen
Sie in ▶ Kapitel 12.)

Nach dem Einsatz des `FileDialog`-Objekts tendiert VBA dazu, ein anderes Fenster
als das des Word-Dokuments zu aktivieren. Es handelt sich hier um einen kleinen
Bug, dem wir mit der Zeile `doc.Application.Activate` entgegenwirken können.

Listing 11.10:
*Eine Grafik in
einen geschütz-
ten Formularab-
schnitt einfügen*

```
Sub GrafikEinfügen()
    Dim doc As Word.Document
    Dim dlg ' As Office.FileDialog
    Dim szDateiName As String

    Set doc = ActiveDocument
    ' Ein Dialogfeld für die Auswahl von Dateien anzeigen.
    ' Word97/2000
    If Application.Version < 10 Then
        Set dlg = Application.Dialogs(wdDialogFileOpen)
        With dlg
            .Display
            szDateiName = .Name
        End With
```

Formulare in Word: Benutzereingaben sammeln

```
                    ' Word 2002
            Else
                Set dlg = Application.FileDialog(msoFileDialogFilePicker)
                With dlg
                        ' Nur eine Datei darf ausgewählt werden.
                    .AllowMultiSelect = False
                        ' Schaltflächenname bestimmen.
                    .ButtonName = "Datei einfügen"
                        ' Ansicht festlegen.
                    .InitialView = msoFileDialogViewSmallIcons
                        ' Beschriftung definieren.
                    .Title = "Grafik ins Formular einfügen"
                        ' Wenn der Benutzer nicht abbricht
                    If .Show = -1 Then
                            ' Gewählten Dateinamen festhalten.
                        szDateiName = .SelectedItems(1)
                    Else
                            ' Dokumentfenster wieder zuoberst bringen.
                        doc.Application.Activate
                    End If
                End With
            End If
            ' Wenn eine Datei markiert wurde (ist standardmässig der Fall)
            If Len(szDateiName) <> 0 Then
                ' Dokumentschutz entfernen.
                If doc.ProtectionType = wdAllowOnlyFormFields Then doc.Unprotect
                ' Textmarkeinhalt (= Positionsrahmeninhalt) löschen.
                doc.Bookmarks("txtGrafik").Range.Frames(1).Range.Text = ""
                ' Gewählte Datei einfügen (wenn es sich nicht um eine Grafik handelt
                ' zeigt Word eine Fehlermeldung an).
                doc.InlineShapes.AddPicture FileName:=szDateiName, _
                    Range:=doc.Bookmarks("txtGrafik").Range
                ' Dokument erneut schützen.
                doc.Protect Type:=wdAllowOnlyFormFields, NoReset:=True
                ' Dokumentfenster wieder zuoberst in Windows anzeigen.
                doc.Application.Activate
            End If
    End Sub
```

Formatieren in Formularfeldern

Wie schon erwähnt, stehen die meisten Menübefehle für die Bearbeitung in einem geschützten Formularabschnitt nicht zur Verfügung. Für Microsoft besteht die Hauptaufgabe eines Formulars darin, Benutzereingaben (Daten) zu sammeln. Sollte dieses Verhalten nicht in Ihr Konzept passen, bauen Sie diese Funktionalität mit VBA in Ihr Formular ein.

Für Benutzer von Word 2002 gibt es ein Hintertürchen. Je nachdem, ob Sie unbegrenztes Formatieren in Ihren Formularen zulassen wollen, ist dies als Vor- oder Nachteil zu betrachten. Wenn der Aufgabenbereich *Formatvorlagen und Formatierungen* bei ungeschütztem Zustand des Formulars (auch in einem ungeschützten Abschnitt) einmal eingeblendet wurde, bleibt er auch nachher zugänglich. Er kann nämlich mit den Schaltflächen »Zurück« und »Weiter« (oben links) von einem andern Aufgabenbereich aus wieder eingeblendet werden. Alles, was in dieser Liste erscheint, kann dem Text in Formularfeldern zugewiesen werden. Um dieses Verhalten zu umgehen, müssen Sie alle Befehle, die einen Aufgabenbereich einblenden, entfernen oder sperren.

WICHTIG

Mit Symbolschaltflächen zugewiesenen Makros (Abbildung 11.7) können Sie den Benutzern Ihrer Formulare einiges an gesperrter Funktionalität zurückgeben. Das Makro in Listing 11.11 ermöglicht zum Beispiel die Fettformatierung der gegenwärtigen Markierung.

Listing 11.11:
Markierten Text
in einem
geschützten For-
mular fett forma-
tieren

```
Sub FettFormatieren()
    ActiveDocument.Unprotect  ' Password:="Kennwort"
    Selection.Range.Font.Bold = True
    ActiveDocument.Protect Type:=wdAllowOnlyFormFields, NoReset:=True _
        ' , Password:="Kennwort"
End Sub
```

Diese einfache Prozedur hat jedoch einige Nachteile:

- Nach der Ausführung wird das ganze Formularfeld statt des ursprünglichen Bereichs markiert.
- Der Benutzer kann in einem in einer Tabelle stehenden Formularfeld weder mit der Maus noch mit der Tastatur eine beliebige Zusammensetzung von Zeichen markieren; es werden alle Zeichen bis zum Anfang bzw. Ende des Formularfeldes markiert.

Da sich viele Formulare am bequemsten mit Tabellen aufstellen lassen, ist dieses zweite Problem schwerwiegend. Das Listing 11.12 (*Bsp11_05.doc*) veranschaulicht, wie die Formatierung in einem geschützten Dokument für den Benutzer transparent gestaltet werden kann. Sie nimmt nicht nur Rücksicht auf Tabellen, sondern auch auf ungeschützte Abschnitte, wo die Word-eigenen Formatierungsbefehle ihre übliche Wirkung beibehalten.

Das Listing 11.12 besteht aus einem Klassen- und einem normalen Modul. Das Klassenmodul stellt das Ereignis WindowSelectionChange (Änderung der Markierung) des Application-Objektes bereit. (Mehr über den Einsatz von Klassenmodulen lesen Sie in den VBA-Hilfedateien von Word sowie in verschiedenen Beispielen dieses Buchs.) Ausgelöst wird es, wenn der Benutzer mit der Maus navigiert oder mit der Tastatur zwischen Formularfeldern oder Tabellenzellen springt. Da Application-Ereignisse für die gesamte Word-Umgebung gelten, kontrolliert der Code zuerst, ob der Zielpunkt der Markierungsänderung im Formular steht (das Objekt ThisDocument). Ist dies der Fall, werden, je nachdem, ob er in einem geschützten Abschnitt liegt oder nicht, die Word-eigenen oder die für die Formatierung im Formular erstellten Symbolschaltflächen ein- und die anderen ausgeblendet. (Diese zwei Prozeduren (FormularSymboleEinblenden und FormularSymboleAusblenden) stehen im normalen Modul.

HINWEIS   Bitte beachten Sie, dass es sich in diesem Beispiel um ein *Dokument* und nicht um eine Vorlage handelt. Wenn Sie eine Vorlage mit dieser Funktionalität ausstatten möchten, brauchen Sie einen anderen Test als ThisDocument, um festzustellen, ob der Benutzer in Ihrem Formular arbeitet oder lassen Sie den Test weg und die Funktionalität in allen geöffneten Dokumente spielen.

Für dieses Beispiel (Abbildung 11.7) wurde die Symbolleiste *Format* im Formulardokument mit den Symbolschaltflächen für die Formatierung im Formular ergänzt. (Das Formulardokument wurde aus dem Dropdown-Feld *Speichern in* gewählt, bevor die Anpassungen vorgenommen wurden.) Eine Entwicklerregel besagt, wir sollen höflich sein und Benutzereinstellungen möglichst nicht nachhaltig ändern. ▶

Es ist also sehr wichtig, dass die in diesen zwei Prozeduren vorgenommenen Änderungen zu dieser Symbolleiste einzig im Formulardokument stattfinden. Beachten Sie also insbesondere den Einsatz der Eigenschaft `Application.CustomizationContext`.

Im normalen Modul stehen auch `AutoOpen` und `AutoClose`-Makros, die unter anderem die Aufgabe übernehmen, die `Application`-Ereignisse ein- und auszuschalten. Es ist möglich, dass während der Bearbeitung und Speicherung des VBA-Codes die `Application`-Ereignisse aufhören zu arbeiten. Dieses Verhalten ist normal, schalten Sie sie einfach erneut ein.

Die Symbolschaltflächen für die Formatierung im Formular sind mit den Makros `FormularFett`, `FormularKursiv`, und `FormularUnterstreichen` verbunden. Diese ihrerseits geben den vom Benutzer markierten Bereich und eine Zeichenkette mit der gewünschten Art Formatierung an die Prozedur `FormatierungVorbereiten` weiter.

Diese Prozedur ermittelt, ob die Markierung sich in einer Tabelle befindet. Wie schon erwähnt, kann der Benutzer keine genaue Markierung in einem Formularfeld vornehmen, das sich in einer Tabelle befindet. Er muss die Markierung in zwei Schritten bezeichnen, sodass das Makro den zu formatierenden Bereich erfassen kann. Als Startpunkt dient der Anfang der beim Aufruf des Makros gegenwärtigen Markierung, den die Prozedur mit einer Textmarke festhält. Das Makro wird abgebrochen und der Benutzer klickt mit der rechten Maustaste auf den Endpunkt. Aus dem Kontextmenü wählt er den Eintrag *Weiter formatieren*, den die Prozedur zu diesem Zweck vor dem Abbruch dem Kontextmenü für Formularfelder hinzugefügt hat. Diesen Menüpunkt führt die Prozedur `TabellenFormatierung` aus.

`TabellenFormatierung` entfernt den Kontextmenüeintrag, holt die Art der Formatierung aus der Dokumentvariablen, wo `FormatierungVorbereiten` sie zuvor gespeichert hat und erstellt eine Textmarke, deren Anfangspunkt dem Anfangspunkt der ersten Textmarke entspricht und deren Endpunkt gleich dem des Rechtsanklickens ist. Diese Textmarke erkennt die Prozedur `FormatierungZuweisen`, die die eigentliche Formatierung in allen Fällen vornimmt und den formatierten Text markiert.

```
' Klassenmodul
Option Explicit
Public WithEvents app_Wrd As Word.Application

Private Sub app_Wrd_WindowSelectionChange(ByVal Sel As Selection)
    ' Anwendungsereignisse gelten für die gesamte Word-Umgebung.
    ' Wir wollen die Symboländerungen nur für dieses Formular ausführen.
    If ActiveDocument Is ThisDocument Then
        ' Formatierungsbefehle in der Symbolleiste "Format" ein- bzw. ausblenden,
        ' wenn der Benutzer in einen geschützten bzw.
        ' ungeschützten Dokumentabschnitt eintritt.
        If Sel.Sections(1).ProtectedForForms Then
            FormularSymboleEinblenden
        Else
            FormularSymboleAusblenden
        End If
    End If
End Sub


' Gewöhnliches Modul
Option Explicit
```

Listing 11.12:
Fett-, Kursiv- und Unterstrichen-Formatierungen in allen Teilen eines geschützten Formulars ermöglichen

```
Public X As clsFormularVerwaltung

Sub AutoOpen()
    ' Format-Symbolleiste einblenden
    CommandBars("Formatting").Visible = True
    FormularAppEreignisseEinschalten
    If Selection.Sections(1).ProtectedForForms Then
        FormularSymboleEinblenden
    Else
        FormularSymboleAusblenden
    End If
End Sub

Sub AutoClose()
    FormularAppEreignisseAusschalten
End Sub

Sub FormularAppEreignisseEinschalten()
    Set X = New clsFormularVerwaltung
    Set X.app_Wrd = Word.Application
End Sub

Sub FormularAppEreignisseAusschalten()
    ' Wenn die Ereignisse aus irgendeinem Grund nicht mehr laufen,
    ' wollen wir keine Fehlermeldung sehen.
    On Error Resume Next
    Set X.app_Wrd = Nothing
    Set X = Nothing
End Sub

Sub FormularSymboleEinblenden()
    ' Formular-Formatierungssymbole einblenden
    ' Entsprechende normale Symbole ausblenden.
    Dim cmd As CommandBar

    Application.CustomizationContext = ThisDocument
    Set cmd = CommandBars("Formatting")
    cmd.Controls("Fett").Visible = False
    cmd.Controls("Formular Fett").Visible = True
    cmd.Controls("Kursiv").Visible = False
    cmd.Controls("Formular Kursiv").Visible = True
    cmd.Controls("Unterstrichen").Visible = False
    cmd.Controls("Formular Unterstrichen").Visible = True
End Sub

Sub FormularSymboleAusblenden()
    ' Formular-Formatierungssymbole ausblenden und
    ' entsprechende normale Symbole einblenden.
    Dim cmd As CommandBar

    Application.CustomizationContext = ThisDocument
    Set cmd = CommandBars("Formatting")
    cmd.Controls("Fett").Visible = True
    cmd.Controls("Formular Fett").Visible = False
    cmd.Controls("Kursiv").Visible = True
    cmd.Controls("Formular Kursiv").Visible = False
```

```
        cmd.Controls("Unterstrichen").Visible = True
        cmd.Controls("Formular Unterstrichen").Visible = False
End Sub
Sub FormularFett()
    Dim rng As Word.Range

    Set rng = Selection.Range
    FormatierungVorbereiten rng, "Fett"
End Sub

Sub FormularKursiv()
    Dim rng As Word.Range

    Set rng = Selection.Range
    FormatierungVorbereiten rng, "Kursiv"
End Sub

Sub FormularUnterstreichen()
    Dim rng As Word.Range

    Set rng = Selection.Range
    FormatierungVorbereiten rng, "Unterstreichen"
End Sub

Sub FormatierungVorbereiten(ByVal rng As Word.Range, ByVal szFormatArt As String)
    Dim dok As Word.Document, bkm As Word.Bookmark
    Set dok = rng.Parent

    ' Wenn das Dokument als Formular geschützt ist
    ' und die Markierung sich nicht in einer Tabelle befindet
    If (dok.ProtectionType = wdAllowOnlyFormFields) And _
       (Not rng.Information(wdWithInTable)) Then
        ' Textmarke für die Markierung setzen,
        ' sodass die Markierung wieder hergestellt werden kann.
        Set bkm = dok.Bookmarks.Add(Name:="Temp", Range:=rng)
        ' Dokumentschutz aufheben.
        dok.Unprotect
        FormatierungZuweisen bkm, szFormatArt
    ElseIf dok.ProtectionType = wdAllowOnlyFormFields And _
       rng.Information(wdWithInTable) Then
        ' Es ist nicht möglich, in einer Tabelle Text beliebig zu markieren.
        ' Der Benutzer muss uns den Endpunkt anzeigen.
        Dim cmdObj As CommandBarControl

        ' Menübefehl dem Kontextmenü für Formularfelder hinzufügen.
        Application.CustomizationContext = dok
        Set cmdObj = CommandBars("Form fields").Controls.Add(Type:=msoControlButton, _
           Before:=1)
        With cmdObj
            .Caption = "Weiter formatieren..."
            .OnAction = "TabellenFormatierung"
        End With
        ' Anfangspunkt von der gegenwärtigen Markierung ermitteln.
        dok.Bookmarks.Add Name:="TempStart", Range:=rng
        ' Formatierungsart festhalten,
        ' weil die Information beim Beenden der Prozedur verloren geht.
```

```
                dok.Variables("FormatArt") = szFormatArt
                MsgBox "Klicken Sie auf OK. Anschließend klicken Sie " & _
                    "mit der rechten Maustaste auf den Endpunkt für die Markierung " & _
                    "und wählen Sie den Kontextmenübefehl 'Weiter formatieren'."
                Exit Sub
        End If
    End Sub


    Sub FormatierungZuweisen(ByVal bkm As Word.Bookmark, ByVal szFormatArt As String)
        Dim rng As Word.Range

        Set rng = bkm.Range
        ' Gewählte Formatierung dem Textmarkenbereich zuweisen.
        Select Case szFormatArt
            Case "Fett"
                rng.Font.Bold = Not rng.Font.Bold
            Case "Kursiv"
                rng.Font.Italic = Not rng.Font.Italic
            Case "Unterstreichen"
                If rng.Font.Underline = wdUnderlineNone Then
                    rng.Font.Underline = wdUnderlineSingle
                Else
                    rng.Font.Underline = wdUnderlineNone
                End If
            Case Else
        End Select
        ' Dokumentschutz erneut aktivieren.
        rng.Parent.Protect Type:=wdAllowOnlyFormFields, NoReset:=True _
            ', Password:="Kennwort"   ' fakultativ
        ' Benutzermarkierung wiederherstellen.
        rng.Select
        ' Temporäre Textmarke löschen.
        bkm.Delete
    End Sub


    Sub TabellenFormatierung()
        Dim dok As Word.Document, bkm As Word.Bookmark, szFormatArt As String

        Set dok = ActiveDocument
        ' Hinzugefügten Menübefehl wieder entfernen.
        Application.CustomizationContext = dok
        CommandBars("Form fields").Controls("Weiter formatieren...").Delete
        szFormatArt = dok.Variables("FormatArt").Value
        ' Endpunkt des zu formatierenden Bereichs festlegen.
        Set bkm = dok.Bookmarks.Add(Name:="Temp", _
            Range:=dok.Range(Start:=dok.Bookmarks("TempStart").Range.Start, _
            End:=Selection.Range.Start))
        ' Temporäre Textmarken und Informationen löschen.
        dok.Bookmarks("TempStart").Delete
        dok.Variables("FormatArt").Delete
        dok.Unprotect
        FormatierungZuweisen bkm, szFormatArt
    End Sub
```

 Den Code finden Sie auf der CD zum Buch im Ordner *\Buch\Kap11* in der Datei *Bsp11_05.doc.*

Geschütztes Formular ohne Formularfelder

Haben Sie ein Formular, in dem formatierte Benutzereingaben in einer Fläche unter einer Textstelle vorkommen, kann eine Mischung der MacroButton-Feldfunktion in ungeschützten mit geschützten Abschnitten, wie in Abbildung 11.8, vorteilhaft sein. Die MacroButton-Felder kennzeichnen die Eingabestellen, vor allem wenn die nicht druckbaren Zeichen ausgeblendet sind. Außerdem kann sich der Benutzer schnell durch das Formular arbeiten, wenn einem Tastaturkürzel wie F11 das Makro in Listing 11.13 zugewiesen ist.

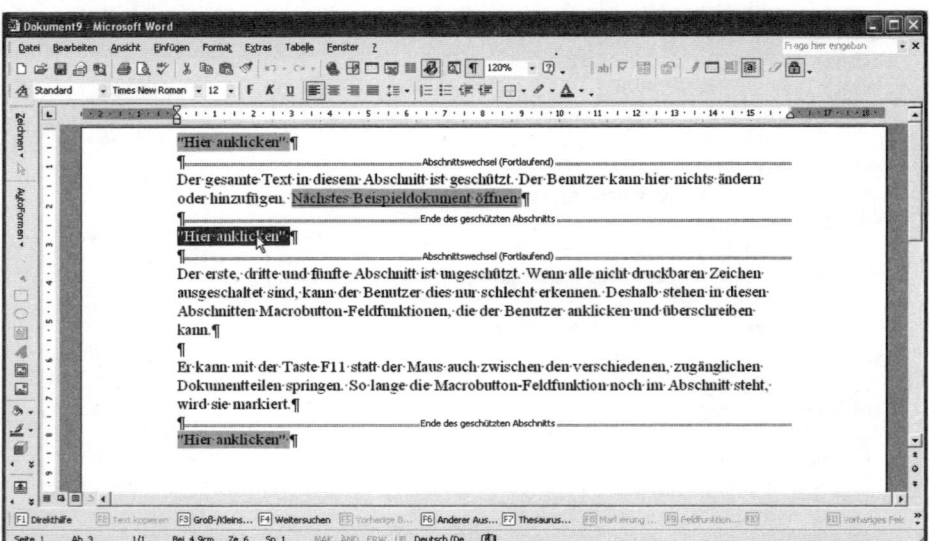

Abbildung 11.8: MacroButton-Feldfunktionen in ungeschützten Dokumentabschnitten

Das beschriebene Beispiel finden Sie auf der CD zum Buch im Ordner *Buch**Kap11* unter dem Namen *Bsp11_06.dot*.

Auch die Sections-Auflistung hat eine Eigenschaft, die die Nummer des gegenwärtigen Abschnitts wiedergibt: .Index.

Lösung

```
Sub ZumNächstenAbschnittSpringen()
    Dim fld As Word.Field
    Dim rng As Word.Range
    Dim lCurrSec As Long, lSecCounter As Long

    Set rng = Selection.Sections(1).Range
    ' Nummer dieses Abschnitts ermitteln.
    lCurrSec = Selection.Sections(1).Index

    ' Wenn die Einfügemarke im letzten Abschnitt steht
    If lCurrSec = ActiveDocument.Sections.Count Then
        lSecCounter = 0
    Else
        lSecCounter = lCurrSec
    End If

    ' Ab dem gegenwärtigen Abschnitt den nächsten ungeschützten suchen.
    ' Sobald der Anfangsabschnitt erreicht ist, hört die Schleife auf.
```

Listing 11.13: Mit der Tastatur zwischen ungeschützten Abschnitten springen

```
Do
    ' Wieder von Dokumentanfang an suchen,
    ' wenn der letzte Abschnitt erreicht wurde.
    If lSecCounter = ActiveDocument.Sections.Count Then lSecCounter = 1
    lSecCounter = lSecCounter + 1
Loop While ActiveDocument.Sections(lSecCounter).ProtectedForForms _
    And lSecCounter <> lCurrSec

Set rng = ActiveDocument.Sections(lSecCounter).Range
' Das erste MacroButton-Feld im Bereich suchen und
' wenn vorhanden markieren. Makro abbrechen.
For Each fld In rng.Fields
    If fld.Type = wdFieldMacroButton Then
        fld.Select
        Exit Sub
    End If
Next fld
' Sonst Einfügemarke am Anfang des Bereichs setzen.
' Wenn man probiert, den letzten Abschnitt zu markieren
' und er geschützt ist, springt die Einfügemarke automatisch
' in den ersten ungeschützten Abschnitt des Dokuments zurück.
rng.Select
Selection.Collapse Direction:=wdCollapseStart
End Sub
```

Autofunktionalität: AutoKorrektur, Rechtschreibeprüfung und Hyperlinks

Die *AutoKorrektur* funktioniert problemlos in ungeschützten Dokumentabschnitten. In Textformularfeldern geschützter Abschnitte werden nur unformatierte AutoKorrektur-Einträge erkannt; zusätzlich sind *ZWei GRoßbuchstaben am WOrtanfang korrigieren* sowie *Jeden Satz mit einem Großbuchstaben beginnen* nicht aktiv.

HINWEIS Für Word 2000 muss manchmal eine maximale Länge für Textformularfelder festgesetzt werden, um die AutoKorrektur zu ermöglichen.

Die vollständige Rechtschreibprüfung (F7 bzw. *Extras/Rechtschreibung und Grammatik*) läuft grundsätzlich nur in ungeschützten Abschnitten und dies in allen Versionen; die automatische Erkennung (gewellte Linien) nur in Word 2002. In keiner Version von Word besteht die Möglichkeit, Formularfeldeingaben zu prüfen, außer mit der Hilfe eines Makros. Auf der Webseite *http://www.mvps.org/word/FAQs/MacrosVBA/SpellcheckProtectDoc.htm* (Bitte achten sie auf die Groß-/Kleinschreibung!) finden Sie ein vollfunktionsfähiges Makro für Word 97 bis 2002. Es wurde als gemeinsames und fortwährendes Projekt mehrerer Mitglieder des *msnews*-Servers entwickelt und berücksichtigt so ziemlich alle möglichen Situationen.

Hyperlinks in geschützten Dokumentabschnitten sind unzugänglich. MacroButton-Feldfunktionen bleiben jedoch ungeschützt und aktiv. Wenn Sie also einen Hyperlink in eine MacroButton-Feldfunktion verschachteln und die Feldfunktion mit dem kleinen Makro in Listing 11.14 verbinden, kann der Benutzer zum Zielpunkt springen. Allerdings ändert der Mauszeiger seine Form nicht in eine Hand.

```
{ MacroButton HyperlinkFolgen "Hyperlink hier einfügen" }
```

HINWEIS Hyperlinks können logischerweise Ziele in geschützten Abschnitten nicht anspringen!

```
Sub HyperlinkFolgen()
   Selection.Hyperlinks(1).Follow
End Sub
```

Listing 11.14:
Hyperlink in
MacroButton-
Feldfunktion
folgen

Eine Rechnungsvorlage als Formular

Noch eine Aufgabe, für die gerne Formulare eingesetzt werden, ist das Schreiben von Rechnungen. Da Formularfelder mit einem Zahlenformat ausgestattet und automatisch aktualisiert werden können (im Gegensatz zu Tabellenzellen bzw. gewöhnlichen Ausdrucksfeldfunktionen), wäre diese Funktionalität ideal, wenn es nicht ein Problem gäbe: Sie können in einem Formular standardmäßig Tabellenzeilen nicht beliebig einfügen. Sie kennen das: Entweder hat Ihr Formular zu viele oder zu wenig Zeilen vorgesehen, die genau richtige Anzahl wird es – laut Folgesatz zu Murphys Gesetz – nie sein.

In Abbildung 11.9 sehen Sie ein Formular, das das Rechnungsschreiben erheblich erleichtert. Die nicht druckbaren Zeichen, Formularschattierung und das Tabellengitternetz sind dieses Mal ausgeschaltet, um eine bessere Vorschau auf das Endresultat zu geben. Außer dem Briefkopf (zuoberst) befindet sich der ganze Dokumenttext in Formularfeldern, die mit Formatvorlagen formatiert sind.

Erstellung der Vorlage

Im Gegensatz zum ersten Beispiel passt dieses Formular sehr gut in das Word-Konzept des Fließtextes. Positionsrahmen sind nicht notwendig. Formatvorlagen, die Absatzeinzüge und -abstände definieren, reichen durchaus, um den Text an die richtige Stelle zu bringen. Die Artikelauflistung steht in einer Tabelle, in der eine Tabellen-Formatvorlage unter anderem für die Streifenformatierung sorgt.

Mehr über die Tabellen-Formatvorlagen erfahren Sie in ▶ Kapitel 8. Diese Funktionalität ist neu in Word 2002. In früheren Versionen von Word müssen Sie entweder auf die Streifen verzichten oder sie mit VBA erzeugen und verwalten.   **HINWEIS**

Die Tabelle für die Artikelauflistung besteht am Anfang aus fünf Spalten und drei Zeilen:

- ○ Kopf-,
- ○ Artikel- und
- ○ Totalzeile.

In der Artikelzeile sind nur das *Artikel*-Dropdown-Formularfeld und das *Anzahl*-Textformularfeld für die Benutzereingabe freigegeben. Die Formularfelder *Art.-Nr.* und *Einheit* werden vom »Beenden«-Makro (Listing 11.16) des *Artikel*-Dropdown-Formularfelds mit Daten für den gewählten Eintrag versorgt. *Preis* berechnet das Produkt der *Anzahl* mal der *Einheit*. Das *Total*-Formularfeld berechnet die Summe der darüber stehenden *Preis*-Formularfelder.

Diese berechneten Formularfelder sind gute Beispiele, wie Sie viel mehr Flexibilität bei der Zahlenformatierung erreichen. Die Zahlenformatierungsschalter sind Teil des Berechnungsausdrucks und werden nicht über das Feld *Zahlenformat* bestimmt. Null-Beträge werden beispielsweise durch Hinzufügen einer dritten Gruppe nach den Zahlenbildern für positive und negative Ergebnisse unterdrückt:

```
= Product(Links) \# "_ #.##0,00;- _ #.##0,00;''"
```

Die zwei Apostrophe unmittelbar vor dem abschließenden Anführungszeichen weisen dem Feldergebnis eine leere Zeichenkette zu.

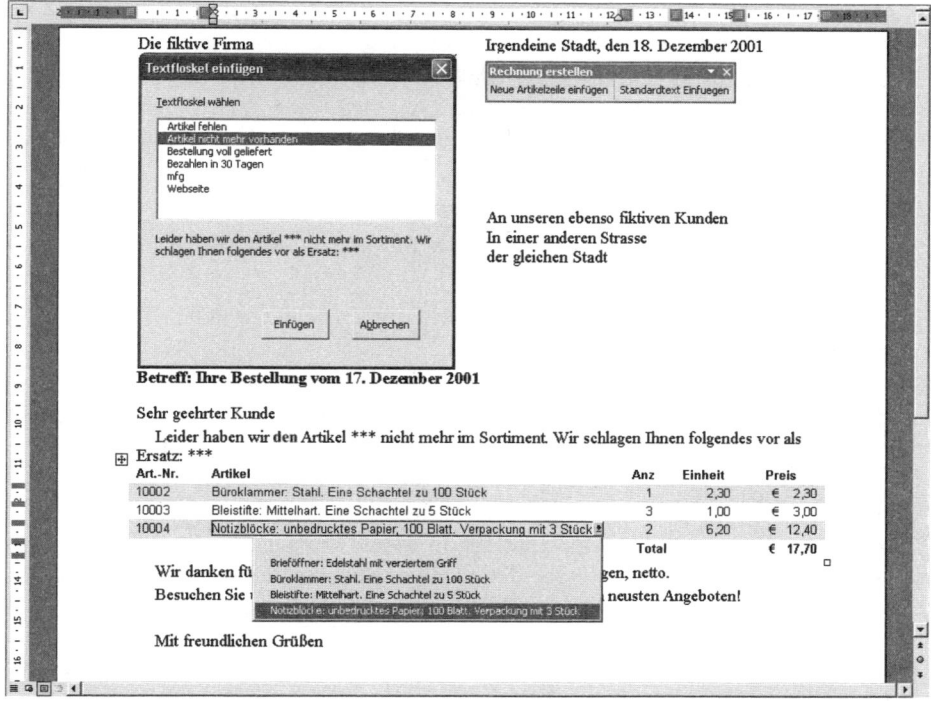

Die Einträge des *Artikel*-Dropdown-Formularfelds stammen aus einer Word-Tabelle in einem andern Dokument (es könnte aber auch eine Excel-Tabelle oder eine Datenbank sein), um die Verwaltung der Artikelliste zu vereinfachen. Beim Erstellen einer neuen Rechnung von der Vorlage liest ein AutoNew Makro (Listing 11.15) diese Daten und fügt sie in das Dropdown-Formularfeld ein.

 Das beschriebene Beispiel finden Sie auf der CD zum Buch im Ordner *Buch\Kap11* unter dem Namen *Bsp11_07.dot*. Die zugehörige Datendatei heißt *11_07Dat.doc* und befindet sich im selben Ordner.

TIPP Wenn Sie dem Benutzer mehr als 25 Einträge zur Auswahl stellen wollen, die Einträge aus mehr als 50 Zeichen bestehen oder einzelne Einträge ein kaufmännisches »Und« (&) enthalten, fügen Sie ein gewöhnliches Textformularfeld statt einem Dropdown-Formularfeld ein. Dessen »Ereignis«-Makro blendet ein UserForm ein, wo der Benutzer den gewünschten Eintrag aus einer Listbox wählt. Dieser Text wird dann in das Textformularfeld eingefügt.

Der Benutzer fügt während des Rechnungsschreibens zusätzliche Zeilen in die Artikelauflistung über die mit dem Makro in Listing 11.17 verbundene Symbolschaltfläche *Neue Artikelzeile einfügen* ein. Diese Grundform der Artikel-Zeile ist als Auto-Text-Eintrag in der Vorlage gespeichert.

Sie erstellen ihn wie folgt:

1. Erstellen und formatieren Sie die Tabelle für die Artikelauflistung in der Vorlage.

---

2. Fügen Sie die Formularfelder ein und setzen Sie deren Optionen.

3. Weisen Sie jedem Formularfeld einen eindeutigen Namen zu.

4. Markieren Sie die ganze Artikel-Zeile, indem sie im linken Rand neben der Zeile mit der linken Maustaste klicken.

5. Über die Befehlsfolge *Einfügen/AutoText/AutoText* öffnen Sie das Dialogfeld *AutoKorrektur* und wählen die Registerkarte *AutoText*. (Die Befehlsreihenfolge gilt für Word 2002; in früheren Versionen könnte sie leicht abweichen, aber die Funktionalität ist die gleiche.)

6. Wählen Sie die Vorlage aus der Liste *Suchen in*.

7. Geben Sie dem Eintrag einen Namen (im Beispiel `AT_ArtikelZeile`) und aktivieren Sie die Schaltfläche *Hinzufügen*.

8. Gehen Sie nun zurück in die Optionen der Formularfelder in der Artikel-Zeile und ergänzen deren Namen um die Zahl »1«.

Zwei Formularfelder im selben Dokument dürfen nicht den selben Namen haben, da es sich bekanntlich auch um Textmarken handelt, die im Dokument einmalig sein müssen. Nachdem das Makro den AutoText-Eintrag in die Tabelle eingefügt hat, werden die Namen der darin enthaltenen Formularfelder um eine fortlaufende Zahl erweitert.

Es stehen noch weitere AutoText-Einträge in dieser Vorlage. Bei der Erstellung von Rechnungen werden immer wieder die gleichen Standardtexte benötigt. Es ist hilfreich, wenn wir dem Benutzer ermöglichen, aus einer Liste der gebräuchlichsten Floskeln zu wählen, um sie direkt in das Formularfeld einzufügen. Dort kann er den Text nach Bedarf ändern und ergänzen. Oben links in Abbildung 11.9 steht ein User-Form, das eine Liste der in der Vorlage gespeicherten AutoText-Einträge vorstellt. Das Makro in Listing 11.18 erlaubt dem Benutzer, so viele AutoText-Einträge in ein Formularfeld einzufügen, wie er benötigt.

Wie am Anfang des Kapitels erwähnt, können AutoText-Einträge anhand ihrer Formatvorlage-Kategorien zugeordnet werden. Alle Standardtexte sind mit der selben Formatvorlage formatiert (im Beispiel heißt sie »AutoText« und hat die gleiche Formatierung wie die Formatvorlage »Standard«) und nur die Einträge in dieser Kategorie werden in dem UserForm aufgenommen. Bei der Erstellung der AutoText-Einträge müssen Sie zudem darauf achten, dass nur der Text und nicht die Absatzmarke markiert ist. Sonst wird auch die (unerwünschte) Absatzmarke mit dem AutoText-Eintrag in das Formularfeld eingefügt.

Um auf Ihrem System das Daten-Dokument mit dem Makro öffnen zu können, müssen Sie den Pfadnamen der globalen Variable `g_szDatenDoc` ersetzen.

Weil die Daten in der Word-Tabelle mehrmals während der Bearbeitung der Rechnung gebraucht werden, wird am Anfang des Moduls eine Objektvariable deklariert. Ihr wird in der Prozedur `ArtikelListeFuellen` das Dokumentobjekt zugewiesen, wenn es geöffnet wird. Sie erlaubt uns, jederzeit das Daten-Dokument anzusprechen, bis es in der `AutoClose`-Prozedur wieder geschlossen wird. Das Daten-Dokument wird unsichtbar geöffnet (`.Visible = False`). Die `.Visible`-Eigenschaft existiert erst seit Word 2000 (ist also in Word 97 nicht vorhanden). Zugriff auf diese Eigenschaft hat man nur über eine Objektvariable. Deswegen gab es in Word 2000 einige Probleme, weshalb in Word 2002 ein Eintrag in der Liste im Menü *Fenster* steht. ▶

Damit kann der Benutzer das Fenster (das außer der Titelleiste ganz leer ist) anzeigen und das Dokument schließen.

Um die Fehlerquelle geringer zu halten, zeigt das *Artikel*-Dropdown-Formularfeld standardmäßig einen »leeren« Eintrag an. Es handelt sich in Wirklichkeit um ein Leerzeichen, da ein Dropdown-Formularfeld keinen »leeren« Eintrag akzeptiert.

Jede Tabellenzelle enthält immer zwei Zeichen, die im kleinen, nichtdruckbaren Kreiszeichen verborgen sind: eine Absatzmarke (Chr$(13)) zusammen mit einer »Ende-der-Zelle«-Marke (Chr$(7)). Um zu testen, ob eine Zelle »leer« ist, setzt man deswegen die Prüfung If Len(szRecEintrag) > 2 Then ein. Diese zwei Zeichen müssen auch abgeschnitten werden, wenn man beabsichtigt, die Zeichenkette als Text zu verwenden. In diesem Makro erledigt diese Aufgabe die Prozedur ZellenTextTrimmen.

Listing 11.15:
Dropdown-Formularfeld mit einer Liste der Artikel füllen, die in einem andern Dokument stehen

```
Option Explicit
' Pfad zum Dokument mit den Daten
Public Const g_szDatenDoc As String = "\\Speedy\Data\WdProfB\Beispiel\11_07Dat.doc"
Private g_docDaten As Word.Document

Sub AutoNew()
    Dim ffldArtikelListe As Word.FormField

    Set ffldArtikelListe = ActiveDocument.FormFields("txtArtikel1")
    ' Dropdown-Formularfeld weitergeben, um es zu füllen.
    ArtikelListeFuellen ffldArtikelListe
    ' Vorlage-Symbolleiste einblenden.
    Application.CommandBars("Rechnung erstellen").Visible = True
End Sub

Sub ArtikelListeFuellen(ffldList As Word.FormField)
    Dim docFormular As Word.Document, tblDaten As Word.Table
    Dim lRecCounter As Long, szRecEintrag As String

    Set docFormular = ffldList.Parent
    ' Word-Dokument öffnen, das die Daten in einer Tabelle speichert.
    Set g_docDaten = Application.Documents.Open(FileName:=g_szDatenDoc, _
      ReadOnly:=True, AddToRecentFiles:=False, Visible:=False)
    Set tblDaten = g_docDaten.Tables(1)

    ' Dropdownliste füllen.
    ' Erster Eintrag ist "leer".
    ffldList.DropDown.ListEntries.Add " "
    ' Die weitere Einträge, bis zu 24, hinzufügen.
    ' Erste Zeile der Tabelle ist Kopfzeile, deshalb mit der 2. Zeile anfangen.
    For lRecCounter = 2 To 24
        szRecEintrag = tblDaten.Cell(lRecCounter, 1).Range.Text
        ' Wenn die Zelle nicht leer ist
        If Len(szRecEintrag) > 2 Then
            szRecEintrag = ZellenTextTrimmen(szRecEintrag)
            ffldList.DropDown.ListEntries.Add szRecEintrag
        Else
            Exit For
        End If
    Next lRecCounter
```

Formulare in Word: Benutzereingaben sammeln

```
        Set tblDaten = Nothing
End Sub

Function ZellenTextTrimmen(sz As String) As String
    ' Letzte Absatzmarke und Ende-der-Zelle-Zeichen entfernen.
    ZellenTextTrimmen = Left(sz, Len(sz) - 2)
End Function

Sub AutoClose()
    If Not g_docDaten Is Nothing Then
        g_docDaten.Close
    End If
End Sub
```

Den Code finden Sie auf der CD zum Buch im Ordner *\Buch\Kap11* in der Dokumentvorlage *Bsp11_07.dot.*

Wie bei Kontrollkästchen-Formularfeldern kann ein markiertes Dropdown-Formularfeld direkt, statt über den Textmarkennamen ermittelt werden: `Set ffld = Selection.FormFields(1)`.

Wie in der Diskussion über die Erstellung der Rechnungs-Vorlage erwähnt, gibt es mehrere Textformularfelder für die *Art.-Nr* und die *Einheit*; je eins für jede Artikelzeile. Da jedes Formularfeld seinen eigenen Namen haben soll, sind sie fortlaufend nummeriert: txtArtNr1, txtArtNr2 usw. Deshalb wird in dieser Prozedur zur Identifizierung des Formularfeldes die Indexnummer des Feldes im Zeilenbereich statt des Namens eingesetzt: `rngFormularfelder.FormFields(1).Result` -> erstes Formularfeld im Bereich -> *Art.Nr* in der ersten Spalte.

Weil der erste Eintrag im *Artikel*-Dropdown-Formularfeld (ein Leerzeichen) sich nicht in der Tabelle befindet und die Tabelle eine Kopfzeile hat, stimmt die Indexnummer des Dropdown-Eintrages mit der Nummer der Tabellenzeile überein: `Set rngDaten = g_docDaten.Tables(1).Rows(lArtikelAuswahl).Range`.

In der Erläuterung zu Listing 11.15 erwähnten wir, der Benutzer könne in Word 97 oder Word 2002 das Daten-Dokument schließen. Deshalb wird getestet, ob das Daten-Dokument offen ist, bevor diese Prozedur versucht, die Daten daraus zu lesen. Wurde es nicht gefunden, wird es nochmals geöffnet und der Objektvariablen zugewiesen. Bitte beachten Sie, dass die Funktion `IsDocOpen` zwei Objektvariablen vergleicht und nicht die Dokumentnamen, was jedoch auch möglich wäre.

```
Sub ArtikelDatenHolen()
    Dim ffld As Word.FormField, lArtikelAuswahl As Long
    Dim rngDaten As Word.Range, rngFormularfelder As Word.Range
    Dim szDatenPfad As String

    ' Dropdown, das gerade verlassen wird, ermitteln.
    Set ffld = Selection.FormFields(1)
    ' Bereich gleich der Tabellenzeile setzen, wo sich das Formularfeld befindet.
    Set rngFormularfelder = Selection.Rows(1).Range
    ' Wenn ein leerer Eintrag ausgewählt wurde, keine Daten holen.
    If ffld.Result = " " Then
        ' Index statt Namen, weil der Name ist in jeder Zeile anders.
        rngFormularfelder.FormFields(1).Result = ""   ' Art.Nr
```

Listing 11.16:
Beim Verlassen des Dropdown-listenfeldes Artikelnummer *und* Einheitspreis *für den gewählten Eintrag holen*

```
          rngFormularfelder.FormFields(4).Result = ""  ' Einheit
          Exit Sub
      End If
      ' Position des gewählten Eintrags in der Dropdownliste;
      ' entspricht die Tabellenzeile des Datendokuments.
      lArtikelAuswahl = ffld.DropDown.Value

      ' Wenn das Dokument geschlossen wurde, es nochmals öffnen.
      If Not IsDocOpen(g_docDaten) Then Set g_docDaten = _
          Application.Documents.Open(FileName:=g_szDatenDoc, ReadOnly:=True, _
          AddToRecentFiles:=False, Visible:=False)
      ' Zeile mit den Daten anhand der Position des Eintrags finden.
      Set rngDaten = g_docDaten.Tables(1).Rows(lArtikelAuswahl).Range
      rngFormularfelder.FormFields(1).Result = _
        ZellenTextTrimmen(rngDaten.Cells(2).Range.Text)
      rngFormularfelder.FormFields(4).Result = _
        ZellenTextTrimmen(rngDaten.Cells(3).Range.Text)
      Set rngDaten = Nothing

  End Sub

  Function IsDocOpen(doc As Word.Document) As Boolean
      Dim d As Word.Document

      ' Durch alle geöffneten Dokumente schleifen, um festzustellen,
      ' ob ein Dokument tatsächlich geöffnet ist.
      IsDocOpen = False
      For Each d In Application.Documents
          If d Is g_docDaten Then
              IsDocOpen = True
              Exit Function
          End If
      Next d
  End Function
```

 Den Code finden Sie auf der CD zum Buch im Ordner *Buch\Kap11* in der Dokumentvorlage *Bsp11_07.dot*.

> Die Insert-Methode des AutoText-Objektes gibt ein Range (Bereich) zurück, der diesen Eintrag enthält. Das macht es einfach, durch alle neu eingefügten Formularfelder zu schleifen, um ihren Namen mit einer fortlaufenden Nummer zu ergänzen.
>
> Diese Zahl wird wie folgt berechnet: die Anzahl Zeilen in der Tabelle weniger 2 (Kopf- sowie Totalzeile).

Listing 11.17: Tabellenzeile, die als AutoText-Eintrag gespeichert ist, in die Artikelauflistung einfügen

```
Sub NeueArtikelZeile()
    Dim doc As Word.Document, rngZeile As Word.Range, rngAT As Word.Range
    Dim ffld As Word.FormField, szAT As String, szZeileNr As String

    szAT = "AT_ArtikelZeile"
    Set doc = ActiveDocument
    ' Den Bereich am Anfang der letzten Tabellenzeile setzen,
    ' sodass die neue direkt davor eingefügt wird.
    Set rngZeile = doc.Tables(1).Rows.Last.Range
    rngZeile.Collapse Direction:=wdCollapseStart
```

Formulare in Word: Benutzereingaben sammeln **543**

```
        doc.Unprotect
        Set rngAT = doc.AttachedTemplate.AutoTextEntries(szAT).Insert( _
            Where:=rngZeile, RichText:=True)
        doc.Protect Type:=wdAllowOnlyFormFields, NoReset:=True
        ' Die Formularfelder umbennenen.
        For Each ffld In rngAT.FormFields
            szZeileNr = CStr(doc.Tables(1).Rows.Count - 2)
            ffld.Name = ffld.Name & szZeileNr
        Next ffld
        ' Dropwdown Formularfeld
        Set ffld = doc.FormFields("txtArtikel" & szZeileNr)
        ' Dropdownliste mit Einträgen füllen.
        ArtikelListeFuellen ffld
        ' Dropdown markieren, sodass der Benutzer sofort weiterarbeiten kann.
        ffld.Select
End Sub
```

Das UserForm-Objekt stellt uns ein Klassenmodul zur Verfügung, das es uns ermöglicht, die verschiedenen Ereignisse des UserForm und ihrer Steuerelemente abzufangen. Es kann aber noch mehr. Wenn Sie beispielsweise in einem normalen Modul das UserForm einer Objektvariablen zuweisen, sind alle Einstellungen des UserForm ansprechbar, als ob der Code sich im UserForm-Modul befinden würde. So können Sie die Steuerelemente in einem verborgenen UserForm (Me.Hide) in anderen Prozeduren lesen und das Schreiben von Werten in globale Variablen erübrigt sich.

```
Sub AutoTextEinfuegen()
    Dim f As frmBsp11_07  ' Name-Eigenschaft der UserForm
    Dim doc As Word.Document, bkm As Word.Bookmark

    Set f = New frmBsp11_07
    ' Liste der AutoTexteinträge einblenden.
    f.Show
    ' Wenn cmdOK (statt Abbrechen) betätigt und eine Auswahl getroffen wurde
    If Not f Is Nothing And Len(f.lstAutoTextEintraege.Text) > 0 Then
        Set doc = ActiveDocument
        ' Dokumentschutz nötigenfalls entfernen
        If doc.ProtectionType <> wdNoProtection Then doc.Unprotect
        ' AutoText an Stelle der Markierung einfügen.
        doc.AttachedTemplate.AutoTextEntries(f.lstAutoTextEintraege.Text).Insert _
            Where:=Selection.Range, RichText:=True
        ' Textmarke am Ende des Eintrags setzen, um zurückspringen zu können.
        Set bkm = doc.Bookmarks.Add(Name:="temp", Range:=Selection.Range)
        doc.Protect Type:=wdAllowOnlyFormFields, NoReset:=True
        bkm.Select
        bkm.Delete
        Unload f
    End If
    Set doc = Nothing
    Set f = Nothing
End Sub

Sub AutoTextListeFüllen(lst As MSForms.ListBox)
```

Listing 11.18: AutoText-Eintrag in ein Formularfeld einfügen

```
         Dim AT As Word.AutoTextEntry

         ' Alle AutoTexteinträge der Liste hinzufügen,
         ' die in Dok-Vorlage mit der Formatvorlage "AutoText" formatiert sind.
         For Each AT In ActiveDocument.AttachedTemplate.AutoTextEntries
             If AT.StyleName = "AutoText" Then
                 lst.AddItem AT.Name
             End If
         Next AT
     End Sub

     ' Der Fomularcode
     Private Sub cmdAbbrechen_Click()
         Unload Me
     End Sub

     Private Sub cmdOK_Click()
         Me.Hide
     End Sub

     Private Sub lstAutoTextEintraege_Click()
         lblAutoTextVorschau.Caption = Left( _
           ActiveDocument.AttachedTemplate.AutoTextEntries( _
           Me.lstAutoTextEintraege.Text).Value, 255)
         ' Nur die ersten 255 Zeichen anzeigen.
     End Sub

     Private Sub UserForm_Initialize()
         AutoTextListeFüllen lstAutoTextEintraege
     End Sub
```

 Den Code finden Sie auf der CD zum Buch im Ordner \Buch\Kap11 in der Dokumentvorlage Bsp11_07.dot.

Formulardaten auswerten

Daten in einem Formular sammeln ist das eine, die Daten anschließend einer Datenbank oder anderen Anwendung für die Auswertung zu übergeben, ist das andere und
ebenso wichtig. In diesem Kapitelabschnitt werden wir die Möglichkeiten unter die
Lupe nehmen, die uns für die Datenextrahierung aus Word-Formularen zur Verfügung stehen.

Als Beispiel stellen wir uns ein kleines selbstständiges Unternehmen vor – ein Fami-
lien-Bio-Bauernbetrieb, der zwar eine Internet-Homepage hat, sich aber keinen elektronischen Laden leisten kann. Es bietet online einen Produktkatalog als PDF-Datei
zum Herunterladen sowie ein Word Dokument für die Bestellung an (Abbildung
11.10). Da es ein Formular ist, kann es der online Kunde mehrmals verwenden und
über Post, Fax oder E-Mail einsenden. Ein Ausdruck davon liegt auch im Hofladen
vor. Es ist also vielseitig verwendbar, einfach aufzustellen und nach Bedarf anzupassen. Wegen der Ausbreitung von Makroviren soll die Formulardatei keine Makros
enthalten, die potentielle Kunden verunsichern könnten.

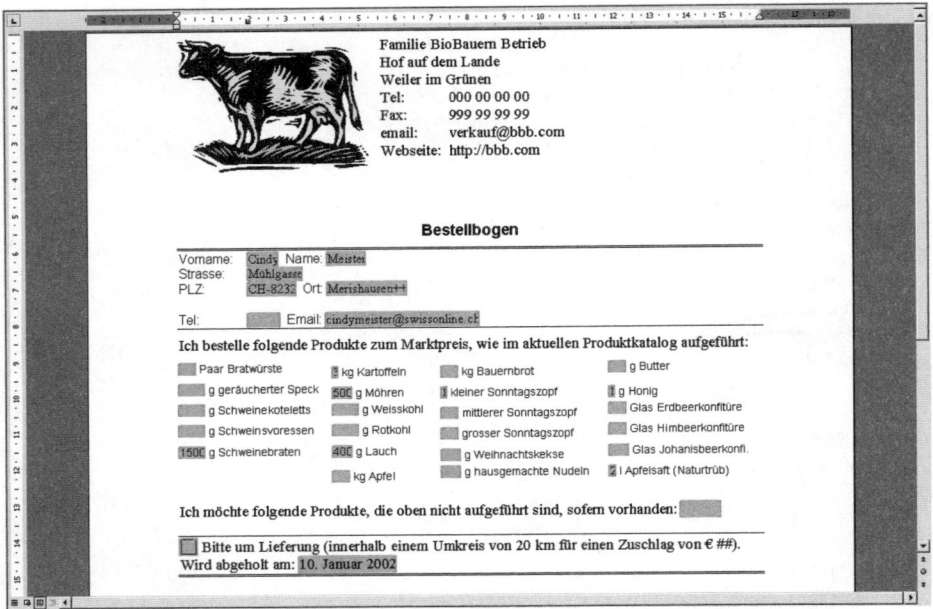

Abbildung 11.10:
*Die Daten aus
diesem Formular
werden in eine
Datenbank über-
nommen*

Deshalb findet die Datenauswertung außerhalb des Formulars statt. Der Betrieb will die Bestelldaten in einer Datentabelle oder -bank festhalten. Welche Möglichkeiten stehen ihm zur Verfügung?

Die in Abbildung 11.10 gezeigte Beispieldatei finden Sie auf der CD zum Buch im Ordner *\Buch\Kap11* unter dem Namen *Bsp11_08.dot*. Die im Folgenden aufgeführte Datendatei im Textformat heißt *Forms.txt* und die Excel-Datei mit den daraus importierten Daten heißt *Bsp11_08.xls*. Beide befinden sich ebenfalls im genannten Ordner.

Nur die Formulardaten speichern

Wenn die Option *In Formularen nur Daten speichern* in *Extras/Optionen/Speichern* aktiviert ist, werden die Formularfeldinhalte des Dokuments in eine Textdatei in ein getrenntes Format geschrieben.

HINWEIS

Word nimmt das in der Systemsteuerung unter der Ländereinstellung gewählte Listentrennzeichen – für die meisten europäischen Länder ist dies standardmäßig der Strichpunkt (Semikolon).

Die resultierende Textdatei ist viel kleiner als das Word-Dokument und eignet sich für den E-Mail-Versand ausgezeichnet. Zudem erkennt so ziemlich jede Daten verarbeitende Anwendung dieses global eingesetzte Format, so auch Excel und Access.

Möchte der Betriebsleiter die Bestellungen einer Excel-Tabelle hinzufügen, geht das ganz leicht:

1. Öffnen Sie die Excel-Mappe.

2. Über die Befehlsfolge *Daten/Externe Daten importieren* blenden Sie das Dialogfeld *Datenquelle auswählen* ein.

3. Suchen Sie die zu importierende Textdatei auf Ihrer Festplatte, markieren Sie sie und klicken Sie auf die Schaltfläche *Öffnen*.

4. Im ersten Schritt des Textkonvertierungs-Assistenten (Abbildung 11.11) aktivieren Sie die Option *Getrennt*. Klicken Sie auf die Schaltfläche *Weiter*.

5. Im nächsten Schritt aktivieren Sie die Option *Semikolon*.

6. Wenn Sie kein Format für die einzelnen Felder festlegen wollen, klicken Sie auf die Schaltfläche *Fertig stellen* und die Daten werden in das Arbeitsblatt eingefügt.

HINWEIS In neueren Versionen von Excel müssen Sie in einem zusätzlichen Schritt den Bestimmungsort für die Daten angeben. Zudem verhindert die Verknüpfung zur Datendatei den Import einer weiteren unmittelbar nach dieser Zeile. Lösen Sie zuerst die Verknüpfung im *Datenbereicheigenschaften*-Dialogfeld auf.

7. Um eine Spalte als Zahl, Datum oder Text ausdrücklich zu formatieren oder zu überspringen, klicken Sie auf die Schaltfläche *Weiter*. Wählen Sie im folgenden Dialogfeld eine Spalte und die gewünschte Option. Wenn Sie alle Einstellungen vorgenommen haben, klicken Sie auf *Fertig stellen*.

TIPP Sie können in einem Schritt mehrere Textdateien in einer zusammenfassen und diese in eine Datentabelle importieren. Öffnen Sie über die Windows *Start*-Taste, *Programme/Zubehör* ein Eingabeaufforderungsfenster. Geben Sie dort die folgende Kommandozeile ein und drücken dann die Eingabetaste:

```
Copy Laufwerk:\Pfadangabe\*.txt Laufwerk:\Pfadangabe\Daten.dat /b
```

Geben Sie den gesamten Pfadnamen für den Ordner, wo sich die Textdateien befinden, sowie für die Zieldatei ein.

Um dieses Fenster zu schließen, geben Sie die folgende Kommandozeile ein, dann drücken Sie die Eingabetaste:

```
Exit
```

Abbildung 11.11: Textdatei mit Trennzeichen in ein Excel-Arbeitsblatt importieren

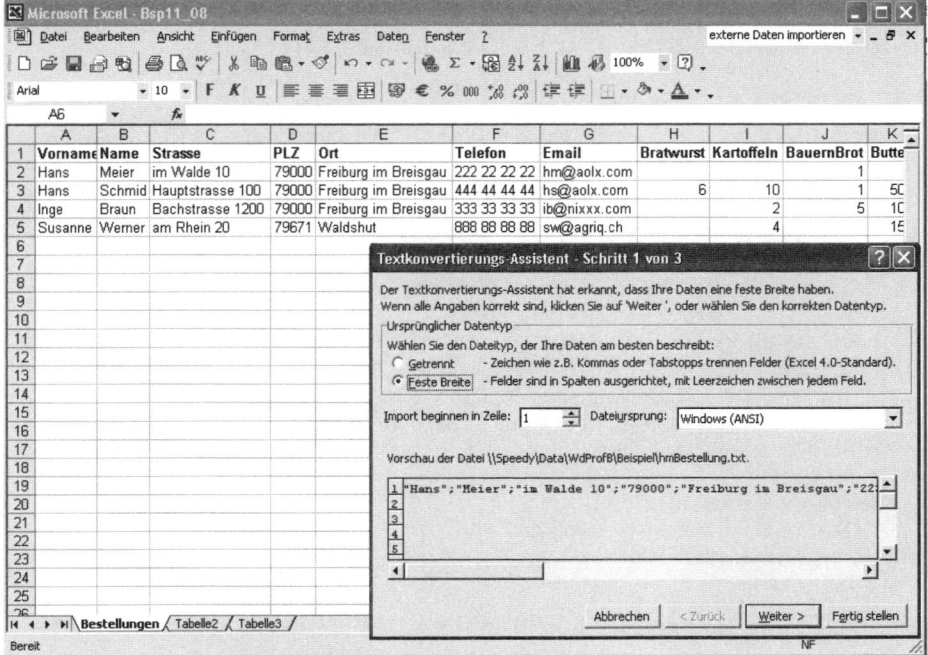

Viel schneller und bequemer ist natürlich eine Makro-Lösung, um neue Daten der Tabelle anzufügen. Es gibt viele Möglichkeiten, diese Aufgabe zu automatisieren. Weil aber dieses Buch in erster Linie Word und nicht Excel behandelt, stellen wir nur die Möglichkeit in Listing 11.19 vor. Diese Prozedur steht in einem Excel-Modul und muss in der Excel-Umgebung ausgeführt werden.

> Dieses Makro können Sie ergänzen, sodass es durch alle Textdateien in einem Ordner schleifen würde. Sehen Sie dazu die Beispiele zum `FileSystemObject` oder `Dir` in der VBA-Hilfe.
>
> Zielbereich ist die erste leere Zelle in der ersten Spalte des Arbeitsblatts, wie in Abbildung 11.11.
>
> Dieses Beispiel verwendet ADO, um eine Verbindung über den Microsoft Text ODBC-Treiber zur Textdatei aufzustellen. Beachten Sie, dass Sie in der SQL-Anweisung für den Datensatz (`Recordset`) den vollständigen Pfad zur Datei angeben müssen.
>
> Excel verfügt über eine recht geniale Methode: `CopyFromRecordset`. Sie ermöglicht das direkte Einfügen aller Daten eines `Recordsets` in das Arbeitsblatt mit einem einzigen Befehl.

```
Option Explicit
' In einem Excel Modul!
' Verweis zu Microsoft ActiveX Data Objects Bibliothek setzen
Sub DatenAusTextDateiEinlesen ()
    Dim conn As ADODB.Connection, rsData As ADODB.Recordset
    Dim rng As Excel.Range, szSQL As String

    ' Erste leere Zelle nach der letzten Datenreihe
    Set rng = Worksheets(1).Range("A1").End(xlDown).Offset(1, 0)

    ' Vollständigen Pfad für eine Textdatei in der SQL-Anweisung angeben
    szSQL = "Select * From \\Speedy\data\wdprofb\beispiel\Forms.txt"
    Set conn = New ADODB.Connection
    Set rsData = New ADODB.Recordset

    ' Verbindung zur Textdatei hersetellen
    conn.Open "Driver={Microsoft Text Driver (*.txt; *.csv)};" & _
                "Dbq=c:\;Extensions=asc,csv,tab,txt,dat;" & _
                "Persist Security Info=False"
    rsData.CursorLocation = adUseClient
    rsData.Open Source:=szSQL, ActiveConnection:=conn, CursorType:=adOpenStatic, _
        LockType:=adLockBatchOptimistic, Options:=adCmdText
    ' Die Verbindung brauchen wir nicht mehr; sparen wir Ressourcen!
    rsData.ActiveConnection = Nothing
    conn.Close
    Set conn = Nothing
    ' Daten in das Arbeitsblatt schreiben
    rng.CopyFromRecordset rsData

    rsData.Close
    Set rsData = Nothing
End Sub
```

Listing 11.19:
Daten aus Textdatei mit ADO in ein Excel-Arbeitsblatt einfügen

Daten mit VBA direkt dem Word-Formular entnehmen

Es ist auch möglich, mit VBA die Benutzereingaben direkt aus einem geöffneten Word-Formular zu holen, wenn dieses statt einer Textdatei vorliegt. Die Lösung in Listing 11.20 zeigt eine der zahlreichen Methoden, wie Daten einem Excel-Arbeitsblatt übergeben werden können.

Die Beispieldatei mit dem Code finden Sie auf der CD zum Buch im Ordner \Buch\Kap11 unter dem Namen Bas11_08.dot. Die Access-Beispieldatei mit dem Namen Bsp11_08.mdb befindet sich im selben Ordner.

HINWEIS Mehr zum Thema »Datenübertragung nach Excel« finden Sie im englischen Knowledge Base-Artikel Q247412.

Wie in Listing 11.19 wird ADO eingesetzt, um die Daten in Excel zu übernehmen. Dieses Makro wird jedoch von der Word-Umgebung ausgeführt. Die Verbindung wird über den Jet-OLEDB-Provider statt Excels ODBC-Treiber aufgebaut, weil letztere das Hinzufügen von Datensätzen nicht unterstützt.

WICHTIG Je nach Software, die Sie installiert haben, kann es sein, dass Sie entweder Jet 3.5 haben oder dass Jet nicht installiert ist. Sie finden mehr Informationen und Microsoft Data Access Components (MDAC) zum Herunterladen unter *http://microsoft.com/data*.

Die SQL-Anweisung INSERT INTO ermöglicht uns das Einfügen eines Datensatzes in eine Tabelle, ohne die Erstellung eines Recordsets. In der Anweisung kommt zuerst der Tabellenname. Weil ADO Excel-Arbeitsblätter als Systemtabellen sieht, muss der Name eines Arbeitsblatts in einer SQL-Anweisung immer mit dem $-Zeichen ergänzt werden.

Es folgt die Liste der Feldnamen, getrennt durch Komma, in die Sie Daten schreiben wollen. Die Funktion FormularFeldnameListen übernimmt die Erstellung dieser Liste von den im Dokument vorhandenen Formularfeldern. Die Namen der Formularfelder stimmen genau mit den Spaltenüberschriften des Excel-Arbeitsblatts überein.

Nach dieser Liste kommt das Schlüsselwort VALUES, gefolgt von einer durch Kommas getrennten Liste der Formularfeld-Werte. Diese Liste erstellt die Funktion FormularFeldDatenListen auf ähnliche Art und Weise wie FormularFeldnameListen, nur wird jeder nicht numerische Eintrag in Apostrophe eingeschlossen.

Die SQL-Anweisung wird schließlich von der Verbindung ausgeführt.

Bitte beachten Sie, dass eine INSERT INTO-Anweisung Datentypen sehr genau vergleicht; numerische Felder akzeptieren nur numerische Werte, Textfelder nur Zeichenketten. Für Excel-Tabellen übernimmt ADO die Feld-Datentypen der letzten Datenreihe für den neuen Datensatz. Grundsätzlich übergibt Word Zeichenketten; die Funktion FormularFeldDatenListen kontrolliert, ob der Feldinhalt numerisch ist, wenn ja, wird er nicht mit Apostrophen umgeben. Außerdem werden leere Einträge für Produktbestellungen in ein 0 (Zero) umwandelt, sodass Excel dafür ein numerischer Wert statt einer Zeichenkette übergeben wird.

Listing 11.20:
Daten aus einem
Formular direkt
in Excel überneh-
men

```
Sub DatenListeDatenbankHinzufuegen()
    Dim doc As Word.Document, conn As ADODB.Connection
    Dim szSQL As String, szTabellenPfad As String

    Set doc = ActiveDocument
    Set conn = New ADODB.Connection
    szTabellenPfad = "\\Speedy\data\WdProfB\Beispiel\Bsp11_08.xls"

    ' Excel-Mappe darf nicht in ungespeicherten Zustand geöffnet sein,
    ' sonst kann ADO nicht zur Datei schreiben.
    conn.Open "Provider=Microsoft.Jet.OLEDB.4.0;" & _
        "Data Source=" & szTabellenPfad & ";Extended Properties=Excel 8.0;"

    szSQL = "INSERT INTO [Bestellungen$] (" & FormularFeldnameListen(doc) _
        & ") VALUES (" & FormularFeldDatenListen(doc) & ")"
    conn.Execute szSQL
    conn.Close
    Set conn = Nothing
End Sub

Function FormularFeldnameListen(doc As Word.Document) As String
    Dim ffld As Word.FormField
    Dim szNamenListe As String

    ' Komma-getrennte Liste der Feldnamen zusammenstellen.
    For Each ffld In doc.FormFields
        szNamenListe = szNamenListe & ffld.Name & ","
    Next ffld
    ' Letztes Komma abschneiden.
    szNamenListe = Left(szNamenListe, Len(szNamenListe) - 1)
    FormularFeldnameListen = szNamenListe
End Function

Function FormularFeldDatenListen(doc As Word.Document) As String
    Dim ffld As Word.FormField
    Dim ffldWert As String
    Dim szDatenListe As String

    ' Durch alle Formularfelder schleifen.
    For Each ffld In doc.FormFields
        ffldWert = ffld.Result
        ' Werte in der Tabelle sollen numerisch sein.
        If Len(ffldWert) = 0 Then
            If ffld.Range.InRange(doc.Tables(1).Range) Then ffldWert = 0
        End If
        ' Komma-getrennte Liste der Felddaten zusammenstellen.
        If IsNumeric(ffldWert) Then
            szDatenListe = szDatenListe & ffldWert & ","
        Else
            szDatenListe = szDatenListe & "'" & ffldWert & "',"
        End If
    Next ffld
    ' Letztes Komma abschneiden.
    szDatenListe = Left(szDatenListe, Len(szDatenListe) - 1)
    FormularFeldDatenListen = szDatenListe
End Function
```

Das Word-Makro in Listing 11.21 hingegen übergibt die Daten einer Access-Datenbank. Da Access eine relationale Datenbank ist, stehen nicht alle Daten nebeneinander in einer einzigen Tabelle. Stattdessen sind sie nach Kategorien in mehreren Tabellen verteilt: Die Kundendaten befinden sich in einer eigenen Tabelle, die Produkt-Informationen in einer anderen und die Bestellungen, die über eine Verknüpfung die Kunden- und Produktdaten einbinden, in einer dritten, wie Abbildung 11.12 veranschaulicht.

HINWEIS | Die Prozedur haben wir auch für die Access-Umgebung angepasst und einer Schaltfläche wie im Beispiel der Datenbank (*Bsp11_08.mdb*) zugewiesen

Abbildung 11.12:
Die Formulardaten in einer relationalen Datenbank

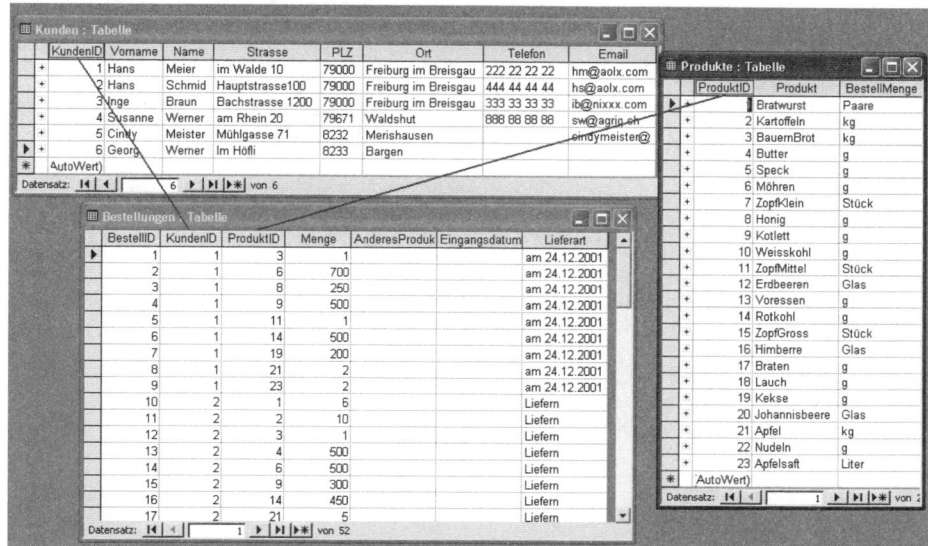

Diese Prozedur bedient sich auch der SQL-Anweisung INSERT INTO, braucht jedoch auch Recordset-Objekte, um in der Datenbank vorhandene Informationen zu ermitteln. Wie schon erwähnt, sind die im Formular vorkommenden Felder in der Datenbank in drei Tabellen aufgeteilt: »Kunden«, »Produkte« und »Bestellungen«. Jede Tabelle hat ein Feld, das jeden Datensatz unverwechselbar kennzeichnet, das ID-Feld. Die KundenID- und ProduktID-Felder verbinden die Daten dieser Tabellen mit der »Bestellung«-Tabelle. Über diese Verbindung können wir zum Beispiel in einer Abfrage den Kundennamen und den Namen des bestellten Produkts sehen.

Für jedes bestellte Produkt gibt es einen Eintrag in der »Bestellung«-Tabelle; die gleiche Bestellung kann also aus mehreren Datensätzen bestehen. Dafür müssen die Kunden- und Produktdaten nur ein Mal in die Datenbank eingetragen werden, was deren Verwaltung erheblich erleichtert und die Datenbank allgemein kleiner hält.

Um einen neuen Datensatz erfolgreich in die »Bestellung«-Tabelle schreiben zu können, müssen diese zwei ID-Werte vorliegen. Zuerst sucht eine Select SQL-Anweisung die Kombination Vorname plus Name in der Kundentabelle. Wenn der Recordset keinen Datensatz enthält (EOF (Dateiende) ist wahr), heißt das, dieser Kunde ist noch nicht darin enthalten. Das Makro fragt, ob Sie ihn hinzufügen möchten. Wenn Sie mit »Nein« antworten, bricht das Makro ab.

Andernfalls stellt es die Daten zusammen, die für einen neuen Kunden-Datensatz benötigt werden und übergibt sie in einer INSERT INTO SQL-Anweisung der »Kunden«-Tabelle. Der Recordset wird mit der Abfrage erneut geöffnet. Dieses Mal soll er den Kundendatensatz enthalten. Wenn dies nicht der Fall ist, bricht das Makro ab, weil vermutlich ein Problem in der Datenbankstruktur vorliegt.

Als Nächstes wird die gewünschte Lieferart (Liefern oder Abholen) in einer Variablen festgehalten, deren Wert später der »Bestellungen«-Tabelle übergeben wird. Jetzt schleift die Prozedur durch alle Bestellfelder, die sich im Tabellenbereich befinden. Hat ein Feld einen Eintrag, wird die Produkt-ID anhand des Feldnamens ermittelt, analog wie für die Kunden-ID. Falls das Produkt nicht vorhanden ist, soll sich der Datenbankverwalter darum kümmern, wir wollen nicht willkürlich Produkte erfassen – das Makro bricht ab.

Ist alles soweit in Ordnung, kann der neue Datensatz der »Bestellung«-Tabelle mit einer INSERT INTO SQL-Anweisung hinzugefügt werden. Am Schluss wird noch ein Datensatz hinzugefügt, wenn der Kunde sich Produkte wünscht, die nicht im Formular aufgelistet sind.

```
Sub BestellungDatenbankHinzufuegen()
    Dim doc As Word.Document, ffld As Word.FormField
    Dim conn As ADODB.Connection, rs As ADODB.Recordset
    Dim szSQL As String
    Dim szSQLNew As String, szSQLNeuerKunde As String
    Dim szProduktID As String, szKundenID As String
    Dim szTrenn As String, szLieferart As String
    Dim lEingabe As Long

    szTrenn = "','"
    Set doc = ActiveDocument
    Set conn = New ADODB.Connection
    Set rs = New ADODB.Recordset

    conn.Open "Provider=Microsoft.Jet.OLEDB.4.0;" & _
        "Data Source=\\Speedy\data\WdProfB\Beispiel\Bsp11_08.mdb;"

    ' KundenID ermitteln.
    szSQL = "SELECT [KundenID], [Vorname], [Name] FROM Kunden " & _
        "WHERE [VorName] Like '" & doc.FormFields("Vorname").Result & _
        "' AND [Name] Like '" & doc.FormFields("Name").Result & "'"
    rs.Open szSQL, conn

    ' Wenn der Kunde nicht in der Tabelle ist
    If rs.EOF Then
        rs.Close
        ' Fragen, ob wir ihn hinzufügen sollen.
        lEingabe = MsgBox("Wollen Sie diese Person der Kundentabellen hinzufügen?", _
            vbYesNo + vbQuestion)
        ' Wenn nicht, Makro abbrechen.
        If lEingabe = vbNo Then Exit Sub
        ' Kundendaten der Tabelle hinzufügen.
        szSQLNeuerKunde = "INSERT INTO [Kunden] ([Vorname], [Name], [Strasse], " & _
            "[PLZ], [Ort], [Telefon], [Email]) VALUES ('" & _
            doc.FormFields("Vorname").Result & szTrenn & _
            doc.FormFields("Name").Result & szTrenn & _
            doc.FormFields("Strasse").Result & szTrenn & doc.FormFields("PLZ").Result _
```

Listing 11.21:
Formulardaten werden einer relationalen Access-Datenbank übergeben

```
                        & szTrenn & doc.FormFields("Ort").Result & szTrenn & _
                        doc.FormFields("Telefon").Result & szTrenn & _
                        doc.FormFields("Email").Result & "')"
            conn.Execute szSQLNeuerKunde
            ' KundenID erneut abrufen.
            rs.Open szSQL
            ' Wenn immer noch nicht erfolgreich, abbrechen.
            If rs.EOF Then MsgBox "Der Kunde konnte nicht gefunden werden.", _
                        vbCritical + vbOKOnly
        End If

        szKundenID = rs.Fields("KundenID").Value
        rs.Close

        ' Lieferart bestimmen und Wert für Tabelle festlegen.
        If doc.FormFields("Lieferung").CheckBox.Value = False Then
            szLieferart = "wird am " & doc.FormFields("Abholdatum").Result & " abgeholt"
        Else
            szLieferart = "Liefern"
        End If

        ' Datensatz der Bestellungen Tabelle für jedes bestellte Produkt hinzufügen.
        For Each ffld In doc.Tables(1).Range.FormFields
            If Len(ffld.Result) > 0 Then
                ' ProduktID ermitteln
                szSQL = "SELECT [ProduktID], [Produkt] FROM [Produkte] " & _
                    "WHERE [Produkt] = '" & ffld.Name & "'"
                rs.Open szSQL, conn
                ' Wenn ProduktID nicht vorhanden, abbrechen.
                If rs.EOF Then
                    MsgBox "Das Produkt " & ffld.Name & _
                        " konnte in der Datenbank nicht gefunden werden.", _
                        vbCritical + vbOKOnly
                    Exit Sub
                End If
                szProduktID = rs.Fields("ProduktID").Value

                szSQLNew = "INSERT INTO Bestellungen (KundenID, ProduktID, Menge, " & _
                    "Eingangsdatum, Lieferart) VALUES (" & CLng(szKundenID) & "," & _
                    CLng(szProduktID) & ",'" & ffld.Result & szTrenn & _
                    Date & szTrenn & szLieferart & "')"
                conn.Execute szSQLNew

                rs.Close
            End If
        Next ffld
        If Len(doc.FormFields("Anderes").Result) > 0 Then
            szSQLNew = "INSERT INTO Bestellungen (KundenID, ProduktID, AnderesProdukt, " _
                & "Eingangsdatum, Lieferart) VALUES (" & CLng(szKundenID) & "," & _
                Trim$(szProduktID) & ",'" & doc.FormFields("Anderes").Result _
                & szTrenn & Date & szTrenn & szLieferart & "')"
            conn.Execute szSQLNew
        End If
        Set rs = Nothing
        conn.Close
        Set conn = Nothing
    End Sub
```

ActiveX-Steuerelemente

Eine andere Methode, in Word ein Formular zu erstellen, ist mit ActiveX-Steuerelementen aus der *Steuerelement-Toolbox*. Wir geben zu, davon nicht gerade überzeugt zu sein. Das sind hauptsächlich die gleichen Steuerelemente, die den UserForms zur Verfügung stehen und da sie für UserForms und nicht Word-Dokumente erschaffen wurden, funktionieren sie in der Word-Umgebung nicht immer einwandfrei.

Hier eine Liste von Vorbehalten und Besonderheiten, deren Sie sich bewusst sein sollten, bevor Sie sich für eine Lösung mit ActiveX-Steuerelementen entscheiden.

- Sie blähen die Dateigröße auf.

- Word kann sie nicht immer korrekt anzeigen, vor allem beim Bildlauf. Sie bewegen sich solange nicht mit der Seite, bis die Maustaste losgelassen wird. Dann springen sie auf dem Bildschirm dorthin, wo sie hingehören. (Word 2002 ist gegenüber früheren Versionen in dieser Hinsicht viel besser geworden.)

- Sie stehen MAC-Word-Versionen nicht zur Verfügung, kommen also für Multi-Plattform-Lösungen nicht in Frage.

- Sie sind eine Quelle der Dokumentbeschädigung und Instabilität in Word. Es gibt etliche Knowledge Base-Artikel zum Thema »IPF« (invalid page faults), verursacht durch ActiveX-Steuerelemente.

- Das Vorhandensein von ActiveX-Steuerelementen löst die Makrosicherheitswarnung aus, auch wenn sonst kein Makro im Dokument vorhanden ist, da sie einen VBA-Teil enthalten. Ist die Makrosicherheit auf *Hoch* eingestellt und es handelt sich um ein als Formular geschütztes Dokument, erscheint die *Steuerelement-Toolbox* und der Benutzer landet im Entwurfsmodus, ohne zu verstehen warum. Noch schlimmer: Er kann weder den Dokumentschutz entfernen noch den Designmodus ausschalten – das Formular ist für ihn unbrauchbar.

- In Word festgelegte Tastaturkürzel haben keine Wirkung, wenn sich die Einfügemarke in einem ActiveX-Steuerelement befindet. Es handelt sich hier nicht um ein Bug: Wie bei einem Excel- oder einem MS Graph-Objekt steht der Fokus in einer anderen »Nicht-Word-Umgebung«, in der die Tastaturkürzel nicht erkannt werden. Sie müssten die Tastaturkürzel mit Makros in den KeyDown-, KeyUp- oder KeyPress-Ereignissen jedes Steuerelementes abfangen.

- Falls einem Steuerelement eine Zugriffstaste zugewiesen wurde, hat es Priorität vor Tastaturkürzeln der Word-Umgebung: das Steuerelement wird angesprungen.

- Im Gegensatz zu Formularfeldern passen sich ActiveX-Steuerelemente nicht dem Textfluss an (was manchmal wünschenswert ist). Sie brechen nie mit dem umgebenden Text um, sondern erscheinen immer als viereckiger Block.

- Der Inhalt eines ActiveX-Steuerelements kann nicht über mehrere Seiten umbrechen.

- Text in Office-Steuerelementen kann nicht formatiert werden. Unseres Wissens nach gibt es noch kein RichText (RTF)-Steuerelement, das mit Word zusammenarbeitet.

- Obwohl ActiveX-Steuerelemente auch in Dokumenten funktionieren, die nicht als Formular geschützt sind, kann der Benutzer nur mit der Tab-Taste automatisch von »Feld« zu »Feld« springen, wenn das Dokument geschützt ist. Sonst sind sie nur mit der Maus oder mit Makros (KeyDown- oder KeyUp-Ereignisse) anzusteuern.

- In einem geschützten Formular müssen ActiveX-Steuerelemente wie Formularfelder in der Zeile mit dem Text stehen, wenn der Benutzer sie mit der Tab-Taste anspringen will.

- Wenn sich die Einfügemarke in einem ActiveX-Steuerelement befindet, bleibt die Dokumentvorschau gesperrt. Ist das Dokument als Formular geschützt und stellt nur ActiveX-Steuerelemente für die Eingabe zur Verfügung, kommt der Benutzer überhaupt nicht an die Funktionalität, da die Einfügemarke nie in der Word-Umgebung stehen kann.

- Nicht alle ActiveX-Elemente können in einem geschützten Formularabschnitt eingesetzt werden. Viele sind nicht dafür geschaffen und müssen in ungeschützten Abschnitten stehen, wenn sie sich »korrekt« verhalten sollen.

- Ihre VBA-Eigenschaften sind nicht immer stabil (sie tendieren beispielsweise dazu, willkürlich ihre Name-Eigenschaft zu ändern). Word 2002 scheint in dieser Hinsicht besser als frühere Versionen zu funktionieren.

Trotzdem haben ActiveX-Steuerelemente ihren Platz. Vor allem wegen ihrer Vielfalt an Ereignissen bieten sie uns einige Möglichkeiten, die bei den Formularfeldern fehlen. Schauen wir, was man damit machen kann.

Ein Formular erstellen

Das vereinfachte Musterbrief-Formular in Abbildung 11.13 setzt sich aus ActiveX-*Textfeldern*, *Optionsfeldern*, einem *Kombinationsfeld* und einem Kalender-Steuerelement sowie einem gewöhnlichen Texteingabe-Formularfeld zusammen. Der Kalender befindet sich im verkleinerten Zustand in einem ungeschützten Abschnitt und wird nur beim Eintreten in das Formularfeld oder bei Betätigung der Schaltfläche für das Datum eingeblendet. Die Steuerelemente sind mit Makros verbunden, die ihre Größe regulieren und die Datenprüfung vornehmen.

Die in Abbildung 11.13 gezeigte Beispieldatei finden Sie auf der CD zum Buch im Ordner *Buch**Kap11* unter dem Namen *Bsp11_09.dot*. Die im Folgenden aufgeführte Datenbank *Laender2000.mdb* und die Excel-Datei *Bsp11_09.xls* befinden sich ebenfalls im genannten Ordner.

Fangen Sie wie üblich an und geben Sie alle statischen Textstellen ein. Für den Adressenblock haben wir eine Tabelle, bestehend aus einer einzelnen Zelle, eingefügt und rechts ausgerichtet (*Tabelle/Tabelleneigenschaften/Tabelle/Ausrichtung*). Außerdem wurde die Tabellen-Option *Automatische Größenänderungen zulassen* ausgeschaltet, sodass die Breite sich nicht ändert.

Positionieren Sie die Einfügemarke in der Tabelle und klicken Sie einmal auf die Symbolschaltfläche für das ActiveX-Steuerelement (in diesem Fall *Textfelder*) in der *Steuerelement-Toolbox*. Gedulden Sie sich – Word braucht einige Sekunden für das Einfügen. In Word 2002 und Word 2000 werden die Steuerelemente in der Zeile mit dem Text eingefügt – genau richtig für ein geschütztes Formular. Word 97 hingegen fügt sie mit einem Textfluss (Umbruchart) ein; diese Formatierung muss geändert werden, wenn der Benutzer automatisch mit der Tab-Taste von Feld zu Feld navigieren soll.

Irgendeine Firma AG
Marketing und Verkauf
Firma-Straße 1000
10000 Berlin

Berlin, den 12. Juni 2002

[Empfänger
und Adresse eingeben]
[PLZ eingeben] [Ortschaft eingeben]
[Land wählen]

[Betreff eingeben]

[Anrede eingeben]

Wir danken recht herzlich für Ihr Interesse an unseren Produkten und Ihren Wunsch, sich persönlich mit einem Vertreter unserer Firma zu treffen. Ich bestätige als Termin den 28. Juni 2002 bei Ihnen und freue mich, Sie bei dieser Gelegenheit kennen zu lernen.

Jun 2002		Jun ▾		2002 ▾		
Mo	Di	Mi	Do	Fr	Sa	So
27	28	29	30	31	1	2
3	4	5	6	7	8	9
10	11	12	13	14	15	16
17	18	19	20	21	22	23
24	25	26	27	28	29	30
1	2	3	4	5	6	7

Mit freundlichen Grüßen,

Datum auswählen

[Unterschriftszeile eingeben]

Gemäß Ihrem Wunsch erfolgen zukünftigen Mitteilungen per:

O Email

O Fax

O Brief

Entwurfsmodus

Sobald Sie ein Steuerelement einfügen, wechselt Word in den *Entwurfsmodus*. Sie können nur in diesem Modus Steuerelemente als grafische Objekte behandeln; Benutzereinträge in die Steuerelemente können nur im deaktivierten Modus erfolgen. Der VBA-Teil steht im VB-Editor in beiden Modi zur Verfügung. Der Dokumentschutz kann auch nur bei deaktiviertem Modus ein- und ausgeschaltet werden. Um den Modus zu ändern, klicken Sie auf das entsprechende Symbol.

Wie bereits erwähnt, haben ActiveX-Steuerelemente einen VBA-Teil. Bei aktiviertem Entwurfsmodus stehen zwei weitere Symbolschaltflächen zur Verfügung: *Eigenschaften* und *Code anzeigen*. Diese blenden das *Eigenschaften*-Fenster des VB-Editors (Abbildung 11.14) über dem Dokument ein, bzw. öffnen den VB-Editor. Sie sehen die

Eigenschaften des Steuerelements mit dem Fokus sowie das `ThisDocument` Code-Modul. Alle sich im Dokument befindenden Steuerelemente sind Teil von `ThisDocument`.

Abbildung 11.14:
Eigenschaften
eines ActiveX-
Textfelds. Um die
Bedeutung der
einzelnen Eigen-
schaften zu
erfahren, wählen
Sie sie aus und
drücken F1, *um*
die Hilfe zum
Thema zu öffnen.

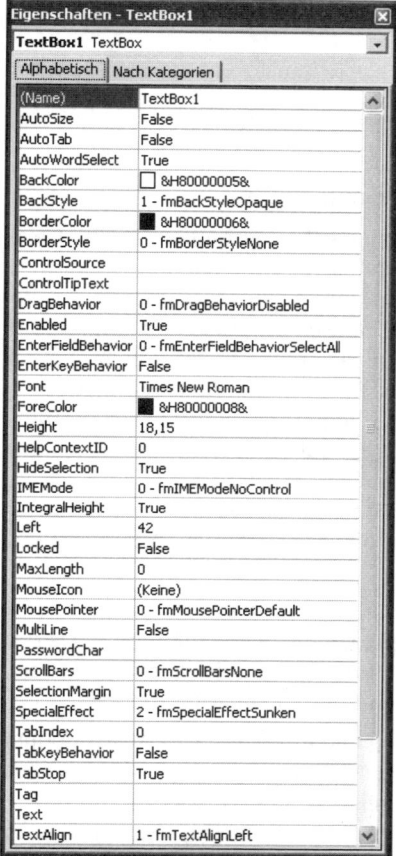

Im *Eigenschaften*-Fenster wird das Grundverhalten eines Steuerelements weitgehend bestimmt.

Textfelder

Für die Textfelder im Beispieldokument wurden generell folgende Einstellungen geändert:

- `Name`: Einen eindeutigen Namen vergeben
- `Selection Margin`: auf `Falsch` (der Text steht links bündig zum Steuerelementrahmen)
- `Special effect`: auf `0 - frmSpecialEffectFlat` (sodass beim Ausdrucken der Inhalt wie ein Teil des Textes aussieht)

Aus Demonstrationsgründen haben wir das erste Feld für die Empfängeranschrift sowie den Straßennamen vorgesehen. Das bedeutet, der Benutzer soll mehrere Zeilen eingeben dürfen und das Textfeld muss sich in der Höhe anpassen. In Tabelle 11.2 sehen Sie die Kombinationen von Steuerelement-Eigenschaften, die die verschiedenen automatischen Anpassungen ermöglichen.

Wie das Textfeld sich dem Textinhalt anpasst	AutoSize	MultiLine	WordWrap
gar nicht	Falsch	Unerheblich	Unerheblich
in der Breite	Wahr	Falsch	Falsch
in der Höhe	Wahr	Wahr	Wahr
in Breite und Höhe	Wahr	Wahr	Falsch

Tabelle 11.2: ActiveX-Steuerelement-Eigenschaften, um Anpassung an den Textinhalt zu steuern

WICHTIG

Wenn sich ein Steuerelement seinem Inhalt anpasst, respektiert es weder Dokument- noch Seitenränder, sondern wächst ohne weiteres darüber hinaus.

Es kommt bei aktivierter automatischer Größenanpassung – vor allem in der Höhe, also mit MultiLine = Wahr – vor, dass Word das Steuerelement plötzlich nicht mehr korrekt behandelt bzw. anzeigt. Der Inhalt sieht verzerrt aus, die Größe gerät außer Kontrolle, es kann nicht markiert werden oder er wird optisch als grafisches Objekt statt als Eingabefeld behandelt und akzeptiert keine Eingabe mehr. Gelegentlich handelt es sich um ein Anzeigeproblem; wenn das »böse« Feld mit der Bildschirmlaufleiste aus dem Fenster und wieder zurück bewegt wird, kommt es vielleicht wieder »ins Lot«. Aber nur allzu oft muss zwischen deaktiviertem und aktiviertem *Entwurfsmodus* hin und her geschaltet werden, um das Steuerelement »wieder zur Vernunft zu bringen«. Manchmal ist das Feld überhaupt nicht zu retten. Das ist dem Benutzer nicht zuzumuten, weshalb wir Ihnen zeigen, wie die Anpassung an den Inhalt mit VBA vorgenommen werden kann.

Die MultiLine-Eigenschaft ist also Wahr, WordWrap ist Wahr und AutoSize ist Falsch; der Name ist txtAdresse. Die Breite des Feldes ist fest auf die Breite der Tabellenzelle gesetzt. Da das Feld den Textfluss nicht beeinflusst, spielt es keine Rolle, ob die Breite dynamisch ist. Außerdem wollen wir nicht, dass das Feld über den Rand hinauswächst.

Per Doppelkick auf das Textfeld (wir befinden uns immer noch im Entwurfsmodus) gelangen Sie ins Code-Fenster mit der Einfügemarke in der Ereignis-Prozedur txtAdresse_Change. Wir wollen jedoch nicht dieses Ereignis, sondern GotFocus und LostFocus, die beim Eintreten bzw. Verlassen des Steuerelements ausgelöst werden. Zeigen Sie also wie in Abbildung 11.15 abgebildet, die Liste rechts oben an und wählen Sie den gewünschten Ereignisnamen in der Liste aus.

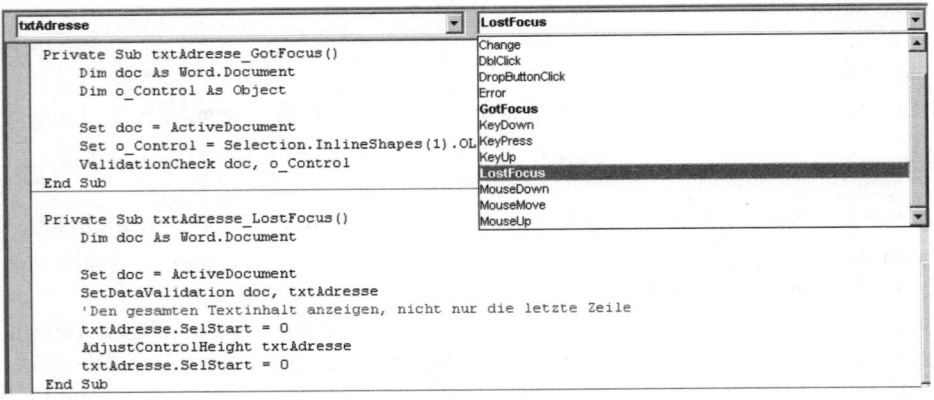

Abbildung 11.15: Steuerelementereignisse stehen im ThisDocument-Modul zur Verfügung

Ein Steuerelement bringt die meisten Eigenschaften und Ereignisse mit sich. Andere werden ihm von der Umgebung (Container) verliehen. Toolbox-Steuerelemente in einem UserForm haben die Ereignisse `AfterUpdate`, `BeforeUpdate`, `Enter` und `Exit`, die in der Dokumentumgebung nicht vorhanden sind. Für die beiden ersten gibt es gar keinen Ersatz; für die letzten stehen `GotFocus` und `LostFocus` zur Verfügung.

ActiveX-Steuerelement mit VBA ansprechen

Wie schon angedeutet, befinden sich ActiveX-Steuerelemente in der gleichen Kategorie wie Excel- und MS Graph-Objekte: sie sind OLE-Objekte und haben eine eigene VBA-Schnittstelle. Demzufolge kann auch hier VBA über die `Objekt`-Eigenschaft des `OLEFormat`-Objekts arbeiten, um auf ihre internen Eigenschaften zuzugreifen.

Da sie aber auch Elemente von `ThisDocument` sind, erübrigt sich dieser Schritt, wenn der Code sich im `ThisDocument`-Modul befindet. Dann können sie, analog wie Steuerelemente in einem UserForm, direkt mit Namen angesprochen werden. Werden sie aus einem anderen Modul aus manipuliert, geht es mit einem Bezug auf das `Document`-Objekt, in dem sie sich befinden, also:

```
ActiveDocument.txtAdresse.Font.Name = "Arial"
```

In Listing 11.22 sehen Sie den Code für das `GotFocus`-Ereignis des Feldes `txtAdresse` und die davon abhängigen Prozeduren. Sie dienen der Datenprüfung; der gleiche Code wurde dem `GotFocus`-Ereignis aller Steuerelemente zugewiesen. Da der Code einfacher wiederholt einzusetzen ist, wenn man ihn ohne Anpassungen kopieren und einfügen kann, wird die Objekt-Variable `o_Control` (für das Steuerelement) dem `OLEFormat.Object` der gegenwärtigen Markierung gleich gesetzt. Damit erübrigt sich das Ändern des Steuerelement-Namens in jeder Prozedur.

Nachdem `GotFocus` das Steuerelement einer Objekt-Variablen zugewiesen hat, ruft sie die Prozedur `DatenPruefen` auf. Diese prüft den Inhalt der Dokument-Variablen `DatenGueltigkeit`. (In diesem Beispiel wird nur geprüft, ob das Feld einen Inhalt hat; Sie können diesen Teil natürlich beliebig nach Ihren Bedürfnissen ausbauen.) Wenn er aus der Zeichenkette »Falsch« besteht, wird zum gerade verlassenen Steuerelement zurückgekehrt.

Richten Sie Ihr Augenmerk auch auf die Tatsache, dass Steuerelemente, die in der Zeile mit dem Text stehen, schnell identifiziert und angesprungen werden können, wenn sie mit einer Textmarke gleichen Namens wie der des Steuerelements gekennzeichnet sind. Dieser Trick funktioniert natürlich nicht für Steuerelemente in der Zeichnen-Ebene. In diesem Fall kann wieder `OLEFormat.Objekt` benutzt werden, um das Steuerelement anhand seines Namens zu finden. Es wird durch alle `Shapes` geschleift, bis das Richtige gefunden ist.

Hier stellt sich natürlich die Frage: Wie und wann wird der Inhalt der Dokument-Variablen `DatenGueltigkeit` gesetzt? Dies geschieht beim Verlassen des Steuerelements, also im `LostFocus`-Ereignis, das am Ende von Listing 11.22 zu finden ist.

Im `LostFocus`-Ereignis dieses Steuerelements wird auch die Höhe dem Textinhalt angepasst, um die bereits beschriebenen Probleme zu umgehen. Anhand des Schriftgrades wird der benötigte Platz je Zeile berechnet; die Anzahl der Zeilen wird anhand der Anzahl Zeilenschaltungen ermittelt und die Höhe auf das Produkt der beiden, plus zwei (Punkte) gesetzt. Je nach Schriftart werden Sie unter Umständen diesen Faktor anpassen müssen, um die korrekte Höhe zu bestimmen. ▶

In Word 2000 wird LostFocus nur ausgelöst, wenn das Feld mit der Tastatur verlassen, jedoch nicht, wenn mit der Maus in ein anderes Feld navigiert wird. Dieses Fehlverhalten wurde für Word 2002 korrigiert.

Falls während des GotFocus-Ereignisses DatenPruefen feststellt, dass der Wert der Dokument-Variablen DatenGueltigkeit »Wahr« ist, enthält das gerade verlassene Feld einen gültigen Eintrag. Der Name des Steuerelements, das gerade den Fokus erhalten hat, wird nun in die Dokument-Variable VorherigesSteuerelement geschrieben und der Benutzer darf weiterarbeiten.

Ihnen fällt bestimmt auf, dass wir zusätzlich die Prozedur SteuerelementInhaltMarkieren aufrufen, obwohl schon die Eigenschaft EnterFieldBehavior mit der Einstellung 0-frmEnterFieldBehaviorSelectAll dafür sorgen würde, dass der Inhalt eines Textfelds markiert wird. Gewisse Handlungen, wie die Anzeige aller Zeilen eines mehrzeiligen Textfeldes, finden nach der ursprünglichen Markierung des Feldes statt. Deshalb stellen wir sicher, dass der Feldinhalt markiert ist.

ActiveX-Steuerelementereignisse können gleichzeitig ausgeführt werden: LostFocus für ein Feld wird beispielsweise noch ausgeführt, wenn GotFocus für das nächste ausgelöst wird. Dies kann zu Konflikten in Word führen, sogar zu endlosen Schleifen. Aus bitterer Erfahrung empfehlen wir Ihnen, nie zu vergessen, Ihre gesamte Arbeit zu speichern, bevor Sie VBA-Code für ActiveX-Steuerelemente testen. Und testen Sie Formulare rigoros, bevor sie weitergegeben werden.

```
Private Sub txtAdresse_GotFocus()
    Dim doc As Word.Document
    Dim o_Control As Object

    Set doc = ActiveDocument
    Set o_Control = Selection.InlineShapes(1).OLEFormat.Object
    DatenPruefen doc, o_Control
End Sub

Public Function DatenPruefen(doc As Word.Document, o_Control As Object)
    If doc.Variables("DatenGueltigkeit").Value = "Wahr" Then
        doc.Variables("VorherigesSteuerelement").Value = o_Control.Name
        SteuerelementInhaltMarkieren o_Control
    Else
        doc.Bookmarks(doc.Variables( _
        "VorherigesSteuerelement")).Range.InlineShapes(1).Select
'   Dim shp As Word.Shape
'       For Each shp In doc.Shapes
'           If shp.OLEFormat.Object.Name = _
'           doc.Variables("VorherigesSteuerelement").Value Then
'               shp.Select
'               Exit For
'           End If
'       Next shp     End If
End Function

Public Function SteuerelementInhaltMarkieren(ctl As Object)
    Dim lTextLen As Long

    lTextLen = Len(ctl.Text)
```

Listing 11.22:
Die GotFocus-
und LostFocus-
Ereignisse für die
Steuerelemente
im Beispiel. Sie
dienen der
Datenprüfung
und Anpassung
der Breite oder
Höhe.

```
        ctl.SelStart = 0
        ctl.SelLength = lTextLen
    End Function

    Private Sub txtAdresse_LostFocus()
        Dim doc As Word.Document

        Set doc = ActiveDocument
        DatenPruefungVoreinstellen doc, txtAdresse
        ' Den gesamten Textinhalt anzeigen, nicht nur die letzte Zeile.
        txtAdresse.SelStart = 0
        SteuerelementHoeheAnpassen txtAdresse
        txtAdresse.SelStart = 0
    End Sub

    Public Function DatenPruefungVoreinstellen(doc As Word.Document, o_Control As Object)
        If Len(o_Control.Text) = 0 Then
            doc.Variables("DatenGueltigkeit") = "Falsch"
        Else
            doc.Variables("DatenGueltigkeit") = "Wahr"
        End If
    End Function

    Public Function SteuerelementHoeheAnpassen(o_ctl As Object)
        Dim sFontSize As Single, szEntry As String
        Dim lLineCounter As Long, lPos As Long
        ' Alle Textzeilen in den Sichtbarenbereich holen.
        o_ctl.SelStart = 0
        sFontSize = o_ctl.FontSize + (0.2 * o_ctl.FontSize)
        szEntry = o_ctl.Text
        lLineCounter = 1
        Do While InStr(szEntry, vbCr)
            lPos = InStr(szEntry, vbCr)
            szEntry = Mid(szEntry, lPos + 1)
            lLineCounter = lLineCounter + 1
        Loop
        o_ctl.Height = (lLineCounter * sFontSize) + 2
        Application.ScreenRefresh
    End Function
```

Bei den anderen Textfeldern im Adressenblock (für Postleitzahl und Ort) gehen wir davon aus, dass eine Zeile genügt. Die Felder für Postleitzahl und Ort sollen sich jedoch in der Breite anpassen, sodass der Abstand zwischen den beiden korrekt aussieht. Unsere Versuche mit AutoSize, um die Breite anzupassen, waren nicht zufrieden stellend: meistens blieb das Feld zu kurz und nicht alle Buchstaben waren sichtbar.

WICHTIG In dieser Hinsicht verhalten sich Steuerelemente in Word 2000 noch weniger fehlerfrei. AutoSize wird nicht zuverlässig ausgelöst. Und 0-frmEnterFieldBehaviorSelectAll hat offensichtlich keine Wirkung, wenn das Steuerelement sich in einem Dokument statt in einem UserForm befindet. In Word 2000 sind Makros unerlässlich, um die beschriebene Wirkung zu erzielen.

Deshalb haben wir für diese Aufgabe die Prozedur in Listing 11.23 erstellt. Um die Breite zu berechnen, multipliziert sie die Anzahl Zeichen im Steuerelement mit der durchschnittlichen Breite eines Zeichens (Schriftgrad durch zwei); davon wird ein

---

Korrekturfaktor abgezogen. Für Felder mit gemischten Buchstaben liegt dieser zwischen 0 und 12. Für das PLZ-Feld, das für deutsche Adressen nur Ziffern enthält, liegt dieser Faktor wesentlich tiefer, da eine Reihe Ziffern allgemein breiter ist als eine Zeichenkette. Wenn das Feld leer ist, wird dessen Breite willkürlich auf fünf gesetzt, sodass der Benutzer die Einfügemarke sehen kann, wenn der Fokus im Feld ist.

TIPP

Steuerelemente, die der Datenprüfung nicht unterliegen, wie etwa das Kombinationsfeld für die Ländereingabe, sollen in ihrem LostFocus-Ereignis den Wert »Wahr« an die Dokumentvariable übergeben, statt DatenPruefungVoreinstellen aufzurufen: ActiveDocument.Variables("DatenGueltigkeit") = "Wahr".

Listing 11.23:
Die Breite eines
Steuerelements
anpassen

```
Public Function SteuerelementBreiteAnpassen(ctl As Object, sFaktor As Single)
    Dim sEnd As Single, sWidthFactor As Single
    sWidthFactor = ctl.Font.Size / 2
    SteuerelementInhaltMarkieren ctl
    sEnd = ctl.SelLength
    If sEnd > 2 Then
        ctl.Width = (sEnd * sWidthFactor) - sFaktor
    Else
        ctl.Width = 5
    End If
End Function

Private Sub txtPLZ_LostFocus()
    Dim doc As Word.Document

    Set doc = ActiveDocument
    SteuerelementBreiteAnpassen txtPLZ, -2
    DatenPruefungVoreinstellen doc, txtPLZ
End Sub
```

Erwähnenswert bei den restlichen Textfeldern ist nur die Unterstreichung des Betreffs. Hier wurde im Entwurfsmodus nicht der ganze Absatz, sondern nur das Textfeld markiert und formatiert. Bitte beachten Sie: Die Formatierung erfolgt nicht innerhalb des Textfeldes; nicht der Text, sondern das Steuerelement im Dokument wird auf ganzer Länge unterstrichen.

TIPP

Wenn Sie beabsichtigen, ActiveX-Textfelder in einer Zeile mit statischem Text zu verwenden, achten Sie auf die vertikale Ausrichtung. Meistens steht der untere Rand des Textfeldes bündig zur Basislinie des Textes; das heißt, der Text im Textfeld steht höher als der umgebende Dokumenttext. Mit *Format/Zeichen/Zeichenabstand* kann das ActiveX-Steuerelement tiefer gesetzt werden.

Das Combobox-Steuerelement

Das Empfänger-Land ist eine Combobox, deren Style-Eigenschaft auf frmStyleDropdownCombo gesetzt ist, sodass der Benutzer sowohl einen Eintrag eingeben als auch aus der Liste wählen kann. Der Text darf auch gelöscht werden, um das Feld leer zu lassen.

Die Pfeile von Kombinationsfeldern – anders als bei Dropdownlistenfeldern von Word – werden so ausgedruckt, wie sie auf dem Bildschirm erscheinen:

o Immer, wenn die Eigenschaft ShowDropButtonWhen auf fmShowDropButtonWhenAlways gesetzt wurde.

- Bei der Einstellung `fmShowDropButtonWhenFocus` erscheint der Pfeil auf dem Bildschirm oder im Ausdruck nur, wenn sich der Fokus im Feld befindet.
- Er wird nie sichtbar, wenn `fmShowDropButtonWhenNever` gewählt wurde.

Die Listeneinträge können nicht wie bei einem Dropdown-Formularfeld als Teil des Feldes eingegeben oder gespeichert werden. Wie bei einem UserForm muss die Combobox jedes Mal bei ihrer Initialisierung (Erstellung oder Öffnen einer Datei) gefüllt werden; dies geschieht einzig über VBA. Im Beispiel wird die Combobox bei Erstellung eines neuen Formulars von der Vorlage mit Einträgen aus einer Datenbank gefüllt (Listing 11.24).

> Mittlerweile sind Ihnen die allgemeinen Einzelheiten einer ADO-Datenverbindung bekannt. In diesem Fall befindet sich die Datenbank mit der Liste der Länder und deren ISO-Codes im gleichen Verzeichnis wie die Vorlage. Es gibt zwei Methoden, eine Combobox-Liste zu füllen. Sie können jedes Element in ein Datenfeld aufnehmen, dann dessen Inhalt der List-Eigenschaft des Steuerelements zuweisen. Oder die Elemente werden eines nach dem anderen mit der AddItem-Methode in die Liste geschrieben. Im Allgemeinen ist die erste Methode schneller. Der Vollständigkeit halber befindet sich der Code für beide in Listing 11.24.
>
> Nicht nur die Liste muss initialisiert werden, auch die Dokument-Variablen, die für die Datenprüfung benutzt werden, erhalten einen Anfangswert: Der Name des aktiven Steuerelements wird der Dokument-Variablen VorherigesSteuerelement und DatenGueltigkeit wird der Wert »Falsch« zugewiesen.
>
> Zudem stellt Document_New fest, dass das erste Steuerelement markiert ist und alle nicht druckbaren Zeichen ausgeblendet sind.

Listing 11.24: Steuerelemente im neu erstellten Dokument initialisieren

```
Private Sub Document_New()
    Dim doc As Word.Document
    Set doc = ActiveDocument
    ListeFuellen cboLand
    doc.Variables("VorherigesSteuerelement").Value = _
      doc.InlineShapes(1).OLEFormat.Object.Name
    doc.Variables("DatenGueltigkeit").Value = "False"
    doc.InlineShapes(1).Select
    With doc.ActiveWindow.View
        .ShowAll = False
        .ShowHiddenText = False
    End With
End Sub

Public Function ListeFuellen(cbo As MSForms.ComboBox)
    Dim conn As ADODB.Connection, rs As ADODB.Recordset
    Dim sConnectionString As String, sSQL As String
    Dim aLaender() As String, lZaehler As Long

    sConnectionString = "Provider=Microsoft.Jet.OLEDB.4.0;" & _
        "Data Source=" & ThisDocument.Path & "\Laender2000.mdb;" & _
        "User Id=admin;" & _
        "Password=;"
    sSQL = "SELECT [LandName] From [LandCodes] ORDER BY [LandName] ASC"
    Set conn = New ADODB.Connection
    Set rs = New ADODB.Recordset
```

```
    conn.Open sConnectionString
    rs.Open Source:=sSQL, ActiveConnection:=conn, _
        CursorType:=adOpenKeyset, LockType:=adLockOptimistic
    rs.MoveFirst
    Do While Not rs.EOF
'       Alternative Methode: Inhalt jedes Datensatzes direkt der Liste übergeben
'       cbo.AddItem rs.Fields(0).Value
'       Dann entfallen die nächste drei Zeilen sowie die zweitletzte der Prozedur
        ReDim Preserve aLaender(lZaehler)
        aLaender(lZaehler) = rs.Fields(0).Value
        lZaehler = lZaehler + 1
        rs.MoveNext
    Loop
    rs.Close
    Set rs = Nothing
    conn.Close
    Set conn = Nothing
    cbo.List() = aLaender
End Function
```

Das Kalender-Steuerelement

Obwohl ein Kalender-Steuerelement in einem geschützten Dokumentabschnitt stehen darf und dort benutzt werden kann, übernimmt es unter Umständen den Fokus
nicht. Stattdessen »springt« die Markierung in das nächste Feld des Formulars, was
unangenehme Folgen haben kann, wenn Ereignisse wie GotFocus und LostFocus im Spiel
sind. Auch die Anzeige erfolgt nicht problemlos: Der Kalender verdeckt oft den
Dokumenttext. Deshalb steht das Element im Beispiel in einem ungeschützten
Abschnitt.

Wir haben in ▶ Kapitel 8 beschrieben, wo Sie das Kalender-ActiveX-Steuerelement **HINWEIS**
finden und es einfügen.

Es befindet sich zudem in einem eigenen Absatz und ist als verborgener Text formatiert; mit einer Höhe von *0,5* Punkt. Somit stört es das Gesamtbild des Dokuments
auf dem Bildschirm nicht und wird auch nicht ausgedruckt. Beim Eintreten in das
Datum-Formularfeld oder der Anzeige mit der Schaltfläche wird die Höhe auf
144 Punkt gesetzt; damit wird es sichtbar.

Je nach Version von Word, Grafik- und Druckertreiber kann der kleinste erlaubte **WICHTIG**
Wert der Height-Eigenschaft für das Kalender-Steuerelement variieren. Bei zu tiefem
Wert wird das Element verzerrt und zu groß angezeigt. Auch die optimale Einstellung
für die Anzeige wird variieren. In Word 2000 betragen die Werte beispielsweise *85*
und *200*.

Das Anklicken eines Datums im Kalender löst das Click-Ereignis aus (Listing 11.25).
Das vom Benutzer gewählte Datum wird formatiert und in das Formular-Textfeld
geschrieben. Danach wird das Steuerelement für die Unterschriftszeile markiert,
sodass der Benutzer sofort weiterarbeiten kann. Wenn der Fokus aus dem Steuerelement wechselt, wird es wieder auf eine Höhe von *0,5* Punkt gesetzt.

```
Private Sub cmdDatum_Click()
    KalenderAnzeigen
End Sub

Public Sub KalenderAnzeigen()
    ActiveDocument.cal.Height = 144
End Sub

Private Sub cal_Click()
    Dim szDate As String
    ' Chr$(160) ist ein geschützter Leerzeichen,
    ' sodass das Datum nicht über die Zeile umbricht.
    szDate = Format(cal.Value, "d." & Chr$(160) & "mmmm" & Chr$(160) & "yyyy")
    ActiveDocument.FormFields("txtTreffenDatum").Result = szDate
    ActiveDocument.Bookmarks("txtUnterschrift").Range.InlineShapes( _
        1).OLEFormat.Object.Select
End Sub

Private Sub cal_LostFocus()
    cal.Height = 0.5
End Sub
```

ActiveX-Schaltflächen

Die Schaltfläche *Datum wählen* im Beispielformular ist mit einer Umbruchart formatiert, um sie frei auf der Seite zu positionieren. Da man sie im Ausdruck nicht sehen soll, ist *Zeichnungsobjekte* in *Extras/Optionen/Druck* ausgeschaltet. Das bedeutet natürlich, dass alle grafischen Objekte, die sich in der Zeichnen-Ebene befinden würden, auch nicht ausgedruckt werden.

Eine Lösung zu diesem Problem ist, entweder die Schaltfläche oder die anderen grafischen Objekte in die Zeile mit dem Text zu setzen. Grafische Objekte, die einen Textfluss haben sollen, können in Positionsrahmen eingefügt werden. Die Schaltfläche würde man dann als verborgenen Text formatieren; andere grafische Objekte werden nicht mehr als Zeichnungsobjekte betrachtet und werden – wie der übrige Text – ausgedruckt.

Optionsfelder

Im Gegensatz zum Kontrollkästchen-Formularfeld von Word können ActiveX-Optionsfelder einer Gruppe zugewiesen werden, sodass die Aktivierung eines Optionsfeldes alle anderen der Gruppe deaktiviert. Rahmen, wie in UserForms, stehen in der Dokument-Umgebung nicht zur Verfügung. Wenn Sie aber für die Group-Eigenschaft einen für die korrekte Gruppe eindeutigen Namen eingeben, behandelt Word die Optionsfelder so, als ob sie in einem Rahmen stehen würden.

TIPP Das gleiche Prinzip funktioniert auch in UserForms.

WICHTIG Optionsfelder werden nur in Word 2002 korrekt ausgedruckt; in früheren Versionen nur als nicht aktiviert (»leer«). Wenn Sie in Word 2000 oder früher Optionsfelder einsetzen wollen und auch ausdrucken, müssen Sie mit einem Makro die Optionsfelder verbergen und mit einer Textlösung ersetzen.

ActiveX-Formular als Basis für eine Webseite

Ein Formular, das auf ActiveX-Steuerelementen basiert, kann im HTML-Format gespeichert werden und die Steuerelemente bleiben dabei erhalten, der VBA-Code dahinter allerdings nicht. Sie müssten den Steuerelementen über die *Webtools*-Symbolleiste VB-Script hinzufügen, um sie auf einer Webseite zu automatisieren. Eine Diskussion zu diesem Thema liegt außerhalb des Bereichs dieses Buches.

Daten aus einem ActiveX-Formular in eine Datenbank übernehmen

Man steht mit Formularen, die aus ActiveX-Steuerelementen bestehen, vor dem gleichen Problem wie bei gewöhnlichen Formularfeldern: Wie werden die Daten aus dem Formular gelesen und einer Datenbank übergeben?

Sind die Steuerelementnamen bekannt, kann auf dem Prinzip aufgebaut werden, dass sie Eigenschaften des Dokument-Objekts sind. Sobald ein Bezug auf ein Dokument-Objekt vorliegt, hat man direkten Zugriff auf jedes »Child«-Element des Dokuments, Steuerelemente inbegriffen. Der folgende Codeschnipsel zeigt, wie aus jeder Umgebung der Textinhalt des Steuerelements txtAdresse angezeigt wird:

```
Dim appWd as Word.Application, doc as Word.Document
Set appWd = New Word.Application
Set doc = appWd.Dcouments.Open szDokPfad & Application.PathSeparator & "Formular.doc"
MsgBox doc.txtAdresse.Text
```

Eine allgemein anwendbare Lösung wäre, die InlineShapes und Shapes-Auflistungen zu durchlaufen und zu testen, ob das Objekt des Typs wdInlineShapeOLEControlObject bzw. msoOLEControlObject ist. Falls ja, können die Name- und Value-Eigenschaften gelesen und einer Datenbank übergeben werden.

Ein Beispiel hierfür sehen Sie in der Prozedur FormularDatenLesen in Listing 11.26 (aus der Beispieldatei *Bsp11_09.xls*). Die Steuerelementnamen und ihre Werte – aus einem auf der Vorlage in Abbildung 11.13 basierenden Dokument – werden in zwei Zeichenketten zusammengestellt, die am Schluss als neuer Datensatz in einer Datenbank (in diesem Fall der Excel-Tabelle in Abbildung 11.16) mit Hilfe einer SQL-Anweisung Insert Into geschrieben werden. Der Beispielcode umfasst auch die notwendigen, auskommentierten Codezeilen, um alle Dokumente eines Ordners, statt nur ein einzelnes Dokument zu bearbeiten.

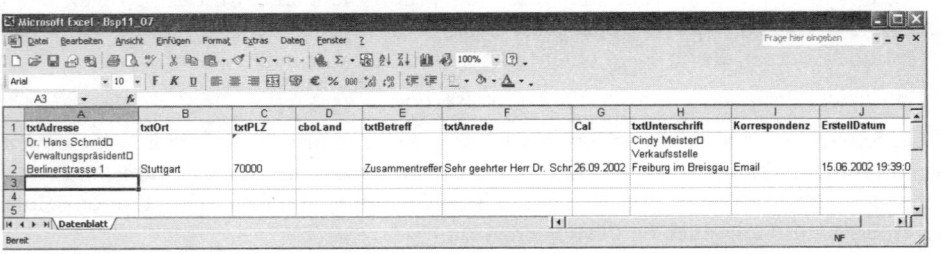

Abbildung 11.16:
Daten aus einem ActiveX-Formular wurden einer Excel-Tabelle hinzugefügt

Mit ADO-Verbindungen und SQL-Anweisungen wie `Insert Into` sind Sie mittlerweile vertraut. Anders jedoch ist, dass die Daten in einen Zellenbereich der aktiven Mappe statt eines bestimmten Blattes geschrieben werden. Excel ist etwas heikel, wenn es darum geht, über ADO Daten einer bestehenden Datenliste hinzuzufügen. Der Zellbereich scheint am besten zu funktionieren.

Kernstück der Lösung ist die Prozedur `FormularDatenLesen`, die Word automatisiert. Beachten Sie, dass die Parameter `szFeldNamen` und `szFeldWerte` explizit als `ByRef` übergeben werden. Somit bleiben alle in `FormularDatenLesen` vorgenommenen Änderungen nach Beendigung der Prozedur in der aufrufenden Prozedur erhalten (im Gegensatz zu `ByVal`, wo alle fälligen Änderungen nur für die laufende Prozedur gültig sind).

Nach dem Öffnen des Formulardokuments werden alle Steuerelemente in einer Schleife durchlaufen, die in der Zeile mit dem Text liegen. Wenn es sich um ein ActiveX-Steuerelement (`OLEControlObject`) handelt, wird der Name in einer Variablen festgehalten. Dann wird getestet, ob ein Optionsfeld vorliegt. Wir wollen nicht den Wert jedes einzelnen Optionsfeldes, sondern nur dasjenige Optionsfeld einer Gruppe, dessen Wert »Wahr« ist. Deshalb müssen Optionsfelder anders bearbeitet werden.

Es gibt keinen direkten Test für die Art eines Steuerelements – also keine `Type`-Eigenschaft. In diesem Fall wird getestet, ob die ersten drei Buchstaben »opt« sind. Wenn nicht, handelt es sich um kein Optionsfeld. Der Name des Steuerelements wird der Zeichenkette des Feldnamens hinzugefügt, gefolgt von einem Komma und einem Leerzeichen. Der Wert wird, umgeben von Apostrophen und gefolgt von einem Komma und Leerzeichen, der Zeichenkette des Feld-Wertes hinzugeschrieben. Beachten Sie, also: Auch numerische Werte, wie Postleitzahl oder Kalenderdatum, erhält Excel in diesem Beispiel als Text. Es ist äußerst wichtig, dass die Datentypen der Excel-Spalten und der übergebenen Daten übereinstimmen, sonst wird die SQL-Anweisung erfolglos bleiben und eine Fehlermeldung angezeigt.

Liegt ein Optionsfeld vor und dessen Wert ist »Wahr«, wird der Gruppenname als Feldname in der Zeichenkette und die vierten bis letzten Buchstaben des Steuerelementnamens als Feldwert aufgenommen. In diesem Fall ist die Gruppe »Korrespondenz« und der Wert könnte »Email«, »Fax« oder »Brief« sein.

Als letztes Feld wird das Speicherdatum als »Erstelldatum« in den Zeichenketten aufgenommen.

Listing 11.26:
Daten aus einem ActiveX-Formular zusammenstellen und einer Excel-Tabelle übergeben

```
Option Explicit
Public Const mDokPfad = "\\Speedy\Data\WdProfB\Beispiel\"
Sub DatenInDatenbankSchreiben ()
    Dim conn As ADODB.Connection, szDateiName As String
    Dim szSQL As String, szFeldWerte As String
    Dim szFeldNamen As String, rs As ADODB.Recordset

    szDateiName = mDokPfad & "OLE_Form.doc"
    FormularDatenLesen szDateiName, szFeldNamen, szFeldWerte
    szSQL = "INSERT INTO [A1:J16000] (" & szFeldNamen & ") VALUES (" _
      & szFeldWerte & ")"
```

```
        Set conn = New ADODB.Connection
        conn.Open "Provider=Microsoft.Jet.OLEDB.4.0;" & _
        "Data Source=" & ActiveWorkbook.FullName & ";" & _
        "Extended Properties=""Excel 8.0;HDR=Yes;"";"

' Statt nur eine Datei, alle Dateien in einem Ordner bearbeiten
'    Dim fs As Scripting.FileSystemObject
'    Dim fl As Scripting.Folder
'    Dim f As Scripting.File
'    Set fs = CreateObject("scripting.FileSystemObject")
'    Set fl = fs.GetFolder(mDokPfad)
'    For Each f In fl.Files
        FormularDatenLesen f.Name, szFeldNamen, szFeldWerte
        conn.Execute szSQL
'    Next f
    conn.Close
    Set conn = Nothing
End Sub

Sub FormularDatenLesen(ByVal szDateiName, ByRef szFeldNamen, ByRef szFeldWerte)
    Dim doc As Word.Document, ils As Word.InlineShape
    Dim szSteuerelementName As String, o_Ctl As Object

    Set doc = Documents.Open(szDateiName)
    For Each ils In doc.InlineShapes
        If ils.Type = wdInlineShapeOLEControlObject Then
            Set o_Ctl = ils.OLEFormat.Object
            szSteuerelementName = o_Ctl.Name
            ' Optionsfelder sind anders.
            If Left(szSteuerelementName, 3) <> "opt" Then
                szFeldNamen = szFeldNamen & szSteuerelementName & ", "
                szFeldWerte = szFeldWerte & "'" & o_Ctl.Value & "', "
            Else
                If o_Ctl.Value = True Then
                    szFeldNamen = szFeldNamen & o_Ctl.GroupName & ", "
                    szFeldWerte = szFeldWerte & "'" & Mid(szSteuerelementName, 4) & "', "
                End If
            End If
        End If
    Next ils
    szFeldNamen = szFeldNamen & "ErstellDatum"
    szFeldWerte = szFeldWerte & "'" & _
      doc.BuiltinDocumentProperties(wdPropertyTimeLastSaved) & "'"
    doc.Close SaveChanges:=wdDoNotSaveChanges
    Set doc = Nothing
End Sub
```

Ein VBA-UserForm

Benutzereingaben können auch über ein UserForm gesammelt und mittels VBA in ein Dokument geschrieben werden. Diese Methode ist oft die bequemste für den Anwender, da er alles an einem Ort erledigen kann. Sie gibt dem Entwickler sehr flexible und raffinierte Möglichkeiten, Hilfstexte anzubieten, die Daten zu prüfen, Formatierungen vorzunehmen und den Aufwand für den Benutzer zu verringern.

Es gibt verschiedene Techniken, die Zielstellen im Dokument zu bestimmen: Textmarken, Dokument-Variablen mit `DocVariable`-Feldfunktionen sowie Dokument-Eigenschaften mit `DocProperty`-Feldfunktionen bieten sich vor allem an.

Für die Automatisierung von Word aus anderen Programmierumgebungen heraus geht man ebenso vor.

In verschiedenen Lösungen dieses Buchs haben Sie bereits gesehen, wie Daten in Textmarken geschrieben oder durch `DocProperty`-Feldfunktionen angezeigt werden. In diesem Abschnitt werden wir uns vor allem auf die Vor- und Nachteile dieser Techniken konzentrieren.

 Das Beispieldokument *Bsp11_10.dot* enthält Code, der die hier diskutierten Wirkungen und Resultate veranschaulicht. Sie finden die Datei auf der CD zum Buch im Ordner *\Buch\Kap11*.

Wir werden nicht beschreiben, wie man ein UserForm erstellt. Dieses Thema wurde in der Literatur schon genügend behandelt und ist für alle Office-Anwendungen (außer Access) gleich.

Ein praktisches Beispiel für diese Methode steht in ▶ Kapitel 12 beschrieben, wo Daten aus einer Access-Datenbank in ein UserForm gelesen, bearbeitet, in das Dokument eingefügt und abschließend zurück in die Datenbank geschrieben werden.

Textmarken

Es gibt grundsätzlich zwei Sorten Textmarken:

- Positions-Textmarken, die einfach eine Stelle markieren und (bei Sichtbarmachung) wie der Buchstabe »I« aussehen.
- Inhalts-Textmarken, die einen zwischen zwei eckigen Klammern stehenden Inhalt »[ ]« umfassen.

Letztere verschwinden, wenn der Inhalt gelöscht wird. Überhaupt ist die »Verwundbarkeit« von Textmarken ihr größter Nachteil. Es ist einfach nicht möglich, sie zu schützen (außer sie sind Teil eines Formularfelds).

Dies ist auch das größte Problem für Leute, die das erste Mal Daten an Word-Dokumente übergeben, wenn die Zielstelle wieder verwendet werden soll, entweder, um andere Daten einzufügen oder den Inhalt später daraus zu lesen. Werden die Daten einfach hinein geschrieben, verschwindet die Inhalts-Textmarke. Benutzt man stattdessen eine Positions-Textmarke, ist es oft unmöglich festzustellen, welche Daten ihr gehören.

Meistens spricht man mit VBA den Textmarkenbereich (`Range`) an:

```
doc.Bookmarks("DerName").Range.Text = "Textmarke Inhalt"
```

Handelt es sich um eine Positions-Textmarke, steht am Schluss die Textmarke vor dem eingefügten Text. Im Falle einer Inhalts-Textmarke ersetzt der Text den bisherigen Inhalt und die Textmarke. Sie ist verschwunden. Deshalb wird meistens eine Funktion wie die in Listing 11.27 eingesetzt, die die Textmarke um den Zielbereich wieder erstellt.

```
Function InTextmarkeEinfuegen(doc As Word.Document, _
        szWert As String, szName As String) As Range
    Dim rng As Word.Range

    If doc.Bookmarks.Exists(szName) Then
        Set rng = doc.Bookmarks(szName).Range
        rng.Text = szWert
        doc.Bookmarks.Add Name:=szName, Range:=rng
        Set InTextmarkeEinfuegen = rng
    Else
        Set InTextmarkeEinfuegen = Nothing
    End If
End Function
```

Listing 11.27:
Daten in eine Textmarke einfügen und die Textmarke wieder erstellen. Der Textmarkenbereich wird für die weitere Bearbeitung zurückgegeben.

Diese Funktion gibt den Textmarkenbereich mit ihrem Inhalt an die rufende Prozedur zurück, sodass man ihn, wenn gewünscht, formatieren kann. Wie das funktioniert, können Sie in der Beispieldatei sehen. Wenn das Range-Objekt, das die Funktion zurückgibt, gleich Nothing ist, dann existiert die Textmarke nicht. So wird das getestet:

```
Set rng = InTextmarkeEinfuegen(doc, szWert, szName)
If rng Is Nothing Then …
```

Der Inhalt einer Textmarke wird, umgekehrt, wie er geschrieben wurde, ausgelesen:

```
szTextmarkeInhalt = doc.Bookmarks("DerName").Range.Text
```

Falls Sie den Inhalt samt Formatierung in ein anderes Dokument übernehmen möchten, dann:

```
doc2.Range.FormattedText = doc1.Bookmarks("DerName").Range.FormattedText
```

Textmarken sind also höchst flexibel, aber nicht sicher gegen das Löschen durch den Benutzer.

Dokument-Variablen

Dokument-Variablen hingegen können Benutzer nichts anhaben. Wenn Sie diese nicht durch VBA oder DocVariable-Feldfunktionen sichtbar machen, weiß der Anwender ja gar nicht, dass es welche gibt. Sie werden einfach in der Dokumentstruktur gespeichert.

Der Wert einer Dokument-Variablen wird so gesetzt (und umgekehrt gelesen):

```
ActiveDocument.Variables("Name").Value = "Neuer Inhalt"
```

Im Gegensatz zu Dokument-Eigenschaften müssen sie nicht mit der Add-Methode zuerst erstellt werden. Einfach einen Wert zuweisen und sie existieren. Eine Dokument-Variable darf jedoch keinen »leeren Wert« haben; sie muss immer mindestens ein Zeichen enthalten, sonst verschwindet sie aus dem Dokument. Das ist für den Neuling etwas verwirrend …

Sonstige Nachteile?

- Sie speichern nur Text, keine Formatierung.

- Absatzmarken in `DocVariable`-Feldfunktionen, die in einer Tabelle stehen, werden als »leere Vierecke« statt als Absatzmarken dargestellt. Und dies egal, ob die nicht druckbaren Zeichen ein- oder ausgeblendet sind.

- In der Version 97 stürzt Word ab, wenn eine `DocVariable`-Feldfunktion in der Kopf- oder Fußzeile steht.

Wie gesagt: Wenn Sie dem Benutzer keine Schnittstelle zur Verfügung stellen und er die Variablen-Namen nicht kennt, kann er nichts damit anfangen. Obwohl das Feld im Dialogfeld *Feld* zur Verfügung steht, wird keine Liste der im Dokument enthaltenen Variablen eingeblendet. Auf der CD befindet sich Chris Woodman's Add-In-Vorlage *TastaturOrg.dot*. Sie ist primär für das Kopieren von Tastaturanweisungen zwischen Word-Dateien gedacht, enthält aber auch ein Tool, das Sie in Ihren Vorlagen einbauen dürfen, um dem Benutzer vollen Zugang zu den Dokumentvariablen zu geben.

Andersherum könnten Sie, wie in Abbildung 11.17, einfach eine Liste in einem Combobox-Steuerelement auf einer Symbolleiste zur Verfügung stellen, ähnlich wie beim Seriendruck. Der Benutzer kann `DocVariable`-Feldfunktionen einfügen, deren Inhalt aber nicht beeinflussen.

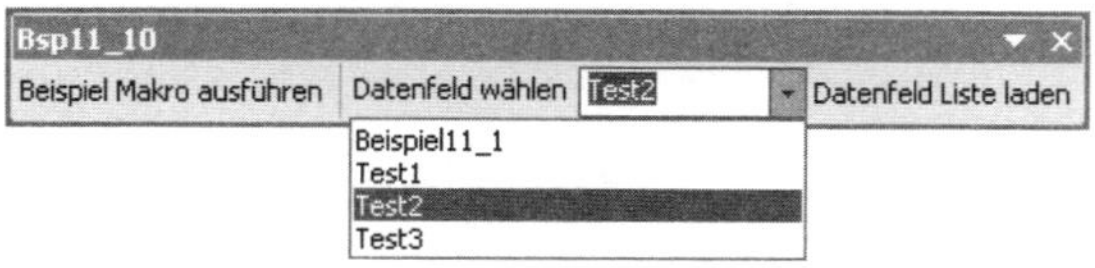

Abbildung 11.17:
Im Dokument gespeicherte Variablen auswählen und als Feldfunktion einfügen. Gibt dem Benutzer eine seriendruckähnliche Funktionalität.

Dokument-Eigenschaften

Dokument-Eigenschaften sind den Dokument-Variablen ähnlich, indem sie keine Formatierungen speichern können. Absatzmarken werden jedoch in Tabellenzellen korrekt angezeigt. Wie Sie bestimmt schon wissen, hat der Benutzer jederzeit über *Datei/Eigenschaften* oder *Einfügen/Feld* darauf Zugriff.

Um Dokument-Eigenschaften mittels VBA in einem Dokument zu erstellen, braucht es die `Add`- und um sie zu entfernen, die `Delete`-Methode. Bei der Erstellung sind alle vier Parameter obligatorisch:

```
ActiveDocument.CustomDocumentProperties.Add _
  Name:="AbschlussDatum", _
  Value:="10-Aug-2002", _
  LinkToContent:=False, _
  Type:=msoPropertyTypeString
```

Der Inhalt einer Dokument-Eigenschaft wird mittels einer `DocProperty`-Feldfunktion im Dokument angezeigt. Falls eine Dokument-Eigenschaft nicht vorhanden ist, zeigt die Feldfunktion eine Fehlermeldung an. Das ist weniger problematisch als bei Dokument-Variablen, die nicht leer sein dürfen. Es ist dennoch gut zu wissen, wie das Problem umgangen werden kann, da dieses Prinzip auch für ähnliche Situationen hilfreich ist. Indem die `DocProperty`-Feldfunktion in einer `IF`-Feldfunktion verschachtelt und nach der genauen Fehlermeldung getestet wird, kann die Anzeige unterdrückt werden.

Formulare in Word: Benutzereingaben sammeln

```
{ IF { DocProperty "Test" } <> "Fehler! Unbekannter Name für Dokument-Eigenschaft." "{ DocPro-
perty "Test" }" "" }
```

Sonstige Merkmale von Dokument-Eigenschaften:

- Sie dürfen einen »leeren« Inhalt haben.
- Sie können maximal 255 Zeichen enthalten.
- VBA hat Zugang zu den Dokument-Eigenschaften in einer Vorlage, die an einem geöffneten Dokument angefügt ist, ohne diese öffnen zu müssen: `ActiveDocument.AttachedTemplate.BuiltinDocumentProperties("Category").Value`
- Es ist möglich, die Dokument-Eigenschaften einer geschlossenen Datei über VB(A) zu lesen. Microsoft stellt zu diesem Zweck ein Tool, *DSOFile.exe*, zur Verfügung, das Sie in Ihren Anwendungen einbauen können. Es wird in ▶ Kapitel 12 näher vorgestellt. Dies eröffnet interessante Möglichkeiten für das Auslesen von Daten aus Word-Dateien in Datenbanken oder zu sonstigen Zwecken, da es schnell ist und Word nicht einmal auf der Maschine installiert sein muss.

Welche der drei Methoden besser für Ihren Zweck geeignet ist, müssen Sie selbst entscheiden.

12 VBA- & Office-Lösungen für den Datenaustausch

Eine der größten Stärken von Word ist seine Anpassungsfähigkeit. Niemand muss sich mit der von Microsoft voreingestellten Benutzeroberfläche und Wirkungsweise zufrieden geben. Menüs, Symbolleisten und Tastatur können mit Befehlen, Formatvorlagen, AutoTexten und Makros fast beliebig ergänzt werden. Mit Makros kann das Verhalten von Word in vielerlei Hinsicht den eigenen Bedürfnissen angepasst werden, wie Sie auch anhand zahlreicher Beispiele in diesem Buch gesehen haben. All diese Möglichkeiten stehen auch dem Programmierer zur Verfügung, der dem Benutzer eine komplette Anwendung vorlegen will. Im ersten Teil dieses Kapitels stellen wir einige Funktionalitäten vor, die die Verfeinerung dieser Anpassungen ermöglichen, sodass Benutzer Ihre Anwendung erleben, wie Sie es wollen, was zu einem besseren Verständnis des Umgangs mit Word-VBA führen soll.

Der zweite Teil beschreibt einige Office-Lösungen zur Automatisierung von Word, um Daten aus anderen Anwendungen wie Excel oder Access ansprechend zu präsentieren und auszudrucken.

Word-VBA

Microsoft stellt uns eine mächtige Textverarbeitungsanwendung zur Verfügung, die Sie fast beliebig für Ihre eigenen Bedürfnisse umbauen dürfen. Es hört sich fast wie ein Märchen an … Es gibt aber durchaus auch Grenzen. Word bleibt eine Textverarbeitungsanwendung und die Software in einen Viewer umbauen zu wollen, ist wohl kaum möglich. Und egal, wie sehr Sie sich anstrengen, der fest entschlossene Benutzer wird den Zugang zu geschützten Dokumenten und Anpassungsdialogfeldern sicherlich schaffen.

Aber innerhalb des gesetzten Rahmens steht es Ihnen frei, Word vollständig umzuwandeln. Vorausgesetzt, Sie verstehen, wie Word funktioniert und verfügen über die nötigen Programmierkenntnisse. Ziel dieses Buchs bis hierher war es, in erster Linie eine tiefere Einsicht in Word zu gewähren. VBA wurde nebenbei behandelt, quasi als Problemlösung. Und das war ganz richtig so.

Das Word-Objektmodell ist groß; mit Abstand das größte aller Office-Anwendungen. Ein Versuch, es sich außerhalb des Kontexts der täglichen Arbeit anzueignen, wäre frustrierend, da viele Faktoren zusammenspielen. Ein Buch, das sich ausschließlich damit befasst, müsste mindestens zweimal so umfangreich wie dieses sein, um alle wichtigen Aspekte zu erörtern und zu besprechen. Deshalb beschränken sich die meisten Bücher darauf, Anfängerkenntnisse weiterzugeben oder sie bieten nur einen flüchtigen Überblick, ohne die wirklich wichtigen Themen zu behandeln.

In diesem Teil stellen wir einige »Geheimnisse« vor, die Sie in der Literatur nicht finden werden. Oft, weil der Autor nicht »mit Word groß geworden ist«. Die neueren Versionen von Word haben nämlich vieles aus den WordBasic-Tagen geerbt, das unter der Oberfläche lauert. Andererseits gibt es Fallen für diejenigen, die erwarten, dass sich VBA, genau wie WordBasic, mit dem Makrorecorder verwenden lässt.

Das Word-Objektmodell

Der Makrorecorder zeichnet Benutzerhandlungen im Dokument auf. Der Benutzer gibt etwas Text ein, markiert und formatiert ihn, bewegt die Einfügemarke irgendwohin usw. Der Makrorecorder spielt diese Handlungen (meistens) exakt ab, aber das Ergebnis ist nicht immer das, was man sich wünscht:

- Der Bildschirm »flimmert«.
- Die Ausführung ist langsam.
- Wenn der Text mit dem richtigen Umbruch nicht genau am richtigen Ort steht, macht das Makro nicht das, was man von ihm erwartet.
- Der Makrorecorder hat nicht alles aufgezeichnet.
- Es ist schwer zu erraten, welche Handlungen die verschiedenen Codezeilen ausführen (außer jemand hat ganz tüchtig kommentiert).
- Es ist schwierig, solche Prozeduren abzuändern oder anzupassen.

Die aufgezeichneten Handlungen werden meistens am Selection-Objekt (Markierung) ausgeführt. Aber worum handelt es sich eigentlich bei dieser Markierung? Um ein Zeichen, ein Wort, einen Absatz, einen Rechtschreibfehler, eine Tabelle, eine Feldfunktion, eine verfolgte Änderung, ein Bild, eine AutoForm?

Auch Word muss raten, was damit gemeint ist. Viel klarer für uns alle wäre, das Objekt »beim Namen zu nennen«. Das erfordert etwas mehr Einsatz auf Seiten des Entwicklers, er muss das Objektmodell manchmal erforschen; es macht sich aber in der Endabrechnung bezahlt.

Range vs. *Selection*-Objekt

Nehmen wir als Beispiel eine Handlung, die sehr häufig vorkommt: Text wird an der Stelle der Markierung eingegeben und formatiert. Sagen wir, der Benutzer gibt einen Ausdruck und eine kurze Beschreibung dazu ein. Diese befinden sich im gleichen Absatz, der mit einer bestimmten Formatvorlage zu formatieren ist. Der Ausdruck (der Text bis zum ersten Punkt) soll zusätzlich fett formatiert werden. Ein aufgezeichnetes Makro könnte wie in Listing 12.1 aussehen.

Listing 12.1:
Aufgezeichnetes
Makro, um Text
zu formatieren

```
Sub BegriffFormatierenX()
    Selection.Style = ActiveDocument.Styles("Begriffserklärung")
    Selection.MoveUp Unit:=wdLine, Count:=1
    Selection.HomeKey Unit:=wdLine
    Selection.MoveRight Unit:=wdCharacter, Count:=13, Extend:=wdExtend
    Selection.Font.Bold = wdToggle
End Sub
```

Sie finden diesen Code zum Testen und Kopieren auf der CD zum Buch im Ordner *\Buch\Kap12* in der Datei *Bsp12_01.doc*.

Dass die Formatvorlage *Begriffserklärung* der Markierung zugewiesen werden soll, geht klar hervor. Nur, was ist die Markierung? Haben wir das Makro selbst aufgezeichnet, wissen wir, dass es sich um eine blinkende Einfügemarke im Absatz handelt. Danach wird die Einfügemarke eine Zeile nach oben und an den Anfang dieser Zeile bewegt. Die Absicht ist, zum Absatzanfang zu springen; nur, was passiert, wenn dieser Punkt mehr als eine Zeile höher liegt? Die ersten 13 Zeichen werden markiert, um sie fett zu formatieren. Wenn der erste Satz aber aus mehr Zeichen besteht? Außerdem bedeutet `wdToggle`, dass wenn die Formatierung schon fett ist, sie nachher nicht mehr fett formatiert wird. Also lauter Unsicherheiten.

TIPP Die Makroaufzeichnung ist nur insofern gut, dass sie uns Aufschluss über Eigenschaften gibt. Falls jemand nicht weiß, wie Formatvorlagen oder die Fett-Formatierung anzusprechen sind, kann er damit wenigstens herausfinden, wo in der Hilfe zuerst nachzuschauen ist.

Eine wirksame Prozedur, welche Aufgaben klar erledigt, wird wie in Listing 12.2 aufgebaut. Als Erstes werden die im Makro benötigten Objekte deklariert, in diesem Fall ein `Range` (Bereich). Beachten Sie, dass ein `Word.Range` spezifiziert wird. Falls Sie den Code nur in Word laufen lassen, könnte `Word.` weggelassen werden, aber wenn der Code beispielsweise auch in Excel ausgeführt werden muss, ist es sehr wichtig, VBA mitzuteilen, dass es sich um einen Word- und nicht um einen Excel-Bereich handelt. Dann wird in der richtigen Bibliothek nach gültigen Eigenschaften und Methoden nachgeschlagen.

Der Bereich wird auf dem der gegenwärtigen Markierung festgesetzt. Egal, wo die Markierung steht und was sie beinhaltet, spricht die Prozedur in den nächsten zwei Zeilen den ganzen ersten Absatz an, der damit assoziiert ist. Die Formatvorlage wird bestimmt und der erste Satz fett formatiert. Es spielt keine Rolle, aus wie vielen Zeilen der Absatz besteht oder wie viele Zeichen der erste Satz hat. Als Bonus können wir die Tatsache betrachten, dass die eigentliche Markierung im Dokument sich nicht ändert; der Benutzer wird weniger desorientiert und der Bildschirm flackert nicht.

Listing 12.2:
Eine Prozedur,
die die eigentli-
che Aufgabe
zuverlässig
erfüllt

```
Sub BegriffFormatieren()
    Dim rng As Word.Range
    Set rng = Selection.Range
    rng.Paragraphs(1).Style = ActiveDocument.Styles("Begriffserklärung")
    rng.Paragraphs(1).Range.Sentences(1).Bold = True
End Sub
```

Sie finden den Code aus Listing 12.2 und Listing 12.3 zum Testen auf der CD zum Buch im Ordner \Buch\Kap12 in der Datei Bsp12_01.doc.

Wenn Sie die Codebeispiele im Buch anschauen, begegnen Sie diesem Prinzip immer wieder: Die Tabelle, in der sich die Einfügemarke befindet, wird bearbeitet; alle grafischen Objekte, die in der Zeile mit dem Text liegen, werden formatiert usw. Das Gegenstück ist die Bearbeitung eines gerade eingefügten Objekts wie eine Grafik oder Tabelle.

In diesem Fall wird das Objekt möglichst einer Objektvariablen gleichgesetzt, als Teil der Methode, die es einfügt. Dafür finden Sie auch etliche Beispiele im Buch. Es gibt dann keine Probleme, ob das Eingefügte markiert ist oder wenn nicht, wie es zu markieren ist.

Aufbauend auf das obige Beispiel nehmen wir an, der Benutzer hat Text kopiert und möchte ihn einfügen und gleichzeitig formatieren lassen. Nach Festlegung des Bereichs (Listing 12.3) wird der Text darin eingefügt; der Bereich umfasst den gesamten Text, egal wie viel es war. Und die Formatierung wird genau gleich vorgenommen. Dies im Gegensatz zum Selection.Paste, das wir vom Makrorecorder her kennen, wo die Einfügemarke am Ende steht und wir keine Ahnung mehr haben, wo der Anfangspunkt war.

```
Sub BegriffEingebenUndFormatieren()
    Dim rng As Word.Range
    Set rng = Selection.Range
    rng.Paste
    rng.Paragraphs(1).Style = ActiveDocument.Styles("Begriffserklärung")
    rng.Paragraphs(1).Range.Sentences(1).Bold = True
End Sub
```

Listing 12.3:
Eingefügten Text
formatieren

Gezielt Objekte, Eigenschaften und Methoden aufspüren

Neulingen zum Konzept »Objekt-orientiert« fällt dieses Umdenken zuerst etwas schwer; und Entwickler aus anderen Umgebungen wissen meist nicht, wo sie in Word ansetzen sollen. Beide mühen sich damit ab, aufgezeichneten Code dazu zu bringen, zuverlässig eine Aufgabe zu erfüllen. Der Frust ist groß und wir bekommen ihn täglich in den Newsgroups zu spüren.

In diesem Buch finden Sie nur Codebeispiele (mit wenigen Ausnahmen), die auf dem Objektmodell der jeweiligen Anwendung aufbauen. Eine sehr breite Palette von Features wurde bewusst vorgestellt, um einen Anhaltspunkt zu geben, mit welchen Objekten Sie es zu tun haben.

HINWEIS

Hätten wir noch einige hundert Seiten schreiben dürfen, hätten wir mehr Objekte mit ihren Eigenschaften und Methoden behandeln können. (Und Sie hätten dieses Buch vielleicht nicht gekauft. Erstens, weil es zu umfangreich (und zu teuer) geworden wäre und zweitens, weil wir wahrscheinlich immer noch am Schreiben wären.) Der VB-Editor stellt jedoch Werkzeuge zur Verfügung, mit denen Sie sich selbst helfen können, jetzt wo Sie wissen, wie es eigentlich gehen müsste. Auch wir mussten uns das hierzu erforderliche Wissen selbst aneignen.

Jeder sollte sicherstellen, dass alle Kontrollkästchen im Bereich *Code-Einstellungen* der Registerkarte *Editor* unter *Extras/Optionen* aktiviert sind. Der VB-Editor wird hilfreiche Informationen einblenden; vor allem eine Liste der gültigen Eigenschaften und Methoden für das voranstehende Objekt, sobald Sie einen Punkt eingeben (Abbildung 12.1).

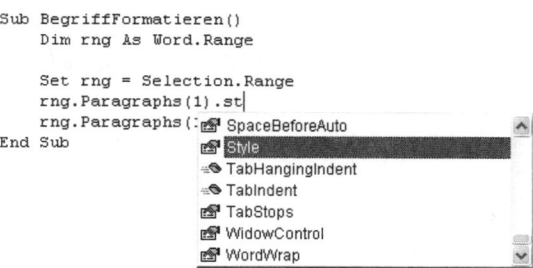

```
Sub BegriffFormatieren()
    Dim rng As Word.Range

    Set rng = Selection.Range
    rng.Paragraphs(1).st|
    rng.Paragraphs(:      SpaceBeforeAuto
End Sub                   Style
                          TabHangingIndent
                          TabIndent
                          TabStops
                          WidowControl
                          WordWrap
```

Um Hilfe zu einem Objekt, einer Eigenschaft oder Methode zu erhalten, positionieren Sie die Einfügemarke in dem Wort und drücken dann F1. Achten Sie in der Hilfe für ein Objekt auf die Menüpunkte zuoberst, unter denen zugehörige Eigenschaften und Methoden aufgelistet sind. Falls Sie eine Eigenschaft oder Methode wissen und das entsprechende Objekt suchen, gibt Ihnen die Liste unter *Betrifft* Bescheid.

Noch ein wichtiges Hilfsmittel in dieser Beziehung ist der Objektkatalog. Hier können Begriffe gesucht und aufgelistet werden; jeder Eintrag ist mit untergeordneten Elementen verknüpft. Per Klick mit der rechten Maustaste wird ein Kontextmenü eingeblendet, über das der Hilfetext direkt angesprungen werden kann. Klicken Sie dazu einfach das Fragezeichen (?) an.

TIPP Wenn Sie aus einer anderen Umgebung kommen oder Word von dort aus automatisieren müssen, entwickeln Sie den Code zuerst in Word. Mit den korrekten Deklarationen kann er einfach in jede andere VB-Umgebung kopiert werden.

Code für mehrere Versionen schreiben

Sie können in Word 97, Word 2000 oder Word 2002 Makros schreiben, die in den beiden anderen Versionen voll lauffähig sind. Im Großen und Ganzen hat Microsoft für Rückwärtskompatibilität gesorgt. Testen sollten Sie auf jeden Fall, da es doch einige Unstimmigkeiten gibt. Uns ist beispielsweise bekannt, dass die wdColor-Konstantwerte in Word 2000 gegenüber Word 97 geändert wurden. Und die Einführung der Pseudo-MDI-Schnittstelle hat einiges, die Handlungen von Anwendungen- und Dokumentfenstern betreffend, verändert.

Denken Sie auch daran, dass jede Version eine andere Objektbibliothek braucht: Für Word 97 *MSWord8.olb*, für Word 2000 *MSWord9.olb* oder für Word 2002 *MSWord.olb* (letztere hat keine Versionsnummer im Dateinamen). Das VBA-Projekt – die Sammlung aller Code-Module und UserForms einer Datei – muss einen Verweis zur Objektbibliothek der Word-Version, in der der Code läuft, haben. Meistens erkennt und ändert Word diesen Eintrag selbst, wenn die Datei geöffnet ist, aber nicht immer (diese Verweise werden im VB-Editor in *Extras/Verweise* verwaltet).

Neuere Versionen haben natürlich Funktionalitäten, in Word sowie in VBA, die älteren Versionen fehlen. In diesem Fall muss der Code verzweigen, um alternative Handlungen auszuführen. Mit Application.Version kann getestet werden, ob Word 97 (8.0), Word 2000 (9.0) oder Word 2002 (10.0) vorliegt. Wenn jedoch Objekte, Eigenschaften oder Methoden verwendet werden, die eine frühere Version nicht unterstützt, erhält der Benutzer eine Kompilierfehlermeldung, sobald er versucht, das Makro auszuführen. Der einzige Ausweg ist, die versionsspezifischen Prozeduren in getrennte Module zu legen und diese nur in einer späteren Version zu kompilieren (VB-Editor, *Debuggen/Kompilieren*).

Sie finden den Code aus Listing 12.4 und Listing 12.5 zum Testen auf der CD zum Buch im Ordner \Buch\Kap12 in der Datei *Bsp12_02.doc*.

```vba
Sub FormatvorlagenSchnittstelleEinblenden()
    If Val(Application.Version) >= 10 Then
        FormatvorlagenSchnittstelleEinblenden2002
    ElseIf Val(Application.Version) >= 8 Then
        FormatvorlagenSchnittstelleEinblenden97_2000
    Else
        MsgBox "Unbekannte Word-Version: " & CStr(Application.Version)
    End If
End Sub


' Der versionsspezifische Alternativ-Code im getrennten Modul
Sub FormatvorlagenSchnittstelleEinblenden2002()
    Application.TaskPanes(wdTaskPaneFormatting).Visible = True
End Sub


Sub FormatvorlagenSchnittstelleEinblenden97_2000()
    Application.Dialogs(wdDialogFormatStyle).Show
End Sub
```

Listing 12.4: Je nach Version von Word den Code verzweigen

Um zwischen Word 97 und Word 2000 oder Word 2002 zu unterscheiden, war es möglich, von der Kompilierungs-Konstante für die VBA-Version Gebrauch zu machen. Da aber in Word 2000 und Word 2002 VBA 6.0 integriert ist (Word 97 hatte VBA 5.0), hilft diese Methode nicht, wenn alle drei Versionen oder nur Word 2000 und Word 2002 berücksichtigt werden müssen. Das Listing 12.5 veranschaulicht dies.

HINWEIS

```vba
Sub ZwischenWord97UndWord2000_2002()
    #If VBA5 Then
        MsgBox "Word 97"
    #ElseIf VBA6 Then
        MsgBox "Word 2000 oder Word 2002"
    #Else
        MsgBox "Word " & CStr(Application.Version)
    #End If
End Sub
```

Listing 12.5: Zwischen VBA5 und VBA6 unterscheiden, ohne Kompilierungsfehler

Es ist nicht möglich, den gleichen Code zwischen einer Word-Version, die VBA unterstützt und einer, die WordBasic unterstützt (Word 2.0, Word 6.0 oder Word 95) zu teilen. Die beiden Umgebungen sind nicht kompatibel zueinander, obwohl spätere Versionen von Word unter Umständen mit den WordBasic-Befehlen noch zurecht kommen. Um von einer einzelnen Anwendung aus alle Versionen von Word zu automatisieren, muss die Anwendung eine andere sein, beispielsweise Visual Basic oder Access.

Dokumenteigenschaften: *DSOFile*

Bekanntlich werden Informationen wie »Titel«, »Autor« und »Stichwörter« in Dokument-Eigenschaften gespeichert. Einige können vom Benutzer geändert werden, andere, wie die Anzahl an Zeichen oder Wörtern, sind nur lesbar. Es ist auch möglich, benutzerdefinierte Eigenschaften zu erstellen, wie im ▶ Kapitel 3 beschrieben.

Dokumenteigenschaften werden hauptsächlich benutzt, um

- Werte zu definieren und festzuhalten, die im Dokument mit DocProperty-Feldfunktionen angezeigt werden.
- Dokumente zu verwalten und zu kategorisieren.

Nicht nur Word unterstützt Dokumenteigenschaften, sie sind auch Teil anderer Microsoft-Anwendungen, wie Excel, PowerPoint, Access und Visio sowie Publisher 2002 (aber nicht frühere Versionen).

Obwohl einige der Dokumenteigenschaften im Windows-Explorer angezeigt werden, muss der Benutzer und der VB(A)-Entwickler jedes Dokument in der passenden Anwendung öffnen, um alle einzusehen und editierbare zu ändern. Dieser Zwang ist natürlich umständlich, vor allem, wenn die Anwendung unter Umständen nicht installiert oder die Datei kennwortgeschützt ist. Es ist auf jeden Fall langsam, wenn die Eigenschaften mehrerer Dateien verarbeitet werden müssen, um beispielsweise einen Katalog von Dateien zu erstellen.

TIPP Falls Sie Windows XP haben, steht Ihnen unter *Ansicht/Details auswählen* eine Liste zur Verfügung, in der Sie die gewünschten Eigenschaften wählen und deren Reihenfolge im Explorerfenster festlegen können.

Zum Glück hat Microsoft die Dokumenteigenschaften in allen Anwendungen gleich strukturiert und sie offen gelegt. Office muss nicht einmal vorhanden sein, um an sie heran zu kommen, vorausgesetzt, die notwendige Software ist vorhanden.

Die Methode, um sie zu lesen, stützt sich auf das Dateiformat »OLE Structured Storage«, und der Speicherung der Eigenschaften innerhalb solcher Dateien. Microsoft hat zwei COM-Schnittstellen definiert, um den Zugang zu ermöglichen: IPropertySetStorage sowie IPropertyStorage. Jedes Programm, das die Fähigkeit besitzt, OLE Structured Storage zu öffnen und sich dieser Schnittstellen zu bedienen, kann Dokument-Eigenschaften auf jeden Fall lesen und, in gewissen Fällen, ändern. Kenntnisse des binären Dateiformats (*.xls*, *.ppt* oder *.doc*) sind nicht notwendig.

Das Problem ist, dass weder VB, VBA oder Scripting von diesen Schnittstellen Gebrauch machen können. Deshalb hat Microsoft uns eine ActiveX-DLL namens *DSOFile* zur Verfügung gestellt, die den Großteil der Arbeit übernimmt.

DSOFile wird im Knowledge Base-Artikel »Q224351 Dsofile.exe Lets You Edit Office Document Properties from Visual Basic and Active Server Pages« vorgestellt. Im Online-Artikel findet sich eine direkte Verknüpfung, um diesen herunterzuladen. Eine Beispiel-VB-Anwendung ist Teil der herunterzuladenden .exe-Datei. Wenn Sie DSOFile unter Windows 95 einsetzen wollen, muss entweder Internet Explorer 4.0 oder DCOM95 installiert sein.

Die von *DSOFile* unterstützten Eigenschaften finden Sie in Tabelle 12.1 aufgelistet.

Eigenschaft	Deutscher Ausdruck	Datentyp	Beschreibung	Les-/ Schreibbar (Read/Write)
AppName		String	Name der Anwendung, mit der die Datei erstellt wurde	R
Author	Autor	String	Autor des Dokuments	RW
ByteCount		Long	Dateigröße in Bytes	R
Category	Kategorie	String	Kategorie	RW
CharacterCount	Zeichen	Long	Anzahl Zeichen	R
CharacterCount-WithSpaces	Buchstaben (mit Leerzeichen)	Long	Anzahl Zeichen (mit Leerzeichen)	R
CLSID		String	CLSID der Anwendung, mit der die Datei erstellt wurde	R
Comments	Kommentare	String	Kommentare	RW
Company	Firma	String	Firma Name	RW
CustomProperties	Anpassen	CustomProperties collection	Eine Auflistung; ein Eintrag für jede benutzerdefinierte Eigenschaft	R
DateCreated	Erstellt am	Variant	Erstelldatum der Datei	R
DateLastPrinted	Gedruckt am	Variant	Datum, wann die Datei zum letzten Mal ausgedruckt wurde	R
DateLastSaved		Variant	Datum, wann die Datei zum letzten Mal gespeichert wurde	R
HasMacros		Boolean	Wahr, wenn das Word- oder Excel-Dokument Makros enthält	R
HiddenSlides		Long	Anzahl verborgener Folien in einer PowerPoint-Präsentation	R
Icon		StdPicture Object	Mit dem Dokument assoziiertes Symbol	R
IsReadOnly		Boolean	Wahr, wenn die Datei schreibgeschützt ist	R
Keywords	Stichwörter	String	Stichwörter	RW
LastEditedBy	Zuletzt gespeichert von	String	Name der letzten Person, welche die Datei bearbeitet hat	RW
LineCount	Zeilen	Long	Anzahl Zeilen	R
Location	Speicherort	String	Pfadangabe des Ordners, in dem die Datei sich befindet	R
Manager	Manager	String	Name des Managers	RW
MultimediaClips		Long	Anzahl Multimedia-Clips in einer Präsentation	R
Name	Name	String	Dateiname	R
PageCount	Seiten	Long	Anzahl Seiten	R ▶

Tabelle 12.1: DSOFile: *verfügbare Dokument-Eigenschaften*

Eigenschaft	Deutscher Ausdruck	Datentyp	Beschreibung	Les-/ Schreibbar (Read/Write)
ParagraphCount	Absätze	Long	Anzahl Absätze	R
PresentationFormat		String	Formattyp einer Präsentation	R
PresentationNotes		Long	Anzahl Notizen einer Präsentation	R
ProgID		String	ProgID der Anwendung, welche die Datei erstellte. Eventuell nicht verfügbar, wenn die Anwendung auf dem Rechner nicht installiert ist.	R
RevisionNumber		String	Überarbeitungsnummer	R
SlideCount		Long	Anzahl der Folien einer Präsentation	R
Subject	Thema	String	Thema	RW
Template	Vorlage	String	Angefügte Vorlage	
Thumbnail	Vorschaugrafik	Variant	Vorschaugrafik	R
Title	Titel	Title	Titel	RW
TotalEditTime	Gesamtbearbeitungszeit	Variant	Gesamtbearbeitungszeit in Minuten	R
Version	Version	String	Version eines Word- oder Excel-Dokuments	R
WordCount	Wörter	Long	Anzahl Wörter	R

DSOFile kann auch Informationen aus einigen anderen Dateiarten holen und teilweise schreiben, beispielsweise die META-Tags aus HTML-Dateien und Eigenschaften für Texteditor-Dateien, die auf NTFS-Systemen gespeichert sind. (Diese gehen jedoch verloren, wenn die Datei sich nicht mehr auf einem NTFS-System befindet.)

Wir stellen mit der Beispieldatei *Bsp12_08.doc* im Ordner *\Buch\Kap12* ein Beispiel bereit, das etwas einfacher zu verstehen ist, als das in *DSOFile.exe* mitgelieferte. Es erstellt einen Katalog der Dateien in einem einzigen, im Code bestimmten Ordner; zeigt die Namen der Anwendung und Autor an, sofern vorhanden, ob das Dokument Makros enthält und, wenn vorhanden, listet die benutzerdefinierten Dokument-Eigenschaften auf. Um das Beispiel auszuführen, müssen Sie das heruntergeladene *DSOFile.exe* ausführen, dann im VB-Editor unter *Extras/Verweise* ein Verweis zu *DS: OLE Document Properties 1.4 Object Library* aktivieren.

In Word integrierte Dialogfelder

Wer will schon das Rad neu erfinden, wenn ein passendes bereits vorhanden ist? Das gleiche gilt für die Automatisierung: Warum sollten wir die Funktionalität eines Word-Dialogfelds oder -Befehls vom Grund auf wieder als UserForm aufbauen, wenn Microsoft diese Arbeit schon erledigt hat? Hinzu kommt, dass der interne Code viel schneller läuft. Nur muss man erst auf die Idee kommen, dass es nicht nur möglich ist, integrierte Dialogfelder einzublenden, sondern auch vieles mehr mit ihnen machbar ist.

Nützliche Eigenschaften

Im VBA-Objektmodell sind nur wenige Methoden und Eigenschaften für Dialogfelder aufgelistet, wenn man `Dialogs([wdDialogKonstante]).` eingibt. Und diese beziehen sich auf alle gleichermaßen. Jedes einzelne Dialogfeld hat jedoch Steuerelemente (Text-, Options- und Dropdownlistenfelder), die teilweise mit VBA angesprochen werden können. Sie finden eine Liste in der Word-VBA-Hilfe unter *Argumente für integrierte Dialogfelder.*

Deren Verfügbarkeit stammt aus den alten WordBasic-Zeiten. Die WordBasic-Elemente und die Philosophie wurden in Word 97 (die erste Version mit VBA) übernommen, gerieten aber seither bei Microsoft in Vergessenheit oder, genauer gesagt, weil es auf der alten Technologie basiert, in Verruf. Wir sind der Meinung, dass die Implementierung in den folgenden Versionen von Word vernachlässigt wurde. Die Symptome: Argumente von Word-VBA werden nicht mehr erkannt und Dialogfelder für neue Funktionalitäten lassen sich lediglich einblenden. Schade ...

Die Liste in *Dialogliste.doc* (mehr darüber im weiteren Verlauf des Kapitels) reflektiert dies immer wieder in der Meldung »Diese Methode oder Eigenschaft ist nicht verfügbar, weil er kein WordBasic-Befehl ist. Dieser Befehl kann aber einer Symbolleiste, einem Menü oder einem Shortcut zugewiesen werden«.

HINWEIS

Die Datei *Dialogliste.doc* finden Sie im Ordner *\Buch\Kap12* auf der CD zum Buch.

Es gibt keine Hilfeeinträge für diese Argumente außer in der alten WordBasic-Dokumentation zu Word 6.0/95. Wenn Sie irgendwo ein altes Exemplar vom »Workshop zu Microsoft Basic« (auf Englisch, das »Word Developer's Kit«) herumliegen haben, ist es Gold wert, da alle die Befehlsbeschreibungen auch für die Dialogfeld-Steuerelemente gelten, die noch nicht von Microsoft geändert wurden. Daraus kann nicht nur entnommen werden, für was die Argumente stehen, sondern auch, welcher Datentyp verlangt wird.

Die o.g. WordBasic-Hilfe-Datei (in englischer Sprache) steht auch zum Herunterladen auf *www.mvps.org/word* bereit.

Auch die standardmäßigen VBA-Methoden `Execute` und `Display` wurden für einige der Word 2002-Dialogfelder (beispielsweise *EinfügenSymbol* und *DateiEigenschaften*) missachtet und verhalten sich wie `Show`. Wir sind gespannt, was Office 11 bringt, d.h. ob die Funktionalität weiter abgebaut wird, ohne Ersatz, oder ob sie analog zum `FileDialogObject` umgebaut wird ...

HINWEIS

Einige Beispiele für den Einsatz von diesen Argumenten haben Sie im Buch schon gesehen, beispielsweise in ▶ Kapitel 9 in den Listings 9.7 und 9.8, wo der Code das Dialogfeld *EinfügenGrafik* einblendet und die Einstellungen für den vom Benutzer gewählten Pfadnamen und die Verknüpfungsoption festhält. Wenn ein Argument vor einer der Methoden `Show`, `Display` oder `Execute` steht, wird der Wert des Steuerelements im Dialogfeld gesetzt; das Dialogfeld ausgeführt und die vom Benutzer vorgenommen Einstellung werden zurückgegeben. Das Beispiel Listing 12.6 setzt im Dialogfeld *Datei/Speichern unter* einen Dateinamen und gibt den tatsächlichen vom Benutzer eingegebenen zurück.

Listing 12.6:
Argumente vor
der Methode
schlagen sich im
Dialogfeld nie-
der; danach wird
die Benutzerein-
stellung zurück-
gegeben

```
Sub DateiSpeichernUnterBeispiel()
    Dim lSchaltfläche as Long
    With Dialogs(wdDialogFileSaveAs)
        .Name = "Test.doc"
        lSchaltfläche = .Display
        MsgBox "Der Benutzer gab " & .Name & " ein."
    End With
    Debug.Print lSchaltfläche
End Sub
```

Dieses Listing finden Sie in der Textdatei *bas12_06.txt* auf der Buch-CD. Sie befindet sich im Ordner *Buch**Kap12*.

Diese »verborgene« Funktionalität ermöglicht uns einiges, was sonst nicht in der VBA-Schnittstelle vorhanden ist oder nur auf umständlichen Umwegen erreicht werden kann. Das Aufstöbern solcher nützlichen Befehle ist fast zu einem Wettbewerb unter den MVPs geworden. Unser Kollege Ibrahim Elnazak ist unangefochtener Meister dieser Kunst. In Tabelle 12.2 steht eine Sammlung einiger seiner »Perlen«.

Tabelle 12.2:
Aufgaben über
Dialogfeldargu-
mente erledigen,
die von VBA
nicht unterstützt
werden

Makrocode	Wirkung
```With Dialogs(wdDialogFilePrintSetup) .Printer = "HP DeskJet on LPT2:" .DoNotSetAsSysDefault = True .Execute End With```	Legt den Drucker für das Dokument fest, ohne die Einstellung für den Windows-Standarddrucker zu ändern. `ActivePrinter = "HP LaserJet on LPT1"` Ändert den Standarddrucker.
```With Dialogs(wdDialogFileSummaryInfo) .Title = "MeineTitel" .Execute End With```	Legt den Namen, den Word automatisch im Dialogfeld *Datei/Speichern unter* anzeigt, fest, bevor das Dokument das erste Mal vom Benutzer gespeichert wird.
`Dialogs(wdDialogFormatColumns).ColumnNo`	Gibt die Indexnummer der Zeitungsspalte zurück, in der sich die Einfügemarke befindet.
`Dialogs(wdDialogFormatColumns).ColumnWidth`	Gibt die Spaltenbreite der Spalte zurück, wo die Einfügemarke sich befindet.
`Dialogs(wdDialogEditPasteSpecial).Class`	Ermittelt die Art des Zwischenablageninhalts. Gibt beispielsweise »Excel.Sheet.8« oder »Excel.Chart.8« für ein Excel-Tabellenblatt bzw. Excel-Diagramm zurück.
```With Dialogs(wdDialogFormFieldOptions) .Name = szNeuerName .Execute End With```	Weist das markierte Formularfeld einem Namen zu. Wenn das Formularfeld keinen Namen hat (was vorkommen kann, wenn ein Formularfeld kopiert wird), gibt der VBA-Befehl `ActiveDocument.FormFields(1).Name = "NewName"` eine Fehlermeldung zurück.
```Sub ToolsProtectUnprotectDocument() If ActiveDocument.ProtectionType _ = wdNoProtection Then With Dialogs(_ wdDialogToolsProtectDocument) .NoReset = True .Show End With Else ActiveDocument.Unprotect End If End Sub```	Unterbindet die Zurücksetzung von Formularfeldern bei Einblendung des Dialogfeldes *Extras/Dokument schützen*.

Manche Argumente wurden für neue Funktionalitäten hinzugefügt, für die es gar keine Dokumentation gibt. Ein Beispiel dafür liefert das Dialogfeld *Rahmen und Schattierungen*. Auf den Registerkarten *Rahmen* sowie *Seitenrand* gibt es ein Steuerelement *Übernehmen für* (in der englischen Umgebung *Apply to*). ApplyTo befindet sich auch in der Liste der Argumente für dieses Dialogfeld, gilt jedoch nur für die Registerkarten *Rahmen* und *Schattierungen*. Das Argument WhichPages entspricht dem Steuerelement *Übernehmen für* auf der Registerkarte *Seitenrand*. ApplyTo bezieht sich auf das Element im Dokument, das formatiert werden soll (Absatz, Grafik, Zelle oder Tabelle); WhichPages auf den Teil vom Dokument (gesamtes Dokument, einen Abschnitt, erste Seite oder nicht erste Seite), der mit einem Seiterand zu formatieren ist.

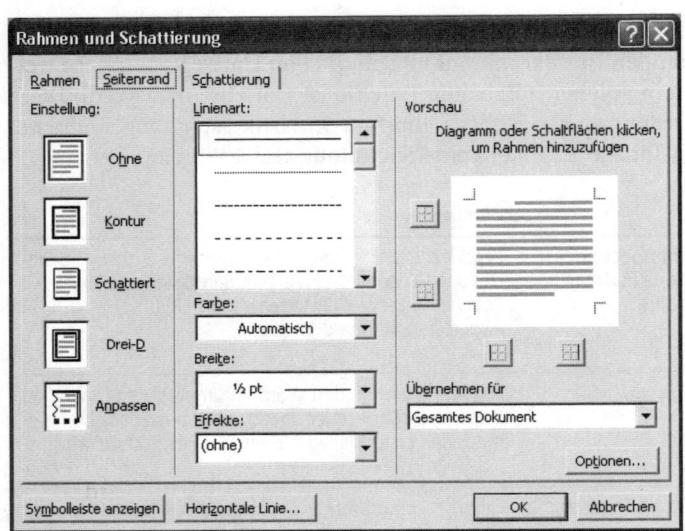

Abbildung 12.2:
Das Dialogfeld Rahmen und Schattierung, *Registerkarte* Seitenrand

Ibrahims Beispielcode in Listing 12.7 zeigt, wie man die gegenwärtige Einstellung (entspricht der Formatierung der gegenwärtigen Markierung) des Dialogfelds ermittelt und gibt Ihnen gleichzeitig Aufschluss über die vom Dialogfeld erkannten Werte.

```
Sub SeitenrandFormatierung()
    With Dialogs(wdDialogFormatBordersAndShading)
        .DefaultTab = wdDialogFormatBordersAndShadingTabPageBorder
        .Execute
        Select Case .WhichPages
            Case 0
                MsgBox "Gesamtes Dokument"
            Case 1
                MsgBox "Diesen Abschnitt"
            Case 2
                MsgBox "Diesen Abschnitt, nur erste Seite"
            Case 3
                MsgBox "Diesen Abschnitt - Alle außer 1. Seite"
        End Select
    End With
End Sub
```

Listing 12.7:
Die Werte des Steuerelements Übernehmen für *der Registerkarte* Seitenrand

Dieses Listing finden Sie in der Textdatei *bas12_07.txt* auf der Buch-CD. Sie befindet sich im Ordner *\Buch\Kap12*.

Um diese Art von Informationen herauszufinden, muss experimentiert und getestet werden, bis die Angaben offen liegen.

Beim Einsatz eines integrierten Dialogfelds mit VBA will man oft wissen, mit welcher Schaltfläche es der Benutzer geschlossen hat, und das vor allem, wenn es mit der Display-Methode eingeblendet wurde (sodass Word es nur anzeigt, aber nicht ausführt). Die Tabelle 12.3 listet die Werte auf, welche die Methode zurückgibt.

Tabelle 12.3:
Werte, die Schalt-
flächen eines
integrierten
Dialogfelds
zurückgeben

Wert	Betätigte Schaltfläche
−2	*Schließen*
−1	*OK*
0	*Abbrechen*
> 0	*Übrige Schaltflächen, die in einem Dialogfeld vorhanden sind*

Der *TimeOut*-Parameter

Wenig bekannt ist der TimeOut-Parameter der Show- und Display-Methoden. Damit kann festgelegt werden, wie lange (in Millisekunden) das Dialogfeld eingeblendet bleibt. Beispiel:

```
Dialogs(wdDialogFilePrint).Show TimeOut:=7000
```

um das Dialogfeld *Drucken* für kurze Zeit einzublenden, sodass der Benutzer die Wahl hat, Einstellungen vorzunehmen oder wegzugehen, um einen Kaffee zu trinken, während der Druckauftrag in seiner Abwesenheit automatisch ausgeführt wird.

»Verborgene« Dialogfelder

Üblicherweise werden integrierte Dialogfelder mit Hilfe der wdDialog-Konstanten eingeblendet. Im Objektkatalog des VB-Editors finden Sie um die 220 aufgelistet und wenn Sie ?Dialogs.Count im Fenster *Direktbereich* ausführen, wird *229* zurückgegeben.

Betrachten wir die Werte der wdDialog-Konstanten im Objektkatalog, fällt auf, dass Word mehr als 1.000 kennt (oder einst gekannt hat). Neugierige wagen den Versuch, durch alle in einem Makro, wie das in Listing 12.8, zu schleifen, um herauszufinden, wofür die anderen 800 gut sind. Das bekannteste Dialogfeld, das von Ibrahim so entdeckt wurde, ist *Datei/Eigenschaften*. Es kann mit Dialogs(750).Show eingeblendet werden.

Das Listing 12.8 testet Dialogs([Wert]). Wenn der Befehl im Kontext der gegenwärtigen Markierung ausgeführt werden könnte, wird der Befehlsname ermittelt und zusammen mit dem Wert einer Zeichenkette hinzugefügt. Sonst wird eine Fehlermeldung generiert und der Zeichenkette hinzugefügt, die wegen der Zeile On Error Resume Next nicht eingeblendet, sondern übersprungen wird. Am Schluss wird die Zeichenkette in das neue Dokument eingefügt und in eine Tabelle umgewandelt. Anhand der verschiedenen Fehlermeldungen kann die Liste punktuell ergänzt werden, indem eine Markierung gesetzt und der Konstantwert nochmals getestet wird.

```
Sub AlleDlgAuflisten()
    Dim dlgZaehler As Long, szListe As String
    Dim dlg As Word.Dialog, doc As Word.Document, tbl As Word.Table

    Set doc = Documents.Add
    For dlgZaehler = 1 To 1100
        On Error Resume Next
        Set dlg = Application.Dialogs(dlgZaehler)
        If Err.Number = 0 Then
            szListe = szListe & dlgZaehler & vbTab & dlg.CommandName & vbCr
        Else
            szListe = szListe & dlgZaehler & vbTab & Err.Description & vbCr
        End If
        On Error GoTo 0
    Next dlgZaehler
    doc.Range.InsertAfter szListe
    ' automatische Rechtschreibprüfung unterbinden
    doc.Range.LanguageID = wdNoProofing
    Set tbl = doc.Range.ConvertToTable(Separator:=vbTab, NumColumns:=2)
End Sub
```

Listing 12.8:
Eine Liste der Dialog-Konstanten und der damit verbundenen Befehle generieren

Dieses Listing finden Sie in der Textdatei *bas12_08.txt* auf der Buch-CD. Sie befindet sich im Ordner *Buch\Kap12*. Unsere in Word 2002 erstellte Liste finden Sie auf der CD unter dem Namen *Dialogliste.doc*. Einige Konstanten gehören zur Macintosh-Umgebung (»Plattform«) und können nicht in Winword ausgeführt werden; die gleiche Fehlermeldung wird eingeblendet, wenn man einen wdDialog-Konstantwert wie wdDialogFilePrintOneCopy verwendet. Weiter können wir Ihnen noch verraten, dass diese Werte einen Befehl ausführen, aber nicht jeder Befehl blendet ein Dialogfeld ein; viele führen unmittelbar eine Handlung aus. Und es handelt sich teilweise um alte Funktionalität aus Word 2.0 oder Word 6.0/95. Diese werden meistens aus Gründen der Rückwärtskompatibilität mitgeführt.

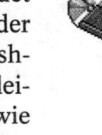

Die Word-Umgebung anpassen

Es ist möglich, in Word mehr Anpassungen vorzunehmen als nur die eigenen Makros für die Automatisierung und Dialogfelder einzublenden. Auch die Menüs, Symbolleisten und Befehle in der Benutzeroberfläche stehen uns offen.

Integrierte Word-Befehle

Wie schon mehrmals in diesem Buch angedeutet, besteht in Word die Möglichkeit, jeden integrierten Menübefehl mit einem Makro gleichen Namens abzufangen. Denken Sie ein wenig nach, was das bedeutet: Der Benutzer sieht »Word«, aber was Word macht, wird von Ihnen bestimmt.

Haben Sie schon in der Liste von integrierten Word-Befehlen in *Extras/Makro/Makros* bzw. *Extras/Anpassen/Befehle* die Kategorie *Alle Befehle* entdeckt? Wenn Sie die vorangehenden Kapitel gelesen haben, bestimmt. Und sicherlich haben Sie sich auch gefragt, wie man darüber eine Übersicht erhält und wie diese in Ihrem VBA-Code einzusetzen sind. Eine VBA-Methode Application.ListCommands steht für das erste Anliegen bereit, aber ein eingehender Vergleich des Ergebnisses mit der Liste in

Alle Befehle zeigt, dass sie nicht ganz übereinstimmen. Und dann gibt es die Befehle, die in keiner der beiden aufgeführt sind, aber in *Extras/Makro/Makros* stehen; diese Liste ist die vollkommenste.

Dank unserer MVP-Kollegen Ibrahim Elnazak und Klaus Linke sind wir in der Lage, Ihnen eine Tabelle mit einer vollständigen Liste aus diesem Dialogfeld zur Verfügung zu stellen, mit den Befehlsnamen in Englisch sowie in Deutsch, einer kurzen Beschreibung, integrierten Tastaturkürzeln sowie einem Vermerk, in welcher Version von Word sie eingeführt wurden, wenn sie nicht in allen drei Versionen vorhanden sind. Da diese Tabelle über 1.000 Einträge enthält, haben wir sie als Excel-Datei auf der CD bereitgestellt: *WdBefehl.xls*. Die Datei befindet sich im Ordner *\Buch\Kap12*.

Alle drei VBA-befähigten deutschen Versionen von Word (97, 2000 und 2002) erkennen sowohl die englischen als auch die deutschen Befehlsnamen als gültige Prozedurnamen. Also funktioniert `Sub FilePrintDefault` genau so gut wie `Sub DateiDruckenStandard` (der Befehl, den die *Drucken*-Symbolschaltfläche ausführt). Sind beide im selben VBA-Projekt vorhanden, hat der englische Befehlsname den Vorrang. Natürlich erkennt die englische Word-Version nur die englischen Befehlsnamen; jede lokalsprachliche Version erkennt die englischen und die eigenen. Wenn Sie für mehrere Sprachen entwickeln, setzen Sie also die englischen Befehle ein.

HINWEIS Konflikte zwischen Prozeduren und AutoTexten gleichen Namens werden von Word wie folgt gelöst: Erste Priorität haben die Elemente, die im Dokument gespeichert sind. Es folgen die Elemente in der zum Dokument gehörenden Vorlage, dann die *Normal.dot* Vorlage und letztlich werden die globalen Add-In-Vorlagen berücksichtigt.

Ein solcher Befehl kann auch aus einem Makro heraus ausgeführt werden. Dafür braucht man entweder `Application.Run "[Befehlsname]"` oder die `ID`-Eigenschaft des Befehls:

```
CommandBars.FindControl(ID:=750).Execute
```

Integrierte Befehle und die Symbolleisten

Bekanntlich kann jeder integrierte Befehl einer Menü- oder Symbolleiste über *Extras/Anpassen/Befehle* mit der Maus hinzugefügt werden. Diese haben, wie am Ende des letzten Abschnitts ersichtlich, eine `ID`-Eigenschaft, die eine Ganzzahl ist. Diese Eigenschaft ist ein fester verfügbarer Bestandteil von Word, auch wenn der Befehl nicht in einer Symbolleiste sichtbar ist. Sie können die `ID` ermitteln, indem Sie den Befehl am Anfang einer Symbolleiste (*Format* beispielsweise) hinzufügen und folgende Codezeile ausführen:

```
MsgBox CommandBars("Format").Controls(1).ID
```

Auf diese Art und Weise wurde das obige Beispiel entdeckt, um das Dialogfeld *Datei-Eigenschaften* einzublenden.

WICHTIG Die `ID`-Eigenschaft eines internen Befehls und der Konstantwert eines Dialogfeldbefehls sind nicht gleich, obwohl die Nummer für einige (wie *DateiEigenschaften*) »zufällig« übereinstimmen.

Eine nützliche Methode, den Befehlsnamen für eine bestimmte Symbolschaltfläche herauszufinden, ist, die Tastenkombination Strg+Alt++ (im numerischen Tastaturblock) zu drücken, dann auf die Symbolschaltfläche zu klicken.

TIPP
⌘

Auch diese Befehle haben ungeahnte Eigenschaften, die mit ihren internen Verbindungen zu ihren Symbolschaltflächen zu tun haben. Die Eigenschaften sind uns aus der Automatisierung von Office CommandBars (Symbolleisten) bekannt, wir assoziieren sie jedoch meistens nicht mit den Symbolschaltflächen interner Befehle.

Bearbeiten/Rückgängig und *Bearbeiten/Wiederherstellen* sind beispielsweise in der Symbolleiste mit einer Dropdownliste der zuletzt ausgeführten Handlungen ausgestattet. Diese Art von Liste können wir mit VBA nicht erstellen; wer würde vermuten, man könnte diese Liste einsehen? Ibrahim hat es versucht und herausgefunden, wir können mit Code wie in Listing 12.9 die Anzahl der Einträge sowie deren Inhalt ermitteln – beides Sachen, die im VBA-Objektmodell nicht vorgesehen sind. Damit kann die Undo-Methode gezielt eingesetzt werden.

```
Sub ElementeImRückgängigMachen()
    Dim lRückElemente As Long, ctl As Office.CommandBarControl
    On Error GoTo ErrorHandler
        Set ctl = CommandBars.FindControl(ID:=128, Visible:=False)
        lRückElemente = ctl.ListCount
        Debug.Print "Der Stapel 'Rückgängig' enthält " & lRückElemente & " Elemente."
        Debug.Print "Das erste Element ist: " & ctl.List(1)
        Debug.Print "Das letzte Element ist: " & ctl.List(lRückElemente)
    Exit Sub
ErrorHandler:
        If Err.Number = -2147467259 Then
            Debug.Print "Der Stapel 'Rückgängig' ist leer."
        End If
End Sub
```

Listing 12.9:
Mit VBA einen
Blick in die Liste
Rückgängig
schaffen

Dieses Listing finden Sie in der Textdatei *bas12_09.txt* auf der Buch-CD. Sie befindet sich im Ordner *\Buch\Kap12*.

Dynamische Symbolleisten und Symbolschaltflächen

Am einfachsten ist es, wenn anwendungsspezifische oder angepasste Symbolleisten in einer Vorlage gespeichert sind. Ist ein Dokument dieser Vorlage aktiv oder handelt es sich um eine globale Vorlage, stehen die Symbolleisten und -Schaltflächen zur Verfügung, sonst nicht. Es gibt jedoch Umstände, wo sie dynamisch erzeugt und wieder entfernt werden sollen:

○ Die Symbolleisten/Symbolschaltflächen hängen vom Dokumentinhalt ab.

○ Die Symbolschaltfläche enthält eine Liste, die zwangsweise bei jedem Neustart über VBA wieder gefüllt werden muss (Dropdown- und ComboBox-Symbolschaltflächen, die, wie Edit-Symbolschaltflächen, nur mit VBA erstellt werden können; ein Beispiel dafür steht im ▶ Kapitel 2, für die Verwaltung von Wörterbüchern).

Wir werden an Hand eines Beispiels (*Bsp12_04.dot* im Ordner *\Buch\Kap12* auf der Buch-CD) von Ibrahim Elnazak zeigen, wie Symbolleisten und Symbolschaltflächen beim Erstellen bzw. Öffnen eines Dokuments von einer bestimmten Vorlage erstellt werden und beim Schließen wieder entfernt werden. Es wird als schlechter Programmierstil erachtet, solche Symbolleisten und -Schaltflächen in der *Normal.dot* zu erstellen – was einige Add-In-Anbieter nicht davon abhält, dies trotzdem zu tun. Sie sollten immer in einer anderen Vorlage festgehalten werden; in diesem Beispiel in der Dokumentvorlage *MeineVorlage.dot*.

Das Word-VBA-Objektmodell enthält einen `Temporary`-Parameter für die `Add`-Methode von Symbolleisten und -Schaltflächen. Wenn dieser Parameter auf »False« gesetzt wird, soll er dafür sorgen, dass das Objekt nicht mit der Datei gespeichert wird; es verschwindet, wenn das Dokument geschlossen wird. Der Parameter hat jedoch überhaupt keine Wirkung für Symbolschaltflächen und funktioniert in Word 97 auch nicht für Symbolleisten.

Eine Symbolleiste erstellen

Da die Symbolleiste sowohl beim Öffnen als auch bei der Erstellung eines Dokuments von der Vorlage erstellt werden soll, muss die Prozedur – `CreateCommandBarAndControls` – sowohl von einem *AutoOpen*- als auch von einem *AutoNew*-Makro aus aufgerufen werden (Listing 12.10). Das Beispiel zeigt, wie alle sechs Arten von Symbolschaltflächen einer Symbolleiste hinzugefügt werden. Das *AutoClose*-Makro entfernt die hinzugefügten Elemente, da wir uns auf die `Temporary`-Eigenschaft nicht verlassen wollen/können.

Die Kommandozeile am Schluss der Prozedur sorgt dafür, dass die vorgenommene Änderung nicht zu einer Meldung führt, die nach der Speicherung der Vorlage fragt. Damit gaukeln wir Word vor, dass die Vorlage keine ungespeicherten Änderungen enthält. Diese Zeile wird bei jeder Handlung wiederholt.

```
ActiveDocument.AttachedTemplate.Saved = True
```

Wichtig ist ebenfalls die Festlegung der `CustomizationContext`-Eigenschaft. Sie teilt Word mit, in welcher Datei die Änderungen zu den Symbolleisten vorzunehmen sind: die Vorlage des aktiven Dokuments.

Die Listings 12.10 bis 12.14 finden Sie in der Vorlage *Bsp12_04.dot* im Ordner *\Buch\Kap12* auf der Buch-CD.

Listing 12.10:
Die Erstellung
von Symbolleiste
und Schaltflä-
chen auslösen

```
Public Sub AutoNew()
    Call SymbolleistenUndSchaltflächenErstellen
End Sub

Public Sub AutoOpen()
    ' Nicht ausführen, wenn die Vorlage geöffnet wird
    If ActiveDocument.Type = wdTypeDocument Then
        Call SymbolleistenUndSchaltflächenErstellen
    End If
End Sub

Sub Autoclose()
    CustomizationContext = ActiveDocument.AttachedTemplate
    On Error Resume Next
    CommandBars("Meine Symbolleiste").Delete
    CommandBars("Menu Bar").Controls("Mein Menü").Delete
    ActiveDocument.AttachedTemplate.Saved = True
End Sub
```

```
Public Sub SymbolleistenUndSchaltflächenErstellen()
    On Error GoTo CleanUp
    Call SymbolleisteHinzufügen
    Call ControlButtonHinzufügen
    Call EditControlHinzufügen
    Call DropDownControlHinzufügen
    Call ComboboxControlHinzufügen
    Call IntegrierterBefehlHinzufügen
    Call MenüDerMenüLeisteHinzufügen
CleanUp:
    ActiveDocument.AttachedTemplate.Saved = True
End Sub

Public Sub SymbolleisteHinzufügen()
    ' Symbolleiste der Dokumentvorlage hinzufügen
    CustomizationContext = ActiveDocument.AttachedTemplate
    Set oBar = CommandBars.Add(Name:="Meine Symbolleiste", Position:=msoBarTop)
    oBar.Visible = True
End Sub
```

Die Prozeduren in den folgenden Listings fügen die verschiedenen Arten Symbol-schaltflächen der neuen Symbolleiste zu. Den meisten Symbolschaltflächen wird ein Makro zugewiesen, sodass beim Anklicken irgendeine Handlung ausgeführt wird; der Makroname wird der `OnAction`-Eigenschaft zugewiesen.

ControlButton

Das Listing 12.11 fügt einen normalen »Button« hinzu, mit einem Symbol (`FaceID`) aus der Word-Sammlung. Das Makro `CustomControlButtonHandler`, das der `OnAction`-Eigen-schaft zugewiesen wird, zeigt, wie das »Ein-/Ausgeschaltet«-Aussehen (`State`) beim Anklicken dynamisch geändert wird.

Die Datei *Symbolschaltflächen.doc* auf der Buch-CD enthält alle Word-Symbole mit deren `FaceID`-Werten. Sie befindet sich im Ordner *Buch\Kap12*.

Listing 12.11:
Einen Control-
Button erstellen

```
Public Sub ControlButtonHinzufügen()
    Dim oControlButton As CommandBarButton
    Set oControlButton = oBar.Controls.Add(Type:=msoControlButton)
    With oControlButton
        .OnAction = "CustomControlButtonHandler"
        .FaceId = 111
    End With
End Sub

Public Sub CustomControlButtonHandler()
    With CommandBars.ActionControl
        .State = Not .State
        If .State = msoButtonUp Then
            Debug.Print "Button is Up."
        Else
            Debug.Print "Button is Down."
        End If
    End With
    ActiveDocument.AttachedTemplate.Saved = True
End Sub
```

Edit Control

Ein Edit Control ermöglicht die freie Eingabe von Text. Das Drücken der Eingabetaste führt das OnAction-Makro aus. (Listing 12.12). Zu beachten ist die Verwendung von CommandBars.ActionControl. Diese Eigenschaft ermöglicht es, eine Prozedur für alle Controls (der gleichen Art) aufzustellen. Je nach einem Kriterium wie Beschriftung (Caption), Zusatzeintrag (Tag), eingegebenem oder gewähltem Inhalt können unterschiedliche Handlungen vorgenommen werden.

Listing 12.12:
Ein Edit Control
erstellen

```
Public Sub EditControlHinzufügen()
    Dim oControlButton As CommandBarControl
    Set oControlButton = oBar.Controls.Add(Type:=msoControlEdit)
    oControlButton.OnAction = "CustomControlEditHandler"
End Sub

Public Sub CustomControlEditHandler()
    MsgBox CommandBars.ActionControl.Text
    ActiveDocument.AttachedTemplate.Saved = True
End Sub
```

Dropdown Control

Ein Dropdown Control erlaubt es dem Benutzer, einen Eintrag aus einer Liste zu wählen. Die verschiedenen Eigenschaften werden in der VBA-Hilfe beschrieben.

Listing 12.13:
Ein Dropdown
Control erstellen

```
Public Sub DropDownControlHinzufügen()
    Dim oDropDownControl As CommandBarControl
    Set oDropDownControl = oBar.Controls.Add(Type:=msoControlDropdown)
    With oDropDownControl
        .DropDownLines = 3
        .DropDownWidth = 75
        .AddItem "Katze"
        .AddItem "Hund"
        .AddItem "Elefant"
        .ListIndex = 0
        .OnAction = "CustomControlDropDownHandler"
    End With
End Sub

Public Sub CustomControlDropDownHandler()
    MsgBox CommandBars.ActionControl.Text
    ActiveDocument.AttachedTemplate.Saved = True
End Sub
```

Combobox Control

Ein Combobox Control sieht wie eine Dropdown Control aus, der Benutzer kann jedoch auch Text in das Feld eingeben.

Listing 12.14:
Ein Combobox
Control erstellen

```
Public Sub ComboboxControlHinzufügen()
    Dim oComboboxControl As CommandBarComboBox
    Set oComboboxControl = oBar.Controls.Add(Type:=msoControlComboBox)
    With oComboboxControl
        .DropDownLines = 3
        .DropDownWidth = 75
        .AddItem "Apfel"
```

```
        .AddItem "Banane"
        .AddItem "Orange"
        .ListIndex = 0
        .OnAction = "CustomControlComboBoxHandler"
    End With
End Sub

Public Sub CustomControlComboBoxHandler()
    MsgBox CommandBars.ActionControl.Text
    ActiveDocument.AttachedTemplate.Saved = True
End Sub
```

Ein Control für einen integrierten Befehl

Wie Listing 12.15 veranschaulicht, braucht man nur die ID, um eine Symbolschaltflä-che einer Symbolleiste hinzuzufügen. Wie Sie die ID-Eigenschaft eines Befehls ermit-teln, wurde im ▶ Abschnitt »Integrierte Word-Befehle« in diesem Kapitel beschrie-ben. Weder eine »Handler«-Prozedur noch OnAction-Eigenschaft sind notwendig, weil ein integrierter Befehl bereits belegt ist.

```
Public Sub IntegrierterBefehlHinzufügen()
    oBar.Controls.Add ID:=2521
End Sub
```

Listing 12.15:
Den Befehl
DateiDrucken
einer Symbol-
leiste hinzufügen

Das Listing 12.15 sowie das Listing 12.16 finden Sie in der Vorlage *Bsp12_04.dot* im Ordner *\Buch\Kap12* auf der Buch-CD.

Ein Menüpunkt mit Einträgen und Untermenüs

Wie ein Menüpunkt der Menüleiste hinzugefügt wird, geht aus den obigen Beispielen und der VBA-Hilfe klar hervor. Auch die Erstellung der darunter stehenden Einträge bietet meistens keine großen Probleme. Geheimnisvoller ist, wie Untermenüs mit Einträgen zu realisieren sind (Abbildung 12.3). Die Methode wird in Listing 12.16 vorgestellt.

Zwei OnAction-Makros werden für das gesamte Gebilde festgelegt: eines für den Menü-punkt und ein anderes für die Menüeinträge dieses Menüs und der Untermenüs. Beim zweiten wird wieder die ActionControl-Eigenschaft benutzt, sodass diese eine Pro-zedur alle Handlungen verwaltet.

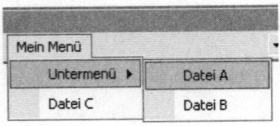

Abbildung 12.3:
Benutzerdefinier-
ter Menüpunkt
mit Untermenüs

```
Public Sub MenüDerMenüLeisteHinzufügen()
    Dim o_Menü As CommandBarPopup
    Dim o_UnterMenü As CommandBarPopup
    Dim o_Control1 As CommandBarButton
    Dim o_Control2 As CommandBarButton
    Dim o_Control3 As CommandBarButton
```

Listing 12.16:
Ein Menübutton
mit Untermenüs
der Menüleiste
hinzufügen

```
Set o_Menü = CommandBars("Menu Bar").Controls.Add(Type:=msoControlPopup)
Set o_UnterMenü = o_Menü.Controls.Add(Type:=msoControlPopup)

With o_Menü
    .Caption = "Mein Menü"
    .OnAction = "CustomMenuHandler"
End With
With o_UnterMenü
    .Caption = "Untermenü"
End With

Set o_Control1 = o_UnterMenü.Controls.Add(Type:=msoControlButton)
Set o_Control2 = o_UnterMenü.Controls.Add(Type:=msoControlButton)
Set o_Control3 = o_Menü.Controls.Add(Type:=msoControlButton)

With o_Control1
    .Caption = "Datei A"
    .Tag = "C:\Test\Test1.doc"
    .OnAction = "CustomMenuButtonsHandler"
End With
With o_Control2
    .Caption = "Datei B"
    .Tag = "C:\Test\Test2.doc"
    .OnAction = "CustomMenuButtonsHandler"
End With
With o_Control3
    .Caption = "Datei C"
    .Tag = "C:\Test\Test3.doc"
    .OnAction = "CustomMenuButtonsHandler"
End With
End Sub

Public Sub CustomMenuHandler()
    Debug.Print "Benutzerdefiniertes Menü wurde angeklickt"
    ActiveDocument.AttachedTemplate.Saved = True
End Sub

Public Sub CustomMenuButtonsHandler()
    With CommandBars.ActionControl
        MsgBox .Caption & " = " & .Tag
    End With
    ActiveDocument.AttachedTemplate.Saved = True
End Sub
```

Der Symbolschaltfläche ein Bild aus einer Datei zuweisen

Früher musste man sich mit der Methode PasteButtonFace herumschlagen, um eine Grafik-Datei direkt als Symbol für eine Symbolschaltfläche zu benutzen. Zum Glück gehört dies der Vergangenheit an. Die Grafikdatei sollte im Bitmap-Format 16 x 16 Pixel vorliegen. Jede Grafikanwendung kann für die Erstellung und Bearbeitung eines solchen Bildes benutzt werden, auch das Windows-Zubehör »Paint«.

Beim Objekt stdole handelt es sich um die Bibliothek für *OLE Automation*, die in *Extras/Verweise* des VB-Editors aktiviert sein muss.

Wie dem Listing 12.17 zu entnehmen ist, kann sowohl eine Grafik als auch eine Maske festgelegt werden. Eine Maske ist nicht zwingend, aber nur damit wird die Symbolschaltfläche mit transparentem Hintergrund erscheinen, wie in der modernen Windows-Benutzeroberfläche. Das Erstellen einer Maske ist nicht schwer; Sie können das gleiche Bild benutzen, wenn es klar hervorgeht, welche Farbe zum Hintergrund gehört.

```
Sub SymbolSchaltflächeGrafik()
    Dim cb As CommandBar, ctl As Office.CommandBarButton
    Dim picGrafik As IPictureDisp, picMaske As IPictureDisp

    Set picGrafik = stdole.StdFunctions.LoadPicture( _
        "c:\Data\WdProfB\12_Daten\12_05Pic.bmp")
    Set picMaske = stdole.StdFunctions.LoadPicture( _
        "c:\Data\WdProfB\12_Daten\12_05Msk.bmp")

    CustomizationContext = ActiveDocument
    Set cb = CommandBars("Test")
    Set ctl = cb.Controls.Add(Type:=msoControlButton, ID:=750)
    ctl.Picture = picGrafik
    ctl.Mask = picMaske
End Sub
```

Listing 12.17:
In Word 2002
einer Symbol-
schaltfläche eine
Grafik aus einer
Datei zuweisen

Den Code finden Sie in der Datei *Bsp12_05.doc* im Ordner *\Buch\Kap12* auf der CD zum Buch. In diesem Ordner befinden sich auch die verwendeten Grafikdateien *12_05Msk.bmp* und *12_05Pic.bmp*.

Tastaturkürzel

Tastaturzuweisungen werden in der VBA-Umgebung über die Auflistung KeyBindings, mit den zugehörigen Eigenschaften und Methoden, verwaltet. Ein Beispiel dafür sahen Sie schon im ▶ Kapitel 11, um das Verhalten der Eingabetaste in einem geschützten Formular zu ändern. Da die allgemeine Verwaltung von Tastaturbelegungen, im Gegensatz zu Symbolleisten und Menüs, von Microsoft weniger benutzerfreundlich vorgestellt wird, präsentieren wir dieses Thema auf andere Art und Weise. In der Zeit von Word 6.0/95 hat Chris Woodman eine Benutzerschnittstelle ähnlich dem Word-internen Dialog *Organisieren* entworfen, um Tastaturzuweisungen zu sperren, zurückzusetzen, zu löschen und zwischen Vorlagen zu kopieren. Wegen mangelnder Fähigkeiten des WordBasic-Objektmodells war die Funktionalität etwas begrenzt. Seit Word 97 und dem Erscheinen von VBA – und auf unsere Anregung hin – nahm Chris einen neuen Anlauf und hat ein hilfreiches und leistungsstarkes Programm – »ShortOrg« – entwickelt. Freundlicherweise stellt er es uns in einer deutschen Version auf der Buch-CD zur Verfügung. Es folgen seine Erläuterungen zur Anwendung und dem Umgang mit KeyBindings.

Tastatur organisieren (der Shortcut Organizer)

Jedem IT-Profi, der Microsoft Word für Kunden anpassen muss, ist Words internes Dialogfeld *Organisieren* bestens bekannt. Es bietet eine bequeme Schnittstelle an, um Makros, AutoTexte, Formatvorlagen und Symbolleisten zwischen Vorlagen und Dokumenten zu verschieben bzw. zu kopieren. Es ist über mehrere Versionen von Word unverändert geblieben; nur kleine Anpassungen an neue Funktionalitäten wurden vorgenommen wie beispielsweise die Möglichkeit, Makros und Symbolleisten auch in Dokumente speichern zu können (ab Word 97). Aber gleich bleibend war immer das Layout: Zwei »Kontexte« stehen einander im Dialogfeld gegenüber, deren Elemente umbenannt, gelöscht und vom einem zum andern kopiert werden können.

Seltsamerweise bleibt bis heute *Organisieren* unvollständig. Die vier darin berücksichtigten Elemente – *Makroprojektelemente*, *AutoText*, *Formatvorlagen* und *Symbolleisten* – sind nicht die einzigen in Vorlagen gespeicherten Elemente. Es gibt noch zwei: Tastaturbelegungen und Anpassungen der Menüleiste sowie Word-interne Symbolleisten, die getrennt von benutzerdefinierten Symbolleisten verwaltet werden und nicht einfach in den Griff zu bekommen sind. Dieser Teil des Buchs und die Vorlage *TastaturOrg.dot* behandeln die Tastaturbelegungen.

 Sie finden die Vorlage *TastaturOrg.dot* im Ordner *Buch\Kap12* auf der Buch-CD.

Word wird mit verschiedenen vordefinierten Tastaturbelegungen geliefert. Wenn Sie die Methode `Application.ListCommands` ausführen, erhalten Sie bekanntlich eine Liste aller in Word integrierten Befehle mit ihren von Word zugewiesenen Tastaturkürzeln. Sie finden unter dem Begriff »Tastaturkombinationen« auch eine Liste in der Word-Hilfe. Was diese Listen nicht beinhalten, sind die vom Benutzer vorgenommenen Zuweisungen. Eine solche Liste druckt Word aus, wenn im Dialogfeld *Drucken*, das über die Befehlsfolge *Datei/Drucken* erreicht wird, der Eintrag *Tastenbelegung* aus der Dropdownfeldliste *Drucken* gewählt wird, bevor Sie den Druckbefehl ausführen.

TIPP Falls Sie die Liste in eine Datei, die bearbeitet werden kann, ausgeben möchten, aktivieren Sie im Dialogfeld *Drucken* das Kontrollkästchen *Ausgabe in Datei*, dann wählen Sie einen Textdrucker.

Um einen Textdrucker in Windows zu definieren, gehen Sie wie folgt vor:

- Über die *Start*-Schaltfläche der Windows-Taskleiste wählen Sie *Einstellungen/ Drucker*.

- Aktivieren Sie das Symbol *Neuer Drucker*.

- Folgen Sie den Schritten im Assistenten, um einen lokalen Drucker des Typs »File« hinzuzufügen.

- Im vierten Schritt wählen Sie als *Hersteller* »Standard« und als *Drucker* »Generic/Text only«.

- Bestätigen Sie die Standardeinstellungen der folgenden Schritte und geben Sie im letzten für den Drucker einen eindeutigen Namen ein.

⌘ Falls Sie während der Arbeit in der Benutzerumgebung die Belegung einer Tastenkombination herausfinden wollen, kann diese über das Dialogfeld *Tastatur anpassen* ermittelt werden. Manchmal können Sie Strg+Alt+Num+ (die + Taste des numerischen Tastasturblocks) – der Mauszeiger wird in ein »Kleeblatt« umgewandelt – und anschließend die fragliche Tastaturfolge drücken. Das zum betroffenen Befehl gehörende Dialogfeld wird geöffnet. Zuverlässig ist diese Methode allerdings nicht, da sie keine Tastaturbelegungen der Dokumentvorlage erkennt, außer es handelt sich um die *Normal.dot*-Vorlage. Hat die Dokumentvorlage die gleiche Tastaturbelegung wie die *Normal.dot*, werden beide ignoriert. Ist die aktive Datei selbst eine Vorlage, werden jedoch ihre Tastaturbelegungen erkannt.

Für Tastaturkombinationen, die im Dokument oder anderen Vorlagen gespeichert sind, müssen Sie zuerst die `CustomizationContext`-Eigenschaft festlegen. Das Dialogfeld

---

über *Extras/Anpassen/Tastatur* öffnen, die Datei aus der Liste *Speichern in* wählen und, mit der Einfügemarke im Textfeld *Neue Tastenkombination*, die Tastenfolge eingeben.

Keine dieser Methoden legt alle Tastaturkombinationen klar aus. Deshalb meinen wohl viele Benutzer, dass eine Tastaturzuweisung, beispielsweise für ein Makro, eine Erweiterung des Makros ist und damit in der gleichen Datei gespeichert wird, analog der Makro-Beschreibung. Nichts liegt der Wahrheit ferner. Tastaturbelegungen sind eigenständige Elemente der Datei und stehen nicht einmal unbedingt in der selben Datei, wie das Makro, der AutoText-Eintrag oder die Formatvorlage, auf die sie weisen. Einen besseren Überblick bietet das in Abbildung 12.4 gezeigte *Organisieren*-ähnliche Dialogfeld der *TastaturOrg.dot*-Vorlage.

TastaturOrg.dot ist als Add-In-Vorlage vorgesehen, die der Benutzer entweder in seinen *StartUp*-Ordner kopiert oder in der *Globale Dokumentvorlagen und Add-Ins*-Liste des Dialogfelds *Dokumentvorlagen und Add-Ins* aus dem Menü *Extras* aktiviert. Sie beinhaltet drei Module: `OrganizeKeyboardShortcuts`, `DocumentVariables` (ein eigenständiges Programm für die Verwaltung von Dokumentvariablen) und `frmSco`. Die Prozedur `Main`, die das Dialogfeld *Tastatur organisieren* der Vorlage einblendet, ist der Tastaturkombination `Strg+Alt+Umschalt+K` zugewiesen.

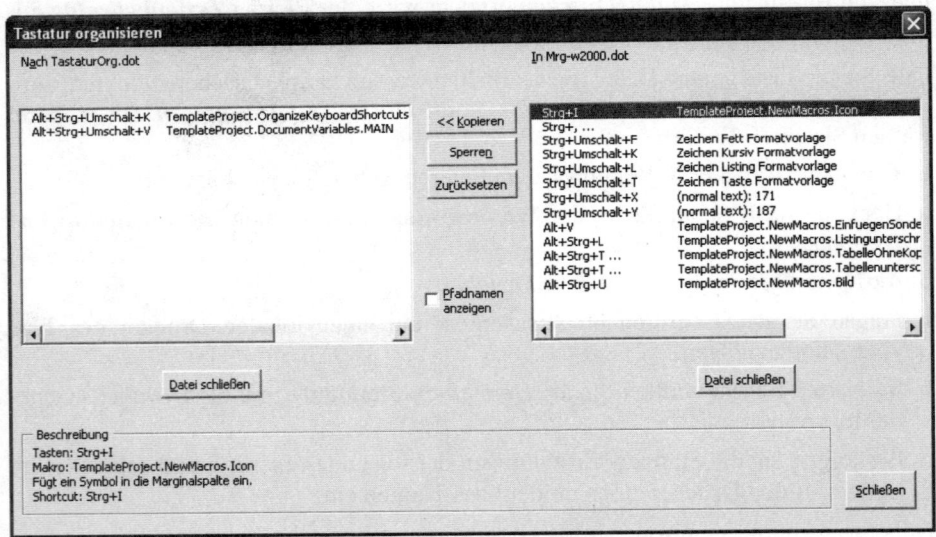

Abbildung 12.4:
Das Dialogfeld Tastatur organisieren *der* TastaturOrg.dot

TIPP

Vielleicht wundern Sie sich über die Bildlaufleisten der Listenfelder in Abbildung 12.4, da auch Sie sicher eine `Scrollbar`-Eigenschaft für Listenfeldsteuerelemente vergebens gesucht haben. Das Geheimnis: Definieren Sie eine Gesamtbreite für die Spalte(n) (`ColumnWidths`-Eigenschaft), die größer ist, als die `Breite`-Eigenschaft des Listenfelds. Die Laufleisten erscheinen dann automatisch.

Das Dialogfeld *Tastatur organisieren* wurde bewusst dem Word-internen Dialogfeld *Organisieren* ähnlich aufgebaut. Sofern das aktive Dokument auf *Normal.dot* basiert, listen beide Fenster die Tastaturkombinationen dieser Vorlage auf und die Schaltfläche *Kopieren* ist inaktiv. Um eine andere Datei anstelle der *Normal.dot*-Vorlage in einem der Fenster zu öffnen, klickt der Benutzer auf die Schaltfläche *Datei schließen*. Sie wird mit *Datei öffnen* neu beschriftet und ein nochmaliges Anklicken blendet das Dialogfeld *Datei öffnen* ein, wo der Benutzer eine andere Vorlage auswählen kann. Die gewählte Vorlage wird im Hintergrund geöffnet, wie das Erscheinen einer Schaltfläche in der Windows-Taskleiste belegt. Die aktualisierte Liste im Dialogfeld listet alle Tastaturbelegungen der neu geöffneten Vorlage auf und die Schaltfläche *Kopieren* ist nun aktiviert, es sei denn, eine Tastaturkombination kann aus irgendeinem Grund nicht in die andere Vorlage kopiert werden.

Die weiteren Schaltflächen und Objekte des Dialogfelds:

- *Zurücksetzen* steht immer zur Verfügung; sie löscht die benutzerdefinierte Tastaturbelegung und setzt somit die Word-interne (falls vorhanden) wieder in Kraft.

- *Sperren* macht eine Tastenkombination in der Benutzeroberfläche (*Extras/Anpassen/Tastatur*) unzugänglich.

- *Beschreibung* zeigt weitere Informationen für die markierte Belegung an, die in der Liste keinen Platz haben.

- *Pfad angeben* blendet den gesamten Pfadnamen, statt nur den Dateinamen, oberhalb des Listenfeldes ein.

Tastatur organisieren unterstützt die Sperrung, das Zurücksetzen oder das Kopieren von mehreren Tastaturbelegungen gleichzeitig, die mit den Strg- oder Umschalt-Tasten markiert wurden. Eine Meldung erscheint, wenn gewisse Belegungen nicht in die Zieldatei kopiert werden können. (Diese Ausnahmen sind weiter unten erklärt.)

Aufbau des UserForms

Das Modul `OrganizeKeyboardShortcuts` enthält eine kurze Prozedur, deren Zweck es ist, die Sprache der Benutzerumgebung zu ermitteln und das Dialogfeld aufzurufen. Aufgrund der Word-Versionsnummer wird entweder die Sprache der Benutzeroberfläche oder die des aktiven Dokuments als Basis für die Dialogfeld-Beschriftungen genommen. (In Word 97 hat das `Application`-Objekt keine `LanguageID`-Eigenschaft, weshalb die Sprache der gegenwärtigen Markierung in diesem Fall ermittelt wird.).

Ferner stehen darin zwei Aufrufe, die die Anwendungsumgebung beeinflussen:

- `WordBasic.DisableAutoMacros` Dafür gibt es keinen entsprechenden Befehl im Word-VBA-Objektmodell. Er verhindert die Ausführung von AutoMakros wie `AutoExec`, `AutoNew` und `AutoOpen` sowie der Ereignisse `Document_New` und `Document_Open`. Es ist wichtig, dass alle Prozeduren in den Vorlagen, die der Benutzer öffnet, nicht ausgeführt werden.

- `Application.EnableCancelKey = False` Unterbindet die Unterbrechung eines Makros durch Betätigung der Tastaturfolge Strg+Pause. Der Benutzer kann einerseits nicht in den Makroablauf »hinein pfuschen«. Andererseits ist hier Vorsicht geboten, weil Sie keine Möglichkeit haben, eine Endlosschleife abzubrechen. Vergessen Sie auch nicht, dass diese Einstellung für die gesamte Word-Umgebung gültig ist und auch nach Beendigung eines Makros aktiv bleibt. Schalten Sie die Option also am Ende Ihrer Prozeduren immer wieder aus!

Sonst befindet sich der größte Teil des Codes im UserForm-Modul. Obwohl die meisten Prozeduren `Click`-Ereignisse sind, steht und fällt die UserForm-Benutzerschnittstelle mit den passenden Reaktionen auf Tastatureingaben. Befindet sich die Markierung in irgendeinem der Listenfelder, wird durch Betätigung der Tasten Pfeil oben oder Pfeil unten das `Change`-Ereignis dieses Steuerelements ausgelöst, das dafür sorgen muss, dass die Angaben im Feld *Beschreibung* sowie Status und Beschriftungen der Schaltflächen der neuen Markierung entsprechend angepasst werden. Wenn der Benutzer zwischen den Listenfeldern mit Tab oder Umschalt+Tab wechselt, wird für das Zielsteuerelement ein Enter-Ereignis ausgelöst (gefolgt unmittelbar von einem Change-Ereignis). Dieses ist – über die Funktion SetFocus – verantwortlich für die Aktivierung der entsprechenden Vorlage, die Anpassung aller Beschriftungen und die Markierung des richtigen Listenelements.

Jetzt sind wir mit einer Eigenart des Office-Listenfeld-Steuerelementes konfrontiert, wenn seine MultiSelect-Eigenschaft eine mehrfache Auswahl, Konstante frmMultiSelectExtended (2), zulässt. Standardmäßig wird die Markierung des gerade verlassenen Listenfeldes (entspricht der Selected-Eigenschaft des Listenfeldes) nicht aufgehoben; nur die gestrichelte Linie, die den Fokus im UserForm hervorhebt, wechselt in das andere Listenfeld und umrandet das zuletzt markierte Listenelement (entspricht der ListIndex-Eigenschaft dieses Feldes). Diese Wirkung ist ziemlich verwirrend und nicht gerade benutzerfreundlich. Deshalb soll das Enter-Ereignis unter anderem die vom Benutzer erwarteten Markierungsänderungen vornehmen. Das bedeutet, die Selected()-Eigenschaft des verlassenen Listenfeldes muss geändert werden, was seinerseits ein Change-Ereignis auslöst. Die Gefahr einer endlosen, gegenseitigen Aktivierung der Listenfelder droht, was durch den Einsatz einer globalen Variablen – blnTokenFree – verhindert wird. In jeder Ereignis-Prozedur, die zum beschriebenen Problem führen könnte, wird zuerst der Wert dieser Variablen getestet. Ist sie False, bricht die Prozedur ab; ist sie True, setzt sie die Prozedur auf False, führt ihre Handlungen aus und setzt sie am Schluss wieder auf True.

Ferner gibt es, neben den Click-Ereignissen der Schaltflächen und des Kontrollkästchens *Pfad angeben*, eine UserForm_Initialize-Prozedur sowie BuildOrganizerWindow, SetFocus und LongDescription. Erstere dieser vier ist verantwortlich für die Beschriftungen in der Umgebungssprache sowie für die Belegung der globalen Variablen mit den Einstellungen für die Ausgangslage. BuildOrganizerWindow erstellt die Listen, während LongDescription die Informationen für das *Beschreibung*-Feld zusammensetzt. Diese Prozeduren sorgen auch dafür, dass der Fokus nicht in einem Listenfeld bleibt, wenn es keine Elemente enthält (tritt ein, wenn keine Vorlage geöffnet ist oder die geöffnete Vorlage keine Tastaturbelegungen enthält).

Die Schaltfläche *Datei öffnen* öffnet die gewählte Vorlage, es sei denn, sie ist bereits geladen, weil es sich um *Normal.dot*, die Vorlage des beim Aufruf von *Tastatur organisieren* aktiven Dokuments oder die Vorlage des anderen Listenfelds handelt. Die geöffnete Vorlage wird zum Bestandteil der Documents-Auflistung und muss, wegen einigen notwendigen WordBasic-Aufrufen, als aktives Dokument gesetzt werden. Der Code hinter den *Datei schließen*-Schaltflächen bietet dem Benutzer Gelegenheit, die vorgenommenen Änderungen zu speichern, bevor die Datei geschlossen wird.

KeyBindings

In VBA werden Tastaturbelegungen über die Auflistung KeyBindings verwaltet. Jeder Eintrag eines Listenfeldes entspricht einem Mitglied dieser Auflistung innerhalb eines »Customization Context« (Anpassungskontext). Die VBA-Eigenschaft CustomizationContext des Application-Objekts gibt das Document- oder Template-Objekt zurück, in dem unter anderem die Einstellungen für Symbolleisten und Tastaturbelegung gespeichert sind. Der Kontext kann das aktive Dokument, dessen Vorlage (AttachedTemplate), eine Add-In-Vorlage (Mitglied der Templates-Auflistung) oder die *Normal.dot*-Vorlage (NormalTemplate) sein. In *Tastatur organisieren* werden wegen mangelnder Fähigkeiten des

VBA-Objektmodells einige WordBasic-Befehle eingesetzt, die nur Vorlagen ansprechen (weil dazumal Tastaturbelegungen nur in Vorlagen gespeichert werden konnten).

Die Anzahl der Elemente einer Liste entspricht dem Wert von `KeyBindings.Count`. Die Eigenschaften einer einzelnen Tastaturbelegung sind, was VBA betrifft, die des passenden `KeyBinding`-Objekts.

Fünf Parameter bzw. Eigenschaften definieren ein `KeyBinding`-Objekt:

- `KeyCode` und `KeyCode2` umfassen alle Tasten der Tastaturbelegung. `KeyCode2` beträgt 255, es sei denn, eine zweite Taste folgt der ersten Tastaturkombination, wie beispielsweise `Strg+Alt+B`, `R`, wobei 82, der AscW-Code für »R«, der Wert von `Keycode2` wäre.

- `KeyCategory`, die Art von Tastaturbelegung, beispielsweise ein Word-interner Befehl, ein Makro, eine Formatvorlage o.ä. Eine Liste der in *Tastatur organisieren* eingesetzten `wdKeyCategory`-Werte mit Beispielen steht in Tabelle 12.4. Es gibt zudem noch zwei, die weiter unten erklärt werden.

- `Command` spezifiziert, was zu machen ist, beispielsweise der Befehl-, Makro- oder Formatvorlagenname (siehe auch Tabelle 12.4).

- `CommandParameter` ist für Word-interne Befehle, die einen Parameter verlangen, wie etwa *Farbe, Spalten, DateiDateiÖffnen, Rahmen, Schattierung, Schmal, Erweitert, Schriftgröße, Tiefgestellt* und *Erhöht* (siehe auch Tabelle 12.4.) Word-Makros, die Parameter verlangen, stehen Tastaturbelegungen nicht zur Verfügung.

Tabelle 12.4:
Beispiele für die Eigenschaften KeyCategory, Command *und* CommandParameter

KeyCategory	Command	Command-Parameter	WordBasic. [KeyMacro$]()
`wdKeyCategoryDisable` (gesperrt) 0	[Leer]	[Leer]	""
`wdKeyCategoryCommand` (Befehl) 1	"ParaKeepWithNext"	[Leer]	"AbsätzeNichtTrennen"
`wdKeyCategoryCommand` (erweiterter Befehl) 1	"Farbe"	"12"	"Violet"
`wdKeyCategoryCommand` (erweiterter Befehl) 1	"DateiDateiÖffnen"	"C:\My Documents\test.doc"	"Open test.doc"
`wdKeyCategoryCommand` (Zeichen in der angegebenen Symbol-Schriftart) 1	"Symbol"	"?ZapfDingbats BT"	"ZapfDingbats BT: 61512"
`wdKeyCategoryMacro` (Makro) 2	"Normal.NewMacros.Makro1"	[Leer]	"Normal.NewMacros.Macro1"
`wdKeyCategoryFont` (Schriftart) 3	"Arial Narrow"	[Leer]	"Arial Narrow"
`wdKeyCategoryAutotext` (AutoText) 4	"Seite X von Y"	[Leer]	"Seite X von Y"
`wdKeyCategoryStyle` (Formatvorlage) 5	"Umschlagadresse"	[Leer]	"Umschlagadresse Formatvorlage"
`wdKeyCategorySymbol` (Symbol in normal Text) 6	"•"	[Leer]	" "

Zum »?« in der Spalte »CommandParameter« der Tabelle 12.4: Wenn das erste Zeichen der CommandParameter-Eigenschaft eines »Symbol«-Command in der angegebenen Schriftart im VBA-Editor nicht wiedergegeben werden kann, weil es sich um ein 2-Byte-Unicode-Zeichen handelt, das mit der Funktion AscW ermittelt wurde, gibt VBA ein Fragezeichen zurück. Das Gleiche gilt für das einzige Zeichen der Command-Eigenschaft des KeyCategory wdKeyCategorySymbol.

In der ersten Spalte eines der Listenfelder steht die Tastaturbelegung, die mit der KeyString-Eigenschaft des KeyBinding-Objekts ermittelt wurde. Die zweite Spalte enthält die vollständige Bezeichnung des Kontexts.

- Für ein Makro wäre dies ProjektName.ModulName.ProzedurName.
- Für eine Formatvorlage der Name der Formatvorlage sowie das Wort »Formatvorlage«.
- Für ein Symbol die Schriftart und Codenummer, usw.

Um die Informationen für die zweite Spalte zusammenzustellen, bedient sich das Makro des WordBasic-Befehls WordBasic.[KeyMacro$].(index, context), wobei context in WordBasic für die *Normal.dot*-Vorlage den Wert *0* hat und den Wert *1* für eine andere Dokumentvorlage. WordBasic.[KeyMacro$] wird verwendet, weil das gelieferte Ergebnis für den Benutzer aussagekräftiger ist, wie in Tabelle 12.4 ersichtlich. Statt »12« beispielsweise gibt es die Farbe »Violet« zurück und für Word-interne Befehle sieht der Benutzer den deutschen statt englischen Ausdruck.

WordBasic ist auch für die Informationen des *Beschriftung*-Feldes unentbehrlich. VBA kommt nicht an die gleichen beschreibenden Informationen wie WordBasic.MacroDesc$.

Wie zu erwarten war, enthält das VBA-Objektmodell keine Methode, um Tastaturbelegungen zwischen Dokumenten zu kopieren. Stattdessen muss jede Eigenschaft eines KeyBinding-Objekts analysiert und über die Methode KeyBindings.Add in der Zielvorlage erstellt werden. Das gelingt auch ziemlich gut, mit einigen Vorbehalten.

Einer davon ist die Unfähigkeit von Word 97- und 2000-VBA, eine Tastaturbelegung für ein Unicode-Zeichen im normalen Text (wdKeyCategorySymbol) mit einem erweiterten ANSI-Wert größer als 255 zu erstellen. Das Ergebnis der Methode KeyBindings.Add ist eine leere Zeichenkette der Command-Eigenschaft. Der Fehler wurde in Word 2002 behoben. Wenn *Tastatur organisieren* einem solchen Fall begegnet, warnt es den Benutzer mit einer Fehlermeldung, dass er das Symbol der Tastenkombination über *Extras/Anpassen/Tastatur* manuell zuweisen muss.

Ein weiteres interessantes Problem betrifft Tastaturzuweisungen, deren verknüpfte Handlung außerhalb des Kontextes liegt. Dies kommt beispielsweise vor, wenn das zur Tastenbelegung gehörende Makro in der gleichen Vorlage nicht vorhanden ist oder sogar überhaupt nicht zur Verfügung steht. In solchen Fällen kann ein KeyBinding-Objekt erstellt werden, aber die Command-Eigenschaft bleibt leer, was die Tastaturbelegung nutzlos macht. *Tastatur organisieren* kontrolliert deshalb, ob die Eigenschaften des neuen KeyBinding-Objekts identisch mit denen des ursprünglichen sind. Ist dies nicht der Fall, wird der Benutzer gewarnt.

Es ist jedoch möglich, dass *Tastatur organisieren* einen Makronamen für eine Tastaturbelegung anzeigt, obwohl das Makro im angegebenen Kontext nicht vorhanden ist. Wir vermuten, dieses Verhalten geht auf ein Problem im binären Dateiformat zurück (eine leichte Form von Dokumentbeschädigung). Der WordBasic-Befehl KeyMacro$() »sieht« diesen Teil der Datei, KeyBindings meistens nicht. Falls dieses Problem vorkommt, erscheint eine entsprechende Bemerkung in der Beschreibung.

Probleme können auftauchen, wenn ein Makro nicht im gleichen Kontext wie die Tastaturbelegung liegt, auch in der Benutzerschnittstelle. Es kann sich als recht schwierig erweisen, »kaputte« oder unvollständige KeyBindings zu entfernen oder neu zu erstellen, auch wenn das Makro vorhanden ist.

Chris' Programm ist ein gutes Beispiel, wie Tastaturbelegungen mit VBA auszuwerten und zu erstellen sind. Es schneidet aber einige Themen nicht an. Wie ist es, wenn man von der anderen Seite anfängt und wissen will, welche Tastaturbelegungen für einen gewissen Befehl schon vorhanden sind oder ob eine Tastaturkombination bereits vergeben ist? Dafür gibt es noch einige Eigenschaften und Methoden für die Arbeit mit KeyBinding-Objekten.

Tabelle 12.5: *KeyCategory-Konstanten und ihre Bedeutung*	KeyCategory	Beschreibung
	wdKeyCategoryPrefix 7	Diese Konstante wird bei der Erstellung einer Tastaturbelegung nicht gebraucht, sondern nur bei der Ermittlung bereits belegter Tastenkombinationen. Haben Sie eine Belegung wie **Alt+A**, **B**, die beispielsweise ein Makro ausführt, ist der erste Teil – **Alt+A** das »Präfix«. Die folgende Kommandozeile gibt den Wert »2« zurück, da das ganze KeyBinding ein Makro ausführt. `MsgBox KeyBindings(1).KeyCategory` Folgende Kommandozeile gibt jedoch 7 zurück, da die Kombination **Alt+A** die erste Hälfte einer zweiteiligen Belegung ist: `MsgBox Application.FindKey(wdKeyAlt+wdKeyA).KeyCategory`

	wdKeyCategoryNil -1	Diese *KeyCategory*-Eigenschaft gibt wdKeyCategoryNil (-1) zurück, wenn die Tastenkombination im fraglichen Kontext nicht zugewiesen wurde. Beispiel: Die Kombination **Strg+Umschalt+X** ist nicht belegt. Folgendes Makro schreibt den Wert −1 in das Direktfenster: `Sub KeyCategoryNilDemo()`
		`    Dim o_Key As Word.KeyBinding`
		`    Set o_Key = Application.FindKey(wdKeyCtrl + _`
		`        wdKeyShift + wdKeyX)`
		`    Debug.Print o_Key.KeyCategory`
		`End Sub` Wenn VBA eine solche KeyBinding ausführt (o_Key.Execute), soll, analog wie in der Benutzerschnittstelle, nichts passieren, keine Fehlermeldung und keine Aktion erfolgt.

Drucker mit VBA steuern

Was für ein Dokument Sie auch immer ausgeben, gibt es ein großes Problem mit Word: eine Vorlage und deren Dokumente mit einem bestimmten Drucker und bestimmten Druckereigenschaften, wie Papierschacht, zu verbinden. Word nimmt standardmäßig immer den Standarddrucker. Und obwohl man in *Datei/Seiten einrichten* den Papierschacht bestimmen kann, bleibt diese Einstellung nur dann erhalten, wenn der selbe Drucker zur Verfügung steht, der beim Vornehmen der Einstellungen vorhanden war.

 Dank Jonathan West haben wir für die Office-VBA-Umgebung eine Lösung, um Drucker zu steuern. Sie können diese in Form eines Klassenmoduls überall einbauen. Sie basiert auf der Windows-API und Sie finden sie auf der Buch-CD. Die Datei heißt *Bsp12_03.doc* und befindet sich im Ordner *\Buch\Kap12*. Hier sind Jonathans Erläuterungen dazu.

Word macht's nicht!

Es ist komisch: Word ist eine Textverarbeitungsanwendung. Seine Aufgabe ist es, Seiten mit Text auszudrucken. Jede Winword-Version hat seit der Einführung eine eigene Programmiersprache: Zuerst WordBasic bis einschließlich den Versionen 7.0/95; gefolgt von VBA seit Word 8.0/97. Aber in keiner einzigen Version ist es möglich, den Drucker mit dieser Sprache zu automatisieren. Der Entwickler kann beispielsweise nicht festlegen, ob ein Farbdrucker in Farbe oder Schwarzweiß drucken soll oder ob Duplex ein- oder auszuschalten ist.

Visual Basic hingegen hat seit geraumer Zeit eine Printers-Auflistung und das Printer-Objekt, die es dem Programmierer ermöglichen, den Drucker mit seinem Code zu kontrollieren. In Office XP hat Access die gleiche Schnittstelle erhalten, aber Word noch nicht!

Gut möglich, dass Microsoft diesen Schritt in der nächsten Version von Office vollzieht, das hilft uns aber im Moment wenig.

Das Problem mit der Klasse *CPrinter* umgehen

Die Klasse hat die in Tabelle 12.6 aufgelisteten Eigenschaften sowie die Methoden in Tabelle 12.7.

Name	Zweck
ColorMode	Kontrolliert, ob der Ausdruck in Farbe oder Schwarzweiß erfolgt.
Duplex	Kontrolliert, ob der Ausdruck auf einer oder beiden Seiten des Papiers erfolgt. Wenn auf beiden Seiten, ob die Bundseite auf die kurze oder lange Seite erfolgt.
Height	Legt die Seitenhöhe fest oder gibt sie zurück.
Orientation	Kontrolliert, ob die Seite in Hoch- oder Querformat gedruckt wird.
PaperBin	Kontrolliert, aus welchem Papierschacht das Papier gezogen wird.
PaperSize	Kontrolliert, welches von mehreren Papierformaten bedruckt wird. Für manchen Drucker ist es auch möglich, ein benutzerdefiniertes Papierformat zu bestimmen. Das genaue Format wird über die Eigenschaften Height und Width kontrolliert.
PrintQuality	Legt die Druckqualität fest. Kann entweder eine Druckereigenschaftswert sein, der die Qualität wie »Entwurf«, »Niedrig«, »Normal« oder »Hoch« beschreibt oder erlaubt die direkte Bestimmung der DPI-Auflösung (DPI = Dots per Inch; Punkte pro Zoll).
Width	Legt die Seitenbreite fest oder gibt sie zurück.

Tabelle 12.6:
Eigenschaften der Klasse CPrinter

Name	Zweck
ListPrinters	Stellt eine Liste aller dem Rechner zur Verfügung stehenden Drucker zur Verfügung.
BinNames	Stellt eine Liste der Papierschachtnamen für den gegenwärtig gewählten Drucker zur Verfügung.
BinNumbers	Stellt eine Liste der Papierschachtcodenummern für den gegenwärtig gewählten Drucker zur Verfügung.
PaperSizeNames	Stellt eine Liste der Papierformatsnamen für den gegenwärtig gewählten Drucker zur Verfügung.
PaperSizeNumbers	Stellt eine Liste der Papierformatscodenummern für den gegenwärtig gewählten Drucker zur Verfügung.

Tabelle 12.7:
Die Methoden der Klasse CPrinter

Verwendung der Klasse *CPrinter*

Um die Klasse `CPrinter` in Ihrem Code einzusetzen, muss es in das Projekt importiert werden. Im VB-Editor, über die Befehlsfolge *Datei/Datei importieren*, wählen Sie wie in Abbildung 12.5 illustriert die Datei *CPrinter.cls*. Es wird ein Klassenmodul namens `CPrinter` in das Projekt eingefügt.

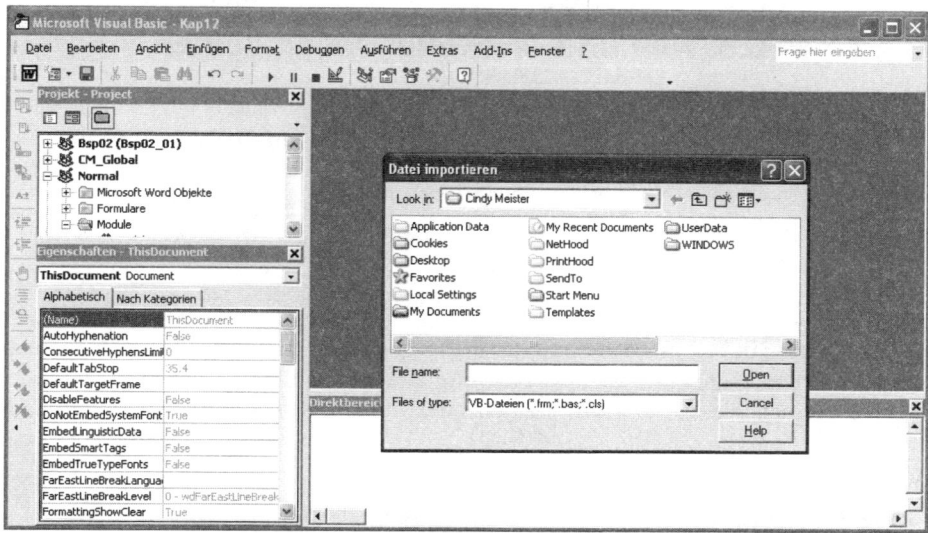

Anschließend müssen Sie eine Instanz der Klasse mit einer Objekt-Variablen deklarieren. Fügen Sie die folgenden Zeilen am Anfang der Prozedur ein, in der Sie den Drucker steuern möchten:

```
Dim CPrint As CPrinter
Set CPrint = New CPrinter
```

Es wäre auch möglich, eine globale Objekt-Variable am Anfang des Moduls vor der ersten Prozedur (`Sub` oder `Function`) zu deklarieren, um die Instanz in mehreren Prozeduren einsetzen zu können. Dies ist aber eher für ein großes Projekt mit vielen Prozeduren geeignet. Beispiel: `Public CPrint as CPrinter`. Die Zeile `Set CPrint = New CPrinter`, die Gebrauch von der Klasse macht, müssten Sie weiterhin der ersten Prozedur hinzufügen.

WICHTIG Es wird allgemein als schlechter Programmierstil betrachtet, die Instanz bei der Deklaration zu initialisieren. Vermeiden Sie also Konstruktionen wie `Dim CPrint as New CPrinter`.

WICHTIG Wir raten dringend davon ab, den Namen »Printer« für die Objekt-Variable zu nutzen. Es ist immer gefährlich, einen Namen für eine Objekt-Variable zu wählen, der ein Schlüsselwort in der VBA-Umgebung ist oder werden könnte. In Word 2002 wäre »Printer« kein Problem. Aber falls Microsoft jemals diese Funktionalität in Word einbaut oder Sie Ihren Code in ein Access- oder Visual Basic-Projekt kopieren, könnten Sie in Schwierigkeiten kommen.

Die Klasse *CPrinter* und der Standarddrucker des Betriebssystems

Achten Sie darauf, dass alle Druckereinstellungen, die Sie bei Verwendung der Klasse CPrinter vornehmen, sich in allen Anwendungen niederschlagen werden, nicht nur in Word. Seien Sie also ein höflicher Entwickler und stellen Sie am Schluss die ursprünglichen Einstellungen wieder her.

Die Eigenschaften und Methoden im Einzelnen

Die Eigenschaft *ColorMode*

Die Eigenschaft ColorMode akzeptiert die beiden in Tabelle 12.8 erläuterten Werte.

Name	Wert	Beschreibung
prMonochrome	1	Ausdruck in Schwarzweiß (Schattierungen von Schwarz und Weiß)
prColor	2	Farbiger Ausdruck

Tabelle 12.8:
Die Werte der Eigenschaft ColorMode

Da alle Werte mit Enum im Klassenmodul definiert sind, erscheinen diese Namen auch bei aktiviertem »IntelliSense« im VB-Editor, wie der Abbildung 12.6 zu entnehmen ist. Sie können die Werte – mit Namen oder numerisch – selbstverständlich auch direkt eingeben.

```
Set CPrint = New CPrinter
iFarbe = CPrint.ColorMode
If CPrint.ColorMode =  Then
    If MsgBox("Wolle        farbig drucken?", _
         vbYesNo)    prColor
                      prMonochrome
        CPrint.ColorMode = prMonochrome
    End If
End If
ActiveDocument.PrintOut Background:=False
```

Abbildung 12.6:
Die Klasse CPrinter *unterstützt aktives* »IntelliSense«

Enum wird nur von Office 2000 und XP, die VB6 unterstützen, erkannt. Um die Klasse in Office 97, das nur über VB5 verfügt, zu benutzen, müssen Sie die Public Enum-Listen aus dem Klassenmodul entfernen und die numerischen Werte benutzen.

WICHTIG

Das Listing 12.18 zeigt, wie man vom Benutzer eine Bestätigung verlangt, um farbig zu drucken. Achten Sie darauf, dass die ursprüngliche Einstellung am Schluss wieder hergestellt wird.

```
Sub DruckInFarbenBestaetigen()
Dim CPrint As CPrinter
Dim iFarbe As Long

    Set CPrint = New CPrinter
    iFarbe = CPrint.ColorMode
    If CPrint.ColorMode = prColor Then
        If MsgBox("Wollen Sie tatsächlich farbig drucken?", _
             vbYesNo) = vbNo Then
            CPrint.ColorMode = prMonochrome
        End If
    End If
    ActiveDocument.PrintOut Background:=False
    CPrint.ColorMode = iFarbe
End Sub
```

Listing 12.18:
Beispiel für die Verwendung der Eigenschaft ColorMode

Den Code des Listings finden Sie auf der Buch-CD. Die Datei heißt *Bsp12_03.doc* und befindet sich im Ordner *\Buch\Kap12*.

Die Eigenschaft *Duplex*

Die Eigenschaft `Duplex` funktioniert ähnlich wie `ColorMode`, nur hat sie die drei Werte.

Name	Wert	Beschreibung
prSimplex	1	Einseitiger Ausdruck
prHorizontal	2	Doppelseitiger Ausdruck mit Bindung oben
prVertical	3	Doppelseitiger Ausdruck mit Bindung links

`prVertical` wird am häufigsten beim Drucken mit Duplex verwendet. Wenn das Blatt nach links umgeschlagen wird, läuft der Text in der gleichen Richtung, von oben nach unten. Oder anders ausgedrückt, Sie würden die Seiten links zusammenheften, wie bei einem Buch.

`prHorizontal` wird eingesetzt, wenn die Seiten oben zusammen geheftet werden, wie bei einem Stenoheft.

Der Beispielcode in Listing 12.19 zeigt, wie der Drucker für Duplex mit Bund links eingerichtet wird. Diese Eigenschaft kann in Zusammenhang mit der in Word 2002 neuen Option *Buch* in *Datei/Seite einrichten/Seiten* unter *Mehrere Seiten* sehr nützlich sein, um gefaltete Broschüren zu drucken. Für mehr Informationen suchen Sie in der Word-Hilfe nach dem Ausdruck »gefaltete Broschüren«.

Abbildung 12.7: Auswirkung der Werte prHorizontal *gegenüber* prVertical

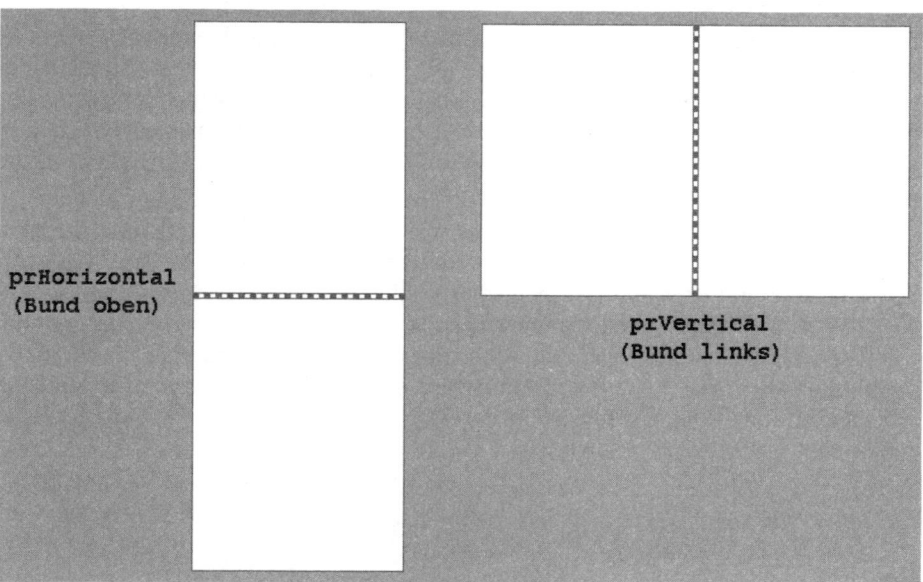

```
Sub PrintDuplexBooklet()
Dim CPrint As CPrinter
Dim iDuplex As Long

    Set CPrint = New CPrinter
    iDuplex = CPrint.Duplex
    CPrint.Duplex = prVertical
    ActiveDocument.PrintOut Background:=False
    CPrint.Duplex = iDuplex
End Sub
```

Listing 12.19:
Das Dokument doppelseitig mit Bund links ausdrucken

Den Code des Listings finden Sie auf der CD in der Datei *Bsp12_03.doc*. Sie befindet sich im Ordner *\Buch\Kap12*.

Die Eigenschaften *Length* und *Width*

Die Eigenschaften `Length` (Höhe) und `Width` (Breite) legen ein benutzerdefiniertes Papierformat in Twips fest. Ein Twip ist ein typographisches Maß und entspricht 1/20 eines Punktes, was seinerseits 1/72 eines Zolls ist. Ungefähr 56,9 Twips ergeben ein Millimeter.

Die Eigenschaft *Orientation*

Diese Eigenschaft kontrolliert, ob die Orientierung des Papiers beim Drucken auf Hoch- oder Querformat eingestellt ist. Eigentlich ist sie für die Arbeit mit Word zum größten Teil überflüssig, da man über das `PageSetup`-Objekt die Orientierung problemlos verwalten kann. Es gibt jedoch Fälle, wo es nützlich ist, die Einstellung des Druckers ermitteln zu können.

Ein Beispiel ist die Vorbereitung eines Word-Dokuments für die Ausgabe als Post-Script-Datei, um sie anschließend in das PDF-Format zu konvertieren (Adobe Acrobat Distiller). Wenn Sie genau wissen wollen, wo sich ein Textbereich auf der Seite befindet, können Sie in Word-VBA die `Information`-Eigenschaft mit den Parametern `wdHorizontalPositionRelativeToPage` sowie `wdVerticalPositionRelativeToPage` verwenden. Diese liefern ihre Positionen gemessen von der Ecke oben links.

Um PostScript mittels einer `Print`-Feldfunktion mitzuteilen, wo genau auf einer Seite etwas zu positionieren ist, müssen die Positionen von unten links aus berechnet werden. Und zwar in Bezug auf die gegenwärtige Seitenorientierungseinstellung des Druckertreibers, nicht der Seitenorientierung in Word. Falls die Drucker-Seitenorientierung auf »Quer« eingestellt ist, muss die Berechnung der Positionen für die `Print`-Feldfunktion von der Ecke unten *rechts* aus erfolgen, wenn die Seite in Word im Hochformat formatiert ist. Deshalb ist es wichtig, die Druckereinstellung direkt lesen zu können.

Die Eigenschaft akzeptiert die Werte in Tabelle 12.9. Sie wird im Code auf die gleiche Art und Weise wie `ColorMode` und `Duplex` behandelt.

Name	Wert	Beschreibung
prPortrait	1	Dokument wird im Hochformat ausgedruckt (die schmale Papierseite oben)
prLandscape	2	Dokument wird im Querformat ausgedruckt (die breite Seite nach oben)

Tabelle 12.9:
Werte der Eigenschaft Orientation

Die Eigenschaft *PrintQuality*

Legt die Qualität des Ausdrucks fest. Die möglichen Werte stehen in Tabelle 12.10.

Tabelle 12.10:
Werte der
Eigenschaft
PrintQuality

Name	Wert	Beschreibung
prDraft	−1	Entwurf-Auflösung (»Draft«)
prLow	−2	Tiefe Auflösung (»Low«)
prMedium	−3	Mittlere Auflösung (»Medium«)
prHigh	−4	Hohe Auflösung (»High«)
[Jeder Wert größer als 0]		Auflösung des Druckers in DPI

Die Bedeutung von Entwurf, tiefe, mittlere und hohe Auflösung ist, je nach Drucker, verschieden. Bei manchen ist es nur eine Frage der Auflösung. Bei anderen, beispielsweise Tintenstrahldruckern, wird bei einer tieferen Druckqualität weniger Tinte auf die Seite gesetzt.

Der Wert selbst variiert auch zwischen Druckern. Einige geben einen negativen Wert zurück, andere einen positiven, der die Auflösung in DPI festhält. Es gibt wiederum Drucker, die sowohl negative als auch positive Werte akzeptieren und andere, die unbekannte Werte ignorieren. Sie müssen also jeden Drucker testen, den Sie mit CPrinter zu steuern beabsichtigen.

Die Eigenschaft *PaperBin* sowie die Methoden *BinNames* und *BinNumbers*

Jeder Drucker hat eigene Papierschächte (»Bins«). Es gibt anscheinend wenig – wenn überhaupt – Übereinstimmung unter den verschiedenen Druckern und deren Druckertreibern, was Namen und Codes der Papierschächte anbelangt. Das macht es etwas schwierig, die Zuweisung des Papierschachts zu automatisieren.

Die Word-VBA-Hilfe listet die in Tabelle 12.11 angeführten Konstantenwerte als mögliche Einstellungen für die Eigenschaften DefaultTrayID, FirstPageTray und OtherPagesTray auf. Leider entsprechen diese Werte nur gelegentlich den Werten, die im jeweiligen Druckertreiber diesem Papierschacht zugeteilt ist. Das Problem ist in Tabelle 12.12 illustriert, in der die numerischen Werte der Papierschächte von vier verschiedenen Druckern aufgelistet sind.

Tabelle 12.11:
Konstanten-
werte, die in
Word für die
Festlegung des
Papierschachts
vorgesehen sind

Wert	Word Konstante
0	wdPrinterDefaultBin
1	wdPrinterOnlyBin
1	wdPrinterUpperBin
2	wdPrinterLowerBin
3	wdPrinterMiddleBin
4	wdPrinterManualFeed
5	wdPrinterEnvelopeFeed
6	wdPrinterManualEnvelopeFeed
7	wdPrinterAutomaticSheetFeed ▶

Wert	Word Konstante
8	wdPrinterTractorFeed
9	wdPrinterSmallFormatBin
10	wdPrinterLargeFormatBin
11	wdPrinterLargeCapacityBin
14	wdPrinterPaperCassette
15	wdPrinterFormSource

HP LaserJet 4Si/Si MX PS		HP LaserJet IIISi	
ID	Name	ID	Name
15	Automatically Select	15	Automatically Select
256	Upper Tray	266	Auto Select
257	Lower Tray	1	Upper Paper tray
258	Envelope Feeder	4	Manual Paper feed
4	Manual Feed	6	Envelope, Manual Feed
		2	Lower Paper tray
		5	Envelope Feeder

Tabelle 12.12:
Vergleich der Papierschacht-Namen und -Nummern bei vier verschiedenen Druckern

Tektronix Phaser 850P		Xerox DC 240/255/265 ST/LP PS2	
ID	Name	ID	Name
15	Automatically Select	256	Auto Select
257	Paper	257	Tray 1
258	Transparency	258	Tray 2
259	Upper Tray	259	Tray 3
260	Middle Tray	260	Tray 4
261	Lower Tray	261	Tray 5 (Bypass)
262	Manual Feed Paper	262	Tray 6 (High Capacity)
263	Manual Feed Transparenc		

Nein, uns ist beim letzten Eintrag für den Tektronix-Drucker kein Fehler unterlaufen. Der Druckertreiber gab tatsächlich den Ausdruck »Manual Feed Transparenc (sic!)« zurück.

Wie aus diesen Tabellen ersichtlich, haben die Drucker weder die Namen noch die Codes gemeinsam. Es wurde Ihnen vielleicht bisher noch nicht bewusst, dass dies ein immerwährendes Problem bei der Arbeit mit Druckertreibern ist (auch für Microsoft!). Die Druckertreiber werden hauptsächlich vom Druckerhersteller entwickelt, der nicht immer auf die von Microsoft definierten API-Standardvorgaben (Application Programming Interface) achtet.

Verwenden Sie also einen Word-Konstantenwert, um für einen Drucker einen Papierschacht zu bestimmen, wird Ihr Code aller Wahrscheinlichkeit nach keine Wirkung haben.

Hier kommen die Methoden BinNames und BinNumbers ins Spiel. Die Methode BinNames gibt ein aus einem Datenfeld bestehendes Resultat des Typs Variant zurück, das die Namen aller zur Verfügung stehenden Papierschächte enthält. Ein Datenfeld kann direkt der List-Eigenschaft eines Listbox- oder Combobox-Steuerelements eines User-Forms zugewiesen werden, um die Auswahl des korrekten Papierschachts während des Makroablaufs benutzerfreundlich zu gestalten. Listing 12.20 zeigt, wie das zu machen ist.

Erstellen Sie ein UserForm mit einer Listbox (im Beispielcode lstPapierschacht). Geben Sie den Code in Listing 12.20 in die UserForm_Initialize-Prozedur des UserForm-Moduls ein. Die Liste wird beim Anzeigen des UserForm gefüllt.

Listing 12.20:
Eine vollstän-
dige Liste der
dem aktiven
Drucker zur Ver-
fügung stehenden
Papierschächte
anzeigen

```
Dim CPrint As CPrinter
Set CPrint = New CPrinter
lstPapierschacht.List = CPrint.BinNames
Set CPrint = Nothing
```

Die Word-Eigenschaft Options.DefaultTray kann mit der aus der Liste gewählten Zeichenkette festgelegt werden.

Um die andere Eigenschaften – DefaultTrayID, FirstPageTray, OtherPagesTray – festzulegen, die alle einen Wert des Typs Long voraussetzen, brauchen Sie die Methode BinNumbers. Sie gibt in einem Datenfeld die Nummer zurück, die den Zeichenketten von BinNames entsprechen. Die Codeschnipsel in Listing 12.21 haben beide die gleiche Wirkung: sie setzen den Standardpapierschacht auf den ersten Eintrag des jeweiligen Datenfelds.

Listing 12.21:
Vergleich der
Methoden
BinNames *und*
BinNumbers

```
Dim CPrint As CPrinter
Dim vBinNames As Variant
Set CPrint = New CPrinter
vBinNames = CPrint.BinNames
Options.DefaultTray = vBinNames(0)

Dim CPrint As CPrinter
Dim vBinCodes As Variant
Set CPrint = New CPrinter
vBinCodes = CPrint.BinNumbers
Options.DefaultTrayID = vBinCodes(0)
```

FirstPageTray und OtherPagesTray sind Eigenschaften des Objekts PageSetup und daher dokumentspezifisch. Im Gegensatz dazu gelten DefaultTray und DefaultTrayID für die gesamte Word-Umgebung und sind Eigenschaften des Objekts Options. Die Standardeinstellung in der Windows-Umgebung wird durch Festsetzen der Eigenschaft PaperBin durch einen Eintrag in das BinNumber Datenfeld erreicht.

Es ist durchaus möglich, den verschiedenen Eigenschaften verschiedene Papierschächte zuzuweisen. Welcher wird in einem solchen Fall beim Drucken gewählt? Die Hierarchie ist relativ einfach und nachvollziehbar:

1. Wurde ein spezifischer Papierschacht für die erste Seite (FirstPageTray) und/oder alle folgenden Seiten (OtherPagesTray) spezifiziert, wird dieser benutzt.

2. Wurde keine der beiden festgelegt (ihr Wert ist wdPrinterDefaultBin), gilt die Einstellung der Eigenschaft Options.DefaultTrayID.

3. Ist auch der Wert Options.DefaultTrayID wdPrinterDefaultBin, übernimmt Word die Einstellung der Windows-Umgebung.

Die Eigenschaft *Papersize* sowie die Methoden *PaperSizeNames* und *PaperSizeNumber*

Haben Sie den Eindruck, die Handhabung von Papierschächten sei verwirrend, dann können wir nur einen amerikanischen Kollegen zitieren: »You ain't seen nuthin', yet!« (Sie haben noch nichts erlebt!) Papierschächte sind nichts im Vergleich zum Umgang mit Papierformaten.

Es ist möglich, analog wie für Papierschächte, sowohl Namens- als auch ID-Listen der vom Drucker unterstützten Papierformate zu ermitteln. Die Methoden `PaperSizeNames` und `PaperSizeNumbers` werden genauso eingesetzt wie `BinNames` und `BinNumbers`. In Tabelle 12.13 finden Sie Listen für die vier bereits weiter oben erwähnten Drucker.

HP LaserJet 4/4Si MX PS		HP LaserJet IIISi	
ID	Name	ID	Name
1	Letter	1	Letter
2	Letter Small	2	Letter
5	Legal		Letter Small
6	Statement	5	Legal
7	Executive	7	Executive
9	A4	9	A4
10	A4 Small	10	A4 Small
11	A5	18	Note
13	B5 (JIS)	20	Envelope #10
14	Folio	27	Envelope DL
15	Quarto	37	Envelope Monarch
18	Note	54	Letter Transverse
19	Envelope #9	55	A4 Transverse
20	Envelope #10	100	PRC Envelope #5
21	Envelope #11	119	Letter 8 1/2 x 11 in
22	Envelope #12	120	Legal 8 1/2 x 14 in
23	Envelope #14	121	A4 210 x 297 mm
27	Envelope DL	122	Executive 7 1/4 x 10 1/2 in
28	Envelope C5	123	Env Comm10 4 1/8 x 9 1/2 in
31	Envelope C6	124	Env Monarch 3 7/8 x 7 1/2 in
32	Envelope C65	125	Env DL 110 x 220 mm
34	Envelope B5	126	#10 Envelope
35	Envelope B6	127	Monarch Envelope
36	Envelope	129	DL Envelope
37	Envelope Monarch	133	8.5 x 11" Letter
38	6 3/4 Envelope	134	8.5 x 14" Legal
40	German Std Fanfold	138	7.25 x 10.5"
41	German Legal Fanfold	152	Custom 1
43	Japanese Postcard	153	Custom 2
48	Reserved48	154	Custom 3

Tabelle 12.13: Zur Verfügung stehende Papierformate für vier verschiedene Drucker

HP LaserJet 4/4Si MX PS (Fortsetzung)

49	Reserved49
54	Letter Transverse
55	A4 Transverse
59	Letter Plus
60	A4 Plus
61	A5 Transverse
62	B5 (JIS) Transverse
64	A5 Extra
65	B5 (ISO) Extra
69	Japanese Double Postcard
70	A6
73	Japanese Envelope Chou #3
74	Japanese Envelope Chou #4
78	A5 Rotated
81	Japanese Postcard Rotated
82	Double Japan Postcard Rotated
83	A6 Rotated
87	Japan Envelope Chou #4 Rotated
88	B6 (JIS)
89	B6 (JIS) Rotated
91	Japan Envelope You #4
93	PRC 16K
94	PRC 32K
95	PRC 32K(Big)
96	PRC Envelope #1
97	PRC Envelope #2
98	PRC Envelope #3
99	PRC Envelope #4
100	PRC Envelope #5
101	PRC Envelope #6
102	PRC Envelope #7
103	PRC Envelope #8
107	PRC 32K Rotated
108	PRC 32K(Big) Rotated
109	PRC Envelope #1 Rotated
110	PRC Envelope #2 Rotated
111	PRC Envelope #3 Rotated
112	PRC Envelope #4 Rotated
119	Letter 8 1/2 x 11 in
120	Legal 8 1/2 x 14 in
121	A4 210 x 297 mm
122	Executive 7 1/4 x 10 1/2 in
123	Env Comm10 4 1/8 x 9 1/2 in
124	Env Monarch 3 7/8 x 7 1/2 in
125	Env DL 110 x 220 mm

Xerox DC 240/255/265 ST/LP PS2

ID	Name
1	8.5 x 11" Letter
3	11 x 17"
5	8.5 x 14" Legal
6	5.5 x 8.5"
7	7.25 x 10.5"
8	A3
9	A4
11	A5
12	B4
13	B5
14	8.5 x 13"
44	9 x 11"
69	Postcard (148 x 200 mm)
70	A6
88	B6
300	Postcard (4.5 x 6")
302	215 x 315 mm
303	Oversized A4 (223 x 297 mm)
304	267 x 388 mm
305	220 x 330 mm
309	5 x 7"
310	8 x 10"
311	12 x 18"
400	8.5 x 11" Custom 1
401	8.5 x 11" Custom 2
402	8.5 x 11" Custom 3

Tektronix Phaser 850DP

ID	Name
1	Letter
7	Executive
9	A4
11	A5
126	#10 Envelope
127	Monarch Envelope
128	#6 3/4 Envelope
129	DL Envelope
130	C5 Envelope
131	Choukei 3 Envelope
132	Choukei 4 Envelope

Aus diesen Tabellen lassen sich einige Schlüsse ziehen; die einen sind gut, die anderen weniger.

Zuerst die gute Nachricht: Die ID-Codes bis einschließlich 41, samt dazugehörenden Namen, haben die Drucker alle gemeinsam. Das Papierformat A4 hat den ID-Code »9« und den Namen »A4« für jeden Drucker, der es unterstützt.

Weniger erfreulich ist die Erkenntnis, dass es ab dem ID-Code 42 eine Menge spezielle Papierformate gibt, und deren ID-Codes und Namen unterscheiden sich von Drucker zu Drucker. Zudem unterstützen nicht alle Drucker die gleichen speziellen Papierformate. Angenommen ein Drucker unterstützt spezielle Papierformate, gibt es keine direkte Methode, um herauszufinden, welche Dimensionen das Papierformat genau hat. Um diese zu ermitteln, wäre es notwendig, ein Word-Dokument damit zu formatieren und danach seine Height- und Width-Eigenschaften abzufragen.

Ärgerlich ist die Tatsache, dass die gemeinsamen Papierformat-ID-Codes (bis einschließlich 41) der Drucker in keinem Zusammenhang mit den wdPaperSize-Konstantenwerten im Word-Objektmodell stehen, die die Eigenschaft PaperSize des Objekts PageSetup festlegen. Vergleichen Sie die Listen in Tabelle 12.14, die diese Werte einander gegenüberstellen und Sie werden feststellen, dass es keine Übereinstimmung gibt.

Papierformat	Word Konstantwert	Wert	CPrinter Konstantwert	Wert (Drucker ID-Code)	
Letter, 8 1/2 x 11 in.	wdPaperLetter	2	prLetter	1	
Letter Small, 8 1/2 x 11 in.	wdPaperLetterSmall	3	prLetterSmall	2	
Tabloid, 11 x 17 in.	wdPaperTabloid	23	prTabloid	3	
Ledger, 17 x 11 in.	wdPaperLedger	19	prLedger	4	
Legal, 8 1/2 x 14 in.	wdPaperLegal	4	prLegal	5	
Statement, 5 1/2 x 8 1/2 in.	wdPaperStatement	22	prStatement	6	
Executive, 7 1/2 x 10 1/2 in.	wdPaperExecutive	5	prExecutive	7	
A3, 297 x 420 mm	wdPaperA3	6	prA3	8	
A4, 210 x 297 mm	wdPaperA4	7	prA4	9	
A4 Small, 210 x 297 mm	wdPaperA4Small	8	prA4Small	10	
A5, 148 x 210 mm	wdPaperA5	9	prA5	11	
B4, 250 x 354 mm	wdPaperB4	10	prB4	12	
B5, 182 x 257 mm	wdPaperB5	11	prB5	13	
Folio, 8 1/2 x 13 in.	wdPaperFolio	18	prFolio	14	
Quarto, 215 x 275 mm	wdPaperQuarto	21	prQuarto	15	
10 x 14 in.	wdPaper10x14	0	pr10x14	16	
11 x 17 in.	wdPaper11x17	1	pr11x17	17	
Note, 8 1/2 x 11 in.	wdPaperNote	20	prNote	18	
Envelope #9, 3 7/8 x 8 7/8 in.	wdPaperEnvelope9	24	prEnv9	19	
Envelope #10, 4 1/8 x 9 1/2 in.	wdPaperEnvelope10	25	prEnv10	20	
Envelope #11, 4 1/2 x 10 3/8 in.	wdPaperEnvelope11	26	prEnv11	21	▶

Tabelle 12.14:
Gegenüberstellung der Word-Objektmodell-Konstantwerte für das Papierformat mit den gemeinsamen Standardwerten der gängigsten Drucker

Papierformat	Word Konstantwert	Wert	CPrinter Konstantwert	Wert (Drucker ID-Code)
Envelope #12, 4 1/2 x 11 in.	wdPaperEnvelope12	27	prEnv12	22
Envelope #14, 5 x 11 1/2 in.	wdPaperEnvelope14	28	prEnv14	23
C size sheet	wdPaperCSheet	12	prCSheet	24
D size sheet	wdPaperDSheet	13	prDSheet	25
E size sheet	wdPaperESheet	14	prESheet	26
Envelope DL, 110 x 220 mm	wdPaperEnvelopeDL	37	prEnvDL	27
Envelope C5, 162 x 229 mm	wdPaperEnvelopeC5	34	prEnvC5	28
Envelope C3, 324 x 458 mm	wdPaperEnvelopeC3	32	prEnvC3	29
Envelope C4, 229 x 324 mm	wdPaperEnvelopeC4	33	prEnvC4	30
Envelope C6, 114 x 162 mm	wdPaperEnvelopeC6	35	prEnvC6	31
Envelope C65, 114 x 229 mm	wdPaperEnvelopeC65	36	prEnvC65	32
Envelope B4, 250 x 353 mm	wdPaperEnvelopeB4	29	prEnvB4	33
Envelope B5, 176 x 250 mm	wdPaperEnvelopeB5	30	prEnvB5	34
Envelope B6, 176 x 125 mm	wdPaperEnvelopeB6	31	prEnvB6	35
Envelope, 110 x 230 mm	wdPaperEnvelopeItaly	38	prEnvItaly	36
Envelope Monarch, 3 7/8 x 7 1/2 in.	wdPaperEnvelopeMonarch	39	prEnvMonarch	37
Envelope, 3 5/8 x 6 1/2 in.	wdPaperEnvelopePersonal	40	prEnvPersonal	38
U.S. Standard Fanfold, 14 7/8 x 11 in.	wdPaperFanfoldUS	17	prFanfoldUS	39
German Standard Fanfold, 8 1/2 x 12 in.	wdPaperFanfoldStdGerman	16	prFanfoldStdGerman	40
German Legal Fanfold, 8 1/2 x 13 in.	wdPaperFanfoldLegalGerman	15	prFanfoldLglGerman	41
User-defined	wdPaperCustom	41	prUser	256

Offen gesagt ist das Ganze ein Mega-Durcheinander. Man kann sich nur schwer vorstellen, warum Microsoft von den Windows-Standardwerten abweichende Konstantenwerte im Word-Objektmodell für Papierformate definiert hat.

Eine Wahl haben wir jedoch nicht und müssen mit dem arbeiten, was uns zur Verfügung steht. Das Papierformat des Druckers können Sie mit der PaperSize-Eigenschaft von CPrinter auf einen der unterstützten ID-Codes festlegen. Es ist allgemein empfehlenswert, festzustellen, dass die PaperSize-Eigenschaft vom Drucker mit der des PageSetup-Objekts übereinstimmt. Beispiel: Wenn

```
ActiveDocument.PageSetup.PaperSize = wdPaperA4
```

dann sollten Sie sicherstellen, dass

`CPrint.PaperSize = prA4`

ist. (Und die Tatsache außer Acht lassen, dass der eine Konstantwert 7 und der andere 9 beträgt.) Falls Sie das nicht tun und der Drucker einen Konflikt des Papierformats feststellt, halten manche Drucker einfach mit einer Meldung an, der Benutzer möge bitte das richtige Papier laden.

Die Option *Anpassen an A4/US Letter* in *Extras/Optionen/Drucken* veranlasst Word, die Größe der Dokumentseiten vor dem Druck zu ändern, was dem Druckertreiber auch nicht besonders gut tut. Stellen Sie also sicher, dass diese Option vor dem Druck ausgeschaltet ist, wenn Sie direkt mit dem Drucker über diese Klasse arbeiten. **WICHTIG**

Die Methode *ListPrinters*

Die Methode `ListPrinters` (Drucker auflisten) gibt einen `Variant`-Wert zurück, der ein Datenfeld mit den Namen der installierten, zur Verfügung stehenden Drucker enthält. Da sie sowieso für die Klasse benötigt wurde, machte es keine großen Umstände, sie in der Schnittstelle offen zu legen. Die Methode ist sehr nützlich. Sofort kommt die Idee, dem Benutzer eine Liste der Drucker für den Ausdruck des aktiven Dokuments zur Auswahl zu stellen.

Gehen Sie vor, wie bei der Auflistung der Papierschächte. Im Beispielcode in Listing 12.22 wird der Drucker beim `Change`-Ereignis der Listbox über das Objekt `ActivePrinter` geändert; wenn der Benutzer also einen Eintrag auswählt. Das Beschriftungsfeld `lblDruckerAuswahl` zeigt den Namen des jeweils aktiven Druckers an.

```
Private Sub UserForm_Initialize()
    Dim CPrint As CPrinter
    Set CPrint = New CPrinter
    ListBox1.List = CPrint.ListPrinters
    lblDruckerAuswahl.Caption = "Der aktive Drucker ist " & ActivePrinter
End Sub

Private Sub lstDrucker_Change()
    ActivePrinter = lstDrucker.Text
    lblDruckerAuswahl.Caption = "Der aktive Drucker ist " & ActivePrinter
End Sub
```

Listing 12.22:
Eine Liste der zur Verfügung stehenden Drucker anzeigen

Den Code des Listings finden Sie auf der Buch-CD in der Datei *Bsp12_03.doc* im UserForm *frmDruckerAuswaehlen*. Die Datei befindet sich im Ordner *\Buch\Kap12*.

Beispiel: Druckername mit Dokument speichern

Wie eingangs erwähnt, nimmt Word immer den in Windows als Standard festgelegten Drucker bei der Ausführung des Befehls *Drucken*. Es ist mühsam, immer daran denken zu müssen, dass dieses Dokument zum Etikettendrucker oder jenes zum Faxdrucker geschickt werden soll und ständig über *Datei/Drucken* den Drucker ausgewählt werden muss.

Mit der in `CPrinter` zur Verfügung gestellten Funktionalität ist es möglich, den Drucker (und/oder Papierschachtname) in einer Dokumenteigenschaft zu speichern. Jedes

Mal, wenn ein Druckbefehl (entweder von der Symbolleiste oder über das *Datei*-Menü) aufgerufen wird, vergleicht Word den Wert der Dokumenteigenschaft mit dem Namen des aktiven Druckers. Stimmen sie überein, wird das Dokument ohne weiteres ausgedruckt. Andernfalls sucht Word den Druckernamen in der Liste der Drucker und falls der Name vorkommt, wird der aktive Drucker geändert. Findet Word den Druckernamen nicht, wird ein UserForm mit einer Liste der installierten Drucker eingeblendet, sodass der Benutzer einen Drucker auswählen kann. Anschließend wird dem Benutzer die Gelegenheit gegeben, diesen Druckernamen im Dokument zu speichern.

Wann würde ein Druckername nicht in der Liste erscheinen? Wenn das Dokument auf einem Rechner geöffnet wird, wo die Drucker anders benannt worden sind. Auf diesen Fall müssen Sie also vorbereitet sein.

Die Prozeduren `FilePrintDefault` und `FilePrint` ersetzen Words eigene Befehle, sodass der Ablauf für den Benutzer transparent ist: Er muss nicht daran denken, spezielle Menüpunkte oder Symbolschaltflächen zu verwenden. Als erste Handlung rufen beide die Prozedur `DruckerKontrolle` auf.

Die Fehlerbehandlung in `DruckerKontrolle` erstellt nötigenfalls die Dokumenteigenschaft, in der der Druckername gespeichert wird.

Wenn der aktive Drucker gleich dem Wert der Dokumenteigenschaft ist, wird `DruckerKontrolle` einfach beendet. Sonst muss die Prozedur feststellen, ob der Drucker überhaupt auf dem Rechner vorhanden ist.

Jetzt wird's ein wenig kompliziert, da die Eigenschaft `Application.ActivePrinter` sowohl Portname als auch Druckername zurückgibt. Die `ListPrinters`-Methode von `CPrinter` stellt aber nur den Druckernamen zur Verfügung. Um die Werte während der `For Next`-Schleife vergleichen zu können, werden nur so viele Buchstaben vom Wert `Application.ActivePrinter` genommen, wie der momentane Eintrag der Liste hat:

```
szEintrag = Left(szDrucker, Len(szEintrag))
```

Findet Word den Drucker in der Liste, wird er ohne weiteres zum aktiven Drucker in Windows gesetzt und die Prozedur beendet. Sonst wird der Benutzer aufgefordert, einen anderen Drucker zu wählen und über die Funktion `DruckerFestlegen` das UserForm mit einer Liste der Drucker eingeblendet. Nachdem der Benutzer hier den gewünschten Drucker ausgewählt hat, erhält er die Gelegenheit zu bestimmen, ob dieser Druckername neu in der Dokumenteigenschaft festzuhalten ist.

Nach Ablauf von `DruckerKontrolle` wird der Rest des Codes in `FilePrintDefault` bzw. `FilePrint` ausgeführt. Im ersten Fall wird das Dokument ausgedruckt, im zweiten das Dialogfeld *DateiDrucken* eingeblendet.

Listing 12.23:
Druckername
mit Dokument
speichern

```
' Im gewöhnlichen Modul
Sub FilePrintDefault()
    DruckerKontrolle
    ActiveDocument.PrintOut
End Sub

Sub FilePrint()
```

```
        DruckerKontrolle
        Dialogs(wdDialogFilePrint).Show
End Sub

Sub DruckerKontrolle()
    Dim doc As Word.Document, prop As CustomProperty, szDrucker As String
    Dim CPrint As CPrinter, varDruckerListe As Variant
    Dim bVorhanden As Boolean, lZaehler As Long, szEintrag As String
    Dim szmsgDruckerFehlt As String, szmsgDruckerFestlegen As String

    On Error GoTo Err_DruckerKontrolle
    Set CPrint = New CPrinter
    Set doc = ActiveDocument
    szmsgDruckerFehlt = "Der für dieses Dokument festgelegte Drucker wurde nicht " & _
        "gefunden. Bitte einen Drucker aus der folgenden Liste auswählen."
    szmsgDruckerFestlegen = "Wollen Sie den Drucker " & szDrucker & _
        " als Drucker für dieses Dokument festlegen?"

    szDrucker = doc.CustomDocumentProperties("propDrucker").Value
    If Application.ActivePrinter = szDrucker Then Exit Sub

    varDruckerListe = CPrint.ListPrinters
    For lZaehler = LBound(varDruckerListe) To UBound(varDruckerListe)
        szEintrag = varDruckerListe(lZaehler)
        If szEintrag = Left(szDrucker, Len(szEintrag)) Then
            bVorhanden = True
            Exit For
        End If
    Next lZaehler

    If bVorhanden Then
        Application.ActivePrinter = szDrucker
    Else
        MsgBox szmsgDruckerFehlt, vbOKOnly + vbCritical
        szDrucker = DruckerFestlegen
        Application.ActivePrinter = szDrucker
        If MsgBox(szmsgDruckerFestlegen, vbQuestion + vbYesNo) = vbYes Then _
          doc.CustomDocumentProperties("propDrucker").Value = Application.ActivePrinter
    End If
    Exit Sub

Err_DruckerKontrolle:
    Select Case Err.Number
        Case 5
            doc.CustomDocumentProperties.Add _
              name:="propDrucker", _
              LinkToContent:=False, Value:=DruckerFestlegen, _
              Type:=msoPropertyTypeString
            Resume Next
        Case Else
            MsgBox "Fehlernummer: " & Err.Number & vbCr & _
                "Fehlerbeschreibung: " & Err.Description, vbOKOnly
    End Select
End Sub

Function DruckerFestlegen() As String
```

```
        Dim frm As frmDruckerAuswaehlen

        Set frm = New frmDruckerFestlegen
        frm.Show
        DruckerFestlegen = frm.lstDrucker
        Unload frm
    End Function

    ' Im Userform
    Private Sub cmdOK_Click()
        Me.Hide
    End Sub

    Private Sub UserForm_Initialize()
        Dim CPrint As CPrinter

        Set CPrint = New CPrinter
        lstDrucker.List = CPrint.ListPrinters
        lblAktiverDrucker.Caption = "Der aktive Drucker ist " & ActivePrinter
        lblFestgelegterDrucker.Caption = "Der festgelegte Drucker ist " & _
          ActiveDocument.CustomDocumentProperties("propDrucker").Value
        Set CPrint = Nothing
    End Sub
```

 Auch den Code dieses Listings finden Sie auf der Buch-CD in der Datei *Bsp12_03.doc* im Ordner *\Buch\Kap12*.

Schwierigkeiten bei der Handhabung von Druckern

Das größte Problem ist, dass jeder Druckertreiber die Informationen in den beschriebenen Eigenschaften ein wenig anders zur Verfügung stellt. Es kommt nicht nur darauf an, welche Funktionalität der Drucker zur Verfügung stellt, sondern auch, wie der Druckertreiber geschrieben wurde. Fazit: Sie werden die Drucker, die Sie mit Ihrem Code steuern wollen, testen und den Code entsprechend anpassen müssen.

Die Klasse *CPrinter* erweitern

Der Code des Klassenmoduls bedient sich der Windows-API, um Informationen über die Drucker zu ermitteln und um sie zu steuern. Der Code liegt offen in der Datei *CPrinter.cls* und wurde reichlich kommentiert, sodass klar nachvollziehbar ist, wie die Ergebnisse erreicht wurden.

 Die Datei *CPrinter.cls* steht Ihnen auf der Buch-CD im Ordner *\Buch\Kap12* zur Verfügung.

Vielleicht möchten Sie dem Code zusätzliche Funktionalität hinzufügen, beispielsweise den Portnamen des Druckers über die *PRINTER_INFO_2*-Struktur ermitteln. Wenn Sie diese Klasse zusammen mit Excel einsetzen wollen, werden Sie wahrscheinlich diese Erweiterung vornehmen müssen (auch Excel und PowerPoint verfügen wie Word über keine Schnittstelle für Drucker), weil Excel sowohl den Portnamen als auch den Druckernamen verlangt, um die Eigenschaft `ActivePrinter` festzulegen. (Warum Excel sich in dieser Hinsicht von Word unterscheidet, ist noch so ein Geheimnis des Universums...)

Falls Sie beabsichtigen, mit diesem Modul und der Windows-API zu experimentieren, empfehlen wir:

- Beschaffen Sie sich ein gutes Buch über die Programmierung der Windows-API in Visual Basic. VBA in Word verhält sich im Großen und Ganzen wie VB 5 bzw. 6, wenn es um die API-Programmierung geht.

- Wenn Code, der sich der Windows-API bedient, einen Fehler aufweist, wird dieser voraussichtlich bei der Ausführung Word zum Absturz bringen. Und wenn Sie das Programm unter Windows 95, Windows 98 oder Windows Me betreiben, müssten Sie unter Umständen auch Windows neu starten. Versäumen Sie also nie, Ihre Arbeit vor jedem Testlauf zu speichern! Machen Sie das Speichern zur festen Gewohnheit.

- Suchen Sie im Internet Beispiele, die sich der Windows-API-Aufrufe bedienen, die Sie einsetzen wollen. Der gesamte Code dieses Moduls wurde aus frei zur Verfügung stehendem Code im Internet adaptiert. Die Quellen sind in den Kommentaren des Klassenmoduls aufgeführt.

Automatisierung der Dokumenterstellung

Bislang haben wir die Word-eigenen Möglichkeiten für die Einbindung von externen Daten in Word angeschaut: Feldfunktionen, wie Link und Database, den Seriendruck und Formulare. Aber manchmal erfüllen sie nicht die Aufgabe, die zu lösen ist.

Der Seriendruck, beispielsweise, ist eigentlich nicht für die tägliche Korrespondenz geeignet. Das Adressbuch stellt nur Daten aus Outlook zur Verfügung, aber nicht aus Access, Excel oder einer anderen Quelle. Zudem existiert keine Funktionalität, den Inhalt eines Datenfelds gezielt in ein Nicht-Seriendruckdokument einzufügen. Allenfalls können Sie eine Adresse aus Outlook als Adressblock einfügen. Formulare können nicht mit Datenquellen verbunden werden. Und nirgends besteht die Möglichkeit, Daten zurück in die Datenbank zu schreiben (Adressänderungen zum Beispiel).

Am anderen Ende des Spektrums stehen Berichte. Auch hier stößt der Seriendruck an seine Grenzen, obwohl die Einführung von Seriendruckereignissen die Lage etwas verbessert hat.

Dazwischen liegen alltägliche, sich wiederholende Aufgaben wie Angebots- und Rechnungserstellung. Bekanntlich hat der Seriendruck nur begrenzte Möglichkeiten, 1:n-Beziehungen zu berücksichtigen.

VBA-Automatisierung bietet uns in allen genannten Fällen mehr und flexiblere Lösungen.

Korrespondenz mit eigenem Adressbuch

Nehmen wir als Beispiel die Idee eines Adressbuchs. Word hat kein eigenes, sondern bedient sich der Liste MAPI-konformer Adressbücher, meistens Outlook. Sie können jedoch, wie bereits erwähnt, Daten aus diesen Adressbüchern nicht frei in ein Word-Dokument einfügen, sondern nur als Block oder mit dem Briefassistenten.

Wenn dem so ist, warum nicht unsere Daten in einem beliebigen Datenformat aufbewahren, über ein UserForm abrufen, ändern und neue Datensätze erfassen, als Teil des Briefschreibens? Dank der neuesten Data-Access-Technologie spielt es eigentlich keine große Rolle, ob sich Ihre Daten in einem Excel-Tabellenblatt oder einer Access- oder sonstigen Datenbank befinden. Solange dafür ein OLEDB- oder ODBC-Treiber vorhanden ist, können sie allesamt mit ADO angesprochen werden.

Berichte erstellen: Eine Office-Lösung

Cindy hatte kürzlich Gelegenheit, an einem Projekt zu arbeiten, bei dem alle vier Office-Anwendungen – Excel, Word, Access und PowerPoint – für eine Lösung herangezogen wurden. Eine Firma hatte Kundendaten für Berichte in Excel erfasst und verwaltet. Als die Datenmenge wuchs, wurde die Aufgabe zunehmend aufwändiger. Erstens ist es nicht einfach, mehrere Absätze in einer einzigen Excel-Zelle zu bearbeiten und zweitens verliert der Benutzer schnell die Übersicht.

Eine Lösung musste her, die den Benutzer befähigt, seine Arbeit bequemer und schneller zu erledigen. Sie musste auf die existierenden Strukturen bauen, die in Excel und Word vorhanden waren, und zwar für die Windows- und die Macintosh-Umgebung. Wir hatten die Aufgabe:

○ Die Daten aus Excel in ein Word-Dokument zu übernehmen und wie den Endbericht zu formatieren, sodass der Benutzer bequemer arbeiten kann.

○ Die bearbeiteten Angaben zurück nach Excel schreiben, wenn der Benutzer fertig war.

○ Die Daten aus Excel nach Access für die Archivierung und Fertigstellung des Berichts exportieren.

○ Den Bericht in Word mit den Daten aus Access erstellen, dieses Mal inklusive einiger Diagramme.

○ Ausschnitte aus dem Bericht in eine PowerPoint-Präsentation übernehmen.

Wir beschreiben die Lösung nebst einiger Beispieldateien im Internet unter *http://homepage.swissonline.ch/cindymeister*. Neben den allgemeinen Überlegungen zu einer solchen Lösung werden Sie daraus Anregungen erhalten, wie Formatierungsprobleme beim Schreiben von Datenmengen in Word gelöst werden können. Und, wenn Sie mit der Automatisierung von PowerPoint noch nicht vertraut sind, finden Sie eine Einführung in dieses Thema.

A Allgemeines zum Thema Feldfunktionen

Detaillierte Informationen zu den einzelnen Feldfunktionen finden Sie in den Word-Hilfedateien, sowie im Kapitel 25 von »Microsoft Word Version 2002 – Das Handbuch«, von Microsoft Press. Hier werden nur einige Grundlagen für Word-Neulinge erläutert.

 Feldfunktionen können über die Menüfolge *Einfügen/Feld* oder direkt ins Dokument eingefügt werden. Wenn der Feldcode eingeblendet ist, steht die Feldfunktion in geschweiften Klammern. Bei diesen Klammern handelt es sich um Sonderzeichen, die Sie über die Tastatur nur mit der Tastaturfolge Strg+F9 einfügen können.

Um verschachtelte Feldfunktionen zu erstellen, muss der Feldcode eingeblendet werden.

Tabelle A.1:
Die wichtigsten
Tastaturkürzel
für die Arbeit mit
Feldfunktionen

Kürzel	Wirkung	VBA Äquivalent
F9	Markierte Feldcodes aktualisieren	.Fields.Update
Strg+F9	Feldklammer einfügen { }	.Fields.Add
Alt+F9	Alle Feldcodes einblenden	.View.ShowFieldCodes
Umschalt+F9	Feldcode der markierten Feldfunktion einblenden	.Field.ShowCodes
Umschalt+Strg+F9	Markierten Feldfunktionen in Text umwandeln	.Fields.Unlink
F11	Springt zur nächsten Feldfunktion im Dokument	.NextField
Umschalt+F11	Springt zur vorherigen Feldfunktion im Dokument	.PreviousField
Strg+F11	Markierten Feldfunktionen für die Aktualisierung sperren	.Fields.Locked = True
Umschalt+Strg+F11	Sperrung der markierten Feldfunktionen aufheben	.Fields.Locked = False

Oft werden Trennzeichen in einer Feldfunktion gebraucht, beispielsweise für die Formatierung von Nummern und Datum oder für eine Liste von Parametern. Bitte beachten Sie, dass Sie genau die gleichen Trennzeichen verwenden müssen, wie in den Windows-Ländereinstellungen festgelegt. Wenn dort das Listentrennzeichen ein Strichpunkt ist, geben Sie einen Strichpunkt ein, auch wenn das Beispiel in der Word-Hilfe ein Komma aufweist.

Wie aus Tabelle A.2 ersichtlich, kennzeichnet Word Formatschalter mit einem umgekehrten Schrägstrich. Das bedeutet, dass Sie für Dateipfadnamen die umgekehrten Schrägstriche verdoppeln müssen: { IncludeText "NetzwerkServer\\\\Daten\\Word.doc" }.

Schalter	Wirkung	Beispiel
\#	Legt die numerische Abbildung eines Feldfunktionsergebnisses fest.	{ = SUM(A1;A2) \# "0,00" } 10,00!Syntaxfehler, (
\@	Formatiert das Ergebnis einer Datum Feldfunktion d = Tag M = Monat y = Jahr	{ DATE \@ "d. MMMM yyyy" } 3. Februar 2002 { CREATEDATE \@ "dd-MMM-yyyy" } 03-Feb-2002
\!	Verhindert die Aktualisierung einen verschachtelten Feldfunktion	siehe ▶ Kapitel 3 bis 5 (Ref Seitennummer mit IncludeText)
*	Legt allgemeine Textformatierung fest	{ REF Textmarke * Upper } DER INHALT

Tabelle A.2: Allgemeine Formatschalter

Seit der Version 2000 braucht Word die englischen Namen für Feldfunktionen sowie deren Schalter. In Tabelle A.3 finden Sie alle Feldfunktionen aufgelistet. Die Liste links ist nach dem älteren, deutschen Ausdruck sortiert; die rechte nach dem englischen Ausdruck.

Deutscher Ausdruck	Englischer Ausdruck	Englischer Ausdruck	Deutscher Ausdruck
(neu in Word 2002)	AddressBlock	=(Formula)	=(Ausdruck)
(neu in Word 2002)	GreetingLine	AddressBlock	(neu in Word 2002)
=(Ausdruck)	=(Formula)	Advance	Versetzen
Abschnitt	Section	Ask	Frage
AktualDat	Date	Author	Autor
Angeben	Quote	AutoNum	AutoNr
AnzSeiten	NumPages	AutoNumLgl	AutoNrDez
AnzWörter	NumWords	AutoNumOut	AutoNrGli
AnzZeichen	NumChars	AutoText	AutoText
AutoNr	AutoNum	AutoTextList	AutoTextListe
AutoNrDez	AutoNumLgl	BarCode	(nur gültig für US-Version)
AutoNrGli	AutoNumOut	Comments	Kommentar
Autor	Author	Compare	Vergleich
AutoText	AutoText	CreateDate	ErstellDat
AutoTextListe	AutoTextList	Database	Datenbank
BenutzerAdr	UserAddress	Date	AktualDat
Benutzerinitialen	UserInitials	DocProperty	DokEigenschaft
Benutzername	UserName	DocVariable	DokVariable
Bestimmen	Set	EQ	Formel
Dateigröße	FileSize	FileName	Dateiname
Dateiname	FileName	FileSize	Dateigröße ▶

Tabelle A.3: Gegenüberstellung der deutschen und englischen Feldfunktionsnamen

Deutscher Ausdruck	Englischer Ausdruck	Englischer Ausdruck	Deutscher Ausdruck
Datenbank	Database	Fillin	Eingeben
Datensatz	MergeRec	GoToButton	Gehezu
DokEigenschaft	DocProperty	GreetingLine	(neu in Word 2002)
DokVariable	DocVariable	Hyperlink	Hyperlink
DokVorlage	Template	If	Wenn
Druck	Print	IncludePicture	EinfügenGrafik
DruckDat	PrintDate	IncludeText	EinfügenText
EinfügenGrafik	IncludePicture	Index	Index
EinfügenText	IncludeText	Info	Info
Eingeben	Fillin	Keywords	Stichwörter
ErstellDat	CreateDate	LastSavedBy	GespeichertVon
Formel	EQ	Link	Verknüpfung
Frage	Ask	ListNum	ListenNr
FussEndnoteRef	NoteRef	Macrobutton	MakroSchaltfläche
FVRef	StyleRef	Mergefield	Seriendruckfeld
Gehezu	GoToButton	MergeRec	Datensatz
GespeichertVon	LastSavedBy	MergeSeq	SeriendruckSeq
Hyperlink	Hyperlink	Next	Nächster
Index	Index	NextIf	Nwenn
Info	Info	NoteRef	FussEndnoteRef
Inhalt	TC	NumChars	AnzZeichen
Kommentar	Comments	NumPages	AnzSeiten
ListenNr	ListNum	NumWords	AnzWörter
MakroSchaltfläche	Macrobutton	Page	Seite
Nächster	Next	PageRef	SeitenRef
Nwenn	NextIf	Print	Druck
RD	RD	PrintDate	DruckDat
Ref	Ref	Quote	Angeben
Seite	Page	RD	RD
SeitenRef	PageRef	Ref	Ref
Seq	Seq	RevNum	Überarbeitungsnummer
Seriendruckfeld	Mergefield	SaveDate	SpeicherDat
SeriendruckSeq	MergeSeq	Section	Abschnitt
SondZeichen	Symbol	Seq	Seq ▶

Deutscher Ausdruck	Englischer Ausdruck	Englischer Ausdruck	Deutscher Ausdruck
SpeicherDat	SaveDate	Set	Bestimmen
Stichwörter	Keywords	SkipIf	Überspringen
Thema	Subject	StyleRef	FVRef
Titel	Title	Subject	Thema
Überarbeitungsnummer	RevNum	Symbol	SondZeichen
Überspringen	SkipIf	TA	(nur gültig für US-Version)
Vergleich	Compare	TC	Inhalt
Verknüpfung	Link	Template	DokVorlage
Versetzen	Advance	Time	Zeit
Verzeichnis	TOC	Title	Titel
Wenn	If	TOA	(nur gültig für US-Version)
XE	XE	TOC	Verzeichnis
Zeit	Time	UserAddress	BenutzerAdr
		UserInitials	Benutzerinitialen
		UserName	Benutzername
		XE	XE

Noch kritischer ist die Liste der Formatschalter in Tabelle A.4, weil Sie nur die deutschen Ausdrücke in den Word-Hilfedateien finden werden. Wenn Sie probieren, diese einzusetzen, werden die Feldfunktionen Fehlermeldungen statt Ergebnisse liefern.

Deutscher Ausdruck	Englischer Ausdruck	Englischer Ausdruck	Deutscher Ausdruck
alphabetisch	alphabetic	alphabetic	alphabetisch
arabisch	Arabic	Arabic	arabisch
Formatverbinden	MergeFormat	Caps	Initial
Großbuchstaben	Upper	CharFormat	Zeichenformat
Grundtext	CardText	FirstCap	SatzanfangGroß
hex	Hex	Grundtext	CardText
Initial	Caps	hex	Hex
Kleinbuchstaben	Lower	Lower	Kleinbuchstaben
OrdnungsZahl	Ordinal	MergeFormat	Formatverbinden
OrdText	OrdText	OrdnungsZahl	Ordinal
römisch	roman	OrdText	OrdText
SatzanfangGroß	FirstCap	römisch	roman
Währungstext	DollarText	Upper	Großbuchstaben
Zeichenformat	CharFormat	Währungstext	DollarText

Tabelle A.4:
Deutsche und englische Feldschalternamen

B Daten mit MS Query bearbeiten

Übersicht

Wie in ▶ Kapitel 10 dargelegt, ergänzt MS Query die Datenbehandlungsmöglichkeiten von Word. Die Abfrageoptionen in Word sind begrenzt und ziemlich rudimentär. Viele der komplexen Abfragen, die in Access oder eine andere Datenbankanwendung möglich sind, können auch mit MS Query realisiert werden. Allerdings fehlen hier viele Automatismen, die das Erstellen solcher Abfragen vereinfachen.

Der Grund für diesen und die folgenden zwei Anhänge ist, Ihnen das Grundgerüst für die Datenmanipulation in Word zu geben, um (mit oder ohne VBA) externe Daten maßzuschneidern. Im folgenden Beispiel werden Sie dazu mit Funktionalitäten von MS Query vertraut gemacht, die in der Einführung im ▶ Kapitel 10 nicht vorgestellt wurden.

Beispiel: Daten aus zwei Excel-Arbeitsblättern kombinieren

Für dieses Beispiel wurden die Tabellen *Kategorien* und *Artikel* aus der Access-Datenbank *Nordwind.mdb* in das Excel-Format exportiert. Das Endergebnis ist, im Resultat eines Verzeichnis-Seriendrucks, eine Liste von Kategorien, mit jedem dazu gehörenden Artikel, wie in Abbildung B.1 abgebildet; eine 1:n-Beziehung also.

HINWEIS Auf dieses Beispiel wurde im Abschnitt über 1:n-Beziehungen im ▶ Kapitel 10 hingewiesen.

Um dieses Verzeichnis zu erstellen, müssen die Daten der zwei Arbeitsblätter in einer Datentabelle vereint werden. Für die hier vorgestellte Methode ist es auch wichtig, dass die Datensätze (zumindest) nach Kategorien geordnet (sortiert) sind. In der SQL-Anweisung kann entweder einen Join- oder eine WHERE-Klausel die Tabellen zusammenbringen. Die folgenden Zeilen zeigen die letztere Methode, die einfacher ist:

```
SELECTK.Kategorie-Nr, K.Kategoriename, A.Artikel-Nr, A.Artikelname
FROMKategorie K, Artikel A
WHEREA.Kategorie-Nr = K.Kategorie-Nr
ORDER BYK. Kategorie-Nr, A.Artikel-Nr
```

1	Getränke	39	Chartreuse verte
		2	Chang
		24	Guaraná Fantástica
		34	Sasquatch Ale
		35	Steeleye Stout
		1	Chai
		38	Côte de Blaye
		43	Ipoh Coffee
		67	Laughing Lumberjack Lager
		70	Outback Lager
		75	Rhönbräu Klosterbier
		76	Lakkalikööri
2	Gewürze	15	Genen Shouyu
		8	Northwoods Cranberry Sauce
		77	Original Frankfurter grüne Soße
		6	Grandma's Boysenberry Spread
		44	Gula Malacca
		5	Chef Anton's Gumbo Mix
		4	Chef Anton's Cajun Seasoning
		3	Aniseed Syrup
		65	Louisiana Fiery Hot Pepper Sauce
		66	Louisiana Hot Spiced Okra
		63	Vegie-spread
		61	Sirop d'érable
3	Süßwaren	19	Teatime Chocolate Biscuits
		20	Sir Rodney's Marmalade
		21	Sir Rodney's Scones
		25	NuNuCa Nuß-Nougat-Creme
		26	Gumbär Gummibärchen
		27	Schoggi Schokolade
		68	Scottish Longbreads

Mehr über die Erstellung von SQL-Anweisungen erfahren Sie in den ▶ Anhängen C und D. **HINWEIS**

Das vorliegende Beispiel wurde mit Word 2002 unter Windows XP erstellt und nimmt an, dass die standardmäßige Excel ODBC Benutzer-DSN »Excel Dateien« auf dem System vorhanden ist. Diese Technik funktioniert in allen Versionen von Word, unter allen Versionen von Windows, aber die Einzelheiten der Dialogfelder und Menübeschriftungen können abweichen.

Die Abfrage erstellen

Als ersten Schritt erstellen Sie wie gewohnt ein Seriendruckhauptdokument des Typs *Verzeichnis*. Bei der Auswahl der Datenquelle starten Sie *MS Query* und wählen die »Excel-Dateien«-DSN, wie in Abbildung B.2 gezeigt.

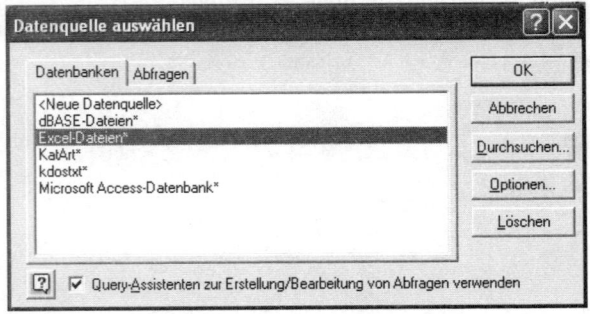

Abbildung B.2:
Die Excel-DSN
für die ODBC
Verbindung
wählen

Nach dem Klick auf *OK* wählen Sie im nächsten Dialogfeld *Arbeitsmappe auswählen* die Excel-Datei *BspA2_01.xls* aus. Sie finden diese Beispieldatei auf der Buch-CD im Ordner *\Buch\AnhangB*.

Im darauf folgenden Dialogfeld erscheint links eine Liste der verfügbaren Tabellen und Spalten. Im Beispiel sehen Sie vermutlich den Eintrag »Kategorien«. Es handelt sich hier um die Bezeichnung eines benannten Bereichs, den Access bei der Erstellung der Datei erstellt hat. Denken Sie zurück an die Information über ODBC-Verbindungen im ▶ Kapitel 10: Nur benannte Bereiche werden hier angezeigt. Um auch alle Arbeitsblätter in der Liste aufzuführen, müssen Sie auf *Optionen* klicken und das Kontrollkästchen *Systemtabellen* aktivieren. In Abbildung B.3 sehen Sie, dass alle Arbeitsblätter mit einem »$« enden.

Abbildung B.3:
Die in der
Datenquelle
verfügbaren
Datentabellen

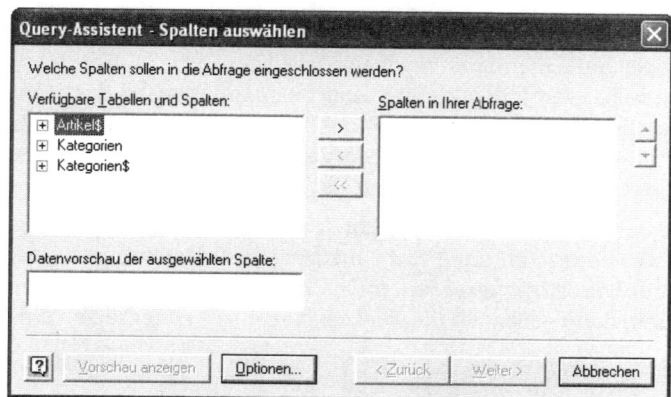

Klicken Sie auf das »+« Zeichen neben einem Eintrag, um seine Datenfelder einzublenden. Aus der Tabelle *Kategorien$* wollen wir *Kategorien-Nr* sowie *Kategorienname* – in dieser Reihenfolge – in die Liste rechts übernehmen. Markieren Sie die Einträge, dann klicken Sie auf die Schaltfläche >, um sie in die Liste *Spalten in Ihrer Abfrage* zu kopieren.

Tun Sie das Gleiche für die Felder *Artikel-Nr* und *Artikelname* aus der Tabelle *Artikel$*. Das Ergebnis sieht aus wie in Abbildung B.4. Klicken Sie nun auf *Weiter*.

Abbildung B.4:
Die Felder für
den Seriendruck
wählen

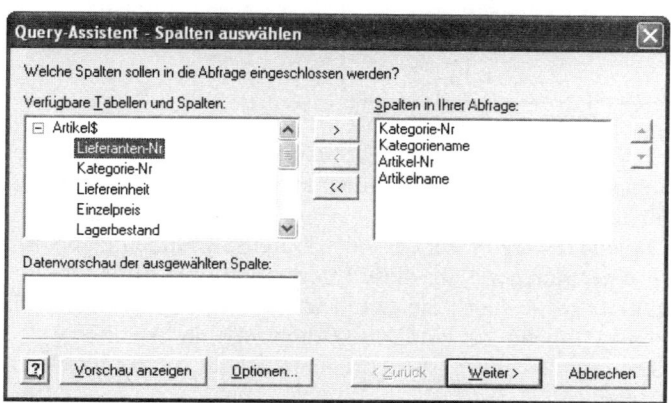

Unter normalen Umständen würde MS Query jetzt ein Reihe von Dialogfeldern einblenden, wo Sie die Daten filtern und sortieren könnten und dann die Option hätten,
die Daten zurück an Word zu senden oder weiter in MS Query zu arbeiten. Aber in
diesem Fall erhalten wir die Meldung wie in Abbildung B.5. Wir müssen die Verbindung zwischen den Tabellen selbst erstellen.

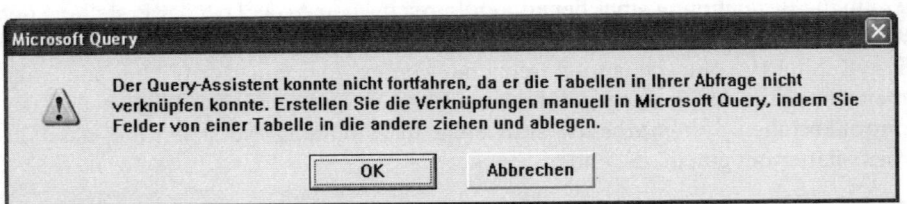

Abbildung B.5:
*Da wir etwas
Unerwartetes
machen, kann
MS Query nicht
mehr weiter-
helfen*

Nach Betätigung der *OK* Schaltflächen landen wir im Arbeitsfenster von MS Query.
Weil es die Tabellen nicht selber verbinden konnte, zeigt es im unteren Teil das »Car-
tesian Product« der zwei Tabellen. Das heißt, wenn *Kategorien* 8 und *Artikel* 77
Datensätze hat, werden 8×77 Zeilen aufgelistet. Die Verarbeitung eines »Cartesian
Product« kann viel Zeit in Anspruch nehmen, haben Sie also etwas Geduld.

Falls Sie wissen, dass Sie mit großen Mengen von Daten arbeiten werden, ist es möglich, in MS Query eine obere Grenze für die Anzahl anzuzeigender Datensätze festzulegen. Aktivieren Sie *Anzahl der zurückgegebenen Datensätze auf* über die Befehlsfolge *Bearbeiten/Optionen*, dann geben Sie die höchste Anzahl an Datensätzen ein.

TIPP

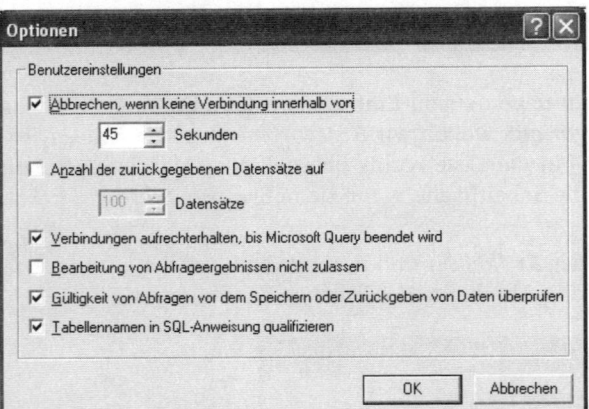

Abbildung B.6:
*Lange Wartezei-
ten durch die
Festlegung einer
Höchstanzahl
anzuzeigenden
Datensätze ver-
meiden*

Ein kleines Fenster mit einer Liste der Felder für jede Tabelle steht im oberen Teil des
Fensters. Um zwei Tabellen mit einander zu verbinden, müssen sie ein gemeinsames
Feld haben, in diesem Fall das Feld *Kategorien-Nr*. Es handelt sich hier um den »Primärschlüssel« der einen Tabelle (*Kategorien*), der jeden Datensatz eindeutig identifiziert. Jeder Artikel gehört einer Kategorie an; diese Information wird in der *Artikel*
Tabelle mit der *Kategorien-Nr* gespeichert. Sie erstellen die Verbindung, indem Sie
diesen Feldnamen von einer Tabelle zur anderen ziehen, wie in Abbildung B.7
gezeigt. (Die Anzahl der Datensätze in der Liste vermindert sich auf 77: eine Zeile für
jeden Datensatz in der Artikelliste).

Abbildung B.7:
*Die Tabellen wer-
den durch Ziehen
des gemeinsa-
men Feldnamens
(Primärschlüs-
sel) von einer
Tabelle in die
andere verknüpft*

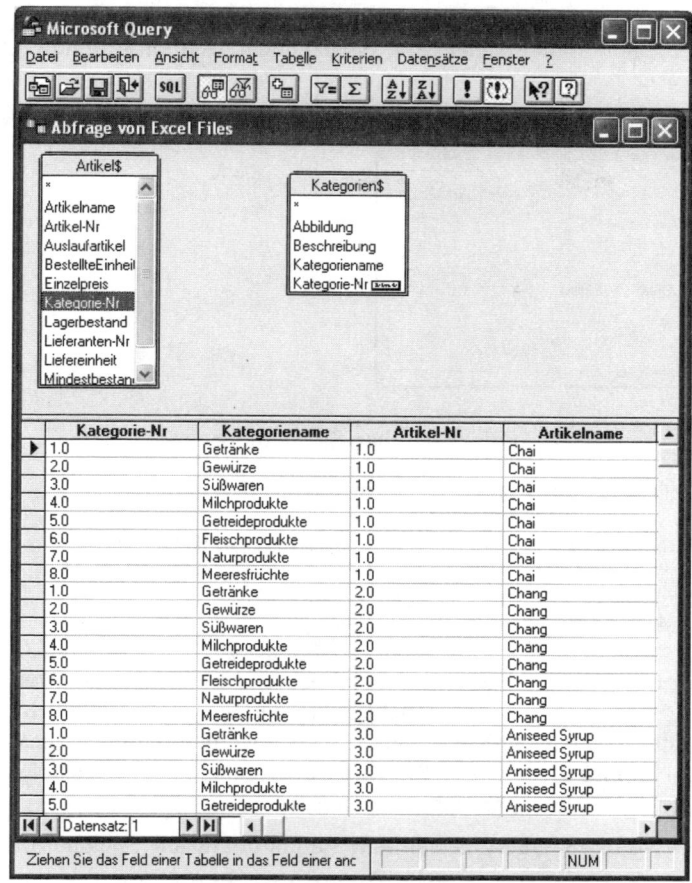

Im nächsten Schritt ist sicher zu stellen, dass die Datensätze in der korrekten Reihenfolge sortiert sind. Öffnen Sie das Dialogfeld *Sortieren* über die Befehlsfolge *Datensätze/Sortieren*. Aus dem Dropdownlistenfeld *Spalte* wählen Sie nacheinander die Einträge *Kategorien$.Kategorie-Nr* und *Artikel$.Artikel-Nr* und klicken auf *Hinzufügen*. Für beide soll die Optionsschaltfläche *Aufsteigend* aktiviert sein. Das Dialogfeld soll wie in Abbildung B.8 aussehen. Klicken Sie dann auf *Schließen*.

Abbildung B.8:
*Die Datensätze
sortieren*

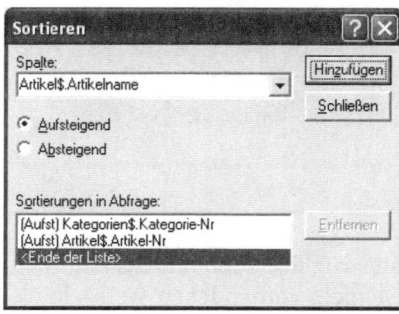

Die SQL-Anweisung, die MS Query als Resultat dieser Handlungen zusammenge-stellt hat, kann mit der Symbolschaltfläche *SQL* eingeblendet werden (Abbildung B.9).

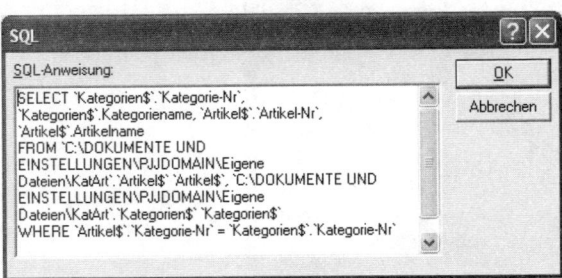

Abbildung B.9:
Die SQL-Anwei-sung hinter der Abfrage

Die ganze Anweisung ist im Dialogfeld nicht sichtbar. Sie lautet wie in

```
SELECT 'Kategorien$'.'Kategorie-Nr', 'Kategorien$'.Kategoriename, 'Artikel$'.'Artikel-Nr',
'Artikel$'.Artikelname
FROM 'C:\DOKUMENTE UND EINSTELLUNGEN\PJJDOMAIN\Eigene Dateien\KatArt'.'Artikel$' 'Artikel$',
'C:\DOKUMENTE UND EINSTELLUNGEN\PJJDOMAIN\Eigene Dateien\KatArt'.'Kategorien$' 'Kategorien$'
WHERE 'Artikel$'.'Kategorie-Nr' = 'Kategorien$'.'Kategorie-Nr'
ORDER BY 'Kategorien$'.'Kategorie-Nr', 'Artikel$'.'Artikel-Nr'
```

Listing B.1:
Die von MS Query generierte SQL-Anweisung

Damit ist die Erstellung der Abfrage abgeschlossen. Aber wenn Sie jetzt nach Word zurückkehren und später irgendetwas ändern möchten, werden Sie wegen eines Fehl-verhaltens in Word wieder von vorn anfangen müssen,. Wir werden darauf zurück-kommen, aber für den Moment, speichern Sie Ihre Arbeit über die Befehlsfolge *Datei/Speichern* als eine **.dqy*-Datei, mit dem Namen *KatArt1.dqy*.

Bitte beachten Sie den von MS Query gewählten, standardmäßigen Speicherort: *C:\Dokumente und Einstellungen\BenutzerName\Anwendungsdaten\Micro-soft\Abfragen*. Auch darauf werden wir zurückkommen.

HINWEIS

Kehren Sie mit der Befehlsfolge *Datei/Daten an Microsoft Word zurücksenden* oder der Symbolschaltfläche zu Word zurück.

Die Seriendruckfelder einfügen

Die Zusammenstellung der Feldfunktionen ist etwas komplex, wie aus Abbildung B.10 ersichtlich.

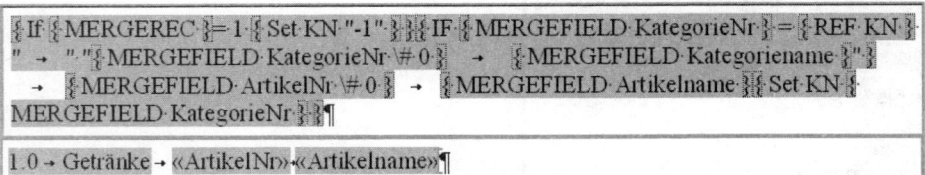

Abbildung B.10:
Die Feldfunk-tion-Zusammen-stellung, um die 1:n-Listen mit dem Seriendruck zu generieren

Die erste IF-Feldfunktion setzt für den ersten Datensatz des Seriendrucks eine Text-marke namens »KN« auf einen in der Datenquelle nicht vorhandenen Wert – in die-sem Fall *–1*.

Die zweite IF Feldfunktion zeigt *KategorieNr* sowie *Kategoriename* nur dann an, wenn *KategorieNr* nicht gleich KN ist; also, wenn der Feldinhalt sich ändert. Da er im ersten Datensatz den Wert *1* hat, und *1* ist nicht gleich *–1*, wird für den ersten Datensatz *KategorieNr*, ein Tab-Zeichen, dann der *Kategoriename* ins Seriendruckresultat geschrieben. Sonst, wenn die zwei Werte gleich sind, erscheint nur ein Tab-Zeichen im Resultat. (Die Tab-Zeichen richten die Daten an Tabstopps aus, sodass die Daten in Spalten erscheinen).

HINWEIS Beachten Sie den Unterschied zwischen den Feldnamen in der Seriendruck Benutzeroberfläche und in MS Query. Word entfernt die meisten Zeichen aus Feldnamen, die nicht Buchstaben sind. Achten Sie auf dieses Verhalten, wenn Sie mit dem Seriendruck komplexe Aufgaben ausführen, da es zu Problemen führen kann.

Nach Ausführung der IF-Berechnung, führt Word den restlichen Text mit den Seriendruckfeldern zusammen: Tab-Zeichen, *ArtikelNr*, Tabzeichen, *Artikelname*. Am Ende des Hauptdokuments steht noch ein Set Feldfunktion, die den Inhalt der Textmarke gleich dem Wert von *KategorieNr* für diesen Datensatz setzt. Der ganze Zyklus fängt dann wieder von vorn an, d. h. mit dem Vergleich in der ersten IF-Feldfunktion. Das Resultat sieht wie in Abbildung B.11 aus.

TIPP Dieses Prinzip, eine 1:n-Liste zu erstellen, kann mit jeder Datenquelle eingesetzt werden, solange die Daten korrekt sortiert sind.

Abbildung B.11:
Das Resultat der
Zusammen-
führung

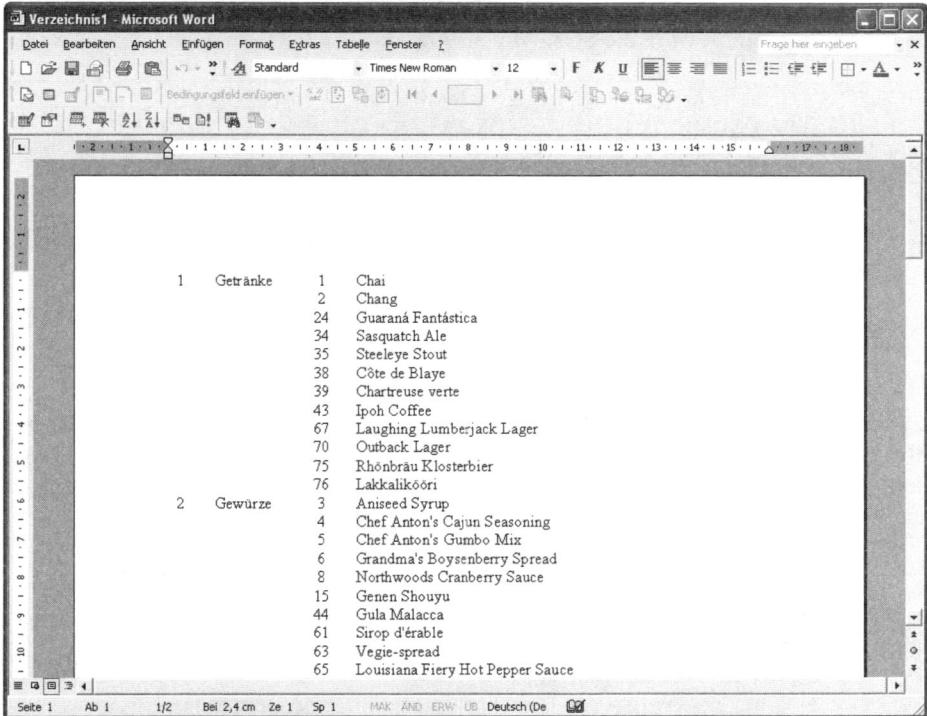

Die Abfrage ändern

Nehmen wir an, die Abfrage soll geändert werden, um beispielsweise zusätzliche Artikel-Felder hinzuzufügen oder die Datenformatierung zu beeinflussen. Die SQL-

Anweisung hat schon ungefähr 425 Zeichen – bedrohlich nahe am 512-Zeichen-Limit. Hier ist sie nochmals:

```
SELECT 'Kategorien$'.'Kategorie-Nr', 'Kategorien$'.Kategoriename, 'Artikel$'.'Artikel-Nr',
'Artikel$'.Artikelname
FROM 'C:\DOKUMENTE UND EINSTELLUNGEN\PJJDOMAIN\Eigene Dateien\KatArt'.'Artikel$' 'Artikel$',
'C:\DOKUMENTE UND EINSTELLUNGEN\PJJDOMAIN\Eigene Dateien\KatArt'.'Kategorien$' 'Kategorien$'
WHERE 'Artikel$'.'Kategorie-Nr' = 'Kategorien$'.'Kategorie-Nr'
ORDER BY 'Kategorien$'.'Kategorie-Nr', 'Artikel$'.'Artikel-Nr'
```

Wie könnte sie gekürzt werden?

- Falls es möglich wäre, die Datei in einen Pfad mit einem kürzeren Pfadnamen zu verschieben, wie »*C:\KatArt*« sparen wir mit einem Schlag 104 Zeichen. Dann würde der FROM Klausel so lauten:

```
FROM 'C:\KatArt\KatArt'.'Artikel$' 'Artikel$', 'C:\KatArt\KatArt'.'Kategorien$'
'Kategorien$'
```

Eine solche Änderung ist jedoch nicht immer möglich. Welche Möglichkeiten bieten sich sonst an?

- Den Tabellen können Aliasnamen zugewiesen werden, sodass Kategorien$ und Artikel$ nicht ständig wiederholt werden. Zudem sind einige der ' Anführungszeichen überflüssig. Somit wäre die SQL-Anweisung:

```
SELECT K.'Kategorie-Nr', K.Kategoriename, A.'Artikel-Nr', A.Artikelname
FROM 'C:\KatArt\KatArt'.'Artikel$' A, 'C:\KatArt\KatArt'.'Kategorien$' K
WHERE A.'Kategorie-Nr' = K.'Kategorie-Nr'
ORDER BY K.'Kategorie-Nr', A.'Artikel-Nr'
```

- Letztlich ist es möglich, die Sortierreihenfolge nach der Stelle des Feldes im SELECT Statement festzulegen, anstatt die vollen Namen zu verwenden:

```
ORDER BY 1, 3
```

Diese Techniken und einige mehr, werden im ▶ Anhang D beschrieben.

■ **HINWEIS**

Insgesamt wird die Länge der SQL-Anweisung auf 199 Zeichen reduziert, was uns etwas Spielraum verschafft. Wir wollen die numerischen Werte in der SQL-Anweisung, statt in den Seriendruckfeldern, formatieren. Die neue SQL-Anweisung sieht dann wie in Listing B.2 aus (ohne geänderten Pfadnamen):

```
SELECT cint(K.'Kategorie-Nr') as 'Kategorie-Nr', K.Kategoriename, cint(A.'Artikel-Nr') AS
'Artikel-Nr', A.Artikelname
FROM 'C:\DOKUMENTE UND EINSTELLUNGEN\PJJDOMAIN\Eigene Dateien\KatArt'.'Artikel$' A, 'C:\DOKU-
MENTE UND EINSTELLUNGEN\PJJDOMAIN\Eigene Dateien\KatArt'.'Kategorien$' K
WHERE A.'Kategorie-Nr' = K.'Kategorie-Nr'
ORDER BY 1,3
```

Listing B.2:
Die bearbeitet und verkürzte SQL-Anweisung

Bemerken Sie folgendes:

- Die Cint-Funktion konvertiert die Zahl in eine Ganzzahl. Man könnte hier auch die Format-Funktion verwenden, wie in den Beispielen für Access im ▶ Kapitel 10, aber die SQL-Anweisung würde dadurch viel länger.

- Die Feld-Aliasnamen (nach dem AS) müssen mit ' Apostrophen und nicht ` Akzent grave umgeben sein.

- Man könnte kürzere Feld-Aliasnamen eingeben, müsste jedoch die Seriendruckfelder im Hauptdokument anpassen, um diese statt den ursprünglichen zu verwenden.

Um die Änderungen vorzunehmen, kann die *.dqy-Datei direkt in MS Query oder im Text Editor geöffnet werden – es handelt sich um eine reine Textdatei, die Verbindungs- und Abfrage Informationen enthält. Klicken Sie einfach rechts auf den Dateinamen in einem Explorer-Fenster, und den geeigneten Eintrag wählen. Nach der Bearbeitung soll *KatArt.dqy* folgenden Text enthalten:

TIPP Vergessen Sie nicht, die Pfadangaben nach DBQ= (siehe Listing B.3) anzupassen, falls Sie den Speicherort der Excel-Datei geändert haben.

Listing B.3:
Der Inhalt des
*.dqy-Datei, die
eine reine Textda-
tei ist

```
XLODBC

1

DSN=KatArt;DBQ=C:\DOKUMENTE UND EINSTELLUNGEN\PJJDOMAIN\Eigene Dateien\KatArt.xls;Default-
Dir=C:\DOKUMENTE UND EINSTELLUNGEN\PJJDOMAIN\Eigene Dateien;DriverId=790;FIL=excel 8.0;MaxBuf-
ferSize=2048;PageTimeout=5;

SELECT cint(K.'Kategorie-Nr') AS 'Kategorie-Nr', K.Kategoriename, cint(A.'Artikel-Nr') AS
'Artikel-Nr', A.Artikelname FROM 'C:\DOKUMENTE UND EINSTELLUNGEN\PJJDOMAIN\Eigene
Dateien\KatArt'.'Artikel$' A, 'C:\DOKUMENTE UND EINSTELLUNGEN\PJJDOMAIN\Eigene
Dateien\KatArt'.'Kategorien$' K WHERE A.'Kategorie-Nr' = K.'Kategorie-Nr' ORDER BY 1,3

Kategorie-NrKategorienameArtikel-NrArtikelname
```

 Um diese statt der ursprünglichen Abfrage für den Seriendruck einzusetzen, müssen Sie zuerst die Datenquelle vom Hauptdokument trennen. Wenn Sie probieren, über MS Query und ODBC die gleiche Datenquelle nochmals anzusprechen, erscheint die Fehlermeldung, dass das Datenbankformat nicht erkannt wird. Klicken Sie also auf die Symbolschaltfläche *Hauptdokument-Setup* in der *Seriendruck*-Symbolleiste und wählen die Optionsschaltfläche *Normales Word Dokument*. Klicken Sie dann auf *OK*.

Zeigen Sie das Dialogfeld nochmals an und aktivieren wieder *Verzeichnis* (oder *Briefe*, wenn es sich um dieser Art Seriendruck handelt). Jetzt sind Sie bereit, die Datenquelle *KatArt1.dqy* auszuwählen, genau wie jede andere Datenquellendatei wählen würden (Abbildung B.12).

HINWEIS Beachten Sie, dass die *.dqy-Dateien im benutzerspezifischen »Abfrage«-Ordner automatisch in der Liste unter *Eigenen Datenquellen* erscheinen.

Wählen Sie im Dialogfeld *Datenquelle bestätigen* (Abbildung B.13) unbedingt den Eintrag *MS Query-Dateien über DDE (*.qry; *.dqy)*. Vergessen Sie nicht, dass um dieses Dialogfeld anzeigen zu lassen, *Konvertierung beim Öffnen bestätigen* in *Extras/Optionen/Allgemein* aktiviert sein muss.

Daten mit MS Query bearbeiten

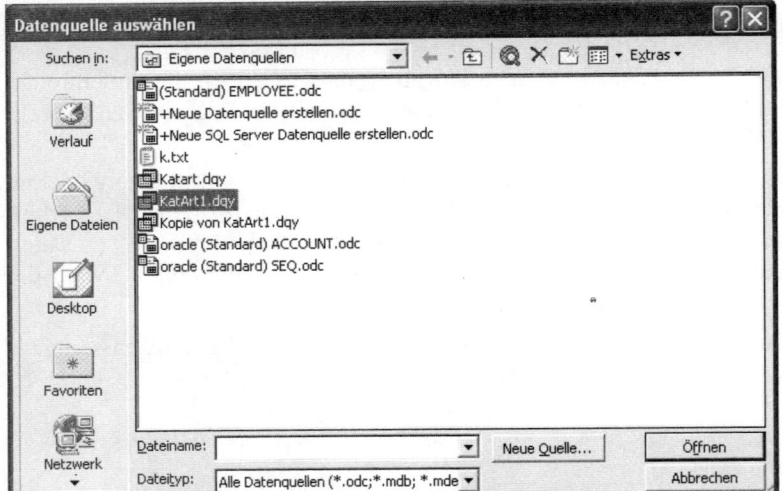

Abbildung B.12:
*Die *.dqy-
Dateien werden
mit anderen
Datenquellen
aufgelistet*

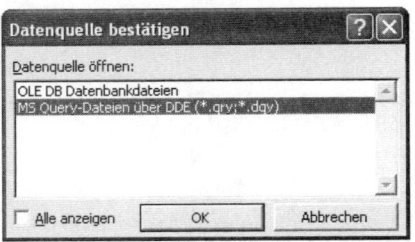

Es folgt eine Meldung, ob Sie möchten, dass diese **.dqy*-Datei jedes Mal als Datenquelle geöffnet werden soll. Hier werden Sie normalerweise mit *Nein* antworten, um
die ODBC Datenverbindung sowie die SQL-Anweisung direkt im Word Dokument
zu speichern.

Eine Betätigung der *Ja*-Schaltfläche bedeutet, dass die **.dqy*-Datei als Datenquelle
gespeichert und MS Query beim Öffnen des Seriendrucks über DDE gestartet wird,
also ähnlich, wie wenn man eine DDE-Verbindung zu Microsoft Access hätte. Diese
Methode würden Sie wählen, wenn voraussehbar die Pfadangaben oder die SQL-
Anweisung geändert werden (was eine **.dqy*-Datei zum ODBC-Gegenstück einer
*.odc Datei für OLE DB macht).

Der Seriendruck funktioniert anschließend wie vorher.

Spezielle Formatierungen im Seriendruck Hauptdokument und Resultat

Der Unterschied zwischen den Resultaten in Abbildung B.1 und Abbildung B.11
haben Sie bestimmt bemerkt. Erstere sieht aus, als ob die Liste in eine Tabelle
umwandelt wurde. Das ist jedoch nicht der Fall: Die ganze Formatierung steht im
Seriendruck-Hauptdokument und wurde mit speziellen Tabstopps und Rahmenlinien
realisiert.

Beim Vergleich von Abbildung B.14 mit Abbildung B.10 fällt als erstes die zweite
Zeile auf. Ein zusätzliches Tab-Zeichen wird eingefügt, wenn *KategorieNr* sich nicht
ändert. Der Grund hierfür ist der in Abbildung B.15 ersichtliche Abstand, der die

Kategorie-Nummer von der linken Rahmenlinie trennt. Deshalb befindet sich auch ein Tab-Zeichen am Anfang der nächsten Klausel, vor dem *KategorieNr*-Seriendruckfeld.

Die Tabstopp- und Rahmenformatierungen für Zeilen mit *KategorienNr*-Wechsel sind in der winzig kleinen Absatzmarke am Ende der zweiten Zeile definiert. Im Seriendruckresultat erscheint diese Absatzmarke vor jeder KategorieNr und sorgt für den senkrechten Abstand, sowie den waagrechten Rahmenlinien darüber.

Die senkrechten Linien für alle übrigen Zeilen, außer der letzten, sind in der vorletzten Absatzmarke gespeichert. Diese befindet sich in einer IF-Feldfunktion, die für den letzten Datensatz testet. Falls es sich um den letzten Datensatz handelt, hat die Formatierung der drittletzten, in Abbildung B.14 markierten Absatzmarke Vorrang, die für die abschließende, waagrechte Rahmenlinie verantwortlich ist.

Die senkrechten Linien werden mit dem wenig bekannten Tabstopp *Vertikale Linie* erzeugt. Seit Word 2000 sind sie in der Schaltfläche links vom Lineal verfügbar; vorher konnten Sie nur im Dialogfeld *Tabstopp* gesetzt werden. Im gezeigten Dokument sind sie bei *0* (linker Rand), *3,95* und *16 cm* (rechter Rand) gesetzt. Bitte beachten Sie, dass kein Tab-Zeichen notwendig ist, um diese Linien auszulösen, sie erscheinen einfach in jedem Absatz, in dem sie definiert sind.

C Datenverbindungen mit ODBC

Übersicht

Wie in ▶ Kapitel 10 erwähnt, ermöglicht Ihnen ODBC in allen Versionen verschiedene Datenquellen einzubinden, auch solche, die nicht von Word automatisch erkannt werden. ODBC verwendet die SQL-Abfragesprache, um Informationen aus den Datenquellen zu holen. Auch MS Query arbeitet mit ODBC und stellt für Word eine ODBC Verbindung zur gewählten Datenbank her.

HINWEIS Die SQL-Abfragesprache wird im ▶ Anhang D behandelt; MS Query im ▶ Kapitel 10 sowie im ▶ Anhang B.

Aus der Sicht eines Office-Benutzers besteht ODBC aus drei Hauptelementen:

- **ODBC-Treiber**. Die Schnittstellen zwischen einer Anwendung und der Datenbank. Jeder ODBC-Treiber wurde für eine spezifische Datenbankanwendung hergestellt; er übermittelt SQL-Abfragen an die Datenquelle und gibt die von ihr empfangenen Daten zurück.

- **ODBC-Datenquellennamen (Data Source Names) (DSN)**. Diese werden erstellt, um eine Verbindung zu einer bestimmten Datenquelle herzustellen, und zwar unter Verwendung spezifischer Attribute dieser Datenbank.

- **ODBC-Verwaltungsprogramm: Datenquellen (ODBC)**. Gewährt Einblick in den installierten ODBC-Treiber und ermöglicht die Erstellung und Verwaltung von DSNs sowie die Konfiguration der Einlog-Optionen.

HINWEIS Vollständige technische Informationen zu ODBC finden Sie in der »ODBC Programmer's Reference«, die Bestandteil des »Microsoft Data Access Components (MDAC) SDK« ist. Diese Dokumentation ist nur in englischer Sprache verfügbar.

Eine Anwendung wie Word kann eine Verbindung zu einer Datenquelle über ODBC erstellen, indem sie sich entweder des ODBC-Treibers bedient, einen DSN benutzt, oder mit einer Kombination der zwei Varianten arbeitet. Beispiel: Die Seriendruckfunktion von Word weiß, wie es über ODBC eine Textdatei einbindet – dies ist sogar die standardmäßige Verbindungsmethode in Word 97 und früheren Versionen, sofern der ODBC-Treiber installiert ist. Wollen Sie aber mehr Kontrolle, um beispielsweise eine Textdatei einzubinden, die spezielle Zeichen enthält, brauchen Sie einen DSN, um die nötigen, abweichenden Einstellungen festzulegen.

DSN

Was sind DSN?

Ein DSN ermöglicht es Ihnen, den Namen und die Einstellungen für eine bestimmte Verbindung festzulegen. Ein vorhandener DSN kann aus der Liste der Verbindungsmethoden für den Seriendruck oder in MS Query gewählt werden. In einem DSN werden festgelegt:

○ die einzubindende Datenbank,

○ wie die Verbindung aufgestellt wird,

○ andere Einzelheiten, beispielsweise ob eine Textdatei als DOS- oder Windows-Textdatei geöffnet werden soll.

Die Anwendung, die ODBC einsetzt, übermittelt meistens ergänzende Angaben, wie welche Tabelle abzufragen ist oder eine SQL-Anweisung, die auszuführen werden soll.

Da jede Datenquelle andere Eigenschaften hat, stellt jeder ODBC-Treiber in seiner Schnittstelle Dialogfelder bereit, um die notwendigen Angaben abzufordern. Insbesondere versteht jeder Treiber etwas anderes unter den Begriffen »Datenbank« und »Tabelle«. Der ODBC-Treiber für den SQL Server versteht unter »Datenbank« eine SQL Server-Datenbank auf dem im DSN spezifizierten Server; die »Tabelle« kann eine SQL Server-Tabelle oder eine Abfrage (View) sein. Beim ODBC-Treiber für Textdateien hingegen ist eine »Datenbank« der Ordner, worin sich die Datei befindet, und die »Tabelle« ist die Datei selber.

Einen DSN erstellen

Üblicherweise wird ein DSN mit dem Programm *Datenquellen (ODBC)* erstellt, das Sie in der Systemsteuerung finden. Haben Sie Windows 9.x, steht die Verknüpfung direkt in der Liste. Unter Windows 2000 oder XP müssen Sie über den Eintrag *Verwaltung* gehen. Wenn dieses Symbol nicht zur Verfügung steht, wurde das Programm vermutlich nicht installiert.

Falls Sie das Programm nicht finden, gehen Sie im Internet zu der Adresse *http:// www.microsoft.com/data* und laden die passende MDAC-Version herunter. *Datenquellen (ODBC)* wird mit MDAC installiert.

Beispiel: Einen DSN für eine DOS-Textdatei erstellen

Immer noch erhält man Textdateien, die nicht mit einem Windows- sondern einen DOS- Zeichensatz erstellt wurden, und spezielle Zeichen wie Umlaute oder Akzente enthalten. Beim Öffnen solcher Dateien in Word wird man meist aufgefordert, die Konvertierung zu bestätigen, sodass diese Zeichen korrekt interpretiert werden. Der Seriendruck stellt uns diese Option leider nicht zur Verfügung und es ist mühsam, jedes Mal zuerst die Datei im Word-Format speichern zu müssen.

Abhilfe schafft ein ODBC-DSN, der die Dateicodierung, womit die Datei zu öffnen ist, festlegt. Die Beispieldatei *BspA3_01.txt* in Abbildung C.2 befindet sich auf der Buch-CD im Ordner *\Buch\AnhangC*.

Um dieses Beispiel auszuprobieren, erstellen Sie einen Ordner namens *X* auf Laufwerk *C:*, und kopieren die Datei *BspA3_01.txt* in diesen Ordner.

TIPP

Sie dürfen auch die Test-Datei in Word 2002 selbst erstellen. Geben Sie die folgende Zeilen in ein leeres Dokument ein:

```
K;T¶
1;rot¶
2;grün¶
```

Speichern Sie Datei unter den Namen *BspA3_01.txt*. Als Dateityp wählen Sie *Nur Text*. Nach Bestätigung erscheint das Dialogfeld *Dateikonvertierung – dos* (Abbildung C.1). Aktivieren Sie die Option *MS-DOS*, bevor Sie auf *OK* klicken.

Abbildung C.1:
Die Codierung für eine zu speichernde Textdatei festlegen

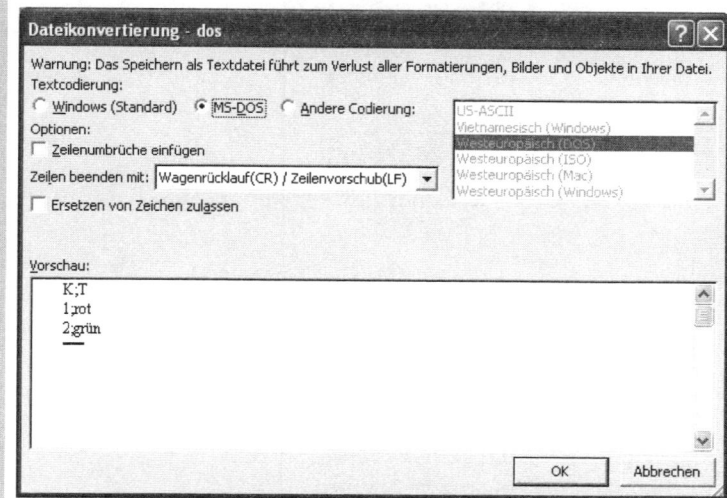

Im Windows-Texteditor, der nur die Windows-Dateicodierung verwendet, sieht die Beispielsdatei wie in Abbildung C.2 aus. Das leere Viereck deutet darauf hin, dass der Buchstabe »ü« nicht mit dem Windows-Zeichensatz erstellt wurde.

Abbildung C.2:
So sieht eine Datei im Windows-Texteditor aus, die nicht mit dem Windows-Zeichensatz erstellt wurde

Datenverbindungen mit ODBC

Nachdem nun die Datei vorhanden ist, kann der DSN erstellt werden.

- Öffnen Sie über die *Start*-Schaltfläche von Windows die *Systemsteuerung.*
- Suchen Sie das Symbol für *Datenquellen (ODBC)* und starten Sie die Anwendung. Beachten Sie die Hinweise im ▶ Abschnitt »Einen DSN erstellen« weiter oben.

TIPP

Falls Sie viel mit dem ODBC-Datenquellen-Administrator arbeiten, lohnt es sich, eine Verknüpfung auf dem Desktop zu erstellen. Ziehen Sie einfach das Symbol bei gleichzeitig festgehaltener Strg-Taste auf den Desktop.

- Im Dialogfeld *ODBC-Datenquellen-Administrator* sehen Sie einige Registerkarten. Diese werden später im Detail vorgestellt. Für dieses Beispiel wählen Sie die Registerkarte *Benutzer-DSN.* Eine Liste vordefinierter DSN wird angezeigt; die Einträge in Abbildung C.3 wurden von einer »typischen« Installation von Office XP erstellt.

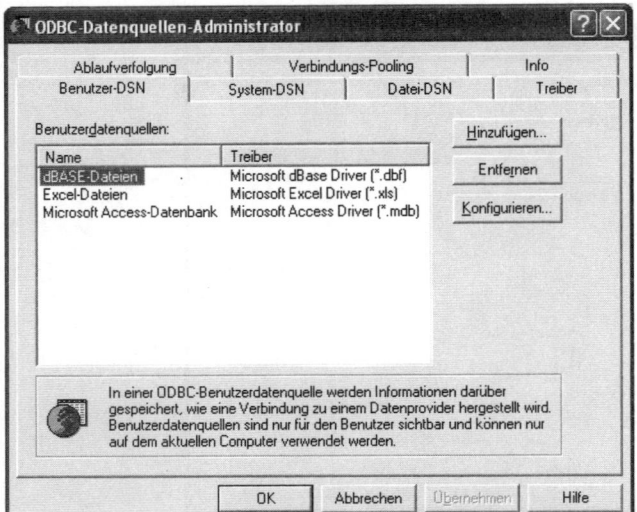

Abbildung C.3:
Die von Microsoft Office XP erstellten Benutzer-DSNs

- Klicken Sie auf *Hinzufügen.*

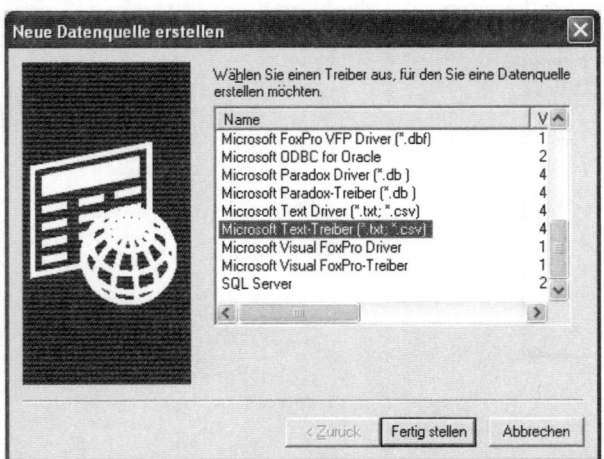

Abbildung C.4:
Den passenden ODBC-Treiber für den DSN auswählen

- Wählen Sie den passenden ODBC-Treiber aus der Liste im Dialogfeld *Neue Datenquelle erstellen* (Abbildung C.4): *Microsoft Text-Treiber (*.txt;*.csv)*

- Klicken Sie auf *Fertig stellen*. Das Dialogfeld *ODBC Text Setup* erscheint. Klicken Sie auf die Schaltfläche *Optionen*, um das erweiterte Dialogfeld (siehe Abbildung C.5) einzublenden.

- Geben Sie einen Namen (*DOStxt*) und eine Beschreibung für diesen DSN ein.

- Deaktivieren Sie das Kontrollkästchen *Aktuelles Verzeichnis verwenden*.

- Klicken Sie auf *Verzeichnis auswählen* und wählen Sie das Verzeichnis mit der Textdatei aus: *C:\X*.

- Klicken Sie auf die Schaltfläche *Format definieren*.

Abbildung C.5:
Die Grundein-
stellungen für
den neuen DSN
vornehmen

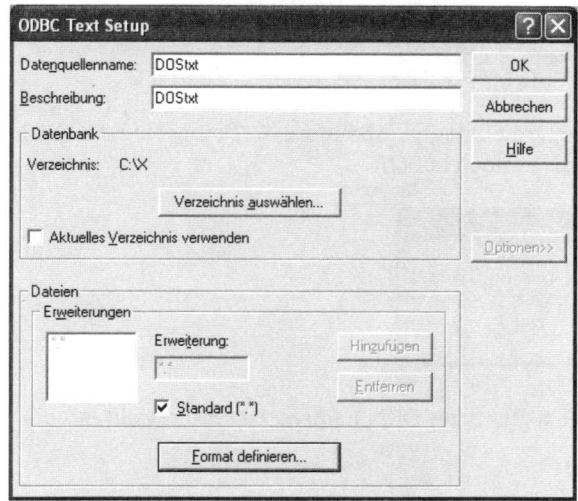

- Unter *Tabellen* in Abbildung C.6 sehen Sie eine Liste der in Frage kommenden Dateien. Wählen Sie das Beispieldatei *BspA3_01.txt* aus.

- Aktivieren Sie das Kontrollkästchen Spaltennamen in erste Zeile.

- Wählen Sie aus dem Dropdownlistenfeld *Format* den Eintrag *Benutzerdefiniert*.

- Geben Sie im Feld *Trennzeichen* einen Strichpunkt (Semikolon) ein: ;

- Das Optionsfeld *OEM* für den Zeichensatz muss noch aktiviert werden.

- Klicken Sie anschließend auf *OK*.

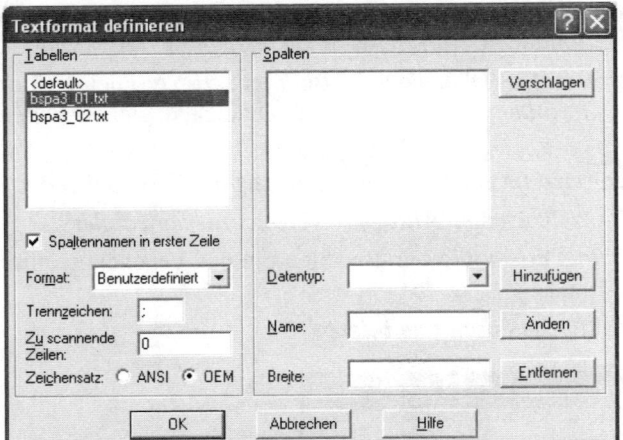

Abbildung C.6:
Die Optionen für
die Dateicodie-
rung festlegen

○ Wahrscheinlich wird die Fehlermeldung in Abbildung C.7 eingeblendet. Sie können sie ignorieren; klicken Sie einfach auf *OK*.

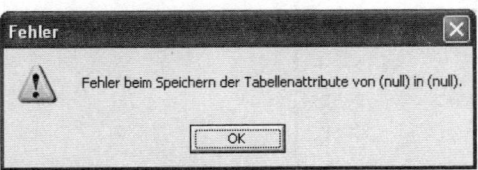

Abbildung C.7:
Diese Fehler-
meldung hat für
unsere Zwecke
keine Bedeutung

Nun haben Sie einen ODBC-Text-Benutzer-DSN namens *DOStxt* erstellt.

Die Datei *Schema.ini*

Wenn Sie im Ordner *C:\X* nachschauen, fällt auf, dass der ODBC-Administrator eine Datei hinzugefügt hat: *Schema.ini*. Diese ist eine reine Textdatei im herkömmlichen *.ini*-Format, die die vorgenommenen Einstellungen in Listing C.1 festhält:

```
[bspa3_01.txt]
ColNameHeader=True
Format=Delimited(;)
MaxScanRows=0
CharacterSet=OEM
```

Listing C.1:
Inhalt der
Schema.ini-*Datei*
nach Erstellung
des DSN

Eigentlich brauchten Sie nach ursprünglicher Erstellung des DSN den ODBC-Administrator nicht mehr, wenn Sie verstehen, wie Sie diese Datei editieren können.

Beispiel: Der ODBC-Administrator ermöglicht die Neudefinierung der Feldnamen für die Felder *K* und *T*. Kürzere Feldnamen sind von Interesse, wenn Sie Daten in Word filtern müssen, da die SQL-Anweisung höchstens 512 Zeichen enthalten darf.

○ Im Dialogfeld *ODBC-Datenquellen-Administrator* wählen Sie den DSN in der Registerkarte *Benutzer-DSN*.

○ Klicken Sie auf die Schaltfläche *Konfigurieren*, dann folgen Sie den oben beschriebenen Schritten, bis Sie in das Dialogfeld *Textformat definieren* gelangen (nur auf die Schaltflächen klicken; keine Eingaben vornehmen).

- Geben Sie die Zahl *1* in das Feld *Zu scannende Zeilen* ein.

- Klicken Sie auf die Schaltfläche *Vorschlagen*. Sie erhalten eine Liste der Feldnamen angezeigt.

- Markieren Sie einen Eintrag, dann geben Sie in das Feld *Namen* einen anderen Namen ein (hier *K1*) und Sie auf *Ändern*. Das Ergebnis sehen Sie in Abbildung C.8.

Abbildung C.8:
Sie können in einem DSN die Bezeichnung und den Datentyp der Felder festlegen

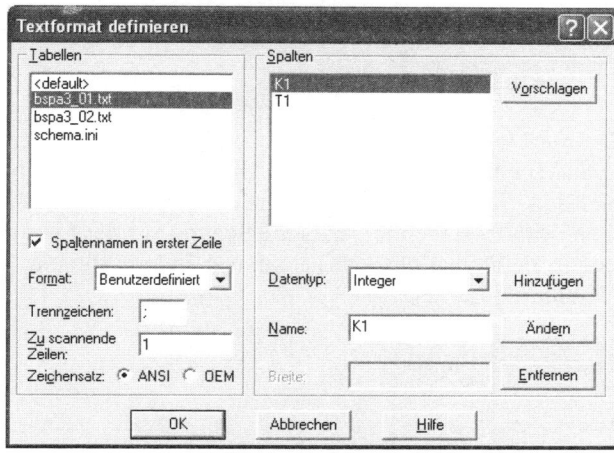

Der Eintrag in *Schema.ini* ändert sich wie in Listing C.2 ersichtlich:

Listing C.2:
Schema.ini *kann auch Aliasnamen für Felder (Spalten) festhalten*

```
[bspa3_01.txt]
ColNameHeader=True
Format=Delimited(;)
MaxScanRows=0
CharacterSet=OEM
Col1=K1 Integer
Col2=T1 Char Width 255
```

HINWEIS Bitte beachten Sie, dass es (logischerweise) nur eine *Schema.ini* pro Ordner geben kann. Eine *Schema.ini* kann Informationen für mehrere Dateien enthalten und verwalten. Sie sollen nicht mehr als einen DSN für eine Datei in einem bestimmten Ordner definieren, da dies für Verwirrung in der *Schema.ini* sorgen könnte.

Einen DSN für den Seriendruck einsetzen

Nachdem Sie nun einen DSN für die DOS-Textdatei haben, müssen Sie wissen, wie Sie ihn für den Seriendruck in Word einsetzen. Es gibt grundsätzlich zwei Methoden:

- Verwendung von MS Query
- Auswahl des DSN und der Datei bei der Erstellung des Seriendrucks

Verwendung von MS Query

Folgen Sie den Angaben in ▶ Kapitel 10, um MS Query zu finden und zu starten.

Sobald MS Query das Dialogfeld *Datenquelle auswählen* einblendet, werden Sie Ihren DSN in der Liste sehen. Markieren Sie ihn, wie in Abbildung C.9 gezeigt.

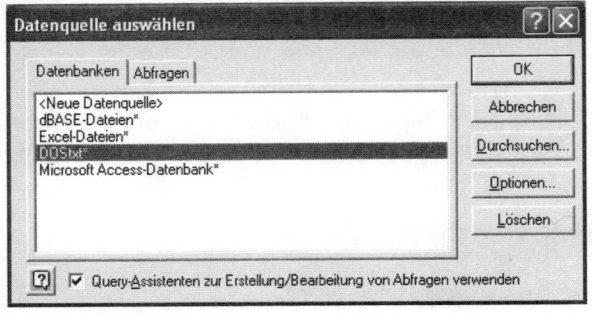

MS Query öffnet daraufhin eine Liste der Dateien in dem vom DSN spezifizierten Ordner. Wählen Sie die gewünschte Datenquelle aus, und klicken Sie auf die Schaltfläche >, um die Feldnamen (wie in *Schema.ini* definiert) in die Liste *Spalten in Ihrer Abfrage* zu übernehmen. Bitte beachten Sie, dass Sie Spalten aus der Liste entfernen, zu ihr hinzufügen sowie die Reihenfolge der Feldnamen ändern können. Klicken Sie anschließend auf *Weiter*.

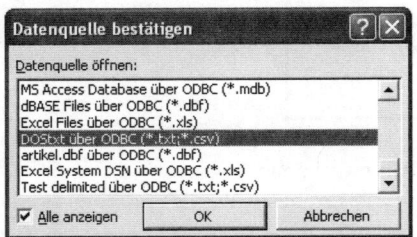

Folgen Sie den weiteren Schritten in MS Query, wie im ▶ Kapitel 10 beschrieben. Denken Sie daran, wenn Sie das Dialogfeld *Query-Assistent – Fertig stellen* erreichen, dass diese Abfrage als eine **.dqy*-Datei gespeichert werden kann, um sie erneut zu verwenden, ohne das ganze Erstellungsprozedere nochmals durcharbeiten zu müssen.

Auswahl des DSN und der Datei bei der Erstellung des Seriendrucks

Sie müssen zuerst sicherstellen, dass Sie die Datenverbindungsmethode frei wählen können:

- In Word 2002 und 2000 aktivieren Sie über die Befehlsfolge *Extras/Optionen/Allgemein* das Kontrollkästchen *Konvertierung beim Öffnen bestätigen*.

- In allen anderen Versionen von Word aktivieren Sie im Dialogfeld *Datenquelle öffnen* das Kontrollkästchen *Importweise auswählen*.

Folgen Sie den üblichen Schritten für die verwendete Version von Word, um das Dialogfeld *Datenquelle auswählen* einzublenden. Navigieren Sie zum Zielordner und markieren Sie die Textdatei. Nach dem Anklicken der Schaltfläche *Öffnen* blendet Word das in Abbildung C.11 abgebildete Dialogfeld *Datenquelle bestätigen* mit einer Liste zur Verfügung stehender Datenverbindungsmethoden für die Datei ein. Falls Sie ihren DSN nicht in der Liste sehen, aktivieren Sie das Kontrollkästchen *Alle anzeigen*. Wählen Sie den DSN, dann klicken Sie auf *OK*.

Abbildung C.11:
In der Liste der
Datenquellen
sollte Ihr Eintrag
zu finden sein

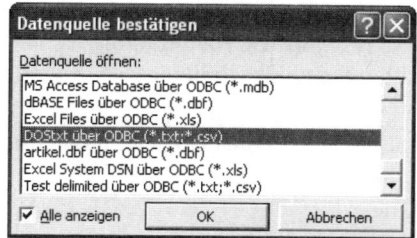

Einige Bemerkungen zum ODBC-Text-Treiber

»Feste Länge«-Textdateien als Datenquellen

Meistens »errät« der ODBC-Textreiber die Trennzeichen zeichengetrennter Textdateien korrekt. Falls der Seriendruck damit Probleme hat, dürfte er vermutlich falsch geraten haben. Andererseits, wenn die Textdatei aus Feldern mit festen Längen besteht, kann der ODBC-Treiber nicht beurteilen, wo ein Feld endet und wo das nächste beginnt; Sie müssen diese Werte in einem DSN festlegen.

Gehen Sie wie im obigen Beispiel vor, bis das Dialogfeld *Textformat definieren* vorliegt. Wählen Sie als *Format* den Eintrag »Feste Länge«. Um die Anzahl der Zeichen in jeder Spalte festzulegen:

○ Geben Sie im Feld *Name* einen Spaltennamen ein. Diese Möglichkeit ist äußerst vorteilhaft, da die meisten Textdateien dieser Art mit eher kryptischen Feldnamen (wenn überhaupt welche vorhanden sind) ausgestattet sind.

○ Wählen Sie den *Datentyp* (»Char« ist vermutlich die beste Wahl für Word, da es sowieso alles in Zeichenketten konvertiert).

HINWEIS ODBC kennt zwei Zeichen-Feldtypen, »Char« (maximal 255 Zeichen) und »Longchar« (bis zu 2.550 Zeichen). Word arbeitet aber nicht immer zuverlässig mit »Longchar«.

○ Im Feld *Breite* geben Sie die Anzahl der Zeichen ein, die dieses Feld enthält.

○ Klicken Sie auf *Hinzufügen*, um die Spalte der Liste hinzuzufügen.

Abbildung C.12:
Um den Serien-
druck mit einer
»Feste Länge«-
Textdatei als
Datenquelle zu
verbinden, muss
für die Daten-
quelle einen DSN
definiert werden

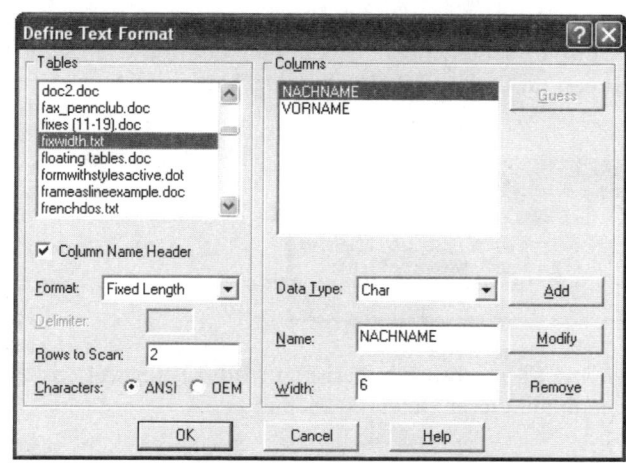

Die Einstellungen für eine »Feste Länge«-Datenquelle in der *Schema.ini* sehen Sie in Listing C.3. Verbinden Sie die Textdatei mit dem Seriendruck-Hauptdokument wie im obigen Abschnitt beschrieben; dieses Mal wählen Sie natürlich den gerade erstellten DSN.

Benutzen Sie zum Nachvollziehen dieser Schritte die Datei *BspA3_02.txt*. Sie befindet sich auf der Buch-CD im Ordner *\Buch\AnhangC*.

```
[BspA3_02.txt]
ColNameHeader=True
Format=FixedLength
MaxScanRows=2
CharacterSet=ANSI
Col1=NACHNAME Char Width 6
Col2=VORNAME Char Width 6
```

Listing C.3:
Der Eintrag in Schema.ini *für eine »Feste Länge«-Datenquelle*

Einstellungen, die nicht im *ODBC Text Setup* verfügbar sind

Es gibt einige Einstellungen, die erst in neueren Versionen des ODBC-Texttreibers zur Verfügung stehen. Das Dialogfeld *ODBC Text Setup* wurde nicht ergänzt, um dafür eine grafische Benutzerschnittstelle anzubieten, sie können jedoch direkt in der *Schema.ini* vorgenommen werden.

Wenn Sie einen DSN mit solchen Einstellungen später in *ODBC Text Setup* bearbeiten, gehen diese Einstellungen verloren. Alle weiteren Anpassungen müssen also direkt in der *Schema.ini* durchgeführt werden.

WICHTIG

Wir stellen kurz zwei dieser Einstellungen vor, die für den Seriendruck von besonderem Interesse sind. Die erste ermöglicht es, die »Codepage« genau zu spezifizieren. Statt nur zwischen ANSI (Windows) und OEM (DOS) auszuwählen, können Sie den Zeichensatz präziser bestimmen; Beispiel: `CharacterSet=1252`.

Bekanntlich kann in Text-Datenquellen der Inhalt von Feldern des Typs *Zeichen* zusätzlich mit Anführungszeichen umgeben werden. Dies ermöglicht es, innerhalb dieser Felder die Feld- und Datensatz-Trennzeichen als Teils des Inhalts zu nutzen. Es kommt jedoch auch vor, dass ein Feld Anführungszeichen beinhaltet. Darauf reagiert Word sehr allergisch, weil es nicht gleich viele Felder in jedem Datensatz sieht.

Der Eintrag `TextDelimiter` erlaubt die Festlegung eines anderen Zeichens anstelle des Anführungszeichens. Ein Beispiel sehen Sie in Abbildung C.13. Die abgebildete Datei *BspA3_03.txt* steht Ihnen im Ordner *\Buch\AnhangC* auf der CD zum Buch zur Verfügung.

```
BspA3_03.txt - Notepad
File  Edit  Format  View  Help
A;B;C
^"Zitat"^;^etwas text^;1
Mehr Text;^Die Rede war von "Feste Länge" Datenquellen^;2
^3^;Was ist?;3
```

Abbildung C.13:
Anführungszeichen sind Teil der Feldinhalte, weshalb andere Text-Trennzeichen nötig sind

Wenn der Eintrag in der *Schema.ini* entsprechend ergänzt wird (Listing C.4), arbeitet der Seriendruck ganz brav auch mit dieser Datenquelle.

```
[BspA3_03.txt]
ColNameHeader=True
Format=Delimited(;)
TextDelimiter=^
MaxScanRows=1
CharacterSet=ANSI
Col1=A Char Width 255
Col2=B Char Width 255
Col3=C Integer
```

TIPP

Vergessen Sie nicht: Die Text-Trennzeichen müssen genau wie Anführungszeichen paarweise im Text erscheinen, sonst werden die Daten nicht korrekt gelesen.

HINWEIS

Es ist nicht möglich, für eine ODBC-Textdatenquelle ein anderes Datensatz-Trennzeichen als eine Zeilenschaltung zu definieren.

Mehr zum Thema DSN

Das vorherige Beispiel war ein Benutzer-DSN für eine ODBC-Textdatei-Datenquelle. Es gibt jedoch andere Arten DSN und Datenquellen. Die folgenden Informationen sind für Leser gedacht, die in einer Firma für die Bereitstellung von Daten verantwortlich sind, besonders für Microsoft Word und den Seriendruck.

Muss man einen DSN erstellen?

DSN sind im Wesentlichen kleine Informationsquellen über Verbindungseigenschaften, denen man einen Namen gegeben hat. Bei der Installation von ODBC werden einige, »allgemein gültige« Benutzer-DSN für dBase, Excel, FoxPro und Access erstellt. Unter Umständen werden Sie keine zusätzlichen benötigen. Für SQL Server werden jedoch keine automatischen Einträge erstellt. Diese müssen Sie selbst definieren oder Sie müssen die Verbindung mit MS Query oder programmiert mit VBA herstellen, indem Sie alle Angaben festlegen, die sonst über den DSN zur Verfügung gestellt werden.

Was sind Benutzer-, System- und Datei-DSN?

Die drei Arten von DSNs sind in Tabelle C.1 aufgelistet. Aktivieren Sie die treffende Registerkarte in *Datenquellen (ODBC)*, um eine zu erstellen.

Tabelle C.1:
Die drei verschiedene Arten DSN

DSN Art	Beschreibung	Vor- und Nachteile/Bemerkungen
Benutzer-DSN	Diese Art DSN steht nur dem Benutzer des Systems zur Verfügung, der ihn erstellt hat.	Theoretisch soll diese Art nur für DSN verwendet werden, die für einen einzelnen Benutzer benötigt werden. Meistens ist dies die beste Option für vorübergehende DSN oder solche, die nur ein Mal eingesetzt werden.
System-DSN	Steht jedem Benutzer einer Maschine zur Verfügung.	Wäre die richtige Wahl für einen DSN, den jeder Benutzer einer Maschine verwenden soll.
Datei-DSN	Die Einstellungsinformationen werden in einer Datei gespeichert, deren Pfadnamen genau anzugeben ist, durch die Anwendung, die den DSN verwendet.	Word arbeitet nicht besonders gut mit dieser Art DSN. Diese ist die einzige Art von DSN, die man über ein Netzwerk teilen kann. Andere DSN sind maschinenspezifisch. Obwohl der DSN selbst nicht auf der Maschine stehen muss, müssen dort ODBC und die benötigten Treiber installiert sein. Ein Datei-DSN erfüllt die Aufgabe einer OLE DB *.udl-Datei für ODBC.

Ein Datei-DSN ist einfach eine Datei im typischen *.ini*-Format mit der Dateiendung *.dsn*, die die nötigen Verbindungsinformationen enthält. Ein Datei-DSN für die Beispieltextdatei sieht aus wie in Listing C.5.

```
[ODBC]
DRIVER=Microsoft Text-Treiber (*.txt; *.csv)
UID=admin
UserCommitSync=Yes
Threads=3
SafeTransactions=0
PageTimeout=5
MaxScanRows=8
MaxBufferSize=2048
FIL=text
DriverId=27
DefaultDir=C:\X
DBQ=C:\X
```

Listing C.5:
Datei-DSN für
die Beispieldatei
BspA3_01.txt

Wie wird ein DSN von einem System auf ein anderes kopiert?

Haben Sie eine Seriendruckanwendung erstellt, und beabsichtigen sie auf andere Rechner zu kopieren, sollten Sie sich einiger Faktoren bewusst sein. Fangen Sie frühzeitig mit der Planung an und führen Sie Tests durch: Vieles muss übereinstimmen, um eine auf DSN basierte Lösung verteilbar zu machen.

Einige Überlegungen sind:

◉ Die Datenquelle selbst muss unter Umständen auf alle Rechner kopiert werden, wenn sie nicht schon geteilt ist. Benutzer müssen Berechtigungen für den Zugriff auf den Ordner und auf die Datei haben.

◉ ODBC muss auf allen Rechnern installiert sein. Wenn das System eine andere Version hat, müssen Sie testen, um sicher zu stellen, dass die Anwendung auch darauf läuft.

◉ Der ODBC-Treiber muss auf allen Rechnern installiert sein. Auch eine andere Version des ODBC-Treibers könnte die Ausführung beeinträchtigen.

◉ Wenn die Datenquelle nicht im gleichen Pfad auf allen Rechnern gespeichert wird, muss der DSN für jede Installation entsprechend geändert werden. (In der Praxis ist es sogar denkbar, dass dieser Eingriff nicht genügt und dass VBA notwendig wäre, um korrekt auf die Datenquelle zu verweisen.)

◉ Der DSN muss in dem Pfad gespeichert sein, wo das Seriendruckhauptdokument es erwartet. Alle Benutzer des Rechners müssen darauf Berechtigungen und Zugang haben.

◉ Der ODBC-Treiber und DSN allein werden unter Umständen nicht alle für die Verbindung benötigten Informationen enthalten. Für eine Textdatei beispielsweise, stehen einige Angaben in der Datei *Schema.ini*. Auch diese müssten kopiert werden.

◉ Falls es sich um einen Benutzer- oder System-DSN handelt, werden die Angaben zum größten Teil in der Windows-Registry gespeichert. Diese müssten auf anderen Systemen auch exakt dupliziert werden. Um sie zu kopieren, könnten Sie den betreffenden Registry-Subtree auf dem Entwicklungssystem in eine *.reg-Datei exportieren. Auf dem Zielrechner wird die *.reg Datei ausgeführt, um den Eintrag vorzunehmen.

TIPP Um Registry-Einträge von einem Windows 2000- oder XP-System auf einen Windows 9.x- oder NT-Rechner zu übertragen, muss im Dialogfeld *Registrierungsdatei exportieren* des Registrierungseditors der Dateityp »WIN9X/WIN NT4 Registration Files (REGEDIT4)« beim Export gewählt werden.

Als Alternative zum Kopieren wäre auch eine Erstellung der Registry-Einträge durch VBA- und Win32-API-Funktionen möglich.

Benutzer-DSN: Name und Typ eines Benutzer-DSN namens *meinDSN* wären als Zeichenketten unter folgendem Pfad gespeichert:

```
[HKEY_CURRENT_USER\Software\ODBC\ODBC.INI\ODBC Data Sources]
```

Der Schlüsselname wäre *meinDSN* und sein Wert (*Value*) *Microsoft Text-Treiber (*.txt; *.csv)*.

Zusätzliche Eigenschaften befinden sich in den Schlüsseln unter

```
[HKEY_CURRENT_USER\Software\ODBC\ODBC.INI\meinDSN]
```

System-DSN: Name und Typ eines System-DSN namens *SystemDSN* wären als Zeichenketten unter folgendem Pfad gespeichert:

```
[HKEY_LOCAL_MACHINE\SOFTWARE\ODBC\ODBC.INI\ODBC Data Sources]
```

Zusätzliche Eigenschaften befinden sich in den Schlüsseln unter

```
[HKEY_LOCAL_MACHINE\SOFTWARE\ODBC\ODBC.INI\SystemDSN]
```

Ein Datei-DSN kann einfach in den anderen Ordner kopiert oder mit VBA erstellt werden, wo das Seriendruckhauptdokument von Word danach suchen wird. Dies dürfte auch ein Ordner auf dem Netzwerk sein. Selbstverständlich müssten alle Benutzer die benötigten Berechtigungen haben.

Welche ODBC-Treiber stehen zur Verfügung?

Es hat bislang drei Hauptversionen der Kern-ODBC-Software gegeben (Versionen 1, 2 und 3). Wie in ▶ Kapitel 10 über den Seriendruck erwähnt, wurden ODBC und die Treiber ursprünglich nur mit gewissen Anwendungen, wie Microsoft Access, Visual Basic, usw., geliefert. Später bündelte Microsoft verschiedene Datenzugriffstechnologien (ADO, OLEDB, ODBC) im »Microsoft Data Access Components« SDK (MDAC) zusammen. Diese stehen in mehreren Versionen auf der Microsoft-Webseite zum Herunterladen zur Verfügung und können unter passenden Versionen von Windows installiert werden.

Die MDAC-Version 1.0 enthielt ODBC 3.0 und folgende ODBC Treiber:

- SQL Server
- Oracle (für Oracle Version 7)
- Visual FoxPro
- Desktop Database-Treiber, mit den ODBC-Treibern für Microsoft Access, Microsoft Excel, Paradox, dBase, und Textdateien

Da alle Desktop Database-Treiber auf der Microsoft Jet (Access) Engine basieren, wurde es mit MDAC geliefert. Die Desktop Database-Treiber sowie die Jet Engine sind nicht mehr Teil von MDAC 2.7, weil die Technologie von Microsoft »missbilligt« (»deprecated«) ist. Sie wird nicht mehr ausgebaut und mit der Zeit (wir rechnen mit einigen Jahren, bis es so weit ist) nicht mehr unterstützt. Die Kern-ODBC-Software, die ODBC-Treiber für SQL Server und Oracle (Version 7) sind noch nicht als »deprecated« abgestempelt, werden jedoch auch nicht weiter entwickelt, außer einer Portierung auf 64-Bit-Windows.

Erkundigen Sie sich regelmäßig unter *http://microsoft.com/data* über Updates zum MDAC.

HINWEIS

Die oben aufgelisteten ODBC-Treiber wurden auch mit Office/Word 97 und 2000 geliefert. Auch andere Microsoft-Produkte installieren die ODBC-Software und enthalten diese und/oder andere ODBC-Treiber (beispielsweise für die Verbindung zu AS 400-Datenquellen).

Die Tabelle C.2 gibt einen Überblick der MDAC-Versionen.

MDAC-Version	Im Lieferumfang von	Auch einsetzbar unter	ODBC, SQL Server-Treiber, Oracle 7-Treiber	ODBC Desktop-Treiber/Jet
2.7	Windows XP	Windows 2000, Millennium, NT und 98	Vorhanden	Nicht vorhanden, kann separat heruntergeladen und installiert werden
2.6	SQL Server 2000	Windows 2000, Millennium, NT und 9x	Vorhanden	Nicht vorhanden, kann separat heruntergeladen und installiert werden
2.5	Windows 2000	Windows 2000, Millennium, NT und 9x	Vorhanden	Vorhanden

Tabelle C.2: ODBC-Treiber, die mit den verschiedenen Versionen von MDAC geliefert werden

ODBC-Treiber für andere Datenquellen

Es gibt andere Hersteller von ODBC-Treibern für andere sowie für die oben aufgelisteten Datenquellen. Diese können kommerzielle Treiber, vom Datenbankhersteller kostenlos zur Verfügung gestellte oder »Open Source« sein.

Bitte beachten Sie jedoch, dass nicht alle ODBC-Treiber die vollständige Infrastruktur für eine Verbindung zur Datenbank bereitstellen. Um einen Clientrechner zu konfigurieren, der auf Datenbank *x* zugreifen soll, muss unter Umständen noch eine Verbindungssoftware (»connectivity«) für die Datenbankanwendung installiert werden. Dann wäre ODBC noch eine Ebene obendrauf.

Andere Produkte von kommerziellen Herstellern sind viel mehr als einfache ODBC-Treiber. Sie wollen Organisationen helfen, eine möglichst einheitliche Schnittstelle zu allen ihren Datenquellen zu erstellen.

Einige Webseiten für weitere Informationen sind in Tabelle C.3 aufgelistet.

Tabelle C.3:
Informations-
quellen für
Datenverbin-
dungssoftware

Für	Website
MySQL ODBC	*http://www.mysql.com*
Oracle ODBC	*http://www.oracle.com*
PostGRES ODBC	*http://www.postgresql.org*
Sybase ODBC	*http://www.sybase.com*
Allgemeine ODBC-Treiber-Informationen	*http://ourworld.compuserve.com/homepages/Ken_North/odbcvend.htm*
Allgemeine OLEDB-Informationen	*http://ourworld.compuserve.com/homepages/Ken_North/oledbVen.htm*

SQL-Grundlagen

Was ist SQL?

SQL steht für »Structured Query Language«, was so viel wie strukturierte Abfragesprache bedeutet. Sie wurde entwickelt, um Daten zu definieren, zu verwalten und auf vielfältige Weise zu manipulieren.

Für Word-Benutzer ist sie vor allem im Zusammenhang mit dem Seriendruck und dem Einsatz der Database-Feldfunktion (▶ Kapitel 8 und 10) sowie beim Datenaustausch über VBA von Interesse. Die Benutzeroberfläche von Word ermöglicht die einfache Auswahl von Spalten (Feldern), Zeilen (Datensätzen) und die Festlegung einer Sortierreihenfolge von Daten aus einer Datenquelle. Aber bei der Einbindungen von Daten aus manchen Quellen besteht die Möglichkeit, die Daten noch viel flexibler zu manipulieren, indem eigene SQL-Anweisungen erstellt werden, die in der Word-Benutzerschnittstelle nicht erlaubt bzw. möglich sind.

In diesem Anhang stellen wir die Grundlagen der SQL Sprache vor, sodass Sie die Beispiele in den ▶ Kapiteln 8 und 10 besser mitverfolgen können und am Schluss im Stande sind, eigene SQL-Anweisungen zu erstellen, die den Seriendruck und die Database-Feldfunktion zu echten, vielseitigen Datenverwaltungswerkzeugen machen.

HINWEIS Mehr über SQL können Sie in verschiedenen Fachbüchern lesen, sowie in der Hilfe von Access. Sehr hilfreich ist auch die SQL-Ansicht im Access-Abfragefenster, um zu sehen, wie eine SQL-Anweisung aufgebaut wird.

HINWEIS Die Diskussion basiert auf einem sehr einfachen Beispiel. Eine Datentabelle wie in Tabelle D.1 liegt in der Datenbank *Bsp12_01.mdb* auf der Buch-CD im Ordner *\Buch\AnhangD* vor. Sie hat die Felder »K« (eine ID-Nummer) und »T« (ein Ortsname) sowie »X« (ID-Nummer aus einer anderen Tabelle, *Tabelle_B*, mit Ländernamen).

K	T	X	
1	Sevilla	1	**Tabelle D.1:** *Eine einfache Datentabelle*
2	Madrid	1	
3	Lissabon	2	
4	Barcelona	1	
5	Oporto	2	
6	Milan	3	

Wenn wir nur die Datensätze wollen, wo »K« größer ist als eins, sortiert nach Namen, in aufsteigender Reihenfolge, können wir dies problemlos in den Word-Abfrageoptionen festlegen. Anders sieht es jedoch aus, wenn zusätzlich nur Ortschaften mit sechs Buchstaben oder weniger im Namen übernommen werden sollen. Hier bietet uns das Dialogfeld *Abfrageoptionen* keine Möglichkeit, ein solches Kriterium zu setzen. Wenn man jedoch die SQL-Anweisung direkt bearbeitet, geht's:

```
SELECT [K], [T]
FROM 'Tabelle_A'
WHERE LEN(T) <= 6
```

SQL ist eine äußerst leistungsfähige Sprache, die unter vielen Umständen nützlich ist:

- Die Datenquelle stellt die Informationen nicht in der benötigen Form zur Verfügung.
- Word hat keine integrierte Schnittstelle, um die Daten entsprechend zu formatieren.

SQL ist vor allem unentbehrlich, wenn Sie

- mit Datumsangaben rechnen müssen (beispielsweise ein Datum zehn Tage später als das im Datensatz gespeicherte),
- Zeichenketten auswerten oder manipulieren müssen,
- Daten aus mehr als einer Quelle vereinen wollen.

Einschränkungen von SQL in Word

SQL in Word ist leider etwas eingeschränkt:

- Obwohl internationale ANSI-Standards vorhanden sind, gibt es aus historischen Gründen mehrere »Dialekte« von SQL. Jede Datenquelle hat seinen eigenen; und manche sind leistungsfähiger als andere. Verschiedene Dialekte erreichen das gleiche Resultat auf unterschiedlichen Wegen. Man muss den passenden Dialekt für die einzelnen Datenquellen verwenden. Das kleine Beispiel oben funktioniert in Access (mit der Jet Engine), aber in SQL Server müsste die letzte Zeile WHERE LENGTH(T) <= 6 lauten.
- Einige Dialekte sind dermaßen rudimentär, dass sie nicht viel mehr als Words Benutzeroberfläche unterstützen. Stehen beispielsweise die Daten in einer Word

Tabelle, ist Word auf seinen eigenen Dialekt angewiesen, der kein Äquivalent zu den Funktionen Len oder Length hat.

- Word akzeptiert keine SQL-Anweisung, die aus mehr als 512 Zeichen besteht. Auf den ersten Blick erscheint das großzügig, aber viele Datenbankentabellen und -felder haben lange Bezeichnungen, die schnell 500 Zeichen belegen (die Grenze liegt in Database-Feldfunktionen noch tiefer).

Eine SQL-Anweisung in Word festlegen

Eine SQL-Anweisung für Daten, die in Word importiert werden, kann auf zwei Arten definiert werden:

- In der Anwendung, die die Daten zur Verfügung stellt. Dies ist nur möglich, wenn sie, wie Access oder SQL Server, eine entsprechende Benutzerschnittstelle zur Verfügung stellt, um Abfragen bzw. Ansichten zu verwalten.

HINWEIS Access 2000 und 2002 können sowohl Ansichten wie Abfragen enthalten. Word kann dazu in der Benutzeroberfläche nur über OLEDB (Word 2002) oder MS Query eine Verbindung erstellen. VBA hat damit bei allen Verbindungsmethoden keine Mühe.

- In Word selber. Für den Seriendruck kann sie in MS Query oder programmiert (VBA) erstellt werden, für Database-Feldfunktionen in MS Query oder direkt im Feldcode. Da MS Query ausschließlich mit ODBC arbeitet, müssten SQL-Anweisungen für andere Verbindungsmethoden in Database-Feldfunktionen direkt im Feldcode definiert werden.

Die SQL-Anweisung

Eine SQL-Anweisung besteht aus mehreren Elementen oder Klauseln, die mit Schlüsselwörtern bestimmt werden. Der Seriendruck und die Database-Feldfunktion befassen sich mit der Auswahl und dem Anzeigen von Daten, was nur einen kleinen Teil der SQL-Fähigkeiten beansprucht. SQL-Anweisungen können auch Daten ändern und hinzufügen, aber diese Aspekte liegen außerhalb des Bereichs dieser Diskussion. Wir werden nur Konzepte kurz vorstellen, die für die Datenauswahl von Interesse sind.

SELECT

Das Schlüsselwort SELECT heißt so viel wie »Auswahl« und ist grundlegend. Es eröffnet jede Anweisung, die in Word benutzt wird. Unmittelbar nach SELECT werden die Spalten (Felder) aufgelistet, deren Daten im Ergebnis stehen sollen.

Im Allgemeinen, solange die Feldnamen keine Leerzeichen oder Striche enthalten, genügt es, die Feldnamen, getrennt durch Kommas und ein Leerzeichen, aufzulisten. Feldnamen mit Leerzeichen oder Strichen müssen eindeutig gekennzeichnet werden, sei es mit Anführungszeichen, Akzenten oder eckigen Klammern. Je nach Version von Word wird das eine oder das andere dieser Zeichen bei der Makroaufzeichnung oder in einer Database-Feldfunktion von Word verwendet, aber nicht immer von ihm wiedererkannt (ein solcher Fall wurde im ▶ Kapitel 10 vorgestellt). Wir empfehlen, in Database-Feldfunktionen Feldnamen mit eckigen Klammern zu umgeben.

Gelegentlich möchte man mit anderen Feldnamen als denjenigen arbeiten, die in der Datenquelle stehen. Im Beispiel sind »T« und »K« nicht besonders aussagekräftig. Mit dem Schlüsselwort AS kann ein »Alias« festgelegt werden:

```
SELECT [K] AS ID, [T] AS Ort
```

Diese Aliasnamen werden in Word anstelle der ursprünglichen als Spaltenüberschriften erscheinen.

Wenn alle Felder einer Tabelle in das Ergebnis zu übernehmen sind, kann ein Sternchen * statt der Auflistung aller Feldnamen nach dem SELECT stehen: SELECT *

In der Theorie ist es möglich, mit SELECT und AS eine Tabelle wiederzugeben, ohne sich auf eine Datenquelle zu berufen. Da Word aber immer eine Datenquelle erwartet, bleiben wir bei dieser Feststellung, und schauen, wie die Datenquelle angesprochen wird.

From

From spezifiziert, aus welcher Tabelle oder Abfrage die Daten genommen werden. Falls die Datenquelle eine Textdatei ist, würde der Dateiname hier stehen. Beispiel: FROM C:\Data\MeineDaten.txt. (Wir gehen davon aus, dass eine Verbindung – »Connection« – zur Datenquelle vorhanden ist; eine SQL-Anweisung stellt keine Verbindung her, sondern bedient sich immer einer vorhandenen).

Im Beispiel am Anfang kommen die Daten aus einer Tabelle namens *Tabelle_A*. Um alle Felder aus dieser Tabelle zu übernehmen, würde die SQL-Anweisung so lauten:

```
SELECT *
FROM Tabelle_A
```

Es ist allgemeiner Brauch, die Schlüsselwörter in SQL-Anweisungen groß zu schreiben, und für jede Klausel eine neue Zeile zu beginnen. Es ist nicht zwingend, macht es aber einfacher, sie zu lesen und zu verstehen.

HINWEIS

Daten aus mehr als einer Tabelle

Nehmen wir an, dass auch eine *Tabelle_B* vorhanden ist, mit einem Inhalt wie in Tabelle D.2.

K	T	X
1	Spanien	1
2	Portugal	2

Tabelle D.2:
Beispieltabelle
Tabelle_B

Vielleicht würden Sie versuchen, die beiden Tabellen mit einer Anweisung wie folgt zu verbinden, in der Erwartung, dadurch ein Resultat wie in Tabelle D.3 zu erhalten.

```
SELECT *
FROM Tabelle_B, Tabelle_A
```

K	T	X
1	Sevilla	1
1	Spanien	1
2	Madrid	1
2	Portugal	2
3	Lissabon	2
4	Barcelona	1
5	Oporto	2
6	Milan	3

Tabelle D.3:
Dieses Ergebnis werden Sie nicht erhalten, sondern das in Tabelle D.4 dargestellte

Das Ergebnis jedoch fällt eher aus wie in ein kartesisches Produkt, wo jeder Eintrag in der einen Tabelle mit jedem Eintrag in der anderen verbunden wird.

Tabelle_B.K	Tabelle_B.T	Tabelle_B.X	Tabelle_A.K	Tabelle_A.T	Tabelle_A.X
1	Sevilla	1	1	Spanien	1
1	Sevilla	1	2	Portugal	2
2	Madrid	1	1	Spanien	1
2	Madrid	1	2	Portugal	2
3	Lissabon	2	1	Spanien	1
3	Lissabon	2	2	Portugal	2
4	Barcelona	1	1	Spanien	1
4	Barcelona	1	2	Portugal	2
5	Oporto	2	1	Spanien	1
5	Oporto	2	2	Portugal	2
6	Milan	3	1	Spanien	1
6	Milan	3	2	Portugal	2

Tabelle D.4:
Ein Cartesian Produkt

Wir stehen vor zwei Problemen: Wie werden die Felder ausgewählt, wenn der gleiche Feldname in beiden Tabellen vorkommt, und wie werden die Tabellen verbunden, sodass das Endergebnis wie Tabelle D.5 aussieht?

Stadt	Land
Sevilla	Spanien
Madrid	Spanien
Lissabon	Portugal
Barcelona	Spanien
Oporto	Portugal

Tabelle D.5:
Das erwünschte Ergebnis

Um einen Feldnamen eindeutig zu bestimmen, wird die Tabellenbezeichnung, gefolgt von einem Punkt, vor dem Feldnamen gestellt:

```
SELECT Tabelle_A.T AS Stadt, Tabelle_B.T AS Land
FROM Tabelle_A, Tabelle_B
```

um das Ergebnis in Tabelle D.6 zu erhalten (was noch nicht dem Endresultat entspricht, ihm aber ein gutes Stück näher ist).

Stadt	Land
Sevilla	Spanien
Sevilla	Portugal
Madrid	Spanien
Madrid	Portugal
Lissabon	Spanien
Lissabon	Portugal
Barcelona	Spanien
Barcelona	Portugal
Oporto	Spanien
Oporto	Portugal
Milan	Spanien
Milan	Portugal

Tabelle D.6:
Spalten mit den gleichen Namen eindeutig bestimmen

Wenn Sie aus irgendeinem Grund zwei Tabellen gleichen Namens haben, stehen Sie vor einem Problem. In diesem Fall müssen den Tabellen Aliasnamen zugewiesen werden:

```
SELECT A.T AS Stadt, B.T AS Land
FROM Tabelle_B A, Tabelle_B B
```

WICHTIG

Das Schlüsselwort AS gilt nur für Feld-Aliasnamen, nicht für Tabellen-Aliasnamen. Lediglich ein Leerzeichen trennt den Tabellennamen von seinem Alias.

Aliasnamen für Tabellen haben eine wichtige Funktion: Dadurch kann die Anzahl der Zeichen in der SQL-Anweisung erheblich gekürzt werden. Stellen Sie sich vor, dass statt in Tabellen die Daten in Textdateien wären. Die SQL-Anweisung ohne Alias wäre:

```
SELECT c:\abc\Tabelle_a.txt.T, c:\abc\Tabelle_b.txt.T
FROM c:\abc\Tabelle_a.txt, c:\abc\Tabelle_b.txt
```

Aber mit Aliasnamen:

```
SELECT A.T1, B.T1
FROM c:\abc\Tabelle_a.txt A, c:\abc\Tabelle_b.txt B
```

Aus der Sicht von Word sind Tabellen-Aliasnamen aus folgenden Gründen wichtig:

- Word und MS Query stellen standardmäßig Tabellen-Aliasnamen vor Feldnamen, auch wenn es nicht nötig wäre. Es ist wichtig, dass Sie verstehen, wofür sie stehen, wenn Sie eine SQL-Anweisung betrachten.
- Falls Sie eine SQL-Anweisung kürzen müssen, ist es am einfachsten, Aliasnamen einzusetzen, wo sie notwendig sind, und sie zu entfernen, wo sie entbehrlich sind.

Um die zwei Tabellen so miteinander zu verbinden, dass sie das Ergebnis in Tabelle D.5 liefern, müssen wir uns zuerst mit der Where-Klausel befassen.

Where

Mit dem WHERE Klausel-werden Kriterien festgelegt. Auch komplexe Gebilde, mit dem logischen AND und OR werden unterstützt. Beispiel:

```
SELECT A.K, A.T AS Name, A.X
FROM Tabelle_A A
WHERE A.K > 1 AND A.K < 5
```

gibt alle Datensätze zurück, bei denen die ID-Nummer zwischen 1 und 5 (aber nicht einschließlich) liegt, wie in Tabelle D.7.

Tabelle D.7:
Nur Datensätze,
bei denen der
Wert in Spalte
»K« zwischen 1
und 5 liegt, wer-
den zurückgege-
ben

K	Name	X
2	Madrid	1
3	Lissabon	2
4	Barcelona	1

Das logische *AND* und das logische *OR*

Die Bedeutung von AND und OR ist etwas verwirrend, weil sie scheinbar das Gegenteil von dem machen, was die »Menschen-Logik« erwartet. WHERE A.K > 1 AND A.K < 5 wählt *nicht* alle Datensätze, wo K größer ist, als eins, sowie alle Datensätze, wo K kleiner ist als fünf (was eigentlich keine Einschränkung wäre, da alle Werte damit berücksichtigt sind). Stattdessen werden alle Datensätze, wofür **beide** Kriterien »Wahr« sind, zurückgegeben.

Um Datensätze zu wählen, die mindestens einem von mehreren Kriterien entsprechen, wird das logische OR eingesetzt. WHERE A.K = 1 OR A.K = 5 würde alle Datensätze zurückgeben, wo der Wert im Feld A.K eins oder fünf ist, wie in Tabelle D.8. (WHERE A.K = 1 AND A.K = 5 würde keinen einzigen Datensatz zurückgeben, da kein Datensatz zwei verschiedenen Werte in einem Feld haben kann.)

Tabelle D.8:
Das Ergebnis
vom logischen
OR

K	T	X
1	Sevilla	1
5	Oporto	2

Die Bedingung einer Where-Klausel darf mehrere AND- und OR-Operatoren umfassen. Sobald dies der Fall ist, wird es unklar, in welcher Reihenfolge die Operationen auszuführen sind. Deshalb werden die Zusammenhänge, genau wie beim Einsatz von mathematischen Operatoren, mit Klammern festgelegt.

Beispiel: Wir wollen, wie in Tabelle D.9, alle Datensätze, in denen der Ort (T) mit dem Buchstaben »B« oder »M« anfängt. In beiden Fällen soll der Wert des ID Felds (K) vier oder weniger betragen:

```
WHERE (A.T LIKE "B*" OR A.T LIKE "M*") AND A.K<=4
```

Zuerst werden alle Datensätze, die mit »B« oder »M« anfangen gewählt, und aus diesen nur diejenigen weitergegeben, die eine ID-Nummer von 4 oder weniger haben.

Da in einer Database-Feldfunktion die SQL-Anweisung in Anführungszeichen steht, müssen statt Anführungszeichen innerhalb der Anweisung Apostrophe benutzt werden: WHERE (A.T LIKE 'B*' OR A.T LIKE 'M*') AND A.K<=4. Bitte beachten Sie, dass Apostrophe und der Akzent grave, welche die Database-Feldfunktion um Tabellennamen verlangt, **nicht** das gleiche Zeichen sind. Beispiele für diese Feldfunktion finden Sie im Dokument *BspA4_01.doc* im Ordner *\Buch\AnhangD* auf der CD.

HINWEIS

Das Schlüsselwort LIKE weist SQL an, einen Mustervergleich auf den darauf folgenden Ausdruck auszuführen. Das Sternchen (*) bedeutet – im ANSI-Standard 89 – »eine unbestimmte Anzahl von Zeichen«, wie schon in den ▶ Kapiteln 7 und 10 beschrieben. Wenn Sie ein System einsetzen, das ANSI 92 benutzt, muss hier statt des Sternchens ein Prozentzeichen (%) stehen.

TIPP

K	T	X
2	Madrid	1
4	Barcelona	1

Tabelle D.9: Gruppierte AND- *und* OR-*Operatoren*

Mehrere Tabellen miteinander verknüpfen

Es ist auch möglich, die Werte zweier Spalten, oder Spalten aus verschiedenen Tabellen zu vergleichen.

Wie anfangs erwähnt, enthält das Feld »X« der *Tabelle_A* (Ortsnamen) eine ID-Nummer aus einer anderen Tabelle, der Tabelle_B (Länder). Dadurch besteht zwischen den zweien eine Beziehung. Über diese Beziehung ist es möglich, herauszufinden, in welchem Land eine Stadt ist: Man sucht den Eintrag in *Tabelle_A.X* in der Spalte *K* der *Tabelle_B*, und findet das Land in der Spalte *T* für diese Zeile.

Der Eintrag in Spalte *X* für Barcelona ist »1«. In *Tabelle_B* steht neben der »1« in Spalte T »Spanien«.

Diese Beziehung kann in der SQL-Anweisung folgendermaßen ausgedrückt werden:

```
SELECT A.T AS Stadt, B.T AS Land
FROM Tabelle_A A, Tabelle_B B
WHERE A.X = B.K
```

Sie gibt das gewünschte Ergebnis in Tabelle D.5 zurück.

Diese Art von Verknüpfung wird »Equi Join« genannt. Nur Datensätze, wo der Eintrag in einer Tabelle einen genau gleichen Wert in der entsprechenden Spalte der anderen Tabelle beträgt, werden zurückgegeben. Wenn, wie »Milan« in unserem Beispiel, kein »Partner« in der zweiten Tabelle vorhanden ist, wird der Datensatz nicht berücksichtigt.

Die meisten SQL-Dialekte unterstützen zudem noch eine andere Art von »Join« (Verknüpfung), wo alle Datensätze einer der Tabellen durchgegeben werden. Es gibt den »Left Join«, sowie das »Right Join«, wobei »Left« (links) und »Right« (rechts) sich auf den Seiten neben diesem Operator beziehen. Dazu kommt das Schlüsselwort ON, wonach der Vergleich angegeben wird (statt des Schlüsselworts WHERE).

Beispiel: Alle Datensätze aus *Tabelle_A* werden zurückgegeben, weil »Tabelle_A A« sich links von »LEFT JOIN« befindet:

```
SELECT A.T AS Stadt, B.T AS Land
FROM Tabelle_A A LEFT JOIN Tabelle_B B ON A.X = B.K
```

Tabelle D.10:
Alle Datensätze aus Tabelle_A, *auch wenn in* Tabelle_B *kein Land mit dem Eintrag in Spalte X vorhanden ist*

Stadt	Land
Sevilla	Spanien
Madrid	Spanien
Lissabon	Portugal
Barcelona	Spanien
Oporto	Portugal
Milan	

Vorteile vom »Left Join« oder »Right Join« gegenüber einem »Equi Join« sind:

- Nur so können alle Datensätze aus einer von zwei Tabellen angezeigt werden (und damit wird klar, welche Tabelle Vorrang hat).
- Es kann die Ausführung der Abfrage beschleunigen, wenn viele Datensätze in den Tabellen vorhanden sind.
- Den WHERE-Klausel wird dadurch verständlicher.

HINWEIS »Join«-Ausdrücke können ineinander verschachtelt werden, was zu recht komplizierten SQL-Anweisungen führen kann. Wir werden in dieser kurzen Einführung nicht näher darauf eingehen. Solche SQL-Anweisungen überschreiten schnell das 512-Zeichen-Limit von Word.

ORDER BY

Diese Klausel bestimmt die Reihenfolge der Datensätze, nach einem oder mehreren Spalten, in auf- oder absteigender Reihenfolge. Um beispielsweise die Tabelle nach Land, dann nach Ort in aufsteigender Reihenfolge zu sortieren:

```
SELECT B.T AS Land, A.T AS Stadt
FROM Tabelle_A A LEFT JOIN Tabelle_B B ON A.X = B.K
ORDER BY B.T, A.T
```

Land	Stadt	
	Milan	**Tabelle D.11:** *Datensätze nach Land, dann Ort sortieren*
Portugal	Lissabon	
Portugal	Oporto	
Spanien	Barcelona	
Spanien	Madrid	
Spanien	Sevilla	

Durch Hinzufügen von »ASC« bzw. »DESC« kann eine auf- bzw. absteigende Reihenfolge festgelegt werden. Die folgende Anweisung sortiert die Länder in absteigender Folge, während die Städte noch in aufsteigender Reihenfolge erscheinen.

```
SELECT B.T AS Land, A.T AS Stadt
FROM Tabelle_A A LEFT JOIN Tabelle_B B ON A.X = B.K
ORDER BY B.T DESC, A.T
```

Nicht alle Dialekte von SQL unterstützen die Verwendung von Feld-Aliasnamen in der ORDER BY-Klausel. Manche akzeptieren jedoch eine Ganzzahl, die die Position eines Felds in der Auflistung repräsentiert. Das obige Beispiel würde dann lauten:

```
SELECT B.T AS Land, A.T AS Stadt
FROM Tabelle_A A LEFT JOIN Tabelle_B B ON A.X = B.K
ORDER BY 1, 2
```

Spezielle Aufgaben lösen

Es gibt Anliegen bei der Übergabe von Daten an Word, die zuerst ohne VBA unlösbar erscheinen. Unterstützt der SQL-Dialekt jedoch die richtigen Befehle, können sie mit einer Anweisung ziemlich einfach gelöst werden.

Doppelte Datensätze ausschließen

Eine Frage, die wir regelmäßig in den Newsgroups sehen, ist, wie man doppelt vorkommende Datensätze unterdrückt. Manche Dialekte haben das Schlüsselwort DISTINCT, das diese Aufgabe übernimmt:

```
SELECT DISTINCT A.X
FROM TABELLE_A A
```

Dieser Ausdruck würde die drei Zeilen in Tabelle D.12 zurückgeben, statt sechs Zeilen, wie es ohne Distinct der Fall wäre.

X	
1	**Tabelle D.12:** *Duplikate unterbinden*
2	
3	

Berechnungen im Endergebnis

Je nach SQL-Dialekt und Verbindungsmethode stehen verschiedene Funktionen zur Verfügung, die für die Datenmanipulation oder für Berechnungen zur Verfügung stehen. Sie finden am Ende dieser Kapitel einige in Tabelle D.18 und in Tabelle D.19 aufgelistet. Schauen wir uns einige Beispiel an.

Den Feldinhalt abkürzen

Word hat bekanntlich keine Feldfunktionen, um Zeichenketten zu bearbeiten. Es ist beispielsweise nicht möglich, nur die ersten drei Buchstaben eines Ausdrucks anzuzeigen. Alle Daten, die über eine ODBC-Verbindung kommen, können mit der LEFT-Funktion gekürzt werden:

```
SELECT A.T AS Stadt, UCase(Left([B].[T],3)) AS Land
FROM Tabelle_A A, Tabelle_B B
WHERE A.K = B.K
```

HINWEIS Diese Funktion steht nur für DDE oder OLEDB Verbindungen zur Verfügung, wenn die Funktion Teil des SQL-Dialekts ist. Dies ist beispielsweise der Fall für Jet (Access) und SQL Server. Stehen die Daten jedoch in einer Word-Tabelle, die mit dem Word-Konvertierungsfilter importiert werden, wird LEFT nicht erkannt.

Tabelle D.13:
Nur die ersten
drei Buchstaben
des Landes
anzeigen

Stadt	Land
Sevilla	SPA
Madrid	SPA

Nur das erste Wort

Noch ein Beispiel der Zeichenmanipulation übergibt alle Zeichen bis zum ersten Leerzeichen. Da ein Feld unter Umständen kein Leerzeichen enthalten dürfte, muss dem Feldinhalt eines hinzugefügt werden:

```
SELECT LEFT([Kundenname], INSTR([Kundenname] + ' ', ' ') - 1) AS Name
```

Datumsangaben berechnen

Ähnlich sieht die Lage bei Berechnungen mit Datumsangaben aus. Die Word-Feldfunktionen können nur begrenzt damit umgehen, wie im ▶ Kapitel 8 beschrieben. Wir bekommen häufig die Frage gestellt, wie einem Datum 10, 14 oder 30 Tage hinzugefügt werden können.

Die Jet Engine, welche Access zugrunde liegt, stellt einige Datumsberechnungsfunktionen wie DateDiff und DateAdd zur Verfügung. Um ein Datum von heute in 10 Tagen anzuzeigen, würde die SQL-Anweisung so aussehen:

```
SELECT B.*, DateAdd("d",10,Date()) AS Verfall
FROM Tabelle_B B
```

Bitte beachten Sie, dass Date() kein Feld in der Tabelle ist, sondern auch eine Funktion, die das heutige Datum zurückgibt. "d" steht für »Days« (Tage) und legt fest, dass dem Datum Tage (und nicht etwa Monate, Jahre oder Wochen) hinzugezählt werden.

Je nach Datenquelle stehen weniger leistungsfähige oder benutzerfreundliche Möglichkeiten zur Verfügung. Für eine Textdatei haben wir wieder nur über eine ODBC-Verbindung Gelegenheit, Datumsberechnungen in der SQL-Anweisung auszuführen. Um 10 Tage zu einem Datum hinzu zu addieren, das von der Textdatenquelle übergeben wird, kann man sich der Funktion CDate bedienen. Hier ist es nicht möglich, das Zeitintervall festzulegen; eine Ganzzahl entspricht einem Tag:

```
SELECT (CDate([KurzDatum])+10) AS Plus10, [LangDatum]
FROM DataImport.txt
```

Europäische Datumsangaben in Word 2002

Wie schon im ▶ Kapitel 10 diskutiert, verwechselt der OLEDB-Provider für die Jet Engine (Access und Excel) die Tages- und Monatszahlen von Datumsangaben, sofern beide 12 oder weniger betragen. Wir haben gezeigt, wie Sie in der Datenquelle die Abfrage ändern können. Falls die Quellabfrage nicht geändert werden kann, steht Ihnen über VBA die gleiche Möglichkeit zur Verfügung. Dann würden Sie im *SQLStatement*-Argument der *OpenDataSource*-Methode oder für die *QueryString*-Eigenschaft eine SQL-Anweisung wie diese festlegen:

```
SELECT *, Format([RechnungsDatum]), "d-mmm-yyyy") AS SD_Datum
FROM Rechnungen
WHERE RechnungsDatum > #1/1/2002# AND RechnungsDatum < #1/1/2003#
```

Meistens ist es notwendig, Datumsangaben in Kriterien ausdrücklich als Datumsangaben zu bezeichnen. Die meisten SQL-Dialekte erkennen das »#« Zeichen. Ferner sollen sie im nordamerikanischen Format vorliegen. **HINWEIS**

Aggregationsfunktionen: Count, Sum, Avg **usw.**

Berechnungen können auch auf Gruppen von Datensätzen ausgeführt werden. Dafür stellen viele Datenquellen Aggregationsfunktionen zur Verfügung.

Wollen Sie beispielsweise die Anzahl der Städte in *Tabelle_A* für jedes Land in *Tabelle_B* wissen, würde die SQL-Anweisung so aussehen:

```
SELECT B.T AS Land, COUNT(A.T) AS Anzahl
FROM TABELLE_A A RIGHT JOIN TABELLE_B B ON A.X = B.K
GROUP BY B.T
```

Land	Anzahl
Portugal	2
Spanien	3

Tabelle D.14:
Die Anzahl der Städte mit der Funktion Count *ermitteln*

Je nach SQL-Dialekt stehen andere (oder keine) Aggregationsfunktionen zur Verfügung. Die meisten Dialekte (inklusive die von ODBC unterstützten) erkennen Count (Anzahl), Sum (Summe), Avg (Mittelwert), Min (Minimum) sowie Max (Maximum).

Wie bereits in ▶ Kapitel 10 erwähnt, erkennt die Seriendruck-Funktion keine Access-Abfragen, die solche Funktionen enthalten. Dieser Umstand verhindert jedoch nicht deren Gebrauch in den *SQLStatement*-Argumenten oder *QueryString*-Eigenschaften von VBA. Sie können auch in Database-Feldfunktionen benutzt werden. **HINWEIS**

Die GROUP BY-**Klausel**

So bald eine SQL-Anweisung eine Aggregationsfunktion enthält, muss sie in der GROUP BY Klausel jedes Feld auflisten, die nicht mit einer solchen Funktion berechnet wird. Im obigen Beispiel wird nach »Land« gruppiert.

Es ist auch möglich, nur das Funktionsergebnis zurückzugeben, ohne andere Felder mit einzubeziehen und zu gruppieren.

Die HAVING-**Klausel**

Die HAVING-Klausel wird mit GROUP BY verwendet, um Kriterien zu setzen; sie erfüllt die Funktion der WHERE-Klausel für die gruppierte Datensätze. Anders ausgedrückt: WHERE legt fest, welche Datensätze aus der Datenbank gewählt werden; HAVING legt fest, welche Zeilen im Ergebnis erscheinen. Beispiel:

```
SELECT B.T AS Land, Count(A.T) AS Anzahl
FROM TABELLE_A A LEFT JOIN TABELLE_B B ON A.X = B.K
GROUP BY B.T
HAVING Count(A.T) < 3
```

zeigt nur die Funktionsergebnisse an, wo die Anzahl der Datensätze in jeder Gruppe weniger als 3 sind, wie die Tabelle D.15 veranschaulicht.

Tabelle D.15:
Das Ergebnis der
Aggregations-
funktion Count
mit Having-
Klausel

Land	Anzahl
	1
Portugal	2

Beachten Sie, dass LEFT JOIN dazu führt, dass alle Städte ohne eine Beziehung zu einem Land in einer extra Gruppe mit einem NULL-Wert in der Spalte »Land« erscheinen.

HINWEIS

Die Klauseln einer SQL-Anweisung müssen in einer bestimmten Reihenfolge erscheinen, wie folgt: SELECT FROM WHERE GROUP BY HAVING ORDER BY. Falls es sich um eine UNION-Abfrage handelt, bezieht sich ORDER BY auf die ganze Abfrage, und erscheint am Schluss.

UNION: Tabellen aneinander reihen

Im ▶ Kapitel 10 wurde eine UNION-Abfrage in Access erstellt, um eine Anzahl »leere« Datensätze für fehlende Etiketten festzulegen. Hier stellen wir etwas mehr Theorie vor. Diese Funktionalität wird nicht sehr oft benötigt, aber es kommt doch immer wieder vor, dass zwei unabhängige Datenquellen (Excel-Tabellen oder Textdateien) mit der gleichen Struktur für den Seriendruck oder die Database-Feldfunktion vorübergehend »zusammengeführt« werden sollen.

Nicht alle SQL-Dialekte unterstützen das Schlüsselwort UNION, aber die Microsoft-Text-ODBC-Treiber und der Jet-Provider tun es. Die Funktionalität steht also für die meisten Datenquellen zur Verfügung. In Tabelle D.16 sehen Sie ein Beispiel: Zwei mit Tab-Zeichen getrennte Textdateien, eine in englischer, die zweite in deutscher Sprache, wurden zusammengefügt.

Vorname	Name	Ort	
Bill	Gates	Redmond	
Peter	Jamieson	London	
John	McGhie	Melbourne	
Cindy	Meister	Zürich	

Tabelle D.16:
Mit dem Schlüsselwort UNION *Daten aus zwei Tabellen in einer zusammenbringen*

Die SQL-Anweisung besteht, im Grunde genommen, aus zwei aneinander gereihten SELECT-Anweisungen:

```
SELECT A.[Vorname], A.[Name], A.[Ort]
FROM BspA4U02.txt A
UNION
SELECT [FirstName], [LastName], [City]
FROM BspA4U01.txt
ORDER BY 2
```

Folgende Punkte sind zu beachten:

- Die Tabellen müssen die gleiche Struktur haben: die Spalten (Felder) im Ergebnis müssen die gleiche Datentypen haben und in der gleichen Reihenfolge aufgelistet sein.
- Nur die Feldnamen der ersten Tabelle erscheinen im Ergebnis.
- Es ist unerheblich, ob die Feldnamen übereinstimmen. Im Beispiel waren die Feldnamen der zweiten Tabelle »FirstName«, LastName« und »City«. Wichtig ist nur die Reihenfolge.
- Die Datensätze werden nicht einfach nacheinander aufgelistet; sie werden sortiert. Wenn man keine Sortierreihenfolge festlegt, werden sie nach einer internen Regelung sortiert (meistens einem Primärschlüssel oder der ersten Spalte).
- Sind mehrere gleiche Datensätze vorhanden, erscheint der Eintrag nur einmal. Wenn Sie auch Duplikate sehen möchten, probieren Sie es mit dem Schlüsselwort UNION ALL.

ALL wird nicht von allen SQL-Dialekten unterstützt. In diesem Fall kann jedem SELECT-Ausdruck eine Spalte mit einem festgelegten Wert hinzugefügt werden, sodass die Datensätze der verschiedenen Tabellen sich ganz sicher unterscheiden. Es hat gleichzeitig der Vorteil, dass man auf einem Blick erkennen kann, aus welcher Tabelle die Daten stammen, wie aus Tabelle D.17 ersichtlich ist:

```
SELECT 1 AS N, A.[Vorname], A.[Name], A.[Ort]
FROM BspA4U02.txt A
UNION
SELECT 2 AS N, [FirstName], [LastName], [City]
FROM BspA4U01.txt
ORDER BY 2
```

Tabelle D.17:

Die erste Spalte wurde ausschließlich in der SQL-Anweisung definiert und stellt sicher, dass Datensätze mit den gleichen Daten aus verschiedenen Tabellen einmalig sind

N	Vorname	Name	Ort
2	Bill	Gates	Redmond
1	Cindy	Meister	Zürich
2	John	McGhie	Melbourne
1	Peter	Jamieson	London

SQL-Dialekte

Wie anfangs erwähnt, haben Datenquellen ihre eigenen SQL-Dialekte. Die grundlegende Struktur und Schlüsselwörter haben sie alle gemeinsam, aber die Syntax für spezielle Aufgaben kann sich unterscheiden. Von besonderem Interesse sind für die Zusammenarbeit mit Word Funktionen, wie Len, Left, CDate, usw.

Wenn Sie eine Anwendung entwickeln, die mit mehreren Datenquellen zusammen genutzt werden könnte, kann diese Vielfalt an Dialekten recht mühsam sein. Wird in einer SQL-Anweisung Len eingebaut, aber die gewählte Datenquelle erkennt nur Length, erhält der Benutzer eine Fehlermeldung. Da einer der Vorteile von ODBC eine gemeinsame Schnittstelle für alle Datenquellen sein soll, wurde ODBC mit einigen »Escape-Sequencen« ausgestattet, um diesem Problem entgegenzuwirken. Betrachten Sie folgende SQL-Anweisung:

```
SELECT A.K, A.T, A.X
FROM Tabelle_A A
WHERE { fn len(A.T) }> 2
```

{ fn len(A.T) } ist eine solche »Escape-Sequence«. Der ODBC Treiber einer Datenbank ersetzt sie bei der Ausführung der SQL-Anweisung mit seiner eigenen, entsprechenden Funktion. Der Jet ODBC-Treiber (für Access) würde an dieser Stelle Len einsetzen, während der für SQL-Server Length nehmen würde.

Wenn Sie diese Methode in Betracht ziehen, bedenken Sie Folgendes:

- Nicht alle Funktionen einer Datenquelle eine entsprechende »Escape-Sequence« haben. DateAdd ist beispielsweise nicht darunter zu finden.

- Nicht alle ODBC-Treiber eine eigene, entsprechende Funktion für alle verfügbaren »EscapenSequencen« haben. TimeStampDiff wird von SQL-Server, nicht aber von Jet (Access) erkannt.

- Nur ODBC mit »Escape-Sequencen« arbeitet. Es gibt für OLEDB keinen Äquivalent.

Die Tabelle D.18 und die Tabelle D.19 listen in der ersten Spalte die verfügbare ODBC { fn Funktion } »Escape-Sequence«-Funktionen auf. In den übrigen Spalten können Sie entnehmen, ob diese von ODBC-Treibern gängiger Datenbanken erkannt werden, und welche eigene äquivalente Funktion vorhanden ist. Wenn ein Eintrag mit Klammern () umgeben ist, bedeutet dies, dass die eigene Funktion nicht die gleiche, sondern nur eine ähnliche Wirkung hat.

Standard ODBC Funktion	Gültig für Microsoft SQL Server?	Microsoft SQL Server Äquivalent	Gültig für Jet?	Jet-eigenes Äquivalent	Gültig für VFP?	VFP eigenes Äquivalent
Zeichenkettenfunktionen						
ASCII	✓	ASCII	✓	ASC	✓	ASC
CHAR	✓	CHAR	✓	CHR	✓	CHR
CHAR_LENGTH, CHARACTER_LENGTH	✗	✗	✗	✗	✗	✗
CONCAT	✓	+ Operator	✓	+ Operator	✓	+ Operator
DIFFERENCE	✓	DIFFERENCE	✗	✗	✓	DIFFERENCE
INSERT	✓	STUFF	✗	✗	✓	STUFF
LCASE	✓	LOWER	✓	LCASE	✓	LOWER
LEFT	✓	LEFT	✓	LEFT	✓	LEFT
LENGTH	✓	LENGTH	✓	LEN	✓	LEN
LOCATE	✓	CHARINDEX	✓	INSTR	✗	AT
LTRIM	✓	LTRIM	✓	LTRIM	✓	LTRIM
OCTET_LENGTH	✓	✗	✗	✗	✗	✗
POSITION	✗	CHARINDEX	✗	INSTR	✗	AT
REPEAT	✓	REPLICATE	✗	✗	✓	REPLICATE
REPLACE	✓	REPLACE	✗	✗	✓	STRTRAN
RIGHT	✓	RIGHT	✓	RIGHT	✓	RIGHT
RTRIM	✓	RTRIM	✓	RTRIM	✓	RTRIM
SOUNDEX	✓	SOUNDEX	✗	✗	✓	SOUNDEX
SPACE	✓	SPACE	✓	SPACE	✓	SPACE
SUBSTRING	✓	SUBSTRING	✓	MID	✓	SUBSTR
UCASE	✓	UPPER	✓	UCASE	✓	UPPER
Einfache (nicht trigonometrische) numerische Funktionen						
ABS	✓	ABS	✓	ABS	✓	ABS
CEILING	✓	CEILING	✓	✗	✓	CEILING
FLOOR	✓	FLOOR	✓	✗	✓	FLOOR
MOD	✓	✗	✓	✗	✓	MOD
POWER	✓	POWER	✓	^ Operator	✓	^ Operator
ROUND	✓	ROUND	✓	ROUND	✓	ROUND
SQRT	✓	SQRT	✓	SQR	✓	SQRT
TRUNCATE	✓	✗	✗	(INT)	✗	(INT) ▶

Tabelle D.18: ODBC Funktionen für SQL-Server, Jet und Visual FoxPro, die in SQL-Anweisungen eingesetzt werden können

Standard ODBC Funktion	Gültig für Microsoft SQL Server?	Microsoft SQL Server Äquivalent	Gültig für Jet?	Jet-eigenes Äquivalent	Gültig für VFP?	VFP eigenes Äquivalent
Zeit, Datums- und Intervalfunktionen						
CURRENT_DATE	✓	✗	✗	DATE	✗	DATE
CURRENT_TIME	✓	✗	✗	TIME	✗	TIME
CURRENT_TIMESTAMP	✓	GETDATE	✗	NOW	✗	DATETIME
CURDATE	✓	GETDATE	✓	DATE	✓	DATE
CURTIME	✓	✗	✓	TIME	✓	TIME
DAYNAME	✓	✗	✓ (nur neuere Versionen)	✗	✓	CDOW
DAYOFMONTH	✓	DAY	✓	DAY	✓	DAY
DAYOFWEEK	✓	✗	✓	✗	✓	✗
DAYOFYEAR	✓	✗	✓	✗	✗	✗
EXTRACT	✓	DATEPART	✗	✗	✗	✗
HOUR	✓	✗	✓	HOUR	✓	HOUR
MINUTE	✓	✗	✓	MINUTE	✓	MINUTE
MONTH	✓	MONTH	✓	MONTH	✓	MONTH
MONTHNAME	✓	✗	✓ (nur neuere Versionen)	✗	✓	CMONTH
NOW	✓	GETDATE	✓	NOW	✓	DATETIME
QUARTER	✓	✗	✓	✗	✗	✗
SECOND	✓	✗	✓	SECOND	✓	SEC
TIMESTAMPDIFF	✓	DATEDIFF	✗	✗	✗	✗
WEEK	✓	✗	✓	✗	✓	✗
YEAR	✓	YEAR	✓	YEAR	✓	YEAR
System-Funktionen						
DATABASE	✓	DB_NAME	✗	✗	✗	DBC
IFNULL	✓	ISNULL	✗	(IIF)	✓	(IIF)
USER	✓	USER_NAME	✗	✗	✗	✗
Datentyp-Konversionsfunktion						
CONVERT	✓	CAST, CONVERT	✗	✗	✗	✗

Standard-ODBC-Funktion	Gültig für Oracle?	Oracle-Äquivalent	Gültig für MySQL	MySQL-Äquivalent
Zeichenkettenfunktionen				
ASCII	✓	ASCII	✓	ASCII
CHAR	✓	CHR	✓	CHAR
CHAR_LENGTH, CHARACTER_LENGTH	✗	✗	✓	CHAR_LENGTH, CHARACTER_LENGTH
CONCAT	✓	CONCAT, || operator	✓	CONCAT
DIFFERENCE	✗	✗	✗	✗
INSERT	✓	✗	✓	INSERT
LCASE	✓	LOWER, NLS_LOWER	✓	LCASE, LOWER
LEFT	✓	SUBSTR	✓	LEFT
LENGTH	✓	LENGTH	✓	LENGTH
LOCATE	✗ (always returns 0)	INSTR	✓	LOCATE, INSTR
LTRIM	✓	LTRIM	✓	LTRIM
OCTET_LENGTH	✗	✗	✓	OCTET_LENGTH
POSITION	✗	INSTR	✓	POSITION, INSTR
REPEAT	✓	✗	✓	REPEAT
REPLACE	✓	REPLACE	✓	REPLACE
RIGHT	✓	SUBSTR	✓	RIGHT
RTRIM	✓	RTRIM	✓	RTRIM
SOUNDEX	✓	SOUNDEX	✓	SOUNDEX
SPACE	✗	✗	✓	SPACE
SUBSTRING	✓	SUBSTR	✓	SUBSTRING, MID
UCASE	✓	UPPER	✓	UCASE UPPER
Einfache (nicht trigonometrische) numerische Funktionen				
ABS	✓	ABS	✓	ABS
CEILING	✓	CEIL	✓	CEILING
FLOOR	✓	FLOOR	✓	FLOOR
MOD	✓	MOD	✓	MOD
POWER	✓	POWER	✓	POWER, POW
ROUND	✓	ROUND	✓	ROUND
SQRT	✓	SQRT	✓	SQRT ▶

Tabelle D.19:
ODBC Funktionen für Oracle und MySQL, die in SQL-Anweisungen eingesetzt werden können

Standard-ODBC-Funktion	Gültig für Oracle?	Oracle-Äquivalent	Gültig für MySQL	MySQL-Äquivalent
TRUNCATE	✓	TRUNC	✓	TRUNCATE
Zeit, Datums- und Intervalfunktionen				
CURRENT_DATE	✗	✗	✓	CURRENT_DATE, CURDATE
CURRENT_TIME	✗	✗	✓	CURRENT_TIME, CURTIME
CURRENT_TIMESTAMP	✗	SYSDATE	✓	CURRENT_TIMESTAMP, SYSDATE, NOW
CURDATE	✓ (returns 00:00:00 time)	✗	✓	CURDATE
CURTIME	✓ (returns date and time)	✗	✓	CURTIME
DAYNAME	✗	✗	✓	DAYNAME
DAYOFMONTH	✓	✗	✓	DAYOFMONTH
DAYOFWEEK	✓	✗	✓	DAYOFWEEK, WEEKDAY
DAYOFYEAR	✓	✗	✓	DAYOFYEAR
EXTRACT	✗	TO_CHAR, TO_DATE	✓	EXTRACT
HOUR	✓	✗	✓	HOUR
MINUTE	✓	✗	✓	MINUTE
MONTH	✓	✗	✓	MONTH
MONTHNAME	✗	✗	✓	MONTHNAME
NOW	✓	(SYSDATE) – i.e. date and time	✓	NOW
QUARTER	✓	✗	✓	QUARTER
SECOND	✓	✗	✓	SECOND
TIMESTAMPDIFF	✗	✗	✗	✗
WEEK	✓	✗	✓	WEEK
YEAR	✓	✗	✓	YEAR
Systemfunktionen				
DATABASE	✓	✗	✓	DATABASE
IFNULL	✓	ISNULL	✓	IFNULL
USER	✓	USER_NAME	✓	USER, SYSTEM_USER, SESSION_USER
Konvertierungsfunktion				
CONVERT	✓	CAST, CONVERT	✗	✗

Stichwortverzeichnis

H

I

J

K

L

N

NameLocal 93
Neu in Word 2002
    Abstand vor/nach 58
Normal.dot 41, 42, 72, 74, 104, 116
Notepad 29
NTFS 10
Nummerierung 145
Nur ganzes Wort suchen 239

O

Object Linking and Embedding 2
Objekte
    Vererbung 111
Objektkatalog 577
ODBC 399, 405, 418, 431, 619, 626, 637, 649, 655
ODBC-Treiber 548
ODC 405
OEM 646
OLAP 419
OLE 2, 421
OLE Structured Storage 579
OLEDB 399, 405, 414, 619, 649, 664
OLE-Objekte 377
    automatisieren 378
    bearbeiten 377
    deaktivieren mit VBA 384, 388
    Excel Tabelle
        Querverweis im Word Dokument 385
    Excel Tabelle mit VBA
        Access Daten übernehmen 383
        erstellen 378
        Größe bestimmen 379
    formatieren 377
    im eigenen Fenster öffnen 377
    in Bild umwandeln 378
    konvertieren 378
    MS Graph 386
        Diagramm auf Tabelle basieren 390
        mit VBA Access Daten einbinden 387
        mit VBA erstellen 386
    öffnen 377
ON 661
OnAction-Eigenschaft 590
OpenDataSource 479
Optionenenschaltflchen 51
Options-Objekt 609
Optionsschaltfläche
    Tabellen einfügen 319
OR 659
Oracle 407, 412, 650
ORDER BY 662
Organisieren 41, 107
Organisieren-Dialogfeld 595
Orientation-Eigenschaft 606
Outlook 29, 437, 461, 618
Outlook Express 410

P

PageSetup-Objekt 609
Paginierung 196
Panose 60
PaperSize-Eigenschaft 612
Papierformat 80, 151, 610
    A4/US Letter 52
    ID-Codes 612
Papierschächte 607, 610
Papierschachtname 614
Papierzufuhr 80
Paradox 412
PDF 197
Phonetische Suche 235
Pitch 11
Platzhalter für Grafiken 44
Platzhalterzeichen 143
    Groß- und Kleinschreibung 239
Positionsrahmen 125
    Aktivierreihenfolge 515
    Breite einstellen 515
    Einfluss auf grafischen Inhalt 528
    Formatieren bei Grafikinhalt 352
    Grafik mit Beschriftung zus.halten 357
    Grafiken positionieren 350
    Grafikgröße beeinflussen 351, 352
    Höhe einstellen 515
    positionieren 515
    positionieren im Dokument 350
    Rahmenlinien entfernen 515
    Teil einer Formatvorlage 352
    verankern 515
Positions-Textmarken 569
PostScript 14, 606
PostScript Printer Definition 60
Postscript über Text drucken 53
PowerPoint 29
Provider 415

Q

Querverweise
    Aktualisierung 194
    externe 195
QuickInfo 44

R

Rahmenlinien 86
RAM 14, 205
Range-Objekt 260, 575
Rechtschreibeprüfung
    Benutzerwörterbuch
        bearbeiten 29
        Grenzen 30